U0678730

China's Industrial Development Report

2010 中国工业发展报告

——国际金融危机下的中国工业

中国社会科学院工业经济研究所

经济管理出版社
ECONOMY & MANAGEMENT PUBLISHING HOUSE

图书在版编目（CIP）数据

中国工业发展报告. 2010：国际金融危机下的中国工业/中国社会科学院工业经济研究所编. —北京：经济管理出版社，2010.8

ISBN 978-7-5096-1054-1

Ⅰ.①中… Ⅱ.①中… Ⅲ.①工业经济—经济发展—研究报告—中国—2010 Ⅳ.①F424

中国版本图书馆CIP数据核字（2010）第139194号

出版发行：经济管理出版社

北京市海淀区北蜂窝8号中雅大厦11层

电话:(010)51915602 邮编:100038

印刷：北京银祥印刷厂 经销：新华书店

责任编辑：张世贤

技术编辑：杨国强

责任校对：蒋 方

787mm×1092mm/16 47印张 1083千字

2010年8月第1版 2010年8月第1次印刷

定价：168.00元

书号：ISBN 978-7-5096-1054-1

·版权所有 翻印必究·

凡购本社图书，如有印装错误，由本社读者服务部负责调换。联系地址：北京阜外月坛北小街2号

电话:(010)68022974 邮编:100836

顾　　问：王洛林　王春正　陈清泰　陈佳贵　吕　政

主　　编：金　碚

副 主 编：李　平　黄速建　李维民

编 审 组：金　碚　李　平　黄速建　史　丹　沈志渔　陈　耀
张其仔　张世贤　吕　铁　王　钦　李维民

编务主任：史　丹

撰 稿 人：（按姓氏笔画排序）

丁　毅　王　松　王　钦　王燕梅　史　丹　石碧华
白　玫　叶振宇　江飞涛　刘　勇　刘　楷　刘戒骄
刘建丽　刘湘丽　吕　宁　吕　铁　朱　彤　孙承平
沈志渔　李　平　李春瑜　李海舰　李晓华　李鹏飞
杨丹辉　肖红军　吴利学　时　杰　余　菁　张世贤
张其仔　陈　耀　陈晓东　罗仲伟　金　碚　周文斌
周维富　赵　英　施晓红　胡文龙　贺　俊　郭朝先
原　磊　黄速建　谢晓霞　彭绍仲

资 料 组：沈力全　王　磊

英文翻译：丁　易

序

危机是严重失衡的经济关系的强制性调整

2010年《中国工业发展报告》的主题是“国际金融危机下的中国工业”。金融危机产生的原因归根结底是经济关系的严重失衡，而危机则是强制性和破坏性地克服或者解脱严重失衡状况的过程。那么，在这次国际金融危机过程中，世界经济是否也是在严重失衡中强制性和破坏性地发生了趋向平衡的现象，中国工业在其中以及今后发挥和将会发挥怎样的作用呢？

一、世界经济失衡导致国际金融危机

（1）从20世纪70年代以来，随着布雷顿森林体系的崩溃，美国实际上获得了无限发行美元并可以用越来越贬值的美元换取世界商品的特权。特别是20世纪90年代初苏联的解体，使得美国成为唯一的超级大国，整个世界形成了一极独强的国际关系格局。世界政治以美国为中心，世界经济以华尔街为中心，一旦华尔街“打喷嚏”，美国经济“感冒”，全世界都会“发烧生病”。这次国际金融危机就是从美国住房次贷危机这个小小的“病灶”发作起来而危及全球的。这样的全球国际关系格局使美国闯下的灾祸让全世界没有一个国家能够幸免其冲击和损害。

（2）世界的储蓄—消费结构严重失衡。美国从一个以基督教新教伦理主张“节欲”的国家变成了一个超额消费的国家。1981年美国人的储蓄率约为8%，而现在他们的储蓄账户余额几乎为零，2007年美国人的储蓄率只有1%，而2005年甚至是负数！没有储蓄意味着没有投资资金来源，消费却无限度地膨胀。美国学者拉菲·巴特拉尖锐地指出：“我们生活在一个经济管理严重错乱的时代，政府一心想着借钱、借钱、再借钱，政府也想让人民借钱、借钱、再借钱。这个国家作为一个整体，也是想着借钱、借钱、再借钱——不过，是向其他国家借钱。中国、日本和沙特阿拉伯如今是美国的主要债主。美国政府很乐意从这些国家大肆举债，再以税收减免的方式将大把的现金交给亿万富翁。美国的经济学家忙着为这套制度大唱赞歌，把它吹捧为自由市场的资本主义。”① 而在世界的另一面，中国、日本等国家却保持着高储蓄率，并不断地将自己积存的外汇（主要是美元）投资或者借贷给美国。这真是一个扭曲的世界！

（3）在世界大经济格局严重的背景下，各国经济内部也越来越失去平衡。主要是美国，

---

① ［美］拉菲·巴特拉：《世界大趋势——影响全球进程的社会周期律（2）》，中信出版社2010年版。

其制造业由于竞争力的削弱，占国民经济的比重日趋缩小而产生了严重的产业失衡问题，不仅对外贸易逆差越来越大，而且可能因此而丧失技术创新领先国的地位（因为，制造业是技术创新的主要领域）。据说，曾当过美国总统经济顾问委员会主席的经济学家N.格里高利·曼昆曾经暗示汉堡包制作也应该算做“制造业”，因为它符合制造业的定义“利用机械的、物理的或者化学的方法，把原料、材料及零部件加工转化为新产品的那些公司”，从而可以在统计上掩盖制造业过度缩小的现象。而金融危机爆发后，美国才真正看清楚制造业衰落的后果。在其他国家，产业结构失衡的问题也非常突出，它们并不意识到自己的问题而往往是抱怨中国等新兴工业化国家制造业的发展太快。而在这样的全球经济结构中，中国等国家工业产生的高速增长，成为“世界工厂”，也没有获得充分的利益。特别是，在产业全球化竞争的格局中，美国等发达国家和中国等发展中国家的收入分配都发生了严重的不平衡现象。突出表现在：美国跨国公司高管们得到天价的高薪，据美联储统计，美国CEO的报酬达到工人平均收入的170倍，而华尔街的金融业经理们的收入更是高得让人目瞪口呆，例如美国一位叫詹姆斯·西蒙斯的对冲基金经理一年的收入可以达到15亿美元。与此同时，跨国公司在全球寻求工资最低的国家，在那里形成加工基地，因而使得那些地方即使生产和出口了大量工业制成品，其工人工资也只能长期处于很低的水平，否则，跨国公司就会将生产基地转移到劳动力价格更低的其他国家和地区。

（4）全球竞争使得工业生产从环境标准较高（也就是环境成本较高）的发达国家向环境标准较低（从而环境成本较低）的发展中国家转移。这样，发达国家可以在环境良好的本国享用由在发展中国家的低环境标准条件下生产出来的价廉物美的产品。换句话说，前者既可以享受良好的环境，又可以享用物美价廉的产品，而后者既要承受环境破坏的代价（而且还要受到破坏环境的指责），又只能从极为辛劳的工作中获得非常微薄的收入。同样，生产过程中大量的资源消耗，受到指责的总是生产者，而享用者却可以心安理得。无论如何，生产活动与资源环境之间的失衡成为严重的全球性问题。

（5）市场经济的危机总是表现为生产过剩性危机，即供应与需求的严重失衡。世界性的生产过剩和产能过剩，似乎成为需求增长永远也难以消化的“多余”。工业大规模生产的能量似乎永远也难以被“大众消费”所吸纳。连汽车、住房以及各种高技术产品都大规模地进入了大众消费领域，成为普及性产品，那么，还有哪些东西和空间可以让这头生产巨兽释放它巨大的能量呢？既然过剩多余，为什么还要不断地生产，不断地扩大投资？因为，这个世界就是一个“生产更多不用的产品、赚更多不花的钱、建更多不住人的房子”的世界。如果不投资、不生产，就没有收入；没有收入就没有需求；没有需求岂不更加供应过剩！所以，生产和投资一天也不能停止，而且必须年年增长。至于消费，只能听天由命：人们说美国人消费已经过头，但谁也不敢说如何让它降下来，而且如果真的降下来，岂不需求更加不足？人们又说，中国人消费不足。但我们看看商店里的人群，满街的高、中、低档餐馆和出入食客，房屋像雨后春笋似地拔地而起。再看看迅速增长的私家车和堵塞的城市道路、拥挤的火车特别是堪称世界奇观的“春运”和“黄金周”，还有各种“美容”、“按摩”、“足疗”等个人服务以及几乎人人持有的手机，等等。“衣食住行用”还有什么消费中国人输给了外国人？但统计数字就是说“消费不足”，那么，中国的消费不足究竟在哪里？经济的失衡已经难以说得明白。

二、国际金融危机引致各种失衡关系强制性调整

国际金融危机的爆发，让各种失衡关系凸显出来，并强制性地要求进行调整，否则经济运行难以为继。其中，有些结构变化已经和正在发生，有的失衡关系则必须经过艰难的过程才可能实现调整，而有些平衡关系的理想状态可能永远也难以达到，用一句哲学语言来说就是“平衡是相对的，不平衡是绝对的”。那么，国际金融危机以来世界发生了哪些显著变化？在这些变化中，中国经济特别是中国工业发挥了怎样的作用？

(1) 国际金融危机以来，一极独强的国际关系格局显著改变。中国的国际地位和影响国际事务的话语权显著提高。尽管我们并不认可“G2”的说法，但是，从“G7”、“G8”到“G20”，从美国小布什政府的单边主义政策，转变为奥巴马政府的“巧实力”政策，都表明今天的世界正在向一超多极的新格局转变。美国作为世界第一强国的地位和美元作为第一国际储备货币的地位尽管都没有根本性改变，但是，中国以及新兴国家在国际关系格局中的崛起却是一个不争的事实。在世界格局改变的这一过程中，中国经济的强盛无疑是一个决定性因素。特别是，中国工业的快速发展和工业技术的迅速提高，使得美国产生了搞不好可能在制造业和基础设施建设上落后于中国而成为“世界第二”的担忧。而且，在应对危机和处理重大国际关系问题时，美国和所有国家都越来越感觉到必须有中国的参与，甚至常常“有求于中国”。

(2) 世界宏观经济关系的失衡，是产生国际金融危机的重要原因之一，而危机的爆发将使这一关系得到一定程度的强制性调整。美国不得不调整其储蓄—消费关系，低储蓄、超消费的方式必须一定程度地向鼓励储蓄和谨慎消费方向改变。金融制度特别是其监管体制也必须进行改革，以避免失度的金融冒险行为导致系统性风险的积累和爆发。无度的“借钱、借钱、再借钱”行为必须有所抑制。美国经济的这一调整如果产生明显效果，则意味着，中国等过去非常依赖美国市场的出口国也必须做出相应的调整。出口仍然是重要的，但出口产品的结构以及国际竞争策略必须与时俱进，以适应新的国际经济关系和产业竞争格局的变化。有些外国人为了推卸美国在闯下危机大祸中的责任，认为国际金融危机的根源是中国出口增长太快，外汇积累过多，国内储蓄率过高，将大量资金引向美国，才导致美国消费和负债过度，经济失衡。这显然是没有任何道理的。但是，储蓄率过高，经济增长过度依赖出口和投资确实是中国宏观经济关系中的一个突出现象，并产生了一系列问题。这一关系的形成同中国改革开放的路径有关。中国改革开放的主要领域是工业，在市场经济的激烈竞争和深度参与经济全球化的过程中，中国工业成为所有产业中发挥比较优势最显著、国际竞争力增强最快的经济部门。因此，中国工业品的出口增长很快，基础设施建设的工业技术保障非常强大。国际金融危机爆发后，国际市场急剧萎缩，对中国工业无疑产生了很大的冲击。但是，中国工业很快转向国内市场，在国内投资需求和消费需求的拉动下，仍然保持了较高增长率。从而保证了中国宏观经济关系在国际金融危机的冲击下仍然保持了基本健康状态。

(3) 接受国际金融危机的教训，美国等发达国家将更加重视工业特别是制造业的发展。美国提出“重振制造业”和“再工业化”的主张和政策，绝不是权宜之计，而是一个重大的国家战略。为了发展制造业，必须使自己的制造业具有国际竞争力，基本的措施有两条：其一，加大对技术创新的投入，包括增加国家支持和实行政策诱导，鼓励民间资本投资制造

业，当然主要是高端的现代制造业。其二，改变竞争规则和国际贸易规则，从而改变国际间的比较优势关系，例如，提高环境标准、安全标准，特别是将“碳排放”标准提高到无以复加的高度，从而使得发达国家的工业设备和产品更具技术上的先进性，而且使这种先进性直接成为决定竞争优势的主要因素。很显然，这样的战略和政策调整将会对中国工业的结构调整产生重要影响。中国工业要保持和增强国际竞争力，就必须做到更节约、更精致和更清洁。自国际金融危机以来，中国工业技术创新显著地向更节能、更环保的方向发展。特别是新能源，包括太阳能、风能等产业的发展突飞猛进。工业品的质量标准、安全标准也受到更大的重视。如果说，金融危机使得发达国家希望通过重振制造业来加固其经济基础，那么，中国工业将经过一次更大强度和更持续进行的“精洗”来应对未来的国际竞争挑战。

（4）国际金融危机后，世界各国对收入分配和劳工权益都会做出新的反思。有些国家在应对危机中适应能力显著不足，原因之一是其收入制度的弹性低，工资福利成本超出了国家和社会承受能力。有些国家，收入分配的严重不公平和税收制度的不当利益倾斜导致中产阶级的削弱，居民整体的抗经济风险能力不足。加之居民家庭支出高度依赖于信贷扩张（住房贷款、汽车贷款、信用卡贷款等），一旦遇到经济波动，很容易产生系统性风险。尽管在收入分配和社会福利制度方面进行重大调整是非常困难的（例如，美国的医疗保险制度改革推进艰难），但各国都看到了问题的严重性。中国经济发展的成就巨大，但分配关系上的矛盾也在积累。从急切地创造财富，到希望更公平地分享财富和经济发展的成果，是在应对国际金融危机中，中国民意变化的一个显著特点。今年（2010年）发生了富士康员工连续跳楼自杀和本田南海工厂员工罢工等事件，表明中国的分配关系和劳资关系进入了一个重大调整时期。

在经济全球化时代，收入分配的基本格局是在竞争中形成的。当前，世界产业竞争格局的显著特点之一就是消费者主权的极大彰显，工业品的大众消费成为企业面对的巨大机会和强大压力。消费者要求的是物美价廉的产品，大工业的整个产业链条就必须围绕着这个市场权力主轴运转。批发零售企业（以沃尔玛为典型）要销售物美价廉的商品，就要求工业企业按最低价格供货，无法提供物美价廉产品的企业将被无情地淘汰；而网络经济和网购方式的发展更是让消费者主权（购买物美价廉产品的要求和能力）的巨大能量在全世界传递和放大。工业企业为了满足大批量物美价廉产品的生产要求，势必要进行大规模生产，并进行以“外包”、“代工”为特征的专业化合作，同时尽量压低生产中可能发生的各种成本，其中包括人力成本。经过激烈的竞争和优胜劣汰，最终一定导致工业资本（制造环节）向全球生产成本最低的地方转移，其中，被誉为“世界工厂”的中国就是最具代表性的国家之一。这种经济全球化条件下的产业链布局和竞争压力传递机制，就使得富士康这样的大型代工企业应运而生，本田这样的跨国公司在全球布局生产能力。它们再往下传导，就会将市场压力直接传导到每一个员工身上。本田南海工厂员工罢工的原因之一就是他们不明白为什么他们的工资比本田公司其他地方的工厂员工的工资低那么多？他们不知道，正是因为南海的工资成本低本田公司才将零部件工厂设在这里。富士康和本田南海工厂等事件的出现，说明了一个大问题：人不是机器，不是没有生命的生产要素。在生活水平和个人尊严日益提高的现代社会，企业员工也已经不再是西方工业化初期的产业工人了。因此，在全球化竞争下如何善待员工，是当代企业的一个重大管理课题。企业如果不能解决好这一难题，就很难避免发生人员悲剧和管理危机。

(5) 中国扩大内需几乎成为全世界众口一词的希望，但各有各的盘算。美国要求中国扩大内需是希望减少自己的国际贸易逆差。一些同中国工业品有直接竞争关系的国家希望中国扩大内需是为了减少竞争压力。到中国来投资的跨国公司当然希望中国扩大内需而可以让它们的产品有更大的市场。而中国自己也希望扩大内需，其实是更希望扩大居民的消费需求，以改变经济增长对投资和出口的过度依赖。而在中国的国内供需关系中，更突出的是许多产业都在呼吁要解决"产能过剩"和"淘汰落后产能"的问题。但这个看似简单的问题，却是一个非常难以解决的矛盾。而且，在金融危机中，为了保增长，必须实行刺激性的救市政策，其结果往往是不得不以结构的一定程度恶化为代价，该淘汰的不再淘汰，一些行业产能过剩更严重。更困难的问题是，对于究竟什么是"过剩产能"，什么是必须淘汰的"落后产能"，站在不同的立场，从不同的角度观察，往往有不同的结论。常见的情况是：已经上了公共汽车的人总是喊"太挤了，不能再上人了，快关门吧！"而在车下想上车的人总是说："车上不是明明还有空，为什么关门不让上人？"所以，实质的问题可能并不是供需量的关系，而是竞争秩序和规则。同样，抱怨居民消费不足也可能没有触及问题的本质。是消费还是储蓄，完全属于消费者主权。据调查，中国居民对消费不足确实不满，但对储蓄不足更加不满。也就是说，很难确定，如果收入增加，居民是会更倾向于增加消费还是增加储蓄？可见，经济结构关系的变化并没有一种必然收敛的确定目标状态。一定时期、一定条件可能有一定的存在方式，无论人们认为它"合理"或者"不合理"，存在的就是现实的，现实的就不可能是完全不合理的。所以，结构的调整、优化和合理化，永远是一个变动中的过程，而没有终极状态。

三、一个基本结论

总之，中国经济发展现阶段的时间与空间特征是：中国仍然处于工业化的中期，正在以更高水平的对外开放融入全球化的国际经济，因此，国际和国内的经济不平衡以至危机的爆发都将深刻地影响中国经济发展的现实路径，而中国经济特别是中国工业经济的发展将对国际和国内经济不平衡的缓解产生重要的积极影响。中国工业是应对国际金融危机冲击和保增长的中流砥柱；中国工业的继续发展将为缓解或解决经济不平衡矛盾奠定更强的物质基础和拓展更大的回旋余地；而中国工业走上新型工业化的道路将使经济结构调整和升级进入一个新阶段。

金　碚

2010 年 6 月 12 日

目 录

专栏

附表

附图

总论 国际金融危机下的中国工业

提 要

从2008年开始，震动世界的国际金融危机以汹汹来势冲击中国经济，使得开放度很高的中国经济也经受了巨大的考验。在国际金融危机中首当其冲的中国工业，在应对危机和实现2009年国民经济增长“保八”目标上，发挥了中流砥柱的作用。中国工业化仍然具有广阔空间，这决定了中国经济增长的乐观前景。当然，中国工业存在的问题也是十分严重的，资源浪费、环境破坏、结构失衡、民生欠账，都是中国工业发展面临的挑战。这次国际金融危机的冲击，使中国工业发展的问题更显著地表现出来，而有些问题（例如结构调整）的解决则因应对金融危机而产生了一系列新情况。在极度逆境中，中国工业不仅实现了“V”字形反转，而且使遭遇国际金融危机极大冲击的2009年成为中国再启强国富民新征程的又一个标志性年份。经受金融危机冲击之后，中国将实行重大的发展战略调整，中国工业发展将呈现显著的新态势，要探索新型工业化道路，加快实现经济发展方式的转变。总之，后国际金融危机时期，中国工业发展进入了更强劲、更具进取性，同时也是更复杂、更具挑战性的阶段。

* * *

2007年开始的美国次贷危机迅速演变为一场百年一遇的国际金融危机，系统性风险骤然爆发，表现出势不可挡的破坏性，海外许多人称之为“金融海啸”。从2008年开始，这一震动世界的危机以汹汹来势冲击中国经济，使得开放度很高的中国经济也经受了巨大的考验。其中，中国工业所受的冲击以及在这一冲击下的反应和表现，更是令人关注。因为，中国正处于工业化的一个关键时期，工业是中国经济的根基和产业主体。2007年到2008年初，中国还因为对“经济过热”的高度担忧而正在出台多项紧缩性宏观调控政策（所谓“双控”），给经济降温。未曾料及猛然遭遇国际金融危机冲击，经济走势急剧冷却，不得不采取以“保增长”为主要目标的宏观刺激政策，从“踩刹车”紧急转变为“踩油门”，同其他国家一样进入了一个政府“救市”的非常时期。从2008年下半年，经过2009年，直到2010年上半年，被称为“国际金融危机时期”，而此后（2010年年中之后）人们开始谨慎地称为“后金融危机时期”。观察国际金融危机下的中国工业走势和产生的种种现象，并深刻思考其对中国工业化的长久影响，具有极为重要的意义。

一、首当其冲的工业成为保增长的中流砥柱

1. 工业在抵御危机中的表现优异

中国正处于加速工业化时期，工业是增长最快、改革力度最大、开放度最高的部门，所以，当国际金融危机的风暴袭来，工业也必然首当其冲。2008 年下半年开始，中国工业增速显著下滑，规模以上工业增加值和企业利润的增速均跌至近十年来的最低。造成这一情况的原因是多方面的，其中，最直接的原因是金融危机造成的国际市场需求快速大幅下降。当时，世界各国经济增长均因需求锐减而显著放缓，而且，出口依赖程度越高的国家，其经济增长和工业生产放缓甚至出现负增长的程度就越严重，无论是发达国家还是发展中国家都基本如此。由于工业是中国经济中对外开放程度最高、利用外部资源最集中的领域，所以，在国际金融危机冲击的初期，工业，特别是外向度较高的产业和地区受到的损害首先表现出来。2008 年第四季度开始，反映内需的国内投资和消费增速相对稳健，其中，私人部门的内需比较正常，但出口形势急剧恶化。自 2008 年 11 月以后，连续 3 个月出口负增长。2008 年全年出口同比增长 17.2%，增幅回落 8.5 个百分点，明显超过工业增速下滑的幅度。这是国际金融危机影响中国并加速向实体经济传导的重要表现之一。

面对严峻形势，中国政府的宏观政策方向不得不进行重大转变，即从紧缩性的“双控”（控制经济过快增长和控制通货膨胀），急速转向扩张性的宽松货币政策和宽松财政政策。特别是，中央政府紧急做出 4 万亿元人民币的刺激性投资计划决定（其中，中央财政支出 1.8 万亿元），并要求各地方追加配套投资。这 4 万亿元国家投资计划及其带动的地方和民间投资，除了一部分进入民生项目和促进技术进步的项目等领域外，相当一部分进入基础设施建设。同时，中央政府陆续出台了十大产业振兴规划，不仅以此提振信心，而且对一些工业部门（例如汽车、家用电器等）的“保增长，扩内需”以及阻止外销的急剧下降（通过提高出口退税率等措施）产生了直接的刺激效果。

2. 工业对“保八”的贡献突出

经受了 30 年改革开放锻炼的中国工业企业，在宏观经济政策的刺激下，不仅是直接受惠于国家政策的大型国有企业，而且包括未直接受惠的中小型企业，都表现出应对国际金融危机冲击的较强市场适应能力和竞争力，顽强地从困境中奋起，使工业增长在 2009 年触底后企稳，并实现了强劲反弹。这样，在国际金融危机中首当其冲的中国工业经济，在应对危机和实现 2009 年国民经济增长“保八”（GDP 年增长率达到 8%）目标上，发挥了中流砥柱的作用。

统计数据显示：规模以上工业生产增速由 2008 年 6 月的 16%一路下滑到 2009 年 1~2 月的 3.8%，之后止跌回升，3 月份增速达到 8.3%，11 月、12 月分别达到 19.2%和 18.5%，2010 年 1~2 月增速达到 20.7%，呈现明显的"V"字形运行轨迹（参见图总-1）。2009 年，全部工业增加值达到 13.5 万亿元，比上年增长 8.3%；规模以上工业增加值增长 11%，其中轻、重工业分别增长 9.7%和 11.5%，2010 年 1~2 月分别增长 14.5%和 23.7%。

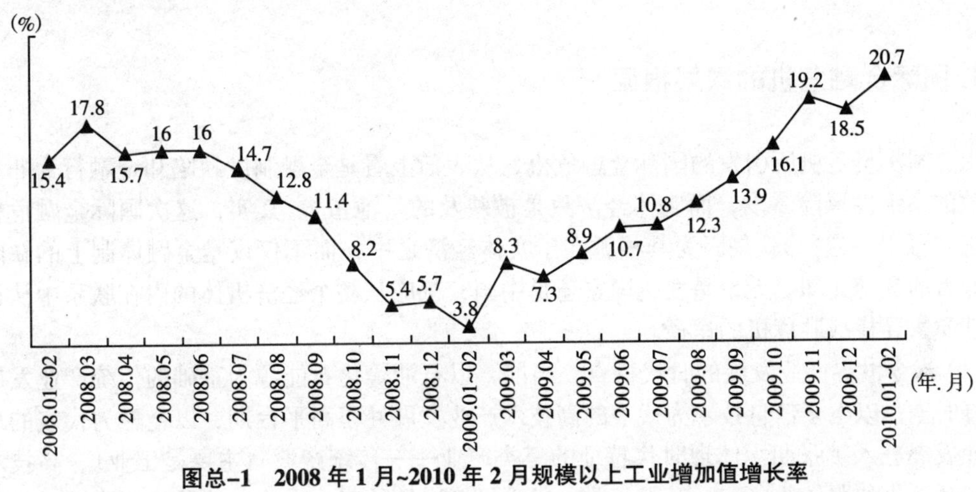

图总-1　2008 年 1 月~2010 年 2 月规模以上工业增加值增长率

在工业生产增长实现"V"形反转时，工业品出口形势也逐步好转，但因国际经济形势恢复的滞后，中国工业出口增长的恢复也相对明显滞后于工业增长的整体好转。2009 年，规模以上工业销售产值比 2008 年增长 9.4%；其中出口交货值同比下降 10.1%，占全部销售产值的比重由 2008 年的 16.7%下降到 13.7%。2010 年 1~2 月，规模以上工业销售产值同比增长 37.5%；出口交货值同比增长 22.5%，占全部销售产值比重的 12.9%。

3. 工业在应对危机中发挥了关键作用

中国应对国际金融危机冲击的过程大致经历四个阶段：①政府实施宏观经济刺激政策，稳定宏观经济供求，遏制经济下滑。②越来越多的企业在经受危机冲击后，完成调整过程，适应变化的环境，恢复和提升竞争力，逐步进入良性经营状态。③部分产业出现增长回升并趋于稳定，相关经济部门逐步恢复常态，以至有些产业进入强劲增长态势，经济景气周期出现上升势头。④带动国际市场景气回升，经济增长回到正常轨道。到 2010 年第一季度，工业运行数据显示，中国正处于第二个阶段向第三个阶段过渡的时期。世界之所以对中国抱有很高期望，主要就是因为，不仅在第一个阶段而且在第二个阶段，特别是第三个阶段，中国经济都可以发挥重要作用。很显然，其中工业和工业企业包括中小企业发挥着关键性作用。

可以说，摆脱国际金融危机的过程，就是中国工业进一步增强和发挥国际竞争力的过程。从根本上克服国际金融危机和世界经济衰退的不利影响，归根结底依赖于工业国际竞争力的进一步提高。

二、从国际金融危机的实体经济根源中认识中国工业的现实

1. 国际金融危机的深层根源

由美国次贷危机所引发的国际金融危机，从表面上看是金融制度缺陷和金融行为非理性所导致的系统性风险爆发，而实体经济只是被殃及的“池鱼”。其实，这次国际金融危机之所以是“百年一遇”，就是因为其根源在于实体经济之中，而不仅仅是金融体制上的缺陷和金融业者的贪婪无知。无论是发达国家还是中国，都应从整个经济机体的内在联系中认识危机的性质，寻找战胜危机的途径。

（1）当今世界产业发展的时代特点。当前，以石油等化石能源为基础的传统产业发展达到巅峰时期；以电子信息技术为代表的高技术产业发展处于高平台期；以金融为代表的现代服务业发展进入扩张期。体现时代特征的三类产业——传统产业（主要是工业）、高技术产业（包括工业和服务业）和金融服务业，成为经济增长的三大支柱，彼此相互渗透、相互依存。国际金融危机的爆发，表明这三大产业均面临深刻的矛盾：传统产业面临越来越严峻的资源环境约束，发达国家传统产业面对成本上升压力却越来越缺乏机制弹性，纷纷向发展中国家转移；高技术产业尽管具有技术优越性，但技术创新的巨大“创造性破坏”缺乏有效的新商业模式支撑，导致投资人长期信心不足而倾向于风险性短线投资；金融服务业具有极强的自我增值能力，其迅速扩张导致虚拟经济膨胀，系统性风险剧增。

（2）世界产业发展的三大机制障碍。①创新机制出现创新不足与创新失度并存现象，其基本原因是创新外溢和创新风险导致产业创新动力不足，例如能源节约和能源替代主要受益对象为社会而创新者的投资风险大，因而研发投入不足；另外，因创新者可以转嫁失败风险，又导致一些领域创新失度，例如金融创新的个人受益巨大而一旦失败损失将由其他人和社会承担，因而导致发生金融创新过度现象。创新机制的障碍使得世界产业核心技术的突破性创新前景不明。同时，虚拟经济吸纳大量投资资源，并积累起越来越大的风险。②由于体制机制趋向于缺乏弹性，企业特别是巨型企业的成本控制能力衰减，赢利能力高度依赖于金融虚拟经济及其支撑的“资本运作”（兼并、收购、剥离、重组、证券化等），而一旦市场环境发生变化，整个经济机体就可能发生严重的系统性风险（too big to fail）。③传统产业和高技术产业的市场渗透能力都呈现缺乏适应性和扩张力的疲态，难以应对市场需求结构和社会（居民）财富结构巨大变化的现实，表现为销售乏力，因而不得不越来越依赖于信贷扩张。国际金融危机反映出发达国家的产业根基存在深刻矛盾，它们只有解决了产业发展的市场空间、技术路线方向、升级路径和机制模式等问题，经济增长才会有长期的乐观前景。

2. 中国现阶段产业发展特点明显

（1）中国的现实情况。30 多年来，工业是中国改革开放最前沿、最深刻的领域，也是中国目前国际竞争力最强的产业。但是，中国工业化的过程还没有完成。尽管从经济产出的构成看，工业已经占有很高比重，似乎已达到工业国的标准（其实，中国工业的比重还没有达到发达国家曾经达到的比重），但从人口和劳动力结构看，农业仍然占很高的比重，农业劳动力向非农产业主要是工业转移的过程远未完成。

作为一个人口众多、幅员辽阔的发展中大国，解决正在面临和将要面临的几乎一切重大和长远的经济社会问题，都高度依赖于重化工业的长足发展。只有形成发达的重化工业，才能解决中国城镇化、交通运输、资源开发、水利工程、环境保护和国土治理以至国家安全、民生福利等问题。所以，建设更为强大的工业，仍然是相当长一个时期中国经济发展的中心内容。而且，从工业本身的技术特征看，中国工业总体上仍处于规模收益递增时期。在相当长的时期内，增加工业投资和扩大工业规模仍然具有客观必然性和效益合理性。这是各地具有发展工业的强烈愿望的经济学根源。

（2）工业增长和发展出现的问题。工业对中国改革发展作出了巨大贡献。我们所面临的许多经济和社会问题，本质上是由于工业率先改革开放而其他大多数领域相对滞后所产生的，不应都被归结为工业发展本身的问题。例如，由于社会保障制度、土地制度、环境保护制度、资源开发利用制度等的变革落后于工业所产生的一些问题，不应被归结为工业发展的恶果。人们常常指责工业消耗了资源。其实，从根本上说，恰恰是工业创造了“资源”：地球上以及太空中的物质是“资源”还是“废物”，完全取决于工业技术能力和需求。如果没有工业，地球上的大多数物质都不是“资源”。有了发达的工业，才能节约或高效率使用地球物质，包括土地、水、矿物等。人们还常常指责工业破坏了环境。其实，工业是保护和改善人类居住环境的经济基础。如果没有工业，人口密集的中国不可能保持青山绿水，荒凉贫瘠的土地难以成为适合人们居住生活的地方。有了发达的工业，保护和改善环境才能成为现实和可行的目标。

（3）中国工业的社会责任的历史使命。由于工业是就业的最有效方式之一，因此在现阶段，工业发展的民生意义具有根本性和基础性。新中国成立 60 年来的工业化，使数亿中国人能够越来越多地享受工业文明的成果；但 13 亿中国人中的大多数（主要是农民）仍在期待着工业文明到来，期盼着工业文明带来的福利。从这个意义上说，工业化不仅仍然是中国经济社会发展的主题，而且是最大的民生事业。

从中国工业化的性质和进程可以看出，工业化仍然具有广阔空间，这决定了中国经济增长的乐观前景。当然，中国工业存在的问题也是十分严重的，资源浪费、环境破坏、结构失衡、民生欠账，都是中国工业发展面临的挑战。这次国际金融危机的冲击，使得中国工业发展的问题更显著地表现出来，而有些问题（例如结构调整）的解决则因应对金融危机而产生了一系列新情况。总之，中国工业发展的复杂性和新异性更为突出了。

三、逆境中再启强国富民之路的新征程

1. 中国工业发展进入新的历史阶段

国际金融危机对中国工业产生了巨大冲击，使其一度处于非常困难的逆境之中。但也正是在极度逆境中，中国经济表现出很强的抗风险能力，中国工业不仅实现了“V”字形反转，而且使遭遇国际金融危机极大冲击的 2009 年成为中国再启强国富民之路新征程的又一个标志性年份。

尽管这次国际金融危机的影响世界上没有哪个国家可以幸免，中国也不例外，但是，中国所面临的问题同美国等发达国家有很大的不同。美国金融危机的产生反映的是其产业发展空间有限、动力不足。美国加州大学洛杉矶分校教授罗伯特·布伦纳认为，自 20 世纪 90 年代中期以来就存在的一个问题是“美国经济从哪里找到自身前进的动力?”“危机的严重性因而内在于经济扩张本身之中，即历史性的经济衰弱与对房价上涨的依赖，而后者本身是由历史性的信贷泡沫所拉动的。”“家庭本来是经济扩张的主要力量，依靠个人消费支出的上涨，依靠历史性的借贷所推动的住宅投资，家庭以需求来拉动经济扩张。但是，房价跌落使家庭财富损失殆尽，房地产泡沫时期的债务又使其积重难返，更不用说劳动力市场的萎缩了，家庭只能停止借贷消费而自愿或被迫地进行储蓄。”“美国占世界制造业市场的份额在 1987~2000 年间基本保持在 11%~12%，而 2000~2005 年突然惊人地下降了 25%，从 12.1%下降到 9%，达到战后的最低水平。与此同时中国市场份额增加的 3%绝非巧合。美国制造业无疑陷入了空前的困境之中。”“然而如果制造业未能在 80 年代和 90 年代得以重振，那么由什么来推动经济增长?”① 而中国所处的发展阶段以及中国的经济体制决定了中国工业增长的空间仍然非常广阔，动力仍然极为强劲。因此，经历这次国际金融危机，中国不仅应对有效，而且成为一个公认的“赢家”。《今日美国》报的署名文章说，国际金融危机以来，“发展中国家看到了美国的焦虑、欧洲的动荡、日本的瘫痪和中国的增长与稳定”。②

（1）经历国际金融危机，中国占世界经济的份额（以 GDP 或者国际贸易总额计算）显著提高。2009 年，中国成为世界第一出口大国。世界贸易组织（WTO）于 3 月 29 日公布 2009 年全球主要国家和地区商品贸易排名，中国大陆以 1102 亿美元的出口量，占全球出口总量近 10%，超过 2008 年的冠军德国，夺得第一。而中国企业联合会会长王忠禹透露，来自联合国工业发展组织的统计报告显示，2009 年中国制造业在全球制造业总值中所占比例

① ［美］罗伯特·布伦纳：《高盛的利益就是美国的利益——当前金融危机的根源》，《政治经济学评论》2010 年第 2 期。

② 伊恩·布雷默（亚欧集团总裁）：《信奉自由市场的民主国家挣扎之际，中国却取得罕见的“成功”》，中译标题《中国发展模式赢得民众支持》，《参考消息》2010 年 5 月 27 日。

已达 15.6%，成为仅次于美国的全球第二大工业制造国。①

（2）经历这次国际金融危机，由于相对经济地位的变化和产业竞争力状况的变化，中国对自由贸易的认同能力显著提高，因此，从自由贸易的被动接受国成为积极捍卫国。过去举着“自由贸易”大旗并动辄指责中国违反自由贸易原则的国家，将不得不承认中国以极大的努力执行和维护了自由贸易原则。国际金融危机后，世界各国将进行重大战略调整，国际竞争规则和贸易规则也将发生重大改变。有学者认为，世界政策取向将从“释放市场力量”向“保护社会”转变。②面对国际经济形势的变化，中国的应对能力和回旋空间有了显著的提高。

（3）中国基础设施实力大大增强。在应对危机中，中国超常规地加大基础设施建设投资。中国的铁路、机场、高速公路、桥梁、城市地铁等的建设大大加快，其中在高速公路建设方面已成为世界第一强国。以强大的工业生产和建设能力为后盾，中国基础设施建设能力爆发式成长，令世界震惊。现在，中国已经成为基础设施最雄厚、投资和发展条件最优越的国家之一，在有些领域甚至超过发达国家。可以预期，由于投资条件和市场条件的极大改善，世界资本、技术和人才将更大规模地流向中国，进一步增强中国工业的国际竞争力和整体实力。

（4）在国际金融危机中，中国工业发展获得了一次难得的突进机会。资源环境压力在短期内得到一定程度的缓解。一些在资源严重供不应求、资源价格高涨时期办不成的事，现在也许正是解决问题的难得良机。同时，国际资产价格大幅度调整，为已经积累了一定实力的中国经济特别是给一些具有相当优势的中国企业提供了国际战略选择的机会。中国企业“走出去”的步伐显著加快。中国为解决资源、环境问题所进行的投资显著增加。

（5）中国产业和企业的国际竞争力将显著增强。经历国际金融危机的“精洗”，中国产业将具有更强的国际竞争力。具有世界影响的中国企业数量将大量增加。在有些领域，例如金融、通信和工业领域，都有一些实力和规模均达到世界水平的中国企业出现。有些企业，例如华为、比亚迪等，在高技术创新上成为世界注目的企业。

（6）由于中国经济实力的显著增强，特别是在这次国际金融危机中中国经济所表现出的有效应对系统性危机的能力，世界各国包括发达国家不得不承认中国对国际经济的影响力，甚至常常不得不有求于中国，希望中国在解决国际重大问题上发挥更大作用，因此，中国在决定国际事务包括决定国际经济规则上的话语权显著增强。这一方面有利于中国在国际竞争中的战略实施和利益维护；另一方面，也将承受国际社会要求中国承担更多的国际义务和大国责任的压力。

2. 中国工业发展面临新的路径选择

在中国工业乐观前景下，我们也必须看到中国工业发展存在的问题，特别是在工业创新方面，中国工业还面临着一些重大问题。无论是应对当前的国际金融危机，还是实现经济长

① 大洋网–广州日报，2010 年 3 月 29 日，http://www.sina.com.cn。

② 参阅高柏：《奥巴马政府与正在到来的后全球化时代》，北京大学中国与世界研究中心《观察与交流》2010 年 4 月 30 日第 54 期。

期发展，中国工业都有大有作为的空间。其中的核心问题是，中国工业必须在不断提升国际竞争力的过程中实现关键性的创新突破。

（1）形成节能和节约资源的技术创新机制。其中特别要形成高度外溢性（公益性）的技术创新机制，解决工业发展的资源环境约束问题。现代产业体系的特点是：大规模创造和高效率地利用资源，实现长期可持续发展；以发达的工业技术为基础，使地球上更广大的空间成为适合人类生存的环境。

（2）建立产业升级的创新机制。在现阶段，中国没有“夕阳产业”，应实行全方位的产业发展战略。产业升级的意义不仅仅是产业间升级，更重要、更具有普遍意义的是产业内升级，即工艺升级、价值链升级、产品质量升级、品牌升级，以形成“精致制造”的工业素质。因此，明确产业升级的方向是重要的，但更重要的是正确选择产业升级的可行路径。中国产业升级不是简单的“低级—高级”替代过程，而是沿着竞争力优选路径（不断形成更具竞争力的产业）推进。特别是，无论是在“低级”产业还是在“高级”产业，中国企业都有一个从产业链的低端向高端推进的任务。

（3）实现技术创新和商业模式创新的有效结合。应形成有助于企业实现技术创新和商业模式创新有效结合的制度环境。例如，光伏产业、新能源汽车、环保产业等的发展都需要有效的制度安排。因为，工业创新只有以商业投资信心为基础，才能成为可持续和高效率的活动，成为推动工业持续增长和发展的动因。

总之，这次国际金融危机具有深刻的产业经济根源。中国坚实的产业根基和广阔的工业化空间，是我们可以率先摆脱危机的可靠基础和有利条件；而进一步增强产业国际竞争力特别是进一步发展壮大工业，是中国经济摆脱国际金融危机不利影响并长期保持平稳较快发展的关键。中国工业经历过市场竞争的风浪，不仅可以成为抵御危机的中流砥柱，而且能够发展成为更强大、更高效、更清洁的现代工业体系。

四、国际金融危机后中国工业经济发展的趋势与挑战

由于国际金融危机深刻反映了实体经济特别是产业经济中所存在的机制缺陷，世界经济似乎发生了不知向何处去的困惑。因此，尽管所有的人都在呼吁“创新”，但却因创新机制缺陷而看不清创新的方向。危机爆发后，各国在采取超强度的刺激政策和救市措施以遏制经济大幅度下滑势头并取得了一定效果的前提下，都在进一步考虑实行提升产业竞争力的重大战略调整，竭力寻找新的产业核心技术路线创新突破方向和新的产业增长空间，希望形成带动经济强劲增长的新的产业增长引擎，并使本国产业能够在不可逆转的全球化条件下保持相对竞争优势，以缓解可能导致系统性风险和经济失衡的内在矛盾。为了实现经济战略调整，各国尤其是在这次国际金融危机中受影响较大的发达国家，将进一步反思现行竞争规则及国际贸易规则的有效性和有利性。发展中国家会更倾向于传统意义的自由竞争和自由贸易规则；发达国家则会更倾向于在自由竞争和自由贸易规则中加入各种非传统因素（例如低碳），

以抵消日益削弱其传统竞争优势的传统规制对其造成的不利影响。因此，国际竞争规则和国际贸易规则将发生显著的变化。在这次国际金融危机冲击下，中国工业一方面表现出历经30年改革开放而显著增强的竞争力和抗风险能力（因而能够在世界经济严重衰退的2009年保持8%以上的经济增长率，即使外向型产业受到很大冲击，中国工业产品的国际市场占有率仍然保持了继续提高的势头）。另一方面，中国工业发展长期存在的深层问题也在危机冲击下更突出地显露出来。因此，经受金融危机冲击之后，中国也将实行重大的发展战略调整，中国工业发展将呈现显著的新态势，探索新型工业化道路，实现经济发展方式的转变。

1. 工业化推进中实现“清洁生产”和“节能减排”

中国工业化的路程还远未走完，中国不可能以不发展工业的方式来解决资源环境问题。中国现阶段一切重大问题包括资源环境问题的解决都必须依赖于更发达的工业生产能力和更先进的工业技术水平。因此，资源密集型产业仍然具有很大发展空间。而在资源环境约束日趋显著的条件下，中国工业包括资源密集型产业将以显著快于世界平均的速度向更有效利用资源（即更节约资源）和更清洁生产的方向升级。同时，能源替代（新能源）也将以显著高于世界平均速度发展。实际上，中国工业近些年来正在走向更节能、更清洁的道路，中国对世界能源和资源利用效率的提高所作出的贡献为许多国际研究机构和学者的研究成果所证明。国际金融危机后，这一趋势将更加明显。中国工业中越来越多的行业和企业的实力已经达到了可以选用更节能、更环保的技术并保持竞争力的水平。近年来，中国新能源产业的投资和生产能力的迅猛提高，甚至导致出现“重复投资”和“产能过剩”的现象，表明中国新能源产业增长和节能技术应用的微观动力机制正在形成。

2. 丰富的劳动力资源仍然是比较优势的现实依托

中国劳动密集型产业的比较优势将长期存在，各产业竞争优势的增强仍将以发挥比较优势为前提，而新型劳动密集型产业的发展和人力资源的不断升级将成为中国产业新的比较优势。这将表现为：劳动密集型产业仍然将保持基于比较优势的竞争力，同时，传统劳动密集型产业将向新型劳动密集型产业即高新技术产业链上的劳动密集型环节升级。无论是从发挥比较优势还是从实现就业目标的要求看，中国劳动密集型产业都具有发展的必然性。随着中国经济发展达到新水平，人口与发展的关系正在发生历史性的变化。众多人口作为“负担”的状况将越来越弱化，而人多作为经济增长和发展的优势，包括形成更大市场空间的优势，将越来越显示出来。

以个人计算机产业为例，可以明显反映中国如何依靠劳动资源的比较优势逐步实现高技术产业的发展，以及从低端产业链向高端产业链的逐步推进。美国科学院科学技术与经济政策委员会发布的2008年《全球产业创新》报告中的研究结论是：从1990年以来，全球个人计算机产业分工的格局发生了很大的变化，21世纪以来，中国从生产和维护工程环节大规模进入该产业。现在，“该产业创新活动的全球分工有如下特点：元器件层面的研发（概念设计和产品规划）在美国和日本进行；新平台（尤其是笔记本电脑）的应用研发在台湾地区进行；成熟产品（主要是台式计算机）的产品开发以及大部分生产和维护工程在中国大陆进行”。[①] 将来，中国的个人计算机产业也必然会逐步向产业链的高端（包括应用研发和产品规划及概念设计）升级。经过这次国际金融危机，这一产业升级的趋势正在加强。

3. 雄厚的基础设施和高储蓄率将成为工业长期增长的重要支撑

经过数十年的投资建设，中国的基础设施条件正在实现历史性的转变，即从以往的“瓶颈”约束状态变为超前发展状态；同时，中国持续的高储蓄率和巨额资本积累所形成的巨大投资能力，成为支撑中国工业发展的强有力的独特优势。2008 年以来，为应对国际金融危机的影响，实施经济刺激计划，超常规地加大了对基础设施建设的投资，加快了许多基础设施建设项目的实施进度。中国正在经历基础设施建设的又一次投资高潮，这将大大增强中国基础设施的实力，各地区（包括中西部地区）基础设施“瓶颈”现象将得到根本缓解。同时，城市基础设施建设也正在大幅度加速，从而明显改善中国整体的投资环境和生活条件。随着基础设施建设的更大改善，中国正在成为基础设施条件最优越的发展中国家之一，甚至可以同一些发达国家媲美（美国等发达国家基础设施的陈旧已成为其产业发展的一个不利因素），因而对国际资金、技术和研发能力的吸引力将明显增强，经济发展的区位条件和区域优势极大改观。例如根据中央最近制定的新的发展规划，新疆维吾尔自治区的基础设施建设将大大加快，为开发利用新疆的资源创造有利条件。这一切都将进一步夯实中国产业发展的物质基础。

4. 制造业精致化和形成新的专业化分工优势成为产业升级的重要特征

在资源条件改变和全球化竞争中贸易伙伴国对华贸易政策变化的双重压力下，中国产业发展必将告别“粗放制造”、“低价竞争”、“快速扩张”的时代，形成“精致制造”、“清洁生产”的战略机制、工业素质和企业文化，进一步锻造制造业竞争力的微观基础，真正形成现代工业文明的精髓。金融危机使得从未经历过严重经济危机冲击的中国企业普遍接受了一次严峻的考验和“精洗”，也给具有竞争力的中国企业提供了一次特殊的战略调整机遇，促使中国制造业向精致化方向转型和发展。同时，制造业产业链的不断分解，并在信息化过程中形成新的产业业态，包括推进生产性服务业的发展，将逐步形成中国产业竞争力新的专业化分工优势。

5. 有效竞争规则和新的成本优势机制是中国工业竞争力的重要因素

产业组织结构的不断演变和形成新的成本控制机制，是中国产业保持和增强竞争优势的关键之一。经历了这次金融危机，中国将形成一批更具国际竞争力的企业，包括民营企业和

① 中华人民共和国科技部调研室、中国科学技术信息研究所编：《全球产业创新——在新世界中竞争的美国企业》（上卷），2009 年 6 月。

大型国有企业和企业集团。由于国有企业具有在非常时期发挥功能和优势的特殊性质，所以，中国大型国有企业（主要是央企）的全球性战略举动将成为今后一段时期全球竞争新格局的一个引人瞩目的现象。这次金融危机是对中国企业的巨大冲击，但也是一个生动的“课堂”，特别是对高度外向和竞争性的企业，对于发展历史还不长的民营企业，更是一次在经济全球化条件下“战争中学习战争”的成长经历。在这一时期，一批优秀的企业和企业家将越来越成熟和强大起来。“竞争力来源于竞争”这一铁律，将以新的方式向中国企业提出挑战。中国产业竞争力的更大提升取决于两个关键因素：第一，形成各类企业公平竞争和有效竞争的格局，使各类企业在平等竞争中依靠自身努力提升内在的和长期的核心竞争力。第二，形成新的成本优势机制，即从主要依赖“血拼”方式维持产品低价格优势，转变为更有效地发挥综合优势，特别是通过技术创新和商业模式创新，来获取在较高水平的投入—产出关系和产品性能—价格比基础上的市场竞争优势。

6. 中国工业的国际化和信息化将面临新机遇、新挑战和新风险

金融危机和资产价格的极大变化为中国企业“走出去”提供了机会，但中国产业向制造业以外的海外领域拓展，可能付出较高“学费”。改革开放30多年来，真正实行了较彻底的改革开放的领域主要是工业特别是制造业，因此，工业特别是制造业是目前中国最具国际竞争力的产业。而其他产业大多改革开放滞后，缺乏市场竞争经验，国际竞争力不强，所以，当这些产业走出国门，参与国际竞争时，难免会不敌强大对手的竞争，屡遭挫折和失利。这些行业只有在不断历练中才能逐步培育起较强的国际竞争力。当然，即使是工业企业的海外拓展也将面对许多不熟悉的情况，当涉及各种法律、政府管制、当地文化等复杂关系时，中国企业因缺乏经验而经受的风险性会明显增加。

在国际化过程中，科技进步和新兴产业的形成，特别是信息化和网络经济的加速发展，将会深刻影响世界的竞争规则。希望在电子信息和网络经济方面有新的实质性突破，是欧美发达国家的重要战略动向之一。据报道，奥巴马就任美国总统后，2009年1月28日与美国工商业领袖举行了一次“圆桌会议”，IBM首席执行官彭明盛首次提出“智慧的地球”这一概念，建议新政府投资新一代的智慧型基础设施。奥巴马对此给予了积极的回应:“经济刺激资金将会投入到宽带网络等新兴技术中去，毫无疑问，这就是美国在21世纪保持和夺回竞争优势的方式。”“智慧的地球”概念一经提出，即得到美国各界的高度关注，甚至有分析认为，IBM公司的这一构想极有可能上升至美国的国家战略，并在世界范围内引起极大关注。

可以看到，现行的竞争规则、贸易规则、政府监管规则（包括税收制度）等，都越来越暴露出难以适应高度信息化和网络化的经济活动。世界经济活动的实体形态正在从“原子型企业”演变为“网络型企业（或企业群）”，而且，网络化的产品和服务形态越来越普遍。对原子型企业行为的监管与对网络型企业甚至网络型企业群行为（以及网络化产品和服务）的监管，显然具有不同的性质。这样，被监管的企业与实施监管的政府机构，都会面临极大的挑战。特别是，各种法律的和行政的规则体系受到极大的挑战。而经济全球化的趋势又要求实现世界各国规则体系的一体化或者可相互“接轨”。因此，各国新规则的制定或现行规则的改变将受到其他国家的密切关注和高度重视。中国工业和信息化部推出的过滤软件“绿

坝”，之所以会遭到巨大的国际压力而不得不缓行，最后不得不由原先的强制安装改为自愿安装，就是一个非常典型的案例。因为，旧规则的改变和新规则的制定都将对各国、各企业的竞争力产生很大的影响，这是在产业向信息化方向发展中必须引起我们高度重视的问题。总之，应对产业发展的进一步深度国际化和信息化所产生的风险，将是中国产业提升国际竞争力的重大新课题。

7. 财富创造与民生普惠的协调将成为中国工业发展战略的重要政策取向

国际金融危机暴露出发达国家的一个深刻而难以解决的问题，即过度的社会福利支出成为沉重的负担，超越经济承受能力的社会福利损害了勤劳工作的产业文化，导致国家债务膨胀，产业国际竞争力减弱。例如，希腊所爆发的金融危机以至可能产生的“欧元危机”，反映了勤劳工作与福利保障关系的失衡，特别是随着经济全球化的深度推进，一些发达国家尤其是欧洲各国将面临严峻的挑战。而中国似乎是另一种情况，即在财富创造取得巨大成就的过程中，民生福利的改善却明显滞后。因此，不断增加民生支出将成为今后国家经济社会政策的一个显著特点，在此过程中，工业发展也将更注重财富创造和民生普惠关系的平衡与协调。这样的政策取向将对工业的成本—价格结构、技术路线选择以及竞争战略等产生重要影响。

五、结 语

处于工业化中期的中国，在突如其来的国际金融危机冲击中表现出很强的应对能力和调整能力，不仅将国际金融危机冲击所导致的损失减少到最小，而且能够从逆境中崛起，国际地位显著提高，其中，工业发挥了基础性和关键性的作用。中国工业成为应对国际金融危机的中流砥柱。后金融危机时代，中国工业经济将加快走上新型工业化的道路，并成为转变经济发展方式的重要领域之一。当然，在国际金融危机冲击下，中国工业存在的突出问题也显著表现出来，而且，由于危机时期经济刺激政策的副作用，也使得结构调整等成为越来越突出的问题，一些领域中体制改革推进的迟缓也会对未来的经济社会发展产生不利影响。因此，后国际金融危机时期，中国工业发展进入了更强劲、更具进取性，同时也是更复杂、更具挑战性的阶段。

专栏总一1

西方国家期望中国参与“领导世界”

美国《纽约时报》2010年2月12日发表英国商务大臣彼德·曼德尔森的文章，称“欧洲和美国希望中国进入领导角色。中国专注于自己的发展和稳定是可以理解的，并且它仍然怀疑其被要求服从的国际准则在当初制定时没有考虑它的利益。

“中国不希望被任意摆布，也不希望让别人以它的名义行使领导权。但与此同时，人们强烈地感觉到中国还没有准备好，或者还不乐于自己参与领导。

“现实是，没有中国的参与，就不可能实现有效的多边主义。没有中国，就不会有全球气候变化问题的解决，就不会有亚洲或全球安全体系。没有中国，就不会有全球贸易或金融的可持续发展。

“但是中国需要表明，它知道自己过于庞大，面临的挑战过于严峻，因此不能退回到僵化和封闭。我们也许得表现出一些耐心，以及应对偶尔出现的摩擦的勇气。但是不管怎样，我们都需要中国成功，我们都需要中国开始参与领导世界。”

资料来源：《环球时报》2010年2月13日。

参考文献

中华人民共和国科技部调研室、中国科学技术信息研究所编：《全球产业创新——在新世界中竞争的美国企业》，2009年。

中国社会科学院工业经济研究所：《国际金融危机冲击下中国工业的反应》，《中国工业经济》2009年第4期。

金碚：《国际金融危机与中国工业化形势》，《人民日报》2009年6月23日。

金碚：《中国工业化60年的经验和启示》，《求是》2009年第18期。

工业和信息化部运行监测协调局、中国社会科学院工业经济研究所：《中国工业经济运行2010年春季报告》(2010年3月18日)，新闻发布。

[美] 理查德·维尔特：《国家竞争力》，中信出版社2009年版。

[美] 罗伯特·布伦纳：《高盛的利益就是美国的利益——当前金融危机的根源》，《政治经济学评论》2010年第2期。

[美] 亨利·保尔森：《峭壁边缘》，中信出版社2010年版。

[新加坡] 马凯硕：《亚洲半球：势不可挡的全球权力东移》，当代中国出版社2010年版。

[美] 罗伯特·赖克：《超级资本主义：商业、民主和每一个人生活的转变》，当代中国出版社2010年版。

Ⅰ. 综　合　篇

第一章　国际金融危机下中国工业国际环境的变化

提　要

国际金融危机造成了全球经济衰退。自2008年下半年开始全球经济增长、贸易发展以及投资和消费都出现不同程度下降，全球经济陷入衰退，2009年主要经济体包括发达国家、新兴市场和发展中国家经济增长速度大幅下降，国际贸易和国际投资明显放慢。在各国政府强力干预下，自2009年下半年以来，全球贸易、投资以及消费增长速度开始加快，其中中国等新兴经济体国家的增长尤为明显，从而有效拉动了全球经济，使其有望在2010年实现正增长，并在2011年实现全面复苏。国际金融危机给全球经济、社会环境带来了巨大冲击和影响，由此也使处于工业化进程中的中国工业面临贸易保护、人民币升值、大国责任、低碳经济、新兴产业、经济结构优化等方面的挑战。

同时，新环境也为中国工业的生态化、人文化、服务化、信息化、知识化和全球化发展带来了新机遇。

*　　　　*　　　　*

2008年，美国金融危机从局部发展到全球，从发达国家传导到新兴市场国家和发展中国家，从金融领域扩散到实体经济领域，形成了一场波及全球的国际金融危机，并由此导致了2008年下半年开始的全球经济衰退，直到2009年下半年，随着各国经济刺激政策效果的逐渐显现才有所缓和。展望后金融危机时代，国际金融危机带给全球经济的冲击是巨大的，同时也改变了国际政治、经济和社会环境，由此给中国经济和工业发展带来了极大的影响，使中国工业面临前所未有的挑战和机遇。

一、2008 年以来全球经济增长状况

1. 全球经济、贸易、投资、消费增长速度的变化

（1）全球经济增长速度显著下降，但 2009 年下半年下降趋势开始减缓。2008 年，世界经济增长率为 3.4%，与上年相比下降 1.8%，是 2003 年以来的最低增幅，全球几乎所有国家的经济增速都大大低于 2003~2007 年间的增长水平。发达国家进入经济衰退，2008 年经济增长仅为 0.9%。尤其是 2008 年第四季度，发达国家经济史无前例地下降 7.5%，陷入严重衰退。其中，美国、欧盟以及日本的经济增长分别为 1.1%、1.0%、–0.3%，相比 2007 年都不同程度下降。新兴经济体和发展中国家经济增长速度显著下降，2008 年经济增长为 6.3%，比 2007 年低了 2 个百分点。其中，金砖四国（BRICs）中国、印度、俄罗斯和巴西的经济增长分别 9.0%、7.3%、5.6%和 5.2%，都远低于 2005~2007 年的平均增速。

2009 年，全球经济总量减少 0.6%，为第二次世界大战以来最严重的经济衰退之一。发达国家经济收缩 3.8%，失业率大幅提高。其中，美国收缩 2.4%，为 1946 年以来的最大年度降幅；欧盟和日本分别收缩 4.0%、5.2%。2009 年，发展中国家和新兴经济体的经济增长率仅为 1.6%。其中，俄罗斯经济收缩 7.9%，通货膨胀形势严峻；印度主导产业受到严重影响，经济增速减为 5.7%；巴西经济运行波动较大，经济收缩 0.2%。中国经济增长速度为 8.7%，比 2008 年也有所下降。详见表 1–1。

表 1–1　　2007~2009 年世界经济增长情况

单位：%

	2007 年	2008 年	2009 年
世界经济	5.2	3.4	–0.6
发达国家	2.7	0.9	–3.2
美国	2.0	1.1	–2.4
欧盟	2.7	1.0	–4.0
日本	2.4	–0.3	–5.2
新兴市场和发展中国家	8.3	6.3	2.4
中国	11.4	9.0	8.7
印度	9.0	7.3	5.7
俄罗斯	8.1	5.6	–7.9
巴西	5.4	5.2	–0.2

资料来源：国际货币基金组织（IMF）：《世界经济展望》2010 年 4 月。

仔细分析 2009 年的季度数据可以看出，全球各主要经济体在 2009 年第一季度全部陷入程度不等的经济衰退，但是从第三季度开始，随着各国推出稳定金融和刺激实体经济的措

施，全球资本市场开始趋向活跃，各国经济状况逐步改善，使得2009年全球经济呈现"先抑后扬"的状况。发达经济体，如美国、欧盟以及日本，在第三季度后都实现了经济正增长。其中，美国一至四季度经济增长率分别为-6.4%、-0.6%、2.2%和5.9%；日本一至四季度经济增长率分别为-15.2%、2.7%、-0.6%和3.8%。而新兴国家中的"金砖四国"（BRICs）的表现更为明显。其中，印度一至四季度经济增长率分别为5.8%、6.1%、7.9%和8.8%；中国一至四季度经济增长率分别为6.2%、7.9%、9.1%和10.7%，详见表1-2。

表1-2　主要经济体2009年季度经济增长情况

单位：%

	2009年第一季度	2009年第二季度	2009年第三季度	2009年第四季度
美国	-6.4	-0.6	2.2	5.9
日本	-15.2	2.7	-0.6	3.8
欧元区	-2.5	-0.1	0.4	0.1
英国	-1.9	-5.6	-5.1	0.3
中国	6.2	7.9	9.1	10.7
印度	5.8	6.1	7.9	8.8
俄罗斯	-9.5	-10.8	-7.7	-3.8
巴西	-1.8	-1.2	-1.2	4.3

资料来源：国际货币基金组织（IMF）：《世界经济展望》2010年4月。

（2）全球贸易、投资、消费大幅下降，但2009年下半年开始止跌回升。根据WTO的统计，如果不考虑汇率和价格的影响，2008年世界货物贸易量的增长为15%，与2007年的增长基本一致。发达经济体中美国、德国和日本进口量增长率分别为7.0%、14.0%和22.0%。新兴经济体中中国、印度、俄罗斯和巴西出口量增长率分别为17.2%、22.2%、33.0%和23.0%。其中，中国出口量增长速度由2007年的26%下降到2008年的17.2%。

2009年，世界货物贸易量下降23.1%，出口下降22.7%，进口下降23.4%。发达经济体进口量大幅下降，如美国、欧盟和日本进口量分别下降28.1%、22.9%和27.7%。新兴经济体进出口量也显著下降，如中国、印度、俄罗斯和巴西进出口量分别下降11.2%、16.6%、34.3%和27.0%。详见表1-3。

表1-3　2007~2009年世界货物贸易量增长情况

单位：%

	出口			进口		
	2007年	2008年	2009年	2007年	2008年	2009年
世　界	15.0	15.0	-22.7	14.0	15.0	-23.4
美　国	8.4	8.1	-18.8	5.0	7.0	-28.1
德　国	9.5	9.1	-23.5	17.0	14.0	-22.9
日　本	5.1	4.9	-25.7	7.0	22.0	-27.7
中　国	26.0	17.2	-16.0	21.0	19.0	-11.2
印　度	20.0	22.2	-13.3	24.0	35.0	-16.6
俄罗斯	17.0	33.0	-35.6	35.0	31.0	-34.3
巴　西	17.0	23.0	-22.7	32.0	44.0	-27.0

资料来源：世界贸易组织（WTO）：《2009世界贸易报告》2009年8月，相关国家统计部门公布的统计数据。

考察分季度数据，2009 年第三季度以后无论是发达国家还是新兴经济体货物贸易量都出现不同程度的回升。其中，中国外贸进出口经历了自 2008 年 11 月以来的连续大幅下挫，到 2009 年 3 月开始企稳回升，8 月回升趋势基本确立，11 月进出口总值同比开始增长，12 月进口和出口同比双双出现强劲增长，表明中国对外贸易正加速复苏。

2009 年全球 FDI 从 2008 年的 16974 亿美元下跌到 10403 亿美元，下降了 39%。发达国家 FDI 流入量继续大幅下降，降幅超过 41%。其中，英国 FDI 流入量减少了 93%。发展中国家和新兴经济体的 FDI 流入量 2009 年分别下降了 35%和 39%。其中，巴西、俄罗斯和中国分别下降 50%、41%、2.6%。分季度看，2009 年全球 FDI 先降后升，有所反弹。全球 FDI 继 2009 年一季度急剧下降后，在二季度出现了小幅反弹，三季度则略有下降，四季度继续反弹。反映全球 FDI 的分季指数 2009 年一到四季度分别为：109.2、113.4、110.8、117.4。

经济危机的特征之一就是消费需求明显萎缩。本次危机中全球消费明显下降。特别是发达国家的消费需求在 2008 年下半年后持续萎缩，但到 2009 年下半年开始回升。其中，美国 2008 年第三、第四季度居民个人消费分别下降 2.75%和 2.99%，2009 年第一季度虽然增长 0.95%，但 3 月和 4 月均为负增长，5 月仅增长 0.2%，不过下半年后消费开始逐渐回暖，11 月零售销售增长 1.3%。欧元区 2008 年 10 月后零售销售开始下降，10 月、11 月较上年同期下降分别为 1.3%、4.0%，2009 年 11 月欧元区零售销售开始出现环比上升，升幅为 0.2%。日本的家庭消费开支 2008 年第四季度开始出现下降，降幅为 0.8%，2009 年第一至三季度分别下滑 1.1%，到第四季度，消费支出开始出现增长，增幅为 2.0%。新兴经济体 2008 年下半年的消费需求也开始下降，到 2009 年下半年开始恢复增长。其中，中国的表现尤为突出，2009 年第一至四季度农村居民人均生活消费现金支出实际增长率分别为 9.3%、10.7%、10.9%和 11.3%，城镇居民人均消费支出实际增长率分别为 9.6%、10.3%、10.1%和 10.1%。显然，无论是农村还是城镇居民人均消费支出增长率都是逐季加快的。详见图 1–1。

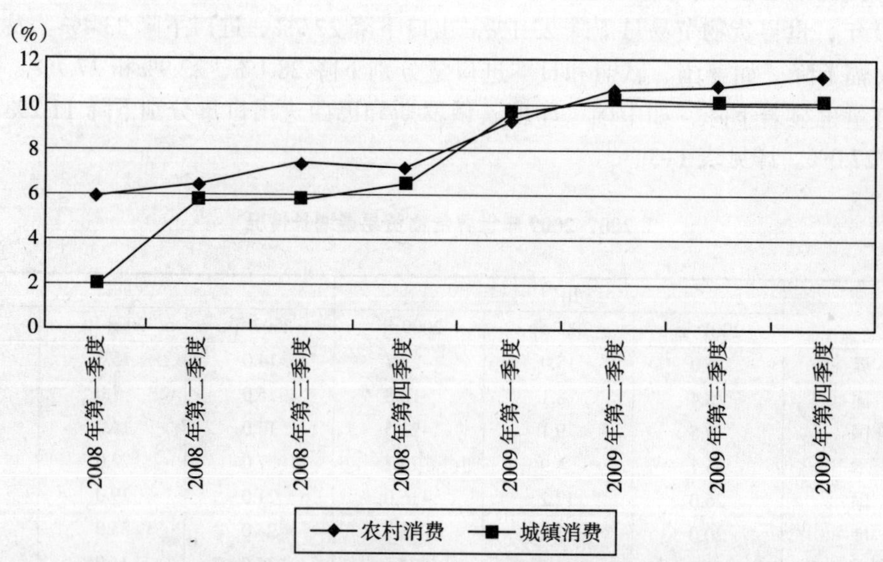

图 1–1 中国 2008 年以来季度居民人均生活消费现金支出实际增长率

资料来源：中国国家统计局：《2009 年统计公报》。

2. 未来全球主要经济指标预测和走向

自 2009 年下半年以来，全球贸易、投资以及消费增长速度开始加快，其中新兴经济体国家的增长尤为明显，从而有效拉动了全球经济增长的复苏。根据国际货币基金组织 2010 年 1 月预测，2010 年和 2011 年世界贸易量（货物与服务）将恢复增长，增幅分别为 5.8%和 6.3%。其中，新兴经济体对外贸易量增长强劲，预计 2010 年和 2011 年将恢复增长，增幅分别为 6.1%和 7.3%。世界银行预计 2010 年全球 FDI 流入会有反弹，预测增长幅度为 14%，回升至 1.4 万亿美元，而 2011 年将为 1.8 万亿美元，接近 2007 年的历史最高水平。而根据各国公布的相关数据可知，全球主要国家的居民消费水平预计 2010 年、2011 年都将有不同程度的复苏。

国际货币基金组织、世界银行的报告认为，国际金融危机后，随着各国不断推出促进增长改革计划以及各国进一步增加投资预算等经济刺激措施的奏效，2009 年四季度全球经济已经开始复苏，而且复苏势头比原先预期的更为强劲。当然，仍不能过分乐观，因为全球经济面临的一个问题是"多速复苏"，即多数新兴和发展中经济体增长快，美国居中，欧盟、日本滞后，且复苏的基础仍然脆弱，经济发展的不稳定和不确定因素还很多。

根据国际货币基金组织 2010 年 4 月《世界经济展望》报告做出的预测，2010 年、2011 年世界经济增速将分别为 4.2%和 4.3%，相比此前的预测做了进一步调高。其中，发达经济体的复苏相对较慢，2010 年发达经济体将增长 2.3%。在发达经济体中，美国比欧洲和日本迎来更好的开端，美国经济预计 2010 年增长 3.1%，2011 年增长 2.4%；欧元区则相对较差，区内经济 2010 年预计增长 1.0%，2011 年为 1.5%；日本经济预计 2010 年、2011 年的增长分别为 1.75%和 1.9%。基于强劲内需的带动，新兴经济体和发展中国家复苏步伐坚实。2010 年的经济增长预计可达 6.3%，较之前的预测高出 0.3 个百分点，2010 年的增长预测也被上调 0.2 个百分点，至 6.5%。其中，新兴亚洲在引领复苏，如中国经济 2010 年的增速将达 10.0%，2011 年为 9.9%；印度则分别为 8.8%和 8.9%。详见表 1-4。

表 1-4　2010~2011 年世界经济增长趋势预测

单位：%

	2010 年	2011 年
世界经济	4.2	4.3
发达国家	2.3	2.7
美国	3.1	2.4
欧盟	1.0	1.5
日本	1.75	1.9
新兴市场和发展中国家	6.3	6.5
中国	10.0	9.9
印度	8.8	8.9
俄罗斯	0.5	—
巴西	6.5	—

资料来源：国际货币基金组织：《世界经济展望》2010 年 4 月。

二、中国工业面临的严峻国际挑战

1. 贸易保护主义抬头

为了应对危机，保持国内经济稳定，减少外部冲击以及政府援助计划支出的要求，许多国家开始采取了市场保护政策，贸易保护主义正在全球不断蔓延。发达国家相继发出了明确的保护主义信号，而新兴经济体如印度、巴西、俄罗斯等国的贸易政策也出现了收紧的苗头。尽管 G20 会议通过了反对贸易保护的决议，但贸易保护主义和经济利己主义仍然呈泛滥之势。世界银行最新发布的报告指出，G20 国中有 18 个或多或少采取了贸易保护的措施。这些贸易保护措施主要包括提高关税、贸易禁令、出口补贴以及多种形式的非关税贸易壁垒，而且很多保护手段比以往更直接、力度更大。

作为世界贸易的大国，从 2008 年下半年起，中国企业频繁遭遇反倾销、反补贴、各种保障措施以及技术、环境、劳工等贸易壁垒的限制，涉案金额猛增，国内企业蒙受了巨额损失，贸易摩擦进入了高发期。据商务部统计，2008 年，全球 21 个国家对中国发起贸易救济调查 97 起（反倾销 77 起，反补贴 11 起，保障措施 7 起，特保 2 起），涉案金额约 62 亿美元，比 2007 年多 16 亿美元，同比分别增长 15%和 35%；2009 年，中国出口产品共遭受 116 起贸易救济调查（反倾销案件 76 起，反补贴案件 13 起，保障措施案件 20 起，特保案件 7 起），涉案总金额约 127 亿美元，相比 2008 年又有大幅增长。此外，技术性贸易壁垒、进口限制、知识产权贸易摩擦等各类贸易壁垒措施对中国对外经济贸易产生的影响进一步加深。总结起来，中国对外贸易将面临技术壁垒、绿色壁垒、社会壁垒、福利壁垒等的巨大冲击，已成为遭受反倾销最多的国家。

本次国际金融危机后，受外国进口产品冲击，中国对外反倾销立案数量也在大幅增加，涉及行业和产品范围日趋扩大，中国已经成为反倾销大国。虽然中国进口反倾销有了一定进展，但与发达国家相比，中国对外反倾销存在诸多问题：反倾销行业过于集中，征收反倾销税率较低，调查期限不灵活，反倾销措施与外资政策重点冲突，国内反倾销专业人才缺乏等。由此，造成中国制造业在国内难以得到有效的保护。

在此大背景下，今后一段时期，中国制造业企业在国际贸易、投资领域以及国内市场都将面临更加激烈的竞争，其中受贸易摩擦冲击影响大的主要是化工、钢铁、电子、机械、农产品等行业。因此，愈演愈烈的贸易保护对中国工业的发展造成了严重的影响，[①] 已成为今后中国工业面临的主要挑战之一。

---

① 中国社会科学院工业经济研究所：《国际金融危机冲击下中国工业的反应》，《中国工业经济》2009 年第 4 期。

2. 人民币升值压力大

国际金融危机以来，人民币的升值压力有增无减。尤其是以美国为首包括欧洲在内的国际社会一直要求中国加快人民币的升值幅度与速度，并对中国施加了很大的压力。因此，人民币继续升值是一个必然趋势，是当前中国工业发展必须面对的挑战。

（1）人民币升值会降低中国制造业的国际竞争力。中国工业的产业基础还比较薄弱，制造业出口大部分集中在劳动密集型产品上，企业竞争力主要依赖的是劳动力成本低，而非技术、品牌、资本实力、企业家能力等。因此，人民币升值后，一方面中国制造业出口企业成本相对提高，利润空间相应压缩，出口受到抑制，从而降低制造业企业的国际竞争力；另一方面导致外国企业产品进口增加，影响国内企业的竞争力。

（2）人民币升值导致产能过剩问题更加严重。在国际金融危机引起外需锐减情况下，人民币升值将进一步激化制造业产能过剩的问题。人民币升值直接抑制出口，会导致不可贸易品（诸如土地、劳动等生产要素）价格的上升，从而减弱国内需求，进而激化制造业产能过剩问题。

（3）人民币升值不利于制造业引进外资，并加速资本外流。人民币升值，将导致对外资吸引力的下降，减少外商对中国的直接投资，加速资本外流。[①]

（4）人民币升值给中国宏观经济带来负面影响。①人民币升值会导致外汇储备资产的汇兑损失。统计数据显示，2009 年国家外汇储备为 2.399 万亿美元，按照这个数字计算，汇率变化 1%，外汇储备则蒸发掉 1400 多亿元人民币。②人民币升值将加大国内就业压力。据测算，如果人民币升值 3%，将有 600 万纺织业工人失业。

当然，人民币升值可以减轻中国进口能源和原料的负担，从而使国内企业降低成本，增强竞争力；人民币升值有利于促进中国产业结构的调整，改善中国在国际分工中的地位；人民币升值会扩大国内消费者对进口产品的需求，有助于缓和贸易摩擦。

3. 国际责任被强化

国际金融危机之后，中国率先走出危机，实现了“两个提升”。一是硬实力的提升。2009 年中国经济增长达 8.7%，GDP 33.5353 万亿元，已经跃居全球第二位；进出口总额 22073 亿美元、外汇储备 2.399 万亿美元，皆为世界第一位。二是软实力的提升。关于软实力的提升，其标志是话语权在扩大，北京共识得到全世界的认可。同时，随着中国在世界银行和 IMF 的投票权增加，相应的责任也增加，尤其是增加了帮助发展中国家发展经济的责任和义务，而作为被世界银行援助的大国，中国以后能获得的援助将大为减少。在哥本哈根的全球气候大会上，发达国家提出中国要承担和发达国家共同且一样的责任，而不是以前给予发展中国家的“共同但有区别的责任”。这也是为什么“中国崩溃论”和“中国威胁论”越来越失去影响力，而全球出现了被广泛认同的“中国责任论”的根本原因。

① 林毅夫：《关于人民币升值问题的思考与政策建议》，《世界经济》2007 年第 3 期。

尽管大国责任论是中国实力的反映，但这实际上也成为发达国家用来对付中国的主要策略。因此，我们认为应对“中国责任论”已是中国所面临的一个严峻挑战。尤其是对中国工业发展而言，一方面，中国工业发展面临着更多的国际责任；另一方面中国工业企业还必须承担越来越多的社会责任。如应对失当，会影响中国制造的国际形象和工业化进程；而逃避应承担的责任，肯定有损国际形象，从长远而言会给中国工业带来更大影响。如果承担本不该承担的责任，又会使工业企业承担过重的成本，导致国家工业发展超载，进而影响工业的发展速度，损害国民利益，甚至影响社会政治稳定。

4. 节能减排压力大

随着经济起飞、工业化进程的加快，中国碳排放量不断增加。尤其是能源、汽车、钢铁、交通、化工、建材六大高耗能产业的快速发展，使得中国成为了“高碳经济”的代表。据国际能源机构（IEA）估计，如果不进行任何控制，到2030年中国的二氧化碳排放量将达114亿吨。为此，中国正面对越来越多来自国际社会的减排压力。[①] 而在国际金融危机席卷全球的情况下，来自国际社会的减排压力并没有减弱，低碳革命正成为中国不得不面对的现实。

中国政府也意识到了节能减排的重要性，国务院总理温家宝在出席哥本哈根气候变化大会时承诺，到2020年，中国单位GDP的二氧化碳排放比2005年下降40%~45%，作为约束性指标纳入国民经济和社会发展中长期规划，并制定相应的国内统计、监测、考核办法。这一减排目标远高于美国白宫之前所提出的17%的减排承诺。作为发展中国家，中国面临工业化、城镇化进程。这就意味着中国控制温室气体排放的努力面临巨大压力和特殊困难。

中国正在通过努力向低碳经济迈进。但必须看到，与发达国家相比，中国发展低碳经济的基础还较为薄弱。一是以重化工业为特征的产业结构，造成了中国资源消耗强度大、低碳产业比重低的现实；二是作为后发工业化国家，在碳减排技术领域落后于发达国家，并因缺乏自主知识产权而容易受制于人；[②] 三是在碳交易市场所占的份额极小，没有碳交易定价权，相关的碳交易金融衍生品极度缺乏。根据世界银行的统计，2008年全球碳市场总交易量为48.11亿吨二氧化碳当量，交易额为1263.45亿美元，而中国清洁发展机制的交易额只有约54亿美元，只占全球市场的4.27%。[③]

席卷全球的低碳革命，对于中国工业无疑是一个巨大挑战。从企业的角度看，制造业企业必须以“低碳”为先导进行技术创新，否则在低碳经济的大环境中将会失去竞争力。从产业链的角度看，中国工业需要打造新的低碳产业链，使价值分布向低碳技术环节倾斜。从区域的角度看，要发展低碳工业园，开拓低碳经济示范、试点区域，实行低碳发展方式，包括低碳生产方式和低碳生活方式。要培育以低碳排放为特征的新的经济增长点，加快建设以低碳排放为特征的工业、建筑、交通体系，开展低碳经济试点示范。从对外贸易的角度看，中

①③ 闫云凤、杨来科：《金融危机与中国低碳贸易的发展》，《上海财经大学学报》2010年第12卷第1期。

② 中国人民大学气候变化与低碳经济研究所：《低碳经济：中国用行动告诉哥本哈根》，石油工业出版社2010年版。

国工业出口将面临着以发展低碳经济为由而设置的各种“绿色壁垒”。[①] 例如，出口产品被征内含碳排放的边境调节税。据估算，如每吨 CO_2 征收 45 美元碳关税，美国每年可从中国进口货物中获得 550 亿美元碳关税收入。

5. 新兴产业发展任重

就历史经验而言，每次全球性的经济危机既会带来巨大的经济破坏，又会催生新一轮的技术革命和产业革命，由此创造出新兴的支柱产业。

本次国际金融危机使能源和资源作为工业化根本制约因素的矛盾凸显，正孕育着新一轮技术革命和产业革命。为此，有些发达国家已开始谋划未来的行动，提出发展战略性新兴产业，以抢占未来竞争的战略制高点。2009 年 2 月 15 日，美国总统奥巴马签署总额为 7870 亿美元的《美国复苏与再投资法案》，重点支持新能源、新材料以及生物医药等高技术产业的发展。在欧盟经济复苏计划中，强调“绿化”的创新和投资，加速向低碳经济转型。其中，为加大对生物技术和产业发展的支持力度，英国计划 10 年内在癌症和其他疾病领域投入 150 亿英镑用于相关的生物医学研究，这比英国以往任何时候对生物医学研究的投入都要多。而日本将新能源研发和利用的预算由 882 亿日元大幅增加到 1156 亿日元。[②]

新技术革命是突破资源、能源、人口制约，实现工业化进程的必然要求，也将为中国工业化开辟新的可行道路。因此，在 2009 年 9 月召开的战略性新兴产业发展座谈会上，国务院总理温家宝提出了发展中国的战略性新兴产业的问题，随后温家宝总理又发表了题为《让科技引领中国可持续发展》的讲话，再次强调发展战略性新兴产业的必要性，并进一步指出，将重点发展新能源、节能环保、电动汽车、新材料、新医药、生物育种和信息产业七个“战略性新兴产业”。

尽管不少新技术已经比较成熟，但中国工业面临着发达国家和新兴经济体的竞争，新兴技术创新缺乏有效的商业模式进行产业化，成本仍然过高，高技术产业的发展特性和传统产业有很大的不同，必须通过发展方式的主动转型、政策的主动调整以及政府支持才能将新技术革命因素转化为真实的技术革命，也才能更快地迎接新技术革命的到来。所以，危机后的产业革命是中国工业面临的重大国际挑战之一。

6. 经济结构优化道远

随着信息和金融的全球化，虚拟经济迅速发展，使得世界范围内的国际经济活动正在迅速虚拟化。一方面，虚拟经济以实体经济为基础。虚拟经济的发展必须与实体经济发展相适应，虚拟经济的过度发展，并不能带动实体经济的超速发展，反而会引发金融泡沫乃至金融危机，从而损害实体经济的发展。另一方面，虚拟经济的适度发展对实体经济发展有巨大的

---

① 张雁、杨志、郭兆晖、郝建峰：《中国：用行动告诉哥本哈根——中国碳减排及低碳经济发展状况调查》，《光明日报》2009 年 12 月 10 日。

② 万钢：《把握全球产业调整机遇　培育和发展战略性新兴产业》，《求是》2010 年第 1 期。

促进作用。①扩大资本形成的基础，有利于实体经济的扩张。②推动资本集中，优化资源配置，提高实体经济效率。③增加就业，提高收入。虚拟经济在本身吸纳大量就业的同时，更促进实体经济部门吸纳更多的就业。[①]

虚拟经济的发展，使得经济增长不再过度依赖于自然资源这类有形资源，而更多地依赖知识、信息、资金这类无形资源；财富创造的方式正在从依赖于制造业的不断扩张转向依赖于货币和金融资金的支持。[②] 一方面资源对经济的影响在减弱，另一方面金融对经济的影响在加深。一个国家的经济越是现代化就越是依赖虚拟经济活动。即虚拟经济促进了经济增长方式的转变，带来了经济结构革命。以美国为例，其虚拟经济极其发达，促进了产业结构的高级化，使其在全球经济体系中处于高端，具有极大的话语权。尽管金融危机是由虚拟经济出现问题而传导到实体经济的，但其根源不在虚拟经济本身，而是在于：一方面股市、汇市和房地产市场泡沫严重，大幅偏离其合理估值水平，虚拟经济发展超过实体经济承受限度。另一方面虚拟经济发展体制是否稳健等制度性因素，即外汇管理体制、金融监控体制的放松与自由化倾向。[③] 因此，发展虚拟经济，促进产业结构升级和优化，是今后经济发展的必然趋势。

中国由于过分强调出口拉动经济增长，低端制造业发展很快，形成了产业价值链条和价值网络的“低端锁定”，出现了产业结构失衡的问题。在本次国际金融危机以后，这一问题更为凸显，造成资源输出、福利损失以及劳工剥削。[④] 为解决这一问题，要求中国必须汲取国际金融危机的教训，科学把握虚拟经济与实体经济的关系，良好掌控虚拟经济发展的“度”，实现制造业与虚拟经济同步发展，从而完善整体经济结构，优化资源配置，增强经济发展的可持续性与稳定性。

三、中国工业面对国际环境变化的发展思路

本次国际金融危机对于中国实现大国崛起、发展大国经济以及走大国模式的道路，无疑是机遇大于挑战。因此，要抓住这个历史机遇，实现中国由工业大国向工业强国的切实转变。

1. 整体指导思想

（1）扩大国内消费需求，实现工业生产“两个转向”。本次金融危机使国外消费需求不

① 成思危：《虚拟经济论丛》，民主与建设出版社 2002 年版。
② 国家行政学院宏观经济课题组：《国际金融危机对中国经济的影响及对策研究》，《经济研究参考》2009 年第 13 期。
③ 杨琳：《从几次金融危机看虚拟经济与实体经济关系》，《中国金融》2009 年第 5 期。
④ 李海舰、原磊：《基于价值链层面的利润转移研究》，《中国工业经济》2005 年第 6 期。

足，导致出口拉动乏力，而靠投资，又是非常态的，尤其是政府投资是不可持续的。因此，要实现中国经济的持续增长，只有国内消费需求启动，中国过剩的工业产能才会重新运转起来，生产、流通、服务等整个经济的大循环由此才会全面启动和活跃起来，形成健康、稳定、安全的经济发展和工业化模式。这就要求中国经济增长和工业发展的重心向国内转移，扭转过高的对外依存度，即工业要注重发展满足内需的产业，使经济增长和工业发展转到依靠内需的轨道上来。

危机前，中国作为工业化进程中的后进国家，重工业的发展和城市化进程的加速导致了投资的大量增加，使中国工业发展和经济增长成为典型的投资拉动型。但是危机之后，投资边际效益递减，导致投资对经济的拉动作用越来越小，单纯依靠投资使中国经济走出危机、实现复苏是不够的，必须依靠消费需求的增长和拉动。中国工业在进行产业结构调整和升级中，必须注重发展最终消费品产业，以适应国内消费需求的扩大，而不是仅注重发展传统重工业，从而改变过去依靠投资拉动经济和工业发展的模式。具体而言，就是要着力发展满足国内消费的产业，如重点扩大六大支柱性消费产业：住房、汽车、家用电器与电子产品、教育培训、文化娱乐、保健品与休闲产品等，充分发挥国内消费对经济增长和工业发展的拉动作用，逐步形成消费内需主导型经济和工业发展模式。

概括而言，中国工业需要实现“两个转向”：一是从为出口而生产转向为国内而生产；二是从为生产而生产转向为消费而生产。

(2) 加快发展生产性服务贸易，提高工业品附加价值。中国作为最大的贸易顺差国，服务贸易却是逆差。而国际金融危机对于商品贸易的冲击远大于对服务贸易的冲击。中国工业出口所受影响更大。以 2010 年第一季度为例，中国对外贸易延续 2009 年底以来的恢复性增长态势，1~3 月，进出口总值 6178.5 亿美元，同比增长 44.1%。其中出口 3161.7 亿美元，增长 28.7%；进口 3016.8 亿美元，增长 64.6%；贸易顺差持续下降并在 3 月出现逆差 72.4 亿美元，结束了自 2004 年 5 月以来连续 70 个月顺差的局面。中国必须大力发展服务行业，促进服务行业的对外贸易，实现从商品贸易顺差转向服务贸易顺差的转变，从而更有效地拉动中国经济增长和工业发展。

从全球范围的国际分工看，工业已经发展到产品的价值链分工。在全球价值链分工中，中国制造业以代工者的身份参与到全球价值链中的低端制造环节，处于价值链和价值网络的低端锁定状态。在这种国际经济分工格局中，中国制造业从事的是技术含量不高的劳动密集型、资源消耗型和环境污染型生产工序或环节。由此，造成产品的知识含量低、附加价值低，国内劳动力成本和资源价格体系长期扭曲，导致国内有效需求，特别是高端需求规模难以扩大，资源过度消耗，环境污染严重，自主创新能力难以形成，最终使得中国的产业升级和经济增长方式转变十分艰难。

而国际金融危机，进一步显现了中国传统粗放式经济增长模式越来越大的“低端锁定”效应以及增长的负面效应。中国制造业应通过产品和技术创新，一方面致力于产业的升级，逐步从组装和一般部件制造者的角色向核心部件的制造者跃变；另一方面实现由“微笑曲线”的底端向其两端即研发设计和营销服务等高附加值环节提升，由“中国制造”转向“中国创造”，从而推动中国工业发展方式的转型。

概括而言，中国工业在贸易顺差和全球价值链分工方面也需要实现“两个转向”：从商品贸易顺差转向服务贸易顺差；从世界的加工厂转向世界的设计室。

2. 具体发展对策

（1）工业的生态化发展。工业的生态化发展就是大力发展绿色经济、循环经济以及低碳经济。其本质是要求运用生态学规律而不是机械论规律指导人类社会的经济活动。与传统工业发展模式相比，工业生态化发展的特点在于：渗透绿色观念、环保观念以及可持续发展观念，重视节能减排，倡导的是一种资源节约、环境友好的工业发展模式。首先它要求工业从设计、制造到流通、消费整个过程实现物质资源的“减量化、再利用、再循环”，建设资源节约型工业，以把工业活动对自然环境的影响降低到最小的程度。其次它要求大力发展以绿色经济为主的低碳经济，从根本上消解长期以来环境与发展之间的尖锐冲突，建设环境友好型工业。通过淘汰制造业的落后产能，以及积极发展新能源等战略性新兴产业，抢占工业发展和国际竞争的“制高点”，才能更好推进中国的工业化进程。

（2）工业的人文化发展。工业的人文化发展就是在知识经济的背景下，将“人文元素”引入工业，让文化引领工业发展，实现文化与经济的融合发展。随着人类社会的发展和文明进步，文化已经是一国创造力的重要源泉、一国竞争力的重要因素、一国软实力的重要标志、一国价值链的高端环节。就实际而言，中国工业发展在全球工业经济格局中跃居前列，占领全球市场。然而，与工业发展巨大成就相适应的“软实力”、“话语权”并没有获得相应发展，这与工业的人文精神不发达是高度相关的。因此，必须实现文化与工业的融合，由此培育中国工业领域的“软实力”，掌控工业领域的“话语权”，做到既输出产品更输出文化，实现由世界工业大国向世界工业强国的迈进。具体而言，一是在产业层面上，大力发展文化产业、创意产业；二是在企业层面上，强调企业文化和企业社会责任，创新创意导向、经济伦理意识、人本主义管理等“人文元素”。

（3）工业的服务化发展。工业的服务化发展主要是指制造业的服务化。通过制造业的服务化，不仅能减少对重化工业产品的需求，缓解能源供求紧张的局面，而且有利于提升制造企业竞争力。为实现中国工业的服务业化发展，一方面，需要大力推进制造业的投入服务化和产出服务化，使服务在制造业的全部投入和产出中占据着越来越重要的地位，由此提升制造企业的竞争力；另一方面，应该推动制造业与服务业的互动发展，强调生产性服务业的首要位置，即围绕工业生产相关环节，重点发展工业设计、第三方物流、信息咨询、科技服务、电子商务、金融服务、通信服务、检测认证、商务会展等工业服务业，以及软件服务业、外包服务业等。

（4）工业的信息化发展。信息化是工业现代化的重要标志。信息业已经成为经济发展新的增长点和新的支柱产业，其他新兴产业在很大程度上都是和信息业的发展紧密相关的。面对国际金融危机的严重冲击，主要发达国家纷纷加大对信息科技创新的投入、通过加快信息产业发展，创造新的经济增长点，率先走出危机。其中，美国提出要在宽带普及率和互联网接入方面重返世界领先地位，加大对信息传感网、公共安全网、智能电网等现代化基础设施的建设。欧盟提出加快建设全民高速互联网，到 2010 年实现高速网络 100%覆盖率。英国、法国相继出台了“数字国家”战略，德国推出“信息与通信技术 2020 创新研究计划”，倾力增强信息通信领域的国际竞争力。[①] 由此可见，当今世界上许多发达国家的发展战略已经从工业化向信息化转变。对尚未完成工业化的中国来说，面对世界发展的新趋势，我们必须制定面向信息化时代的新战略：一方面制定面向21世纪的信息产业政策，大力发展信息产业，加强信息产业的科研投入和信息科技的应用，加大对信息产业基础设施的投入，加大对信息产业的宏观管理，使之走向规范化的发展轨道，符合国民经济的发展要求。另一方面要用信息科技改造传统产业，实现传统产业和信息产业的协调发展。也就是说，中国必须实现与信息化相结合的现代工业化，即坚持以信息化带动工业化，以工业化促进信息化，走出一条科技含量高、经济效益好、资源消耗低、环境污染少、人力资源优势得到充分发挥的新型工业化道路。

（5）工业的知识化发展。面对知识经济和经济全球化的时代背景，价值创造的重心已由实物资产转向知识资产，从而知识资本成为最重要、最稀缺的资源。工业发展越来越多地依赖于知识和创新，中国必须以一定规模的工业经济为基础，通过引进、升级以及自主创新，走一条拥有自主知识产权的工业化之路，其核心是知识的掌握和自主创新。一是明确创新的方向。企业追求技术创新更多地转向提升人的素质，通过研发、教育、培训、学习等方式不断增加产品的科技含量、知识含量和附加价值，用较少的成本创造更多的利润。二是明确自主创新主体。企业是市场的主体，也是创新的主体。政府应通过制度创新和政策引导，促使企业加大研发投入，按市场需求选择研发领域，扩大产品创新规模。三是正确处理自主创新、模仿创新和引进消化再创新的关系，着力于自主品牌的创造和有自主知识产权技术的创造，同时又立足中国的现实，有目的地引进国外的先进技术，并加以改造和利用，用最少的代价获取最大的收益，实现从“中国制造”向“中国创造”的转变。在建设知识型、创新型社会的大背景下，中国工业发展必须实现由“要素驱动”向“创新驱动”的转变，把知识和创新作为首要推动力量，走工业的知识化发展道路。

（6）工业的全球化发展。在经济全球化的大背景下，信息和网络技术的进步，使世界各国的联系更加紧密。经济资源的共享性打破了地域和意识形态的限制，各国相互协调应对国际金融危机，使经济全球化进一步深入。当前中国工业必须在全球布局，实现全球化发展。企业层面，中国制造业企业要实现两个升级：价值链条升级和价值网络升级。具有优势的企业积极实施“走出去”战略，使贸易和投资互动发展。尤其是要利用世界主要矿产资源价格下降的契机，充分实施全球化的资源战略，采用合资合作、参股控股、兼并收购等多种形式实施“走出去”战略，加快开发利用海外资源。资金实力雄厚的企业也可以考虑收购其他国家的一些企业，以此越过市场目标国的各种贸易壁垒，通过出口贸易和投资占领市场目标国的市场，以保证中国工业的可持续发展。产业层面，一方面要实现由承接制造业的转移向承接服务业的转移的转变，即有选择地进行高端产业转移的承接，如承接低碳、低消耗以及附加值高的产业，承接高端服务业的转移。另一方面要向外进行产业转移，即由内线到外线的转移。主要是把低端产业向其他发展中国家实行转移，如高消耗、低附加值以及原材料产业等。

① 万钢：《把握全球产业调整机遇　培育和发展战略性新兴产业》，《求是》2010年第1期。

专栏 1—1

全球气候变化对中国的影响

气候变化对我国环境的影响主要集中在农业、水资源、自然生态系统和海岸带等方面，可能导致农业生产不稳定性增加、南方地区洪涝灾害加重、北方地区水资源供需矛盾加剧、森林和草原等生态系统退化、生物灾害频发、生物多样性锐减、台风和风暴潮频发、沿海地带灾害加剧、有关重大工程建设和运营安全受到影响。

气候变化对我国实现可持续发展的挑战。我国正处在全面建设小康社会的关键时期，同时也处于工业化、城镇化加快发展的重要阶段，发展经济和改善民生的任务十分繁重。我国人口众多、气候条件复杂、生态环境脆弱，最易遭受气候变化不利的影响，适应气候变化的任务十分艰巨，生态文明建设面临新的要求。我国作为发展中国家，经济发展水平相对较低，人均收入只有3000多美元，还有大量的贫困人口，发展仍然是第一要务。在我国目前的发展阶段，能源结构以煤为主，经济结构性矛盾仍然突出，增长方式依然粗放，能源资源利用效率较低，能源需求还将继续增长，控制温室气体排放面临巨大压力和特殊困难，是我国实现可持续发展的重大制约因素。同时，积极应对气候变化，控制温室气体排放，也为我国落实科学发展观、加快转变经济发展方式带来重要机遇。

资料来源：解振华：《国务院关于应对气候变化工作情况的报告》（2009 年 8 月 24 日在第十一届全国人民代表大会常务委员会第十次会议上）。

专栏 1—2

人民币升值的影响问题

业内人士认为，人民币升值将使美国超市里的中国产品更加昂贵，这对饱受债务、工作不稳定等诸多因素困扰的美国消费者而言，无异于雪上加霜，最终损害的是普通美国公民的利益。

另外，当前人民币贸然升值也将对中国产生不利影响。据日前参加第 20 届华东进出口商品交易会的参展商反馈的信息，目前国际市场仍处于低迷状态，并没有明显改善；出口企业 2009 年经历了较为漫长的“寒冬”，现在还在恢复过程中。目前如果人民币骤然升值，将对中国出口带来严重影响，还可能导致大量中小外贸企业倒闭，带来严重的失业问题。

银河证券首席经济学家左晓蕾则认为，如果接受人民币汇率被低估的判断，就会产生“升值预期—国际投机性资本流入—外汇积累进一步攀升—升值预期强化”这样的循环，导致国内金融投机泛滥，制造通货膨胀的货币环境，最后严重损害中

续专栏 1—2

国经济。

"施压人民币汇率将导致多输格局。如果美方针对汇率问题单边采取措施，包括征收反补贴税，将中国列为汇率操纵国等，只能加剧中美贸易摩擦和冲突，损害的不仅是双方的利益，还会给世界贸易乃至世界经济复苏造成冲击"，丁志杰坦言。

资料来源：崔鹏、田俊荣：《透视人民币汇率之争——美国论调咄咄逼人，中国舆论针锋相对》，《人民日报》2010 年 3 月 25 日。

参考文献

中国社会科学院工业经济研究所：《国际金融危机冲击下中国工业的反应》，《中国工业经济》2009 年第 4 期。

林毅夫：《关于人民币升值问题的思考与政策建议》，《世界经济》2007 年第 3 期。

闫云凤、杨来科：《金融危机与中国低碳贸易的发展》，《上海财经大学学报》2010 年第1 期。

张坤民：《中国发展低碳经济要有紧迫感》，《求是》2009 年第 23 期。

中国人民大学气候变化与低碳经济研究：《低碳经济：中国用行动告诉哥本哈根》，石油工业出版社 2010 年版。

张雁、杨志、郭兆晖、郝建峰：《中国：用行动告诉哥本哈根——中国碳减排及低碳经济发展状况调查》，《光明日报》2009 年 12 月 10 日。

万钢：《把握全球产业调整机遇　培育和发展战略性新兴产业》，《求是》2010 年第 1 期。

国家行政学院宏观经济课题组：《国际金融危机对中国经济的影响及对策研究》，《经济研究参考》2009 年第 13 期。

李海舰、原磊：《基于价值链层面的利润转移研究》，《中国工业经济》2005 年第 6 期。

第二章　国际金融危机下的低碳经济

提　要

2008年美国爆发次贷危机，进而引发了全球性的国际金融危机。这次金融危机，从表面上分析，是国际金融监管方面出了问题，但在表象的背后，则是美国的产业国际竞争力，特别是制造业的竞争力出了问题。国际金融危机爆发后，西方国家采取了一系列措施，如更多地采取贸易保护主义、进一步加强对金融体系的监管等，这些短期措施虽然会对国际竞争格局产生影响，但那些力图提升其产业在未来的竞争力的措施影响更为深远。所以，这次美国金融危机后，西方国家采取的经济刺激与恢复计划被一些经济学家称为“绿色恢复计划”。“绿色恢复计划”固然反映了各国对全球资源环境问题日益严峻的忧虑，但更为重要的是，它还反映了西方发达国家企图通过这类恢复计划重新建立新的竞争秩序、恢复其产业竞争力的战略意图。

中国经济所处的发展阶段和中国经济结构的特征使发达国家实行的竞争优势转型战略对中国提出了极其严重的挑战。中国已经成为碳排放大国，如果西方国家采取碳关税措施，那么对中国的工业品出口、工业生产和就业都会造成重大影响。为此，中国必须采取措施进行适应性转型，但也不能操之过急，当前和今后一个时期的重点应是在积极发展战略性新兴产业的同时，把传统产业的“绿色化”放到更加突出的位置。

*　　　　*　　　　*

国际金融危机后国际竞争态势最显著的变化就是西方发达国家纷纷采取措施，力图塑造新的竞争优势，并把实现向低碳经济的转型作为其重塑竞争优势的核心内容。发达国家的转型战略对中国的发展模式提出了严重挑战，要求中国在工业化和城市化进程还没有完成、资源密集型产业仍有发展空间的条件下，不得不把减少碳排放作为实现科学发展的重要内容，对中国未来的发展会产生至关重要的影响，需要引起我们的高度重视。

一、国际金融危机对低碳经济的推动

1. 国际金融危机加快了发达国家向低碳经济转型的进程

早在这次国际金融危机爆发之前，一些西方国家就开始把迈向低碳经济作为其新的竞争战略的支点。1992 年 6 月，在里约热内卢召开的联合国环境会议——地球峰会上，155 个国家共同通过了《联合国有关气候变化的框架公约》，1997 年 12 月，125 个国家通过了《京都议定书》，根据这个议定书，发达国家在 2008~2012 年必须使温室气体的排放量比基准年 1990 年削减 5.2%。这个协议对欧盟实现向低碳经济的转型起到了推动作用。

欧洲国家是温室气体减排的积极倡导者。欧洲在世界上首先建立起了对二氧化碳的严格管制政策，并建立了全球最大的碳排放交易市场。其目的就在于重建欧洲国家在全球的竞争优势。但在国际金融危机爆发前，美、日等国对发展低碳经济、实现经济向低碳经济转型，并无多大兴趣。2001 年美国共和党布什政府宣布退出《京都议定书》，日本也有大量关于《京都议定书》受欧盟的主导，是一个不平等条约的指责。国际金融危机爆发后，不仅欧盟更加重视低碳经济的发展，而且美、日也改变了对发展低碳经济的态度，推动美、日等国家向低碳经济转型起到了极其重要的作用。

2008 年 11 月欧盟出台了“欧洲经济复苏计划”。“复苏计划”包括两大核心支柱：一是刺激需求，恢复信心；二是智者投资。所谓智者投资，就是使短期投资有利于长期发展，即投资于满足明天需要的技能，加强对能促进就业、节约能源的新能源技术的投资；加强对有利于促进低碳市场发展的清洁技术的投资，并加强对有利于提高效率与创新基础设施建设的投资。

奥巴马在竞选时就提出了绿色新政计划。在经济恢复计划中，奥巴马把发展新能源作为经济恢复计划的重要内容。2009 年 4 月，美国众议院能源与商业委员会针对《清洁能源与安全法》草案举行了听证会，美国政府对开发新能源表现出了前所未有的重视，这在经济危机的形势下显得十分抢眼。美国的新能源计划，实质上也是一个减排计划，是一个低碳计划。

发达国家加大向低碳经济的转型力度，对其经济的恢复有一定意义。在美国，新能源在整个能源消费中所占比重有限，但增长速度很快。根据美国能源部的数据，2000~2007 年美国可再生能源装机容量增加了近 2 倍，占美国全部装机容量的 10%，2007 年占全部发电量的 9%左右，新建的可再生能源发电能力（包括水电）达到 110GW，不包括水电约为 33GW，风力发电和太阳能光伏发电增长迅速，2007 年风电装机容量比 2006 年增长了 45%，太阳能光伏发电增加了 40%。美国新能源产业之所以发展很快，除了政府支持外，大量的风险投资涌入也是重要原因之一。2008 年的高油价使美国感觉到了依赖国外石油和其他化石能源的风险，全世界都意识到了发展清洁能源技术的紧迫性。

新能源在美国整个能源消费占比重有限，但美国所谓的“开创新能源时代”，其范围不仅仅限于开发和利用新能源，还包括了提高能源效率等，会涉及大量的固定资产投资和研发投资。这些都会对美国的经济复苏产生影响，如美国发展清洁技术不仅可以为农村创造更多的就业机会，而且还可以使美国人享受到低成本、高效率的能源供应。

2. 发达国家向低碳经济转型将重构全球竞争秩序和竞争格局

向低碳经济转型从短期看是各国应对国际经济危机的一个手段，但从长期看其意义深远。国际金融危机使许多西方发达国家经济受到重创。针对此次金融危机产生的原因，国内外的讨论很多，具代表性的观点有以下几种：第一种观点认为，国际金融危机是由美国的房地产泡沫造成的；第二种观点认为，此次金融危机是由中国的过度储蓄造成的；第三种观点把此次金融危机的爆发归因于人类行为方面的因素；第四种观点则把金融危机产生的原因归之于全球企业找不到新的投资方向。这些观点从不同的层面对全球金融危机的爆发做出了解释。但是这多种解释反映出来的都是这样一个事实，那就是西方发达国家，特别是美国制造业的产业竞争力在全球化的过程中出现了相对下降。

自次贷危机发生后，西方一直盛行一种观点，即全球经济失衡是引发危机的原因之一，这主要表现为出口型经济体对美国保持了大量贸易顺差，这部分顺差再回流到美国金融市场，从而助推了金融泡沫的形成。为应对全球经济的失衡，美国总统奥巴马2009年在G20金融峰会上呼吁，建立世界经济新框架，提议二十国集团的主要成员改变经济政策，以实现世界经济格局再平衡。其中，美国等经常项目呈现赤字的国家需想方设法鼓励储蓄，同时大幅削减财政赤字；德国、日本、中国等主要出口国需减少对出口的依赖；欧洲需提高自身竞争力，放宽税收政策，放松用工体制。这些措施在短期内对实现世界经济的再平衡有一定效果，但长期看，西方国家只有通过国际竞争秩序和全球分工体系的重构，才可能最终达到目标。发达国家纷纷推动向低碳经济转型，要求减少温室气候排放，则是实现国际竞争秩序和全球分工体系重构的重要工具。

向低碳经济的转型将影响全球分工格局。从20世纪八九十年代开始，由于信息技术革命，管理思想与方法发生了根本性的变化，再加上世界性的关税减让和限制放宽，商品、资金、人才、信息流动的快捷和便利达到了前所未有的程度，商品、资金和信息等主要经营资源可以自由地跨国流动，按照不同国家（地区）经济发展阶段展开的产业分工已经难以为继。世界制造业出现了在全球范围内布局产业链的趋势。发达国家纷纷把制造加工环节转移到发展中国家，形成了“去工业化”现象。国际金融危机爆发后，西方国家开始反思“去工业化”导致的虚拟经济过度膨胀问题，提出了“再工业化”的思路。“再工业化”并不是要把已经转移出去的生产活动重新收回本土，而是把重点放在新能源、节能环保、新兴信息等战略性新兴产业上。奥巴马的新能源计划的一个重要内容，就是要对制造中心进行改造，实现再“现代化”，把它们变成清洁技术的领先者。奥巴马政府力图为美国培养一支具有最高技能的工人队伍，配备先进的装备，可以为美国未来数十年的经济增长提供动力。为了推动美国公司开发出在未来需求很大的技术，联邦政府准备实施一项投资计划，帮助各地制造中心实现“现代化”。联邦支持各州对现在的工厂设备进行改造，淘汰一批设备，使企业转向新的清洁技术；为中小企业开发创新提供关键性的预付资金；对先进技术的研发和应用进行投资，支持全国各地实现可持续的经济增长；开展制造业领域的人力资本投资，确保美国工人具有开发新的绿色技术的能力，确保其能满足全世界对新的绿色技术的需要。美国等发达国家实施的以低碳经济为基础的“再工业化”计划，将改变发达国家和发展中国家在制造业领域的分工。

发达国家加速向低碳经济转型，会对国际竞争规则产生影响，会使发达国家更快地采取全球应对气候变化的行动，把减少碳排放作为一条重要规则引入国际竞争，使减少碳排放和应对全球气候变化成为国际谈判和国际贸易谈判的重要内容。减缓气候变暖趋势的一个基本前提，就是不能以牺牲发展中国家的发展为代价。但要让发达国家兑现其承诺，同样需要这样一个前提，就是不能以降低发达国家人民的生活水平为代价。环保人士可能对此持反对态度，可能更主张为了实现可持续发展，适度降低经济发展水平或当代人的生活质量也并无不可，理论上讲这并无错处，但操作起来不可行。既然气候变化问题是如何处理好经济发展与环境保护的问题，气候变化讨论的主题就应该是如何处理好经济发展与气候变化之间矛盾的问题，找到一个“双赢”的解决办法。要实现经济发展与环境保护“双赢”，最根本的办法，就是要实现新的技术创新。不实现技术创新，不通过技术创新来解决碳排放问题，这个问题就无法解决。所以，气候变化谈判的重点应放在如何加强国际合作，共同促进那些清洁、节能技术开发上。可在国际谈判中，减排目标成为谈判桌上的最核心议题。2009 年 12 月在哥本哈根举行的全球应对气候变化会议上，讨论的焦点同样是减排目标。这次会议召开时，全球正遭受国际金融危机的打击，经济没有得到恢复。从逻辑上讲，发达国家都在向低碳经济转型，达成协议应较为容易，但事实并非如此。因为在气候变化谈判的背后，发达国家正在以减排为名，重建新的、由发达国家主导的国际竞争秩序。

二、向低碳经济转型对中国的影响

1. 向低碳经济的转型加大了中国的减排压力

西方国家加快了向低碳经济的转型步伐，使中国面临的减排压力骤然加大。2008 年全球二氧化碳的排放量增加了 1.7%，2007 年为 3.3%，2002 年以来年均增长率为 3.8%。发展中国家的排放量占到全球排放量的 50.3%，工业化国家为 46.6%。发展中国家的排放量首次超过工业化国家，加上发达国家实施竞争优势转型战略，使发展中国家面临着越来越大的压力。在全球温室气候的排放中，中国作为碳排放较大的发展中国家，更是面临更大的减排压力。

按照共同但有区别的责任原则，中国没有强制减排的义务，就历史累计排放而言，中国与发达国家相比差距很大。即使不考虑历史累计排放，就当期相比较，中国的人均排放量较发达国家也是低的，但中国的排放总量大（见图 2-1），人均排放水平在发展中国家中并不低，如表 2-1 所示，所以，中国面临的压力很大。2009 年 11 月，全球气候变化会议在哥本哈根举行，在这次会议上，中国政府明确承诺到 2020 年，单位 GDP 的二氧化碳排放比 2005 年降低 40%~45%。

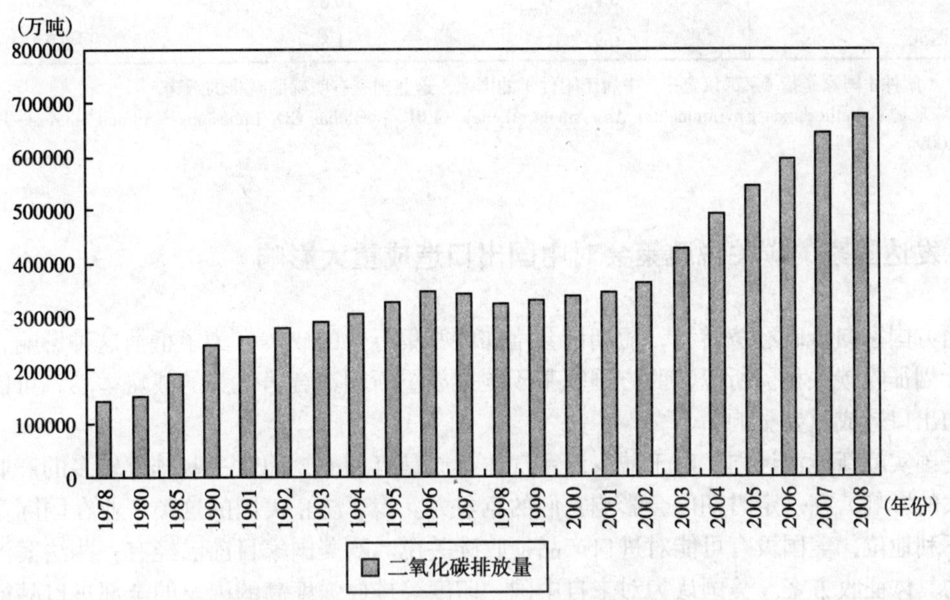

图 2-1　基于能源消费的中国二氧化碳排放增长情况

表 2-1　　人均二氧化碳排放

单位：吨

国　家	1990 年	2008 年	两年的差异
附件 1 国家*：			
美国	19.3	18.5	–0.8
欧盟–15	9.1	8.5	–0.6
法国	6.7	6.4	–0.3
德国	12.8	9.8	–3.0
意大利	7.5	8.3	0.8
西班牙	5.8	7.9	2.1
英国	10.2	8.7	–1.5
日本	9.2	10.0	0.8
澳大利亚	16.0	18.3	2.3
加拿大	16.1	17.0	0.9
俄罗斯	15.7	11.9	–3.8
非附件 1 国家：			
中国	2.2	5.7	3.6
印度	0.8	1.4	0.6
巴西	1.5	2.2	0.7

续表

国　家	1990 年	2008 年	两年的差异
墨西哥	3.7	4.2	0.5
伊朗	3.6	6.9	3.3
韩国	5.9	10.8	4.9
印度尼西亚	0.9	1.8	0.9

注：* 附件 1 国家是指《京都议定书》中属于附件 1 的国家，这些国家有明确的减排的承诺。

资料来源：Netherlands Environmental Assessment Agency（PBL）：Global CO_2 Emissions：Annual Increase Halves in 2008，2009。

2.发达国家的碳关税政策会对中国出口造成重大影响

西方国家向低碳经济转型，短期内会增加碳密集行业的成本，为了抵消这种影响，西方国家计划征收碳关税。所以，西方国家基于碳排放重新塑造竞争优势的战略举动，可能会对中国的出口造成重要影响。

美国实施新能源计划，对于减少温室气体排放是有利的，但对一些排放较多的产业会造成较大的影响，在一定时期内会影响它们的竞争力。为了防止美国的这类产业在国际竞争中处于不利地位，美国极有可能对进口产品征收碳关税。欧美国家目前已经有一些法案涉及碳关税的具体征收方案。美国认为对来自中国、印度等排放强度高的国家的全部进口品征收碳关税将比针对某些特定行业征收全球统一碳关税更为有效。因为美国认为，中国、印度等发展中国家跟发达国家之间的国别间排放强度差异要显著高于发达国家内部不同行业之间的排放强度差异。

征收碳关税可能会对中国的经济造成一定影响。“跨区域经济发展动态仿真模拟技术开发”课题组利用其开发的“中国政策评估系统”，就碳关税对中国的经济影响进行了评估。模拟结果表明，在中国的经济结构没有发生重大变化的条件下，30 美元/吨碳的碳关税征收标准将导致中国制造业出口产品在发达国家市场价格上升，市场占有率下降，进而导致中国制造业产品出口量减少和制造业总产出下降。根据模型测算，碳关税征收后第一年制造业产品出口减少 3.53%，制造业总产出下降 0.62%，第二年出口减少 3.01%，总产出下降 0.49%，第五年出口减少 2.09%，总产出下降 0.27%；在 60 美元/吨碳征收标准下，碳关税征收后第一年制造业产品出口减少 6.95%，总产出下降 1.22%，第二年出口减少 5.97%，总产出下降 0.97%，第五年出口减少 4.18%，总产出下降 0.53%。

碳关税对制造业产量和出口的冲击源于碳关税对不同制造业行业造成的结构性冲击。隐含碳排放强度高的行业受碳关税的冲击相对较大。在 15 个主要制造业行业中受碳关税影响产量下降相对比例最高的五个行业依次为：仪器仪表办公机械制造业、纺织业、服装皮革羽绒制品业、电气机械及器材制造业、通信电子设备制造业；产量下降绝对水平最高的五个行业依次为：化学工业、通信电子设备制造业、纺织业、电气机械及器材制造业、服装皮革羽绒制品业。

出口量下降相对比例最高的五个行业依次为：石油加工业、非金属矿物制品制造业、金属冶炼加工、化学工业、金属制品制造业；出口量下降绝对水平最高的五个行业依次为：通信电子设备制造业、化学工业、纺织业、电气机械及器材制造业、服装皮革羽绒制品业。①

3. 向低碳经济转型对中国的影响短期内还没有充分显现

从较长的时期看，如果中国不进行向低碳经济的转型，那么西方发达国家向低碳经济的转型会对中国的产业竞争力造成实质性的影响，因为中国净出口的碳排放较大（见表 2–2）。从短期看，这种影响还没有充分表现出来。据海关统计，2009 年中国对外贸易累计进出口总值为 22072.7 亿美元，比 2008 年（下同）下降 13.9%，略高于 2007 年的贸易总值。其中出口 12016.7 亿美元，下降 16%；进口 10056 亿美元，下降 11.2%。全年贸易顺差 1960.7 亿美元，减少 34.2%。扣除价格因素后，全年实际出口数量减少 10.5%，实际进口数量增加 1.5%。

从结构上看，主要劳动密集型产品出口同比降幅均小于同期总体出口降幅 16%的水平，其中服装出口 1070.5 亿美元，下降 11%；纺织品 599.7 亿美元，下降 8.4%；鞋类 280.2 亿美元，下降 5.7%；家具 253.3 亿美元，下降 6%；塑料制品 144 亿美元，下降 10.1%；箱包 127.9 亿美元，下降 9.2%；玩具 77.8 亿美元，下降 10%。同期，中国机电产品出口 7131.1 亿美元，同比下降 13.4%，占同期中国出口总值的 59.3%。其中电器及电子产品出口 3011 亿美元，下降 12%；机械设备 2360.1 亿美元，下降 12.2%。此外，粮食出口 329 万吨，下降 13.2%；肥料 905 万吨，下降 7.9%；钢材 2460 万吨，下降 58.5%；汽车 35 万辆，下降 45.2%。从这里可以看出，那些净出口隐含二氧化碳排放量最高的行业（见表 2–1），其出口并没有出现全线下降。各个产业出口的下降并不是由西方国家实行竞争优势转型战略造成的，而是由国际金融危机造成了国际市场上一些产品的价格大幅度下降引起的。根据中国海关的统计，2009 年主要大宗商品进口量均有不同程度的增长，其中铁矿砂进口 6.3 亿吨，增长 41.6%，进口均价为每吨 79.9 美元，下跌 41.7%；原油 2 亿吨，增长 13.9%，进口均价为每吨 438 美元，下跌 39.4%；大豆 4255 万吨，增长 13.7%，进口均价为每吨 441.5 美元，下跌 24.3%；初级形状的塑料 2381 万吨，增长 34.5%，进口均价为每吨 1461.4 美元，下跌 24%；煤进口 1.3 亿吨，增长 2.1 倍，进口均价为每吨 84 美元，下跌 3.4%；未锻造铜及铜材 429 万吨，增长 62.7%，进口均价为每吨 5273.6 美元，下跌 27.5%；未锻造铝及铝材 232.1 万吨，增长 1.6 倍，进口均价为每吨 2303.2 美元，下跌 46.1%；钢材 1763 万吨，增长 14.3%，进口均价为每吨 1104.9 美元，下跌 27.3%。此外，进口成品油 3696 万吨，下降 5.4%，进口均价为每吨 459.5 美元，下跌 40.5%。同期，进口机电产品 4914.7 亿美元，下降 8.7%；其中汽车 41.9 万辆，增长 2.8%。2009 年，中国出口价格总体下跌 6.1%，进口价格总体下跌 12.7%。②

由于西方国家向低碳经济的转型及其提出的以绿色化、低碳化为竞争基础的再工业化才

① 跨区域经济发展动态仿真模拟技术开发课题内部报告：《征收碳关税对中国制造业的影响》，课题主持：张其仔，执笔：沈可挺、李钢、郭朝先等，2009 年。

② 中国海关总署综合统计司、福州、厦门海关：《2009 年中国国民经济主要行业进出口情况》，中国海关总署网站。

表 2-2 2007 年中国商品出口隐含二氧化碳状况

	出口（万元）	净出口（万元）	完全消耗系数	出口隐含二氧化碳（万吨）	净出口隐含二氧化碳（万吨）
农林牧渔业	6659785	−16619824	0.9	625	−1561
煤炭开采和洗选业	2337578	415870	5.9	1371	244
石油和天然气开采业	1735648	−55947045	2.7	473	−15257
金属矿采选业	822875	−39957119	3.7	301	−14602
非金属矿及其他矿采选业	1504403	−1499960	2.9	435	−434
食品制造及烟草加工业	19121135	3305881	1.3	2442	422
纺织业	82158911	73976001	2.1	17133	15427
纺织服装鞋帽皮革羽绒及其制品业	56726409	50638703	1.6	8976	8012
木材加工及家具制造业	24244658	21539825	1.9	4640	4122
造纸印刷及文教体育用品制造业	22644209	14357926	2.4	5499	3487
石油加工、炼焦及核燃料加工业	7678378	−6823091	9.2	7082	−6293
化学工业	72379174	−18672541	3.8	27678	−7141
非金属矿物制品业	14836921	11063928	4.8	7078	5278
金属冶炼及压延加工业	51554905	8349845	4.0	20451	3312
金属制品业	35585167	29738258	3.0	10741	8976
通用、专用设备制造业	57368521	−13064799	2.3	13091	−2981
交通运输设备制造业	32821566	2789521	2.0	6422	546
电气机械及器材制造业	68256592	33904592	2.3	16012	7953
通信设备、计算机及其他电子设备制造业	213775082	50787712	1.3	26955	6404
仪器仪表及文化办公用机械制造业	32373998	−6924200	1.5	4796	−1026
工艺品及其他制造业	13097173	10878342	2.2	2825	2346
废品废料	317293	−13768574	0.3	9	−397
电力、热力的生产和供应业	651130	471274	15.1	985	713
燃气生产和供应业			5.0		
水的生产和供应业			3.8		
建筑业	4088747	1876120	2.7	1119	513
交通运输、仓储和邮政业	40315450	29276528	2.4	9782	7104
批发、零售业和住宿、餐饮业	47440878	42207422	1.1	4990	4440
其他行业	44913321	2903768	1.2	5562	360
合计	955409910	215204363	—	207474	29968

资料来源：《国内外碳排放峰值、减排路径及成本收益分析》课题组资料，课题主持：张其仔；数据计算郭朝先。

刚刚开始，所以西方经济国家向低碳经济的转型还没有对中国的传统产业造成巨大冲击。只要中国把握好节奏和步调，做好转型升级，中国传统产业在国际上的竞争优势就可以维持相当一段时间。金融危机爆发前，中国在极短的时间集中出台了一系列增加企业负担的政策造成企业综合性成本上涨，使很多企业难以承受。长期来说，经济增长方式的转变对增长是有利的，但短期内，增长方式转变的步子过快，对“保增长”会产生不利影响。为了防止经济下滑，中国对相关政策进行了一系列恢复性调整。这种调整是完全正确的，使中国经济增长方式转变的节奏和路径得到了优化，使得中国传统的产业竞争优势在逐步优化的同时得到了保持。这为新兴战略性产业的发展、新的竞争优势的培育赢得了经济基础和时间，所以，政策调整是中国参与国际竞争的一个重要支撑。

三、中国的竞争优势转型战略

1. 传统产业的绿色化是“十二五”时期中国适应国际竞争的重点

发展新的竞争优势，实现转型，不能完全抛开传统产业。中国虽然面临着建设资源节约型、环境友好型社会的任务，但从一段时期的发展趋势看，资源密集型产业仍然是拉动中国经济增长的重要支柱。所以，实现传统产业的绿色化是中国发展绿色产业的重点。

无论科技多么进步，产业如何绿色化，有一个基本事实是无法改变的，那就是人民生活水平的提高都是建立在一定的物质基础之上，离开了一定的物质基础，生活水平的提高就会失去依托。一些发达国家从表面上看，资源的消耗比较低，但实际上却是以其他国家较高的资源消耗为基础的。中国向国外出口部分产品资源密集度很高，就相当于其他国家，通过进口中国的产品，消耗了中国的资源。发展绿色产业的最终目的，是扩大资源基础，提高资源的利用效率，突破资源对人类生活水平提高的限制，而不是使人类完全摆脱对资源的依赖。

中国工业化和城市化的进程仍未完成，从国际经验上看，工业化过程和城市化过程就是一个资源大量开发和利用的过程。从发达国家或地区的经验看，这个过程只有在工业化过程完成，社会从工业社会进入到后工业社会的时候才可能发生重大变化。很显然，处于工业社会时期的发达国家，其高速增长都和资源的开发、利用紧密相关。中国虽然可以通过引入更现代化的技术降低经济发展过程中的资源利用强度，但在工业化过程中中国无法完全跨越大规模利用与开发传统资源这样一个阶段。如果要强行跨越这一阶段，中国的发展就会出现一个“断档期”，就是新兴产业还没有形成强有力的国际竞争力，成为拉动经济增长的重要支柱，传统的资源密集型产业就因为政策不当、操之过急而迅速衰落。

中国的工业化、城市化进程还没有完成，决定了中国对资源密集型产品的需求还很大。“十二五”期间中国应将发展绿色产业的重点放在传统产业的绿色化上。

2. 既要重视人才培养与储备，又要重视对工人技能的培训

实现竞争优势的转型要高度重视人才的培养和储备。美国一直把培育和吸引顶尖人才作为其国家竞争战略的重要组成部分，这是美国在很多技术领域一直保持领先地位的重要原因。美国在电子信息领域之所以取得领先地位，就是因为具有人才上的优势。在新能源计划上，美国仍然十分重视人才的培养，不仅采取措施鼓励大学培养更多的相关专业的学生，而且还十分重视对工人进行相关的技能培训。为了提高中国在新能源开发利用上的竞争优势，中国也应高度重视与新能源相关的人才的培养工作，可以考虑设立专门的奖学金，鼓励学生

学习相关专业，加快相关人才的培养，为新能源产业的发展储备人才。

3. 既要重视应用、推广，也要重视前沿技术的研发，在研发、应用中实现跨学科、多部门的合作创新

在实现竞争优势转型的过程中，政府要采取措施大力推进前沿技术的研发。在实施新能源计划的过程中，美国把新能源产业竞争的重点放在技术竞争上，美国能源部把研发与技术创新作为新能源实施计划的最核心领域，其最终目的是要在技术上处于领先地位，力图成为全球新能源技术的供应国。为了推进技术创新，美国建立了 46 个前沿研究中心，集中了最优秀的科学家和工程师，包括约 1800 名研究人员和学生，其目的是要在清洁能源与能源安全等领域从事基础性的创新研究工作，如纳米科技、超级光源、超级计算机等领域。美国支持高级技术研究工程部门（能源部分），在如何生产、分配、使用能源方面设立高风险、高回报的研究工程，目标是保证美国在开发和利用先进的能源技术方面处于领先地位。2010 年美国能源部用 2.8 亿美元建立了 8 个跨学科的创新基地，支持相关成果的产业化，包括太阳能发电、电池与电力储存、碳捕获与封存、节能建筑与设计、电网材料和设备、仿真与模拟等。中国在推进新能源发展的过程中，不仅要重视技术的应用与推广，同时也应着眼于成为全球重要的新能源技术供应国的目标，成立一批在新能源技术开发方面能逐步取得全球领先优势的研发机构，培育一批可以为全球新能源开发利用提供技术支持的技术供应商，要避免在新能源的开发利用过程中再次处于产业链的低端，成为简单的加工制造基地。

美国和西方其他国家既然把发展新能源作为其国家未来竞争战略的重要组成部分，就有可能在一些关键技术实现突破后，不愿意进行技术转移，有可能使中国在新的一轮技术革命中再次处于被动地位，重蹈前几次技术革命的覆辙。为了防止出现这种情形，中国要在一些关键技术上，采取提前介入措施，采用开放式创新政策，立足全球，广泛开展国际合作，特别是要重视和美国及其他发达国家的合作，共同建立新能源技术开发机构，建立科技开发联盟，共同开发新技术，分享科技创新成果。

4. 把竞争优势转型与基础设施建设联系起来

实现竞争优势的转型还需要与基础设施配套建设相伴随。如要实施新能源计划，仅有技术和人才是不够的，还必须有相应的外部使用环境，需要建设相应的基础设施。为此，美国在实施新能源计划的过程中，极其重视与新能源相匹配的基础设施建设，如对电网进行改造、建立新型加油站等。中国在发展新能源的过程中，要充分重视基础设施建设，在现有基础设施建设的过程中，要充分考虑这些基础设施与新能源开发、利用的匹配性，应尽可能避免因新能源的开发、利用而造成巨额基础设施的报废。

5. 高度重视推进竞争优势转型政策措施的经济社会影响评价

竞争优势的转型政策能否得到落实，取决于其成本—收益分析，如新能源计划能不能得

到有效实施，是否具有可持续性，取决于这类计划的成本—收益比较。美国众议院之所以能通过《清洁能源与安全法》，一个重要原因是美国环境保护局对《清洁能源与安全法》草案进行了成本—收益评价，其结论是，美国实现能源生产和消费结构的转型会使美国转向更清洁的经济，有助于美国运用更清洁的能源技术，提高能源效率，减少温室气体排放。

专栏 2—1

3 月外贸数据公布　我国 6 年来首现月度逆差

海关总署 2010 年 4 月 10 日发布数据显示，第一季度我国外贸顺差为 144.9 亿美元，减少近八成，3 月当月逆差为 72.4 亿美元（统计数据显示，自 1993 年以后，我国再没出现过年度贸易逆差，自 2004 年 4 月以后，我国再也没有出现过月度贸易逆差）。

2010 年第一季度我国外贸进出口总值为 6178.5 亿美元，比上年同期增长 44.1%。其中出口 3161.7 亿美元，增长 28.7%；进口 3016.8 亿美元，增长 64.6%。2010 年 3 月，我国进出口总值为 2314.6 亿美元，增长 42.8%。其中出口 1121.1 亿美元，增长 24.3%；进口1193.5 亿美元，增长 66%。

前 3 个月，一般贸易进出口增速高于同期总体增速，加工贸易进口增长迅速。我国一般贸易进出口 3096.8 亿美元，增长 47.9%，高出同期全国进出口增速 3.8 个百分点。其中出口 1413.1 亿美元，增长 26.6%；进口 1683.7 亿美元，增长 72.2%。一般贸易项下出现贸易逆差 270.6 亿美元。同期，我国加工贸易进出口 2405.1 亿美元，增长 38.5%。其中出口 1516.9 亿美元，增长 29.8%；进口 888.2 亿美元，增长 56.3%。加工贸易项下贸易顺差 628.7 亿美元，增长 4.7%，相当于同期总体顺差规模的 4.3 倍。

在出口商品中，2010 年第一季度，我国机电产品出口 1890.8 亿美元，增长 31.5%，高出同期我国总体出口增速 2.8 个百分点，占同期我国出口总值的 59.8%。同期，传统大宗商品出口快速增长，其中服装出口 240.4 亿美元，增长 9.1%；纺织品出口 152.1 亿美元，增长 26.6%；鞋类出口 72.6 亿美元，增长 13.8%。

在进口商品中，主要大宗商品进口量有不同程度的增长，进口均价普遍出现明显回升。据海关统计，铁矿砂进口 1.6 亿吨，增长 18%，进口均价为每吨 96.3 美元，上涨 20.7%；大豆进口 1104 万吨，增长 8.7%，进口均价为每吨 456.9 美元，上涨 15.1%。此外，进口机电产品 1377.6 亿美元，增长 49.8%，其中汽车进口 17.9 万辆，增长 1.7 倍。

资料来源：新民网，2010 年 4 月 10 日。

参考文献

蔡林海：《低碳经济大格局》，经济科学出版社 2009 年版。

盛光祖：《中国对外贸易平衡发展为世界经济企稳复苏做出重要贡献》，中国海关总署网站，2010年4月13日。

联合国环境规划署/全球资源信息数据库—阿伦达尔编辑组：《走向低碳》，UNEP报告，2009年。

International Energy Agency：Ensuring Green Growth in a Time of Economic Crisis：The Role of Energy Technology，IEA研究报告，2009年4月。

跨区域经济发展动态仿真模拟技术开发课题组：《美国的新能源计划对中国的启示及影响》，内部报告。

沈可挺、李钢、郭朝先等所作跨区域经济发展动态仿真模拟技术开发课题内部报告：《征收碳关税对中国制造业的影响》，2009年。

跨区域经济发展动态仿真模拟技术开发课题组：《中国经济走势判断与宏观调控政策研究》，《中国工业经济》2008年第12期。

第三章　国际金融危机与中国工业化进程

提　要

国际金融危机对中国工业化进程有直接的影响，从反映工业化进程的工业化率看，2008年年度增幅减缓、2009年有所下降；从工业行业就业看，2008年、2009年波动急剧，就业结构短期出现逆向回流特征。金融危机对中国工业化进程的影响还表现出区域差异，“珠三角”等东部沿海地区受影响更为明显。金融危机凸显了中国工业化进程中既存的问题，使中国工业化的国际环境有所改变。金融危机也使人们更加清晰地认识到要走符合时代条件和国情的工业化道路，认识到大国的民富国强要靠工业、实业；金融危机同时告诉我们要更加清醒地认识我们所处的发展阶段，把握好开放的度。本章最后紧紧围绕着未来的工业化进程要实现经济发展方式特别是工业发展方式的转变这一问题，重点讨论了把握好工业结构调整和产业转型升级的战略机遇、利用后危机时代提升工业化质量、切实打破中国工业制造业处于国际价值链增值环节低端的格局、走“低碳经济”的工业化新模式，在工业化进程加快时使更多人就业并提升就业能力四个大的问题。

*　　　　*　　　　*

金融危机或经济危机是会在经济发展周期中周期性地出现的，但本次国际金融危机百年一遇，来势凶猛，对正在稳健前行的中国工业化进程产生了巨大而深刻的影响。在全球经济一体化程度加深、中国经济外向依存度不断提高的背景下，一时间中国工业品出口快速减少，非农就业急剧下滑，一些问题集中凸显。受危机影响，2009年成为进入21世纪以来中国经济社会发展最为困难的一年。当然，目前这场国际金融危机还没有完全结束。研究危机与中国工业化进程的关系对未来一段时间包括“十二五”时期中国工业化的持续健康快速发展意义十分重大。

一、国际金融危机前中国工业化的进展及其表现出的依赖出口的特点

进入21世纪以来，在包括工业出口迅速增长在内的多因素的共同拉动下，中国工业化

进程健康推进，速度明显加快。“十五”期间（2001~2005 年）中国处于工业化中期前半阶段，而到了“十一五”中期，中国工业化已经超过 50 分，达到工业化中期的后半阶段。据测评，进入“十一五”时期后，中国工业化仍处于高速发展时期。“十一五”前两年，即 2006 年和 2007 年，在中国大陆省级行政区中，除了处于前工业化阶段的西藏和处于后工业化阶段的上海、北京外，处于工业化进程中的各个省级区域工业化水平综合指数都有了不同程度的提高。“十一五”前三年（即 2006 年、2007 年和 2008 年），工业化进程以年均综合指数提高 4 左右的速度推进。国际金融危机对中国的影响主要是从 2008 年第四季度开始显现的，因此 2008 年的工业化进程仍属正常。

到本次金融危机的影响显现前，从工业化阶段看，中国处于工业化后期阶段的地区从 4 个变为 5 个，山东进入了工业化后期，而广东则进入了工业化后期的后半阶段；进入工业化中期阶段的地区从 7 个增加为 12 个，湖北、重庆、黑龙江、宁夏、陕西、青海 6 个地区从工业化初期阶段进入到中期阶段；而处于工业化初期前半阶段的甘肃、云南、广西、海南也进入到工业化初期的后半阶段。一些中西部地区的省份工业化进程的速度开始加快，内蒙古、青海位次上升一位，重庆、四川上升两位。在“十一五”东部地区只有山东，工业化水平综合指数的提高幅度达到两位数（达到 14），而中西部有内蒙古、重庆、青海、陕西、河南 5 个地区工业化水平综合指数的提高幅度达到两位数（都达到 10），湖北、宁夏、湖南、四川、广西等地区的工业化水平综合指数也提高很快。

进入 21 世纪以来，中国工业化的内外环境有了新的变化。发达国家逐步走出 20 世纪 90 年代以来的网络经济泡沫，开始了新一轮的经济增长。以美国为例，2001~2004 年，美联储把利息从 6.5%降到 1%，大大刺激了消费和投资，经济增长从-1.40%上升到 7.49%。世界经济增长、外需增加，有利于中国出口，特别是工业品的出口。中国加入 WTO 后，经济发展的国际化步伐加快，工业化进程表现出对出口依赖性提高的特点。出口特别是工业品的出口对中国工业化进程推动明显，如图 3-1 所示，一度出现了对中国是否是“世界工厂”的讨论。到了“十五”末期的 2005 年，出口对 GDP 增长的贡献率达到 24%，到金融危机前的 2007 年这一指标仍然保持在 19.7%的较高水平。

中国工业化的进展表现出出口依赖的特点，主要原因在于：①保持经济增长率加剧了对出口的依赖。本来在“十五”末期，中国产能过剩问题就已显现，但不合理的产业结构始终得不到调整，只能进一步依赖外需。②就业更多地依赖出口企业。农业剩余劳动力过多地转向出口加工型产业或外贸型产业，对国际市场的依赖程度加大。③由于惯性等原因，发展方式难以转变。中国从“九五”时期就认识到要进行增长方式的转变，但是实际上发展方式落后的问题却越来越严重，部分原因是在外部需求的驱动下，高投入、高消耗的发展方式难以转变。依赖出口一个非常直接的后果是对全球能源资源的需求加剧，或者是工业化的资源环境约束更紧。中国一方面重化工业快速发展并成为世界工厂，另一方面更被定位在低端加工制造业环节。表面上中国消费了很多能源和资源，但实际上是为世界制造产品。这就形成了典型的发展中问题：产品是世界的，问题留给了自己。

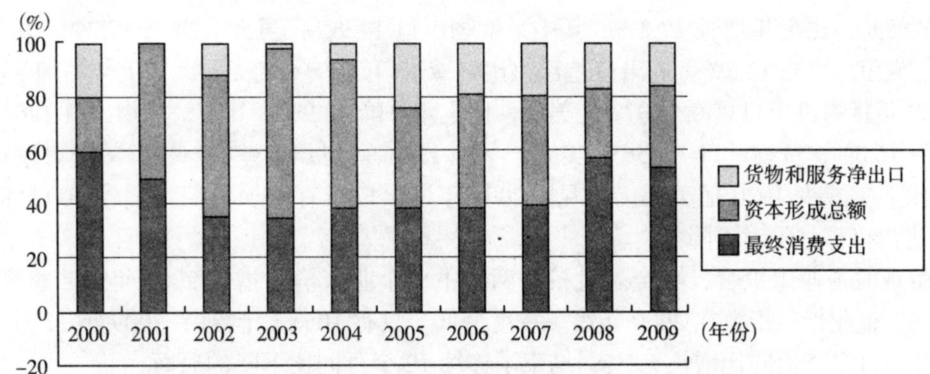

图 3-1　2000~2009 年出口、投资和消费占 GDP 的比重

资料来源：作者根据有关资料整理。

二、国际金融危机对 2008 年、2009 年中国工业化进程的直接影响

总体来说，面对突如其来的金融危机，中国显得准备不足。国际市场需求萎缩，出口导向型、出口加工贸易型企业困难最大；"珠三角"等经济外向度比较高的地区的工业制造业受影响最大。2008 年、2009 年两年中工业化率和工业行业的就业有一定的波动。

1. 工业化率 2008 年增幅减缓、2009 年不增反降

从统计数据可见，金融危机到来前的 2007 年，以工业为主的中国第二产业的增加值占 GDP 的比重是上升（0.3 个百分点）的。由于第四季度受到金融危机的影响，2008 年虽仍是上升的，但增速放缓，只有 0.1 个百分点。在受金融危机影响最严重的 2009 年，第二产业增加值占 GDP 的比重则是下降的，下降 0.7 个百分点。其中，工业进入 2008 年下半年后，运行下行压力加大，生产增长放缓，出口明显下滑，部分工业行业、企业经营相当困难，"珠三角"有不少出口加工企业关门或倒闭。根据国家统计局年度统计公报（未经调整，下同），2007 年中国国内生产总值为 246619 亿元，其中第二产业增加值 121381 亿元，增长 13.4%，占国民生产总值的比重为 49.2%，比前一年上升 0.3 个百分点；而 2008 年国内生产总值为 300670 亿元，第二产业增加值 146183 亿元，增长 9.3%，占国民总值的比重为 48.6%，上升 0.1 个百分点；2009 年国内生产总值为 335353 亿元，第二产业增加值 156958 亿元，增长 9.5%，占国民生产总值的比重为 46.8%，下降 0.7 个百分点。

同样根据国家统计局年度统计公报，2007 年中国货物进出口总额为 21738 亿美元，比 2006 年增长 23.5%。其中，货物出口 12180 亿美元，增长 25.7%；货物进口 9558 亿美元，增长 20.8%。出口大于进口 2622 亿美元，比上年增加 847 亿美元。2008 年货物进出口总额

25616 亿美元，比上年增长 17.8%。其中，货物出口 14285 亿美元，增长 17.2%；货物进口 11331 亿美元，增长 18.5%。进出口差额（出口减进口）2954 亿美元，比上年增加 328 亿美元。2009 年货物进出口总额 22072 亿美元，比上年下降 13.9%。其中，货物出口 12017 亿美元，下降 16.0%；货物进口 10056 亿美元，下降 11.2%。进出口差额（出口减进口）1961 亿美元，比上年减少 1020 亿美元。可见，2008 年进出口虽有增加，但增幅较 2007 年减缓；2009 年进出口都是绝对下降的。

从微观的企业组织看，在金融危机的两年中，企业家信心指数 2008 年第四季度最低，只有 94.6，企业景气指数在 2009 年第一季度最低，只有 105.6。但到了 2009 年 11 月，规模以上工业出口交货值同比增长 5.3%，结束了连续 12 个月同比下降的局面。

因此总体上说，2008 年中国工业化增幅减缓，2009 年比 2008 年不增反降。

2. 工业行业就业波动急剧

中国外向型的出口加工企业主要以使用农民工为主，这里仅以农民工就业波动为例加以分析。

据有关资料显示，农民工就业波动剧烈。南方劳动密集型工厂的生产经营出现了很大的困难，许多出口加工型企业都在减少员工雇佣数量，部分企业一时停工，一些企业甚至破产。大批来自中西部省份的农民工从沿海地区返乡，这一现象在 2009 年春节到来之前表现得非常突出。这种"倒流"现象是多年来"民工潮"中不多见的。在国新办 2009 年 2 月 2 日的新闻背景吹风会上，中央财经领导小组办公室副主任、中央农村工作领导小组办公室主任陈锡文说，由于金融危机的影响，外需的减少，在许多地区特别是在沿海发达地区，过去主要从事外贸的企业遇到了一些生产上的困难，所以确实有相当一部分的农民工失去了就业岗位。据统计，离开本乡镇外出就业的农民工的总量大概是 1.3 亿人。由农业部组织的一次抽样调查，共调查了农民工输出比较多的 15 个省、150 个村。从抽样调查结果来看，到 2009 年春节前大概有 38.5%的农民工返乡。在返乡的农民工中，有 60.4%的农民工是正常的春节回家探亲，其余 39.6%则是失去了工作或者还没有找到工作就返乡了。由此可测算，在 1.3 亿外出就业的农民工中，约有 15.3%、2000 万左右的农民工失去了工作或者没有找到工作。

金融危机使就业结构演变出现了逆向特征。工业化需要就业结构和产业结构的协同演进。按照钱纳里的模型，要完成工业化，全部就业人口中在农业就业的比重要降到 20%以下，城镇人口在总人口中的比重要达到 60%以上。从中国工业化进程来看，产值结构的工业化率已超出了世界平均水平，但从就业结构看，差距还异常显著。2008 年，中国第一产业增加值占 GDP 的比重为 11.3%，而第一产业的就业人口占就业总人口的比重却高达 40.8%。2009 年由于返乡人数增加，这一比重有可能增大。

3. 金融危机缓解了中国工业化进程能源资源压力

金融危机客观上也给中国工业化带来了一些机遇。比如金融危机使紧绷的能源、资源紧张状况得到一定程度的缓解。原油从140美元/桶一度跌到了不到40美元/桶，大宗商品价格下降，中国工业化进程面临的资源、能源紧张状况得到了一定程度的缓解。政府的集中强力投资也使基础设施建设有了很大的改善。另外可以初步判定，2008年、2009年两年中国的工业品出口占国际市场的比重和中国的工业国际竞争力都有相对提升。

三、国际金融危机中中国推进工业化进程的政府行为①

国际金融危机是全人类的共同灾难，中国政府快手重拳出击，进行了及时有力有效的宏观调控，不仅是为了保证中国经济社会的健康稳定发展，也是在对国际社会尽职尽责。

1. 积极推出了十大产业调整和振兴规划

为应对国际金融危机，加快中国经济结构的调整步伐，国家及时地提出并实施了“十大产业调整和振兴规划”，已对并将继续对中国工业化进程产生巨大的积极作用。在2008年年底和2009年年初，作为“保增长、扩内需、调结构”重要措施之一，国家出台了“十大产业调整和振兴规划”。这十大产业包括钢铁产业、汽车产业、船舶产业、石化产业、纺织产业、轻工产业、有色金属产业、装备制造产业、电子信息产业、物流产业。“十大产业调整和振兴规划”中，不仅有开拓国内外市场的政策即所谓“救市”政策，有鼓励企业创新、完善市场竞争机制和调整产业发展方向的政策，还有关于推进产业结构升级、促进产业健康发展的工业结构调整与发展政策。在某种意义上，这些产业的振兴规划，可以认为是各个具体工业行业的现代化战略规划。该规划对中国推进工业现代化和工业化进程起着重要的作用，无疑具有重大战略意义。

2. 高度重视新型产业工人——农民工的就业问题

2008年12月20日，国务院办公厅专门发出了关于做好当前农民工工作的通知，其中有六条大的政策，主要包括：①鼓励城市和沿海发达地区的企业尽可能不解雇或者少解雇农民工。②对暂时没有工作的农民工，各级政府都要给他们提供更多的职业技能培训机会，以增强他们的就业能力。③凡是政府投资的公共设施建设，都要尽可能多地吸纳农民工去就业，对于已经返乡的农民工，政府要采取以工代赈的办法，鼓励他们去参加农村的基础设施建设。④政府采取一系列支持和补贴的办法，帮助农民工回乡以后自己创业。⑤要求各地切实保障外出农民工的土地权益，回来以后如果确实没有其他的工作可做，家里的承包地还在，还可以保证其温饱。⑥要求各地的党委和政府重视农民工工作，特别是在金融危机时

① 4万亿元的中央政府投资是极其重要的一项，为避免重复，本章从略。

期，要做好对企业的发放农民工工资和缴纳农民工社会保障经费等的监督工作。

3. 大力支持企业技术改造和技术创新

着力发挥企业技术改造的突出作用。国务院设立了 200 亿元的中央财政技术改造专项资金，拿出 230 亿元支持了 4441 个项目，合计拉动了 6326 亿元的社会总投资。兼并重组、淘汰落后产能和节能减排使行业集中度进一步提高。通过发放 3G 牌照和促进 TD 等 3G 产业的发展，快速形成了新的增长点，当年直接投资 1609 亿元，带动了网络、服务和新业务的快速发展。改善中小企业发展环境，增强发展活力。4800 户担保机构为中小企业提供了 8500 亿元的贷款担保。着力于科技创新和质量品牌建设。在关键领域取得了一批重大自主创新成果，重大装备自主化和本土化水平不断提高，一批科技专项成果正在加速产业化。国防科技工业重大项目进展良好。完成了 2.3 万项标龄 10 年以上的行业标准复审工作，发布了国家标准和行业标准 3120 项。

四、国际金融危机对中国工业化进程影响的区域差异

总体来说，虽然"长三角"、"珠三角"、"环渤海地区"等东部沿海地区的工业化进程走在全国的前列，但由于受到外向型工业出口下滑等因素的影响，2008 年、2009 年上述地区的工业化进程比中西部前进的幅度要小。尽管当前中西部地区在工业化进程及经济发展综合实力方面稍显落后，但其速度却非常之快，尤其是西部的成渝地区和整个中部地区，各项指标都表现得非常突出。2009 年全国 GDP 平均增速为 8.7%，但各省市实现的 GDP 增速中值为 11.6%，低于全国平均增速的地区仅有山西、新疆、上海。这充分显示出，在 2009 年全球金融危机中，中西部地区在大量基础设施建设及区域经济振兴规划的带动下增长强劲，而沿海地区则更多受到外需萎缩的冲击。

金融危机中中西部地区工业化进程加快，主要得益于政府政策支持的拉动作用。2009 年进步明显的成渝地区和西南省份分别受益于"成渝地区城乡一体化改革试验区"和中国—东盟自贸区的政策支持；排名靠前的中部地区则受益于中部崛起的政策支持，如武汉"1+8"和湖南长沙—株洲—湘潭两个"两型"社会建设试验区。2008 年 3 月 19 日国务院正式批复了《天津滨海新区综合配套改革试验方案》使天津市 2008 年、2009 年的增速都排名全国第二位。当然，政策支持效果的发挥还需要相对完善的工业体系和基础设施来支撑。毕竟在相同的政策支持下，云南、贵州的经济增长明显落后于广西，这与云南、贵州在工业化程度上的相对落后密不可分，也受制于当地相对薄弱的基础设施和人才储备。

中西部地区的工业化进程仍任重道远。尽管金融危机中中西部地区相比沿海地区受到的冲击要小一些、工业化进程的速度相对快一点，但并不表明中西部地区工业化程度就很高了。如果从宏观层面分析，区域工业化进程失衡的状态仍非常突出，中西部地区在工业化方

面明显不足。如果使用省级行政区人均GDP及其构成中的工业比重两项指标来衡量，2008年有14个省区处于工业化不足状态（低于全国平均水平），工业化不足主要表现在工业品产量上。工业化程度不足，在一定程度上又加剧了区域经济发展失衡，经济的可持续发展必然要求建立在工业化均衡推进的基础之上。

处于工业化后期的相对发达地区的工业化需要通过经济结构转型来推进。金融危机中上海、广东的经济发展事实也说明，短期的经济增长与长期的经济转型之间始终存在矛盾，增速下滑是经济转型必须付出的代价。因此有人认为，未来东部沿海地区将主要承担工业化"调结构"的重任，而中西部地区主要承担"保增长"的任务。2010年，"调结构"无疑是最为重要的目标。经过多年的政策支持，以及工业体系和基础设施的建设，中西部地区的经济发展已经表现出发力特征，中西部地区工业化进程将进一步加快。

五、国际金融危机启示我们必须真正转变工业发展方式

1. 金融危机凸显中国工业化进程中既存的问题

中国工业化进程中长期存在一些深层次的问题，国际金融危机的爆发使这些问题进一步凸显出来，到了不能不解决的地步，工业化的模式迫切需要调整。

（1）中国工业化动力"三轮"驱动不平衡。出口、投资、消费是经济增长的"三轮"，也是工业化的"三轮"。随着经济全球化程度的加深，中国工业化出口依赖度加大，由于处在工业化的加速期，基础设施和基本建设投资持续高涨，但长期以来最终消费率偏低，使出口（货物和服务净出口）、投资（资本形成总额）、消费（最终消费支出）对GDP增长的贡献率出现一定程度的结构性失衡，这种失衡不利于工业化的持续健康发展。若长期不能改变，也有违工业化成果惠及民众的本意。

（2）中国工业在国际产业分工中长期处于低端。国际代工不仅利润越来越薄，而且不能积累技术，实现自主技术创新，这种低附加值的工业发展模式绝非长久之计。根据美国市场调查机构iSupply的资料显示："一款售价499美元的iPad，其平均成本为260美元左右……其中与中国有关的，仅仅是每台11.2美元的组装费。"这11.2美元由零部件供应商、组装厂、工人工资三部分组成。2010年5月14日东莞第二次全国经济普查结果显示，其制造业销售利润率仅为2.49%。[①] 如果中国长期处于被动地位，不能处于战略主动地位，重者容易形成殖民地、附属国般的低端锁定，轻者会在技术等方面形成路径依赖。若没有外力的干预，高位和低端之间的不平等会使国与国之间形成富者越富、穷者越穷的马太效应。

① 黄旭、毛建敏：《十字路口的代工业》，《电脑报》2010年5月31日。

(3) 中国工业化进程靠“拼”取胜难以为继。拼资源环境、拼生态气候、拼人力低成本，会大大降低工业化质量。如同一个人未富先老一样，国力未富，资源环境先衰，这是与发展初衷相悖的。现在这种模式不仅被国内的资源环境等条件所排斥，而且还有来自国际社会的要求实现低碳发展模式的强大压力。2010 年上半年发生的富士康员工连续跳楼事件就是血的教训之一。

2. 金融危机使中国工业化的国际环境有所改变

国际金融危机使全世界的富国、穷国都在重新认识工业和工业化，迫使世界各国寻找不同形式的工业化道路。金融危机给我们的极其重要的启示是很多人认识到实业的重要性，经济发展的主轨道要回归实业。经济学家樊纲批评说，过去很多人看不起实业和产业，正是国际上对金融发展的盲目崇拜，形成了这次有史以来因流动性过剩而产生的经济危机。中国的金融、服务领域虽得到了长足的发展，但一些国内企业过于迷信多元化策略，投机心态严重而进入了不熟悉的金融领域，最后导致经营的紊乱。

过去一些发达国家努力追求“去工业化”，甚至一味追求“虚拟经济”，提高服务业比重，使国民经济“轻型化”。金融危机——货币信用危机后，更多的工业化国家都纷纷提出“再工业化”、“低碳经济”、“智慧地球”等新的理念，加快布局新产业，抢占发展制高点，要“做实经济”。连英国这样世界上第一个完成工业化的国家都在讨论怎么“再工业化”。2009 年 11 月 20 日是“非洲工业化日”20 周年，联合国秘书长潘基文表示非洲需将工业化作为经济增长的引擎。在这样的环境下，中国未来的工业化进程必然面临更为严峻的国际竞争。

3. 国内需求是推动工业化完成的根本动力

国际金融危机使中国在外部需求拉动下过快增长的工业化进程回到了本来的增长轨道。但是归根结底，中国的工业化进程取决于内在的巨大发展需求，并不会因为金融危机的爆发而停滞。从短期来看，金融危机导致国内外市场需求萎缩，会使过快的经济增长速度下降，甚至会出现负增长。但是中国内在的巨大发展需求将主导中国长期的持续增长。这种潜在的巨大需求来自于民众不断提高物质文化生活水平的巨大需求和迫切愿望。由于农业生产效率的提高而释放出的大量剩余劳动力，也必将转入更多地创造满足自身和他人发展需求的工业化进程中来，农村城镇化、农民市民化的需求将为工业化提供强大的动力。

重视国内需求，需要培育健康的消费心理和消费行为习惯。欧美时尚、日韩潮流可以有，但作为中国的消费者更应该有中国风气。

4. 加快转变发展方式，走新型工业化道路

金融危机让我们更清晰地认识到大国的民富国强要靠工业、实业。美国的案例表明，现代服务业主导的虚拟化、空心化经济模式不能维持大国经济的长期繁荣。服务业归根结底是要依附于实体经济的，永远只能是实体经济的补充，即使它再现代，也不可能替代实体经

济。全社会资产的金融化有利于打破产业间的壁垒，提高经济体的活力，但不能违背实体经济占主导地位这个根本前提。本末倒置的比例结构必然会导致经济体的失衡，引发危机。服务业可以作为单个城市国家如新加坡或者大国的某几个城市或地区的安身立命之本，如中国香港、纽约、伦敦、东京，但绝不能作为一个大国的立身之本。早在国际金融危机爆发前，党的十七大就分析了国内外形势发展的变化，果断提出加快转变经济发展方式，走中国特色新型工业化道路，促进经济增长由主要依靠投资、出口拉动向依靠消费、投资、出口协调拉动转变，由主要依靠第二产业带动向依靠第一、第二、第三产业协同带动转变，由主要依靠增加物质消耗向主要依靠科技进步、劳动者素质提高、管理创新转变。这一重大战略思想的提出，既是根据现阶段中国发展的客观实际，又是冷静分析了西方经济发展模式利弊的结果。在我们这样一个人口众多的大国，尽管我们的第二产业比重过大，第三产业尤其是金融服务业还比较落后，需要优化升级产业结构，需要加快第三产业的发展，但“中国制造”是我们的固有优势，“中国创造”是我们的发展方向。

金融危机同时告诉我们要更加清醒地认识我们所处的发展阶段，把握好开放的度。特别是金融开放要适度。20世纪80年代依靠制造和出口崛起的“亚洲四小龙”90年代实施了经济转型战略，实现金融自由化、开放金融市场、发展国际金融中心，但被国际炒家攻击而酿成金融危机。中国积极进行了金融改革，稳步对外开放金融，吸收了90年代亚洲金融危机的教训而没有超前开放金融。中国搭上了全球化的“高速列车”，这列车是由金融型的美国经济主导的。该经济中金融和资本市场的交易活动成为国家提高实力和增加财富的主要动力，资产的增值和由此带来的消费扩大成为增长的主要动力。中国处于实体型市场经济发展阶段。国家经济实力和财富主要来源于商品的生产和制造，生产和出口是经济增长的主要动力。金融型市场经济需要实体型市场经济为其提供廉价商品，同时为了发挥自己在金融创新领域的竞争力，还需要弱势的一方为其开放金融和资本市场，提高本国货币对于美元的汇率。中国在利率方面采取了稳健和谨慎的措施。大国完成工业化之前要平衡经济的独立性和开放性，大国工业化要处理好内源、外源两个动力，利用好国内和国际两个市场。总之，金融危机告诉我们必须汲取教训，走中国特色新型工业化道路。

六、转变发展方式、推进中国工业化进程的四大重点问题

国际金融危机虽然使2008年、2009年中国工业化进程有所减缓，但由于快速的城镇化以及产业结构的不断升级，中国的健康可持续的工业化进程不会因国际金融危机而改变。危机并不完全是灾难，日本就是在第二次石油危机后选择了正确工业化道路，至今仍对其经济产生影响并使之受益。这次金融危机给了我们许多深刻的反省，化危险为机遇，让我们对后危机时期，尤其是新一轮的五年计划——“十二五”时期的中国工业化战略有了新的思考。

1. 把握好中国工业结构调整和转型升级的战略机遇，提高工业化质量

国际金融危机过后，全球经济的深度调整为中国加快结构调整、转变发展方式提供了时间和空间。主要发达国家在国际金融危机中遭受重创，市场需求、供给结构和贸易结构都面临深度调整，经济复苏缓慢乏力，结构调整优化需要较长的过程，这在客观上为快速工业化中的中国加快产业结构调整、缩短与发达国家的差距提供了宝贵的多年不遇的战略机遇。同时经济下行时的“倒逼机制”往往也给结构调整、产业升级增添了压力和动力。政府一系列的重大政策措施为促进中国工业转型升级提供了强大动力。启动总额达 4 万亿元人民币的两年投资计划是加快结构调整和转型升级的强有力引擎，促进中国工业良性循环，促进工业由大变强。

抓住 3G 发展、三网融合、物联网发展等新机遇，以信息化和新技术促进产业改造升级。调整工业产业结构，改善产业组织结构，提升企业技术和产品结构，优化区域产业企业布局。按照市场竞争、规模经济、专业分工、产业配套的原则，提高产业集中度，形成以产业链为纽带，骨干企业为龙头，大中小企业协作配套、产业链上下游企业共同发展的产业组织结构。通过工业产业内的工艺升级、质量升级等形成“精致制造”的工业素质。正确选择产业升级的方向，沿着竞争力优选的可行路径（不断形成更具竞争力的产业）推进，而不是简单地进行“低端—高端”的替代过程，同时实现技术创新和商业模式创新的有效结合（金碚，2009）。

2. 切实打破中国工业制造业处于国际价值链增值环节低端的格局

新中国成立前中国是一个落后的农业大国。新中国成立后到 1978 年，中国基本建立起了比较完整的工业体系。经过 30 多年的改革开放，中国工业化全面推进，取得了长足的发展。摆脱国际金融危机，是中国工业进一步增强国际竞争力的过程。经历国际金融危机的“精洗”，中国产业将具有更强的国际竞争力（金碚，2009）。但是由于工业技术基础薄弱，高素质劳动力缺乏，工业积累时间较短，中国的工业制造业还处在国际价值链增值环节的低端，不少还处于“代工”、“贴牌”的粗放型数量增长阶段。为了保增长、保就业、保大国的稳定，我们往往把长期的核心的最重要的诸如技术创新等目标让位于短期的目标。久而久之，我们在国际产业分工格局中处于低端格局，甚至形成“低端锁定”、“低端陷阱”。因此要防止形成“中心—边缘”的固定分工格局。必须利用好国际金融危机过后的战略机遇期，通过苦练内功，集中力量，在几个制造行业率先突破，形成几条国际竞争力强的产业链、价值链，以附加值打天下，就像美国的高新技术产业、德国的汽车制造业、日本的精密仪器制造业、法国的飞机制造业等一样。中国这样的大国要实现工业化没有几条“打遍世界无敌手”的过硬制造业价值链是不行的。

走出低端的关键核心是制造技术的长期积累和自主知识产权技术的不断创新。中国在这方面有深刻的教训值得认真总结。中国古代的“四大发明”，明末的资本主义萌芽，近代的洋务运动等都表明中国有着悠久的工业文明传统。1865 年成立的江南制造局造船所在

1918年时就向美国出口万吨级的“官府号”（Mandarin）、“天朝号”（Celestial）、“东方号”（Oriental）、“国泰号”（Cathy）轮船，但其制造技术的积累、传承、扩散不够。20世纪60年代至80年代，韩国以及中国的香港、台湾地区等仍是国际代工的主战场，但是它们以较短的时间实现了技术的积累和自主创新，优雅转型升级。

3. 在发展环境的逼迫下必须创建“低碳经济”的工业化新模式

工业化是现代化的必由之路。但是工业化进程中，人们感受到的并非全是福利增长。现在资源环境不是一般地约束了工业化，而是在逼迫着工业化改变旧模式。到20世纪90年代末，中国的有机污水排放量已占世界第1位，二氧化碳排放量仅次于美国占世界第2位。不仅国际社会就环境、生态问题向中国强烈施压，而且中国自身的环境容量也已不能够持续容忍这样大的污染排放了，老百姓对于一些工业项目已是怨声载道。碳排放空间是全球的稀缺资源，关系着全人类的明天。生态环境受到破坏的代价则使我们更难承受，短期内难以逆转。如此发展失去了发展的本来意义。

未来的发展方式，肯定不是建立在矿物燃料的基础上的，而是以可再生能源取而代之的、具有气候复原力的“绿色发展”模式。必须加快科技创新及其产业化步伐，果断推动工业化进行由高碳经济向低碳经济转型，掌握核心和关键技术，推动并培育战略性新兴产业，实现结构调整。

为什么人们对资源环境问题说起来是一套，行动起来又是一套呢？因为其有强烈的外部性。另外还有三个突出因素：一是认识不到位，总是认为钱能买来资源环境；二是中国资源环境执法太软；三是不正确的消费观念，消费道德缺失。因此要引导国内消费需求，改善消费结构。一国的消费结构和消费倾向对于工业化道路的选择具有重要的引导作用。通过积极的消费政策引导居民改变高消耗、高浪费的消费习惯，通过引导国内消费需求促进科技创新和工业化发展道路的转型。

4. 在工业化进程中要解决更多的人就业并提升就业能力

劳动力就业水平和劳动者素质高低对工业化进程的促进与约束作用非常明显。相对于工业增加值占比增加，农业剩余劳动力向非农产业转移是中国工业化进程中难度更大的环节。劳动力就业仍是中国工业化的重要目标。劳动力素质高低、就业能力强弱对工业化进程的速度有制约和互为因果的复杂关系。经济学家樊纲就认为，工业化的完成应该是以农村劳动力基本完成向城市转移为标准的。西欧现在农业劳动力占总人口的2%~3%。而在中国，虽然近年工业化的进程是可喜的，但仍有30%左右的劳动力以农业生产为主要的收入来源。

中国的国情和工业化道路的特殊性，决定了劳动就业问题在未来工业化进程中的重要地位。一方面，农村还有剩余劳动力需要从农村中转移出来，另一方面，随着工业化的推进，无论从行业看还是从所有制看，中国工业的资本劳动比率均呈现出持续而显著的上升趋势。资本对劳动的加速替代使得工业增长所能够提供的就业机会出现了相对甚至绝对的下降。这就使中国未来的工业化面临两难选择：一方面是不断增长的劳动力就业需求，另一方面是工业的资本密集度越来越高，单位资本所能吸纳的劳动就业量日趋减少，这构成了对中国工业化的严峻挑战。

产业升级对劳动力就业的拉动力、农业生产率提升对劳动力的外推力、城镇化新生活方式对农村人的吸引力等使就业成为在工业化进程中一个重大的问题，农民工就业问题是中国工业化进程中的基础性问题，不能让农民和农民工处于工业化的边缘。正确处理工业化进程与扩大劳动就业的关系无疑特别重要。在中国这个典型的二元经济、有着13亿人口的发展中大国推动工业化战略，面对最大的障碍是不断增长的就业压力。一些学者认为，中国不能跨越以劳动密集型工业为主导的工业化阶段，要建立与劳动力总体素质相适应的工业结构而不是让劳动力去适应超过自身素质的工业结构。需要明确的是，总体上看技术进步并不必然导致劳动力就业的减少，而是直接导致劳动力市场的分化，使劳动供应分裂为不同的就业群体，只有就业水平低和能力单一的就业群体具有更大非自愿失业的可能性。因此，在工业化进程中提升劳动力就业能力是家庭、劳动者个人、社会、企业等组织以及政府需要共同努力的方面。有条件的企业还应实行“员工帮助计划”(EAP) 真正以人为本、以员工为本，全面提高员工素质，实现高素质创新。

专栏 3—1

国际金融危机与工业化进程中的印度

印度和中国同样是处在工业化进程中的大国，又是邻国，两国和俄罗斯、巴西并称为“金砖四国”。印度也很关注中国，中美G2构想在印度就引发了恐慌。关注本次国际金融危机对印度的影响，对中国有一定的意义。

世界危机对印度的影响可以分为三个方面：对金融部门的直接影响，对其他经济活动的影响和对潜在的长期地缘政治的影响。和大部分新兴经济体一样，由于银行业并没有过度依赖于次贷，因此印度有幸避开了第一波的冲击，而经济危机的地缘政治后果可能会对其产生严重的影响。印度人认为，没有印度的参与，就不可能解决世界金融危机。他们要运用自己的实力最大限度地从危机中获益，不仅要全身而退，更要获得符合其未来国际地位的地缘政治地位。

2008年第三季度，印度的银行仍然生机勃勃，赢利大幅度增长。但由于发达世界出现衰退，主要出口市场对印度货的需求几乎全军覆没。2008年10月到2009年5月，印度的货物出口减少了17%以上。旅游、运输等行业的利润，以及软件出口的增长都呈下降趋势。

印度人认为，经济危机的地缘政治后果可能是最沉痛的打击。在世界金融危机的背景下，不断有人预言全世界的冲突，尤其是围绕着资源产生的冲突，会增多。不稳定可能是世界金融危机对发展中国家造成的最严重的间接影响。由于资金减少，地方政府不得不重新考虑卫生、教育、经济发展和其他领域内的资源配置。这不可避免地会造成不平等、紧张和不安，并且这样的形势可能会因为腐败和执政能

续专栏 3—1

力差等问题而进一步恶化。业已存在的粮食危机可能会变得更加严重。金融方面的局限性已经伤害到了维和行动的部署，使维和行动成为日益沉重的负担，甚至可能降格为美国、欧盟、北约和联合国的次要任务。可能会造成所谓“失败”使政府或者使走上失败之路的政府数量增多，世界各地的冲突也会扩大。

对于中国，印度人是极为关注的。他们认为，尽管中国拥有两万亿美元的外汇储备，但是世界金融危机使其贫穷、失业和不平等现象加剧。中国的经济增长在很大程度上要归功于 1978 年开始的港口开放政策，这项政策使中国成为全世界的加工平台。中国在很大程度上要依赖出口支持增长，这就决定了保持高水平增长成为中国对外政策的首要任务。失业是中国长期存在的问题之一，需要及时妥善地解决。印度需要亚洲有一个稳定的中国，否则将造成政治不稳定、极端主义抬头、移民潮加大、人口趋势改变，而且两国之间的经济合作关系也会遭到破坏。对海上安全的担忧促使印度和中国等亚洲各国加快了海军现代化进程。

印度主张多极世界，尤其是一个多极化的亚洲。印度最感兴趣的是大力推动同俄罗斯、巴西、南非和墨西哥之间的关系。与日本和印度尼西亚之间确立更加明确的承诺，执行色彩更鲜明的对华政策。印度同东盟签署自由贸易协定，20 世纪 90 年代以来印度奉行的“向东看”政策成为确凿的事实。印度的周边是最为敏感的地区之一。印度至少同两个邻国（巴基斯坦和中国）存在长期的边界争端，并面临着驻扎在巴基斯坦境内的恐怖组织的威胁。但印度可能会推动一个包括巴基斯坦、阿富汗、孟加拉国、尼泊尔、斯里兰卡等邻国在内的南亚经济复苏计划，促进该地区更高水平的经济一体化和合作。

资料来源：印度国际关系研究会分析家潘卡杰瓦希什特、贾瓦哈拉尔，尼赫鲁大学教授斯里帕尔纳帕塔克：《世界经济危机和印度》，西班牙皇家埃尔卡诺研究所网站 2009 年 11 月 24 日发表，何冰译。

参考文献

陈佳贵、黄群慧等中国社会科学院经济学部课题组：《“十一五”规划实施前三年分析报告及对“十二五”的政策建议》，《经济管理》2009 年第 11 期。

金碚：《国际金融危机与中国工业化形势》，《人民日报》2009 年 6 月 22 日。

樊纲：《中国工业化远远没有完成》，《经济观察报》2009 年 11 月 8 日。

陈宝明、李春景：《金融危机对中国工业化进程的影响与对策》，中国科学技术发展战略研究院《调研报告》2010 年第 43 期（总第 1163 期）。

第四章 国际金融危机下中国工业增长的轨迹

提 要

由美国次贷危机演变而来的国际金融危机被认为是自“大萧条”以来最严重的经济危机。受国际金融危机的冲击，中国工业由高速增长急剧下滑。2008 年下半年，中国政府及时出台“保增长”“一揽子”政策，中国工业实现 V 形反转，2010 年年初工业增长速度即恢复到金融危机之前的水平。本章分析了国际金融危机以来中国工业增长速度、工业利润和工业品价格的演变轨迹，并将中国工业增长的轨迹与其他国家或地区及其在亚洲金融危机时期的表现进行了比较。与世界其他国家相比，中国工业呈现出受国际金融危机影响程度小、影响时间短、恢复快的特点。与亚洲金融危机期间相比，本次金融危机期间中国工业的下跌幅度大，但是回升快。

* * *

中国正处于工业化快速推进时期，工业的高速增长推动了国民经济的快速发展。2008 年下半年，国际金融危机的影响蔓延到中国，使中国工业发展受到很大的影响，并对国民经济的较快发展造成巨大压力。

一、国际金融危机对中国工业增长的影响

国际金融危机之前的 2003~2007 年间，是中国经济高速增长时期，中国工业增长速度呈现明显加快的态势，利润增幅快速提高。受国际金融危机的影响在从 2008 年第四季度到 2009 年上半年，中国工业增长速度急剧下滑，工业品价格暴跌，工业企业开工不足、利润大幅度下降。

1. 工业增长速度下降

2007 年中国经济增长速度达到 11.4%，成为 1995 年以来增长最快的一年。2008 年上半年，中国经济仍然持续高速增长的势头，规模以上工业增加值月同比增速均在 15%以上。但是从 2008 年下半年开始，中国工业增长出现下滑。特别是 2008 年第四季度以来，随着美国金融危机的进一步加剧并蔓延到全球，中国经济特别是工业的增长速度急剧下滑。从图 4-1 中可以看到，规模以上工业月度增加值增速从 2008 年 7 月开始下降，10 月下降到 10%以下，11 月下降到 5.4%，2009 年 1~2 月同比增速进一步下降到 3.8%，是 10 年来月度增速的最低点。并且与之前的衰退相比，2008 年 6 月至 2009 年 1~2 月间的工业增速下降是非常急剧的，规模以上工业增加值增速在 8 个月间下降了 12.2 个百分点。从表 4-1 中可以看到，2003~2007 年，全部工业增速比 GDP 增速快 2 个百分点左右，而规模以上工业增速比 GDP 增速快 5 个百分点以上。到 2008 年第四季度，规模以上工业增速超过 GDP 增速的幅度下降到 3.9 个百分点，2009 年第一季度，规模以上工业增速已经落后 GDP 增速 1 个百分点。在作为中国经济最主要推动力的工业增长乏力的情况下，国民经济的较快增长面临着非常大的压力。

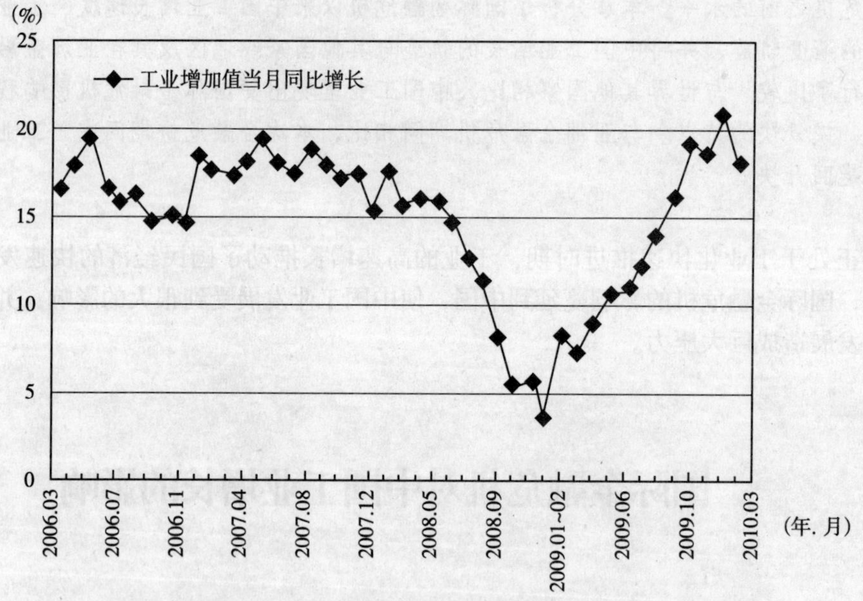

图 4-1 2006 年 3 月~2010 年 3 月规模以上工业月度增加值增速

注：为消除春节假期带来的不可比性，对 1~2 月数据进行合并。

资料来源：国家统计局网站（www.stats.gov.cn）。

表 4-1　GDP 增速与工业增加值增速比较

单位：%

年　份（Q 为季度）	GDP	第一产业	第二产业	工业	规模以上工业	第三产业
2002	9.1	2.9	9.8	10.0	12.6	10.4
2003	10.0	2.5	12.7	12.8	17.0	9.5
2004	10.1	6.3	11.1	11.5	16.7	10.1
2005	10.4	5.2	11.7	11.6	16.4	10.5
2006	11.6	5.0	13.0	12.9	16.6	12.1
2007	13.0	3.7	14.7	14.9	18.5	13.8
2008	9.0	5.5	9.3	9.5	12.9	9.5
2008.Q1	10.6	2.8	11.5	—	16.4	10.9
2008.Q2	10.4	3.5	11.3	—	16.3	10.7
2008.Q3	9.9	4.5	10.6	—	15.2	10.5
2008.Q4	9	5.5	9.3	—	12.9	9.5
2009.Q1	6.1	3.5	5.3	—	5.1	7.4
2009.Q2	7.1	3.8	6.6	—	7	8.3
2009.Q3	7.7	4	7.5	—	8.7	8.8
2009.Q4	8.7	4.2	9.5	—	11	8.9
2010.Q1	11.9	3.8	14.5	—	19.6	10.2

资料来源：《中国统计年鉴》（2009）、国家统计局网站（www.stats.gov.cn）。

2. 工业品价格下跌

国际金融危机发生后，由于供需形势逆转，中国工业品价格出现暴跌。从图 4-2 可以看到，自 2008 年 10 月起，工业品出厂价格开始明显下降。生产资料和耐用消费品（主要是重工业品）的短期需求弹性大于长期需求弹性，而非耐用消费品（主要是轻工业品）的长期需求弹性大于短期需求弹性，[①] 因此面对市场需求的下降，重工业品价格指数和生产资料价格指数的下降幅度要明显大于轻工业品价格指数和生活资料价格指数的下降幅度。工业品出厂价格指数及分类出厂价格指数的下降与恢复基本同步。从 2008 年 9 月到 2009 年 7 月，全部工业品价格指数从 109.13 下降到 91.78，重工业品价格指数从 113.21 下降到 87.71，生产资料价格指数从 110.83 下降到 89.93，轻工业品价格指数从 104.3 下降到 96.54，生活资料价格指数从 103.65 下降到 97.67。

3. 工业企业效益减少

市场需求萎缩导致工业企业开工不足，乃至停产、倒闭，从而使工业生产增速大幅度下降甚至萎缩，兼之工业品价格的下跌，工业行业的利润也出现下滑。2008 年 11 月，规模以

① 平狄克、鲁宾费尔德：《微观经济学》，中国人民大学出版社 1997 年版。

上工业行业本年度累计利润增幅从 8 月的 19.56%急剧下降到 4.89%，其中制造业的利润增速已降为-0.56%。工业月度利润同比增幅的下降更为明显。2009 年 2 月，规模以上工业本年度累计利润增幅为-37.07%，此后利润下降幅度逐步缩小，显示出工业逐步回暖的趋势。工业利润的下降除受工业生产增速下降和工业品价格下降的影响外，工业行业的利润率下降也是重要的因素。2009 年 2 月，规模以上工业销售利润率为 3.62%，比上年同期下降近 2 个百分点，采掘业利润率的下降更是超过 17 个百分点。此外，金融危机爆发前后存货价格的暴跌，也在一定程度上加大了“去库存化”期间的利润下降幅度。

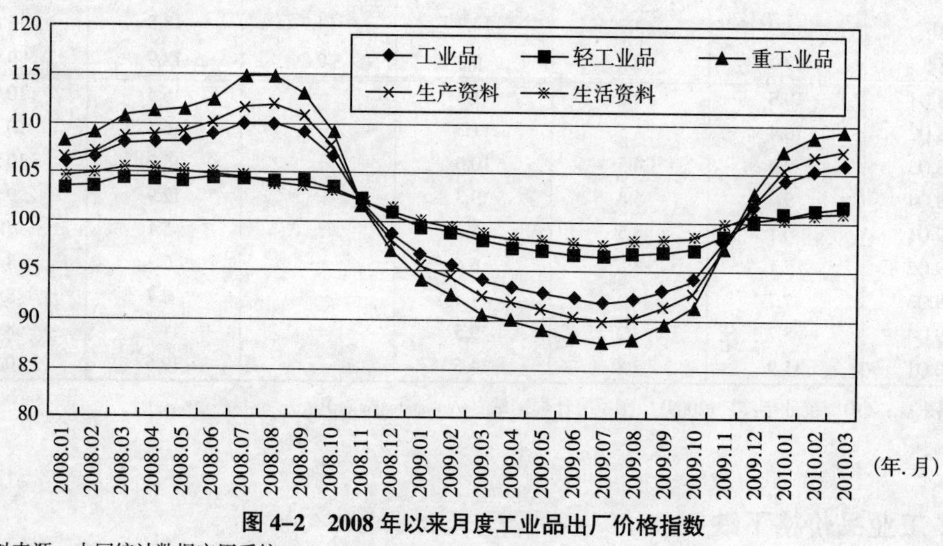

图 4-2 2008 年以来月度工业品出厂价格指数

资料来源：中国统计数据应用系统。

表 4-2 2007~2010 年中国规模以上工业利润增长和利润率变化情况

单位：%

年.月 项目	2007.2	2007.5	2007.8	2007.11	2008.2	2008.5	2008.8	2008.11	2009.2	2009.5	2009.8	2009.11	2010.2
采掘业增速	-6.74	-4.64	-3.04	8.38	64.90	64.06	71.51	51.97	-66.18	-56.61	-52.01	-44.97	172.72
制造业增速	71.26	64.43	56.28	51.71	11.53	17.78	13.99	-0.56	-21.74	-8.98	5.79	28.46	106.07
水电煤气增速	74.18	81.67	50.32	41.10	-54.52	-69.69	-76.20	-79.51	-70.26	8.44	107.75	184.85	467.07
工业增速	44.14	43.41	37.93	38.81	18.77	21.25	19.56	4.89	-37.07	-22.32	-10.34	7.58	122.12
采掘业销售利润率	24.07	23.23	23.07	23.64	27.61	26.10	26.11	24.75	10.57	12.60	13.85	14.17	18.45
制造业销售利润率	4.88	5.22	5.22	5.24	4.25	4.76	4.63	4.23	3.43	4.33	4.77	5.00	5.00
水电煤气销售利润率	5.43	6.40	6.69	7.12	2.09	1.64	1.36	1.28	0.61	1.66	2.58	3.26	2.62
工业销售利润率	6.01	6.34	6.38	6.47	5.57	5.96	5.90	5.48	3.62	4.63	5.17	5.46	5.69

资料来源：国家统计局网站（www.stats.gov.cn）。

二、宏观政策对中国工业增长的促进

1. 金融危机对中国工业影响的传导机制

中国工业对国际市场的依赖程度很高，其中亚洲、欧洲和北美是中国最主要的出口市场，2007 年中国对亚洲、欧洲和北美的出口额占中国出口总额的比重分别为 46.63%、23.64%和 20.70%，其中对美国和日本出口额分别占中国出口总额的 19.11%和 8.38%。美国国际金融危机对中国经济的影响主要是通过国际贸易传导机制实现的。国际金融危机爆发后，美国经济在 2008 年第四季度开始明显衰退，进口需求随之大幅度下降。从图 4–3 可以看到，美国从中国进口额的增速从 2008 年 9 月份的 12.15%急剧下降到 2009 年 2 月的 –22.42%。但相对于美国总进口额增速的变化，从中国进口增速的变化仍然要缓和一些。中国主要出口市场国内需求的急剧下降减少了对中国出口的需求，从而造成中国许多工业企业出现订单下降和开工不足的局面，并进一步使中国工业增长速度急剧降低，甚至出现负增长。

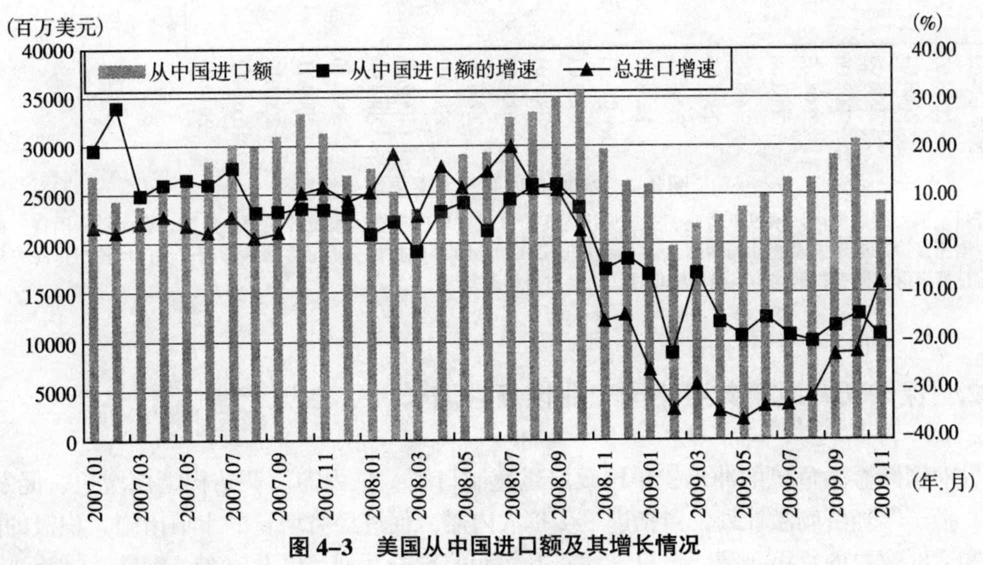

图 4–3　美国从中国进口额及其增长情况

资料来源：CEIC 数据库。

从国内三大需求的增速变化中我们同样也可以看到国际金融危机对中国工业影响的传导机制。我们用城镇固定资产投资总额代表投资，社会消费品零售额中的批发和零售额（剔除餐饮和住宿等服务类支出）代表对工业品的消费需求。从图 4–4 可以看到，出口增速在

2008 年 8~9 月份有明显的下降，并在 2008 年 11 月从 10 月份的 19.13%急剧下降到–2.24%；① 消费增速的变化相对比较平稳，自 2008 年 10 月呈现增速下降的趋势，并在 2009 年 1~2 月有明显的下降。城镇固定资产投资增速的明显下降同样发生在 2008 年 10 月，从 9 月份的 35.05%下降到 31.65%，并一直下降到 12 月份的 24.09%。工业领域的城镇固定资产投资增速的下降幅度要比全部城镇固定资产投资大得多。2008 年 9 月，工业城镇固定资产投资增速仍高达 39.34%，是 2008 年的最高点，10 月份急剧下降到 28.34%，并进一步持续下降到 2008 年 12 月的 14.72%。从国内三大需求的增速变化及其时间次序可以看到，出口增速首先下降，进而引起固定资产投资特别是工业城镇固定资产投资的下降。

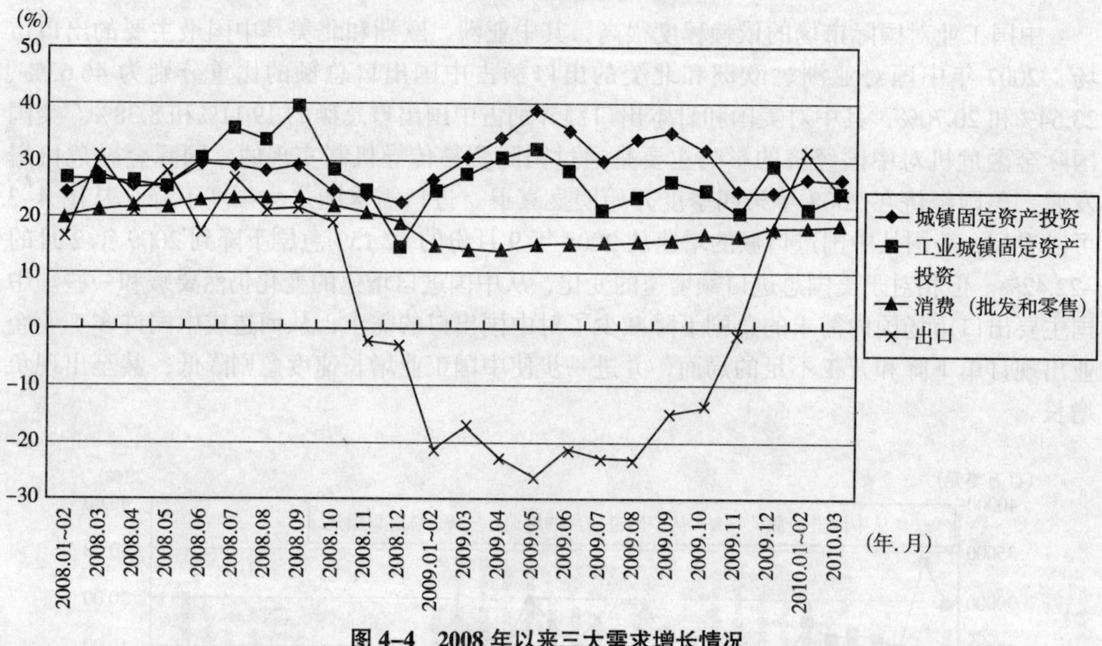

图 4–4　2008 年以来三大需求增长情况

资料来源：固定资产城镇投资增速、工业城镇固定资产投资增速根据国家统计局网站数据计算而得；消费（批发和零售）增速直接来源于国家统计局网站（www.stats.gov.cn），2010 年的数据为商品零售额增速；出口增速根据海关总署网站数据计算而得。所有数据均为当前价格增速，未经过价格调整。

2. "保增长"政策刺激中国工业恢复性增长

针对国际金融危机的冲击，中国政府迅速制订了"扩内需、调结构、保增长、促发展"的"一揽子"经济刺激计划，包括进一步扩大内需、促进经济增长的十项措施，积极的财政政策和适度宽松的货币政策，总投资约 4 万亿元的投资计划，以及汽车、钢铁、物流、电子信息、纺织、有色金属、装备制造、轻工、石化、船舶十个重点产业的调整和振兴规划。十

① 出口对 GDP 增长的贡献率 = 上年出口比重 × 当年出口增长率/当年 GDP 增长率。见李军：《进出口对经济增长贡献度的测算理论分析》，《数量经济技术经济研究》2008 年第 9 期。

大产业调整和振兴规划中有9个针对工业领域，涉及的产品中，汽车、钢铁、电子信息、纺织（其中的化学纤维）、有色金属、石化、船舶这7个产业增长速度一度非常缓慢乃至出现负增长，装备制造、轻工（其中的食品制造、木材、家具）属于增长速度下降幅度超过工业平均水平的行业。

从三大需求的角度看，固定资产投资增速的反弹最为迅速和明显，这也反映了应对国际金融危机政策“出手快、出拳重、措施准、工作实”的特点。2009年1~2月份的城镇固定资产投资增速从2008年12月份的22.27%恢复到26.53%，并继续提高，2009年5月达到最大值38.67%，此后城镇固定资产投资增速缓慢下降并略有波动。刺激国内消费的政策主要包括提高政府转移支付、降低小排量汽车消费税和家电下乡等，这些措施发挥效应的时间相对滞后，社会消费品零售额中的批发和零售额增速在2009年4月达到最低点14.0%，此后逐步持续上升。据世界银行测算，算上增长显著的政府消费，2009年全社会总消费的实际增长率达到了9.7%。[①] 而工业品出口由于主要受到国际市场的影响，国内政策的效果比较有限。外贸出口增速在2009年5月达到最低点-26.34%，此后随着国际经济的逐步好转而回升。2009年全年，外贸净出口将GDP增速拉低了3.9个百分点，但外贸对经济增长的贡献在2009年年底及2010年年初已经有所改善。金融危机之初，中国出口下滑幅度超过其贸易伙伴的进口下降幅度，但是从2009年10月份快速回升。2009年12月，月度出口增速终于恢复正增长，2010年1~2月和3月份的出口增速分别达到31.32 %和24.17%。世界银行估计2009年全年中国的货物和服务出口实际下降了10.6%，而全球（除中国以外）的进口实际下降了16%，2009年中国出口在全球市场的份额扩大，2010年这一趋势还将持续。[②] 巧合的是，固定资产投资的最高点和出口增速的最低点均出现在2009年5月，这在一定程度上反映出“保增长”政策的效果。

从工业行业增加值增长速度的变化可以看到，在“保增长”政策的积极推动下，中国工业整体及工业各行业的增长出现了明显恢复。规模以上工业增加值增速在2009年1~2月达到近10年来月度增速的最低点，随后开始回升，2009年3月即恢复到8.3%，从2009年6月份开始工业生产增速达到两位数水平。2009年10月，工业增加值同比增速已经恢复到16.1%，其中重工业的增长速度更是达到18.1%。工业增长速度基本恢复到2008年年初国际金融危机之前的较高水平。

随着工业生产的恢复性增长，工业品价格上涨。工业品出厂价格指数自2009年8月开始回升，其中，重工业品价格指数、生产资料价格指数的回升速度明显高于轻工业品价格指数和生活资料价格指数的回升速度。到2009年12月，工业品出厂价格指数、轻工业品价格指数、重工业品价格指数、生产资料价格指数以及生活资料价格指数已超过100，到2010年3月，各类工业品出厂价格指数已接近国际金融危机发生之前的水平。

工业行业利润总额自2008年第四季度开始下降并经历了近一年的负增长，2009年2月、5月、8月的累积利润增长率分别为-37.07%、-22.32%、-10.34%，已显示出利润下滑趋缓的趋势。到2009年11月，工业行业利润的负增长实现逆转，当月累积利润增幅达到

①② 世界银行驻华代表处：《中国经济季报（2010年3月）》，www.worldbank.org/china。

7.58%。2010 年第二季度工业利润增幅高达 122.12%。工业利润的大幅度上涨主要有三个方面的原因：一是工业产销增幅大幅度提高，规模以上工业增加值增速由 2009 年 1~2 月的 3.8%提高到 2010 年 1~2 月的 20.7%，同期工业主营业务收入由下降 3.1%转为大幅增长 39.7%。二是工业品出厂价格指数（PPI）由下降转为明显上涨，PPI 由 2009 年同期下降 3.9%转为 2010 年同期上涨 4.9%，受价格上涨影响较大的石油、钢铁、有色、化工、化纤、电力等行业的利润均成倍增长。① 三是利润率大幅度提高，工业销售利润率从 2009 年 2 月的 3.62%提高到 2010 年 2 月的 5.69%。

三、国际金融危机下中国工业增长轨迹的国际比较

由美国次贷危机演变而来的国际金融危机使世界经济遭受重创。根据 IMF 的数据，② 2008 年世界 GDP 增速从 2007 年的 5.2%下降到 3.0%，2009 年进一步下降到-0.9%；2009 年贸易量增速下降了 10.7%。世界各国的工业生产虽然都出现了下滑，但是开始和持续的时间、下滑的幅度有很大差异。从图 4-5 可以看到，发达经济体工业生产下降的时间最早，下

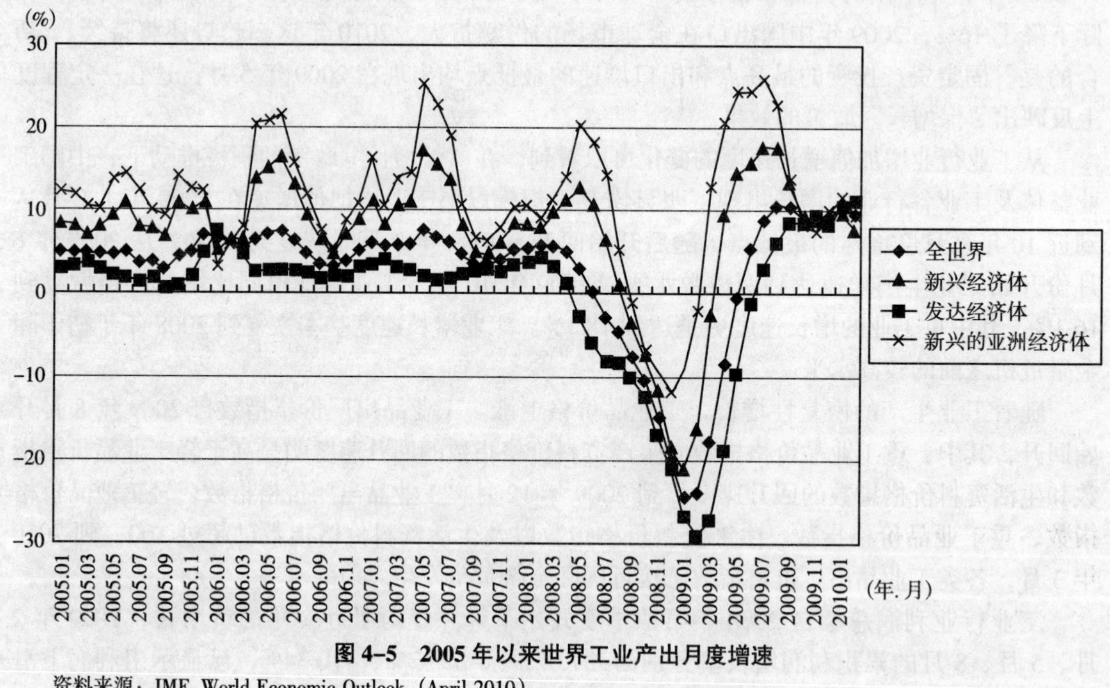

图 4-5 2005 年以来世界工业产出月度增速

资料来源：IMF. World Economic Outlook（April 2010）.

① 《怎样看待 1~2 月份工业利润大幅增长》，国家统计局网站（www.stats.gov.cn），2010 年 3 月 26 日。

② World Bank 的统计数据偏低，如 2007~2009 年世界产出增速分别为 3.84%、1.7%和-2.2%。

降的幅度最大，回升的时间最晚；而新兴经济体特别是新兴的亚洲经济体正好与此相反。发达经济体的工业增速在 2008 年 4 月就已出现明显下滑，从 3 月的 3.36%下降到 1.33%，2008 年 5 月工业生产已经出现负增长，增速为-2.93%，此后工业生产增速下滑加速，一直持续到 2009 年 2 月的最低点（-29.02%）后才开始回升，直到 2009 年 7 月才恢复正增长。而新兴的亚洲经济体工业的下滑开始于 2008 年 8 月，工业增速从 7 月的 14.56%下降到 5.06%，9 月出现负增长，12 月工业增速达到最低值（-11.9%），此后工业下滑速度减慢，到 2009 年 3 月工业恢复正增长，并且增速已经达到 12.96%。

发达国家是受国际金融危机影响最为直接和严重的地区。从图 4-6 中可以看到，主要发达国家的工业和制造业生产都出现了大幅度下滑。工业生产指数和制造业生产指数从 2008 年年中开始下降，到 2009 年年中达到最低点，大致经历了一年的衰退，此后工业生产指数和制造业生产指数开始回升。其中，金融危机肇源地美国的工业和制造业生产下降得相对较小，而日本和欧洲的工业、制造业遭受了较大的衰退如图 4-7 所示。

亚洲新兴经济体和发展中国家与地区多是出口导向型经济。国际金融危机发生后，这些国家的出口额在 2008 年第四季度明显下滑，甚至出现负增长。伴随着出口的下降，亚洲新兴和发展中国家和地区的工业也受到影响，但是受到国际金融危机的冲击相对较小，其中，韩国、马来西亚、中国台湾等国家和地区工业下滑比较显著，韩国工业生产指数从 2008 年 7 月的 123.1 下降到 2009 年 1 月的 93.9，马来西亚工业生产指数从 2008 年 7 月的 113.46 下降到 2009 年 2 月的 90.87，中国台湾地区工业生产指数从 2008 年 8 月的 114.130 下降到 2009 年 1 月的 66.070。而印度的工业生产受到的影响非常小，甚至在 2008 年年底至 2009 年年初其他国家工业最艰难的时期，印度的工业指数仍然呈现上升的势头，如图 4-7 所示。受存货恢复、国内需求恢复和出口回升的影响，亚洲国家的工业生产从 2009 年 1~2 月份达到最低点开始回升，其增速下行了半年左右的时间，大约在 2009 年第三季度就已基本恢复到国际金融危机之前的水平。

与前文中国工业增长的轨迹相对比可以发现，中国工业呈现出受国际金融危机影响程度小、影响时间短、恢复快的特点。中国工业增速明显下降始于 2008 年 10 月，晚于世界大多数国家；下降幅度明显较小，最低增速为 3.8%，并没有出现负增长；中国工业增速自 2009 年 3 月起即开始回升，与新兴的亚洲经济体一致，明显早于发达经济。中国工业的增长速度明显快于亚洲其他国家，2009 年第四季度中国工业增速比东亚其他国家的工业平均增速快两倍还多。①

---

① World Bank. East Asia and Pacific Economic Update–Emerging Stronger from the Crisis.April 2010.

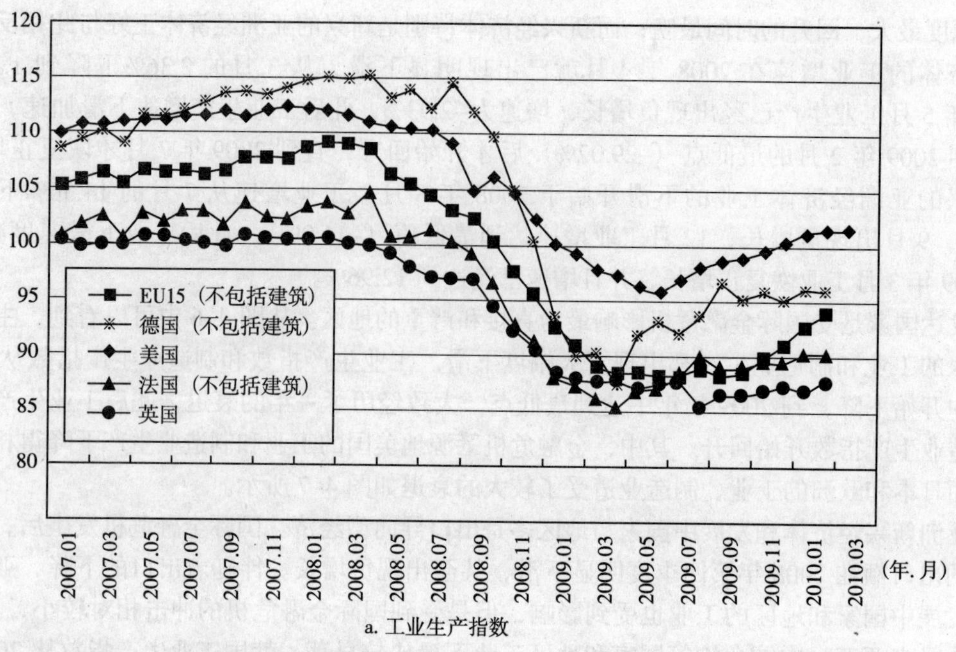

a. 工业生产指数

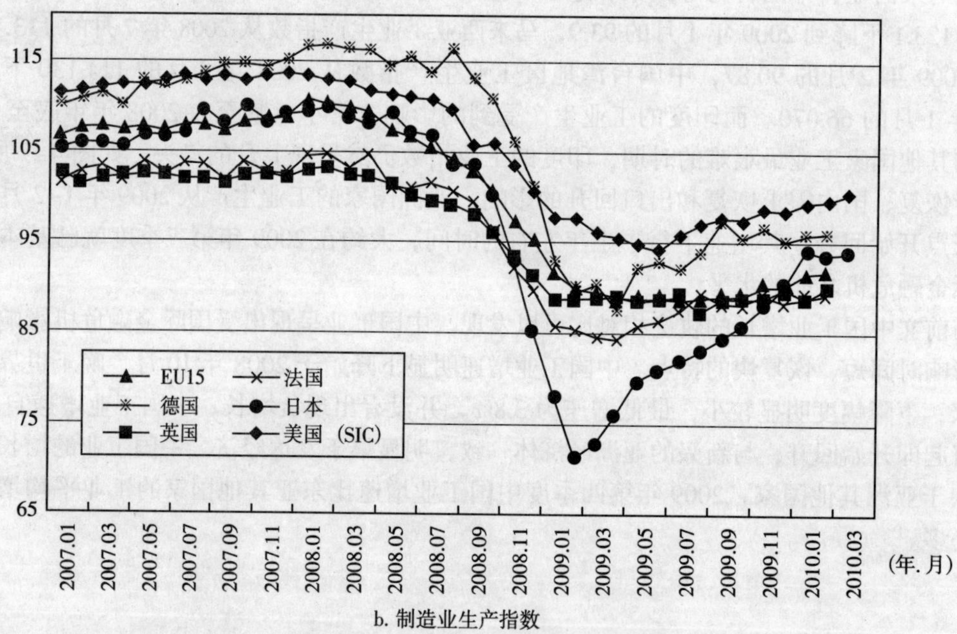

b. 制造业生产指数

图 4–6　代表性发达国家工业生产指数和制造业生产指数

注：均经过季节调整，英国为 Index of Production（IoP），其他国家为 Industrial Production Index。
资料来源：CEIC。

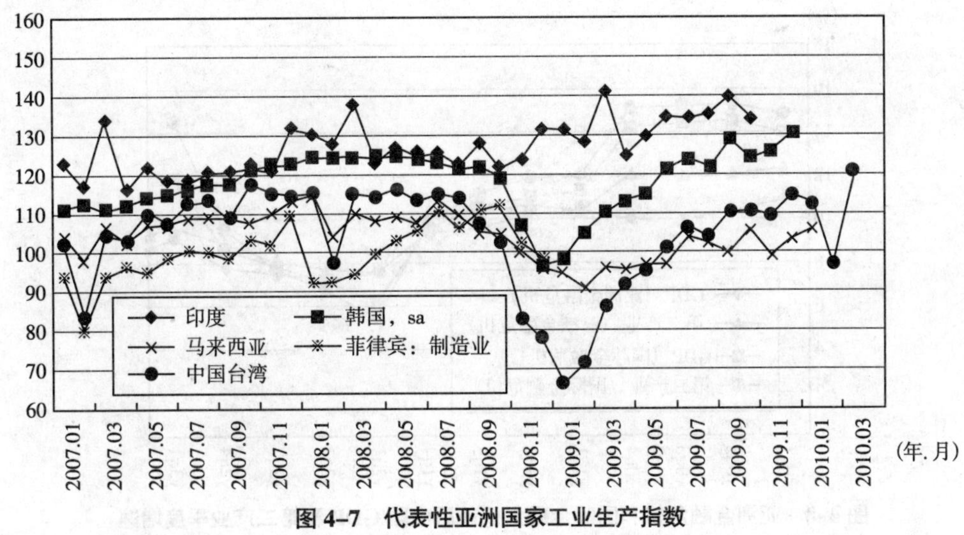

图 4-7　代表性亚洲国家工业生产指数

注：sa 指经过季节调整。
资料来源：CEIC。

四、两次金融危机下中国工业增长轨迹的比较

1997 年亚洲金融危机和 2008 年国际金融危机是近十几年来影响最大的两次金融危机。这两次危机的起因不同，影响范围和程度不同，中国所处的发展阶段和发展环境不同，因此两次金融危机对中国经济和工业的影响也存在显著的差异。

1. 亚洲金融危机下中国工业增长轨迹的特征

亚洲金融危机爆发于 1997 年 7 月，结束于 1999 年下半年。亚洲金融危机主要是泰国、马来西亚、菲律宾、印度尼西亚、韩国等东南亚国家以及中国香港地区、俄罗斯在国际投机基金的冲击下爆发的金融系统的危机。亚洲金融危机爆发后，中国经济受到一定影响，但影响比较有限。1996 年和 1997 年中国 GDP 增速分别为 10.2%和 9.6%，1998 年和 1999 年 GDP 增速也仅下降到 7.3%和 7.9%。从季度数据来看，亚洲金融危机前后，中国季度 GDP 和季度第二产业增速的下降幅度并不太大。由于在亚洲金融危机期间，中国经济本身就处于经济周期的谷底和通货紧缩时期，加上亚洲金融危机期间经济受到的影响有限，所以金融危机结束后，GDP 增速的反弹并不特别明显。相比之下，2008 年国际金融危机期间，中国季度 GDP 和季度第二产业增速出现了大幅度下降，由于 2003~2007 年为经济的高增长阶段，所以在国际金融危机的冲击下，经济增长速度呈现出急剧下降的特点。由于应对国际金融危机的政策及时且力度大，中国经济出现了“V”形反转，经济增长速度在 2010 年第一季度

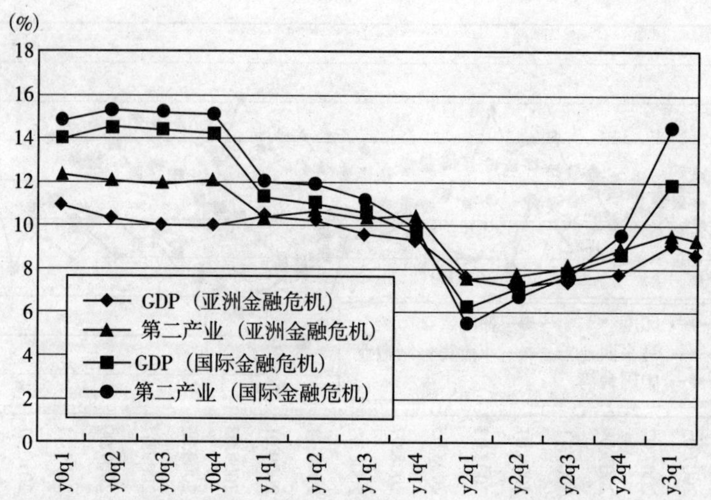

图 4-8 亚洲金融危机和国际金融危机前后中国 GDP 和第二产业季度增速

注：y0、y1、y2、y3 分别表示金融危机前一年（1996 年、2007 年）、金融危机第一年、第二年、第三年；q1~q4 代表 1~4 季度。

资料来源：CEIC。

即基本恢复到国际金融危机之前的水平。

亚洲金融危机期间，中国工业增长速度的下滑相对于 GDP 和第二产业来说更为明显。1996 年和 1997 年，中国工业增加值年增长率分别为 12.5%和 11.3%，1998 年和 1999 年分别下降到 8.9%和 8.5%。2008 年国际金融危机期间，中国工业生产增速的下滑更为剧烈。2007 年中国工业增加值增速为 14.9%，2008 年下降到 9.5%，2009 年进一步下降到 8.3%。从工业增加值的月度增速可以更清晰地看到两次金融危机下中国工业增长轨迹的差异：亚洲金融危机中的中国工业增速下降幅度小、回升慢；而国际金融危机中的中国工业增速下降

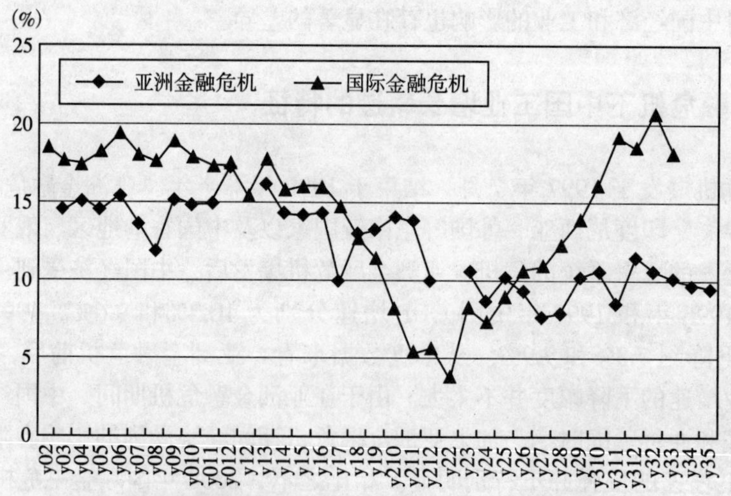

图 4-9 亚洲金融危机和国际金融危机前后中国工业月度增速

注：y0、y1、y2、y3 分别表示金融危机前一年（1996 年、2007 年）、金融危机第一年、第二年、第三年；2 代表 1~2 月累积增速。3~12 表示 3~12 月增速。

资料来源：CEIC，部分数据利用国家统计局网站数据进行了补充和修正。

急、幅度大、回升快。

2. 两次金融危机下中国工业增长轨迹差异形成的原因

（1）两次金融危机的差异。

两次金融危机下中国工业增长轨迹存在差异，最主要的原因是两次金融危机的影响范围和程度不同。亚洲金融危机的影响范围主要是东亚国家，世界其他地区的经济表现强劲，中国主要出口市场需求比较旺盛，因此中国出口增长速度的下跌比较有限，对工业增长的影响相对较小。2008 年国际金融危机主要影响的是美国、欧洲等发达经济体，发达国家国内需求大幅度下跌，造成作为中国经济"三驾马车"之一的出口大幅度萎缩，进一步造成工业部门特别是可贸易部门的增长速度急剧下降。亚洲金融危机和国际金融危机的区别详见表 4–3。

表 4–3　1997~1998 年亚洲金融危机和当前的国际金融危机的比较

	1997~1998 年亚洲金融危机	当前的国际金融危机
起源地	东南亚国家	美国等发达国家
肇始原因	国际炒家投机东亚各国股市、汇市	美国次贷危机
危机的影响	一些发展中的东亚国家受到严重影响；其他国家受到的影响有限	影响了世界上的所有国家
世界经济	健康增长，1999 年和 2000 年增长率分别为 3.6%和 4.8%	急剧收缩，2009 年增长率下降了 2.2%
除中国外，东亚发展中国家的真实 GDP	1998 年下降了 8%	2009 年上半年下降了 0.6%，2009 年全年增长了 1.3%
东亚 MICs 的真实 GDP	经过 4 年时间，2001 年第三季度恢复到危机前的水平	经过 1 年时间，2009 年年底恢复到危机前的水平
收缩反映	尽管净出口有相当大的贡献，但国内需求下降	尽管有政府刺激，但出口收缩、投资疲软
全球贸易量	仅在 1998 年有限放慢	从 2009 年开始出现了自 1982 年以来最大的收缩
出口规模	小幅收缩，之后强劲扩张	几乎毫无例外的收缩
经常账户	在危机中剧烈调整	除了中国和马来西亚，世界各国的经常账户均由于石油价格和出口收缩而有限恶化
资本流动	印度尼西亚、韩国、泰国急剧下降	几乎所有国家都急剧削弱
货币	多个国家的货币被削弱，尤其是在 1996 年降到最低点，韩国贬值了 111%、印度尼西亚 86%、泰国 56%	自 2007 年年底以来，泰国货币贬值了 10%、印度尼西亚 23%、韩国 48%
外汇储备	许多国家外汇储备告罄	保持健康，一些国家只有有限下降
真实汇率	相对于 1997 年年初，2000 年年底贬值 20%	2008 年年底，贬值 3.5%y–y，2009 年年底恢复到危机前水平
公共赤字	2000 年年底比 1997 年年底翻了一番，达到 GDP 的 39%	从 2007 年年底占 GDP 的 38%温和上涨到 41%
不良贷款	达到全部贷款的 28%，泰国和印度尼西亚分别是 45%和 49%	2009 年有 3%左右的微小变化

资料来源：根据 World Bank. East Asia and Pacific Economic Update–Emerging Stronger From the Crisis. April 2010 和 http://go.worldbank.org/S4MAC5SUG0 整理，有所调整。

（2）中国发展阶段的不同。

中国工业在两次金融危机中形成不同轨迹的第二个重要原因是中国自身处在经济周期的不同阶段且经济发展阶段已发生重大改变。亚洲金融危机之前，中国经济处于改革开放以来第四个经济周期（1991~1999 年）的下降阶段；而国际金融危机之前，中国经济处于改革开放以来第五个经济周期（2000~）的上升阶段（刘树成等，2005），这可能是两次金融危机下中国工业恢复速度存在差异的主要原因。在亚洲金融危机之前，中国经济经历了改革开放后近 20 年的发展，在经济规模和质量方面都有了很大提升，但是从总体上看，中国的工业化、城市化水平仍然比较低，经济总量、工业规模、出口规模占世界的比重较小。在这一时期，中国经济由于融入世界经济的程度相对较弱，所以受世界经济波动的影响也相对较小。亚洲金融危机之后，中国进入了一个工业化、城镇化加速发展的时期，经济总量和城市化率提高很快，到国际金融危机前夕，中国经济已经在世界上占有举足轻重的地位。1996~2007 年，中国 GDP 占世界的比重从 3.10%提高到 6.04%，工业增加值占世界的比重从 4.71%提高到 10.82%，制造业增加值占世界的比重从 5.06%提高到 12.70%，商品和服务出口额占世界的比重从 2.54%提高到 7.72%。中国经济增长的质量也有很大提升，例如高新技术产品出口占制造业产品出口的比重从 12%提高到 30%，高新技术产品出口占世界的比重达到 18.15%。特别是中国经济的增量对世界的贡献更为显著，具有典型的“增量大国”特征。1996~2007 年，中国 GDP 增量占世界的比重从 8.61%提高到 18.75%，中国工业增加值增量占世界的比重从 17.69%提高到 36.31%，商品和服务出口增量占世界的比重从负增长提高到 10.80%，资本形成增量占世界的比重从 10.52%提高到 25.60%。中国经济和工业对出口的高度依赖使中

表 4–4　两次金融危机前中国的主要经济指标

主要指标	1996 年	2007 年
人均 GDP（美元现价）	716	1812
城市化率（%）	30.48	44.94
65 岁及以上人口比重（%）	6.4	8.1
工业占 GDP 的比重（%）	41.4	43.0
GDP（美元现价）占世界的比重（%）	3.10	6.04
GDP 增量（美元现价）占世界的比重（%）	8.61	18.75
工业增加值（美元现价）占世界的比重（%）	4.71	10.82
工业增加值增量（美元现价）占世界的比重（%）	17.69	36.31
制造业增加值（美元现价）占世界的比重（%）	5.06	12.70
制造业增加值增量（美元现价）占世界的比重（%）	—	28.29
商品和服务出口额占 GDP（美元现价）的比重（%）	20.05	39.68
商品和服务出口额（美元现价）占世界的比重（%）	2.54	7.72
商品和服务出口额增量（美元现价）占世界的比重（%）	负增长	10.80
高科技产品出口占制造业产品出口的比重（%）	12	30
高新技术产品出口占世界的比重（%）	—	18.15
资本形成总额（美元现价）占世界的比重（%）	5.09	11.33
资本形成总额增量（美元现价）占世界的比重（%）	10.52	25.60
能源进口占能源消费量的比重（%）	–1	7

资料来源：《中国统计年鉴》有关各年；World Bank。

国工业生产在国际需求急剧萎缩的时候也会出现急剧下跌。但是，由于中国的经济规模特别是增量规模占据重要地位，所以中国经济具有很强的自我调节能力。2008 年年底以来，虽然出口额大幅度下跌，但是中国依靠积极的财政政策和增加固定资产投资成功地实现了经济的“V”形反转，并且成为带动世界经济增长和经济复苏的重要力量。

五、结论与政策建议

在 2002~2007 年中国经济的高速增长阶段，中国工业的高速增长成为推动国民经济高速增长的主导力量，而工业的高增长主要得益于一批高增长行业的推动。2008 年下半年，在国际金融危机的冲击下，原高增长行业的增长速度急剧下滑，利润下降，产品价格下跌。中国应对国际金融危机的政策有效地扭转了工业增长的下滑，中国工业增长速度在 2010 年年初恢复到国际金融危机之前的水平，利润和工业品价格也双双回升。与世界其他国家相比，中国工业呈现出受国际金融危机影响程度小、影响时间短、恢复快的特点。与亚洲金融危机时期相比，本次金融危机时期中国工业的下跌幅度大，但是回升快。

亚洲金融危机后，中国工业发展进入了一个高增长和重新重工业化的阶段，工业在国际竞争力、增长质量等方面不断提高。但是一些深层次的制约中国工业发展的矛盾和问题也在不断积累，特别是近年来内需不足、经济增长日益依赖出口等问题凸显，传统的价格优势逐步被削弱。国际金融危机的爆发只不过使这些矛盾提前暴露出来。然而，国际金融危机发生后中国工业的快速恢复还是主要得益于国家“保增长”政策下固定资产投资的快速增长，根本性的矛盾仍然没有解决，甚至有些矛盾和问题进一步加剧。为了保持中国工业的持续健康发展，必须尽快解决这些深层次的矛盾和问题。

（1）将“富民”作为工业发展的目标和着力点。最终消费不足是未来制约中国工业发展的根本性问题之一，而内需不足的重要原因在于中国的分配体制中存在着“利润侵蚀工资”的现象，企业利润和财政收入增长快，而劳动者收入增长缓慢。工业增长速度虽然快，但是劳动者没有充分享受到工业增长带来的好处，从而抑制了居民的购买能力。因此，未来工业发展要将“富民”作为目标和着力点，调整国民经济的初次分配结构，加快劳动者收入的提高，将其比例提高到合理的水平上来。

（2）抑制房价的过快上涨。近年来中国房地产价格上涨很快，甚至在金融危机期间经济出现下滑时期，房地产价格上涨速度仍然达到历史最快水平，房地产价格也达到历史最高点。房地产价格过快上涨的一个严重后果就是居民的积蓄和未来大部分收入都被房地产套牢，从而抑制了居民在其他领域特别是工业制成品方面的消费能力。要保证工业发展的可持续性，必须坚决改变房地产价格过快上涨的局面，使房价相对于收入恢复到合理水平，从而提高居民对工业制成品的消费能力。

（3）大力培育战略性新兴产业。新兴产业代表产业发展的方向，具有良好的市场前景，谁抓住产业变革的先机，谁就掌握了未来的主动权。目前，发达国家正着力发展以新能源为代表的新兴产业，将其作为应对国际金融危机的重要手段，力争通过新产业的培育和发展，抢占未来国际竞争的制高点。中国传统劳动密集型产业的国际竞争力正在因成本上涨而逐渐削弱，必须要培育新的产业竞争优势。中国在新兴产业上与发达国家差距不大，因此要及早出击，积极培育、发展具有广阔市场前景、带动力强的新能源、生物医药、物联网、纳米等战略性新兴产业，力争在未来新兴产业的竞争中占据主动地位。

(4) 推动产业在区域间的梯度转移。中国是一个发展中的大国，生产力水平由东向西存在着多个不同的梯度。虽然由于成本上涨较快，劳动密集型产业在沿海地区失去了竞争优势，但中国是一个巨大的经济体，中西部地区的低成本优势仍然存在。这种多层次的经济发展水平优于“小国”的单一经济发展水平，提供了产业增长的持续动力，也使中国的产业转型获得了难得的缓冲期。推进产业由东部向中西部地区转移，不但有利于保持中国传统产业的竞争力，给东部地区的产业调整和升级提供土地空间，而且有利于在中国整体产业升级完成之前保持工业的持续增长。

专栏 4—1

是否存在“标准化”的经济周期行为?

经济衰退可能会持续多长时间或者衰退通常会严重到什么程度不存在“标准化”的经济周期行为。附表 4-1 的数据表明，在第二次世界大战之后，美国的各个经济周期无论是在持续时间上，还是在振幅上，都存在着巨大的差别。

附表 4-1　美国第二次世界大战之后的经济周期

经济收缩时期	持续时间（月）	最大的季度负增长（%）	经济扩张时期	持续时间（月）	最大的季度正增长（%）
1948.11~1949.10	11	–5.5	1949.10~1953.07	45	17.6
1953.07~1954.05	10	–6.3	1954.05~1957.08	39	11.9
1957.08~1958.04	8	–10.3	1958.04~1960.04	24	10.9
1960.04~1961.02	10	–5.0	1961.02~1969.12	106	10.3
1969.12~1970.11	11	–4.2	1970.11~1973.11	36	11.6
1973.11~1975.03	16	–5.0	1975.03~1980.01	58	16.3
1980.01~1980.07	6	–7.9	1980.07~1981.07	12	8.0
1981.07~1982.11	16	–6.5	1982.11~1990.07	92	9.8
1990.07~1991.03	8	–3.2	1991.03~2001.03	120	7.1
2001.03~2001.11	8	–1.6	—		

从附表 4-1 的第 2 列中可以看到，美国在第二次世界大战后，最短的一次经济收缩仅持续了 6 个月（1980 年的 1~7 月），而最长的经济收缩持续了 16 个月（1973 年 11 月~1975 年 3 月和 1981 年 7 月~1982 年 11 月）。同样，从附表 4-1 中的第 5 列可以发现，最短的扩张是 1980 年 7 月~1981 年 7 月，持续了 12 个月；而最长的

续专栏 4—1

一次扩张持续了 10 年，也就是 1991 年 3 月~2001 年 3 月的“克林顿时期的经济繁荣”。

至于周期的振幅，从第 3 列中可以看出，经济收缩期间最小的季度负增长率是-1.6 个百分点，这时在 2001 年 3~11 月之间的一次轻度收缩；而最大的季度负增长出现在 1957 年 8 月~1958 年 4 月的大衰退中，为-10.3%。

从这些现象中可以得出一个显而易见的结论：经济周期就如同人的指纹一样，没有任何两个周期是完全相同的，这也就是经济周期如此难以精确预测的原因。

资料来源：彼得·纳瓦罗：《时机：反向思考战胜经济周期》，中国人民大学出版社 2009 年版。

参考文献

IMF. World Economic Outlook （April 2010）.

IMF. World Economic Outlook （October 2009）.

World Bank. East Asia and Pacific Economic Update–Emerging Stronger from the Crisis.April 2010.

World Bank. Global Economic Prospects 2009：Commodities at the Crossroads.

封文丽：《从亚洲金融危机到国际金融危机》，冶金工业出版社 2009 年版。

郜若素、宋立刚、胡永泰主编：《全球金融危机下的中国——经济、地缘政治和环境的视角》，社会科学文献出版社 2010 年版。

李军：《进出口对经济增长贡献度的测算理论分析》，《数量经济技术经济研究》2008 年第 9 期。

刘树成、张晓晶、张平：《实现经济周期波动在适度高位的平滑化》，《经济研究》2005 年第 11 期。

王文：《发达国家再工业化中国制造的新魔咒?》，《环球》2010 年第 7 期。

世界银行驻华代表处：《中国经济季报》，www.worldbank.org/china。

第五章 国际金融危机下中国工业结构的变化

提 要

2008~2009 年，受国际金融危机的影响，中国工业结构的变化呈现出一些新的特点：从占 GDP 的比重看，工业的结构地位有所下降；从轻重工业结构看，重化工业化进程有所放缓；从行业结构看，高增长行业的构成出现较大变化；从区域结构看，中西部地区的结构地位有所增强。总体判断，国际金融危机对中国工业结构变动的影响是短期的，从中长期看，决定工业结构变动方向的因素仍然是中国所处的经济发展阶段，但后金融危机时期发达国家经济增长模式的调整和全球低碳经济理念的推行，也将一定程度地影响中国工业结构的变化进程。当前及今后一段时期，中国工业结构面临的主要问题不是各行业之间比例的高低，而是由行业的发展方式粗放和发展质量低下引发的相关问题，主要包括：重化工业粗放增长带来的环境和能源压力加大；过度依赖出口的增长模式产生的不利影响日益凸显；“中国制造”仍然处于国际分工体系的低端；生产性服务业发展滞后。针对以上主要问题，结合后金融危机时期国内外发展环境的变化，未来推动工业结构优化升级的政策措施应该在理顺资源价格形成机制和改革资源管理体制的基础上，在进一步提升工业自主创新能力、大力发展战略性新兴产业、加快外贸发展战略转型、推动产业梯度转移协调区域产业发展等方面着力。

* * *

工业结构的调整和优化升级是推进工业发展方式转变、实现工业可持续发展的重要途径。2008~2009 年，国际金融危机的爆发和蔓延对中国工业结构的变动产生了一定的影响，也使工业结构方面长期存在的一些问题更加突出。在后金融危机时期，必须既要注意解决工业结构中的原有问题，又要着力应对国内外发展环境变化带来的新挑战，这样才能更好地推动工业结构的调整和优化升级进程，进一步提升工业自主创新能力。

一、国际金融危机下中国工业结构的变动态势

从 2008 年下半年开始，国际金融危机不断向实体经济蔓延，中国工业增速大幅下滑，规模以上工业增加值的同比增速从 2008 年 6 月的 16%逐月下降到 11 月的 5.4%和 12 月的 5.7%。在国家全方位应对国际金融危机“一揽子”经济刺激计划的强力作用下，中国工业增速在越过 2009 年 1~2 月 3.8%的谷底后逐步回升，到 2009 年 11 月和 12 月已分别回升至 19.2%和 18.5%的较高水平。在工业增速的这一波动过程中，工业结构变化也呈现出一些新的特点。对统计数据的分析显示，以下四个方面的结构变化特点比较明显。

1. 工业在 GDP 中的结构地位有所下降

2003~2007 年是中国经济的高增长时期，各年的 GDP 增速均在两位数或以上，5 年平均增速为 10.8%。从产业角度看，这个时期工业的增长势头十分强劲，其年均增速一直高于第三产业，成为拉动经济快速增长的主导力量。从表 5-1 可以看到，2003~2007 年，全部工业增加值年均增速分别比第三产业增加值的年均增速高 3.3 个、1.4 个、1.1 个、0.8 个和 0.9 个百分点。相应地，工业增加值占 GDP 的比重也从 2002 年的 39.4%提升到 2007 年的 43%。从 2008 年开始特别是进入 2008 年下半年后，在国际金融危机的严重冲击和国内经济周期性调整的共同作用下，工业增速明显下降。全部工业增加值增长率从 2007 年的 13.5%急剧下降到 2008 年的 9.5%，与第三产业增加值增长率持平；2009 年进一步下降到 8.3%，比第三产业增加值增长率低 0.6 个百分点。2008~2009 年，工业增加值占 GDP 的比重分别为 42.9%和 40.1%，已从 2003~2007 年的上升趋势转为下降态势。

表 5-1　　2003~2009 年工业增加值增速与第三产业增加值增速比较

单位：%

	2003 年	2004 年	2005 年	2006 年	2007 年	2008 年	2009 年
工业	12.8	11.5	11.6	12.9	13.5	9.5	8.3
第三产业	9.5	10.1	10.5	12.1	12.6	9.5	8.9

资料来源：《中国统计年鉴》（2008）和《国民经济和社会发展统计公报》（2009）。

2. 从轻重工业结构看，重化工业化进程有所放缓

在 2003~2007 年经济高增长时期，重工业增长非常迅速，轻重工业结构中的重化工业化趋势十分明显。表 5-2 提供的数据显示，2003~2007 年，重工业增加值的年均增速均在 17%以上，并且显著地高于轻工业增加值的增速，除 2005 年外，两者的速度差距均在 3 个百分

点以上。应当看到，轻重工业结构中的重化工业化趋势在很大程度上反映了中国所处经济发展阶段的要求。一方面，中国城市化的快速推进需要大量的基础设施建设，必然会推动重化工业优先发展；另一方面，中国居民消费正从以吃、穿、用消费为主，向以住、行消费为主的方向升级，尤其是住房、汽车消费支出日益成为居民消费支出的主要部分，更是推动了重化工业的迅速发展。2008 年以来，受国际金融危机的影响，轻重工业增速均出现大幅下降，但重工业增速下降的幅度更大，与轻工业增速的差距明显缩小。2008~2009 年，重工业增加值的年均增速分别为 13.2%和 11.5%，仅比轻工业增速高 0.9 个和 1.8 个百分点。

表 5–2　**2003~2009 年轻重工业增加值的增速比较**

单位：%

	2003 年	2004 年	2005 年	2006 年	2007 年	2008 年	2009 年
重工业	18.6	18.2	17.0	17.9	19.6	13.2	11.5
轻工业	14.6	14.7	15.2	13.8	16.3	12.3	9.7

资料来源：《国民经济和社会发展统计公报》（2003~2009）。

3. 从行业结构看，高增长行业的构成出现较大变化

改革开放以来，中国经济能够始终保持在 10%左右的增长速度，主要得益于一批又一批高增长行业（其中主要是工业行业）的交替涌现，这些高增长行业不断推动整个经济进入新的增长阶段，进而形成结构变化推动经济增长的格局。2003~2007 年，中国工业的高速增长也主要得益于一批高增长行业的推动，但 2008~2009 年，受到国际金融危机的严重冲击，各行业增速普遍下降，高增长行业的构成也发生了明显变化。如果将增长速度超过工业平均增长速度的行业作为高增长行业，且主要考虑规模较大、速度变化对整个工业的增速影响较大的行业，那么由表 5–3 可见，在国际金融危机发生前的 2007 年，高增长行业主要为钢铁、机械、化工和建材等提供中间产品和资本品的投资主导型行业，消费主导型行业较少；2008~2009 年，这些前一阶段的高增长行业增速大幅下降，其中一些行业还退出了高增长行业群，如黑色金属冶炼及压延加工业和仪器仪表及文化办公用机械制造业；而消费主导型行业增速虽然也有所下降，但由于降幅相对较小，其中一些行业则进入了高增长行业群，如农副食品加工业、文教体育用品制造业和医药制造业。此外，从行业结构的变化看，一些低于工业平均增速但规模较大的行业，如通信设备计算机及其他电子设备制造业、纺织业、纺织服装鞋帽制造业和化学纤维制造业等，增速也有显著的降低，这些出口导向型行业在行业结构中的比重也明显降低。

表 5–3　**国际金融危机前后高增长行业构成的变化**

单位：%

行　业	2007 年（1）	2008~2009 年（2）	(1)–(2)
总计	18.5	12.0	6.5
煤炭开采和洗选业	18.1	13.7	4.4
石油和天然气开采业	3.9	5.5	–1.6

续表

行 业	2007 年（1）	2008~2009 年（2）	(1)-(2)
黑色金属矿采选业	29.2	23.6	5.6
有色金属矿采选业	23.1	17.1	6.0
非金属矿采选业	25.2	21.3	3.9
其他采矿业	47.8	37.1	10.7
农副食品加工业	16.9	15.5	1.4
食品制造业	20.0	15.3	4.7
饮料制造业	21.8	15.4	6.4
烟草制品业	15.7	10.4	5.3
纺织业	16.2	9.5	6.7
纺织服装、鞋、帽制造业	16.8	11.2	5.6
皮革、毛皮、羽毛（绒）及其制品业	17.5	10.9	6.6
木材加工及木、竹、藤、棕、草制品业	28.8	19.6	9.2
家具制造业	20.9	11.2	9.7
造纸及纸制品业	17.6	11.6	6.0
印刷业和记录媒介的复制	18.4	10.6	7.8
文教体育用品制造业	17.2	12.9	4.3
石油加工、炼焦及核燃料加工业	13.4	4.8	8.6
化学原料及化学制品制造业	21.0	12.3	8.7
医药制造业	18.3	16.0	2.3
化学纤维制造业	18.1	6.2	11.9
橡胶制品业	19.6	11.5	8.1
塑料制品业	18.6	13.1	5.5
非金属矿物制品业	24.7	15.8	8.9
黑色金属冶炼及压延加工业	21.4	9.1	12.3
有色金属冶炼及压延加工业	17.8	12.6	5.2
金属制品业	23.7	12.5	11.2
通用设备制造业	24.2	14.0	10.2
专用设备制造业	21.6	16.8	4.8
交通运输设备制造业	26.2	16.8	9.4
电气机械及器材制造业	21.5	15.1	6.4
通信设备、计算机及其他电子设备制造业	18.0	8.7	9.3
仪器仪表及文化、办公用机械制造业	19.5	7.4	12.1
工艺品及其他制造业	15.1	8.0	7.1
废弃资源和废旧材料回收加工业	41.4	27.7	13.7
电力、热力的生产和供应业	13.8	7.3	6.5
燃气生产和供应业	20.8	20.7	0.1
水的生产和供应业	6.4	5.0	1.4

注：表中 2008~2009 年的数字为 2008 年增速和 2009 年增速的算术平均值。

资料来源：国家统计局网站统计数据栏目中的“月度数据”。

4. 从区域结构看，中西部地区的结构地位有所增强

已有的研究表明，从20世纪90年代开始直至“十五”时期，中国工业区域结构的变动趋势一直是东部地区的比重上升，中西部地区的比重下降。但进入“十一五”时期后，工业区域结构的变动出现了不同于以往的态势，东部地区的比重开始下降，中西部地区的比重由降转升。2005~2007年，在规模以上工业增加值中，东部地区所占的比重下降了3.72个百分点，中部地区的比重上升2.23个百分点，西部地区的比重上升1.49个百分点。2008~2009年，在国际金融危机的严重冲击下，外向型经济发达的东部地区相对于以内需型经济为主的中西部地区工业增速的降幅更大。从表5-4可以看出，如果将2007年的工业增速与2008~2009年进行比较，在降幅超过全国平均水平的省市中，位于东部地区的有6个，分别是北京、上海、浙江、福建、广东和海南；位于中部地区的有两个，分别是山西和河南；处于西部地区的仅有1个，即西藏。很明显，在上述工业增速降幅较大的地区中，无论是从地区数量还是从这些地区的工业规模来看，东部地区都远多于且大于中西部地区。这表明在国际金融危机的影响下，工业区域结构的变动延续并增强了“十一五”前期的态势，即东部地区工业比重下降，中西部地区工业比重上升。

表5-4　国际金融危机前后各地区工业高增长增速的变化

单位：%

地　区	2007年（1）	2008~2009年（2）	（1）-（2）
总　计	18.5	12.0	6.5
北　京	13.4	5.6	7.8
天　津	18.2	21.9	-3.7
河　北	18.9	13.5	5.4
山　西	21.0	4.5	16.5
内蒙古	30.0	24.4	5.6
辽　宁	21.0	17.2	3.8
吉　林	23.6	17.7	5.9
黑龙江	15.8	12.6	3.2
上　海	12.6	5.7	6.9
江　苏	18.9	14.4	4.5
浙　江	17.9	8.2	9.7
安　徽	24.5	22.3	2.2
福　建	21.5	14.9	6.6
江　西	24.6	21.0	3.6
山　东	20.8	14.4	6.4
河　南	24.2	17.2	7.0
湖　北	23.6	20.9	2.7
湖　南	24.3	19.5	4.8
广　东	18.3	10.9	7.4
广　西	26.5	20.4	6.1
海　南	33.8	6.8	27.0
重　庆	25.1	20.1	4.0

续表

地　区	2007 年（1）	2008~2009 年（2）	(1)−(2)
四　川	25.4	19.6	5.8
贵　州	16.8	10.4	6.4
云　南	17.5	11.9	5.6
西　藏	17.6	9.9	7.7
陕　西	19.6	17.9	1.7
甘　肃	17.1	10.1	6.0
青　海	18.4	16.3	2.1
宁　夏	17.0	14.7	2.3
新　疆	15.2	11.4	3.8

注：表中 2008~2009 年的数字为 2008 年增速和 2009 年增速的算术平均值。
资料来源：国家统计局网站统计数据栏目中的“月度数据”。

二、后金融危机时期工业结构的变动方向

后金融危机时期工业结构的变动方向是什么？总体判断，国际金融危机对中国工业结构变动的影响主要是短期的，从中长期看，决定工业结构变动方向的因素仍然是中国所处的经济发展阶段，但后金融危机时期发达国家经济增长模式的调整和全球低碳经济理念的推行，也将一定程度地影响中国工业结构的变化进程。我们认为，未来一段时期内，工业在 GDP 中的结构地位将缓慢上升或基本稳定，轻重工业结构中的重化工业化进程仍将持续，高增长行业将集中于部分投资主导型行业和技术密集程度较高的消费主导型行业，中西部地区在区域结构中的地位将进一步提高。

1. 工业在 GDP 中的结构地位将缓慢上升或基本稳定

由于目前中国工业与服务业的经济规模相当且均在 GDP 中占有重要地位，因此，未来工业增加值占 GDP 比重的变化主要取决于工业增速与服务业增速的相对变化。2009 年，中国人均 GDP 按当年汇率计算约为 3600 美元，仍处于钱纳里发展阶段划分标准中的工业化中期阶段。从发达国家和新兴国家的发展经验看，处于这个阶段的经济体通常把工业增长作为经济发展的主要动力，而服务业增速持续高于工业增速的可能性不大。虽然中国工业经过 30 多年的快速发展，在总量规模上已经十分庞大，但由于人口众多，所以从人均水平看，中国人均制造业增加值尚未达到中等收入国家的平均水平，这表明中国工业仍然具有很大的发展潜力。2008~2009 年，受国际金融危机和国内经济周期性调整的叠加影响，波动程度较大的工业增速一度下降到低于服务业增速的水平，但这只是短期现象，一旦经济走出金融危机，工业又将进入快速增长的轨道。一方面，由于工业的生产率水平和生产率增长率明显高

于服务业，所以工业的快速增长有利于推动经济发展方式的转变和缩小与发达国家的效率差距，最终也有利于促进服务业的发展。根据北京大学国家发展研究院卢锋教授的计算，1995~2009 年，中国制造业劳动生产率增长了 5.9 倍，与 13 个 OECD 国家同期比较增长了约 3 倍。另一方面，考虑到加快服务业发展在增加就业、促进消费和增强经济增长的稳定性等方面都具有不可替代的作用，所以在中国服务业发展相对滞后和未来城市化进程加快推进的背景下，加快服务业发展的必要性和可能性也十分突出。综合以上两方面的分析，未来工业增速和服务业增速的相对变化将呈现出工业和服务业均保持快速增长但工业增速略高于服务业增速的格局，如果再考虑到服务业价格指数通常会比工业价格指数增长得更快，那么按当年价格计算的工业增加值占 GDP 的比重将会表现为缓慢上升或基本稳定。

2. 重化工业化进程仍将持续

工业化国家的发展历程表明，在工业化加速发展的中期阶段，各个经济体特别是大国经济体都会经历一个重化工业持续快速发展的过程，其中的深层原因在于城市化加速发展和消费结构升级的双重动力拉动。从中国的现实情况看，2009 年，中国的城市化率为 46.6%，正处于加速发展阶段。有研究认为，未来一段时期中国的城市化率将以每年 1 个百分点以上的速度提高，直到 55%左右才会逐步放缓。城市化进程的加快必然导致社会对道路、交通通信、水电煤气提高等公用基础设施的投资大量增加，进而为钢铁、建材、化工、设备制造和能源等重化工业提供巨大的发展空间和增长后劲。同时，随着人均收入水平的不断提高，中国居民的消费结构已由过去的以“吃、穿、用”等基本消费为主的阶段向以“住、行”及其提高生活质量等消费为主的阶段升级，对新一代消费品尤其是汽车和住房的需求进入快速增长期。从投入产出关联的角度看，汽车和住房等大件商品的快速增长，又将对钢铁、机械、电子、化工和建材等重化工业产生很强的需求拉动力量。正像有学者指出的那样，中国作为一个人口众多、幅员辽阔的发展中大国，要解决几乎所有正在面临和将要面临的重大和长远的经济社会问题，都要高度依赖于重化工业的长足发展。只有形成了发达的重化工业，才能解决中国城镇化、交通运输、资源开发、水利工程、环境保护和国土治理以至国家安全、民生福利等问题（金碚，2009）。

3. 高增长行业将相对集中

一定时期的需求结构是决定哪些行业能够成为高增长行业的主要因素。长期以来，中国的需求结构一直呈现出“高投资、高出口、低消费”的特征。后金融危机时期，在美国等发达国家调整经济增长模式以及全球贸易保护主义加剧的背景下，中国出口需求的增长必然会受到较大的影响，而投资的持续高速增长也将带来增长效率下降、产能过剩严重等许多问题。为此，国家提出了加快实现经济发展方式转型的总体目标要促进经济增长由主要依靠投资出口拉动后依靠消费损失、出口协调拉动转变。一方面，从中国的现实情况看，要想在较短时期内大幅压缩投资需求并不现实，可行的出路还要放在调整投资结构上，即未来投资的重点应该更多地放在加强技术改造、发展战略性新兴产业和提高产业竞争能力等方面；另一方面，扩大消费需求也绝非一日之功，会受到居民收入增长状况和收入分配结构调整等多种因素的影响，但一些消费热点，如汽车、3G 通信设备、智能家电等产品消费以及教育培训、医疗保健、旅游休闲、文化娱乐等服务消费的不断涌现仍将推动消费需求快速增长。综合以上分析可以判断，未来一段时期内，中国工业行业结构中的高增长行业主要由部分投资主导型行业以及技术密集程度较高的消费主导型行业构成，如通用设备制造业、专用设备制造业、交通运输设备制造业、电气机械及器材制造业、通信设备计算机及其他电子设备制造业、医药制造业和文教体育用品制造业等。

4. 中西部地区在工业区域结构中的地位将进一步提高

应该看到，"十一五"以来，工业区域结构中发生的不同于以往的变化，即东部地区比重下降，中西部地区比重上升，这主要是各地区经济发展阶段发生变化进而导致比较优势调整的结果；国际金融危机只是作为一个外部因素，通过对外向型经济比重较高的东部地区产生更大的冲击，进而加快了上述进程而已。有研究表明，目前在东部地区的 11 个省市中，除海南省外，其他省市均已进入工业化中后期阶段，而在中西部地区中，绝大多数省市区仍然处于工业化初期阶段，只有少部分省市进入中期阶段。一方面，经过长期、持续的高速发展，近年来东部地区的土地、劳动力、能源等生产要素供给趋紧，产业升级压力增大，企业商务成本居高不下，资源环境约束矛盾日益紧张，其工业已达到了由规模扩张向效率和素质提高转型的临界点；另一方面，经过多年的建设积累，中西部地区的基础设施条件已较为完备，加上自身具有丰富的劳动力资源和能源原材料资源，中西部地区加快工业发展的条件已经成熟。目前，东部地区的"腾笼换鸟"和中西部地区的"筑巢引凤"、"万商西进"等工程，使东部地区的产业向中西部地区转移的趋势日益明显。对统计数据的分析也显示，2005~2008 年，在规模以上工业实现的利润总额中，中西部地区所占比重的上升幅度明显大于其增加值比重的上升幅度，东部地区所占比重的下降幅度则显著大于其增加值比重的下降幅度，这预示着未来一段时期，在市场机制作用和企业追求利润动机的驱使下，工业资本将会逐渐出现向中西部地区流动的趋势。

三、当前工业结构存在的主要问题

以上分析表明，国际金融危机对中国工业结构变动的影响是暂时的，并不会改变中国工业结构由自身所处的经济发展阶段所内生决定的变动方向。中国工业结构的变动方向是合理的，基本上符合工业结构变动的一般规律以及先行工业化大国的实践经验。那么接下来的问题是，未来中国工业结构调整的重点是什么？或者说，在当前及今后一段时期内，中国工业结构面临的主要问题有哪些？我们认为，工业结构方面的问题主要不是各行业之间比例高低的问题，而是由行业的发展方式粗放和发展质量低下引发的相关问题，主要包括：重化工业粗放增长带来的环境和能源压力加大，过度依赖出口的增长模式产生的不利影响日益凸显，“中国制造”仍然处于国际分工体系的低端，生产性服务业发展滞后。在后金融危机时期，这些问题必然会随着发展环境的变化进一步突现出来。

1. 重化工业粗放增长带来的环境和能源压力加大

从产业的技术经济特征看，重化工业属于资源、资本和技术密集型产业，一般而言，重化工业生产过程中产生的能耗和污染排放要明显大于轻工业。但从工业发达国家的实际情况看，如果能够做到大规模、高技术、可循环地发展重化工业，那么其产生的能耗和污染排放就可以大大降低。然而，中国重化工业化的推进方式具有明显的粗放型和外延式特点，由此造成的后果是，重化工业资源消耗高、环境破坏严重的负面影响被迅速放大。根据工业和信息化部公布的数据，重化工业特别是其中的一些高消耗、高排放行业现有产能中有相当大的部分属于落后产能，例如，钢铁行业需淘汰的400立方米及以下落后炼铁高炉产能占总产能的近20%；水泥行业需淘汰的落后产能约有5亿吨，占总产能的20%以上。此外，电力、煤炭、化工、有色金属、焦炭等重化工行业中的落后产能也占有相当大的比例。这些落后产能资源能源消耗高、环境污染重、二氧化碳排放多、安全无保障，是产业发展方式粗放的重要表现。同时，落后产能还与先进产能争市场、抢资源，破坏正常的市场秩序。就其本质而言，高能耗和高污染主要是由重化工业内部的落后产能引起的。这就意味着我们不仅要注意轻重工业的比重，而且还要重视重工业的内部结构。重化工业中有一部分属于资本和技术密集型的产业，这部分产业在一定程度上会起到降低能耗和优化环境的作用，但重化工业中的落后产能却会使能源消耗增加，并带来环境的高污染。

2. 过度依赖出口的增长模式产生的不利影响日益凸显

20世纪90年代以来，中国工业结构在发挥低成本比较优势、充分参与国际分工的同时，也逐步形成了对出口的高度依赖。根据2005年中国投入产出表提供的数据计算，2005年中国制造业出口总额占制造业总产出的比重达到20.23%，其中纺织、缝纫及皮革产品制造业的这一比重达到35.24%，机械设备制造业达到31.77%，对出口的依赖非常严重。过度依赖出口的增长模式必然会造成内外经济的严重失衡并导致经济波动频繁，以及引起贸易顺差扩大进而导致贸易摩擦加剧。受国际金融危机的影响，2008年，中国规模以上工业完成出口交货值80844亿元，比上年增长10.8%，增幅回落10.7个百分点；2009年，规模以上工业完成出口交货值72882亿元，比上年下降10.1%。中国的主要出口市场是以美国为代表的欧美发达国家，而美国的进口之所以持续快速增长则源于美国企业和居民靠借贷生存的经营方式和生活方式。国际金融危机的爆发使美国企业和居民不得不向减少负债、增加储蓄以维持经济增长的方向转变。2009年11月，美国家庭储蓄率达到了4.0%，大大超过了危机前1%左右的水平。国际金融危机的爆发也使发达国家重新认识到实体经济的重要性，开始由过去把工业生产大量环节转移海外的“去工业化”向“再工业化”转变。在这一背景下，发达国家的贸易保护主义抬头，与中国的贸易摩擦加剧。据商务部统计，2009年1~8月，共有 17 个国家（地区）对中国发起 79 起贸易救济调查，涉案总额约 100.35 亿美元，同比分别增长了 16.2%和 121.2%。这就意味着在后金融危机时期，中国过度依赖出口的增长模式将会受到持久的冲击，由此带来的不利影响也将日益突出。

3.“中国制造”仍然处于国际分工体系的低端

在传统贸易体系中，出口商品的行业结构是判断一国国际分工地位的经典指标。20 世纪 90 年代中期至今，伴随对外贸易规模的持续扩张，中国资本密集型产品在出口商品中的占比迅速提高，出口商品的行业结构开始显著升级，但这并不代表中国的国际分工地位有了相应的提升。因为在这一时期，随着经济全球化的不断深入，产业内分工和产品内分工已成为国际产业分工的新模式，根据出口行业结构的变化已难以判断一个经济体的国际分工地位。实际上，在近十多年来不断融入到国际分工体系的过程中，中国的相对贸易利益并没有明显增加，分工地位仍处于国际分工体系的低端。有分析表明，如果用制造业各行业出口贸易的附加值比重来刻画各自在参与全球产品内分工与贸易中获得的实际利得，那么 1994~2007 年，在中国 11 个制造业行业中，出口贸易附加值比重较高的行业主要集中在像炼焦、煤气及石油加工业以及食品加工业等这样一些参与全球分工与贸易较少的行业；而参与全球产品内分工与贸易程度较深的交通运输设备制造业、电气机械及器材制造业和电子及通信设备制造业等行业的出口附加值比例相对较低。在中国，越是较深地融入全球产品内分工与贸易体系的行业，其贸易附加值比重越低，这一现象说明，在全球产品内分工与贸易体系中，中国实际获得的相对贸易利益较少，仍然处于国际分工体系中的从属地位，位于全球价值链的低端。这样的分工地位损害了中国对外贸易的正当利益，不利于对外贸易的持续增长。

4. 生产性服务业发展滞后

随着产业分工的不断深化，生产性服务业与制造业的关系日益紧密，表现为相互作用、相互依赖、共同发展的动态关联关系。理论分析和实践经验都表明，制造业的结构升级及其国际竞争力的提高不仅要依靠制造业自身的进步，而且还有赖于生产性服务业等相关配套产业的发展。从中国的实际看，2001~2007 年，中国生产性服务业增加值的增长速度均低于工业增加值的增长速度。可见与工业的高速增长相比，生产性服务业的增长速度还相对缓慢，生产性服务业的发展难以满足工业结构优化升级的需要。虽然近年来中国十分强调加快生产性服务业的发展，但结果并不尽如人意，究其原因就在于中国尚未形成生产性服务业和制造业协同发展的机制。从需求来看，制造业难以形成对生产性服务业的市场需求。目前中国制造业的发展水平较低，制造业的高速增长主要通过数量扩张的途径实现，因此其中间投入更多需要的是物质性投入和少量的低端服务投入，对生产性服务的需求极为有限，由此直接导致了生产性服务业的发展失去了市场需求的支撑。从供给来看，企业缺乏提供生产性服务的动力机制。对于本土企业而言，市场需求不足导致了较低的盈利前景，从而使企业缺乏发展生产性服务业的动力。对于跨国公司而言，生产性服务业尤其是其核心的知识密集型服务业，是控制发展中国家的主要工具，不会轻易向东道国企业转移，因此跨国公司主要选择以服务业 FDI 的形式来满足其高端制造业 FDI 的需求。

四、推动工业结构调整的对策建议

针对工业结构存在的主要问题，结合后金融危机时期国内外发展环境的变化，笔者认为未来推动工业结构优化升级的政策措施应该有以下几个方面。

1. 理顺资源价格形成机制，完善资源管理体制

当前，在国际金融危机对中国经济的影响尚未完全消除的背景下，需要抓住"危机倒逼改革"的时机，以市场化改革在关键领域和核心环节的实质性突破来化解各种压力。在未来较长的一段时期内，资源环境压力都将是制约中国经济增长和结构调整的突出问题。解决这一问题的关键在于建立市场机制主导的资源要素价格形成机制。要通过理顺资源价格体系，建立反映市场供求关系、资源稀缺程度、环境损害成本的资源价格形成机制。一是健全垄断行业定价机制和政府监管机制。在电力、石油、天然气等重要领域，稳妥推进资源性产品价格形成机制改革。对价格不能放开的产品，要加强政府的成本监管。二是改革资源管理体制，健全资源有偿使用制度和生态环境补偿机制，形成市场主体节约资源、提高资源利用效率的激励机制。三是运用财税金融等经济杠杆促进循环经济的发展，提高资源综合利用效率。从转变经济增长方式和推进经济结构调整的角度看，当前应尽快推进资源税改革。第一，应以渐进的方式推进改革。资源税改革有直接转变和渐进过渡两种途径。从现实情况看，考虑到地区差别和资源级差状况，资源税改革应采取渐进过渡的方式。第二，扩大征税范围。现行的资源税征税范围过窄，应把各种资源都列入征税范围之中。第三，赋予地方制定资源税的相关权力。资源具有显著的地域性，可以考虑把资源税的立法权下放到省一级。第四，全面清理资源税外的各项杂费。

2. 进一步提升工业自主创新能力

因为从根本上说，工业结构升级取决于技术结构的升级，所以自主创新能力薄弱是影响中国工业结构升级的主要约束因素之一。从这次国际金融危机的影响看，受到较大冲击的往往是那些缺乏技术研发能力的企业，而掌握核心技术的企业一般都具有较强的抗风险能力。由此可见提升自主创新能力的重要性。提升中国工业的自主创新能力，首先要充分利用全球创新资源。在科技全球化的条件下，中国工业技术创新必须从以自我为主向充分利用全球创新资源为主的方向转变，通过吸引跨国公司 R&D 投资、建立创新联盟、购买知识产权、委托研发设计等多种方式，实现技术水平和创新能力的不断提高。其次要加强基础研究和共性

技术研发。共性技术研发薄弱是目前制约中国工业技术发展的最主要“瓶颈”，加大对共性技术研发的力度，能够对多个行业发挥出巨大的技术带动作用。具体措施应该包括制订国家层面的基础研究和共性技术发展计划，对造成“瓶颈”的技术和知识进行重点突破；增加资金投入，建立共性技术研发平台，吸引科研院所、大学和研究型企业参与；同时，要建立共性技术的扩散机制，鼓励高校、政府资助的科研机构成为企业研发的扶助力量，通过政府资助等方式扩散技术。最后，要建立产学研经常性交流机制，拓宽企业自主创新的视野。同时，要认真做好知识产权保护工作，建立并完善知识产权交易市场，促进技术成果的流通，鼓励企业参与国际专利交换工作。

3. 大力发展战略性新兴产业

发展战略性新兴产业，既是中国经济发展的重大战略选择，又是加快推进工业结构调整的突破口。在推动战略性新兴产业发展的过程中，除了资金的投入支持外，更重要的是发挥政府的政策导向作用，实现体制机制的创新和突破。当前中国的产业政策主要体现在每隔五年编制一次的国民经济和社会发展规划纲要中。从近年来编制的规划纲要中不难发现，各地区都不同程度地将新能源、汽车、信息产业、生物医药等产业作为重点发展的战略产业。然而，这些战略规划纲要并没有得到有效的政策保障和落实。着眼于发展战略性新兴产业的需要，政府应该出台具体措施加快推动科研人才、资金、技术和专利向企业转移，以市场为导向展开创新，使企业真正成为自主创新的主体，为战略性新兴产业的发展创造良好的环境条件和坚实的技术基础。要继续加大对前沿性、关键性、基础性和共性技术研究的支持力度，把自主创新政策的着力点落到支持产品研发的前端和推广应用的后端上来，创造适应新兴产业发展的商业模式，为自主创新产品打开市场做好服务。在鼓励大企业开展创新活动的同时，更加关注创新型中小企业的发展，创造宽松的投融资环境，激励民营企业发挥创新的积极性。

4. 加快外贸发展战略转型

进入新世纪特别是加入 WTO 以来，在外贸规模大幅扩张的同时，中国的出口产业结构也发生了较大变化，从主要集中于劳动密集型产业转为主要集中于资本技术密集型产业，表面上看这似乎实现了出口产业结构升级，但实际上这只是国际分工形式变化进而导致加工贸易快速发展的结果，本土产业从这一形式的结构升级中受益很少，而且给中国经济的可持续发展埋下了隐患。国际金融危机的爆发使中国的外向型经济尤其是沿海地区的加工贸易企业遭遇严重冲击，使中国工业发展受到重创。由此可见，随着国内外发展环境的变化，中国长期以来推行的数量扩张型外贸发展战略已经到了必须转型的关键时期。从促进工业结构优化升级的角度看，转变外贸发展方式，重点要在推动加工贸易转型升级和加快发展服务外包两个方面着力。一是要积极推动加工贸易由单一生产型向生产服务型转变，由单一的加工制造向研发设计、品牌营销领域延伸，不断延伸加工贸易产业链，提升价值链。二是要大力促进加工贸易与本土经济融合，加大力度推进符合国家产业政策的来料加工企业按相关规定就地转型为具有独立法人资格的外商投资企业或其他类型的企业。三是要加快推进服务外包基地建设，支持有条件的地区积极开展服务外包招商，重点培育和发展软件研发、医药研发、工业设计、动漫创意、信息管理、数据处理、财会核算、供应链管理、金融后台服务等产业和业务，做大做强一批服务外包企业。

5. 推动产业梯度转移，协调区域产业发展

国际金融危机爆发之前，随着经济发展阶段的演进，中国东部发达地区已经开始将逐步丧失比较优势的相对落后的产业向外转移。在经历了此次金融危机之后，受到较大冲击的东部发达地区的政府和企业更加重视本地工业结构的优化升级，进而加快了将劳动密集型产业和资源加工型产业向中西部地区转移的步伐。应该指出，虽然产业梯度转移有利于中国各地区工业结构的转型，但政府在产业转移过程中必须加强协调，以实现转出地与转入地的有序对接，以防止重走低水平重复建设与盲目扩张的老路。劳动密集型产业和资源加工型产业向中西部转移是大势所趋，但这种转移不应只是现有设备和产能的简单搬家，而是要在产业转移过程中促进生产技术、管理经验、生产组织方式与人才的交流和转移，避免产业转移过程中技术水平、管理水平与产品质量出现下降。要加强东、中、西地区之间资源的优化整合，在全国范围内形成分工合理、层次分明的地区产业结构，实现地区产业布局的优化。东部发达地区要进一步发挥制度优势、创新优势、信息优势、文化优势和生态优势，以形成创新产业集群。中部地区的区位优势主要反映在便利的交通环境和丰富的劳动力资源上，要积极利用地缘优势承接东部发达地区的转移产业。西部地区的区位优势主要表现为丰富的自然资源、广袤的土地资源和丰富的劳动力资源上，要充分发挥这些比较优势，在特定产业领域做到全国最强，从而带动整个西部经济的腾飞。

专栏 5—1

用创新驱动钢铁工业结构调整

创新是钢铁产业结构调整的驱动力，也是决定我们结构调整成败的关键。我中钢铁产业技术进步不断取得新成绩。我国依靠引进消化为主搞建设，逐渐提升到吸收再创新的阶段，并基本上能够完全依靠自主创新和自主集成建设最现代化的钢铁联合企业。在应对危机过程中，各大钢铁企业加大了品种的开发力度，又一批品种难题被解决，提升了企业的技术水平，开拓了市场，提高了市场竞争能力。此外，我国的钢铁产业的自主创新体系已经初步形成。“可以说，钢铁产业在创新驱动方面迈出了极其不易的一步”，迟京东总结。

但是，在依靠创新驱动钢铁产业结构调整方面，我们仍然还有差距，还须转变我们的观念。“我们所讲的创新体系是建立在发展定位基础上的，是以用户为导向、与用户战略合作的新型创新体系。我们的目的是依靠自主创新创造市场，进一步推

续专栏 5—1

动钢铁产业的发展”；迟京东说，“如何科学有效地使用好现有资源，特别是如何在共性技术创新上形成合力，完善已有研发和相应的标准体系，更好地创造市场，应该是我们下一步努力的方向”。

“创新一方面要看这个行业要做什么，另一方面要看有没有需求。钢铁企业要努力成为下游用户材料技术的服务商，通过提供技术解决方案来供给材料，才能够创造出市场，真正使我们的创新反过来驱动钢铁产业的结构调整”，迟京东指出。目前，高效清洁发电装备、轨道交通装备、大型石油和石化装备、大型煤炭及金属矿山设备、新型大马力农业机械装备、新型纺织设备、关键基础零部件及铸锻件等应该是钢铁产业向下游提供材料技术服务的重点方向。

资料来源：《中国冶金报》2010 年 2 月 10 日；作者，迟京东。

参考文献

中国社会科学院工业经济研究所：《国际金融危机冲击下中国工业的反应》，《中国工业经济》2009 年第 5 期。

金碚：《国际金融危机与中国工业化形势》，《人民日报》2009 年 6 月 22 日。

周叔莲、吕铁、贺俊：《中国当前的高增长行业及其产业政策导向研究》，《中国工业经济》2008 年第 9 期。

刘世锦等：《传统与现代之间——增长模式转型与新型工业化道路的选择》，中国人民大学出版社 2006 年版。

江小涓：《中国开放 30 年：增长、结构与体制变迁》，人民出版社 2008 年版。

万钢：《把握全球产业调整机遇，培育和发展战略性新兴产业》，《求是》2010 年第 1 期。

蔡昉、王美艳：《中国工业重新配置与劳动力流动趋势》，《中国工业经济》2009 年第8 期。

李文君、李博：《国际金融危机对中国工业结构变迁的影响及对策分析》，国研网 2009 年 11 月 2 日。

第六章　国际金融危机下中国工业对外贸易的变化

提　要

受国际金融危机的冲击，中国进出口额大幅下滑，部分外贸企业陷入经营困境。但相对于世界主要贸易国，中国进出口降幅较小，在国际贸易中的地位相对提升。2009年，中国成为世界第一大出口国，贸易结构也发生了一些新的变化。目前，在政府一系列稳定外需、提振信心的政策措施的作用下，工业对外贸易出现了一些积极变化。然而，在外需持续低迷、贸易保护主义加剧的情况下，中国工业对外贸易恢复增长仍存在诸多不确定性，同时，随着世界经济增长模式调整的深化、低碳经济的发展，中国对外贸易发展面临着新的机遇和挑战，迫切要求加快转变贸易增长方式，实现内外需平衡发展。今后，应根据后金融危机时期国际贸易发展的新趋势、新特点，采取有效措施，逐步确立对外贸易均衡发展的政策目标，进一步完善贸易管理体制，加快推进转变外贸增长方式，促使外贸由“量”的扩张加快转向“质”的提升，实现工业对外贸易可持续发展。

*　　　　*　　　　*

国际金融危机对全球贸易造成了巨大冲击，国际市场需求减少直接导致世界贸易严重萎缩。根据世界贸易组织的初步统计，2009年世界货物贸易总量下滑12%，为1945年以来的最大降幅。在这种大环境下，中国外贸发展也遭遇了前所未有的困难。面对进出口的严峻复杂形势，政府及时出台了调整提高部分产品出口退税率、加大资金支持力度、促进贸易便利化、加强贸易救济、积极应对贸易保护等一系列稳定外需、提振信心的政策措施。目前，应对国际金融危机的政策措施已经取得一定成效，进出口逐步恢复增长。同时，受国际金融危机的影响，中国进出口结构以及在全球贸易中的地位发生了一系列变化，对外贸易发展面临着新的机遇和挑战，迫切要求加快转变外贸增长方式，全面提升中国工业品的国际竞争力，实现“中国制造”的可持续发展。

一、国际金融危机下中国对外贸易增长态势的变化

1. 国际金融危机下中国进出口的增长轨迹

2008 年下半年，随着国际金融危机不断向实体经济蔓延，中国对外贸易形势急剧恶化。2009 年，对外贸易经历了 21 世纪以来最困难的一年，据海关统计，2009 年中国进出口总额为 22072.7 亿美元，虽略高于 2007 年的水平，但比 2008 年下降了 13.9%。其中，出口 12016.7 亿美元，下降 16%；进口 10056 亿美元，下降 11.2%。出口下降幅度大于进口，全年实现贸易顺差 1960.7 亿美元，同比减少 34.2%。2009 年，中国出口价格和进口价格分别下跌 6.1% 和 12.7%，扣除价格因素后，全年实际出口量减少 10.5%，而实际进口量则增加了 1.5%。

从金融危机下对外贸易的增长态势来看，自 2008 年 11 月，进出口连续大幅下挫。其中，2009 年 5 月出口同比下降了 25.9%，为自 1993 年有记录以来的最大跌幅。面对对外贸易的危局，国家及时出台了一系列稳定出口的政策措施，这些措施有效遏制了进出口快速下滑的势头（见图 6–1）。到 2009 年 8 月，进出口回升态势逐步企稳，12 月份出现强劲恢复性增长，进出口总额达 2430.2 亿美元，同比、环比分别增长 32.7%和 16.7%。其中，出口 1307.3 亿美元，同比、环比分别增长 17.7%和 15%，为历史上月度出口值的第四高位；进口 1122.9 亿美元，创月度进口值的历史新高，同比、环比增长率分别为 55.9%和 18.8%。2010 年 1~2 月，全国进出口同比保持较高的增长率（44.8%），其中，出口同比增长 31.4%，进口同比增长 63.6%，但这两个月的同比高增长是在上年基数较低的情况下实现的。由于季节性原因，加之国际市场上外需仍不稳定，2010 年 1 月和 2 月中国进出口环比分别下降 18.8%和 13.9%，1~2 月贸易顺差继续大幅减少 50.5%。2010 年 3 月，进口同比增长率达 66.0%，远超过 24.3%的出口增长率，当月出现 72.4 亿美元贸易逆差，结束了 2004 年 5 月开始的连续 70 个月的贸易顺差局面。这些数据说明，总体来看，中国对外贸易呈现恢复性增长的态势，但进出口上行的基础并不牢固，月度数据波动较大，对外贸易全面恢复仍需时日。

再从工业品出口的情况来看，自 2008 年 10 月起规模以上工业企业出口交货值持续下降，到 2009 年 11 月开始初步恢复到国际金融危机之前的水平（见图 6–2）。同时，出口对工业增长的拉动作用有所减弱。2009 年，规模以上工业出口交货值同比下降 10.1%，而销售产值比上年增长 9.4%，出口交货值占全部销售产值的比重由 2008 年的 16.7%下降到 13.7%。2010 年 1~2 月，出口交货值增长恢复较快，同比增长率为 22.5%，但仍远低于同期工业销售产值同比增长 37.5%的水平，占全部销售产值的比重下滑到 12.9%。这表明，国际金融危机对出口的冲击大于整个工业部门，这虽然将一定程度上降低工业增长对外需的依赖，使工业增长转变为主要依靠内需拉动，但也会对出口企业的经营和就业带来压力，进而影响整个工业经济运行。

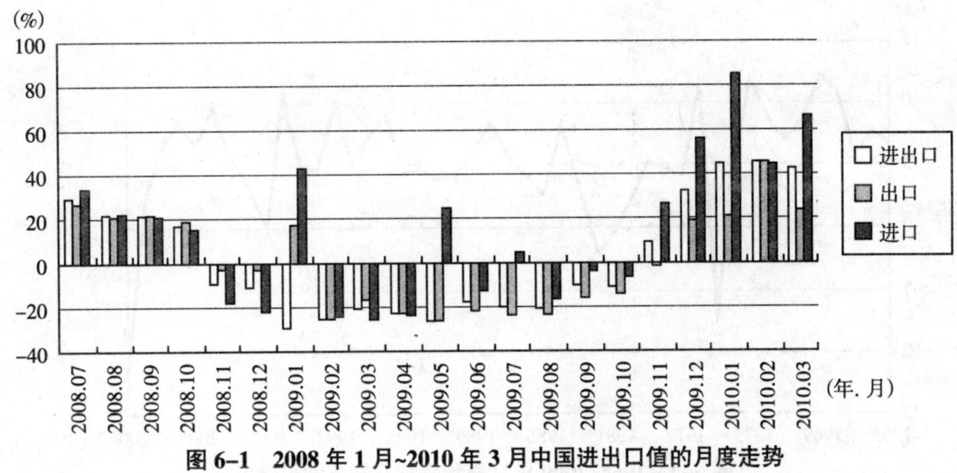

图 6–1 2008 年 1 月~2010 年 3 月中国进出口值的月度走势

资料来源：海关统计。

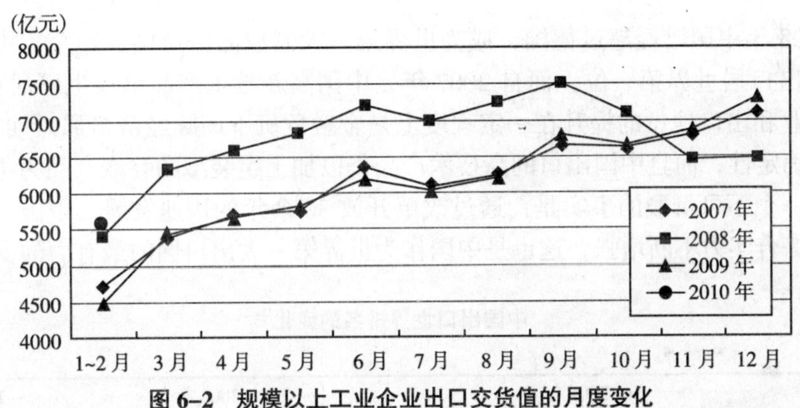

图 6–2 规模以上工业企业出口交货值的月度变化

资料来源：工业和信息化部、中国社会科学院工业经济研究所：《中国工业经济运行 2010 年春季报告》。

2. 中国出口的国际地位

国际金融危机对全球贸易造成了严重危害，据 WTO 测算，2009 年，全球贸易总量经历了近 70 年来最大幅度的下降（见图 6–3）。受原油及其他初级产品价格下降的影响，2009 年以美元计价的国际贸易额实际降幅高达 23%。尽管金融危机下中国工业和出口也受到了冲击，但相比发达国家，这种冲击和影响较小。在此消彼长的过程中，金融危机从某种意义上成为中国制造业和出口提升国际地位的契机。据联合国工业发展组织统计，2009 年中国工业产值在世界工业生产总值中所占份额达到了 15.6%，超过日本（15.4%），仅次于美国(19%)，跃居世界第二位。

同时，金融危机在一定程度上改变了国际贸易格局。由于中国出口下降幅度小于世界主要贸易国，2009 年，中国超过德国，成为世界第一大出口国，在世界出口总额中所占份额为 9.6%，分别比 2001 年和 2008 年上升 0.7 个和 5.7 个百分点（见表 6–1）。另据 WTO 统计，2001~2008 年，中国工业制成品出口平均增幅达 25.2%，是同期德国出口增速的两倍。

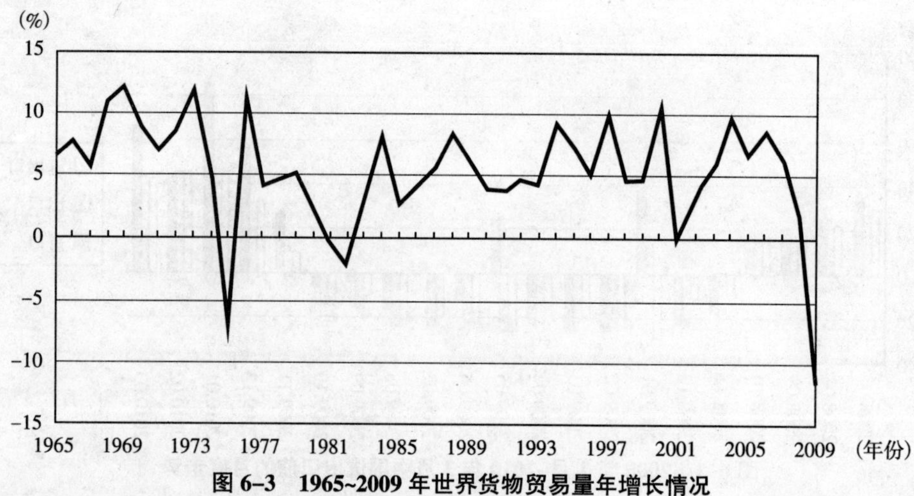

图 6-3　1965~2009 年世界货物贸易量年增长情况

资料来源：WTO：http://www.wto.org/english/news_e/pres10_e/pr598_e.htm。

实际上，2008 年中国已经超过德国，成为世界第一大制成品出口国。迄今，中国有 100 多种工业品的出口居世界第一位，而自 2007 年，中国高新技术产品出口也已居世界第一位。尽管中国工业和出口地位的提升在一定程度上是金融危机下国际经济格局短期调整的结果，有一定的不确定性，而且中国出口的高技术产品仍以加工组装型的终端产品为主，产品附加值较低，但一个不可辩驳的事实是：通过改革开放 30 余年的快速发展，中国作为世界加工制造中心的综合实力不断增强，这也是中国作为世界第一大出口国的最有力的支撑。

表 6-1　中国出口世界排名的变化

单位：%

国家/地区	2009 年				2008 年		2000 年	
	世界排名	出口额（10 亿美元）	年增长率	占世界出口总额的比重	世界排名	占世界出口总额的比重	世界排名	占世界出口总额的比重
中　国	1	1202	−16	9.6	2	8.9	7	3.9
德　国	2	1121	−22	9.0	1	9.1	2	8.7
美　国	3	1057	−18	8.5	3	8.0	1	12.3
日　本	4	581	−26	4.7	4	4.9	3	7.5
荷　兰	5	499	−22	4.0	5	3.9	9	3.3
法　国	6	475	−21	3.8	6	3.8	4	4.7
意大利	7	405	−25	3.2	7	3.3	8	3.7
比利时	8	370	−22	3.0	8	2.9	11	2.9
韩　国	9	364	−14	2.9	12	2.3	12	2.7
英　国	10	351	−24	2.8	10	2.8	5	4.5

资料来源：www.wto.org。

进入 2010 年，世界主要经济体产能利用率虽比危机之初有小幅回升，美国、日本出口也出现了较快恢复，但目前中国工业恢复增长的总体态势明显好于发达国家的情况。有效需求不足、投资乏力、严峻的就业形势以及欧洲债务危机的爆发阻碍了发达国家经济的全面复苏。如能把握这一时机，着力消除影响工业可持续发展的体制、机制因素，加快转变增长方式，以自主创新和发展新兴战略性产业为着力点，推动中国制造业向全球价值链的高端迈进，中国工业和出口的国际地位将有望得以进一步巩固提高。

二、贸易结构的变化

在进出口增长大幅回落的同时，中国对外贸易的商品结构、贸易方式、地区结构、海外市场分布、外贸主体构成等也发生了一系列变化。这些变化既是金融危机冲击的结果，也在一定程度上反映出中国对外贸易结构转型的内在需求和目标方向。

1. 商品结构

(1) 从出口商品结构看，中国各类出口商品受金融危机的影响不尽相同。2009 年，纺织品、服装、鞋类等劳动密集型产品出口降幅相对较小，主要原因在于：一方面劳动密集型产品多属于最终消费品，国际需求刚性较强；另一方面，在多次上调出口退税率之后，中国劳动密集型产品出口的传统优势得以进一步巩固和显现。而受全球工业生产萎缩、国内需求扩大以及相关政策的影响，钢材、煤、焦炭等工业原材料出口大幅下降，需求弹性大、产业分工全球化程度较高的汽车、集装箱、发电设备等机电产品的出口下降也较为明显（见表 6-2）。尽管部分机电产品出口下滑，但国际金融危机并未影响中国出口商品结构升级的总体态势。2009 年，机电产品和高技术产品出口占出口总额的比重分别为 59.3%和 31.3%，分别高出 2008 年的 0.2 个百分点和 1.5 个百分点。同时，金融危机对中国出口商品结构的影响与全球货物出口结构的变化基本一致。据 WTO 统计，2009 年第三季度，全球钢铁贸易下降 55.0%，机械下降 31.7%，而纺织品和服装分别下降 17.3%和 12.1%。这说明国际市场需求变化是导致中国各类出口商品在金融危机中增长表现不同的重要原因。

表 6-2 **2009 年中国部分出口产品量值变化**

单位：%

商品名称	出口数量	出口金额	商品名称	出口数量	出口金额
纺织品	—	-8.4	煤	-50.7	-54.7
服装	—	-11.0	焦炭	-95.5	-96.6
鞋类	—	-5.7	钢坯及粗锻件	-96.6	-98.3
箱包	—	-9.2	钢材	-58.5	-64.9
家具及其零件	—	-6.0	未锻轧铝	-63.1	-73.6
塑料制品	-12.0	-10.1	汽车	-45.2	—
机电产品	—	-13.4	集装箱	-77.2	-78.6
高技术产品	—	-9.3	电动机及发电机	-24.4	-22.5

资料来源：海关统计。

从主要行业情况来看，2009 年，采矿业出口锐减，同比下降 42.2%，制造业出口则下降了 15.9%。其中，通信设备、计算机及其他电子设备制造业出口同比下降 9.6%；电气机械及器材制造业出口同比下降 15.4%；纺织服装、鞋、帽制造业出口同比下降 10%；纺织业出口下降 9.1%；交通运输设备制造业出口下降 6.1%；通用设备制造业出口同比下降 18.6%；专用设备制造业出口同比下降 18.4%。2009 年，这 7 个制造行业出口额合计占同期中国制造业出口总值的 66.5%。

（2）能源、矿产品等大宗商品进口规模扩大。2009 年，中国进口下降 11.2%，扣除价格因素后，全年实际进口数量增加 1.5%。进口的实际增长主要来自粮食、能源、矿产品等大宗初级商品的放量进口。2009 年，主要大宗商品进口均有较大幅度增长，而进口价格则有不同程度的下降，如表 6–3 所示。其中，煤进口 1.3 亿吨，同比增长 2.1 倍，大大超过 2240 万吨的出口量，使中国成为原煤净进口国。国内需求激增是大宗商品进口增长的根本动力，而国际金融危机下资源产品价格的暂时回调也成为中国扩大初级产品进口、加强战略物资储备的有利时机。进口规模的扩大在一定程度上改善了中国对外贸易不平衡的状况，有效缓解了能源和部分原材料的国内供求矛盾，但中国加速工业化、城镇化对海外资源日益刚性化的需求将对国际初级产品的供求关系产生一定的影响，能源、矿产品国际卖方市场的地位将进一步凸显。同时，随着居民收入水平提高、消费升级转型加快，汽车以及部分高档日用品的进口需求不断增强。2009 年，全年汽车进口 41.9 万辆，增长 2.8%。中国汽车进口增加以及汽车消费市场的繁荣为全球汽车业的一片萧条增添了一抹亮色。

表 6–3　2009 年中国进口的主要初级产品数量和价格变化

单位：%

商品名称	进口数量	进口均价	商品名称	进口数量	进口均价
铁矿砂	41.6	–41.7	未锻造铜及铜材	62.7	–27.5
原油	13.9	–39.4	未锻造铝及铝材	160.0	–46.1
大豆	13.7	–24.3	钢材	14.3	–27.3
初级形状的塑料	34.5	–24.0	成品油	–5.4	–40.5
煤	210.0	–3.4			

资料来源：海关统计。

2. 地区结构

尽管在金融危机初期东部沿海地区出口导向型产业受冲击较大，但东部地区出口企业应对国际市场变化的经验丰富，应变能力强，信息渠道较为畅通，随着危机的演化，不少东部外贸企业快速反应，调整进出口策略，主动稳定老客户，积极开辟新市场，加之东部省区地方政府对出口企业的援助措施更为及时有效，因此总体来看，金融危机并未撼动东部地区在全国对外贸易中的强势地位。2009 年，除北京市外，东部主要外贸大省进出口降幅与全国平均水平基本持平或略好于全国平均水平。其中，广东省外贸进出口额仍居全国第一位，同比下降 10.8%，占同期全国进出口总额的比重为 27.7%。江苏、上海、浙江、山东和福建进出口额同比分别下降 13.6%、13.8%、11.1%、12.3%和 6.1%，而北京市（含中央在京进出口额）降幅则为20.9%。从出口方面来看，2009年，广东、江苏、上海、浙江、山东、福建、北京同比分别下降11.5%、16.3%、16.1%、13.8%、14.7%、6.4%和15.9%。2009年，上述7省市进出口额合计占全国进出口总额的比重为83.8%。出口额合计占全国出口总额的84.5%，与2001年和2005年相比，比值变化不大（见表6-4）。

表6-4　主要外贸大省占全国对外贸易总额的比重

单位：%

	2009年	2005年	2001年
占进出口总额的比重	83.8	84.8	83.3
占出口总额的比重	84.5	84.0	82.2

注：主要外贸大省包括广东、江苏、上海、浙江、山东、福建和北京7个省市。
资料来源：《中国统计年鉴》相关年份、商务部网站。

与东部地区对外贸易整体下滑不同，金融危机下的中西部地区进出口出现了明显分化。各省市已发布的2009年统计公报显示，受益于中国与东盟日益紧密、开放的贸易关系，近年来广西对外贸易十分活跃，2009年广西进出口额同比增长7.3%，出口增长达到13.9%，增速居全国首位。在2008年基数较低的情况下，2009年四川省对外贸易强劲恢复，进出口总额242.3亿美元，居全国第11位，位于西部首位，增长9.6%，成为2009年全国唯一的进出口、出口、进口均保持正增长的省份。其中，进口增长12.3%，出口增长7.8%。陕西省进出口也实现了0.9%的小幅正增长。与这些西部省区的突出表现形成鲜明对比，一些进出口结构相对单一的中西部省份的对外贸易在金融危机中陷入严重困境，对外经济的各项指标均大幅下挫。其中，山西、宁夏、青海2009年出口同比分别下降69.3%、41.0%和40.1%，降幅位列全国前三位。

3. 市场分布

从海外市场的分布情况来看，在中国三大贸易伙伴中，中美贸易受金融危机的影响相对较小。2009年，欧盟虽然继续保持了中国第一大贸易伙伴和第一大出口市场的地位，占中国进出口总额和出口额的比重分别为16.5%和19.7%，但中欧双边贸易额和出口额分别下降了14.5%和19.4%，均超过当年中国贸易总额和出口总额的降幅。而美国作为第二大贸易伙伴，中美双边贸易总额下降10.6%，降幅分别小于中国对欧盟和日本的进出口降幅3.9个和3.6个百分点。其中，中国对美国出口2208.2亿美元，下降12.5%，对美贸易顺差1433.8亿美元，比2008年减少16.2%。

为应对金融危机，在巩固传统市场的同时，中国政府和企业加大了新兴市场开拓力度，加之中国能源、矿产等资源性产品进口需求不断扩大，近年来，中国与澳大利亚、印度、巴西等国家的双边贸易发展较快，这些国家在中国海外市场中的地位有所提升。2009年，中国与澳大利亚双边贸易增长0.7%，是中国十大贸易伙伴中唯一实现正增长的，如表6-5所示。随着新兴市场的开拓，中国在市场多元化方面取得了一定进展，海外市场的分散化程度提高。2009年，十大贸易伙伴进出口额占中国进出口总额的比重为76.3%，分别比2001年和2005年下降了9.5个和5.2个百分点，这无疑有利于分散外贸风险，减少贸易摩擦，进一步扩大中国产品的市场份额和国际影响力，促进对外贸易可持续发展。

表 6-5　　2009 年中国十大贸易伙伴的进出口情况

单位：%

国家/地区	2009 年			2005 年	
	排名	进出口额占比	增长率	排名	进出口额占比
欧盟	1	16.5	−14.5	1	15.3
美国	2	13.5	−10.6	2	14.9
日本	3	10.4	−14.2	3	13.0
东盟	4	9.5	−7.9	5	9.2
中国香港	5	7.9	−14.1	4	9.6
韩国	6	7.1	−16.0	6	7.9
中国台湾	7	4.8	−17.8	7	6.4
澳大利亚	8	2.7	0.7	9	1.5
印度	9	2.0	−16.3	10	1.3
巴西	10	1.9	−12.9	12	1.1

资料来源：2009 年数据来自海关统计，2005 年数据来自商务部网站。

4. 贸易方式

金融危机对中国一般贸易和加工贸易的影响大致相当。2009 年，中国一般贸易进出口额 10637.5 亿美元，同比下降 13.9%，占中国进出口总额的 48.2%。加工贸易进出口额 9093.2 亿美元，同比下降 13.7%，占中国进出口总额的 41.2%。但从出口来看，加工贸易的情况明显好于一般贸易。2009 年，一般贸易出口同比下降 20.1%，远高于出口总额下降 16%的水平，而加工贸易出口下降 13.0%，降幅小于出口总额 3 个百分点。进口情况则相反，一般贸易下降 6.7%，而加工贸易降幅却为 14.8%。加工贸易出口表现优于一般贸易的主要原因在于：一是加工贸易的订单和客户关系比一般贸易相对稳定，受市场波动影响较小；二是为应对金融危机，国家放松了对限制类加工贸易项目的限制。这两类贸易方式在进口表现的差别则主要是进口价格普遍下降和大宗商品（多属一般贸易）激增造成的。

从出口贸易方式的变动趋势来看，1995 年，加工贸易出口额首次超过了一般贸易，1999 年，这一比例又进一步提高到占中国出口总额的 56.9%。2005 年以来，加工贸易出口占比逐步下降，尽管 2009 年加工贸易出口占比回升，但总体来看，中国一般贸易占出口总额的比重呈逐步回落态势，如图 6-4 所示。加工贸易占出口总额比重的回落既是加工贸易政策调整、国家抑制低水平加工贸易发展的结果，也与中国工业化发展的阶段性特征密切相关。20 世纪 90 年代中期，随着国内消费结构的变化以及制造业对外开放水平的提高，外商投资企业大规模进入加工制造业领域，中国加工制造业的生产能力急剧扩张，加工贸易逐步成为中国制造业参与全球产业价值链分工的重要方式。进入 21 世纪，中国重化工业化进程明显提速，工业内部结构不断完善，产业国内配套能力逐步提高，带动了原材料和零部件的

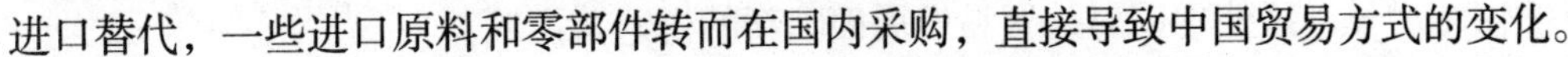

进口替代，一些进口原料和零部件转而在国内采购，直接导致中国贸易方式的变化。

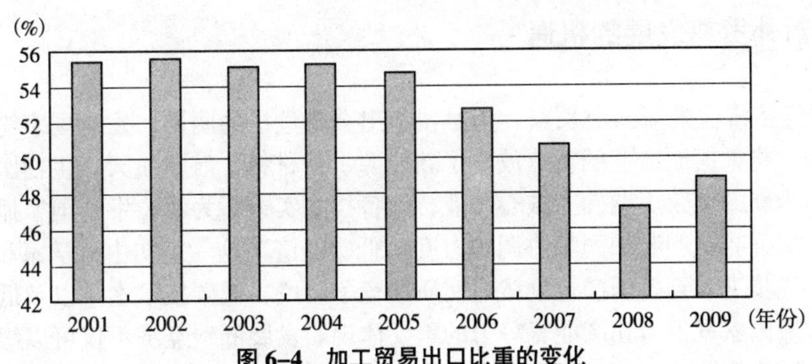

图 6–4　加工贸易出口比重的变化

资料来源：《中国统计年鉴》相关年份；商务部网站。

5. 贸易主体构成

从贸易主体构成来看，国有企业受金融危机的冲击最大，2009 年，国有企业进出口 4795.1 亿美元，同比下降 21.6%，降幅为各类企业之首，其中出口 1910 亿美元，下降 25.8%，而民营企业则在金融危机下表现出经营机制灵活、市场反应迅速、成本控制弹性大等优势，加之国家一系列稳定出口的政策向中小企业倾斜，使民营企业受冲击相对较小。2009 年，集体、私营企业及其他企业进出口 5103.2 亿美元，下降 5.9%，小于同期外贸总体降幅 8 个百分点，占中国进出口总值的 23.1%，比 2008 年提高 2 个百分点。同时，作为中国进出口的主力军，外商投资企业进出口与对外贸易的总体情况基本同步，2009 年外商投资企业进出口 12174.4 亿美元，下降 13.7%，占中国进出口总额的 55.2%。

随着民营企业出口的崛起，近年来，内资企业在出口主体构成中的地位稳步回升。2005 年以来，外商投资企业出口占出口总额的比重开始小幅回落。2009 年，外资企业出口仍占出口总额的半壁江山，且所占比例较 2008 年上升了 0.6 个百分点，但从出口主体构成变化的趋势来看，内资企业所占比重呈上升之势。在出口市场上，随着内资企业竞争力的提高，一方面，内资企业将与外商投资企业开展更为激烈的市场争夺；另一方面，内资企业与外资企业在产品配套、联合研发、市场开拓等方面的合作前景将更加广阔。

三、后金融危机时代中国对外贸易面临的机遇与挑战

后金融危机时代，伴随着全球经济增长方式的转变、新兴战略性产业的成长以及国际竞争格局的演化，国际贸易发展的环境正在发生改变。尽管商品和要素全球流动和配置的总体趋势不会改变，但新一轮贸易保护主义以及各国对战略资源的激烈争夺将在一定程度上阻碍

国际贸易的恢复增长，这使中国对外贸易发展面临新的机遇与挑战。

1. 中国对外贸易发展的机遇

（1）世界经济将迎来新的增长点。为尽快走出金融危机的阴影，发达国家纷纷推出新的产业发展目标，将重振制造业的重点放在了新能源、新材料、航空航天、生物医药等新兴产业领域，从而为新的繁荣周期确立核心产业，储备技术实力。为此，发达国家抓住“气候变暖”等概念，加强政策刺激和国际协调的力度。“低碳经济”这一最初由科学家和非政府组织推动的理念，逐步进入到各国产业领域的实质性竞争阶段，低碳技术水平以及低碳经济发展状况将成为未来国家竞争力和产业竞争力的重要体现。发展低碳经济不仅可以缓解化石能源的供求矛盾，而且能够催生新的能源技术和新兴产业群，使世界经济迎来新的增长点。

世界经济新增长点的出现及其衍生，为推动中国新型工业化发展、加快产业调整和优化升级确立了更高的战略目标。低碳技术的应用及相关产业的发展有利于改善中国出口结构，发掘新的出口增长点，实现对外贸易的可持续增长。但也应该看到，中国正处在加快实现工业化和城市化的关键时期，在传统粗放增长方式的影响下，中国碳排放总量呈快速增长的态势。目前，低碳和减排技术的垄断性强，主要由发达国家控制。发达国家在这一领域具有技术领先优势，产业化发展时间较长，制度建设比较完善。中国在低碳经济等新兴领域的技术水平和产业化发展水平仍与发达国家有明显的差距，如果不能在这一新兴领域掌握核心技术，在未来国际竞争中，仍会在新兴战略性产业陷入落后局面，甚至受制于人。

（2）世界范围内新一轮产业升级启动，中国承接国际产业转移仍有较大空间。随着金融危机向实体经济的不断渗透，发达国家开始重新审视工业部门在财富形成和积累中的重要作用，掀起新兴产业投资和新一轮产业转移的高潮。同时，金融危机虽然使全球化进程遇到了一些阻碍，但总体上仍起着推进作用，商品和生产要素在全球范围内大规模流动，跨越国界的生产组织已成为世界范围内工业生产的常态。首先，在科技革命和经济全球化的共同作用下，国际分工不断深化，价值链中的每个环节都配置到了全球最有利于获得竞争优势的区位；其次，制造业的价值链正向上游和下游扩展，致使产业边界日益模糊，制造业服务化的程度提高。制造业的服务化使得国际产业转移逐步向软件、信息、金融、保险服务领域渗透，国际产业转移的领域持续扩大。

随着出口总量的扩张和工业体系的不断完善，中国正在由全球化的接受者向全球化的推动者转化，“中国制造”成为要素全球配置的重要一环。可以预见，在后危机时代，伴随着世界范围内新一轮的产业升级，工业生产能力必然继续大量地向中国这样劳动力丰富、成本较低的国家和地区转移，产业梯次转移和国际分工深化的进程仍将持续，中国承接国际产业转移仍有一定的优势和较大空间。

（3）中国国际影响力不断提升。过去 20 余年中，要素配置全球化以及“全球化红利”的不断释放创造了新的财富，而这些“全球化红利”被更多主体分享，从而在一定程度上改变了全球财富的分配格局。积极参与全球分工并提供大量低成本劳动力的新兴市场国家（如中国、印度）以及能源、矿产品、粮食等大宗商品的主要生产和出口国（如俄罗斯、澳大利亚、巴西）在全球财富中的份额增加。根据世界银行发布的“世界发展指数”，作为新兴经济代表的“金砖四国”（中国、巴西、印度和俄罗斯）在世界 GDP 中所占的比重由 2000 年的 8.0%上升到 2008 年的 14.5%。国际金融危机发源于发达国家，对发达国家经济增长造成的危害更大，而新兴市场受到的冲击相对较小，从而进一步加速了国际竞争格局的调整。

在世界经济格局的演变进程中，中国国际影响力增强已是不争的事实。在政府及时有效的经济刺激计划作用下，中国经济不仅未在金融危机中陷入衰退，而且还在全球经济复苏过程中扮演着更为积极和重要的角色。近年来，中国进口的快速增长拉动了世界经济的增长。有关数据显示，2009 年，中国对世界经济增长的贡献超过 50%。尽管国际上仍有质疑中国发展模式及其可持续性的声音，但中国应对危机的能力进一步巩固提升了中国制造业在国际分工体系中的地位。根据美国 HIS—Global Insight 预测，2015 年之前，中国实际工业增加值将超过美国，成为全球最大的制造业国家。国际地位的提升和影响力的增强将使中国在未来的全球竞争和国际经济协调中获得更多话语权，从而为中国对外贸易的发展营造更有利的外部环境。

（4）全球资产价格持续调整，为中国企业“走出去”、加快国际化发展创造了有利条件。国际金融危机爆发后，一些国家的采掘、汽车、钢铁、机械制造、化工等行业遭受重创，部分企业陷入严重的经营困境，相继破产或走到了破产的边缘，其资产价格大幅缩水，重组愿望十分迫切。其中一些企业仍拥有技术、品牌、营销渠道等优质资产，并在研发、管理、人才储备等方面有优势，这为中国企业开展跨国并购，加快“走出去”的步伐，提高国际化经营水平提供了有利的契机。从人均 GDP 水平来看，中国已经开始由单纯吸收外资流入进入资本双向流动的阶段，国内企业境外投资的条件日趋成熟。越来越多的企业通过对外直接投资开拓海外市场，将使海外投资对出口的拉动作用进一步增强，并成为中国大型成套设备出口、境外工程承包和劳务输出的新载体。金融危机导致全球资产价格下降为中国企业获取优质资产、提高国际竞争力带来了难得的机遇，但这种机遇稍纵即逝，随着全球经济的回暖，跨国并购活动很快会由低潮转为活跃，这对中国企业的决策能力和效率提出了更高的要求，促使中国企业创新海外并购方式，充分利用中国丰厚的外汇储备和人民币升值的条件，与国外的投资机构开展多种形式的合作，收购价格缩水、有市场前景、掌握创新资源和先进技术的海外资产，提高海外并购的成功率，推动中国企业成功“走出去”。

2. 对外贸易面临的挑战

（1）全球经济增长模式调整存在不确定性，外需全面恢复尚需时日。过去 20 多年中，需求扩张是世界经济增长的重要动力。国际金融危机爆发后，以资源消耗和需求拉动为支撑的经济增长模式受到了巨大冲击，世界经济增长方式面临新的调整。从生产和投入的角度来看，低碳发展模式被越来越多的国家所接受，而从消费角度来看，金融危机使发达国家的私人消费缩减，家庭储蓄率有所上升，将导致短期内消费需求对世界经济增长的拉动作用呈现出弱化的态势。尽管全球经济增长方式调整的内在动力不断增强，但这一调整过程仍存在诸多不确定性。值得关注的是，不论是在金融领域还是在实体经济部门，导致危机爆发的主要矛盾及制度性障碍并未彻底解决和根除。欧盟国家相继陷入主权债务危机，而美国经济复苏仍受高失业率的拖累。这意味着世界经济的复苏过程中将出现一些反复和波动，外需低迷的局面短期内很难根本扭转。同时，这一轮全球经济调整并不是局部或个别层面的修补或微调，世界范围内消费方式、经济增长方式和人类生活方式面临一次全新变革。世界经济增长方式的调整将对中国外贸发展产生重大影响，全球经济复苏过程中的反复将直接影响中国外需型产业的恢复发展，国际需求低迷以及市场波动将使中国继续扩大出口的难度增大。

（2）贸易保护主义加剧，中国出口面临更为严峻的外部环境。需求下滑使国际贸易成为金融危机中的重灾区，贸易保护主义和经济利己主义呈加剧之势，阻碍世界贸易复苏。金融危机直接导致全球贸易摩擦快速上升，据 WTO 统计，2008 年全球发起反倾销 210 起，2009 年更高达 440 起，成为历史上发起反倾销数量最多的一年。另据英国贸易问题研究机构（GTA）调查，2009 年全球超过 90%的商品贸易在不同程度上受到贸易保护措施的影响。很多保护手段比以往更直接、力度更大，并向贸易之外的其他领域蔓延。各国出台的行业救援计划、限制资本外流及雇用外国劳工等政策措施，均不同程度地带有保护色彩。从历史经验来看，经济危机往往会导致各国贸易政策转向，这股保护暗流还将持续蔓延一段时间。

在金融危机催生的贸易保护主义之下，“中国制造”成为最大受害者。2009 年以来，中国刺激出口和拉动产业的政策一再被美国等国家所指责，从轮胎特保案到无缝钢的反倾销和反补贴税调查，美国对中国的贸易制裁明显升温，由此在全球起到的贸易保护示范作用给中国出口构成严重威胁。据商务部统计，2009 年 1~8 月，共有 17 个国家（地区）对中国发起 79 起贸易救济调查，涉案总金额约 100.35 亿美元，同比分别增长 16.2%和 121.2%，而 2008 年 11 月至 2009 年 11 月，全球贸易保护措施的 1/3 都指向中国出口产品。在日益加剧的贸易保护下，贸易摩擦已经演变为中国出口面临的常态环境。据 WTO 统计，截至 2009 年，中国已连续 15 年成为遭遇反倾销调查最多的成员国，连续 4 年成为遭遇反补贴调查最多的成员国。

全球贸易环境中另一个值得关注的趋势是，发达国家以应对气候变化、加强环境保护的名义，着力推动“碳交易”、“碳关税”等全球规则和技术标准，试图控制制定这些新兴领域国际规则的主导权，从而主宰这些新兴领域，为本国新兴产业发展提供市场空间。在后危机时代，环境标准等技术壁垒的提高将给贸易保护主义披上更为浓重的“绿色”外衣，使发达国家的贸易保护更具隐蔽性。一旦由发达国家主宰的“碳交易”全球机制确定并运行，将对中国依靠高能耗、高排放、总量扩张的出口增长模式造成重大冲击。由于中国出口产品大多仍处于产业链的终端，所以将受到未来全球“碳交易”机制及相关技术标准的更为严格的限制，出口面临更多障碍，制约中国产业国际竞争力的提升。

（3）全球资源领域的竞争日益激烈。近年来，世界各国对初级产品需求强劲，国际市场上石油、粮食、食用油、铁矿石、有色金属等大宗商品的价格上涨。尽管金融危机使国际初级产品价格出现了短暂回调，但从长远来看，资源性产品不可再生的特点决定了其稀缺性将长期存在，全球能源和初级产品市场将长期处于供给偏紧的状态。能源和资源性产品价格走高将刺激世界范围内新能源、新技术的开发应用，迫使更多国家和地区加快转变增长方式和消费模式。在这种大环境下，中国出口企业的节能减排压力增大。同时，经济增长和加速工业化、城市化造成了能源、原材料需求膨胀与初级产品价格上涨、供求关系波动之间的矛盾，迫切需要中国进一步拓展供给渠道，最大限度地争取海外资源，这必将使初级产品进口规模持续扩大，进而影响对外贸易的整体结构。高价位、频繁波动的能源和初级产品价格也将进一步加剧相关领域的国际竞争，目前，资源领域已经成为各国贸易争端和贸易救济新的热点领域。一方面，不少国家和地区以 WTO 规则允许的“保护环境和不可再生资源”为由，限制本国初级产品出口；另一方面，新兴经济国家对分享世界资源提出了更高的要求，不断加大对海外市场的开拓力度，对国际资源市场的原有供求格局造成一定的冲击，而这一领域矛盾的激化将直接危及中国的能源保障和产业安全。

（4）跨国公司仍主导全球价值链治理，中低技术产品出口竞争加剧。尽管金融危机对发达国家的实体经济造成了冲击，但目前大跨国公司仍凭借雄厚的资本实力和创新能力占据着价值链的关键环节，并通过离岸外包、战略联盟以及其他形式的研发合作和制造合同，在全球范围内不断扩展其战略资源的边界，并采取截断价值链、技术转移片段化等方式，仍牢牢掌控产业价值链的全球治理和整合。

近年来，中国在装备制造、电子信息、资源综合开发利用等领域涌现出了一批达到国际先进水平的自主创新成果，逐步向价值链中附加值更高、战略地位更重要的环节攀升，但发达国家并不会轻易放弃其优势，而会在技术升级、产品创新等方面与中国展开更为激烈的竞争。同时，中国传统优势领域面临的国际竞争呈加剧之势。随着各国对外开放水平的提高，越来越多的发展中国家采取了鼓励外资进入的政策，大力发展劳动密集型产业以及高技术行业的中低端制造环节。尽管中国在产业配套体系、基础设施、企业应对国际市场的经验等方面有较大优势，但在土地供应、劳动力成本、政策优惠等方面，中国传统制造业的比较优势正逐步弱化，“劳动力红利”很难继续成为未来中国出口增长的支撑，南亚、拉美、中东欧的一些国家和地区对中国低技能产品出口形成了一定的竞争压力，服装、玩具、鞋类等传统出口优势产业面临着巩固提升优势、加快调整升级的挑战。

四、加快贸易增长方式转变，促进对外贸易可持续发展

为应对国际金融危机对出口造成的冲击，中国政府相继采取了一系列政策措施，包括连续提高出口退税率，取消、下调了部分产品的出口关税；调整部分加工贸易目录，放松了一些限制类的加工贸易；加大资金支持力度，扩大中央外贸发展基金规模，改善进出口金融服务，促进贸易与投资互动，提高贸易便利化水平；加强贸易救济，积极应对贸易摩擦等措施。这些政策措施取得了明显的效果，进出口出现了积极变化，但部分政策措施应急性较强。当前，在各国经济刺激计划的作用下，世界经济出现了一些复苏迹象，但金融危机引发的全球经济震荡调整并未结束，金融危机对世界经济增长方式、产业投资方向与国际转移方式、全球竞争格局以及各国贸易政策的影响不容忽视，这些影响在未来一段时间内仍将持续甚至加深，中国对外贸易的外部环境仍存在诸多不确定性。同时，中国经济进入转变增长方式的关键阶段，扩大内需、平衡内外需的任务十分紧迫而艰巨。为此，应根据后危机时期国际贸易发展的新趋势、新特点，进一步扩大对外开放，逐步确立对外贸易均衡发展的政策目标，完善贸易管理体制，着力推进外贸增长方式转变，促使外贸由“量”的扩张加快转向

“质”的提升，实现工业对外贸易可持续发展。

1. 保持政策相对稳定，适时调整出口退税政策

2008 年下半年以来，国家连续 7 次上调 4600 多个税号产品的出口退税率，仅工业品出口新增退税额就超过 1500 亿元人民币。这一轮出口退税率上调幅度大、覆盖面广，所涉及的出口商品合计 6760.2 亿美元，占出口总额的 56.3%。作为应对金融危机外需下降的标杆性措施，这一政策对提振企业信心的意义重大，直接缓解了出口企业的成本压力，在一定程度上减轻了企业税负，稳定出口的作用十分显著。然而，上调出口退税率也存在一定的局限性。这一政策与部分行业在前期结构调整中下调出口退税率的做法形成了逆向操作，加重了财政负担，在一定程度上助长了出口企业对政府帮扶的依赖性，并成为一些进口国对中国实行贸易保护措施的口实。

总体而言，提高出口退税率在应对金融危机中发挥了重要作用。目前，出口企业要求保持政策稳定的呼声很高。在外需仍较为低迷的情况下，应保持这一政策的相对稳定，以维持行业信心，提高出口企业的议价和赢利能力。同时，应根据不同行业的实际运行情况以及国际市场恢复情况，适时调整出口退税率，并尝试将节省出的财政支出用于建立奖励基金，鼓励企业技术改造和产品创新。

2. 大力发展自主技术，促进自有品牌产品出口

金融危机一定程度上加快了出口企业的分化。技术创新、产品研发走在前面，拥有自主技术和自有品牌的企业不仅能够从容应对危机，而且还做到了逆势而上，在危机中进一步扩大了市场份额，巩固提升了竞争地位，而长期单纯依靠低成本打拼国际市场的中小企业则在危机中陷入困境，订单减少直接导致其生产萎缩，收益下降，甚至停工倒闭。这表明要想形成可持续的国际竞争力，必须坚持走自主创新的道路，靠先进技术和自主品牌赢得市场，这也是转变外贸增长方式的根本出路和关键步骤。为此，一是要加快国家创新体系建设，拓宽创新资源，提升整体创新能力；二是要加大政策支持力度，积极引导出口企业加大技术、产品和营销创新的投入；三是要加快出口企业技术公共服务平台的建设和完善，依托产业集群，支持中小出口企业进行自主技术创新和自主品牌培育。

3. 加快发展新兴战略性产业，培育新的出口增长点

新能源、新材料等新兴战略性产业不仅代表未来产业发展的方向，而且也将成为国际贸易发展的重点领域和国际竞争的焦点。目前，虽然发达国家在新兴战略性产业的发展中已占得先机，但这些产业的技术发展仍处于剧烈变革阶段，全球市场潜力巨大，中国仍有追赶甚至在部分领域实现超越的机会。应大力促进新兴战略性产业技术创新和产品研发，科学规划，明确中国新兴战略性产业的发展重点；加大资金投入，提高自主研发能力，着力推进新兴领域技术标准体系建设，争取掌握核心技术，以此带动新兴战略性产业的市场化发展，形

成新的出口增长点，占领下一轮国际竞争的制高点。

4. 加强进口管理，加大战略性资源海外收储力度

长期以来，中国对外贸易政策和管理体制的重点集中在出口方面，进口方面的政策和管理措施相对薄弱。随着国家外汇储备的增加以及贸易环境的变化，中国进口规模将不断扩大。为适应贸易发展的需要，应加强对国内稀缺原材料、高新技术等战略资源进口的政策调控，进一步完善进口管理体制，防止盲目引进。同时，应该看到，在未来相当一段时期内，中国工业化、城镇化和经济增长将面临日益加剧的能源、矿产供求矛盾，对能源和资源产品的进口依赖也将增强。由于大宗初级产品国际市场的供求关系波动较大，与资本市场联系紧密，为减少支付风险，保障海外战略性资源的供给，一是要制订完善海外资源的国家收储计划，保障资金供给；二是要创造条件，加快资源企业"走出去"的步伐，加大海外资源开发的力度；三是要人才培养与引进并举，提高参与资源谈判、开展大宗商品期货交易、抵御资源市场波动的能力；四是要综合运用经济、政治、外交手段，拓展资源供应渠道，改善贸易条件，维护能源和资源安全。

5. 进一步完善贸易救济体系

针对国际金融危机导致的保护主义泛滥、中国面临的贸易摩擦加剧的形势，商务部等有关部门依照 WTO 的贸易救济原则，采取双向并举的措施，一方面，强调中国反对贸易保护主义的立场，加大企业援助力度，积极组织企业应诉；另一方面，针对国外企业在中国倾销活动，积极开展调查和起诉，维护国内贸易秩序。这些措施在一定程度上缓解了贸易保护主义对出口产业的损害，但贸易救济的前瞻性和灵活性还有待提高。后危机时期，随着中国成为世界最大的出口国，中国企业面临的贸易争端更趋向复杂化和多样化。为此，应根据中国所处贸易环境的变化，充分做好应对常态贸易摩擦的准备，进一步完善产业损害预警机制和重点商品进出口监测预警系统，加强与企业、行业协会以及国外贸易救济主管部门的联系，形成高效、协调统一的组织体系，为中国企业提供即时、有效的政策支持和法律援助，提高企业应对外部风险的能力。

6. 积极参与国际协调，改善贸易环境发展

国际金融危机爆发后，国际协调舞台上中国的角色日益活跃，充分利用 WTO、G20、APEC 等平台，在一些重大国际问题上，中国发挥着更加积极而重要的作用。同时，随着东盟自由贸易协议等双边自由贸易协定的签订和实施，双边协调取得重大进展，但能力建设和制度保障还有待进一步加强。

后金融危机时代全球经济增长模式和国际竞争战略重点的变化使中国参与国际协调的重要性进一步凸显。面对世界经济复苏中的不确定性以及贸易保护主义的泛滥，应利用各种国际平台，充分主张自身权益，加强与国际组织和主要贸易伙伴的协调沟通，尽快遏制贸易保

护主义的泛滥。同时，坚持“共同但有区别责任”的原则，积极参与应对气候变化等重大国际协调活动，推动新兴战略性领域全球合作机制的建立和完善，并在“碳市场”、“碳交易”等新型国际规则制定中，积极争取主动权和话语权，为中国新兴战略性产业的发展创造良好的外部条件。另外，应在巩固现有成果的基础上，着力推进双边自由贸易协定的谈判，改善区域贸易环境，促进市场多元化发展。

专栏 6—1

人民币汇率升值压力及对出口企业的影响

随着中国经济的率先复苏，人民币升值议题再一次被推上了舆论的风口浪尖。美国一些学者、议员多次发表言论指责中国的汇率政策，美国总统奥巴马则公开表示将在人民币汇率问题上对中国采取更为强硬的立场。对人民币汇率的高度关注，至少说明了一个问题：中国经济的快速发展使人民币汇率的影响力已然波及全球，渗透到世界经济的诸多方面。

面对愈演愈烈的“人民币即将重返升值通道”的讨论，中国政府明确表态，人民币升值应是长期、缓慢、渐进的过程。从短期来看，汇率则应当有升有降，根据经济发展形势灵活调整。多数国内学者也认同现行的汇率政策，认为人民币汇率仅仅是导致中国贸易顺差的众多要素之一，人民币单方面升值无助于解决贸易不平衡问题。

尽管中国政府仍掌握着人民币汇率调控的自主权，然而，不可否认的是人民币升值的外部压力日益凸显，这使中国出口企业面临着严峻挑战。《财经国家周刊》对纺织、服装、汽车零配件、摩托车、日用陶瓷、家具、日常生活用品、机电设备等领域的出口主导型企业和行业协会的调查显示，人民币升值对于众多出口企业而言，可能是“压倒骆驼的最后一根稻草”，特别是对于附加值低，利润率更低，长期处于低端竞争中的一些传统劳动密集型行业，人民币升值的冲击更为严重。机电进出口商会的初步调研也显示，人民币升值将直接影响劳动密集型机电产品的出口。目前，机电行业出口占全国出口的份额近60%，其中不少企业利润率只有2%~3%。如果汇率升值，不少企业将面临无盈利或亏损的局面。同时，人民币升值势必会引起中国出口产品价格上升，进而导致机电产品的国际市场被其他国家抢占。另外，成套设备行业由于订单周期和收汇过程较长，人民币升值也将使其遭受重大损失。

调查中发现，也有企业表示人民币升值对自己没有压力。这些企业基本有两种类型：一类是“两头在外”的加工贸易企业，人民币升值的影响几乎可以在一进一出中冲销；另一类是出口附加值较高、具有自主技术和自由品牌产品的企业。这表明转变出口增长方式、优化结构、提升竞争力是出口企业应对人民币升值的根本出路。利用金融产品避险是企业应对汇率波动的另一重要手段。然而，受制于金融市

续专栏 6—1

场发育、企业操作能力等因素，中国出口企业在这方面的进展一直十分缓慢。

对于政府来说，不仅需要研究如何应对人民币升值的压力，而且要研究一旦升值后的要采取的配套措施。同时，政府对人民币升值时机的选择也应充分考虑中小企业的应变能力，应使中小企业有时间、有能力做好应对升值的准备。

资料来源：刘琳、范若虹：《人民币争战：出口企业汇率生死劫》，《财经国家周刊》2009 年 3 月 19 日。

参考文献

李向阳：《国际金融危机与世界经济前景》，《财贸经济》2009 年第 1 期。

王子先：《关于世界贸易的短期走势与中长期趋势分析》，《国际贸易论坛》2009 年秋季号。

天津开发区管委会：《全球经济衰退背景下加工贸易政策的适应性调整》，《国际贸易论坛》2009 年冬季号。

中国社会科学院工业经济研究所课题组：《“十二五”时期工业结构调整和升级研究》，《中国工业经济》2010 年第 1 期。

商务部：《对外贸易研究院中国对外贸易形势报告》，2009 年春季、秋季。

韩秀申：《2009 年中国对外贸易发展回顾及 2010 年展望》，国际贸易研究院研究报告 2010 年 1 月。

郑永年：《金融危机对中国模式是机遇也是挑战》，http://www.wyzxsx.com/Article/Class4/200910/107627.htm。

IMF：World Economic Outlook，October，2009.

第七章 国际金融危机下中国工业固定资产投资的变化

提 要

2008年以来，国际金融危机对中国实体经济造成了较大冲击。在这场危机爆发之后，国家及时出台了4万亿元的投资计划、十大产业振兴规划、鼓励设备投资的增值税转型等多项经济刺激政策，全社会固定资产投资快速增长，成为拉动经济增长的主要力量。从工业领域看，工业投资平稳增长，全社会投资重心移向农业和服务业；高加工度工业在全部工业投资中的比重继续上升；地方投资不断升温，中西部投资继续领跑全国；投资资金来源快速增长。与此同时，也出现了投资内生增长动力不足、部分行业产能过剩和重复建设加剧、投资效率下降、地方政府投融资潜在风险增大等问题。全球金融危机的爆发为中国工业增长动力转型提供了历史契机。要有效把握这一历史机遇，就必须打破扩大内需的制度性瓶颈，强化投资增长的内生动力；全力促进企业兼并重组，提高投资效率；通过强化产业政策导向作用、抑制地方政府投资冲动、规范投融资平台建设等措施，进一步加强和完善宏观调控。

* * *

始于2008年的国际金融危机震撼全球，至今余波未止。针对这场危机，国家及时出台多项经济刺激政策，全社会固定资产投资快速增长，成为拉动经济增长的主要力量。在工业领域，固定资产投资保持稳定增长，投资结构有所改善，但也出现了投资内生增长动力不足、部分行业产能过剩和重复建设加剧、投资效率下降、地方政府投融资潜在风险增大等问题。

一、中国工业投资增长的态势和特点

国际金融危机爆发以来，受国际市场需求低迷的影响，外向型产业增长乏力，进而影响到有色金属、化工、装备、电子乃至上游能源原材料工业的增长。在国家经济刺激政策的引导下，工业经济探底回升。总体来看，工业固定资产投资仍保持了较快的增长，投资的行业结构、区域分布、投资效率和资金来源都发生了一些新的变化。

1. 工业投资平稳增长，全社会投资重心移向农业和服务业

2008 年年底以来，按照“出手要快，出拳要重，措施要准，工作要实”的要求，国家迅速出台了两年新增投资 4 万亿元的计划，其中，中央财政新增投资 11800 亿元。从 2008 年第四季度到 2009 年第三季度，国家已先后下达了四批共 3800 亿元中央投资，配合地方政府投资和大量信贷资金投放，着重加大对农业和交通、住房、教育、医疗卫生、环境保护、文化等服务业等发展相对滞后领域的投资力度，有力地带动了地方投资和国有企业投资，激发了房地产投资，拉动了经济增长。

在一系列经济刺激政策的作用下，中国固定资产投资呈现出先逐月加速增长，然后高位平稳增长的态势。2009 年 1~2 月、1~3 月、1~4 月、1~5 月、1~6 月，城镇固定资产投资分别增长 26.5%、28.6%、30.5%、32.9%和 33.6%，累计城镇固定资产投资增长速度平均每月加快 2 个百分点左右。2009 年，全社会固定资产投资 224846 亿元，比上年增长 30.1%，增幅比上年提高 4.2 个百分点；其中，城镇固定资产投资 194139 亿元，同比增长 30.5%，增幅比上年提高 3.9 个百分点。投资高增长成为中国抵御金融危机、实现“保增长”的主要动力。初步测算，2009 年上半年投资（资本形成）对经济增长的贡献率达 87.6%，拉动 GDP 增长 6.2 个百分点；而同期消费反拉动经济增长 3.8 个百分点，国外需求（净出口）则下拉 GDP 2.9 个百分点。①

从三次产业来看，2009 年全国城镇第一产业投资 3373 亿元，比上年增长 49.9%，增幅比上年回落 4.2 个百分点；第二产业投资 82277 亿元，增长 26.8%，增幅回落 0.9 个百分点，其中工业投资 80392 亿元，比上年增长 26.2%，增幅回落 1.7 个百分点；② 第三产业投资 108489 亿元，增长 33%，增幅提高 7.8 个百分点。第一、第三产业投资占城镇投资的比重为 57.6%，比上年提高 1.2 个百分点。③

自 20 世纪 90 年代开始，中国投资结构重心逐步移向服务业。但是，近年来随着工业投资的高速增长，这种结构转换过程出现了逆向变动的趋势。在城镇固定资产投资中，工业投资的比重由 2003 年的 35.1%上升到 2008 年的 42.8%，年均上升 1.54 个百分点；服务业的投资比重则由 62.5%降至 54.9%。2009 年，正是在国家一系列投资促进政策的作用下，农业投资比重继续上升，服务业投资比重止跌回升，工业投资比重则比上年下降了 1.4 个百分点（见表 7–1）。这说明，政策性投资对加快农业和服务业发展的促进作用已初见成效。

2. 高加工度工业在全部工业投资中的比重继续上升

近年来，中国部分地区产业升级的趋势逐渐显现。所谓产业升级，也称产业结构高级

---

① 祝宝良：《2009 年固定资产投资分析及 2010 年展望》，http://blog.sina.com.cn/s/blog_638af2000100ga63.html。

② 如无特别指出，本章中的工业投资指采矿业、制造业、电力燃气及水的生产和供应业三部分产业固定资产投资之和。

③ 汲凤翔：《2009 年全国固定资产投资高位运行》，《经济日报》2010 年 1 月 27 日第 10 版。

表 7-1　　**2003~2009 年城镇各产业固定资产投资比重**

单位：%

年份	农业	工业	服务业
2003	1.2	35.1	62.5
2004	1.1	37.8	60.2
2005	1.1	41.2	56.8
2006	1.2	41.5	56.4
2007	1.2	42.4	55.5
2008	1.5	42.8	54.9
2009	1.7	41.4	55.9

资料来源：根据《中国统计年鉴》（2009）以及《2009 年国民经济和社会发展统计公报》计算。

化、高度化、现代化，是遵循产业结构演化规律，通过技术进步，产业结构整体素质和效率向更高层次不断演进的趋势和过程。与发达国家相比，中国的工业化进程起步较晚。但是，科技的进步为实施赶超战略和跳跃式发展创造了条件。从投资角度看，按当年价格计算，2005~2008 年中国城镇高加工度工业投资年均增长 34.2%，[①] 非高加工度工业增长 24.4%，全部工业平均增长 27.3%；高加工度工业占城镇工业投资的比重由 27.2%持续升至 32.5%（图 7-1）。

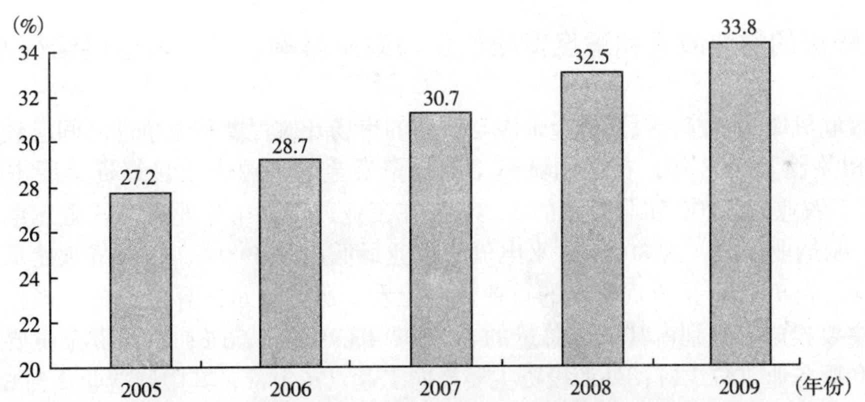

图 7-1　2005~2009 年高加工度工业占城镇工业投资比重

资料来源：根据《中国统计年鉴》（2009）以及《2009 年国民经济和社会发展统计公报》计算。

2009 年，尽管遭遇国际金融危机的严峻挑战，中国高加工度工业仍保持了高速增长的态势。全年城镇高加工度工业完成固定资产投资 26984.59 亿元，比上年增长 30.8%，增速高于非高加工度工业 6.9 个百分点，高于全部工业 4.6 个百分点；占全部工业投资的比重达到 33.8%，比上年提高 1.3 个百分点。其中，除化学纤维、通信设备和仪器仪表等行业外，其余 6 个行业的投资增速均明显高于非高加工度工业，如表 7-2 所示。尽管传统产业仍然在整

① 按照中国的工业行业统计分类，化工、医药、化纤、通用机械、专用机械、运输机械、电气机械、通信及计算机设备、仪器仪表 9 个行业是技术密集度最高的产业，构成了高加工度工业的全部。

个工业投资中占据主要地位，但是高加工度工业投资比重的大幅上升反映出工业投资结构的重心正在向高附加值化制造业领域倾斜。

表 7–2　　2009 年全国城镇高加工度工业投资

	投资额（亿元）	比上年增长（%）
全部工业	80392.43	26.2
非高加工度工业	53407.84	23.9
高加工度工业	26984.59	30.8
化学原料及化学制品制造业	6005.8	26.9
医药制造业	1462.57	36.3
化学纤维制造业	274.12	–6.4
通用设备制造业	4464.56	37.6
专用设备制造业	3110.51	37.3
交通运输设备制造业	4964.83	31.3
电气机械及器材制造业	3544.77	51.2
通信设备、计算机及其他电子设备制造业	2627.22	6.7
仪器仪表及文化、办公用机械制造业	530.21	23.8

资料来源：根据国家统计局网站进度数据计算。

3. 受积极的财政政策和适度宽松的货币政策影响，投资资金供给快速增长

在金融危机爆发之前，投资资金来源与产业的市场开放程度和竞争性之间已经表现出比较显著的相关性。2008 年，在全国城镇工业投资资金的来源中，自筹资金所占份额高达 75.7%，高于农业的 66.0%和服务业的 51.4%。在工业内部，采矿业自筹资金比重最高，达到 81.4%；制造业次之，为 80.9%；水电气供应业最低，仅 49.0%，银行贷款比重最高，高达 38.2%（见表 7–3）。从投资资金的行业流向上看，服务业是预算内资金、银行贷款和其他资金的主要投向，分别占其资金总量的 80.0%、63.9%和 87.6%；自筹资金主要用于工业（50.2%）和服务业（47.3%）；外商投资主要投向工业（70.1%），其中制造业达到 65.2%。

表 7–3　　2008 年城镇各产业固定资产投资的资金来源

单位：%

各产业	预算内资金	银行贷款	利用外资	自筹资金	其他资金
全国总计	4.7	16.1	3.0	61.7	14.6
农业	15.3	4.5	1.6	66.0	12.7
工业	1.5	13.9	5.1	75.7	3.8
采矿业	0.9	10.2	1.7	81.4	5.7
制造业	0.5	8.9	6.5	80.9	3.2
水电气供应业	6.3	38.2	1.0	49.0	5.5
服务业	6.5	18.0	1.5	51.4	22.5

资料来源：根据《中国统计年鉴》（2009）计算。

金融危机爆发之后，为配合积极的财政政策，金融部门加大了货币供应量和银行信贷的投放，中国投资资金到位情况良好，投资资金来源较为充裕。从到位资金情况看，2009 年，城镇固定资产投资到位资金 218279 亿元，比上年增长 37.6%，增幅比上年提高 16.3 个百分点。其中：国内贷款增长 47.7%，增幅提高 32.7 个百分点；国家预算内资金增长 53.7%，增幅提高 18.7 个百分点；自筹资金增长 30.6%，增幅回落 0.7 个百分点；其他资金增长 62.2%，增幅提高 65.9 个百分点；利用外资下降 15.8%，2008 年增长 3.2%。在企业效益下滑等因素影响企业自有资金和外资下降的情况下，国家预算内资金和银行贷款的高增长成为投资项目顺利进行的重要保证。

2009 年，外商直接投资在工业投资中的比重继续下降。从图 7-2 可看到，2004 年以来外商直接投资占工业投资的比重由前期的稳步下行骤变为急速下降。这首先是由外资增长相对乏力所致。2009 年，用于工业的外商直接投资为 493.8 亿美元，仅比 2004 年增长 10.5%；同期，工业固定资产投资增长了 2.35 倍。外资投资地位下降的另一个原因是人民币升值。2005~2009 年，人民币对美元中间价上升 17.1%。

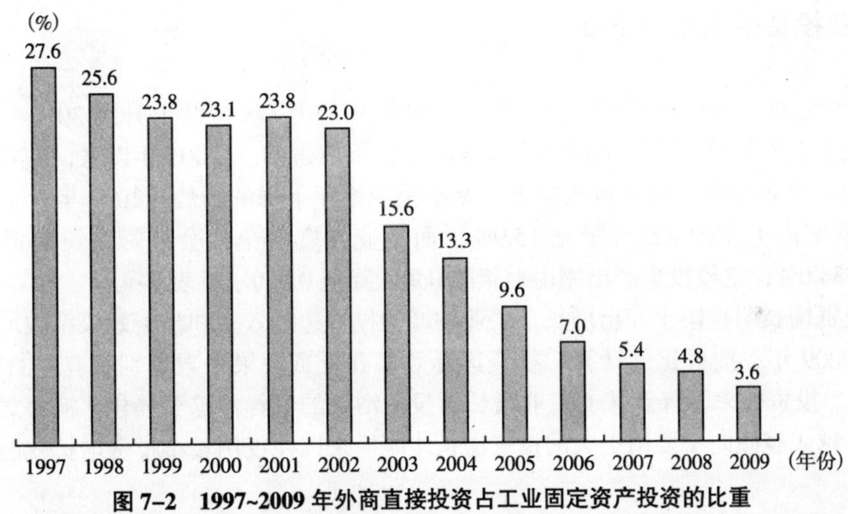

图 7-2　1997~2009 年外商直接投资占工业固定资产投资的比重

资料来源：根据《中国统计年鉴》（各年）计算。

二、中国工业固定资产投资需要关注的几大问题

长期以来，中国工业发展面临的重复建设、低水平过度竞争、粗放型扩张、政企不分等问题一直没有得到根本解决。一方面，国际金融危机爆发导致外向型产业增长乏力，加剧了产能过剩的矛盾。另一方面，为“保增长”而扩大投资也在一定程度上强化了地方政府对投资运行的干预。面对复杂的发展形势，这些深层次的矛盾和问题正在变得更为突出和严峻。

1. 经济增长的内生动力不强，主要依靠投资拉动，而投资增长又主要靠政府驱动

2009年，中国经济呈现出“增长主要靠投资、投资主要靠政府”的严重不平衡特征。在国民收入分配体制没有得到根本性改变的情况下，稳定的消费增长内生机制尚难形成。在政府大规模投资和适度宽松的货币政策的配合下，国有资本除了在基础设施建设和民生工程领域大展手脚外，也出现了部分国有资本大规模进入竞争性领域，挤出了社会投资的现象。

如国有企业在房地产领域过度活跃，不仅没有成为稳定房价的重要力量，反而凭借国有企业在银行信贷融资和资本市场上市“圈钱”的政策优势，以雄厚的资金实力在各地土地拍卖中频频成为抬高地价的“地王”，在百姓心目中造成极其恶劣的影响。民间投资由于受到市场信心、国外需求、融资约束、市场准入限制等影响，投资意愿不强，尚未出现由政府投资向民间投资的增长动力转换趋势。

2. 工业投资效率趋于下降

在20世纪90年代，比较投资产出率由1990年的0.775持续上升到2000年的1.295，说明当时的工业发展是在投资力度不断衰减的条件下取得的。[①] 2001年以来，随着工业投资增速的加快，比较投资产出率调头向下，基本呈现逐年下降的趋势。2009年，工业对GDP增长的贡献率由上年的42.8%降至15.9%，而工业投资对全社会投资增长的贡献率只由43.8%降至34.0%；比较投资产出率由上年的0.984降至0.970（见表7–4）。

由于投资增长明显快于产出增长，工业领域的投资边际效率和投资效果系数均呈总体下降趋势。[②] 2009年，按可比价计算，投资边际效率和投资效果系数分别只有0.313和0.104（见表7–4）。投资效率下降意味着工业增长对投资增长的依赖性趋于强化。换言之，粗放型的工业增长越来越倾向于要用更大的投资增长才能换来以往仅用较小投资增长就能实现的产出增长。

表7–4　　1996~2009年工业投资效率

年份	比较投资产出率	投资边际效率	投资效果系数
1996	1.061	1.441	0.282
1997	1.111	4.262	0.270
1998	1.212	7.612	0.218
1999	1.278	−12.456	0.216
2000	1.295	1.143	0.236

① 比较投资产出率指工业增加值占GDP的比重与工业投资占全社会固定资产投资的比重之比率，反映工业相对于国民经济其他产业的投资产出效率（全社会平均水平为1）。

② 投资边际效率指工业增加值增长率与工业投资增长率之比，反映工业产出与工业投资之间边际变化的对应关系；投资效果系数指工业增加值增量与当年工业固定资产投资额之比。

续表

年份	比较投资产出率	投资边际效率	投资效果系数
2001	1.253	0.594	0.224
2002	1.228	0.550	0.228
2003	1.100	0.296	0.219
2004	1.035	0.400	0.202
2005	0.992	0.344	0.186
2006	1.001	0.543	0.187
2007	0.986	0.688	0.194
2008	0.984	0.605	0.131
2009	0.970	0.313	0.104

资料来源：根据《中国固定资产投资年鉴》（各年）和《2009 年国民经济和社会发展统计公报》计算。

3. 随着投资增速的加快，新一轮产能过剩和重复建设可能在更大范围出现

在 2009 年第三季度国家统计局监测的 24 个行业中，有 21 个行业存在不同程度的产能过剩，而这一数字在第一季度时是 19 个。首先，国际金融危机使大部分外向型生产能力出现过剩，不仅包括纺织、鞋帽、箱包等低端产能，还包括多晶硅、光伏太阳能电池等高端产能。其次，钢铁、有色金属、建材、化工等传统行业产能已经过剩，但在建和新建项目仍然在加大其规模。据统计，2008 年年底，中国的钢铁产能为 6.6 亿吨，而产量为 5 亿吨，需求仅为 4.7 亿吨，过剩产能估计为 1 亿~2 亿吨；而在 2008 年第三季度，全球钢铁产量下降了 20%，中国的同期产量却上升了 15%。再次，在本轮大规模投资的刺激下，部分新能源、新材料等新兴行业由于新建项目快速增长，产品需求相对滞后，已经出现了产能过剩的苗头。最后，以高速公路、高速铁路为代表的基础设施行业产能过剩的迹象也在日益显著。2008 年中国每公里高速公路汽车保有量大幅上升至 1078 辆，但仍远低于日本、韩国和美国。更有甚者，一些地方高速公路和城市轨道交通的使用效率明显低于预期，建设项目的偿债风险不容低估。

产能过剩和重复建设有多方面的成因。其中，地方政府主导和与之相关的投资大量流向上中游、城建等资本密集型行业，稀释了产能过剩的价格下拉压力，是造成中国产能过剩问题难以根治的直接原因。[①] 首先，目前民营经济在投资市场准入方面仍存在较高的政策门槛。其次，地方政府为了“保增长”都有较强的投资冲动，尤其是近年来在对 GDP 拉动效果最快的城建领域和上游产业千方百计地上项目，客观上导致区域经济结构趋同，全国范围内的产能过剩加剧。地方政府对资本密集型行业的投资偏好一方面极易引发或者加剧产能过剩，另一方面对就业增长的拉动效应却并不明显，致使中国的总体实际投资效率并不高。最后，为解决投资资金来源不足的问题，大量的地方政府融资平台应运而生，这种较高杠杆率的融资机制在相当程度上放大了地方政府的投资主导能力。

① 邹新、李露、王小娥：《产能过剩与中国经济深层次问题》，《上海证券报》2010 年 4 月 26 日。

4. 地方政府过度融资潜藏财政和金融风险

近年来，各级地方政府为了融资和保障基础设施项目资金供给建立了一批政府投融资平台，作为承贷主体统一向银行贷款，然后再将贷款转贷给企业或项目，使债务信贷化。金融危机爆发以后，地方政府为保增长、上项目而使自身融资规模剧增。据统计，在2009年前几个月的银行新增贷款中，约有40%流向了地方政府投融资平台；截至2009年年底，地方政府融资平台贷款余额为7.38万亿元，同比增长70.4%。另据中国人民银行调研，到2009年5月底，全国共有政府投融资平台3800多家，总资产近9万亿元，平均资产负债率约60%，平均资产利润率不到1.3%，特别是县级平台几乎没有盈利。

地方政府之所以要设立融资平台，主要是因为在中国分税制的财税体制下，地方政府的事权和财权不对等，而且中国的转移支付制度尚不完善。因此，在中国城市化加速阶段，地方基础设施建设投入较大，而大部分地方政府可支配的财力远远无法满足庞大的资金需求，唯有寻求外部融资。但是，政府投融资平台自身负债率过高，盈利能力较低，平台治理结构不健全，缺乏严格的管理规范，而且偿债责任主体不明确，对土地升值依赖过大，银行对平台及地方政府的整体债务水平难以准确评估，信贷资金监管难度较大，政府投融资平台贷款潜藏着的财政和金融风险不容忽视。

三、后金融危机时代的中国工业投资

中国传统的工业发展模式以大量投资和对外出口为动力，以牺牲投资效率和增长质量为代价，换取工业总量的快速扩张。全球金融危机的爆发既给这种发展模式敲响了警钟，也为将工业增长动力由投资和出口转变为内需，以国内市场中的差异化竞争替代国际市场中的成本竞争，提供了历史契机。要有效把握这一历史机遇，必须在保持工业投资稳定增长的基础上，从多方面着手强化投资增长的内生动力，加强宏观调控，规范地方投融资行为，提高投资效率。

1. 打破扩大内需的制度性瓶颈，强化投资增长的内生动力

目前，中国仍有3亿多劳动力从事第一产业生产，7亿多人口处于城市化进程之外，这是世界绝大多数经济体所不具备的潜在发展优势。推动农村人口向城市集中将直接释放巨大的消费需求，并带动基础设施与公共产品消费和投资的增长。对中国经济而言，这也是阻隔外部经济波动的最有效屏障。

加快农村要素流动的市场化改革，松动土地对人口的束缚。应允许进入城镇并转为城镇户口的农民在一定时期内保留原有承包地；允许农民将承包地使用权异地转包、出租转让或

投资入股开发，促进土地逐步实现规模经营。对于农民的承包地和宅基地，有条件的地方，可按级差地租收益折成一定的比例调换城镇规划区内的土地，作为进城农民的居住、经营用地。允许进城农民利用原有宅基地按一定折算标准转换成城镇住宅用地，或在购买商品房时给予适当优惠。

废除以户籍制度为核心的传统城乡分割制度，建立符合国情、适应市场经济发展的现代城乡户籍管理制度。可规定为当地经济做出贡献的长期居留人士即能取得常住户口，和当地的永久性居民一样，享有完全等同的权利与义务。建立覆盖城镇所有居民的新型社会保障体系，包括针对城镇各种所有制企业所有职工的社会养老保险制度；建立进城农民的失业保险机制，以其在农村的集体土地承包权流转所获收入，作为失业保险的个人账户资金，进城就业后再逐步由其工作单位或雇主按规定缴纳。

加快发展城市服务业，创造更多的就业岗位。合理引导民间资本和外资参与服务业企业改组改造，推进非基本服务行业的资源配置由以政府为主向以市场为主转变。建立科学的行业准入制度，加大服务业对内和对外的开放力度，利用多种渠道和手段吸引产业要素投向现代服务部门，提高竞争程度。对于有利于解决就业、符合条件的服务业企业可以通过税收优惠、放宽审贷条件、项目融资、设立产业投资基金的方式，充分调动民间资本进入服务业。建立公开透明、高效规范的市场监管体制，加强对服务业发展的总体规划和统筹管理，使服务业规划与相关规划有效衔接。

2. 促进企业兼并重组，提高投资效率

在市场竞争机制的作用下，生产要素向优势企业集中是必然趋势，尤其是资本和资源密集型产业，如钢铁、有色金属、石油化工、火力发电、主要建筑材料、交通运输设备制造、造纸等行业，应当促进生产要素向大企业集中，鼓励基于有效竞争的企业兼并和联合。

通过市场竞争的优胜劣汰规律，使分散的生产能力向优势企业集中，改善企业的规模结构，是遏制过度竞争和重复建设的一条有效途径。按照市场原则，鼓励有实力的大企业，以资产、资源、品牌和市场为纽带实施跨地区、跨行业的兼并重组，促进产业的集中化、大型化、基地化。尤其是在规模经济效益比较显著的产业，更应大力整合产业组织。不仅要鼓励优势企业兼并劣势企业，还要鼓励企业实行“强强联合”，通过大企业间的联合和重组，提高产业集中度，形成具有国际水平的大型企业集团。

建立健全落后企业退出机制。对已经发生过度竞争且出现持续性生产能力过剩的衰退型产业，政府要通过对企业技术、经营的指导，帮助其筹集转产资金，以及对转行的劳动者进行职业培训，促使劳动力、资本等向工资率、利润率更高的产业转移。此外，还要在人员安置、土地使用、资产处置以及保障职工权益等方面，制定出台有利于促进企业兼并重组和退出市场、有利于维护职工合法权益的改革政策。

3. 强化产业政策在宏观调控中的导向作用

加强政策和信息引导。产业政策要密切跟踪经济运行和产业发展中出现的新情况、新问

题，加强对投资运行的监测分析，及时做出准确、适度的政策导向。建立判断产能过剩的衡量指标和数据采集系统，健全投资信息发布制度，及时发布政府对投资的调控目标、主要调控政策、重点行业投资状况和发展趋势等信息，引导社会投资方向及其结构调整，减少由信息不对称造成的投资浪费。

制定严格的行业准入制度，防止低水平重复建设。依据有关法律法规，制定科学的行业准入制度，根据总量需求和结构优化的要求，规范重点行业的环保标准、安全标准、能耗水耗标准、产品技术标准和质量标准。对于不符合条件的新建项目，不得予以核准、备案，禁止供应建设用地和提供信贷支持，而对符合条件的项目则继续给予支持。

加强产业政策与其他经济政策之间的协调配合。研究探讨产业政策与财政、信贷、土地的使用以及价格、对外经济合作和贸易等政策的协调配合方式，建立长期有效的协调配合机制，发挥综合协调作用。特别要制止用压低土地价格、降低环保和安全标准等办法招商引资、盲目上项目；进一步完善限制高耗能、高污染、资源性产品出口的政策措施。

4. 抑制地方政府投资冲动，规范投融资平台建设

抑制地方政府投资冲动，必须以政府机构改革和职能转变为前提。为此，一要坚决实行政企分开、政资分开、政事分开、政府与市场中介组织分开，完善政府的经济调节、市场监管、社会管理和公共服务的职能。二要设计科学的政绩评价体系，改革干部政绩考核和提拔任用体制，促使政府更好地承担起社会管理职能，提供社会协调、基础设施、社会保障等公共产品。三要全面推进依法行政，建立、健全针对政府及政府部门运作行为的行政法规体系，对政府机构的职能、权限以及市场运行的管制和干预，给予明确的法律监督和规范。

针对地方政府融资平台，首先，要对目前融资平台已有的融资状况进一步清理、核实，综合分析地方的财力状况、承受能力，加以规范和控制。其次，要通过地方政府职能转变，将地方政府的债务数量化并公开其预算计划，增加其透明度，减少暗箱操作。再次，加强对地方政府债（包括投融资平台）的规范管理，建立风险预警机制，建立地方财政的偿债机制。此外，还要适当增加地方政府的融资渠道，可以考虑让地方政府发行政府债券，尤其是在财政收入稳健的沿海地区。

专栏 7—1

河南投融资平台样本调查

河南省是全国较早明确提出尝试建立三级地方投融资平台的省份，被认为在全国各地纷纷超常规发展地方投融资平台的过程中进行了一些有益的探索。但是，在这些地方投融资平台的运作中，也较多地存在管理行政化、信贷资金财政化以及监管缺位等问题。

续专栏 7—1

1. 投融资平台大跃进

全球金融危机爆发以来，河南省计划组建省铁路投资公司、省交通投资公司、省国有资产经营管理公司 3 个百亿元级省级综合投融资平台，以及一批综合和专业的投融资平台。打造“一集团多公司”的平台架构是河南省搭建更高规模的投融资平台的主要思路之一。

作为另一条国资改革主线，在产业重组领域，对同一产业或者相关产业内的大型公司进行合并也成为河南国资改革的路径之一，这些合并后的大型产业集团除了具有完善的产业链条外，还兼具强大的投融资职能并直接或间接参与其他产业重组。

此外，河南县级投融资平台的组建在具备条件的地方已经展开。河南省在 2009 年上半年投资增长乏力的情况下，在“决战第二季度”中制定的一项重要的举措就是，支持 118 个县（市、区）政府以现有政府财务开发公司、投资公司等为依托，建立产业集聚区投融资公司，与县级中小企业信用担保体系形成合力，打造支持产业集聚区基础设施、标准厂房等建设的投融资平台。

2. 市场化运营之困

据调查，在河南省各地的一些国有投资机构中，机构臃肿、人浮于事的现象极为严重，而这又直接导致了这些机构业务流程不规范、执行效率低下。此外，一些投资公司还存在运作行政化、监管缺位、审计缺失等问题。一些公司虽将财政开支的部分资金拿来进行商业化运作，但这有时恰恰成为资金运作黑洞的“滥觞区”。

一些市、县在组建投融资公司团队时，引进的高端人才极少，多数属于“内部消化”。如豫北某市最近成立的投资集团，董事长职务由该市一位副市长兼任，而重要高层仍由原来合并的下属公司的头脑担任，引进的外来专业投融资专家几乎没有。

河南部分地市的建投机构由于参与本地新城区及交通、城建等基础设施建设的程度较深，所以资金大量沉淀，以致后续融资乏力。此外，更多资源特别是资金大量向国有投资单位及产业集团集结，必然带来对中小民营企业的融资的排斥效应。而大量国有企业纷纷“圈占”基础设施建设领域，又必然导致民营资本在这些领域望而却步或纷纷退却。

资料来源：叶建国、周建：《反面案例：河南投融资平台样本调查》，《中国经济周刊》2010 年 3 月 2 日。

参考文献

邹新、李露、王小娥：《产能过剩与中国经济深层次问题》，《上海证券报》2010 年 4月 26 日。

叶建国、周健：《反面案例：河南投融资平台样本调查》，《中国经济周刊》2010 年第 8 期。

汲凤翔：《2009 年全国固定资产投资高位运行》，《经济日报》2010 年 1 月 27 日第 10 版。

庞明川：《中国的投资效率与过度投资问题研究》，《财经问题研究》2007 年第 7 期。

第八章 基础设施建设及其对工业经济的影响

提 要

加大基础设施的建设力度，是中国政府应对国际金融危机的重要举措。2009年，中国基础设施投资的总量大幅增加，结构得到进一步优化。就基础设施投资对工业经济的影响而言，在建设期内，它形成了对工业产品的需求，并以此带动工业经济增长。据估算结果显示，2009年56810.44亿元的城镇基础设施投资带动了172511.76亿元的工业需求，约占当年工业总产值的31.58%。基础设施投资在促进工业止跌回升中发挥了重要作用。长期看，基础设施投资既能在宏观上改善工业资本的配置效率，又能在微观上提高工业企业的生产效率，从而改进工业供给效率，促进工业又好又快发展。在后金融危机时期，基础设施投资要更加注重促进经济发展方式转变、带动战略性新兴产业发展、保障和改善民生、发挥社会资本的作用，以推动国民经济平稳较快发展。

*　　　　*　　　　*

基础设施是指为发展生产、保障生活、保护环境创造基本条件并提供公共服务的设施。根据中国统计资料中有关行业划分的规定以及各行业在国民经济中所发挥的作用，电力、燃气及水的生产和供应业，交通运输邮电业，[①] 水利、环境和公共设施管理业3个行业为基础设施行业。基础设施投资通常是政府应对经济衰退的重要手段。这主要是因为它既能在投资建设期内作为总需求的一部分直接拉动经济增长，又能在建成之后提高公共服务能力，为企业降低生产成本、提高经济效益创造良好的外部条件。

---

① “交通运输邮电业”包括现行《国民经济行业分类》中的“F交通运输、仓储和邮政业”以及“G信息传输、计算机服务和软件业”门类中的“601电信”行业。

一、应对国际金融危机背景下的基础设施投资

1. 投资总量大幅增加，基础设施状况进一步改善

为抵御国际金融危机对中国的严重冲击，2008 年年底，中国政府出台了“一揽子”扩内需、促增长的经济刺激计划。其中，加快基础设施建设是重要的政策着力点。在此背景下，中国的基础设施投资总量大幅增加，一批带动能力强、辐射范围广的大型基础设施投资项目迅速启动（见专栏 8–1）。2009 年，电力、燃气及水的生产和供应业，交通运输邮电业，水利、环境和公共设施管理业 3 个行业的城镇固定资产投资达 56810.44 亿元，比 2008 年增加 16479.1 亿元，增长 40.86%，增幅达 1997 年以来最高水平。

投资力度的加大，进一步改善了基础设施状况。据《2009 年国民经济和社会发展统计公报》，2009 年中国在基础设施领域新增发电装机容量 8970 万千瓦，新增 22 万伏及以上变电设备 27161 万千伏安，新建铁路投产里程 5557 公里，增建铁路复线投产里程 4129 公里，新建电气化铁路投产里程 8448 公里，新建公路 121010 公里（其中高速公路 4391 公里），港口万吨级码头泊位新增吞吐能力 31318 万吨，新增光缆线路长度 149 万公里，新增数字蜂窝移动电话交换机容量达 27580 万户。

此外，基础设施投资在城镇固定资产投资总额中占比下降的趋势也得以初步逆转。从 2004 年开始，基础设施投资占城镇固定资产投资比重呈现持续下降态势。到 2008 年，基础设施投资占比只有 27.22%，与 2004 年相比降低了 8.31 个百分点。这一趋势在 2009 年得到了初步逆转，当年基础设施投资占比为 29.26%，较 2008 年提高了约 2 个百分点（见表 8–1）。

表 8–1　2004~2009 年中国城镇固定资产投资与基础设施投资

项　目 ＼ 年　份	2004	2005	2006	2007	2008	2009
城镇固定资产投资总额（亿元）	58620.28	75096.48	93472.36	117413.91	148167.25	194138.62
城镇基础设施投资额（亿元）	20827.32	24852.49	29069.44	33277.80	40331.34	56810.44
基础设施投资占比（%）	35.53	33.09	31.10	28.34	27.22	29.26

资料来源：中国统计数据应用支持系统；清华金融研究数据库。

2.水利和环境设施投资比重提高，基础设施投资行业结构继续调整

就中国基础设施投资的行业结构调整而言，近年来最突出的一个特征是：交通运输邮电

设施投资比重持续下降，能源供给设施投资占比基本稳定，水利设施和生态设施投资比重不断提高。2004 年，在 20827.32 亿元城镇基础设施投资中，能源供给设施、交通运输邮电设施、水利设施和生态设施投资占比分别是 26.22%、50.61%和 23.17%；到 2008 年，三者的比重是 26.00%、43.60%和 30.40%（见表 8-2）。4 年间交通运输邮电设施投资在基础设施投资中的比重降低了 7.01 个百分点，能源供给设施投资占比略有下降，而水利设施和生态设施的投资比重则提高了 7.24 个百分点。

表 8-2　　2004~2009 年中国城镇基础设施投资的行业结构

项目 \ 年份	2004	2005	2006	2007	2008	2009
城镇基础设施投资总额（亿元）	20827.32	24852.49	29069.44	33277.80	40331.34	56810.44
能源供给设施投资占比（%）	26.22	29.15	28.19	27.26	26.00	23.73
交通运输邮电设施投资占比（%）	50.61	46.77	46.17	45.17	43.60	44.74
水利和环境设施投资占比（%）	23.17	24.08	25.64	27.57	30.40	31.53

资料来源：中国统计数据应用支持系统；清华金融研究数据库。

在 2009 年的大规模基础设施投资中，对环保节能工作的重视进一步提高了水利和环境设施的投资比重。2009 年，电力、燃气及水的生产和供应业，交通运输邮电业，水利、环境和公共设施管理业的城镇固定资产投资分别为 13482.06 亿元、25414.44 亿元和 17913.94 亿元，各占当年城镇基础设施投资总额的 23.73%、44.74%和 31.53%。与 2008 年相比，交通运输邮电业的投资比重有小幅提高，但能源供给设施投资占比下降，水利和环境设施投资比重则继续持上升趋势。这主要是因为，除电网投资外，其他能源供给设施投资基本由市场化的投资主体完成，在经济增长态势出现波动时，投资主体的盈利预期下降，投资增速自然就会降低；而交通运输邮电设施、水利和环境设施投资更多是由政府承担的，是积极财政政策的重要载体，其投资增速自然会更快。

3. 中西部地区投资增速更快，基础设施投资区域结构趋向平衡

实施西部大开发政策以来，中央政府有意识地把基础设施投资向西部地区倾斜。[①] 在 2009 年的大规模基础设施投资中，中西部地区基础设施投资增速相对较快。由图 8-1 可知，2009 年 2~9 月，除了 6 月和 8 月东部地区基础设施投资的同比增速高于西部地区外，其余 6 个月西部的新增基础设施投资速度均高于东部。在此期间，东西两大区域基础设施投资月均增速分别为 42.23%和 45.17%；两大区域增速最大差距出现在当年 9 月，西部增速为 48.89%，而东部只有 35.96%，相差近 13 个百分点。与东部地区相比，同期中部地区基础设施投资增速波动更大，但其月均增速仍高出 1.17 个百分点。尤其是在当年 9 月，中部地区基础设施投资大幅增加，当月同比增速高达 65.29%，远高于东部和西部地区。

中西部地区相对较快的基础设施投资增速显著地改善了中国基础设施投资的区域结构。2009 年初，东、中、西三大区域的基础设施投资占全国的比重分别是 26.57%、8.45%和

① 曾培炎：《西部大开发决策回顾》，中共党史出版社、新华出版社 2010 年版。

64.98%，到当年第三季度末已调整至 22.17%、11.94%和 65.89%。仅半年多的时间，东部地区的基础设施投资占比就降低了 4.4 个百分点。

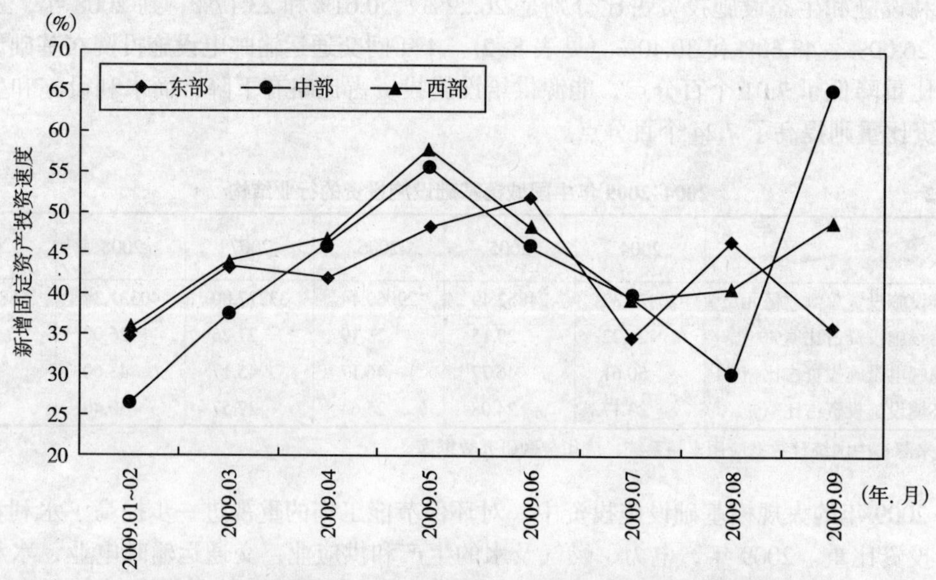

图 8-1 2009 年前三个季度中国三大区域新增基础设施投资速度

资料来源：中国统计数据应用支持系统；清华金融研究数据库。

二、基础设施投资在工业止跌回升中的作用

在短期内，基础设施投资对工业的影响主要体现在其对工业品的需求上。也就是说，作为国民经济中一类重要需求要素——投资要素——的主要组成部分，基础设施投资的一个重要性质是，不论其能否对供给面的改善产生很大的积极影响，这种投资本身都会在当期形成对工业品的需求，从而对工业增长做出积极贡献。下面先从整体上分析 2009 年中国的基础设施投资对工业增长态势的影响，然后依次考察不同类型基础设施投资在拉动工业增长中的作用。

1. 基础设施投资对工业增长态势的影响

从时间序列上看，2009 年中国的基础设施投资力度与工业总产值变化趋势有高度相关性。由图 8-2 可知，基础设施投资除了在当年 6 月和 12 月出现大幅提升外，其余月份都是平稳增长。与此相类似，工业总产值月度增长态势与基础设施投资力度的变化基本一致，在 6 月份工业总产值也出现大幅增长，12 月工业总产值环比增速虽然比基础设施投资低，但也高于此前数月相对较低的增速。进一步考察基础设施投资与主要重化工业产品产量的关系，

可以发现它们之间存在非常明显的相关性。以钢铁行业为例，在国际金融危机冲击下，2008年12月，生铁和粗钢产量分别只有3622.9万吨和3779.16万吨，同比下降9.4%和10.5%。2008年年底中央政府启动大规模基础设施投资后，生铁和粗钢产量开始逐步回升。2009年12月，生铁产量4472.36万吨，同比增长24.6%；粗钢产量4766.43万吨，同比增长26.6%。

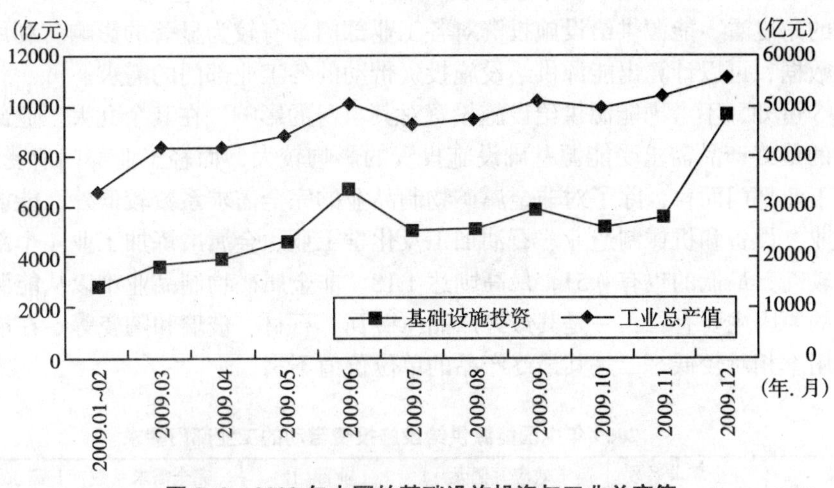

图 8-2 2009年中国的基础设施投资与工业总产值

注：左轴为基础设施投资的刻度，右轴是工业总产值的刻度。
资料来源：中国统计数据应用支持系统；清华金融研究数据库。

虽然基础设施投资与工业总产值之间存在明显的相关关系，但还需要进一步估算出前者对后者的带动效应。这样才能确切地说明基础设施投资在工业总产值增长中到底发挥了多大作用。投入产出分析是定量估算投资的需求效应的有效工具。目前，中国最新的投入产出表是《中国2007年投入产出表》。假定2009年国民经济各行业间的投入产出关系与2007年相比没有显著变化，[①] 利用该投入产出表中相关数据资料就可以计算出基础设施投资带动的各工业行业的需求。计算结果表明，2009年56810.44亿元的城镇基础设施投资带动了172511.76亿元的工业需求，约占当年546320.04亿元工业总产值的31.58%。基于此，可以说基础设施投资在2009年工业止跌回升中发挥了重要作用。

当然，不同类型的基础设施投资对工业需求的影响程度存在较大差异。根据各基础设施产业对工业的完全需求系数[②] 来衡量，能源供给设施投资的带动效应最大，交通运输邮电设施投资次之，水利和生态投资最小。具体而言，13482.06亿元的能源供给设施投资拉动的工业需求是78436.41亿元；25414.44亿元交通运输邮电设施投资带动的工业需求为75425.82亿元；17913.94亿元的水利和环境投资形成了18649.54亿元的工业需求。

---

① 考虑到建立投入产出表的基础是经济体总体上所采用的生产技术，在两年的时间内它通常不会发生明显的变化，因此这一假设并不过于严格。

② 完全需求系数即列昂惕夫逆矩阵中的元素，又称列昂惕夫逆矩阵系数、最终产品需求系数、完全需要系数等。

2. 能源供给设施投资对工业需求的影响

包括电力、热力、燃气和水的生产与供应设施在内的能源供给设施建设，需要的电站汽轮机、电站水轮机、电站锅炉、内燃机、变压器等产品有面广、量大、链长的特性。因此，从带动需求的角度看，能源供给设施投资对各工业部门都有较为显著的影响。利用投入产出表中的相关数据，可以计算出能源供给设施投资带动的各工业部门的需求。

由表 8-3 可知，不考虑能源供给设施投资对其自身的影响，在其余九大工业部门中，重化工业部门的最终产品需求受能源基础设施投资的影响较大，而轻工业部门所受影响较小。就 5 个重化工业部门而言，除了对非金属矿物制品业的完全需求系数较低外，能源基础设施投资对采矿业、设备和机械制造业、石油加工及化学工业、金属冶炼加工业 4 个部门的完全需求系数都较高，最低的也有 0.51，最高则达 1.18。非金属矿物制品业难以从能源基础设施投资中受益的原因主要有二：一是其最终产品（砖瓦、石材、玻璃和陶瓷等）在能源基础设施建设中使用率相对较低；二是其最终产品的单位价值不高。

表 8-3　　2009 年中国能源供给设施投资带动的工业部门需求

工业部门	完全需求系数	需求效应（亿元）	工业部门	完全需求系数	需求效应（亿元）
采矿业	1.175788	15852.04	非金属矿物制品业	0.056276	758.72
食品工业	0.080654	1087.38	金属冶炼加工业	0.511191	6891.91
纺织服装业	0.093485	1260.37	设备和机械制造业	0.830002	11190.14
石油加工及化学工业	0.653133	8805.58	其他制造业	0.049793	671.31
木材、家具、造纸、印刷和文教用品行业	0.100179	1350.62	电力、燃气及水的生产和供应业	2.267335	30568.34

资料来源：《中国 2007 年投入产出表》；中国统计数据应用支持系统；清华金融研究数据库。

进一步看上述重化工业内部各行业受到的影响程度：①在采矿业内部，能源基础设施投资对石油和天然气开采业的完全需求系数最大（0.7293）、煤炭开采和洗选业次之（0.3667）、金属矿采选业居后（0.0653）、非金属矿及其他矿采选业最低（0.0144）。②在石油加工及化学工业中，能源供给设施投资对化学工业的完全需求系数要高于石油加工、炼焦及核燃料加工业，前者为 0.3859，后者为 0.2673。③在金属冶炼加工业中，金属冶炼及压延加工业所受影响（0.3831）要大于金属制品业（0.1281）。④在设备和机械制造业中，按能源基础设施投资的完全需求系数排序，依次是通用、专用设备制造业（0.2318），电气机械及器材制造业（0.2141），交通运输设备制造业（0.1569），通信设备、计算机及其他电子设备制造业（0.1370），仪器仪表及文化办公机械制造业（0.0902）。

能源基础设施投资对食品工业，纺织服装业，木材、家具、造纸、印刷和文教用品行业以及其他制造业 4 个轻工业部门的完全需求系数都较低，最高也不过 0.1002，最低则只有 0.0498。实际上，轻工业产品被消耗后不能再进入生产循环过程，它们是依靠最终消费支出拉动的。

3. 交通运输邮电设施投资对工业需求的影响

2009 年，中国交通运输邮电设施领域启动了一大批重点工程。高速铁路、铁路客运专线、高速公路网、港口码头、内河航道、机场及第三代移动通信网络（3G）等项目建设是中国应对国际金融危机的重要手段。交通运输、仓储、邮政和电信设施建设需要大量钢铁、水泥、机车及通信基站设备等产品。由表 8-4 可知，在 10 个工业部门中，交通运输邮电设施投资对重化工业部门的产品需求带动效应较大，对轻工业产品需求的影响较小。在统计划分的重化工业部门的 3 位数行业中，交通运输邮电设施投资对金属冶炼及压延加工业、交通运输设备制造业和通信设备、计算机及其他电子设备制造业这三个行业的完全需求系数分别达到 0.3175、0.3128 和 0.2036。

表 8-4　　2009 年中国交通运输邮电设施投资带动的工业部门需求

工业部门	完全需求系数	需求效应（亿元）	工业部门	完全需求系数	需求效应（亿元）
采矿业	0.372094	9456.55	非金属矿物制品业	0.048420	1230.58
食品工业	0.076971	1956.19	金属冶炼加工业	0.383857	9755.51
纺织服装业	0.080465	2044.99	设备和机械制造业	0.921878	23429.02
石油加工及化学工业	0.652246	16576.46	其他制造业	0.046707	1187.02
木材、家具、造纸、印刷和文教用品行业	0.117864	2995.45	电力、燃气及水的生产和供应业	0.267331	6794.07

资料来源：《中国 2007 年投入产出表》；中国统计数据应用支持系统；清华金融研究数据库。

考察这三个行业的重点产品产量变化情况就会发现，交通运输邮电设施投资带动的需求在相当程度上改善了行业发展的市场环境，为其走出危机奠定了坚实基础。2008 年下半年，在国际金融危机冲击下，金属冶炼及压延加工业、交通运输设备制造业和通信设备、计算机及其他电子设备制造业的主要产品的市场需求锐减。全国钢材产量累计值同比增速从当年 6 月的 12.5%逐月下降至 12 月的 3.6%；机车和铁路客车产量同比增速分别从当年 6 月的 30.9%和 32.7%下降至 12 月的-30.6%和 7.8%；程控交换机和移动通信基站设备产量同比增长率则在 2009 年年初下滑至-26.73 和 1.6%。此后，随着大规模交通运输基础设施建设项目的推进，铁道用钢材在 2009 年以 40.88%的月均增速提高，从而在一定程度上带动钢材产量增速逐月回升，到当年 12 月已提高至 18.5%。同期，机车和铁路客车产量大幅回升，成功逆转了 2008 年下半年急剧下滑的态势，重新回到了快速增长的轨道。2009 年，机车和铁路客车产量分别为 1753 辆和 7107 辆，同比增长 178.7%和 86.4%。另外，2009 年 1 月中国宣布开始建设 3G 网络后，通信设备市场迎来了"井喷式"增长。2009 年 2~5 月，移动通信基站设备产量同比增长率分别高达 139.6%、355.4%、199.1%和 172.2%，全年月均增速高达 74.41%，比 2008 年-4.96%的月均增速高出 79.17 个百分点。

4. 水利和环境设施投资对工业需求的影响

作为扩大内需、促进增长的重要举措，2009 年中国加大了对水利和环境基础设施的投资力度。虽然与能源供给设施和交通运输邮电设施投资相比，水利和环境基础设施投资带动工业产品需求的系数相对较低，但其对各工业部门的完全需求系数之和仍然大于1。总额为17913.94亿元的水利和环境基础设施投资，形成了18649.54亿元的工业需求（见表8-5）。

表 8-5　　2009 年中国水利和环境设施投资带动的工业部门需求

工业部门	完全需求系数	需求效应（亿元）	工业部门	完全需求系数	需求效应（亿元）
采矿业	0.103462	1853.41	非金属矿物制品业	0.028628	512.84
食品工业	0.043903	786.48	金属冶炼加工业	0.125869	2254.81
纺织服装业	0.042838	767.40	设备和机械制造业	0.270816	4851.38
石油加工及化学工业	0.260398	4664.75	其他制造业	0.017788	318.66
木材、家具、造纸、印刷和文教用品行业	0.048531	869.38	电力、燃气及水的生产和供应业	0.098829	1770.42

资料来源：《中国2007年投入产出表》；中国统计数据应用支持系统；清华金融研究数据库。

就水利和环境基础设施投资对各工业部门的带动力而言，它对设备和机械制造业的完全需求系数最大（0.2708）。进一步考察可以发现，在设备和机械制造业内部，通信设备、计算机及其他电子设备制造业所受影响最大，交通运输设备制造业次之，通用、专用设备制造业居后，电气机械及器材制造业和仪器仪表及文化办公用机械制造业排在最后两位。2009年大幅增加的水利和环境设施投资，显著地增加了行业的产品市场需求，成功逆转了产量大幅下滑的态势。以环境保护专用设备和大气污染防治设备为例，受国际金融危机的影响，2008年全国环境保护专用设备和大气污染防治设备产量同比增速分别从1月的111.19%和17.85%跌至12月的-16.4%和-28.7%。在2009年水利和环保设施投资的带动下，此类产品市场需求迅速回暖，环境保护专用设备和大气污染防治设备产量同比增速逐步回升，到2009年年底已攀升至62.4%和194.8%。与2008年同期相比，增速分别提高了78.8和222.3个百分点。

三、基础设施投资在促进工业长期增长中的作用

从长期来看，工业品生产和流通的效率是工业增长质量和速度的决定因素。一般而言，提高工业供给效率途径有二：一是从宏观上改善工业资本的配置效率；二是在微观上增进工业企业的生产效率。基础设施投资在这两方面都能发挥重要作用，因而能通过改善工业供给效率促进工业长期增长。进一步讲，基础设施投资提高工业资本配置效率的主要途径是促进产业转移和加快产业升级；而其改进工业企业生产效率的重点手段是形成规模经济和降低生产成本。当然，也要看到，如果基础设施建设过度超前，则可能会造成利用率不高等问题。

1. 促进产业转移，提高工业资本区域配置效率

从工业区域分布的角度看，目前中国绝大部分工业资本都集中在东部地区。截至 2008 年年底，东部地区全部国有及规模以上非国有企业资产合计 270956.68 亿元，而中、西部地区分别只有 86952.38 亿元和 73396.5 亿元。但随着东部地区经济发展水平的提高，这一区域内的土地成本、用工成本等要素成本在不断上升。受此影响，自 2006 年以来东部地区工业资本的利润率连续三年都低于中西部地区，而且差距还在不断拉大（见图 8-3）。然而，即使在东部地区工业总资产利润率低于中西部的情况下，东部地区工业资产在全国工业总资产中的占比仍然在提高。2000 年年底东部地区工业资产占全国工业总资产的 61.77%，到 2008 年年底这一比重已上升至 62.82%。这表明，从区域分布的角度看，中国的工业资产并没有得到有效的配置。之所以会出现这种情况，是因为除了中西部地区的投资"软环境"在整体上不如东部地区外，其基础设施状况相对而言也较落后。①

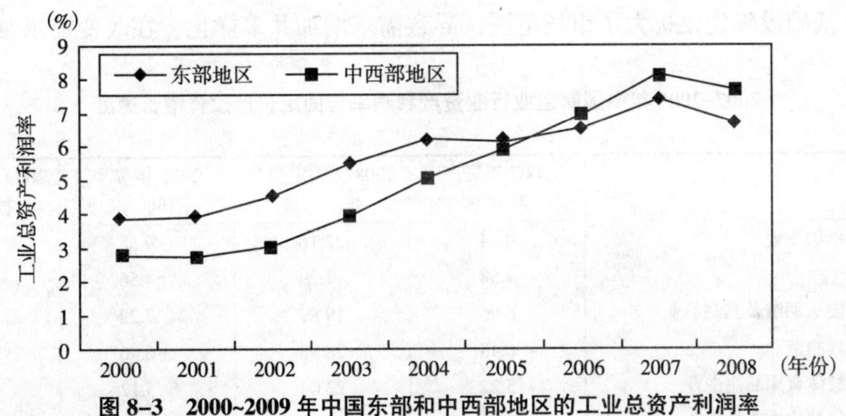

图 8-3 2000~2009 年中国东部和中西部地区的工业总资产利润率

资料来源：中国统计数据应用支持系统。

从长期来看，随着国家基础设施投资对中西部地区的进一步倾斜，其能源供给、交通运输邮电、水利和环境等基础设施状况有望得到更大程度的改善。在此基础上，中西部地区在自主发展特色优势产业的同时，将会承接更多从东部地区转移出来的劳动力密集型产业和对资源能源依赖较强的产业，从而在相当程度上提高中国工业资本的区域配置效率。国际金融危机发生后，国家加大对中西部地区基础设施的投资力度，这使得区域间产业转移步伐加快，工业资本的区域配置效率因此而提高。例如，2009 年，湖南省承接产业转移项目 2054 个，其中投资 1000 万美元以上的项目和投资 1 亿元人民币以上的项目 222 个，转移项目新增就业人数 17.4 万人，新增税收 21.8 亿元；② 安徽省承接"长三角"1000 万元以上投资项目

① 高坚、汪雄剑：《中国基础设施投资政策对经济增长的影响》，北京大学出版社 2009 年版。

② 湖南省商务厅：《2009 年 1~12 月湖南省商务情况通报》，湖南省政府网站，http://www.hunan.gov.cn/tmzf/xxlb/bmdt2/sswt/201001/ t20100126_195734.htm，2010 年 1 月 26 日。

9663 个，投资总额 9978.2 亿元，实际到位资金 2378.2 亿元，较 2008 年增长了 61.6%。①

2. 加快产业升级，改善工业资本行业配置效率

工业资本行业配置效率的改善是一个动态的过程。从固定资产投资的角度看，如果资产利润率高的行业的投资增速更快，说明工业资本的行业配置效率在不断改善。从理论上讲，资本的逐利天性自然会带来行业配置效率的改善。但受诸多现实条件的制约，此过程在一定时期内可能并不会自动发生。以中国 16 个制造业行业的固定资产投资为例，2008 年固定资产投资增速排在前 5 位的行业，只有两个行业在 2008 年的资产利润率排名中进入了前 5 位；2009 年固定资产投资增速位居前 5 的行业，只有一个行业进入了 2008 年的资产利润率排名前 5 位（见表 8-6）。这表明，目前中国工业资本的行业配置效率还有相当大的改进空间。

发达国家的工业发展进程显示，产业升级是改善工业资本行业配置效率的主要途径，而需求结构变化和技术进步是产业升级的前提与条件。基础设施投资在这两方面都能发挥一定的作用，因而能通过促进产业升级提高工业资本的行业配置效率。一方面，在收入结构给定的条件下，基础设施建设扩大了市场范围，导致需求增加并多样化，在改变需求结构中促进

表 8-6　2007~2009 年中国制造业行业资产利润率与固定资产投资增长速度

单位：%

行　业	2007 年资产利润率	2008 年固定资产投资增速	2008 年资产利润率	2009 年固定资产投资增速
食品制造及烟草加工业	9.44	22.16	9.58	34.00
纺织业	4.58	1.30	4.56	14.80
纺织服装鞋帽皮革羽绒及其制品业	6.96	19.89	7.22	18.77
木材加工及家具制造业	6.48	28.88	6.96	26.37
造纸印刷及文教体育用品制造业	5.22	23.04	5.12	20.85
石油加工、炼焦及核燃料加工业	2.55	29.40	−10.98	0.40
化学工业	6.51	29.63	5.74	26.86
非金属矿物制品业	6.18	46.60	6.59	43.50
金属冶炼及压延加工业	6.80	31.90	4.36	6.17
金属制品业	5.80	38.50	5.84	29.20
通用、专用设备制造业	7.00	35.98	6.54	38.00
交通运输设备制造业	5.88	39.10	5.71	31.30
电气机械及器材制造业	6.34	45.10	6.57	51.20
通信设备、计算机及其他电子设备制造业	4.76	17.60	4.60	6.70
仪器仪表及文化办公用机械制造业	7.61	57.70	7.04	23.80
工艺品及其他制造业	6.85	21.50	6.78	25.90

注：2007 年和 2008 年各行业资产利润率为该年 1~11 月的累积值。
资料来源：中国统计数据应用支持系统。

① 安徽省发改委：《2009 年全省利用省外资金以及第四季度相关活动开展情况》，安徽省发改委网站，http://www.ahpc.gov.cn/infor mation. jsp?xxnr_id=10082753，2010 年 1 月 29 日。

产业升级。[①] 另一方面，基础设施投资本身就是社会总需求的重要组成部分，在一定条件下它会对需求结构的变化和技术进步产生重大影响，从而推动产业升级。例如，中国政府为应对国际金融危机而启动的大规模高速铁路建设，形成了对专用钢材、专用数控机床、工程机械、机车、车辆零部件、电气控制设备、信息信号设备和计算机控制系统等产品的大量需求，并带动产业链上游的机械、冶金、电子、橡胶、合成材料、精密仪器等产品的需求。进一步说，由于高速铁路对这些产品的性能要求更高，因此就要在产品研发和生产等方面进行创新。可以说，它在一定程度上加快了产业升级步伐，使工业资本的行业配置效率得以提高。

3. 降低生产成本，提高工业企业的生产效率

基础设施投资除了从宏观上改善工业资本的配置效率之外，还会在微观上降低工业企业的生产成本，提高劳动生产率。基础设施建成之后，会通过以下三个途径提高工业企业效率：

（1）部分基础设施提供的产品或服务作为中间投入直接进入企业生产过程，促使企业降低生产成本。例如，完备的能源供给设施能使工业企业的用电和用水需求得到充分保障，从而减少了因停电、停水导致的损失；先进的通信设施使得企业的信息化成本大为降低，进而改善其生产效率；发达的交通运输设施能使企业降低物流成本，提高经济效益。

（2）基础设施发挥其互补性作用提高劳动力等其他投入要素的生产率。[②] 这主要体现在以下两个方面：①基础设施发展能提高劳动力要素的生产效率。例如，良好的交通运输设施会让劳动者有更多时间投入到生产中去；安全、稳定的供水设施和环境设施能有效防止劳动者健康状况的恶化。这些都能使企业的劳动投入获得更高的回报。②基础设施发展有助于深化企业间劳动分工、提高生产效率。随着交通运输和通信邮电基础设施的完善，企业间交易成本不断降低。在此基础上，许多以前难以实现的劳动分工现在都能成为现实。劳动分工水平的提高，会大幅提高企业生产率。

（3）完善的基础设施有助于扩大市场范围，使企业达到其最低经济规模，实现规模经济。发达的交通运输和通信设施能在相当程度上提高市场交易的便利化程度，从而扩大企业产品的市场半径。在此情况下，企业面临的潜在市场需求增加，因此更容易接近或达到其最低经济规模。在此过程中，规模经济会使企业的平均生产成本下降，从而提高其生产效率。

---

① 唐建新、杨军：《基础设施与经济发展：理论和政策》，武汉大学出版社 2003 年版。

② 世界银行：《1994 年世界发展报告：为发展提供基础设施》，中国财政经济出版社 1994 年版。

四、后金融危机时期完善基础设施建设的政策建议

1. 要更加注重促进经济发展方式转变

后金融危机时期的国内外形势较危机前发生了重大变化，中国现有经济发展方式的不适应性更加凸显。为应对这一重大问题，中央政府提出要加快转变经济发展方式。在此情况下，基础设施投资作为公共投资的重要组成部分，要更加注重推动经济发展方式的转变。具体而言，基础设施投资要在“加快推进经济结构调整”、“加快推进产业结构调整”和“加快推进自主创新”等方面发挥积极作用：①中央财政支持的基础设施投资要进一步向中西部地区和农村地区倾斜，促进地区结构和城乡结构改善。②加大通信基础设施投资力度，降低工业化和信息化的融合成本，以“两化融合”推动产业结构调整。③在大型基础设施建设中，优先采购拥有自主知识产权的设备和系统，为自主创新产品创造良好的市场环境。

2. 要更加注重带动战略性新兴产业的发展

加快培育和发展战略性新兴产业，是中央政府做出的重要战略部署。在后金融危机时期，发展战略性新兴产业，既可以对当前调整产业结构起到重要支撑作用，更可以提升国家竞争力、掌握未来发展的主动权。基础设施投资要为新兴产业创造稳定的市场需求和提供完善的配套服务，以促进其增强自主发展能力。战略性新兴产业在其成长初期会面临市场需求不足或不稳定的问题。通过提高基础设施建设项目的技术含量，并对项目建设进度做出合理安排，能在一定程度上解决这个问题。例如，大规模电网建设形成了对非晶合金节能变压器持续而强劲的需求，从而迅速带动了非晶材料等新兴产业的高速发展。此外，战略性新兴产业的发展离不开基础设施的支持。电网等基础设施建设规划要与新能源等新兴产业发展规划相协调，及时为其提供完善的配套服务。

3. 要更加注重保障和改善民生

后国际金融危机时期，民生问题不仅事关社会的和谐稳定，更成为扩大内需、拉动经济增长的重要力量。基础设施建设要在保障和改善民生方面发挥更大的作用：①继续实施以工代赈政策，将贫困地区基础设施的发展与为贫困人口创造就业机会结合起来，在改善基础设施状况的同时，增加贫困人口的收入。②以公共财政支出、低息贷款、发行债券等形式加大对农田水利、农村道路、农村电网等基础设施的投入力度，增强农民抵御自然灾害的能力、提高农民的生产和生活水平。③拓宽融资渠道，增加市政基础设施建设投资，以满足日益增

长的供水、供气、供热、公共交通、污水处理、垃圾处理等需求，确保居民生活环境在城镇化水平快速提高的情况下得到持续改善。

4. 要更加注重发挥社会资金的作用

虽然社会资金已经进入部分基础设施领域，对促进公路、电源设施、供水设施、污水处理设施等基础设施的高速增长发挥了重要作用，但在铁路设施和电信设施等领域，依然是国有经济占绝对主导地位。另外，在近两年各级政府大幅增加基础设施投资的情况下，出于规避财政风险等方面的考虑，也应该吸引更多社会资本进入基础设施建设领域。为更好地发挥社会资金参与基础设施建设的积极作用，一要明确界定政府投资范围，把政府投资限定在社会公益性和非营利性基础设施领域，经营性和营利性基础设施项目要向社会资金开放；二要尽快制定吸引民营经济参与基础设施建设的实施细则，全面落实《国务院关于鼓励支持和引导个体私营等非公有制经济发展的若干意见》；三要进一步拓宽参与基础设施建设的民营企业的融资渠道，允许参与基础设施建设和运营的民营企业发行中长期企业债券和短期融资券，在担保、资产抵押等方面为其创造更好的融资环境。

专栏 8—1

2009 年中国主要基础设施建设项目

铁路方面：上海—杭州、南京—杭州、杭州—宁波、南京—安庆、西安—宝鸡等客运专线，兰新铁路第二双线，山西中南部铁路通道等区际干线，贵阳市域快速铁路网，武汉城市圈、中原城市群城际铁路等相继开工建设；京沪高速铁路累计完成总投资的 56.2%；哈尔滨—大连、上海—南京客运专线线下工程基本完成；北京—石家庄、石家庄—武汉、天津—秦皇岛、广州—深圳（香港）、上海—杭州等客运专线和上海—武汉—成都、太原—中卫（银川）、兰州—重庆、贵阳—广州、南宁—广州等区际大通道项目加快推进；宁波—台州—温州、温州—福州、福州—厦门等客运专线相继建成通车；特别是世界上里程最长、时速 350 公里的武广高速铁路开通运营，成为中国高速铁路发展的又一里程碑。

公路、水路和民航方面：大广高速公路北京至承德三期工程、连霍高速公路宝鸡至天水段、舟山跨海大桥、沪瑞高速公路坝陵河大桥、洋山深水港区三期工程、广州港出海航道二期工程、长江纳溪至娄溪沟航道工程、天津滨海机场飞行区改造工程、腾冲驼峰机场等重点项目建成投入运营。全年新增公路通车里程 9.8 万公里，其中高速公路 4719 公里；新增万吨级以上深水泊位 96 个；改善内河航道里程 1192 公里。

通信设施方面：2009 年年初启动了 3G 网络建设，全年已建成 3G 通信基站 32.5 万个，累计完成 3G 投资约 1609 亿元；3G 用户数达到 13245 万，其中 TD 用

续专栏 8—1

户为 508 万。2009 年，累计为 2.7 万个偏远地区行政村和自然村新开通电话，在全国 15 个省份的 1.3 万多个乡镇开展“信息下乡”活动，建成乡镇信息服务站 12728 个、行政村信息服务点 117281 个，乡镇上网信息库 9579 个、村级上网信息栏目 71590 个。

能源基础设施方面：1000 千伏晋东南—荆门特高压交流试验示范工程顺利投产，世界第一个±800 千伏特高压直流输电工程——云南至广东特高压直流输电工程单极成功送电，向家坝—上海特高压直流示范工程成功实现 800 千伏全线带电，标志着我国输电电压等级、交直流输电技术、装备制造以及电网建设管理上升到一个新水平、新台阶，进入世界领先行列。500 千伏海南联网工程正式投运，全国联网继续推进。一批 500 千伏输变电工程建成投产，网架结构得到加强。全年新增发电装机容量 8970 万千瓦，可再生能源投产规模逐步扩大；核电新开工规模 850 万千瓦，在建规模 2180 万千瓦，位居世界首位。

水利和环境基础设施方面：西藏旁多、贵州黔中、四川亭子口、太湖走马塘等重点水利工程开工建设，黄河古贤、珠江大藤峡、淮河出山店等重点项目前期工作取得新进展；启动 400 个小型农田水利重点县、103 个山洪灾害防治试点县和 273 条中小河流治理项目建设。淮河、海河、辽河、巢湖、滇池、松花江、三峡库区及其上游、黄河中上游八个流域完成污染治理投资714.9 亿元，建成项目 1270 个，在建项目 785 个，并且新增加总投资 41.19 亿元的 101 个松花江流域治污项目。

总的来看，为应对国际金融危机而启动的基础设施建设热潮，实际上是把各项规划中的基础设施项目提前实施了，这会给后续的基础设施投资带来一定程度的影响。从基础设施建设的持续性方面看，要尽快组织力量修订相关规划，在新规划的基础上审核、批准新的项目。

资料来源：根据铁道部、交通运输部、工业和信息化部、国家能源局、水利部和环境保护部的有关资料整理。

参考文献

曾培炎：《西部大开发决策回顾》，中共党史出版社、新华出版社 2010 年版。

高坚、汪雄剑：《中国基础设施投资政策对经济增长的影响》，北京大学出版社 2009年版。

唐建新、杨军：《基础设施与经济发展：理论和政策》，武汉大学出版社 2003 年版。

世界银行：《1994 年世界发展报告：为发展提供基础设施》，中国财政经济出版社 1994 年版。

第九章 国际金融危机下的中国工业就业形势的变化

提 要

国际金融危机对工业就业产生了严重冲击。就业岗位一度流失严重，失业人数增加；制造业就业人数出现了5年来的首次减少；企业用工需求大幅度下滑；人力资源市场的岗位空缺与求职人数比率下降到6年以来的最低点。金融危机的影响从东部沿海地区向内陆地区扩散，波及了大部分行业。为了应对金融危机，政府及时采取了大规模经济刺激政策和就业政策。由于这些政策的实施及国内外经济形势的逐步好转，就业形势在2009年第一季度止跌回稳，第二季度后迅速恢复，就业需求总体上保持了持续增长趋势。就业形势今后的发展趋势取决于国内外经济发展状况。主要国际组织均预测，国际金融危机继续恶化的趋势已被控制，世界经济已走出“最低点”，主要发达国家都将提高经济增长速度，2010年中国将保持9%~10%的经济增长，在此背景下，工业就业需求有望持续增长。但是，世界经济环境中仍存在不确定因素，国内一些投资体制、政策体制也不利于就业增长，民营企业、中小企业的创造就业作用尚未充分发挥出来。另外，技术工人需求大于供给，由产业结构调整产生的结构性失业，企业由于工资低而“招工难”等结构性矛盾在短期内会更加突出。

* * *

2008年10月，国际金融危机对中国经济和就业的影响开始显现，企业就业岗位流失，用工需求下滑，新增就业人数减少，失业人数增加。但是，随着国际国内经济回暖以及一系列“保增长、保就业”措施的初见成效，就业形势有所好转，总体状况已恢复到国际金融危机爆发前的水平。

一、2008~2009年的中国工业就业形势

1. 就业岗位一度流失严重，失业人数增加

2008年10月份以后，企业就业岗位开始明显净减。据人力资源和社会保障部对东部5省15个失业动态重点监测城市的调查显示，2008年10月~2009年1月，企业新增岗位和流失的岗位增减相抵为净减，共减少岗位57200个，月均净减14300个，减幅为8.05%。① 然而，此前的相关调查显示，企业新增岗位和流失岗位增减相抵为正。这意味着2008年10月份后企业就业岗位流失速度有所加快。全国制造业采购经理指数（PMI）的从业人员指数在10月份突破了50%的临界点，下降为47%，创下最近三年的最低点，之后5个月持续低于50%，也显示出制造业就业人数在此期间下滑严重。②

企业就业岗位出现净减，与停产、关闭企业数量在2008年10月份后的急剧增加有着直接关系。受订单锐减的影响，部分外贸加工企业陷入经营危机，一些抗风险能力差的中小企业停产、倒闭。据广东省中小企业局调查，2008年前三季度停产、歇业、关闭和转移的企业有7148户，2008年10月份以后，这个数字已升为15661家，一个月就翻了一倍。③ 据工信部统计显示，2008年下半年到2009年1月，"珠三角"、"长三角" 部分轻纺产业集聚地区有近三成企业停产、关闭。④ 一些大企业也不能幸免，如全国最大印染企业江龙印染、华联三鑫、世界三大玩具制造商——合俊集团属下两个工厂也在2008年10月份倒闭。

企业倒闭、停产造成一大批员工失业或放长假。从公开发布的数据来看，农民工和低技能劳动者的失业较为严重。据农业部农村经济研究中心对11个省份120个村庄的统计，截至2008年10月份，大约有6.5%的农民工返乡。⑤ 国家统计局调查显示，2009年春节前，有1200多万农民工受金融危机影响暂时失去就业岗位返乡，占外出农民工总量的8.5%。⑥ 2008年城镇登记失业率升至4.2%，比上年高出0.2个百分点。

---

① 数据引自人力资源和社会保障部调研报告。

② 从业人员指数的临界点是50%，高于50%表示用工需求上升，就业人数增加；低于50%表示用工需求需下滑，就业人数减少。数据引自中国物流与采购联合会，http://www.chinawuliu.com.cn/cftl/tjsj。

③ 许琛、林翠翠：《广东15661家中小企业倒闭　称未出现"倒闭潮"》，《羊城晚报》2008年12月17日。

④ 工信部：《中国工业经济运行仍面临严峻形势》，中国经济网，2009年1月22日，http://www.ice.cn/xwzx /gnsz/gdxw/200901/22/ t20090122_18038536.shtml。

⑤ 蔡昉、王德文：《化解金融危机对中国就业的冲击》，《中国信息报》2009年2月18日。

⑥ 人力资源和社会保障部课题组：《中国就业应对国际金融危机研究报告》，《中国劳动》2009年第11期第6页。

2. 2008 年就业人数出现近 5 年来的首次减少，但 2009 年有所增加

2008~2009 年，制造业就业人数出现了从急剧减少到快速增加的波动。这从全国制造业采购经理指数的从业人员指数中可得到印证。① 从业人员指数在 2008 年 10 月下滑为 47%，低于 50%的临界点，而在此前 6 个月里该指数一直高于 50%；之后从业人员指数一路下跌，2009 年 1 月为 44.3%，创下最低点；2 月首次出现回升，但仍低于 50%；4 月从业人数指数上升为 50.3%，这是自 2008 年 10 月以来首次突破 50%；之后的 13 个月连续超过 50%，2010 年 3 月，该指数达到了 54.5%。由此可见，制造业就业人数在 2008 年 10 月~2009 年 2 月下滑严重，但在 2009 年 3 月已止跌回稳，4 月开始稳定回升。

2008 年，制造业就业人数出现了 5 年来的首次减少。2008 年制造业职工人数和城镇单位就业人数分别为 3329.3 万和 3434.3 万，比 2007 年分别减少了 0.87%和 0.9%，这是 2003 年以来就业人数持续增长情况下的首次减少（见表 9-1）。需要指出的是，上述统计指标未包括农民工，加上农民工之后，实际减少的就业人数要更多。

表 9-1　　2003~2008 年制造业就业人数（年底数）

年份	职工人数（万人）	与上年相比（%）	城镇单位就业人数（万人）	与上年相比（%）
2003	2898.9		2980.5	
2004	2960.0	2.11	3050.8	2.36
2005	3096.5	4.61	3210.9	5.25
2006	3250.3	4.97	3351.6	4.38
2007	3358.4	3.33	3465.4	3.40
2008	3329.3	–0.87	3434.3	–0.90

注：“–”表示减少。
资料来源：《中国统计年鉴》（2009），中国统计出版社 2009 年版。

2008 年，一半以上行业的就业人数均比上年减少。30 个细分行业中有 18 个行业的城镇单位就业人数减少。减少人数较多的行业有纺织业、非金属矿物制品业、皮革毛皮羽毛及其制品业等。减少幅度较大的行业有木材加工及木竹藤棕草制品业、家具制造业、文教体育用品制造业等。其中，纺织业减少人数最多，共减少了 12 万人，减幅为 4.5%。另据中国纺织工业协会调查，2009 年 1~2 月，纺织行业规模以上企业的从业人数比 2008 年 1~11 月减少了近 50 万人，② 可见纺织业在就业上受到了较大冲击。

3. 企业用工需求先减后增，东部地区减增幅度较大

2008 年第三季度后企业用工需求明显下滑，但 2009 年第一季度后又开始回升，总体上

① 以下分析所用数据全部引自中国物流与采购联合会，http://www.chinawuliu.com.cn/cftl/tjsj。
② 陆健：《一季度纺织行业形势依然严峻　有利因素正在累积》，中国纺织经济信息网，http://news.ctei.gov.cn/ 155592.htm。

呈先减后增趋势，第四季度已恢复到金融危机爆发前水平。分地区看，东部地区用工需求的减增幅度大于中西部地区，东部地区用工需求恢复状况好于中西部地区。[①]

具体来看，2008 年第四季度需求人数比上季度减少了 74.6 万人，下降了 18%。其中，东部地区比上季度减少了 67.6 万人，减幅为 27.9%，中、西部地区需求人数分别下降了 5.3%和 2.0%，东部地区的降幅大于中、西部地区。

2009 年第一季度，用工需求开始增加，但总体水平低于 2008 年同期。据对 91 个城市人力资源市场供需状况调查显示，一季度需求人数比上季度增加了 61.4 万人，增幅为 17.8%。但与 2008 年同期相比，一季度减少了 15.4 万人，下降了 3.3%。分地区看，东部地区比上季度增加了 47.4 万人，增长了 26.3%，但比 2008 年同期减少了 28.8 万人，下降了 9.6%。中部地区比上季度增加了 15.9 万人，增长了 15.9%，西部地区比上季度下降了 2.9%。

2009 年第二季度，用工需求继续恢复，但总体水平仍低于 2008 年同期。据对 92 个城市人力资源市场供求状况调查显示，需求人数增加了 29.3 万人，比上季度增长了 6.3%。虽然总体水平仍然低于 2008 年同期，但两者差距大为缩小，需求恢复明显。分地区看，东部地区恢复较快，增长了 6.5%，但中部地区有所减少，西部地区略有增加，恢复较慢。

2009 年第三季度，用工需求开始超过 2008 年同期。据对 85 个城市人力资源市场供需状况调查显示，需求人数同比增加了 66 万人，增长了 14.2%。分地区看，东部地区同比增加了 56.5 万人，增长了 18.9%，中部地区同比增加了 9.4 万人，增长了 8.7%，西部地区同比增长了 0.9%。

2009 年第四季度，用工需求受季节性因素影响比上季度减少了 15.6 万人，下降了 3%，但与 2008 年同期的比较结果看，增加了 125 万人，增长了 36.2%。东部地区增加了 107 万人，增长了 59.4%，中部地区增加了 16.7 万人，增长了 16.8%，西部地区增长了 1.9%。用工需求总体上恢复到金融危机爆发前的水平。

制造业需求人数占总需求人数的比重，从 2008 年第一季度到 2009 年第四季度分别为 32.5%、30.7%、31.0%、26.2%、31.9%、31.9%、33.6%和 32.5%，从中可见制造业需求人数在 2008 年第四季度下滑严重，但在 2009 年第一季度已止跌回稳，第三季度开始大幅回升，第四季度已达到 2008 年第一季度的水平。

4. 岗位空缺与求职人数比率下降到 6 年以来的最低点，但后来有回升

据人力资源和社会保障部对全国部分城市人力资源市场供需状况调查显示（见图 9-1），2005 年以来，岗位空缺与求职人数比率（求人倍率）一直较为稳定，2005 年为 0.96，2006 年为 0.96，2007 年、2008 年第一季度和第二季度均为 0.98，相当于 10 个人竞聘 9 个岗位。但是，2008 年第三季度后求人倍率开始下降，先是降到 0.97，第四季度又降到 0.85，比上季度低 0.12 个百分点，比 2007 年同期低 0.13 个百分点，是 6 年以来的最低水平。不过，2009 年后求人倍率开始止跌回升，第一季度为 0.86，第二季度为 0.88，但仍然很低，相当

① 本节数据引自人力资源和社会保障部：《全国部分城市劳动力市场供求状况分析》（2008~2009），http://www.lm.gov.cn/。

于10个人竞聘8个岗位，求职难度明显加大。第三季度起求人倍率开始大幅回升，先是上升到0.94，第四季度又提高到0.97，回到了2008年第三季度的水平。

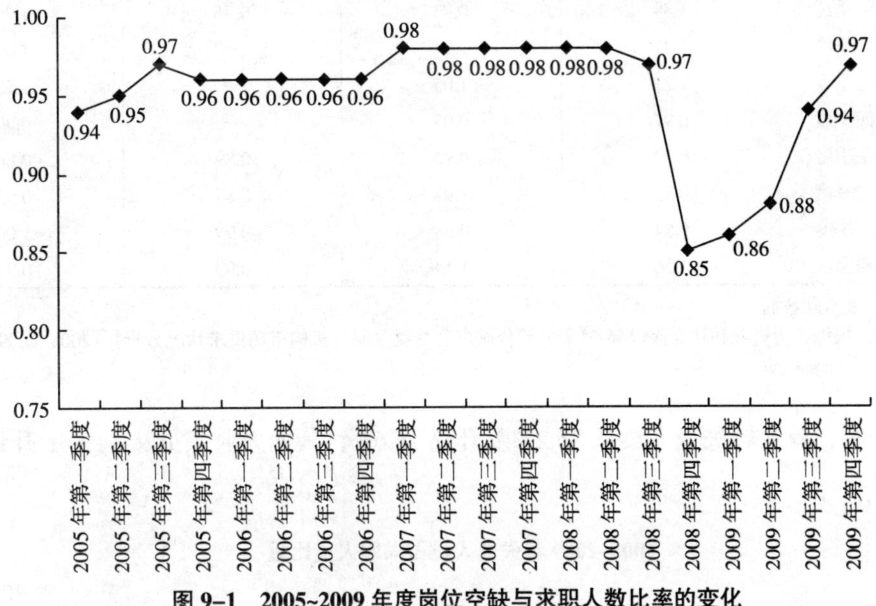

图9–1 2005~2009年度岗位空缺与求职人数比率的变化

注：每年调查的城市大致相同，但数量略有差异，基本保持在100个左右。

资料来源：人力资源和社会保障部：《全国部分城市公共就业服务机构市场供求状况分析》(2005~2009)，http://www.lm.gov.cn/。

分地区看，东部、中部、西部地区的求人倍率在2008年第四季度都跌入近6年以来的最低点。东部地区为0.89，环比下降0.13个百分点；中部地区为0.82，环比下降0.28个百分点；西部地区为0.86，环比下降0.19个百分点。但是，2009年第二季度后，各地区求人倍率开始回升，第四季度东部地区已恢复到2008年第一季度的水平，中部、西部地区也有所恢复，但尚未达到2008年的水平。

制造业集聚地的珠三角、长三角、闽东南、环渤海地区，求人倍率一度下降严重，但后来有所回升。据表9-2显示，珠三角地区在2008年第二季度就出现了求人倍率下降的情况，该指标从1.89下降为0.72，降幅为1.17个百分点，显示劳动力市场从需求大于供给变为供给大于需求，就业形势逆转恶化。2009年第二季度后珠三角地区用工需求开始回升，第四季度求人倍率为1.26，劳动力市场重新回到需求大于供给状况。闽东南地区的求人倍率在2008年第一季度到2009年第一季度从0.99降为0.92，同比下降了0.07个百分点。2009年第二季度后回升，第四季度达到1.14，高于2008年上半年水平。环渤海地区求人倍率2009年第一季度降到最低点0.86，之后缓慢回升，第四季度为0.95，但尚未恢复到金融危机爆发前的水平。长三角地区的求人倍率一度从0.96降到0.89，但2009年第四季度已回升到0.99。

2008年以来，失业人员占求职人员的比重有所增加，求职难度有加大趋势。2008年第一季度失业人员占求职人员的比重为46.4%，然而到2009年第四季度，该比重已上升到52.7%，提高了5.8个百分点，其中，新成长失业人员（大学毕业生占一半以上）从19.4%

表 9-2　　2008~2009 年东部沿海地区岗位空缺与求职倍率比率

单位：%

	珠江三角洲	闽东南	长江三角洲	环渤海
2008 年第一季度	1.89	0.99	0.96	1.09
2008 年第二季度	1.45	1.11	—	1.06
2008 年第三季度	1.22	1.05	—	1.10
2008 年第四季度	0.97	0.95	—	0.90
2009 年第一季度	0.72	0.92	0.89	0.86
2009 年第二季度	0.81	0.92	0.89	0.93
2009 年第三季度	0.84	0.98	0.99	1.00
2009 年第四季度	1.26	1.14	0.99	0.95

注："—"表示缺数据。

资料来源：根据人力资源和社会保障部：《全国部分城市公共就业服务机构市场供求状况分析》(2008~2009) 有关数据整理，http://www.lm.gov.cn/。

上升到 22.8%，就业转失业人员从 15.2%上升到 16.6%，其他失业人员从 11.8 上升到 13.3%（见表 9-3）。

表 9-3　　2008~2009 年失业人员占求职人员比重

单位：%

	失业人员	新成长失业人员	就业转失业人员	其他失业人员
2008 年第一季度	46.4	19.4	15.2	11.8
2008 年第二季度	51.0	21.1	17.1	12.8
2008 年第三季度	48.5	21.6	15.0	11.9
2008 年第四季度	51.6	21.5	17.3	12.8
2009 年第一季度	49.3	21.5	16.2	11.6
2009 年第二季度	50.4	22.6	16.5	11.3
2009 年第三季度	51.8	23.7	16.1	12.0
2009 年第四季度	52.7	22.8	16.6	13.3

注：失业人员由新成长失业人员、就业转失业人员和其他失业人员三种类型构成。

资料来源：人力资源和社会保障部：《全国部分城市公共就业服务机构市场供求状况分析》(2008~2009)，http://www.lm.gov.cn/。

5. 技术工人、技术人员依然供不应求

金融危机爆发后，企业对技术工人、技术人员的需求也呈减少趋势，岗位空缺与求职人数比率在 2009 年第一季度跌到最低点（见表 9-4）。然而，即使这样，该指标也还大于 1，这表明技术工人、技术人员的市场需求仍然十分旺盛，供给数量不能满足需求。2009 年下半年以后，东部沿海地区"技工短缺"现象又严重起来。如广东省 2009 年 6 月份技工的求人倍率是 1.37，同年上半年以来的技工缺口数是 75.4 万人，而同期普工的求人倍率是 0.74，

表 9-4　　2008~2009 年技术工人、技术人员岗位空缺与求职人数比率

单位：%

	初级技能	中级技能	高级技能	技师	高级技师	技术员	工程师	高级工程师
2008 年第一季度	1.42	1.49	1.78	2.25	1.84	1.56	1.63	1.46
2008 年第二季度	1.50	1.50	1.76	1.97	2.07	1.58	1.56	2.07
2008 年第三季度	1.40	1.28	1.69	2.02	1.86	1.55	1.62	4.05
2008 年第四季度	1.20	1.30	1.45	1.81	1.94	1.31	1.44	1.57
2009 年第一季度	1.27	1.28	1.44	1.76	1.60	1.35	1.37	1.61
2009 年第二季度	1.33	1.40	1.56	1.75	1.85	1.36	1.42	1.76
2009 年第三季度	1.43	1.46	1.65	1.95	2.24	1.52	1.51	2.28
2009 年第四季度	1.48	1.43	1.62	1.89	1.80	1.46	1.47	2.02

资料来源：人力资源和社会保障部：《全国部分城市公共就业服务机构市场供求状况分析》（2008~2009），http://www.lm.gov.cn/。

市场普工供过于求达 72.7 万人。①

二、中国应对国际金融危机的就业政策

1. 中国为应对国际金融危机采取了一系列就业政策

金融危机爆发后，中央为了保增长、促就业出台了七个有关就业的文件，实施了六大举措。② 这些文件包括：国务院下发的一个综合性的政策措施文件；国办下发的农民工工作、大学生就业和创业带动就业三个文件；人力资源和社会保障部等部门联合制定的特别培训计划、就业服务系列活动和减轻企业负担稳定就业的三个文件。六大举措包括：①通过经济发展拉动就业。实行大规模投资拉动就业计划，结合 4 万亿元投资计划，两年共拉动 2416 万个就业岗位。②帮扶企业克服困难，努力稳定就业。实施“五缓四减三补两协商”的援企稳岗计划。③加大政府扶持力度，鼓励自主创业，实施促进创业带动就业计划。④针对重点人群，统筹安排就业。把高校毕业生就业放在当前就业工作的首要位置。做好农民工转移就业。做好城镇失业人员特别是就业困难人员再就业工作。⑤推出特别职业培训计划，提高劳动者就业能力。⑥加强公共就业服务，改善就业环境。

稳定就业的政策举措是此次就业政策的亮点。以前的就业政策侧重于扩大和促进就业，而此次把稳定困难企业就业放在了突出位置。金融危机爆发后，大量企业陷入经营危机，随

① 广东省人力资源和社会保障厅：《2009 年上半年劳动形势分析》，http://www.gd.lss.gov.cn/pub/gdlss/ sy/index.htm，2009 年 8 月 21 日。

② 莫荣：《2010 年就业市场展望》，《中国劳动》2010 年第 1 期第 9 页。

时都有可能停产和裁员。为了鼓励企业尽量不裁员或少裁员，稳定就业岗位，政府决定对困难企业缓缴养老、医疗、失业、工伤和生育五项社会保险费与降低养老等四项社会保险费率，以减轻企业负担；使用失业保险基金为困难企业稳定岗位支付社会保险补贴和岗位补贴，使用就业专项资金对困难企业开展职工培训给予培训补贴；困难企业不得不进行经济性裁员时，对确实无力一次性支付经济性补偿金的，在企业与工会或职工双方依法平等协商一致的基础上，可签订分期支付或以其他方式支付经济补偿的协议。此外，中央还要求各地暂缓最低工资标准的调整。各地在执行稳定就业政策时创造了一些特色做法，如长三角地区有地方政府采取了补贴和税费减免政策。补贴包括：①对受金融危机影响面临暂时性生产经营困难、处于停产或半停产状态但恢复有望的企业，给予稳定就业补贴。②对已缴纳失业保险费的本市行政区域内的困难企业职工和外来务工人员，分别按每人每月400元和200元的标准进行补贴；税费减免措施包括将鼓励企业吸纳失业人员的税收扶持延续到2009年年底等。

农民工就业政策也是此次就业政策的重要内容。针对农民工就业困难加剧，部分农民工返乡回流问题，人力资源和社会保障部采取了两方面措施。一是合理有序地引导农民工流动，为他们的就业提供指导和服务。要求输入地的劳动保障部门对下岗的农民工采取多方面措施，积极提供就业服务、岗位信息，使他们能够在输入地找到合适的工作。二是要求输出地当地劳动保障部门利用乡镇的劳动保障平台，为返乡的农民工就近就地或返乡创业提供支持和帮助。同时，要求各地劳动保障部门做好农民工的培训工作。有的地区通过设立专项基金、创建创业园等措施，鼓励农民工返乡创业，在创业行业、领域方面撤销对农民工的限制，把现有下岗失业人员创业的税收优惠政策、小额担保贷款向农民工延伸。

2. 就业政策为稳定就业、扩大就业发挥了重要作用

就业形势从2009年第二季度起开始好转，应该说就业政策对此起到了重要作用。首先，“五缓四减三补两协商”政策减轻了部分困难企业的负担，发挥了稳定就业岗位的作用。截至2008年6月底，全国通过缓缴、降低费率两项措施减轻了企业负担166亿元，已运用结余的失业保险基金17.9亿元，补贴支持6000多户困难企业，稳定职工318万人。[①]

其次，针对农民工的扶持政策，稳定了部分农民工就业。一些地区就业促进政策的帮扶人群把农民工也包括了进去，与城镇劳动力一视同仁。农民工可享受所有的帮扶政策，如社保补贴、用工补贴、灵活就业补贴、创业补贴等资金支持；职业介绍、职业指导、职业培训等公共就业服务。劳动部门开展“春风送岗位活动”，为农民工提供了370万个岗位信息。一些地区为鼓励农民工返乡创业，将小额担保贷款范围和现有下岗失业人员创业的税收优惠政策延伸到农民工，为农民工就地就近就业、返乡创业创造了环境。2008年年底大约有1200万农民工因金融危机失去就业岗位返乡，2009年春节前后，有7000万农民工流动，但没有出现大规模农民工滞留城市或在城乡间盲目流动的现象，95%的农民工回到城市并找到工作。[②] 此外，针对灵活就业人员的社保补贴促进了困难群体的就业。

---

① 人力资源和社会保障部课题组：《应对国际金融危机就业政策的评估》，《中国劳动》2009年第11期第11页。
② 莫荣：《2010年就业市场展望》，《中国劳动》2010年第1期第9页。

特别培训计划的出台以及用失业保险基金支持企业进行职工培训，对保障就业和提高劳动力素质起到了积极的作用。对企业发放培训补助，鼓励企业把暂时无活可干的职工组织起来进行培训，这避免了社会失业压力的增大，稳定了劳动者的生活。同时，从长远来看这种措施提高了劳动者的职业技能素质，对改善劳动力需求变化、解决结构性就业矛盾有着积极的影响。2009 年上半年，全国共开展了 1214 万人次的职业培训，其中困难企业职工培训 121 万人次，农民工培训 537 万人次，城镇失业人员培训 239 万人次，新成长劳动力培训 149 万人次，创业培训 52 万人次。①

2008 年，全国 29 个省份出台了创业带动就业的实施办法，82 个城市开展了创业型城市创建活动，探索建立组织领导、政策支持、创业培训、创业服务和工作考核“五个体系”，为创业者提供了更好的创业环境。有的地区通过设立专项基金、开辟创业园区等措施鼓励农民工返乡创业和高校毕业生创业。

三、中国工业就业形势展望

1. 就业需求有望增长

工业就业形势在 2008 年第四季度至 2009 年第一季度受国际金融危机的冲击较大，但 2009 年第二季度后开始恢复。2008~2009 年就业形势的急剧变化，受世界经济减速、发达国家需求减少的影响较大，同时又和中国的出口结构、制造业的外向程度有着密切关系。中国外贸出口中 95%以上是工业制品，这些工业制品大多数又是由劳动密集型企业生产的，所以，中国制造业的就业容易受世界经济形势的影响。2008 年第四季度世界经济增长减速，其影响很快就传导到中国，该季度制造业就业人数就出现了大幅下降。2009 年下半年世界经济开始显露出复苏迹象，制造业就业需求也相应地开始增加。可以看到，中国就业从减到增的变化过程与世界经济走势基本一致，受世界经济形势影响的态势十分明显。所以，今后就业形势将如何发展在很大程度上还取决于世界经济形势的发展。

从目前的情况来看，国际金融危机继续恶化的趋势已被控制，世界经济复苏的苗头日益明显。据世界银行预测，2010 年全球 GDP 将增长 2.7%，2011 年将增长 3.2%，世界贸易额在 2010 年和 2011 年将分别增长 4.3%和 6.2%。② 据联合国预测，2010 年世界经济将增长 2.4%，发达国家将增长 1.3%。国际贸易也将恢复增长，国际贸易量预计比 2009 年提高 5.4 个百分点。③ 国际货币基金组织（IMF）指出，世界经济衰退已经结束。2010 年，美国将实现正增长，比 2009 年上升 1.5%。欧元区经济预计 2010 年将微幅上升 0.3%。日本经济的复

① 莫荣：《2010 年就业市场展望》，《中国劳动》2010 年第 1 期第 9 页。

②③ 世界银行：《世界银行分析更新：危机、金融与增长》，http://web.worldbank.org/WBSITE/EXTERNAL/。

苏情况将好于前两大经济体，将强力扭转 2009 年下降 5.4%的局势，全年上升 1.7%。2010 年世界贸易总量将增长 2.5%，扭转 2009 年下降 11.9%的局势。[①] 在世界经济好转的背景下，工业就业需求保持增长趋势应该是没有问题的。

世界银行指出，尽管世界经济已走出“最低谷”，但仍面临许多不确定因素。首先，金融市场依然没有完全恢复；其次，失业率居高不下，消费市场低迷；最后，各国政府经济刺激计划将逐步退出，世界经济的增长势头在 2010 年下半年后可能后劲不足。[②] 金融危机后，各国采取的贸易保护政策也会制约世界贸易增长。中国工业对外依存度比较高，并且多数外贸企业为劳动密集型企业，如果世界经济形势发生变化，主要工业国家经济恢复缓慢，那就会对中国工业尤其是外向程度高的行业的就业带来明显的负面影响。

2. 国内经济增长为就业增长提供基础

据国家统计局调查，2009 年 1~12 月工业生产逐季回升，全年规模以上工业增加值比 2008 年增长 11.0%，实现利润同比增长 7.8%，全年全社会固定资产投资同比增长 30.1%，全年社会消费品零售总额同比增长 15.5%，实际增长 16.9%。2010 年 1~2 月，工业生产加快增速，投资快速增长，消费持续增长。全国制造业采购经理指数连续 12 个月位于临界点的 50%以上，制造业继续保持增长趋势。2008 年以来，中央实施了扩大内需、促进经济发展的一系列举措，为积极就业政策的实施提供了强有力的保障。仅中央的 4 万亿元投资两年就可增加大约 2416 万个就业岗位。[③] 国内经济的恢复性增长、大规模经济刺激政策的实施，对工业就业需求的迅速恢复提供了有力支持。

2009 年年底以来，国内外主要研究机构发表了对 2010 年中国经济增长的预测。世界银行预测中国增长 9.5%，国际货币基金组织预测中国增长 9%，经济合作与发展组织（OECD）预测中国增长将超过 10%，亚洲开发银行预测中国增长 6.4%。国务院发展研究中心预测中国增长在 9.5%左右，中国社科院预测中国增长为 9%左右。中国经济有望在 2010 年保持 9%~10%的高速增长，这将为就业需求持续增长奠定坚实基础。

但是，也还存在着制约就业增长的政策、体制因素。在中国，民营企业不仅数量多，而且吸纳的就业人数也多。民营企业对就业的吸纳能力早已超过国有企业。扩大就业，就要扩大民营企业的就业。但是，目前出台的大规模经济刺激政策靠政府投资拉动就业，大多数投资项目由国有企业承担，民营企业获得的优惠政策不多，其可进入的领域有限。现有的政策、体制环境不利于激励民营企业投资，不利于提高民营企业的就业需求。

此次金融危机中遭受重创的企业多数为中小企业。在纺织服装等行业，中小企业的经营环境在金融危机爆发之前就已经恶化，融资难，劳动力成本上涨，原材料上涨，人民币升值，劳动力不稳定，利润率低，资金链随时都可能断裂。可以说，没有金融危机，很多中小

---

① 《主要国际组织对 2010 年世界经济的最新展望》，《上海证券报》，http://finance.jrj.com.cn/2010/02/2702517022693.shtml，2010 年 2 月 27 日。

② 世界银行：《世界银行分析更新：危机、金融与增长》，http://web.worldbank.org/WBSITE/EXTERNAL/。

③ 人力资源和社会保障部课题组：《中国就业应对国际金融危机研究报告》，《中国劳动》2009 年第 11 期第 9 页。

企业的发展已是困难重重，只是有了金融危机之后，这些企业经营崩溃的进程加快了，金融危机加剧了固有矛盾。但是，这些中小企业吸纳了大量的劳动力，对就业增长贡献很大。要稳定就业，就要稳定中小企业，为中小企业发展提供良好的经营环境。然而，大规模经济刺激政策对中小企业的支持不多，如国家开发性政策贷款和商业性贷款少、缺乏培育民间金融主体的措施等。

3. 就业市场结构性矛盾或更加突出

中国劳动力市场存在着结构性矛盾。首先，劳动力总量供大于求，低技能劳动力供大于求，但高技能工人、高技术人员的数量较少，远远不能满足需求。据对 2009 年第四季度 103 个城市人力资源市场供求状况调查显示，51.5%的用人单位有明确的技术等级要求，而求职人员中有技术等级的仅占 49.1%。从供求状况对比看，各技术等级的岗位空缺与求职人数的比率均大于 1，劳动需求大于供给。其中高级工程师、高级技师和技师的岗位空缺与求职人数的比率较大，分别为 2.02、1.8 和 1.89。此次金融危机中失业的大多数是普通工人，技术工人受到的冲击不大。从各类学校毕业生就业情况来看，2008 年大学毕业生的就业率只有 68%，而技工学校毕业生的就业率是 100%。技术工人紧缺程度之高由此可见一斑。随着产业调整，今后一大批技术落后的企业将被淘汰，生存下来的企业将提升技术水平，对技术工人的需求会进一步提高。因此，在现有技术工人供给体制下，技术工人需求大于供给的矛盾将会更加突出。

其次，近年来很多部门都存在着产能过剩问题。“十大产业振兴计划”的一项重要内容是产业结构调整，即淘汰落后产能，提升技术档次，加快企业兼并重组。这些措施的实施将不可避免地带来局部性就业岗位减少、失业人数增加。短期内结构性失业、非自愿性失业的问题将会更加严重。

最后，在广东等地还存在企业招不到普通工人的现象。这不是由于普通工人数量不够引起的，而是由于普通工人的工资低、劳动环境差造成的。这些企业多数是外贸加工型企业，靠国外订单和低劳动成本生存。据调查，目前订单虽然有所增加，但订单价格普遍降低，利润空间有所压缩，企业近期不太可能大幅提高工人工资和改善劳动环境。所以，这些企业在短期还将面临“招人难”的困境。

专栏 9—1

广东东莞一镇政府采取措施解决倒闭工厂工人失业问题

广东省东莞市樟木头镇最大的一家玩具出口企业——合俊玩具厂 2008 年 10 月 15 日突然倒闭，老板逃跑，该镇的另一家玩具企业俊领玩具厂也同时倒闭。两家企业共有 7000 多名员工失业。樟木头镇倒闭的这两家玩具企业都是香港上市公司合俊集团的主力工厂，在行业内颇具影响，70%以上的产品销往美国。世界玩具五

续专栏 9—1

大品牌中，合俊已是其中三个品牌的制造商，包括为全球最大的玩具商美泰公司提供贴牌加工业务。

这两家玩具企业突然倒闭是由于受到国际金融危机的影响。合俊厂在香港的上市公司被停牌，流动资金出现很大问题。东莞当地政府在事发后多次与该工厂老板联系，得知该老板现已逃回到香港，其电话能打通却不接。

该厂从 8 月份就没发过工资，厂方承诺发工资时间一拖再拖，直到停产前也没兑现。现在，合俊玩具厂已经被封。樟木头镇政府知悉此事后高度重视，采取措施处理该厂倒闭的遗留问题。事发当晚便立即成立了工作组，负责处理遗留问题，并张贴出承诺解决问题的公告，表示将尽全力解决工资问题，合情、合法、合理地维护工人的权益。

10 月 16 日，合俊厂员工代表向樟木头镇提出自己的期许，希望工资能够 100%发放，申领失业救济金，并保障年假等假期。

针对失业员工的诉求，樟木头镇人民政府做出了明确的答复：镇政府已紧急投入 2300 多万元资金为该厂员工 100%垫付工资，目前正派出会计人员进行工资核发，并承诺 17日将发放 8 月份拖欠工资，2~3 日将把拖欠工资全部发放到失业工人手中；由于企业因经营不善已停产、停业，劳动者可通过申请劳动仲裁依法追讨年资及经济补偿金问题；由于企业倒闭，双方劳动关系终止，如有购买失业保险的，破产企业职工失业期间，按照有关规定享受失业保险待遇；劳动者可通过劳动仲裁追讨年假及其他假期。

镇政府正采取积极措施就地分流失业员工，现已联系好两家企业来消化部分失业员工，帮助他们在当地尽快就业。

资料来源：根据陈冀《东莞一大型玩具厂倒闭 7000 多工人失业》改编，原文载新华网广东频道 2008 年 10 月 18 日，http://www.gd.xinhuanet.com/newscenter/2008-10-18/content_14671959.htm。

参考文献

人力资源和社会保障部课题组：《中国就业应对国际金融危机研究报告》，《中国劳动》2009 年第 11 期。
人力资源和社会保障部课题组：《应对国际金融危机就业政策的评估》，《中国劳动》2009 年第 11 期。
莫荣：《2010 年就业市场展望》，《中国劳动》2010 年第 1 期。
高亚男、刘畅：《挑战与机遇——金融危机下劳动保障改革与发展展望》，《中国劳动》2009 年第 1 期。
蔡昉、王德文：《化解金融危机对中国就业的冲击》，《中国信息报》2009 年 2 月 18日。
刘湘丽、李平、王钦：《中小企业是创造就业的主力》，《中国劳动》2010 年第 1 期。
李宏、谭远发：《破解：610 万大学生就业难题》，《中国劳动》2009 年第 2 期。

第十章　工业在中国应对国际金融危机中的地位与作用

提　要

百年一遇的国际金融危机对中国经济造成了巨大冲击，其中工业经济受影响最为严重。在中央各项政策措施的持续作用下，工业经济较快扭转增速下滑势头，初步实现回升向好运行，为克服金融危机冲击、恢复国民经济平稳增长做出了突出贡献。从更深层次来看，中国经济发展中的结构性问题是造成近期宏观经济剧烈波动的主要原因，突出的结构性矛盾使得工业成为中国受国际金融危机冲击最为严重的部门。面临后金融危机时代的复杂形式，必须加快工业结构调整，转变工业经济增长方式，从根本上提高应对国内外冲击的能力，促进中国经济持续健康发展。

*　　　　*　　　　*

在金融危机对中国经济的冲击中，工业受影响最为突出；而在国民经济的恢复过程中，工业的作用也最为突出。从短期来看，在各项积极政策的促进下，工业经济较快扭转增速下滑势头，尽管仍面临复杂形势，中国初步实现回升向好运行的趋势已经确立。从长期来看，工业化依然是今后很长一段时间内中国经济发展的主要动力和基本途径，解决中国面临的一切重大困难和问题都依赖于工业进一步的发展，工业依然是保证中国经济稳定增长的重点领域。

一、工业在中国应对国际金融危机中的贡献

受国际金融危机的严重冲击，2009 年是 21 世纪以来中国经济发展最为困难的一年。从各行业受影响情况的比较来看，工业经济受到的冲击最大，各地区、各行业都面临严峻的考验。在中央“扩内需、保增长、调结构、惠民生”的“一揽子”计划和各项政策措施的持续作用下，为中国克服金融危机冲击、恢复国民经济平稳增长做出了突出贡献。

1. 工业是中国受国际金融危机冲击最为严重的领域

2008 年下半年以来，美国次贷危机迅速演变为全球性的金融危机，并逐渐向实体经济蔓延。这场金融危机波及范围之广、影响程度之深、冲击强度之大，为 20 世纪 30 年代以来所罕见。中国作为开放性的经济大国，难免受到金融危机的冲击，于是出现了出口持续下滑、价格低位运行、企业经营困难、投资放缓等一系列困难。尽管各行业发展面临巨大困难，但作为中国经济的主体部分和对外开放的主力军，工业受金融危机冲击最早、最直接、最严重。

首先，由于国内金融体系相对稳健、国外金融资产和业务比例较低，此次国际金融危机对中国金融领域的冲击相对比较小，直到转化为国际实体经济危机时才对中国经济产生了全面影响。而工业是中国经济中对外开放程度最高，与国际市场联系最为紧密的部门，因而最早受到了外部经济环境的影响。一般认为，2008 年 9 月后国际金融危机开始严重影响中国，但实际上工业部门在 2007 年就已经遭受到了美国市场需求下降的影响。从图 10–1 中可以看出，2007 年 6 月份之后工业制成品出口增速就开始呈现明显的下降趋势，由于订单时间等原因，2008 年第三季度交货值的大幅下挫实际上更多的是反映此前的需求减少。这是金融危机加速向实体经济传导的重要表现之一，同时也表明中国工业的国际化程度已经相当高，对国际市场的需求变化具有很大的敏感性和依赖性。特别是在进出口贸易中，相当大比例的产品属于“产业内贸易”，实际上是产业内部跨国分工的体现，所以当国际生产过程受到金融危机影响而收缩时，中国的进出口贸易就会十分敏感地表现出来。

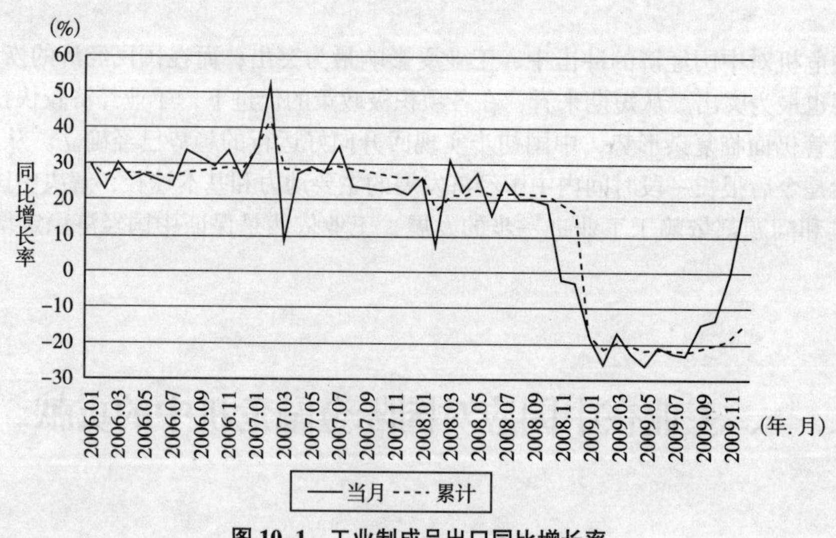

图 10–1 工业制成品出口同比增长率

注：增长率未剔除价格因素。
资料来源：国家统计局。

其次，本轮国际金融危机的冲击主要来源于发达国家的需求波动，对中国工业的冲击相比其他行业而言也更为直接。由金融危机导致的外部需求下降，最先体现在服装、鞋帽和玩具等日常消费品上，然后是电子产品，并随之扩展到汽车、机械等行业，而这些正是中国出口的最主要行业。因此，本轮金融危机对中国经济的影响逐步从出口型的轻纺、电子产业向原材料行业、装备制造业扩散，从中小企业向大企业蔓延，从东部沿海地区向中西部地区发展。由于类似原因，国际金融危机对可贸易性较低的农业和第三产业影响比较小，主要通过工业传导。实际上，直到2008年第四季度之前，国内消费和投资需求还都相对稳定，特别是对第三产业的消费需求增速相对稳健，此后的下降很大程度上是受工业增速下滑的"拖累"。从工业内部来看，主要面向国际市场的外向型企业受影响最为突出，尤其是"三资"企业，不仅受冲击最大而且恢复也相对更为困难。例如，在本轮金融危机爆发之前，"三资"企业工业增加值增长率显著高于国有企业和集体企业，但金融危机之后，国有企业特别是集体企业受影响相对小一些，并且恢复速度更快（见图10-2）。

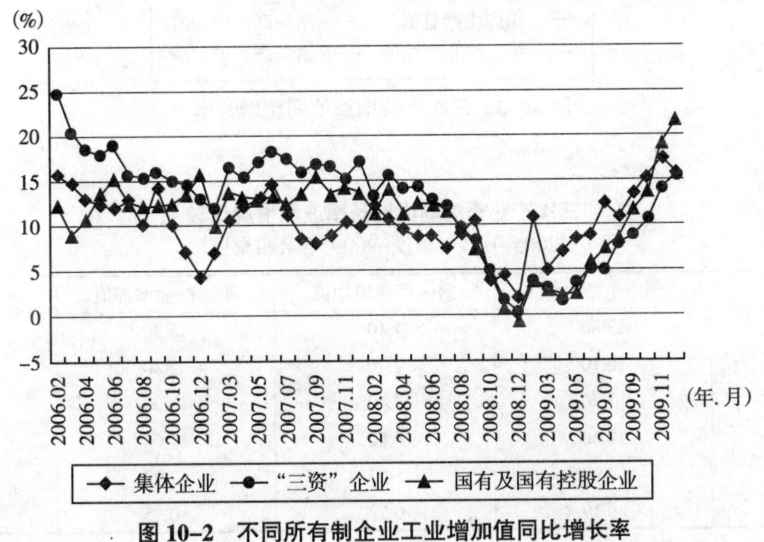

图10-2 不同所有制企业工业增加值同比增长率

资料来源：国家统计局。

最后，以上两方面作用的综合结果就是工业受金融危机冲击幅度最大。进入新一轮增长周期以来，中国经济总体保持平稳较快增长。2005年之后开始出现局部偏热倾向，2007年经济过热趋势更为明显，但此后受国际金融危机影响，中国经济开始下滑，到2009年下半年才出现企稳回暖趋势（见图10-3）。表10-1提供了2005年第一季度至2009年第四季度三次产业增加值季度同比增长率变化情况。从相对降幅来看，第二产业增加值季度增长率从最高15.3%曾一度跌至最低的5.3%，最大变差整整为10个百分点，规模以上工业企业工业增加值增长率降幅甚至超过12个百分点，远远大于第三产业和第一产业。从各产业增长率的变异系数来看，2005年以来第三产业最为平稳，第二产业波动性最强，甚至超过受自然条件和季节因素影响严重的第一产业。结合图10-3可见，第二产业的剧烈波动主要发生在金融危机前后，充分表明了工业受影响最为严重。

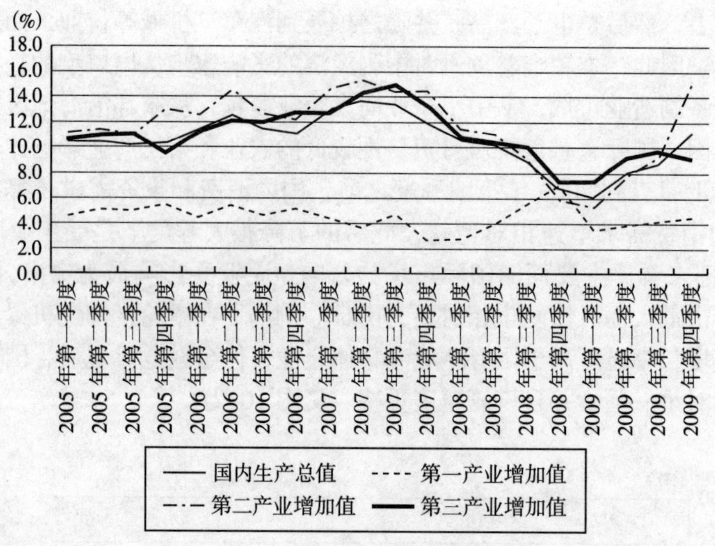

图 10–3　三次产业增加值同比增长率

资料来源：国家统计局。

表 10–1　**三次产业季度同比增长率波动情况比较**

（2005 年第一季度~2009 年第四季度）

单位：%

	国内生产总值	第一产业增加值	第二产业增加值	第三产业增加值
最大	13.80	7.10	15.30	15.00
最小	6.10	2.70	5.30	7.30
极差	7.70	4.40	10.00	7.60
均值	10.60	4.60	11.60	11.00
标准差	2.03	1.02	2.92	2.03
变异系数	0.19	0.22	0.25	0.18

资料来源：依据国家统计局数据进行分析的结果。

2. 工业对经济恢复的贡献也最为突出

面对国际金融危机的严重冲击，中共中央、国务院果断决策，不断丰富和完善应对危机的“一揽子”计划，实施积极的财政政策和适度宽松的货币政策，正确把握宏观调控的方向、重点、力度和节奏，在较短时间内遏制住了经济增速下滑的趋势，国民经济出现企稳回升的良好势头。中央和各级政府的果断决策及各相关部门积极落实，使得主要应对措施在工业领域较早见效，较快改变了工业发展的困难局面。工业在中国应对巨大外部不利冲击的过程中，尤其在恢复增长、拉动投资和稳定就业等克服危机的关键方面发挥了重要作用。

首先，工业是应对金融危机政策的主要着力点。由于工业在中国经济中占有主体地位，同时又受冲击最为严重，因此工业必然成为应对危机政策的重点领域：“家电下乡”、“农机下乡”、“汽车、摩托车下乡”等政策扩大了工业产品销售；提高轻纺、机电等产品的出口退税等政策措施缓解了主要外贸型工业外需下降的压力；钢铁、汽车、造船、石化、轻工、纺织、有色金属、装备制造、电子信息九个重点工业产业调整振兴规划明确了主要工业行业产业发展的方向和路径；贷款贴息等企业技术改造扶持政策为强化中国工业生产中品种质量、节能降耗、环境保护、装备水平和安全生产等薄弱环节发挥了巨大引领作用；中小企业发展资金等融资担保和管理扶持手段缓解了中小企业的融资困难和经营窘境。

其次，工业是迅速扭转经济增速下滑势头的排头兵。2008 年 6 月份之后，规模以上工业生产增速一路下滑，到 2009 年 1~2 月跌至 3.8%的谷底。在中央“扩内需、保增长、调结构、惠民生”“一揽子”计划和各项政策措施的持续作用下，中国工业经济较快扭转了增速大幅下滑势头，呈现出回升向好的运行态势。2009 年 3 月份增速达到 8.3%，6 月份以后超过 10%，11 月和 12 月分别达到 19.2%和 18.5%，呈现明显的“V”字形运行轨迹。从工业内部结构来看，由于金融危机对中国的影响主要表现为需求冲击，因此贴近消费需求，特别是外贸出口的轻工业较早出现增速下滑。而后，轻工业波动很快传导到重工业，特别是由于重工业产能过剩相对更为突出，因此降幅比轻工业还大。但是，重工业需求主要是间接需求，受投资拉动影响很大，在“四万亿”投资等一系列政策刺激下很快出现反弹，而且力度远大于以消费需求为主的轻工业（见图 10-4）。工业运行形势的迅速好转和持续恢复，对稳定国民经济形势、提升克服危机的信心的贡献最为突出。

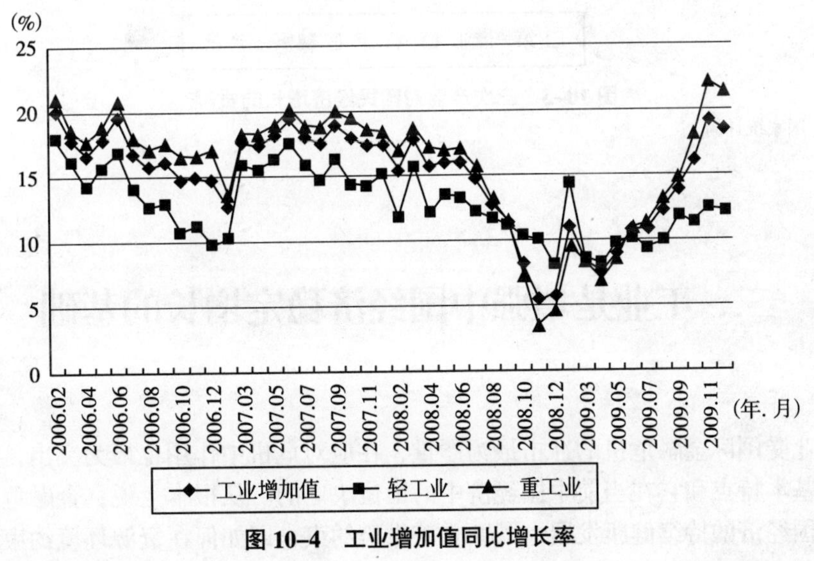

图 10-4　工业增加值同比增长率

资料来源：国家统计局。

最后，工业是促进国民经济恢复增长的主力军。近年来，以工业为主的第二产业对中国 GDP 增长的贡献基本保持在 50%左右，自金融危机全面爆发之后，第二产业对国民经济增长的贡献下滑，2008 年第三季度和 2009 年第一季度分别降至 44%和 38%；此后在国家宏观调控政策的刺激下，工业经济增长迅速恢复，到 2009 年下半年基本达到金融危机之前的水平，第三季度和第四季度第二产业对 GDP 增长的贡献分别达到 51%和 61%（见图 10-5）。由此可见，2008 年下半年到 2009 年下半年四个季度经济增长的下滑主要在于第二产业增长贡献的下降，此后的增长恢复也主要源于第二产业增长贡献的提高，这充分反映出工业对于应对金融危机、恢复经济增长的重要贡献。2009 年全部工业增加值比 2008 年增长 8.3%，规模以上工业增加值增长 11%，对国民经济恢复平稳增长起到了决定性的作用。

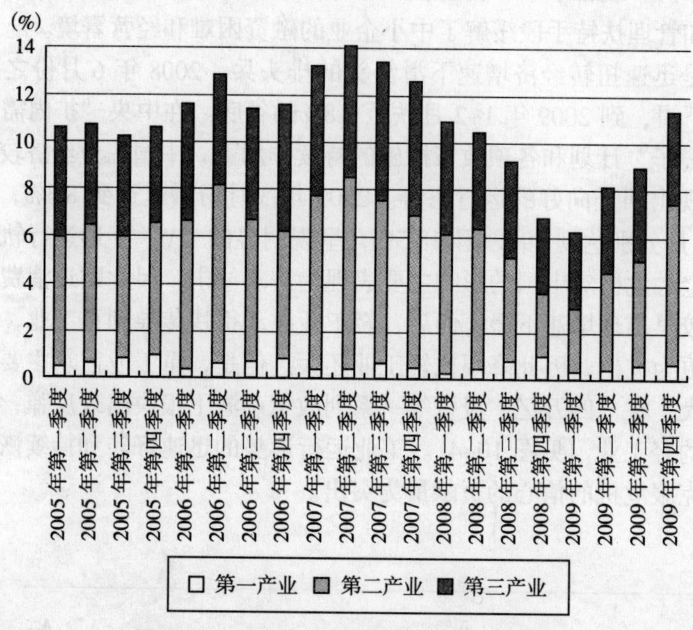

图 10–5 三次产业对国民经济增长的贡献

资料来源：国家统计局。

二、工业是增强中国经济稳定增长的基础

中国工业受国际金融危机的冲击最为严重，在应对危机中作用也最为突出，这主要是由工业生产的基本特点和它在当前中国经济中的地位决定的。从根本上说，金融危机的巨大冲击表明：中国经济的持续健康发展，既面临着供给约束，即如何在资源环境约束下扩大物质文化生产，又面临着需求约束，即如何通过调节收入分配扩大国内居民消费。显然，只有通过工业发展才能提高资源利用和环境保护能力，也只有加快实现落后地区工业化才能全面改善收入分配。也就是说，从根本上解决中国经济供需两方面的问题、增强中国经济抵御各种风险，关键都在于工业的科学发展。

1. 结构失衡是中国经济受金融危机冲击严重的深层次原因

尽管金融危机对中国经济的冲击是巨大的，但从更深层次来看，中国近期发展中的结构性问题才是造成宏观经济剧烈波动的主要原因。而结构性矛盾最为突出的工业，也成为中国经济受国际金融危机冲击最为严重的部门。在国际金融危机的冲击下，外需急剧萎缩使中国经济结构存在的问题更加突出。这些制约中国经济健康持续发展、削弱中国经济抵抗外部冲击能力的结构矛盾，包括产业发展不平衡、内外经济不平衡、空间发展不平衡、国民经济分配不平衡等多个方面，而工业则是潜在风险最为突出的领域。

首先，结构失衡削弱了中国经济的抗风险能力。进入新一轮增长周期以来，中国经济总体保持快速增长，但结构不平衡问题也越发突出。从产业结构来看，近年来中国工业经济增长迅速，但对第一产业和第三产业的带动作用不足，经济增长过多地依赖于第二产业。从工业内部结构来看，轻重工业比例变化过快，重化工业增长过快，部分生产能力超过轻工业和其他产业的需求。中国资源和资本密集型重化工业的高速增长具有客观必然性，它使中国基础产业的供给能力大大增强。但在高速增长过程中也存在一定的盲目性，特别是低水平重复建设，导致工业生产能力过剩，加剧了能源原材料、水和土地供应紧张的局面，环境污染的问题更为突出。在国际金融危机中受到冲击最大、降幅最深的是工业，这是经济增长速度回落的主要原因。在外需收缩的冲击下，行业产能过剩矛盾更加突出，部分企业的国际竞争力下降，以加工贸易为主的中小型工业企业的发展面临着更多的困难。

其次，工业发展的内在问题加剧了工业经济运行的困难。毋庸置疑，金融危机导致的国际市场需求下降是造成中国工业经济剧烈波动的最直接原因。但发展过程中长期存在的结构性矛盾在很大程度上造成了中国工业应对内外冲击的能力偏弱，加剧了不利条件下工业发展的困难。由于工业生产的特性，工业产业内部分工更为细化，产品具有更强的可贸易性，因此成为全球化分工程度最深和国际贸易发展最快的行业。但同时，在近年来国内消费不畅的影响下，工业发展对出口的依赖程度不断提高。特别是由于缺乏技术储备、关键生产技术落后，工业发展过度依赖于劳动力、土地、矿产和能源资源优势，蕴涵高新技术的加工装备制造业发展缓慢。实际上是大部分出口行业处于跨国分工体系的低端，出口产品构成中附加值高的技术密集型产品出口比重偏低，一旦国际生产过程因受到金融危机影响而收缩，工业增长缺乏持续动力的问题就十分明显地表现出来。

再次，经济发展空间不平衡的症结在于地区间工业化进程差距过大。改革开放以来，中国各个地区都取得了巨大的经济成就，经济增长速度都有所提高。但比较而言，东部沿海地区起步更早、速度更快，中西部地区发展相对滞后，地区间差距总体上呈现扩大趋势。作为一个大国，各地区经济必然主要依靠自身结构升级实现发展，工业化进程的差距是决定各地区经济发达程度的主要因素。但中国不同地区的工业化进程差异很大。比较一致的判断是，中国总体上大约处于工业化中期阶段，东部地区整体基本进入工业化后期，东北地区处于工业化中期，而中部地区和西部地区整体处于工业化前期的后半阶段，四大区域的工业化水平差距巨大，中部崛起和西部大开发的任务十分艰巨。作为三次产业的关键环节，工业对第一、第三产业的发展具有带动和促进作用，是地区经济发展的主要支撑力量。巨大的工业发展差距造成地区间发展水平参差不齐，而且一定程度上导致了经济增长更多地依赖于东部沿海地区，东部地区工业发展对中西部地区的带动作用没有充分发挥出来。国际金融危机的爆发，对外向型产业较发达的东南沿海地区冲击最大，造成了中国工业和国民经济增长乏力，而以内需产业为主的中西部和东北地区受影响相对较小，客观上形成了一次地区间经济结构调整的机遇。

最后，国民经济分配不平衡的主要原因是工业分配不合理。近年来，中国收入分配不合理的突出表现是国民经济中居民收入和劳动者报酬份额偏低，地区、城乡和居民之间的收入差距过大。结果导致中国国内消费需求不足，加剧了投资与消费、国内与国外消费的不平衡，削弱了经济运行的抗风险能力，降低了普通居民的消费倾向，抑制了中低收入者对服务业的需求，加剧了产业结构不平衡。从行业角度看，劳动者报酬份额下降主要体现在第二产业，在产业部门因素造成劳动者报酬份额下降中，工业内部要素分配变化的贡献达到77.8%。从原因来看，工业领域的国有企业改革、行业垄断程度提升、国际资本性流动增强以及技术进步出现劳动节约倾向是导致经济中资本收入比重不断提高的关键力量。因此，工业领域要素分配失衡是导致国民收入分配不平衡的主要原因。

2. 工业是提高中国经济抗风险能力的重点领域

经过新中国成立60年，特别是改革开放30多年的发展，中国实现了从农业国向工业国的转变，已经成为一个具有世界影响的工业化大国。但从发展阶段来看，中国从农业向工业转变的过程还远远没有走完，经济社会发展必须依靠进一步工业化来实现。特别是国民经济发展的普遍规律使我们认识到工业在国民经济中的主导地位和作用，不单在于它的产值份额，最为基本的是指它向农业、工业自身和国民经济各部门提供生产工具以及动力支持。尽管在国际金融危机的冲击下工业增加值在GDP中的比重暂时有所下降，但是随着逐步从最困难阶段走出来，工业经济已经迅速恢复了稳定增长，工业经济在国民经济中的绝对主体地位没有任何改变。工业化依然是今后很长一段时间内中国经济发展的主要动力和基本途径，解决中国面临的一切重大困难和问题都依赖于工业进一步的发展，工业依然是提高中国经济抗风险能力的重点领域。

首先，工业依然是经济增长和社会发展的主导力量。尽管本轮国际金融危机对中国经济造成了巨大冲击，一定程度上影响了工业经济的发展和国际竞争力的提升，但是它没有改变中国经济的基本走向，没有改变工业经济的主体地位和作用。无论从人民生活、地区发展、资源开发以及国家安全哪个角度来看，中国一切重大问题的解决都依赖于工业的进一步发展。尽管从产出构成来看中国的工业已经占有很高的比重，似乎已经达到了发达国家的标准，但中国工业化的过程还远远没有完成，工业现代化水平还比较低、国际竞争力还比较弱，工业质量还亟待提高。而提高工业发展质量、提升工业竞争能力的过程，也正是增强中国经济抵抗风险的过程。

其次，工业依然是城市化和吸收农村剩余劳动力的主要渠道。从目前来看，中国还没有达到主要依靠服务业拉动就业和城市化的阶段，只有发达的工业才能解决农业产业化的问题，才能为第三产业的发展壮大奠定必要的物质基础。通过改变工业增长模式、调整工业内部结构，提高工业对其他产业发展的带动能力，能够进一步加快城市化进程、促进落后地区实现赶超、提升居民消费能力，从而缓解经济增长对国际市场的过度依赖，从根本上提高中国经济的抗风险能力。

再次，工业依然是中国国际竞争力的主要来源。改革开放以来，中国已经迅速发展成为一个对外贸易大国，工业制成品成为中国进入国际市场的主导产品，工业成为中国参与国际分工的主要领域。金融危机并没有改变全球化和国际分工深化的基本趋势，提高中国经济的抗风险能力仍需要进一步提高工业参与国际竞争的能力。

最后，工业依然是中国科技进步和科技创新的主要领域。新技术革命并没有改变工业和国民经济各部门的本质联系，无论是科学技术上的重大突破，还是科学新成就、新技术的发明、开发和应用推广，都需要工业部门提供科研设备和技术装备才能实现。特别是对于中国这样一个发展中国家来说，其技术水平与发达国家还有很大差距，只有通过在学习和利用发达国家技术的基础上不断创新才能实现赶超目标，而工业在科技创新和技术推广中的作用更为突出。因此，要依靠技术进步来提升中国经济的抗风险能力，工业发展和工业领域技术进步最为关键。

三、中国工业科学发展的政策取向

60 年来，中国经济发展的主题是工业化；30 年来，工业是中国改革开放最前沿的、最大的、最彻底的领域。但中国在取得震惊世界工业成就的同时也付出了非常巨大的代价，今后的发展面临着非常严峻的挑战，转变发展方式成为决定中国工业发展成败的关键问题。因此，无论从短期稳定还是从长期发展的需求来看，加快工业结构调整都是应对后金融危机时代激烈国际竞争的关键举措。

加快经济结构调整既是夺取应对国际金融危机最终胜利的根本途径，也是实现中国经济长期健康发展的必然要求。从短期来看，在经过 2008 年下半年到 2009 年上半年的剧烈波动之后，中国宏观经济已经成功抑制了金融危机冲击导致的增速下滑趋势，初步呈现出回升向好发展态势。但目前国际环境依然很不稳定，国内经济形势错综复杂，实现经济根本好转仍然面临重重困难。尽管工业经济企稳向好的局面逐步得到确立，中国工业经济依然面临着外需长期不足、缺乏持续增长的内生动力、产能过剩矛盾突出等一系列严峻挑战和复杂的形势，只有加快转变工业增长方式、调整产业结构才能应对当前严峻复杂的内外部环境，进一步保持工业稳定增长。从长期来看，国际金融危机充分暴露出过去的工业发展模式蕴藏着巨大的风险，不可能保障国民经济健康持续发展。国际金融危机没有改变世界经济的中长期发展趋势，也没有改变中国经济发展的战略机遇和基本走势。当前中国仍处于快速工业化的关键时期，工业仍然是经济增长和社会发展的主导力量，也是应对金融危机、实现国民经济健康稳定发展的关键领域。

与此同时，国际金融危机客观上为中国经济结构调整形成了“倒逼机制”，给中国加快经济结构调整带来了难得的机遇。由于外需大幅萎缩，为保持经济增长，必须扩大内需才能弥补外需下降的影响，这就为调整内外需关系带来了机遇。由于工业增速在短时间内出现了大幅下降，特别是重工业受到更大冲击，这就为产业结构调整带来了机遇。由于沿海地区受金融危机的冲击更大，从而使区域间产业转移加快，这就为区域结构调整带来了机遇。由于在国际金融危机中企业兼并重组的机会增多、成本下降，国际市场并购条件宽松，这就为企业结构调整带来了机遇。由于市场的萎缩，企业为了生存和发展，必须不断开发新技术、新产品，这就为产品结构调整带来了机遇。因此，必须积极抓住这一机遇，在扩内需、保增长中推进工业结构调整和产业升级。要在巩固回升向好基础的同时，把大力推进工业结构调整和发展方式转变放在更加突出的位置，不断提高工业增长的质量和效益。

首先，在后金融危机时代应更加注重发挥内需在经济增长中的重要作用。要继续推广扩大内需的政策措施，加快建立健全就业促进和服务体系，加快居民收入的增长速度并行成合理收入分配格局，通过刺激近期消费进而提高居民消费能力，促进消费结构升级，加强消费环境的建设，最终通过内需促进和拉动工业发展。

其次，从宏观上积极推进产业结构调整，培育新的经济增长点。要结合中国的比较优势积极发展劳动密集型产业，通过政策扶持和引导促进劳动密集型产业的发展环境，用高新技术、先进适用技术改造提升传统产业，支持战略性新兴产业发展，促进信息化与工业化的融合。通过加强老工业基地改造，加强工业园区建设，引导企业集聚发展。

再次，从微观上推进组织结构和产品结构调整，鼓励优势企业强强联合，提升产业集中度，加快形成大、中、小企业结构合理，产业链上下游企业协作配套的产业组织体系。应积极引导企业加强技术创新、改进生产工艺，提高产品技术含量和附加值。同时通过健全售后服务体系，提升产品品牌价值，提高经济效益。

最后，要重视自主创新在工业发展中的重要作用。努力突破制约工业发展的核心技术和关键设备，促进科技成果转化为现实生产力，提高产业国际竞争力。同时要针对品种质量、节能降耗、环境保护、安全生产等工业发展的薄弱环节，引导企业积极加大技术改造和产品研发投入，通过自主创新推行清洁生产、节约生产、安全生产，发展循环经济。

专栏 10—1

马凯谈经济结构的突出问题和调整思路

国际金融危机使我国经济结构不合理问题进一步凸显。结构不合理是长期困扰我国经济发展的难题。在国际金融危机的冲击下，外需急剧萎缩使我国经济结构存在的问题更加突出。

从经济增长结构看，在消费、投资和出口“三驾马车”中，外贸出口的大幅下降，成为拖累国民经济增长的主因；投资增长速度持续明显超过消费增长速度，表明投资与消费的比例也不协调。

从三次产业结构看，我国经济增长长期过多依赖第二产业特别是工业，在国际金融危机中受到冲击最大、降幅最深的是工业，已成为经济增长速度回落的直接原因。

从工业内部结构看，在外需收缩的冲击下，钢铁等行业产能过剩矛盾更加突出，在建产能逆势扩张势头强劲，同时近期一些新兴行业盲目扩张的趋势已然显现。

从企业组织结构看，具有国际竞争力的大企业还不够多、不够强，中小企业发

续专栏 10—1

展面临着更多的困难。从城乡结构看，国际金融危机严重影响了农民工的就业与收入，城乡收入差距呈现扩大趋势。

我国经济结构调整要以科学发展观为指导，以增强发展协调性和可持续性、提高自主创新能力为目标。为此，要正确把握和处理五个关系：

一是经济增长与结构调整的关系。既要通过保持经济平稳较快增长为结构调整创造有利的环境和条件，又要通过结构优化升级提高经济增长质量和效益，使二者相互依存、相互促进。

二是局部与全局的关系。结构调整必须是全国一盘棋，使局部成为全局有机协调的组成部分，防止出现局部结构“合理”而整体结构恶化的结果。

三是市场与政府的关系。要充分发挥市场在结构调整中的基础性作用，同时要运用经济、法律和必要的行政手段推动结构调整。

四是近期与长远的关系。既要有效缓解近期突出矛盾，更要立足长远，着力解决深层次问题，使近期调整有利于促进长远结构优化。

五是国内与国际的关系。既立足国内实际和自身优势，又要树立全球视野，瞄准国际产业发展和世界经济结构演变的方向，推动我国经济结构不断优化升级。

资料来源：摘自马凯：《在应对国际金融危机中加快推进经济结构调整》，《求是》2009 年第 20 期。

参考文献

白重恩、钱震杰：《国民收入的要素分配：统计数据背后的故事》，《经济研究》2009年第 3 期。

蔡昉：《如何认识当前就业形势》，《人民论坛》2010 年第 4 期。

陈佳贵、黄群慧：《工业发展、国情变化与经济现代化战略——中国成为工业大国的国情分析》，《中国社会科学》2005 年第 4 期。

黄速建、刘建丽、王钦：《国际金融危机对中国工业企业的影响》，《经济管理》2009 年第 4 期。

蒋昕：《金融危机对中国工业经济影响及原因分析》，《消费导刊》2009 年第 8 期。

金碚：《中国工业化 60 年的经验与启示》，《求是》2009 年第 18 期。

李毅中：《国际金融危机下的中国工业》，《中国发展观察》2009 年第 4 期。

吕政、郭克莎、张其仔：《论中国传统工业化道路的经验与教训》，《中国工业经济》2003 年第 1 期。

朱宏任：《工业领域应对国际金融危机情况》，《21 世纪经济报道》2009 年 12 月 25日。

第十一章　十大产业调整和振兴规划及其对工业发展的作用[①]

提　　要

作为应对国际金融危机“一揽子”计划的重要组成部分，2009 年 1 月 14 日~2 月 25 日，国务院陆续审议并通过了钢铁、有色金属、石化、汽车、装备制造、船舶、纺织、轻工、电子信息和物流业十个产业的调整和振兴规划。调整振兴规划是短期应对危机措施和中长期产业发展政策的结合，其主要内容可以用“保增长、扩内需、调结构”来概括。从十大产业调整和振兴规划实施效果来看：①在保增长、扩内需方面作用显著，工业经济较快扭转了增速下滑局面，回升向好的运行态势不断明朗并得到巩固。随着经济形势的好转，保增长的政策应转向促进发展方式转变和经济平衡健康发展方面。②在调结构上取得了一定成效，但由于过于依赖行政手段，政策存在许多值得商榷之处，并由此可能带来负面效应。调结构的政策是原有产业政策的延续，具有直接干预市场、以政府选择代替市场机制和限制竞争的管制性特征，是典型的选择性产业政策。十大产业调整和振兴规划及“十二五”期间的产业政策应将重点转为深化体制改革、实施完善的竞争政策和市场友好型的功能性产业政策，尽可能地避免实施选择性产业政策，以充分发挥市场机制的基础作用，从根本上推动结构调整和优化升级。

*　　　　*　　　　*

2008 年第四季度至 2009 年第一季度，国际金融危机逐渐演变成全球性经济衰退，对中国经济的冲击也日趋严重：出口由高速增长转为下降，且降幅显著扩大，2008 年 1~10 月中国出口额同比增长 21.9%，到 11、12 月份骤然分别降至−2.2%和−2.8%，2009 年第一季度降幅进一步扩大到−19.7%，5 个月内骤降 40%，出口形势异常严峻。同时，工业增加值增速大幅放缓，工业企业效益明显下降，2008 年下半年，规模以上工业企业增加值增速从 16%的高位持续回落，2008 年 11、12 月份工业增加值增速分别下降至 5.4%和 5.7%，2009 年 1~2 月累计同比增速进一步下降至 3.8%，工业经济运行面临空前困难（见图 11−1）。针对国际金融危机以及中国面临的严峻经济形势，2009 年 1 月 14 日，国务院会议首先审议通过了汽车、钢铁产业调整和振兴规划，随后国务院又先后通过了纺织、装备制造、船舶、电子信

① 本章中的引用数据未予特别说明的均来自于国家统计局。

息、石化、轻工业、有色金属和物流业八个产业的调整和振兴规划。

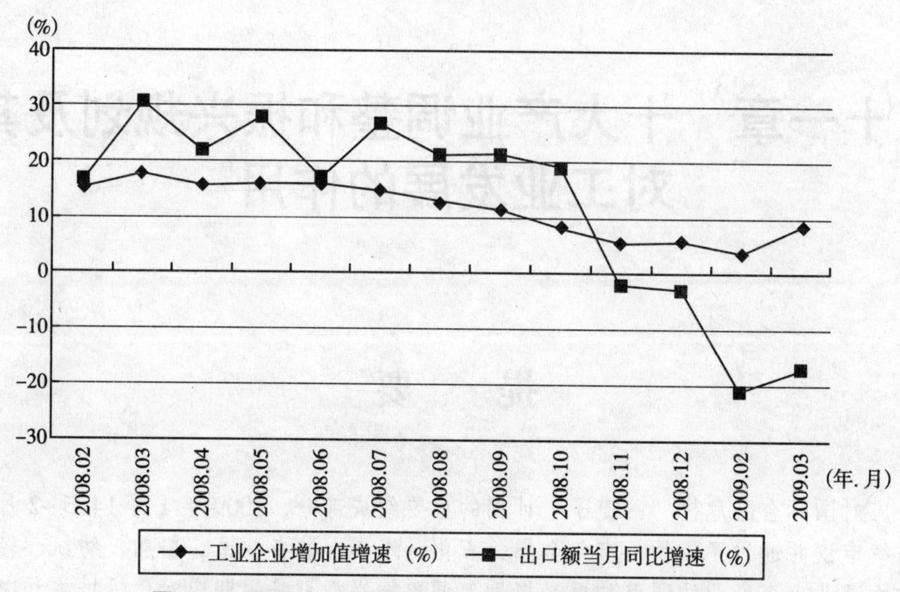

图 11-1　2008~2009 年第一季度工业增加值与出口增速变化

注：图中 2 月份为 1~2 月份的合计数据。

资料来源：国家统计局统计公报。

这十大行业，有的是国民经济的支柱产业，有的是关键的战略性产业，有的是重要的民生产业，其中九个产业工业增加值占全部工业增加值的比重接近 80%，占 GDP 的比重达 1/3，规模以上企业上缴税金约占中国税收收入的 40%，直接从业人员约占全国城镇单位就业人数的 30%。这十大产业在国民经济中地位举足轻重，发展态势对整个国民经济运行具有重要影响。十大产业调整和振兴规划（以下简称“调整振兴规划”）的制定与落实涉及多个政府部门，其在针对国际金融危机造成的当前困难的同时，更为关注产业长期发展中面临的深层次问题，集中体现了近年来中国产业政策的基本思想、政策措施偏好和发展趋势，是近年来少有的系统、全面的产业政策，也可以说，是近年来中国产业政策的总结和发展。从实施效果来看，“调整振兴规划”在保增长、扩内需（解决当前困难）方面作用显著，但在调结构（解决长期发展中的深层次问题）方面尚未达到预期目标。本章试图系统评价和探讨“调整振兴规划”，并进而思考其政策调整和“十二五”时期产业政策取向的选择。

一、十大产业调整和振兴规划的主要任务与政策措施

从陆续出台的细则和政策措施来看，“调整振兴规划”是短期应对危机措施和中长期产业发展政策的结合，其主要内容可以用“保增长、扩内需、调结构”来概括。其中，“保增长、

扩内需”的内容是应对金融危机所造成的当前困难，“调结构”的内容则立足于产业长期的健康发展。由于行业自身特点、发展情况以及受国际金融危机冲击的程度不同，各产业“调整振兴规划”在任务具体内容和侧重点上略有不同，在政策措施上相应也有一些差异。

1.“调整振兴规划”的主要内容

从“保增长、扩内需”方面来看，“调整振兴规划”的主要任务是在改善出口环境、稳定外部市场的同时，着力扩大内需。扩内需的具体措施有：家电下乡以及家电以旧换新；小排量汽车购置税减半、汽车下乡与以旧换新、清理不合理的收费等；鼓励购买弃船、努力扩大国内市场、加快淘汰老旧船舶和单壳油船；促进国内纺织品服装消费、扩大国内产业用纺织品的应用；推动第三代移动通信系统和三网融合建设，推进农村信息化建设；扩大油品和化肥储备；有色金属产品国家收储；鼓励购买自主创新设备，鼓励使用国产首台（套）装备。稳定外需的主要措施有：调整部分产品的出口退税率，加大出口买方信贷投放规模。此外，在轻工业、纺织行业加大对中小企业的金融支持和扶持力度，加大对船舶企业生产经营信贷融资支持，旨在稳定企业的生产经营。

从“调结构”方面看，“调整振兴规划”试图发挥促进产业技术和产品升级、优化产业组织结构和产业布局、增强自主创新能力、抑制部分行业的产能过剩等作用。从已出台的实施细则和拟出台的实施细则征求意见稿来看，采取的主要政策和措施有：加大科研开发和技术改造投入，支持企业自主创新；完善企业重组政策，鼓励企业兼并重组；完善落后产能退出机制，加大淘汰落后产能的力度；实施总量控制，严格控制新增产能，实施有保有压的融资政策；制定或修订重点行业产业政策，制定或修订行业准入条件；调整《产业结构调整指导目录》和《外商投资产业指导目录》，淘汰落后工艺技术目录；建立产业信息的交流和披露制度，充分发挥行业协会（商会）的作用。

2.“调整振兴规划”的特点与政策取向

“调结构”的主要政策，虽然强调利用市场机制，也试图加强政府在产业发展中的服务功能，但在很大程度上是原有产业政策的延续，继承了过往产业政策中计划经济色彩浓厚的传统，只是在一些细节上进行了修正、调整与补充，在制定和实施过程中表现出直接干预市场、以政府选择替代市场机制与限制竞争的管制性特征，是典型意义上的选择性产业政策：①

（1）“调整振兴规划”具有直接干预市场的特征。中国的产业政策一直以来就具有直接干预市场的特征，对于微观市场的直接干预措施是产业政策最为重要的手段。2003 年以来，

① “功能性产业政策”通常指的是政府通过提供人力资源培训、R&D 补贴等来提高产业部门国际竞争力的政策，它是一种“市场友好的”、旨在促进市场机制更好地发挥资源配置功能的产业政策。与功能性产业政策注重市场机制在资源配置中的基础性作用有所不同，“选择性产业政策”更加强调政府在资源配置中的作用，这类产业政策通过干预市场将资源分配到选择的特定产业，通过财政、金融、税收方面的优惠手段以及限制竞争的方式来培育选定的“优胜企业”，其目的是推动这些产业及企业迅速形成能够参与国际市场竞争的核心竞争力。中国的选择性产业政策更多表现为对产业内特定企业、特定技术、特定产品的选择性扶持以及对产业组织形态的调控。

政府对企业微观经济活动的行政干预在“宏观调控”的名义下明显加强。抑制部分行业的盲目投资、产能过剩是“调整振兴规划”的重要内容，同时也是“宏观调控”政策的重要组成部分，其行政直接干预市场的措施被显著强化。船舶、钢铁、有色金属产业“调整振兴规划”中都规定不再核准或支持单纯新建、扩建项目，钢铁和有色金属产业“调整振兴规划”还规定所有项目必须以淘汰落后为前提，淘汰所谓落后产能也主要靠行政手段推行，强调的“严格实行节能减排、淘汰落后问责制”就是行政问责制，“继续实施有保有压的融资政策”实际上是强调以是否获取行政审批作为金融企业发放贷款的标准。在《抑制部分行业产能过剩和重复建设引导产业健康发展若干意见》中明确提出要采取必要的行政手段，实际上政策实施主要依赖于行政手段。

在完善和拟出台的一系列行业准入政策中，政府对行业准入的行政管理显著加强，制定了严格的管理程序，除环境、安全方面的规定外，还对设备规模与工艺、企业规模、技术经济指标方面设定了一系列详细的准入条件。例如拟出台的《现有钢铁企业生产经营准入条件及管理办法》(以下简称《准入管理办法》)，作为有关部门核准或备案建设和改造项目、配置资源、核发建筑钢材生产许可证、规范铁矿石经营秩序及推进淘汰落后钢铁产能等事项的依据。工业与信息化部作为审核准入的主管部门，每年要对准入公告企业进行抽查，各省、自治区、直辖市工业部门每年要对公告企业保持准入条件的情况进行一次监督检查，并报告工业与信息化部。从准入条件来看，《准入管理办法》在环保、能耗标准外，还对设备规模和企业规模制定了明确的标准。《准入管理办法》根据《产业结构调整指导目录》对设备和工艺还有更为详细的要求，涉及钢铁行业的目录中有鼓励类 25 项、限制类 14 项、淘汰类 30 项，都是对具体的工艺、装备和产品的规定。拟出台的《准入管理办法》具有非常强的代表性，正在制定的一系列行业准入管理办法也都遵循这一思路。

(2)“调整振兴规划”的第二个特征是试图以政策部门的判断、选择来代替市场机制。其选择性并不表现为对具体特定产业的选择和扶持，而是更多地表现为对各产业内特定技术、产品和工艺的选择与扶持；表现在对产业组织结构、生产企业及企业规模的选择上；表现在以政府对市场供需状况的判断以及对未来供需形势变化的预测来判断某个行业是否存在盲目投资或者产能过剩，并以政府的判断和预测为依据制定相应的行业产能及产能投资控制措施、控制目标。

十大产业调整和振兴规划都列出了各产业鼓励发展的技术、产品和工艺。例如《装备工业调整和振兴规划》中第三部分的主要任务中就详细列举了鼓励发展的产品和技术;《轻工业调整和振兴规划》详细列出了鼓励发展的技术、装备和产品；等等。制定《船舶工业科研开发重点项目目录》、《船舶工业技术改造项目及产品目录》、《装备制造业技术进步和技术改造项目及产品目录》、《石化产业技术进步与技术改造项目及产品目录》也是“调整振兴规划”的重要内容，它们将详细规定鼓励发展的技术、产品和工艺。“调整振兴规划”提出修改《产业结构调整目录》，并将通过这一目录详细列出未来鼓励、限制和淘汰的技术、产品和工艺。在淘汰落后和行业准入政策中，也体现了政府的这种选择性特性。需要指出的是，在中国的投资管理体制下，这类指导目录、指南或者规划，是政府制定投资审批与管理、财税、信贷、土地等政策的依据，与其说这些政策是引导投资方向，不如说是在很大程度上选择了投资的方向。其实际上是以政府对于产品、技术和工艺的选择来替代市场竞争过程中对于产品、技术和工艺的选择。

在《钢铁产业调整和振兴规划》及《抑制部分行业产能过剩和重复建设引导产业健康发展若干意见》中，对于产能过剩行业及过剩程度的判断则是以政府对市场供需状况的判断以及对未来供需形势变化的预测来判断某个行业是否存在盲目投资或者产能过剩，并以政府的判断和预测为依据制定相应的行业产能及产能投资控制目标、控制措施的。钢铁、汽车等产业明确制定了提高集中度的具体目标，实施中选择特定企业打造成为大型企业集团，并指定具体规模目标。这实际上是以政府对产业组织结构、生产企业及企业规模的选择来代替市场过程的选择。

（3）“调整振兴规划”的第三个特征是保护和扶持在位的大型企业（尤其是中央企业），限制中小企业对在位大企业市场地位的挑战和竞争。实施这类政策往往以“充分利用规模经济，打造具有国际竞争力的大型企业集团；提高市场集中度，避免过度竞争”为理由。“调整振兴规划”中这类政策主要通过以下手段来实施：制定有利于在位大型企业的行业发展规划；制定有利于大型企业发展和限制中小企业发展的项目审批或核准条件；制定有利于在位大型企业的准入条件或严格限制新企业的进入；在项目审批和核准过程中照顾大企业的利益、优先核准大型企业集团的投资项目，对中小企业的项目进行限制。

在钢铁、汽车产业调整和振兴规划中，限制竞争的特征尤为突出。《钢铁产业调整和振兴规划》明确提出“全国要形成宝钢集团、鞍本集团、武钢集团等几个产能在5000万吨以上、具有较强国际竞争力的特大型钢铁企业，形成若干个产能在1000万~3000万吨级的大型钢铁企业”。而在汽车产业调整和振兴规划中，明确提出“形成2~3家产销规模超过200万辆的大型汽车企业集团，4~5家产销规模超过100万辆的汽车企业集团”，这些要形成的大规模汽车企业集团均是对应在位企业，“鼓励一汽、东风、上汽、长安等大型汽车企业在全国范围内实施兼并重组，支持北汽、广汽、奇瑞、重汽等汽车企业实施区域性兼并重组”实际上就体现了这一点。

二、“调整振兴规划”的保增长成效及其政策调整

“调整振兴规划”的保增长、扩内需政策已经收到显著效果。工业经济较快扭转了增速下滑局面，回升向好的运行态势不断明朗并得到巩固。2008年，规模以上工业生产增速由6月份的16%一路下滑到2009年前两个月的3.8%之后，止跌回升，2009年3月份增速达到8.3%，6月份以来连续7个月保持两位数的增长，全年同比增长11%，其中11、12月份增速分别达到19.2%和18.5%，呈现出明显的“V”字形运行轨迹（见图11–2）。工业企业效益从2009年3月份开始明显改善，1~11月实现利润25891亿元，同比增长7.8%；上缴税金总额21129亿元，增长14.8%；企业亏损面由1~2月份的25.3%缩小到17.4%，亏损额同比下降33.5%。

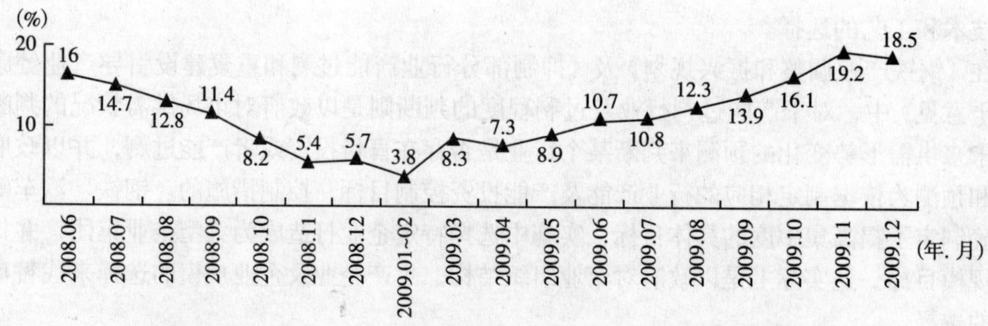

图 11-2 2008 年 6 月~2009 年 12 月规模以上工业增加值分月增速

资料来源：国家统计局统计公报。

1. 扩内需政策作用明显

扩大内需是“调整振兴规划”的一个重要着力点，也是改变中国出口导向型产业发展模式的一个重要标志。目前，“调整振兴规划”扩内需的政策以短期刺激措施为主，这些措施取得了比较显著的效果。

（1）小排量汽车购置税减半政策有效激活了汽车消费市场。汽车下乡、以旧换新特别是小排量汽车购置税减半的政策，有效激活了汽车消费市场。2009 年 2 月份，中国汽车市场结束下滑势头，产销量逐步回升，从 3 月份开始产销量月月超过百万辆。据中国汽车工业协会统计，中国全年累计销售汽车 1364.48 万辆，同比增长 46.2%，比 2002 年汽车销售同比增长 37%的历史纪录高近 10 个百分点。其中，乘用车产销分别为 1038.38 万辆和 1033.13 万辆，同比增长 54.1%和 52.9%。1.6 升及以下排量乘用车销售 719.55 万辆，同比增长 71.3%，占乘用车销售的 69.7%，占汽车销售的 52.7%，同比提高了 8 个百分点。汽车工业消费需求的高速增长同时刺激和带动了钢铁、电子等上游行业的消费和发展。

（2）家电下乡和以旧换新政策显著刺激了家电市场消费。2009 年，家电下乡、以旧换新等政策拉动了消费，带动了生产。家用电冰箱、洗衣机产量同比分别增长 18.8%和 13%；房间空调器产量虽然下降 4.1%，但 2009 年 8~10 月三个月增速连续保持在 27%以上。据家电下乡信息系统数据显示，截至 2009 年 12 月 31 日，累计销售家电下乡产品 3768 万台，销售金额 692.5 亿元。据商务部统计，截至 2009 年 12 月 30 日，9 个试点省市以旧换新共销售五大类新家电 360.2 万台，销售额 140.9 亿元，占五大类家电品种销售额的近 1/3，占全部家电总销售额的 1/5 左右。消费者享受补贴超过 14 亿元。① 从整体上看，这些刺激消费的政策对于稳定轻工业的增长起到了重要作用，2009 年轻工业规模以上企业工业增加值同比增长 9.7%。

（3）引导推进 3G 通信网络建设，从投资、消费两个方面扩大了内需。2009 年，三家基础电信企业共完成 3G 网络建设直接投资 1609 亿元，完成 3G 基站建设 32.5 万个，建设规模超过十多年来累计规模的一半。3G 投资吸引了大规模的社会资金，产生了巨大的“乘数效

① 数据来源：商务部网站。

应”，形成了一条包括 3G 网络建设、终端设备制造、运营服务、信息服务在内的庞大产业链。据工业与信息化部的测算，2009 年 3G 间接拉动国内投资近 5890 亿元；带动直接消费 364 亿元（终端消费 297 亿元，业务消费 67 亿元），间接消费 141 亿元；直接带动 GDP 增长 343 亿元，间接带动 GDP 增长 1413 亿元；直接创造就业岗位 26 万个，间接创造就业岗位 67 万个。

（4）纺织品服装内销较快增长，“扩内需”政策在一定程度上起到了促进作用。2009 年 1~11 月份，规模以上纺织企业累计实现内销产值 26740.33 亿元，同比增长 14.05%，增速比 1~5 月份提高了 4.63 个百分点。据国家统计局数据显示，12 月份中国衣着类消费品零售总额同比增长 21.8%，比 1~11 月份提高 0.4 个百分点。终端产品内销已逐步成为带动纺织行业企稳回升的重要因素，这将进一步带动上游行业转暖。纺织工业内销的增长主要是国家 4 万亿元经济刺激计划以及宏观经济恢复较快的结果，但《纺织行业调整和振兴规划》中“进一步扩大国内需求”的政策措施对内销增长也起到了一定的促进作用。

（5）有色金属国家收储政策起到了稳定市场的作用。2009 年年初，由于国际市场有色金属价格的急剧下降及国内市场需求下降，有色金属企业面临前所未有的困难。有色金属国家收储措施及时出台，国家共完成收储电解铝 59 万吨、锌 16 万吨、铟 30 吨、钛 3000 吨，[①] 一些地方也进行了收储工作，起到了拉动需求和稳定市场的重要作用，缓解了部分企业销售困难和资金紧张的压力。

（6）增值税转型、农机购置补贴等政策在扩大装备需求方面作用积极。国务院决定自 2009 年 1 月 1 日起在全国实施增值税转型改革，从生产型增值税转变为消费型增值税，允许企业抵扣新购入设备所含的增值税，同时，取消进口设备免征增值税和外商投资企业采购国产设备增值税退税政策。该项政策可以降低企业购置装备和更新装备的成本，具有扩大市场需求的作用。2009 年，全年规模以上装备工业增加值增长 13.8%，同比回落 3.3 个百分点；其中头两个月增长 5.4%，此后逐月攀升，从 5 月份开始连续 8 个月实现两位数的增长，11 月、12 月分别增长 20.8%和 22.8%。2009 年，中央财政投入 130 亿元用于农机购置补贴，惠及全国所有农牧区县，覆盖十二大类 38 种农机产品，拉动地方和农民投入 360 亿元。全年大、中、小型拖拉机分别增长 30.7%、29%和 9.8%，收获机械和粮食机械分别增长 55.4%和 23%。[②] 增值税转型、农机购置补贴、加强投资项目的设备采购管理等扩大内需的政策起到了积极的作用。

（7）船舶、石化产业调整和振兴规划中扩内需的政策起到一定的积极作用。船舶行业调整和振兴规划中鼓励购买弃船、努力扩大国内船舶市场需求、加快淘汰老旧船舶和单壳油轮等扩内需的政策，石化行业调整和振兴规划中完善化肥储备机制、抓紧落实油品储备等政策，均在一定程度上起到了稳定市场的作用。

---

① 数据来源：工业和信息化部原材料工业司网站。
② 数据来源：工业和信息化部装备工业司网站。

2. 稳定外部市场政策取得一定成效

提高出口退税率等稳定外部市场的政策起到了一定效果，工业品出口交货值降幅逐月收窄。全年完成出口交货值 72882 亿元，同比下降 10.1%，其中前 8 个月降幅均在 13%以上，9 月份以后降幅持续收窄，9 月、10 月分别下降 9.9%和 7.3%，11 月、12 月转为增长 5.3%和 12.4%。据海关数据，2009 年中国纺织品和服装出口总额同比下降 10.1%，降幅自第四季度以来持续收窄。受出口退税政策及国际市场需求回升影响，在世界主要纺织品市场上，中国产品市场份额持续上升。

中国进出口银行加大了对船舶、机械等产品出口的买方信贷支持力度，产生了十分积极的作用。2008 年国际金融危机爆发以来，由于韩币对美元大幅度贬值，韩国船舶企业出口船的报价在同等条件下比中国低 10%，价格优势相当明显。但 2009 年以来中国船舶企业在承接国际订单上不仅没有落后于韩国，反而领先较大，其中一个主要原因就是船舶出口买方信贷投放的增加可以较好地帮助船东解决船舶融资问题。2009 年，中国造船完工量 4243 万载重吨，同比增长 47%，增幅回落 5.2 个百分点；新承接船舶订单 2600 万载重吨，同比下降 55%，但仍居世界第一位。中国造船完工量、新接订单量、手持订单量分别占世界市场份额的 34.8%、61.6%和 38.5%，比 2008 年年底分别提高了 5.3 个百分点、23.9 个百分点和 3 个百分点。①

3. 保增长政策需做适当调整

随着经济形势的好转，“调整振兴规划”中扩内需、稳外需的政策都需要做相应调整，应转向推动发展方式转变、促进经济平衡健康发展方面。

进一步促进消费增长应成为转变工业增长方式的一项长期战略措施。工业结构调整，必须调整中国工业发展过于依赖投资增长和出口增长的模式，逐渐增强消费对工业增长的拉动作用。“调整振兴规划”中汽车购置税减半、汽车下乡、家电下乡等扩大消费需求政策，多为反周期短期性的刺激政策，在很大程度上只是将未来三五年内的消费需求提前实现，并有可能透支未来平稳的消费增长。从长期来看，增强消费需求拉动作用的关键在于加快居民收入的增长速度以及提高其在国民收入中的占比。要提高劳动报酬在初次分配中的比重，保护劳动者在劳动市场的合法权益，提高劳动者的相对谈判能力，建立职工工资稳步增长机制；要加快新一轮的税制改革，实施结构性减税政策，减轻企业和居民负担，缩小收入差距；要加大社会保障等民生投入，提高社会保障统筹的层次，扩大社会保障覆盖面，建立基本住房保障制度，提高居民消费能力。财政补贴与税收减免等措施，可考虑在节能、环保和绿色产品市场培育期采用，以引导促进消费结构升级。

中国的出口政策需要调整。虽然提高出口退税率在应对金融危机、稳定出口市场方面起到了积极作用，但同时也会带来负面效应，使资源更多地流向出口部门，从而加剧中国经济

---

① 数据来源：工业和信息化部装备工业司网站。

的内外失衡。过高的出口退税率，不仅加大了财政负担，加重了企业对这一政策的依赖，并且在客观上会造成出口价格低于国内价格的情况，从而引发国际贸易摩擦。出口产品的低税负，让国外消费者能以比国内消费者更加廉价地消耗中国资源。应根据企业运行情况以及国际市场恢复态势，及时下调出口退税率，并尝试将节省出的财政用于进一步调整税收政策，加大对企业技术创新和产品创新的支持力度，以此提升产品出口结构与工业企业的国际竞争能力。将政府对技术创新的支持定位于产业研究和开发阶段，建立税收减免、拨款和贷款贴息相结合的支持政策体系。因为按照 WTO 补贴与反补贴措施协议的规定，国家对基础性研究的资助不在限制之列，对产业（基础）研究和研究开发活动不超过合法成本的 75%和 50%的补贴为不可起诉补贴。此外，增加出口买方信贷投放虽然在稳定出口市场方面起到了重要作用，但还是应当审慎考虑其中可能存在的金融风险。

三、“调整振兴规划”的调结构作用及其政策探讨

“调整振兴规划”的实施，在一定程度上促进了结构调整，但作用有限，其中一些政策甚至可能会带来一些负面的政策效应。

1. 结构调整取得一定进展，自主创新能力有所提高

（1）淘汰落后、节能降耗取得进展。2009 年全年淘汰的炼钢、炼铁和水泥落后产能分别达到 1691 万吨、2113 万吨和 7416 万吨，平板玻璃、电解铝、焦炭、电石、铁合金、造纸、酒精、味精、柠檬酸等行业基本完成了年内下达的淘汰任务，节能减排成效明显。

（2）企业兼并重组工作稳步推进。总体来看，虽然跨地区重组比较困难，但省内重组进展较快。在钢铁行业中，宝钢入主宁波钢铁公司；山东钢铁集团并购日照钢铁；首钢重组长治钢铁有限公司；五矿集团相继重组长沙矿冶研究院和鲁中矿业集团；鞍钢与攀钢的重组也在积极推进。在汽车行业中，长安兼并哈飞昌河；广汽集团重组长丰汽车。在有色金属行业，五矿集团并购了湖南有色；中国黄金集团兼并了西藏甲玛铜矿等有色金属矿山；云南冶金集团出资收购美铝持有的美铝（上海）公司 100%股权；中国有色矿业集团收购了山东奥博特铜铝业有限公司。

（3）技术改造加快，自主创新能力有所加强。2009 年，中央财政安排技术改造专项资金 200 亿元，主要采取贴息方式支持企业加强技术改造，下达投资计划 4441 项，总投资 6326 亿元，[①] 在一定程度上加快了技术改造。依托重点建设工程，国产燃压机组 、高速动力车组和大功率交流传动电力/内燃机组等重大装备的研制和使用取得突破。通过实施科技专项，在直线喷气客机和大型关键锻件、桥式龙门加工中心，大型船用柴油机曲轴等制造领域掌握

① 数据来源：工业和信息化部运行监测协调局网站。

了一些关键核心技术。

2.“调结构”政策及实施遇到的问题

（1）“行政主导”、“扶大限小”的倾向在一定程度上会降低兼并重组的效率，并可能带来其他不良后果。在“调整振兴规划”中，“行政主导”、“扶大限小”仍是兼并重组政策的主线，主要依靠国家产业政策导向与地方政府权力，这些政策将影响兼并重组效率。国外钢铁产业重组是充分的市场化运作，因此保持了很高的重组效率。从对1996年以来中国钢铁工业重组联合近70起事件的考察来看，取得实效的不足30%，重组效率低。“调整振兴规划”中明确指出推动鞍本集团等企业的实质性重组，实际上反映了以上企业集团在重组后整合进程缓慢、资源整合效率低下。“扶大限小”的政策导向也是导致低效率重组的一个重要原因。在“扶持大企业、限制小企业”的政策导向下，地方政府为了避免本地企业被政策边缘化，也为了获取更多的政策扶植，倾向于将本地钢铁企业拼凑在一起。河北钢铁集团、山东钢铁集团的组建实际就是出于这种目的。这种兼并有异于高效率企业对低效率企业的兼并整合，往往是几家效率并不高的企业在形式上的组合，即便是行政强力推动下实现了财务、采购和销售上的整合，除了地区垄断能力得到提升以外，核心能力的提高有限。

“扶大限小”实际上是政府代替市场过程来挑选竞争的胜者。市场作为一个筛选机制和发现过程，让那些具备效率优势的企业能够生存和发展。生产者和消费者都不可能事先知道竞争过程的最终结果，也不可能知道哪个企业能成功满足消费者意愿，成为争胜竞争过程的胜出者。只有通过竞争过程才能发现这些知识，只有经由试错过程才能最终判定谁能胜出，只有经过无数次争胜竞争试验过程才能筛选出暂时的赢家（王廷惠，2005）。政府无法代替市场竞争性过程来选择真正的赢家。倘若政府干预代替市场选择过程进行胜者的选择，整个市场必然会失去甄别、发现、利用和创造新知识的动力，行动主体对利润机会所保持的警觉也会消失。这就带来了另一个问题：政府对胜者的选择也使得经济主体通过非市场手段俘获政策制定者的不良现象更为严重和普遍，由此进一步扭曲了市场过程的有效运行。

（2）落后产能的界定不应以设备规模作为主要标准，也不宜在环保、安全之外确立其他标准。在石化、钢铁、船舶等产业振兴规划中，淘汰落后产能以设备规模作为主要标准，这可能会导致小企业避免被淘汰而投资相对大规模的设备，使产能过剩问题加重。建议淘汰落后产能以环保、安全指标作为标准，而不以企业、设备规模“一刀切”。另外，在识别落后产能上也应力求科学和审慎，尽可能避免在安全和环保指标以外对技术、设备做过多的限定，避免以政策部门的选择代替市场选择。以钢铁工业为例，淘汰1000立方以下的高炉是欠考虑的。450立方以上的高炉和50吨以上的转炉，同样可以达到国家环保要求，也可以达到良好的技术经济指标。中国在1000立方以下高炉的使用上研发了许多先进适用性技术，对于冶炼中国特有的低品位多杂质铁矿具有特殊的技术优势，“一刀切”地将其淘汰，会在很大程度上加大对国外铁矿石的依存度。

（3）在促进产业升级和产品结构调整过程中，政府应以市场需求为主导，充分尊重企业自身的选择，不宜对具体技术、产品和工艺做具体规划。“调整振兴规划”中试图从各个行业中挑选出需要重点发展的先进技术、工艺和产品进行扶植，并挑选出落后的技术、工艺和产品进行限制和淘汰，这需要能够对上百个细分行业中众多技术、工艺和产品的前景、经济性与市场进行准确判断和预测，而这是一项决策部门几乎难以完成的工作。在促进产业升级和产品结构调整的过程中，应以市场需求为主导，防止脱离中国经济发展阶段而片面追求高新技术工艺，同时也要防止把本来具有市场需求的生产能力看做过时与落后并加以淘汰。脱离市场需求强调所谓高端产品的比例，可能会导致所谓高端产品产能的严重过剩。此前的钢铁产业政策中过分强调提高板带比，就直接导致了目前板带材轧制产能严重过剩的局面；限制线材、螺纹钢产能等低端产品的政策，则直接导致了建筑钢材市场供应的相对短缺。此外，支持企业技术改造，以采用税收减免的方式更为合理。"调整振兴规划"中主要采取贴息的方式，并涉及两个部门以及地方政府的审批，中小企业的技术改造往往很难获得相应的支持，也会带来"跑部钱进"等一系列问题。

（4）严格控制总量、抑制部分行业产能过剩的政策值得商榷。在钢铁产业调整和振兴规划中，以政府部门对市场的判断和预测作为依据来进行总量控制，在很大程度上是试图通过政策来代替市场机制。这首先需要政府能对未来市场做出准确的预测和判断，而这一点恰恰是最让人质疑的。从20世纪90年代以来，从许多政策文件中对市场的预测来看，无论是长期预测还是短期预测，均与实际情况存在很大差异，如果这些政策中的控制目标实现，那么将会出现严重的供不应求（见表11-1）。中国产能过剩和重复建设问题并不是市场失灵，而是有其深刻的体制背景。越来越多的研究表明，转轨体制下地方政府竞争过程中对于微观经济的不当干预是导致产能过剩和重复建设的主要原因，控制总量、严格控制新增产能的做法不能从根本上治理产能过剩。此外，"严格限制产能投资，新建产能投资以淘汰落后产能为前提"的政策，往往导致一些不必要的重组，以及增加了兼并重组的难度和代价，在很大程度上使得一些原本没有重组价值的企业具有了"独特"的价值。企业为了在异地投建新的产能，必须先重组当地低效率的企业，并淘汰这些企业的落后产能，这些低效率企业在重组过程中谈判能力有了极大的提高，兼并重组方需要付出更大的代价，在整合过程中也面临更多的困难。广东钢铁集团和广西钢铁集团的组建就是这方面的实例。

表11-1　历年政策文件中对钢铁工业的市场预测或控制目标

做出预测的政策	预测时间	对钢铁工业市场的预测或控制目标	钢铁工业市场的实际运行情况
钢铁工业"九五"规划	1994年	2000年市场需求钢材产量达到9600万吨	2000年国内成品钢材消费量达14118万吨
钢铁工业"十五"规划	1999年	2005年钢材表观消费量达到14000万吨以上	实际2004年的钢材表观消费量就达到了3亿吨
关于做好钢铁工业总量控制工作的通知	1999年	1999年钢产量比1998年压缩10%，即10313万吨，全年钢材进口控制在700万吨	1999年粗钢产量达到12353万吨，全年钢材进口1486万吨，粗钢表观消费量为13632.49万吨
关于做好钢铁工业2000年总量控制工作的通知	2000年	对钢铁工业的总量控制目标为产钢1.1亿吨、钢材1亿吨	实际产量钢材达到13146万吨、产钢12850万吨，钢材价格普遍上涨，钢材净进口972万吨
关于做好钢铁工业2001年总量控制工作的通知	2001年	总量控制的目标是钢产量11500万吨，钢材10500万吨	实际钢产量15163.44万吨，钢材产量16067万吨，钢坯、钢锭净进口544万吨，钢材净进口1247万吨，价格仅有小幅下降

续表

做出预测的政策	预测时间	对钢铁工业市场的预测或控制目标	钢铁工业市场的实际运行情况
关于做好钢铁工业2002年总量控制工作的通知	2002年	2002年总量控制的目标是钢产量12500万吨	但是实际产钢量18224万吨，钢材表观消费量达到2.115亿吨，全年钢材价格整体上扬
关于制止钢铁行业盲目投资的若干意见	2003年	预计到2005年年底将形成3.3亿吨钢铁生产能力，已大大超过2005年市场预期需求	2004年产能超过34013万吨，大多数钢铁工业企业满负荷生产，产品价格大幅上升，2005年粗钢产量就达到了3.5亿吨，消费量达到3.76亿吨
关于钢铁行业控制总量淘汰落后加快结构调整的通知	2006年年初	认为钢铁工业产能严重过剩	2006年中国累计粗钢、生铁和钢材产量同比分别增长18.5%、19.8%、24.5%，国内钢材市场运行总体良好，钢铁行业利润实现历史最好水平
钢铁产业调整和振兴规划	2009年3月	认为2009年钢铁行业表观消费量为4.3亿吨	实际表观消费量和产量均在5.7亿吨左右
抑制部分行业产能过剩和重复建设引导产业健康发展若干意见的通知	2009年9月	认为需求在5亿吨	实际表观消费量和产量均在5.7亿吨左右

注：钢铁工业运行情况部分数据来源于《中国钢铁工业年鉴》与中国钢铁工业协会。

(5) 将提高集中度和企业规模作为政策目标的做法有必要进一步探讨。产业组织政策一直是中国产业结构调整政策的重要内容，它通过市场准入、投资项目审批和选择性培育特定企业来提高市场集中度和培育大规模企业，以优化产业组织结构，这种政策混淆了结果与过程的关系。一定时期特定市场的企业数量、市场结构及产业组织形态是特定竞争过程的暂时结果，本身并无多大的意义。竞争性集中之所以有效率，是因为竞争性过程的选择性作用。竞争是一个复杂的演化和选择过程，市场份额总倾向于从缺乏效率的企业转移到更具效率的企业，企业家争胜竞争过程必然产生集中趋势，通过市场竞争形成的大规模企业和市场集中更具有效率性特征，脱离开这一过程去强调集中度的效率是毫无意义的。中国的产业结构优化政策，实际上是将自由竞争下的效率集中与行政干预下形成的集中相提并论，忽略了两者的本质性区别，通过行政管制、政策干预形成的集中在动态效率和静态的配置效率上都是缺乏的。总而言之，是市场争胜过程造就了市场动态效率与高效率的大企业，市场集中度和企业规模提高只是这一过程的副产品，试图通过提高集中度和培育特定大企业的产业组织政策来提高市场效率的做法完全是舍本逐末。

四、"调整振兴规划"与"十二五"时期产业政策取向

"调整振兴规划"与21世纪以来的中国产业政策一样，试图通过行业准入、目录指导、项目审批、强制淘汰落后等直接干预型政策措施，促进产业结构调整和抑制部分行业的产能过剩及重复建设，从整体上表现出直接干预市场、以政府的判断和选择来代替市场竞争以及

限制竞争的管制性特征。从动态和过程的角度理解市场竞争后，我们会进一步发现中国的产业政策存在许多值得商榷的地方，这些产业政策不但不能实现促进结构调整和抑制部分行业产能过剩的目标，反而可能导致不良的政策效果。

中国的产能过剩问题在很大程度上是体制扭曲下地方政府不当干预企业投资行为造成的，其治理更需要推动经济体制改革，约束地方政府的不当干预，完善市场体制，充分发挥市场机制的基础性作用，而不是以总量控制来直接代替市场的协调机制。市场竞争的优胜劣汰机制具有淘汰落后和逐步将资源集中于高效企业的作用，通过市场竞争形成的大规模企业和市场集中更具有效率性特征。由于中国市场体制还不完善，地方保护与行政干预往往使得市场竞争的优胜劣汰机制大打折扣。在“调整振兴规划”中，淘汰落后产能和推进兼并重组主要依靠行政性手段，很大程度上也是出于短期内政策可操作性方面的考虑。但是，依靠行政性手段本身会带来一系列问题。从长期看，淘汰落后产能、推动市场集中和造就高效大规模企业还必须依靠市场优胜劣汰机制充分发挥作用。

在市场经济体制中，市场通过其价格机制、发现机制和优胜劣汰的竞争机制，引导和推动产业结构随着经济的发展不断调整，同时也引导和推动产品与技术不断优化升级。在经济转轨过程中，市场经济体制还不完善，但这并不意味着政府规划能够代替市场机制成为产业结构调整与优化升级的主导。由于脱胎于计划经济体制，中国产业政策中的“计划思维”长期存在。政府在制定产业结构政策时往往认为行业管理者由于所处的特殊位置能够获取更多信息，因此比行业内的投资者、生产者更聪明、更富有远见，能够准确预见到未来行业的供求平衡点。事实上，政策制定者并不见得比市场更聪明，他们掌握的市场信息同样是不全面的、滞后的，甚至比企业掌握的信息更滞后、更失真。因此，政府部门难以对产业结构变动进行准确预测，强行按照自己的愿望调整产业结构，结果往往难如人意。新中国成立60年来工业发展与产业结构演变的经验表明，计划调节或者计划色彩浓厚的行政性主导调节多数都会带来不良的效果。

1. 重点产业“调整振兴规划”和“十二五”期间的产业政策取向应调整为：在进一步深化体制改革的同时，实施竞争政策和功能性产业政策，避免实施选择性产业政策，充分发挥市场机制的基础作用，从根本上推动结构调整和优化升级

首先，应当深化经济体制改革，进一步完善中国的市场经济体制，消除体制性障碍，从根本上推动经济发展方式转变和经济结构调整。经济体制上的弊端与市场经济体制发育的不完善，是导致中国工业发展过程中结构性问题日益突出的根本性原因。在现有体制下，经济增长严重依赖于固定资产投资的高速增长，这在需求上导致工业结构问题积累固化；土地的模糊产权、资源的非市场定价与环保体制上的严重缺陷，使得地方政府将低价供地、漠视企业污染环境作为竞争资本流入的重要手段，这从供给方面使得工业结构性矛盾更为严重，也给工业结构调整和优化升级造成障碍。推动工业结构调整与优化升级，要求政府要有进一步深化经济体制改革的决心，协调各部门共同解决体制中的痼疾，这是一项政府难以回避的艰巨工作。

一是要明晰土地产权，进一步完善土地管理制度。推动土地市场化改革，使市场成为配置土地要素的基本体制。现阶段，地方政府借助土地的模糊产权和垄断土地一级市场，严重依赖通过基础设施建设、房地产开发、以土地优惠政策吸引投资来拉动本地区经济增长。土

地制度的完善对于转变经济增长方式和推动结构调整至关重要，同时土地制度的改革与完善对于改变地区间产业结构高度同质化的局面也具有重要意义。二是要改革资源及资源产品的价格体制，实现资源全面有偿使用，包括矿业权有偿取得、成本合理负担等，架起资源市场与资源价格之间的联系渠道，改变资源价格难以发挥调节作用的不合理机制；改革资源价格由政府控制的现状，形成资源性产品价格市场化机制，充分发挥市场机制调节资源价格的作用；打破资源性行业垄断价格，实现市场对价格的有效调节；加强政府监督，采取相应的配套措施，为资源价格改革创造有利条件。三是完善环境保护制度。确保环境立法和实施中的公众参与，完善环境公众参与制度的法律设计，进一步完善环境公益诉讼制度，使环境得到及时有效的保护，对个人和公众的环境权益进行全面周到的救济。健全排污权有偿取得和交易制度，扩大排污权交易试点。四是改革地方官员考核体制。要改变以辖区内 GDP 增长为主要考核晋升标准的体制，把反映经济质量和效益状况、反映能源资源消耗和环境影响程度、反映社会发展和人的全面发展情况的指标纳入指标体系，并且在指标设计上要重视对政府公共服务能力和满意度的考核。五是要建立和健全竞争政策，对于政府长期干预形成的行政性垄断进行坚决限制，减少以产业政策为特征的政府指令对市场竞争的替代，减少政府设置的行政性市场进入壁垒，减少政府对私人部门的种种不合理限制。

其次，政府应当弥补市场机制的某些不足，实施功能性产业政策，在具有外部性的公共领域发挥重要作用，这包括：①环境保护法律和制度进一步完善并行之有效。②知识产权的保护。③对基础性研究的支持，对于具有较强外部性的应用性研究以及具有重大影响的应用性研究提供资助。④教育与专业人才培养（包括技术工人的培养）。⑤行业信息、技术发展及趋势、经济运行信息的收集、整理、研究与发布，为行业信息交流和研讨提供公共平台。[①]⑥对新能源技术、清洁燃烧、节能技术及其产业化的支持。

2. 新兴行业发展中重复建设问题与“十二五”期间培育战略性新兴产业发展政策的调整

2009 年出台的《关于抑制部分行业产能过剩和重复建设引导产业健康发展的若干意见》认为，在风电设备和多晶硅等新兴行业也出现了重复建设倾向。而在此之前，产能过剩和重复建设主要出现在传统行业。从本质上看，与传统行业相同，地区竞争过程中地方政府对投资行为的干预是新兴行业产能过剩和重复建设形成的主要原因。略有不同的是，此前这两个新兴行业是政府部门扶持的行业。在中国，处于鼓励类的产业目录中，意味着更容易获得审批，意味着更容易获得地方政府廉价土地的支持，以及更容易获得地方政府在融资上的帮助。一旦技术壁垒被打破，在地方政府投资优惠政策的作用下，大量新的进入者会涌入这个新兴行业，对于这个行业的产能投资会随之激增。地方政府的优惠政策将会对企业投资产生补贴效应、成本外部化效应和风险外部化效应，扭曲企业投资行为，导致企业过度的产能投资和行业产能过剩。在这种体制下，当某个新兴行业的市场出现市场需求的扩张时，整个行业和行业中的多数企业都会对需求的扩张做出过度反应，导致产能扩张远大于市场需求

① 虽然重点产业调整振兴规划中提出建立产业信息的交流和披露制度，但这一制度建设进展非常缓慢，并且发布的信息主要集中在产业政策导向、项目核准、生产销售库存、淘汰落后、企业重组、污染排放、银行贷款情况等方面，主要为抑制产能过剩服务。行业信息、技术发展及趋势、经济运行信息的收集、整理、研究与发布，为行业信息交流和研讨提供了公共平台，相对于产能相关信息的交流与发布，这些公共服务对于促进产业升级和产业发展更为重要。

的扩张。

培育新兴行业的发展一直是产业政策的一个重要目标，采取何种政策措施必须慎重考虑。在培育新兴产业的过程中，如果在生产制造环节给予太多的投资优惠政策，会在很大程度上扭曲企业的投资行为，并导致行业严重的产能过剩。并且，对于产能投资环节大量的投资补贴会诱发企业的寻租行为，使得企业经营者将更多的精力和更多的资本放在追逐地方政府的低价土地等寻租行为上，而不是把更多的投入放在研究开发和技术工艺的改造升级上，这也会使得新兴行业中企业在国际竞争中更加依赖以政府补贴和低污染排放标准所带来的所谓低成本竞争力。

"十二五"期间培育战略性新兴产业政策的重点应调整为：对于新兴产业企业研究开发活动进行普遍性支持（即不只对政府所选定企业的研究开发活动进行支持）；对于基础研究和共性技术研究的大力支持；对于节能减排等绿色产品提供消费补贴，以促进新兴产业市场的形成；鼓励发展风险投资基金等。这些都是培育新兴产业的重要措施，并且这些措施对于市场的干预程度相对比较低，不良效果也比较少。

专栏 11—1

国务院要求进一步落实重点产业调整振兴规划

2010 年 2 月 24 日，国务院总理温家宝主持召开国务院常务会议，研究部署进一步贯彻落实重点产业调整和振兴规划。会议指出，为应对国际金融危机，2009 年年初国家从缓解企业困难和增强发展后劲入手，相继制定出台了汽车、钢铁、电子信息、物流、纺织、装备制造、有色金属、轻工、石化、船舶十大重点产业调整和振兴规划，分别提出了上百项政策措施和实施细则，对保持国民经济平稳较快发展起到了重要作用。随着政策措施逐步到位，重点产业下滑态势得到遏制，整体企稳回升，企业重组稳步推进，淘汰落后产能力度加大，企业技术进步明显加快。

会议指出，必须清醒地认识到，贯彻落实重点产业调整和振兴规划是一项长期的任务，目前取得的成果只是初步的、阶段性的。当前面临的困难还很多，国际市场需求低迷对重点产业的影响仍在继续，一些行业回升基础尚不牢固，资源环境约束日益加剧，抑制产能过剩、淘汰落后、优化布局、加快自主创新任务十分艰巨。

会议提出，面对国内外环境变化的新形势，必须牢牢抓住调整结构、转变发展方式这一重点，进一步加大工作力度，充实完善政策措施，加快体制机制创新，全面贯彻实施好产业调整和振兴规划，力争在提高产业发展的质量和效益上取得新的突破性进展。

一要立足扩大内需，巩固重点产业企稳回升势头。继续实施家电下乡和汽车、家电以旧换新政策，扩大补贴产品范围，支持新能源汽车示范推广。稳定和拓展外需，引导企业积极开拓新兴市场。

二要优化产业布局，严格市场准入，强化投资管理，做好有序转移。建设先进

续专栏 11—1

制造业基地和现代产业集群。推动电子信息、轻工、纺织等产业向中西部地区加快转移。

三要压缩和疏导过剩产能，加快淘汰落后产能，引导产业健康发展。坚决控制钢铁、水泥、电解铝、焦炭、电石等行业产能总量。强化安全、环保、能耗、质量等指标的约束作用，提高落后产能企业和项目使用能源、资源、环境、土地的成本。建立钢铁行业碳排放考核指标体系和汽车产品节能管理制度，启动石化行业低碳技术示范工程建设。

四要着力推进企业兼并重组，提高产业集中度和企业竞争能力。

五要加强关键领域和重要环节的技术改造，提升优化传统产业，夯实发展战略性新兴产业的基础。

六要深化改革，研究建立促进调整结构和转变发展方式的体制、机制。引导各级领导转变发展观念，落实责任制，增强企业社会责任意识，保证规划实施稳妥有序地进行。

资料来源：http://bbs1.people.com.cn/postDetail.do?id=97900861。

参考文献

Metcalfe，J.S，Evolutionary Economics and Creative Destruction. London：Routledg，1998.

Peltoniemi，M. Beyond Efficiency and Market Shares：Competition within the Finish games industry. The DRUID Summer Conference 2007 on Appropriability，Proximity，Routines and Innovation. available at：http://www2.druid.dk/conferences/viewpaper.php?id=1370&cf=9.

冯晓琦、万军：《从产业政策到竞争政策：东亚地区政府干预方式的转型及对中国的启示》.《南开经济研究》2005 年第 5 期。

江飞涛、曹建海：《市场失灵还是体制扭曲——重复建设形成机理研究中的争论、缺陷与新进展》.《中国工业经济》2009 年第 1 期。

李平等：《十大产业调整振兴规划实施效果分析》.《中国经济时报》2009 年 8 月 31 日。

卢峰：《根治产能过剩的关键：资源配置市场行权》.《21 世纪经济报道》2009年 12 月 15 日。

王廷惠：《竞争与垄断：过程竞争理论视角的分析》. 经济科学出版社 2007 年版。

姚枝仲：《危机一周年：重评中国的出口退税政策》.《21 世纪经济报道》2009 年 9 月 21 日。

赵云旗：《促进经济增长方式转变的路径探讨》.《财政研究》2007 年第 10 期。

中国社会科学院工业经济研究所课题组：《"十二五"时期工业结构调整和优化升级研究》.《中国工业经济》2010 年第 1 期。

第十二章　扩大消费需求政策及其对工业增长的作用

提　要

在应对国际金融危机的“一揽子”计划中，扩大消费需求是其中的一项重要举措。国际金融危机爆发后，中国扩大消费需求的政策主要从调整收入分配格局、促进家电、汽车消费、拓展消费空间、促进居民住房消费、优化消费环境和加大社会保障投入等方面着手。在重点产业调整振兴规划及其实施细则中，也有部分内容是围绕扩大消费需求展开的。2009年，扩大消费需求政策初见成效，消费需求对工业增长的拉动作用明显增强，尤其是在汽车、家电行业；扩大消费需求还间接拉动原材料、中间产品的需求和生产。目前，扩大消费需求政策中最为直接有效的政策仍是家电下乡等短期刺激性政策，这种政策会透支未来平稳的消费增长，随着经济形势的好转，有必要对这种短期消费刺激政策进行调整。鉴于目前扩大消费需求面临的制约因素和困难，作为一项应中长期坚持的战略方针，扩大消费需求政策应立足于：①理顺国民收入分配关系，切实提高劳动报酬和居民收入在国民经济中的占比。②完善再分配机制，缩小居民收入差距。③加快社会保障体系建设，改善居民收支预期。④加大消费者权益的保护力度，大力发展消费信贷，改善居民消费环境。

*　　　　*　　　　*

2008年下半年特别是第四季度以来，受国际金融危机的严重冲击，中国工业经济面临不断加大的下行压力，产品出口持续下滑，工业品价格低位运行，生产增速在2009年第一季度跌至近十年来的最低点。在中央“扩内需、保增长、调结构、惠民生”“一揽子”计划和政策措施的持续作用下，中国成功克服了国际金融危机冲击的影响，工业经济迅速扭转了增速大幅下滑的势头，重新回到快速增长的轨道。

在中央“一揽子”计划和政策措施中，扩大消费需求是其中的一项重要举措。2008年12月的中央工作会议上提出“加快发展方式转变，推进经济结构战略性调整”，“要以提高居民收入水平和扩大最终消费需求为重点”。2009年3月5日的中央政府工作报告将“积极扩大国内需求特别是消费需求，增强内需对经济增长的拉动作用”作为2009年政府工作的一项重要任务。纺织、汽车、轻工、电子等产业调整和振兴规划都将促进消费需求作为规划的重要内容。2009年，中央一系列“惠民生、促消费”的政策措施有效激发了城乡居民的消费潜力，促进了家电、汽车、节能环保等产品的消费和生产，同时促进了这些行业的结构调整，对中国工业经济的企稳回升发挥了重要作用。2010 年，中国工业经济发展依然面临许多不确定因素和困难，为实现平稳较快发展，还需要增强消费尤其是居民消费对增长的拉动作用。

近年来，中国居民消费率持续下降，经济增长主要依靠投资和出口，其不稳定性和不可持续性日益明显。从中国工业经济乃至国民经济的长期发展需要出发，必须将这种高增长的动力从依靠投资和出口转向依靠消费，只有这样，中国的工业经济乃至国民经济才能形成内生增长机制。中国消费率的持续下降，还使得消费与投资、消费与储蓄比例失调的矛盾日益凸显，长期下去将会导致宏观经济的严重失衡以及大起大落，直接威胁到工业经济的长期平稳、健康发展。因而，扩大消费需求特别是扩大居民消费不但是当前反危机的重要举措，而且还应该成为转变工业经济增长方式的中长期战略。

一、扩大消费需求的主要政策与措施

中国扩大消费需求的政策是短期内扭转经济增速下滑趋势的重要举措，也是促进经济增长的长期战略，同时还是加快发展方式转变的重点。扩大消费政策是短期政策与中长期政策的结合，并同时肩负着保增长、促增长方式转变的双重使命。2009 年的政府工作报告明确提出：坚持把扩大国内需求尤其是消费需求作为促进经济增长的长期战略方针和根本着力点，充分发挥内需特别是消费需求拉动经济增长的主导作用。2008 年和 2009 年的中央经济工作会议，则把扩大内需特别是增加居民消费作为加快发展方式转变，加大经济结构调整力度，提高经济发展质量和效益的重要战略举措，并提出要"通过扩大最终消费需求，带动中间需求，有效吸收和消化国内生产能力，形成发展新优势"。

1. 扩内需政策的主要内容

从 2008 年 12 月中央经济工作会议精神与 2009 年 3 月政府工作报告的内容来看，扩大内需的政策可以分为两大类的：一类是一般性扩大消费需求的宏观政策；另一类是扩大特定行业消费需求的政策。

一般性扩大消费需求的宏观政策主要有四个方面的内容：

（1）调整收入分配格局，提高劳动报酬和居民收入在国民收入中的比重，进一步提高企业退休养老金，提高居民财产性收入。增加对低收入群众和农民的补贴，较大幅度提高粮食最低收购价，增加农业补贴。

（2）加大社会保障投入，加快完善社会保障体系，增加基础教育和基本医疗的投入。完善基本养老制度，制定农民工养老保险办法，出台养老保险关系转移接续办法，健全城乡社会救助制度，扩大社会保障的覆盖范围，提高社会保障待遇。推进医药卫生事业改革发展，努力建成覆盖全国城乡的基本医疗制度。

(3) 拓展消费空间。大力发展社区商业、物业、家政等便民消费，加快发展旅游休闲消费，扩大文化娱乐、体育健身等服务消费，积极发展网络动漫等新型消费。

(4) 优化消费环境。加快建设“万村千乡”市场工程，推进连锁经营向农村延伸。加强城乡消费设施和服务体系建设，规范市场秩序，维护消费者的合法权益。

扩大特定行业消费需求的政策则主要有两个方面的内容：

(1) 促进家电、汽车消费。完善汽车消费政策，加快发展二手车市场和汽车租赁市场，引导和促进汽车合理消费。做好“家电下乡”、“农机下乡”、“汽车、摩托车下乡”工作，以及做好家电、汽车“以旧换新”工作。

(2) 促进居民住房消费。加快落实和完善促进保障性住房建设措施，加大投入力度。对于居民购买自住性和改善性住房，提供信贷、税收和其他政策上的支持。

2. 重点产业调整振兴规划中扩大消费的主要措施

作为应对国际金融危机“一揽子”计划的重要组成部分，2009 年年初，国务院相继审议并通过了钢铁、汽车等十个产业的调整振兴规划。其中汽车、纺织、轻工、电子信息产业直接生产消费工业品，落实和细化中央扩大消费需求政策成为这四个产业调整和振兴规划重要的组成部分。

(1) 汽车产业调整和振兴规划中扩大消费需求的主要政策措施。汽车产业调整和振兴规划中扩大消费需求政策的基本原则是注重财税政策激励与消费环境改善相结合，一方面立足当前，采取财政激励措施，扩大国内汽车市场需求，确保经济增长；另一方面又着眼长远，完善消费政策，培育消费市场。主要政策措施有：①减征乘用车购置税。2009 年内对 1.6 升及以下小排量乘用车按 5%减征收车辆购置税。②开展“汽车下乡”。2009 年安排 50 亿元资金，对农民购买 1.3 升及以下排量的微型客车，以及将三轮汽车或低速货车报废换购轻型载货车的，给予一次性财政补贴。③加快老旧汽车报废更新。提高补贴标准，加快淘汰老旧汽车，2009 年老旧汽车报废更新补贴增加至 10 亿元。④清理取消限购汽车的不合理规定。取消现行限制汽车购置的不合理规定，包括牌照注册数量、车型限制、各种区域市场保护措施、各类行政事业性收费、外地汽车进城收费以及其他直接或间接影响汽车购置的措施。⑤促进和规范汽车消费信贷。修改和完善汽车消费信贷制度，支持符合条件的国内骨干汽车生产企业建立汽车金融公司。⑥规范和促进二手车市场发展。建立二手车鉴定评估国家标准和临时产权登记制度，调整二手车交易的增值税征收方式。加强二手车市场监管，严格经营主体市场准入。⑦加快城市道路交通体系建设。发展现代化城市综合交通体系，积极推动停车场建设，规范停车收费。

相关政策部门计划出台 26 项汽车产业调整和振兴规划的配套实施细则，到 2009 年 12 月已出台 14 项，已征求意见、均会签或待批的 4 项，需 2010 年出台的 6 项，不再出台的 2 项。已出台的 12 项实施细则中，涉及购置税减免、汽车摩托车下乡、鼓励汽车“以旧换新”、全面清理涉及交通和车辆收费、实施二手车交易市场升级示范工程等内容有 13 项是与扩大消费需求密切相关。

(2) 纺织工业调整和振兴规划中扩大消费需求的政策措施。由于外向型程度高，纺织工业调整和振兴规划将稳定国际市场份额与扩大国内市场消费需求放在同等重要的位置，力求在巩固和开拓国际市场、保持出口份额基本稳定的同时，努力培育和扩大国内消费需求。扩大消费需求的具体措施主要有：①优化商业环境，扩大营销网络，减少流通费用，制定加快推进中国服装自主品牌建设的指导意见，推进名品进名店、名牌产品下乡，扩大纺织品服装消费。②营造统一规范的市场环境，推进异地质检互认制度，减少重复检测；制定和完善产业用纺织品的相关技术标准和使用规范，提高产业技术水平和产品质量。③鼓励国内基础设施建设项目采用符合质量要求的土工布材料、过滤用纺织材料、装饰装修用纺织品、高性能增强复合材料等产业用纺织品。已出台的实施细则中的《加快推进服装家纺自主品牌建设的指导意见》则是对"调整振兴规划"中相关政策的进一步落实。

（3）轻工业调整和振兴规划中扩大消费需求的政策措施。轻工业调整和振兴规划中扩内需政策的主要思路是：加强消费政策引导，增加有效供给，促进轻工产品消费。规划中的政策措施主要从三个方面展开：①进一步扩大"家电下乡"补贴品种。将微波炉和电磁炉纳入"家电下乡"补贴范围，并将每类产品每户只能购买一台的限制放宽到两台。中央财政加大对民族地区和地震重灾区的支持力度。②进一步优化流通环境。完善农村家电物流、销售、维修体系，加快皮革、家具、五金、家电、塑料、文体用品、缝制机械、制糖等行业的重点专业市场建设，加快市场需求信息传导，鼓励商贸企业扩大采购和销售轻工产品的规模。③增加有效供给。鼓励生产企业丰富产品花色品种，研发生产满足多消费需求的产品。鼓励生产与安居、放心粮油进村工程等相配套的轻工产品。开发个性化的文体用品及特色旅游休闲产品。积极发展少数民族特需用品。

已出台的实施细则中并没有与扩大消费需求直接相关的细则。在拟出台的实施细则中，与扩大消费需求直接相关的只有《加强自主品牌建设实施名牌发展战略的指导意见》一项。

（4）电子信息产业调整与振兴规划中扩大消费需求的政策措施。在中国，电子信息产业的外向型程度很高，调整与振兴规划更为注重稳定外部市场，同时提出"拓展内需，满足人民群众的消费需求"。主要的扩大消费需求政策措施有：①培育新的消费热点。推进第三代移动通信网络、下一代互联网、数字广播电视网络、宽带光纤接入网络和数字化影院建设。②完善普遍服务机制，推进农村信息化建设，加强农村电信和广播电视覆盖，加速实现"村村通"。③家电下乡。做好电视机、手机、计算机等电子类产品的家电下乡工作。

目前，《家电下乡操作细则》、《关于实施广播电视村村通建设有关问题的通知》、《电信普遍服务相关政策措施》三个与扩大消费需求密切相关的实施细则已经出台。此外，《推进第三代移动通信网络、下一代互联网、宽带光纤接入网络建设意见》已经在会签中。

二、扩大消费需求政策对工业增长的作用

2009 年，消费需求对工业增长的拉动作用明显增强，社会消费品零售总额实际增长 16.9%，最终消费对 GDP 的拉动为 4.6 个百分点，对 GDP 的贡献率为 52.5%。2009 年，工

业品内销产值同比增长 13.2%，占全部销售产值的比重上升到 86.3%，比 2008 年提高了 3 个百分点。全年完成出口交货值 72882 亿元，比 2008 年下降 10.1%。规模以上工业销售产值比 2008 年增长 9.3%，其中内销拉升 11 个百分点，出口下拉 1.7 个百分点。2009 年，在工业品出口出现较大幅度下降的情况下，全国规模以上工业增加值比 2008 年增长 11%；其中消费品工业增加值比上年增长 10.8%，占全部规模以上工业增加值比重的 29.4%，消费品工业中的轻工、纺织行业增速分别达到 11.2%和 9.1%，占全部规模以上工业增加值的比重为 18.4%和 6.3%。消费需求对工业增长的拉动作用明显加强，扩大消费需求的政策初见成效。①

不同的行业，扩大消费需求政策对于其需求的影响程度不同，作用的方式也有所不同，对于生产消费品的行业而言，扩大消费需求政策会对其产生直接的拉动作用；而对于生产原材料和中间产品的行业而言，扩大消费需求政策对其增长的拉动主要是通过间接的方式。下面将以受扩大消费需求政策影响程度比较高的产业为研究对象，分析扩大消费政策对工业经济增长的拉动作用。

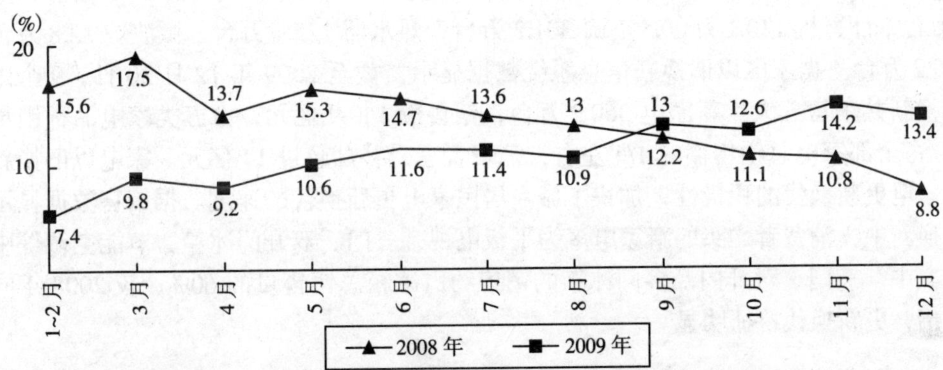

图 12-1　2008~2009 年规模以上消费品工业企业增加值分月增速

资料来源：工业与信息化部。

1. 鼓励汽车消费的政策作用显著，汽车行业产销两旺

在鼓励汽车消费尤其是 1.6 升以下小排量汽车购置税减半政策的作用下，汽车消费市场被有效激活，汽车销量快速增长。2009 年 2 月份，中国汽车市场结束了连续 5 个月负增长的下滑势头，产销量逐步回升。据中国汽车工业协会统计，中国全年累计生产汽车 1379.1 万辆，同比增加 48.3%；销售汽车 1364.48 万辆，同比增长 46.2%，其中，1.6 升及以下排量乘用车销售 719.55 万辆，同比增长 71.3%，占乘用车销售市场的 69.7%，占汽车销售市场的 52.7%，2009 年汽车销量同比增加 430.86 万辆，其中，1.6 升及以下排量乘用车销量同比增加了 299.45 万辆，占 69.5%。

汽车和摩托车下乡政策也有效刺激了农村市场的汽车和摩托车需求。全国共有 258 家汽

① 数据来源：工业与信息化部网站。

车摩托车生产企业与财政部、工业和信息化部签订了汽车摩托车下乡协议。汽车 6300 多个车型、摩托车 9200 多个车型参加汽车和摩托车下乡活动。据财政部统计，截至 2009 年 12 月底，全国已补贴下乡汽车、摩托车 583 万辆，兑付补贴资金 86.8 亿元，其中，汽车补贴 167 万辆，摩托车补贴 416 万辆。2009 年，在所有汽车品种中，交叉乘用车[①]受“汽车下乡”政策优惠最大，交叉乘用车销量达到 195.05 万辆，同比增长 83.39%。

2. 家电下乡与家电以旧换新的政策奏效，主要家电产品产销形势明显转好

家电下乡以及家电以旧换新等政策显著刺激了消费，带动了家电产量的增长。2009 年，家用电冰箱、洗衣机产量同比分别增长 18.8%和 13%；微型电子计算机、彩色电视机和移动电话产量分别增长了 27.5%、9.28%和 9.76%，房间空调器产量虽然下降 4.1%，但 8~10 月这三个月增速连续保持 27%以上。

据家电下乡信息系统数据显示，截至 2009 年 12 月 31 日，累计销售家电下乡产品 3768 万台，销售金额 692.5 亿元，冰箱 156.1 万台，彩电 880.4 万台，手机 179.9 万部，洗衣机 558.5 万台，计算机 130.1 万台，空调 301.2 万台，热水器 125.1 万台，微波炉 12.8 万台，电磁炉 19.2 万台。据家电以旧换新信息系统数据显示，截至 2009 年 12 月 30 日，9 个试点省市以旧换新共销售五大类新家电 360.2 万台，销售额 140.9 亿元，占五类家电品种销售额的近 1/3，占全部家电总销售额的 1/5 左右，消费者享受补贴超过 14 亿元。家电以旧换新政策刺激了家电更新换代的积极性，加快了城乡居民家电更新换代的速度。据销售数据显示，此次以旧换新中，消费者购买的新家电多为平板电视，三门、双开门冰箱，节能空调等中高档家电。其中，三门、对开门及多门冰箱的销售约占冰箱总销售量的 60%，较 2008 年同期增长近 3 倍，更新换代特征明显。

3. 扩大消费需求政策见一定成效，服装纺织品内销较快增长

名牌产品下乡、优化商业环境等扩大服装纺织品消费需求的政策，在一定程度上促进了消费，服装纺织品的内销呈现持续上行的态势。2009 年 1~11 月，规模以上纺织企业累计实现内销产值 26740.33 亿元，同比增长 14.05%，增速比 1~5 月提高 4.63 个百分点。据国家统计局数据显示，中国衣着类消费品零售总额 1~12 月累计增长 18.8%，比 1~11 月提高 0.4 个百分点，其中 12 月同比增长 21.8%。从生产情况来看，纺织业、服装及鞋帽制造业增加值比 2008 年增长 8.5%和 9.9%；化纤行业增加值比上年增长 10.2%，增速提高 8 个百分点。由此看出，终端产品内销已逐步成为带动纺织行业企稳回升的重要因素，其中扩大消费需求的政策措施对内销增长也起到了一定的促进作用。

---

① 交叉乘用车在中国主要是指微型客车（简称“微客”），也就是长度不超过 4 米的小面包车。

4. 推进3G通信网络建设，扩大了相应产品的消费需求

据工业与信息化部测算，2009年3G网络建设带动直接消费364亿元（终端消费297亿元，业务消费67亿元），间接消费141亿元；直接带动GDP增长343亿元，间接带动GDP增长1413亿元；直接创造就业岗位26万个，间接创造就业岗位67万个。在推进3G通信网络建设政策以及电脑下乡、手机下乡等扩大消费需求政策的作用下，电子信息产业经受住了外需急剧萎缩的冲击，年末增速显著加快。全年电子制造业增加值同比增长5.3%，其中11、12月份分别增长14.4%和19.8%；占规模以上工业增加值的比重为5.8%。

5. 扩大消费需求对于原材料工业的间接拉动作用

扩大消费需求的政策不但会直接拉动消费产品的消费和生产，还会间接拉动原材料、中间产品的需求和生产。

2009年，汽车消费的快速增长以及家电和房地产市场消费需求的增长间接拉动了钢材的市场需求。钢材是生产汽车需求量最大的重要原材料。钢材占载货汽车所需生产原材料的85%，轿车这一比重则约为65%。汽车用钢品种主要包括钢板、优质钢、型钢、带钢、钢管、金属制品等。在汽车用钢中，薄钢板占的比例约为45%，优质钢材占钢材用量的30%。2009年，中国累计生产汽车1379.1万辆，同比增加48.3%，预计消耗钢材2600万吨，比2008年增加用钢近800万吨，同比增长在40%以上。中国是全球家电制造基地，国内家电企业钢材需求规模巨大，家电行业使用钢材中板材约占95%。2008年中国主要家电钢材用量达到976万吨，初步估算2009年家电用钢材用量在1100万吨左右，增加124万吨左右。促进汽车和家电消费需求的政策间接拉动了高端钢材品种的需求，带动了高端钢材的生产。汽车和家电行业的增长，在一定程度上拉动了锌的产销（汽车、家电生产中用的镀锌板需要使用大量的电解锌），并拉动了铅的生产（铅酸电池的生产需要使用大量的铅）。

2009年，在促进居民住房消费需求政策和宽松货币政策的作用下，住宅的自住需求和投资需求都呈现高速增长，全年住宅销售面积比2008年增长43.9%、施工面积增长12.5%、新开工面积增长10.5%，初步估算增加钢材消费需求1300万吨左右。住房消费需求的增长还带动了水泥、平板玻璃等建材行业的需求和产量增长。

三、扩大消费需求政策中的问题与困难

2009年，扩大消费需求政策作为应对金融危机的一项重要措施，在拉动工业经济企稳回升方面起到了重要的作用。但是，在政策实施过程中也出现了一些问题，进一步扩大消费需求还面临一些困难和制约因素。

1. 扩大消费需求政策中存在的问题

2009 年，扩大消费需求政策中最为直接有效的是小排量汽车购置税减半、汽车下乡、家电下乡和家电以旧换新政策。这些政策是短期性的消费刺激措施，尤其是家电下乡、汽车摩托车下乡措施，在很大程度上只是将未来三五年的消费需求提前实现，用于平衡当下过剩的刚性供给，制造出一种短期消费繁荣的假象，并可能会透支未来平稳的消费增长。随着经济形势的较快好转，有必要对这种短期刺激政策进行调整。

在政策实施过程中还暴露出一些细节问题，需在进一步的实施过程中予以考虑。在家电下乡过程中，售后服务网点建设落后，一些厂家"管卖不管装和修"，据中国家用电器维修协会的调研报告显示，除少数一线品牌已经着手在全国开展县乡级售后服务网络体系建设外，多数家电企业只是在县城设有售后服务网点。在补贴执行中，补贴程序繁杂是农民抱怨比较多的一个问题，从登记购买信息，到持有各种证件确认农民身份，再到县商务局审核拿到补贴需要九道程序。在部分地区，由于执行过程中信息不透明与中标厂家加价，同类产品家电下乡渠道的价格高于原价以及非下乡渠道，使得农民实际能获得的补贴大为减少。[①] 家电下乡产品的质量也是一个值得关注的问题，中国消协 2009 年 12 月公布的一份调查报告表明，2009 年家电下乡产品返修率高达 12.5%。

家电下乡政策还有一个需要考虑的地方，就是政策本身的取向与可能带来的公平问题。在农民的低收入群体中，很多家庭由于现金收入有限，无法通过购买家电而获取相应的补贴。而下乡产品的限价，却经过了两轮提升，彩电的最高限价已由此前的 3500 元翻番到 7000 元，55 英寸液晶电视也进入下乡行列，冰箱限价由 2500 元提高到 4000 元，手机从 1000 元提高到 2000 元，洗衣机从 2000 元提到 4000 元。最高限价的提高，将农民中较高收入甚至高收入群体购买中高档家电产品也列入了补贴的范围。2009 年，中央财政拿出了 150 亿元补贴家电下乡，地方政府还需配套 30 亿元资金，家电下乡还将延续三年时间，如果补贴的额度不变，中央财政还需支出 450 亿元，地方政府还需支出 90 亿元。随着家电补贴最高限价的大幅提高，被补贴的对象将逐渐转至农民中的高收入群体。同时，农村的养老、医疗保险和农村的公共教育方面所需的投入与财政支出方面还存在比较大的缺口，低收入农民群体的生存环境和生活质量急需改善。家电下乡政策的延续时间、补贴范围和补贴力度需慎重考虑。从政策着眼点来看，必须明确的一点是公共政策的取向应该更多地照顾低收入群体和弱势群体，家电下乡、汽车和摩托车下乡不宜成为长期帮助生产企业扩大市场需求的政策。

2. 扩大消费需求面临的主要困难和制约性因素

中国居民消费的持续提升面临诸多制约因素，主要包括国民收入分配格局不合理、收入差距扩大，消费环境不完善、社会保障体系不健全等。

（1）劳动者报酬占 GDP 比重较低且持续下降，居民消费能力不足。居民收入尤其是劳

---

① 王延春：《"家电版"凯恩斯检讨》，《财经》2009 年第 5 期。

动者报酬在国民收入分配结构中的比重的持续走低，制约着消费需求的进一步提升。改革开放以来，中国国内生产总值平均增长 9.8%，人均 GDP 平均增长 8.6%，而城镇居民人均可支配收入实际增长 7.2%，农村居民人均纯收入实际增长 7.1%，大部分年份经济增长都快于居民收入的增长。1990~2008 年，城镇居民可支配收入和农村居民纯收入占 GDP 的比重由 55.35%下降到 43.26%。劳动者报酬占国内生产总值占比下降的速度更快，1990 年，中国劳动者报酬占 GDP 的比重为 53.5%，2007 年降至 39.7%，17 年下降 13.8 个百分点，其中 2000~2007 年就猛降 11.7 个百分点。同时，政府预算内收入占 GDP 的比重从 1997 年的 11.0%升至 2007 年的 20.6%，若加上预算外收入、政府土地出让收入及中央和地方国企每年的未分配利润，政府的预算收入几乎占国民收入的 30%。

(2) 收入分配不平衡现象造成消费倾向偏低。近年来，收入分配不平衡现象呈不断加剧趋势。2000~2008 年，中国基尼系数从 0.458 增加至 0.496，其中 2002 年、2003 年、2006 年均为 0.5，2005 年甚至达到 0.561，均大大超过 0.4 的国际警戒线水平财产分布也很不平衡，城市人口中 20%的高收入者拥有金融资产的 66.4%，而 20%的低收入者仅拥有金融资产的 1.3%。收入分配的不平衡还表现在以下三个层面：一是城乡收入差距巨大，2008 年，城镇人均可支配收入是农民人均纯收入的 3.31 倍。二是地区收入差距依然显著，尽管近年来中西部地区居民收入增速不断加快，但与东部地区相比差距依然明显。三是行业间收入差距不断扩大，农林牧渔业、批发零售业等传统行业从业人员平均劳动报酬不断下降，而金融、保险、证券以及垄断行业平均劳动报酬却持续保持大幅增长趋势，收入水平分化明显。

研究表明，[①] 低收入阶层的消费倾向明显高于高收入阶层，贫富差距拉大将降低居民消费倾向，收入差距越大，对全体居民消费倾向的负向拉动作用就越大。1995~2008 年，城镇居民最高收入与最低收入差距扩大了近 5 倍，城乡收入扩大了近 1 倍，这是造成居民消费倾向下降的一个重要原因。[②]

(3) 再分配机制不健全，也导致了居民消费倾向下降。现阶段中国由政府主导的再分配机制也不健全。本来国家通过收入再分配机制可以对初次收入分配的结果进行再分配，有效矫正市场失灵对分配结构的扭曲，但由于中国税收和社会保障制度改革的滞后，直接导致政府的收入再分配作用的弱化，并进而导致了居民消费倾向下降和储蓄倾向上升。目前，中国的个人所得税起征点低，不能真正起到调节收入差距的作用。政府转移支付和社会保障支出的滞后、投入的资金不足，使得政府在调节收入差距上力度不足。[③] 收入差距的扩大抑制了中国消费需求的有效增长。

(4) 过度依赖投资的经济增长方式抑制消费率的提高。近年来，中国经济增长主要依赖高投资的推动。在以 GDP 增长为核心的政绩考核体系下，地方政府热衷于借助土地的模糊产权和垄断土地一级市场，严重依赖通过基础设施建设、房地产开发、以土地优惠政策吸引投资来拉动本地区经济的增长。这使得投资率居高不下，消费不足的情况难以改观。2000~

---

① 陈健宝等：《基于分位数回归的中国居民收入和消费的实证分析》，《统计与信息论坛》2009 年第 7 期。

② 吕庆喆：《2009 年中国城乡居民收入和消费状况》，载《2010 年中国社会形势分析与预测》，社会科学文献出版社 2009 年版。

③ 李朝林：《扩大消费需求路径研究——基于国民收入分析》，《经济研究参考》2009 年第 39 期。

2008 年，中国投资率从 35.3%增至 43.5%，而同期消费率却从 62.3%下降至 48.6%，居民消费率从 46.4%下降至 35.3%（见表 12-1）。

表 12-1　　2000~2008 年投资率与消费率情况

单位：%

年　份	投资率	消费率	居民消费率
2000	35.3	62.3	46.4
2001	36.5	61.4	45.2
2002	37.9	59.6	43.7
2003	41.0	56.8	41.7
2004	43.2	54.3	39.8
2005	42.7	51.8	37.7
2006	42.6	49.9	36.3
2007	42.3	48.8	35.6
2008	43.5	48.6	35.3

资料来源：中经网统计数据库。

（5）社会保障机制仍不健全，居民预期支出增加，压抑了当前居民消费。目前，中国医疗、养老、失业和最低生活保障等社会保障机制不健全，保障力度不够，教育、卫生等公共服务不完善，中低收入群体的教育、医疗等负担较重，未来收入不明朗，预期消费较高，导致居民普遍进行被动性和预防性储蓄以备未来医疗、教育、养老等支出的增加，导致即期消费能力不足。特别是社会保障和公共服务在城乡分布的不均等抑制了城镇中低收入群体和广大农民的消费。① 目前，城镇居民消费的重点转向汽车、住房、高档家电、旅游等方面，但受到医疗、养老和子女教育等方面预期支出的影响，中低收入群体的消费结构升级遇到阻碍。农村地区社会保障水平和公共服务水平远低于城镇，农村居民必须把当前的一部分收入储蓄起来，以备将来子女教育、医疗费、养老等不可预期的费用支出，这必然影响即期消费欲望和购买能力。

（6）消费环境不完善制约消费增长。现行的《消费者权益保护法》对于消费者的权利范围过窄，消费者维权途径不能有效发挥作用，对违法经营者的惩罚力度远远不够，不足以切实保护消费者权益。对消费者权益保护力度的缺乏，使得厂家和商家生产销售假冒伪劣商品、虚假广告、欺行霸市等行为对消费者权益构成了严重的威胁，打击了消费者的消费信心。此外，中国消费信用体系发育滞后，消费信贷尚处于起步阶段，资信调查、相关法律制度等很不完善，金融体系对消费的支撑作用不强，影响了居民消费结构的升级步伐。

① 梁金修：《发挥好财政性投资对消费的促进作用》，《经济纵横》2009 年第 1 期。

四、扩大消费需求政策的调整与完善

扩大消费需求对当前及今后较长时期中国经济的增长具有重要的战略意义，是转变中国经济增长方式的根本出路。建立一个投资、消费和出口相协调的经济发展机制，是保持经济平稳增长的基础。投资不同于消费，在短期内投资扩张会提高总需求水平，但也会增加新的生产能力。过分依赖投资拉动经济增长，虽然可以实现短期总需求和总供给的平衡，但是长期内总需求的增长将难以跟上总供给的增长，生产过剩的状况会日益严重，宏观经济将会严重失衡。过分依赖投资拉动，一方面使得中国投资和消费比例失调问题日益严重；另一方面也使得中国过于依赖扩大出口规模来消化国内过剩产能，对外依存度过高。经济增长动力的这种失衡状况，导致重大经济关系失调，结构性矛盾突出，大量的低水平重复建设现象存在，经济增长方式转变缓慢，经济发展的不稳定性加大。改变这种失衡状况的根本出路在于将扩大最终消费需求作为长时期坚持的战略方针。

2009 年以来，中国扩大消费需求的政策中，家电下乡、汽车购置税减免等短期刺激政策是重点。随着经济形势的好转，扩大消费需求的政策重点，应转向理顺国民收入分配关系、提高居民的消费能力、积极改善消费环境等中长期政策方面上来。

1. 理顺国民收入分配关系，提高劳动报酬在国民收入中的占比

从长期来看，拉动消费需求实现增长方式转变的关键在于提高居民收入的增长速度以及居民收入在国民收入中的占比，要提高劳动报酬在初次分配中的比重。一是保护劳动者在劳动市场的合法权益，推动企业建立工资集体协商制度，提高劳动者的相对谈判能力，建立职工工资稳步增长的机制。二是把扩大就业放在经济社会发展更加突出的位置，深化就业体制改革，实行积极的就业政策，清理不利于自主就业的政策、法规，降低创业门槛，广泛开拓就业门路，从而增加居民收入。三是进一步改革资源价格体系和土地制度，调整工业用地和商业、居民用地成本之间的差距，减少政府对投资和重工业的隐性补贴，让经济的发展更多地依靠劳动者，靠人力资本带动，而不是越来越依靠资本和资源带动。四是适当减税，特别是减少地方政府的各种非税收费，降低居民的非税和各种隐性成本。①

2. 完善再分配机制，缩小居民收入差距

完善再分配机制，改善初次分配的结果，缩小居民收入分配差距。一是合理调节过高收入，扩大中等收入者比重，提高低收入者收入水平，进一步规范国有企事业单位特别是垄断

① 国务院发展研究中心宏观经济课题组：《中国居民消费结构特征与扩大消费研究》，《经济要参》2009 年第 44 期。

行业和企业的收入分配，逐步形成两头小、中间大的“橄榄型”收入分配结构。二是统筹城乡协调，减缓城乡收入差距扩大趋势。全面提高财政对农村公共事业的保障水平，形成城乡统一的公共服务制度，促进城乡基本公共服务均等化。缩小城乡差别，发展农村经济，提高农民收入。发展农民合作经济组织，在农产品的国际贸易中维护农民权益。三是强化税收调节收入分配功能。根据经济发展情况和财政承受能力，提高个人所得税起征点，降低个人所得税税率，减轻居民纳税负担，增加居民可支配收入。提高过高收入群体个人所得税的边际税率。研究开征遗产税和赠与税，调节财产差距，促使高收入人群财富转化为现实的消费能力。四是促进区域协调发展，缩小东中西部地区收入差距。只有加快发展中西部地区经济，才能有效缩小中西部地区与东部地区之间的经济发展差距和居民收入差距。[①]

3. 加快社会保障体系建设，改善居民收支预期

启动消费还需消除制约消费的体制性障碍，加快社会保障体系建设，改善消费预期。一方面，要完善基本养老、基本医疗卫生以及失业、工伤、生育保险制度，加快新型农村社会养老保险制度建设，抓紧制定实施农民工养老保险办法和基本养老关系转移接续办法。要健全最低生活保障制度，通过实施专项救助和失业救济，加大对低收入者的救济力度。[②] 另一方面，政府要加大对义务教育及公共设施等社会公共品的投入，改善消费基础设施和配套体系建设，为居民增加消费支出提供切实的保障。①积极增加对社会保障体系的投入，特别是促进社会保险、个人养老体系建设和发展，建立适应中国经济发展水平和基本国情的、城乡统一的社会保障体系。②要尽快拓宽养老、失业、医疗等社会保障的覆盖面，最终建立起覆盖完整的社会保障体系。继续深化医疗卫生体制改革，提高政府在医疗卫生领域的支出，扩大基本医疗保障的覆盖范围，同时提高医疗的保障水平，使保障做到名副其实。③要加大财政性教育投入，并调整教育支出的结构，增量支出应向农村和初、中级教育倾斜，真正落实义务教育。[③]

4. 加大消费者权益的保护力度，大力发展消费信贷，改善居民消费环境

改善居民消费环境，促进居民消费，主要从完善消费者权益保护体制和大力发展个人金融、消费信贷两个方面着手。一是要完善《消费者权益保护法》，加大消费者权益保护力度。完善并扩大消费者权利；简化诉讼程序，建立并完善消费权益保护的集体诉讼制度；调整消费者与经营者的举证责任，按照举证责任与举证能力相适应的合理原则，确立保护弱者、倾向于消费者利益的举证责任制度；加大对经营者的惩罚力度，完善消费者损害赔偿制度。[④] 二是大力发展消费信贷。要结合社会信用体系的建设和银行服务的完善推动消费信贷业务的

---

① 于文涛：《从收入分配角度看扩大消费需求的机制创新》，《经济要参》2009 年第 60 期。

② 赵修春：《中国居民消费需求的制约因素和应对措施》，《宏观经济管理》2009 年第 9 期。

③ 国研网宏观经济研究部：《中国扩大消费需求的探讨》，国研网，2009 年 1 月 22 日，http://www.drcnet.com.cn/DRC-Net.Common.Web/DocViewSummary.aspx?docId=1883788&leafId=208。

④ 顾正祥：《浅谈中国消费者权益保护法的缺陷与完善》，《法制与社会》2008 年第 27 期。

发展，大力发展个人金融、消费信贷等融资方式，扩大消费信贷规模，加大消费信贷对消费增长的促进作用。适当放宽消费信贷的范围、额度和首付比例，加快建立健全贷款担保体系、个人信用信息和征信体系并实现信息共享，为居民消费提供融资支持。

专栏 12—1

扩大消费需求政策与应对国际金融危机

2008 年下半年特别是第四季度以来，受国际金融危机的严重冲击，中国工业经济面临不断加大的下行压力，产品出口持续下滑，工业品价格地位运行，生产增速在 2009 年第一季度跌至近十年来的最低点。在中央“扩内需、保增长、调结构、惠民生”“一揽子”计划和政策措施的持续作用下，我国成功克服了国际金融危机冲击的影响，工业经济迅速扭转了增速大幅下滑的势头，重新回到快速增长的轨道。在中央“一揽子”计划和政策措施中，扩大消费需求是其中的一项重要举措。2008 年 12 月的中央工作会议提出，“加快发展方式转变，推进经济结构战略性调整”，“要以提高居民收入水平和扩大最终消费需求为重点”。2009 年 3 月 5 日的中央政府工作报告中，将“积极扩大国内需求特别是消费需求，增强内需对经济增长的拉动作用”作为 2009 年政府工作的一项重要任务。纺织、汽车、轻工、电子等产业调整与振兴规划，都将促进消费需求作为规划的重要内容。2009 年，中央一系列“惠民生、促消费”的政策措施，有效激发了城乡居民的消费潜力，促进了家电、汽车、节能环保等产品的消费和生产，同时促进了这些行业的结构调整，对我国工业经济的企稳回升发挥了重要作用。2010 年，我国工业经济发展依然面临许多不确定因素和困难，为实现平稳较快发展，还需要继续增强消费尤其是居民消费对增长的拉动作用。

近年来我国居民消费率持续下降，经济增长主要依靠投资和出口，其不稳定性和不可持续性日益明显。从中国工业经济乃至国民经济的长期发展需要出发，必须将这种高增长的动力从依靠投资和出口转向依靠消费。只有这样，中国工业经济乃至国民经济才能形成内生增长机制。我国消费率的持续下降，还使得消费与投资、消费与储蓄比例失调的矛盾日益凸显，长期下去将会导致宏观经济的严重失衡和大起大落，直接威胁到工业经济的长期平稳、健康发展。因而，扩大消费需求特别是扩大居民消费不但是当前反危机的重要举措，还应该成为转变工业经济增长方式的中长期战略。

资料来源：根据中经网资料整理。

参考文献

国务院发展研究中心宏观经济课题组.《中国居民消费结构特征与扩大消费研究》,《经济要参》2009 年第 44 期。

国研网宏观经济研究部. 研究报告《中国扩大消费需求的探讨》，国研网，2009 年 1 月 22 日，http://www.drcnet.com.cn/DRCNet.Common.Web/DocViewSummary.aspx?docId=1883788&leafId=208。

顾正祥：《浅谈中国消费者权益保护法的缺陷与完善》，《法制与社会》2008 年第 27 期。

李朝林：《扩大消费需求路径研究——基于国民收入分析》，《经济研究参考》2009 年第 39 期。

梁金修：《发挥好财政性投资对消费的促进作用》，《经济纵横》2009 年第 1 期。

吕庆喆：《2009 年中国城乡居民收入和消费状况》，载《2010 年中国社会形势分析与预测》，社会科学文献出版社 2009 年版。

王延春：《“家电版”凯恩斯检讨》，《财经》2009 年第 5 期。

于文涛：《从收入分配角度看扩大消费需求的机制创新》，《经济要参》2009 年第60 期。

赵修春：《中国居民消费需求的制约因素和应对措施》，《宏观经济管理》2009 年第 9 期。

Ⅱ. 产　业　篇

第十三章 能源工业

提 要

国际金融危机爆发后，中国能源供需及进出口出现一些异常变化：一是能源供需增速月度数据一度出现负增长，但随着经济增长速度的恢复，负增长很快消失。二是煤炭由净出口转为净进口，油品由净进口转为净出口。三是受政策因素的作用，能源尤其是清洁能源投资保持较高的增长速度。能源供需关系的缓和，为能源工业结构调整和燃油税的推出创造了条件；煤炭行业重组和电力行业“关小上大”取得较大进展，但是煤炭清洁与安全生产问题、电价与燃气价格机制问题、可再生能源实际利用不足等问题依然比较突出。后危机时期，中国能源发展要根据经济社会发展的需要，优先发展水电、天然气和核能；煤炭行业要向安全高效生产、清洁供应方向发展；加强能源资源勘探和勘测，加大能源科技攻关力度，加快可再生能源产业化发展，搞好能源产业与其他产业的协调发展，深化能源体制改革，尤其是能源价格机制的改革。

* * *

2008 年爆发的国际金融危机导致中国的实体经济尤其是工业发展受到了较大影响，部分地区就业率下降、企业开工不足、经济效益受到一定的影响。但是，中国政府很快就采取了扩大内需等一系列反危机调控措施，使经济增长速度逐步恢复，一些经济指标已接近或达到国际金融危机前的水平。由于外部冲击与政策调控的双重作用，且外部影响因素复杂多变，中国能源工业发展出现一些不同于以往的变化。正确认识新形势下能源工业发展的不确定性因素和存在的问题，制定切实可行的政策措施，对于中国能源工业克服当前困难，抓住战略机遇，推动能源工业乃至整个国民经济的发展意义重大。

一、国际金融危机以来中国能源经济运行的基本情况

1. 能源供需增速出现较大波动

中国的能源消费主要是生产性消费，工业部门的能源消费量占总量的50%以上。2008年下半年以来，受国际金融危机的影响，国民经济尤其是工业的发展速度逐步下降，2009年第一季度触底后逐步回升，显现“V”形的运行轨迹（见图13-1）。受其影响，能源生产与消费的增速也出现类似的变化。但除天然气之外，其他能源消费都出现了时间长短不一的负增长（见图13-2）。中国能源消费尤其是发电量增速与经济增长的背离，在20世纪末亚洲金融危机时期也曾经出现过。若没有统计数据的偏差，这里可能揭示经济增速下滑期，能源消费尤其是发电量与经济增长的关系会有别于经济上行期的关系，然而，这需要更多的统计观察数据来证明。

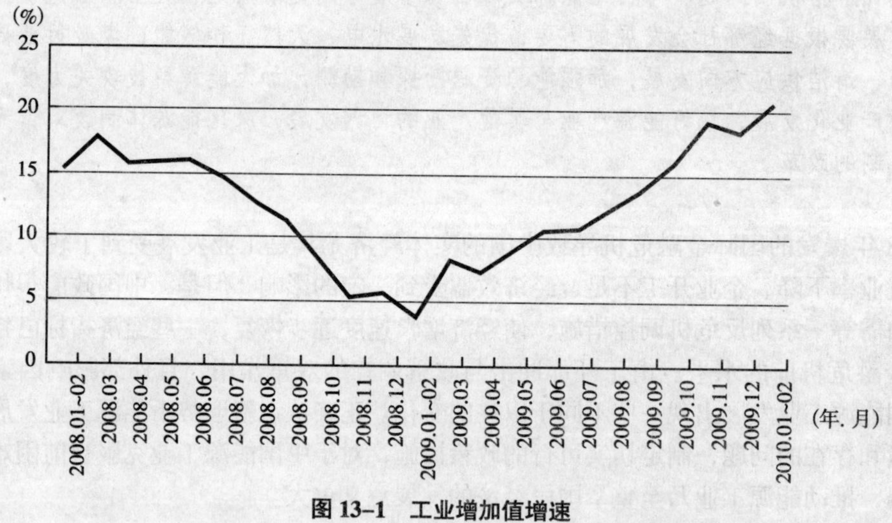

图13-1　工业增加值增速

资料来源：作者根据《中国统计数据应用支持系统》（http：//gov.acmr.cn）的数据整理。

就波动的幅度来看，能源生产与消费的波动幅度大于经济增长的波动。这一方面说明能源生产与消费对市场的变化更为敏感，反应也更加强烈。另一方面也说明行业的特点和存在的问题：一是发电量增速率先下降，最后回升。从2008年10月开始，发电量首先出现负增长，到2009年5月才转负为正，持续了7个月的负增长，在各类能源中负增长的持续时间最长，类似于“U”字形的运行轨迹而不是“V”字形。二是原油产量的波动幅度最小，煤炭、原油加工量只在2009年前两个月出现负增长，随后快速反弹。三是天然气的生产与消

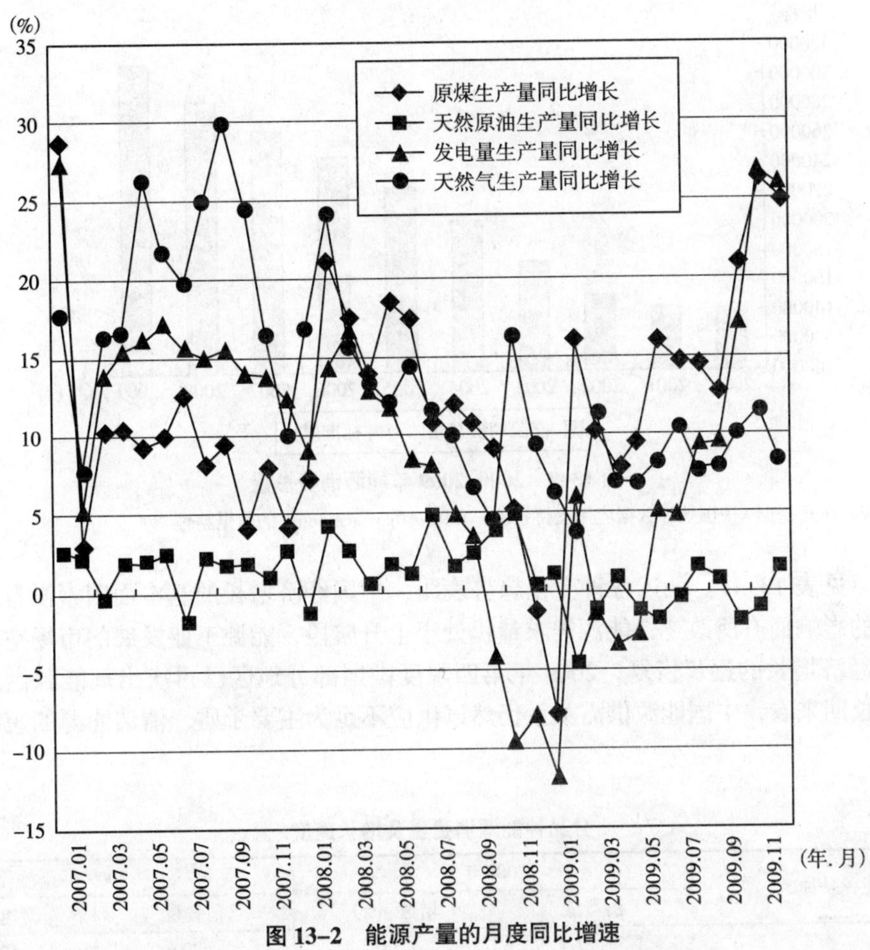

图 13-2 能源产量的月度同比增速

资料来源：作者根据《中国统计数据应用支持系统》（http：//gov.acmr.cn）的数据整理。

费始终保持正的增长速度。

上述各能源品种供需波动的差异及发电量率先下降的原因主要有以下几点：一是国际金融危机首先冲击的是中国经济发达的沿海地区，而这些地区是中国的能源输入省而不是生产省。因为电力不能储存，所以沿海地区经济增长的下降就会先对电力生产与消费产生影响。二是煤炭、石油等能源由于可以储存和受生产惯性的影响，加之内陆地区受国际金融危机的冲击较滞后，因此生产增速的下降也相对滞后。同样，煤炭与石油等能源生产的恢复先于电力的原因，也是由于其可储性，当生产者预期经济有恢复的苗头时，超前安排生产。从2009 年期末比期初库存增加来看，除原油外，其他各能源品种库存都超过以往正常水平。三是工业部门消费的各类能源品种中，电力消费的比重最高，占发电量的 70%左右，加之工业增速的下滑大于其他产业，因此，电力消费的波动定会大于煤炭和石油等品种。至于天然气、原油加工、煤炭为什么会出现不一样的波动，本章将结合其他问题一起加以分析。

国际金融危机爆发以来，尽管能源生产和消费的月度增速有所波动，但从年度数据来看，中国能源生产和消费总量仍保持上升态势（见图 13-3）。其中，天然气生产和消费增长

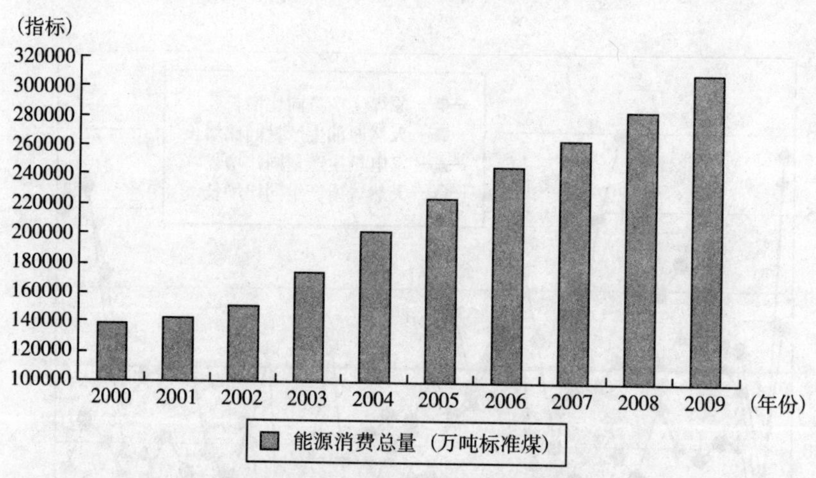

图 13–3 2000~2009 年能源消费总量

资料来源：作者根据《中国统计数据应用支持系统》（http: //gov.acmr.cn）的数据整理。

幅度最大（见表 13–1）。上述各种变化趋势表明，中国经济增长的基本面因素没有因为国际金融危机的影响而有所改变，能源需求量仍处于上升阶段，能源工业发展的市场空间仍然较大。随着经济增长的逐步恢复，2009 年第四季度中国部分地区已再次出现能源供应紧张的问题。从长期来看，中国能源供需关系仍然以供应不足为主要矛盾，清洁能源的短缺会越来越严重。

表 13–1 分品种能源消费量及增长速度

能源品种	2008 年		2009 年	
	消费量	增速（%）	消费量	增速（%）
原煤（亿吨）	27.4	3.0	29.6	12.7
原油（亿吨）	3.6	5.1	3.88	6.78
天然气（亿立方米）	807.0	10.1	874.5	11.5
电力（亿千瓦小时）	34502	5.6	36430	5.96

资料来源：作者整理。

2. 油品、煤炭进出口发生逆转

国际金融危机前，中国石油净进口、煤炭净出口的态势保持了多年，国际金融危机发生后，国内外能源市场环境发展较大的变化，也引起能源进出口的变化：

（1）煤炭由净出口转为净进口。2009 年，中国全年煤炭进口量达 1.26 亿吨，比上年增长 2.1 倍，净进口量 1.03 亿吨（见图 13–4）。煤炭进口增长的原因主要是国内外煤炭价格的倒挂。2009 年国内煤炭产业资源整合使煤炭产量受到制约；同时，山西、内蒙古等产煤大省区受雨雪天气影响，在供应与运输方面跟不上电厂需求速度，这直接导致国内煤炭价格居高不下。而与此相对，越南、澳大利亚的煤炭价格却相当低廉，普遍比国内低 20%~30%，加上金融危机导致运费暴跌，从澳大利亚进口的电煤即便算上运费，也比国内煤炭便宜。这

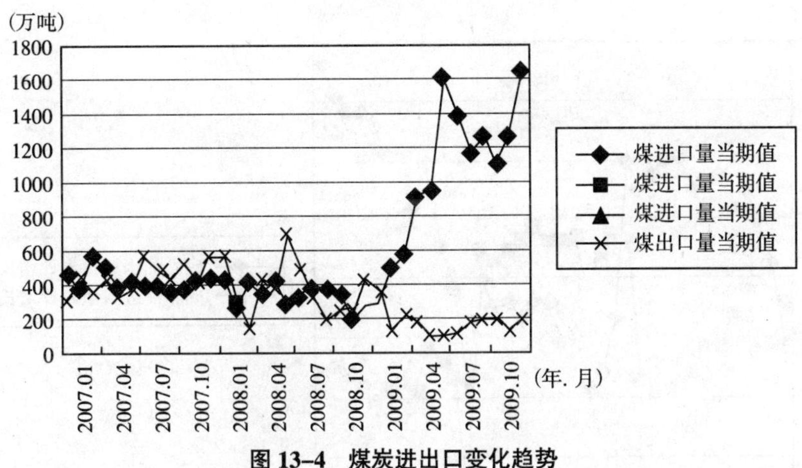

图 13-4　煤炭进出口变化趋势

资料来源：作者根据《中国统计数据应用支持系统》（http://gov.acmr.cn）的数据整理。

些刺激了中国煤炭进口的增长，其中，沿海地区进口数量占据 70%左右，特别是广东省和福建省的煤炭进口大幅增长。根据海关总署的数据，2009 年福州海关进口煤炭同比增长 10.86 倍，广州海关同比增长 9.34 倍。随着国内外煤炭价差的减弱，煤炭净进口量会有所减弱。

（2）成品油由净进口转为净出口。一方面，2007 年和 2008 年，中国原油加工的固定投资增长分别高达 50%和 29.4%，在国际金融危机爆发后逐步形成生产能力，2009 年全年新增原油一次加工能力 4500 万吨/年，当年中国炼油能力进一步增至 4.83 亿吨/年，成为仅次于美国的世界第二大炼油国。由于炼油能力的增长，2009 年原油进口量首次突破 2 亿吨，达到 2.04 亿吨，超过日本成为世界原油进口量居第二位的国家，原油对外依存度首超 50%。同时，由于工业和交通运输业受金融危机冲击较大，导致柴油需求在当年前 8 个月累计增速始终为负，2009 年全年柴油表观消费量 1.297 亿吨，同比下滑 6.6%，市场总体处于供略大于求的状态。受此影响，2009 年中国油品出口逐月增加，到年底终于由上年的净进口转为净出口，净出口量超过 200 万吨（见图 13-5）。

成品油进出口变化的主要原因是国内产能增长过快，供大于求。2009 年，中国成品油表观消费量约为 2.21 亿吨，产量 2.27 亿吨左右，实际过剩产能近 600 万吨。炼油业内的专家估算，按在建和计划项目计算，中国总的炼油能力在 2015 年将达到 7.5 亿吨/年。预计未来五年石油需求平均增长 4.9%，2015 年的需求量将达到 5.3 亿吨左右。这意味着届时炼油产能将出现约 2.2 亿吨的过剩。[①] 中国石油加工能力超需求的快速提升，必然要加大进口原油的需求，同时也会增加成品油的出口。预计未来中国原油对外依存度还会提高，但原油进口量的快速增长可能源于国内炼油能力的增长而非国内终端需求的同步增长，因此，原油对外依存度所体现的经济系统风险在下降。但是，国际原油及成品油的价格波动对中国石油工业的影响将越来越大。

综上所述，中国煤炭与石油进出口方向在短期内就会发生逆转，这一现象有利于深入认

① 为说明原油加工量与原油消费量产能不平衡，本处以石油消费量为基数计算年增长（2009 年石油表观消费量为 4.08 亿吨）。

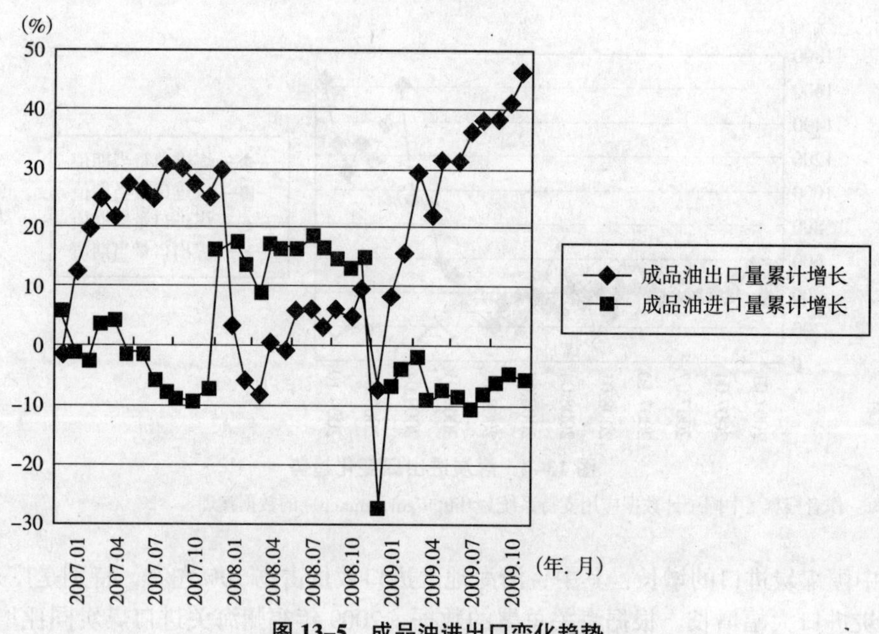

图 13–5　成品油进出口变化趋势

资料来源：作者根据《中国统计数据应用支持系统》（http://gov.acmr.cn）的数据整理。

识中国能源安全问题。中国煤炭进口、出口及净进口的变化，表明在非政治对抗情况下，产品的流向总是追逐价格高地，能源的贸易流向是可以通过价格调节的。这就意味着中国能源供需缺口可以通过提高国内价格、扩大进口来实现平衡，但是中国能源安全所面临的价格风险会越来越大。此外，中国能源的价格机制不仅对能源工业发展有着重要影响，而且对中国能源安全也会产生影响。

中国过去石油安全所面临的问题是进口依存度过高，而炼油能力过剩则造成出口依存度逐步提高，产能的平衡和产业安全取决于中国炼油行业能否以合理的价格和良好品质占领国际市场，成为全球的炼油基地。因此，中国的能源安全问题变得更为复杂，既有供应安全，也有需求安全，仅从综合的能源对外依存度来判断中国的能源安全状态已不适宜，并且有可能会做出误判。

3. 清洁能源成为投资热点

为了应对国际金融危机对中国经济的冲击，中央和地方政府都积极采取措施，加大政府投资，直接增加了即期需求。2009 年，燃气固定资产投资增长 58.2%，电力、热力固定资产投资增长 22.8%，分别比上年增长 8.4 个百分点和 37.8 个百分点。其中，在国家政策的推动下，电网建设得到加强，电网投资速度明显加快。2008 年电网投资首次超过电源投资，2009 年电网投资增速高速增长。但由于能源需求疲软，能源投资除了城市燃气投资外，煤炭采掘、电力与热力的生产和供应业、石油和天然气采掘业的投资增长低于全社会的平均增长水平。其中石油采掘业固定资产投资下降的幅度较大，2009 年投资增长仅有 4.4%，比上年下降了近 18 个百分点；煤炭采掘业的固定资产投资比上年下降了 7.7 个百分点（见表

表 13-2　2007~2009 年能源固定资产投资增长及占全社会投资的比重

单位：%

	固定资产投资增长						占全社会固定资产投资的比重				
	全社会	煤炭	电力热力	石油天然气	石油加工	燃气	煤炭	电力热力	石油天然气	石油加工	燃气
2007 年	25.8	23.7	8.7	22.4	50.0	4.4	1.54	6.7	1.89	1.2	0.29
2008 年	26.1	3.6	14.4	22.0	29.4	19.3	1.63	6.1	1.83	1.2	0.28
2009 年	30.5	25.9	22.8	4.4	0.4	58.2	1.56	5.7	1.44	0.95	0.34

资料来源：作者根据《中国统计数据应用支持系统》（http://gov.acmr.cn）的数据整理。

13-2）。

气候变化是影响世界各国政策选择的一个重要因素，尤其是对能源发展有着非常重要的影响。因为能源投资不仅是应对当前国际金融危机，而且更多是出于减少温室气体排放，实现能源可持续发展的目的。2009 年，中国提出到 2020 年单位 GDP 的二氧化碳排放量，比 2005 年降低 40%~45%的发展目标，可再生能源作为新兴战略性产业受到高度重视。虽然从总体上看能源工业的投资增长相对滞后，但由于国家政策的支持，清洁可再生能源的投资依然保持较高的发展增长速度，甚至成为投资热点。

2009 年核准建设的 3 个核电项目——浙江三门、广东台山、山东海阳核电站全部开工建设。截至 2009 年 12 月 27 日，中国在建百万千瓦的核电机组共 19 台，占全球在建核电机组的 30%以上，成为全球在建核电规模最大的国家。2009 年世界在建核电反应堆达 57 座，中国占 20 座。从目前在建和拟建核电项目来看，预计 2016 年前中国将有 4256 万千瓦核电机组投产，核电装机容量将达 5163 万千瓦，已超出《核电中长期发展规划（2005~2020 年）》中 2020 年核电运行装机容量 4000 万千瓦的目标。目前全国已有 21 个省、直辖市提出要上马核电项目，并加快了已有计划的进度。根据建设进度，预计在建项目中规划的二期、三期和已批复的储备项目有望于 2020 年投产，约为 3000 万千瓦。预计到 2020 年国内将新增约 7000 万千瓦投产机组，核电运行装机容量有望达到约 8000 万千瓦，将是原规划的两倍，是现有机组的 8 倍多。

2009 年 1~11 月，中国新增发电装机中水电、风电占 29.35%，比上年提高了 3 个百分点。2009 年中国可再生能源在一次性能源中的比例由 2008 年的 8.4%提升至 9.9%，接近原先预定的 10%的目标。根据 2007 年公布的《可再生能源中长期规划》，2010 年中国风电装机要达到 500 万千瓦，2020 年达到 3000 万千瓦。而 2009 年中国风电装机已经达到 2200 万千瓦，远远超过 2010 年的目标。2009 年太阳能发电装机超过 120 兆瓦，全国光伏累计装机有可能达到或超过 300 兆瓦，也提前 1 年完成规划目标。

二、中国能源工业结构调整及存在的问题

1. 煤炭行业重组加快

金融危机以来，能源供需紧张问题有所缓解，为行业重组提供了机会。一些产煤大省抓住机遇，大力推进煤炭行业重组，加快对一些生产技术落后、安全生产条件较差的小矿的收购兼并，以提高安全生产水平。山西省出台政策明确要求，到 2010 年，全省矿井数量减少到 1500 个以内，煤矿企业规模不低于 300 万吨/年。在全省形成 2~3 个年生产能力在 5000 万吨级以上的大型煤炭企业集团，使大集团控股经营的煤炭产量占到全省总产量的 75%以上。[①] 其他产煤大省也相继在本省进行了煤炭产业重组，并提高了行业准入标准。例如，山东省自 1994 年开始取消村办煤矿；2004 年起整合、压减乡镇煤矿； 2005 年底前关闭了所有村办、个体煤矿；2006 年关闭了 3 万吨以下的、2007 年关闭了 6 万吨以下的、2008 年关闭了 9 万吨以下的小矿；到 2008 年底，全省 687 处村办、个体煤矿和 129 处 9 万吨以下煤矿全部按标准关闭；通过收购、租赁、兼并方式逐步取消乡镇煤矿，归属市县管理，到 2009 年底 214 处乡镇煤矿全部取消。对设计能力低于 45 万吨的煤矿一律不予审批，对技术改造和资源整合矿井实行"三不批准"，即单纯以提高生产能力为目的的项目不批准，资源整合低于 15 万吨的方案不批准，单独技改低于 12 万吨的矿井不批准。河南省计划 2010 年对省内的 646 座小煤矿进行兼并重组，不参加或者达不到条件的，年底前依法关闭退出。相关的主要措施包括新建矿井规模不得低于 45 万吨/年、现有煤矿单井规模不低于 30 万吨/年的可以单独生产；大力支持大型煤炭生产企业兼并重组中小煤矿；生产规模 100 万吨/年以上的骨干煤炭企业在不影响大型煤炭生产企业兼并重组的前提下，作为兼并重组主体，兼并重组相邻中小煤矿。为了煤矿安全和高效生产，宁夏 2009 年底也开始对年产 10 万吨以下的小煤矿进行关停。

在煤炭企业重组过程中，引发了有关"国进民退"的争议。近年来，中国重大煤矿安全生产事故不断发生，引起国内外社会的高度关注。政府对于煤矿事故的治理只能采取行政手段强行关闭，但是由于监管的局限性，"关闭"的煤矿往往是虚关。加之煤炭生产集中度过低，也造成了监管的难度，煤矿安全生产管理和投入不能纳入政府有效的监管范围。提高生产集中度，有利于政府的监管，但是政府推动煤炭行业兼并重组的初衷是提高煤炭资源采收率和安全保障程度。煤炭企业重组不应仅是为实现上述目标创造条件。重组后的煤矿企业必须要采取措施，加强安全管理，增加清洁与安全投入才能实现重组的目标。从目前来看，国有大矿同样也时有发生重大安全事故，因此，除提高生产集中度外，煤炭行业存在的问题还

① 侯文锦：《山西煤矿重组整合背景下的供应前景展望》，《中国电力发展与改革研究》2009 年第 8 期，第 35 页。

需要从多方面采取措施加以解决。

中国煤层气储量居世界第三位。煤层气是与天然气相当的优质清洁能源，可广泛用于发电、工业窑炉、民用、汽车等的燃料或化工原料。每利用1亿立方米甲烷，相当于减排150万吨二氧化碳。煤层气的温室效应是二氧化碳的21倍。中国煤层气绝大部分直接排空，矿井瓦斯平均抽采率仅有23%。此外，煤层气对煤矿安全生产是重大威胁，中国近年来煤矿重大事故70%以上是由瓦斯爆炸引起的。[①] 除了技术因素外，中国煤矿与煤层气开采权的矛盾，煤层气开发利用与天然气行业的协调等也是重要的因素。煤炭行业重组仅限于"大矿收购小矿"的同业内重组，仍不能解决煤层气的开发利用过程中煤炭企业与其他能源企业之间的矛盾，不利于加速开发煤层气，从根本上解决煤矿的安全问题和环境污染问题。

目前，中国煤炭行业重组似乎主要是扩大企业规模，而对煤炭供应质量没有给予充分的重视。中国原煤洗选率不到15%，大量煤矸石掺杂在原煤中长途运输，不仅造成运力的浪费，而且直接影响煤炭的终端利用效率和增加污染物的排放。强化煤炭生产环境治理和降低燃煤过程中的污染物排放也应是煤炭重组所要解决的重要问题。

2. 电源结构有所优化

2008~2009年电力供需关系缓解，为关停小火电机组创造了有利时机。至2009年底，全国累计关停小火电机组6006万千瓦，提前一年半实现了"十一五"关停5000万千瓦的任务，每年可节约原煤6900万吨，减少二氧化硫排放约120万吨，减少二氧化碳排放1.39亿吨。通过"上大关小"，中国电源结构明显改善，截至2008年底，全国已投产运行100万千瓦超临界机组达到11台，单机60万千瓦及以上火电机组占同口径总容量的比重为31.27%，30万千瓦及以上火电机组达到65.18%，单机10万千瓦以下的火电机组下降到13.38%。中国是目前世界上拥有代表国际最先进水平的百万千瓦火电机组装机最多的国家（见图13-6）。

发电煤耗则是综合反映发电企业生产技术水平的一个综合指标。近十年来，中国火电发电的技术进步非常显著，30万千瓦和60万千瓦替代小机组成为主力装机机组，由此带动每千瓦时煤耗由2000年的363克标煤下降到2008年的322克标煤，下降了11.3%，煤耗水平已接近世界先进水平。全国燃煤火电机组平均供电标准煤耗降至目前的342克（见图13-7）。

燃料成本是火电的主要成本，火电行业煤耗的持续下降应在电力行业的效益上有所体现，但由于电价改革长期停滞不前，引发"煤电矛盾"，导致发电企业的经济效益完全取决于煤价，甚至与发电量出现背离，多发不多得。例如，2008年5月煤价达到860元/吨，同年6月达到最高点930元/吨。而同年8月，发电企业的亏损高达497.4亿元。国际金融危机爆发后，电力需求下降，发电设备利用小时数减少接近1000个小时，但由于煤炭价格大幅度回落，发电行业的亏损额和亏损率反而下降。2009年1~5月，发电行业由上年同期亏损27.7亿元变为盈利114.4亿元。同年1~8月，电力行业实现利润518亿元，同比增加318亿

① 张德江：《大力推进煤矿瓦斯抽采利用》，《中国煤炭报》2009年12月18日第1版。

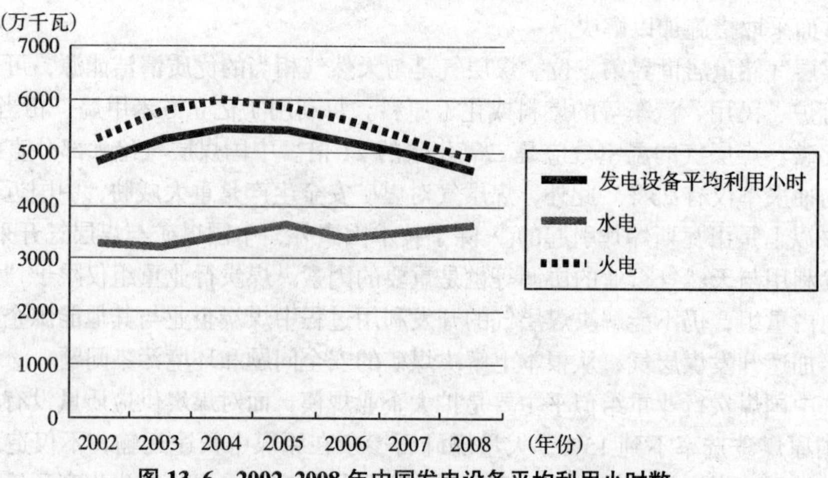

图 13-6 2002~2008 年中国发电设备平均利用小时数

资料来源：作者根据《中国统计数据应用支持系统》（http://gov.acmr.cn）的数据整理。

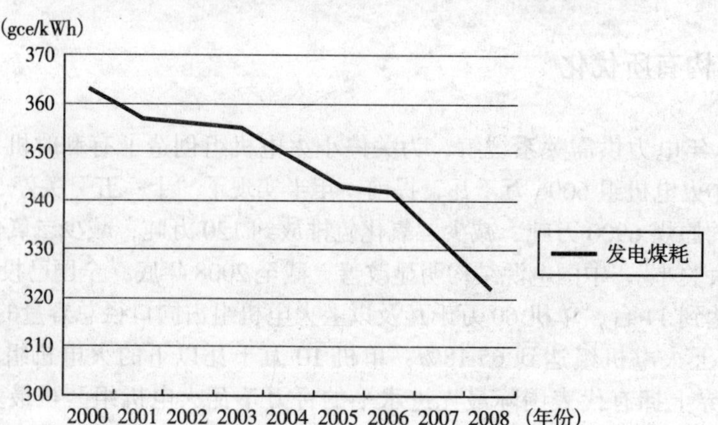

图 13-7 火电厂发电煤耗

资料来源：作者根据《中国统计数据应用支持系统》（http://gov.acmr.cn）的数据整理。

元，增长 158.6%；与 2008 年同期的数据相比，电力生产企业亏损比重从 39.51%下降到 30.47%，企业亏损总额从 535.1 亿元下降到 222.6 亿元，亏损额减少 58.4%。

造成电力企业利润上述不合常规变化的原因主要是煤电价格机制不协调，煤炭价格能够随行就市地进行调整，而电价却由于政府管制比较刚性。2009 年 3 月的十一届全国人大二次会议上，温家宝总理在作政府工作报告时指出，要继续深化电价改革，逐步完善上网电价、输配电价和销售电价形成机制，适时理顺煤电价格关系。这是电价改革在政府工作报告中首次被明确提及，并被列入 2009 年改革的目标。但是从目前改革进展来看，电价机制改革并未有实质的推进，一些改革方案只停留在研究阶段。笔者认为，国际金融危机为中国加快体制改革提供了一个有利时机，政府应高度重视电价机制改革，积极推进，为电力行业创造公平的市场环境，保障为国民经济发展提供可持续的电力供应。

3. 油品定价机制有所改善

中国燃油税改革方案曾经酝酿多年一直难以推出。国际金融危机爆发后，国际油价大幅回落，为中国推出燃油税创造了条件。2009 年初，中国开始征收燃油税和实施新的成品油定价机制。新的定价机制及其管理办法使国内炼油行业一举扭转了多年连续亏损的局面，行业发展速度加快，仅 2008 年和 2009 年两年，石油加工、炼焦及核燃料加工业利润累计增长了 244.9%，但受国际油价下跌的影响，石油和天然气开采业利润下降了 46.1%。

中国原油与成品油价格的定价机制自 1998 年采用与国际油价接轨机制以来，在接轨的具体办法方面不断地调整，但价格调整与否最终还是取决于政府。当前新机制和办法仍存在一些有待完善的问题：一是价格调整仍有很大不确定性，出现了调整不及时、不到位的情况；二是定价机制由模糊到清晰，市场预期和投机行为也随之放大，给投机留下较大空间；三是对今后油价攀升至 80 美元/桶以上乃至高于 130 美元/桶时如何定价不太明确，也给未来高油价下国内炼油企业的经营运作带来较大风险。

天然气价格改革滞后已经严重影响天然气工业的发展和供需平衡。2004 年“西气东输”投产后，中国天然气消费以年均 18%的速度递增，需求呈爆发式增长的态势，而天然气价格偏低，价格杠杆的失灵，导致生产商没有扩大生产规模的积极性，供需缺口逐年加大。预计 2010 年中国天然气需求量缺口在 200 亿立方米左右，2020 年缺口将达到 900 亿立方米，利用海外气源来满足国内快速增长的市场需求成为必然。专家估计，2010 年进口天然气可占中国天然气消费总量的 20%~30%，到 2020 年，这一比例可能达到 50%。

长期以来，中国政府一直对天然气进口价格和运输费用实行严格管制，价格水平低，调整频度小，与其他能源品种的价格和进口天然气价格的偏离越来越大。天然气价格低也影响国内煤层气的开发利用。随着天然气进口比例的提高，使中国天然气定价机制问题逐步凸显。“西气东输”一线工程的平均气价为 0.71 元/立方米，到达上海的门站价格只有 1.4 元/立方米，终端用户价格为 2.5 元/立方米；而“西气东输”二线工程到中国境内首站霍尔果斯站，气价就可能达到 2 元/立方米，输到中部地区价格在 2.5 元/立方米左右，是目前宁夏长庆天然气价格的两倍以上。对外依存度越高，与全球价格的联系就越紧密，国际原油价格实时波动，继续维持非市场化的能源价格就越难，中国加快能源价格体制改革、完善能源市场机制的任务显得更加紧迫。

4. 新能源实际利用不足

发展新能源产业的最终目的是开发利用可再生能源，提高可再生能源在能源消费中的比重，而中国许多地方把发展风电设备与太阳能电池板等设备制造业等同于发展新能源。近年来，中国光伏产业经历了爆发式的增长，已基本上形成了涵盖多晶硅材料、铸锭、拉单晶、电池片、封装、平衡部件、系统集成、光伏应用产品和专用设备制造等的较完整的产业链，是全球第一大太阳能电池生产国。2008 年生产光伏电池片 1.78GW，居全球之首，占全球总产量的 26%。但与第一大太阳能电池生产国形成鲜明对比的是，2008 年中国太阳能光伏装机容量仅为 34MW，只占全球总装机容量的 0.57%；全国历年累计装机容量为 140MW，仅是西班牙 2008 年装机容量 2511MW 的 5.58%。2009 年的数据显示，中国太阳能光伏产品出口 154.4 亿美元，同比增长 147.75%。其中，出口至欧洲市场约为 87.9 亿美元，同比增长 489%。光伏产品出口成为拉动经济增长的重要力量之一。但中国光伏产业约有 98%的生产容量依赖出口，产值效益较高，而太阳能实际利用率很低。

中国风电近年来也呈爆发式的发展，年均装机增速都在 100%以上。中国发展风电的模式与国外截然不同，国外是小容量分散型发展，就地消化；而中国是大容量集中发展并且长距离输送电能，电源远离负荷中心。2009 年 8 月 8 日，第一个千万千瓦级风电基地在甘肃酒泉正式开工建设，这是目前中国乃至世界上规模最大的风电工程。与此同时，内蒙古、河北、东北、西北和东部沿海地区，也在规划建设 7 个千万千瓦级风电基地。中国风电发展规模令人瞩目，但发展中存在的问题也越来越突出：首先，装机容量很大，但发电量还很低，有效发电时间短，不能形成对电力网的有效补充，也不能形成对电力网的稳定输出。其次，风电机并网稳定性没有保证，特别是风电机大规模并网，对电网的冲击和损害是非常严重的，必然造成并网困难。最后，故障率很高，维护成本大，风电机的安全性也没有保证。这些问题已成为风电产业发展面临的重要问题。对于可再生能源消纳问题，不仅是个技术问题，更是与传统能源竞争的问题，如外送风电的质量、价格对传统电力的影响。此外，不同利益主体的利益分配是否均衡也影响当前风电发展模式的实现。①

国家发改委于 2009 年 7 月 20 日下发了《关于完善风力发电上网电价政策的通知》，这意味着多年来阻碍中国风电行业发展的最大因素之一的上网问题有望得到实质性解决。该《通知》规定：按风能资源状况和工程建设条件，将全国分为四类风能资源区，相应制定风电标杆上网电价。四类资源区风电标杆电价水平分别为每千瓦时 0.51 元、0.54 元、0.58 元和 0.61 元。今后新建陆上风电项目，统一执行所在风能资源区的风电标杆上网电价。海上风电上网电价今后根据建设进程另行制定。同时规定，继续实行风电费用分摊制度，风电上网电价高出当地燃煤机组标杆上网电价的部分，通过全国征收的可再生能源电价附加分摊解决。

太阳能发电目前处于起步阶段，随着光伏发电成本的下降，光伏产业的发展空间非常大，前景非常明朗。受国际金融危机影响，2008 年中国光伏产业产能利用率大幅下降。为促进光伏产业持续健康发展，2009 年 3 月 23 日财政部、住房和城乡建设部联合发布了《关于加快推进太阳能光电建筑应用的实施意见》和《太阳能光电建筑应用财政补助资金管理暂行办法》，支持开展光伏建筑应用示范，实施“太阳能屋顶计划”、城市光伏建筑一体化应用，对农村及偏远地区建筑光伏利用等给予定额补助，2009 年补助标准原则上定为每瓦补贴 20 元。

2009 年 7 月 16 日，财政部、科技部、国家能源局联合发布《关于实施金太阳示范工程的通知》，决定采取财政补助、科技支持和市场拉动的方式，加快国内光伏发电的产业化和规模化发展，并计划在 2~3 年内，采取财政补助方式支持不低于 500MW 的光伏发电示范项目。该《通知》规定：对并网光伏发电项目，原则上按光伏发电系统及其配套输配电工程总

① 薛静：《吉林风电场的调研报告》，《中国电力发展与改革研究》2009 年第 7 期，第 11 页。

投资的50%给予补助；其中偏远无电地区的独立光伏发电系统按总投资的70%给予补助；对于光伏发电关键技术产业化和基础能力建设项目，主要通过贴息和补助的方式给予支持。

上述一系列政策如能落实，将进一步促进中国风电和太阳能产业的发展。

三、后金融危机时期中国能源发展的重点

1. 把水电、天然气、核电作为优先发展的清洁能源

在各类清洁和可再生能源中，近十年能大规模稳定供应的是水电、天然气、核电。中国水电资源丰富，水电设备制造和水电工程建设水平居世界前列，水电技术非常成熟。相对非水可再生能源，水电在经济上、技术上都具有明显的优势，近二十年要把发展水电作为可再生能源的优先选择。当前，影响中国水电开发主要有三方面的问题：一是库区移民安置。二是水库与流域的生态环境保护。三是涉及与开发跨境河流的国际关系。对于库区移民安置问题，要积极探索移民的安置新模式，中央政府对于水电建设区要加大转移支付，地方政府可代表当地居民持有水电开发公司的股份，对水电建设征收生态补偿基金。增加的收入主要用于增加移民利益补偿，加大生态环境保护投入。此外要加强与周边国家的能源外交，减少摩擦。

天然气是最简便的石油替代品，也是清洁的化石能源。中国要把发展天然气作为优化能源结构的重要途径。要调整当前的天然气依附于石油的发展战略，出台扶持天然气产业发展的政策；要建立公正、合理的天然气价格形成机制，实行天然气生产、净化、输送、配送分开核算，并按照天然气产业链不同环节的特点实行不同的定价方式；要协调好天然气上、中、下游发展，做到统一规划，合理布局；要研究制定进口天然气和国产天然气价格协调办法。

要立足长远发展，积极采取措施，加速核电发展。当前要加强国家核安全的监督管理，推进核电建设中机型设计和建设项目的许可制度，既确保核电的安全，又有利于核电的快速发展。按核工业的特点，科学合理组织整合中国的核工业产业体系，提高中国核电的国际竞争力。加快核电设备设计和制造的自主化步伐，构建以核电机型设计为龙头的中国核电设计、生产、供应产业群。

2. 煤炭行业要实现高效生产、清洁供应

尽管可再生能源发展速度远远大于煤炭等化石能源，但在近几十年内煤炭在中国能源中的主导地位不会改变。当前中国煤炭生产与供应存在的主要问题是：资源开采率低；煤炭伴生气利用率低；原煤洗选率低，而这同时是造成煤炭生产、运输、消费过程中环境污染和终

端低效率利用的主要原因。转变煤炭的生产与供应方式是中国能源实现可持续发展的关键。

造成中国煤炭资源回采率低的主要原因是煤矿企业尤其是小煤矿企业技术投入不足，生产技术水平低和经济激励不到位等。因此提高煤炭资源回采率要从体制与技术两方面同时入手，优化煤炭产业组织结构，提高煤炭生产的机械化水平。当前，政府应支持和鼓励煤炭行业的产业重组，提高煤炭生产集中度，为采用机械化生产创造条件。同时注意运用经济杠杆引导煤炭企业采用先进技术，提高资源采收率。对煤矿的技术改造国家应给予贴息或减息贷款优惠，要尽快改革资源价格定价机制和税收办法，资源税的征收基础应从量计征改为从量计征和从价计征相结合。

要积极加快煤层气的开发与利用。煤层气是与煤炭共生的资源，搞好煤层气抽采利用，要坚持先开发煤层气后采煤。煤层气利用方式要根据资源条件和输送条件，宜发电则发电，宜作为燃气则供应燃气，不应搞"一刀切"。要鼓励煤炭企业与油气企业的合作。煤炭与煤层气共生的煤矿必须要有煤矿与煤层气开发的规划方案和明确的开发单位，允许煤炭企业与油气企业跨业经营。对于没有煤层气开发规划的煤矿不发放生产许可证。

提高煤炭洗选率不存在技术障碍，国外已基本上做到100%。中国应研究制定煤炭进入终端消费的质量标准，禁止原煤直接进入消费市场。政府对采用清洁煤的企业应给予一定的奖励或补贴。要建立监管制度，规范煤矿市场的运作，运煤企业必须要持有业主提交的由市场监管部门开具的煤炭洗选验证。

3. 加强油气资源的勘探勘测投入，稳定国内油气供应

中国的能源供应要坚持立足国内的方针，加强煤炭、石油、天然气、铀资源的勘探开发，稳定基础能源的供应。同时，也要加强可再生能源资源的勘测工作，摸清家底，实现可再生能源有效开发利用。国家有计划、有组织地全面展开能源资源的勘探和勘测，要增加经费投入，制订能源资源勘探、勘测的专项规划。

国家要通过税收等优惠政策鼓励企业开采低品位、难采储量、自然条件恶劣的油气田和开发后期的尾矿以及三次采油。要积极推动煤层气、页岩气等非常规油气资源的勘探与开发。煤层气作为气体能源，与天然气、天然气水合物的勘探开发一样，日益受到世界各国的重视。美国、加拿大、澳大利亚已形成煤层气工业化规模生产，2006年的煤层气产量分别达到了540亿立方米、60亿立方米和18亿立方米。英国、德国也把煤层气作为气体资源鼓励开发。中国煤层气储量居世界第三位，据测算，中国煤层埋深1500米以浅煤层气资源量约27万亿立方米，是天然气比较现实的后备资源。

页岩气是新兴的能源资源，全球页岩气资源量为456.2万亿立方米，约占全球非常规天然气资源量的50%。全球对页岩气的开发尚处于早期开发阶段，目前主要集中在美国、加拿大以及欧洲一些国家。据国内外石油专家初步估计，中国页岩气资源量为30万亿~100万亿立方米，超过国内常规天然气资源量。

4. 加快非水可再生能源的产业化进程

科学计算表明，要把全球气温上升超过 2 摄氏度的概率限制在 50%之内，就需要把大气层中温室气体的浓度稳定在 450ppm 二氧化碳当量左右。在这一情景中，全球与能源相关的二氧化碳排放量在 2020 年之前就达到峰值 309 亿吨，随后下降，在 2030 年降到 264 亿吨——这比 2007 年的水平低 24 亿吨。这需要全球共同努力。目前，中国能源消费量居世界第二位，由于中国经济发展正处于工业化的中期阶段，未来几十年内能源消费仍将处于上升阶段。中国要实现减排目标，就要最大可能地实现能源增量结构的优化、扩大清洁可再生能源的实际利用。

人类社会的发展主要是通过工业化极大地提高了劳动生产率和物质生产水平，而工业化的过程也是大量消费能源与资源的过程，只有经过多年积累的化石能源的能量恰好可以满足这一时期爆发性的能源需求。从时间上看，可再生能源是永续的，但资源分散，不能自然储备，不可能像化石能源那样在某一阶段集中、稳定、大规模供应。因此，如果没有像煤炭、石油等这样多年沉积的化石能源的能量，人类社会的发展也不可能进入工业化的阶段，即生产率和生产规模在短期内大规模扩张。当前，由于可再生能源利用还没有进入大规模商业化利用的阶段，人类经济社会的发展正处于化石能源的存量约束和可再生能源流量约束的转换关头。在未来 5~10 年内，风电和太阳能发电的大规模商业化应用可能依次到来；生物质能源是人类最早使用的能源，但改变其运用方式和能量密度的技术，如纤维素液体燃料、秸秆发电技术等最近才有所发展，并日趋成熟；海洋能、地热能等利用技术进一步加快。

目前非水可再生能源发展仍处于政策扶持阶段，在现阶段要创造有利于产业加快发展的技术环境、法律环境和市场环境。促进可再生能源发展，法律要先行，要根据各可再生产业发展的特点及产业发展不同阶段的需求，调整和修订《可再生能源法》，为可再生能源产业提供法律保障。要加快可再生能源行业标准的制定，凭借技术标准提高行业门槛，促进市场的优胜劣汰，规范行业的市场秩序，通过技术标准，消除可再生能源进入大能源系统的技术障碍。要依靠技术推动可再生能源成本的下降，并从可再生能源就地利用和发电上网两个方面，增加扶持政策的力度。要努力探索有利于新能源产业化的商业模式和管理制度，以制度创新促进新能源技术突破和产业化发展。要逐步整合风电、太阳能发电等新能源产业设备制造，培育大型新能源企业。

5. 积极探索新兴能源供给系统，提高能源收益

风电、太阳能由于具有不连续性，不能储备，因此，可再生能源的发展，不仅会改变能源结构，而且对现有的能源集中供应的方式也是一个突破。在发展非水可再生能源的同时，要积极探索智能电网和分布式供电系统等新兴的能源供应系统，要并网与离网共同发展，离网可采用联网不并网和分散独立系统两种方式。“融入大电网、建设大基地”的发展思路近期尚不宜大规模推广，因为在可再生能源开发利用成本较高的情况下，大规模、长距离输送会进一步增加可再生能源的利用成本，而由于电网接受能力有限，将影响可再生能源的实际利

用。当前要根据最经济、最方便、最少利益摩擦的原则，最大限度地增加可再生能源的实际利用，提高中国发展可再生能源产业的能源收益。

发展可再生能源产业的最终目标之一是替代化石能源，提高可再生能源在能源消费中的比重。因此，可再生能源产业政策要注重可再生能源的实际利用；要从生产和消费两大环节同时加大财政和税收支持力度，鼓励可再生能源的实际利用。

6. 做好能源产业与其他产业的发展与布局协调

能源产业是国民经济的基础产业，它的发展与布局要与国民经济其他产业相协调。为此，需做好中国能源的各类规划的协调和能源发展规划与经济社会发展规划的协调。协调各类能源主要包括：能源总体规划和各能源产业规划的协调，长期发展战略与五年规划的协调衔接，能源产业布局与区域能源规划的协调。

能源产业发展战略规划与经济社会发展规划的协调重点包括与高耗能产业、物流运输规划和城市交通规划的协调，各类发展规划增加节能内容审核等。为了做好衔接工作，建议开展国家能源五年规划目标前期与后期评估工作，制定目标责任制，落实中国能源发展战略目标，逐步改变中国高耗能、低产出的能源发展路径。

7. 建设能源科技平台，加快能源重大科技攻关

历史的经验表明，能源利用技术是影响人类生产和生活方式的关键因素，它的重大变革和技术进步对经济发展具有巨大的推动作用。而新能源技术的突破和广泛运用，不仅可能拉动世界经济走出低谷，而且有可能有效地解决气候变化与环境污染等问题。当前，能源技术正处于革命性变革的前夜，世界各国都高度重视能源技术的发展。中国必须抓住这一重要的历史机遇，加强能源技术尤其是新能源技术的研发：一是通过组建国家能源科技和工程技术中心，构建能源共性技术研发平台，研究和跟踪重大能源技术的变化趋势，实施重大能源工程的技术论证。二是抓住能源科技重大问题，集中人力、物力和财力组织重大能源问题科技攻关，明确能源科技发展的目标和技术攻关时间表。三是加快能源科技人才和能源管理人才的培养，增加能源科技投入，发展能源科技服务业。国家要增加对能源科技成果产业化的扶持力度，努力降低能源技术商业化应用的成本。四是发展新能源产业必须重视体制、机制建设。新技术的发展与应用往往需要建立与之相适应的经济体制，良好的制度设计是技术发展的催化剂，为此，在积极发展新能源技术的同时，要努力探索有利于新能源产业化的商业模式和管理制度，以制度创新促进新能源技术突破和产业化发展。

8. 深化能源体制改革，完善能源价格机制

要从根本上解决能源产业发展的不协调等问题，必须深化能源体制改革，理顺管理体制，打破市场垄断，规范能源产业发展，建立竞争、有序、公平的能源市场，形成良好的产业发展机制。

推进能源产品价格改革，必须坚持市场化的改革取向，加快建立能够充分反映市场供求关系、资源稀缺程度、环境损害成本的资源性产品价格形成机制，更大程度、更大范围地发挥市场在配置资源和保护环境中的基础性作用，强化全社会资源节约意识和环保意识，为建设资源节约型与环境友好型社会、转变经济发展方式创造良好的体制条件和政策环境。

当前，要继续深化电力工业市场化改革，改革电价的形成机制。协调好电煤价格与电力生产、输送、终端的价格关系，协调好火电、水电、核电及新能源发电的上网电价。按照有利于可再生能源发展和经济合理的原则，形成可再生能源产品的定价机制。建立水电全成本上网电价机制。优化销售电价结构，全面实施峰谷分时电价，对居民用电实行阶梯价格，逐步建立反映市场需求和能源短缺的销售电价机制。

以提高煤炭资源采收率和安全保障水平为核心，规范煤炭产业发展，通过兼并、重组促进煤炭工业的集约化和机械自动化生产，鼓励煤炭产业和其他产业的融合。完善市场化的煤炭价格形成机制。电煤价格由煤、电企业双方根据需求情况和国际煤价水平自行确定。完善煤炭市场体系，推行长期交易合同，建立健全煤炭交易市场，完善政府宏观调控及市场监管。

加快石油和天然气价格体制改革，协调好国有、民营企业在石油进口与海外投资方面的关系。建立以市场为基础的定价机制，促进天然气工业的快速发展。

专栏 13—1

我国正在建设全球首座第三代核电站

2009 年 4 月 19 日，我国第三代核电自主化依托项目首台机组、中美最大的能源合作项目、全球首座第三代 AP1000 核电站——浙江三门核电站一号机组在按期实现浇注核岛筏基第一罐混凝土（FCD）的关键里程碑目标后，已经全面进入主体工程建设阶段。

三门核电站一期工程总投资 400 多亿元，首台机组计划于 2013 年建成。三门核电站所采用的 AP1000 核电机组，属于第三代压水堆技术。这种技术可以较大幅度地简化系统，减少设备数量，提高核电站的安全性和经济性。三门核电工程是我国第三代核电自主化信托项目，也是迄今为止中美能源合作建设的最大项目。

2006 年 12 月，中美两国政府签署了合作建设先进压水堆核电项目及相关技术转让的谅解备忘录。2007 年 7 月 24 日，国家核电技术公司和三门核电有限公司、山东核电有限公司作为联合采购方，与美国西屋联合体及主要分包商，在北京人民大会堂正式签订了我国第三代核电自主化依托项目核岛设备采购和技术转让合同。同年 9 月 24 日，我国第三代核电自主化依托项目核岛设备采购和技术转让合同如期生效。2008 年 2 月 26 日，我国第三代核电自主化依托项目三门核电站一期工程核岛负挖比原计划提前一个月开工，标志着世界首台AP1000 核电机组开始进入现场实施阶段。同年 8 月 22 日，三门核电站一号机组核岛基坑负挖通过了国家核安

续专栏 13—1

全局组织的专家现场验收，标志着三门核电站一号机组核岛负挖工作比原计划提前67天顺利结束，主体工程开工前的准备工作取得了重要的阶段性成果。

第三代先进核电AP1000技术是全世界核电50年发展经验和智慧的结晶。世界首台AP1000核电机组在中国三门建设，新的非能动安全设计理念首次在中国由图纸转化为工程实体，这对于我国抓住世界新一轮核电复苏的历史机遇，站到世界先进核电技术的前列，在引进世界最先进技术的高起点上实现我国核电技术的创新发展，加快提升我国核电自主化建设和发展能力具有极其重要的意义。

资料来源：根据《全球首座第三代AP1000核电站主体工程全面开工》一文改编。原文刊载于 http://www.snptc.com.cn/template/listl/index.aspx?，2010年5月21日。

参考文献

侯文锦:《山西煤矿重组整合背景下的供应前景展望》,《中国电力发展与改革研究》2009年第8期，第35页。

张德江:《大力推进煤矿瓦斯抽采利用》,《中国煤炭报》2009年12月18日第1版。

薛静:《吉林风电场的调研报告》,《中国电力发展与改革研究》2009年第7期，第11页。

第十四章　钢铁工业

提　要

在国际金融危机的冲击下，中国钢铁工业在2008年下半年至2009年初的一段时期内处境十分艰难：国际国内钢材需求不振，钢材价格急剧下跌，企业经营困难，行业亏损严重等。为了克服国际金融危机对钢铁工业发展带来的消极影响，中国及时出台了《钢铁产业调整和振兴规划》，并采取了一系列保增长、调结构、促发展的政策措施。由于应对及时、措施得力，中国钢铁工业逐渐从国际金融危机的消极影响中摆脱出来，钢材市场逐渐回暖，钢铁产量逐月增加，企业经营状况日益好转，全行业经济效益不断向好，淘汰落后产能和节能减排取得积极进展，钢铁企业"走出去"开发国外矿产资源迈出较大步伐。而在后金融危机时代，中国钢铁工业仍然面临着产能过剩压力大，产品满足市场用户需求能力弱，产业布局不合理，原料进口依存度高，原料成本压力大等一系列问题和挑战。解决上述问题和挑战，一要加快自主技术创新，调整产品结构；二要继续采取有效措施，促进市场稳定；三要加速淘汰落后产能的进程；四要长短并举，积极应对铁矿石进口量和依存度不断上升的趋势。

*　　　　*　　　　*

钢铁工业对国民经济发展、拉动就业和消费有着重要作用，是国民经济的重要基础产业，是实现工业化的支撑产业。伴随着国家的崛起和经济的快速发展，中国迅速成为世界钢铁大国，钢铁产量已连续十多年位居世界第一。但是，中国还不是世界钢铁强国。中国钢铁工业的技术创新能力和可持续发展能力等与先进钢铁国相比还有一定的差距。同时，经过多年的高速发展，中国钢铁工业累积了产能过剩、产业布局不合理等诸多深层次的内部问题亟待解决。发生于美国并蔓延到中国的国际金融危机使中国钢铁工业的既有矛盾更加凸显，并使2009年成为21世纪以来中国钢铁工业经受住严峻考验、取得来之不易成绩的一年。

一、国际金融危机对中国钢铁工业发展的冲击

2008年下半年以来，随着百年一遇的国际金融危机的扩散和蔓延，中国钢铁工业受到

严重冲击，钢铁产需陡势下滑、钢材价格急剧下跌、企业经营困难、亏损企业增多，加之行业本身原本就存在的结构性问题，中国钢铁工业一时面临着前所未有的巨大压力。

1. 国内需求不振，产量逐月下降

在国内钢铁市场上，随着国际金融危机向中国的蔓延和扩散，作为钢材消费主体的国内房地产业、汽车业、造船业、机械制造业发展速度在进入 2008 年后大幅度下跌，其对钢铁产品的需求量随之大幅度下滑，进而导致国内钢铁企业产销率下降，库存增加。数据显示，2008 年第一季度至第三季度，中国钢材销售量为 43324.6 万吨，产销率为 98.4%，比上年同期下降 1 个百分点，库存比年初增加 38.5%。其中，线材产销率为 98.0%，比上年同期下降 1.4 个百分点，库存比年初增加 57.0%。由于市场需求疲软，国内钢铁企业被迫进行设备检修或减产，使得国内钢铁产量在 9~12 月出现多年未见的连续 4 个月下降。粗钢产量 9 月同比下降 9.1%，10 月同比下降 17.0%，11 月同比下跌 12.4%，12 月同比下降 10.5%；钢材产量 9 月同比下降 5.5%，10 月同比下降 12.4%，11 月同比下降 11.0%，12 月同比下降 1.7%。

2. 国外需求疲软，出口大幅度下滑

由于全球性金融危机，世界主要经济体相继陷入经济衰退，国际市场对中国钢铁产品需求自 2008 年下半年后明显减弱，导致中国钢铁产品出口日趋艰难，出口数量大幅度下滑。2008 年 8 月中国钢材出口 768 万吨，从 9 月开始出口持续下降，11 月降到 295 万吨，12 月为 317 万吨；2009 年 1 月出口又降到 191 万吨，5 月下降至 135 万吨。据海关统计，2009 年 1~5 月中国出口钢材 790 万吨，价值 88.3 亿美元，出口量和出口额同比分别下降 63.6% 和 55.4%。不仅如此，国际金融危机还使得国际市场对中国汽车、家电、机械产品的需求大幅度下降，进而使得中国钢材的间接出口也受到很大的影响。

3. 价格持续下跌，市场交易清淡

在金融危机的冲击下，钢材市场价格全面下跌。2008 年 9 月以来，包括板、棒、线、坯材在内的国内钢材产品价格急剧下跌，到当年 10 月末中国钢材价格指数（CSPI）跌至 135.9，比 6 月的高点 219.9 下跌 84 点，跌幅高达 38.2%。其中，长材、扁平材价格指数分别比年内高点下降 86.1 点和 82.3 点，跌幅分别为 36.6%和 40.7%。一些普材合同价、零售价甚至降至 2007 年同期的 50%左右，且订单组织极为困难；一些钢铁企业处于半停产或负利润生产状态，市场交易日趋清淡。

4. 企业利润下滑，行业亏损严重

在金融危机的冲击下，中国钢铁工业经济效益全面恶化。国内 71 家重点钢铁企业 2008 年 11 月整体亏损 127.8 亿元，创历史最大月度亏损纪录；1~11 月累计实现利润总额 1142.1

亿元，同比下降16.3%。规模以上钢铁企业2008年1~11月实现利润总额同比下降13.7%，增速比2007年同期大幅下滑27.4个百分点；亏损企业亏损额达到187.1亿元，同比增长304.9%。

二、中国钢铁工业应对国际金融危机的措施与发展态势

为了克服国际金融危机对中国钢铁工业发展带来的消极影响，国家出台了一系列宏观调控政策，并制定了《钢铁产业调整和振兴规划》（以下简称《规划》）。《规划》以控制总量、淘汰落后、企业重组、技术改造、优化布局为重点，提出了2009~2011年的3年间中国钢铁工业调整振兴的具体要求：一要统筹国内国外两个市场。落实扩大内需措施，拉动国内钢材消费；实施适度灵活的出口税收政策，稳定国际市场份额。二要严格控制钢铁总量，淘汰落后产能，不得再上单纯扩大产能的钢铁项目。三要发挥大集团的带动作用，推进企业联合重组，培育具有国际竞争力的大型和特大型钢铁集团，优化产业布局，提高集中度。四要加大技术改造、研发和引进力度，在中央预算内基建投资中列支专项资金，推动钢铁产业技术进步，调整品种结构，提升钢材质量。五要整顿铁矿石进口市场秩序，规范钢材销售制度，建立产销风险共担机制。作为《规划》配套措施的一部分，国家还调整了部分钢材品种的出口退税率，从2009年4月1日起将59个钢材品种出口退税由5%提高到13%。

在扩张性刺激政策和《规划》的推动下，中国钢铁市场逐渐回暖，钢铁产量逐月增加，企业经营状况日益转好，利润快速下滑的势头得以减弱。

1. 钢铁生产较快增长，在世界钢铁工业中的份额大幅度提高

在积极的宏观经济政策和钢铁产业调整振兴规划双重推动下，国内钢铁市场逐渐摆脱2008年末的颓势，钢材表观消费量逐月增加，由此带动钢铁生产从负增长转向较快增长。2009年5月，中国钢铁生产全面复苏。进入6月后，钢铁工业生产复苏速度明显加快。其中7~12月，中国粗钢产量同比分别增长19.4%、28.9%、31.6%、41.6%、37.4%和26.6%（见图14-1）。2009年1~12月，全国粗钢产量累计达到56803.3万吨，同比增长了12.9%；生铁产量达到54374.8万吨，同比增长15.9%；钢材产量达到69626.3万吨，同比增长15.2%。其中，重点企业钢、铁、材产量分别较上年增长1.2%、15.3%和13.7%；以民营企业为代表的其他企业钢、铁、材产量同比分别增长21.1%、18.6%和17.7%，增速分别较全国高8.2个、2.7个和2.5个百分点（见表14-1）。

从国际比较看，由于世界其他主要产钢国和地区钢产量大多下降较大，2009年世界粗钢总产量同比下降了8%，因此，保持较快增长的中国钢铁工业在世界钢铁工业中的地位进一步上升。中国粗钢产量占全球粗钢总产量的比重由2008年的37.7%上升至2009年的46.6%，提高了8.9个百分点。在《环球钢讯》（SBB）公布的2009年全球钢铁企业粗钢产量

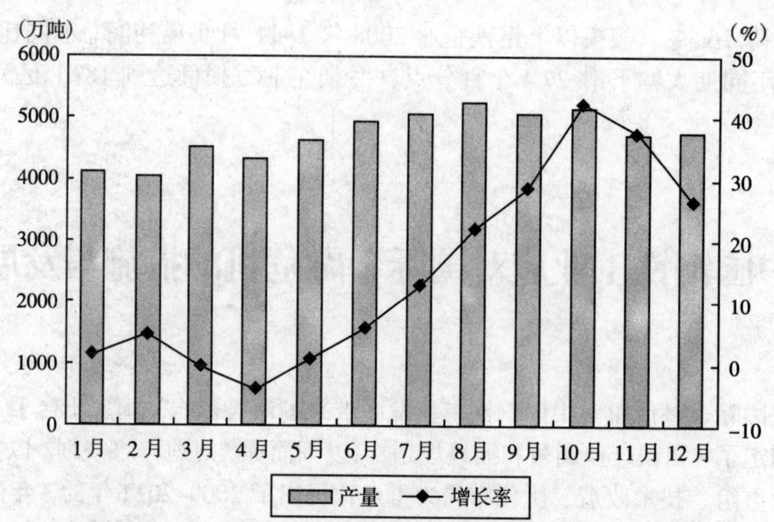

图 14-1 2009 年 1~12 月中国粗钢月产量及其增长率变化情况

资料来源：《中国钢铁业》2010 年第 2 期，第 16 页。

表 14-1　　2009 年中国主要钢铁产品产量的增长状况

单位：万吨

	单位	2008 年	2009 年	同比增长（%）
粗钢	全国	50312.9	56803.3	12.9
	重点钢铁企业	41885.2	46593.9	11.2
	其他钢铁企业	8427.7	10209.4	21.1
生铁	全国	46928.5	54374.8	15.9
	重点钢铁企业	38547.4	44437.2	15.3
	其他钢铁企业	8381.1	9937.6	18.6
钢材	全国	60439.5	69626.3	15.2
	重点钢铁企业	37973.0	43184.9	13.7
	其他钢铁企业	22466.5	26441.4	17.7
焦炭	全国	31214.8	34501.7	10.5
	重点钢铁企业	10741.6	11672.6	8.7
	其他钢铁企业	20473.2	22829.1	11.5
铁合金	全国	1835.6	2209.4	20.4

资料来源：中国钢铁工业协会：《中国钢铁统计月报》。

20 强排名中，中国已有河北钢铁集团（4020 万吨，排名第二）、宝钢集团（3887 万吨，排名第三）、武钢集团（3030 万吨，排名第五）、鞍山钢铁集团（2930 万吨，排名第六）和沙钢集团（2640 万吨，排名第七）5 家企业入围前 10 强，占据了世界前 10 强的半壁江山。

2. 钢材市场波动频繁，钢材价格在波动中大幅走低

受国内外市场需求和政策变化等多种因素的影响，2009 年中国钢材价格“两起两落”，并呈现出在波动中大幅度走低的运行态势。钢材价格综合指数 2008 年 11 月跌至 101.5 点的

低点后逐步回升，2009 年 2 月初达到 109.26 点的阶段性高点。随后，钢材价格又一路下滑，4 月 17 日下降到 95.01 点，跌至 1994 年的价格水平。此后，受建筑、汽车等行业用钢需求上升的刺激，从 4 月中旬到 8 月中旬钢材价格持续上涨，到 8 月第 3 周，国内钢材价格综合指数达到 116.32 点的阶段性高点。此后，受钢材期货价格“跳水”的影响，钢材现货价格又进入下行通道，9 月末国内钢材综合价格指数降至 102.65 点，环比下降 5.54 点，降幅 5.1%，同比减少 41.29 点，降幅 28.7%。8 个主要钢材品种价格均出现下跌，其中线材和螺纹钢价格跌幅较大，环比分别下跌了 7.06%和 7.9%。经过 10 周回调后，10 月 16 日进入新一轮上涨行情，11 月末，国内钢材综合价格指数重新站在 100 点之上（见表 14-2），年末国内钢材价格综合指数 107.2 点，比 2009 年初上升 3.9 点。8 种主要钢材品种的价格除热轧无缝管出现微弱下跌外，其余 7 个品种均环比增长，其中热轧板卷、中厚板和冷轧板卷价格环比上涨幅度均在 4%以上。但是，由于国际钢材价格的挤压，2009 年全年中国钢材平均综合价格指数只有 103.12 点，比上年下降 33.54 点，降幅为 24.5%。其中，长材年平均价格指数为 107.11 点，同比下降 23.4%；板材年平均价格指数为 103.05 点，同比下降 24.6%。8 种主要钢材品种的价格均远低于上年同期。其中，跌幅最大的中厚板从 2008 年的 6026 元/吨急跌至 2009 年的 4189 元/吨，每吨下跌 1837 元，跌幅高达 30.5%；跌幅最小的螺纹钢也从 4797 元/吨跌至 3748 元/吨，下跌了 21.9%。

表 14-2 2009 年中国主要钢材品种市场价格指数的变化情况

	普线	螺纹钢	中厚板	热轧薄板	热轧板卷	冷轧薄板	镀锌板	热轧无缝管
1 月末	109.47	100.40	124.74	106.84	107.58	101.50	97.85	110.16
2 月末	103.63	105.05	119.50	102.89	98.75	99.36	95.38	109.73
3 月末	94.98	97.44	110.72	99.93	93.59	94.59	88.76	103.24
4 月末	96.60	98.72	108.45	97.36	90.13	92.21	87.58	98.36
5 月末	101.54	103.89	111.02	99.05	94.22	94.53	89.98	97.23
6 月末	106.65	107.27	113.70	101.26	99.27	99.88	94.72	99.31
7 月末	118.30	118.98	120.02	105.31	108.13	110.17	103.54	103.87
8 月末	109.79	113.55	117.20	104.32	99.27	110.19	105.38	108.58
9 月末	102.03	104.63	110.89	99.42	97.26	105.70	100.64	102.31
10 月末	101.68	103.13	108.92	97.67	96.87	103.51	98.10	100.58
11 月末	105.61	106.82	114.09	98.74	102.06	108.24	101.99	100.39

资料来源：《中国冶金报》2009 年 12 月 31 日。

值得注意的是，自 2009 年 3 月 27 日上市的上海期货交易所钢材期货，上市即成为钢材市场万众瞩目的焦点，从最初的微幅波动、持仓成交量小到下半年一跃成为流动性强、资金量大、成交量天量的明星品种。11 月底，钢材期货成交总额已逾 10 万亿元。经历了 7 月的直线拉升和 8 月的雪崩式暴跌后，钢材期货市场逐步走向成熟。

3. 产品量价回升，行业经济效益向好

尽管钢铁产量增加，且国际金融危机爆发后，钢铁企业加强了管理，大力开展降本增效

活动，但是，由于钢材价格下降幅度太大，2009 年中国钢铁工业的经济效益还是出现了较大幅度的下降。数据显示，纳入统计的 68 家大中型钢铁企业，2009 年实现主营业务销售收入 22478.58 亿元，比上年下降 10.1%；实现利税 1258.02 亿元，比上年下降 33.3%；实现利润 553.88 亿元，比上年下降 31.4%。规模以上钢铁企业当年 1~11 月累计实现销售收入 39154.41 亿元，同比下降 5.37%；实现利润 811.6 亿元，同比下降 42.58%。其中，大型钢铁企业累计实现销售收入 24824.58 亿元，同比下降 9.1%；中型和小型钢铁企业分别实现销售收入 7116.48 亿元和 7213.36 亿元，分别比上年同期下降 4.4%和增长 9.0%。同时，大、中、小型钢铁企业分别实现盈利 565.44 亿元、103.56 亿元和 142.62 亿元，同比分别下降 47.7%、43.4%和 4.5%。亏损企业亏损总额 266.5 亿元，同比增加了 25.7%（见表 14-3）；销售利润率为 2.07%，同比下降 0.44 个百分点；成本费用利润率为 2.12%，较上年同期下降 1.53 个百分点。分行业看，炼铁行业效益下降幅度最小，铁合金行业下降幅度最大。2009 年前 11 个月，炼铁行业实现利润 62.3 亿元，同比下降 5.9%；炼钢行业实现利润 141.3 亿元，同比下降 37.2%；钢压延加工实现利润 604.2 亿元，同比下降 42.3%；铁合金行业实现利润 3.8 亿元，同比猛降 95.0%。但是，从行业经济效益的月度变化趋势看，随着产品需求量的增加和价格的回升，钢铁工业效益状况逐月向好，销售收入尤其是实现利润下降的幅度逐月变窄，2009 年前 11 个月，中国规模以上钢铁企业累计实现利润的下降幅度分别比 1~2 月、1~5 月、1~8 月低 60.43 个百分点、54.65 个百分点和 29.16 个百分点。

表 14-3　2009 年 1~11 月规模以上钢铁企业效益变化情况

	产品销售收入		利润总额		亏损企业亏损总额亏	
	累计值（万元）	同比增长（%）	累计值（万元）	同比增长（%）	累计值（万元）	同比增长（%）
1~2 月	52772272	-11.86	-76902	-103.01	1275048	315.86
1~5 月	149889134	-17.43	264199	-97.23	2966348	680.88
1~8 月	266558534	-14.83	4546282	-71.74	2556132	295.16
1~11 月	391544112	-5.37	8116232	-42.58	2665281	25.71

资料来源：《中国统计数据应用支持系统》（http://gov.acmr.cn）。

4. 淘汰落后产能和节能减排取得积极进展

落后产能难以淘汰是近年来中国钢铁工业发展中的一个顽症。2009 年，在相对有利的外部环境和国家一系列政策的推动下，钢铁工业淘汰落后产能取得了初步进展。全年共淘汰落后炼钢能力 1691 万吨，落后炼铁能力 2113 万吨。在钢铁大省河北，截至 2009 年底，在全国率先拆除 400m^3 级炼铁高炉 8 座，同时还淘汰 1 台 150m^2 烧结机、3 台 60m^2 烧结机、2 台 36m^2 烧结机、1 家电炉炼钢厂、3 条轧钢生产线等落后设备，共淘汰近 400 万吨落后产能。随着落后产能的淘汰和企业对循环经济与低碳经济投入的加大，钢铁工业在提高能源综合利用效率和节能减排方面也取得了积极进展。2009 年，中国重点钢铁企业在粗钢产量增长 11.2%的情况下总能耗只增长了 5.2%；吨钢综合能耗为 619.4 千克标煤，同比下降 1.7%，吨钢耗新水 4.43 吨，同比下降 12.8%；外排废水总量同比下降 13.7%，外排废水中化学耗氧量比上年下降 20.0%；废气中的二氧化硫和烟尘排放同比分别减少 4.9%和 7.9%。

5. 出口量大幅下降，进出口趋向平衡

受发达国家经济衰退、国际市场需求极度萎缩和贸易保护主义的三重冲击，2009 年中国钢材出口严重受阻，下降幅度大，而进口仍保持较快增长的态势，钢铁进出口贸易已由前几年的大量净出口转变为贸易基本平衡。据海关总量统计，2009 年，中国出口钢材 2460 万吨，同比下降 58.4%；出口钢坯 4 万吨，同比下降 96.6%。其中，无缝管的出口量 317.32 万吨，同比下降 41.2%，占全部出口量的 12.9%。其他出口量超过 100 万吨的钢材品种有中厚宽钢带 277.82 万吨、焊管 253.05 万吨、中板 225.19 万吨、镀层板（带）214.83 万吨、彩涂板（带）131.48 万吨、钢丝 122.27 万吨、线材 108.21 万吨、棒材 108.08 万吨、大型型钢 104.65 万吨（见图 14-2）。进口钢材 1763 万吨，同比增长 14.3%；进口钢坯 459 万吨，同比增长 17.7 倍。其中，冷轧薄宽带的进口量最高，达到 428.86 万吨，占全部进口量的 24.3%；其他进口量较大的钢材品种还有：镀层板（带）328.32 万吨，热轧薄宽钢带 295.68 万吨，中厚宽钢带 117.22 万吨，电工钢板（带）83.54 万吨，中板 82.01 万吨。进出口相抵后， 2009 年中国实现粗钢净出口 286 万吨，同比下降 94%。

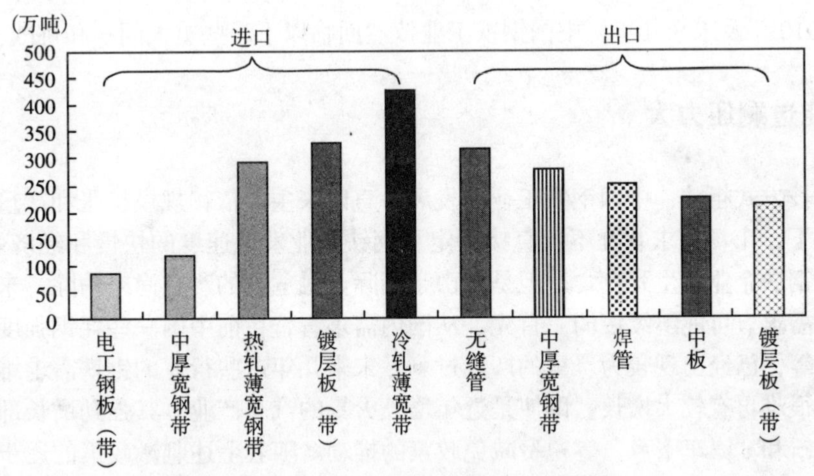

图 14-2　2009 年中国进出口量最大的 5 种钢材

资料来源：中经专网，2010 年 2 月 10 日。

6. 企业“走出去”开发国外资源取得较大进展

在《规划》和国际矿产资源价格下跌的共同推动下，为了提高铁矿石资源保障能力，中国钢铁企业加快了开发海外矿产资源的步伐，合作开发、股权收购明显增多。2009 年 3 月底，华菱钢铁集团收购澳大利亚 FMG 公司的 17.34%股权完成交割，成为该公司第二大股

东，并获得一名董事席位；4 月 29 日，武钢与澳大利亚 WPG 公司签署合作开发铁矿资源框架协议；6 月 23 日，鞍钢集团增持金达必公司的计划获得批准，成为该公司第一大股东；7 月 20 日，澳大利亚 CXM 公司向武钢定向增发股票，武钢成为该公司第二大股东；7 月 20 日，武钢与加拿大 CLM 公司完成收购项目的交割，成为该公司最大股东，并获得 Bloom Lak 项目 25%的股权及 50%的产品；8 月 28 日，包钢与澳大利亚 CXM 公司签约合作开发班格鲁项目，双方各占 50%的股份；11 月 7 日，重钢矿产开发投资有限公司决定将以不超过 2.58 亿美元的对价投资亚洲钢铁，获得后者增发的 60%的股权；11 月 23 日，宝钢以 2.85 亿澳元收购澳大利亚 Aquila 公司 15%股权，成为该公司第二大股东；11 月 30 日，武钢出资 4 亿美元认购巴西 MMX 公司的股份，成为该公司第二大股东；12 月 26 日，民企顺德日新发展有限公司成功收购智利一大型铁矿山采矿权。据不完全统计，到 2009 年底，中国在境外获得投资权益的铁矿石资源接近 2 亿吨，达到 19153 万吨，正在开展前期工作的铁矿资源量预估达 5000 多万吨。

三、中国钢铁工业存在的问题和挑战

展望 2010 年及未来几年，中国钢铁工业依然面临以下一些重大问题和挑战：

1. 产能过剩压力大

由于增长方式粗放，中国钢铁工业的发展一直以来主要依赖规模扩张和产量提高。在这种增长模式下，市场需求状况不仅直接决定了钢铁企业发展速度的快慢和经济效益的好坏，甚至决定了钢铁企业的生死存亡。但是，由于国际金融危机的影响尚未消除，未来几年钢铁工业的市场需求有可能继续疲弱。首先，从国内需求看，目前中国一些耗钢强度大的产业如船舶、水泥等，已经出现较为严重的产能过剩，未来几年这些行业的钢铁需求维持现有水平已属不易，很难再有较大增长。即使是近年增长火暴的汽车产业，其强劲增长部分主要源于汽车以旧换新和“汽车下乡”等税费减免政策的推动。随着上述刺激政策的逐步退出，未来几年汽车产业对钢铁的需求也将逐步减弱。其次，从国外需求看，中国钢材外需萎缩的局面短期内还难以改观。从目前的情况看，虽然全球经济形势已出现好转，但不确定因素仍然很多，国际金融危机还远没有结束，主要发达经济体的国内需求依旧疲软，主要产钢国钢产量仍未完全恢复到危机前水平，全球钢材贸易仍不活跃。此外，2008 年以来国外针对中国钢铁工业的贸易保护愈演愈烈，对中国钢材出口采取反倾销、反补贴措施的现象明显增多。中国钢材出口面临的挑战较多，扩大钢材出口的空间仍将十分有限。可见，无论从国内市场还是从国际市场看，2010 年及未来几年中国钢铁工业市场需求继续保持快速增长的难度将越来越大。然而，从供给看，即使在国际金融危机发生后，中国钢铁工业的生产能力仍旧在不断增加。据统计，2008 年中国新增炼钢产能 6229 万吨，当年淘汰落后炼钢产能 648 万吨，当年实际净增产能5581万吨。到2009年底，中国粗钢产能已经超过了7亿吨。根据中国钢铁工业协会最近对各地钢铁企业2010年生产安排的不完全统计，钢铁产能总量比2009年又有较大增长。在这一增一减的动态变化中，未来几年钢铁工业产能过剩压力明显增大。

2. 产品满足市场用户需求能力弱

中国虽然连续多年为世界第一产钢大国，但产品满足市场需求特别是高端需求的能力还比较弱。根据中国质量协会、全国用户委员会测评结果，中国钢铁产品的用户满意度为71.6分（满分100分），处于中等偏低水平。其中，扁平材的满意度只有67.8分。从总体上看，中国钢铁产品整体质量档次不高，与用户的要求有较大的差距，产品质量、性能及品种还不能满足各行业对其品种质量的要求。测评结果还显示，由于表面质量达不到用户要求，家电用钢板只在侧面使用国产钢板，正面只能使用进口板。在汽车制造行业，高强度钢板（厚度大于2毫米）及一些镀锌板，只能使用进口产品。在造船行业，中厚板在加工过程出现裂纹的问题也较多。测评结果同时显示，服务质量评价低于产品质量，整体服务还不能适应用户的需求；用户整体抱怨率为40.9%，汽车业和家电制造业用户的抱怨率最高。由于钢材质量差，中国大型散货船用低合金高强度船板，大型挖掘机用高强度中板，轿车用弹簧钢、高级冷镦钢、轴承钢、齿轮钢，中高级焊丝用高档钢材等大部分需要进口。2009年中国不仅直接进口钢材1700多万吨，同时，随着机电设备进口间接“带进”的钢材约3500多万吨。

3. 产业布局不合理

中国现有钢铁生产布局是在计划经济条件下形成的，基本上属于资源依托型布局。目前，中国沿海、沿江钢铁企业产钢在全国所占的比例不足20%。同时，中国大多数钢铁企业位于大城市、特大城市的核心区。随着原料来源结构的变化和城市扩张，这种布局方式带来的弊端日益突出：一是物流成本大，二是城市环境压力大。以武钢为例，近年来，随着铁矿石进口数量和比重的提高，地处内陆的武钢与沿海钢铁企业相比，在铁矿石运输成本上的劣势越来越大，目前每吨生铁的原料成本比宝钢要高100多元，严重制约企业竞争力。

4. 原料进口依存度高，成本压力大

近年来，随着中国钢铁产量的增长，钢铁工业的铁矿石需求量不断上升，但国产铁矿石无论数量上还是品位上都不能满足钢铁工业的需求，使得中国的铁矿石进口量不断增加，对外依存度逐年上升。2009年，中国进口铁矿石已达62778万吨，比2008年增加18142万吨，增长40.6%；铁矿石进口依存度上升至69%，比2002年提高25个百分点。同时，钢铁工业所需的炼焦煤进口量也由上年的685万吨猛增到3442万吨，增长超过4倍。

目前国际铁矿石资源主要被必和必拓、力拓矿业和淡水河谷公司三大巨头垄断，中国钢铁企业又不能形成整体合力一致对外，在这种情况下，中国在国际铁矿石长期协议价格谈判中缺乏话语权和主动权，只能被动接受国际铁矿石巨头的垄断价格。在这种议价模式和市场

结构下，大量进口铁矿石将增加中国钢铁企业的生产成本，降低中国钢材产品原有的价格优势，制约中国钢铁工业长期可持续发展。事实上，自从2004年中国铁矿石进口依存度超过50%以来，国际铁矿石长协价多数年份的涨幅都在20%以上，给中国钢铁工业带来了很大的成本压力。从目前的情况来看，2010年度的国际铁矿石长协价谈判形势不容乐观，国际铁矿石三大巨头提出了提价80%~90%的疯狂要求。据有关专家测算，如果国际铁矿石生产商的上述涨价要求成为现实，那将导致中国钢铁企业2010年的成本额外增加150亿元。这对于目前销售利润率只有2.2%、不足全国工业平均销售利润率一半的中国钢铁工业来说，无疑将是一个十分严峻的挑战。

四、促进中国钢铁工业进一步发展的对策建议

1. 加快自主创新，调整产品结构

优质产品是企业生存发展的必要条件，而创新则是保证产品优质、推动企业科学发展的不竭动力。在后金融危机时期，要解决中国钢铁产品特别是高端钢铁产品满足市场需求能力弱的问题，必须加快自主技术创新，升级发展路径和发展战略。对企业来说，一是要坚持从市场出发，贴近客户的需求，把客户的愿望和要求作为技术创新的出发点；加大研发提高汽车用钢、电工钢、专用石油管等钢材产品，加大研发生产高品质、环保型家电用钢和超宽、超厚船用钢板等市场紧缺品种。二是要重视技术积累和产品升级，与其他钢铁企业、科研院所保持良好的合作关系，为用户提供优质的服务。三是要配备创新所需的必要资源，如设备技术条件、财力和物力等。对政府来说，一是要加大对企业自主技术创新的政策引导力度，对采用先进制造技术的钢铁企业给予适当的激励，如税收减免、贴息贷款等资金上的支持。二是要鼓励钢铁企业加大技术开发、研发投入，继续加大对研发投入的税收优惠力度。三是要构建有利于产业技术创新的制度平台、技术平台和信息平台，建立产业共性技术开发体系，加速推进制约产业转型升级的关键技术、对产业升级起关键带动作用的行业技术标准和产品标准、绿色钢铁的技术创新与技术升级工作，建立共性、关键性技术推广平台，实现产业共性技术的共享。

2. 继续采取有效措施，促进市场稳定

一要密切关注国内钢材需求的品种结构变化。由于2010年固定资产投资新开工项目计划总投资增幅可能出现回落，因此，2010年中国钢材需求中，长材增长幅度将有所回落，板材和宽带材增长幅度将上升（特别是冷轧薄板、涂镀层板），中板、中厚板、无缝钢管市场形势不容乐观。二要密切关注进口钢材对国内市场的影响。由于中国汽车、家电等行业对

薄板需求增加，可能刺激进口数量增加，导致市场竞争加剧。事实上，在下游需求的刺激下，2009 年中国进口冷轧普薄卷猛增了 78.6%。因此，需要尽快制定相应的预案，一方面稳定国内企业原有市场份额，另一方面引导外资或合资企业提高使用国产钢材的比重。三要密切关注钢材出口的变化态势。保持适当数量的钢材出口有利于国内市场的稳定。企业应坚持国内、国外市场并重的原则，在 2009 年的基础上，力争使原有市场出口份额不减少，数量不下降，有条件的企业要进一步扩大出口份额、开拓新的市场，使钢材出口市场进一步多元化。四要积极应对国际贸易保护主义对钢材出口的不利影响。通过已经建立的对话交流机制，加强与主要出口地钢铁组织的沟通与对话，及时、妥善解决有关贸易摩擦；积极应诉国外对我方提出的反倾销，同时，加强对进口钢材的预警，对国外倾销及时进行反倾销起诉。

3. 加速淘汰落后产能

淘汰落后产能自 2005 年以来就已经成为中国钢铁产业政策的首要任务，但实践的结果并不理想，过剩产能不仅没有减少反而逐年“膨胀”。其原因有两个：一是增长过快，新增产能超过钢材需求增长量；二是存量调整力度不够大，淘汰落后产能不到位，该淘汰的落后产能没有如期、如数被淘汰掉。要加快淘汰落后产能进程，首先，要全面理解淘汰落后产能的内涵。目前影响淘汰落后产能进展的一个重要原因就是对淘汰落后产能的理解片面，只限于技术层面，没有与市场联系起来。如认为淘汰落后产能就是淘汰小高炉、小转炉以及工艺简单的线材、螺纹钢、小型材等产品。而对工艺虽较先进但产能过剩严重的板材不予考虑，不仅不淘汰，反而争相发展，结果板材特别是热轧板卷成了产能过剩的重灾区。这种只有技术而没有市场的落后产能的界定观念急需改变。其次，要正确处理局部利益和全局效益的关系。淘汰落后产能所以进展缓慢，还有一个如何处理局部利益和全局利益关系的问题。有些落后产能，从全局看已经过剩，应该淘汰，但在局部地区还有一定用户，产品还有一定利润。在这种情况下，有的企业认为谁先淘汰谁吃亏，总是寄希望于别人先淘汰，限产时限人不限己，这种思想必须改变。最后，要研究和妥善处理淘汰落后产能的退出机制和善后工作。淘汰落后产能进展缓慢有企业积极主动性不强的问题，也与淘汰落后产能的退出机制和善后工作不明确、不到位、可操作性不强有关。因为淘汰落后产能不是简单地淘汰设备，还关系到人员安置、资产债务如何处理等一系列问题。这些问题不解决或解决得不好，淘汰落后产能只能是一句空话。因此，加快落后产能淘汰进程，还需要尽快研究并做好淘汰落后产能的退出机制和善后工作，为淘汰落后产能创造一个宽松的环境。

4. 长短并举，积极应对铁矿石对外依存度不断上升的趋势

作为短期策略，中国可以通过限产、减少铁矿石进口、与欧钢联等结成同盟和借“两拓”合并之机采取反垄断措施，并实行进口许可证审查制和采购代理制，形成进口卡特尔，来应对三大国际矿山近乎翻倍的提价要挟。世贸规则对于进出口卡特尔没有特别明确的规定，但要求卡特尔是企业自发形成的。为了符合上述规定，可以由中国钢铁工业协会出面组织全部或大部分钢铁企业加入进口卡特尔，由少数几家企业代理钢企卡特尔的进口铁矿石谈

判，采购的铁矿石一部分自用，一部分卖给其他企业，并收取一定代理费，从而打破国际铁矿石生产商过于强势的垄断地位，确保中国钢铁产业近期的产业发展和产业安全。

从长远考虑，解决中国铁矿石对外依存度不断上升带来的矛盾和风险，出路在于实现供应渠道的多元化。供应渠道的多元化，除了可以通过多元化的资源渠道获得更加合理的市场价格的益处外，还可以有效地降低钢铁企业的潜在风险，有利于钢铁企业生产经营保持稳定。虽然目前三大铁矿石供应商占据了国际铁矿石贸易70%以上的市场份额，使国际铁矿石市场表现出明显的垄断特质，并在近年来特别是2009年的铁矿石价格谈判中表现出十分强势的地位。但是，随着国际矿业投资的迅速增长和不断分散，更多的中小型铁矿石供应商正逐渐地成长起来，并试图参与到铁矿石贸易中来。这为中国钢铁企业建立多元化的铁矿石供应渠道创造了有利条件。中国钢铁企业应充分利用这一有利时机，加大走出去的步伐，加强与新兴矿山和铁矿石企业的合作，使其能够在国际铁矿石贸易市场上立足，从而打破三大供应商的垄断地位。除了到海外进行多元化的矿业投资、巩固自身对资源的掌控能力外，中国钢铁企业也可以采取与新兴矿山企业或手中拥有大量资源、正在发展壮大的矿山企业合作的方式，实现铁矿石供应商的多元化。

专栏 14—1

2009 年我国铁矿砂进口情况回顾

铁矿石对外依存度高一直是我国钢铁工业发展的软肋。即使在国际金融危机冲击下的 2009 年，我国铁矿砂及其精矿（以下简称“铁矿砂”）进口量再创历史新高，累计达到 6.3 亿吨，比上年增长 41.6%。纵观 2009 年全年，我国铁矿砂进口具有以下主要特点：

1. 铁矿砂进口前低后高，呈逐月增长走势

2009 年 2 月起，我国铁矿砂单月进口量连续 11 个月保持同比增长态势，其中 9 月进口量首次超过 6000 万吨，达到 6438 万吨，大幅增长 64.3%；随后 10 月、11 月进口量虽高位回落，但 12 月当月，我国铁矿砂进口量再度冲高至 6000 万吨以上，达到 6216 万吨，激增 80.2%。

2. 占主导的国有企业进口增速最慢，私营企业和外商投资企业进口快速增长

2009 年，我国国有企业共进口铁矿砂 4 亿吨，增长 27.3%，增速比同期全国总进口低14.3 个百分点，占同期我国铁矿砂进口总量的 64.4%，比重回落 7.2 个百分点。私营企业和外商投资企业分别进口 8744 万吨和 7061 万吨，分别增长 99.7%和 95.8%，占同期我国铁矿砂进口总量的 13.9%和 11.2%。集体企业进口 6555 万吨，增长 42.6%。

3. 进口来源更趋多元化

2009 年，我国从澳大利亚和巴西分别进口铁矿砂 2.6 亿吨和 1.4 亿吨，分别增长 42.9%和 41.5%，合计占我国进口总量的 64.4%；自印度进口 1.1 亿吨，增长

续专栏 14—1

18%，占我国进口总量的 17.1%；自南非、乌克兰和加拿大分别进口 3413 万吨、1158 万吨和 865.3 万吨，分别增长 1.4 倍、1.5 倍和 1.3 倍。

4. 进口企业数量虽有所减少，但进口量前 20 位企业集中度不升反降

2009 年，我国有铁矿砂进口记录的企业共 235 家，比 2008 年减少 28 家，但同期我国铁矿砂进口企业的集中度却不升反降，其中进口量前 20 位企业合计进口铁矿砂 2.9 亿吨，占同期我国铁矿砂进口总量的 46.5%，占比下降 5.6 个百分点。

资料来源：根据中经网有关资料整理。

专栏 14—2

2009 年我国企业"走出去"获取铁矿石资源权益的典型事件汇总

国内企业	事　件
华菱	3 月底，华菱钢铁集团以 12.718 亿澳元收购澳大利亚第三大铁矿石公司 FMG5.35 亿股，持股上限为 17.5%。
五矿集团	4 月，五矿集团收购 OZ Minerals 价值 13.86 亿美元的矿业资产，包括 Sepon、GoldenGrove、Century、Rosebery、Avebury、DugaldRiver、HighLake、IzokLake 以及其他处于勘探和开发阶段的资产。
武钢	4 月 29 日，武钢集团与澳大利亚 WPG 公司签署合作开发铁矿资源框架协议。双方按各 50%的股份比例组建合资公司，开发南澳中部 Hawk Nest 矿区。
武钢	5 月 19 日，武钢集团与巴西投资集团 EBX 公司旗下的 LLX 公司和 MMX 公司签署备忘录，巴方企业将以基准价格向武钢提供铁矿石，武钢则购买 MMX 公司部分股权。
武钢	6 月 9 日，武钢集团出资 2.4 亿美元，以收购加拿大勘探和开发矿业公司（Consolidated Thompson）19.9%的股权，并共同推进加拿大东部魁北克省的 Bloom Lake 铁矿石项目。7 月 20 日，武钢完成了对加拿大联合汤普逊铁矿有限公司（CLM）的收购交割，武钢成为 CLM 上市公司的最大股东，获得 Bloom Lake 项目 25%的股权及 50%的产品。
鞍钢	6 月 23 日，澳大利亚铁矿石公司金达必发布公告称，鞍钢集团计划通过金达必配股计划对金达必进行增资的方案已通过我国政府批准。11 月 28 日，鞍钢和澳大利亚金达必公司合资经营的卡拉拉铁矿正式动土开工。
西洋集团	7 月 17 日，辽宁西洋集团斥资近 2 亿元，从赤塔鲁能矿业公司手中收购了俄罗斯别列佐夫铁矿矿权。
武钢	7 月 20 日，武钢集团与澳大利亚铁矿公司 CXM 签署正式合作协议，共同开发南澳埃尔半岛中部和南部铁矿项目。
包钢	9 月 1 日，包钢集团与澳大利亚铁矿公司 CXM 签署正式法律协议，分批向 CXM 公司支付 4000 万澳元用于勘探开发班格鲁磁铁矿，包钢将获得该项目 50%的股权和每年 300 万吨的铁精矿供应。
中铁物资	9 月 8 日，中铁物资决定出资 3980 万澳元（约合 2.4 亿元人民币），分别认购两家澳大利亚铁矿石企业 United Minerals 和 FerrAus 的 11.38%和 12%股权。

续专栏 14—2

续表

国内企业	事　件
重钢矿投	11 月 7 日，重钢矿投与宬隆及其全资子公司亚洲钢铁签署框架协议，以不超过 2.8 亿澳元的对价投资亚洲钢铁，获得其增发的 60%的股权。
宝钢	11 月 23 日，宝钢集团有限公司以现金 2.86 亿澳元收购澳大利亚综合矿业公司阿奎拉资源有限公司（Aquila）15%的股权，成为其第二大股东。
武钢	11 月 30 日，武钢与巴西投资集团 EBX 就矿山和钢铁项目合作签署协议，武钢拟出资 4 亿美元认购巴西 EBX 集团下属 MMX 公司股份新增发的 1.017 亿股股份，成为 MMX 公司第二大股东，获得该公司约 6 亿吨铁矿石产品长期权益。
顺德日新	12 月 26 日，民企顺德日新发展有限公司成功收购智利一大型铁矿山采矿权。

资料来源：根据××有关内容整理。

参考文献

邓崎琳：《2009 年钢铁行业取得的成绩及 2010 年面临的形势》，《中国钢铁业》2010 年第 2 期。

中国钢铁工业协会：《2009 年中国钢铁行业运行情况分析》，《中国钢铁业》2010 年第 2 期。

赵静、贾建华：《金融危机下中国钢铁业形势与对策》，《价格月刊》2009 年第 11期。

国家发展改革委产业协调司：《当前中国钢铁工业形势的基本判断及应对全球经济危机的建议》，《中国经贸导刊》2008 年第 23 期。

金琳：《世界钢铁工业面临的困境及发展机遇》，《冶金管理》2009 年第 4 期。

崔国：《危机下钢铁企业走出困境的途径》，《冶金管理》2009 年第 6 期。

第十五章 有色金属工业

提 要

席卷全球的国际金融风暴，对中国有色金属工业的发展产生了巨大冲击，曾经在一段时间内使中国有色金属工业处于价格暴跌、产量增长放缓、企业亏损、工人下岗、进出口量价齐跌的境地。为有效应对国际金融危机，中国及时出台了包括4万亿元大规模投资、结构性减税、十大产业调整与振兴规划等在内的“一揽子”经济刺激计划，促进经济平稳发展，帮助有色金属产业摆脱了危机，尤其是其中的《有色金属产业调整和振兴规划》对有色金属工业摆脱金融危机的影响发挥了积极作用。其中主要的做法有：开展有色金属收储，提高出口退税率，推行“直购电”试点，成立产业损害预警机制，加快淘汰落后产能，大力实施“走出去”战略。在这些政策措施作用下，中国有色金属工业很快摆脱了金融危机的不利影响，增长呈“V”形反转。但是，与“保增长”所取得的巨大成功相比，有色金属工业在“调结构”和转变发展方式方面还存在许多需要努力的空间，今后要着力进一步完善“调结构”和“转变发展方式”的导向政策。

* * *

有色金属是铁、锰、铬以外的所有金属的统称，故又称非铁金属。广义的有色金属还包括有色合金，有色合金是以一种有色金属为基体（通常大于50%），加入一种或几种其他元素而构成的合金。依据《国民经济行业分类》（GB/T4754-2002），有色金属产业包括有色金属矿采选业、有色金属冶炼和压延加工业两个行业大类。

一、国际金融危机对中国有色金属工业的巨大冲击

席卷全球的国际金融风暴，使得全球经济衰退，波及中国，有色金属工业是一个周期性很强的产业，加上有色金属产品具有金融商品的属性，使得有色金属产业成为金融风暴影响的“重灾区”，中国有色金属产业在一定时间内（尤其明显的是在2008年11月至2009年4月的半年时间）也深受其害。

1. 价格暴跌

2008 年上半年有色金属价格还在一路狂飙，达到价格的巅峰，但下半年国际金融危机的突然爆发，使其“高台跳水”，诸多有色金属产品价格跌至年度“谷底”。国际市场上，以伦敦金属期货市场价格为例，2008 年铜最高价 8940 美元/吨（7 月 2 日），年末收盘价 3085 美元/吨，跌幅 65.49%；铝最高价 3381 美元/吨（7 月 10 日），年末收盘价 1544 美元/吨，跌幅 54.33%；铅最高价 3482 美元/吨（3 月 4 日），年末收盘价 999 美元/吨，跌幅 71.31%；锌最高价 2905 美元/吨（3 月 6 日），年末收盘价 1199 美元/吨，跌幅 58.73%；锡最高价 25545 美元/吨（5 月 15 日），年末收盘价 10195 美元/吨，跌幅 60.09%；镍最高价 35150 美元/吨（3 月 6 日），年末收盘价 11825 美元/吨，跌幅 66.36%。[①] 国内市场上，据对大中城市有色金属现货市场监测，2008 年 12 月铜、铝、锌平均价格分别为 29574 元/吨、11928 元/吨和 10125 元/吨，与上年同期相比，铜、铝、锌平均价格分别下降 51.42%、35.34%和 50.39%。[②] 有色金属产品价格下跌势头一直延续到 2009 年 3 月。从 2009 年 4 月开始，有色金属产品价格才逐步出现反弹。

2. 产量增长缓慢

在国际金融危机的袭击下，国内外需求低迷，产品积压严重，造成有色金属生产企业纷纷停产、限产，有色金属产品产量增长缓慢，部分有色产品产量甚至出现负增长。从 2008 年 11 月起，10 种常用有色金属当月产量出现连续的同比负增长；从 2009 年 2 月起，10 种常用有色金属月度累计产量出现连续的同比负增长。氧化铝、铜材、铝材当月产量和累计产量出现了不同程度的负增长或增长速度下降（见表 15–1）。

表 15–1　2008~2009 年有色金属产品产量增长情况

年. 月	月度产量（万吨）				本月比上年同期增长（%）				累计比上年同期增长（%）			
	10 种金属	氧化铝	铜材	铝材	10 种金属	氧化铝	铜材	铝材	10 种金属	氧化铝	铜材	铝材
2008.02	178.76	164.21	46.17	92.89	5.7	28.1	11.7	48.1	4.9	26.5	15.1	50.3
2008.04	222.45	186.50	66.91	124.08	17.8	7.3	17.3	41.1	11.2	18.6	21.1	45.3
2008.06	230.37	201.67	72.09	141.16	18.4	24.2	11.3	31.5	13.4	19.1	18.1	41.1
2008.07	220.74	210.37	67.34	133.48	15.0	30.3	19.8	18.2	13.7	20.5	18.0	37.0
2008.08	222.12	215.56	62.63	131.92	11.6	24.4	7.2	27.2	13.3	21.3	18.3	35.8
2008.09	221.44	204.98	66.94	131.41	9.7	21.6	8.2	20.3	12.8	21.3	17.4	33.4
2008.11	205.84	165.10	68.72	115.04	–4.3	–2.8	13.3	–19.5	9.7	18.2	16.3	22.4
2008.12	206.39	176.22	69.02	121.73	–2.3	3.5	11.2	–4.4	8.2	17.7	17.2	21.3

① 刘燕文：《2008，在市场的惊涛骇浪中》，《中国有色金属报》2009 年 1 月 15 日。

② 中国有色网，www.chinania.org.cn，2009 年 1 月 15 日。

续表

年.月	月度产量（万吨）				本月比上年同期增长（%）				累计比上年同期增长（%）			
	10种金属	氧化铝	铜材	铝材	10种金属	氧化铝	铜材	铝材	10种金属	氧化铝	铜材	铝材
2009.02	174.69	171.99	67.17	105.16	−6.9	0.3	45.5	8.6	−9.5	−7.5	−0.8	0.8
2009.03	198.21	167.40	81.52	136.24	−3.5	−7.6	21.4	15.6	−6.0	−7.8	−1.0	−3.5
2009.04	192.80	176.05	80.67	143.75	−10.2	−5.5	19.8	8.3	−6.5	−6.7	3.8	4.9
2009.05	204.48	187.47	84.62	146.57	−6.6	−4.3	21.3	7.6	−5.7	−6.1	7.9	4.8
2009.06	221.28	192.97	91.42	168.39	−1.3	−4.3	23.9	16.2	−5.1	−4.6	11.4	7.4
2009.07	222.66	187.82	78.57	156.63	2.0	−10.9	21.0	12.1	−4.3	−6.9	13.5	8.8
2009.08	237.14	206.31	85.10	152.53	7.6	−5.0	33.2	12.2	−2.0	−6.6	17.3	8.1
2009.09	246.86	221.10	86.93	159.39	10.0	8.1	34.3	16.9	−0.5	−4.9	18.4	9.7
2009.10	253.09	241.74	85.46	168.72	16.3	24.6	22.1	29.4	1.3	−2.0	18.7	12.1
2009.11	269.98	236.96	88.79	174.28	27.7	43.1	25.4	43.7	3.4	1.6	20.9	15.2
2009.12	234.60	240.58	115.91	174.93	—	—	—	—	5.2	3.3	22.2	16.8

资料来源：国家统计局网站（www.stats.gov.cn）。

3. 企业亏损，效益滑坡

从表 15–2 可以看出，在金融危机的影响下，有色金属矿采选业、冶炼及压延加工业的企业销售收入呈现下滑的趋势，利润额减少，特别是在 2009 年 2 月，有色金属冶炼及压延加工业实现利润为–19.3 亿元。2008 年 11 月以来，有色金属亏损企业数量增多，亏损面和亏损额都继续扩大。

表 15–2　2008~2009 年有色金属工业生产经营情况

年.月	企业数（家）	亏损企业数（家）	销售收入累计值（亿元）	销售收入累计增长（%）	利润总额累计值（亿元）	亏损企业亏损额（亿元）	亏损企业亏损额增长（%）	从业人员平均人数（人）	从业人数增长（%）
	有色金属矿采选业								
2008.02	2185	386	321.54	20.46	50.29	3.51	138.65	479567	11.20
2008.05	2237	412	1016.22	27.32	165.64	6.10	23.13	500802	6.43
2008.08	2303	406	1724.02	28.61	282.12	7.87	33.37	501107	5.35
2008.11	2350	421	2350.92	22.16	364.00	9.90	63.20	496100	1.19
2009.02	2443	571	253.93	−15.24	20.13	7.40	114.18	421519	−9.67
2009.05	2498	625	833.92	−14.27	76.59	13.50	126.62	447940	−9.95
2009.08	2525	629	1550.52	−9.72	156.52	15.45	90.22	457932	−8.14
2009.11	2549	504	2340.98	4.87	256.75	14.44	33.70	465446	−4.18
	有色金属冶炼及压延加工业								
2008.02	6659	1616	2625.75	26.99	121.57	24.82	108.95	1501808	10.21
2008.05	6906	1407	8000.67	24.88	419.95	42.30	91.31	1586333	10.14
2008.08	7096	1421	13697.45	23.65	643.28	63.92	99.25	1630055	10.13
2008.11	7262	1730	18390.45	15.06	651.05	153.40	287.80	1633641	5.12

续表

年. 月	企业数（家）	亏损企业数（家）	销售收入累计值（亿元）	销售收入累计增长（%）	利润总额累计值（亿元）	亏损企业亏损额（亿元）	亏损企业亏损额增长（%）	从业人员平均人数（人）	从业人数增长（%）
有色金属冶炼及压延加工业									
2009.02	7620	2416	2058.19	-24.79	-19.30	88.50	258.28	1578400	2.18
2009.05	7874	2183	6579.59	-19.33	96.40	147.96	260.85	1630924	-1.01
2009.08	8032	1988	11877.40	-13.99	282.67	170.81	166.66	1679916	0.19
2009.11	8147	1697	18434.36	-2.02	552.65	165.27	7.16	1722162	1.16

资料来源：根据中国统计数据应用支持系统（gov.acmr.cn）整理。

4. 从业人员减少

表 15-2 还显示，在金融危机的影响下，有色金属工业裁员比较普遍，仅 2008 年 11 月~2009 年 2 月，有色金属矿采选业就减少从业人员约 7.5 万人，有色金属冶炼及压延加工业减少从业人员超 5.5 万人。尤其是有色金属矿采选业，到 2009 年 11 月仍没有恢复到金融危机爆发前的从业人数。

5. 进出口量价齐跌

在金融危机的影响下，一段时期内有色金属矿采选业、冶炼及压延加工业的出口和进口在数量、价格和价值方面均出现不同程度的下跌，这在表 15-3 中显示的相应指数中体现出来。特别明显的是 2008 年 11 月~2009 年 11 月，有色金属矿采选业出口数量指数和出口价值指数连续小于 100，其中，2009 年 4 月的出口数量只相当于上年的 7%，出口价值只相当于上年的 9.6%。

表 15-3　　2008~2009 年有色金属工业进出口指数

单位：%

年. 月	有色金属矿采选业						有色金属冶炼及压延加工业					
	出口同比增长			进口同比增长			出口同比增长			进口同比增长		
	数量指数	价格指数	价值指数	数量指数	价格指数	价值指数	数量指数	价格指数	价值指数	数量指数	价格指数	价值指数
2008.03	58.0	130.8	75.9	123.7	136.8	110.6	105.4	109.5	115.4	93.8	106.2	99.6
2008.04	92.9	134.6	125.1	101.3	135.6	133.8	96.3	112.2	108.1	81.3	119.9	97.6
2008.05	55.5	124.5	69.1	120.0	115.6	96.4	100.5	106.1	106.7	103.4	111.2	115.0
2008.06	88.4	121.7	107.6	98.0	103.0	105.0	95.5	104.1	99.4	80.1	105.8	84.8
2008.07	163.4	114.8	187.6	90.8	106.6	117.4	110.6	107.7	119.0	106.4	103.7	110.4
2008.08	140.9	136.4	192.1	45.0	72.1	160.2	111.3	107.4	119.6	84.2	109.1	91.9
2008.09	134.0	129.2	173.1	126.5	144.7	114.4	115.4	107.8	124.4	92.4	105.7	97.6
2008.10	102.5	134.7	138.1	122.4	119.5	97.7	108.4	103.1	111.8	106.7	90.4	96.5
2008.11	94.4	88.5	83.5	82.8	88.2	106.5	61.3	95.7	58.6	76.8	83.7	64.3

续表

年.月	有色金属矿采选业						有色金属冶炼及压延加工业					
	出口同比增长			进口同比增长			出口同比增长			进口同比增长		
	数量指数	价格指数	价值指数	数量指数	价格指数	价值指数	数量指数	价格指数	价值指数	数量指数	价格指数	价值指数
2009.01	17.8	157.0	28.0	69.7	48.2	69.2	49.5	81.3	40.2	67.1	67.8	45.6
2009.02	12.3	140.3	17.3	85.1	53.0	62.3	49.2	75.3	37.1	110.1	65.2	71.7
2009.03	11.4	129.2	14.8	72.0	47.6	66.1	51.8	74.4	38.6	109.4	72.9	79.7
2009.04	7.0	137.5	9.6	68.1	50.5	74.1	47.7	73.8	35.2	145.6	67.2	97.8
2009.05	14.9	105.4	15.7	90.4	58.6	64.8	47.1	77.8	36.7	176.0	61.9	108.9
2009.06	19.0	111.0	21.1	99.5	89.7	90.1	63.1	73.9	46.7	251.9	63.3	159.4
2009.07	12.7	99.1	12.6	112.2	87.3	77.9	68.1	75.5	51.5	193.9	66.5	128.9
2009.08	28.3	81.8	23.2	121.8	104.4	85.7	74.7	75.4	56.4	172.3	74.6	128.5
2009.10	94.4	62.1	58.6	129.8	107.3	82.7	107.3	88.8	95.2	105.4	98.8	104.2
2009.11	67.3	75.8	51.0	151.3	135.7	89.7	126.0	100.9	127.2	141.7	120.0	170.0
2009.12	115.9	88.0	102.1	167.1	184.3	110.3	144.6	109.5	158.4	141.4	142.2	201.0

资料来源：根据中国统计数据应用支持系统（gov.acmr.cn）整理。

此外，金融危机还导致再生金属行业一度损失惨重。2008 年底再生精炼铜 85%以上的产能处于停产状态，废杂铜直接生产铜材 70%以上产能处于停产状态；再生铝和再生铅的停产产能分别达 50%和 60%%以上。90%以上的企业存在裁员现象。据初步测算，中国再生金属行业约有 1 万家企业，国内回收、进口拆解、加工利用等的从业人数约 100 万人，约有 30 万人面临失业，损失至少在 300 亿元以上。①

二、中国有色金属工业应对国际金融危机的主要措施

为有效应对国际金融危机，中国及时出台了包括 4 万亿元大规模投资、结构性减税、十大产业调整与振兴规划等在内的"一揽子"经济刺激计划，促进经济平稳发展和帮助有色金属产业摆脱暂时的危机，尤其是其中的《有色金属产业调整和振兴规划》对有色金属产业摆脱金融危机的影响发挥了积极作用。其中主要的做法有：

1. 开展有色金属收储

2008 年 12 月 25 日，国家物资储备局决定收储 29 万吨电解铝，收购价为 12350 元/吨。

① 中国有色金属工业协会再生金属分会：《2008 年中国再生金属行业十大新闻》，《中国有色金属报》2009 年 1 月 24 日。

其中，收储中国铝业公司 15 万吨，其他 7 家企业（均为国有企业）各为 2 万吨。2009 年 2 月 20 日，国储局举行了第二次收储电解铝招标会，经过招标，决定以 12490 元/吨收储 18.5 万吨和 12500 元/吨收储 10.5 万吨。其中，收储中铝的量为 14 万吨，其他 10 家企业累计 15 万吨。据了解，国储局共完成收储电解铝 58 万吨、锌 16 万吨、金属铟 30 吨，钛 3000 吨，以及部分铜。此外，一些地方政府部门也进行了收储工作，缓解了部分企业销售困难和资金紧张的压力。早在国储局收储之前，云南省政府就率先进行电解铜的收储活动，尽管量不是很大，但给予市场一个明确的信号，促使铜价早日止跌。此后，云南省开展了 30 万吨铝锭收储计划。2009 年 5 月上旬，河南省启动了 50 万吨电解铝收储计划。[①]

2. 提高出口退税率

金融危机爆发后，中国及时调整了进出口税收政策，特别是对有色金属深加工产品实行出口退税政策。2008 年 12 月 1 日，中国将有色金属加工材等部分商品的退税率由 9%提高到 13%。2009 年 4 月 1 日，又提高了部分有色金属产品的出口退税率，其中，对高精铜管类、高精铜板带类、高档铝箔类、高档铝型材类、高档铝板带类的平均出口退税率由 5%提高到 13%；对能够以国内生产的产品顶替进口产品的深加工产品可提高到 17%；对以前没有给予出口退税的铝合金型材的出口退税率则提高到 5%。政策的调整，使得进出口企业很快获得了盈利。[②]

3. 推行“直购电”试点

金融危机爆发以来，一些地方如贵州、山东、甘肃、河南、云南等省推进电解铝等工业企业大用户“直购电”试点工作，取得较好效果。电价对有色金属冶炼企业成本有重大影响，一般来说，电价每降低 1 分钱，吨电解铝的生产成本就将下降 145 元。据了解，开展“直购电”试点以后，电解铝企业的电力成本将分为两部分：一是电厂电价；二是电力经过电网传输到铝企的“过网费”，试点企业需和电厂协商用电价格，同时按照相关规定支付“过网费”。“直购电”试点对企业效益影响巨大，发电企业和冶炼商之间通过直接签订供电协议，大大降低冶炼企业的购电成本，改善经营状况。

4. 建立产业损害预警机制

2009 年 7 月，中国正式建立了有色行业产业损害预警机制，主要从产量、经营成本、经济效益以及进出口变化对国内产业的影响等方面，通过预警模型和专家系统，对有色金属产业运行、市场发展变化进行对比分析，判断可能存在的产业损害异常情况，并及时向行业和企业发布预警信息，为采取相关措施提供决策支持。根据中国有色金属产业发展实际情

---

① 根据《中国有色金属报》相关报道整理。

② 根据财政部、国家税务总局相关文件和《中国有色金属报》相关报道整理。

况，目前确立第一批选择氧化铝、铜、镍、锑四个品种作为监测重点，以骨干企业为主体，确定有色金属行业第一批重点联系企业为中国铝业公司等39家企业。①

5. 加快淘汰落后产能

2009年5月3日，国家发改委公布了包括有色金属产业在内的未来3年淘汰落后产能的规划目标，并出台了淘汰落后产能的有关政策措施。有色金属行业淘汰落后产能目标具体为：到2009年底，淘汰落后铜冶炼产能30万吨、铅冶炼产能60万吨、锌冶炼产能40万吨；到2010年底，淘汰落后小预焙槽电解铝产能80万吨。本次淘汰落后产能的规划目标基本上将目前铜、铝、锌的落后产能以及最落后的60万吨烧结锅铅产能全部淘汰，预计下一步将逐步淘汰能耗高、污染重的150万吨落后烧结机铅冶炼产能。从淘汰时间期限来看，与其他行业3年内完成淘汰目标相比，铜、铅、锌3个有色品种的规划目标将在2009年完成，铝的规划目标将在2010年底完成，显示出国家有意在行业低迷时加大淘汰力度。值得注意的是，国家此次并不只单纯地对淘汰目标进行量化。针对以前落后产能"淘"而不"汰"的格局，国家制定了产能淘汰相关配套措施，如明确指出将建立产能退出机制及问责制度等手段来加快推进淘汰落后产能工作。②

6. 加快实施"走出去"战略

在全球经济低迷之际，中国有色金属企业加快了进军海外的步伐，纷纷"抄底"海外矿业。2008年11月14日，吉恩镍业与加拿大金溪创业投资公司在北京正式签约。根据双方的共同约定，吉恩镍业三年累计对该区域投入资金4500万加元。完成投资后，吉恩镍业可获得金溪创业投资公司所属矿区50%权益。同年11月28日，紫金矿业宣布拟使用10亿元人民币的资金用于海内外矿业类上市公司的股权投资。同年12月，深圳中金岭南拟斥资约2.01亿元，认购澳大利亚铅锌矿上市公司佩利雅（Perilya Limited）定向增发股份，完成后将拥有后者50.1%的股份。③ 2009年2月18日，历时两年多、总投资超过3亿美元的中国企业海外投资最大铜冶炼厂——赞比亚谦比希铜冶炼有限公司竣工投产。该公司由中国有色集团和中铝云南铜业公司共同投资设立，设计生产能力是年产初铜15万吨，它的竣工投产标志着中国有色金属企业"走出去"又上新台阶。截至2009年10月18日，该公司已处理当地生产的铜精矿约20万吨，产出合格粗铜锭8.13万吨。④

---

① 张弦：《有色行业产业损害预警机制正式启动》，《中国有色金属报》2009年7月11日。

② 肖流波：《有色金属淘汰落后产能目标出台》，《中国有色金属报》2009年5月12日。

③ 安会珍：《中企并购海外矿业"看上去很美"》，《中国有色金属报》2009年1月13日。

④ 王长明：《赞比亚谦比希铜冶炼有限公司举行投产庆典》，《中国有色金属报》2009年10月24日。

三、对《有色金属产业调整和振兴规划》的简要评价

为帮助有色金属产业克服短期困难，并推动长期存在的一些深层次问题的解决，以应对国际金融危机为契机，国务院及时出台了《有色金属产业调整和振兴规划》（以下简称《规划》），作为2009~2011年有色金属产业综合性应对措施的行动方案。目前，《规划》实施已经一年多，相关政策措施已产生了一定效果，此时对《规划》实施进行回顾和评估，以便更好地推动《规划》实施，具有重要的现实意义。

1. 问题导向明确，政策设计针对性很强

《规划》提出了“力争有色金属产业2009年保持稳定运行，到2011年步入良性发展轨道，产业结构进一步优化，增长方式明显转变，技术创新能力显著提高，为实现有色金属产业可持续发展奠定基础”的总体目标。并将这些目标进一步分解为生产恢复正常水平、按期淘汰落后产能、节能减排取得积极成效、企业重组取得进展、创新能力明显增强、资源保障能力进一步提高6个方面，每个方面既有定性要求，更有定量要求。《规划》明确了有色金属产业调整和振兴的7项主要任务：稳定国内市场，改善出口环境；严格控制总量，加快淘汰落后产能；加强技术改造，推动技术进步；促进企业重组，调整产业布局；开发境内外资源，增强资源保障能力；发展循环经济，搞好再生利用；加强企业管理和安全监管，注重人才培养。为保证目标的完成和任务的落实，《规划》提出的具体的政策措施有12项：完善出口税收政策；抓紧建立国家收储机制；加大技术进步及技术改造投入；推进“直购电”试点；完善企业重组政策；支持企业“走出去”；修订完善产业政策；合理配置资源；继续实施有保有压的融资政策；严格执行节能减排淘汰落后产能问责制；建立产业信息的交流和披露制度；发挥行业协会（商会）作用。这些政策措施实际上是针对有色金属存在的主要问题而提出的，其对应关系如图15-1所示。可见，《规划》不仅着眼于“保增长、扩内需”上，而且把着力点放在了“调结构”和促进经济增长方式转变上。

2. “保增长”效果显著，有色金属产业呈“V”形反转

表15-1、表15-2、表15-3的数据显示，2009年4月以来，中国有色金属产业生产经营状况，盈利水平不断好转，产品产量逐步增长，进出口数量、价格、价值指数不断攀升，不少指标还创出了历史新高。可见，在有色金属自身规划以及其他产业相关规划、大规模投资等共同作用下，中国有色金属基本走出了金融危机的不利阴影。

有色金属工业增长呈“V”形反转。2009年4月以来，有色金属矿采选业和冶炼及压延加工业的工业增加值扭转了2008年下半年连续下滑的局面和负增长态势，增长形势向好，

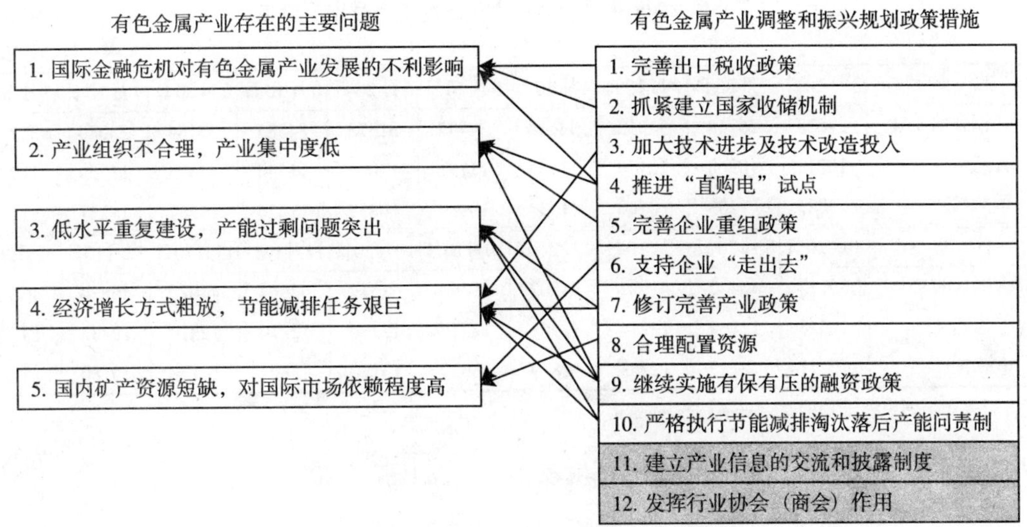

图 15-1　有色金属产业《规划》的问题针对性

注：①箭头所指方向表示出台政策措施所针对的主要“靶点”。②第 11、12 号政策措施（图中特殊背景显示）是针对所有问题的，为简洁起见，图中没有标箭头。

增长速度不断加快，10 月以来，两个行业大类增速全面高于平均工业增速（见图 15-2）。

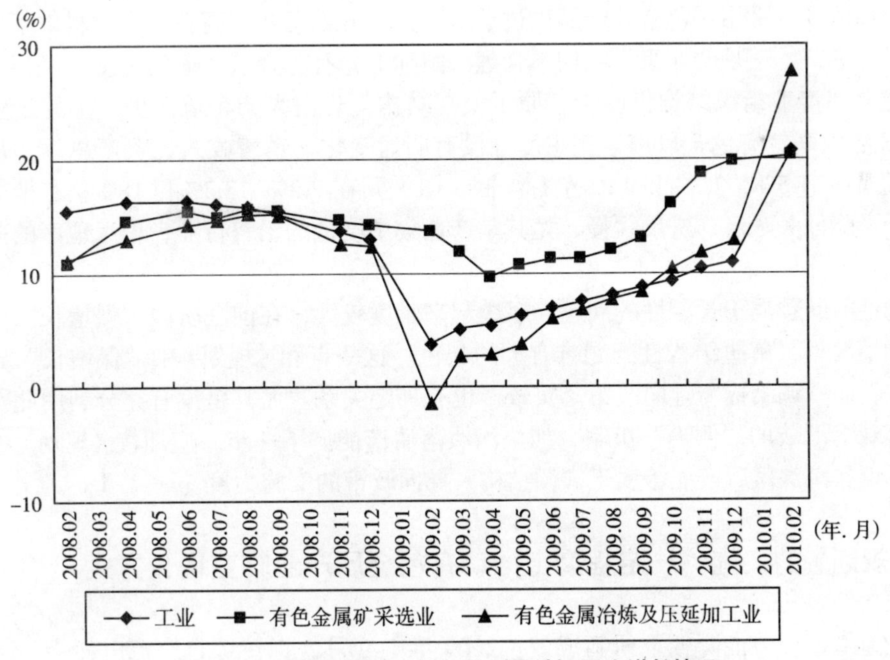

图 15-2　有色金属工业增加值（累计）同比增长情况

资料来源：根据国家统计局网站（www.stats.com.cn）资料整理。

有色金属产品价格持续攀升。表 15-4 反映了 2009 年部分有色重点企业铜、铝、锌出厂价格变动情况，数据显示，有色金属产品价格一路攀升，和 3 月相比，12 月铜和锌的价格

表 15-4　　2009 年部分重点企业主要工业品出厂价格

单位：元/吨

日　期	3月10日	3月20日	4月10日	4月20日	5月10日	5月20日	6月10日	6月20日	7月10日	7月20日
铜（含铜≥99.95%）	27628	26740	31562	33638	34447	31373	34385	33184	33080	35278
铝（普通铝锭）	10748	10968	12149	11713	11191	11096	11540	11505	11739	11770
锌（电解锌）	9063	9203	10140	11232	10939	10839	11226	11257	11251	11556
日　期	8月10日	8月20日	9月10日	9月20日	10月10日	10月20日	11月10日	11月20日	12月10日	12月20日
铜（含铜≥99.95%）	39712	40479	41923	41502	45369	41317	42964	44070	46870	46230
铝（普通铝锭）	12326	12169	12214	12208	12216	12186	12210	12310	12832	13178
锌（电解锌）	12291	12183	12759	12849	13039	13120	13822	14179	15180	15363

资料来源：国家统计局网站（www.stats.com.cn）。

分别上涨了 60%~70%，铝价尽管上升幅度较小，但也上涨了 20%以上。

3. 结构性问题依然突出，“调结构”任重道远

中国有色金属产业结构性矛盾有诸多表现：一是资源结构不合理。占 10 种常用有色金属总产量 95%的铜、铝、铅、锌四大金属资源短缺。钨、钼、锡、锑四小金属资源曾有过资源优势，但因多年来无序开采，优势也已丧失殆尽。二是产品结构不合理。一方面技术含量不高，附加值低的常用有色金属产品供过于求；另一方面工业用高新技术材料供不应求，不得不从国外进口。三是产业组织结构不合理。国际上，有色金属产业集中度已经很高了，但中国有色金属产业组织结构仍属于“原子型”结构，规模大的企业太少，小的过多。据计算，2003 年以来，有色金属产业集中度并没有明显变化，销售收入、资产总额、从业人员的 CR4 总是在 1.5%、2.3%和 14%左右徘徊，CR8 则在 2.2%、3.2%和 18%左右徘徊。四是淘汰落后产能任务艰巨、进展缓慢，尤其是产业集中度低的铅锌行业，偏远地区的落后产能淘汰难度更大。

结构性的问题属于长期性的问题，解决起来难度较大，在前一阶段“保增长”作为压倒性工作的情况下，解决结构性问题难有大的起色。这一点和《规划》中“保增长”导向政策落实较快，而“调结构”导向政策落实较慢也有一定关系。尤其是没有充分利用此次国际金融危机客观上形成的“倒逼”机制，加快淘汰落后产能。下一步，应加快《规划》中关于企业兼并重组和淘汰落后产能等属于“调结构”导向政策的实施力度。

4.《规划》的实施，一定程度上推动有色金属产业转变增长方式

有色金属企业节能降耗取得新成效。2009 年 1~9 月，铝锭综合交流电耗为 14184 千瓦时/吨，同比下降了 178 千瓦时/吨，累计节电 16 亿千瓦时；铜冶炼综合能耗为 363.9 千克标煤/吨，同比下降 5.97%；铅冶炼综合能耗降到 457.0 千克标煤/吨，同比下降 4.57%；电锌综合能耗为 949.8 千克标煤/吨，同比下降 4.3%。

《规划》的实施，有利于扩大内需，并发挥中国的比较优势。一方面，今年有色金属进

出口总额下降，有色金属产业发展更多依赖国内市场；另一方面，有色金属冶炼产品大量进口，有利于缓解中国资源紧张问题。根据《海关快报》统计，2009 年 1~10 月中国进口未锻轧铝及铝材为 208.4 万吨，同比增长 175.9%，其中 10 月份进口 8.66 万吨，比 9 月份进口量减少 10.93 万吨。1~10 月进口废铝实物量为 207 万吨，同比增长 10.2%，其中 10 月份进口 25 万吨，比 9 月份进口量减少 8 万吨；1~10 月进口氧化铝为 451 万吨，同比增长 19.5%，其中 10 月份进口 41 万吨，比 9 月份进口量减少 6 万吨。1~10 月份出口未锻轧铝为 20.75 万吨，同比下降 71.7%，其中 10 月份出口 3.96 万吨，比 9 月份出口量增加 0.63 万吨。1~10 月中国进口未锻轧铜及铜材为 363.0 万吨，同比增长 70.2%，其中 10 月份进口为 26.3 万吨，比 9 月份进口量减少 13.6 万吨。1~10 月进口废铜实物量为 325 万吨，同比下降 32.8%，其中 10 月份进口 26 万吨，比 9 月份进口量减少 15 万吨。10 月份铜、铝冶炼产品进口量，铜、铝废料进口量及氧化铝进口量均呈回落的态势。但全年有色金属进口增加，出口下降的态势不会改变。

5.《规划》执行过程中存在的一些问题

（1）落实电解铝企业“直购电”试点政策难度大。落实《规划》中提出的电解铝企业“直购电”试点工作，因涉及各方利益等具体问题，目前推进难度很大。

（2）淘汰落后、企业兼并重组工作开展难、进展慢。淘汰落后产能工作涉及长远目标与眼前利益之间统筹问题，由于淘汰落后对当地财政收入和就业影响较大，地方淘汰落后的积极性不高，加上主管部门抓手少，推动难度大；兼并重组工作政策性强，涉及范围广，参与部门多，需要多个职能部门协调配合，组织协调难度很大。

（3）出口退税政策遭遇反倾销。国际金融危机使得国际贸易保护主义抬头，在中国调整有色金属产品出口加工目录和逐步提高部分产品出口退税率的情况下，一些国家纷纷利用这些因素大做文章，对中国发起了大量的反倾销反补贴调查，致使中国有色金属产品出口面临较大的阻力。

四、进一步促进有色金属工业又好又快发展的政策建议

为促进有色金属工业又好又快发展，今后一段时期，政策的主要方向是：在保持政策连续性的基础上，适度调整“保增长”导向的政策，强化实施“调结构”和“转变发展方式”导向的政策。

（1）完善收储机制，实现收储资金滚动发展。鉴于有色金属产品价格高企，有色金属产业保增长任务完成状况较好，应暂停有色金属收储。有色金属收储机构甚至可以将收储来的有色金属进行抛售，以平抑目前过度投机的有色金属市场，获利资金可以用于未来收储需要，实现滚动发展。

（2）积极推进电解铝“直购电”试点。目前，参与“直购电”试点的企业还很少，不利于减轻企业负担。今后，应根据电解铝电压等级高、输电成本低的实际情况，适当降低电解铝直购电过网费，把直购电政策落到实处。

（3）加大有色金属冶炼项目投资控制力度，加快淘汰落后产能。一方面，需要设置更高的节能、环保、土地、技术等标准，控制新项目的建设。严格执行国家产业政策，不再新建、扩建电解铝、氧化铝项目。另一方面，加快淘汰落后产能。按规定淘汰铅、锌冶炼落后产能，建立完善的落后产能退出机制。

（4）推进企业间兼并重组，提高产业集中度。根据《规划》，未来形成3~5个具有较强实力的综合性企业集团，到2011年，国内排名前十位的铜、铝、铅、锌企业的产量占全国总产量的比重分别提高到90%、70%、60%、60%。为了完成这个目标，需要加快推进企业兼并重组步伐。

（5）组织相关力量，应对贸易摩擦。为应对国际社会对中国有色金属产业实施的反倾销、反补贴和特保调查，政府有关部门应帮助行业协会，支持企业应对贸易摩擦。同时，针对日本、韩国对中国大量低价倾销硫酸（有色金属冶炼企业的主要副产品），对铜、铅、锌等主要有色金属企业的生产经营造成严重影响，有关政府部门应积极支持行业协会运用法律武器维护国内企业的合法权益，尽早立案，避免对国内产业造成更大的损害。

（6）制定相关优惠政策，大力支持企业实施“走出去”战略。全球矿产资源分布的不均衡性，决定了世界上没有任何一个国家的矿产资源能够完全自给。在中国有色金属矿产资源对外依存度不断攀升的今天，解决有色金属矿产资源短缺必须要有全球性视野，这就决定了中国有色矿业必须大力实施“走出去”发展战略。经过较长时期的持续快速发展，中国有色金属工业已经形成了较强的技术、资金、设备和人力资源优势，在国际上具备了一定的相对竞争优势。实施“走出去”战略还要谋求与国际跨国矿业公司合作竞争，在动态的合作竞争中不断增强中国企业的国际竞争力。为此建议：国家有关部门加快制定“走出去”战略的具体实施政策，包括对海外资源开发项目简化审批程序，财政、税收和金融政策的支持，外汇管理保障机制及建立中央各有关部门的协调机制。

专栏 15—1

我国铝产品出口屡遭反倾销调查和制裁

在国际金融危机冲击下，一些国家的铝加工产业遭受重创，针对中国铝产品出口逐步回升态势以及提升铝产品出口退税，它们把矛头纷纷指向中国，针对中国提出反倾销指控，致使我国铝加工商成为“替罪羊”，铝产品出口环境存在恶化的趋势。

2009年11月6日，澳大利亚对原产我国的铝挤压材出口实行临时反倾销制裁，加征16%的反倾销税。在全球铝型材市场上，我国出口商再度遭遇阻击，铝产品出口环境面临进一步的恶化。在此之前，我国铝产品出口面临多个国家的反倾销

续专栏 15—1

诉请，出口环境日趋恶化。2009 年 2 月 2 日，印度对自中国进口的铝板及铝箔做出特别保障措施初裁：对海关编码为7606 的铝板加征 21%的从价税。对海关编码为 7607 的铝箔加征 35%的从价税。2 月 16 日，加拿大边镜服务署对中国的铝型材反倾销反补贴调查做出了终裁，中国企业被裁定征收 1.7%~101%的反倾销税，2.59~15.84 元/千克的反补贴税，高额的反倾销、反补贴税使国内相当部分铝型材企业暂时退出加拿大市场。8 月 13 日，欧盟委员会发布公告，宣布正式对中国对欧出口铝合金轮毂进行反倾销立案调查。如果调查成立，欧盟将对出口至欧洲的中国铝合金轮毂连续 5 年加征 35%的惩罚性关税，中国铝合金轮毂将在欧洲市场彻底失去价格优势。至此，我国铝材出口在欧洲、美洲、亚洲、非洲和澳洲都遭到了阻击。

就每个单一市场而言，反倾销对我国出口来说都不能构成严重的威胁。我国铝材及产品出口并非集中在某一个国家和市场，而多采取市场分散经营的策略。但是最关键的还是这种反倾销策略导致的多米诺骨牌效应，由于前面已经有较多案例，导致后面国家提起反倾销调查的成本降低，其他国家的铝加工商具有更大的动力诉请反倾销调查。事实上从以上列举的材料，已可看到这种趋势，从印度到加拿大，再到欧盟、澳大利亚。如果这股风潮继续在全球其他国家和地区蔓延开来，对我国铝产品开拓国际市场将产生极其不利的影响。

资料来源：童长征：《反倾销警报连连，铝出口环境愈发严峻》，《中国有色金属报》2009 年 11 月 12 日。

参考文献

中国社会科学院工业经济研究所：《〈十大产业调整振兴规划〉中期评估报告》，内部报告，2010 年。
刘燕文：《2008，在市场的惊涛骇浪中》，《中国有色金属报》2009 年 1 月 15 日。
张弦：《有色行业产业损害预警机制正式启动》，《中国有色金属报》2009 年 7 月 11日。
肖流波：《有色金属淘汰落后产能目标出台》，《中国有色金属报》2009 年 5 月 12 日。
安会珍：《中国并购海外矿业"看上去很美"》，《中国有色金属报》2009 年 1 月 13日。

第十六章 建材工业

提 要

席卷全球的国际金融危机对中国建材工业的发展造成了一定的影响，这种影响首先表现为建材出口的相应减少。但是，在国家应对国际金融危机的各项宏观措施的有效调控下，建材企业积极面对经营的困难与挑战，到 2009 年年底，建材行业总体上已经走出了低谷，特别是在国家投资政策的拉动下，建材工业的增长是比较明显的。一个基本判断是，受扩大内需政策的积极影响，国内基本建设投资和房地产开发等强劲需求使建材工业继续保持稳定快速增长，基本没有受到国际金融危机的负面影响。同时宏观经济政策的相对宽松也对建材工业的技术进步和结构升级带来了不利影响。此外，面对低碳经济的兴起和对企业社会责任的要求等，建材工业进行战略转型与结构调整显得更加刻不容缓。

* * *

建材工业作为中国工业化和城市化进程中的基础产业，在国民经济和社会发展中具有重要的地位和作用。在全国各地的基础设施建设和房地产开发中，建材工业与建筑业共同构成了投资拉动经济增长的重要解释变量，为经济发展做出了突出贡献。在一定程度上，建材工业在不少地区已经成为重要的支柱产业，它能否保持高速发展已经成为衡量国民经济能否持续稳定发展的"晴雨表"。随着中国国民经济和第三产业的发展，人民生活水平的提高和国家安居工程的实施，中国城镇住宅建设每年在 1.5 亿平方米以上，农村及其他个人住宅建设每年在 5 亿平方米以上，宾馆、饭店、写字楼、商店及其他公用建设等每年在 1.8 亿平方米左右，工业厂房及其他建筑在 5 亿平方米左右。与此同时，新建筑物装修的工程量急剧增加，老建筑物翻新周期明显缩短，装修材料也向豪华、实用方向发展。中国建筑装饰投资占建筑工程总投资的比例，已从 20 世纪 80 年代的 20%左右提高到现在的 40%~50%，增长势头相当强劲。建筑业的持续增长是带动钢铁、水泥、玻璃、有色金属等增长的主要因素。在国内钢材消费结构中，建筑业对钢材的需求占到总需求的 50%以上。可以毫不夸张地讲，没有建材就没有中国经济的高速增长和发展。由于本报告对钢铁工业和有色金属产业另立专章，本章所论述的建材不再包含建筑钢材、铝型材等。

2009 年，席卷全球的国际金融危机一度使国内建材工业出口严重受阻，生产有下滑趋势，但是，国家积极应对国际金融危机所采取的各项宏观经济政策则让建材工业继续保持了快速发展的势头。一个基本判断是，建材工业基本上没有受到国际金融危机的影响，扩大内需使建材工业继续保持了稳定快速发展的好势头。但是，这种过度宽松的宏观经济政策也对建材工业的结构调整和产业升级带来了不利影响。

一、国际金融危机对中国建材工业的影响

1. 国际金融危机对中国建材出口的影响

2009 年曾被业界预测为新世纪以来建材工业发展遇到困难最多的一年。当年中国建材出口总值只有 146 亿美元，同比下降 19%。在国际金融危机的冲击下，欧、美、日等主要发达经济体陷入持续衰退，房地产等行业萧条，水泥、玻璃等市场需求急剧萎缩。加上近年来，越南、伊朗、沙特阿拉伯等国家水泥产业均取得了长足发展，不但已经能满足本国需求，甚至开始向周边国家出口。比如，伊朗在 2009 年前 8 个月已向 15 个国家出口水泥 300 万吨；越南由于国内水泥行业产能过剩，已停止审批水泥生产项目；沙特阿拉伯更是因为国内水泥供大于求，决定自 2010 年 1 月 1 日起对从海湾合作委员会以外国家进口的水泥加征 5%的关税。受这些因素影响，中国水泥出口严重受阻。据海关总署统计，2009 年中国累计出口水泥及水泥熟料 1561 万吨，比 2008 年下降 40%；出口平均价格为每吨 44 美元，上涨 4.3%。中国水泥出口呈现以下几个特点：

（1）出口量低位震荡，出口均价相对平稳。2009 年中国水泥月度出口量持续低位震荡，除 4 月和 6 月略高外，其他月份出口量均在 150 万吨以下；与此同时，中国水泥月度出口均价则相对平稳，除 5 月之外，出口均价始终保持在每吨 40.9~46.1 美元区间运行。

（2）绝大部分为一般贸易出口。2009 年，中国以一般贸易方式出口水泥 1424 万吨，下降 41.5%，占当年中国水泥出口总量的 91.2%；以对外承包工程出口货物方式出口水泥 74.2 万吨，增长 14.9%；边境小额贸易 53.2 万吨，下降 45.4%。

（3）主要出口至非洲、中国台湾省、孟加拉和阿联酋。2009 年中国对非洲地区、中国台湾省、孟加拉和阿联酋分别出口水泥 533.8 万吨、196.7 万吨、156.8 万吨和 149.9 万吨，其中，对非洲、中国台湾省和阿联酋出口分别下降 7.2%、1.3%和 55.2%，对孟加拉出口增长 50.4%。上述四者合计占当年中国水泥出口总量的 66.4%。

（4）国有企业为出口主力。2009 年中国国有企业出口水泥 866 万吨，下降 43.8%，占当年中国水泥出口总量的 55.5%；民营企业、外商投资企业分别出口水泥 385.9 万吨和 309.2 万吨，分别下降 13.8%和 49.8%。

（5）硅酸盐水泥和水泥熟料是主要出口品种。2009 年中国分别出口硅酸盐水泥、水泥熟料 836.9 万吨和 712.5 万吨，分别下降 32.9%和 44.4%，两者合计占当年中国水泥出口总量的 99.2%。

（6）上海和山东出口大幅下降，浙江出口快速增长。2009 年上海、山东分别出口水泥

737.7 万吨和 286.4 万吨，分别下降 43.8%和 43.5%，两者合计占当年中国水泥出口总量的 65.6%；浙江出口水泥 146.3 万吨，增长 44.6%。①

海关总署统计资料显示，2009 年平板玻璃累计出口 167 万吨，价值 5.12 亿美元，同比下降 44.06%。其中，浮法玻璃累计出口 133 万吨，占全部出口量的 79.32%，累计价值 3.99 亿美元，占出口总额的 77.99%，同比下降 47.93%；普通平板玻璃累计出口仅 10 万吨，占全部出口量的 6.08%，累计出口价值 3484 万美元，同比下降 40.84%。一个值得关注的现象是，2009 年在出口量下降的同时，中国出口玻璃价格却有逐步回升的态势。浮法玻璃出口价格从 2009 年 3 月的 280.74 美元/吨，上涨至 12 月的 342.71 美元/吨，涨幅为 22.07%；普通平板玻璃出口价格涨幅高点曾达到 93.18%。这些说明中国目前平板玻璃出口品种结构和品质都发生了实质变化。玻璃出口从量变转化到质变，不仅提高了单位产品出口价格，同时也提升了玻璃产品在国际市场上的竞争力。②

中国是世界建材出口大国，天然石材、玻璃纤维纱、平板玻璃等产品的出口占世界贸易量的 40%~60%，水泥及熟料、加工玻璃、高岭土等产品的出口量占世界贸易量的 20%~30%。2009 年在出口下滑的情况下，中国建材行业大力实施“走出去”战略，国际影响力快速提升。其中，中材国际为沙特承建的 4 个项目的 5 条水泥生产线全部获得业主颁发的最终验收证书，在世界水泥工业技术装备及工程建设史上具有划时代的意义。

2. 国内市场需求与基本指标分析

2009 年初，建材工业面临出口下降、增长速度下滑、部分产品生产下降的局面。在国家积极的财政政策和较为宽松的货币政策引导下，建材行业紧紧抓住国家扩内需、保增长、调结构等一系列促进经济发展的政策和措施机遇，实现了强势复苏。从当年第二季度开始，建材工业就遏制了增长速度持续下滑的局面。在上年同期基数较高的基础上，2009 年 5~7 月建材工业增加值同比增速恢复到 18%左右，8~11 月增速进一步恢复到 24%左右。2009 年全行业运行数据表明，受国内市场需求的强劲拉动，2009 年下半年以来，建材工业生产保持了较快增长态势。

2009 年建材工业预计完成增加值 6600 亿元，按可比价格计算比 2008 年增长 22%；水泥产量 16.5 亿吨，增长 16%；平板玻璃产量 5.77 亿重量箱，下降 1.7%；规模以上建材工业全年完成销售收入 2.1 万亿元，增长 22.6%；实现利润 1260 亿元，增长 2.8%（见表 16-1）。主要行业产业结构继续改善，新型干法水泥熟料产量比例将达 70%以上。与固定资产投资密切相关的水泥制造业、水泥制品业和砖瓦及建筑砌块制造业仍是拉动建材工业较快增长的主要行业，分别拉动建材工业增长 5 个、3 个和 2 个百分点。

国家统计局的数据显示，2009 年全国水泥产量为 16.3 亿吨（见图 16-1），同比增长 17.9%。2009 年是国家 4 万亿元经济刺激计划全面实施的关键一年，由此拉动了重点工程项目、房地产业开发、新农村发展的投资，一举扭转了经济增速明显下滑的态势。在此情况

① 数据来源：海关总署，国家发展和改革委员会官网（www.sdpc.gov.cn），2010 年 2 月 21 日。

② 中国投资咨询网（www.ocn.com.cn），2010 年 3 月 4 日。

表 16–1　**2009 年中国建材工业主要经济指标**

	建材工业增加值	建材工业出口值	规模以上企业销售收入	建材工业实现利润
绝对值（亿元）	6600	997.2	21000	1260
增长率（%）	22	–19	22.6	2.8

资料来源：孙郁瑶：《强势复苏建材工业全线飘红》，《中国工业报》2010 年 2 月 11 日。

下，全国的水泥产量也在节节攀升。国家统计局数据显示，2009 年全国累计施工项目 46.1 万个，同比增加了 10.2 万个，施工项目计划总投资 40 万亿元，同比增长 32.3%；新开工项目 34.4 万个，同比增加了 8.7 万个，新开工项目计划总投资 15.1 万亿元，同比增长 67.2%。由此可见，水泥产量超过 16 亿吨这一峰值与国家投资密切相关。

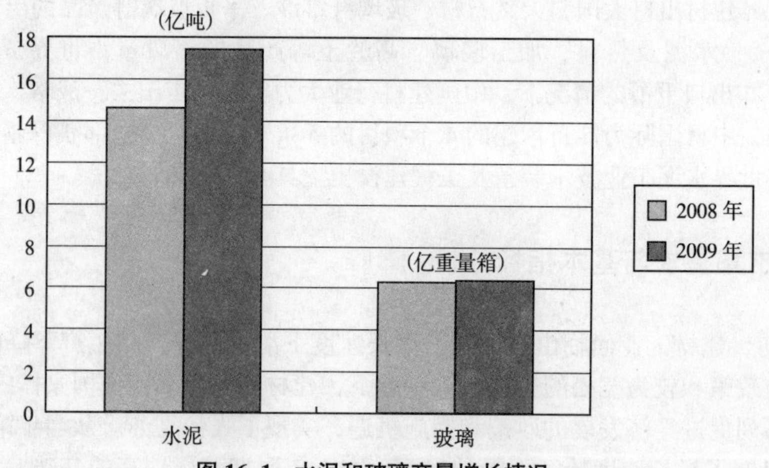

图 16–1　水泥和玻璃产量增长情况

据中国建筑材料联合会信息部初步统计，2009 年全国平板玻璃产量 5.77 亿重量箱，比上年下降 2.33%。其中浮法玻璃产量 4.86 亿重量箱，比上年增长 0.08%；普通玻璃产量 9089 万重量箱，比上年下降 13.49%。浮法玻璃产量比例 84.24%，比上年上升 2.03 个百分点。至 2009 年年末，全国平板玻璃生产能力 7.4 亿重量箱，比上年减少 1030 万重量箱。其中，浮法玻璃能力 6.22 亿重量箱，比上年增加 67 万重量箱，全年运营的浮法玻璃生产线 181 条，比上年减少 7 条；普通玻璃能力 1.18 亿重量箱，比上年减少 1097 万重量箱。特别值得一提的是，2009 年全国新投产浮法玻璃生产线 19 条，新增浮法玻璃生产能力 7534 万重量箱；新增普通玻璃生产能力 889 万重量箱，其中迁安北方明晶、中玻皮尔金顿、信义的格法或压延玻璃能力 775 万重量箱。平板玻璃新增生产能力 8423 万重量箱。

在保增长的同时，建材工业还保证了增长的质量。2009 年，建材工业在产业结构调整方面取得新进展，具有先进生产工艺的主要产品和大型企业集团比重继续提高。以水泥为例，2009 年新型干法水泥比例历史性地突破了 70%的关口；新型干法水泥熟料产量增长 24.4%，立窑及其他工艺熟料产量下降 4.8%；大型水泥企业集团户数减少，产量集中度比上年提高 5 个百分点。

二、中国建材工业应对国际金融危机的措施及其表现

1. 政府宏观政策对建材工业的有利影响

为应对国际金融危机对国内市场的冲击，2008 年 11 月，中央紧急出台了 4 万亿元的财政刺激计划，对建材工业是极大的利好。扩大内需的政策措施对于建材工业应对国际金融危机，有效扩大内需，保增长、促发展起到了积极的作用。国务院实施积极的财政政策既要扩大政府公共投资，又要坚持促进经济增长与调整结构并举，扩大投资与刺激消费并举。4 万亿元的投资主要用于加快建设保障性安居工程，加快农村基础设施建设，加强生态环保建设，加快自主创新和结构调整，加快地震灾区重建各项工作，鼓励企业技术改造等扩大内需的刺激，这无疑为建材工业提供了巨大的市场机会。中央政府的"十项措施"，应该说建材工业是最大受益者。这是在国际市场需求萎缩而国内市场需求急速扩大条件下，建材工业在 2009 年又好又快发展提供的一个主要机遇。

2009 年中国铁路世界瞩目：铁路营业里程达 8.6 万公里，居世界第二位；高速铁路运营里程达 2319 公里，居世界第一位；武广客运专线平均时速达 341 公里，居世界第一位。2009 年，铁路完成固定资产投资达 7000 亿元，投资建设创历史新水平；全年完成基本建设投资 6000 亿元，同比增长 79%，超过"九五"和"十五"计划期铁路基本建设投资总和。铁路建设真正成为扩内需保增长的"火车头"。作为国民经济的运输大动脉，铁路在 2009 年迈上了大规模建设的最高峰、大规模投入运营的最高峰，以及技术装备自主创新的最高峰，使中国在积极应对国际金融危机冲击中赢得了主动，为保增长、保民生、保稳定做出了突出贡献，也从一定意义上为建材工业的增长做出了积极贡献。①

2. 企业层面应对国际金融危机采取的主要措施

(1) 努力开拓国内市场，扩大内需。中国建材工业本来就始终以内需为主，在工业化和城市化进程不断加快的今天，内需拉动是建材工业发展的"火车头"。在水泥出口下降 40%、玻璃出口下降 44%的情况下，中国建材工业仍然保持了 22%的高增长，主要得益于国内市场需求的高速增长。实际上在主要工业品行业中，中国建材出口的比重一直很低，2008 年的出口值占建材工业增加值的 20.8%左右，2009 年进一步下降到 13.4%。从这个意义上说，由于建材工业的外贸依存度较低，国际金融危机对中国建材工业的影响有限。很大程度上，建材工业是国家拉动内需的宏观经济政策最大的受益者。国内建材工业企业紧紧抓住扩大内

① 当然，由此形成的高额铁路债券风险也成为令人担忧的问题。

需，加大基本建设的有利时机，努力开拓国内市场，获得了比预期还要好的实际效果。

（2）积极调整产品结构，实现升级。国内建材市场的产品升级是与技术升级密切联系在一起的。高质量水泥的比重提高与新型干法水泥生产技术的提高相关联。2009 年，中国新型干法水泥生产比例历史性地突破 70%的大关。新型干法水泥熟料产量比上年增长 23.8%，立窑及其他工艺水泥熟料产量则下降 6.1%，新型干法水泥比重达到 72.5%，比上年提高 9.7 个百分点。水泥企业还进一步提高了散装率。2009 年，全国散装水泥供应量达到 7.53 亿吨，同比增长 18.4%；散装率 46.27%。其中，散装率排在前五位的是上海、天津、北京、浙江和江苏，水泥散装率分别是 95.1%、95.01%、93.67%、72.18%和 67.42%；散装水泥供应量排在前五位的是江苏、山东、浙江、河南和广东，散装水泥供应量分别是 9731.35 万吨、8391.39 万吨、7792.62 万吨、4821.17 万吨和 4604.9 万吨。

2009 年中国出口玻璃价格呈现逐步回升态势，浮法玻璃出口价格从当年 3 月的 280.74 美元/吨，上涨至 12 月的 342.71 美元/吨，涨幅为 22.07%；普通平板玻璃出口价格年内涨幅高点曾达到 93.18%。这说明中国目前平板玻璃出口品种结构和品质都发生了实质变化，同时也提升了玻璃产品在国际市场上的竞争力。

（3）加强企业间战略重组和联盟，提升品牌竞争力。为应对国际金融危机和国内市场竞争的升级，主要建材工业企业之间的战略重组和联盟步伐开始加快。家居建材流通业两大连锁品牌巨头——红星·美凯龙与居然之家宣布双方自 2009 年起结成战略合作伙伴关系。中国陶瓷城与中亚国际陶瓷城缔结友好战略同盟关系。路达集团与国际知名卫浴品牌和成卫浴联手打造整体卫浴产品。甚至跨国战略合作也成为趋势，如德国高仪股份与中国民族卫浴领军企业中宇建材集团正式签署全球战略合作协议，由中宇集团全权负责高仪品牌在中国的经销和品牌推广。

跨行业资源整合加速。目前中国市场的消费趋势已经在发生变化，消费者希望在第一品牌的“一站式消费”中得到优惠，冠军联盟应运而生。2009 年 4 月，在北京人民大会堂，国内家居业六大龙头品牌——欧派橱柜、东鹏陶瓷、大自然地板、雷士照明、红苹果家具和美的中央空调主动出击、跨行业组建冠军联盟，联合起来应对“寒冬”。冠军联盟先后大手笔启动了“非常 5 + 1”促销活动、百城千店优惠活动等全国性市场活动，迅速扩展到全国 1000 个城市、1 万家经销商。六大品牌联手，分享品牌、渠道、市场等方面的资源，是一种大胆创新的尝试。这样的强强联合，将各大企业的力量联合在一起，制定一系列的优惠政策，是行业首创品牌整合模式。

3. 建材工业的市场表现与结果

在国家保增长、促就业、保民生等一系列宏观经济政策和“十大”产业振兴规划的积极引导下，在企业克服金融危机所采取的各种有效措施的推动下，2009 年中国建材工业的市场表现是进入 21 世纪以来最为活跃的。

（1）各种工业、民用建筑需要大量的水泥、玻璃、建筑陶瓷和塑料建材，包括对于建筑密封材料、屋顶防水材料等也都形成了巨大需求，这对建材工业是极大的利好。

（2）基础设施、生态环保建设使用了大量的钢铁、水泥等主要建材。同时对各种规格的塑料管材，如电线电缆管、通讯管线、市政管道、各种环保建材等有巨大需求。

（3）农业、水利建设同样需要大量水泥和水泥制品。2009年，在中央应对国际金融危机政策措施的带动下，中国水利基础设施建设掀起建设的新高潮，投资规模高达1427亿元。除了水泥和水泥制品等主要基础建材外，对于塑料棚膜、农业灌溉用的各种塑料管道，如缠绕管、大口径管、滴灌管网等不同的管道等也都形成了巨大需求。

（4）地震灾区的灾后重建也使水泥、玻璃、建筑陶瓷、新型建筑材料和各类建筑用塑料等形成需求。2009年仅灾后重建累计完成投资就达6145.75亿元，其中四川地震灾区270个城乡住房项目全部开工，完成投资2076.81亿元，占恢复重建规划投资的92.70%。

（5）加快建设保障性安居工程方面对建材的需求扩大。2009年10月28日，全国人大常委会专题调研组《关于部分重大公共投资项目实施情况的调研报告》指出，全年国家下达的保障性住房建设计划共需投入1676亿元，其中，中央投入493亿元，占29.4%；地方配套1183亿元，占70.6%。这对民用建材、建筑、装修等用水泥、砂浆、预制品、建筑陶瓷和塑料管材、型材、门窗及其密封条、保温材料、装饰装修材料等领域自然形成了巨大市场需求。

三、后金融危机时代中国建材工业发展的展望

1. 产业环境的变化

当前中国建材工业产能过剩等问题仍然突出，特别是水泥和平板玻璃产能面临严重过剩：水泥产能已达19.6亿吨，而在建水泥生产线超过400条，新增产能将超过6亿吨；平板玻璃产能已达6.4亿吨，不少地方、企业仍在热衷上项目、扩规模。

（1）投资过热导致产能过剩格局更趋严重。由于国内水泥需求旺盛，企业盈利能力较强，2009年中国水泥行业继续保持高速扩张态势。当年前11个月中国水泥行业投资达到1506亿元，同比增长59.8%，在建水泥生产线418条，已核准尚未开工的生产线147条。若这些产能全部建成，中国将新增水泥产能8亿吨，水泥总产能将达到27亿吨，而国内市场需求仅为16亿吨，过剩11亿吨。权威部门统计，自2004年至今，中国陶瓷砖产量连年大幅增长，每年增加6亿平方米以上。尤其是近几年，每年新增窑炉数以百计。到2009年底，中国的陶瓷砖产量已超过66亿平方米，人均达到4.48平方米。

（2）成本上升导致行业盈利水平趋于下降。随着近期上游煤电等原料价格不断上涨，后期水泥行业盈利水平可能会趋于下降。2010年1月8日，秦皇岛港5800大卡热量的煤炭价格已达到810~840元，环比上涨15%，预计2010年煤炭价格增长幅度将达到30%左右。此外，2009年11月20日，国家发改委宣布全国非居民电价每度平均提高2.8分钱，也将增加水泥生产企业的成本压力。

（3）市场竞争导致淘汰落后产能成为必然趋势。类似立窑这种落后产能，由于投资少、周期短、工艺简单等原因，前几年在中国水泥生产方式中占比居高不下。如今，随着水泥行业固定资产高增长带来的巨大需求以及节能减排的迫切需要，小型分散的立窑已经逐渐失去了生存的土壤，差别电价和取消优惠政策更使它们进一步丧失竞争力。

专家认为，随着水泥生产集中度的提高，落后产能的淘汰也将水到渠成。随着国家《关于抑制部分行业产能过剩和重复建设引导产业健康发展若干意见》的出台，减少了大企业进一步增加生产线的途径，企业间的兼并重组和区域联合将成为主流，大型企业之间通过联合达到对区域水泥市场的控制，从而淘汰区域落后和较小产能。因此，全国剩余的落后产能将依靠市场的手段自然而然予以淘汰。

2. 产业结构调整与优化升级

随着加快发展方式转变的要求越来越强烈，建材工业的结构调整和产业优化升级就越发显得重要。水泥行业的产业集中度进一步提升。2009 年生产能力在 300 万吨以上的水泥企业（集团）达到 49 家，在 1000 万吨以上达到 18 家，其水泥熟料产量占全国的比重分别达到 49.3%和 37.6%，比上年各提高 5 个百分点，且已出现水泥产量超过 1 亿吨的大型水泥企业集团。由于水泥行业的产能过剩比较严重，结构调整趋势毫无疑问会进一步加强。那些技术落后、规模小、产量低、能耗高、污染严重的小水泥企业，被迫破产的步伐会进一步加快。

产业发展的另一个主要方面是产品结构的优化升级。在建筑节能方面，“2009 年底施工阶段执行节能强制性标准比例提高到 90%以上；全面开展北方采暖地区既有居住建筑节能改造，2009 年改造 6000 万平方米”，这一政策的全面实施有利于塑钢门窗、中空玻璃及 Low-E 玻璃、新型保温墙体等材料行业的发展。有关新型墙体材料的政策也将拉动相关行业的发展，如加快脱硫石膏、磷石膏、农作物秸秆等资源化重点工程建设。启动第三批禁止使用实心黏土砖和第三批禁止现场搅拌砂浆工作，这一政策一方面鼓励了纸面石膏板、粉煤灰加气砖、人造板等行业的发展，另一方面淘汰黏土砖也将为新型墙体材料的发展提供广阔的空间。

3. 产业技术进步的紧迫性

（1）节能环保日趋紧迫。建材工业一直被认为是能耗大户和污染严重行业。近年来在节能和环保方面，建材工业取得了历史性的进步，但是，随着加快发展转变方式的要求越来越强烈，建材工业的节能和环保问题显得更加突出和紧迫。因此，相对于转好的经济形势，建材工业的众多企业最为关心的还是节能环保问题。调查显示，近六成业内人士认为节能环保是行业的最大挑战。2009 年底哥本哈根联合国气候变化大会关于节能环保的问题成为全世界人们关注的热点话题，同时成为人类进入低碳经济时代重要的转折点。据行业人士分析，不断推动节能、降耗、环保才是建材工业未来发展的必由之路。

为了推动建材工业向循环经济方向的发展，中国建筑材料工业协会开展了大量的建材工业循环经济支撑技术收集、整理和研究工作，这些支撑技术中涉及水泥、玻璃、陶瓷、墙体材料等产业的节能技术和环保技术。在利用可燃工业废弃物做水泥工业替代燃料方面，北京水泥厂和上海万安企业总公司等企业正在积极探索利用，吉林亚泰水泥有限公司的"回转窑焚烧废弃物项目"已被列入东北老工业基地调整改造专项。如果中国水泥工业利用可燃废弃物替代燃料率达到10%，中国水泥工业每年节约能源将超过1000万吨标准煤。此外，新型干法水泥纯低温余热发电也是水泥工业节能的重要技术，一座日产5000吨新型干法水泥生产线装配纯低温余热发电装置，可以实现每吨熟料发电35千瓦时左右的效果，年总发电量可达5000万千瓦时以上。玻璃和建筑陶瓷行业也是耗能大户，节能降耗、减少污染是玻璃和陶瓷生产技术加快进步的大势所趋，也是陶瓷工业可持续发展的重要条件。就建筑陶瓷而言降低能源消耗的途径主要有：向绿色窑炉方向发展，采用一次烧成技术等。此外更多的陶瓷企业已开始研发抗菌、抗污、易保洁的新型环保产品。

（2）新产品研发提升市场竞争的技术强度。随着新技术的研发不断取得实质性进展，新型建材不断涌现。①瓷质抛光砖是国内外非常流行的新型装饰材料，具有坚硬耐磨、抗冻防污、耐酸碱、光亮华丽、经久如新的特点，装饰效果可与花岗岩相媲美。其种类有无釉抛光砖、花岗岩抛光砖、幻彩抛光砖和渗花抛光砖四大系列上百个品种。②防滑、耐磨地板地砖是在塑胶材料中掺入适量的金刚砂或其他硬质耐磨材料，经配料、混合、搅拌、挤塑、压延制成地板块或地砖。它具有耐磨、防滑的良好性能，并兼有防水、防油、防酸碱的性能，卫生和装饰效果良好。③软石地板是以天然大理石粉及多种高分子材料合成的新一代高档建筑装饰材料。它既有天然大理石的纹理，又有特殊的图案与性能，具有柔、轻、坚、防滑、防火阻燃的特点，是物美价廉的一种符合潮流的环保装饰材料。④环保高强度木质材料是在欧洲流行的一种高科技、无毒、无污染、高强度装饰板，现在国内已生产并走俏市场。这种装饰板表面呈枫木、榉木、柚木、樱桃木等丰富纹理饰面，可制成能拆卸护墙板、强化地板、吊顶板、踢脚板等木制品，不需要大面积施工，可节省木材和提高利用率。其优点是工艺简单、加工制作快捷方便、安全卫生。⑤玻晶砖是以碎玻璃为原料，加入极少量其他配合料（黏土），低温烧成的新型地砖，二氧化碳废气的排放可减少25%，达到清洁生产，且成本低于其他同类建材产品。它的性能与烧结法生产的微晶玻璃饰面板材性能相当，硬度高、强度大，使用范围广，并可长期反复使用于不同的场合。产品可回收循环利用，为中国碎玻璃的回收利用开辟了一条新途径。⑥水晶玻璃内墙砖集水晶、玻璃、瓷砖的主要特征于一身，既有水晶的明快亮丽，又像玻璃晶莹剔透，更似瓷砖坚固耐久。其内在质量经强化处理而得，经有关部门测试证明，它的吸水率、耐冷热变化、耐磨损、耐腐蚀、抗折强度、规格尺寸等性能指标完全符合国家标准，而且达到了国际水平。

4."建材下乡"催生建材工业"千亿级"商机

基础设施建设、房地产开发、新农村建设等在国家强力投资下，水泥需求和产量都屡创新高。2009年曾有4个月产量在1.5亿吨以上。随着国民经济发展步入"四万亿"后期，中央政府将加大对教育、卫生等软实力领域的投入，相比之下"铁（路）公（路）机（场）"的投资幅度可能会有所放缓。同时，全国水泥产量的增长幅度也将减弱。但是，"建材下乡"

是继“家电下乡”、“汽车下乡”之后中央从政策层面推出的又一项扩大内需的重大举措。毫无疑问会推动水泥、玻璃、陶瓷和新型建材的市场需求。

备受关注的2010年“中央一号文件”，其主题依然姓“农”，但与往年不同的是，2010年一号文件首次出现了“城”字。推进城镇化建设，加大统筹城乡发展力度，已经成为未来农村发展的新战略。特别是在城镇基础设施建设、公共设施建设、户籍政策、公共服务体系等方面，一号文件都给出具体的新举措。因而，从行业的视角来分析，一号文件的出台，将为建材工业带来新的商机。可以肯定，随着城镇化战略的推进，农村将会成为下一轮建材市场的新亮点。要加快城镇化步伐，提高城镇综合承载能力。具体举措包括推进重点城镇医院、交通、供排水、污水和垃圾处理等基础设施建设，加快重点城镇医院、学校和电网改造升级等公共设施建设。在农村，基础设施要实施新一轮的农网改造升级工程，加快推进农田小型水利、农村道路等农村基础设施建设。

同时，继家电、汽车、摩托车三下乡惠农政策刺激农村消费市场后，当前农村消费新增长点转向了农民建房。国家把支持农民建房作为扩大内需的重大举措，采取有效措施推动“建材下乡”，鼓励有条件的地方通过多种形式支持农民依法建设自用住房。据《人民日报》援引中国建筑材料联合会相关资料显示，“建材下乡”政策将拉动国内消费5500亿~6000亿元，建材消费是目前中国农村、农民的支柱性消费行为。初步预计，“建材下乡”政策实施三年，可拉动农民建房及建材消费18000亿元左右。房屋建成后，还将拉动装饰装修、家居设备等后续消费，消费链条效应十分明显。“建材下乡”将是地板、地砖企业开拓农村市场的绝好机会。对于农村地区消费不起品牌地板的看法是一个误区。在沿海以及其他经济发达的省份，农民的消费能力并不比城市差，对品牌家具和建材的需求非常旺盛，关键是家居企业如何有针对性地介入这一市场。

进一步统筹城乡经济社会的协调发展，加快转变经济发展方式，为建材工业提供了广阔的发展空间。同时，绿色环保和低碳排放又迫使建材工业企业必须加快技术进步，促进产业升级，方能在未来的国内外市场竞争中立于不败之地。

专栏 16—1

瓷砖“瘦身”有利节能减排及低碳发展

据统计，2009年我国陶瓷砖的产量近60亿平方米，约占世界总产量的2/3。但中国陶瓷大而不强也是不争的事实，尤其是对资源、能源的大量消耗，对环境及可持续发展产生了极其恶劣的影响。如何就目前的现状找出一个突破口，已成为摆在我们面前的严重课题。

目前市面上的大规格陶瓷砖厚度一般都在10毫米以上，瓷砖的减轻与减薄是通过技术提升并利用现有的工艺设备，在生产过程中适当对瓷砖进行“瘦身”。其中，最直接的就是让瓷砖减薄，做“薄砖”。在不影响瓷砖使用功能的前提下，将瓷砖厚度减少到6~10mm，从而降低瓷砖在生产制造中对资源、能源的消耗量，减

续专栏 16—1

少运输成本，同时还可以降低建筑物的荷载，从而实现节能降耗，与环境友好。从可行性来看，薄砖利用现行的生产设备及工艺便能生产，相对减薄后的薄砖在理化性能方面与普通陶瓷砖没有太大的区别，可以替代目前所有的普通陶瓷砖产品，广泛运用于建筑装饰。

当瓷砖厚度减到只有3~5mm时，从严格意义上不能称为“薄砖”，而应该称为“薄板”。虽然同样具有减轻建筑物的负荷，增加建筑物室内有效空间等作用，但由于该类产品太薄，在独立使用时不具有足够的抗冲击强度，因而目前仅局限于墙面使用而不适宜在地面使用，同时薄板的安装施工方法也是目前推广应用的瓶颈。薄板的另一个优势在于可以代替部分玻璃、木板等建材用于墙面装饰、隔断及天花板等，可大大地扩展瓷砖的应用领域，值得行业推广和发展。

如果按照薄砖的概念将现有普通陶瓷厚度平均减薄20%，经过简单的工艺调整，其理化性能指标完全可以达到gb/t4100-2006标准，完全符合使用性能要求。我们简单地算一笔账，由传统陶瓷砖的10mm降到8mm，按目前我国墙地砖60亿平方米年产量计算，瓷砖减薄了20%，则每年可节约原料2400万~4000万吨，同时每年的综合能耗可减少约102亿公斤标准煤，相当于整整一个三峡工程的年发电量，经济效益和社会效益都非常可观!

瓷砖的减轻不仅可以通过减薄来实现，还可以通过改变瓷砖的内部结构来实现。我国工业和信息化部不久前发布公告（工科［2009］第66号），由欧神诺陶瓷股份有限公司主持起草的《轻质陶瓷砖》国家行业标准JC/T1095—2009正式颁布，并于2010年6月1日起正式实施。这一信息意味着新型陶瓷砖产品——轻质陶瓷砖有了行业标准，该产品已有法可依，正式成为陶瓷砖的一个新类别。

据了解，目前轻质砖是采用回收部分陶瓷生产废料，通过加入特殊的发泡材料，在高温下烧制而成的一种具有陶瓷性能，比重在1.5g/cm^{3}以下的新型装饰材料，有些比重甚至达到1.03g/cm^{3}以下，可以漂浮在水面上。这种轻质砖不仅因为质量轻能有效减轻建筑物的荷载，更由于其比重小和多孔结构而具备隔热、隔音、吸附等特殊的功能，特别适合建筑物的墙体内外装饰，节能降耗，具有广阔的市场前景。

资源能源、环境问题是摆在人类面前重要的课题，中国作为全球最大的建陶生产国，陶瓷企业所面临的原材料价格上涨、能源紧缺、生产成本和环保压力日益增大等问题更加严峻。我们呼吁瓷砖的“减轻”与“减薄”是在现有的技术基础之上，合理地利用资源，优化产品结构，在尽可能满足使用要求的情况下对产品进行适当“瘦身”。

这种发展思路不仅有利于加快与促进陶瓷行业的发展，对节能减排、促进低碳经济也具有重要的现实意义。我们在这里倡导瓷砖的“轻”与“薄”概念，旨在抛

续专栏 16—1

砖引玉，以期与广大同仁一起探索新产品的发展方向。同时，希望有关部门能尽快将“轻砖”与“薄砖”标准化，形成新的国家与行业标准，以标准的形式来引导企业朝着“轻”与“薄”方向发展，在新形势下我国陶瓷产业的可持续发展道路上，迈出坚实的一步！

资料来源：中国建材第一网，2010 年 2 月 10 日。

参考文献

《中国建材》2009 年第 1~12 期、2010 年第 1~4 期。
中国建材协会编：《中国建筑材料工业年鉴》(2009)。
金碚等著：《资源环境管制与工业竞争力》，经济管理出版社 2010 年版。
《中国统计摘要》(2009)，中国统计出版社 2009 年版。

第十七章 石化工业

提 要

在国际金融危机影响下，中国石化工业主要经济指标从2008年第四季度开始大幅下跌。为此，国家出台了《石化产业调整和振兴规划》及其实施细则，很多地方政府也先后出台了相关振兴措施，取得了较为明显的效果。国际金融危机一年多来，中国石化工业复苏态势明显，主要表现在：行业总体需求企稳回升，销售收入止跌回升，主要石化产品表观消费量增速恢复较好；行业实现利润总额为三年来最好水平；企业数量与就业人数稳步增长；石化产品出口数量跌幅收窄，进口数量大幅上升。然而，复苏态势并不能掩盖中国石化工业中存在的一些重大问题，主要表现在：石油贸易管制政策阻碍石化工业结构调整；石化行业周期波动因素与金融危机交织加剧产能过剩；石化企业面临“倾销”和“反倾销”双重压力。只有这些问题得到解决，石化工业才能真正实现长期可持续发展。

* * *

中国石化工业受国际金融危机冲击很大。自2008年8月起，特别是在当年第四季度，受金融危机影响，石化工业产量、销售收入、价格和出口等主要经济指标大幅下滑。2009年2~3月间，石化行业开始止跌。目前，行业整体进入缓慢回升阶段，复苏态势较为明显。

一、国际金融危机以来中国石化工业运行特点

1. 行业销售收入大幅度下降后开始企稳，与危机前水平相比仍有较大差距

2008年8月前，石化工业月度累计销售收入一直保持较高的增速。其中化学原料与化学制品制造业同比增速维持在30%左右，炼油行业增速则大致在13%~30%之间波动，当年8月达到29.25%的区间最高值。

2008年8月后，受国际金融危机影响，石化工业月度销售收入累计同比增长速度开始

大幅下滑，于 2009 年 2 月达到区间最低值：化学原料及化学制品制造业同比增速跌至-7.39%，6 个月下跌近 40 个百分点；炼油行业同比增速跌至-26.4%，下跌 55 个百分点之多，是受金融危机影响最大的工业行业之一。

石化产品作为工业原材料居多，市场需求恢复相对滞后。2009 年 2 月后，石化行业销售收入同比增速触底后逐月回升（见图 17-1）。当年 1~11 月，化学原料及化学制品制造业月度销售收入累计同比增长 5.88%，实现了增速由负到正的转变，增速居 39 个工业行业第 30 位。[①] 而同期炼油行业月度累计销售收入同比依然是负增长，为-6.67%，增速居 39 个工业行业倒数第二。[②] 石化工业总体上市场恢复情况明显落后于大多数工业行业。

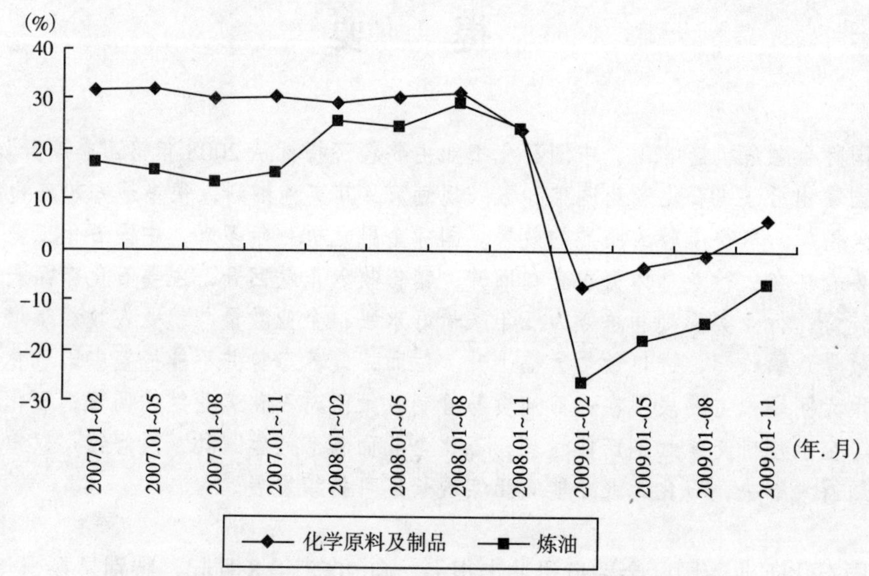

图 17-1 2007 年以来石化工业月度销售收入累计增速变化

资料来源：中国统计数据应用支持系统。

在石化工业的八大子行业中，炼油行业和基础化学原料制造业恢复最慢，月度销售收入至 2009 年 11 月累计增速依然是负增长，分别为-1.26%和-6.67%。恢复较好的子行业是专用化学品、涂料油墨等、日用化学品三个行业，月度销售收入累计增速分别为 16.16%、8.91%、8.33%。化肥、农药和合成材料行业有所恢复，但增速依然较低，分别为 4.94%、2.47%和 2.36%（见图 17-2）。

2. 行业利润总额短暂减少后开始较快恢复，2009 年下半年达到三年最好水平

从 2007 年以来各月利润累计总额的变化看，2008 年石化工业利润总额与 2007 年相比

① 石化行业销售收入增速较低的一个重要原因是石化产品价格的变化。受金融危机的冲击，多数石化产品价格比 2008 年最高价格下跌了 50%以上。截至目前，有所恢复上涨的石化产品价格依然离前期高点相差很远。

② 增速倒数第一的行业是石油天然气开采业，2009 年 1~11 月销售收入月度累计增速为-30.84%。

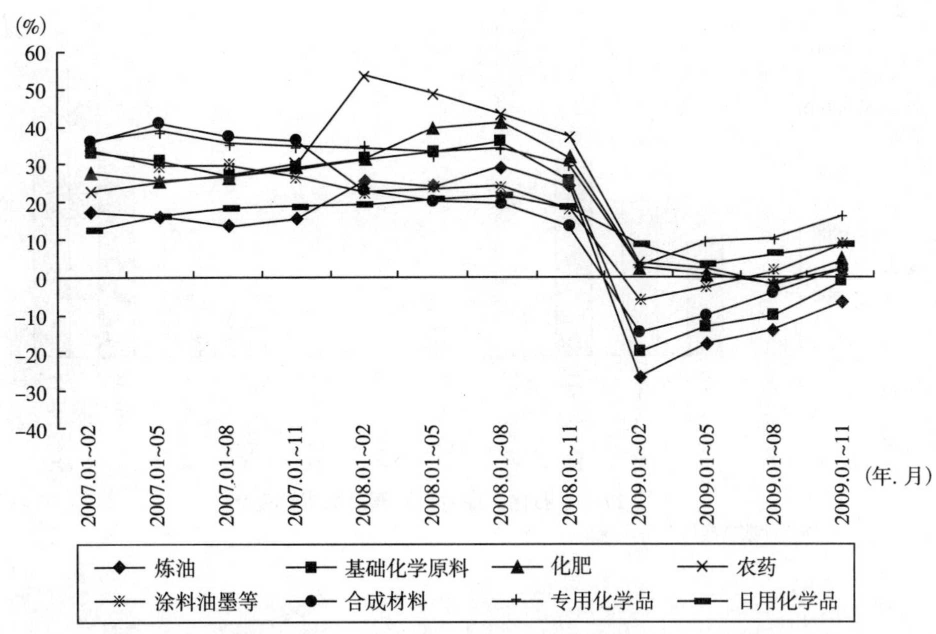

图 17-2　2007 年以来石化工业八大子行业各月销售收入累计增长

资料来源：中国统计数据应用支持系统。

大幅萎缩：当年 2 月、5 月、8 月和 11 月利润累计总额分别为-24.7 亿元、206.2 亿元、138.1 亿元和 18.5 亿元，同比下降 92.5%、77.6%、88.9%和 98.8%（见图 17-3）。这一方面是因为 2008 年上半年石油价格从每桶 100 美元暴涨到每桶约 150 美元，导致石化产品生产成本上升，加上成品油价格没有适时调整导致炼油行业亏损大增；另一方面是受 2008 年下半年金融危机影响，石油价格暴跌，石化产品需求大幅度下滑而导致。

从行业效益角度，金融危机对石化工业的不利影响时间很短，且恢复速度快于销售收入。2008 年 1~11 月，石化工业月度利润总额累计 18.5 亿元，比同年 1~8 月减少 119.6 亿元，但恢复很快。2009 年 1~2 月，在石化工业需求处于谷底的时期，石化工业累计利润总额实现 233.3 亿元，超过 2008 年最高水平（5 月）。随着石化工业止跌回升，行业利润总额更以数倍、十数倍和百倍增长。2009 年 5 月、8 月、11 月累计利润总额实现 1032 亿元、1762.4 亿元和 2350.7 亿元，同比增长 4 倍、11.8 倍和 126 倍，而且还超过了 2007 年同期利润水平，为三年来的最好水平（见图 17-3）。

不仅如此，石化工业多数子行业利润总额超过危机前水平。2009 年 11 月，石化工业八大子行业中，除化肥、农药和基础化学原料行业外，其余子行业月度累计利润总额均超过危机前水平，即 2008 年 1~8 月累计利润总额。其中，炼油行业利润总额从 2008 年 8 月累计亏损 1201 亿元到 2009 年 11 月累计实现利润总额 728.8 亿元。

2009 年 1~11 月，专用化学品、合成材料、日用化学品和涂料油墨等行业实现利润总额 525.6 亿元、230.7 亿元、209.2 亿元和 186.1 亿元，分别超过危机前利润总额 214.4 亿元、78.6 亿元、80.9 亿元和 79.9 亿元（见图 17-4）。

在国际金融危机影响下，石化工业利润总额连创新高，并达到近三年的最好水平，主要

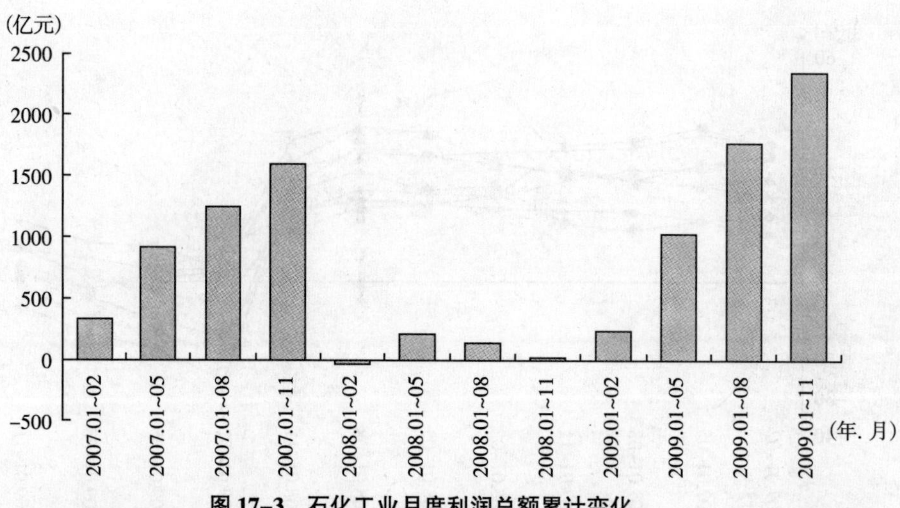

图 17–3　石化工业月度利润总额累计变化

资料来源：中国统计数据应用支持系统。

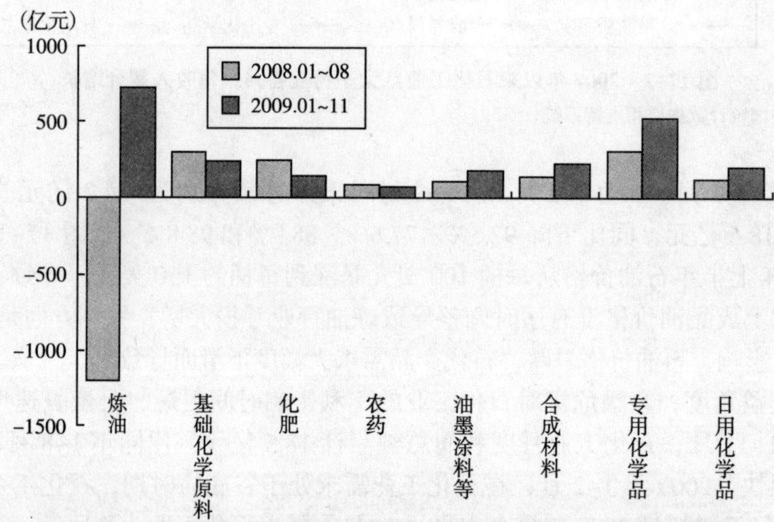

图 17–4　2008 年 1~8 月与 2009 年 1~11 月石化工业子行业利润总额比较

资料来源：中国统计数据应用支持系统。

原因：一是 2009 年石油价格水平相对于 2008 年来说较低，有利于石化产品成本的降低。二是 2009 年中国成品油价格定价方法改革后，成品油价格随着国际原油价格变化而较快调整，从而使中国炼油行业扭亏为盈， 2009 年 1~11 月炼油行业实现利润占石化工业实现利润的比重高达 31%。这同时也说明，国际金融危机对石化工业的成本降低效应较大。

3. 行业企业数量与就业受危机影响较小

（1）企业数量继续保持较快增长。国际金融危机对石化工业企业数量增长没有明显的不利影响，仅表现为 2008 年下半年增速有所下降，没有出现企业大面积倒闭的现象。如图

17-5A 所示，2008 年 1~8 月，石化工业企业数量累计为 25157 家，同比增长 10.57%。同年 1~11 月，全行业企业数量增加到 25668 家，同比增速为 9.1%。

2009 年以来，石化工业企业数量保持较快增长，全年同比增速提高到 15%以上。2009 年 1~11 月，全行业企业数量累计为 29730 家，同比增速为 15.83%。

(2) 行业就业人数稳步增加，但增速下降。2009 年 2 月、5 月、8 月、11 月，石化工业累计就业人数分别为 423.4 万、440.87 万、447.28 万、454.87 万，同比增长 6.45%、5.98%、4.44%和 4.72%，超过同期工业行业就业人数平均增速（3.52%）1.2 个百分点。石化工业为工业企业就业增长贡献率为 7.22%（见图 17-5B）。

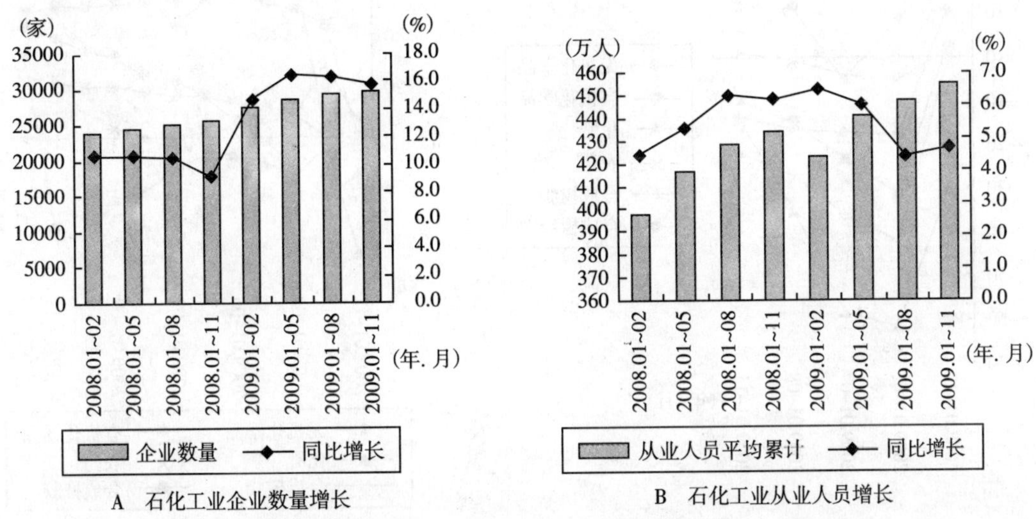

A　石化工业企业数量增长

B　石化工业从业人员增长

图 17-5　国际金融危机影响下的石化工业企业数量与就业人数变化

资料来源：中国统计数据应用支持系统。

4. 石化产品进出口数量大幅下跌，进口数量恢复快于出口

受国际金融危机影响，中国主要化工产品出口数量增长速度从 2008 年下半年开始大幅度下降，2009 年 3 月主要化工产品出口数量增速跌到谷底。无机化学品、有机化学品、化肥、农药、合成树脂和合成橡胶的出口数量增速分别为–18.1%、–31.8%、–61.2%、–5.6%、–42.1%和 8.2%。

2009 年 3 月后，主要石化产品出口数量各月累计增速逐月收窄。有机化学品、化肥、合成树脂进口数量增速收窄幅度都在 20 个百分点以上，反映出国际市场需求逐渐回暖的特点。从六类主要石化产品出口数量增速看，截至 2009 年 11 月，合成橡胶和农药类产品出口数量累计增速由负转正，分别为 5.8%和 0.7%，但增速依然远远低于 2008 年的水平。其余四类主要石化产品出口增速依然为负。其中，化肥出口数量增速的反弹最为突出，从最低值–61.2%提升到–14.2%，这主要是受到 2009 年中国下调化肥特别出口关税的刺激（见图 17-6A）。

同时，主要石化产品进口数量增速止跌回升速度很快，远远超过同期出口增速。2009

年 3 月，在同期主要石化产品出口数量增速处于谷底时，除化肥和农药外，其他四大类石化产品进口数量增速均在 20%以上，其中无机化学品和有机化学品自当年 3 月以来累计进口数量都一直保持在 50%以上（见图 17-6B）。产品的国际价格低是进口激增的主要原因。而这些石化产品国际价格低的原因有两种：一种是国内企业与国际企业效率差距的反映；另一种则是国际企业在全球需求萎缩的情况下对中国倾销的结果。

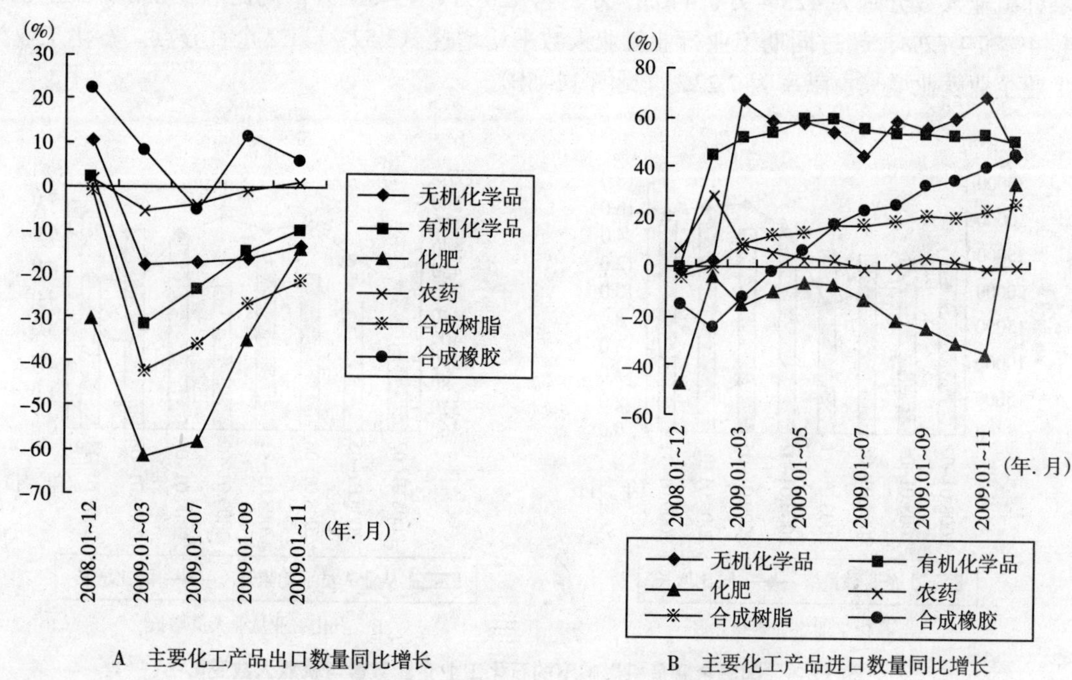

A 主要化工产品出口数量同比增长　　B 主要化工产品进口数量同比增长

图 17-6 主要化工产品月度进口与出口数量累计增长

资料来源：中国产业分析平台数据库。

二、《石化产业调整和振兴规划》及其影响

2009 年 2 月，为应对国际金融危机，工信部根据国务院实现保增长、扩内需、调结构的总体要求，发布了《石化产业调整和振兴规划》（2009~2011 年）及其实施细则。很多地方政府也先后出台了与石化产业有关的振兴规划。这些规划措施的出台已经对 2009 年石化工业发展产生了积极作用，并且也必然会对未来几年石化工业发展产生重要影响。

1. 国家石化产业调整和振兴规划基本内容与实施进展

《石化产业调整和振兴规划》涉及技术改造、产业政策、化肥储备、降低产品进出口关税、成品油储备、油品税收政策和企业境外资源开发支持政策七个方面。目前除了石化行业各专项产业规划和政策、支持企业境外资源开发政策没有出台外，其余五项政策已经实施。这五项政策的基本内容与实施进展如下：

（1）加大技术改造投入方面，工信部原材料司会同发改委产业司编制了《石化产业振兴和技术改造专项资金安排重点》，联合评审了274项石化产业技改项目，其中通过155项。

（2）加大化肥储备力度方面，工信部配合国家发改委进一步修订完善了化肥淡季储备管理办法，提高了化肥淡季储备规模，预计2009~2010年度全年化肥淡季储备规模为1600万吨。

（3）降低产品进出口关税方面，信部配合商务部、财政部完善石化产品加工贸易及化肥产品管理政策，从来料加工禁止类目录中，剔除了92个石化类产品税号，扩大了来料加工范围，降低来料加工企业税负。同时下调了氮肥、磷肥的出口特别关税。

（4）落实油品储备方面，国家能源局已经完成《石油管理条例》（征求意见稿）。

（5）完善油品税收政策。一是为落实国务院《关于实施成品油价格和税费改革的通知》，国家发改委2009年5月印发了《石油价格管理办法（试行）》，2009年与2010年累计调整油价次数约10次之多。二是财政部、海关总署、国家税务总局2009年7月联合发布《关于进口石脑油消费税先征后返有关问题的通知》，对2009年1月1日到2010年12月31日期间进口用做乙烯、芳烃类产品原料的石脑油已经缴纳的进口环节消费税予以返还。

此外，有关部门还加快推动重大项目实施和淘汰落后产能。重大建设项目方面主要是力争2011年将“十一五”规划内在建的6套炼油、8套乙烯装置重大项目全部建成投产。落后产能淘汰的重点是：炼油方面，淘汰100万吨及以下的低效低质落后炼油装置，积极引导100万~200万吨炼油装置关停并转，防止以沥青、重油加工等名义新建炼油项目。化肥行业则通过上大压小，产能置换，淘汰技术落后、污染严重、资源利用不合理的产能。对农药行业依据行政法规，淘汰一批高毒高风险农药品种。加快淘汰电石、甲醇等产品的落后产能，提高污染防治和产业发展水平。

2. 部分地方政府的石化产业振兴规划特点

石化工业是中国很多省份的重要或支柱产业。在国家推出《石化产业调整和振兴规划》之际，全国有多个省份在2009年初先后出台了地区性振兴规划，以帮助本地石化企业应对危机，促进产业和产品结构调整以及技术进步。下面着重介绍几个重点省份的规划特点：

（1）广东省。《广东省石化产业振兴规划》发展思路与目标是依托中石油、中石化和中海油三大中央企业，加快推进石化龙头项目建设，做大做强石化产业。未来3年，预计石化产业年均增长速度保持在13%左右。到2011年，炼油能力达到6000万吨/年左右，乙烯生产能力达到320万吨/年左右，对二甲苯（PX）生产能力达到160万吨/年左右，PTA生产能力超过140万吨/年。做大做强惠州大亚湾石化基地，大力建设茂名和湛江石化基地，加快建设揭阳石化基地，改造和提升广州石化基地，同时抓好31个重大化工项目建设，推动产品结构升级和循环经济发展。

（2）四川省。根据《四川省石化产业振兴行动计划》，未来3年，四川省将重点发展天然气制合成氨等 8 条产业链，启动 100 万吨/年炼油和 80 万吨/年乙烯等 10 项重大工程，推进 5000 吨/年聚苯硫醚纤维产业化等 10 项技术创新项目。未来 3 年，四川省将主要发展的 8 条石化产业链是：天然气制合成氨产业链、天然气制氢氰酸产业链、天然气制乙炔产业链、天然气与盐卤结合产业链、天然气与磷硫钛结合产业链、天然气与石油结合产业链、石油化工和芒硝资源互补产业链。全力推动包括四川省石化有限公司 1000 万吨/年炼油和 80 万吨/年乙烯、4.6 万吨/年聚四氢呋喃等一批重大项目开工建设，重点推进中蓝晨光 1000 吨/年芳纶纤维，四川德阳科技 5000 吨/年聚苯硫醚纤维产业化生产等重大技术创新项目的实施。推动大型石化企业开展战略合作，优化产业布局和上下游资源配置，引导天然气、电力等能源生产企业与石化企业组成战略联盟，增强市场竞争力。

（3）山东省。《山东省炼化工业调整振兴指导意见》（下简称《意见》）指出，要加快炼化企业的技术改造，提高成品油产出率，加快发展石化深加工产品，拉长石化产业链条。该《意见》提出，山东将以山东省石油化工有限公司为载体，整合省内地方炼油企业，组建山东省石油化工集团公司。实现大整合后，将积极争取国家增加山东省原油计划指标，争取每年 1000 万吨原油非国有贸易进口资质；建立成品油销售网络，把地炼成品油直接供应民营加油站；争取 3 年内形成辐射全省地炼油企业的输油管网构架，年输送能力 4500 万吨左右，改变原油、成品油运输成本高、效率低的局面。

（4）江苏省。江苏省制定了《江苏省石化产业调整和振兴规划纲要》（2009~2012 年）。根据规划纲要，未来 4 年，江苏省将进一步做优做精沿江石化产业带，做大做强沿海产业带，发展低碳化工、化工新材料、生物化工、新领域精细化学品、功能性高分子材料、氟硅材料六大特色化工研发和生产，形成集聚优势。同时，将重点打造基础石化产业链、通用和专用合成材料产业链、新领域精细化学品产业链、化工新材料产业链、生命科学化学品产业链、盐化工产业链、煤化工产业链、循环经济产业链、农用化工产业链、石化装备产业链十大特色新型产业链，大力推广运用原子经济反应技术等十大新技术。利用现有产业基础，以大、新、高、特为原则，实施总投资 1000 亿元以上的 50 个重点项目，加快产品结构、产业结构和技术结构等方面升级换代步伐，促进产业结构向高端化、精细化发展，产品结构向节约型、清洁型发展，技术结构向前沿型、实用型发展。

（5）安徽省。根据《安徽省石化工业振兴规划》，到 2011 年，全省石油和化工行业建成一批大型石油化工、煤化工和盐化工项目，包括定远盐化工项目、淮北焦化项目、淮南 FMTP 项目建成、安庆石化炼化一体化部分项目开工。精细化工实力明显增强，精细化率显著提高，重点发展高附加值、高效益、产业关联度强、产业链长、替代进口填补国内空白的精细化工产品。积极推进合肥盐化工基地建设。做好池州百万吨乙烯项目前期工作，争取乙烯项目列入“十二五”规划，力争在“十二五”中期建成。实现石油和化学工业增长速度与安徽省国民经济总体发展速度相协调，增加值年均增长 18%，到 2011 年石化产业增加值达到 340 亿元。

3. 对石化工业的影响

石化工业调整和振兴规划的实施有短期措施，也有长期政策。长期政策如结构调整、技术改造投入等方面从长期看影响应该是积极的，但具体效果目前难以评价。短期影响主要从化肥淡季储备、下调化肥特别出口关税和油品税收政策等方面表现出来。

（1）化肥淡季储备政策对稳定价格和需求效果明显。化肥淡储政策的目的是为了稳定淡季价格，平衡企业生产能力。从 2009 年 1 月以来中国主要化肥产品价格变化的特点可以看到这一政策的影响效果。2009 年 1~3 月，中国主要化肥产品价格自 2008 年 10 月高位下跌后，出现了一个价格反弹期，其中尿素价格最为明显，大多地区出厂价和批发价普遍上涨 300~400 元。这一价格变化正好与 2008 年化肥淡储时间吻合，特别是与 2009 年 2~3 月收储企业突击完成收储任务的行为有关。因为 2008 年 10 月以来化肥价格下降过快过猛，大多农资经营企业为避免亏损都延迟了收储行为。2009 年 3 月后，化肥产品价格恢复下滑趋势，进入 10 月后价格开始平稳。从 11 月起，市场开始受到淡储启动的影响。从四川、山东、黑龙江等地化肥市场情况看，进入 2009 年 11 月后，收储品种尿素和磷肥价格开始微幅上调，成交有所增加。而非收储品种复合肥的价格平稳，成交没有明显变化。预计后市收储品种价格和成交都将增加。

可见，提高化肥淡储规模的政策对于稳定淡季需求和价格有积极影响，同时也有效缓解了参与化肥淡储企业（大概 70 家左右）的经营困难。不过，由于金融危机影响下，化肥行业运行“旺季不旺”，化肥价格不涨反跌。所以，在淡储政策作用下，化肥行业淡季价格也表现出“不跌反涨”的特点。

（2）下调氮肥、磷肥特别出口关税政策对刺激出口有积极影响。国家财政部于 2008 年 11 月 13 日发出通知，同年 12 月 1 日起调整化肥及部分化工产品的出口关税。根据新方案，化肥出口将从 12 月起设定淡季基准价，同时将之前化肥产品 125%~185% 的关税税率下调为 10%~110%，执行时间截至 2009 年年底。这次政策核心是取消了氮肥磷肥产品的淡季特别出口关税，同时下调淡季暂定关税税率，以推动了氮肥、磷肥产品的淡季出口。2009 年 6 月 22 日，国家再次调整化肥出口关税政策，核心内容是把尿素及磷铵产品出口享受淡季出口优惠关税的时间延长了一个月，但关税税率未做进一步调整。

这一政策调整对于推动化肥产品淡季出口有一定积极作用，但对旺季出口作用有限。因为淡季出口化肥产品只征收 10%的关税，而旺季出口关税仍高达 110%。从 2008 年第四季度以来四个季度化肥出口数量可以清晰地看到政策的影响。

2008 年第四季度到 2009 年第三季度之间，金融危机对国际化肥行业的冲击逐渐延伸到缓和阶段，因此，化肥出口量应该是一个从少到多递增的过程。但从中国化肥出口第四季度数量变化看，我们无法抹去下调关税对化肥出口的积极刺激作用。

2008 年第四季度受金融危机的冲击，中国化肥出口量仅为 77.1 万吨，当然也与当年 9 月开始实施的将氮肥及合成氨的特别出口关税上调至 150%以抑制其出口的政策有关。2009 年第一季度是金融危机影响深化阶段，但化肥出口量却猛增加到 218.8 万吨。这不应理解为国外化肥市场需求的复苏，因为第二季度化肥出口量又下降到了 139.2 万吨。实际上应主要理解为与 2009 年年初开始实施的淡季化肥出口优惠关税政策有关。第二季度 3 个月属于政策规定的出口旺季，不享受出口优惠，因而出口回落较大。但是，由于第一季度和第四季度与政策规定的淡旺季时间是交叉的，因而我们无法把出口量的增长全部归结为政策推动的结果。

表 17–1 **2008 年第四季度~2009 年第三季度各季化肥出口量**

单位：万吨

	2008 年第四季度	2009 年第一季度	2009 年第二季度	2009 年第三季度
出口量	77.1	218.8	139.2	240.8

资料来源：中国产业分析平台数据库。

（3）成品油提价和石脑油免进口消费税政策对中央石油企业扭亏有积极作用。从 2009 年开始，成品油提价是根据新《石油价格管理办法》来进行的。依据这一办法，只要国际油价上涨到一定幅度，就要相应调整国内成品油价格。这一新的定价机制确保了炼油企业的加工利润，摆脱亏损局面。以 2009 年上半年为例，尽管石化工业其他子行业经营困难，但炼油企业盈利依然非常可观。2009 年上半年中石油炼油与销售业务盈利 171 亿元，中石化的炼油业务盈利达到 199 亿元。

《石脑油消费税免税管理办法》规定，自 2008 年 1 月 1 日起至 2010 年 12 月 31 日，进口石脑油以及国产用做乙烯、芳烃类产品原料的石脑油免征每升 0.2 元的消费税。进口石脑油免征消费税，将刺激国内炼油企业进口石脑油补充国内资源缺口，同时有助于降低企业成本。有专家估计，此项调整对中石油盈利正面影响在 6 亿元左右，而对中石化正面盈利影响在 14 亿元左右。

三、中国石化工业存在的问题

目前，中国石化工业已经企稳回升，如果欧美主要国家的经济不出现二次探底，中国石化工业回升趋势是确定无疑的。然而，行业整体回暖并不能掩盖石化工业长期存在的石油原料垄断、产能过剩等问题。而且，在新的国际经济环境下，中国石化工业发展还面临新的问题。

1. 石油贸易管制政策阻碍石化工业结构调整

石油与天然气是重要的化工原料，但到目前为止，中国现行的原油贸易限制政策使除中石油、中石化、中海油和中化集团以外的石化企业难以获得原油（国内原油和进口原油）。而其他非国营贸易进口的石油也不能在国内自由贸易，必须卖给中石油和中石化。这对以石油和石油加工品为原料的石化企业发展产生了严重不利影响。比如，化工企业因无法从市场获得原油，无法自产石脑油，无法生产苯、对二甲苯等芳烃基本化工原料。而由于其难以获得稳定可靠的原料供给渠道，进口石脑油生产芳烃难度较大。企业为获得一些常规的化工原料必须通过曲折的技术路线，不利于企业原料结构优化。

石化产品生产的原料结构优化本来是企业根据市场价格自主选择的结果，但在油气开采和贸易受到管制的环境下，没有石油和天然气开采与贸易权的石化企业并不能从市场自由采购到所需要的原油和天然气，因此不能实现原料结构优化。

不仅如此，在中国石油和天然气短缺现实条件下，油气资源本应得到更加有效的利用，同时也应通过国际市场充分利用国际油气资源。然而，现有的石油和天然气管制政策不仅降低了国内油气资源的配置效率，而且剥夺了没有石油和天然气开采与贸易权的石化企业利用国际油气资源的权利，抬高了中国利用国际石油资源的成本。

2. 石化工业周期波动因素与金融危机交织加剧产能过剩

石化工业是周期性较强的行业，由于其技术密集和资金密集、退出成本高等特点，必然造成石化市场周期性波动。2002 年后，在发达国家经济复苏以及中国、印度、俄罗斯等国经济高速增长的带动下，世界石化行业再次进入周期性发展的上升期，并于 2007 年达到景气周期价格高峰。2008 年下半年金融危机打断了石化行业的上升周期。一方面需求大幅度下降，并且在短期内难以恢复到原来的水平；另一方面新建项目将在未来两年逐渐投产，这将使未来几年石化工业产能过剩问题更加突出，其中煤化工产能过剩问题最为突出。

2009 年上半年，受到全球经济下滑的影响，中国煤制甲醇及甲醇衍生物、焦炭和电石法 PVC 等行业延续了 2008 年第四季度的低开工率和低利润率水平。相关项目的开工率上半年以来持续走低，数据显示，2009 年上半年甲醇装置的开工率不到 30%，二甲醚行业开工率不到 20%。然而，尽管面临开工率不足的现状，石化工业中部分产能过剩行业的投资增长仍然较快，投资冲动仍较高。从目前已经正式公布了本地区石化工业振兴规划相关政策的十几个省、市看，3 年振兴规划中，仅甲醇有的省就规划了 1200 万吨，有的省规划了 600 万吨。2010 年，当大部分现有煤制甲醇项目达产后，甲醇的产能大约可达到 3200 万吨，将严重超出市场需求。相同的情况还发生在了煤制焦炭、煤制二甲醚、电石法 PVC 行业。

3. 石化企业面临“倾销”和“反倾销”双重压力

自 2008 年以来，中国石化企业市场竞争面临双重压力：国内市场面临国际石化企业“倾销”压力，国际市场面临国外政府的“反倾销”壁垒。金融危机以来，国外石化企业的“倾销”与国外政府对中国石化企业的“反倾销”程度都有进一步加大的趋势，对中国石化企业发展带来了不利影响。

目前中国有机化工原料、合成树脂等化工品都实际面临着国外企业的倾销。中国工程塑料协会统计数据显示，2008 年下半年至 2009 年上半年，在金融危机影响下中国塑料加工业对原料的实际需求量同比增长 20%，但同期中国塑料原材料（包括通用塑料、工程塑料）生产企业实际产量同比降低 20%。海外企业以低于国内市场 15%~20%的价格进行倾销，使中国塑料市场的增量基本被进口货消化。

金融危机爆发以来，针对中国化工产品的国际贸易摩擦有扩大的趋势。据中国石化协会统计，截至 2009 年 12 月底，中国化工行业遭遇贸易摩擦案件共 20 起。这些贸易壁垒使本已严峻的化工产品出口形势更加恶化。

四、中国石化工业发展建议

从国内外经济形势和石化工业的行业特点看，中国石化工业近一两年很难恢复 2002 年以后曾经有过的高速增长。不过，由于中国仍处于工业化和城市化快速发展阶段，未来石化工业还有相当的发展空间。为实现中国石化工业的长期可持续发展，近期应从市场准入、技术标准、原油政策和公平竞争环境等几个方面解决中国石化工业发展中的问题。

1. 提高行业准入标准，完善落后产能退出机制

产能过剩的直接动因是地方政府和企业的投资冲动。如国家发改委已明确规定不再审批焦炭、电石和甲醇项目，而地方政府出于发展地方经济和相互攀比的目的，很多地方违规审批。从制度环境角度看，行业准入标准低，包括技术标准、环境能耗标准低，导致进入门槛低，同时落后产能也无法通过市场竞争而退出。提高行业标准是治理产能过剩问题的关键环节。

石化产品种类繁多，原料路线复杂，很难制定一个统一的行业准入标准，而按子行业编制准入标准实际效果更好。目前，工信部已经或正在制定黄磷、纯碱、TDI、MDI 的准入条件。在提高行业准入标准的同时，还应制定低于准入标准的落后产能的淘汰方式和淘汰时间，实现准入和退出的良性互动。2009 年 5 月以来，国家发改委公布了主要耗能产业淘汰落后产能的未来三年规划目标，其中石化工业淘汰落后产能的重点领域是炼油、化肥、农药、电石、甲醇等。

2. 制定有利于结构升级的石化产品技术标准体系

石化行业过度竞争，低水平生产能力过剩与长期以来中国石化产品技术标准过低密切相关。技术标准低导致进入门槛低，不利于优胜劣汰。当务之急是在农药、化肥等中小企业多、竞争激烈的领域提高产品的最低质量标准，强制淘汰一批落后产能。2009 年以来，国家标准委先后制定了石化工业的主要耗能产品生产，如原油加工、纯碱、烧碱、合成氨、电石、黄磷的单位产品综合能耗强制标准，规定了现有生产装置能耗限值、新建生产装置准入值，以及推荐的先进值。国家环保部还先后制定发布了纯碱、烧碱、聚氯乙烯工业清洁生产标准，以及甲醇、异氰酸酯两项清洁生产评价指标体系。

但需要注意的是，制定技术标准体系是一个系统而庞大的科学工程，需要综合各方面的人员深入调查、深入讨论后加以制定。后续出台的各个专项产业准入政策也可采用技术标准这一工具来贯彻政策意图。

3. 放开原油进口贸易政策，促进石化产业结构升级

这一政策本质上属于推动结构调整的政策。因为企业自有采购原料是其实现资源优化配置的基本前提。比如，大批地方炼油企业因为无法获得原油，只能用燃料油加工成品油而被戴上“高耗能”的帽子；很多石化企业因为没有原油采购权，无法加工石脑油，从而无法生产乙烯，而只能走电石法生产聚氯乙烯的技术路线。

石油贸易管制政策的改革要点是：一是明确取消非国营贸易进口的原油必须交给两大石油巨头加工的“隐性政策”，允许进口原油在国内自由贸易；二是尽早取消原油进口配额；三是允许四大国有石油公司以外的石化生产企业直接进口原油。此外，应尽快修改天然气利用政策，提高天然气利用效率和经济价值。从长远看，需要对如何最优利用中国天然气政策进行重新思考和定位。短期内，从改善化工产业结构、降低成本和能耗，提高天然气利用效率等方面，至少应放松对天然气化工发展的限制，可实行市场经济规模准入限制。

4. 加快对国外石化企业倾销行为的调查，维护国内公平竞争环境

在国际市场需求回升比较缓慢的情况下，国外石化企业争夺中国市场需求的竞争将更为激烈，这些企业在国内的倾销活动有可能会更加频繁。建议政府有关部门加大对这些企业行为的监测力度，加快对其倾销行为的调查，加大反倾销的力度，以维护国内健康的市场竞争。行业协会应积极充当政府与企业的桥梁。

专栏 17—1

我国石化行业贸易摩擦四大特点

世界贸易组织（WTO）秘书处统计数据显示，截至2009年10月28日，WTO成员共发起171起反倾销调查，主要针对金属制品、化工产品和塑料制品。我国商务部新闻发言人姚坚在“2009中国国际贸易学会暨国际贸易发展论坛”上说，目前全球35%的“反倾销调查”和71%的“反补贴调查”针对中国出口产品。

据统计，2009年我国石化行业受到的“反倾销”和“反补贴”案件高达20起。从这些案件看，我国石化行业目前面临的贸易摩擦呈现下面四个特点：

特点一：数量和规模增加，密集度明显增高

2009年，我国石化行业遭遇国外反倾销案、反补贴和保障措施多起，贸易摩擦呈现出上升的趋势。其中反倾销案7起，包括印度炭黑、碳酸钡、巴西卡车轮胎、客货车轮胎、加拿大防水胶鞋、美国柠檬酸及柠檬酸盐、巴基斯坦的邻苯二甲酸酐。反补贴及其他共8起，包括印度纯碱、尼龙帘子布（撤诉）、乘用轮胎特别保障措施、羰基合成醇、邻苯二甲酸酐、乐果保障措施、亚硝酸钠反补贴、美国轮

续专栏 17—1

胎特别保障措施。

特点二：双边贸易摩擦先后、相互出现，我国处于相对被动状态

2009 年 9 月 11 日，美国总统奥巴马宣布，对所有从中国进口的小轿车和轻型卡车轮胎实施 3 年惩罚性关税。9 月 13 日，中国商务部宣布，对原产于美国的部分进口汽车产品启动反补贴立案审查程序，对原产于美国的进口肉鸡产品启动反倾销和反补贴立案审查程序。

11 月 5 日，美国商务部发布公告称，初步裁定对中国进口的油井管征收最高达99.14%的反倾销税。11 月 6 日，中国商务部宣布，即日起对原产于美国的排气量在 2.0 升及以上进口小轿车和越野车发起反倾销和反补贴立案调查。

以斗争求团结是处理经贸争端的基本原则，中国开始将贸易报复措施纳入贸易武库之中。在处理贸易摩擦问题时，我国采取了针锋相对的措施，但处于相对被动的状态。

特点三：新的贸易保护措施抬头

各国大力寻求经济恢复发展时，正是企业寻求政府保护本国产业的关键时期，也是贸易摩擦高发时期。2009 年贸易摩擦的形式从反倾销向多种贸易保护手段扩展，包括反补贴、特保条例、知识产权调查、技术性贸易壁垒手段等。以保护环境、节约能源、保障人权等为借口的技术性贸易措施、能耗标准、社会责任等贸易保护措施将日益增多。

碳保护、碳关税就是新型的“绿色壁垒”。现阶段通过刻意提高贸易关税如碳排放、碳关税和非关税如环境标准等手段已经成为欧盟等国家凭借发达先进的环保技术，阻碍他国产品进入从而保护本国市场的贸易形式。

特点四：与发展中国家贸易摩擦增加

我国是一个具有完整产业体系且区域发展水平落差较大、不同层次产业都能同时发展的大国，这就决定了与中国存在产业竞争关系的国家同时遍布发达国家和发展中国家。目前，对我国提出贸易救济的国家正在从美国、欧盟等规则制定主导国向其他国家扩展，尤其是发展中国家，目前占我国此类调查总数的 60%。这是因为我国的对外贸易结构发生了变化，从以前的以欧、美、日为主体向发展中国家、新兴市场倾斜。

资料来源：根据国研网（www.drcnet.com.cn）资料整理。

参考文献

朱彤：《推动石化产业结构升级的政策建议》，《中国社会科学院要报领导参阅》2009 年第 19 期。

《2008 年 1~12 月中国石油和化工行业运行分析》，国研网，2009 年 2 月 27 日。

国务院办公厅：《石化产业调整和振兴规划》。

《广东省石化产业振兴规划》。

《四川省石化产业振兴行动计划》。

《山东省炼化工业调整振兴指导意见》。

《江苏省石化产业调整振兴规划纲要》(2009~2012年)。

《安徽省石化工业振兴规划》。

第十八章　化学工业

提　要

“十一五”规划实施以来，中国化学工业在较大规模基数基础上得到了新的发展，化学工业增加值占全部规模以上工业增加值的比重一直稳定在14%左右。2008年下半年国际金融危机爆发，化学工业遭受了较大冲击。但中国化学工业积极采取措施努力克服市场需求骤减、企业开工率下降、库存增加、资金短缺等困难。随着中央“扩内需、保增长”系列措施的实施以及各种刺激经济增长政策和资金的到位，经济社会发展对于化工产品的需求逐步恢复，化工产品产量和价格较快恢复，化学工业6大类行业继续保持了平稳较快增长，总体规模、技术能力和管理水平得到进一步提高。但是，中国化学工业在技术工艺、研发能力和管理水平等方面与先进国家相比还存在较大差距，在提升淘汰落后产能、推进产业重组、调整原料结构、增强国际竞争力等方面还面临不少新的挑战。

*　　　　*　　　　*

化学工业是用加温、加压、催化、电解等手段，以工业规模对原料进行加工并生产新原料和产品的工业。化学工业涉及的领域相当广泛，包括对农林产品、盐、煤、石油和天然气等原料进行加工的诸多行业。在《国民经济行业分类》（GB/T4754–2002）中，石油加工、炼焦及核燃料加工业、化学原料及化学制品制造业、医药制造业、化学纤维制造业、橡胶制品业、塑料制品业6个大类属于化学工业。作为衡量一个国家工业化和现代化程度的标志性、基础性产业，化学工业不仅影响国民经济其他产业发展，而且直接关系人们日常生活的衣、食、住、行。

一、国际金融危机冲击下中国化学工业总体发展态势

化学工业主要为国民经济提供基本原材料和中间产品，“引致需求”的特点突出，受国际金融危机的冲击较大。但是，由于中国国民经济在危机中保持了平稳较快增长，化学工业在国内投资和消费需求的带动下，产业规模持续扩大，主要产品产量增长较快，劳动生产率稳

步提高，研发投入强度略有提高，产业集中度有所下降。

1. 产业规模持续扩张，增加值增长较快，但产能过剩较严重和开工率较低

中国化学工业即将完成“十一五”规划。“十一五”规划前4年，中国化学工业6个大类行业均保持了平稳较快增长，2008年化学工业增加值突破2万亿元，是2000年的5.4倍，2005年的2.05倍；2009年化学工业继续保持较好的增长态势，详见表18-1和表18-2。化学工业增加值占全部规模以上工业增加值的比重一直稳定在14%左右。从6个大类行业看，规模最大的是化学原料及化学制品制造业，2008年增加值达到9300亿元；其次是石油加工、炼焦及核燃料加工业，2008年增加值为3926亿元。增长速度最快的是化学原料及化学制品制造业，2008年增加值分别为2000年的6.57倍和2005年的2.12倍。塑料制品业和橡胶制品业增长速度也很快，这两个行业2008年增加值分别为2000年的5.61倍和5.35倍，为2005年的2.05倍和1.97倍。这期间，中国化学工业建设了一批具有国际先进水平的大型生产装置，如年产30万吨以上合成氨厂、60万吨以上的纯碱厂、30万吨以上的硫酸厂、12万吨以上的高浓度磷肥厂和10万吨以上的烧碱厂等，这些装置已经成为中国化学工业的中间力量。

表18-1　　化学工业规模以上企业增加值

单位：亿元（除注明者外）

大类行业	2000年	2005年	2006年	2007年	2008年
石油加工、炼焦及核燃料加工业	787.99	1981.64	2314.23	3096.98	3925.89
化学原料及化学制品制造业	1415.81	4391.92	5398.79	7340.42	9300.58
医药制造业	633.88	1529.80	1808.09	2286.60	2830.43
化学纤维制造业	295.78	485.31	604.17	809.43	779.84
橡胶制品业	218.98	595.36	714.96	959.00	1171.22
塑料制品业	464.43	1272.05	1668.88	2137.14	2604.75
化学工业增加值占全部规模以上工业增加值的比重（%）	15.03	14.21	13.73	14.21	14.06
化学工业	3816.87	10256.08	12509.12	16629.57	20612.71
全部规模以上工业	25394.80	72186.99	91075.73	117048.40	146592.69

注：国家统计局没有公布2008年增加值数据，该年度增加值是作者根据2007年增加值占总产值的比重乘以2008年总产值推算，可能存在一定误差。

资料来源：2001年、2006年、2007年、2008年和2009年《中国统计年鉴》。

2009年以来，受国际金融危机影响，化学工业面临国际市场需求减少，基础原料和中间原料价格下降幅度较大等问题。但是，随着国家应对金融危机的“一揽子”计划和十大产业调整振兴规划提出措施的逐步落实，中国化学工业在不利形势下努力寻求新的增长点，寻找对自已有利的发展方向，在应对国际金融危机中实现了新的发展，增加值和主要产品产量平稳增长，固定资产投资恢复和增长较快。从增加值看，化学工业6个大类行业在危机中均实现了年度正增长。虽2008年下半年增长有所放缓，2009年上半年增长速度降低到1位数，但2009年下半年迅速恢复，2009年全年增长速度高于规模以上工业平均增长速度。

2008年和2009年增加值变动情况见表18–2，化学工业6个大类行业全部实现了正增长，其中5个大类行业实现了两位数增长，增长最快的化学原料及化学制品制造业、医药制造业增长速度均超过了14%。这表明，适应国民经济社会发展的化学工业增长较快，产业结构调整取得新的进展。但是，结构调整是一个长期问题，其核心是淘汰落后装备、落后产品和落后企业，大力采用先进装备，发展满足国内外市场需求的先进产品，壮大优势企业和先进企业。在这个意义上说，技术能力、竞争格局、市场需求对结构调整具有决定性影响，化学工业结构调整只能通过较长时期努力逐步加以解决。

表18–2　化学工业增加值比上年同期增长速度

单位：%

	2008年1~6月	2008年1~12月	2009年1~6月	2009年1~12月
石油加工、炼焦及核燃料加工业	13.2	4.3	–2.9	5.2
化学原料及化学制品制造业	14.2	10.0	7.2	14.6
医药制造业	18.5	17.1	14.0	14.8
化学纤维制造业	7.7	2.2	3.9	10.2
橡胶制品业	16.0	11.2	5.3	11.8
塑料制品业	15.6	13.8	9.2	12.3
全部工业	16.3	12.9	7.0	11.0

资料来源：国家统计局统计数据库。

同时，部分行业产能过剩比较严重。2009年，烧碱行业装置平均开工率不足70%，磷肥在70%左右，而聚氯乙烯仅约54%，甲醇装置开工率更是不足40%。2009年年末，合成氨、焦炭、电石、甲醇等行业被国家列入产能过剩和重复建设严控目录范围。根据国家发改委通报，目前全国在建电石项目31个、产能700万吨；甲醇项目25个、产能860万吨；这些项目全部投产后，将进一步加剧产业结构矛盾。此外，各地还规划了一批煤化工项目，据不完全统计，现在各地上报的项目中，煤制油总规模超过4000万吨，煤制烯烃总产能2000万吨，煤制天然气达到250亿立方米。这些项目总投资按照示范工程的投资测算，已超过1万亿元。①

2. 基础原料和主要有机化工原料产量增长较快，但许多企业处于亏损状态

中国是世界第二大石油和化工产品生产与消费大国，氮肥、烧碱、合成纤维、乙烯、合成树脂、合成橡胶等多种产品产量居世界前列。随着化学工业总体规模持续快速扩张，化学工业把为国民经济重点项目配套和原料、材料生产放在优先地位，基础原料和主要有机化工原料产量增长较快。由表18–3可见，2009年化学纤维、乙烯、硫酸、纯碱、烧碱、农用化肥等全国主要化工产品产量，分别为2000年的2.03~3.93倍，2005年的1.27~1.64倍。其

① 国家发改委等部门2009年12月30日上午召开的“抑制部分行业产能过剩和重复建设，引导产业持续健康发展”第四次部门联合信息发布会。

中，化学纤维产量2009年达到2730万吨，硫酸产量达到5960万吨，乙烯产量再次恢复到1000万吨以上达到1066万吨，烧碱、纯碱产量分别达到1832万吨和1938万吨。这些产品作为基础化学工业生产的原料和中间投入品，不仅直接满足了化学工业需求，而且直接或间接地保障了其他工业部门的原料需求。但是，由于这些产品价格在低位徘徊，依靠原料成本和产品销售价格差取得利润的盈利方式受到危机挑战，价格下降时产品降价幅度普遍大于原料降价幅度，价格回升时产品回升幅度普遍小于原料回升幅度，使相关企业难以摆脱亏损状态。

表18-3　化学工业主要产品产量

单位：万吨

	2000年	2005年	2006年	2007年	2008年	2009年
化学纤维	694.0	1664.8	2073.2	2413.8	2415.0	2730.0
硫酸	2427.0	4544.7	5033.2	5412.6	5132.7	5960.2
碳酸钠（纯碱）	834.0	1421.1	1560.0	1765.0	1881.3	1938.4
氢氧化钠（烧碱）	667.9	1240.0	1511.8	1759.3	1852.1	1832.4
乙烯	470.0	755.5	940.5	1027.8	998.3	1066.3
化肥（折100%）	3186.0	5177.9	5345.1	5825.0	6012.7	6599.7

资料来源：相关年份《中国统计年鉴》。

3. 从业人员持续增加

化学工业从业人员总体保持增加态势。由表18-4可见，2008年化学工业从业人员首次突破1000万人，达到1064.18万人，占全部规模以上工业从业人员的12.04%。纵向比较看，2008年从业人员为2000年的1.99倍，2005年的1.26倍。从6个大类行业看，化学原料及化学制品制造业、塑料制品业和医药制造业从业人员较多，分别达到429.64万人、255.42万人和150.75万人。从业人员增长最快的是塑料制品业，2008年从业人员为2000年的4.19倍，2005年的1.39倍。尽管无法获得2009年化学工业从业人员的准确数据，但根据2009年化学工业增加值和主要产品产量保持增长的情况，可以推测金融危机对化学工业就业的冲击主要体现在部分行业和企业，对从业人员总数的冲击不大，2009年化学工业从业人员数量仍将在2008年的基础上有一定增长，但增长速度可能低于2008年。

表18-4　化学工业从业人员数

单位：万人

大类行业	1995年	2000年	2005年	2006年	2007年	2008年
石油加工、炼焦及核燃料加工业	72	61	74.4	76.79	80.64	86.02
化学原料及化学制品制造业	412	254	339.99	357.78	380.28	429.64
医药制造业	102	83	123.44	130.28	137.34	150.75
化学纤维制造业	47	33	42.63	43.4	45.3	45.06
橡胶制品业	77	43	79.64	82.14	87.51	97.29
塑料制品业	109	61	183.28	201.41	224.05	255.42

续表

大类行业	1995 年	2000 年	2005 年	2006 年	2007 年	2008 年
化学工业	819	535	843.38	891.8	955.12	1064.18
全部工业	6610	4102	6895.96	7358.43	7875.2	8837.63

注：本表数据 1997 年及以前为独立核算工业企业，1998 年及以后为全部国有及规模以上非国有工业企业。
资料来源：作者根据相关年份《中国统计年鉴》整理。

4. 劳动生产率稳步提高

化学工业的全员劳动生产率自 1995 年以来呈现大幅度增长态势。1995 年化学工业全员劳动生产率仅为 2.85 万元/人，2008 年增长到 19.37 万元/人。从 2008 年的数据看，各子行业中，劳动生产率由高到低依次是石油加工、化学原料及化学制品制造业、医药制造业、化学纤维制造业、橡胶制品业、塑料制品业，最高和最低相差 3.5 倍。

5. 研发投入强度纵向比较有所提高，横向比较差距较大

化学工业属于技术密集型产业，研发投入强度较高。但是，中国化学工业研发投入强度一直较低，甚至低于全部工业平均水平。最近几年大中型企业研发投入强度有所提高，其中医药制造业、化学纤维制造业和橡胶制品业等处于产业链下游位置的产业，研发投入强度超过销售收入的 1%，详见表 18–5。与国外相比较，发达国家化学工业研发投入一般占销售收入的 5%左右，世界知名大型企业有的达 10%甚至更高。中国化学工业企业具有自主知识产权的核心技术少，一些重要的化工产品技术和大型成套装置主要依靠国外，产品品种和质量不能适应市场需求，高消耗、粗加工、低附加值产品的比重高，原料和产品的深加工程度不够，大路货、低档次、低附加值的产品多，有机化工产品、合成材料和精细化工产品比重低，均与研发投入强度低有关。

表 18–5　大中型工业企业 R&D 投入强度（R&D 投入占主营业务收入的比重）

单位：%

	2006 年	2007 年	2008 年
石油加工、炼焦及核燃料加工业	0.12	0.12	0.14
化学原料及化学制品制造业	0.85	0.97	1.00
医药制造业	1.75	1.77	1.75
化学纤维制造业	0.80	0.86	1.06
橡胶制品业	1.19	1.27	1.26
塑料制品业	0.62	0.50	0.80
化学工业	0.64	0.70	0.73
全部工业	0.77	0.80	0.84

注：2005 年前没有大类行业的 R&D 投入数据。
资料来源：作者根据相关年份《中国统计年鉴》整理。

6. 大中型企业数量不断增加，但增加值占全部规模以上企业增加值的比重逐年降低

一定的集中度水平是产业开展有效竞争、实现规模经济的重要条件。集中度的计算一般采取“赫芬达尔”指数和前几大厂商市场份额等指标来计算。但是，化学工业涵盖领域广泛，只能用产品而无法用产业来计算以上指标。为了反映化学工业集中度，我们采用可行的替代办法，用大中型企业数量及大中型企业增加值占规模以上企业增加值比重来分析化学工业集中度。近几年中国化学工业大中型企业数量不断增加，2004 年化学工业大中型企业数量为 5571 个，2008 年为 7446 个。与此同时，近几年大中型企业增加值占全部规模以上企业增加值的比重逐年降低与全部工业平均水平比较，化学工业大中型企业增加值比重占规模以上企业增加值比重略低。从 6 个大类行业看，石油加工、化学纤维两个行业集中度较高，塑料制品行业的集中度最低，这种状况与行业的技术经济性质和特点基本一致。

二、中国化学工业参与国际竞争的能力

国际市场占有率、贸易竞争力指数、显示比较优势指数是衡量一个产业参与国际竞争能力，即国际竞争力的常用指标。选用这三个指标，通过指标值正负、高低、增减及其国际比较可以判断化学工业参与国际竞争的能力和变化趋势。

1. 国际市场占有率持续提高，但与一些发达国家相比仍然存在较大差距

国际市场占有率综合反映一个产业满足国际市场需求的能力，是衡量产业竞争能力的综合指标。该指标变化趋势可以很好地反映一个产业竞争力的变化，体现一个国家化学工业占有国际市场的综合能力，包括质量、价格等。比较不同国家的这个指标，可以综合判断这些国家化学工业国际竞争力强弱。但是，该指标不能准确反映一个国家化学工业出口产品的结构和技术含量。1990 年以来，中国化学工业的国际市场占有率一直保持提高态势，但 20 世纪 90 年代提高幅度不大，2000 年之后提高幅度较快。出口额占世界总出口额的比重从 1990 年的 1.27%提高到 2008 年的 4.65%，其中 2000 年达到 2.07%，2005 年 3.25%，2007 年 4.07%，详见图 18-1。这说明，中国化学工业产品满足国际市场需求，参与国际市场分工的能力不断提高，国际竞争力不断改善。

从该指标的国际比较看，美国、法国化学工业竞争力较强，中国化学工业国际市场占有率持续快速上升，但与一些国家的差距仍然较大。由图 18-2 可见，1990 年中国化学工业国际市场占有率略高于韩国，远低于美国、法国、英国和日本。1990~2008 年期间，中国化学工业国际市场占有率连年增加，韩国基本保持稳定，美国、法国、英国、日本持续下降，

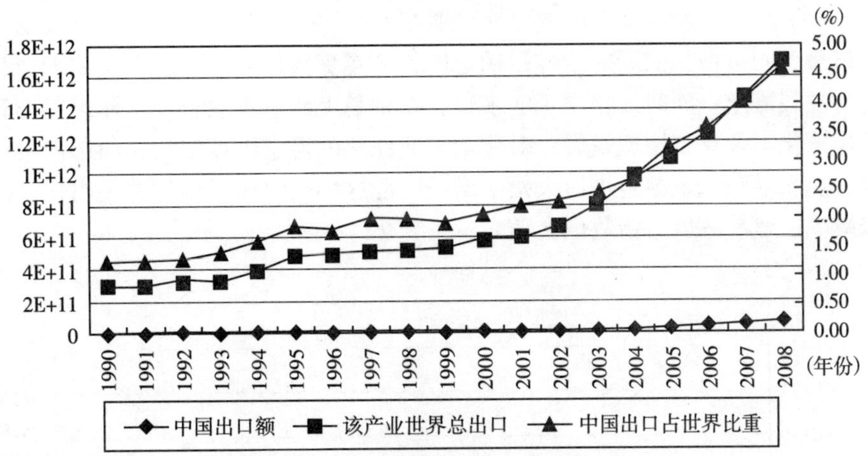

图 18-1　中国和世界化学工业出口额及中国出口额占世界的比重

资料来源：作者根据相关年份《中国经济年鉴》测算整理。

2000 年之后下降更快，从而使中国化学工业国际市场占有率与这些国家的差距明显缩小。2008 年，中国化学工业国际市场占有率虽然低于美国、法国，但已经接近英国，超过日本，并与韩国拉开了距离。

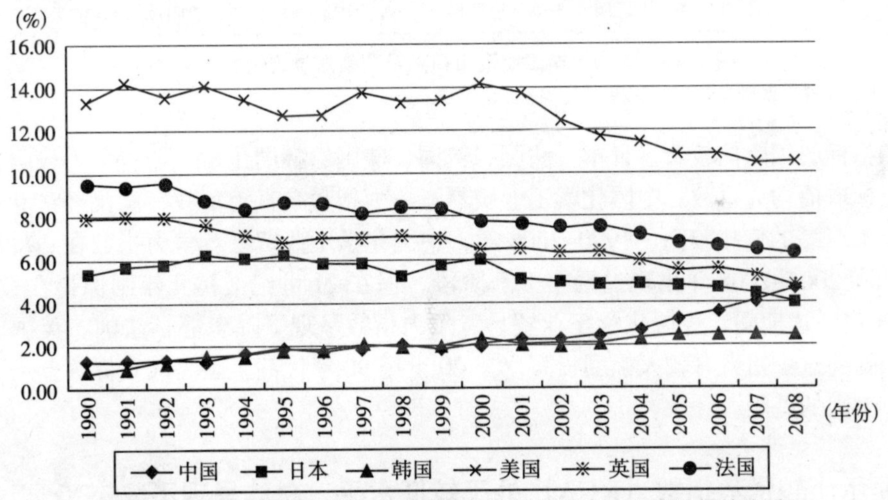

图 18-2　部分国家化学工业出口额占世界化学工业总出口额的比重

资料来源：作者根据相关年份《中国经济年鉴》测算整理。

2. 贸易竞争力指数（TCI）一直为负数，国民经济和化学工业对进口化工产品的依赖较高

贸易竞争指数通过进口与出口的相对比较来判断一个产业的竞争力。中国化学工业长期以来一直是进口额大于出口额，即贸易竞争力指数处于负数的状态。1990~2008 年期间，贸易竞争力指数绝对值经历了由高到低、经过几年低水平之后再由低到高的变化，贸易竞争力指数曲线大体呈现“W”形。1991 年、1992 年和 1999 年至 2004 年，贸易竞争力指数绝对

值保持在 0.4 及以上，最近几年该指数绝对值在 0.3 左右，详见图 18-3。这说明，中国化学工业在出口额大幅度增加的同时，进口额也同样甚至更大幅度增加，不少化工产品还不能满足国内经济发展需求。同时，化学工业项目，特别是上游基本原料项目建设周期较长，2003 年之后中国重化工业集中快速发展，对化学工业原料的需求迅速增长，而国内生产无法满足这种需求，从而导致化工原料进口大幅度增长。但这种进口增长将随着国内化工项目建设投产而逐步减少，贸易竞争力指数也会随之发生变化。

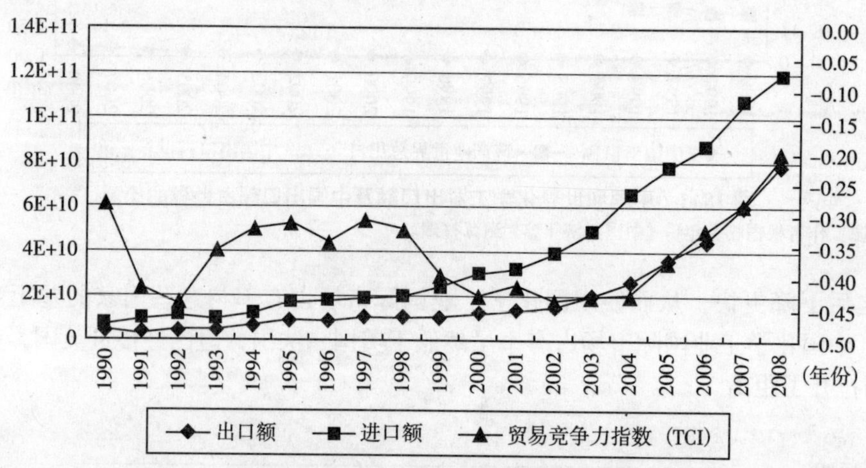

图 18-3　中国化学工业进出口额及贸易竞争力指数（TCI）

资料来源：作者根据相关年份《中国经济年鉴》测算整理。

从该指标的国际比较看，日本、法国、英国、美国、韩国化学工业竞争力较强，除美国外，该指标取值均为正数。中国化学工业贸易竞争力指数一直为负数，国民经济和化学工业对进口化工产品的依赖较高。1990~2008 年，中国化学工业贸易竞争力指数在 20 世纪 90 年代中后期和 2004~2008 年出现过两个上涨阶段，但在 21 世纪最初几年则保持在较低水平，详见图 18-4。这期间，美国化学工业贸易竞争力指数呈现下降态势，法国、英国、日本基本稳定。韩国这一指数有较大幅度提高，在 20 世纪 90 年代甚至是突破式提高，迅速缩小了与日本、美国的差距。

3. 显示比较优势指数（RCA）处于较低水平，总体呈现下降态势

显示比较优势指数反映了与中国全部商品出口相比，化学工业产品的相对出口竞争力。从图 18-5 可以看出，中国化学工业产品的 RCA 总体处于下降状态，并且始终小于 1。1990 年该指数为 0.7，2008 年该指数为 0.52。2003 年以来，该指数重新步入上升通道，表示中国化学工业产品出口与其他出口产品相比，缺乏比较优势，但比较优势在逐步加强。

从该指标的国际比较看，中国化学工业竞争力非常弱，法国、英国、美国的竞争较强，韩国、日本次之。1990~2008 年，中国化学工业显示比较优势指数一直处于较低水平，与法国、英国、美国、韩国、日本的差距总体呈现扩大趋势。20 世纪 90 年代初，中国化学工业显示比较优势与韩国、日本相近，此后差距逐步扩大，详见图 18-6。显示比较优势在很大

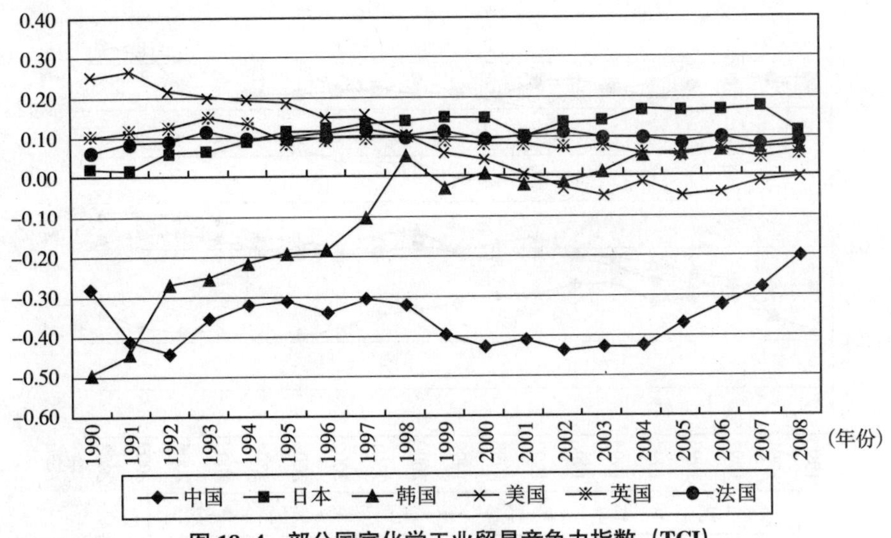

图 18-4　部分国家化学工业贸易竞争力指数（TCI）

资料来源：作者根据相关年份《中国经济年鉴》测算整理。

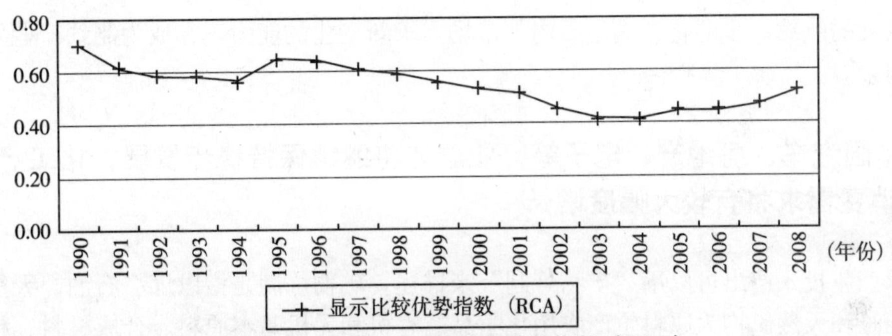

图 18-5　化学工业显示比较优势指数（RCA）

资料来源：作者根据相关年份《中国经济年鉴》测算整理。

程度上取决于各个国家内部的资源禀赋和技术能力，取决于各个国家不同产业竞争优势的相对变化，因此其改变难度很大。

三、2010 年中国化学工业发展展望

2009 年中国国内生产总值达到 33.5 万亿元，比上年增长 8.7%。2010 年中国将胜利完成“十一五”规划，自 2011 年起中国将进入“十二五”规划。从国际看，当前世界主要经济体的经济增长处于恢复中，化学工业出口市场逐步好转。从国内看，国家实施的一些重大工程对化学工业产品的需求逐步明朗，化学工业国内市场需求稳步增长，主要化工产品价格回升并趋于稳定。这些说明，中国化学工业面临的国内外环境正在发生较大变化，国际金融危机

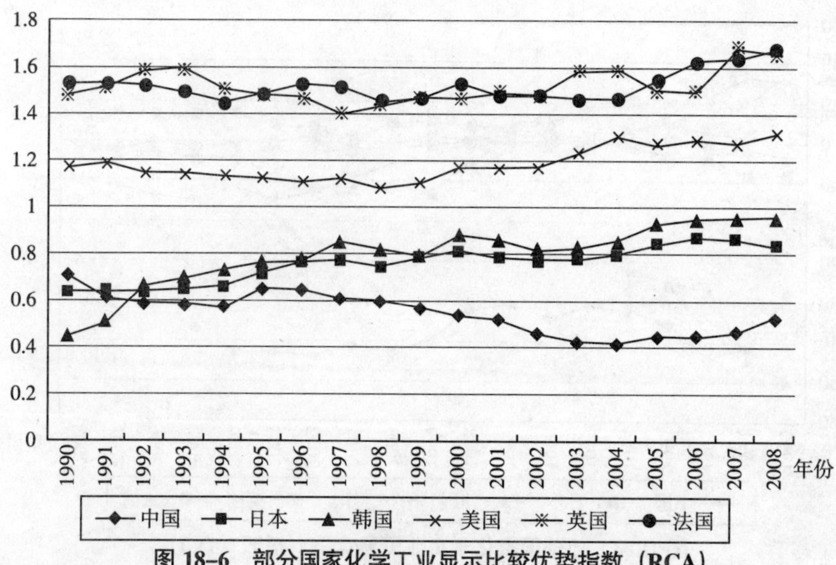

图 18-6 部分国家化学工业显示比较优势指数（RCA）

资料来源：作者根据相关年份《中国经济年鉴》测算整理。

对产业发展的制约逐步弱化，满足国内外市场需求新变化的能力正在成为制约产业发展更加重要的因素。

1. 中国汽车、房地产、电子等行业总体将继续保持稳步发展，化工产品国内投资和消费需求将有较大幅度增长

化学工业投入产出可以用“矿物炼制”来描述。矿物炼制是指以煤、石油、天然气等传统化石能源和天然矿物为原料生产农用化学品、有机和无机基本原料、合成材料、精细与专用化学品等。化学工业发展和盈利能力受原料价格和产品价格双重影响。化学工业产品多数属于引致需求品，上游产品需求受中、下游景气度影响，同时国民经济其他行业景气度也直接影响化学工业产品需求。可以预见，2010 年中国化工行业下游行业总体将继续保持复苏势头。国内主要汽车厂商产销势头很好，国内汽车销售量将继续增长，轮胎、炭黑、改性塑料等化工行业将继续保持较快增长；房地产、电子等产业对化工产品的需求依然看好，将继续改善纯碱、有机硅和 PVC 等产品的需求；纺织行业复苏态势显现，将带动上游合成纤维产业链，对染料、助剂等化工品的需求也将增加。

2. 大企业、大集团生存和竞争优势将逐步显现，产业组织合理化和企业兼并重组推进加快

随着竞争加剧和国家政策调整，化工行业资源利用、环境标准和污染物排放标准将趋于严格，盈利渠道正从原来的低成本转向技术、工艺和产品创新，大企业、大集团的生存和竞争优势越来越突出。从产业组织角度看，2010 年中国化学工业将加快推进产业重组和组建大企业、大集团步伐，加大产业结构调整和升级力度，推动化工产品向高附加值、低能耗方

向发展，推进产业组织和产业分工合理化，大力改善国际分工地位，全面提升国际竞争力。

3. 国际市场需求存在不确定性，但中国化工产品参与国际竞争的能力将继续提高

化学工业能够成功应对国际金融危机，除了严格控制生产经营成本以外，也和其特殊的贸易格局有关。中国化工产品进口一直大于出口，国际贸易摩擦虽时有发生，但与其他行业相比不是很突出。从表 18-6 可见，化学工业及相关产品进口额从 1980 年的 29.09 亿美元增长到 2000 年的 181 亿美元和 2008 年的 685.69 亿美元，出口额从 1980 年的 11.2 亿美元增长到 2000 年的 116.39 亿美元和 2008 年的 510.85 亿美元。这期间进口增长速度快于出口增长速度，化学工业产品进出口年年出现逆差。2007 年化学工业及相关产品贸易逆差为 174.74 亿美元。从产品构成看，中国化学工业进出口以有机化学品为主。除了部分有机化工原料依赖从国外进口以外，技术含量和附加值较高的化工产品，如鞣料、染料、油漆、药品和肥料也在一定程度上依赖进口。由于化学工业是资本技术密集型产业，中国在人才、技术、品牌、工艺、装备等方面与发达国家差距较大，基础研究水平和产品研发能力相对较弱，中高档产品和天然橡胶、硫磺等进口依赖度较大，化学工业进出口逆差短期难以扭转。因而，国际市场需求减少对中国化学工业发展有一定影响。

表 18-6　　1980~2008 年中国化学工业产品进出口状况

单位：亿美元

项　目	1980 年	1985 年	1990 年	1995 年	2000 年	2005 年	2008 年
化学工业及相关产品进口	29.09	44.69	66.48	104.03	181.00	505.83	685.69
有机化学品进口				32.88	83.27	280.19	384.26
药品进口				2.54	7.99	19.59	34.51
肥料进口				37.42	17.30	30.51	29.06
鞣料、染料、油漆进口				7.93	16.55	30.81	38.06
香料、化妆品进口				0.48	1.61	5.01	8.10
化学工业及相关产品出口	11.20	13.58	37.30	84.21	116.39	318.53	510.85
有机化学品出口				32.19	41.70	121.33	205.97
药品出口				6.20	6.70	13.64	20.53
肥料出口				1.36	3.24	10.11	37.37
鞣料、染料、油漆出口				7.29	11.34	24.84	35.77
香料、化妆品出口				2.64	3.51	12.01	17.90

注：本表数据来自相关年份海关进出口商品分类统计。

资料来源：相关年份的《中国统计年鉴》。

随着世界经济复苏，国际市场需求可能呈现一定程度的增长，但还存在不确定性。2010 年世界经济虽然继续回升但增长速度缓慢，总体上仍难以走出低迷态势，世界经济对化工产品需求的增长有限。在金融危机中，美国、欧盟、日本的化工企业普遍受到较大冲击，不少企业停产倒闭，关闭了一些生产装置；也有一些企业谋求通过技术、工艺和产品创新为危机

后的发展积蓄能力。总体来看，中国化学工业的竞争优势依然存在，2010 年中国化学工业国际市场份额将继续保持提高态势，占国际市场份额有可能突破 5%的关口。化学工业产业规模和技术能力将达到新的水平，一些领域可能形成原发创新的条件，具备条件的企业将开展原发性技术创新，在更大程度上发挥原发创新在拓展产业成长空间、推动产业优化升级和催生新兴产业发展等方面的作用。贸易竞争力指数和显示比较优势指数虽然可能呈现改进态势，但将继续保持在较低水平，与主要发达国家差距不会明显缩小，化学工业综合竞争力提升只能在较长时期逐步解决。

四、促进中国化学工业科学发展的对策建议

化学工业门类多，涉及的领域相当广泛，其在产品属性、工艺流程、纵向关系和资源综合利用等方面，具有区别于其他产业的特征。中国化学工业在结构调整、改革改组、有效利用资源和处理纵向关系等方面还有不少问题需要解决。解决这些问题可以促进化学工业发展，显著改善市场占有率、贸易竞争力指数和显示比较优势指数等竞争力指标，并最终提高中国化学工业竞争力。

1. 处理好基本原料、中间原料和最终产品的比例关系，平衡好产业链各环节的利益

化学工业范围涉及化学矿山、化肥、无机化学品、纯碱、氯碱、基本有机原料、农药、染料、涂料、精细化工、橡胶加工、新材料等行业，其生产过程具有明显的阶段性特点，可以划分为上、中、下游，且上、中、下游具有很强的相互依存、相互促进的配套关系。上游加工业主要通过裂解过程生产基本原料，要求进行均衡、大批量生产；中游加工业承接上游基本原料生产下游加工业所需的中间原料，中间原料可以作为产品直接外销，也可以作为下游加工业制造化工最终产品的原料，兼具原料与成品的双重性质；下游加工业以中间原料制造化工最终产品，如药品、化妆品、肥皂、涂料、化肥和炸药。上中下游之间相互依存、相互促进的配套关系很强，基本原料、中间原料和最终产品之间必须保持合理的比例关系，平衡好产业链各环节的利益。

2. 围绕经济社会发展需求和进口替代需要，调整化学工业服务方向

为国民经济发展提供原料和中间产品，为人民生活提供最终产品，是化学工业的主要服务方向。坚持这个方向，以国内生产替代进口，可以显著改善贸易竞争力指数。新中国成立以来，经过大规模建设和多次结构调整，中国化学工业在较短的时间内改变了规模小、门类少、技术落后的状态，较好地满足了国民经济和人民生活对化工产品的需求。今后一个时

期，化学工业应该继续将农用化学产品发展放在重要地位，重视为国民经济重点项目配套，重视满足人们消费升级换代对化工产品的需求，大力发展生产和生活需要的化工产品。

3. 加快改组、改造和淘汰落后产能步伐，促进产业组织合理化

化学工业是资本、技术密集型产业，装置规模、企业规模和产业集中度合理与否对资源利用效率和产业竞争力影响较大。如其上游、中游一般采用连续、精密、高度自动化生产系统，上游、中游生产装置规模不断扩大，上游、中游阶段生产设施投资大、占地多，生产装置的规模大小与能耗、物耗、产出率、污染物排放有着直接关系，大规模生产更有利于分摊高昂的固定成本和综合利用资源，只有达到最小经济规模才能实现有竞争力的成本。因此，化学工业应该根据自身特点，积极开展跨部门、跨地区、跨行业的改组改造，努力推进上游原材料生产与加工企业之间的兼并重组，组建一批大企业、大集团、大基地，建设一批达到或接近国际先进水平的化工装置，提高产业集中度，形成以大企业为主导、大中小企业合理分工、有机联系、协调发展的企业组织新格局，改善产业分工协作关系。

4. 继续调整原料结构，注意总结陆续建成投产的煤化工项目运行情况

煤炭、石油、天然气等有机物是化学工业的重要原料。近年来，由于原油、天然气价格上涨等原因，煤化工重新受到重视。中国是一个石油和天然气资源较少，而煤炭资源相对丰富的国家，国内石油和天然气供求矛盾日益突出，能够支撑石油和天然气化学工业发展的空间有限，因而煤是一个具有战略意义的化工原料。煤化工是以煤炭为主要原料生产化工产品的行业，根据生产工艺与产品的不同，可以分为煤制油、煤制烯烃、煤制天然气和煤制乙二醇等产品链。中国许多产煤地区规划建设的煤化工项目已经或将陆续投产（见专栏 18—1），有关部门和企业应注意跟踪总结煤化工项目建设、运行状况，为今后更好利用煤炭转化技术，发展现代煤化工，生产汽油、柴油、合成气和化工产品提供借鉴。

5. 努力构建资源节约型、环境友好型产业体系，促进资源综合利用和循环利用

化学工业门类繁多、工艺复杂、产品多样，生产中排放的污染物种类多、数量大、毒性高；化工产品在加工、贮存、使用以及废弃物处理等各个环节都可能产生有毒物质而影响生态环境、危及人类健康；加之化学工业对环境、矿产、能源、水、土地等资源的依赖程度非常高。因此，化学工业生产过程会产生多种副产品和废弃物，如果没有配置利用它们的产业链，副产品和废弃物就只能低效利用或放空、堆积。这说明化学工业不仅是能源消耗大、废弃物排放量大的产业，也是综合利用资源和发展循环经济条件较好、潜力较大的产业，在构建资源节约型、环境友好型产业体系方面大有可为。对此，化学工业在发展中经历了一个不断加深的认识。为此，应该不断完善化学工业产业政策，在能源消耗、资源利用、环保方面制定更为严格的产业准入制度，严格高耗能落后工艺、技术和设备的强制淘汰制度，形成有

利于节约能源、资源和保护生态环境的法律和政策。

专栏 18—1

中国煤化工项目的主要进展

煤制油

◇2009 年 1 月，神华集团鄂尔多斯百万吨级直接液化煤制油示范装置试车成功。2009 年该装置总计出产 10 万吨汽油、柴油等油品。

◇2009 年 3 月，伊泰 16 万吨/年煤间接液化煤制油项目试车成功；同年 9 月正式投产，当年累计生产油品 1.2 万多吨。

◇2009 年 8 月，潞安集团 16 万吨/年铁基浆态床 F-T 合成油装置产出合格的柴油、石脑油产品。同年 12 月，配套的合成氨尿素项目产出合格产品。

◇2009 年 6 月，晋煤集团 10 万吨/年甲醇制汽油项目试车成功。

◇2009 年 1 月，兖矿集团自主知识产权的陕西榆林 100 万吨/年间接液化煤制油项目通过环保部的环评。

煤制烯烃

◇2009 年 6 月开始，大唐多伦煤制烯烃项目煤干燥、煤气化、甲醇、聚丙烯等装置先后实现中交；空分装置于当年第三季度试车成功；聚丙烯二线装置于 11 月试车成功，生产出合格的聚丙烯产品。

◇2009 年 12 月，神华包头煤制烯烃项目煤气化、合成气净化和甲醇三套装置实现中交，将于 2010 年 10 月生产出合格产品。

◇神华宁煤煤制烯烃项目已经完成大部分建设工作，甲醇制丙烯装置将于 2010 年 4 月投料试车，煤气化装置将于同年 7 月投料试车。

◇2009 年 11 月，神华陶氏榆林循环经济煤炭综合利用项目在陕西省榆林市神木县奠基，项目一期投资约 100 亿美元。

煤制合成天然气

◇2009 年 8 月，大唐国际内蒙古赤峰煤制天然气项目通过国家发改委核准。截至当年12 月，已完成工程投资 20 亿元。

◇2009 年 12 月，内蒙古汇能煤制天然气项目获得国家发改委核准。

◇2009 年 2 月，神东天隆集团新疆准东 13 亿立方米/年煤制天然气项目获得新疆维吾尔自治区发改委登记备案。

◇2009 年 4 月，神华集团鄂尔多斯 20 亿立方米/年煤制天然气项目奠基。

◇2009 年 5 月上旬，大唐集团阜新 40 亿立方米/年煤制天然气项目通过环保部的环评。

◇2009 年 6 月，中海油/同煤集团 40 亿立方米/年煤制天然气项目正式启动。

◇2009 年 7 月，新汶矿业新疆伊犁 20 亿立方米/年煤制天然气项目和庆华集团

续专栏 18—1

新疆伊犁 13 亿立方米/年煤制天然气项目开工建设。

◇2009 年 11 月，中国电力投资集团新疆伊犁煤制天然气项目举行开工奠基仪式。

煤制乙二醇

◇2009 年 5 月，惠生（控股）集团鄂尔多斯煤化工项目举行开工仪式。

◇2009 年 9 月，五环科技、湖北省化学研究院、鹤壁宝马集团签约合作建设年产 300~500 吨级乙二醇中试装置、万吨级示范装置、10 万吨级或 20 万吨级工业化生产装置。

◇2009 年 10 月，开滦集团位于内蒙古鄂尔多斯的“2×20 万吨乙二醇和 2×20 万吨煤焦油加氢”多联产循环经济项目奠基。

◇2009 年 11 月，由河南煤业化工集团与通辽金煤化工有限公司共同投资建设的两个年产 20 万吨煤基乙二醇项目，分别在河南洛阳孟津县和河南商丘永城市开工建设。

◇2009 年 12 月，通辽金煤 20 万吨/年煤制乙二醇工业示范项目打通全流程，完成一周的试运行。

低碳排放的煤化工

◇2009 年 5 月，我国电力行业第一套整体煤气化联合循环（IGCC）发电示范项目——华能绿色煤电获得国家发改委正式批准，于同年 7 月开工建设，首台 250MW 级 IGCC 发电机组计划 2011 年建成。

资料来源：慧典市场研究报告网（http://www.hdcmr.com）。

参考文献

范德君：《中国石油和化工行业回升向好》，《中国石化》2010 年第 2 期。

冯世良：《经济运行低位企稳回升——上半年全国石油和化工行业经济运行情况综述》，《中国石油和化工》2009 年第 6 期。

罗承先：《2009 年世界化学工业形势展望》，《中国石化》2009 年第 2 期。

满娟：《日本化学工业力求走出困境》，《中国石化》2009 年第 11 期。

庞晓华：《新建装置缺乏投资，诸多障碍有待突破——英国化学工业复苏路漫漫》，《中国化工报》2009 年 10 月 12 日。

杨友麒、姜晓阳：《中国化学工业“两化融合”的发展战略》，《现代化工》2009 年第 11期。

第十九章　机械工业

提　要

国际金融危机中的中国机械工业呈现出以下特点：下滑阶段明显滞后于全部工业；回升阶段除部分政策强力拉升行业外也滞后于全部工业；部分行业产品结构快速升级。从危机应对政策的效果来看，重点行业扶持效果极其显著；增值税转型及全社会固定资产投资高涨对机械工业增长发挥了巨大的拉动作用；扩大出口的效果较为有限；促进技术创新和产业升级、夯实产业基础的效果有所显现。国际金融危机带来了机遇也带来了挑战。一方面，国内“保增长”的宏观经济政策、产业创新中前所未有的支持力度、产业发展新增长点的出现，以及国际产业竞争格局的变动为中国机械工业推进发展模式转型提供了难得的机遇；另一方面，世界经济全面复苏的不确定性、贸易摩擦的加剧、国际竞争国内化的趋势，以及危机尚未过去时各方面成本上升压力的提前到来，也使中国机械工业面临巨大的挑战。为了把握机遇、应对挑战，中国机械工业应大力推进产业发展主导动力的转换，使产业创新替代市场需求成为产业发展的主导动力，从产业特有的技术经济特征出发，从全产业链价值共同创造的视角构建产业创新体系。

*　　　　*　　　　*

21世纪以来，中国机械工业表现出强劲的上升势头，尽管规模型增长仍然在这种上升态势中占主体地位，但质量型增长正以前所未有的速度增加，中国机械工业正进入从规模型增长向质量型增长转变的关键时期。但是，从2008年下半年开始，受国际金融危机影响，机械工业出现了21世纪以来最大幅度的增速降低和出口、效益的大幅下滑。在适时出台的经济刺激计划和产业振兴措施的强力拉动下，虽然目前行业运行已经进入了恢复性增长，但国际金融危机已经使中国机械工业既有的发展模式受到严重冲击。如何抓住机遇、应对挑战，构建产业发展新的主导动力，从而将产业增长方式转型有效推进下去，正成为中国机械工业当前最紧迫的任务。

一、国际金融危机下中国机械工业的发展态势

中国机械工业经过60年的发展，已形成相当大的规模和生产能力。尤其是21世纪以来的几年，是机械工业继“一五”时期之后又一个发展态势最好的历史阶段，2003~2008年全行业连续6年以超过20%的速度增长。总体来看，21世纪以来，中国机械工业的整体实力和水平大幅提高，结构调整取得显著成效，技术装备研制中突破性重大进展频现，机械工业进入了从规模型增长向质量型增长转变的关键时期。但是，从2008年下半年开始，国际金融危机对中国机械工业的影响逐步显现并愈演愈烈，致使机械工业运行一路向下并在2009年初达到最低点，从而对21世纪以来中国机械工业持续上升的发展势头形成了不小的冲击。

1. 国际金融危机前中国机械工业的发展态势

（1）行业规模和生产能力快速增长。2008年，机械工业总产值90740亿元，占全国工业的比重达17.88%；进出口总额4373亿美元，占全国货物进出口总额的17.06%，机械工业的快速增长对整个国民经济的增长起到了巨大的拉动作用。

中国已成为世界装备制造的重要基地，在世界机械工业生产中的比重不断提高，2008年销售总额仅次于日本而提升至世界第二位。一批重要产品产量跃居世界前列，大中型拖拉机、内燃机、混凝土机械、铲土运输机械、数码照相机、复印机、金属加工机床（按量计）、数控机床（按量计）、发电设备、汽车、变压器和摩托车等居世界第一位，金属加工机床（按销售额计）和轴承等居世界第三位。[①] 基础加工制造的规模更是庞大，如2008年中国铸件总产量已达3350万吨，占世界铸件总产量的40%左右，已连续10年居世界首位。

（2）产品结构快速升级、技术创新能力大幅提高，但与发达国家相比仍然有较大差距。一方面，21世纪以来中国机械工业结构调整取得了显著成效，自主创新能力和技术水平较以往大幅提升。一是产品结构中高技术含量、高附加值产品比重迅速提高，具有代表性的如机床产品中数控机床对普通机床的替代，以及火力发电设备向大容量、高参数机组的升级换代；二是重大技术装备的研制开发和国产化取得重大成就，一些领域内重大装备的自主设计制造能力在短短几年中就达到甚至超过了世界先进水平，涌现了一大批拥有自主知识产权的产品，如大型风电设备、太阳能发电设备、1.5万吨水压机、1.65万吨油压机、2130冷连轧联合机组、1.2万米特深井石油钻机、五轴联动车铣复合加工中心、超重型曲轴加工机床、城市轨道交通设备等。[②] 另一方面，中国机械工业总体水平与发达国家相比仍然有较大差距。一是产品结构与需求结构仍存在较大错位。中低档产品和一般加工制造能力大量富余，而国

①②《中国机械工业辉煌60年》，《机电商报》2009年9月28日。

民经济所需的重大成套装备和高技术装备仍然大量依赖进口。二是大部分企业自主创新能力还较弱，产品升级换代缓慢，附加价值不高。全行业增加值率仅为25.44%，而发达国家在37%~48%。三是能源和材料消耗大、污染严重。

(3) 国际竞争力显著提高，但在国际分工中尚处于相对弱势地位。加入世界贸易组织以后，中国机械工业充分利用了全球化的契机，参与国际产业分工的广度和深度不断扩大和加深。一方面，中国机械工业的国际竞争力显著提高。从中国机械产品的贸易竞争力指数来看，2006年首次实现贸易顺差（贸易竞争力指数大于1），2008年贸易顺差（477亿美元）、贸易竞争力指数（1.1091）均达到历史最高。另一方面，总体来看，中国机械工业在国际分工中尚处于相对弱势地位。一是在产品间国际分工中，中国仍以生产中低档产品为主，抗冲击能力差；二是在产品内国际分工中，中国机械工业承担了大量加工组装环节的生产，而核心技术、关键零部件仍严重依赖发达国家，表现为机械产品出口中加工贸易出口占很大比重。

2. 国际金融危机对中国机械工业的影响

受国际金融危机的严重冲击，从2008年下半年起，机械工业的主要经济指标开始下滑，进入第四季度后开始出现大幅下滑。但是，与工业行业整体的情况相比，无论是出口，还是生产、销售、利润等行业运行情况，以及出厂价格指数的变动，机械工业的下滑程度都相对较低，表现为对国际金融危机冲击反应的滞后。

(1) 机械产品出口额下降。从单月出口额的变化来看，自2008年10月以来，机械工业出口增速连续5个月递减，出口额下降，到2009年2月达到单月出口额最低点（见表19-1）。这是历史上罕有的现象。

表19-1　　2008年下半年以后机械工业出口情况

	2008年1~9月	2008年10月	2008年11月	2008年12月	2009年1月	2009年2月
出口额（亿美元）	1841.47	208.00	191.00	184.00	157.00	111.00
同比增速（%）	31.91	–6.78	–7.70	–4.00	–14.00	–29.17
机械出口占全部商品出口比重（%）	—	16.21	16.61	16.55	17.36	17.10

资料来源：机械工业数据来源于机械工业联合会统计数据。

但是，机械出口额占全部商品出口总额的比重在2008年10月以后反而是上升的，这表明在全部商品出口剧烈下滑的时期，机械产品的出口下滑还是相对温和的，下滑程度较低。在普遍严重下滑时期，机械工业并没有成为拖累中国出口总额下滑的行业。一个可能的原因是，机械产品出口对国际金融危机的反应有一个滞后期，作为装备产品，市场需求萎缩有一个从消费品向投资品传递的过程，这样就形成了一定的时滞；再者是部分大型装备生产周期较长，市场需求下降首先影响到的是当期订单，而在作为以前订单的当期出口上并没有反映。

(2) 行业运行指标大幅下滑。国际金融危机对中国机械工业更深重的影响还在于国际需求萎缩导致中国工业制成品出口外需减少，外需萎缩进一步传导，导致国内制造业对机械装备产品需求的减少。机械工业虽然直接出口的比重不是很高（2008 年 1~2 月出口交货值占销售产值的 16.32%），但因出口引致的间接需求要比直接出口需求大得多。因此，随着国家出口形势的恶化，机械产品的产销增速和利润也急剧下滑。此外，对世界经济恢复的预期、对未来国际市场的信心在相当程度上也决定着国内固定资产投资和技术更新投入，从而影响对装备产品的需求。

尽管从全年看中国机械工业保持了较快的增长，但从 2008 年下半年开始，机械工业增速开始加速回落。截至 2009 年 2 月，其表现为产销增速大幅下降，利润和出口大幅负增长，产销率、出口交货值占销售产值比重、利润率均为近年来新低。从各项指标来看，销售产值回落速度快于总产值，表明产品销售率下降，存货增加；利润回落速度快于产销量，表明利润率下降，2009 年 1~2 月利润出现大幅负增长，企业经济效益直线下滑；出口交货值回落也很快，2009 年 1~2 月出口交货值同样出现了大幅负增长，增速同比回落 40.18 个百分点，同时出口交货值占销售产值的比重大幅下降（12.64%），同比也下降了 3.68 个百分点（见表 19-2）。

表 19-2　　2008 年下半年以后机械工业主要指标同比增速

单位：%

		2008 年 1~8 月	2008 年 1~11 月	2009 年 1~2 月
机械工业	工业总产值	28.83*	25.11	2.90
	销售产值	29.46*	25.23	2.11
	利润	27.51	16.42	−25.81
	出口交货值	22.07*	18.24	−19.26
全部工业	工业总产值	28.90	25.00	−0.60
	利润	19.39	4.89	−37.27

注：* 为 2008 年 1~7 月数据。

资料来源：机械工业联合会统计数据，全部工业数据来自中经网统计数据库。

但是，与机械产品出口情况相似，尽管机械工业运行指标严重下滑，但并没有成为拖累整个工业下滑的行业。与全部工业的情况相比，机械工业的下滑程度相对较低（见表 19-2）。

（3）机械产品出厂价格指数逐月下行。在供过于求的压力下，从 2008 年 10 月开始，机械产品出厂价格指数逐月下行，2008 年 12 月转为价格负增长。但与全部工业品出厂价格指数变动趋势相比，机械产品价格指数的变动相对平稳，下滑幅度也相对较浅（见图 19-1）。

（4）子行业之间运行差距加大、部分产品需求结构明显升级。国际金融危机袭来以后，机械工业各个行业之间运行差距加大，这种状况在 2008 年 1~11 月的数据中开始变得显著，2009 年 1~2 月进一步延续。2009 年 1~2 月与 2008 年同期相比增速在 10%以上的行业仅有 3 个，分别是：农业机械、重型矿山和工程机械行业。其中，农业机械行业生产快速增长的主要原因是受 2008 年以来国家惠农政策的影响；重型矿山设备生产周期较长，受外部经济的影响存在一定的滞后期，经济危机对该行业产销的影响还没有完全显现。文化办公设备、汽车行业则是同比降幅最大的。从不同档次的产品来看，普通的低技术含量的产品需求下降幅度最大。以机床为例，普通机床和经济型数控机床的产能过剩产品率先降温，而大型、高档

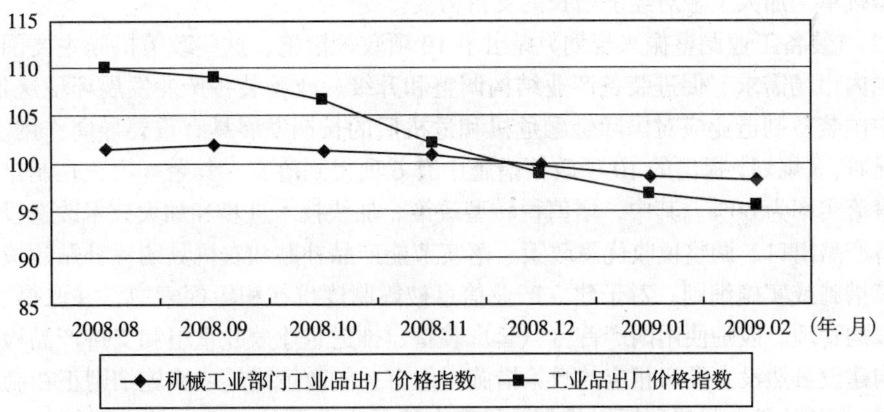

图 19-1　2008 年 8 月~2009 年 2 月机械工业品价格指数

资料来源：中经网统计数据库。

数控机床的需求稳定。

二、中国机械工业应对国际金融危机的措施及效果评价

为抑制经济的快速下行，2008 年 11 月以来，国家宏观调控目标转为“保增长、扩内需、调结构”，拉动经济增长的“一揽子”计划出台。其主旨是在短期内以政府投资拉动全社会固定资产投资增长从而冲抵外需下降的冲击，增加居民可支配收入以扩大内需，同时以投资倾斜促进经济结构调整。应该说，2008 年 11 月出台的《国务院关于进一步扩大内需、促进经济增长的 10 项措施》及相关的 4 万亿元投资计划，以及 2009 年 2 月通过的包括《装备制造业调整和振兴规划》、《汽车产业调整和振兴规划》在内的十大产业振兴规划，在一些领域对机械工业抑制下滑、恢复增长产生了显著效果。

1. 与机械工业有关的危机应对措施

《10 项措施》、《装备制造业调整和振兴规划》和《汽车产业调整和振兴规划》实际上都关注了产业发展中两个突出的方面：市场需求、产业结构调整和创新（含制度创新）。

(1)《10 项措施》及 4 万亿元投资计划对机械工业的作用主要在扩大投资需求方面。首先，投资直接形成对装备工业的需求，包括：基础设施投资，如农村基础设施、铁路、公路和机场等重大基础设施、电网改造；民生投资，如保障性安居工程、医疗卫生、文化教育事业；生态环境建设、节能减排工程投资；自主创新和结构调整的相关投资支持高技术产业化建设和产业创新，支持服务业发展；地震灾区灾后重建。其次，间接拉动装备需求：提高城乡居民收入（提高农民补贴标准、提高低收入群体等社保对象的待遇水平）、全面实施增值税转型改革、加大金融对经济增长的支持力度。

(2)《装备工业调整振兴规划》提出了 10 项政策措施，这些政策措施主要围绕扩大装备产业国内市场需求、促进装备产业结构调整和升级、改善装备产业发展环境这几方面展开，对于中国装备制造业应对国际金融危机和危机后的长期发展具有重要导向作用。从 2009 年的情况看，《规划》提出的 10 项政策措施中有 6 项得到落实，其余 4 项正在制定完善中，总体政策落实率为 60%。其中，增值税转型政策、加快技术进步和加大技术改造投资力度、支持装备产品出口、调整税收优惠政策、落实节能产品补贴和农机具购置补贴政策均出台了相应政策措施或实施细则。对于建立产业信息披露制度也在积极探索中，并取得了较好效果。设备采购管理、鼓励使用国产首台（套）装备、推进企业兼并重组和支持产品检验检测和认证机构建设虽然没有发布相应的政策措施，但有关的政策措施或实施细则正在制定中。

(3)《汽车产业调整和振兴规划》尽管在述及产业调整和振兴的主要任务时也对产业结构调整和技术创新给予了较多的关注，但与《装备工业调整振兴规划》相比，在政策措施的内容方面，扩大内需的措施占了相当大的比重。11 条措施中有 7 条与扩大内需直接相关，包括：①自 2009 年 1 月 20 日至 12 月 31 日，对 1.6 升及以下小排量乘用车减按 5%征收车辆购置税。②开展"汽车下乡"，自 2009 年 3 月 1 日至 12 月 31 日，对农民购买 1.3 升及以下排量的微型客车，以及将三轮汽车或低速货车报废换购轻型载货车的，给予一次性财政补贴。③加快老、旧汽车报废更新。④清理、取消限购汽车的不合理规定。⑤促进和规范汽车消费信贷。⑥规范和促进二手车市场的发展。⑦加快城市道路交通体系建设。

2. 应对措施出台后的机械工业出口、运行情况

机械工业出口以及生产运行均在 2009 年 2 月触底后开始回升，效益降幅明显收窄。客观上说，这一表象背后的原因是复杂的，其中应该既有一系列政策措施效果的显现，也有内外部市场在剧烈下滑后进入平缓期需求有所恢复的影响。但不可否认，在一些快速恢复增长的领域，各项振兴政策发挥了极其重要的作用。但是，与全部工业行业相比，机械工业的出口恢复和出厂价格指数恢复明显滞后，扣除汽车行业后，非汽车类机械行业的生产与利润增长也并不十分突出，一定程度上反映了应对措施之外机械工业的自主性恢复较其他行业存在一定的滞后期。

(1) 机械产品出口出现恢复性增长。从图 19-2 可以看出，2009 年 3 月开始，机械产品出口已经停止了下滑，但 3 ~8 月的月度出口额都在 150 亿~160 亿美元之间徘徊，9 月开始有所增加，12 月达到年度最高，但尚未达到 2008 年年中时月均 220 亿美元的水平。

另外，机械出口额占全部商品出口总额的比重却由国际金融危机冲击来袭之初的上升势头发生了大幅逆转，从 2009 年 4 月的 17.44%降到 6 月的 16.14%，此后持续下降，11 月才开始有所回升。这表明在全部商品出口回升的时期，机械产品的出口回升相对滞后。在全国出口回升时期，机械工业并没有成为支撑中国出口总额回升的主力行业。与下滑时期相对较小的跌幅相似，机械产品出口对外部冲击反应的滞后性同样也可能是回升期较小升幅的原因之一，即机械出口下滑的滞后性部分地平滑了出口走势曲线，使其下滑期和回升期的变动幅度较全部商品都更为平缓。

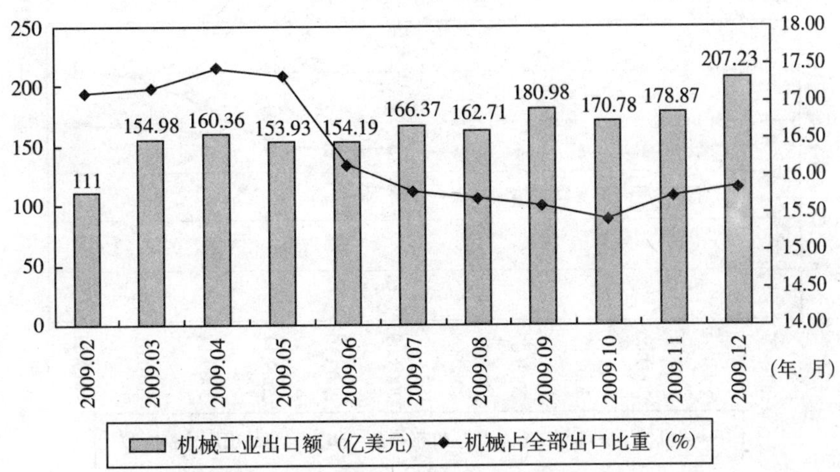

图 19–2　2009 年 2~12 月机械工业出口情况

资料来源：机械工业数据来源于机械工业联合会统计数据。

（2）机械行业整体生产及效益快速回升。同样，在 2009 年 2 月触底以后，机械工业生产开始回升，与 1~2 月相比，1~5 月的工业总产值增长率上升了 3.41 个百分点，达到 6.31%，此后持续上升，1~11 月增长率达到 14.09%。与 1~2 月相比，1~5 月的利润总额增长率上升了 18.08 个百分点；1~8 月，利润总额增长率由负转正；1~11 月，实现利润总额 5816 亿元，已接近 2008 全年水平（6049 亿元），利润增长率提高到 22.81%，甚至超过了 2008 年全年水平（16.42%）。

与全部工业相比，机械工业的生产和效益情况回升更快。从表 19–3 可见，在 2009 年以后的 4 个时间段上，机械工业的增加值、工业总产值、利润的增速都要快于全部工业。2009 年，机械工业实现工业总产值 10750 亿元，占全部工业的 19.68%，超过 2008 年将近 2 个百分点，也是自高速增长的 2002 年以来从未出现过的高比重。

表 19–3　　2009 年以后机械工业主要指标同比增速

单位：%

		2009 年 1~5 月	2009 年 1~8 月	2009 年 1~11 月	2010 年 1~2 月
机械工业	工业增加值	8.60	10.60	12.80	—
	工业总产值	6.31	9.70	14.09	45.49
	利润总额	–7.73	6.83	22.81	—
全部工业	工业增加值	6.30	8.10	10.30	20.70
	工业总产值	1.20	3.00	7.40	37.30
	利润总额	–22.85	–10.61	7.76	119.69

资料来源：机械工业联合会统计数据，全部工业数据来自中经网统计数据库。

（3）机械产品出厂价格指数继续下滑。2009 年 2 月以后，机械产品出厂价格指数继续下滑，即价格跌幅持续加深，7 月达到最低点后价格指数缓慢回升，到 12 月回升至接近 100 的水平。2009 年各月，机械产品出厂价格指数均低于 100，即处于价格持续下降阶段（见图 19–3）。

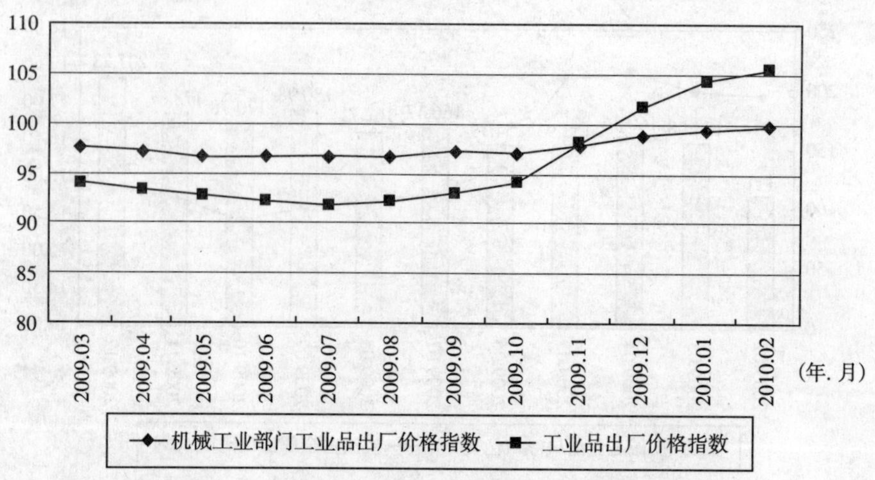

图 19-3 2009 年 3 月~2010 年 2 月机械工业品价格指数

资料来源：中经网统计数据库。

与工业品价格指数相比，机械产品价格指数尽管跌幅较低，但回升的幅度同样较低。当 2009 年 12 月全部工业品出厂价格指数已经回升到 100 以上，即工业品出厂价格止跌回升时，机械产品出厂价格指数还在 100 之下，即价格还处于下滑之中。

(4) 农业机械和汽车等行业持续快速增长，产品结构加速升级。农机和汽车行业在政策支持下增长速度明显快于其他行业。农机行业得益于农机购机补贴大幅增加，2009 年 1~11 月其总产值同比增长 21.30%，实现利润同比增长 36.00%，主要农机产品产量增幅均在 20% 以上。产品结构方面，各领域的重大技术装备研制与开发继续取得突破性进展；基础装备产量下降但结构加速升级，以机床为例，数控机床产量的降幅明显小于普通机床，数控机床中的中高档机床产量的降幅明显小于经济型机床。

3. 政策效果评价

以 2009 年 2 月为分界点，对比国际金融危机影响下的严重下滑阶段和应对措施效果逐步显现的回升阶段，可以看出危机后的中国机械工业呈现出以下特点：下滑阶段明显滞后于全部工业；回升阶段除部分政策强力拉升行业外也滞后于全部工业；子行业运行两极分化，部分领域产品结构快速升级。将机械工业的上述反应与国际经济走势、机械产品的供需特征，以及危机应对措施的实施阶段相结合，可以对一年多以来的危机应对政策在机械工业领域的效果大致得出以下评价：

(1) 重点行业扶持效果极其显著。最突出的是农业机械行业和汽车行业，因为扩大需求措施传递链条短、力度大，拉动市场需求的效果显现得十分迅猛。

国际金融危机之前，农业机械行业的增长情况在机械各行业中并不是很突出，但在各行业普遍严重下滑的 2009 年初，农业机械成为产出增长最高的行业，其总产值增长率与 2008 年全年大致持平，2009 年全年继续保持了 20%以上的增长速度。农业机械成为机械工业中唯一没有受到国际金融危机影响的行业，其原因在于农机购置补贴等强农、惠农政策的支持。中央农机购置补贴资金的规模从 2004 年的 7000 万元起步，到 2008 年的 40 亿元，再到 2009 年的 130 亿元，保持了政策的连贯性和范围、力度的快速扩张。

汽车行业是危机初期下滑严重，后期增长最为迅猛的行业。2009 年 1 月，汽车行业还是下滑最为严重的行业之一，2009 年 2 月即转为月度正增长，到 2009 年 1~11 月，汽车行业总产值同比增长 22.28%，利润总额同比增长 51.78%，已经成为机械工业全年增长的最重要的支柱。汽车行业运行的快速逆转，其重要原因就在于汽车产业振兴政策中扩大内需措施的及时推出。从 2009 年 1 月 20 日至 12 月 31 日，对 1.6 升及以下排量乘用车减按 5%征收车辆购置税；从 2009 年 3 月 1 日至 12 月 31 日，国家安排 50 亿元，对农民报废三轮汽车和低速货车换购轻型载货车以及购买 1.3 升以下排量的微型客车给予一次性财政补贴。

（2）增值税转型及全社会固定资产投资高涨对机械工业增长发挥了巨大的拉动作用。增值税转型政策鼓励了设备投资，与此同时以 4 万亿元投资拉动的全社会固定资产投资增长也为机械工业创造了巨大的市场需求。2007~2009 年，全社会固定资产投资增速分别为 24.8%、25.5%和 30.1%，其中用于设备器具购置的投资总额分别为 25555.3 亿元、33447.55 亿元和 42568.01 亿元，在金融危机后生产严重下滑的阶段，高涨的固定资产投资引发的设备需求为机械工业产出增长和效益提高提供了巨大的支持。此外，机械工业本身也是增值税转型的直接受益者。2009 年 1~11 月，机械工业累计完成固定资产投资 12930 亿元，其中设备投资占 43.39%，约为 5610 亿元，估计因执行增值税转型的政策全行业受惠而增加利润 400 亿元左右，带动利润增长 6~7 个百分点。[①]

（3）扩大出口的效果较为有限。外需恢复根本上取决于国际市场的景气回升，不但国内可采取的政策有限，而且如提高出口退税率等措施效果也有可能大打折扣。从机械产品出口情况看，虽然 2009 年初提高了部分高技术、高附加值装备产品的出口退税率，鼓励金融机构增加出口信贷资金投放，但 2009 年 3 月以来机械产品出口的回升幅度依然不大；另外，月度出口商品同比价格指数连续下降，尤其是在 9 月出口额回升幅度加大以后，反而有更多行业的月度出口商品同比价格指数降到了 100 以下，这表明机械产品出口出现了大范围的“量涨价跌”情况。

（4）促进技术创新和产业升级、夯实产业基础的效果有所显现。2009 年，尽管行业运行受到国际金融危机的较大冲击，但高端装备自主创新依然成果丰硕，特高压直流关键设备、大型露天矿用 220 吨电动轮自卸车、百万吨乙烯装置所需的三种主要压缩机及多股流低温冷箱、特大型工程机械、高档数控机床等陆续成功投运或研制成功。产品结构继续快速升级，30 万千瓦及以上大型火电机组产量占火电机组总产量的比重由 2008 年的 80.8%提高到 82%；1~9 月金属加工机床产值数控化率同比提高 6 个百分点（据对机床行业 197 家重点企业统计），达到 53.6%；1.6 升及以下小排量乘用车占乘用车销售总量的 70%，比 2008 年提高近 8 个百分点。基础件方面，多个领域的大型铸锻件国产化研制均取得了进展，但尚未进入稳定生产阶段。近年来重大技术装备研制方面突破性进展频现，而 4 万亿元投资计划拉动的装备需求也更倾向于大型、重型、精密等高端产品，因此 2009 年机械工业重大技术装备研制和产品升级方面的快速发展并不能完全归功于此次的产业升级措施，实际上《装备制造

---

①《机械工业 2009 经济运行形势综述及 2010 预测》，中国幕墙网，2001 年 1 月 28 日。

业调整和振兴规划》涉及结构调整和技术创新的实施细则因其牵涉面广或是出台较晚或是至今尚未出台，即使出台后也会因传递链条长、影响因素多而不会像农机补贴和汽车购置税政策那样效果立竿见影。

三、中国机械工业面临的机遇和挑战

中国机械工业经过21世纪以来的快速发展，已经到了从规模型增长向质量型增长转变的关键时期。在此之际，国际金融危机袭来对机械工业运行，特别是机械产品出口造成了严重冲击，不仅既有的增长方式受到严峻挑战，而且国内外市场、产业环境也出现了进一步恶化的倾向。但与此同时，大变革时期也酝酿着大机遇，从国际来看，金融危机中形成了新的产业增长点，存在国际竞争格局调整的重大机遇；从国内来看，经济刺激计划下机械工业正得到前所未有的政策支持和快速高端化的需求支撑。因而，能否在“危机后期”和“后危机期”把握机遇、应对挑战，是中国机械工业能否实现增长方式转变、从机械工业大国向机械工业强国迈进的关键所在。

1. 中国机械工业面临的机遇

产业增长需要来自市场需求和产业创新的支撑，当需求稳定增长且不断向更高端转移时，如果本土企业能够跟上这种转移，将有效带动产出结构的升级，如最近几年中国机械工业的发展状况；如果本土企业跟不上需求结构的升级，则将导致进口泛滥，本土产品国内市场占有率下降，如同20世纪90年代中国机械工业曾有过的情况。而产业创新则依赖于需求、服务于需求，既需要因需求而产生的收益为支撑，也要为跟上需求结构升级而不断发展。因此，需求规模的稳定与增长、需求结构的升级、产业创新跨越式发展的机会与能力，所有这些都是与产业增长密切相关的因素。这些因素及其背后的主要影响力，因为金融危机的缘故都不同程度地脱离了既有的演进轨道，而机遇与挑战也就蕴涵在此。

（1）国内“保增长”的宏观经济政策，将继续从需求总量和需求结构方面拉动机械工业增长。金融危机之前，在外向型经济的拉动下，市场需求的增长是总量快速增长、结构相对缓慢升级的态势，2006年、2007年机械工业的总产值、出口交货值年增长率都在30%以上。“危机后期”和“后危机期”，受国际经济的影响，原有模式下外向型经济拉动的市场自发需求恢复较慢，而政府主导投资带动的机械装备需求在总量上无法替代市场自发需求，但对大型、高端、精密设备的需求更为密集。因而，危机后的市场需求的增长将是总量低速增长、结构快速升级，与危机前市场自发的需求结构升级比更快。① 这种需求结构的快速转变是近

① 据机械工业联合会统计，2009年1~11月，许多重点产品产量增长速度明显回落，但部分产品如金切机床出现了产量大幅下降、价格大幅上升的情况。

年来罕见的，把握住机遇将使中国机械工业的质量型增长迈上一个新的台阶。

（2）产业政策前所未有的力度，将有力支持机械工业的技术创新和结构调整。2006 年，《国务院关于加快振兴装备制造业的若干意见》之后，机械工业的技术创新和结构调整开始得到较多政策层面的支持，金融危机之后政策支持的强度进一步提高。作为《意见》的延续,《装备制造业调整和振兴规划》的各项实施细则正逐步出台，其中绝大部分是与技术创新和产业结构升级相关的。由于产业链条长、产品多而复杂、政策牵涉面广，有关机械工业技术创新和结构调整的实施措施一直出台艰难，但以国际金融危机为触发点，2009 年 2 月《装备制造业调整和振兴规划》发布，到 2009 年底，9 项实施细则大部分出台，技术改造投资、科技重大专项的经费投入也达到了前所未有的规模。

（3）产业发展出现新的增长点，低碳经济、绿色制造为中国机械工业实现跨越式发展提供了难得的机遇。经济危机导致全球经济增长方式演变趋势、技术变革方向以及国际竞争的焦点发生转移，围绕低碳经济、绿色制造所形成的产业群将成为下一轮经济增长的支撑点。在产业发展缺乏新的增长点和重大技术突破的时期，原有的国际产业分工格局很难打破，中国的机械工业只能沿着发达国家开创的技术路线，在其主导的产业分工格局中艰难升级。金融危机加速提升了低碳经济、绿色制造在经济增长中的地位，中国工业技术装备面临大范围的改造升级。尽管目前中国机械工业在这一领域尚不具备显著的技术和产业优势，但新增长点的出现及其巨大的市场扩张潜力为中国机械工业提供了更新的选择和更多的市场空白点。把握机遇抢占空白点，将成为中国机械工业摆脱跟从发达国家亦步亦趋的产业升级模式的突破口。

（4）国际产业竞争格局的变动，使中国机械企业通过海外并购获取先进技术的机会大大增加。中国机械工业与世界先进水平的差距突出体现在核心技术、关键零部件领域，高端产品严重依赖核心技术、关键零部件的进口，使中国机械工业的增值率长期处于较低水平。发达国家也把这些技术作为掌控产业链的关键资源严加控制，技术出口受到技术拥有者和所在国家的种种限制。国际金融危机后，日本、欧洲等国家和地区的机械工业陷入更深重的衰退，由于单价较高和严重依赖国际市场，一些技术支撑型的企业订单大幅下滑，而陷入严重的财务危机。经济形势恢复的茫茫无期使对并购的限制趋于放松，从而使中国机械企业获得了通过海外并购实现技术进步的难得机遇。

2. 中国机械工业必须应对的挑战

（1）世界经济全面复苏还存在较大的不确定性，机械工业既有的增长方式受到了严峻挑战。中国机械工业 21 世纪以来的快速发展与国际制造中心向中国转移是密切相关的，中国工业制成品出口的高速增长形成了对机械装备的持续增长、不断升级的强劲需求。尽管由于中国机械工业在国际分工中处于相对低端的位置，机械需求规模的增长要快于需求结构的升级，但毕竟这种模式下中国机械工业获得了持续快速的发展。可是，由于全球经济复苏的反复和波动，工业制成品出口在一定时期内还不可能恢复到危机前高速增长的状态，依靠外向型经济拉动的机械需求也不可能恢复到危机前的高增长率。因而，主要依靠需求规模快速扩张的增长方式将失去主要的驱动力。

（2）全球保护主义盛行，机械出口面临的贸易摩擦进一步升温。国际金融危机爆发后，各国内需疲软，国际市场萎缩，为扶持和保护国内产业，一些国家通过提高关税、增加非关税措施、频繁实施贸易救济措施等，导致贸易保护主义急剧升温。随着中国机械产品出口的迅猛增长以及国际市场占有率的快速攀升，机械工业面对的国际贸易摩擦也持续增多，已成为继钢铁、纺织、化工产品之后的又一多发区。2009 年，国际金融危机的影响全面显现，在订单明显减少的情况下，中国机械产品出口面临的贸易摩擦进一步加剧，不仅包括美国、加拿大、欧盟等发达国家和区域，来自墨西哥、印度、阿根廷等发展中国家的案件也急剧上升。[①]

（3）国际竞争国内化加剧，本土企业面临来自进口产品和外商投资企业更激烈的竞争。在此次国际金融危机影响下，2009 年，机械工业出口额降幅明显高于同期进口额，贸易顺差由 2008 年的 476.69 亿美元大幅下降为 149 亿美元，而 2010 年第一季度在进口的强势拉动下更是出现了 2.03 亿美元的逆差；与此同时，一些机械产品的进口单价逆势上涨，反映了在国内产品无法满足需求的情况下，经济刺激计划下形成的机械装备需求在一定程度上出现了“外泄”。另外，在全球机械市场低迷的情况下，中国市场成为一个主要的亮点，在“后危机时期”有可能吸引更多的发达国家机械装备企业向中国的转移，中国机械企业将面临与具有技术优势的外商投资企业更激烈的竞争。这凸显了中国机械产品国际竞争力不足的弱点。

（4）危机后期，各方面的成本上升压力将再次袭来。世界金融危机影响扩大之前的 2008 年上半年，机械工业就已经因为“双防”目标下收紧的信贷政策、人民币升值、原材料和能源价格上涨等，生产增幅出现了下滑的趋势。在经过危机初期原材料价格大幅回落、偏紧的政策逐步放松的阶段之后，目前随着国内经济快速反弹和信贷规模迅猛增长，过度宽松的货币政策有可能出现调整；随着煤、电、油、运的趋紧和普遍涨价，主要原材料价格已再现涨势；劳动力成本呈现上升趋势；而人民币汇率也面临越来越大的升值压力。这些因素都导致在市场需求尚未出现大幅增长之前，各方面的成本首先面临上升压力，从而对机械工业的效益增长以及技术创新的资金实力形成严重侵蚀。

四、后金融危机时期中国机械工业发展的战略选择

以国际金融危机为触发点，支持机械工业产业创新、结构升级的政策密集出台，尽管这些政策措施还需要进一步补充和完善，但是从外部政策环境来看，机械工业正在获得改革开放以来前所未有的支持力度。与外部的政策支持相比，产业创新的内在能力构建则更为艰巨。中国机械工业需要从产业特有的技术经济特征出发，超越企业甚至产业的边界，从全产

① 有关紧固件产品的贸易摩擦虽然不是 2009 年才开始的，但却是对中国机械工业影响较大的一例。至今已经有 8 个国家或地区对中国紧固件产品进行反倾销调查。中国紧固件产品的出口受到严重影响，据上海海关统计，2009 年上海海关累计出口钢铁或铜制标准紧固件比 2008 年分别下降 42%和 49.4%。对原最大市场欧盟出口量严重萎缩。

业链价值共同创造的视角来构建产业创新体系。

（1）推动创新成为产业发展的主导动力。对于机械工业而言，市场需求和创新作为产业发展最基础的动力，两者缺一不可。但在产业不同的发展阶段，主导地位可能会在两者中发生转换，这实际上体现了两种增长路径。一是市场机会的拉动作用占据主导地位，这时产业增长主要表现为被动受需求带动的规模型增长；二是产业创新形成的内在动力发挥了更重要的作用，形成了市场需求激发产业创新，产业创新创造更多的市场需求，两者共同推动产业发展的内在的动态良性发展机制，从而使本土企业的生产结构始终处于与变动的需求结构相适应的不断的升级之中。相比需求拉动的规模型增长而言，创新支撑的质量型增长需要更多的内在能力以及外在时机、外部环境的支持，甚至"倒逼"机制的作用，而国际金融危机正是提供了这样的难得机遇。因此，中国机械工业只有充分利用金融危机提供的机遇大力推进产业创新，推动产业结构快速升级，才能以加速的产业升级和技术进步来应对挑战、化解危机。

（2）促进产业、学界和政府的协同创新。一是重建产业共性技术的研发平台。就机械工业发达国家的情况来看，尽管产业共性技术的研究与开发的方式各有不同，但都需要政府、企业界和学术界共同参与，搭建一个产业共性技术的研究开发平台并形成相应的制度。二是加快适用人才的培养和技术开发。大学体系、企业外部研究机构是企业在人才培养、技术开发方面重要的外部支持，而高技能劳动力的培养则主要依靠的是产业本身的发展，或者是以企业为主体的联合培养。三是政府的支持。除了针对产业技术创新投入的支持以外，由于中国重大技术装备用户的市场化程度与装备制造业市场化程度的不对称，目前政府在推动某些创新成果的应用时仍有无法替代的作用。

（3）促进装备制造业上下游企业间、企业内不同部门间的协同创新。建设以本土企业为主体的机械工业产业链是实现这方面转变的重要手段。这个产业链中，包括从原材料、零部件到最终产品、销售、售后服务相关的各个企业和企业内部各个部门。一是大型本土制造企业承担起产业链的核心作用，它们作为产业链的主导者拥有核心技术和较强的技术集成能力，在产业链的各部门间进行协调。二是产业链的大多数环节由本土企业完成，但不排除部分环节由境外企业参与。通过这样的以本土企业为主体，或短或长、分布广泛的产业链，可以使中国机械企业在参与国际分工中拥有更多的主动权。一方面，可以降低对国际市场的依赖，通过产业链环节在境内的多重化，增加本土市场对装备及相关中间品的需求；另一方面，使境外企业为我所用，在本土企业"链主"具备了核心竞争力的前提下，把部分研发、部件生产环节放在境外，使境外企业在中国本土企业创新方面起到更多的积极作用。三是实现产业链的全流程协同，并且在企业之间形成动态、灵活的协作机制，在企业内部转化为日常管理制度。

（4）促进企业内部的价值环节创新。从机械工业涉及的全部增值环节来看，应该包括研究、开发、设计、试制、制造、组装、销售、售后服务，以及逐步受到重视的回收再制造等环节，形成一条完整的价值链。机械企业内部的价值环节创新并不能简单地按照微笑曲线的描述退出生产和组装环节，把业务重心向开发、设计、试制以及销售、售后服务转移，而是应当综合考察产品特性、企业规模和企业在产品内分工中的位置，并对产业和企业的发展阶段进行动态调整。一是产品特性。生产的产品不同，对总价值贡献最大的价值环节也会有很大差异。按照产品特性，对于制造过程复杂精细、需要产业链上各相关主体反复协调、调整的产品，制造组装环节就极为重要；而只有产品生命周期进入成熟期或只要把零件简单组装就完成制造过程的产品才适合“去制造化”。二是企业规模和企业在产品内分工中的位置。大企业涉及的价值环节会更多，尤其是装备制造企业，如果制造环节也是复杂和精密的，企业内可能拥有从研究到售后服务、回收再制造的一条完整的价值链。[①]而小企业则不同，小企业大多集中于某一中间品的生产，上下游关系相对简单，有可能会简化一些价值环节，如研究、销售、售后服务。三是要适应企业和产业的发展变化，进行价值环节创新。例如，制造组装环节盈利能力会随着产业链相关主体协同能力的提高而提高。

专栏 19—1

2009 年国外对我国机械工业发起的贸易救济调查案件

	性质	立案国家/地区	产品名称	海关编码	立案时间	案件进程
1	反倾销	阿根廷	家用食品处理机	85094050	2009.1.14	
2	反倾销	墨西哥	碳钢螺母	73181603、73181604	2009.2.3	2010 年 3 月 5 日，墨西哥决定暂时不对原产于中国的碳钢螺母征收临时反倾销税，反倾销调查程序继续进行
3	特保	印度	汽车前桥梁、转向节和曲轴	73269099、33261910、73261990、87085000、87089900、84831099、84831091、84831092	2009.4.2	2009 年 9 月 23 日，印度决定取消对华汽车前桥梁、转向节和曲轴的特别保障措施调查
4	反倾销	加拿大	床垫用弹簧组件	94041000.00、94042900.00、73202090.10	2009.4.27	2009 年 6 月 26 日，加拿大作出产业损害初裁。2009 年 7 月 27 日，作出反倾销初裁，针对各涉案企业征收最高为 177.4%的临时反倾销税。2009 年 10 月 26 日，作出反倾销终裁。2009 年 11 月 24 日，作出反倾销产业损害终裁，裁定涉案产品对加拿大国内产业造成实质性损害。根据该肯定性裁决，加拿大边境服务署将对涉案产品发布反倾销税令
5	反倾销	印度	圆形织机	84462100、84462190、84462900	2009.5.18	
6	反倾销	阿根廷	升降机或电梯用卷扬机	84253110	2009.5.28	2010 年 3 月 2 日，阿根廷对中国产电梯用卷扬机作出反倾销初裁，决定对涉案产品采取每件 6856 美元的 FOB 最低离岸价格的临时反倾销措施。该措施于 2010 年 3 月 3 日生效，有效期为 4 个月

① 企业拥有完整的价值链，不等同于各价值环节上所有的工作都在一体化企业内部完成。

续专栏 19—1

续表

	性质	立案国家/地区	产品名称	海关编码	立案时间	案件进程
7	反倾销	欧盟	铝合金轮毂	欧盟合并关税编码 ex87087010 和 ex87087050 下	2009.8.13	
8	337 调查	美国	部分焊丝与散装焊丝容器及其部件	2009.9.2		中国大西洋焊接材料股份有限公司为本案强制应诉方之一
9	反倾销	阿根廷	螺杆压缩机	84148032 和 84143099	2009.9.9	
10	反倾销	阿根廷	离心泵	84137080 和 84137090	2009.9.9	

资料来源：根据中国贸易救济信息提供案件整理。

参考文献

[美] 罗伯托·马佐莱尼：《机床业的创新：对比较优势动态性的历史考察》，载大卫·C. 莫厄里、理查德·R. 纳尔逊：《领先之源——七个行业的分析》，人民邮电出版社 2003 年版。

张保胜：《基于技术链的装备制造业共同创造与创新能力提升》，《技术经济与管理研究》2009 年第 5 期。

张米尔：《创新互动与装备制造业结构升级》，《科学学与科学技术管理》2004 年第 10 期。

朱森第：《中国装备制造业的发展与提升》，《开发研究》2009 年第 1 期。

张少军、刘志彪：《全球价值链模式的产业转移——动力、响应与对中国产业升级和区域协调发展的启示》，《中国工业经济》2009 年第 11 期。

第二十章　汽车工业

提　要

2009 年，中国汽车工业取得了具有历史意义的进展，汽车生产与销售量均居世界第一位。汽车工业作为支撑经济增长的支柱产业，在应对全球金融危机中受到了政府高度重视，为此制定了《汽车工业调整和振兴规划》。经过一年的实施，该规划获得了明显效果，基本达到了预期目标。在新的历史阶段，中国汽车工业发展已经从追求量的扩张转向追求质的提高。自主创新能力的形成，自主品牌的发展是今后的主要战略目标。2010 年，在实现中国汽车工业 10%~15%增长的基础上，调整产业组织结构，推进新能源汽车的产业化，促进汽车产品出口，进一步开拓二三线城市和农村市场成为汽车工业发展的重点。

*　　　　*　　　　*

2009 年，全球金融危机给世界各国经济造成了沉重打击，全球汽车工业陷入一片凄风苦雨之中。主要发达国家的汽车工业进入了历史上罕见的不景气状态；主要汽车跨国公司或者陷入破产境地，或者不得不企求政府施以援手。在这种背景下，中国汽车工业在中国政府及时、有力的政策刺激之下逆势而上，成为全球汽车工业的最亮点，实现了中国汽车工业发展的历史性转折。

一、2009 年中国汽车工业取得了具有历史意义的进展

受到全球金融危机影响，中国汽车工业增长在 2008 年出现了大幅度下滑，2008 年中国汽车工业产销同比增长幅度分别为 5.2%和 6.7%，是进入 21 世纪以来出现的最低增长幅度。汽车工业全行业工业增加值、利润总额出现负增长。汽车工业增长缓慢，也对钢铁、橡胶、化工等相关产业产生了负面影响。在这种情况下，中国政府审时度势，在 2009 年首先推出了《汽车工业调整和振兴规划》，把振兴汽车工业摆到了在扩大内需、摆脱危机进程中起带动作用的战略地位。在《汽车工业调整和振兴规划》的支持下，中国汽车工业很快扭转了下滑趋势，形成了又一个发展高峰。

1. 汽车产销均居世界第一位

2009 年，中国汽车工业产销总量分别达到 1379.1 万辆和 1364.48 万辆，同比增长 48.30% 和 46.15%。其中，乘用车产销分别为 1038.38 万辆和 1033.13 万辆，同比增长 54.11% 和 52.93%；商用车产销分别为 340.72 万辆和 331.35 万辆，同比增长 33.02% 和 28.39%。[①]

2009 年，中国汽车工业产销量均已居于世界第一位（见图 20–1）。这是中国汽车工业诞生以来的伟大突破，中国汽车工业几代人的梦想终于变成现实。据日本汽车工业协会统计，2009 年日本国内汽车产量为 793 万辆，而美国为 570 万辆。中国的汽车产量超过了日本和美国的总和。[②] 自 2006 年以来，由日本汽车工业保持的世界第一的位置，在 2009 年被中国取代（见表 20–1 和表 20–2）。

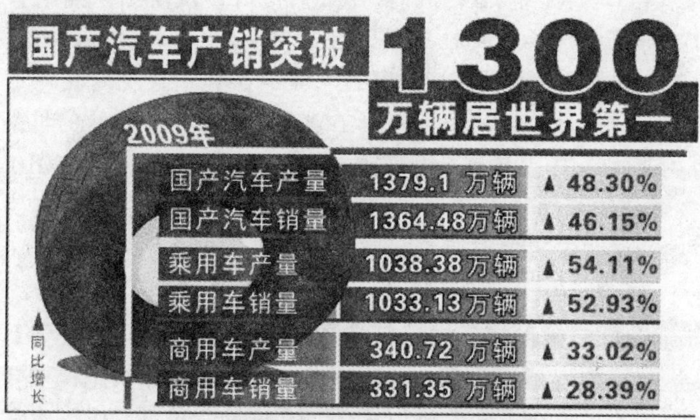

图 20–1 2009 年中国汽车产销居世界第一

资料来源：转载自中华人民共和国中央政府网 2010 年 1 月 11 日。

表 20–1 世界主要汽车生产国排序变化（2000~2009 年）

年份 序号	2000	2001	2002	2003	2004	2005	2006	2007	2008	2009
1	美国	美国	美国	美国	美国	美国	日本	日本	日本	中国
2	日本	日本	日本	日本	日本	日本	美国	美国	中国	日本
3	德国	德国	德国	德国	德国	德国	中国	中国	美国	美国
4	法国	法国	法国	中国	中国	中国	德国	德国	德国	德国
5	韩国	韩国	中国	法国	法国	韩国	韩国	韩国	韩国	韩国
6	西班牙	西班牙	韩国	韩国	韩国	法国	法国	法国	巴西	巴西
7	加拿大	加拿大	西班牙	西班牙	西班牙	西班牙	西班牙	巴西	法国	法国
8	中国	中国	加拿大	加拿大	加拿大	加拿大	巴西	西班牙	西班牙	西班牙

资料来源：根据世界汽车制造商协会数据及笔者资料整理。

① 中国汽车工业协会 2010 年初发表的统计数据。

② 日本共同社网站，2010 年 1 月 16 日。

表 20–2 中国汽车总产量（1978~2009 年）

单位：万辆

年份	汽车总产量	轿车产量
1978	14.90	0.26
1984	31.63	0.60
1988	64.69	3.68
1992	106.17	16.27
1996	147.49	39.10
2000	206.81	60.74
2004	507.05	231.63
2006	727.97	386.95
2009	1379.10	761.24

资料来源：《中国汽车工业协会统计资料》、《中国汽车工业年鉴》、《中国汽车工业规划参考》。

2009 年中国轿车销量较 2008 年净增 242.62 万辆，对当年汽车销量增长的贡献度为 56.31%。2009 年中国销量前 10 名的轿车车型依次为 F3、凯越、悦动、捷达、桑塔纳、雅阁、伊兰特、QQ、卡罗拉和凯美瑞。前 10 名的轿车车型销售量分别为 29.10 万辆、24.11 万辆、 23.94 万辆、22.49 万辆、20.56 万辆、17.54 万辆、17.16 万辆、16.99 万辆、15.75 万辆和 15.62 万辆。与 2008 年同期相比，除卡罗拉的销量略有下降外，其他车型均呈现不同程度的增长，其中 F3 和悦动的增速最为迅猛。2009 年，上述 10 种车型共销售 203.26 万辆，占轿车销售总销量的 27%。

商用车中载货汽车的增长，在国家基础设施建设拉动下逐步恢复增长。中国轻型卡车年产量已占世界轻卡总产量的 55%以上，中国一汽与美国通用汽车合资的一汽通用轻型商用汽车有限公司于 2009 年 8 月成立，涵盖轻型卡车等产品，在俄罗斯、乌克兰、墨西哥、越南都有组装厂，现已出口东南亚、美洲、中东等 20 多个国家和地区。此次双方联手推出的系列轻卡标志着解放系列轻卡已跻身于中高端物流轻卡的行列。客车由于城市间轻轨交通及高速列车对中短途公路客运的竞争而受到一定冲击。到 2009 年 10 月止仅增长了 2296 辆。但是，从 2009 年末看，其发展已经趋稳回升。

2. 中国汽车市场成为拉动世界汽车工业复苏的主要力量

2009 年，随着欧洲、美国、日本等国家经济陷入困境，这些国家的汽车市场也陷入严重不景气状况，主要汽车跨国公司或者求助于政府救援，或者陷入破产重组的境地。在这种背景下，中国汽车市场一枝独秀，内需成为拉动中国汽车工业高速发展的根本动力，也成为拉动世界汽车工业复苏的主要力量。中国汽车市场的优异表现部分弥补了全球汽车市场的下跌，为一些陷入困境的跨国汽车公司提供了发展机会。因此，各大跨国公司纷纷把经营重点放在中国，合资企业的利润成为陷入困境的跨国公司解困的重要资源。2009 年，通用汽车在华销量为 182.6 万辆，同比增幅为 66.9%。福特汽车公司在华销量为 44 万辆，同比增长 44%。大众汽车在华销量为 140 万辆，同比增长 36.7%。丰田汽车在华销量为 70.9 万辆，同比增长21%。本田公司在华销量为58万辆，同比增长23%。[①] 中国在跨国公司全球经营战略中的地位空前提高。

3. 主要汽车企业规模扩大，产业集中度提高

2009年，中国销量排前10位的汽车生产企业依次是上汽、一汽、东风、长安、北汽、广汽、奇瑞、比亚迪、华晨和吉利。销量排前10位的汽车生产企业的销量分别为270.55万辆、194.46万辆、189.77万辆、186.98万辆、124.30万辆、60.66万辆、50.03万辆、44.84万辆、34.83万辆和32.91万辆，同比增长57.23%、26.85%、43.70%、56.25%、61.08%、15.33%、40.50%、160%、22.11%和48.36%。2009年，前10家汽车企业销售汽车1189.33万辆，占汽车总销量的87%。

截至2009年底，中国汽车年销量超过百万辆的企业达到5家，比2008年增加两家，分别是上汽、一汽、东风、长安和北汽，5家企业2009年销售汽车966.05万辆，占国产汽车销售总量的71%，比2008年提高9个百分点。[②] 前3家企业的汽车产量总和已经超过德国。

中国内资汽车企业中，奇瑞、比亚迪销量最大。特别是比亚迪，它在2009年销量增幅高达160%。合资汽车企业中，北京现代表现突出，全年销量达到570310辆，同比增长率达143%。

4. 行业经营状况明显好转，重点企业利税、利润总额增长显著

与2008年相比，2009年中国汽车工业全行业的生产经营状况明显改善，重点汽车企业利税、利润总额显著增加。

2009年，汽车工业重点企业累计完成工业增加值3076.53亿元，同比增长36.34%，由2008年的负增长转变为正增长，高于全国规模以上工业企业增加值增速水平（11%）25.34个百分点。累计完成工业总产值13946.99亿元，同比增长31.01%。汽车工业产销衔接良好，产成品库存资金同比下降，产销率达到99.07%。

2009年，汽车工业重点企业累计完成工业销售产值13817.24亿元，同比增长29.83%。累计实现利润总额1172.83亿元，同比增长68.34%，由2008年的负增长转为正增长。累计实现利税总额2240.94亿元，同比增长68.34%，由2008年的负增长转为正增长。其中，营业税税金及附加454.36亿元，同比增长32.65%；应交增值税613.74亿元，同比增长77.92%。[③]

5. 汽车出口有较大幅度下降

据中国汽车工业协会统计，2009年中国汽车出口33.24万辆，比2008年同期下降46%，

---

①《商用汽车》2010年第2期第33页；《信报》2010年1月2日。

② 中国汽车工业协会2010年数据。

③ 中国汽车工业协会：《2009年汽车工业重点企业经济效益分析》，《中国工业报》2010年3月5日。

其中乘用车出口 14.96 万辆，比 2008 年同期下降 57%，乘用车中轿车出口量最大，全年出口 10.81 万辆，比 2008 年同期下降 59%；商用车出口 18.28 万辆，比 2008 年同期下降 32%，其中货车全年出口 14.12 万辆，同比下降 27%。与国内汽车市场快速增长的态势相比，国际汽车市场需求仍然十分低迷，出口对象国贸易保护主义抬头，各种贸易保护措施纷纷出台，严重影响了汽车产品出口。

6. 中国汽车企业走向海外步伐加速

2009 年，由于全球汽车市场陷入严重不景气，发达国家汽车企业中有许多企业不得不宣布破产出售或者进行重组。中国汽车企业抓住了这一历史机遇，积极进行海外购并，收获巨大。

从中国汽车工业的需求和实力看，中国汽车企业在海外购并中的重点排序应当是：技术、人才、汽车零部件企业和整车生产企业。

中国汽车企业在 2009 年抓住时机，引进了一大批人才和技术。许多海外归来的人才，在东风、上汽、奇瑞、长城、北汽等企业的开发部门成为主要负责人，担当起自主开发的使命。还有一大批在海外跨国公司工作过的技术人才回国，成为中国汽车企业从事产品开发的骨干力量。

购买技术比较突出的事例是：北京汽车工业控股有限责任公司以 2 亿美元收购了瑞典萨博公司的产品、开发系列知识产权，包括 3 个整车平台、3 个主力车型、2 个发动机系列、主打的 4 款发动机和 2 款变速器的知识产权以及整个相关产品研发体系、生产制造体系、供应商体系和产品质量保证体系，其中包括 79 项专利。

中国汽车企业在收购汽车零部件企业方面进展很大。其中，比较突出的事例是：潍柴动力公司收购法国博杜安公司。博杜安公司注册资本为 355 万欧元，具有百年历史，专业从事发动机及驱动总成的设计、开发和销售。主要产品包括发动机、齿轮箱、传动轴和螺旋桨等。通过收购，潍柴动力公司获得了博杜安的产品、技术和品牌，扩大了公司产品配套的范围。吉利汽车公司收购了 DSI（澳大利亚自动变速器公司）。该公司是全球第二大汽车自动变速器公司，破产前为福特、克莱斯勒及韩国双龙等大汽车公司配套。北京京西重工公司收购了美国德尔福公司的减震和制动业务。这些汽车零部件企业的收购，对于提高中国汽车最薄弱的环节——汽车零部件工业的水平，增强中国汽车企业的国际竞争力和开发能力都具有重要意义。

中国汽车企业在整车企业收购方面也取得了较大进展，最突出的事例是：吉利汽车公司收购沃尔沃汽车公司。沃尔沃汽车公司是世界知名的高端汽车品牌生产厂家。吉利汽车公司对其进行的收购震动了世界，其意义超过了当年上汽对韩国双龙的收购。通过收购，吉利汽车公司不仅可以获得沃尔沃的关键技术知识产权和品牌，跻身高端汽车生产商之列，而且可以获得海外经营、生产运作的基地与市场。对吉利汽车公司来说，如果能够成功地消化吸收沃尔沃汽车公司，在成为国际化大汽车公司的道路上就迈出了一大步。

中国汽车工业企业在海外设厂的步伐也在加速。上汽与通用合作进入印度汽车市场。中国比亚迪汽车公司与埃及阿迈勒汽车制造厂合作生产的比亚迪轿车已经下线。[①]

二、《汽车工业调整和振兴规划》的作用评价

2009 年，中国汽车工业高速发展固然得益于中国汽车市场刚性需求依然很大，中国城市化进程不断加速，中国经济增长速度保持在 8%以上等基本因素，中央政府通过《汽车工业调整和振兴规划》推出的一系列抑制汽车工业下滑的政策措施也发挥了重要作用。及时分析、总结《汽车工业调整和振兴规划》对汽车工业发展产生的效果，有利于在今后几年里维持汽车工业的平稳发展。

1.《汽车工业调整和振兴规划》的主要目标

作为中国政府应对全球金融危机首个推出的产业调整与振兴政策，《汽车工业调整和振兴政策》的主要目标如下：

抑制汽车工业下滑，通过进一步开拓汽车市场，推动汽车工业以较高速度发展（2009 年汽车产销量力争超过 1000 万辆，三年平均增长率达到 10%），进而带动国民经济相关产业的发展，推动国民消费，保证国民经济增长 8%目标的实现。

汽车消费环境明显改善。建立完整的汽车消费政策法规框架体系、科学合理的汽车税费制度、现代化的汽车服务体系和智能交通管理系统，建立电动汽车基础设施配套体系，为汽车市场稳定发展提供保障。

推动汽车产品结构调整，进一步提高小排量轿车在消费结构中的比重，使市场需求结构得到优化。1.5 升以下排量乘用车市场份额达到 40%以上，其中 1.0 升以下小排量车市场份额达到 15%以上。重型货车占载货车的比例达到 25%以上。

推动汽车工业产业组织结构加速调整，加速汽车企业兼并重组。通过兼并重组，形成 2~3 家产销规模超过 200 万辆的大型汽车企业集团，4~5 家产销规模超过 100 万辆的汽车企业集团，产销规模占市场份额 90%以上的汽车企业集团由目前的 14 家减少到 10 家以内。

加速自主品牌发展，扩大自主品牌汽车市场比例。自主品牌乘用车国内市场份额超过 40%，其中轿车超过 30%。自主品牌汽车出口占产销量的比例接近 10%。

加速新能源汽车的产业化，电动汽车产销形成规模。改造现有生产能力，形成 50 万辆纯电动、充电式混合动力和普通型混合动力等新能源汽车产能，新能源汽车销量占乘用车销售总量的 5%左右。主要乘用车生产企业应具有通过认证的新能源汽车产品。

推动自主创新能力的形成，大幅提高整车研发水平。自主研发整车产品，尤其是小排量轿车的节能、环保和安全指标力争达到国际先进水平。主要轿车产品满足发达国家法规要

①《中国工业报》2009 年 12 月 17 日。

求，重型货车、大型客车的安全性和舒适性接近国际水平，新能源汽车整体技术达到国际先进水平。

2.《汽车工业调整和振兴规划》实施的效果

（1）抑制汽车工业下滑，通过进一步开拓汽车市场，推动汽车工业以较高速度发展，进而带动国民经济相关产业的发展的战略目标得到很好的实现。汽车工业的产销量已经位居世界第一位，汽车工业增长幅度大大超过了中央政府的预定目标。

汽车工业快速发展对国民经济发展起到了重要拉动作用。汽车工业拉动的社会消费总额达到 10000 亿元，对消费增长的贡献度为 15.5%。汽车工业直接、间接实现的就业人数为 3800 万人。

（2）通过《汽车工业调整和振兴规划》及一系列相关政策（如燃油税的推出）对中国汽车产品消费结构进行的调整收到了比较明显的效果。乘用车销售比重达到 76%，比 2008 年提高 4 个百分点。乘用车中，低排量的汽车品种市场份额提升很快。1.6 升以下的小排量轿车增长明显快于中高档轿车的增长。在所有政策中，1.6 升及以下乘用车购置税减半政策对汽车产销增长影响的力度最大，2009 年该类车型销售为 719.55 万辆，同比增长 71%，销售增长贡献度为 70%，这部分轿车主要由私人购买。相关调查显示，在“十一”长假期间，6 万~9 万元的轿车最受青睐。

（3）自主创新能力加速形成。目前，中国汽车企业已经进入了正向开发阶段，开发的车型也由低端转向中高端。作为对中国汽车工业技术能力的肯定，2009 年国际汽车工程学会常务理事会上，中国一汽集团技术中心的李俊博士当选为该组织主席。这是中国人首次出任这一国际汽车权威机构的主席。

随着中国成为世界第一的汽车消费市场，汽车新产品在中国汽车市场加速推出。2009 年，新上市汽车产品创历年新高，上市新品种达 221 款，比 2008 年多 114 款，其中轿车最多，推出 175 款，比 2008 年多 75 款。从国别看，自主品牌最多，共推出 120 款，比 2008 年多 83 款；其次为日系汽车，为 40 款；再次为德系汽车和美系汽车，分别为 24 款和 18 款；法系汽车和韩系汽车最少，分别为 10 款和 9 款。

（4）自主品牌车型市场份额迅速扩大。统计显示，2009 年中国自主品牌乘用车共销售 457.7 万辆，占乘用车销售总量的 44%，比 2008 年提高 4 个百分点。日系汽车、德系汽车、美系汽车、韩系汽车和法系汽车分别销售 219.66 万辆、145.83 万辆、101.78 万辆、81.17 万辆和 27 万辆，占乘用车销售总量的 21%、14%、10%、8%和 3%。[①] 在自主品牌开发方面，奇瑞新产品开发最多，新上市的 24 款乘用车品种中，有 8 款为全新品牌。比亚迪和吉利分别有 3 款全新品牌上市，长城、华晨等企业也推出了一批新车型。

随着东风汽车集团的风神 H30 上市，国内前 4 位大汽车企业集团都已推出了自主品牌的产品，并且取得了不俗的市场销售成绩。

（5）产业组织结构调整取得一定进展。2009 年，在中国政府推动下，汽车企业兼并重组

① 新华社北京 2010 年 1 月 11 日电，记者张毅报道。

稳步推进，2009年销售量前10名的企业集团共销售汽车1189.33万辆，占汽车销售总量的87%，比2008年提高4个百分点。年销售量超过百万辆的企业集团有5家，分别是上汽、一汽、东风、长安和北汽，其中上汽销售超过200万辆。5家企业集团2009年销售汽车966.05万辆，占汽车销售总量的71%，比2008年提高9个百分点，产业集中度进一步提高。规模较大的企业兼并重组的有：广汽入股长丰，长安汽车重组中航汽车，吉利收购中誉汽车。

（6）汽车消费市场得到较快扩展。在《汽车工业调整和振兴规划》有关政策的推动下，中国汽车市场发生了深远的变化，二三线城市开始成为汽车企业开拓的重要区域，农村市场有所活跃。根据国家信息中心数据，2009年1~10月二三线市场的市场增速分别达到41%和51%，二三线城市的轿车销售同比增长均达到45%以上。据财政部统计，2009年获得国家财政补贴的下乡汽车达到167万辆。[①] 据中国汽车工业流通协会统计，受益于汽车下乡政策影响的微型轿车销售量为100万辆。[②] 二三线城市汽车市场的迅速扩张，农村汽车市场的逐步扩大，将从中长期支持汽车工业稳定发展。

车量购置税减半征收的政策，对于扩大汽车消费市场作用明显，虽然减少了部分国家税收，但由于总量增大，预计2009年全年车购税将达到1100亿元，增收100多亿元。与汽车有关的增值税、消费税也比2008年大幅增加。

（7）新能源汽车产业化得到了有力推动。在《汽车工业调整和振兴规划》中推动电动汽车的有关政策刺激下，电动汽车产业化明显加速。国内主要汽车企业均加速了新能源汽车的开发与产业化的步伐。国内现在有34家企业的91个整车产品实现了小批量的生产能力，在局部区域开始商业化示范运营，累计投入运营车辆超过500辆，运营里程超过1500万公里。但是，只有比亚迪等少数企业推出了量产车型。[③] 2010年，北京将新增1500辆电动汽车，其中纯电动公交车新增200辆，其他电动车将服务于环卫部门。[④]

新能源汽车基础设施建设开始起步。国家电网已经在北京、天津和西安建设电动车充电站试点，并且计划到2010年底在27个城市建设75座电动汽车充电站和6029个充电站试点。[⑤]

3.《汽车工业调整和振兴规划》实施中存在的问题

2009年底，中央经济工作会议已经及时明确了《汽车工业调整和振兴规划》中有关小排量轿车继续实行减征购置税的优惠政策；加大了对汽车下乡和以旧换新政策的实施力度，这对稳定2010年汽车市场的预期起到了很好的作用。但是，《汽车工业调整和振兴规划》在实施中仍然需要在以下几方面增加执行力度：

由于汽车市场迅速恢复，市场压力减小，企业兼并重组、产业组织结构调整的效果并不

①《新京报》2010年1月25日。
②《新京报》2010年1月25日。
③《汽车产经新闻》2009年第36期。
④《新京报》2010年1月2日。
⑤《新京报》2010年1月15、29日。

明显。已经实现的兼并重组，并未使中国汽车工业的产业组织结构发生明显变化，兼并后的效果也有待观察。某些地方政府借推行《汽车工业调整和振兴规划》之机，保护本地区汽车企业；由于某些汽车产品出现了供不应求的状况，新一轮扩大产能热正在出现。2010 年，政府有关部门仍将大力推动企业兼并重组，但在汽车市场仍然可能保持 10%~15%增长速度的情况下，政策效果仍然有待观察。

在电动车领域，许多地方、企业热衷于上整车项目，对于电动车的关键零部件及公共基础设施研究和开发不够，投入不足，协调不够。在电动车的关键零部件及公共基础设施产业化方面更是落后于整车。

由于国家尚未正式推出对于购买新能源轿车的补贴政策，因此在油价 70~80 美元/桶的情况下，新能源汽车进入市场仍然存在很大的市场障碍。

对于支持自主创新能力和自主品牌的有关优惠政策，仍然需要进一步落实和细化。

汽车零部件体系的水平提高与自主开发能力形成未见明显改善。在金融危机驱动下，加速了外国汽车零部件企业进入中国的步伐。从整体看，中国自主开发的汽车零部件企业仍然生存困难。

4. 改善《汽车工业调整和振兴规划》实施的建议

（1）目前《汽车工业调整和振兴规划》制定时的短期目标基本实现，但是汽车消费政策的退出仍然要慎重。中央经济工作会议虽然已经对汽车工业有关优惠政策在 2010 年的执行做了适度调整，但是从长远看，某些政策必须予以稳定，才能真正对中国汽车消费结构产生深远的影响。

（2）加速汽车自主创新能力的有关政策的落实与细化，尤其是推动电动汽车产业化的政策要进一步完善。在防止电动汽车出现过度投资的同时，要加强对电动汽车关键零部件及公共基础设施的支持。

（3）进一步细化对汽车零部件企业的支持政策。

（4）进一步完善汽车下乡的政策，尤其要完善对农民用车的售后服务工作。

（5）《汽车工业调整和振兴规划》中许多目标（尤其是促进自主创新的目标）的实现必须在中长期才能够见到效果，因此对于政策的评估要阶段性地持续进行，不断改进。同时，要总结经验，把某些效果明显的政策长期化。

三、2010 年中国汽车工业发展趋势展望

（1）2010 年中国经济持续、平稳地以较高速度发展；中国的城市化步伐继续提速；国民人均收入仍然以较快速度增长；国家扩大内需的基础设施建设仍然在实施过程中；中西部地区经济仍然处于高速发展阶段；这些基本因素决定了中国汽车工业仍然会保持较快的发展速

度。中国汽车工业2010年将保持10%~15%的增长速度。

(2) 由于国家已经在2009年底确定了《汽车工业调整和振兴规划》中刺激汽车市场的有关政策基本不变（2010年汽车购置税优惠幅度稍有收缩，汽车以旧换新提高了补贴额度），因此，汽车工业稳定发展得到了有力的政策支持。

(3) 汽车市场需求依然比较强劲。据腾讯网与新华信国际信息咨询公司共同推出的《2010中国汽车消费趋势报告》显示，在接受调查的近4万名网民中，74.8%的人明确有购车计划，其中45.5%的人计划在2010年上半年完成购车计划。与2009年的调查相比，2010年汽车消费者购买能力有较大幅度的提升。

二三四线城市汽车市场的增长以及农村汽车市场的开拓，是支持汽车工业中长期增长的战略因素。这一因素改变了中国汽车市场的基本格局，将长期影响、推动中国汽车工业的发展。2010年，这一因素对中国汽车工业的支撑将更加明显，将持续对汽车工业的增长发挥重要的作用。

(4) 汽车工业出口将恢复增长。2009年1~11月汽车工业累计整车出口同比下降50.77%，中国汽车工业出口在高速增长数年后首次遭受重创（见表20-3）。随着全球金融危机逐步得到缓和，全球经济逐步走出谷底，中国汽车工业的出口将逐步得到恢复。这一迹象在2009年年底已经出现。2009年11月汽车出口同比出现增长，国内整车出口达到4.06万辆，同比增长13.43%；11月汽车出口金额36.04亿美元，同比增长1.42%。

表20-3　　2000~2009年中国汽车整车出口状况

年份	数量（万辆）	金额（万美元）
2000	2.71	20570
2001	2.61	21369
2002	5.99	25037
2003	4.47	37200
2004	7.80	66200
2005	17.28	158158
2006	34.24	313500
2007	61.27	731200
2008	68.07	963300
2009	33.24	304600

资料来源：根据中国汽车工业协会数据、《中国工业发展报告》（2008）及相关资料整理。

2010年中国汽车工业出口有望实现正增长，增长幅度有望达到5%~10%。当然，也不能忽视在汽车出口好转的同时中国汽车工业将面临越来越多的贸易摩擦，出口环境的明显好转仍然有待时日。

(5) 新能源汽车产业化将逐步加速。电动汽车、混合动力汽车的市场化将开始推进。新能源汽车基础设施的建设将逐步加速。

(6) 中国汽车企业自主开发能力将进一步提高，自主品牌的发展仍然面临较好的市场环境与政策环境。自主品牌的市场占有率仍会有所提高。

(7) 汽车生产能力仍然处于高速扩张时期，其中轿车生产能力的扩展更加迅猛。市场竞争将更加激烈，下半年对于某些产品的持币待购现象将逐步消失。在中国汽车生产能力已经居于世界第一之后，汽车生产能力的过快提高对于汽车工业、汽车企业意味着什么，值得认真研究并采取相应的对策。

（8）跨国公司在华的扩张呈现加速态势。目前，中国已经成为决定汽车跨国公司在世界汽车界地位的极为重要的市场，因此各个跨国公司在华扩大产能，并且逐步把研发机构向中国转移的趋势将继续扩展。跨国公司产业链条中的销售维修、金融服务、设计咨询等部分也将加速进入中国。

四、促进中国汽车工业平稳、健康发展的政策与对策建议

1. 政府保持汽车工业健康、稳定发展应当采取的政策

（1）在中国汽车工业已经实现了产量、销售量世界第一的历史转折之后，中国政府对于汽车工业的关注重点应当转移到促进汽车工业水平的提高上来。2010年中国汽车工业发展的重点要由追求量的发展，转向追求质的提高，注重产业组织结构的调整，要严格控制整车厂的新设，已有整车企业的发展主要通过兼并重组来完成。要逐步提高整车的技术标准，尤其是排放标准，通过提高技术标准门槛限制盲目发展。

2010年，《汽车工业调整和振兴规划》实施的重点要由维持汽车工业稳定发展转向促进汽车工业结构调整和能力提高。注重防止盲目投资，扩大生产能力，在市场竞争的基础上进一步促进企业兼并重组。

（2）政府政策应当重点支持自主开发能力的形成。在实现了产量、销售量世界第一之后，中国汽车工业由大变强的关键在于加速提高自主开发能力，形成能够与发达国家汽车公司竞争的技术实力，在产品制造技术、产品设计开发技术等方面实现全面的赶超。因此，政府有必要对汽车企业开发新产品、形成自主开发能力给予财政、税收等方面的优惠。但是，需要特别指出的是，目前的政府政策在这方面仍然不够明确、有力，有必要加速这方面具有可操作意义政策的出台。

汽车工业自主开发能力的形成，在很大程度上取决于汽车零部件工业水平的提高和自主开发能力的形成。汽车整车水平的提高，在很大程度上也取决于汽车零部件水平的提高。遗憾的是，中国汽车零部件企业技术水平、开发能力还大大落后于整车企业，在今后相当长的一段时间内，汽车零部件工业应当成为政府制定支持自主开发的政策时予以关注的重点。

（3）政府要更加关注汽车工业节能减排。中国汽车工业的节能减排问题，不仅是一个国内产业发展的重大问题，也是一个国内的重大社会问题，同时还是一个国际关注的重大问题。节能减排的推进，不仅关系到中国汽车工业在国内的发展，也关系到中国汽车工业能否大步进入国际市场。

政府应当通过重点支持汽车节能减排技术、节能减排关键新材料、关键零部件的研究开发，促进汽车工业技术水平的提高，促进汽车产品结构的改善。

政府要逐步提高整车的技术标准，尤其是排放标准，通过提高技术标准门槛限制盲目发展。但是，在准备提高技术标准时，要注意与中国汽车工业整体水平相适应。在多数汽车企业技术能够达到、财务能够承担的情况下，逐步提高技术标准。

（4）政府要保持对新能源汽车产业化的政策支持力度。由于新能源汽车产业化是一个世界课题，涉及面广，而且是全新的，因此在政策执行过程中，要根据实际运行中出现的问题及时进行调整。

当前比较紧迫的是，购买新能源汽车予以财政补贴的政策；新能源汽车充电站建设的规划与政策；对新能源汽车零部件开发予以支持的政策。政府还应当保持对新能源汽车重大公共技术的政策支持力度。

新能源汽车及相关基础设施（如汽车充电站）的技术标准目前还没有推出，政府在这方面要予以支持和推动。新能源汽车及相关基础设施技术标准的制定，要充分发挥大企业的作用。

（5）在发挥市场基础作用的前提下，通过政策引导企业兼并重组，优化产业组织结构。2010 年，政府应当把这方面的政策与防止产能过剩结合起来予以推进，以促进汽车工业稳定增长，防止出现大起大落。

（6）采取有力措施，帮助汽车企业开拓国际市场。鉴于汽车企业在国际市场的发展（包括汽车出口、在外国建厂及兼并企业）已成为影响中国汽车工业发展的战略问题，鉴于 2010 年国际汽车市场对中国汽车工业已经显现了机遇，鉴于汽车出口是中国汽车工业未来发展的基本趋势，鉴于《汽车工业调整和振兴规划》中缺乏这方面的政策，建议 2010 年政府对汽车出口予以关注，制定支持汽车产品出口的相关政策，对汽车产品出口予以支持。

由于汽车产品出口中，国产品牌居于主导地位，因此扶植汽车产品出口与扶植国产品牌有密切关系。从这个意义上看，扶植汽车出口的政策在某种意义上也是扶植国产品牌发展的政策，政府有关部门应当把汽车出口作为汽车工业发展的重大战略问题予以重视。

2010 年，中国汽车企业在海外进行购并的最佳时机已经过去。但是，在引进技术、人才方面仍然存在着较多机会。政府对企业从海外引进人才、购买技术以及购买企业仍然要给予支持和引导。

（7）落实支持自主品牌发展的有关政策。政府已经制定了在政府公务用车采购中，国产品牌轿车必须占 50%的规定。相关规定仍需要得到进一步的落实。建议政府有关部门加速出台相关规定的执行细则，同时加强对规定执行的监督和检查。

2. 2010 年汽车企业经营发展应采取的对策

（1）对汽车市场应抱着审慎、乐观的态度。在经历了 2009 年汽车工业高速增长后，有些企业对 2010 年的市场存在着盲目乐观的心理。要看到，在经历 2009 年的高速增长后，维持同样的增长速度是比较困难的。同时，还存在着国家刺激经济政策一旦推出，可能发生市场变化的风险。在看好 2010 年汽车市场的同时，保持冷静的心态，不盲目扩大产能，把重点放在新产品开发和技术水平的提高上，放在已有比较优势的细分化市场上，这是企业家应当采取的基本对策。

(2) 汽车企业要注重保持销售服务的水平，注重产品质量。从世界汽车工业发展和中国汽车工业发展看，往往在高速增长时，容易出现产品质量、维修服务方面的问题。目前，市场上出现了局部的供不应求现象。在这种情况下，汽车企业尤其要注意保持产品质量，做好销售服务工作。日本丰田汽车公司在美国的遭遇，值得中国汽车企业警惕，并引以为鉴。

(3) 发展新能源汽车要量力而行。目前，在中国汽车企业中出现了“新能源汽车热”。要看到新能源汽车固然很重要，有极大的发展空间，但是其产业化、市场化仍然有很大不确定因素。企业应当根据自身情况，在进入这一领域时要量力而行。

(4) 海外购并要抱谨慎态度。2010 年，中国汽车企业完成的几个重大购并案只是从商务手续上取得了成功，购并是否真正获得成功还要看 3~5 年。中国汽车企业在海外购并时应当小心谨慎，在与自己实力和需要相匹配的领域多下工夫。

(5) 要认真做好二三四线城市汽车市场及农村汽车市场的建设。汽车企业要充分认识二三四线城市汽车市场及农村汽车市场对企业长远发展的重要战略意义，认真研究和开拓，不能抱有机会主义的态度。二三四线城市汽车市场及农村汽车市场与大城市汽车市场有很多不同，要认真摸索经验，建立适合于二三四线城市汽车市场及农村汽车市场的销售模式和维修体系。

专栏 20—1

新能源汽车亟待建立技术标准体系

目前，国内涉足电动汽车的企业有比亚迪、安凯客车、上海瑞华集团、浙江万向集团、上海雷博等十几家企业。各个企业生产的电动汽车和电池技术标准都不尽相同。各个厂家选择的合作伙伴也不相同。汽车充电站各项建设的技术标准自然也不相同。现在我国尚未正式推出国家统一的新能源汽车技术标准和充电站技术标准。在充电站建设方面，究竟是发展换电池模式还是插电模式也尚未定论。即使是插电模式，不同厂商也有不同的插口。

例如，国家电网公司与中石化都在各自建设充电站网络。各个地方由于合作方不同，建设充电站依据的技术标准也不同。合肥市充电站的建设由合肥供电公司根据国家电网公司的6 项标准建设。浙江康迪则与中海油、中国普天、浙江天能等能源巨头达成协议，成立“中国纯电动汽车产业化推进联盟”，力图扩大换电池模式的影响力。一汽、上汽、东风、长安等 10 家整车厂则在 2009 年 8 月成立了电动汽车产业联盟，推动插电汽车的商业标准和模式。

资料来源根据：《新京报》2010 年 3 月 10 日《“五大央企”圈地充电站市场》改写。

参考文献

中国汽车工业协会统计资料（2009年）。

国务院：《汽车工业调整和振兴规划》。

中国社会科学院工业经济研究所：《中国工业发展报告》（2008年）。

赵英：《新能源汽车政策探索》，搜狐汽车专栏，2010年4月。

第二十一章　船舶工业

提　要

船舶工业是为航运业、海洋开发及国防建设提供技术装备的综合性产业，对钢铁、石化、轻工、纺织、装备制造、电子信息等重点产业发展和扩大出口具有较强的带动作用。受国际金融危机影响，国际航运市场急剧下滑。在此背景下，中国船舶工业处境十分困难，新接订单和手持船舶订单下降，订单撤销与合同重谈现象显著增多，出口交货值增幅持续回落。为应对国际金融危机，中国出台了扩大内需的投资计划、《船舶工业调整振兴规划》和一系列配套政策措施，旨在“保增长、扩内需、调结构”，提高船舶工业抗风险危机的能力，推进中国船舶工业平衡较快发展。这些措施对船舶工业战胜困难、化解危机、平稳增长、加快复苏起到了强有力的支撑作用。但是，未来发展将面临更为严峻的挑战，对产业自身加快结构调整、转变发展方式的要求更加迫切。

*　　*　　*

船舶工业具有牵涉面广、关联度高的特点，是为航运业、海洋开发及国防建设提供技术装备的综合性产业，对钢铁、石化、轻工、纺织、装备制造、电子信息等重点产业发展和扩大出口具有较强的带动作用。根据2007年投入产出表分析，中国船舶工业对国民经济116个产业部门中的97个部门有直接消耗，其中尤以机械、冶金、电子、电力、仪表、建材、石化等行业与船舶工业关系密切，关联面达84%。因此，世界主要造船国如日本、韩国等，都把船舶工业作为带动国民经济发展的重要行业。

一、国际金融危机对中国船舶工业的影响

2008年下半年以来，受国际金融危机影响，国际航运市场急剧下滑，造船市场受到了很大冲击。新接订单大幅减少，手持船舶订单急剧下降，订单撤销与合同重谈的现象显著增多，出口交货值增幅持续回落，企业融资困难、履约交船风险加大，市场处于极度混乱和恐慌之中，中国船舶工业发展形势严峻。在这一背景下，国家出台了扩大内需的投资计划、

《船舶工业调整振兴规划》和一系列配套政策措施。在中央“扩内需、调结构、保增长”一系列政策措施的积极作用下，船舶工业下滑的局面得以扭转，最终取得了造船完工量 4243 万载重吨，同比增长 47%、实现利润增长 8.3%、新增订单量与手持订单全球第一的好成绩。下面分别从经营环境、产业规模、就业、出口和国际竞争力等方面分析国际金融危机对中国船舶工业的影响。

1. 经营环境恶化

受国际金融危机影响，国际造船市场整体极度萧条。中国船舶工业是典型的外向型产业，[①] 受国际市场萧条的冲击大，产业发展面临严峻考验。

（1）新接订单困难，手持订单下降。2008 年第四季度中国船舶工业月均成交 30 万载重吨，与前三个季度月均成交相比跌幅高达 95%。2009 年全年承接新船订单同比下降 55%，约有 65%的船舶企业没有接到新船订单，尤其是新兴船厂，由于还处在建设期，订单储备较少，面临船台空置、无船可造的困难局面。2009 年年末，中国手持船舶订单 18817 万载重吨，同比下降 8%。

（2）交船难。订单撤销、合同重谈甚至弃船，履约交船风险加大。在航运市场极度萧条及船东资产大幅缩水等因素的作用下，不少船东出现经营困难，订单撤销或合同重谈时有发生。据统计，从 2008 年 10 月至 2009 年底，全国被撤销船舶订单累计达 204 艘、705 万载重吨，其中仅 2009 年 6 月就取消订单 14 艘、122 万载重吨。除了撤单，船东推迟接船时间、降价接船、延迟付款、改型等更改造船合同的情况不断增多。

（3）融资困难。在国际金融危机的影响下，金融机构将造船业列为高风险行业，对船舶融资业务的审核更加苛刻，船厂流动资金贷款和获得预付款保函的难度增大使部分船厂生产陷入困境，船东融资也出现困难。船舶工业是资金密集型行业，船厂手持合同金额一般远远高于企业的资产，而付款方式为预付款方式，即船东以预付款的方式根据造船进度按合同规定比例分多次汇入造船企业。造船企业必须要求银行提供预付款保函，以作为在造船企业不能履约时承担赔偿义务的凭证，船东收到保函后向造船企业支付预付款。由此可见，资金担保和出具保函是船舶贸易中最重要的两条资金线，而当前造船企业都面临着资金担保及出具保函的困难。事实上，融资难是世界船舶企业普遍面临的困境，韩国、日本和德国众多造船企业也普遍遭遇融资难题。金融危机使韩国中小造船企业遭遇融资渠道堵塞、预付款拖延等问题，从而导致 WongYong 造船因不能获得银行担保而被船东取消了 10 艘散货船订单，沦落到被拍卖的境地；而大韩造船、Jinsc 造船、禄丰造船、TKS 造船等则由债务银行组织企业重组。日本造船企业也有类似问题，金指重工、三原造船和赞歧造船宣布破产，还有许多船厂在苦苦支撑，处于生死存亡的境地。德国造船企业的处境也差不多，Cassens、林得瑙、SSW 已宣告破产，Wadan 船厂在地方政府支持后仍难以维系，已向法院申请破产保护。

（4）盈利难。恶性竞争导致价格明显下降。为争夺订单，船厂竞相压价，行业无序竞争十分严重。克拉克松统计显示，新船价格指数已经连续 16 个月下跌，现在为 136.1 点。按

① 2008 年出口船舶占造船完工总量的 73%。

照一艘 18 万载重吨的好望角散货船的标准，它的价格已经从 2009 年 1 月的 8800 万美元下跌到了 12 月初的 5650 万美元，跌幅近 36%。

2. 产业规模继续扩张

尽管船舶工业处于萧条期，但中国产业规模继续扩大。延续 2008 年规模扩大势头，2009 年规模以上船舶企业有 1860 家，比 2008 年同期增加了 628 家，其中船舶制造企业 731 家，比 2008 年的 547 家增加了 184 家；船舶配套设备企业 660 家，比 2008 年的 368 家增加了 292 家，见表 21-1。

表 21-1　　2007~2009 年船舶工业企业数变化情况

行　业	企业数（个）			企业增减数（个）		从业人员数（万人）		
	2009 年	2008 年	2007 年	2009~2008 年	2008~2007 年	2009 年	2008 年	2007 年
船舶及浮动装置制造	1860	1232	1017	628	215	55.4	44.0	35.2
金属船舶制造	678	503	419	175	84	33.6	25.6	19.7
非金属船舶制造	53	44	39	9	5	0.7	0.6	0.5
船用配套设备制造	660	368	282	292	86	9.5	7.2	5.9
娱乐船和运动船的建造和修理	67	44	34	23	10	0.7	0.7	0.5
船舶修理及拆船	390	257	229	133	28	10.7	9.7	8.5
航标器材及其他浮动装置的制造	11	16	14	(5)	2	0.1	0.2	0.2

资料来源：ACMR 数据库。

国际金融危机以来，中国船舶工业从业人员数量不减反增。船舶工业直接就业人员从 2008 年末的 44 万人增加到 2009 年末的 55.4 万人，增加了 11.4 万人，同比增长了 25.90%。其中，船舶制造业 2009 年比 2008 年增加了 8 万人，同比增长了 30.31%；船舶配套业增加了 2.3 万人，同比增长了 31.94%，修船业增加了 1 万人，同比增长了 4.23（见表 21-2）。

表 21-2　　2008~2009 年船舶工业从业人数变化情况

	从业人员平均数（人）							
	2008 年	2009 年	同比（%）	环比（%）	2008 年	2009 年	同比（%）	环比（%）
	船舶工业				其中：船舶制造			
2 月	365162	500235	36.99		217725	307348	41.16	
5 月	390923	522395	33.63	4.43	234436	328930	40.31	7.02
8 月	410014	534420	30.34	2.30	244330	335881	37.47	2.11
11 月	440041	553997	25.90	3.66	268858	350352	30.31	4.31
	其中：船舶配套装备制造				其中：船舶修理与拆船			
2 月	62208	88927	42.95		83727	102444	22.35	
5 月	65674	94358	43.68	6.11	89185	97887	9.76	-4.45
8 月	70280	94567	34.56	0.22	93622	102776	9.78	4.99
11 月	72347	95279	31.70	0.75	96987	107128	10.46	4.23

资料来源：根据 ACMR 数据库计算。

3. 出口规模继续扩大

在国际金融危机下，中国船舶工业出口量大幅下降，但出口额不减反增。图 21-1 和表 21-3 给出了 2008 年以来中国船舶工业月度出口额的变化情况。由图 21-1 和表 21-3 中可以看出，中国船舶工业受国际金融危机影响，年出口额在 2009 年不减反增，同比增长 41.44%。如果按月比较，除了 2009 年 7 月的出口额同比变化不大以外，其他月份出口额同比都有较大的变化，特别是 2009 年 12 月，船舶工业出口额 32.36 亿美元，同比增长 82.59%。

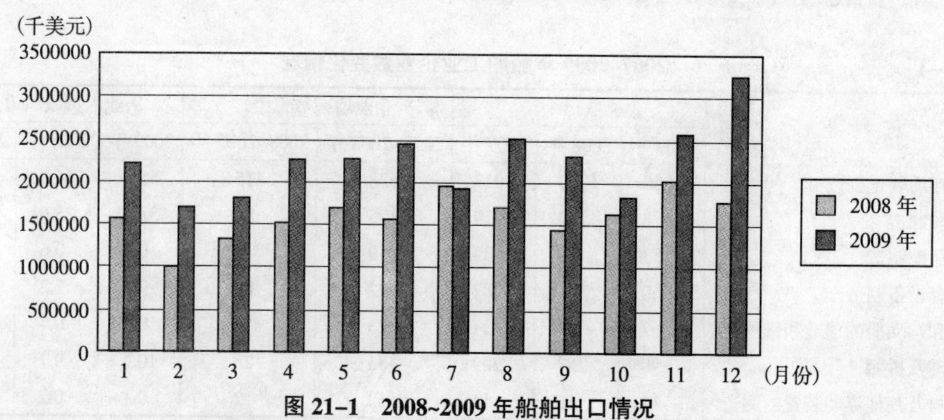

图 21-1 2008~2009 年船舶出口情况

资料来源：根据 ACMR 数据库计算。

表 21-3 2008~2009 年船舶工业出口额变化情况

	2008 年（亿美元）	2009 年（亿美元）	同比增长（%）
1 月	15.44	22.15	43.48
2 月	9.92	16.97	71.03
3 月	13.25	18.12	36.80
4 月	15.19	22.46	47.82
5 月	17.01	22.57	32.69
6 月	15.57	24.40	56.71
7 月	19.42	19.30	-0.61
8 月	17.02	24.98	46.77
9 月	14.27	23.04	61.47
10 月	16.23	18.39	13.30
11 月	20.13	25.64	27.38
12 月	17.72	32.36	82.59
全年	191.16	270.37	41.44

资料来源：根据 ACMR 数据库计算。

在对船舶工业进出口相对结构的影响方面，在国际金融危机背景下，中国船舶工业进出口是一增一降。一增是出口增长，船舶出口总值从 2008 年的 191.23 亿美元增加到 2009 年的 270.95 亿美元，同比增长 41.68%；一降是进口下降，从 2008 年的 11.37 亿美元，下降到

2009 年的 10.02 亿美元，同比下降了 11.93%。船舶贸易顺差也从 2008 年的 180 亿美元扩大到 261 亿美元（见表 21-4）。

表 21-4　2008~2009 年中国船舶工业出口相对结构

年份	出口总值（亿美元）	出口总值同比增速（%）	进口总值（亿美元）	进口总值同比增速（%）	年度顺差（亿美元）
2008	191.23	60.10	11.37	28.37	180
2009	270.95	141.68	10.02	–11.93	261

资料来源：根据 ACMR 数据库计算。

4. 国际市场竞争力有所提升

这里用三大造船指标即国际市场占有率、出口贡献率、贸易竞争力指数（TCI）考察船舶工业的竞争力在危机前后的变化情况。通过比较发现，中国船舶工业参与国际竞争的能力不断提升。第一，从三大造船指标来看，2009 年中国造船完工量、新接订单量、手持订单量分别占世界市场份额的 34.8%、61.6%、38.5%，比 2008 年底分别提高了 5.3 个、23.9 个和 3 个百分点，取得了新接订单量和年底手持订单量世界第一、年造船完工量世界第二的好成绩（见表 21-5）。第二，从船舶出口贡献度来看，自 1995 年以来，中国船舶出口额占全部商品出口额的比重一直不到 1%。在国际金融危机背景下，船舶出口占全部商品出口的比重不降反升，2008 年全年为 1.37%，2009 年达到 2.25%，为历史最高水平（见图 21-2）。这表明，与其他出口商品相比，国际金融危机对中国船舶出口并没有形成更强的负面冲击。相比之下，船舶是中国出口商品中最具竞争力的商品之一。第三，中国船舶工业的贸易竞争力指数[①] 从 2005 年以来皆大于 0.8，这表明中国船舶工业的贸易竞争力较强。在国际金融危机背景下，中国船舶工业贸易竞争力指数不降反增，从 2008 年的 0.89 提高到 2009 年的 0.93，这表明中国船舶工业竞争力有所提升（见图 21-3）。但是，人们应清醒地认识到，在技术水平、管理能力上，中国船舶工业与日本和韩国相比还有很大的差距，技术竞争能力不足，中国的新增订单能力也可能只是暂时超过韩国。

表 21-5　2009 年世界主要造船国三大造船指标市场份额

指　标		世界	韩国	日本	中国
2009 年造船完工量	万载重吨	12203	4378	2899	4243
	占比（%）	100	35.9	23.8	34.8
	万修正总吨	4872	1555	984	1523
	占比（%）	100	31.9	20.2	31.3

① 船舶工业贸易竞争力指数（TCI）反映的是船舶工业的出口竞争能力，可以通过下式计算：

船舶工业贸易竞争力指数 = (中国船舶出口总额 – 进口总额) / (中国船舶出口总额 + 进口总额)

在自由、开放的市场经济环境下，TCI 指数可用于说明一国船舶工业的国际竞争力状况，即：TCI > 0 时，表明船舶工业有国际竞争力；TCI < 0 时，表明船舶工业缺乏国际竞争力。TCI 值越大（但不超过 1），表示船舶工业国际竞争力越强。

续表

指　标		世界	韩国	日本	中国
2009 年新接订单量	万载重吨	4219	1487	90	2600
	占比（%）	100	35.2	2.1	61.6
	万修正总吨	1149	316	17.6	711
	占比（%）	100	27.5	1.5	61.9
2009 年底手持订单量	万载重吨	48884	17224	8831	18817
	占比（%）	100	35.2	18.1	38.5
	万修正总吨	15313	5284	2322	5389
	占比（%）	100	34.5	15.2	35.2

注：此表世界数据来源于克拉克松研究公司，并根据中国的统计数据进行了修正。中国造船三大指标载重吨数据包括 100 总吨及以上钢质机动海船。

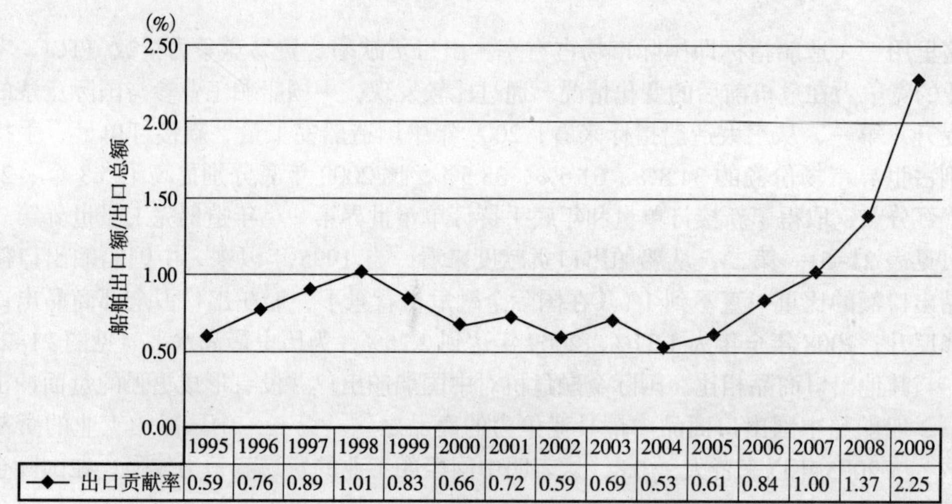

	1995	1996	1997	1998	1999	2000	2001	2002	2003	2004	2005	2006	2007	2008	2009
出口贡献率	0.59	0.76	0.89	1.01	0.83	0.66	0.72	0.59	0.69	0.53	0.61	0.84	1.00	1.37	2.25

图 21-2　1995~2009 年船舶工业出口贡献率

资料来源：根据联合国贸易数据库（http://comtrade.un.org）中 SITC7 的数据计算。

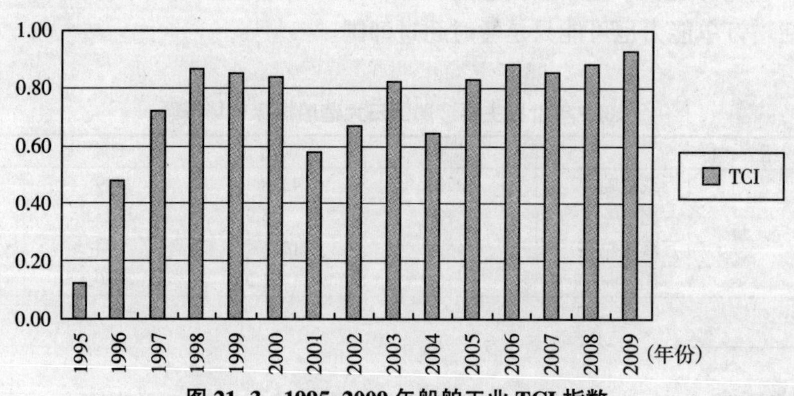

图 21-3　1995~2009 年船舶工业 TCI 指数

资料来源：根据联合国贸易数据库（http://comtrade.un.org）中 SITC7 的数据计算。

二、中国船舶工业应对国际金融危机的措施及效果

为应对国际金融危机，中国出台了《船舶工业调整和振兴规划》与《国务院关于振兴装备制造业的若干意见》，以及《建造中船舶抵押登记暂行办法》、《提前淘汰国内航行单壳油船实施方案》、《促进老旧运输船舶和单壳油轮报废更新实施方案》、《船舶工业技术进步和技术改造投资方向（2009~2011 年）》、《船型开发科研项目指南》、《海关工程装备科研项目指标》、《关于加强船舶企业科研开发的若干意见》等配套措施（以下简称《规划》及配套措施），旨在扩大内需、增加订单、调整结构、促进发展，提高船舶工业抗风险和危机的能力。这些政策措施涵盖金融、财政、税收和自主技术创新等方面，主要分为四大类：一是“解决企业融资难”的政策措施。针对船舶企业融资难问题，中国出台了包括加大生产经营信贷融资支持、增加船舶出口买方信贷投放、建立船舶基金等政策。二是“保增长、扩内需”的政策措施，主要是解决船舶国际市场萎缩，“保增长、扩内需”的措施包括鼓励购买弃船、努力扩大国内市场需求、加快淘汰老旧船舶和单壳油船、鼓励开拓国际市场等措施。三是“调结构、促发展”的政策措施，针对船舶工业存在的产业结构与市场结构问题，出台包括严格控制新增产能、淘汰落后生产能力、企业兼并重组政策措施。四是“上水平、提素质”的政策措施，主要是针对船舶工业的创新能力不强，出台包括加大科研开发和技术改造投入等政策措施。从实践中看，《规划》及配套措施对船舶工业战胜困难、引导船舶企业积极化解风险、确保平稳较快增长、扩大船舶市场需求、加快船舶产业复苏，起到了强有力的支撑作用。中国船舶工业经受住了国际金融危机的严峻考验，工业生产运行总体平稳，主要经济指标继续保持较大幅度增长，发展好于预期。

1.“解决企业融资难”的政策措施明显

《规划》及配套措施出台以后，金融机构恢复了对船舶企业的融资信心，授信增多，船舶企业融资难的状况已大为缓解。其一，金融机构与船舶企业签订各类船舶融资协议，包括战略合作、保函授信、流动资金贷款、国内贸易融资、出口信用证、买方信贷等方面的积极性明显提高。其二，新型船舶融资品种也逐渐增多，如中船产业投资基金作为中国唯一进行船舶产业投资及相关领域股权投资的基金，开创了船舶制造或船运融资的新方式，建立起了一个以基金为一方主体的船舶运营模式，用股权基金的方式投资于造船、航运产业链，极大地推动了船舶融资方式的发展。国家开发银行推进信贷资源逐步向船舶产业倾斜，其所属的金融租赁公司目前已经开始向船舶产业拓展，并为船舶企业量身定做融资方案。

国际金融危机爆发以来，由于韩币对美元大幅度贬值，韩国船舶企业出口船的报价在同等条件下比中国低 10%，价格优势相当明显。但在这种情况下，2009 年以来中国船舶企业在承接国际订单上不仅没有落后于韩国，反而领先韩国较大，其中一个主要原因在于中国船

船企业在政府高度重视下较好地解决了船舶融资问题。相比之下，其他主要造船国的融资政策效果不及中国。韩国知识经济部和国土海洋部对韩国造船企业提供5000亿韩元的紧急融资支援，主要针对资金周转困难的造船企业。但是，韩国相关政策的预期效果受到质疑，原计划由政府牵头，韩国进出口银行、韩国出口保险公社联合出资振兴中小企业的融资方案没有真正落到实处。日本政府曾提出针对破产中小企业的新融资办法，使其能获得必要的资金并重新得以发展。申请破产的日本船厂有可能遵循新的融资方案获得新生，但是具体结果尚不得而知。德国政府没有直接的融资方案出台。

2. "保增长、扩内需"的政策效果较为显著

《规划》及配套措施出台以后，"保增长"的措施特别是鼓励购买弃船和扩大国内船舶市场需求的政策措施在市场需求疲软的大环境下对保持中国造船舶企业的稳定生产起到了较好的作用。2009年，全国规模以上船舶工业企业完成工业总产值5484亿元，同比增长28.7%，增幅下降31.1个百分点。2009年1~11月，全国规模以上船舶工业企业实现主营业务收入4080亿元，同比增长30.9%，增幅下降25.5个百分点；全国规模以上船舶工业企业实现利润总额316.4亿元，同比增长8.3%，增幅下降42.2个百分点。2009年，全国造船完工量4243万载重吨，同比增长47%，其中，海船为4002万载重吨、1523万修正总吨，内河船为247万载重吨。2009年，除运输公司外，中国的石油公司、大型钢厂、电厂等资源型企业纷纷下船舶订单，介入资源运输。天津船舶基金运行以来，已购买30多艘船。

3. "长期发展"的政策效果还有待时间检验

"长期发展"的政策是"调结构、促发展"和"上水平、提素质"的总称，它是保障船舶工业长期发展的政策措施。

在《规划》及配套措施的指导下，中国加大了对骨干企业的支持力度；采取了资本注入、优惠融资等方式支持骨干企业进行技术改造和升级，推动船舶配套与造船产业的同步协调发展。一些船舶企业按规划调整目标，取消和缓建了一批基础建设项目；有些企业开始调整业务结构，有的已考虑兼并重组等问题。不少船舶企业开始深入开展科技创新推进工程，加强技术中心和工程实验室建设，不断提升核心竞争力。部分有实力的船舶企业还加强了船舶和海洋工程装备开发，重点开发满足国际新标准、新规范的经济型、环保型、节能型船舶，加快突破海洋工程装备的关键技术，加强支撑船型开发的基础共性技术和绿色、安全技术研究，加快开拓海洋油气勘探开发装备等新领域，以推动船舶工业的调整与振兴。但是，由于配套措施出台实施的进度不一，加之需要解决问题的难易程度不一，需要的时间也不一样，《规划》及配套措施的实施效果在不同方面存在一些差异，特别是在产能扩张、技术进步和产业结构优化升级方面取得的效果还有待时间的检验。但总体而言，"调结构"的政策效果目前还不明显，产能还在继续扩张，见表21-6。相比之下，韩国利用危机进行结构调整的效果或许要明显一些。韩国政府对船舶工业采取了与汽车工业完全不同的态度，即不直接介入方针。这一方面是韩国政府避免与欧洲和日本在OECD再因造船产生摩擦的需要，另一方

面就是韩国大型造船企业对政府施压，以达到淘汰中小造船企业的目的。对于中小造船企业，韩国政府认为出路有三个：一是在金融机构的主导下进行重组或直接破产；二是成为专业分段厂；三是被大型造船企业兼并。

表 21-6　中国船舶工业应对金融危机的主要措施及实施效果

政策目标	政策内容	实施效果
解决企业融资难	加大生产经营信贷融资支持、增加船舶出口买方信贷投放	较显著
保增长、扩内需	确保船舶工业主体的平稳运行，确保重点骨干企业手持订单的任务能够按期完成和交付。努力扩大新船需求，支撑船舶工业长远发展。鼓励购买弃船、努力扩大国内市场需求、加快淘汰老旧船舶和单壳油船、鼓励开拓国际市场和建立船舶基金	较显著
调结构、促发展	严格控制新增产能、淘汰落后生产能力；优化资源配置，合理布局；鼓励企业强强联合、兼并重组，提高产业集中度和资源利用效率；鼓励和引导中小造船企业围绕造船骨干企业，发展中间产品专业化生产，形成中间产品配套厂与总装厂协同发展的格局	有待时间检验
上水平、提素质	提高船舶工业自主创新能力，加强高技术船舶研发和技术储备，推进产品结构的优化升级，强化主流船型竞争力；发展海洋工程装备制造，培育新的经济增长点；着力解决产业结构性问题，加快主要船用设备制造企业技术改造力度，提高船用主机、甲板机械等主要配套设备及关键零部件的生产能力和技术水平，切实解决船用设备发展滞后的局面；加快建立现代造船模式，走内涵式发展的道路	有待时间检验

资料来源：根据相关政策管理。

三、展望与政策建议

展望 2010 年，世界造船市场整体仍以低迷为主，中国船舶工业结构性能力过剩矛盾逐渐显现，总体技术水平和产品档次不高。但是，国际金融危机也是中国船舶企业改变世界船舶市场竞争格局的独特机遇，抓住机遇、苦练内功，中国船舶工业将可能借此由大转强。

1. 行业发展态势

（1）造船市场尚未完全复苏，未来 1~2 年仍以低迷为主。目前，世界宏观经济形势已逐步企稳，2010 年可能会出现一定的增长，但仍然存在很多不定因素。随着世界经济逐步回暖，海运需求会有所增加，但相对当前巨大产能和巨量订单交付而言，造船市场整体不会明显回暖。第一，从产业链影响因素以及历次船市萧条期比较分析来看，本次船舶工业萧条很可能会持续到 2012 年左右，未来 1~2 年船舶市场仍以低迷为主，造船能力过剩将成为影响今后几年世界造船业发展的首要问题。第二，全球可能出现船舶企业大规模倒闭。由于造船业订单出现有史以来最大降幅，银行紧缩信用，许多造船厂融资困难，可能爆发倒闭潮。订单的短缺，致使造船厂几乎无法得到预付款以应付现金流动需求。2009 年，韩国已有三家船厂倒闭，日本一家船厂、德国三家船厂、挪威与美国的一家合资船厂也申请破产，丹麦唯一一家船厂即将关门。随着手持订单量继续下降，全球可能出现船舶企业大规模倒闭。第三，价格风险依然存在。从实际成交的船型来看，好望角型散货船的成交价最低已达 5000 万美元，韩国圣东船厂在 2009 年初曾以该价格的低价签下 2 艘好望角型散货船合同；巴拿马型散货船最低成交价达 3200 万美元，灵便型散货船的成交价也降至 2700 万美元。第四，如果市场继续低迷，随着手持订单持续下降，将影响企业的后续开工和稳定生产。2011 年，中国大多数企业将出现开工不足，2012 年，许多企业将处于停产、半停产的状态。

（2）借金融危机中国船舶工业将可能由大转强。大危机时期往往是竞争格局大调整的时期，也是中国船舶企业改变自身在世界船舶市场竞争地位的独特机遇期。尽管船舶工业还未真正走出萧条，但危机也是中国船舶工业转型升级的契机，是中国造船业由大转强的一次机遇。第一，从造船工业的历史看，低迷期也是调整期，日本和韩国船舶工业发展的经验表明，它们都是在萧条期苦练内功谋发展的。目前，中国在常规船舶的竞争优势上已超过韩国和日本，其主要优势是中国的人力成本占船舶成本的比例不到 10%，而日本和韩国已达到 30%，这是造成日本和韩国船舶制造业盈利波动大、普遍亏损的原因。因此，中国成为造船强国的目标是一定能实现的，但中国目前在技术水平、管理能力等方面与日本和韩国、欧洲的差距还很大。目前，中国船舶企业要积极接单，苦练内功，确保手持订单稳定增长。第二，造船业的萧条加速了世界造船中心向中国转移的速度，并有利于中国造船业扩大市场份额、提高国际竞争力。过去 60 年，世界造船业经历了两次大的产业转移：其一是国际造船中心从以英国为代表的西欧向以日本和韩国为代表的东亚转移；其二是国际造船中心由日本和韩国向中国转移，这一过程正在进行。日本造船业向外转移的动力主要是造船人员后继力量不足、人工费昂贵，而依靠技术进步和并购重组等方式来降低成本只能保持高端船型的竞争优势。韩国造船业向外转移的动力主要是境内用以造船的海岸线资源不足、技术人员与生产工人相对短缺、人工费上涨过快等。特别是在船舶工业低迷时，由于船价普遍下降，成本较高的造船企业在利润的约束下，为了不发生大规模亏损会采取缩减产能、少接订单以及退出造船行业的办法来规避行业低谷的风险。这正是中国船舶工业发展的机遇。

（3）中国造船业深层矛盾有可能集中爆发。①中国船舶工业产能过剩将进一步显现。据有关部门统计，中国船舶工业的实际生产能力为 6600 万载重吨，目前各地规划新增产能超过 2000 万载重吨。由于新船有效需求严重不足，新船交付提速和相当数量订单撤销使产能过剩的问题将更为突出。②结构性产能过剩问题更加突出。中国高技术、高附加值船舶不足世界市场份额的 10%，海洋工程装备设计、总包技术以及核心配套设备仍主要依靠国外。重点海洋工程装备基本依赖国外开发设计，产品建造尚处于起步阶段，国际市场占有率仅为 5%左右。海洋资源勘探、开采、加工、储运等主要生产设备基本依靠进口，这与中国船舶工业发展规模和海洋大国的地位不相适应。船用设备发展滞后，国产化率较低。例如，中、低速柴油机缺口分别为 48%和 34%；船用甲板机械和船用曲轴等柴油机关键零部件缺口 50%左右。船用舱室设备、船舶通信导航自动化系统等设备缺口更大。③产业集中度低，不利于国际竞争力的提升。2009 年，中国前 10 家企业造船完工量仅占全国总量的 52.2%，与韩国相比低 42 个百分点，比日本低 19 个百分点。④产业对外依存度高，2009 年出口船舶的比重近 80%，受国际市场波动影响较大。⑤自主创新能力不强、技术储备不足等问题也制约了船舶工业结构调整和升级的步伐。船舶设计能力低，主流船型设计优化的深度尤其在精细化、标准化、经济性等方面与先进造船国家相比差距仍然较大，技术性能和经济指标偏低。国际上十六大类船型中，中国能够自主设计和建造的仅有原油船、成品油船、化学品船、散货船等六大类常规船舶，需求很大的冷藏船、全集装箱船、滚装船、液化石油气船等八大类船型的建造主要靠购买国外设计，而液化天然气船、大型豪华游船等国内设计和建造经验尚浅，海洋工程装备对国外的依赖更大。中国万箱级以上超大型集装箱船的自主开发尚处起步阶段，尚未实现 LNG 船自主开发设计，大型滚装船、高速运输船和大型工程船的关键设计技术仍未完全掌握；豪华游船、压缩天然气船、冰级运输船等船型更是缺乏技术储备。

2. 政策建议

中国船舶工业自身结构性矛盾和问题十分突出，近年来造船能力增长过快，产能过剩的隐患不断增大；自主创新能力较弱，主要依靠外延式扩张的发展方式没有根本改变；海洋工程装备等高端产品比重较低，船舶配套业发展滞后。这里建议从以下几个方面入手，扩大船舶需求，改善船舶企业经营的市场环境，提高船舶企业的创新能力。

(1) 进一步扩大船舶内需。船舶工业是周期性比较长的产业，其对市场的反应往往有一段滞后期。由于前几年积累下来的手持订单较多，加之《规划》及时出台的推动，2009 年中国船舶工业在生产和出口方面仍然保持较高的增长速度。但是，由于市场需求大幅度萎缩，2009 年中国船舶工业新接订单明显下滑，这势必将对未来 2~3 年中国船舶工业的发展带来严峻的考验。因此，如何进一步扩大船舶工业的市场需求已经成为事关船舶工业未来发展的紧迫课题。鉴于国际市场是一个无法控制的外生变量，而且可以预料，当前国际船舶市场需求下降的颓势会持续一段时间。因此，无论是从扩大的潜力来看，还是从政策的可控性来看，对于扩大船舶市场需求，目前主要应该以扩大船舶的国内市场需求为抓手。

第一，提高“国轮国造”、“国货国运”的比重，扩大内需。日本船厂在本次危机中受到的冲击相对较小，其主要原因之一就是其客户基本上都是日本船东。根据克拉克松的统计，日本船厂手持订单中有近 65%来自于日本船东（按金额统计）。日本船厂手持订单的前 3 家船东分别是商船三井、日本邮船和川崎汽船，这些船东与日本船厂都有着长期、稳定的战略联盟关系，[①] 是典型的“共存共荣”。中国是世界第二大贸易国，但大部分进出口货物运输依赖外国船舶。以石油和铁矿石为例，其运输大量依赖外国轮船，进口原油和矿石由国内企业运输的比重低，国内运力明显不足。尽管中国大进大出、两头在外的经济发展模式决定未来中国石油、铁矿石等大宗货物的远洋运输需求，进而对新造船舶的需求市场空间巨大，但中国企业购买国轮船的积极性不够。要改变这种状况，需要通过利益机制的重构，建立国内航运企业优先购买本国轮船和国内采购企业优先选用国内运输企业的激励机制。建议通过相互参股、入股等产权纽带建立船舶企业、运输企业和采购企业的业务联系和合作。

第二，积极引导造船舶企业利用现有造船设备开展修船业务，增强大型船舶、特种船舶和海洋工程装备的修理和改装能力。近年来，中国海洋石油勘探和开采发展很快，但大量设备需要进口。中国企业急需的远洋渔船、特种船、工程船、挖掘船也需要大量进口。按照国际船级社的新标准，为了保持海洋环境，所有的远洋油轮都要更换为双底油轮。而目前中国

---

① 三井造船是商船三井的股东，川崎汽船和川崎造船都是从川崎重工集团分离出去的公司。

的油轮中，还有一定数量的单底油轮。建议设立拆船基金，对被拆解的老旧及过剩船舶实施财政补贴，加快老旧船舶报废、更新和单壳油轮淘汰。

第三，大力发展船舶配套。一般而言，船舶配套设备费用占总船价的30%~40%，2009年中国规模以上船舶生产总产值已达5484亿元，按照船舶配套设备费用占总船价的35%计算，中国船舶配套业产值应该在1919亿元左右。而2009年中国船舶配套业产值仅为620亿元，可见中国船舶配套业的发展空间巨大。

（2）采取有效措施，抑制产能过剩。一要实行更加严格的造船设施管理制度，将现有的10万载重吨设施需要国家核准的门槛下调至10万载重吨以下，进一步完善省级造船设施备案制度。同时，改变依据船坞尺寸核定其造船能力的做法，改用实际生产能力和实际建造产品作为船坞能力的判定标准，坚决制止变相新建大型设施。二要改变目前以规模和产量为导向的产业评价体系，明确将造船效率、造船周期、钢材利用率、节能率等指标作为产业硬性评价标准，并更加强调经济效益和环境效益。逐步弱化载重吨在产业指标体系中的使用频率，代之以修正总吨，在指标体系这一基准层面上为促进产业发展由外延式向内涵式的转变提供保证。

（3）采取有效措施，提高自主创新能力。它具体包括：建立长效科研投入机制，支持行业基础数据和船舶工业标准体系的建设，增强中国船舶基础技术、配套技术的技术储备；加大对船舶工业自主创新的支持力度，重点扶持生产企业和科研机构自主开发和优化设计新型船舶和船用设备，引进并消化、吸收高技术、高附加值船舶和关键船用设备技术，开展基础技术和共性技术研究；采取财政、金融、税收、租赁和保险等方面的宏观调控政策措施，支持船舶工业结构调整、技术创新和重要产品制造本土化；设立研发生产新一代节能船机补助金，给予船舶企业和船用设备制造厂资金支持；尽快制定船舶工业装船国产设备推荐产品目录。

（4）进一步加强海事新标准规范应对工作。2007年以来，IMO（国际海事组织）、IACS（国际船级社协会）等国际机构制定的一系列技术标准和规范，包括目标型新船建造标准（GBS）、涂层性能标准（PSPC）、船舶温室气体减排、EEDI公式计算方法临时导则等一系列新标准和规范文件。这些国际公约和规范的密集出台，对中国船舶工业今后的发展提出了全新的挑战。如果应对不力，将对中国船舶工业的长远发展产生不利影响，妨碍中国从造船大国向造船强国的跃升。因此，从以下方面入手，及时调整中国船舶设计和建造规范应是当前船舶工业进一步调整的重要方向和紧迫任务之一。一要积极参与公约和规范的制定工作，为船舶工业的发展争得主导权和主动性。主要包括：进一步完善现有的应对机制，组织专门机构对国际公约和规范进行宣传，使企业和科研机构及时了解新公约、新规范；组织包括谈判专家、技术专家、战略专家等在内的强有力的规范应对小组，提前开展研究工作，紧密结合国内船舶产业的发展状况，制定具有针对性的谈判策略，积极参与新公约和新规范的制定与谈判全过程，为中国船舶工业赢得发展的主导权和主动性。二要引导企业积极应对和应用公约和规范来保护企业自身利益。借鉴日本和韩国的成功经验，引导企业和科研机构重视国际公约和规范的应对、研究、技术开发工作，鼓励企业加强关键技术的研究开发、现有产品的升级改造、相关技术的前期储备及生产流程、工艺方法、服务方式的优化等，提高企业和科研机构开展应对工作的主动性和积极性。三要加大船舶节能减排技术的研发力度。按照国际公约和规范中对于节能减排方面的新要求，结合中国船舶工业的技术水平，在科研立项中增设船舶节能减排技术项目进行重点研发，推动中国船舶设计、建造及配套环节中节能减排技术的研发和应用，快速抢占新型船舶市场。

专栏 21—1

仪征市船舶工业的机遇与挑战

2009 年以来，中央应对国际金融和经济危机，密集出台了拉动内需、促进经济平稳发展的“一揽子”计划，取得了明显成效，船舶内贸市场出现了小幅回升，船舶工业各项经济指标保持了平稳增长。但从总体趋势看，受国际航运市场需求下降的影响，全球造船市场尚未到复苏的时刻，未来 1~2 年造船市场仍将以低迷为主。

仪征市造船企业今明两年将会呈现发展机遇和经营风险的演化更趋激烈、优胜劣汰和成败存亡的分化更趋明显的发展局面。由于占仪征市全行业总产值 70%左右的金陵船舶、舜天造船、国裕船舶和苏港造船四大龙头企业产品结构升级、在手订单充裕、竞争优势明显、运行状况稳定，必将引领和支撑全行业继续保持高速发展。

但是从中小造船企业层面看，已经出现优劣分化、个别企业前途难料。一是全球航运和造船市场持续低迷，特别是外贸新船签约和成交清淡，重新议价和延期交船等合同变更事项和货款迟缓、停建、撤单、弃船的现象时有发生，“接单难、交船难、贷款难、盈利难”等问题依然会困扰着造船企业。二是由于 2009 年年初钢材和船用设备价格跌至低谷，引发了小型内河民船建造热潮，部分中小民营企业应接不暇，在手订单可维持到 2010 年 6~10 月。三是船东在价格水平、货款结算和合作对象与方式选择等方面占据了绝对优势地位，以价格为核心的市场竞争在造船企业间愈演愈烈。四是少数民营企业由于资金周转不灵、应对措施不力等原因，导致经营萎缩、开工不足、船台闲置、运营艰难，且此种情形有蔓延之势。

从总体趋势看，预计 2010 年仪征市船舶修造业骨干企业的产销指标将陆续达到近期的高峰，全行业产销率会有所提高，税收贡献将会加大，但外销占比会在今明两年落至低谷，企业盈利水平会有明显下降。

资料来源：仪征市经济贸易局：《造船市场的发展趋势和仪征船舶工业面临的机遇与挑战》，http://www.yzjm.gov.cn/yzjmaowang/jmyt/8724241647.htm。

参考文献

周为复：《船舶工业调整振兴规划的实施效果评价及政策建议，十大产业振兴规划的实施效果评价》，（中华人民共和国工业和信息化部委托课题）。

张长涛：《日本造船业的危机应对》，《中国船检》2009 年第 2 期。

李奔：《全球金融危机下中国造船企业的应对策略》，《华北电力大学学报》（社会科学版）2009 年第 2 期。

ACMR 数据，http://gov.acmr.cn/。

第二十二章　航空航天工业

提　要

国际金融危机爆发至今，中国航空航天工业在较为低迷的大环境中稳健向前，保持了良好的发展势头。民品和外贸出口业务喜忧参半，军品业务则持续保持稳健增长。但是，中国航空航天工业经济技术储备不足，集成创新与引进、消化、吸收再创新能力和水平不高，民品产业竞争力不强，基础性技术产业发展落后，核心科技人才不足，管理体制和运行机制等自身需要解决的问题仍然存在。国际金融危机对中国航空航天产业的影响还将持续一段时期，正确认识金融危机的走势和中国航空航天工业面临的问题，对于我们做好危机及后危机时代的应对工作、把握航空航天工业经济增长的影响因素、促进中国国内经济增长、实现经济结构调整和产业升级、推动技术创新具有十分重要的意义。

*　　　　*　　　　*

中国航空航天工业主要由军品、民品和外贸三方面业务组成。其中，军品业务和军工资产是核心组成部分，是技术含量最高、最受重视的部分，也是发展最稳健的部分；民品业务作为第二个重要的组成部分，其中比较优质的是通过先进的军民通用技术发展起来的高技术民品业务；外贸出口业务在航空航天工业的收入中占小部分。目前中国航空航天集团的外贸业务以机电产品、军品装备和民用航空转包制造为主。国际金融危机对中国航空航天工业的影响从 2008 年 10 月开始显现的，主要表现为外部需求减少，导致产品出口增速下滑，利润水平增速明显放缓，航空航天工业各项经济指标均受到明显影响，但整体发展趋势仍然向好。2008 年总产值、增加值、总收入和利润总额均有一定增长，各集团营业收入均实现增长，只是增长幅度和速度有较大幅度下降。2008 年民品收入持续增长。虽然金融危机对出口产品冲击较大，但是 2008 年航空航天产品出口仍有小幅增长。2009 年，航空航天工业经济增长速度加快，为了贯彻落实党中央“保增长、扩内需、调结构、上水平、促发展”方针，航空航天工业围绕着提高自主创新能力、基础设施改造、节能减排、安全技术改造以及加快灾后恢复重建等方面，加大了投资力度，一些政策措施的效果开始显现：主要经济指标整体企稳向好，工业总产值增幅逐月提高，经济指标增速急剧下滑的局面有所改观；民品生产逐步回稳，民品产值止跌回升。航空航天工业经济运行的实际情况表明，虽然金融危机对军工经济产生了较大冲击，但军工经济发展的基本态势没有发生根本改变，这为实现航空航天工业经济增长和后期发展提供了坚实的基础。

一、国际金融危机对中国航空航天工业的影响

国际金融危机爆发以来，世界经济普遍衰退，全球航空发动机制造及转包产业受到较为严重的冲击。由于中国在航空发动机制造和转包方面处于起步阶段，在波音、空客等厂商的飞机交付量大幅下滑的形势下，中国的转包业务短期也受到影响；而自 2008 年以来，中国民用飞机的出口也同样受到了国际金融危机的影响。虽然中国航空航天工业中的民品和出口业务受到了一定程度的冲击，喜忧参半，但是军品业务却继续保持稳健增长。航空航天工业由于涉及的产业链长，在经济发展中具有明显的溢出带动作用，有望成为国际金融危机后中国新的经济增长和技术创新引擎。

1. 航空航天工业军品业务持续稳健发展

从历史经验来看，国防开支属于国家财政刚性支出，主要受政治局势和国家战略影响，受经济层面影响很小。近年来，随着中国经济增长，中国国防费用持续增长，国防费用占财政支出的比例比较稳定。长期来看，中国国防费占 GDP 的比例以及人均军费远远低于发达国家水平；短期来看，国防费预算的支出结构调整，有望给整个军工行业带来新机遇。尽管中国国际开支在近 10 年中基本保持了较高的年复合增长率，但与世界上其他国家，特别是和大国相比，中国国防开支占 GDP 比例处于较低的水平。与西方主要国家相比，中国的军费开支无论是绝对数量还是相对比例都偏低。从绝对数量看，中国的军费开支只是美国的 7.5%，从军费占 GDP 的比重来看，中国也明显偏低，不如俄罗斯和法国。

国防开支占 GDP 的比重一般在 2%~7%。一个国家的国防开支如果不高于 7%，一般不会对该国的经济发展造成影响。相反，如果国防投入不足 GDP 的 2%，将在一定程度上制约该国国防水平的提高。中国目前还是一种滞后型的发展模式，国防投入依然维持在一个较低的水平上。

2009 年，中国航空工业集团经济总量持续增加。虽然由于宏观经济的影响，集团汽车及出口业务下滑较快，但是由于军品收入的增加幅度较大，并大于汽车及出口转包收入的下降幅度，航空工业集团的经济总量和营业收入同比有所增加。航天科技集团四大主业中，宇航系统增长态势良好，特别是北斗二代导航系统的加快建设为其未来相关业务的发展奠定了基础。在目前的经济形势下，航空航天军工依靠政府国防开支可以有明确的增长预期。国防开支作为政府的一项重要开支，将在促进国内经济增长、实现经济结构调整、产业升级方面发挥巨大的作用。来自政府的订单能够保证航空航天军工企业稳定增长，促进中国航空航天工业又好又快发展，有望成为中国在国际金融危机后新的经济增长和技术创新引擎。

2. 航空产业外贸转包生产短期受金融危机冲击

在当前世界经济普遍衰退的现实条件下，全球航空发动机制造及转包产业将受到严重冲击。中国在航空发动机制造和转包方面，还处于起步阶段。国家统计局的统计数据显示，在中国高新技术产业增加值、高新技术产品进出口额上，中国航空航天技术领域的情况欠佳。计算机集成制造技术和航空航天技术以进口为主，这说明中国这两类技术领域的产品具有很高的对外依赖性。中国的航空工业外贸转包生产始于 1980 年，先后与美国波音、欧洲空客、加拿大庞巴迪、巴西航空工业公司等世界先进飞机制造公司以及美国通用电气公司、英国罗罗公司、美国普惠公司等发动机制造公司建立了工业合作关系，开展了广泛的航空零部件外贸转包生产，项目涉及机头、机翼、机身、尾段、舱门、发动机部件等多种产品。近年来，国际航空制造业务逐步向低成本国家转移外包的趋势越来越明显，中国企业工时费用较低，产品价格具有竞争力，转包业务逐年扩大。中国转包业务短期受世界经济影响，美国波音、欧洲空客等厂商的飞机交付量预计将大幅下滑，中国转包业务随之受到影响。由于飞机制造是一项高度复杂的工程，产业链极其庞大，各零件分工极细，零部件生产和制作流程中出现了大量转包，依据 DMS（美国防务市场服务公司）预测，未来 10 年内，世界航空发动机零部件转移生产的年产值将超过 100 亿美元。长期来看，中国有企业工时费用低的优势，航空工业技术水平提高较快，参与国际转包业务的竞争力越来越强，而且中国的航空业增长迅速，对国外飞机的采购量仍将保持较大水平，也有利于中国争取转包业务。待全球航空制造业恢复后，中国的转包业务仍有很大的发展空间。

3. 中国民用飞机出口短期受阻

全球航空运输业与经济环境联系较大，在国际金融危机背景下，2008 年航空业需求出现下滑态势，全球民航客座率至今仍低迷。民航飞机的需求与航空运输业联系密切，呈现随世界经济波动的周期性。民航飞机由于制造周期长，与民航客运周期存在一年至两年的滞后期，历史上在民航客运量增速处于低谷后一年至两年，飞机交付量增速也急剧下降。从世界两大飞机制造商波音和空客的销售情况来看，国际金融危机给飞机销售带来的影响十分明显。2008 年，波音公司的订单数由 2007 年的 1397 架下降到 638 架，下降幅度达 54%，而 2009 年上半年仅接到 85 架飞机订单，同比下降 81%。空客公司也类似，2008 年订单同比下降 47%，2009 年前五个月订单同比下降 90%。从飞机交付情况看，由于采用订单生产的方式，两家公司的飞机交付数并不像订单那样大幅下滑，2008 年波音公司飞机交付量仅下降 15%，2009 年上半年同比上升 2.5%；空客公司 2008 年飞机交付量还上升了 6.6%。宏观经济的衰退传导到飞机制造行业有一定的滞后，目前飞机订单量的急剧下降，为今后两年的交付大幅下降埋下了隐患。长期来看，全球对民用飞机的需求仍处于增长期。根据波音公司 2009 年的预测，2008 年全球在役飞机数为 18800 架，其中客机 16860 架，货运飞机 1940 架，预计 2028 年在役飞机数为 35600 架，20 年的年复合增长率为 3.24%。新交付飞机数预计为 29000 架，其中客机 28290 架，货机 710 架。若将 29000 架飞机平均分摊到 20 年，平均每年要交付1450架，目前航空制造业两大巨头波音和空客2008年的飞机交付量共858架，可见航空制造业的需求仍十分庞大，这也给正在崛起的中国飞机制造业提供了发展空间。

中国民用飞机的研制相对军用飞机要弱，2005年中国自主研发的新舟60飞机开始出口，从而拉开了中国民用航空飞机出口的序幕，根据2008年西飞国际的年报披露，新舟60飞机已取得156架订单，累计交付36架。目前，中国已进行试飞的ARJ21-700飞机，也已获得208架订单，其中老挝航空公司订了2架，美国通用电气商业航空服务公司订了25架，而后者标志着中国国产飞机成功打入北美主流航空运输市场。根据飞机生产和适航取证的计划，中国计划于2010年开始向用户交付首架ARJ21-700飞机，至2012年共向国内用户交付30架。其中2010年5架，2011年10架，2012年15架。2008年，中国民用飞机的出口也受到了国际金融危机的影响。2008年新舟60仅交付10架，离年初22架的计划相差较多，该飞机主要用于出口，2009年计划交付20架。凭借优异的性价比，新舟60首先在海外市场获得了订单。到2009年6月，菲律宾飞龙航空公司订购了6架新舟60飞机，至此新舟60已累计获得国内外订单162架。而随着国内支线客机市场的发展，新舟60也逐渐成为一款畅销机型。2009年6月，西飞集团与幸福航空公司举办了2架新舟60飞机交接转场仪式。至此，新舟60飞机已交付国内外客户29架，这标志着新舟系列飞机继在国外取得大批量市场订单并成功运营之后，已越来越多地受到国内航空运输企业的欢迎，同时也预示着新舟60飞机批量投入国内航空运营新局面的到来。随着中国“大飞机”项目逐渐开展，标配168座的国产大飞机C919目前已完成初步设计方案，计划在2014年进行首飞，2016年交付航线使用。随着中国民用航空技术的不断发展，中国飞机的出口市场会越来越大。

二、中国航空航天工业发展现状

虽然金融危机对航空航天工业经济产生了较大冲击，但航空航天经济发展的稳健态势没有发生根本改变。航空航天工业在“十一五”期间，按照远近结合、军民结合、自主开发与国际合作结合的要求，推进飞机、卫星和关键零部件的规模化发展，加速建立航空航天工业的市场开发、科研生产和服务体系。经过近10年国防支出恢复性增长，目前航空航天等国防领域的研发投入有了较大幅度增长，整个产业的劳动生产率得到了提高，航空航天工业已经成为一个关联度很高的产业。

1. 航空航天器制造业发展迅速

“十一五”以来，中国航空航天器制造业投资额由2005年的69.99亿元增加到2008年的159.31亿元，增加值由2005年的209.02亿元上升到2007年的292.34亿元，R&D经费由2005年的27.80亿元上升到2008年的51.99亿元，利税由2005年的44.49亿元增加到2008年的91.93亿元，2008年的出口交货值比2005年的77.76亿元上升了近3倍，达到205.69

亿元见图 22-1。虽然国际金融危机对出口产品冲击较大，但在 2008 年航空航天产品出口仍有小幅增长。未来 10 年，中国将在资金、政策、制度等各方面向航空工业倾斜。作为朝阳产业，航空航天工业在中国即将迎来快速发展阶段。

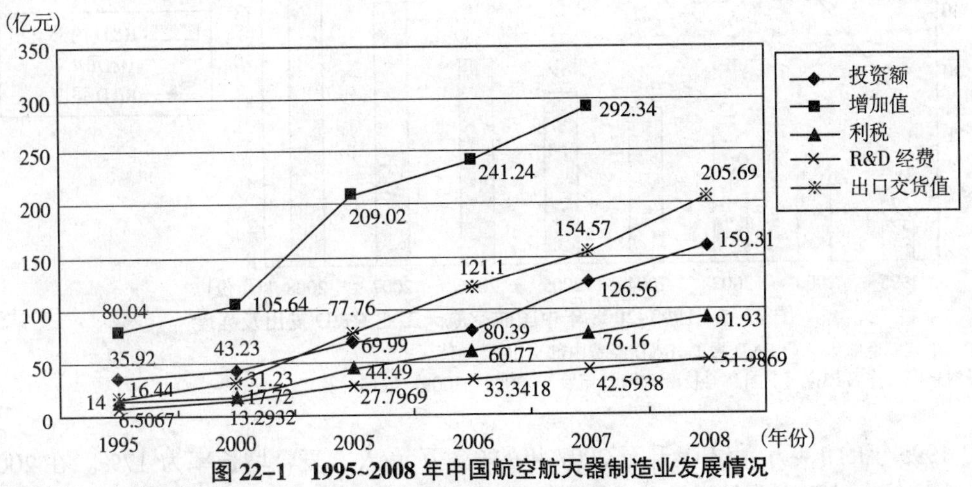

图 22-1　1995~2008 年中国航空航天器制造业发展情况

资料来源：作者根据《中国高科技产业统计年鉴》（2008、2009）整理。

2. 航空航天工业 R&D 投入持续加大，R&D 强度逐步上升

R&D 投入的力度是判断行业未来发展前景、保证持续增长的重要指标。航空航天工业属于高新技术产业，中国航空航天工业 1995 年的研发支出为 10.2 亿元，到 2007 年研发支出上升为 43 亿元，复合增长率① 为 12.9%。进入 21 世纪后，中国航空航天工业的研发支出大幅上升。如果以 2001 年的研发支出 10.5 亿元为基准点，6 年复合增长率为 27%，这表明中国航空航天工业近几年加大了对研发的投入力度。中国高新技术产业 2007 年 R&D 支出额为 653 亿元，航空航天工业的 R&D 支出额为 43 亿元（见图 22-2）。尽管航空航天工业 R&D 支出的绝对金额在高新技术产业中不是最高的，但是 2007 年航空航天工业 R&D 强度（R&D 支出占工业增加值的比重）为 15.3%，已经连续 3 年上升，并且是高新技术产业中最高的。这表明中国航空航天工业正处在一个快速发展的上升时期。

3. 航空航天工业全员劳动生产率持续提高

劳动生产率是衡量一个行业资源利用效率的重要指标。中国航空航天工业的全员劳动生

① 复合增长率（Compound Annual Growth Rate，CAGR）是指一项投资在特定时期内的年度增长率。计算方法为总增长率百分比的 n 方根，n 等于有关时期内的年数。公式为：（现有价值/基础价值）^（1/年数）-1。CAGR 并不等于现实生活中 GR（Growth Rate）的数值，它的目的是描述一个投资回报率转变成一个较稳定的投资回报所得到的预想值。年增长率是一个短期的概念，从一个产品或产业的发展来看，可能处在成长期或爆发期而年度结果变化很大，但如果以复合增长率衡量，因为这是个长期时间基础上的核算，所以更能够说明产业或产品增长或变迁的潜力和预期。

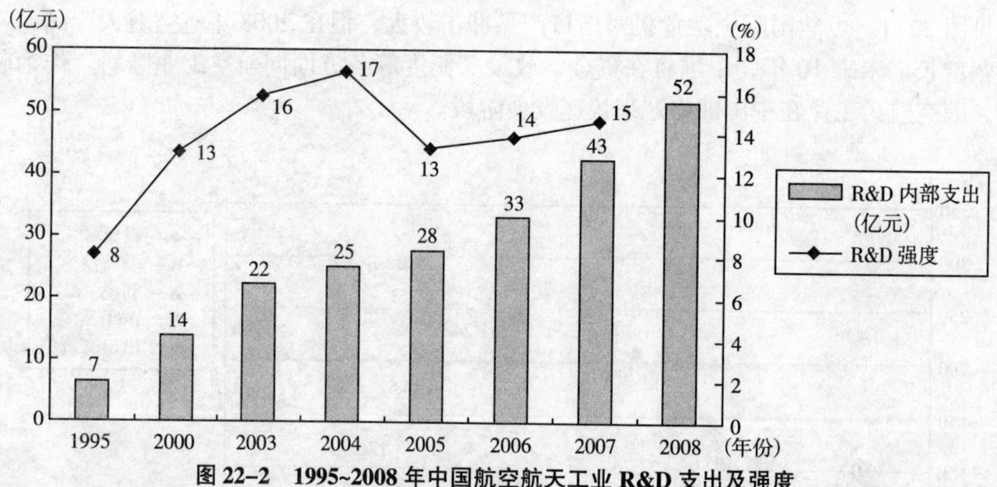

图 22–2　1995~2008 年中国航空航天工业 R&D 支出及强度

注：中国航空航天工业 R&D 强度=R&D 经费内部支出/增加值。

资料来源：作者根据《中国高科技产业统计年鉴》（2008、2009）数据计算。

产率由 1995 年的 1.4 万元/人上升至 2007 年的 9.7 万元/人，复合增长率为 17%。在 2000 年以前，中国航空航天工业的全员劳动生产率增速波动性较大，一般是低于制造业和高新技术产业整体的全员劳动生产率的增速。其主要原因是：航空航天工业属于国防工业，形成相对独立的特殊体系，在长期的计划经济体制下，生产效率低。同时，航空航天工业也是改革最困难的领域。2000 年以后，航空航天工业的改革进入实质性阶段，市场化程度不断提升，加上经过 20 多年的技术积累，一批新的技术和产品也开始进入市场。2000 年以后，航空航天工业的全员劳动生产率年增长率明显高于制造业和高新技术产业全员劳动生产率的增长速度（见图 22–3）。中国航空航天工业即将进入一个快速发展的阶段，其发展的潜力和空间要高于整体制造业和高新技术产业。

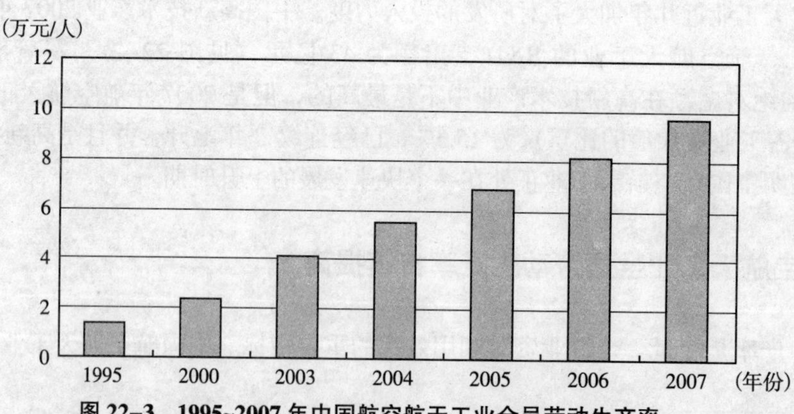

图 22–3　1995~2007 年中国航空航天工业全员劳动生产率

资料来源：作者根据《中国高科技产业统计年鉴》（2008）数据计算。

三、中国航空航天工业发展存在的问题

国际金融危机虽是影响航空航天工业经济增长目标实现的重要因素，但航空航天工业经济本身存在的问题不可忽视。国际金融危机是造成航空航天工业经济增长放缓的重要原因，但不是唯一的原因。外部因素当然是国际金融危机，而航空航天工业经济本身存在的问题才是最主要的:在体制机制方面，军工经济自我封闭现象仍然在相当程度上存在，与适应市场经济的发展要求仍有较大差距；在技术储备方面，对周期长、见效慢的基础性研究、应用性研究无暇顾及，造成技术储备不足，基础支撑能力乏力以及机械化信息化复合式发展、数字化技术、智能控制、互联互通操作平台等软能力较低；在自主创新方面，由于技术储备不足以及长期以来形成的跟随、模仿的发展模式，造成重大原始创新成果缺乏，集成创新和引进消化吸收再创新能力和水平不高；在经济结构方面，军品市场单一、军民结合产业规模仍然有限，民品产业竞争力不强，售后服务、维修和保障等产业服务体系尚未形成；软件、材料等基础性技术产业发展水平滞后；在核心人才方面，重大技术攻关、重大基础研究、重大工程研制的科技领军人才不足；在管理体制方面，由于军工企业长期受军品科研生产体制机制的影响，侧重于型号管理，面向市场经济的企业家队伍严重不足等。航空航天工业经济整体上适应市场经济能力低，参与市场竞争能力弱，抵御市场风险能力差就是上述问题的集中体现。

1. 中国航空航天产品的国际市场份额低

改革开放以来，中国已向世界 40 多个国家出口各种型号国产飞机 1300 多架，飞机发动机 1300 多台，累计实现进出口总额 400 多亿美元。中国军用飞机主要向亚洲、非洲及南美洲的一些发展中国家出口，目前中国量产的军机有 FC-1、歼 10、K-8 等；2005 年，中国自主研发的新舟 60 飞机开始出口，拉开了中国民用航空飞机出口的序幕。从国际市场占有率来看，2002~2008 年中国的飞机、航天器及其零件在国际市场的份额一直呈上升趋势，但总体上一直处于很低的状态，不到飞机、航天器及其零件国际市场的 1%，见图 22-4。

2. 中国航空航天产品的贸易竞争力弱

2002~2008 年，中国飞机、航天器及其零件一直出现进口远远大于出口，贸易竞争力指数处于负数的状态（如图 22-5 所示）。从图 22-5 中可以看出，虽然中国飞机、航天器及其零件贸易竞争力指数从 2003 年开始逐年呈上升态势，说明是中国航空航天工业技术进步带来的进口替代效应使中国本土生产的飞机、航天器及其零件产品在国内也同样占据了更多的市场份额，从而在某种程度上抑制了进口的高速增长。但是，要清醒地认识到，中国航空航

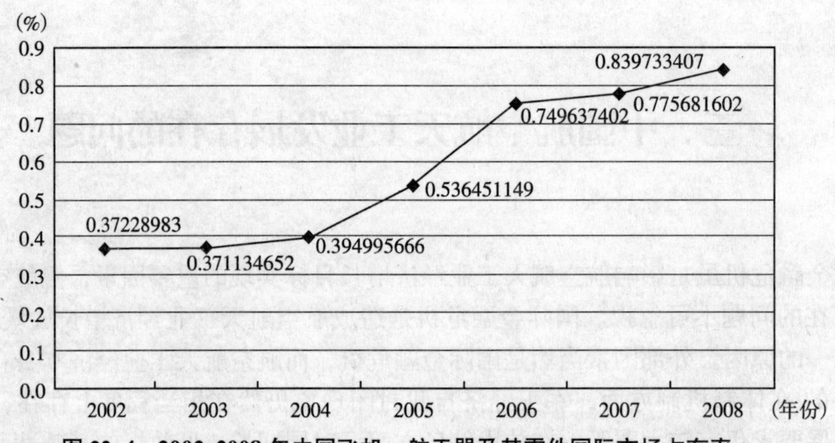

图 22-4 2002~2008 年中国飞机、航天器及其零件国际市场占有率

注：中国飞机、航天器及其零件国际市场占有率=中国飞机、航天器及其零件出口总额/世界飞机、航天器及其零件出口总额。

资料来源：作者根据联合国贸易数据库（http://comtrade.un.org）数据计算。

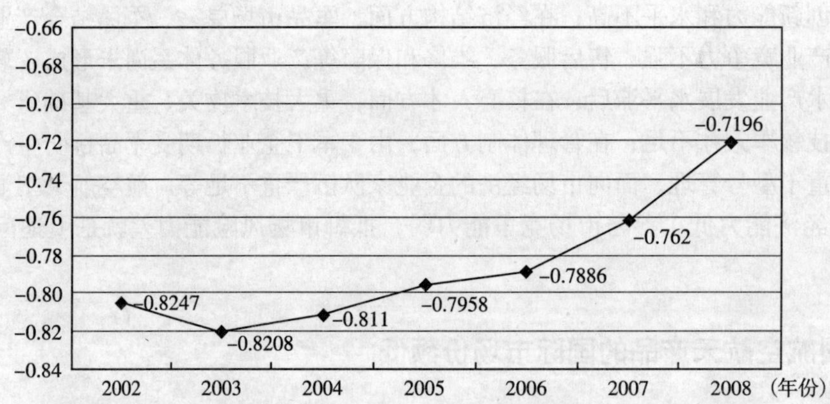

图 22-5 2002~2008 年中国飞机、航天器及其零件贸易竞争力指数

注：中国飞机、航天器及其零件贸易竞争力指数=（中国飞机、航天器及其零件出口总额-进口总额）/(中国飞机、航天器及其零件出口总额+进口总额)。

资料来源：作者根据联合国贸易数据库（http://comtrade.un.org）数据计算。

天工业的贸易竞争力一直较弱。

3. 中国航空航天工业国际竞争力相对较弱

中国军用飞机出口竞争力较强，主要向亚洲、非洲及南美洲的一些发展中国家出口；中国民用飞机的研制相对较弱，自主研发的新舟 60 飞机 2005 年开始出口，这才拉开了中国民用航空飞机出口的序幕。显示性比较优势指数由巴拉萨（Balassa）1965 年提出，它是衡量一国产品或产业在国际市场竞争力最具说服力的指标。一般而言，显示比较优势指数（RCA）接近 1 表示中性的相对比较利益，无所谓相对优势或劣势可言；指数大于 1，表示该商品在国家中的出口比重大于在世界的出口比重，则该国的此产品在国际市场上具有比较优势，具有一定的国际竞争力；指数小于1，则表示在国际市场上不具有比较优势，国际竞争力相对较弱。从图22-6的数据结果显示，中国航空航天产品显示比较优势指数一直在0.06~0.09之间波动，这说明中国航空航天工业在国际市场上不具有比较优势，国际竞争力相对较弱。

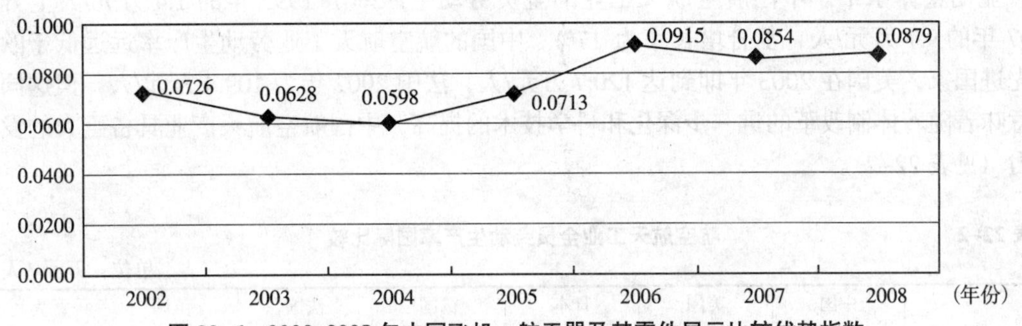

图22-6　2002~2008年中国飞机、航天器及其零件显示比较优势指数

注：中国飞机、航天器及其零件显示比较优势指数=中国飞机、航天器及其零件出口额占中国出口总额的比重/世界飞机、航天器及其零件出口额占世界出口总额的比重。

资料来源：作者根据联合国贸易数据库（http://comtrade.un.org）数据计算。

4. 中国航空航天工业研发投入少

目前，中国与西方航空制造强国相比差距非常明显，R&D经费支出比例相对较低，自主创新有待进一步加强。如表22-1所示，中国飞机和航天器制造业R&D经费占工业增加值和工业总产值比例在世界主要国家中均处于较低位置。中国2007年的比例分别是15.4%和4.36%，而美国在2003年已达到30.82%和12.49%（2006年为11.51%），同时这一比例也远低于韩国2006年的水平。

表22-1　部分国家航空航天制造业R&D经费比例

单位：%

	R&D经费占工业增加值比例（%）	R&D经费占工业总产值比例（%）
中　国（2007年）	15.40	4.36
美　国（2006年）	30.82	11.51
日　本（2006年）	11.51	4.20
德　国（2006年）	32.89	10.37
英　国（2006年）	31.15	11.65
法　国（2006年）	31.08	5.14
意大利（2006年）	45.24	13.30
加拿大（2004年）	16.74	6.39
西班牙（2005年）	31.92	9.96
韩　国（2006年）	26.90	9.66
瑞　典（2005年）	30.00	11.78

注：美国R&D经费占工业增加值比例为2003年数据。

数据来源：《中国高科技产业统计年鉴》（2008，2009）整理。

5. 中国航空航天工业劳动生产率低

在全球范围内，由于航空航天工业的全员劳动生产率高于整体制造业水平，低于高新技术产业的整体水平。中国航空航天工业的全员劳动生产率由 1995 年的 1.4 万元/人上升至 2007 年的 9.7 万元/人，复合增长率为 17%。中国的航空航天工业劳动生产率远远低于欧美等先进国家，美国在 2003 年即到达 120.7 万元/人，法国 2002 年为 109.4 万元/人，但这同时也意味着随着体制改革的进一步深化和科学技术的提高，中国航空航天产业具备巨大的发展潜力（见表 22–2）。

表 22–2　航空航天工业全员劳动生产率国际比较

单位：万元 / 人

	中国 2007 年	美国 2003 年	日本 2003 年	德国 2002 年	法国 2002 年	英国 2000 年	意大利 2002 年
制造业	9.8	95.7	78.9	51.7	62.4	58.6	41.6
高新技术产业	13.0	141.2	100.0	50.7	78.8	79.9	56.4
航空航天器	9.7	120.7	80.3	—	109.4	60.5	81.1

数据来源：根据《中国高科技产业统计年鉴》(2008) 整理。

四、政策建议

中国航空航天工业经济正处于向新的发展方式转变的过程中，以前的发展方式不仅影响航空航天工业经济增长目标的实现，也妨碍了航空航天工业经济长远平稳较快的发展。国际金融危机加速了航空航天工业经济适应市场经济能力低、参与市场竞争能力弱、抵御市场风险能力差等自身问题的显现。国际金融危机容易让我们忽视航空航天工业经济自身问题的存在；另外，又促使我们更好地认识航空航天工业经济自身存在的问题，从而采取更有针对性的措施，为实现航空航天工业经济增长目标和长远发展提供保障。

1. 健全中国航空航天工业经济监测预警体系

进一步健全航空航天工业经济监测预警体系，建立和完善动态信息快报制度，满足政府宏观调控需要，有效防范危机对军品科研生产的冲击，提高应急反应能力。

2. 增强航空航天工业军工单位动态保军能力

为增强航空航天工业军工单位应对订货波动的能力，必须大力发展军民结合型产品，努力扩大外贸产品出口，保持军工平稳较快发展。一是充分利用军品过剩能力，进行适当改造和完善，开发和生产符合国民经济和社会发展需要，能推动国家扩大内需和产业结构调整的民品。二是支持开发与军品生产技术相同、工艺相似、设备相近的军民结合产品，提高战时转换生产军品的潜力。三是采取措施，推动外贸产品的开发和出口。

3. 加快提高航空航天工业的自主创新能力

中国航空航天工业的 R&D 经费投入远远落后于欧美发达国家，要针对航空航天工业的长期制约武器装备发展的瓶颈问题，进一步梳理国防科技工业自主创新能力的薄弱环节，整合国防科技工业力量，努力实现核心技术和关键产品方面的重点突破。要支持大型核心军工企业研发中心或技术中心建设，支持企业自主创新能力建设，实现武器装备由设计向生产的迅速转化。要加大军工科研生产重大装备的国产化研制的支持力度，实现军工重大装备的自主化保障。

4. 大力发展军民两用高新技术

航空航天军工企业要利用自身的技术优势，整合技术资源，集中优势科技人才，加大企业的科研投入，着力突破制约企业发展的关键材料、核心器件、关键技术和生产设备，大力发展军民两用的高新技术。

5. 转变管理体制和运行机制

军工企业要结合国家关于军工企业股份制改造和事业单位改革的相关政策，充分利用已有的上市公司平台，积极探索有利于军民结合产业发展的管理体制和运行机制，促进军民结合产业快速发展。加快企业股份制改造步伐，推进投资主体和产权多元化，建立健全法人治理结构。

五、2010 年中国航空航天工业展望

1. 战略性新兴产业政策将促进航空航天工业快速发展

战略性新兴产业属于技术密集、知识密集、人才密集的高科技产业，包括航空航天、信息、生物医药和生物育种、新材料、新能源、海洋、节能环保和新能源汽车等。航天航空工业有望成为金融危机后新的经济增长和技术创新引擎。工信部部长李毅中在 2010 年工信部

的工作重点中特别提出了要突出抓好培育发展战略性新兴产业，也把培育战略性新兴产业作为抢占国际经济技术竞争制高点的主攻方向作为2010年的工作原则之一。2010年调整经济结构的主题将会围绕战略性新兴产业，后续相关政策的陆续推出将对各相关行业的发展利好。因此，扶持和培育战略性新兴产业的政策可能将会从税收优惠、财政补贴、设立科研项目基金、金融配套支持等方面入手，航空航天工业直接受益于战略性新兴产业政策。

2. 国家重大科技专项将直接拉动航空航天工业的发展

以载人航天、探月工程、北斗二代和高分辨率对地观测项目为代表，中国目前已经启动或将要启动多个国家级航天项目，涉及的投资规模和市场空间超过1万亿元，这为未来10年中国航空航天工业的大发展提供了广阔的空间。已发射的北斗二代导航卫星是中国全球导航系统的重要组成部分，按照建设规划，2012年系统将形成亚太地区覆盖能力，2020年左右将建成覆盖全球的导航系统。该系统的建设将为中国军民用导航应用产业打开新的空间，预计2010年中国仅导航定位产业的整体市场规模就将超过200亿元。

3. 航空航天工业的创新积极性进一步提高

全国人大常委会2010年2月24日审议的国防动员法草案规定，企业事业单位参与重要国防产品研发等将享受补贴或者其他政策优惠。虽然目前的上市公司中研制和生产军品均有税收等政策优惠，但关键的变化在于将研发阶段提到了享受补贴的范围内，而不仅仅在于制造环节。这将有利于进一步推进航空航天工业的创新，尤其是军品的研发与创新。

4. 航空航天工业整合和改革更加深入

经过近10年国防支出恢复性增长，中国航空航天等国防领域的研发投入有了较大幅度增长，整个产业的劳动生产率得到提高。在2010年中，ARJ21大型涡扇支线客机、L15高级教练机等产品有望投入市场，航空工业资产证券化在2010年将进入深入攻坚阶段，而在航空工业的示范作用下，兵器、航天部门资产证券化也有望在2010年开始实施。

5. 民用航空转包生产规模将会扩大

“十一五”期间，中国将加快民用航空产业化进程，扩大民用航空零部件转包生产规模，预计到2010年转包生产总额将扩大到10亿美元。取得国际市场通行证的沈飞公司下一步将在转包生产领域继续扩大与波音、空客、庞巴迪等国际大型航空企业的合作，提供更多的中国制造。

专栏 22—1

关联度高的航空航天产业

航天航空产业有望成为金融危机后新的经济增长和技术创新引擎。航天产业由于涉及的产业链广，在经济发展中具有明显的带动作用。航空航天工业覆盖了机械、电子、材料、冶金、仪器仪表、化工等几乎所有的工业门类，涉及空气动力学、人机工程学、系统工程学、项目管理等数百种学科，具有产业链条长、辐射面宽、连带效应强的特点，发展航空航天工业能够带动整个国家的工业水平。日本曾做过一次 500 余项技术扩散案例分析，发现 60%的技术源于航空工业。根据日本统计的数据，按照产品单位重量创造的价值来计算，航空产品是各交通运输产品中附加值最高的，若船舶的附加值系数为 1，则小汽车为 9，大型飞机为800，航空发动机为 1400。研究统计表明，航天产业的直接投入产出比约为 1∶2，而相关产业的辐射则可达到 1∶8 至 1∶14。1996 年，全球航天技术产业创造的利润为 750 亿美元；到 2000 年，其利润已攀升到 1250 亿美元；至 2010 年，全球商业航天活动的收入预计将达5000 亿~6000 亿美元，其中全球卫星产业市场的规模预计将达 2000 亿~3000 亿美元。另外，航天科技工业的技术带动性也很强，我国航天科技工业近 40 年的发展历程也可证实这一点。“两弹一星”大型系统工程的研制、生产和应用，带动了诸如电子、计算机、化工、冶金、材料、机械、特种工艺、低温与真空技术、测试、控制、测控等领域的技术发展。我国希望通过实施重大专项工程，带动整个国家产业升级。以大飞机项目为例，由于大飞机是目前世界上最为复杂、技术含量最高的产品之一，对材料、电子、装备、冶金等上游产业的要求非常高。通过发展大飞机产品，势必会促进这些相关产业的升级。有理由认为，现在相关产业已经开始出现技术突破和产业升级，航空航天产业长期竞争力将受益于相关支持产业的突破。

资料来源：作者整理。

参考文献

中国社会科学院工业经济研究所：《中国工业发展报告（2009）》，经济管理出版社 2009 年版。

国务院新闻办公室：《2008 年中国的国防》，2009 年版。

李毅中：《国际金融危机下的中国工业》，http://www.chinaorg.cn，2009 年 4 月 7 日。

张辉鹏等：《从金融危机的演变看军工经济的增长目标》，《国防科技工业》2009 年第 11 期。

吴忠琼：坚定信心　顽强拼搏　积极应对金融危机挑战实现军工科学发展，《国防科技工业》2008 年第 12 期。

刘荣等：投资中国的和平和崛起，《招商证券》2009 年 12 月。

潘亚等：国际金融危机对军工经济的影响原因及对策分析，《中国军转民》2009 年第 10 期。

《聚焦 2010 年中国军费》，凤凰网两会特别策划，http://news.ifeng.com/mil/special/zhongguojunfei/。

《国庆 60 年——细数中国历年国防经费清单》，深圳热线，http://ren.szonline.net/Channel/content/2009/200909/20090921/186497_2.html。

第二十三章　电子信息工业

提　要

国际金融危机使对外依存度很高的中国电子信息工业受到了严重影响，主要表现在：产业增速放缓，收入下降；出口增速下滑，一些产品负增长；经济效益下降，企业亏损增加；投资增速回落，一些行业负增长。为了应对国际金融危机，减少金融危机对中国经济的冲击，中国出台了《电子信息工业调整和振兴规划》等宏观政策。这些政策的实施使中国电子信息工业较快地扭转了增速下滑的局面，生产增速逐渐回升，经济效益降幅收窄，出口下滑趋势开始逆转。计算机行业、通信设备制造业、集成电路产业等重点行业企稳回升。软件和信息服务业是中国电子信息工业在国际金融危机中唯一能够保持高增长的行业。国际金融危机也给中国电子信息工业带来了发展的机遇："迫使"中国电子信息工业加快结构调整与产业升级；可以低成本并购国外的优质资产；提供了进行产业转移的好机会。为了使中国电子信息工业尽快走出国际金融危机的打击，使产业能持久、健康地发展，应提高产业的自主创新能力和制造业的技术水平；强化软件和信息服务业；促进信息化与工业化的融合；大力开拓国内市场；开拓新的出口市场。

*　　　　*　　　　*

中国电子信息工业对外依存度很高（超过60%），很多产品的市场一半以上在国外。这次国际金融危机爆发后，由于海外订单减少、市场需求萎缩，中国电子信息产品的生产企业受到了很大影响，是中国受影响最严重的行业之一。为了应对国际金融危机，中国出台了相应的政策，已经见到了短期效果。但这次金融危机也暴露了中国电子信息工业结构不合理、自主创新能力不足、对国外市场依赖过大等深层次的问题，亟须在以后的发展中予以调整和解决。

一、国际金融危机对中国电子信息工业的影响

1. 产业增速放缓，收入下降

受国际金融危机影响，中国电子信息工业的发展速度从 2008 年下半年开始明显放缓。据工业和信息化部的数据，2008 年规模以上电子信息产品制造业的主营业务收入为 5.1 万亿元，同比增长 12.8%。2008 年上半年，规模以上制造业的主营业务收入增速基本保持在 20%以上的水平，但下半年起开始逐月回落，11 月、12 月同比甚至分别下降了 0.1%、2.1%（见图 23-1）。多数产品产销量增速同比均出现了较大幅度的下降，一些产品产销量出现了负增长，如台式机产量下降 28.1%，显示器产量下降 10.1%，程控交换机产量下降 23%。每年的第四季度应是手机销售旺季，但 2008 年，很多企业的订单不但没有增加，反而出现了减少，平均减少 10%以上，部分代工企业降幅高达 30%。[①] 大部分电子专业设备生产企业也很难接到订单，一些已经签订的供货合同也被要求推迟发货。

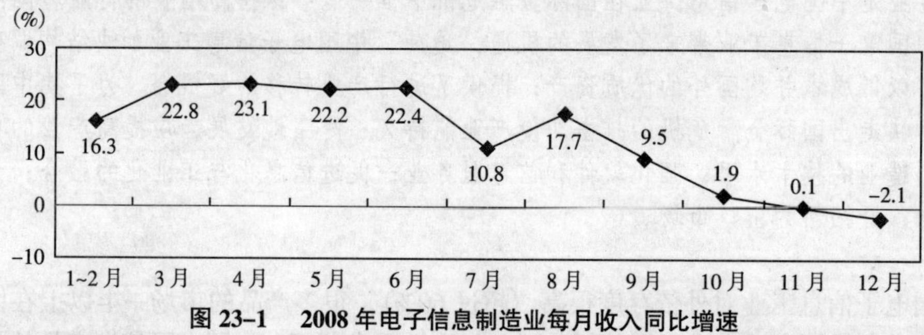

图 23-1　2008 年电子信息制造业每月收入同比增速

资料来源：前 10 个月数据来自工业和信息化部：《2008 年前 10 月电子信息制造业经济运行态势》，http://www.miit.gov.cn/n11293472/n11293832/n11294132/n12858462/12864941.html；后两个月数据来自《中国信息产业年鉴》（2009），第 281 页。

2009 年前 11 个月，规模以上制造业的收入延续了同比负增长的态势，1~2 月、1~5 月、1~8 月、1~11 月收入同比分别下降了 15%、8.5%、4.8%、1%，直到 2009 年 12 月才扭转收入下滑的局面，全年收入 51305 亿元，同比增长 0.1%。[②]

---

①《中国信息产业年鉴》（2009），电子工业出版社 2009 年版，第 21 页。

② 工业和信息化部：《2009 年电子信息工业经济运行公报》。

2. 出口增速下滑，一些产品负增长

中国电子信息工业在全国外贸出口额中的比重一直保持在 1/3 左右，对外依存度超过了 60%，全球市场需求萎缩对中国电子信息产品出口产生了很大影响。2008 年，中国电子信息产品出口 5217.6 亿美元，同比增长 13.55%，增幅比 2007 年同期回落 12.7 个百分点。2008 年上半年中国电子信息产品进出口保持稳定增长，8 月开始增速快速回落，11 月开始出现负增长，11 月和 12 月出口额同比分别下降 10.4%和 16.6%。[①]

2009 年，中国电子信息工业出口继续处于负增长，图 23–2 给出了电子信息产品每月累计出口同比增长情况，可以看出每月累计出口都为负增长。2009 年中国全年出口额为 4572 亿美元，同比下降 12.4%，是 21 世纪以来的首次负增长。这一年，各类电子信息产品出口额均比 2008 年有所下降：其中，计算机类产品出口 1683 亿美元，同比下降 12%；通信设备产品出口 836.2 亿美元，同比下降 3.8%；家用电子电器产品出口 759 亿美元，同比下降 8.9%。电子元件、电子材料等基础产品出口下滑更为明显，出口额同比分别下降 23.3%和 36.3%。[②]

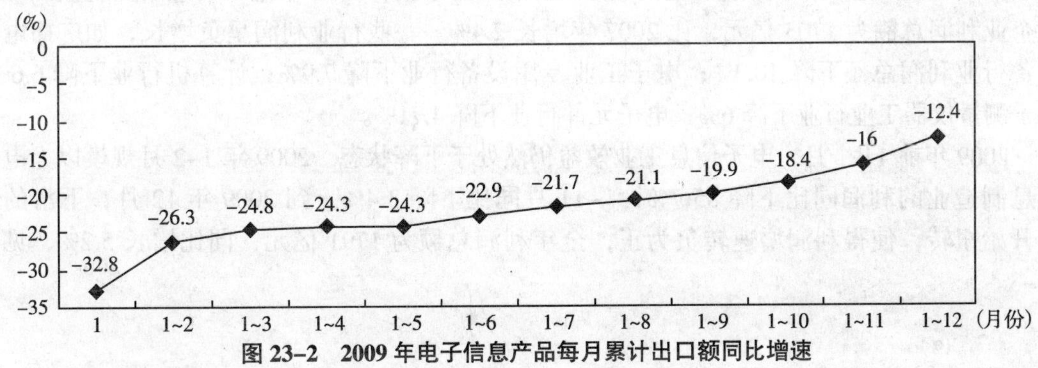

图 23–2　2009 年电子信息产品每月累计出口额同比增速

资料来源：工业和信息化部：《2009 年电子信息产品进出口情况》，http://www.miit.gov.cn/n11293472/n11293832/n11294132/n12858462/13009496.html。

表 23–1 列出了 2009 年中国出口额居前 10 位的电子信息产品，它们占电子信息产品出口总额的 42.5%。其中，6 种产品出口额下降，液晶显示器下降幅度最大，下降了 38.3%。其他 4 种产品虽然同比增长，但增幅都不大，增幅最大的是液晶电视机，增长了 15.3%。

表 23–1　2009 年出口额前 10 位的电子信息产品出口情况

序号	产品名称	出口额（亿美元）	同比增长（%）
1	便携式电脑	666.5	1.62
2	手机	395.6	2.65
3	液晶显示板	192.1	–14.14

①《中国信息产业年鉴》（2009），电子工业出版社 2009 年版，第 290 页。

②工业和信息化部：《2009 年电子信息产品进出口情况》。

续表

序号	产品名称	出口额（亿美元）	同比增长（%）
4	手持式无线电话机的零件	160.5	−10.85
5	处理器及控制器	129.9	4.92
6	液晶显示器	101.5	−38.3
7	硬盘驱动器	74.4	−4.68
8	液晶电视机	93.9	15.3
9	存储器	67.1	−19.01
10	数字照相机	62.8	−14.25

资料来源：工业和信息化部：《2009 年电子信息产品进出口情况》，http://www.miit.gov.cn/n11293472/n11293832/n11294132/n12858462/13009496.html。

3. 经济效益下降，企业亏损增加

市场需求萎缩造成企业产品销售不畅，库存增大，亏损企业增多，企业效益下滑。2008 年 1~5 月，规模以上电子信息制造业利润增长 20%以上，6~8 月增速回落到 4.1%，9~11 月则下降 23.9%。[①] 据《中国信息产业年鉴》（2009）的数据，2008 年电子信息工业规模以上制造企业利润总额为 1703 亿元，比 2007 年增长 2.4%。一些行业利润呈负增长，如广播电视设备行业利润总额下降 10.3%；电子工业专用设备行业下降 7.9%；计算机行业下降 6.6%；电子测量仪器工业行业下降 6%；电子元件行业下降 4.71%。

2009 年前 11 个月，电子信息工业效益仍然处于下降状态。2009 年 1~2 月规模以上电子信息制造业的利润同比下降 85.7%，1~11 月同比下降 3.4%。到 2009 年 12 月，下滑的势头开始扭转，使得利润增速转负为正，全年利润总额为 1791 亿元，同比增长 5.2%，见图 23-3。

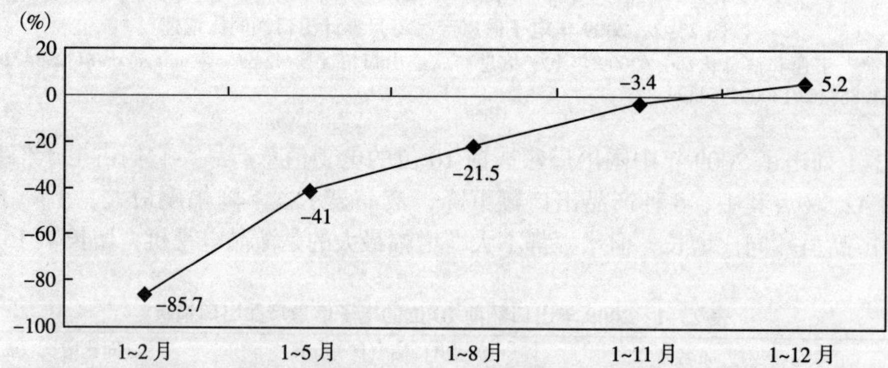

图 23-3 2009 年规模以上电子信息制造业月累计利润同比增速

资料来源：工业和信息化部：《2009 年电子信息工业经济运行公报》。

2009 年企业亏损面为 26.1%，虽比 2009 年上半年下降了 9.4 个百分点，但亏损企业亏

---

①《中国信息产业年鉴》（2009），电子工业出版社 2009 年版，第 263 页。

损额同比却增长了45%，亏损额达到382亿元。

4. 投资增速回落，一些行业负增长

国际金融危机的爆发使电子信息产品的市场出现了萎缩，从而使很多电子产品制造企业对未来的预期不乐观，进而压缩了投资。外商投资企业更是放缓了投资的步伐，一些市场在国外的外资企业由于订单大幅减少而被迫关闭了在中国的公司。

2009年，中国电子信息制造业500万元以上项目累计完成投资4146.6亿元，同比增长17.5%，增幅低于2008年15.8个百分点。2009年，计算机行业完成投资284.9亿元，同比增长5.7%，增速比2008年下降16.7个百分点；电子元件行业累计完成投资829.1亿元，同比增长3.9%，比2008年低21.9个百分点；电子器件行业累计完成投资1054.5亿元，同比增长2.8%，比2008年低10.2个百分点，其中半导体分立器件和集成电路行业投资下滑明显，降幅分别为17.7%和21.7%；家用视听设备行业完成投资109.9亿元，同比下降4.1%。①2009年，电子信息制造业的投资增速比2008年明显下降（见图23-4）。

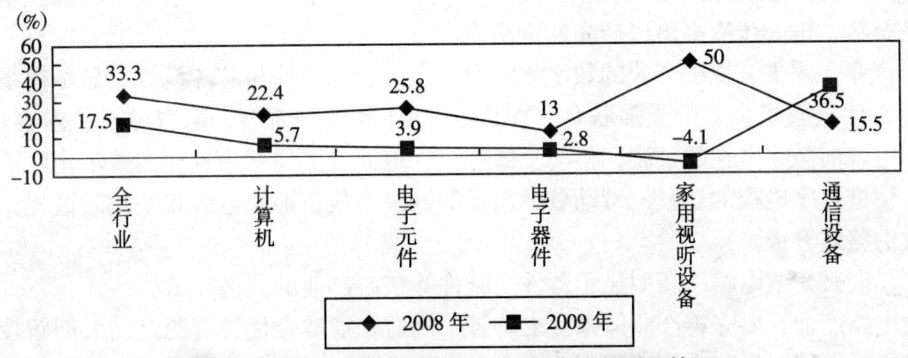

图23-4　2008~2009年部分行业投资增长对比情况

资料来源：工业和信息化部：《2009年电子信息工业固定资产投资情况》。

二、中国电子信息工业应对国际金融危机的措施及效果

为了应对国际金融危机，减少国际金融危机对中国经济的冲击，使中国经济平稳、健康发展，中国政府适时出台了4万亿元投资计划、若干行业的调整振兴规划等一系列宏观调控政策。《电子信息工业调整和振兴规划》是其中之一，该规划的目的是落实国家"保增长、扩内需、调结构"的总体要求，确保行业的稳定发展，加快结构调整，推动产业升级，规划期为2009~2011年。规划的主要目标如下：未来3年，电子信息工业销售收入保持稳定增长，

① 工业和信息化部：《2009年电子信息工业固定资产投资情况》。

产业发展对 GDP 增长的贡献不低于 0.7 个百分点；3 年新增就业岗位超过 150 万个，其中新增吸纳大学生就业近 100 万人；骨干企业国际竞争力显著增强，自主品牌市场影响力大幅提高；软件和信息服务收入在电子信息工业中的比重从 12%提高到 15%。

1.《电子信息工业调整和振兴规划》的主要任务和政策措施

（1）主要任务。今后 3 年，电子信息工业要围绕 9 个重点领域，完成以下三大任务。

第一，确保计算机、电子元器件、视听产品等骨干产业稳定增长。

计算机产业，要加快提高产品研发和工业设计能力，积极发展笔记本电脑、高端服务器、大容量存储设备、工业控制计算机等重点产品，构建以设计为核心、制造为基础，关键部件配套能力较强的计算机产业体系。推广基于自主设计 CPU 的低成本计算机和具有自主知识产权的打印机、税控收款机等产品。增强计算机产业的竞争力。

电子元器件产业，要加快产品升级。充分发挥整机需求的导向作用，围绕国内整机配套调整元器件的产品结构，提高片式元器件、新型电力电子元器件、半导体照明等产品的研发和生产能力，初步形成完整配套、相互支撑的产业体系。加快发展无污染、环保型基础元器件和关键材料，进一步提高出口产品的竞争力。

视听产业，要推进视听产业的数字化转型。支持彩电企业与芯片设计、显示模组企业的纵向整合，促进整机企业的强强联合。加快 4C（计算机、通信、消费电子、内容）融合。加快模拟电视向数字电视的过渡，推动全国有线、地面、卫星互为补充的数字化广播电视网络建设，促进数字电视的普及，带动数字设备的升级换代，加快电影数字化的进程，实现视听产业链的整体升级。

第二，突破集成电路、新型显示器件、软件等核心产业的关键技术。

集成电路产业，要完善产业体系。支持骨干制造企业整合优势资源，加大创新投入，推进工艺升级。继续引导和支持国际制造企业在中国投资。引导芯片设计企业与整机制造企业加强合作。支持设计企业间的兼并重组。支持集成电路重大项目建设与科技重大专项攻关相结合，推动高端通用芯片的设计开发和产业化，实现部分专用设备的产业化应用。

新型显示产业，要突破产业的发展“瓶颈”。以面板生产为重点，完善新型显示产业体系。国家安排引导资金和企业资本市场筹资相结合，拓宽融资渠道。成熟技术的产业化与前瞻性技术研究和开发并举，逐步掌握显示产业发展的主动权。重点加强海峡两岸的产业合作，努力在新型显示面板生产、整机模组一体化设计、玻璃基板制造等领域实现关键技术的突破。

软件产业，要提高自主发展能力。着力提高国产基础软件的自主创新能力。支持中文处理软件、信息安全软件、工业软件等重要应用软件和嵌入式软件技术、产品研发，实现关键领域中重要软件的自主可控，促进基础软件与 CPU 的互动发展。鼓励大型骨干企业整合优势资源。引导中小软件企业向产业基地集聚和联合发展。

第三，在通信设备、信息服务、信息技术应用等领域培育新的增长点。

通信设备业，要加速产业的大发展。加强设备制造企业与电信运营商的互动，推进产品和服务的融合创新。加快第三代移动通信网络、下一代互联网和宽带光纤接入网建设，开发适应新一代移动通信网络特点和移动互联网需求的新业务、新应用，带动系统和终端产品的升级换代。支持 IPTV（网络电视）、手机电视等新兴服务业的发展。

信息服务业，要加快培育新模式、新业态。把握软件服务化趋势，进一步开发适应中国经济社会发展需求的信息服务业务。积极承接全球离岸服务外包业务，引导公共服务部门和企事业单位外包数据处理、信息技术运行维护等非核心业务。初步形成功能完善、布局合理、结构优化、满足产业国际化发展要求的公共服务体系。

信息技术应用领域，要加强融合应用。以研发设计、流程控制、企业管理、市场营销等关键环节为突破口，推进信息技术与传统工业结合。支持 RFID（电子标签）、汽车电子、机床电子、医疗电子、工业控制及检测等产品和系统的开发及标准制定。加强信息技术在教育、医疗、社会保障、交通等领域的应用。加速推进农业和农村信息化，发展壮大涉农电子产品和信息服务产业。

（2）政策措施。为了落实上述三大任务，该《规划》所采取的措施如下：①扩大内需。结合国民经济和社会信息化建设以及"家电下乡"、其他重点产业调整和振兴规划的实施，进一步拓展电子信息工业的发展空间。②加大国家投入。国家新增投资向电子信息工业倾斜，加大引导资金投入力度，实施集成电路升级、新型显示和彩电工业转型、TD-SCDMA 第三代移动通信产业新跨越、数字电视电影推广、计算机提升和下一代互联网应用、软件及信息服务培育六项重大工程，支持自主创新和技术改造项目建设。③加强政策扶持。例如，抓紧研究进一步支持软件产业和集成电路产业发展的政策措施。④完善投融资环境。落实金融促进经济发展的有关政策措施，加大对电子信息工业的信贷支持。⑤支持优势企业并购重组。⑥进一步开拓国际市场。例如，继续保持并适当加大部分电子信息产品出口退税的力度。⑦强化自主创新能力建设。

2. 总体实施效果分析

自 2008 年 11 月的"4 万亿元投资计划"和 2009 年 4 月的《电子信息工业调整和振兴规划》发布实施以来，加之 "家电下乡"、"以旧换新" 等政策措施，中国电子信息工业总体上较快地扭转了经济增速下滑的局面，出口形势逐步好转，重点行业企稳回升。

（1）生产增速逐渐回升，经济效益降幅收窄。从 2009 年 5 月开始，规模以上电子信息制造业增加值同比月增速明显上升（见图 23-5）。2009 年 1~6 月累计工业增加值同比下降 0.6%，1~7 月同比增长 0.8%，开始扭转上半年下滑的势头，全年增长 5.3%。2009 年，规模以上电子信息制造业实现销售产值 50202 亿元，同比增长 2.4%，扭转了前 10 个月连续下滑的势头。工业和信息化部重点监测的 27 个电子信息产品中，自 2009 年第二季度起实现正增长的产品面不断扩大，12 月有 20 个产品产量实现了正增长，是全年增长产品最多的月份。彩电、微型计算机、手机累计产量分别于 2009 年 4 月、5 月、9 月扭转了下滑势头，集成电路于 10 月开始出现月度正增长；累计到 12 月底，微型计算机、显示器、彩电、手机产量分别增长 33.3%、7.2%、9.6%、10.7%，集成电路产量同比下降 0.7%。[①] 与此同时，电子信息

① 工业和信息化部：《2009 年 7 月份电子信息工业经济运行情况》、《2009 年电子信息工业经济运行公报》。

制造业的经济效益降幅逐渐收窄，每月累计利润增速从 2009 年初的-85.7%提高到 11 月的-3.4%，到 12 月转负为正，为 5.2%（见图 23-3）。

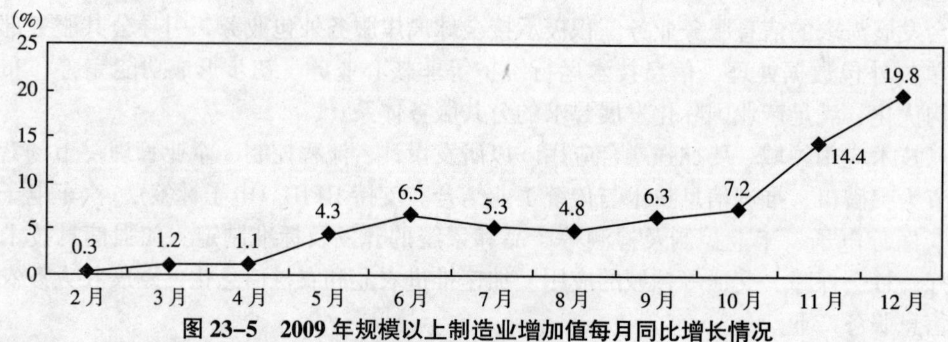

图 23-5 2009 年规模以上制造业增加值每月同比增长情况

资料来源：工业和信息化部：《2009 年电子信息工业经济运行公报》。

（2）出口下滑趋势开始逆转。2009 年前 10 个月，电子信息产品出口一直处于同比下降的态势，但下半年以后降幅逐月收窄，到 11 月开始正增长，当月同比增长 7.7%，12 月达到 34%（见图 23-6）。

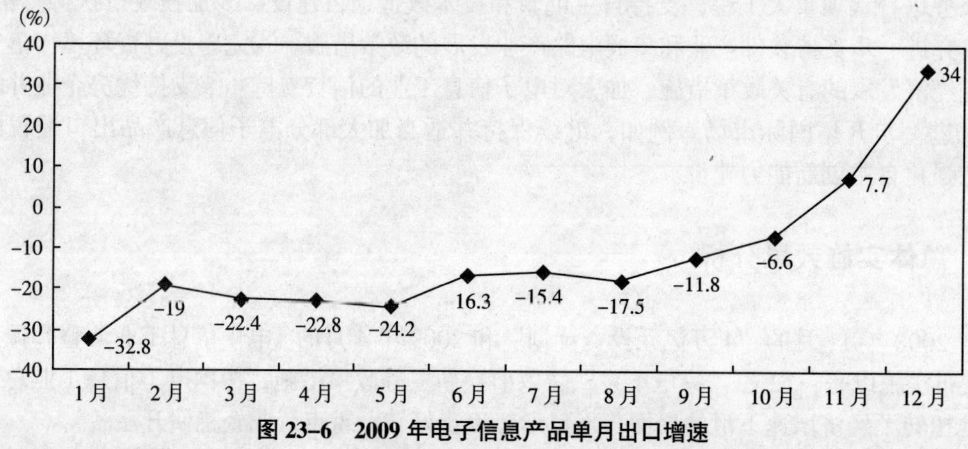

图 23-6 2009 年电子信息产品单月出口增速

资料来源：工业和信息化部：《2009 年电子信息产品进出口情况》，http://www.miit.gov.cn/n11293472/n11293832/n11294132/n12858462/13009496.html。

3. 重要行业分析

（1）计算机行业。国际金融危机使世界计算机产业受到很大冲击。首先，金融业对计算机类产品的需求很大，其需求的萎缩导致全球计算机行业增长严重受阻。其次，很多行业在这时都紧缩银根，减少对计算机设备的投资，从而使计算机产品的购买量减少。据 IDC 的数据，2008 年第四季度，全球处理器出货量同比下滑了 17%，PC 出货量下降了 0.4%；2009 年上半年，全球 PC 出货量达到了 7 年来的最低点。中国计算机产业在全球产业分工体系中处于加工组装的位置，计算机产量占世界的比重在 2009 年已经超过了 60%。出口量占产量的比重也很大，2008 年台式机出口量占产量的 27%，笔记本出口量占产量的 93%。所以，中国计算机行业在这次金融危机中受到的打击很大（见表 23-2）。

表 23-2　2008 年计算机行业主要产品产量增长情况

	产量（万台）	增速（%）	增速比 2007 年增减百分点
微型计算机	13667	13.2	-16.1
其中：台式机	2808	-28.1	-42.2
笔记本	10859	33	-5.1
显示器	13365	-10.1	-23.8
打印机	4334	3.2	12.7

资料来源：《中国信息产业年鉴》（2009），电子工业出版社 2009 年版，第 33 页。

2009 年，国家的“4 万亿元投资计划”拉动了医疗、教育、交通等行业对计算机产品的需求；《电子信息工业调整和振兴规划》给中国计算机行业的市场增长和结构调整创造了良好的环境和政策支持；“家电下乡”、“以旧换新”通过国家补贴激发了客户需求，特别是“电脑下乡”成了 PC 厂商新的增长点。另外，农村信息化建设和西部大开发力度的加大，以及灾后重建等措施都带动了 2009 年计算机市场的回暖，促进了产业的发展。截至 2009 年 10 月 31 日，“电脑下乡”产品全国销量共 79 万台，销售金额 26.45 亿元，呈逐月增长的态势。[①] 据工业和信息化部的数据，2009 年计算机行业共生产微型计算机 18215 万台，同比增长 33.3%，比 2008 年增速上升 20 个百分点；显示器同比增长 7.2%，比 2008 年增速上升 17.3 个百分点。

（2）通信设备制造业。在金融危机开始前的 2007 年，中国通信设备制造业已经因需求不足、缺乏新的经济增长点而呈现出增速放缓的态势。国际金融危机爆发导致的市场需求下降，使中国通信设备制造业更是雪上加霜，多数企业效益出现负增长。2008 年，通信设备制造业产品销售收入 8460 亿元，增长 12.3%；利润总额 385 亿元，下降 2.77%；产品出口 870.5 亿美元，同比增长 13.4%，增速比 2007 年同期下降 9.8 个百分点。其中，移动通信及终端设备行业 2009 年 1～11 月实现利润 145.7 亿元，同比下降 11.8%，9～11 月的降幅更是超过了 50%。[②]

金融危机造成的市场需求下降使全球手机出货量增速从 2008 年上半年的 15%左右下滑到第三季度的 3.2%，第四季度则变为负增长，为-12.6%。中国是全球手机生产基地，产量占全球的 45%以上，市场的萎缩使中国手机行业受到了很大影响，产量增速逐月下滑。2008 年 1~2 月中国手机产量增长 14.3%，三季度起开始出现负增长，10 月下降 2.6%，11 月降幅高达 38%，创下历年来的新低，全年增速仅为 2%，总产量 5.4 亿部。中国手机出口也表现出相同的态势。2008 年中国出口手机 5.33 亿部，前三个季度平均每月增速超过 10%，从 10 月起开始出现下滑，11 月下降 11%，12 月下降 22%。[③]

①《中国电子报》2009 年 12 月 18 日。

②《中国信息产业年鉴》（2009），电子工业出版社 2009 年版，第 18 页。

③《中国信息产业年鉴》（2009），电子工业出版社 2009 年版，第 277~278 页。

2009年中国在通信网络建设上加大了投入，于年初发放了3G牌照，“加快第三代移动通信网络建设”是《电子信息工业调整和振兴规划》中确定的任务。3G的发展有力地促进了国民经济的增长，在“扩内需、保就业、促增长、惠民生”中发挥了重要作用。2009年，中国电信、中国移动和中国联通3家基础电信企业共完成3G网络建设直接投资1609亿元，共完成3G基站建设32.5万个，建设规模超过十多年来累计规模的一半。截至2009年11月底，中国3G用户规模达到1307万。据有关部门测算，2009年3G直接投资的1609亿元，间接拉动了国内投资近5890亿元；带动直接消费364亿元，间接消费141亿元；直接创造就业岗位26万个，间接创造就业岗位67万个。①

（3）集成电路产业。2008年，处于周期性低谷的世界集成电路产业又受到国际金融危机的冲击，使产业的发展受到严重影响。据全球半导体贸易统计组织和美国半导体产业协会的数据，2008年世界集成电路产业的销售额下降4.2%。中国集成电路产业也未能幸免。

2008年，中国生产集成电路417亿块，同比增长1.3%，增幅比2007年下降21.3个百分点，12月的同比降幅达到35.6%。2008年中国集成电路产业销售收入2107.3亿元，同比增长5.2%，增速比2007年下降6.8个百分点；出口集成电路243亿美元，同比增长3.4%，增速比2007年下降12.6个百分点。从2008年第四季度开始，企业订单明显减少，产能利用率下降，盈利水平大幅下滑，亏损企业增多，销售收入增速逐月下降，10月以后开始负增长并急速下滑，10月、11月、12月的增速分别为–0.8%、–14.1%、–32.2%。②

中国集成电路产业的核心技术、投资、订单都高度依赖国外。集成电路的核心技术以及关键设备都是引进的，而产业投资的80%左右和制造业、封装测试业的加工订单80%左右都来自国外。2008年下半年后，随着国外市场的萎缩，加工订单急剧减少，几家外商在华独资封装企业销售额大幅下降，导致国内封装测试业下滑的幅度远远超出了行业的预期。一些制造业和封装测试业的投资项目，进度也明显放缓甚至延期。

2009年，随着国家“一揽子”应对国际金融危机计划的实施，集成电路产业开始企稳回升，企业生产趋向正常，进出口逐步恢复。特别是集成电路设计业，在制造、封装、设备各行业都下滑的情况下，继续保持了正增长，据中国半导体行业协会的统计，2009年其增长率为11.1%。3G手机基带芯片、数字电视核心芯片、数字多媒体芯片等大幅增长，成为设计业的亮点。中国IC设计业能够在金融危机的恶劣环境中快速增长，一方面得益于国家政策的支持，另一方面与中国集成电路设计业正在转型、努力与内需市场密切结合、加强自主创新、开发有特色的产品有关。

（4）软件与信息服务业。软件与信息服务业是中国电子信息工业在国际金融危机中唯一能够保持高增长的产业。由于中国软件产业主要依赖国内市场，所以受到的影响比较小。2008年，中国软件与信息服务业收入达到7572.9亿元，同比增长29.8%，增速在国民经济各行业中位居前列。软件产品收入和软件技术服务业收入同比增长都超过了30%。③

---

① 工业和信息化部：《2009年中国3G和TD发展总体情况》，http://www.miit.gov.cn/n11293472/n11293832/n11294132/n12858447/12979622.html。

②《中国信息产业年鉴》(2009)，电子工业出版社2009年版，第287页。

③《中国信息产业年鉴》(2009)，电子工业出版社2009年版，第37页。

2009年，中国软件与信息服务业增速为25.6%，比2008年低4.2个百分点，全年收入为9513亿元。金融危机对中国软件出口和外包服务影响较大，2009年其增速明显放缓。2009年中国软件出口185亿美元，同比增长14%，低于2008年44.2个百分点，出口增速逐季下降，从2009年第一季度的48.3%下降到第四季度的14%；其中软件外包服务出口24亿美元，同比增长15%，低于上年86个百分点，特别是对日外包下降较多。①

目前，国家《鼓励软件产业和集成电路产业发展的若干政策》（国发〔2000〕18号）已经到期，随着新政策的出台以及《电子信息工业调整和振兴规划》对软件产业支持细则的落实，中国软件企业对未来的发展将会更有信心，创新的步伐将会进一步加快。

三、后金融危机时代中国电子信息工业的机遇与对策建议

国际金融危机在使中国电子信息工业受到严重冲击的同时，也给其带来了发展的机遇。一些原来存在的深层次问题暴露了出来，逼迫我们去解决；以前由于资金要求过高或条件不成熟想做而做不了的事情现在有可能做了。中国电子信息工业要抓住这些机会，提高产业的实力和抗打击的能力。

1. 面临的机遇

（1）“迫使”中国电子信息工业加快结构调整与产业升级。国际金融危机使中国电子信息工业受到了严重冲击，同时也暴露了中国电子信息工业的深层次问题。比如，出口依存度过高；自主创新能力不足，产业处于价值链低端；关键技术和产品依赖进口；软件产业比重过低，等等。这些都促使中国电子信息工业加快进行产业结构调整和产业升级的步伐，促进产业从产业链的低附加值环节向高技术、高附加值环节转移。

（2）低成本并购国外的优质资产。在国际金融危机中，国外一些电子信息企业陷入困境，优质资产缩水，这为中国企业低成本并购提供了机会。原来购买一种技术的资金，现在可能可以买到一个企业。中国的一些企业可以发挥资金充裕的优势，适时开展跨国并购，引进技术和人才，抢占海外市场，提高其在国际竞争中的地位。

（3）出现了进行产业转移的好机会。金融危机使中国东部沿海地区外向型经济比重大的省份受到的冲击比较大，2008年和2009年中国规模以上电子信息制造业增速处于下滑的态势，东部地区下滑的速度高于中部和西部地区。2008年东部地区收入增长11.8%，低于中部地区（28.6%）和西部地区（31.6%）的增速；2009年基本维持了这一态势。为了减低制造成本，东部地区的企业具有加速产业转移的趋势，而中国一些中西部省份具有一定的有利条

① 工业和信息化部：《2009年全国软件产业统计公报》，http://www.miit.gov.cn/n11293472/n11293832/n11294132/n12858477/13009516.html。

件和比较优势可以承接产业的转移。与此同时，国外的一些电子信息企业为应对危机降低了成本，进行了大量裁员，这也可能会把一些高端外包业务向外转移或寻求新的投资地，中国的一些地区可以抓住这一机会。

2. 对策建议

（1）提高自主创新能力和制造业的技术水平。总体来说，中国电子信息工业的比较优势仍然是在制造环节，品牌、技术环节还未形成整体性突破，出口产品的 80%以上是加工品。这次金融危机中，受冲击小的是那些拥有自主知识产权、拥有核心技术的企业，以及一些专业的配套企业，比如做专做精的元器件企业。另外，电子信息百强企业中具有核心技术和自主知识产权产品多的企业，虽然国际金融危机对其销售收入有些影响，但对其利润的冲击相对较小。所以，要借这次金融危机给中国电子信息工业带来的压力淘汰落后产能，提高自主创新能力和制造业的技术水平，以提高未来抗击外部冲击的能力。

（2）强化软件和信息服务业。在这次金融危机中，中国软件和信息服务业受到的冲击远小于电子信息产品制造业，这得益于中国软件产业的市场主要在国内，同时因为基于互联网的信息服务增长得比较快。但中国软件产业的比重不高，“重硬轻软”的问题一直没有解决，国际上 2006 ~2008 年软件产业比重从 37%提高到 39%，中国虽然也在上升，但 2008 年只达到 12%。《电子信息工业调整和振兴规划》的目标是使中国软件和信息服务的收入在电子信息工业中的比重从 12%提高到 15%。中国目前在应用软件和行业软件方面具有一定的优势，但在基础软件方面仍受制于人。中国一方面要继续大力发展应用软件和行业软件，另一方面也要突破基础软件的“瓶颈”。中国可以从中间件入手，逐步向操作系统和数据库软件迈进，最后彻底改变基础软件依赖进口的现状。

（3）促进信息化与工业化融合。信息化能促进技术改造，工业化有利于信息化的推进。电子信息工业应该与各种新涌现的技术和产业积极融合，在融合中完成自身的调整升级。这包括电子信息工业与其他工业门类的融合，以及与社会经济的融合。目前，受到全世界广泛关注的智慧地球、物联网等概念，就是新一代网络和信息技术的深度应用。特别要利用电子信息技术改造提升传统产业，推进工业从生产型制造向服务型制造转变，使电子信息技术在工业设计、制造、管理等各环节得到充分利用，并使电子信息工业在这个过程中得到完善和提升。

（4）大力开拓国内市场。中国电子信息工业要改变过度依赖国外市场的状况，注重启动国内市场，刺激国内需求，引导企业开拓新兴市场。特别要抓住国家农村改革发展的契机，推动信息技术与农业的融合，鼓励企业发展适合于农业、农村的信息技术和产品，占领农村市场。中国实施的“电脑下乡”政策已取得了比较好的效果。尽管“电脑下乡”还存在产品限价过低、服务维修跟不上、取得补贴款的时间过长等问题，但上述问题会在政策的实施过程中逐步得到解决。而且随着农村宽带网的增多，互联网上与“三农”相关信息的丰富，以及农民电脑应用水平的逐步提高，农村市场大有潜力。

（5）开拓新的出口市场。目前，中国电子信息产品出口市场主要在欧美发达国家，这次国际金融危机中发达国家的市场需求大幅萎缩，使中国电子信息产品出口受到重创。要改变出口市场过度集中的状况，大力开拓新的出口产品市场，特别是新兴国家的市场，如俄罗斯、巴西等。

专栏 23—1

2009 年中国电子信息工业十大事件

《中国电子报》评选出 2009 年中国电子信息工业十大事件：

1. 调整和振兴规划出台，电子信息工业企稳回升态势明朗

《电子信息工业调整和振兴规划》于 2009 年 4 月 15 日发布。

2. 3G 牌照发放，通信制造业保持平稳发展

工业和信息化部于 2009 年 1 月 7 日正式宣布，批准中国移动通信集团公司、中国电信集团公司、中国联合网络通信集团公司分别增加基于 TD-SCDMA、CDMA2000、WCDMA 技术制式的第三代移动通信（3G）业务经营许可。

3. “家电下乡”在全国推广，农民得实惠，企业得发展，政府得民心

2009 年 2 月 1 日起，“家电下乡”政策开始在全国实施，“家电下乡”政策补贴产品已扩大到 9 类、12 个品种、6700 个规格型号。

4. 抓好试点典型示范，信息化和工业化融合走向深入

2009 年，工业和信息化部设立上海市、重庆市、内蒙古呼包鄂地区，珠江三角洲、广州市、青岛市、南京市、唐山暨曹妃甸地区 8 个国家级两化融合试验区。

5. 物联网等新业态兴起，战略性新兴产业成为新的增长点

2009 年 8 月，温家宝总理在无锡考察期间指示要加快传感网研究，把传感系统和 3G 中的 TD 技术结合起来，尽快建立“感知中国”中心。2009 年 9 月，中国传感器网络标准工作组成立。此外，可再生能源技术等逐渐成为战略性新兴产业和新的经济增长点。

6. “核高基”重大专项实施，软件集成电路自主发展能力提升

2009 年 2 月，国家“核高基”重大专项项目课题进入申报与实施阶段。“核高基”即“核心电子器件、高端通用芯片及基础软件产品”，是我国高技术产业的代表。

7. 促进中小企业发展意见出台，中小企业发展外部环境不断改善

2009 年，国务院发布了工业和信息化部代拟的《国务院关于当前促进中小企业发展的意见》，其主要内容包括 6 个方面 29 条。

8. 能效和环保标准提高，电子信息产品进入绿色制造时期

2009 年 5 月，我国公布了节能产品惠民工程高效节能空调推广实施细则，并在能效等级为 1 级或 2 级以上的空调等 10 类产品中推广。2009 年 11 月 17 日，工业和信息化部正式公布了《电子信息产品环保使用期限通则》及无铅焊接标准共 6 项行业标准。

续专栏 23—1

9. 4C 融合加快，企业兼并重组引发行业加快洗牌

2009 年，4C（计算机、通信、消费电子、内容）融合速度进一步加快，这不仅意味着产品功能的集成和整合，更意味着企业商业模式的转型，即把过去靠卖产品的一次性收益模式，转变为提供内容和服务从而实现多次连续性盈利的商业模式。

10. 液晶面板迎来新一轮建线热，中国成为平板显示产业增长极

2009 年，京东方北京第 8 代液晶面板生产线、夏普与中电熊猫合作的第 6 代和第 8 代液晶面板生产线、龙腾光电在昆山的第 7.5 代生产线、三星在苏州的第 7.5 代生产线、LGD 在广州的第 8.5 代生产线、TCL 和深超的第 8.5 代生产线上马。同年，长虹不断完善等离子电视产业链，彩虹启动液晶玻璃第 6 代生产线工程。

资料来源：摘自《中国电子报》2009 年 12 月 18 日。

参考文献

《中国信息产业年鉴》(2009)，电子工业出版社 2009 年版。

工业和信息化部：《2009 年电子信息工业经济运行公报》，http://www.miit.gov.cn/n11293472/n11293832/n11294132/n12858462/13009463.html，2010 年 2 月 3 日。

工业和信息化部：《2009 年电子信息产品进出口情况》，http://www.miit.gov.cn/n11293472/n11293832/n11294132/n12858462/13009496.html，2010 年 2 月 2 日。

工业和信息化部：《2009 年电子信息工业固定资产投资情况》，http://www.sina.com.cn ，2010 年 2 月 3 日。

《电子信息工业结构调整迫在眉睫》，中国电子报电子网，http://www.cio360.net/h/1784/342136-2009.html，2010 年 3 月 13 日。

米娟、李晖：《金融危机下中国信息产业发展对策探析》，http://www.studa.net/Profession/091025/11224322-2.html，2009 年 10 月 25 日。

张涛：《迎接挑战 转危为机——金融危机对电子信息工业的影响及应对建议》，http://www.acs.gov.cn/sites/aqzn/dzxxC.jsp?contentId=2475582257872。

第二十四章　轻工业

提　要

中国的轻工业是出口导向型行业，外向依赖度较高，有1/4的产品出口到国际市场。国际金融危机对中国轻工业的冲击较大，影响的持续时间较长，尤其是出口比重较大的东部沿海地区受到严重影响，产品出口大幅下滑，大量出口产品转向国内销售，产品过剩、积压现象严重，生产、出口增长全面减速，效益明显下滑，困难企业增多。在困难面前，中央强调增强信心，把“保增长”作为当前经济工作的首要任务，快速反应，密集出台了一系列政策措施。轻工业上下联动，采取各种措施化解困难，取得了应对国际金融危机、“保增长”的阶段性成果。2010年，轻工业结构调整步伐将加快，生产、出口将继续稳步回升。预计2010年全年产品出口总额同比增长约7%，规模以上企业工业总产值、利润总额同比增长略高于2009年。

*　　　　*　　　　*

轻工业包括食品、造纸、家电、家具、塑料、皮革等19个大类45个行业，是丰富人民物质文化生活的重要消费品产业，产品涵盖衣、食、住、行、用各领域。进入21世纪以来，中国轻工业发展取得了显著成效，企业规模、实力明显提高，国际竞争力不断增强，中国已成为轻工产品生产和消费大国。中国轻工业承担着繁荣市场、增加出口、扩大就业、服务“三农”的重要任务，在国民经济和社会发展中具有举足轻重的作用。2008年，轻工业规模以上企业实现工业增加值26235.3亿元（2000~2008年，年均增长22.9%），占全国工业增加值的20.3%，占国内生产总值的8.7%；自行车、缝纫机、电池、啤酒、家具、日用陶瓷、灯具、空调、冰箱、洗衣机、微波炉、鞋、钢琴等100多种产品的产量居世界第一。2008年，轻工业出口总额3092亿美元（比2000年增长3.4倍，年均增长20.2%），占全国出口总额的21.7%；家电、皮革、家具、羽绒制品、自行车等产品占国际市场份额的50%以上（其中小家电占80%，空调器、微波炉、羽绒服占70%，自行车占65%，日用陶瓷占60%）。

一、国际金融危机对中国轻工业发展的冲击和影响

中国轻工业是出口导向型行业，外向依赖度较高，有 1/4 的产品出口到国际市场。随着国际金融危机的蔓延和加深（国际金融危机 2008 年上半年开始在全球蔓延，2008 年第三季度开始对国内实体经济产生影响，第四季度影响程度扩大），海外市场需求急剧下降，中国轻工业受到了严重冲击（轻工业受到的冲击较大，影响的持续时间较长，尤其是出口比重较大的东部沿海地区），产品出口大幅下滑，大量出口产品转向国内销售，产品过剩、积压现象严重，生产、出口增长全面减速，效益明显下滑，困难企业不断增多，严峻形势前所未有。这主要表现在以下几方面：

1. 出口下滑，生产下降

根据海关统计，2008 年前三个季度，轻工业主要商品累计出口 2288.65 亿美元，同比增长 15.57%，出口增速较 2008 年 1~8 月下降 1.12 个百分点。2008 年 11 月，轻工业出口交货值增速由 2008 年 10 月的增长 4.7%转为下降 1%。2008 年 1~12 月，轻工业累计出口额为 3092.3 亿美元，同比增长 14.48%，比 2007 年同期增幅减少了 4.74 个百分点。

根据国家统计局统计，2008 年前三个季度全国轻工业规模以上工业企业累计完成工业总产值（现价）68707.63 亿元，比 2007 年同期增长 27.60%，累计增速低于 2008 年 1~8 月 0.71 个百分点。产品产量累计下降较大的有：造纸机械下降 24.7%，缝纫机下降 20.1%，塑料包装箱及容器下降 17.0%，家用吸尘器下降 11.6%，表下降 11.1%。2008 年 1 ~12 月，轻工业规模以上企业累计完成工业总产值 93898.04 亿元，同比增长 24.54%，增幅比 2007 年同期减少 4.67 个百分点（2008 年 12 月，轻工业增速为 8.1%，比 2008 年 6 月下滑 5.2 个百分点）；2008 年 12 月，108 种主要轻工产品中有 63 种产量同比出现负增长（其中包括房间空气调节器、家具、微波炉等主要产品），比例高达 57%。

2. 效益下降，亏损严重

据中国轻工业信息中心监控的 363 家重点企业数据，企业亏损面从 2008 年上半年的 27.1%增加到 2008 年 9 月的 32.8%，11 月进一步增加到 33%。利润总额增速从 6 月的 46.93%下降到 9 月的 32.49%，9~11 月又比 6~8 月下降 4.3%。

另据国家统计局统计，2008 年 1~8 月累计，轻工行业规模以上企业行业利润总额增速也比 2008 年上半年下降 7 个百分点。2008 年 1 ~11 月累计，轻工行业规模以上企业实现利润总额 3882.46 亿元，同比增长 18.53%，增幅比 2007 年同期减少 19.27 个百分点（其中，9~11 月累计利润总额比 6~8 月下降 4.3%，而第四季度又同比下降了 4.77%）。

3. 产品积压，财务困难，停产、半停产企业明显增加

产品库存积压严重。由于2008年下半年部分行业原料和产品价格由高位大幅下跌，纸浆、纸及纸板、糖、浓缩苹果汁等生产企业上半年高价采购的原料无法顺价销售，库存积压严重，流动资金难以正常周转。纸及纸板库存积压约300万吨，积压资金约150亿元，一些企业面临资金链断裂危险；制糖行业全面亏损；在一些苹果种植集中的地区，因加工厂浓缩果汁压库严重，农民卖果难，个别地区已出现果农砍树现象。

企业融资更加困难。轻工业多为中小企业和民营企业，长期存在融资渠道不畅、担保机制不完备等问题，受金融危机影响，中小企业难以从银行获得贷款，融资难问题更为突出，面临资金链断裂的危险。为了维持经营，一些企业被迫通过民间借贷形式，以几倍于银行贷款利息来获得资金。① 根据工业和信息化部的有关资料，2008年下半年以来，部分地区停产、半停产企业一度明显增加，珠江三角洲、长江三角洲部分轻工产业集聚区近3成企业出现停产甚至关闭。在市场低迷、生产经营状况恶化的情况下，中小企业融资难问题更加突出。

二、中国轻工业应对国际金融危机的对策措施与成效

2008年9月以来，国际金融危机对轻工业的影响迅速扩散与蔓延，在前所未有的困难面前轻工行业上下联动，采取各种措施克服困难。信心是战胜国际金融危机的思想基础。中央强调增强信心，把“保增长”作为当前经济工作的首要任务，快速反应，密集出台了一系列的政策措施。轻工业联合会和各行业协会充分发挥行业组织的作用，深入一线调研，研究应对办法，反映企业诉求，振奋职工斗志，努力把企业的思想集中到中央的部署和要求上来。

1.《轻工产业调整和振兴规划》的发布与实施

2008年第三季度至2009年第一季度，在国际金融危机的严重冲击下，轻工业国内外市场供求失衡加剧，产品库存积压严重，企业融资困难，生产经营陷入困境。针对这一严峻的形势，2009年2月9日国务院审议并原则上通过了轻工产业调整和振兴规划。2009年5月19日，《轻工产业调整和振兴规划细节》发布。

（1）规划目标。①生产保持平稳增长，行业效益整体回升，三年累计新增就业岗位约300万个。②自主创新取得成效，关键生产技术取得突破，装备自主化水平稳步提高。③产

---

① 贺燕丽：《落实轻工业调整和振兴规划，保持行业平稳发展》，中国合作经济网，http://www.ce2293.com/jqxx/09/0909-1-19.htm，2009年9月9日。

业结构得到优化，企业重组取得进展，形成10个年销售收入150亿元以上的大型轻工企业集团，轻工业特色区域和产业集群增加100个，东、中、西部轻工业协调发展。新增自主品牌100个左右。④污染物排放明显下降，到2011年主要行业COD排放量比2007年减少25.5万吨，降低10%。⑤淘汰落后取得实效，即淘汰落后制浆造纸200万吨以上、低能效冰箱（含冰柜）3000万台、皮革3000万标张、含汞扣式碱锰电池90亿只、白炽灯6亿只、酒精100万吨、味精12万吨、柠檬酸5万吨的产能。⑥安全质量全面提高，完善轻工业标准体系，制定、修订国家和行业标准1000项。

（2）政策措施。①进一步扩大“家电下乡”补贴品种。根据农民意愿和行业发展要求，将微波炉和电磁炉纳入“家电下乡”补贴范围，并将每类产品每户只能购买一台的限制放宽到两台。中央财政加大对民族地区和地震重灾区的支持力度。②提高部分轻工产品出口退税率。进一步提高部分不属于“两高一资”的轻工产品的出口退税率，加快出口退税进度，确保及时、足额退税。③调整加工贸易目录。继续禁止“两高一资”产品加工贸易。对符合国家产业政策和宏观调控要求，不属于高耗能、高污染的产品，取消加工贸易禁止。对部分劳动密集型产品以及技术含量较高、环保节能的产品，取消加工贸易限制。对全部使用进口资源且生产过程中污染和能耗较低的产品，允许开展加工贸易。④解决涉农产品收储问题。进一步扩大食糖国家储备。鼓励地方政府采取流动资金贷款贴息等措施，支持企业收储纸浆及纸、浓缩苹果汁等涉农产品，缓解产品销售不畅、积压严重的状况。⑤加强技术创新和技术改造。支持重点装备自主化、关键技术创新与产业化，支持提高重点行业技术装备水平、推进节能减排、强化食品加工安全以及自主品牌建设等。⑥加大金融支持力度。尽快落实《国务院办公厅关于当前金融促进经济发展的若干意见》（国办发〔2008〕126号），鼓励金融机构加大对轻工企业信贷的支持力度；鼓励担保机构为中小型轻工企业提供信用担保和融资服务；利用出口信贷、出口信用保险等金融工具帮助轻工企业便利贸易融资，防范国际贸易风险。⑦大力扶持中小企业。现有支持中小企业发展的专项资金（基金）等向轻工企业倾斜，中央外贸发展基金加大对符合条件的轻工企业巩固和开拓国外市场的支持力度等。⑧加强产业政策引导。尽快研究制定发酵、粮油、皮革、电池、照明电器、日用玻璃、农膜等产业政策以及准入条件，研究完善重污染企业和落后产能退出机制等，充分体现有保有压的调控作用。⑨鼓励兼并重组和淘汰落后。认真落实有关兼并重组的政策，在流动资金、债务核定、职工安置等方面给予支持；对于实施兼并重组企业的技术创新、技术改造给予优先支持。⑩发挥行业协会作用。即充分发挥行业协会在产业发展、技术进步、标准制定、贸易促进、行业准入和公共服务等方面的作用。

2. 实施成效

（1）一是“保增长”目标基本实现。《轻工业调整和振兴规划》在扩大出口、内需、“保增长”方面已经收到明显效果：轻工行业运行呈现“V”字形，主要经济指标从2009年3月开始逐步回升，至2009年10月逐月环比增速提高，进出口降幅收窄，呈现向好态势，可以判断轻工业已走出国际金融危机带来的低谷，开始步入上行轨道。2009年1~10月，轻工规模以上企业累计完成工业总产值8.6万亿元，同比增长11.3%；累计完成工业销售产值8.4

万亿元，同比增长 10.9%，出口交货值（人民币）1.37 万亿元，同比下降 8.5%，出口交货值占销售产值的比重为 16.33%；累计工业产品销售率 97.29%。2009 年 1~10 月规模以上企业工业总产值和销售产值的累积增速比 2009 年 1~9 月加快了约 0.8 个百分点，出口交货值比 2009 年 1~9 月缩减了 0.8 个百分点。

2009 年 1~12 月，全国轻工业规模以上工业企业总产值同比增长 13.5%，累计增速由年初的 8%逐月回升至年末的 13%以上；出口交货值同比下降 5.2%，累计降幅由年初的 11%逐月收窄至年末的 5%；数据显示，轻工全行业全年经济运行总体走势平稳，呈回升向好态势。

一是出口退税政策让轻工出口企业得到普惠。2008 年 11 月 1 日~2009 年 6 月 1 日，国家先后 6 次调整了出口退税率。据测算，全行业可获得 360 亿元收益，对缓解出口企业的经营困难起到了重要的作用。2009 年 1~9 月，轻工规模以上企业累计出口交货值一直处于震荡上升的趋势（尽管比 2008 年同期负增长 9.3 个百分点），出口大幅下滑的趋势在一定程度上得到了缓解。

二是“家电下乡”和家电以旧换新的政策顺利推进，显著刺激了家电产品的市场需求，家电行业生产加速，企业效益出现明显回升（2009 年 1~5 月，“家电下乡”产品销售同比增长 94.5%，家电行业实现利润总额高达 104 亿元，同比增长 14.6%），尤其是龙头企业受益最大（从 2009 年 9 月“家电下乡”的部分企业销售情况来看，受益较大的企业有海尔、美的、格力、长虹、海信等），拉动作用和带动效果（对相关行业）十分显著，并引发了全行业经营思想的转变：注重农村市场的开发。

（2）新产品产值增速加快，结构调整效应开始显现。《轻工业调整和振兴规划》的实施，尤其是技术改造项目的推进，不仅促进和带动了地方和企业的生产和投资，还促进和带动了企业的自主创新、产品结构调整和品牌建设。2009 年 1~7 月，轻工业新产品产值同比增长 5.3%，比上半年加快了 1.8 个百分点，其中 7 月增长了 14.9%（2009 年 1~5 月，家具制造业总产值同比增长 7.88%；新产品产值增长超过了 35%；2009 年 1~11 月，乐器制造业 17 家规模以上生产企业实现工业总产值同比下降 0.57%，而新产品产值却同比增长 6.91%），反映出企业产品创新有加速趋势，“调结构”政策引导作用显现。此外，“家电下乡”等政策措施在促进内需增长的同时，也促进和带动了产品升级和结构调整。2009 年以来，家电行业产销、利润的较快增长与企业对症下药、自主创新的努力是密不可分的：海尔在 2008 年就组织了上百人的研发团队，深入全国 300 多个县的乡镇进行调研，针对农村的消费需求专门进行产品的研发。美的空调也针对农村潮湿环境的使用条件，采取特殊工艺“对症下药”，切实为农民改善了生活条件。

（3）加快了新兴行业发展、节能减排和落后产能的淘汰。照明行业是《轻工业调整和振兴规划》重点扶持的行业之一，《规划》提出了设立家电、照明等行业产业升级专项。2009 年 4 月，科技部发布了《关于同意开展“十城万盏”半导体照明应用工程试点工作的复函》，提出在深圳、东莞、天津、上海等 21 个试点城市陆续开展半导体照明应用工程。国家发展改革委、财政部公开招标选定了 23 家高效照明产品生产企业，计划在全国范围内推广节能灯 1.2 亿只，为 2008 年的两倍，这既扩大了消费需求，又推动了节能减排，还促进了企业发展，惠及了城乡居民。同时，各种强制性国家标准相继出台并实施，照明行业的门槛也随之提高，一些没有实力、安全级别较低的落后产能相继被淘汰。

2009 年 1~2 月，照明行业累计实现利润同比负增长 5.93%，但到 2009 年 5 月，累计利润同比增长 1.72%，实现了由负转正的跨越。

推行节能减排是《规划》的重点目标之一，随着各行业强制性国家标准的出台和实施，工业节能减排和落后产能的淘汰取得了积极成效。以食品行业为例，目前千升啤酒的平均耗粮减少了 1.87 千克，电耗降低了 1.70 千瓦/小时，用水减少了 0.32 立方米，用煤减少了 3.24 千克，极大地缓解了企业的成本压力。

（4）产业转移、推进和区域经济协调发展的效果显著。2009 年第二季度，东部沿海地区的广东、山东、江苏、浙江 4 个轻工业大省（合计占全国轻工业总产值的 52.6%）完成工业产值比第一季度增长 0.7 个百分点；而中西部地区第一、二季度均保持了较高增长（2009 年 1~6 月，轻工总产值累计增幅达 20%以上的省区全部位于中西部地区）。东部沿海地区轻工业开始走向结构调整之路（一部分向高端产品转型，另一部分向中西部转移），整个轻工行业在《轻工业调整和振兴规划》实施中形成了“有序转移、有效承接”的产业转移模式和协调发展的格局。①

（5）“食品安全专项”初步整治行动成效明显，达到了预定目标。《轻工业调整和振兴规划》中单独就“食品加工安全”进行了专项规定。其中涉及重点为：整顿食品加工企业（酿酒行业中，白酒、葡萄酒等领域在原材料、原酒以及初级加工等环节长期存在的问题，农村市场难以控制的散酒加工点一直是监管部门的心头之患）；严查企业添加剂和非法添加物；加强食品安全监测能力建设；提高行业准入门槛；食品实行召回退市制度；企业诚信体系建设（酿酒行业中频发的毒酒案件使行业社会形象大打折扣）。

对于“食品安全专项”的实施，国家质检总局在全国范围内进行了为期四个多月的食品安全专项整治行动，成效明显，达到了预定目标：全国 676 个大中城市农产品批发市场 100%纳入监测范围；9.8 万家食品生产加工企业 100%获得了生产许可证；县城以上城市 17.3 万家市场和超市 100%建立了索证索票制度；3.3 万家 10 类消费品生产企业 100%建立了质量档案。

总体而言，《轻工业调整和振兴规划》的实施已取得应对国际金融危机、“保增长”的重要阶段性成果，扩大内、外需的政策措施在轻工业“保增长”的过程中发挥了至关重要的作用。政策措施设计是合理的，落实也较到位，达到了预期的效果。轻工业当前面临的困难，既有受国际金融危机影响的外因，又有产业长期粗放发展、矛盾积累和激化的内因。但由于在《轻工业调整和振兴规划》的实施过程中，结构调整目前还主要立足于政策引导，各地方政府和企业实施规划的重心主要集中在“保增长”上，难有能力和积极性着力于短期内见效的结构调整，因而从宏观总体上看，结构调整、转变发展方式方面的效果目前尚不明显。

① 中国轻工联合会：《优化政策环境，促进轻工业发展》，环球经贸网，http://china.nowec.com/c/12/200911/61757.html，2009 年 11 月 6 日。

三、中国轻工业存在的主要问题与趋势展望

1. 存在的主要问题

（1）虽然轻工出口出现触底反弹，出口额逐月增长，但是国际市场不确定因素多，全球经济复苏的进程还很漫长。同时，尽管出现了出口产品档次升级的可喜变化，但委托加工和贴牌生产仍是大部分轻工产品出口的主要方式，这种状况在今后较长的时期内不会改变。因此，从长远看，国内市场仍是决定轻工业稳定增长的决定性因素。[①] 存在的问题是：结构上供求不协调是多年积累的难题，破解的难度很大，既要保持一定的发展速度，保证社会和谐和稳定；又要积极推进产业调整，优化产业资源，要在对立中寻求统一，在矛盾中寻求发展。这就给下一阶段政策措施的设计和实施提出了巨大的挑战。[②]

（2）由于结构调整短期内难以见效，因此近阶段，继续实施和稳定扩大海外市场需求的政策措施、防止产业增长上的起落也是重要的和必要的。存在的问题是：继续大规模实施高位运行的"出口退税"政策措施，财政负担较重，一旦中央财政预算困难，则难免面临退税率下调的压力。

（3）"出口退税"、"家电下乡"、"财税和信贷支持"、"提高涉农产品收储"主要有利于直接和在短期内缓解当前工业增速加速下滑这一突出矛盾和严峻形势（在轻工业"保增长"中，发挥了最重要作用的政策措施是"出口退税"，按轻工业平均销售收入利润率计算，其拉动轻工产值增长估计达千亿元；另外是"家电下乡"，拉动轻工业产值增长约达几百亿元）；而加强技术创新和技术改造、加强产业政策引导则主要有利于"调结构"（在轻工业调结构中，发挥了重要作用的政策措施是加强技术创新和技术改造，因为有资金和财税政策支持比较有效；而加强产业政策引导，则比较间接，力度弱），现阶段"调结构"的政策措施针对性较弱且政策措施之间的协调性有欠缺。

（4）节能减排任务艰巨。在《轻工业调整和振兴规划》的目标中明确提出污染物排放要明显下降的要求。到2011年，主要行业COD排放比2007年减少25.5万吨，降低10%。其中，食品行业减少14万吨、造纸行业减少10万吨、皮革行业减少1.5万吨；废水排放比2007年减少19.5亿吨，降低29%。其中，食品行业减少10亿吨，造纸行业减少9亿吨、皮革行业减少0.5亿吨。主要任务中提出了重点对食品、造纸、电池、皮革等行业实施节能减排技术改造；食品行业加快应用新型清洁生产、副产品和废弃物高值综合利用以及废水处理回收再利用技术。

①② 中国轻工联合会：《优化政策环境，促进轻工业发展》，环球经贸网，http://china.nowec.com/c/12/200911/61757.html，2009年11月6日。

从目前的情况看，轻工业节能减排面临的任务仍然比较艰巨，单位产值和单位产品水耗、能耗、主要设备能耗指标、污染物排放指标等方面与国际水平相比差距较大，主要污染物（COD）排放量占全国工业排放总量的50%，工业废水排放量占全国工业废水排放总量的28%。食品、造纸、皮革等行业是轻工业污染物排放的主要行业，也是节能减排任务较重的行业，尤其是造纸、酿酒、发酵等行业中的部分产品被列入国务院《节能减排综合性工作方案》（国发［2007］15号文）之中，并提出了具体的淘汰落后的目标。

2. 趋势展望

2010年，中国轻工业面临的国内外经济环境将较2009年明显改善，行业出口和生产整体上将继续稳步回升。

（1）国际市场将缓慢恢复。随着各国救市政策效果逐渐显现，世界经济在2009年末已经显现复苏迹象。2010年，随着发达国家金融体系风险进一步下降，市场信心逐步改善，世界经济将有所好转，国际市场也将得到一定程度的恢复。根据国际货币基金组织预测，2010年全球GDP将由2009年的负增长1%恢复到增长3%，全球贸易额增速也将由-12%回升到2%。

预计2010年中国轻工商品外贸出口将逐步摆脱下降状态，呈现稳步回升态势，总量上基本恢复到2008年的规模，达到3000亿美元左右，全年实现7%左右的增长。[①]

（2）内需将保持稳定增长，对行业的支撑作用依然突出。近年来，伴随着国民经济的稳定发展和城乡居民生活水平的不断提高，中国内需市场日渐活跃，对轻工业的支撑作用尤为突出。2010年，中国宏观经济将继续回升向好，随着国内就业状况得到稳定，市场信心继续提高，内需市场仍将实现稳定增长。与此同时，扩大内需仍然是经济工作的重点：一方面家电、汽车、摩托车下乡、以旧换新政策继续实施，另一方面通过增加在“三农”、社会保障等方面的投入，改善城乡居民生活水平，都将进一步增加内需市场的活力。

在市场向好、政策助推的条件下，2010年中国轻工产品的内需市场将延续2009年以来的稳定增长态势，且增速有望进一步提高，将继续对轻工行业的回升发挥重要支撑作用。

（3）行业调整升级步伐将加快，生产增长的结构性动力将强化。2010年是《轻工业“十一五”发展纲要》实施的最后一年，也是《轻工业调整和振兴规划》实施的第二年，加快推进产业结构调整和产业升级是轻工业的重要发展任务。行业围绕技术改造、自主创新、节能减排、淘汰落后、产业转移、集群升级、品牌建设、诚信建设等方面的各项措施将进一步全面推进，行业整体运行质量将进一步提高，综合竞争实力将继续增强，生产增长的结构性动力将强化。[②]

综合国内外市场走势及相关影响因素判断，轻工业将继续实现稳步回升。预计2010年

---

① 马真：《从国际经贸形势看2010年中国轻工出口及主要市场发展趋势》，中国轻工业网，http://www.clii.com.cn/news/content-303362.aspx，2010年3月19日。

② 许坤元：《2009年纺织行业经济运行及2010年趋势展望》，中国国际电子网，http://texquo.ec.com.cn/article/guoneinews/201001/957134_1.html，2010年1月29日。

全行业产品出口总额同比增长约 7%，规模以上企业工业总产值、利润总额同比增长要略高于 2009 年。

四、对策建议

1. 加快产业结构调整

总的原则和指导思想应突出重点、分类指导，政策措施的设计和实施一定要有力度。一是总量控制和企业重组。对制糖、造纸等以国有企业为主体且生产能力过剩的传统行业，在总量控制的基础上通过兼并破产、债转股、技改贴息等政策，使国有资产向优势企业集中。二是政策引导和产业规制。竞争性较强的行业，主要按照市场竞争机制，通过产业政策、行业规划和法规引导结构调整。三是采用综合性财税政策，加快技术改造步伐，提高装备水平和劳动生产率，增强国际竞争力。重点应集中于在衣、食、用、住等消费结构中起重要作用的食品、制浆造纸、陶瓷、玻璃制品、皮革及其制品、日用机械等传统行业。四是生产能力严重过剩的行业，严格实行总量控制，包括易拉罐、电冰箱、洗衣机、空调器等，这些行业生产能力的盲目扩大应严格控制。五是淘汰落后产能。对技术落后、污染环境、浪费资源的小制浆、小制革、小酿酒、安全性能差的燃气热水器企业，继续淘汰、关闭。六是加速发展新兴行业。在一些行业压缩改造的同时，应加快培育、发展壮大一批新兴行业，它们将成为轻工业发展的支柱和新的经济增长点。这些行业包括：家用电器、日用化工、塑料制品、室内饰、电池、文教体育用品等。①

2. 鼓励、引导和推动企业组织结构优化

对规模效益显著的重点行业，如家电、造纸等行业，企业结构要进一步由分散走向集中，提高生产集中度，鼓励和引导行业龙头企业实行兼并重组，向大型企业或企业集团发展，重点改造重组行业的前 10 名企业的生产集中度要达到 60%~80%，并且要培育年销售收入在 20 亿元以上、100 亿元以上的数百个和数十个企业和企业集团；宜于分散化生产经营的中小企业要“小而精”、“小而特”，且向专业化协作方向发展。

3. 鼓励企业自主创新和技术改造

通过财政补贴或设立专项基金鼓励企业自主创新、进行技术改造和高新技术开发。支持

---

① 国家轻工业局：《轻工业“十五”规划》，《中华工商时报》2001 年 6 月 26 日。

国有自主品牌的发展。支持自主品牌的产品出口，对自主品牌出口的企业给予出口退税、所得税等政策上的优惠。鼓励节能减排。鼓励企业加大节能产品生产，鼓励消费者购买节能产品，对节能冰箱、空调器、洗衣机等实行财政补贴。支持企业发展市场短缺产品，优化产品结构。

专栏 24—1

从国际经贸形势看 2010 年我国轻工出口及主要市场发展趋势

2009 年第三季度后，主要经济体回升明显，世界经济基本上被确认见底回升，特别是以中国、巴西、印度等为代表的新兴市场，尽管其吸收的外国直接投资比 2008 年减少，但经济下降幅度明显低于发达国家。2010 年，世界经济整体将实现恢复性的缓慢增长，预计全球经济增速在 3%~3.5%。这次经济危机是 20 世纪 30 年代大萧条以来最严重的一次，危机后快速复苏的局面可能难以实现，发达经济体将进入 3~5 年的低速增长期，其中根本原因在于全球经济正面临重大的结构性调整，复苏的步伐将取决于这一调整的进程。

从贸易上看，国际贸易在 2009 年大幅下降之后，预计 2010 年将缓慢回升，全球贸易量由 2009 年下降 11.9%，恢复到增长 2.5%。据 IMF 预计，2010 年美国、欧盟、日本等发达国家和地区出口增长将大于进口增长，贸易状况得到相对改善，这对世界经济恢复有着重要的影响。但全球主要贸易国家均保持这种贸易状况的局面很难长期持续。

贸易保护主义的进一步加剧将使贸易竞争更加激烈。2009 年发达国家和发展中国家出口分别下降 13.6%和 7.2%，而 2010 年则增长 2.0%和 3.6%；2009 年进口分别下降13.7%和 9.5%，而 2010 年则分别增长 1.2%和 4.6%。

面对严峻的国际经济贸易形势，我国出台了进一步加大政策支持力度，转变外贸发展方式，调整出口结构，重点促进优势产品，劳动密集型产品和高新技术产品出口，努力保持我国出口产品在国际市场的份额等政策措施。

综合国内、国际经济形势和金融贸易政策发展，结合近年来轻工对外贸易发展趋势，分析各个国家及区域经济体的综合发展状况，我们对 2010 年轻工商品出口和主要贸易市场的发展判研是：

预计 2010 年我国轻工商品外贸出口将逐步摆脱下降状态，呈现稳步回升态势，总量上基本恢复到 2008 年的规模，达到 3000 亿美元左右，全年实现 7%左右的增长。

第一，美国仍将是轻工商品出口的最大市场，2010 年贸易量和贸易金额将平稳回升，在整体轻工出口贸易的所占比重将保持相对稳定。

第二，欧盟市场由于国际汇率变化、成员国削减债务、紧缩开支等因素，预计市场发展将受到抑制，需求将进一步萎缩，在贸易中的占比会有所下降。

续专栏 24—1

第三，日本和韩国市场由于中国及亚洲经济率先复苏和区域经济一体化影响，轻工进出口贸易将保持稳步增长，比重份额将进一步扩大。

第四，随着新兴经济体国家的发展，加之轻工国际市场多元化战略的实施，轻工商品对这些经济体市场的拓展将进一步加深，进出口贸易额将进一步扩大，实现快速增长，将延续出口份额逐年增长的势头。

资料来源：中国轻工业网：http://www.clii.com.cn/news/content-303362.aspx，2010 年 3 月 19 日。

参考文献

中国轻工联合会：《优化政策环境，促进轻工业发展》，环球经贸网，http://china.nowec.com/c/12/200911/61757.html，2009 年 11 月 6 日。

贺燕丽：《落实轻工业调整和振兴规划，保持行业平稳发展》，中国合作经济网，http://www.ce2293.com/jqxx/09/0909-1-19.htm，2009 年 9 月 9 日。

国家轻工业局：《轻工业“十五”规划》，《中华工商时报》2001 年 6 月 26 日。

许坤元：《2009 年纺织行业经济运行及 2010 年趋势展望》，中国国际电子网，http://texquo.ec.com.cn/article/guoneinews/201001/957134_1.html，2010 年 1 月 29 日。

马真：《从国际经贸形势看 2010 年中国轻工出口及主要市场发展趋势》，中国轻工业网，http://www.clii.com.cn/news/content-303362.aspx，2010 年 3 月 19 日。

第二十五章　食品工业

提　　要

中国的食品工业发展主要是依靠内需的拉动实现增长的，虽然国际金融危机对食品工业的影响相对较低，但是应该看到，中国食品工业发展的整体水平还不高，仍面临诸多严峻挑战，如食品工业产业竞争力不强、质量体系不健全及产品结构不合理等。当前，中国正处于构建和谐社会和全面建设小康社会的重要时期，食品工业承载着提高人民生活水平、带动农业发展、实现工业强国的希望和重托，这使得食品工业所面临的问题更加突出。随着全球经济日益融合，中国经济的快速健康发展和工业化、城市化及国际化进程的加快，中国食品工业将迎来重要的发展机遇期。在今后相当长的一段时间内，中国的食品工业将主要解决居民吃好的问题。中国食品消费已经由量的追求转向对质的追求，向着高质量、营养、方便、安全的目标转变，食品消费结构变化加剧，对食品制成品的需求迅速上升。

*　　　　*　　　　*

食品工业承担着繁荣市场、增加出口、扩大就业、服务“三农”的重要任务，是国民经济的重要产业，在经济和社会发展中起着举足轻重的作用。改革开放以来，中国食品工业得到了长足发展，食物综合生产能力大幅度提升，全民营养状况明显改善。2008 年下半年以来，在面临国际金融危机的经济形势下，中国食品工业的发展承受了很大压力，但仍然保持了较高的增长速度。

一、中国食品工业的基本特点

中国的食品工业发展主要是依靠内需的拉动实现增长的。为了应对国际金融危机的影响，在党中央、国务院关于“保增长、扩内需、调结构”的宏观政策措施下，2009 年中国食品工业保持了持续稳定发展，加快了食品工业结构的调整，逐步推进产业升级。

1. 食品工业的产值持续增长，经济效益稳步提高

2008 年下半年以来，国际经济形势恶化通过金融、贸易、信息等多种传导机制影响中国，对中国经济增长、出口、就业、企业效益、财政收入和金融安全等方面产业的影响逐步显现，并且不断加重。为了应对国际金融危机对中国经济的影响与冲击，中央政府及时推出了以扩大内需、刺激经济增长为目的的一系列重大措施。伴随着政策措施作用的逐渐显现，食品工业继续保持了良好、快速的增长趋势（见表 25-1）。

表 25-1　　2008~2009 年食品工业总产值和经济效益

单位：亿元

年　份	总产值	销售收入	完成利税	实现利润
2008 年	42794	41268	6174	2838
2009 年	49153	46279	6924	3125

注：本表中主要产品包括：食品；饮料、酒及醋；烟草、烟草及烟草代用品的制品。

资料来源：《中国轻工业统计年鉴》（2008）；《中国轻工业统计年报》（2009）；中国产业分析平台；http://ciwefore.com。

2008~2009 年，食品工业产值均保持稳步增长，2009 年食品工业总产值达到 4.9 亿元，比 2008 年增长 14.5%。

在“扩内需、调结构、保增长”的宏观经济政策推动下，中国食品工业的效益不断提升。2008~2009 年，中国食品工业的销售收入、利税总额及利润总额等各项经济指标均保持持续增长。如表 25-1 所示，2009 年中国食品工业销售收入及利润的增速远高于同期 GDP 的增速，这为中国经济的快速增长做出了重大贡献。在面临国际金融危机的不利局面下，2009 年中国食品工业完成利税总额 6924 亿元，同比增长 13.4%，实现利润 3125 亿元，同比增长 11%。这为增加国家财政收入，实现国民经济的平稳、快速发展提供了重要保障。

2. 食品工业和农业之间的关系

农产品是食品工业的重要原料来源，农业的发展不仅为食品加工业提供重要的原料，而且农业生产发展所带来的农民收入的提高也为食品工业的发展带来了巨大的需求。因此，农业和食品工业之间的比例关系成为分析食品工业发展的重要指标之一。食品工业总产值与农业总产值之比也成为衡量一个国家（地区）食品工业发展水平的重要标志，是农业产品开发和国民经济整体提升的重要反映。改革开放之初的 1978 年，中国食品工业产值不到农业产值的一半（46.2%），到 21 世纪初期这一格局仍没有改善，2001 年约为 46.8%。但是，其后这一比例快速提高，2006 年食品工业产值首次超过农业，两者之比达到 100.3%，2007 年进一步提高到 113.6%，2008 年达到 123.6%。

目前，发达国家的农产品加工率已经达到 90%以上，而中国不足 50%。衡量一个国家（地区）食品工业发展水平的食品工业总产值与农业总产值之比，发达国家大约为 2~3.7：1，而当前中国则仅为 1.24：1，刚刚超过发展中国家的水平，仍然偏低（见表 25-2）。

表 25-2　食品工业总价值与农业增加值比例的国际比较

项　目	发达国家	发展中国家	中国
食品工业产值与农业产值比例	(2.0~3.7)：1	1：1	1.24：1
农产品加工深度（%）	95	50	30

资料来源：谭向勇:《中国食品工业的现状及发展趋势研究》,《北京工商大学学报》（自然科学版）2010 年 1 月第 28 卷第 1 期。

除农产品生产不断增产、城乡居民收入不断提高外，2001 年以后食品工业的快速发展，与中国对外开放、中国食品工业进入国际市场、对外出口的增加也有直接的关系。表 25-3 为 2001~2009 年以来中国主要食品类产品进出口情况。

可以看出，2001~2006 年中国主要食品类产品出口额增加了 1.38 倍，到 2009 年更是增加了 2.14 倍。贸易顺差也呈现类似的趋势，2009 年由于受到国际金融危机的冲击，贸易顺差达到 86.9 亿美元，为 2001 年的 2.5 倍，相比 2007 年和 2008 年有所减少。

表 25-3　2001~2009 年主要食品类产品进出口额

单位：亿美元

年份	出口	进口	顺差
2001	57.91	18.83	39.08
2002	67.01	19.79	47.22
2003	76.69	21.07	55.63
2004	94.12	28.10	66.02
2005	111.96	34.58	77.38
2006	138.02	40.71	97.31
2007	164.74	45.43	119.31
2008	182.08	60.91	121.17
2009	165.90	79.77	86.90

注：本表中主要产品包括：食品；饮料、酒及醋；烟草、烟草及烟草代用品的制品。
资料来源：《中国轻工业统计年报》(2009)。

食品工业出口平稳发展，出口额逐年增加，进出口结构变化较大。在经历了国际金融危机后，食品工业产品出口贸易增长趋缓。而中国商品出口占全球出口的比重不断上升，1989 年、1999 年和 2009 年分别为 1.7%、3.6%和 9.1%，贸易排名由第 14 位和第 9 位跃居世界第 2 位。同期，中国食品出口占全球食品出口的比重分别为 2.3%、2.5%和 3.8%，占世界食品出口的比重不高。近年来，中国食品工业对外贸易呈现出递增趋势。尤其是 2007 年，食品进出口总额增长率达 38.9%，全国食品出口 323.41 亿美元，增长 29%，出口较多的产品主要有海产品、蔬菜、罐头（主要是蔬菜和水果罐头）、谷物及谷物粉、活猪等，主要是低附加值农产品；进口总额 306.68 亿美元，增长 51%，食品进出口贸易顺差 16.73 亿美元。

3. 中国食品工业与居民食品消费

食品工业发展的重要目标之一就是充分、安全、及时地为广大居民提供丰富多样的食

表 25-4　2001~2009 年主要年份食品工业生产和居民消费支出

单位：亿元

年份	食品工业产值	生活消费支出	食品消费支出	差　额
2001	7278.0	25517.2	9747.6	–2469.6
2002	8433.0	30277.2	11414.5	–2981.5
2003	9870.2	34101.7	12651.7	–2781.5
2004	16280.9	38986.6	14697.9	1583
2005	20473.6	44648.6	16386.0	40872.4
2006	24808.4	50184.3	17966.0	6842.4
2007	31912.2	57691.4	20942.0	10970.2
2008	42794.0	69244.1	25864.5	16135.5
2009	49153.0	71421.1	26412.5	22740.5

数据来源：《中国食品工业年鉴 》（历年）、《中国工业经济统计年鉴》（历年）、《中国统计年鉴》（历年）。其中，消费支出数据是用城乡居民的人均消费乘以城乡居民人数合计所得。

品。从中国食品工业发展的历史来看，这一目标已基本得到很好的实现。表 25-4 是 2001~2009 年中国食品工业生产和居民食品消费之间的关系。

可以看出，尽管由于广大居民收入水平的提高，对食品需求提出了更多更高的要求，但是食品工业的生产和发展不仅实现了充足供给这一基本目标，解决了温饱问题，而且在安全、丰富的食品供给方面做出了巨大的贡献。由表 25-4 可以看出，2004 年后中国的食品工业产值首次超过了全国居民的食品消费支出，此后生产和国内需求的差额逐年扩大，2008 年食品工业产值超过国内食品消费 16135.5 亿元，2009 年进一步扩大到 22740.5 亿元。目前，中国食品工业的发展已经进入调整结构、产业升级、提高食品质量的重要阶段。

二、中国食品工业应对国际金融危机的政策措施与效果

2008 年下半年以来，国际金融危机通过多种传导机制影响到中国经济的正常发展，对食品工业的增长、出口、就业、企业效益等方面的影响逐步显现并不断加剧。为了应对国际金融危机对中国经济的影响与冲击，中央政府及时推出了以扩大内需、刺激经济增长为目的的一系列政策措施。这些措施极大地提升了国民的信心，有利于帮助企业渡过经济难关，使中国在世界上率先走出金融危机的阴影，提高国家的综合实力和国际经济竞争力。

1. 金融危机对食品工业的影响

从 2008 年第三季度开始，国际金融危机逐渐影响中国食品工业，食品行业面临了从未有过的严峻形势。中国受到的影响主要在以下几个方面。

（1）国际市场需求萎缩，食品工业出口受到严重冲击。国际金融危机的影响，首先表现

在国际市场萎缩，对食品出口的影响较大。国际购买力下降导致中国食品出口形势严峻，除个别刚性需求产品外，食品出口面临价格下降和国际贸易的绿色壁垒保护，食品出口增幅回落或减少。据食品协会统计，2009 年第一季度，中国食品外贸出口同比下降 6.7%，其中罐头产品出口交货值下降 43.9%，其他一些农副产品出口下降 34.9%。

由于中国食品出口额只占食品工业总产值的 6%，国际金融危机对食品出口的影响在中国整个食品工业中较低，因此相对中国食品工业的冲击较小。

在对食品进口的影响方面，受金融危机的影响导致国际市场的购买力降低，全球主要农副产品的价格走低，而国内惠农政策的实施支撑食品原材料价格体系的坚挺，导致中国进口食品较往年增加。

(2) 食品企业生产经营的困难程度加深。在对食品企业的资金流动和原材料的采购影响方面，金融危机带来的银根紧缩和流动性严重影响了食品企业原辅材料采购资金的规模。从食品行业的原辅材料源头到食品的最终销售传递链条中，存在季收年销的特点，原材料有收购季节的限制，而产成品销售是在全年逐步实现的。因此，农产品收获季节食品企业原辅材料占压资金相当明显。

企业生产经营成本居高不下，一些食品行业和企业生产经营陷入困境，企业资金压力加大。2008 年下半年，食品企业成品库存和应收账款增多，流动资金不足，资金缺口进一步扩大。2009 年头两个月，在信贷规模大幅增加的情况下，中小企业授信额度总体偏小。尽管有关部门加大了财政、信贷支持力度，拓宽了中小企业直接融资渠道，并在构建多层次中小企业信用担保体系等方面努力开展工作，但中小企业融资难的问题未得到根本性解决。

(3) 对食品工业基本建设投资的影响。国际金融危机对食品企业规划中投资的影响较大，食品行业中许多前期论证项目被迫停止。2000 年以来，国际资本原来非常看好中国食品加工业的未来高速发展，投资不断加大，但是受到国际金融危机的影响，中国食品产业国际投资持续走低。同时，也波及国内金融资本对食品行业的投资力度和规模。2007 年，食品工业投资规模为 3448.4 亿元，2008 年食品行业投资规模为 3299.7 亿元，远远低于往年的平均水平。

(4) 食品工业生产呈现波动增长。从 2008 年月度食品工业生产运行情况看，食品工业增加值增长速度在 10.8%~17.4%波动。受食品安全事件及国际金融危机等产生的连带影响，2008 年 4 月、9 月、12 月全行业生产增长速度放慢，出现全年的低点，是食品工业多年来首次出现的一年三次大幅度月度波动。

2. 应对国际金融危机的政策措施

为应对国际金融危机的影响，落实“保增长、扩内需、调结构”的总体要求，确保食品工业稳定发展，加快结构调整，推进产业升级，2009 年初，国务院推出十大产业振兴规划。其中，在轻工业振兴规划中，食品工业作为重点产业，制定了确保食品工业增长的一系列政策措施，为食品工业克服困难、恢复持续快速发展创造了积极有利的政策环境。

(1) 加大金融支持力度。鼓励金融机构加大对食品企业信贷的支持力度，对一些基本面较好、带动就业明显、信用记录较好但暂时出现经营困难的企业给予信贷支持，允许将到期的贷款适当延期；简化税务部门审核金融机构呆账核销手续和程序，对中小企业贷款实行税前全额拨备损失准备金；支持符合条件的企业发行公司债券、企业债券、中小企业集合债券、短期融资券等，拓展企业融资渠道；中央和地方财政加大了对资质好、管理规范的中小企业信用担保机构的支持力度，鼓励担保机构为中小型企业提供信用担保和融资服务；利用出口信贷、出口信用保险等金融工具，帮助食品企业便利贸易融资，防范国际贸易风险。鼓励保险公司开展产品质量保险和出口信用保险，为企业提供风险保障。建立和完善中央集中式的、以互联网为基础的动产和权利担保登记中心，简化登记手续，降低登记收费，落实债权人的担保权益。

(2) 扶持中小企业，促进劳动就业。支持中小企业发展的专项资金（基金）等向食品企业倾斜，外贸发展基金加大对符合条件的企业巩固和开拓国外市场的支持力度；按照有关规定，对中小型轻工企业实施缓缴社会保险费或降低相关社会保险费率等政策。

采取积极的金融信贷、信用担保等政策，支持业绩良好、具有发展潜质的中小企业发展，充分发挥中小企业吸纳劳动力就业的作用。保障产品质量，强化食品安全。加强质量管理，完善标准和检测体系。

(3) 提高食品安全质量。完善食品工业标准体系，制定、修订国家和行业标准。要求生产企业资质合格，内部管理制度完善，规模以上食品生产企业普遍按照 GMP（优良制造标准）要求组织生产。并且，质量安全保障机制要更加健全，产品质量全部符合法律法规以及相关标准的要求。

(4) 实施食品加工安全措施。大力整顿食品加工企业。对全国食品加工企业在生产许可、市场准入、产品标准、质量安全管理方面逐项检查，坚决取缔无卫生许可证、无营业执照、无食品生产许可证的非法生产加工企业，严肃查处有证企业生产不合格产品、非法进出口等违法行为，严厉打击制售假冒伪劣食品、使用非食品原料和回收食品生产加工食品的违法行为。

全面清理食品添加剂和非法添加物。深入开展食品添加剂、非法添加物专项检查和清理工作，按照《食品添加剂使用卫生标准》(GB2760—2007)，理清并发布违法添加的非食用物质和易被滥用的食品添加剂名单，规范食品添加剂的安全使用。

加强食品安全监测能力建设。督促粮油、肉及肉制品、乳制品、食品添加剂、饮料、罐头、酿酒、发酵、制糖、焙烤等行业的重点企业，增加原料检验、生产过程动态监测、产品出厂检测等先进检验装备，特别是快速检验和在线检测设备。完善企业内部质量控制、监测系统和食品质量可追溯体系。

提高食品行业准入门槛。明确食品加工企业在原料基地、管理规范、生产操作规程、产品执行标准、质量控制体系等方面的必备条件，加快制定和修订乳制品、肉及肉制品、水产品、粮食、油料、果蔬等重点食品加工行业的产业政策和行业准入标准。

建立健全食品召回及退市制度。建立和完善不合格食品主动召回、责令召回及退市制度，建立食品召回中心，明确食品召回范围、召回级别等具体规定，使食品召回及退市制度切实可行。健全食品质量安全申诉、投诉处理体系，加强申诉、投诉处理管理。

加强食品工业企业诚信体系建设。通过政府指导、行业组织推动和企业自律，加快建立以法律法规为准绳、社会道德为基础、企业自律为重点、社会监督为约束、诚信效果可评价、诚信奖惩有制度的食品工业企业诚信体系。制定食品工业企业诚信体系建设指导意见，开展食品企业诚信体系建设试点工作。跟踪评价食品工业企业诚信体系建设指导意见的贯彻实施情况，及时修改和完善相关规范与标准。

3. 应对金融危机政策措施的效果

从以上振兴食品工业几大措施中可以看出，除了为食品企业创造宽松的金融信贷环境外，与其他产业不同的是，食品工业的发展更侧重于食品安全体系的建立。

2009 年，国际金融危机对中国经济的负面影响尚未见底，内、外部经济环境中的一些不确定因素和潜在风险依然存在，国内经济回升的基础尚不稳固。但党中央、国务院制定的"扩内需、调结构、保增长"的一系列政策措施为食品工业克服困难、恢复持续快速发展创造了积极的政策环境。随着积极的财政政策和适度宽松的货币政策等各项宏观调控措施的贯彻实施，中国经济运行中的积极因素不断增多，企稳向好的势头日趋明显。2009 年，中国的食品工业全年总产值突破 4.9 万亿元，增长 14.5%左右。

（1）食品工业固定资产投资加快。2009 年，随着中国宏观经济企稳回升，食品工业产销两旺，行业经济效益较好，刺激了食品制造企业的投资热情。2009 年 1~12 月，食品制造业固定资产投资完成额达到 648.30 亿元，比 2008 年同期增长 36.6%，比同期全国固定资产投资增速（33.5%）高 3.0 个百分点，占全国固定资产投资的比重达 0.8%。

（2）食品工业产销稳步回升。2009 年，食品工业产销增速在经历了小幅回落放缓后开始呈现企稳上升的势头。同时，由于国际金融危机影响，外需严重萎缩局面并未好转，食品工业出口持续负增长，但降幅有所下降。

得益于扩大内需的政策措施的实施，食品企业产销量逐步回升。2009 年，食品工业生产总值 49153.0 亿元，比 2008 年同期增长 14.6%；同期，食品工业销售产值达 46279.9 亿元，比 2008 年同期增长 15%，销售增速略高于生产增速，食品制造业企业库存压力有所减轻。从工业增加值来看，2009 年食品制造业工业增加值比 2008 年同期增长 12.7%，累计增速位于工业分大类行业的第九位，比全国工业增加值增长速度高 5.7 个百分点。食品制造业增加值和全国工业增加值的发展趋势一致，但该行业增速明显持续高于工业总体增加值增速。

（3）中国食品安全问题仍然突出，其表象是食品企业生产经营行为和食品市场秩序混乱，制假售假等违法行为屡禁不止，重大的食品安全事故时有发生。其实质是食品安全信用环境建设薄弱，食品安全信用意识缺乏，政府监管、行业自律和社会监督尚待加强。食品安全问题已经严重威胁人民生命健康，累及许多知名食品品牌，波及社会稳定和国家安全。"三鹿奶粉事件"已经由企业危机引发到整个行业危机，并升格为对中国食品的信任危机，教训极其惨痛。

三、国际金融危机暴露中国食品工业发展中存在的问题

中国食品工业在国际金融危机的冲击下虽然仍能持续稳定地增长，食品消费和食品生产也处于良性可持续发展态势，但是仍然存在较多影响和阻碍行业持续、快速、健康发展的问题。这些问题的解决与否将直接影响到中国是否能最终建立现代化的食物生产和营养保障体系，从而由食品生产大国转变成为食品生产强国。

1. 食品工业竞争力较弱

这是中国食品工业发展所面临的最主要问题。竞争力薄弱主要体现在中国食品企业规模小、技术落后及布局分散等方面。首先，中国食品企业总体规模小，生产集中度不高，达不到规模经济。多数食品企业生产设备落后，资源消耗多，经济效益低。2008 年，中国食品制造业排名居前四位的企业累计产品销售收入合计约为 300 亿元，产品销售收入集中度为 4.5%；累计利润总额合计为 6.7 亿元，利润总额集中度为 1.7%。排名前 10 位的企业累计产品销售收入合计为 580 多亿元，产品销售收入集中度为 8.7%；累计利润总额合计约为 33 亿元，利润总额集中度仅为 8.4%。这种情况严重制约了企业规模经济的实现，极大地限制了中国食品工业国际竞争力的提升。

其次，食品研发力量薄弱，技术创新不足，配套食品装备发展相对落后。中国食品工业整体技术和装备水平比发达国家落后 20 年左右。食品加工装备制造业的产品稳定性、可靠性和安全性较低，能耗高，成套性差；整体研发能力不高，关键技术自主创新率低；一些关键领域对外技术依赖度高，不少高技术含量和高附加值产品主要依赖进口，部分重大产业核心技术与装备基本依赖进口。例如，定向分离与物性修饰、非热杀菌、多级浓缩干燥等食品工业技术，以及连续冻干设备、超低温单体冷冻设备等一批共性关键重大技术与大型成套装备亟待突破。食品工业技术水平落后，导致中国食品加工层次偏低，品种结构比较单一，转化增值能力较差。

中国食品工业空间布局尚不尽合理。从食品工业主营业务收入地区集中度来看，2009 年排名前 5 位的地区——山东、河南、广东、江苏、四川占全国的 51.02%，其他地区仅占 48.98%。这说明中国食品工业布局上不尽合理，区域发展不均衡。中西部大部分地区由于食品工业发展滞后，丰富的原料资源优势没有转化为产业优势。此外，许多地区都建有自己的小酒厂与烟草企业，这使得大企业在兼并扩张中会遇到很大阻力，不利于大企业的成长，也制约了食品企业做大做强。

2. 食品工业安全体系和质量控制体系不完善

尽管中国大部分食品加工产品已有国家或行业标准，但普遍存在标准滞后、制定周期长、标准水平偏低、执行力度弱等问题，不能适应市场的需要。同时，在食品加工过程中，质量控制体系不完善，产业化程度不高。尤其是一些小型企业设备陈旧，管理水平较低，质量安全意识淡薄，缺乏保证食品质量的必备条件。加之食品工业涉及不同产业，在中国分属不同部门，因而长期处于多头管理，部门间缺乏协调。上述原因使得中国食品质量问题日益严重，食品企业生产经营行为和食品市场秩序混乱，制假、售假等违法行为屡禁不止。第四次全国营养健康调查显示，中国居民营养健康状况正面临严峻考验，食源性疾病正在快速增长。2008 年“三聚氰胺事件”的发生表明，食品安全问题已到了必须解决的地步。从本质上看，中国的食品质量安全问题是食品安全信用环境建设薄弱，信用意识缺乏导致的，为此亟待加强政府监管、行业自律和社会监督。近年来各级政府对食品安全问题已开始高度重视，实施了一系列旨在确保食品安全和质量的行动计划，使得食品安全局势日渐趋好。

3. 与食品工业配套的食品装备发展相对滞后

目前，国内食品机械行业整体开发投入不足，技术含量较低，存在着设备性能稳定性和成套性差、自动化程度不高等缺陷，而且设计与制造严重脱节，不能满足生产工艺的要求。而在引进技术时，消化吸收和自主创新能力不强，明显存在重硬件、轻软件，重引进、轻消化，重模仿、轻创新问题，缺乏整体竞争力。缺乏全面而深入的科技创新，是阻碍食品工业长足发展的关键因素。推进食品工业的持续发展，改变食品工业的现状，必须加大科技创新力度，强化前沿学科技术在食品工业各生产环节的使用。但食品工业科技如何创新、将由谁主导食品技术和组织管理模式的创新，则是科技管理部门和食品科研部门、生产企业必须面对的课题。

四、中国食品工业发展的政策建议

随着全球经济日益融合，中国经济的快速健康发展和工业化、城市化及国际化进程的加快使中国食品工业将迎来重要的发展机遇期。在今后相当长的一段时间内，中国的食品工业将主要解决居民吃好的问题。食品消费已经由量的追求转向对质的追求，向着高质量、营养、方便、安全的目标转变，食品消费结构变化加剧，对食品制成品的需求迅速上升。

根据国内外食品工业发展趋势和食物消费结构的变化，要突出重点，择优扶强，提高优势行业和企业的市场竞争力。这主要是：围绕农业产业化经营调整和发展食品行业；根据农业种植结构调整农产品结构，调整食品行业结构；实施“升东拓西”战略，促进东、中、西部食品行业的合理布局；培育科、农、工、贸相结合的大型企业集团，加强竞争实力；使食品行业发展与乡镇工业、小城镇建设相结合，相互促进，协调发展；加快研制高质量、高附加值、高效益，具有特殊营养功能的新产品，以提高行业整体水平；做好科技研究，加速产业化，以市场为导向，优化产品结构。

1. 完善与食品行业相关的法律、法规、条例和规章制度

建立和完善食品从原料到加工再到产品一系列的质量标准安全监督检测体系，建立市场准入制度。研究和借鉴国外一些发达国家关于食品质量安全监管的模式和措施，切实加强监督管理，从企业保证质量的必备条件抓起，建立起一套完整的农产品从生产、加工、储运到消费全过程的质量安全控制体系。研究和利用世界贸易组织的协议和规则，做好食品行业的应对工作。加快培养既了解行业发展、懂得专业知识又掌握国际经贸规则、熟悉外语的具有综合素质的人才队伍。企业应尽快熟悉世界贸易组织和国际贸易应遵循的规则，参照国际经贸规范、技术标准、财会标准以及中国政府根据世贸组织规则要求所调整的法律、法规或政策等组织生产与经营，使食品行业的管理与世界接轨，扩大中国具有比较优势的食品出口贸易。

2. 加强食品科技研究，加速产业化进程

加强产学研的联合协作：鼓励具有经济实力的大型食品企业建立健全企业技术中心，加速形成和完善技术创新机制；广泛开展国际合作与交流，把自主研究开发与引进、消化吸收国外先进技术相结合；加速食品行业高新技术成果产业化，注重传统工艺技术与高新技术的集成与优化；增加对食品科技发展的投入，鼓励企业积极从事食品技术的开发，以提高食品科技水平。

3. 以市场为导向，优化产品结构，搞好原料基地建设

要按照农产品区域布局，引导、调整和优化食品行业结构，建立农产品标准化生产示范区和无公害生产示范基地，广泛推广科学种植。在不同的农作物产区，发展优质、高产、高效和标准化的原料产品，形成基地化、规模化、良种化、专用化。充分利用中西部地区食品资源优势和产业比较优势，挖掘中国传统特色食品，在中西部特色资源和加工等方面实现突破。

4. 强化食品行业一体化发展

首先，食品行业的发展趋势是向国际化、产业化、规模化、科技化、营养化方向发展，国际化将成为主流。食品行业也是与其他产业交叉最多、关联度最大的综合性产业，由此可牵动农、牧、渔、旅游业、印刷业、包装业、信息业、精细化工业、餐饮业等的发展，形成

联动效应。食品企业要走向经营规模化、产品标准化、管理现代化，集农、科、工、贸为一体的产业化方向发展之路。其次，现代化农业与食品行业的交叉协调发展，农业和食品行业发展相结合，农产品基地建设与食品行业原料相结合，农产品加工与乡镇企业发展相结合。农业种植结构调整和高效、优质农业的发展为食品行业高效、健康、稳定发展提供保障。切实改良农产品品种，适应现代化食品行业加工；大力开发农产品资源，调整食品行业产业结构；建立稳定的农产品基地，保障食品行业原料供给，就近加工，综合利用，把上游的农业、中游的食品行业和下游的食品消费紧密联系起来，共同发展。最后，国内食品消费结构趋向多元化，食品产业也呈多层次、多样化发展。高新技术向食品行业渗透大大改变了传统食品行业的面貌，呈现出安全、营养、方便、美味、天然五大发展趋势，健康、营养、绿色、休闲、方便、无公害、功能性、疗效性食品成为食品行业调整发展的方向。民以食为天，随着农产品价格的提高，通胀加剧，食品消费总额也将有较大的提高，这也就决定了食品行业将是永远的产业。尤其是像中国这样的一个农业大国，必须走大力发展食品行业之路，必须走组建强大的农业食品产业集团之路，必须走以大对大，发展主食产品，与国外大公司、大集团的竞争之路，在竞争中求发展，在竞争中不断完善自己。

专栏 25—1

食品工业未来的发展理念

2008 年巴黎国际食品展于 10 月 19~23 日在巴黎举行。作为世界上规模最大的展会之一，巴黎国际食品展不仅为美食家们奉上了一道饕餮盛宴，同时也为业内人士勾画出了未来食品工业的发展蓝图。

2008 年巴黎国际食品展在金融危机的大背景下举行，因此格外受到人们的关注。面对经济不景气的现实和日新月异的食品发展趋势，本届展会将创新放在了前所未有的高度，在“食品创新和趋势”展区内，主办方陈列出了一系列最新产品，帮助人们了解食品工业的发展理念。

第一要健康。从 20 世纪 90 年代起，健康食品开始逐渐涌现，如一些抗胆固醇和不使用反式脂肪的产品，因为越来越多的消费者将营养和自然放在了首要位置。在偌大的食品展展厅里，到处可以看到“BIO”（生态食品）的标志，一家公司开发出了果蔬酸奶，不但将草莓与番茄、苹果与芹菜混合在一起，还添加了有益于健康的 Ω-3 脂肪酸，另一家肉制品企业则在火腿中加入了 3 种绿色蔬菜，保证人们的营养平衡。

第二要便捷。随着现代社会生活节奏的加快，一些上班族的吃饭时间越来越短，更不要说精心准备一顿丰盛的大餐了。不过生产商们自有妙计，他们开发出可用微波炉加工的牛排、8 分钟就能烤制好的提拉米苏蛋糕等，使得忙碌的人们能在最短的时间里享受到美食的乐趣。另外，一些冷冻蔬菜也逐渐风行，冷冻蔬菜与新鲜蔬菜相比在口味上略有不及，但营养价值相差无几，而且具有储藏方便的优点，

续专栏 25—1

虽然现在国内对这种产品还不是十分认可，但是它在未来依然有较大的发展空间。

第三要享受。对很多衣食无忧的现代人来说，食品已经不仅是生存的需要，而且已成为一种愉悦的享受。某些公司的理念就是为世界各地的罐装厂和混配厂提供个性化的服务，不断研制出口味独特的新产品，使消费者享受到饮用高品质果汁的乐趣。食品业中的“奢侈品”正在悄然崛起，并将在未来的市场中占据一席之地。

资料来源：依据《中国食品报》2008 年 10 月 30 日报道改编。

专栏 25—2

日本的食品安全管理体制

日本食品安全管理体制的一个最大变化是，设立食品安全委员会，实行食品安全一元化领导。2003 年 5 月 16 日，日本参议院通过了《食品安全基本法》。根据该法规定，日本于同年 7 月在日本内阁府设立食品安全委员会，由该委员会评定食品对健康的影响，并督促各个政府部门采取相关对策。从而结束了日本厚生劳动省和农林水产省在食品安全管理上各自为政的局面，实现了食品安全一元化领导的体制。食品安全委员会的职责是制定和审议有关食品安全的重要政策，监督食品安全政策的实施，同时在各部门间起到重要的协调作用。该委员会制定政策的依据是食品安全法案的基本理念。它包括以下三个内容：①在充分认识保护国民健康重要性的基础上，确保食品安全。②在食品供应的各个环节采取必要措施，如实行农产品身份证制定。③采取措施要考虑国际动向和国民意见，要有科学知识为依据。食品安全委员会是由首相亲自任命的 7 名食品安全方面的权威人士组成，检验对象包括食品添加剂、转基因食品、保健食品以及家禽饲料、肥料和农药安全标准等，对于多个具体领域，还邀请各行业专家参与研究。食品安全委员会把风险评定和风险管理明确分开，即科学判断食品健康的影响同具体检验限制所采取的对策分开。食品安全委员会评定食品对健康的影响据此要求农水省、厚生省等采取相关政策，有关省厅再采取措施使用或限制进口等具体措施。食品安全委员会还要监督有关省厅的措施是否得力。食品安全委员会对食品安全性与危险性的评估报告提交农水省和厚生省。两省根据委员会报告，发布省令和通知，对家禽饲养者和食品制造商进行监督。对于类似暴发疯牛病等日本国内发生重大食品安全危机场合，食品安全委员会可以作出临时紧急处理对策。根据《食品安全基本法》规定，农水省和厚生省对省内有关部、局同时进行调整。农水省在 2003 年 7 月设立由 300 人组成的消费安全

续专栏 25—2

局，负责食品安全残留农药检验监督和食品标签等工作。消费安全局检验结果须提交食品安全委员会。同时，设立消费者信息官，综合受理企业以及消费者对于食品卫生安全的意见。与此同时，厚生省将食品保健部改为食品安全部，在该部内设立进口食品安全对策室，强化对进口食品的检验。

2002 年 7 月 31 日，日本参议院通过《食品卫生法》修正案，并于同年 9 月开始实施。这项《食品卫生法》的重要修改有以下三个内容：

（1）在进口检验检疫中发现超标可能性大并会危及健康的情况下，厚生劳动大臣认为有必要时，可以对特定国家、地区或者制造者的农产品或食品采取全面的禁止进口和销售的措施。

（2）经考察认定出口方采取了充分的防止措施后，可以解除禁令。

（3）强化对违反食品卫生法的处罚措施，即新法实施后如再发生违反食品进口规定的进口商，将被处以 6 个月以下有期徒刑或 30 万日元以下的罚款。2002 年 11 月第 3 次修改，2002 年 11 月日本厚生劳动省又一次提出修改《食品卫生法》。修正案规定，含有未设残留标准农药等进口农产品一律禁止流通，对危险减肥食品采取临时禁止销售措施，强化农产品的检验检疫制度等。这意味着，以后向日本出口的农产品即使农药残留安全合乎标准也有可能被拒之门外。2003 年 11 月第 4 次修改，2003 年 11 月日本再一次提出修订《食品卫生法》，并于 2004 年 1 月 24 日通报评议截止后施行。厚生劳动省发布通报，对《食品卫生法》的强制性规则做出补充，要求对带疫病畜禽肉类实施禁令，其主要内容是：将《动物传染性疾病控制法》中所列的疾病补充到《食品卫生法》所防范的疾病中，总共有 5 种传染病。它们包括国际兽医局（OIE）关于牛、羊、猪、马、禽的类疫病，而且还包括牛中山病、赤羽病等 16 种其他新增疫病。禁止携带以上疫病的牲畜和家禽肉进口并作为食品销售。禁止一切以销售带病牲畜和家禽肉为目的的买卖、加工、使用、存储和展览活动。所谓 B 类疫病是指那些传染性相对较弱，对动物健康的影响也相对较小，其中有些传染病经无害化处理后对人体不构成危害，患有这类传染病的动物肉经处理后可以供人类食用，或作为动物饲料、工业原料使用。

资料来源：《对外经贸实务》2010 年第 2 期。

参考文献

谭向勇：《中国食品工业的现状及发展趋势研究》，《北京工商大学学报》2010 年第 28 卷第 1 期 。
潘蓓蕾：《提高食品工业发展水平 促进食物消费与营养改善》，《中国食物与营养》2009 年第 1 期。
许诂：《试论当前食品行业现状与对策》，《财经管理》2008 年第 6 期。
罗强、王涛：《食品工业发展现状及趋势》，《河北企业》2008 年第 9 期。

第二十六章 纺织工业

提 要

经过改革开放30多年的发展，纺织工业不仅极大地丰富了中国人民的生活需要，而且已经发展成为具有国际竞争力的产业。2008年国际金融危机对中国纺织工业造成了严重的影响，但在《纺织工业调整和振兴规划》等一系列政策措施的刺激之下，中国纺织工业在2009年率先进入企稳回升阶段。在国际市场需求尚未恢复之际，中国纺织工业的发展基础尚不稳固，需要政府与产业界进一步加大结构调整力度，寻找新的经济增长点，开拓新兴市场，分散贸易摩擦风险。

* * *

中国纺织工业历史源远流长，文化积淀深厚。新中国成立以后，在中国共产党的领导下，凭着自力更生、艰苦创业的奋斗精神，中国人民在20世纪70年代末基本建成了完整的纺织工业体系，基本满足了人民日益增长的衣着消费需求。改革开放之后，发展产业的生产力更是进一步得到解放，中国纺织业最早实现了市场化，并且大踏步地走向了国际市场。进入21世纪，中国纺织工业进入了创新能力提高最快，新型纤维材料、新型工艺和装备、产品功能和性能差异化进步最大，供应体系建设、产业组织结构升级、自主品牌发展最兴旺的时期。

一、国际金融危机爆发前中国纺织工业发展趋势

1991年以来，中国纺织工业总产值年均递增9.9%，略高于同期GDP9.3%的增长速度。1998年，纺织行业全面步入快速成长期，国家出台了一系列针对纺织行业扭亏解困的政策，加之社会资本对2005年取消配额的良好预期，从而导致纺织行业投资额大幅增长。到20世纪末，中国纤维加工总量已占全球的27.5%，2000年纺织品服装出口已经占世界的14.8%，出口贸易顺差400亿美元，国内人均纤维消费量从1978年的2.9公斤上升到8.2公斤，从仅为世界平均水平的1/3提高到平均水平。

进入21世纪以来，中国纺织工业进入了创新能力提高最快，新型纤维材料、新型工艺和装备、产品功能和性能差异化进步最大，供应体系建设、产业组织结构升级、自主品牌发展最兴旺的时期。中国纺织工业按照走新型工业化道路的要求，坚持推进结构调整和产业升级，从上游纤维原料加工到服装、家用、产业用终端产品制造的产业体系不断完善，在持续较快发展的同时，国际竞争力也不断提高，取得了举世瞩目的发展成就。

1. 产量连续多年稳居世界第一位

从产业规模看，在国内外市场需求的拉动下，纺织工业产销保持了稳定较快增长。2000~2007年，规模以上纺织企业工业增加值年均增长20.4%，2007年，纺织工业实现工业增加值8126亿元，占全国工业增加值的6.9%，占全国GDP的3.3%；化纤、纱、布、呢绒、丝织品、服装等产品的产量连续多年稳居世界第一位，为满足全国乃至世界人民不断提升的物质生活水平做出了贡献。纺织工业为中国GDP做了重要的贡献。中国居民消费占GDP的49%，其中服装、衣着的消费占城市居民人均支出的10.77%，农村的衣着消费占农村居民人均支出的5.9%。

2. 产品出口大幅增加

中国纺织工业约30%的产品销往国际市场，国际市场占有率连续十余年位居首位。全国的贸易顺差占GDP的比重是29%，而纺织的贸易顺差占全国贸易顺差的近60%，2001~2008年，全国货物贸易顺差的83%是由纺织创造的。20世纪80年代，中国纺织工业出口占世界的4%左右，现在已升为30%，主导加工形式也从加工贸易转型为OEM贸易。

3. 产业结构合理，装备水平先进

从产业结构看，纺织工业已突破传统工业的范围，向高科技领域发展，服装、家用、产业用三大终端产业纤维消耗比例由2000年的68：19：13调整至2007年的52：33：15，家用、产业用纺织品成为产业发展的增长点，应用范围已扩大到航空、航天、水利、农业、交通、医疗等众多领域。

从装备水平看，约1/3的纺织企业技术装备达到国际先进水平，棉纺织装备中自动络筒机、无梭织机和清梳联比重分别达到51.4%、47.5%和41.1%；部分高新技术纤维实现产业化，T300水平的碳纤维、高强聚乙烯纤维、芳纶1313等高技术纤维产业化已取得突破。

4. 研发投入增加，专业化分工发达

目前，中国纺织全行业的研发投入强度为0.3%，其中1/3的企业达到1%~2%，优秀企业达到3%。纺织行业每年都有很多专利产生，骨干企业的技术也在不断提升，纺织行业整体劳动生产率、产品附加值以及市场开拓竞争力都在不断提高。

经过30年的发展，全国有140多个纺织工业集群实现了专业化分工，中国纺织工业的技术装备水平、产品开发水平，特别是产业配套水平是任何国家都无法替代的。

5. 社会效益明显

纺织工业是一个劳动密集型产业，从农民种植棉花，一直到我们的服装，家用纺织品和产业用纺织品，产业链很长。2007年，规模以上纺织企业从业人数达1100万人，占全国工业从业总人数的14%。加上规模以下企业，全行业吸纳就业人口超过2000万人，其中80%为农村转移劳动力，如在东部地区纺织业从业者90%以上是农民工，而中西部地区就业人口中约60%从事纺织工业，每年约从纺织工业获得2500亿元的现金收入，可提高1000多万个农村家庭的生活水平；中国农业生产出的棉、麻、丝、毛等天然纤维基本上都由纺织业消化，直接关系到1亿农民的生计，纺织工业对解决“三农”问题发挥了不可替代的作用。

6. 在国际分工中仍处不利地位

中国纺织服装业仍存在创新能力不强、研发水平落后、缺乏核心竞争优势的问题。在纤维、织造、染整和设计等方面同国际先进水平相比存在明显差距。在世界纺织工业分工中处于不利地位，虽然在世界纺织服装产业价值链条的加工制造环节上具备较强的能力和国际竞争优势，但在产业价值链的两端——研发设计和市场营销这两个附加值高的环节还很薄弱。此外，也存在盲目扩张、产能严重过剩的情况。产业规模不断扩大，出口持续高速增长，但产业结构的矛盾也日益突出，有数量、缺效益，有规模、缺品牌，有技术、缺创新，有一定的市场多元化、缺产地多元化。纺织服装出口以量取胜、以低价取胜成为引发贸易冲突的重要原因。

二、国际金融危机对中国纺织工业的影响

国际金融危机在2008年下半年不断向实体经济蔓延，其波及范围之广、影响程度之深、冲击强度之大为百年罕见，美、欧、日等发达国家经济相继陷入严重衰退。此次经济危机对中国纺织业造成了很大的打击，国际需求的锐减、国内需求的疲软使得纺织品出口量大幅减少，利润明显降低，很多中小型的纺织企业纷纷倒闭破产。

1. 主要纺织行业企业景气指数下降

国际金融危机严重抑制了外需，以及劳动力成本上升和人民币升值等因素的影响，纺织工业企业的总体经营状况严重受挫，2008年下半年以来，市场需求萎缩和难以预期的危机

走向严重挫伤了企业信心，企业景气指数迅速下滑。其中，纺织业、纺织服装鞋帽制造业自2008年第三季度下滑，至2009年第一季度跌至谷底；化学纤维制造业在2008年第四季度跌至谷底，2009年第一季度有所回升（见图26-1）。

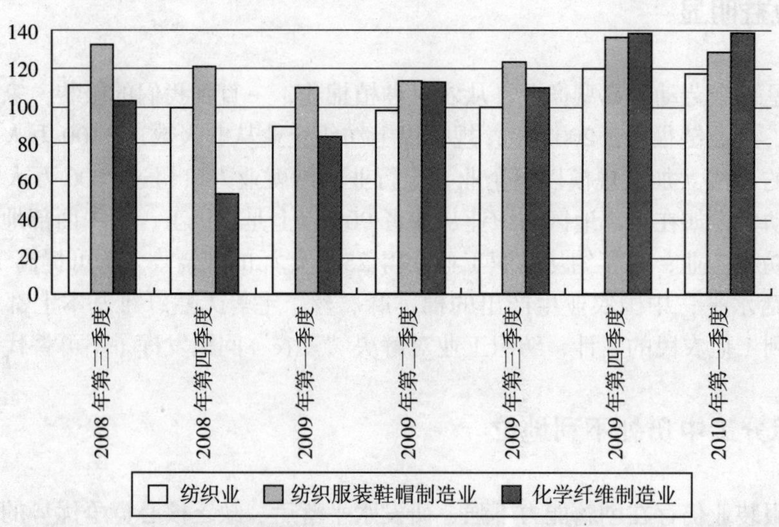

图 26-1 2008 年第三季度到 2010 年第一季度主要纺织行业企业景气指数

资料来源：根据 Infobank.cn 精讯数据绘制。

企业技术创新意愿受到抑制，不少企业不敢或不愿继续扩大再生产，部分企业家甚至失去了进一步发展的意愿，企业行为趋向短期化、投机化，一些纺织企业因资金链断裂而濒临破产倒闭。这种状况在纺织民营企业和中小企业中更为突出。

2. 固定资产投资增速下降

自2007年11月起，纺织行业固定资产投资增速就呈现了逐渐下降的态势，除行业结构性调整已显成效外，也反映出市场形势发生了景气度的转变，企业主动收缩了投资战线，以应对需求下滑的挑战。根据国家统计局、中国纺织工业协会统计中心统计，2008年，中国500万元以上的纺织项目累计实现投资总额2724.39亿元，同比增长仅为6.75%，增速较上年大幅下滑了18.99个百分点。全行业新开工项目6047个，较上年减少7.86%。主要分行业中，棉纺行业增速较2007年下滑27.55个百分点；化纤行业增速下滑21.13个百分点；服装行业增速下滑18.85个百分点。

3. 出口增速下滑

虽然2008年中国纺织品服装出口总额仍呈增长趋势，但较之2007年增速明显下滑。2008年，纺织服装出口总计1896.24亿美元，同比仅增长7.98%，增速较2007年同期下滑11.13个百分点，其中，服装及衣着附件出口1197.9亿美元，增长4.1%，增速下滑16.79个百分点；纺织品出口698.34亿美元，同比增长15.35%，增速下滑0.51个百分点。2008年人民币兑美元累计升值 8.7%，如扣除升值因素，行业出口的实际结汇收入比 2007 年约减少 0.7%。

4. 东西部影响不均

金融危机对中国各地区纺织工业发展的影响程度不尽相同，其中，受冲击最大的是外向型产业较发达的东南沿海地区，而以内需纺织工业为主的中西部和东北地区受影响相对较小。还有一些地区，纺织开发建设热潮不减，经济发展逆势上扬。

5. 加速企业两极分化

金融危机加速了中国纺织业两极分化现象。近 1/3 的企业约 1.6 万多户销售收入增长 11.28%，利润总额增长 34.23%，综合销售利润率比上年提高了 1.6 个百分点，其中 4376 户企业销售收入增长 12.48%，利润总额增长 54.92%，平均利润率达到 17.41%。而近 2/3 的企业约 3.4 万户处于亏损或亏损边缘，其中的 12644 户企业销售下降 23%，平均利润率为–9.26%。

三、纺织工业政策调整及 2009 年运行状况

2008 年，国际金融危机愈演愈烈并严重冲击实体经济，受此影响，中国经济下行压力加大。党中央、国务院审时度势、积极应对，将“保增长、扩内需、调结构”作为经济工作的重点，做出了一系列重大决策和部署。2008 年 11 月，国务院第 37 次常务会议决定，制定和组织实施纺织等重点产业调整和振兴规划，作为应对危机，保持经济平稳较快发展，推动产业升级的重大措施。

国家之所以选择纺织工业作为调整振兴的重点产业，主要原因在于纺织工业在中国国民经济发展中具有重要地位以及在国际金融危机中受到的冲击相当严重，特别是国际金融危机加剧了行业的困难形势，已直接影响到国民经济发展与和谐社会的建设。

1. 纺织工业政策调整及其效果

（1）《纺织工业调整和振兴规划》主要内容。《纺织工业调整和振兴规划》（以下简称《规划》）的主要内容是“保增长、调结构”。与以往规划相比，着力加强中国纺织服装产业价值链的两个薄弱环节是这次规划的亮点和特点。

第一，《规划》提振了行业信心，强调了纺织工业的地位和作用，指出：“纺织工业是中国国民经济的传统支柱产业和重要的民生产业，也是国际竞争优势明显的产业，在繁荣市

场、扩大出口、吸纳社会就业、增加农民收入、促进城镇化发展等方面发挥着重要作用……保持其稳定发展具有重要意义”。

第二，明确了纺织行业发展方向。提出了总量增长、结构优化、科技创新、节能减排、淘汰落后五个方面的量化目标，为三年结构调整指明了方向。

第三，突出了结构调整的重点，对全行业指导性强。

第四，政策措施有力，为行业稳定发展提供了重要保障。

(2)《纺织行业调整和振兴规划》主要措施及其影响。《规划》提出了十项政策措施，包括：①继续提高纺织品服装出口退税率。②支持纺织企业购买棉花和厂丝。③加大对纺织工业技术创新和技术改造的投资力度。④支持扩大国内消费。⑤积极鼓励企业实施兼并重组。⑥加大对纺织企业的金融支持。⑦减轻纺织企业负担。⑧加大对纺织中小企业扶持。⑨加强产业政策引导。⑩发挥行业协（商）会作用。政策力度和覆盖范围之大是多年少有的。

其中，提高纺织品服装出口退税率对企业直接影响最大。提高纺织工业出口退税率，是规划中一项普惠制的措施。2008 年 8~11 月，国家两次提高纺织品服装出口退税率，2009 年又进行了两次调整，退税率也从 11%提高到 16%，在半年多时间内 4 次提高纺织品服装出口退税率，充分体现了国家对这一产业的高度重视。按照 2008 年出口额来计算，出口退税提高 1 个百分点，将为纺织工业带来 100 亿元左右的效益，这对提振出口企业信心，帮助企业摆脱困境，维护中国出口市场稳定具有积极意义。

但在全球市场总体萎缩的情况下，一味提高出口退税率只不过是用中国财政收入补贴外国消费者和进口商，于中国纺织工业并无裨益。事实上，海外进口商以中国提高出口退税率为由压低价格的情况已经普遍发生。而且，中国现在不是对世界市场无足轻重的出口小国，而是早已跻身全世界出口三甲行列，纺织服装出口更高居全球之冠，危机时期过分加大出口退税力度可能引发范围广泛的贸易战，反而令中国自身受害。16%的退税率未必能够维持很久，一旦危机高峰过去就有可能降低，避免企业躺在出口退税上不思进取。

由中央财政贴息支持，通过增加中央储备或支持中央和地方骨干企业，加大棉花和厂丝的收购力度，抓住当前纺织原料价格走低时机，提供流动资金贷款，帮助企业解决流动资金周转困难和激活纺织原料市场，保护了农民利益。国家建立收储制度，以此确定棉花的最低保护价格，确保棉农的利益和棉花种植的安全，但收储数量仍是值得考虑的问题。实际上保护价格不仅是要收储，还要看收储的数量和对市场的影响。

《规划》还提出了一系列扶持中小企业的政策措施。针对企业反映突出的流动资金短缺、贷款难度大、利率高等问题，《规划》提出，金融机构要加大对企业的信贷支持力度，允许将到期贷款适当展期。放宽中小企业贷款呆账核销条件，对中小企业贷款实行税前全额拨备和提供风险补偿。支持符合条件的企业发行公司债等融资债券。规划还要求中央和地方加大对资质好、管理规范的中小企业信用担保机构的支持力度，鼓励担保机构为纺织企业提供信用担保和融资服务等。这项工作由银监会、中国人民银行和财政部牵头，将制定具体的实施意见。

针对中小企业负担重的问题，《规划》提出了切实减轻企业负担的具体措施。如对受金融危机影响较大、暂时遇到经营困难的企业，可根据有关规定实施缓缴社会保险费或降低相关社会保险费率等政策。对采取在岗培训、轮班工作、协商薪酬等办法稳定员工队伍，并保证不裁员或少裁员的困难企业，允许使用失业保险基金支付社会保险补贴和岗位补贴；地方政府制定的产业扶持政策，要适当向纺织企业倾斜，加快清理各种不合理收费等。

《规划》所坚持的基本原则之一就是把扶持骨干企业与带动中小企业、带动就业结合起来，发挥重点行业和重点企业在产业调整和振兴中的带动作用，支持优势企业兼并重组、做大做强，同时引导中小企业应对危机，增强中小企业的抗风险能力。

《规划》还提出，国家现有支持中小企业发展的专项资金（基金）等向纺织企业适当倾斜；加大对符合条件的纺织企业巩固和开拓国内外市场的支持力度；支持面向中小企业的公共服务平台建设，完善环保、检测、信息等公共服务体系，推进纺织企业园区化、集群化发展；加大对纺织应用基础研究、技术创新及技术改造的支持力度等。这些措施的实施将为纺织工业摆脱当前面临的困境、实现平稳较快发展创造有利条件。

提高自主创新能力是纺织工业由大到强转变的关键。《规划》突出强调了要在纤维材料、纺织装备这两大纺织基础行业实现技术突破，同时要大力发展产业用纺织品，扩大纺织应用领域，培育新兴增长点。国家在新增中央投资中设立专项资金，用于支持企业技术创新和技术改造，纺织工业重点支持推进行业节能减排，高新技术纤维产业化及应用，产业用纺织品开发应用，新型纺织装备自主化，纺纱织造、印染、化纤传统产业技术改造以及自主品牌建设等，第一批技术改造项目评审已经结束。要求在加强标准化体系建设，完善环保、能耗、新型材料和产品标准，提高产品的质量；纤维方面，高性能碳纤维、芳纶、高强聚乙烯纤维及生物质溶剂、法纤维素纤维等高新技术产品的产业化及应用取得显著进展。纺织工业实现做大做强，装备国产化是基础。目前，中国高新技术纤维关键装备以及无梭织机、针织机、产业用纺织品制造装备、高性能经编织机等传统纺织机械仍需要进口。新型纺织机械装备国产化，应是推动中国由纺织大国向纺织强国转变的基础。《规划》指出，中国纺织装备要实现自主知识产权技术的新突破，整机要提高自动化水平，突出节能减排效果，同时大力提高基础专件和配套件的可靠性，国产纺织机械市场占有率要提高到70%。

《规划》政策支持更多的是普适性的。具有广泛的覆盖面，并且能有利于推广普及，最终要让大家都受益。完善公共服务体系建设，是推进纺织工业调整和振兴的重要举措，也是建设服务型政府的重要任务。《规划》提出了要加强产业引导和预警，建立纺织重点行业和企业运行情况、质量等跟踪监测制度，加强产业信息平台与预警机制建设，建设30个面向中小企业、功能完善、服务能力较强的公共服务平台。其中，完善公共服务体系建设要充分发挥科研院所、大专院校、企业、中介机构的作用，加强协同配合，认真总结现有公共服务平台运作的成功经验，突出特色，培育一批服务能力较强的信息咨询、人才培训、技术开发、设计、市场推广、标准检测方面的公共服务平台，为广大中小纺织企业提供服务。中国目前正在进行纺织工业集群公共服务试点，产业集群创新平台将包括产品研发、质量检测、信息化、现代物流电子商务和培训五大服务体系。

《规划》特别强调，淘汰落后产能要取得实质性进展。到2011年，要淘汰75亿米高能耗、高水耗、技术水平低的印染能力，淘汰230万吨化纤落后产能，加速淘汰棉纺、毛纺落后产能。2009年是化纤行业淘汰落后产能力度最大的一年。2009年化纤业一共淘汰137.2万吨落后产能，力度前所未有。以聚酯行业为例，目前行业门槛至少是日产900吨或1200吨的项目。这使得年产30万~40万吨的企业，能耗水平下降20%，综合成本下降15%。而且这种技术进步还使中国化纤产品结构差别化率提高了5个百分点，增幅创历史新高。

虽然《规划》中涉及长期及短期政策措施，但其中相对具体或有实质内容的举措只有三条：一是新增中央投资中设立专项资金重点支持纺纱织造、印染、化纤等行业技术进步；二是出口退税率将继续上调；三是扩大信贷规模。而在提振内需方面，《规划》缺乏一些实际性的举措。在落后产能退出方面，政策层面要推出符合市场规律的引导机制。因为落后产能不会自动退出，在小企业风雨飘摇之际，大企业也不愿兼并重组。由于《规划》的五方面措施中，有的属于中长期措施，有的只能划入短期措施行列，因而不可能指望在较长时期内享受所有这些措施的阳光雨露。在《规划》的四项要点中，第二项“加强技术改造和自主品牌建设”和第三项“加快淘汰落后产能”属于产业升级范畴，第四项“优化区域布局”属于产能转移范畴，这三项可望在较短时间内取得较明显进展；第一项“统筹国际国内两个市场”则由于涉及改善国内收入分配、提高普通国民收入而需要较长时间才能见效。生产环节的升级可以在较短时间内收效，流通环节的升级则需要较长时间才能收效。凭借中国业已积累的经济实力和组织动员能力，相信中国纺织工业能较快完成技术改造和淘汰落后产能，纺织业自主品牌也能用较短时间打响，毕竟纺织品面对的主要是业内人士。但服装工业自主品牌要想真正成为世界市场的主流，还有待中国文化在世界上的地位复兴。

2. 2009年中国纺织工业运行情况

（1）在内需支撑下，2009年中国纺织行业整体企稳回升。2009年，中国的经济形势经历了“V”字形的反转，在国家“保增长、扩内需、调结构”一系列宏观调控政策下，纺织行业也从2008年下半年以来的困境中得到了缓解和恢复。近年来，中国纺织行业围绕加快产业结构调整、转变发展方式所做的工作取得成效，为行业发展提供了动力和支撑。因此，在全球经济不景气、国际市场持续低迷的情况下，中国纺织行业仍然呈现出了企稳回升、发展逐渐向好的良好局面。

中国纺织工业发展在2009年1~2月进入谷底。其间，全国5万多户规模以上企业与2008年同期相比工业总产值仅增长2.63%，增速回落13.92个百分点；纺织品服装出口额负增长14.78%；全行业规模以上企业利润总额负增长11.01%，企业亏损面达到25.17%；从业人员比上年末减少了49万人。但自2008年第四季度以来，随着国家各项扩大内需政策的出台，行业运行在2009年第一季度下滑至谷底后，逐步止跌上扬。2009年1~2月，5万多户规模以上企业工业增加值增速下降到5.8%，而到7月末累计增速已经回升到8.5%，7月当月回升到11.3%。纺织工业企业运营状况出现了一定的好转、回暖的迹象。部分企业的新接订单有所增长。企业景气指数也自2009年第二季度呈回升趋势（见图26-1）。

内需市场成为支撑纺织行业企稳回升的首要因素。国家统计局数据显示，2009年中国衣着类消费品零售总额累计增长18.8%，增速虽然比上年有所下降，但整体仍保持了较高水平，且增速比年初的1~2月提高了2.9个百分点。纺织工业销售产值国内消费的比重已经从2008年的77%上升到2009年的80.07%。

（2）出口形势仍不乐观。根据海关统计数据，2009年，中国纺织品服装出口总额为1713.32亿美元，同比下降9.65%，其中纺织业出口交货值为3777.0亿元，同比下降6.2%，

表 26-1　2009 年 1~12 月主要纺织行业固定资产投资额、工业增加值增长率、出口交货值

单位：亿元

行业	固定资产投资完成额（同比增长）	工业增加值增长率（%）	出口交货值（同比增长）
纺织业	1767.75（14.8%）	8.5	3777.0（-6.2%）
纺织服装鞋帽制造业	1051.05（17.0%）	9.9	3375.2（-2.8%）
化学纤维制造业	274.12（-6.4%）	10.2	257.1（-22.1%）

资料来源：Infobank.cn 精讯数据。

化学纤维制造业出口交货值为 257.1 亿元，同比下降 22.1%（见表 26-1）。前 10 个月行业出口持续在 11%左右的低位徘徊，虽然 11 月以后出口降幅有所收窄，但收窄幅度仅有 1.56 个百分点，恢复速度较为缓慢。

（3）行业效益提升。伴随着行业产销回升以及国家提高出口退税、放松融资环境等政策效果的逐步显现，行业的效益状况得到明显改善。2009 年 1~11 月，主要纺织行业利润总额较 2008 年普遍有增长，规模以上纺织企业实现利润总额 1331.49 亿元，同比增长 25.39%，增速比 1~2 月显著回升 36.4 个百分点，其中纺织业为 777.2 亿元（2008 年纺织业利润总额为 660.0 亿元），纺织服装鞋帽制造业为 415.9 亿元（2008 年为 342.8 亿元），化学纤维制造业为 113.9 亿元（2008 年为 39.6 亿元）。亏损企业亏损额减少，产品销售收入增加（见表 26-2）。

表 26-2　2009 年 1~11 月中国纺织行业经济效益指标统计

单位：亿元

行业	资产总额（%）	负债总额（%）	利润总额（%）	亏损企业亏损额（%）	产品销售收入（%）	产品销售成本（%）	产成品（%）	全部从业人员平均人数（万人）（%）
纺织业	15945.4（10.3）	9194.9（6.6）	777.2（17.8）	89.4（-10.0）	20055.6（10.3）	17875.8（10.0）	1286.3（1.4）	595.7（-1.6）
纺织服装鞋帽制造业	5811.2（12.4）	3159.5（8.8）	415.9（21.3）	36.3（-8.8）	8884.8（14.5）	7608.2（14.6）	595.1（11.1）	432.6（1.4）
化学纤维制造业	3604.3（9.8）	2259.7（12.2）	113.9（187.6）	27.1（-58.2）	3447.3（2.4）	3174.9（0.8）	238.6（-14.3）	41.7（0.4）

注：①（ ）为比上年同期增长。②利润总额为 2008 年利润总额。

资料来源：Infobank.cn 精讯数据。

（4）固定投资稳定增长。行业产销和盈利状况好转带动企业的市场信心逐步得到恢复，行业固定资产投资实现稳定增长。2009 年全年，纺织行业 500 万元以上项目固定资产投资总额达 3102.04 亿元，同比增长 13.86%，增速高于 2008 年同期 7.11 个百分点，新开工项目数为 7731 个，同比增速达到 27.85%，高于 2008 年同期 35.71 个百分点（主要行业固定资产投资增长情况参见表 26-1）。

（5）结构调整步伐加快，创新能力不断提高，市场竞争力得到进一步提升。纺织行业有

6 项科技成果获得 2009 年度国家科学技术奖，144 项科技成果获得 2009 年度中国纺织工业协会科技进步奖。产业用纺织品行业继续得到快速发展。2009 年产业用纺织品纤维量达到 700 万吨，同比增长 17%，非织造布产量增速超过 20%，远高于其他行业的增长水平。

企业优胜劣汰加快，结构得到改善。一批重点企业在逆境中得到发展，在国内外市场上的综合竞争能力进一步提高。根据国家统计局数据，2009 年 1~11 月，占规模以上企业数 32.17%的 17038 户优势企业利润总额同比增长 30.72%，高于行业平均水平 5.33 个百分点，利润率达到 8.22%，高于行业平均水平 4.18 个百分点；其中 3666 户骨干企业的利润总额同比增速达到 40.15%，利润率达到 15.68%。

四、相关对策建议

2010 年，中国纺织业仍处于企稳回升的关键期。要保持这一势头，任务仍十分艰巨，因为国际金融危机对中国的不利影响并未减弱，外需严重萎缩的局面还在继续，美元、欧元和周边国家货币贬值使中国出口的压力增大，国内市场的需求增幅尚未恢复到以往的水平。可以说，中国纺织工业企稳回升的基础还不稳固，恢复到正常增长仍需加倍努力。为此，笔者认为需采取以下对策：

1. 要从主要依靠劳动力成本优势向主要依靠创新驱动的竞争优势转变

今后，中国劳动力的比较优势仍将在相当长的时间内存在，但也应看到，在经济高速发展的情况下，劳动力成本上升也很快，劳动力比较优势将会不断削弱。对纺织工业来说，解决这个问题的出路有两条：一是通过加快结构调整实现比较优势的延伸；二是通过提高创新能力促进比较优势升级。也就是说，中国要推动要素禀赋优势从外生比较优势（简单劳动）向内生新比较优势（复杂劳动）转变，在深度参与国际产业链纵横向分工中促进产业由低端向中高端提升，拓展获取产业高附加值的空间。

2. 要从资源消耗型发展方式向资源节约型、环境友好型发展方式转变

近年来，依靠农村改革和农业科技进步，中国棉花单产和总产量均居世界第一位，但仍需进口棉花以及生产化纤所需的单体原料。另外，目前中国纺织工业废水排放量已占全国工业的 10%，其中 80%为印染废水。因此，推动纺织工业健康发展，必须着眼于发展资源节约型、环境友好型产业。其途径主要有三条：一是通过技术创新，提高单位纤维制品的附加值；二是开辟新型纤维资源，发展竹、麻、丝、毛等非棉可再生天然纤维；三是大力发展循环经济，一方面要促进聚酯制品、化纤和棉制品等废弃物的回收再利用，另一方面要促进能源、水资源的综合循环利用，大幅降低单位增加值的能源和水资源消耗。

3. 要挖掘新的经济增长点

产业用纺织品技术、资金密集，附加值高，应用潜力巨大，发达国家服装用、家用、产业用三大终端产品纤维消费比重占到30%，而中国目前只有15.4%。2009年，受益于医疗卫生、汽车工业的巨大需求，中国产业用纺织品加工量超过700万吨，增速达到17%，十分惊人。同时，中国在高新技术纤维方面已经初具规模，初步满足了航空、航天、军工的急需和国民经济发展的需求。而加快产业用纺织品的开发应用以及推进高新技术纤维的产业化和应用，大力发展土工合成材料、环保过滤材料，特殊装饰材料、复合增强材料、医用纺织材料等产业用纺织品必将增强中国纺织企业的竞争力。随着产业技术升级，纺织工业的集中度也将进一步提高。

4. 实施多元化市场战略，减少贸易摩擦损失

多年来，中国纺织品、服装出口市场主要集中在发达国家，出口市场的过分集中易于引发贸易摩擦。特别是随经济危机而来的国际贸易保护主义抬头，更给中国外贸出口企业带来严峻的挑战。在这一轮贸易保护主义动向中，"中国制造"仍将成为主要牺牲品。美国、印度、巴西等国对中国纺织出口产品发起了前所未有、高度密集的贸易救济措施。同时，中国出口刺激和拉动产业的政策也一再被美国等国家所指责。贸易保护主义抬头使中国纺织出口面临更多的贸易壁垒，一些进口商甚至以"出口退税提高"为借口给中国纺织出口企业施压，要求降低价格，致使纺织出口企业的利润被进一步挤压。实施多元化市场战略，继续加大对俄罗斯、东南亚、中亚、西亚、中东、拉美、非洲等新兴市场的开拓力度，是中国纺织工业应对发达国家市场萎缩、贸易保护和稳定出口市场份额的必然选择。

专栏 26—1

棉价和纺织业出口发展状况分析

2010年1~4月，全行业出口同比实现了两位数的增长，行业景气指数也表明纺织企业经营不断向好。然而，在纺织品出口似乎率先回暖的数据下，需要看到的是，出口数据的大幅反弹更多的还是由于2009年同期低基数推动所致。

美国、欧盟、日本是全球最主要的纺织品服装消费地区，也是我国纺织业出口的主要市场。但目前欧、美、日等国的失业率仍在高位震荡，欧盟债务问题一个接一个，外围需求并未出现超预期的反弹。2010年下半年，在贸易摩擦、欧洲债务危机、人民币升值等一系列不利因素重叠之下，纺织业出口形势不容盲目乐观。

1. 棉价高位极速攀升

2009年底开始的这一轮纺织业成本上涨是近几年来幅度最大的一次。

续专栏 26—1

2010 年 5 月 11 日，中国物流与采购联合会公布的数据显示，4 月份中国制造业采购经理指数（PMI）的 11 个分项指标中，以原材料购进价格攀升幅度最大，为 2008 年以来的最高点。其中，特别是以纺织业为首的 13 个行业的原材料购进价格指数同比增幅均超过了70%。

成衣成本中，棉纱价格占比一般在 60%~70%，而 2010 年以来棉纱的涨幅已经超过了20%。棉花价格的陡峭上升始于 2009 年，中国棉花价格指数（CCIndex328）从 2009 年初的10966 元/吨升至 2010 年 5 月 25 日的每吨 17289 元，累计涨幅高达 57.66%。

供应短缺是棉价高涨的原因之一，短期来看，这个格局难以改善。在棉花种植面积进一步减少以及新疆等棉花主产区连续遭遇暴雪、低温等极端恶劣天气下，2010 年的棉花产量恐怕还将继续下降。

国内供应不足，是否可以靠进口弥补呢？2010 年 4 月初，我国第一大棉花进口来源国——印度宣布对 4 月 9 日以后装运的棉花（包括之前签约未装运的）征收 2500 卢比/吨的出口关税；不久，印度政府又宣布自 4 月 19 日起暂停棉花出口。国际棉价也因此连创新高，Cotlook A 指数（相当于国内 328 级棉花）同比大涨 55.1%，为 2003 年以来的最高点。印度出口受限，必将使我国棉花供求关系更加紧张。

资金的追捧使本就供需紧张的棉花价格更加疯狂。2010 年初，新疆浙江商会就有估算指出，至少有 100 亿元的浙江民资撤离山西煤矿和房地产转战我国棉花主产地——新疆。

面对“疯狂”的棉价，国家有关部门使出重拳。2010 年 5 月 21 日，国家发改委召集有关部门召开棉花宏观调控联席会议，确认 5 月已额外下发 80 万吨棉花进口配额，并称不排除采取其他调控手段来稳定市场。但也有业内专家认为，受未来供应有限的影响，政策调控棉价的空间并不大。后市棉价将继续维持高位，亦存在突破 2 万元/吨的可能。

2. 外需复苏仍然艰难

2010 年 5 月 11 日，海关总署发表预警报告显示，2010 年第一季度我国纺织服装月度出口额在同比大增的同时呈现了逐月下降的态势，其中 3 月当月出口 110 亿美元，同比下降 9.5%，环比下降 12.9%。分地区来看，我国对主要市场的出口增速也出现了显著下滑。3 月当月，我国对日本、欧盟和美国市场的出口同比分别下降了 16.88%、15.81%和 3.06%。

纺织品是我国最主要的出口产品，因其价格低廉，一直是贸易摩擦的焦点。我国出口到欧美的服装多次发生“召回”事件。2009 年的前 5 个月，欧盟宣布召回的 92 项纺织服装产品中，中国产品就占了 65 项。而 2010 年 4 月份，欧盟召回纺

续专栏 26—1

织服装产品共计 26 起，中国产品就占 15 起。据美国消费品安全委员会（CPSC）的一项统计显示，2010 年 1~4 月，中国产纺织品召回数量为 22 项，占 CPSC 召回总数的 81.5%，同比增长 83.3%。

作为外向型产业，纺织业的复苏前景不可避免地会受到人民币升值的影响。据中国纺织品进出口商会的一项测试结果显示，目前我国纺织品服装企业的平均纯利润率为 3%~5%，有的企业甚至远低于 3%。并且，行业内不断上调的出口退税率在一定程度上支撑着企业的利润报表。

根据测算，在其他生产要素成本和价格不变的情况下，人民币每升值 1 个百分点，企业利润就将减少 1%。出于对人民币升值的担忧，目前纺织企业普遍不敢轻易接单，这严重影响了企业的开工率，也使得不少外商订单流向越南、柬埔寨、印度等国。虽然目前人民币升值还未成现实，但如果未来人民币升值幅度过大，就将使我国纺织服装出口厂商原来抱有的通过提价来转嫁成本上涨压力的希望落空，但由于目前我国纺织企业以中小企业为主，95%以上的企业生产的是中低端的贴牌产品，与国外厂商的议价能力很弱。

目前，纺织企业多把目光投向国内，希望能够通过扩大内销市场弥补因人民币升值、贸易摩擦造成海外业务减少带来的损失，多家机构也预计 2010 年我国内销售增速在 20%以上。

但纺织业的内销之路可能不那么好走。近期，大陆和台湾地区商谈并将签署两岸经济合作框架协议（ECFA）一事备受关注，并有可能在年内敲定。而被台湾地区业界寄予厚望的利好产业之一，就是台湾的纺织业。一旦 ECFA 签订，纺织业的内销市场必将迎来一个强劲的竞争对手。

资料来源：中国产业分析平台，2010 年 6 月 8 日。

参考文献

中国纺织工业协会：《中国纺织工业发展报告（2008~2009）》，中国纺织出版社 2009 年版。

《中国中小企业年鉴》编委会：《中国中小企业年鉴》（2009），经济科学出版社 2009 年版。

第二十七章　家电工业

提　要

进入 2009 年，国际金融危机对中国家电工业的影响开始集中显现。为克服国际金融危机对中国家电工业的不利影响，政府和家电企业都采取了一系列的应对措施。在政府层面，国家先后出台了家电下乡、以旧换新、节能产品惠民工程和提高家电产品出口退税等扶持政策。在企业层面，中国的大型家电企业纷纷采取措施，主动对企业经营模式进行了调整，通过技术研发对产品进行升级换代，调整了产业链，进行了营销渠道和品牌建设，推进了产业重组与整合。在这些措施的推动下，中国家电工业在 2009 年下半年实现了整体复苏，出口市场自 2009 年第四季度开始明显反转。经历金融危机的洗礼，中国家电企业迎来了新的发展空间。展望未来，中国家电企业必须在产品升级换代、自主品牌建设与出口产品结构调整上付诸努力，以促进企业的持续稳定发展。

*　　　　　　*　　　　　　*

改革开放以来，中国家电工业迅速发展，许多家电产品的生产规模已在全球居于首位，从而使中国发展成为世界最大的家用电器生产国和出口国。中国的家电工业是最早实现对外开放的产业，也是国内、国际市场竞争最激烈的行业之一。家电产品出口在全国出口商品总额中占有很大比重。受国际金融危机的影响，自 2008 年 5 月起，中国家电工业的产销便开始步入下降通道。2009 年，国际金融危机对中国家电工业的影响开始集中显现，上半年的生产和销售出现快速下滑，不少家电产品的生产和销售出现负增长，如空调、冷柜、吸尘器等；但从 2009 年家电工业总体运行情况来看，由于政府和企业为应对国际金融危机而采取了一系列有效措施，经过短短的几个月时间，便克服了金融危机的不利影响，使家电工业全年的运行轨迹呈现出探底回升走势，实现了平稳运行。

一、国际金融危机对中国家电工业的影响

1. 国际金融危机对中国家电工业的冲击

（1）家电产品出口总量大幅度下降。国际金融危机爆发后，中国家电产品主要出口国的失业率增加、居民收入和人均消费水平大幅下降，居民储蓄率则大幅度提高。在这种情况下，外国家电厂商委托给中国家电企业的 OEM 订单迅速减少，外国家电经销商对中国家电产品的订购数量也因市场需求的萎缩而减少，致使中国家电产品的出口量和出口额大幅下降。据海关统计数据显示，2009 年 1~12 月中国家用冰箱出口量为 1538 万台，同比下滑 4.72%；出口总额为 21 亿美元，同比下滑 7.91%。对美国和日本两大市场的家用冰箱出口量分别为 217 万台和 166 万台，均有不同幅度的下滑。小家电的出口形势更为严峻，大部分产品全年出口数量均呈下降态势，其中电热水器出口 314.3 万台，同比下降 44%；其次为电吹风，出口数量同比下降 21.19%。①

（2）出口市场竞争加剧。在全球经济危机爆发后，国内家电企业产能过剩的情况变得更加严重。为了抢夺日渐萎缩的国际家电市场，一些家电企业开始出现短期行为，破坏市场秩序，导致恶性竞争。为了渡过眼前的危机，一些家电企业盲目采取价格战作为应对措施，试图以低价出口甚至亏本出口来消化过剩产能。这种做法虽然从短期来看有利于企业收回成本，但是从长期来看，其破坏了市场正常秩序，导致了恶性竞争，最终将把行业发展引入歧途。

（3）家电企业亏损面有所扩大。2008 年 1~8 月，受国际金融危机的影响，中国家电行业规模以上企业的亏损面已扩大到 21%；而到 2009 年 2 月末，家电工业的亏损面已达 31.4%，比 2008 年同期增加了 5.36 个百分点。2009 年 5 月末，家电工业的亏损面有所缩小，但仍达 26.69%，比 2008 年同期增加了 3.73 个百分点，亏损企业累计亏损额 11.64 亿元。②尤其是那些靠生产贴牌产品谋生的中小型家电企业，大多面临着破产倒闭的风险。但随着家电行业在第四季度的探底回升，家电企业的亏损幅度开始逐步缩减：《经济日报》中经家电产业景气指数报告显示，2009 年第四季度家电行业亏损企业亏损总额减少 2.1 亿元，同比下降 125.5%，较第三季度大幅缩减 78.4 个百分点。

①李德娜：《2009 年小家电出口同比降低　形势仍严峻》，中国家电网，http：//www.cheaa.com/News/HangYe/2010-2/231677.html，2010 年 2 月 23 日。

②《中国家用电器行业分析报告 ——2009 年二季度》，中国经济信息网，www.cei.gov.cn，2009 年 8 月。

2. 国际金融危机下中国家电企业面临的挑战

（1）来自外国政府与外资家电企业的营销挑战。与中国家电企业一样，外资家电巨头也面临着在市场不景气情况下销售产品的压力。为了帮助本国家电企业渡过难关，日、美等国也先后推出了家电产品以旧换新的政策，美国国会甚至明确提出了购买国货的建议。外国政府这些政策的推出，其目的显然是为了帮助本国家电企业实现产品销售。这在很大程度上对中国家电企业的产品出口构成了阻碍。同时，外资家电巨头自身也采取了强有力的营销策略，以维持或扩张企业的市场份额；外资家电企业积极参与家电下乡，对中国家电企业在农村市场的发展提出了挑战。

（2）来自外资家电企业技术升级的挑战。中国家电工业在规模上虽然位居全球第一，但却缺乏自有品牌和核心技术，整体利润率偏低的局面始终未得到根本性改善。目前，中国家电企业研发投入占销售额的比例仅为1%，研发投入占比超过5%的不到3家，这导致中国家电企业在基础技术和核心技术领域，如液晶面板、半导体、芯片等领域一直受制于人。中国家电企业由于在技术研发投入上的不足，显然跟不上外资家电企业技术进步与产品升级换代的步伐。2009年，西门子通过加快技术升级、拓展产品线、加强渠道建设等策略，顺利渡过了国际金融危机，实现了超越预期的增长。2009年西门子家电在中国的销售额较2008年实现了18%的增长。

（3）贸易保护主义的威胁。从2009年初开始，受全球经济危机的影响，为了保护本国企业的生存与发展，贸易保护主义被一些国家所采纳，各种国际非关税贸易壁垒层出不穷，尤其以专利、技术和绿色环保壁垒为主；贸易保护主义的抬头对中国家电产品出口构成了很大威胁。特别是在市场相对成熟的地区如欧洲、北美等地，这一趋势尤为明显。2009年，日本也颁布了日本版的《REACH法规》。欧盟对冰箱提出了新的能效要求，要求在欧盟市场销售的冰箱必须达到A级能效指标。2009年9月3日，欧盟又提出新的WEEE和RoHS指令修订草案，其中RoHS指令的新草案文本涵盖了除特别指明排除在外的所有电子电气设备。新指令的通过与实施，对中国家电企业向欧盟出口产品有着重大不利影响。

二、中国家电工业的应对措施及其效果

针对金融危机的影响，中国家电企业纷纷采取措施，或修炼内功以提升核心竞争力，或开拓新市场以突破困境。双菱空调对企业内部管理体系和流程进行了重新打造与梳理，引进了全新的企业管理理念和信息化管理体系；针对变频空调能效国家标准，双菱在2009年度产品线中重点推出了八大系列新产品，以满足市场需求。康佳则在昆山投巨资规划LCM液晶模组项目，该项目投产后将使康佳内部化比重占到终端产品的70%，获得更多增值空间。2009年，长虹、TCL、创维、三星、海信、海尔、康佳等主流家电企业全面进入互联网电视

服务领域，发掘国内需求增长新空间。2009 年 11 月初，海信埃及生产基地正式投产，这是继南非、法国、匈牙利、阿尔及利亚之后，海信在海外建立的第五个生产基地。开拓新兴市场，成为中国家电企业应对金融危机的又一选择。此外，在家电下乡政策的推动下，不少家电企业开始把目光转向农村市场。

在中国家电企业应对金融危机的过程中，政府先后出台了多项扶持政策，发挥了十分关键的作用。2009 年，为支持家电企业应对国际金融危机，中央政府在落实"保增长、扩内需、调结构"政策措施的同时，相继出台了家电下乡、家电以旧换新、节能产品惠民工程和家电产品出口退税等政策。此外，2009 年 4 月和 5 月，国务院还先后出台了《电子信息工业调整和振兴规划》和《轻工业调整和振兴规划》。2009 年底，工业和信息化部下发《中国家用电器行业转型升级的指导意见》，明确提出要大力加强相关品牌建设，扩大中国优秀品牌影响力。2009 年 12 月 7 日闭幕的中央经济工作会议提出：进一步做好家电下乡工作，继续实施家电以旧换新政策。2009 年 12 月 9 日召开的国务院常务会议也对 2010 年家电工业的相关政策进行了研究和部署，主要内容包括：继续实施家电下乡政策，大幅提高下乡家电产品最高限价，进一步完善下乡家电产品补贴标准和办法。这些政策措施的相继出台，有力拉动了内需，促进了家电产品的生产和销售，为家电工业调整产品结构、积极开拓新兴市场、实现产业的转型升级起到了积极促进作用。

1. 主要政策措施

（1）家电下乡政策的实施。自 2007 年 12 月起，财政部便会同商务部开始在山东、河南、四川三省进行家电下乡试点。2008 年 10 月 16 日，财政部、商务部正式下发《家电下乡推广工作方案》，即对这三个省购买彩电、冰箱（冷柜）、手机 3 类产品的农民，由中央和省级财政按销售价格的 13%给予财政补贴，其中，中央财政负担 80%，省级财政负担 20%。为了应对国际金融危机，扩大内需，帮助家电企业拓展新的市场空间，消化家电工业的过剩产能，2008 年 11 月 30 日，财政部、商务部、工业和信息化部联合宣布，自 2008 年 12 月 1 日起，家电下乡实施范围扩大到内蒙古、辽宁、黑龙江、安徽、山东、河南、湖北、湖南、广西、重庆、四川、陕西等 14 个省（区、市）。新方案沿用了先前试点的财政补贴政策，补贴产品中增加了洗衣机，并同时决定，从 2009 年 2 月 1 日起在余下的 19 个省（区、市）及新疆生产建设兵团全面启动家电下乡工作。2009 年 2 月 26 日，为进一步推进家电下乡工作，财政部、商务部、工业和信息化部提出了《关于加大家电下乡政策实施力度的意见》，将家电下乡补贴品种由原来的 4 类调整增加到 10 类，并提高了补贴类家电产品销售的最高限价。2009 年底，为了进一步促进农村市场的家电产品消费，财政部再次提高了家电下乡产品的最高限价，使中高端的家电产品进入农村市场；并决定自 2010 年 1 月 1 日起，将国有农、林场职工纳入家电下乡政策范围。

（2）以旧换新政策的实施。2009 年 6 月底，国家有关部门出台了《家电以旧换新实施办法》。这是对家电下乡政策的进一步延伸，其目的在于刺激城乡居民对家电产品、特别是中高端家电产品的消费，以加快消费者对家电产品的更新。接着，在 7 月 2 日公布了《家电以旧换新实施办法》细则。根据国务院常务会议精神，政府决定在北京、上海、天津、江苏、浙江、山东、广东七省市区和福州、长沙两市开展电视机、电冰箱、洗衣机、空调、电脑5类家电产品“以旧换新”试点，并安排20亿元资金用于家电“以旧换新”补贴。对交售补贴范围内的旧家电并购买新家电的消费者，原则上按新家电销售价格的10%给予补贴；对回收补贴范围内旧家电并送到拆解处理企业的运输费用，给予定额补贴。

（3）“节能产品惠民工程”的实施。与以旧换新政策同步实施的还有“节能产品惠民工程”。2009年，政府开始实施“节能产品惠民工程”，即通过财政补贴方式，对能效等级达到1级或2级的空调、冰箱、洗衣机、平板电视、热水器、电机等10类产品进行补贴。实施这项工程的主要目的在于进一步扩大消费需求，促进家电企业调整产品结构，推动节能减排产品的研制和生产，鼓励消费者对节能减排产品的消费。国家发展改革委员会还公布了《“节能产品惠民工程”高效节能房间空调器推广实施细则》，加大对节能空调的推广力度，对能效等级2级以上的空调，政府将给予300~850元/台（套）的补贴，以政策疏导的形式，让国内空调企业自觉地、渐进式地进行产能的升级，淘汰高能耗空调产品。

（4）提高家电产品出口退税率。2009年初，政府为支持家电工业的发展，在积极拉动内需的同时，还决定对家电产品出口企业进一步给予税收政策上的优惠，即将家电产品的出口退税率从原有的11%提高到17%，上调了6个百分点。其目的在于抵消国际市场对家电产品的需求大幅度缩减及人民币升值的不利影响，力图通过补贴来降低家电产品出口价格，从而推动家电企业拓展海外市场新领域。与国家对农民购买下乡家电产品提供13%的补贴相比，出口家电产品能直接获得17%的补贴，其政策效用不亚于家电下乡。此外，中国出口信用保险公司还采取积极有效的承保措施，加大了家电产品出口的理赔追偿力度，为家电产品出口清除了障碍，努力帮助家电制造企业应对金融危机。

2. 政策实施效果

从2009年中国家电产品的销售情况看，政府所采取的各项政策对家电产品在国内外市场的销售显然起到了积极的推动作用，其政策实施效果大致表现在以下几个方面。

（1）开拓了广大农村消费市场。2009年，家电下乡政策的实施对广大农村消费市场的开拓起到了至关重要的作用。据中国家电协会统计，尽管遭受金融危机冲击，但2009年前三季度全国家电产品在城市中的累计销售额基本与2008年同期持平；而在农村市场的累计销售额则比2008年同期增长了8.6%，其中80%的销售额来自于家电下乡产品。据商务部统计，截至2009年12月底，通过“家电下乡”共销售产品3767.98万多台，销售额累计达692.57亿多元。①

（2）加快了城乡居民家电产品的更新换代。家电以旧换新政策的实施，给广大城乡消费者带来了实实在在的优惠，不仅增强了居民即期消费的信心，激发了家电市场的消费潜力，还刺激了城乡居民家电更新换代的积极性，加快了城乡居民家电更新换代的速度。据商务部发布的信息，截至2009年12月30日，中国九个家电以旧换新试点省市共销售五大类新家电360.2万台，销售额140.9亿元，约占五类家电品种销售额的1/3、全部家电总销售额的

① 常理：《2010年工业经济“调结构”：开拓新市场赢得新机遇》，《经济日报》2010年2月2日。

1/5，受惠以旧换新政策的家庭已超过360万户，消费者享受补贴总额超过14亿元，对家电消费拉动效果明显。[①] 家电以旧换新政策的实施对促进资源有效利用也发挥了积极作用。截至2009年12月30日，试点省市共回收废旧家电402.6万台，其中废旧电视机298.1万台，占总数的74.1%。回收的废旧家电可利用废塑料、废铜等再生资源10万多吨。

（3）促进了节能减排产品的生产和消费。财政部、国家发展改革委员会2009年5月21日“节能产品惠民工程”的启动，在拉动节能产品消费的同时，对节约电力消耗，减少二氧化碳排放，推动节能环保也起到了积极的作用。2009年，高能耗空调已经基本停产。在国内空调市场上，高效节能空调的市场占有率迅速提高；2009年下半年其推广数量超过了500万台，为2008年全年的5倍。[②] 另据统计，在2009年销售的空调中，变频机占40%，一级能效产品占10%，二级能效产品占40%。[③] 据有关方面估算，由于“节能产品惠民工程”的实施，每年可拉动需求4000亿~5000亿元，节电750亿千瓦时，减少二氧化碳排放7500万吨。[④] 这一措施对开拓家电产品的中高端市场、发展节能环保产品、促进家电行业转型升级起到了积极的促进作用。

（4）促进家电企业开拓新的国际市场。新出口退税政策的实施对促进家电产品出口，开拓新的国际市场起到了积极作用。在出口退税政策的扶持下，通过家电企业的努力，2009年中国家电企业对欧盟国家、日本以及一些新兴经济体的出口有所增长，使中国出口产品的市场结构有所调整，从而减轻了中国家电企业对美国市场的依赖程度。虽然美国、日本依然是中国家电产品出口的最大市场，但中国家电企业2009年在欧洲市场取得重大突破，出口荷兰的冰箱达159万台，同比增长80.35%，出口法国的冰箱达134万台，同比增长119.96%。[⑤]

总的来看，由于政府实施了一系列有利于家电企业发展的政策措施，在企业及各有关方面的共同努力下，国际金融危机所带来的外需减弱等不利影响得到了有效缓解，许多濒临倒闭的中小家电生产企业奇迹般地得以复活，广大农村的消费市场得以启动，农村家电销售服务体系得到明显改善。这不仅有力地拉动了内需，实现了惠农的政策目标，还取得了稳定家电行业发展、均衡内外贸等多重政策效果。[⑥] 此外，这些政策措施的出台，还为家电企业拓展中高端家电产品市场、向节能环保领域迈进指明了方向，对促进家电工业转型升级起到了积极的促进作用。

---

① 张钦：《商务部：家电以旧换新销售额超140亿元》，《北京青年报》2010年1月5日。

② 江国成：《中国财政补贴推广高效节能空调成效显著》，新华网，2010年2月11日。

③ 魏宗凯：《家电复苏势头超预期 刺激政策成消费催化剂》，《经济参考报》2009年12月29日。

④《拉动内需 节能减排 两部委启动“节能产品惠民工程”》，中国广播网，2009年9月17日。

⑤《2009年1~12月中国冰箱出口分析》，中国投资咨询网，http://www.ocn.com.cn/info/201002/bingxiang241637.htm，2010年2月24日。

⑥ 张旭东、韩洁：《财政部、商务部就加大家电下乡政策实施力度答新华社记者问》，新华网，2009年2月20日。

三、2009 年中国家电工业的运行

1. 2009 年家电工业的运行特点

（1）家电产品出口量先降后升，进入下半年后降幅逐月缩小。据统计，2009 年上半年家电出口形势比较严峻，平均月出口下降幅度都在 20%~30%。[①] 而进入下半年后，情况开始发生转变，各大类产品出口降幅均有所缩减。其中，家用电冰箱累计出口量同比下降 4.86%，降幅比上半年缩减了 7.81 个百分点；家用洗衣机累计出口量同比下降 6.12%，降幅比上半年缩减了 14.15 个百分点；家用空调累计出口量同比下降 25.61%，降幅比上半年缩减了 8.19 个百分点。[②] 尤其是进入 2009 年第四季度以后，家电产品出口情况明显改观，10 月份出口增幅已经进入上升通道，出口数量和出口金额的增长幅度均在 10%左右。据工信部消费品司公布的数据，2009 年中国家用电器行业累计出口额 313.24 亿美元，同比下降 13.27%；但全年的降幅比上半年缩减了 7.55 个百分点。从全年的情况来看，持续低迷的家电出口已出现了回暖的态势（见图 27-1）。

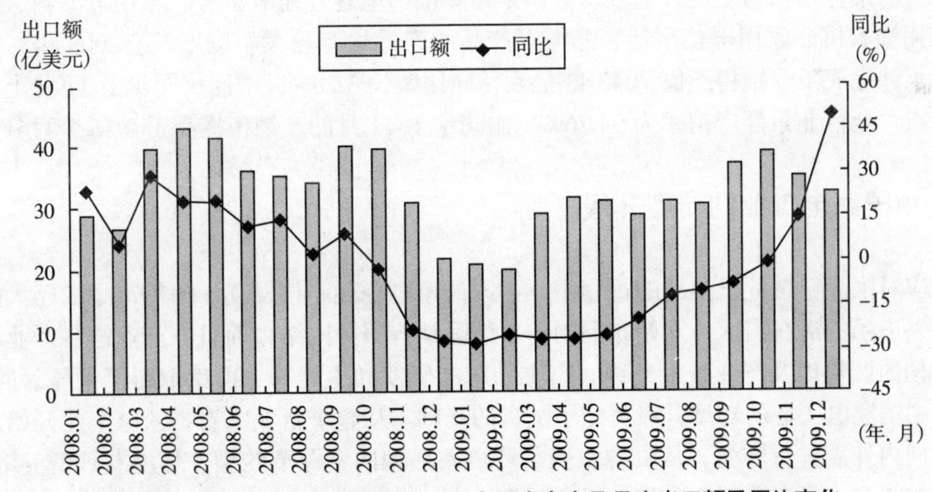

图 27-1　2008 年 1 月~2009 年 12 月中国家电产品月度出口额及同比变化

资料来源：中国海关总署网站，http://www.customs.gov.cn/publish/portal0/。

① 常理、刘成：《家电行业抓住机遇　努力推进转型升级》，《经济日报》2010 年 2 月 2 日。

② 温婷：《家电行业出口持续回升　小家电企业喜忧参半》，《上海证券报》2010 年 2 月 25 日。

（2）家电工业运行指标进入下半年后持续向好。整体来看，2009 年家电行业呈“前低后高”态势。受国际金融危机的冲击，2009 年 1~2 月行业收入下滑 11%，3~5 月有所缩减，下滑 6%。下半年，扩大内需政策在家电行业首先显现效果：行业收入出现正增长，6~8 月为 8%，9~11 月同比增长 18%；家电行业的景气指数和预警指数都出现好转，重要指标都有了明显改善。到 2009 年第四季度，家电行业已经基本复苏。据中经家电产业景气指数报告显示，2009 年第四季度，中经家电产业景气指数继第三季度的恢复性增长后，继续向上攀升，达到了 97.5 点（2004 年增长水平=100），比第三季度上升了 0.8 点；中经家电产业预警指数也触底反弹，于第四季度达到 86.7 点，重新回到标志着运行正常的“绿灯区”。2009 年第四季度，家电工业的销售收入为 2932.8 亿元，比 2008 年同期增长 14.4%，利润总额为 143.6 亿元，比 2008 年同期增长 104.0%，比第三季度提高 43 个百分点；全行业亏损企业的亏损总额减少 2.1 亿元，同比下降 125.5%。[①] 总的来看，由于内需的拉动和外需市场的逐步转暖，家电工业的总体运行态势已经开始向着好的方向转化。

（3）主要家电产品的生产和销售稳步增长。据国家统计局数据，2009 年，中国家电工业累计完成工业总产值 7433 亿元，同比增长 6.7%。第一季度为全年的最低水平，同比下降 4%；到 8 月份全行业累计总产值与 2008 年同期相比实现了转负为正。全年家电工业企业共生产家用电冰箱 6063.58 万台，同比增长 18.8%；家用冷柜 1258.03 万台，同比增长 23.8%；家用洗衣机 4935.84 万台，同比增长 13%；家用空调 8153.27 万台，同比下降 4.1%；家用电热水器 1989.24 万台，同比增长 15.7%；微波炉 6038.21 万台，同比下降 4%；彩电 9966 万台，同比增长 9.3%，其中液晶电视机增长 85.2%。[②] 尤其是 2009 年的后几个月，家电各大类产品产量的累计增幅均呈逐月上升态势，累计降幅则呈逐月缩减态势。家用电冰箱、家用冷柜、家用洗衣机、家用电热水器、彩电等产品的产量均有较大幅度增长。2009 年，中国家电工业累计完成工业销售产值 7043.43 亿元，同比增长 3.28%，增速比同年 1~11 月上升 2.53 个百分点；全行业累计产销率为 94.76%，比同年 1~11 月的产销率提高了 0.36 个百分点。

2. 中国家电工业的转型升级

在应对国际金融危机挑战的过程中，中国的家电企业不仅发现了内需市场的巨大能量和海外新兴市场的潜在需求，开始布局国内、国际销售服务网络，而且在产业链、产业布局和产品结构的调整以及产业技术升级、自主品牌的研发和生产等方面都取得了很显著的成效，从而为中国家电工业的转型升级奠定了坚实的基础。从整个行业来看，家电工业开始从外向型经济向内外需并重转变，从资源浪费、环境破坏型向资源节约型、环境友好型经济转变，从传统的制造业向高端制造业和知识型工业转变。

（1）产业链的调整开始向上下游延伸。2009 年，中国家电企业除通过并购重组进行产品

① 经济日报社中经产业景气指数研究中心、国家统计局中国经济景气监测中心：《中经家电产业景气指数报告(2009 年四季度)》，《经济日报》2010 年 1 月 20 日。

② 国家统计局、中国轻工业联合会：《2009 年中国家电行业运行平稳 产量稳步增长》，中国新闻网，2010 年 3 月 2 日。

系的调整外，还将调整的范围向产业链的上下游延伸。在产业链上游，家电企业积极组织上游关键部件和核心技术的开发，掌握核心技术和产品定义权，同时布局上游核心器件的生产。例如，四川长虹积极开展研发等离子、液晶、OLED等多种核心显示技术，并且还通过控股华意压缩掌握了重要的发动机制造资源。海信、TCL、康佳、创维、长虹等国内主要彩电企业纷纷以参股或技术合作等方式建立了自己的液晶模组工厂，为克服核心技术缺乏以及液晶面板上游价格难以控制等问题创造了有利条件。[①] 2009年第三季度，包括液晶玻璃基板、高世代液晶面板以及液晶模组与彩电整机一体化等彩电重大工程项目建设开始加速，[②] 表明传统彩管显示技术正在向新型平板显示技术转型。在产业链的下游，为改变在家电产品销售环节遭受垄断连锁巨头盘剥的局面，控制销售渠道的管理，家电企业开始关注渠道建设，争取渠道话语权。特别是广大企业抓住家电下乡机遇，对渠道进行重新洗牌，积极开展农村综合型品牌专卖店的建设、网络销售、商用渠道销售等。

（2）产品结构向节能环保型转变。随着经济发展和消费渐趋成熟，公众与政府日益关注消费与环境的协调。2009年，节能产品惠民工程在全国推进，政府对高能效家用电器产品进行财政补贴。按照该政策的要求，冰箱新能效标准、洗衣机新标准、储水式电热水器以及家电下乡空调能效标准都有所提高。政府对节能家电产品的消费补贴以及消费者对节能环保的关注，对促进家电工业的转型和结构升级都起到了重要的推动作用。在未来市场中，节能环保型产品将成为中国家电市场的主流。欧盟与日美等新环保法令的实施，也将从外部推动中国出口型家电企业产品向节能环保型的转变。

（3）产业技术升级成效显著。家电工业的产业技术升级步伐明显加快。2009年，中国骨干彩电企业在平板电视一体化模组生产、LED液晶电视的研发及产业化、互联网电视研发及产业化、加强海峡两岸平板显示产业合作、跟踪下一代显示技术（OLED电视、3D显示、激光电视）等方面取得了很大进展，有力推动了中国彩电业转型。[③] 2009年，长虹所建的中国第一条等离子生产线正式投入大规模生产，从而结束了中国等离子显示屏完全依靠进口的局面。此外，中国家电企业在家电关键技术产业化方面也取得了重要进展。以变频技术为例，通过格力与日本大金的合作，美的与东芝开利的合作，加之海信、科龙在变频领域的雄厚研发实力，使中国变频压缩机技术向产业化方向迈出了一大步。[④]

（4）产业布局趋向合理化。中国家电工业的市场饱和度非常高，而且存在家电产区和市场需求的脱离。在这种情况下，家电产区从东部沿海地区向中西部地区转移已经成为一种发展趋势。2009年，在政府有关政策的推动下，中国家电工业龙头企业纷纷在安徽合肥、江西南昌、湖北武汉、四川成都和重庆等中西部城市落户，家电生产开始向中西部新兴制造基地转移。例如，海尔在重庆工业园投资建设年产200万台冰箱的制造基地；格力电器2009年12月开始在重庆北部新区投资建设一个年产值达200亿元的大型空调生产基地；在合肥，已先后有格力空调基地、海尔冰洗工业园、美的冰洗基地、尊贵冰箱基地等落户，加上美菱冰箱生产基地、日立生产基地、三洋洗衣机和微波炉工厂等，合肥的冰箱、洗衣机产量已经

① 温婷：《家电业掀资本整合潮　三五巨头占八成江山》，《上海证券报》2009年12月30日。
②④ 刘文：《政策刺激行业转暖　家电结构升级进新阶段》，《消费日报》2009年12月29日。
③ 胡春民：《消费电子产业：内需拉动结构调整产业升级》，《中国电子报》2009年12月17日。

位居全国前列，家电产品的市场份额已占全国的 20%。①

3. 2009 年中国家电企业的发展

（1）家电企业在国际产业链中的地位有所提升。经历国际金融危机的洗礼之后，中国家电企业在国际上的地位不但没有下降，反而有所提高。海尔集团成功并购新西兰老牌家电制造商斐雪派克，形成几乎独霸澳洲市场的格局之后，中国家电企业的国际影响进一步扩大。2009 年 12 月，欧睿国际（Eurominitor）发布的最新消息显示，海尔品牌在大型白色家用电器市场（冰箱、洗衣机、微波炉、抽油烟机、电磁炉、消毒柜、燃气灶等）的占有率为 5.1%，居全球第一；其中，海尔在冰箱品牌、冰箱制造商排名中均居全球第一。② 虽然中国家电企业在国际家电产业链中整体上处于低端地位，但海尔等优秀企业的发展也在一定程度上推动了中国家电企业在国际产业链中地位的提升。

（2）家电企业的国际化经营步伐加快。在国际金融危机中，索尼、夏普、东芝、日立和 NEC 等外国家电工业制造商纷纷关闭了它们在海外的工厂，或将其在海外的子公司、生产线出售给发展中国家。这些公司通过关闭其在海外的工厂、设备，出售生产线、转让股权或强化其在海外的核心技术研发、产品设计“当地化”等方式，加快了核心技术的转移。在这一产业国际化转移的过程中，中国家电企业主动承接了不少核心技术。2009 年，海尔、长虹、苏宁等家电企业已经在开展国际化经营方面迈出了重要的一步，从而使中国家电企业的国际经营化步伐进一步加快。

（3）家电企业的销售渠道趋于完善。2009 年，各主要家电制造厂商及时调整生产经营策略，取得了明显效果。一是抓住“家电下乡”等政策机遇，在深耕农村市场的同时，通过渠道开发、网点建设及加大市场营销推广力度等方式，深入挖掘内销市场的潜力。二是及时调整经营策略。为了尽可能地减少产品库存量，缩短企业资金的运转周期，尽快回流资金，中国家电企业都开始向“以销定产”的模式过渡。此举对促进产销平衡、保证企业有比较充足的资金投入下一个生产周期起到了积极作用。在开拓国际市场方面，中国的一些大型家电企业如海尔、长虹、苏宁等，成功地通过海外企业并购开始进入被并购企业所在国的销售主渠道。

（4）家电企业的品牌建设取得显著效果。在美国《商业周刊》公布的 2010 年“全球最具创新力企业 50 强”名单中，海尔集团排名第 27 位，居于中国家电企业榜首。③ 这不仅说明海尔的企业创新力强，而且表明海尔集团已经发展成为具有全球影响力的国际品牌。在国家工业和信息化部 2009 年底下发的《中国家用电器行业转型升级的指导意见》中，明确提出要大力加强相关品牌建设，扩大中国优秀品牌影响力。目前，工信部正在抓紧制定《关于加快中国家用电器自主知名品牌建设的指导意见》，以期加强对家电品牌建设的宏观指导、统

---

① 左延鹊：《家电产业向中西部挺进》，《中国高新技术产业导报》2010 年 2 月 1 日。
② 魏明：《法媒：中国海尔成为全球白色家电之王》，中国经济网，2010 年 1 月 5 日。
③《海尔位列 2010 年“全球最具创新力企业 50 强”中国家电榜首》，人民网，2010 年 4 月 19 日。

筹规划和综合协调，整体推进中国家电行业的品牌建设。[①] 据了解，目前中国自有品牌出口占比最高的是海尔，其 2009 年海外销售收入中约 90%来源于自有品牌，而海信集团在澳大利亚，TCL 集团在越南、印度尼西亚的自有品牌销售都已经进入当地市场前三位。

（5）家电企业经营模式创新。中国家电企业正在经历企业竞争战略、生产方式的巨大转变，创新发展是家电企业转变的主导方向。多年来支持中国家电企业高速增长的规模化扩张模式走到了尽头。随着行业增长趋缓及市场需求的日益多样化，中国家电企业的传统发展模式越来越不适用。在 2009 年家电企业经营模式创新实践中，精益管理被广泛引入。海尔集团始终以客户为中心，致力于通过产品创新、技术创新、商业模式创新为全球用户提供最佳解决方案。2009 年初，张瑞敏首次提出了海尔从制造向服务转型的战略，推进了商业模式和运营机制的创新，而精益生产则是海尔转型的重要支撑。美的在 2009 年进行了企业转变经营模式的大讨论，并制定了新的战略，决定在美的集团全面推行精益管理。2009 年，海信科龙对企业生产流程进行梳理，确立了精益生产与六西格玛管理的模式。

四、中国家电工业发展的对策与展望

1. 加大研发投入，促进产业转型升级

发达国家领先产业的背后都有一个独立的、强大的工业体系。这一工业体系包括自主品牌、自主知识产权的技术研发和设计能力，完整的生产制造体系和产业配套体系。工业体系的独立和健全程度从根本上决定了一个国家参与国际竞争的能力和其在国际市场中的地位。以平板电视为例，日韩彩电业拥有从基础研究、零部件到显示屏再到整机的整套研发和生产制造流程，而中国彩电业除了组装整机外，在产业上游研发环节上基本上是空白。这一状况使得中国家电企业事实上成了外资家电企业关键部件的可靠用户，在产业链上处于低端水平，在竞争体系中处于不利地位。

中国家电工业虽然具备了世界级的制造能力，但在技术研发和创新上的投入却严重不足。对后金融危机阶段致力于全球扩张的中国家电工业来说，构建完整的工业体系是今后相当长一段时间内的根本任务。技术研发和创新的能力获得的捷径是技术并购、技术引进。但跨国技术并购应当致力于获取被收购企业的专利技术以及可以使技术持续和完善的研发团队与专业人才，这样才能通过消化、吸收和再创新，从而实现技术能力的跨越。此外，从技术演进来看，简单的技术引进并不能促进自主创新的发展，企业的知识和技术能力只能从企业内部产生，这就要求企业建立自己的研发体系，加大企业研发投入。

为推动中国家电企业加强研发投入，加快产业转型升级，2009 年 12 月 15 日，工业和

---

① 宋佳楠：《家电品牌：向“创造”跃进》，《家用电器》2010 年第 1 期。

信息化部下发了《关于加快中国家用电器行业转型升级的指导意见》，明确提出家电行业的发展目标：到 2015 年，行业平均研发投入在销售收入中的比重达到 3%，拥有 20 个以上的国家认定企业技术中心，自主品牌产品在国际市场中比重达 30%，培育 5 个左右具有综合竞争实力的国际化企业集团，2020 年耗损臭氧的氢氯氟烃类物质（HCFC）在家电行业中的使用量减少 35%。

在市场竞争压力和政府家电产业转型升级指导意见的双重推动下，中国家电工业在今后一段时间内必将兴起一股研发投入的浪潮，中国家电企业的自主创新能力将会得到显著提高。在后金融危机阶段，中国家电工业将会逐步走出世界家电组装车间的尴尬局面，发展成为家电研发和制造的一体化基地，并逐渐向高端家电领域发展。中国彩电企业集体向互联网电视的进军，已经初显了中国家电企业产业转型升级的端倪。

2. 加强自主品牌塑造，打造世界知名品牌

长期以来，中国 90%以上的家电产品出口均为订单式的 OEM、ODM 模式。这些加工企业根本没有自主品牌，也没有在海外市场建立自己的销售网络，更谈不上根据海外消费者的需求研发个性化的家电产品。从价值链构成来看，中国大量家电企业基本上处于价值链的低端，甚至沦为国际家电巨头的价值创造工具。在当前整体供过于求的市场环境中，消费者越来越关注品牌。未来家电市场将逐步被名牌产品所控制，世界家电知名品牌将在产品销售市场上拥有几乎不可动摇的竞争优势。中国家电企业要想在未来全球家电市场上占据一席之地，必须致力于建设自有品牌，并努力将自有品牌打造成国际知名品牌。

中国大部分家电企业都是从短缺时代发展起来的，短缺时代的思路是对内依靠扩大规模来降低产品成本、对外依靠不断降价来抢占市场份额。中国家电产品虽然出口规模很大，但基本上与国外消费者绝缘。[①] 与三星、松下、A.O.史密斯等众多跨国巨头在中国市场积极经营自有品牌、建设自有销售网络、坚持以产品和技术优势推动市场发展相比，我们的许多企业在海外市场上一无品牌、二无网络、三无拳头产品。中国家电企业应当积极向国际家电巨头学习其成功的运作模式，树立品牌意识，积极地在国际市场上建设自主品牌，采取以品牌促销售的国际营销模式。

推进中国家电企业自主品牌建设，既需要技术进步的支撑，也需要通过资源整合来提供支持。中国家电企业一方面需要加强技术研发投入，促进自主创新能力的发展和产品的升级换代；另一方面，必须彻底改变当前分散生产的现状，努力推进家电企业的重组整合，以优化家电生产资源的配置，同时提高家电企业进行自主品牌建设的能力。中小家电企业不足以承担起打造世界知名家电品牌的重任，打造世界知名家电品牌的目标只能依靠重组整合后的大型家电企业集团来完成。

---

① 罗清启：《金融危机推动家电企业"变身"》，《经济参考报》2009 年 10 月 21 日。

3. 内外销并重，加快产品出口结构调整

进入 21 世纪以来，中国家电企业海外业务步入了发展的快车道，许多企业每年的出口量均保持着两位数的增长。基于低成本的扩张使得中国一些家电企业在国际市场上占据了较大的市场份额，国外销售额在总销售额中也占据了较大比重。如格兰仕 60%的销售额来自国外市场；海尔也正在快速地向 1/3 国内生产国内销售、1/3 国内生产国外销售、1/3 国外生产国外销售的国际化发展目标迈进。不过，这种国际市场销售高增长的背后，却是企业海外出口模式的单一化，中国家电产品在国际市场上并没有建立起不可替代的竞争优势。随着金融危机的爆发，国外市场购买能力锐减，而对中国家电产品需求的影响，直接导致了中国家电产品出口需求的快速萎缩。国际金融危机使我们清醒地认识到，中国家电企业目前这种基于低成本的国际化发展战略不利于企业的长远稳定发展。

这次国际金融危机使中国的家电企业深刻感受到，必须坚持内外销并重的发展战略。金融危机使全球经济陷入寒冬，在这种情况下，完全依赖出口市场是没有出路的，只有深入拓展内销市场，彻底改变企业过度依赖国外市场的传统经营模式，才能更好地应对金融危机，促进企业的持续稳定发展。许多家电企业已经充分意识到开拓国内市场的重要性，并已付诸行动。当然，对那些单纯的出口型企业而言，转内销的确有一定的难度——外销企业很多都是贴牌，国内消费者认知需要一定的时间。而且与做海外市场不做品牌、不建网络相比，内销市场的前期投入很多，能否全部收回投入还很难判断。但是，面对拥有巨大潜力的国内市场，中国的家电企业还是应该努力做好本国市场的渠道建设，以本土市场为基础并积极向国际化发展。

从家电产品出口分类统计看，无论是大家电还是小家电，中国出口产品都是以低端化产品为主；在全球高端家电领域，中国家电企业几乎很少涉足。这在很大程度上影响了中国家电企业的全球竞争力，也是影响中国家电产品 2009 年出口下滑的重要因素。况且，低端家电产品的出口，带给中国家电企业的只是十分微薄的利润。中国家电企业要做大做强，必须加快技术研发，加速向高端家电生产领域的发展，努力增加产品出口中高端家电产品的比重。

专栏 27—1

2009 年中国家电企业的并购重组

面对种种挑战，中国家电企业必须不断增强自身竞争实力。家电产品在原材料、零部件、生产技术、品牌和渠道上有许多共同之处，在应对国际金融危机和来自各方面的挑战的过程中，中国家电企业积极开展并购重组。2009 年，中国家电行业的并购重组频繁发生；各家电龙头企业对白色家电资产进行大力整合，初步形成了几大家电集团竞争的格局。

续专栏 27—1

1. 家电企业的国内并购重组

2009 年 9 月 1 日，ST 科龙宣布拟向其大股东海信空调非公开发行不超过 3.62 亿股 A 股，以购买海信空调旗下的冰箱、空调、模具等白色家电资产；此举使其所持海信科龙股份比例从 25.22%提高到 45.35%，为海信集团的白色家电资产实现整体上市创造了条件。同年12 月 22 日，该重组方案获中国证监会上市公司并购重组审核委员会有条件审核通过。2009年 12 月 9 日，美菱电器出资 3.9356 亿元成功收购母公司持有的四川长虹空调有限公司100%股权和中山长虹电器有限公司 90%股权。此举使四川长虹实现了对旗下白色家电资产进行整合的目的，从而能进一步集中精力整合集团内部的黑色家电资产。2009 年 10 月 21 日，美的电器将美的洗衣机业务整合入无锡小天鹅公司，同时以 7.2 亿元的价格将旗下荣事达洗衣机业务的资产全部注入小天鹅。2009 年 12 月 1 日，青岛海尔与实际控制者海尔集团就公司受让海尔集团所持海尔电器集团有限公司 31.93%股份的事宜进行商谈，并初步达成一致性意见。收购完成后，青岛海尔将持有海尔电器 51.31%的股权，从而使其作为海尔集团白色家电业务平台的地位得到巩固。通过一系列并购重组，中国家电行业内已形成海尔电器、格力电器、美的电器、海信集团、四川长虹等大型家电集团争霸的格局。海尔、格力、美的以及海信将统领白色家电领域；海信、长虹、创维则将进一步巩固其彩电巨头的地位。其中，包括冰箱、空调、洗衣机、热水器、彩电等在内的海尔系产品的市场占有率稳居首位，由美的电器、小天鹅以及美的集团旗下产品组成的美的系位居其次，由四川长虹和美菱电器组成的长虹系位居第三，由海信集团和海信科龙组成的海信系处于第四位，其后是格力、创维等。

2. 家电企业的海外并购重组

在兼并重组国内中小家电企业的同时，一些大型家电企业也在积极地推进“走出去”战略的实施，海外并购成为中国家电企业加速国际化的重要手段。2009 年，中国家电企业的海外并购引起海内外的高度关注。2009 年 5 月，海尔集团以大约 8000 万新西兰元（约合3.5 亿元人民币）购买了新西兰品牌斐雪派克 20%的股权并成为其第一大股东。此举将使海尔集团获得斐雪派克的高端市场和研发资源，并在把握全球用户需求、开拓全球高端白色家电市场等方面受益；而海尔集团也将为斐雪派克提供其全球化的采购及营销服务网络，从而实现资源共享，互利共赢。2009 年 6 月，苏宁出资 5730 万元收购日本电器连锁零售商Laox 公司 27.36%的股份，成为其第一大股东，并派驻了两名董事，此举是中国家电连锁行业的第一次海外并购。虽然并购交易额并不大，但其重要意义在于苏宁完成了首次海外并购的先行练兵。海尔入股新西兰品牌斐雪派克以及苏宁收购日本电器连锁零售商 Laox 公司，都表明中国家电企业在国际化经营方面向前迈进了一大步，在开拓海外销售渠道方面具有积极意义。尤其是对于海尔集团来说，海外并购对于其从制造业向服务引领

续专栏 27—1

下的制造业转型，增强品牌和渠道的影响力，具有至关重要的意义。

资料来源：孙燕飚：《美菱公告称已完成长虹空调资产收购》，《第一财经日报》2010 年 1 月 5 日；温婷：《家电业掀资本整合潮 三五巨头占八成江山》，中国证券网·上海证券报，2009 年 12 月 30 日；汪小星、王海艳：《以 7/3 格局扛红旗 家电企业先安内后攘外》，《南方都市报》2009 年 12 月 30 日。

参考文献

张钦：《商务部：家电以旧换新销售额超 140 亿元》，《北京青年报》2010 年 1 月 5日。

江国成：《中国财政补贴推广高效节能空调成效显著》，新华网，2010 年 2 月 11 日。

魏宗凯：《家电复苏势头超预期 刺激政策成消费催化剂》，《经济参考报》2009 年 12月 29 日。

左延鹊：《家电产业向中西部挺进》，《中国高新技术产业导报》2010 年 2 月 1 日。

魏明：《法媒：中国海尔成为全球白色家电之王》，中国经济网，2010 年 1 月 5 日。

经济日报社中经产业景气指数研究中心、国家统计局中国经济景气监测中心：《中经家电产业景气指数报告（2009 年第四季度）》，《经济日报》2010 年 1 月 20 日。

罗清启：《金融危机推动家电企业“变身”》，《经济参考报》2009 年 10 月 21 日。

Ⅲ. 地　区　篇

第二十八章　国际金融危机下中国地区工业增长与投资格局

提　要

中国工业增长与投资受到国际金融危机的影响，最早表现在外向度比较高的沿海发达地区，随后渐次向内陆地区蔓延。在工业下滑时期，以外向型经济为主的东部沿海地区工业增幅下降最大；进入复苏时期，中部地区工业增长速度最快，其次是西部地区和东北地区，中西部地区工业在全国的份额相应提高。固定资产投资“北上西进”的趋势依然强劲，新的增长点正在涌现。目前存在的主要问题是，沿海地区增长过于依赖外需，中西部地区增长对投资依赖程度高，粗放型增长的区域特征依然突出。后金融危机时代，中国地区工业要努力实现“四个转变”，即有针对性地刺激内需，实现外需拉动型向内需拉动型转变；强化自主创新能力，实现粗放型增长向集约型增长的转变；加快发展循环经济，实现环境损害型向低碳生态型转变；引导产业有序转移，实现“移民就业”向“移业就民”转变。

*　　　　*　　　　*

国际金融危机对中国各地区经济产生了深刻影响，工业增长和投资呈现出不同的特点，同时也出现一些值得关注的问题。进入后金融危机时代，各地区需要采取积极有效的措施，加快本地区发展方式的转型，提高地区工业增长与投资的科学性和协调性。

一、中国各地区工业增长与投资的变化态势

数据显示，中国工业增长与投资受到国际金融危机的影响从 2008 年 6 月即开始显现，最早表现在外向度比较高的沿海发达地区，之后渐次向内陆地区波及、蔓延，影响程度也不断加强。随着国家实施“扩内需、保增长”的应对危机“一揽子”政策措施，各地区工业逐步企稳复苏。我们主要按照四大板块区域，使用工业增加值增速、工业企业产成品总值份额、全社会固定资产投资增速和份额等几个指标来具体分析。

1. 工业增长速度

从全国来看，工业增长在 2008 年下半年下滑，到当年年底，工业增加值增长率仅为 5.5%，之后工业增长逐步回升，呈现“V”形复苏态势。各地区与全国趋势基本一致，但无论是工业下滑还是工业复苏，在程度上存在着明显差异。

从图 28–1 看到，在工业增速下滑时期，以外向型经济为主的东部沿海地区，工业增幅下降在四大板块区域中最大，也低于全国同期工业增长水平。进入复苏时期，尤其是 2009 年下半年，各地区工业增长普遍回升，而且速度加快，其中，中部地区工业增长速度最快，其次是西部地区和东北地区，东部沿海地区工业增长也开始超过全国平均水平。

具体到全国各省区工业，在国际金融危机影响下呈现的态势也不尽相同。我们分别给出华北地区（三省市）、东北地区（三省）、华东地区（四省市）、华南地区（三省）、中部地区（六省）、西南地区（六省区市）、西北地区（六省区）七大区域工业增长与全国平均趋势的比较图（见图 28–2）。

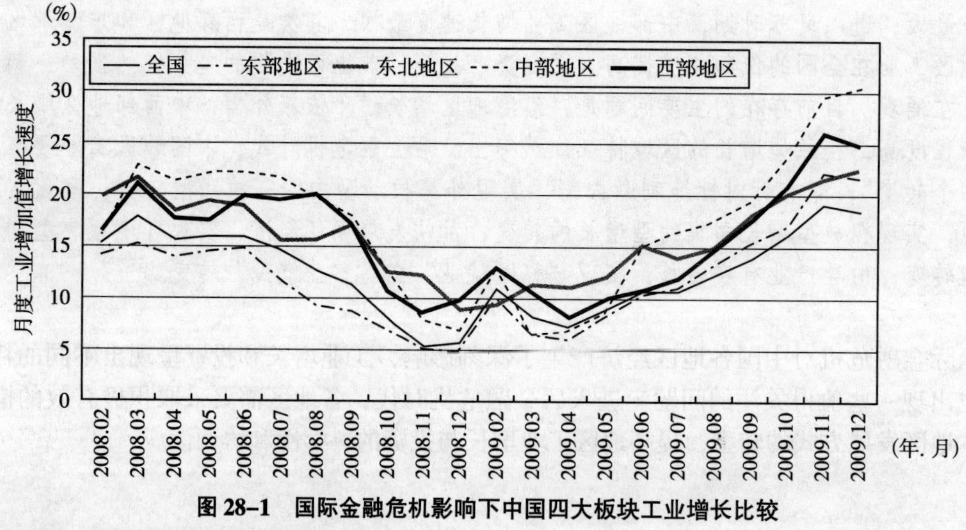

图 28–1 国际金融危机影响下中国四大板块工业增长比较

资料来源：根据中宏数据库资料计算。

2. 工业企业产成品总值份额

在各地区工业增长的波动中，一部分地区工业占全国的份额增加，而一部分地区工业占全国的份额减少。图 28–3 显示了在国际金融危机影响下，西部地区工业企业产成品总值占全国的份额由 13.88%升至 15.67%，提高 1.79 个百分点；中部地区同期提高 1.7 个百分点；东北地区提高 0.59 个百分点；而东部地区工业份额减少了 4.08 个百分点，下降幅度显著。

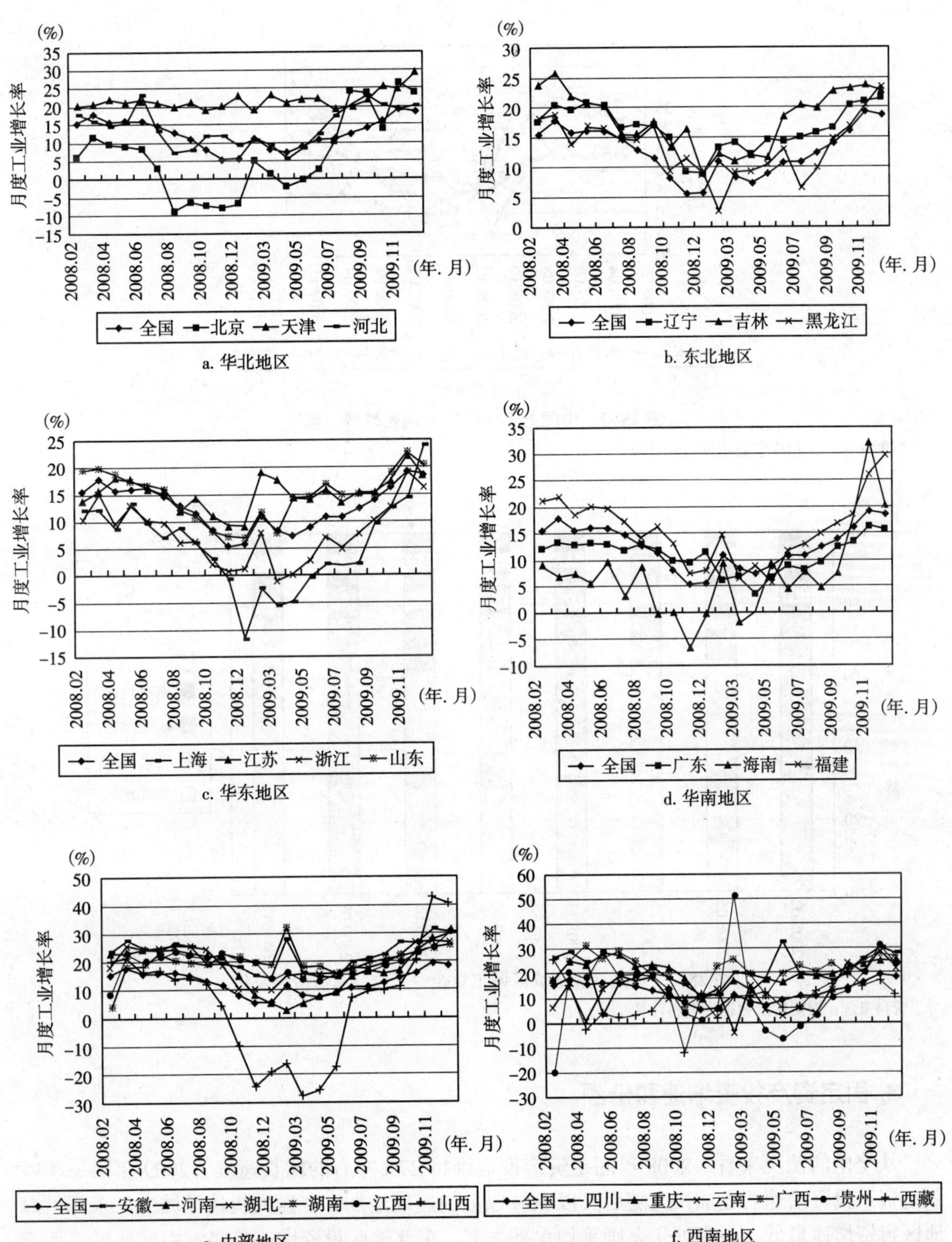

图 28-2　中国七大区域工业增长趋势

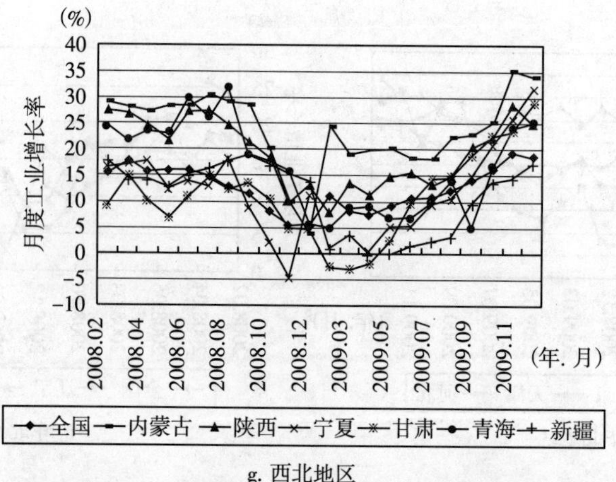

g. 西北地区

图 28-2 中国七大区域工业增长趋势（续）

资料来源：根据中宏数据库资料计算。

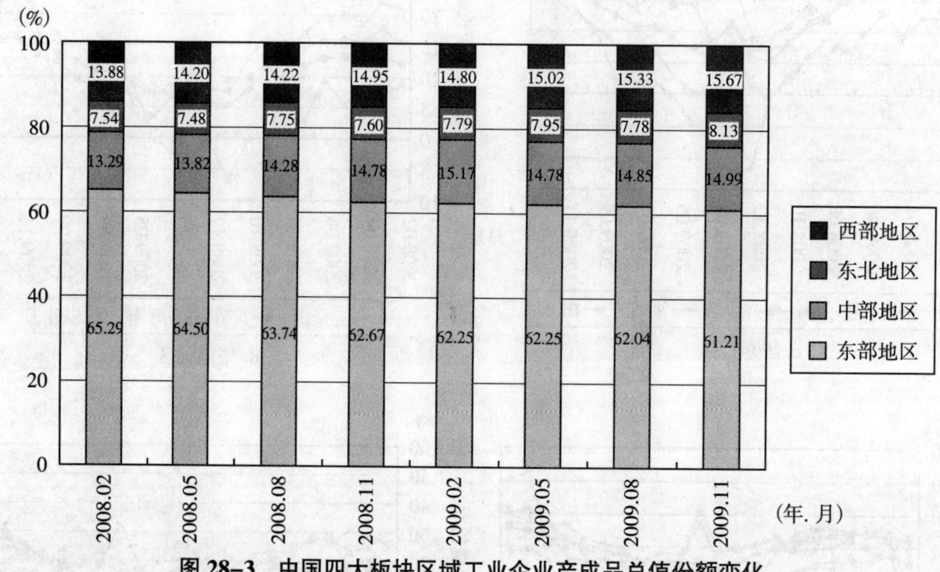

图 28-3 中国四大板块区域工业企业产成品总值份额变化

资料来源：根据中宏数据库资料计算。

3. 固定资产投资增速和份额

从全国的情况来看，2008 年固定资产投资维持 27%左右的增长速度，2009 年第一季度固定资产投资增速明显加快，随后又以 30%以上的速度增加。在四大板块区域中，东部沿海地区投资增速最低，一直处于全国平均水平之下；东北地区投资增速最高；中部地区、西部地区投资增速也高于全国平均水平（见图 28-4）。

各地区投资占全国的份额也有明显的变化。图 28-5 显示，西部地区的投资份额提高较大，从 17.85%提高至 23.53%，增加了 5.68 个百分点；东北地区也有较大份额的提升；中部

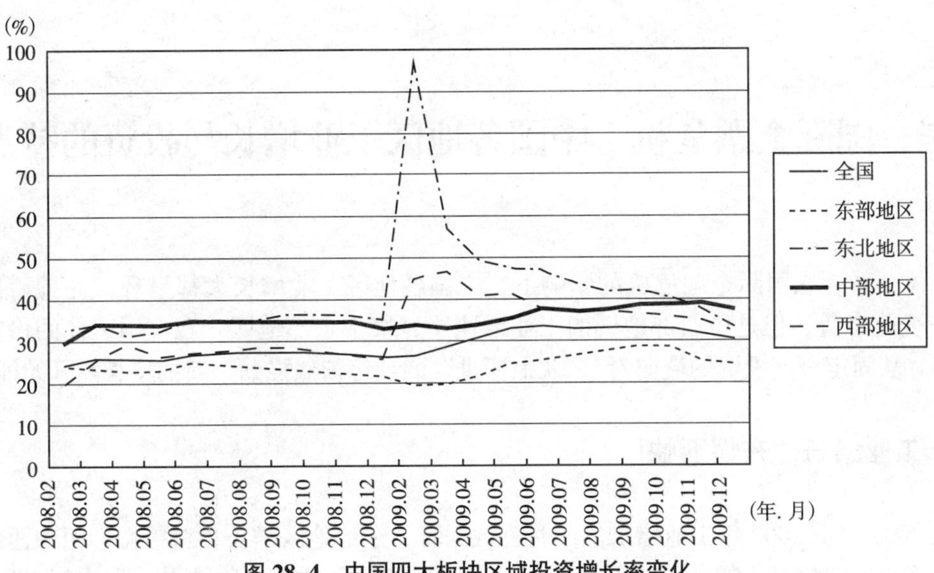

图 28–4　中国四大板块区域投资增长率变化

资料来源：根据中宏数据库资料计算。

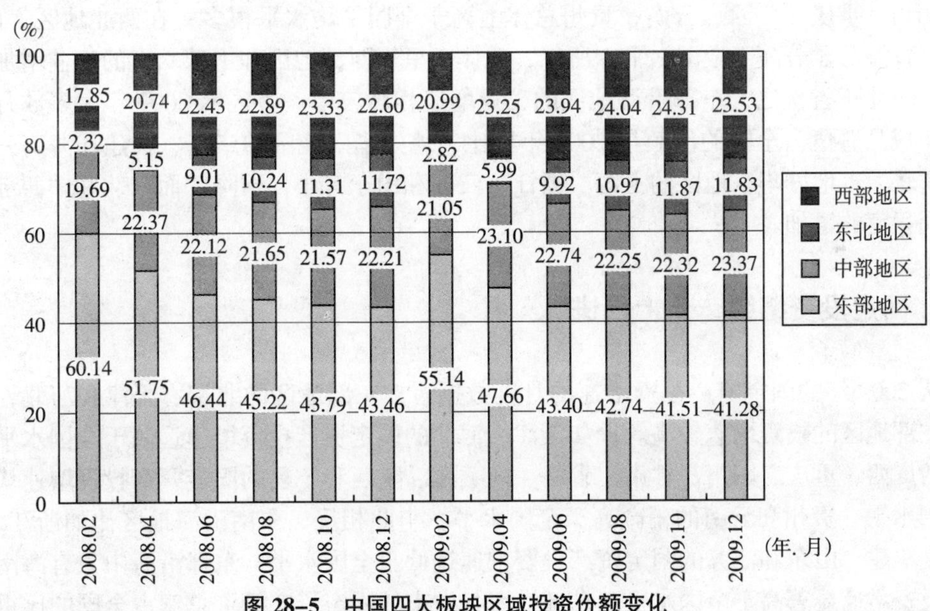

图 28–5　中国四大板块区域投资份额变化

资料来源：根据中宏数据库资料计算。

地区保持较小的变化；而东部地区的投资份额则明显下降，从 60.14%降至 41.28%，减少了 18.86 个百分点。

二、国际金融危机下中国各地区工业增长与投资的特点

总体上看，在国际金融危机的影响下，中国各地区工业增长大都呈现“先抑后扬”的“V”形变化态势，但是中西部地区的工业增速明显快于东部地区，在全国工业的份额也相应提高。从固定资产投资的流向看，“北上西进”的趋势依然强劲，新的增长点开始涌现。

1. 工业增长“东慢西快”

从 2008 年至 2009 年工业增加值的月度数据看，东部地区增长相对缓慢，而中西部地区增长速度明显加快。比如东部的上海、浙江工业增速明显低于全国水平；在中部六省地区，除山西明显低于全国外，其余五省尤其安徽、河南、湖北均明显高于全国的水平；在西南地区，四川、重庆、广西、云南、贵州总体上高于全国平均水平很多；在西北地区，内蒙古、陕西、青海都显著高于全国水平。所以，总体上呈现西部地区和中部六省的工业增加值增速较快，东北三省次之，东部沿海地区的工业增速相对较慢。各区域 2009 年大多数月份工业企业产成品总值占全国的份额与 2008 年相比，地处华南地区的广东、福建和海南三省下降的幅度较大，地处华东地区的上海、浙江、江苏和山东有小幅下降，而东北和中西部地区均有不同程度的增加。

2. 固定投资继续“北上西进”

从 2009 年的固定资产投资增速的月度数据看，东部地区的北京、天津和河北，东北三省和中部地区的投资增速较高。比如天津、河北的固定资产投资增速远高于全国水平；西部地区的广西、重庆、四川、甘肃、青海、内蒙古、陕西和宁夏的固定资产投资增速均显著高于全国水平，贵州和云南的稍微高于全国水平。与此相反，东南沿海地区比如浙江、上海、广东、福建、山东和江苏的固定资产投资增速远低于全国水平，东部沿海中只有海南的固定资产投资增速显著高于全国水平。东部沿海各省市的固定资产投资总额占全国的比重均有不同程度的下降；中西部地区各省区的固定资产投资总额占全国的比重均有不同程度的增加。

3. 新增长点正在涌现

从 2008 年至 2009 年的月度数据看，吉林省的工业增加值几乎都保持两位数的增长速度，1/3 的月份保持 20%以上的增长速度，位居东北地区第一；天津几乎没有受到金融危机的影响，工业增加值一直维持 20%左右平稳的增长速度，位居京津冀地区第一；中部五省（山西除外）的工业增加值增速多数月份都在 20%以上，成为推动全国工业经济增长的重要

力量；西南地区的四川、重庆、广西和西北地区的内蒙古、陕西、青海的工业增加值几乎所有的月份都保持两位数的增长速度，多数月份在20%以上，有些月份甚至在30%以上，成为西部乃至中国工业经济增长的重要推动力量。由此可以看出，东北地区的吉林，中部地区的安徽、河南、湖北、湖南和江西，西南地区的四川、重庆和广西，西北地区的内蒙古等省区，正在成为中国工业经济新的增长点。

三、中国各地区工业增长与投资存在的主要问题

1. 沿海地区工业增长过于依赖外需

从外贸出口依存度来看，沿海地区各省市普遍较高。据2008年统计，上海、广东、江苏和浙江分别为86%、79%、55%和50%，北京、天津和福建低于50%，分别为38%、46%和37%。相反，广大内陆地区的外贸依存度大多不到10%。受国际金融危机的影响，外部需求下降，沿海地区的工业增加值增速和工业企业产成品总值增速均呈现大幅度下降的态势。2008年下半年北京的月度工业增加值一直呈现负增长，最低达到了-9.1%，2009年第一季度，出现较低的正增长，此后两个月持续负增长；北京的工业企业产成品总值增速从2008年11月的17.4%下降为2009年2月的0.54%，此后维持较高的负增长。上海的工业增加值从2008年7月受到波及，维持了一个季度的低增长，随后直到2009年5月份以前一直持续负增长，最低达到-11.8%。广东的工业生产总值在2008年整体保持10%的增速，2009年1到7月增速较大下降。海南的工业增加值在2008年12月到2009年3月出现负增长，在5月增速为零，此后出现恢复性增长。这说明沿海地区的工业增长在很大程度上对外部需求的依赖很严重。

2. 中西部地区增长对投资依赖程度高

中国工业增长过度依赖投资拉动，而国内消费拉动不足，这是中国亟待解决的经济结构问题，而这种问题在中西部地区表现尤为突出。从2008年中国及各省市区的数据来看，沿海发达地区的固定资产投资总额占地区生产总值的比重相对较低，北京为36.37%，上海为34.56%，浙江为41.58%，广东为30.35%；而中西部及东北地区的固定资产投资总额占地区生产总值的比重相对较高，安徽、江西、吉林、宁夏、云南及西藏的数值高达70%以上，多数地区在50%以上，这也说明中西部尤其是西部地区的消费对经济增长的贡献更弱，而投资对经济增长的拉动作用更大（见表28-1）。

对1998~2008年各地区的投资率（全社会固定资产投资额/GDP）变化分析显示（见图28-6），中国四大板块区域的投资率都呈上升趋势，但相对而言，中、西部地区和东北地区

表 28-1 **2008 年各地区固定资产形成总值占 GDP 的比重**

单位：%

地区	比重	地区	比重	地区	比重	地区	比重
全　国	39.91	广　东	30.35	山　西	50.49	青　海	60.60
北　京	36.37	海　南	45.55	辽　宁	62.48	新　疆	53.52
天　津	45.93	福　建	45.42	吉　林	75.64	四　川	55.45
河　北	54.80	安　徽	73.30	黑龙江	44.19	重　庆	59.82
上　海	34.56	河　南	56.67	内蒙古	64.30	云　南	72.47
江　苏	47.44	湖　北	48.05	陕　西	62.50	广　西	50.64
浙　江	41.58	湖　南	47.49	宁　夏	71.64	贵　州	55.75
山　东	49.68	江　西	72.90	甘　肃	53.45	西　藏	76.60

资料来源：根据中宏数据库资料计算。

的投资率表现出较高的增长态势，尤其是西部地区在大部分年份中都位居中国四大板块区域的首位，从 1998 年的 34.1%扩大到了 2008 年的 61.5%；与东部地区相比，中部地区则经历了低于东部 1.3 个百分点到高于东部 17.9 个百分点的巨大变化。虽然投资率的不断提高与中、西部地区所处的经济发展阶段有关，但是长期过高的投资率也恰恰说明了中、西部地区的经济增长还主要依靠资本投入，鉴于中、西部地区经济总量和产业层次明显落后于东部地区，中、西部地区要启动消费需求，降低增长对投资的依赖，将面临比东部地区更为艰巨的任务。

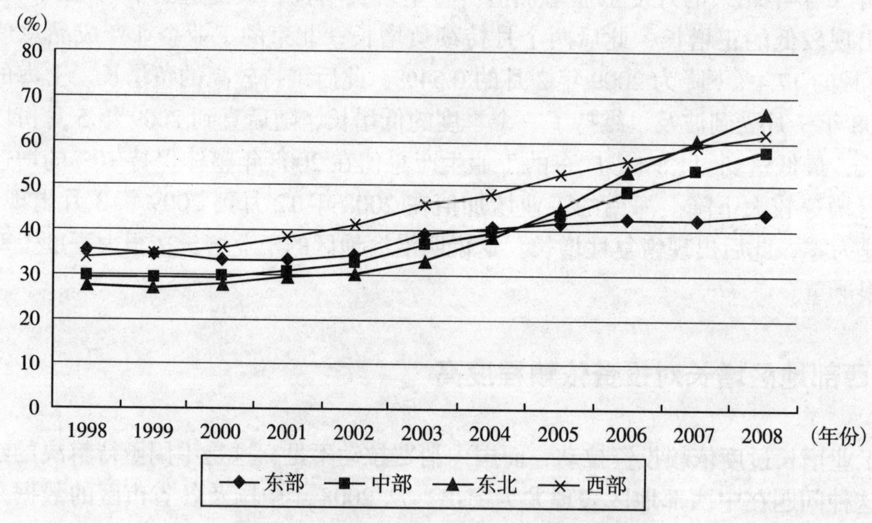

图 28-6 中国四大板块区域的投资率变化

资料来源：根据历年《中国统计年鉴》计算整理。

3. 粗放型增长的区域特征依然突出

据有关资料显示，2003 年中国消耗的能源、原材料占世界总产量的比重分别为煤炭占 31%、发电量占 13%、钢材占 27%、铜占 19.7%、水泥占 45%、棉花占 32.7%，而中国的国内生产总值只占世界总量的4%，这反映了中国经济增长方式的粗放型特征。从中国各区域的数据来看，中西部尤其是西部地区的单位地区生产总值能耗、电耗及单位规模以上工业增加值的能耗都高出（甚至有些地区远远高于）沿海发达地区（见表28-2），从单位GDP能耗指标看，西部地区最高，平均达到2.02（吨标准煤/万元），是东部地区平均值的2.17倍。这说明内陆地区的增长方式比沿海地区的粗放型特征更为显著。

表28-2　中国各省市区的电耗能耗指标值

	单位GDP电耗（千瓦小时/万元）	单位GDP能耗（吨标准煤/万元）	规模以上工业增加值单位能耗（吨标准煤/万元）
东部地区	1052.29	0.93	1.52
东北地区	991.88	1.45	2.10
中部地区	1280.58	1.39	2.82
西部地区	2315.92	2.02	3.78
北　京	719.61	0.66	1.04
天　津	910.42	0.95	1.05
河　北	1492.81	1.73	3.32
上　海	884.13	0.80	0.96
江　苏	1149.44	0.80	1.27
浙　江	1202.08	0.78	1.18
山　东	1001.08	1.10	1.70
广　东	1085.49	0.72	0.87
福　建	1098.56	0.84	1.18
海　南	979.24	0.88	2.61
辽　宁	1223.81	1.62	2.43
吉　林	885.93	1.44	1.98
黑龙江	865.90	1.29	1.90
安　徽	1106.81	1.08	2.34
河　南	1266.23	1.22	3.08
湖　北	1103.90	1.31	2.68
湖　南	975.49	1.23	1.98
江　西	942.16	0.93	1.94
山　西	2288.87	2.55	4.89
四　川	1156.37	1.38	2.48
重　庆	1090.19	1.27	2.11
云　南	1654.94	1.56	2.85
广　西	1254.15	1.11	2.34
贵　州	2452.21	2.88	4.32
西　藏	—	—	—
内蒙古	1887.32	2.16	4.19
陕　西	1256.02	1.28	2.01
宁　夏	4061.64	3.69	7.13
甘　肃	2539.00	2.01	4.05
青　海	4061.64	2.94	7.13
新　疆	4061.64	1.96	3.00

资料来源：根据中宏数据库资料计算。

另外，从中国的研究与发展（R&D）费用支出与世界及国外对比变化情况来看，1996年，中国研发费用支出占 GDP 的比重为 0.57%，2000 年为 0.9%，2006 年为 1.42%，分别相当于全球平均水平的 28.36%、42.05%和 61.47%（见表 28-3）。这些数据表明，中国研发费用支出呈现增加的趋势，与全球及国外发达国家水平的差距也在不断地变小，但是差距依然很大。而在国内各地区中，中西部地区尤其是西部地区在这些方面又落后于全国平均水平，更落后于沿海发达地区，中西部地区的劳动生产率和自主创新能力更有待提高，实现发展方式的转型任务更艰巨。

表 28-3　　主要国家研究与开发支出占 GDP 的比重

单位：%

	1996 年	2000 年	2006 年
全球	2.01	2.14	2.31
美国	2.55	2.74	2.61
澳大利亚	1.61	1.51	1.78
韩国	2.42	2.39	3.23
芬兰	2.52	3.34	3.43
德国	2.19	2.45	2.52
日本	2.81	3.04	3.40
中国	0.57	0.90	1.42

资料来源：中宏数据库。

四、促进地区平衡增长的若干政策措施

1. 有针对性地刺激内需，实现外需拉动型向内需拉动型转变

中国工业尤其是沿海地区工业增长受到国际金融危机的冲击，暴露了国内有效需求不足的问题。内需不足，特别是消费需求不足在一定程度上归因于中国收入差距扩大，或者说有消费能力及消费意愿的群体只占少数。从图 28-7 看到，按照消费意愿和消费能力两个维度的组合可以划分为四个消费阶层：第一个阶层的人群是既具备较强的消费能力，又具有强烈的消费意愿的人群；第二个阶层的人群是虽拥有较强的消费能力，但是消费意愿不强烈的人群；第三个阶层的人群是虽拥有较强的消费意愿，但是消费能力不强的人群；第四个阶层的人群是既不具备较强的消费能力，又不具备较强消费意愿的人群。

在我们的社会中，第Ⅰ类人群占的比重还不高，从地域上看，主要集中在沿海发达地区，应鼓励第Ⅰ类人群尤其是沿海地区的这类人群到中西部地区消费或创业，带动中西部地区的发展，中西部地区也应该积极创造良好的软、硬环境满足这类人群的需要，达到共赢效

Ⅰ：高意愿、高能力	Ⅱ：低意愿、高能力
Ⅲ：高意愿、低能力	Ⅳ：低意愿、低能力

图 28-7 依据消费意愿和能力划分的四个消费阶层

果，同时应重视调整地区间的收入再分配，加大区域对口帮扶的力度。在第Ⅱ类人群中，有些人尤其是老年人，由于受传统的影响，养成了节俭的习惯，消费意愿不高，对于这类人除了要转变观念外，更要结合这类人的需要，积极有效地开发符合他们需要的产品和服务，提升他们的消费欲望。第Ⅲ类人群占的比重较高，许多农村居民、城市下岗工人或低收入者以及广大学生等都属于这一类人群。而从区域分布上看，中西部地区低收入群体所占比重较大。对于这类人群应为他们创造较为有利条件特别是提供更多的就业机会，让他们能够通过自己的努力较快地增加收入，并不断转化为第Ⅰ类人群。中西部地区仍存在很多的隐形失业，应加大这些低收入区域的职业教育和技术培训，积极有序地向沿海发达地区或中西部主要城市转移农村劳动力，使他们尤其那些新生代农民工找到自己事业的发展空间；东北地区等老工业基地存在较多的下岗工人，国家应出台特殊政策帮助并支持其自谋职业或自主创业。中国的大城市或区域性的中心城市拥有较多的高素质学生，他们是潜在的高收入群体，应通过金融手段鼓励他们适当超前消费，提高他们的生活待遇，并创造创业或就业的优良环境；中西部地区缺乏人才，应制定更加优惠的政策，吸引大城市中的优秀学生到中西部地区发展事业。总之，逐步提高第Ⅰ类人群在社会中的比重，同时缓解区域间的收入差距，从而带动国内整体消费的增长，以逐步实现投资拉动型向消费拉动型转变和外需拉动型向内需拉动型转变。

2. 强化自主创新能力，实现粗放型增长向集约型增长的转变

与发达国家相比，中国普遍存在技术创新能力不足、缺少自主品牌、企业营销管理滞后、政府体制机制缺少活力等问题。要解决这些问题，只有进行创新，创新为社会发展提供着不竭的动力。应积极进行技术创新、品牌创新、管理创新、营销创新、投融资方式创新、政府体制机制创新，实现经济增长由粗放型向集约型的快速转变。在这方面，中国沿海发达地区应走在各地区前面，率先大胆进行各方面的创新，成为中国自主创新的典型示范区，不断攀升全球产业链的制高点，引领中国参与全球的全方位、宽领域、多层次的竞争。

针对技术尤其是工艺技术落后的问题，应积极鼓励沿海地区特大城市建立各类研发中心，鼓励企业与科研院所、高校、金融部门建立战略联盟，攻克关键的技术难题。品牌缺少、企业管理不力、营销和金融滞后等问题的核心是缺少优质的企业家，沿海地区应率先完善企业家成长的环境，使其成为企业家成长的乐土。针对体制机制缺少活力的问题，政府应该有所为有所不为，积极转变政府职能，剥离出政府不该管的事情，让社会去做，沿海地区经过一定的发展，市场已经相对成熟，可以尝试让企业或非政府组织进行某些公共组织的运营。

3. 加快发展循环经济，实现环境损害型向低碳生态型转变

中国在工业化、城市化快速发展过程中，也消耗了大量的能源和原材料，废水、废气及固体废弃物的排放量都高于世界的平均水平，更高于发达国家；而内陆地区在环境保护方面的指标又普遍落后于全国的平均水平，更落后于沿海发达地区。这种发展道路是不可持续的，为了实现可持续发展，必须要在科学发展观的指导下，在保持经济快速发展的同时，尽可能少地消耗能源和原材料，尽可能少地排放废水、废气及固体废弃物，实现从环境损害型的发展方式向环境友好、低碳生态型的发展方式转变。

为此，必须加快发展循环经济、绿色经济、生态经济和低碳经济，大力发展新能源、新材料、生物工程、节能环保等战略性新兴产业。积极制定适合不同区域特点和要求的区域性环保政策，内陆中西部地区应大力推动技术改造，尤其是对传统工业中原有的工艺和流程增加环保装置，鼓励实行环保新技术，不断提高排放标准，并积极采用清洁能源替代常规化石类的煤炭和石油资源。对于沿海地区的一些大城市，要大力发展城市轨道交通和公共交通，有效抑制城市私人交通工具的膨胀。同时还要制定资源税费政策和污染税费政策，并重视发挥非政府组织在环境保护方面的积极作用。

4. 引导产业有序转移，实现“移民就业”向“移业就民”转变

改革开放以来，中国经济持续快速发展，国际竞争力不断提升，主要得益于劳动力成本低的比较优势。表现在区域上，就是大规模的劳动力从中西部地区向沿海地区输出，这样既解决了沿海快速发展的用工短缺问题，又缓解了中西部地区农村剩余劳动力的就业压力。但是，这种大规模“移民就业”（把劳动力转移到有就业岗位的地方）也带来诸多问题，比如造成全国交通运力紧张，输入地公共设施负荷加重及社会成本加大，输出地人力资源流失、发展条件恶化。沿海发达地区在快速发展的同时，土地的成本和劳动力的成本也在快速上升，尤其是发展的空间已经很有限，国际金融危机爆发后，东部地区劳动密集型产业向中西部转移的微观动力增强，中西部交通、物流成本低廉的地区成为这些产业跨区域转移的首选。

未来通过对中西部地区新产业的培育和引导东部地区产业转移，将较大地增加中西部地区就业规模，形成“移业就民”（把产业转移到劳动力富余的地方）的新模式。这种模式转换不仅会加快中西部地区的发展，也有利于东部产业升级和发展方式的转变。东部沿海发达地区应继续实施“腾笼换鸟”战略，把那些不适合在本地发展的产业转移出去，积极发展高新技术产业、先进制造业和现代服务业，实现产业的转型升级。中西部地区也需要积极主动地同沿海发达地区对接，开展区域之间的合作，采取多种措施为转移过来的产业创造优良的软、硬环境，以利于这些产业在本地区更好成长。当然，中西部地区在承接沿海发达地区产业转移的时候，也不能“来者不拒”，要着力避免高污染高能耗的产业转移，积极吸纳就业多的、环境友好的劳动密集型产业落户。这样，既能缓解当地的就业压力，也能充分发挥当地的优势，带动欠发达地区经济实现跨越式发展。

专栏 28—1

国家级区域规划出台的背景与其特点

所谓国家级区域规划，主要是指由国家批复实施的区域性规划（也包括旨在促进特定区域发展的国家政策措施）。2009 年，共有十余个这样的区域规划获得批复，或称上升为国家战略。区域规划如此受重视在新中国史上罕见，说这一年为“区域规划之年”都不为过。那么，这些国家级区域规划是在什么背景下出台的，都有哪些特点？

1. 科学发展，规划先行

我国是一个地域辽阔、人口众多、地区发展很不平衡的发展中国家，改革开放后计划经济体制下中央高度集权，让位于适度的地方分权，使地区经济释放出巨大的发展活力。然而，地区主体及利益的多元化，也导致区域开发的盲目性、无序性，有些开发已超出了当地资源环境的承载力，危及发展的可持续性。近年获批的国家级区域规划有一个共性的特点，就是强调要在科学发展观指导下，根据资源环境的承载力、开发条件和潜力，确定能够体现区域经济特色的战略目标定位，并对产业布局、基础设施、生态环境和社会发展做出统一的、合理的部署和谋划。黄河三角洲高效生态经济区发展规划、鄱阳湖生态经济区发展规划、关中—天水经济区发展规划等，都明显地突出了人与自然和谐发展的主题。区域规划将成为引领我国区域经济科学发展的行动指南，也成为国家战略布局和区域发展政策的一个重要工具。

2. 应对危机，加快开发

2009 年是我国经济发展最困难的一年，为了应对国际金融危机的冲击，国家出台了一系列扩内需、保增长的政策措施，其中在产业方面，相继制定了钢铁、石化、纺织、装备制造、电子信息、物流等十大产业振兴规划；在区域方面，则密集地批复实施十余个重点区域的发展规划和区域性应对危机的举措。由于这些重点区域所具备的优势条件，加快其开发步伐，不仅有利于促进区域协调发展，而且能够通过一些重大项目的建设带动更大区域的发展，减弱金融危机对我国的不利影响。比如专门针对西部地区出台了《关于应对国际金融危机促进西部地区经济平稳较快发展的意见》，针对东北老工业基地制定了《进一步实施振兴东北等老工业基地的若干意见》。这些政策措施针对性强，既立足眼前，又着眼长远，对于实现保增长、调结构的任务产生了重要的效果。

3. 从跨省区到省区内部，培育不同层次增长极

以往国家层面的区域规划，从空间尺度上通常都是涉及两个以上省份的区域即跨省区规划。其目的一般有两个：一个是解决单一省份内部无法解决的发展问题，通过国家级规划，统筹考虑，形成跨省区协调机制；另一个目的在于培育国家级的经济增长极，从而带动辐射更大范围的区域发展。比如，“十一五”时期专门将京

续专栏 28—1

津冀地区和长三角地区（沪苏浙）分别单独制定区域性规划，旨在促进两大经济圈的一体化发展，成为能够具有国际竞争力的大都市圈。2009 年获批的国家级区域规划的空间尺度都在一个省区之内，比如，江苏沿海经济带规划仅包括江苏省南通到连云港的一片区域；辽宁沿海经济带规划包括辽宁省以大连为中心的沿海六个城市的范围。这种空间尺度的缩小，一方面表明这些特定地区战略地位的重要，具有从国家层面来考虑支持其发展的必要性；另一方面这些特定区域的规划也是为了培育“次增长极”，解决特定区域的发展问题，从而促进各区域之间及其内部的协调发展。

4. 由上至下到上下互动，发挥中央地方两个积极性

国家级区域规划以往主要是由中央有关部门提出并组织研究制定，涉及的地方要配合规划制定工作。但是目前这些所谓上升到国家战略的区域规划，并不完全是中央部门提出来的，而是地方主动提出并获得中央部门的认可。这种程序上的变化反映出一些地方发展经济的主动性和积极性，以及需要得到国家政策支持的强烈愿望。同时，通过上下互动出台的这些区域规划不仅使得地方更加明确发展的目标方向，指导其科学发展，而且中央部门也负有监督规划实施的责任。需要注意把握的是，国家级区域规划必须立足于国家整体战略，着眼于全国区域协调发展的大局；特别是，对特定区域的支持性政策宜审慎权衡，支持的力度、范围和相应工具的运用要符合市场经济下国家区域政策的基本原则，避免政策倾斜的随意性和政策普适性造成的政策效应弱化。

资料来源：根据陈耀“国家级区域规划与区域经济新格局”《中国发展观察》2010 年第 3 期改编。

参考文献

陈耀等：《贸易成本、本地关联与产业集群迁移》，《中国工业经济》2008 年第 3 期。

国家统计局课题组：《如何实现经济增长向消费拉动为主的转变》，《统计研究》2007年第 3 期。

商务部和国务院发展研究中心联合课题组：《跨国产业转移与产业结构升级》，中国商务出版社 2007 年版。

卫兴华等：《对中国经济增长方式转变的新思考》，《经济理论与经济管理》2007 年第 3 期。

诸大建等：《C 模式：中国发展循环经济的战略选择》，《中国人口·资源与环境》2005 年第 6 期。

吴敬琏：《中国增长模式抉择》，上海远东出版社 2006 年版。

中宏数据库：http：//gov1.macrochina.com.cn/tjdata_new/index.shtml。

第二十九章　中国东部地区的工业经济态势

提　要

东部工业一直是中国工业增长的龙头，自2001年以来，东部赖以增长的外向型经济开始受到冲击，国际金融危机又使这一冲击得到加深，随着国际市场需求的回升以及中国扩内需措施的实施，从2009年下半年起，东部各省市增长率已相继止跌回升。东部各省市对金融危机的抵抗能力也存在较大差异，具有出口依赖度适中、产业结构具有高度化特征的天津，在金融危机中仍保持了较快的增长速度；而东南沿海地区的省市则由于产业对出口依赖较强、产业创新能力低，而受到较大冲击。随着东部工业逐步走出低谷，未来东部工业在国内政策刺激、国际需求复苏的拉动下，将呈现出环渤海地区快速增长，东南沿海地区恢复性增长的态势，但由于自主创新能力有待提升，产业结构优化尚待时日，东部工业也面临着严峻的形势。为了促使金融危机后东部工业健康发展，东部产业发展应深入落实科学发展观，将产业结构的高度化作为工业发展的第一要务，合理调控外向型支柱产业在经济中所占的比重并提升支柱产业的抗风险能力，还应充分意识到单一产业的高度聚集所带来的风险。

*　　　　*　　　　*

改革开放以来，东部工业一直是中国工业增长的龙头，但随着始于1998年以来国家区域政策和宏观经济政策的调整，西部大开发、中部崛起、振兴东北政策的实施，极大地提升了东部以外区域的经济发展活力。而始于2005年的汇率制度改革以及2008年国际金融危机使得东部的外向型经济受到较大的冲击，在这些因素的共同作用下，东部工业总体上发展速度与中西部和东北相比，开始持续减慢，龙头作用受到冲击。

一、国际金融危机下中国东部工业的总体状况

1. 国际金融危机放大了东部外向型经济累积的问题[①]

图 29-1 显示了 20 世纪 90 年代以来，按现价计算的东部工业相对增长速度，[②] 从图 29-1 可以看到，2001 年和 2004 年为 20 世纪 90 年代以来，东部工业有两个重要的转折点，2001 年之前，东部工业各年份相对增长速度领先全国的幅度，虽然随着国家宏观政策的不同有所变化，但整体上呈现为升降交替的波动形式，其中上升年份的数量，大于下降年份的数量。从 2002 年开始，东部工业的相对增长速度开始一路下滑，到 2004 年，相对增长速度仅为全国增长速度的 1.03 倍，2005 年的相对增长速度开始小于全国工业的增长速度，此后，这一趋势一直延续至今。以上数据说明，从 2002 年中国加入世界贸易组织（WTO）开始，到 2004 年后实施的一系列出口退税政策调整，以及 2005 年的汇率并轨，以外向型经济为特征的东部经济的发展势头就已经受到挑战，而 2008 年的国际金融危机则加深了这一趋势。

从图 29-1 中还看到，东部工业总产值占全国的百分比，2004 年达到最高点后，2005 年、2006 年下降的速度基本相同，2007 年下降的速度大于 2005 年和 2006 年，2008 年在 2007 年下降的基础上进一步有所加大。表 29-1 为东部及东部各省市工业总产值占全国工业总产值百分比的年上升（下降）速度，[③] 表中的数据显示，2005 年和 2006 年东部工业占全国百分比的下降速度相差较小，仅分别下降了 0.752 和 0.693 个百分点；而 2007 年的下降速度较 2006 年显著加大，下降了 1.5 个百分点；2008 年比 2007 年又下降了 1.989 个百分点。

国际金融危机从 2008 年下半年以后对东部经济开始产生明显影响。假设：如果没有国际金融危机的影响，2008 年东部工业总产值占全国的百分比有可能沿着 2007 年的下降轨迹继续下降 1.5 个百分点左右，但由于金融危机的影响，东部工业占全国的百分比下降了 1.989 个百分点，下降速度超过了 2007 年。因此，2008 年下降的 1.989 个百分点中，超过 1.503 个百分点中的 0.486 个百分点，即 1.503 的 32.34%，由此可见，金融危机使东部工业占全国工业百分比下滑的速度加快了约 1/3，可以认为，这是为金融危机对东部工业总体上产生影响的量化结果。

国际金融危机对东部各地区的影响不尽相同，地区间存在较大差异，北京、上海、浙

① 至截稿时为止，国家统计局仅公布 2009 年各省、自治区、直辖市的工业增加值的增长速度，尚未公布 2009 年中国各地区工业总产值的数据，本部分数据到 2008 年。

② 东部工业的相对增长速度=东部工业的增长速度/全国工业增长速度。

③ 工业总产值占全国百分比的上升（下降）速度 = 本年度工业总产值占全国百分比-上一年度工业总产值占全国百分比。

江、广东四省市，2008 年工业总产值占全国百分比的下降速度分别达到 0.329、0.544、0.856 和 0.744 个百分点，而四省市 2007 年工业总产值占全国百分比下降速度分别为 0.212、0.373、0.298 和 0.474 个百分点，2008 年下降速度比 2007 年下降速度分别增加了 55.19%、45.84%、187.25%和 56.96%，四省市属于受金融危机影响比较大的地区，2008 年工业总产值占东部工业的百分比为 43.71%；而天津、河北、江苏、山东、海南五省市 2008 年工业总产值占全国的百分比同 2007 年相比，或轻微下降或有所上升，属于受金融危机影响相对较小的地区（详见表 29-1）。

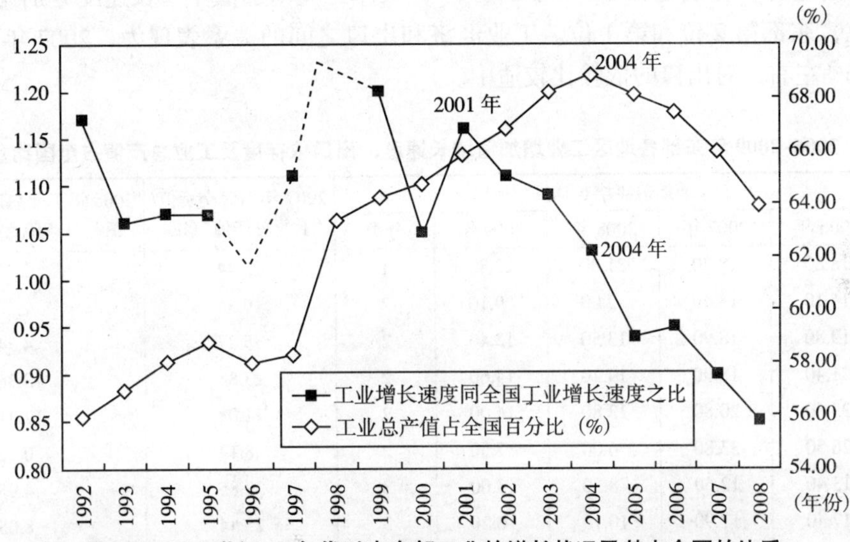

图 29-1　20 世纪 90 年代以来东部工业的增长状况及其占全国的比重

注：1996 年和 1998 年为中国工业统计口径调整年，由于统计口径同上一年度不一致，因此无法计算年度增长速度，故在本图中，将这两年的增长速度数据做缺失处理，但根据本图中东部工业总产值占全国百分比变动趋势估算，1996 年和 1998 年，东部工业总产值增长速度同全国工业总产值增长速度之比应分别大致在 1.00~1.05 和 1.20~1.25 之间。根据这一估算，将 1995~1997 年、1997~1999 年的增长趋势，用虚线表示。

资料来源：1992~2008 年数据来自相关年份的《中国统计年鉴》。

表 29-1　2005~2008 年东部工业总产值占全国百分比变化

单位：%

	工业总产值占全国百分比上升（下降）			
	2005 年	2006 年	2007 年	2008 年
北　京	−0.081	−0.168	−0.212	−0.329
天　津	−0.210	0.002	−0.207	−0.023
河　北	0.071	−0.114	−0.052	0.330
上　海	−0.658	−0.399	−0.373	−0.544
江　苏	−0.228	0.081	0.079	0.202
浙　江	−0.101	0.018	−0.298	−0.856
福　建	−0.130	−0.073	−0.071	−0.091
山　东	0.967	0.118	0.060	0.098
广　东	−0.366	−0.174	−0.474	−0.744
海　南	−0.014	0.014	0.045	−0.030
合　计	−0.752	−0.693	−1.503	−1.989

资料来源：同图 29-1。

2. 东部工业经济增长已经步入上升通道

对比 2006~2009 年东部各地区工业增加值年增长速度①（见表 29-2），可以看到，受国际金融危机影响程度的不同，东部各地区的工业增长类型可以分为以下三种：

（1）抵御金融危机能力较强的地区。这类地区仅包括天津，其特点是：金融危机对地区工业增加值增长速度影响较小。从表 29-2 中看到，2006 年以来，天津工业增加值增长速度呈逐年上升的趋势，特别是 2008 年和 2009 年，天津工业增加值年增长速度分别为全国第 8 位和第 2 位，东部第 2 位和第 1 位。工业经济和出口之间的关系表现为，2007 年的出口依存度② 为 25%左右，对出口的依赖比较适中。

表 29-2 2006~2009 年东部各地区工业增加值增长速度、出口依存度及工业总产值占全国比重

	工业增加值年增长速度（%）					2007 年出口交货值/工业总产值（%）	2008 年工业总产值占全国工业总产值百分比（%）
	2006 年	2007 年	2008 年	2009 年	分类		
天 津	18.80	18.20	21.00	22.80	1	25.44	2.46
北 京	14.10	13.40	2.00	9.10	2	19.38	2.05
河 北	19.80	18.90	13.50	13.40	2	5.27	4.54
江 苏	21.40	18.90	14.20	14.60	2	23.83	13.36
山 东	23.60	20.80	13.80	14.90	2	11.08	12.41
海 南	26.50	33.80	6.00	7.50	2	8.17	0.22
上 海	13.40	12.60	8.30	3.00	3	32.85	4.95
浙 江	17.40	17.90	10.10	6.20	3	25.44	8.05
福 建	20.40	21.50	16.70	13.00	3	28.33	3.00
广 东	18.30	18.30	12.80	8.90	3	39.62	12.89

资料来源：工业总增加值增长速度，来源于国家统计局网站。2007 年工业总产值和出口交货值，来源于 2007 年《中国工业统计年报》，2008 年工业总产值数据来自于 2008 年《中国统计年鉴》。

（2）金融危机对工业增加值的增长速度产生较大影响，但 2009 年增长速度已开始回升的地区。这类地区包括北京、河北、江苏、山东、海南五个省市，五省市共有的特点是：2008 年的工业增加值年增长率较 2007 年有较大幅度下降，但 2009 年年增长率没有沿着 2008 年的轨迹继续下滑，工业增加值的增长速度已经超过 2008 年的增长速度（仅河北基本持平）。从工业的出口依存度看，五省市除江苏为 23.83%外，其他四省市均小于 20%。

以上第一种、第二种类型的地区，2008 年工业总产值占全国工业总产值的百分比为 35.04%，占东部工业总的百分比为 54.81%。

（3）金融危机对工业增加值的增长速度产生较大影响，且 2009 年的增长速度继续下降的地区。这类地区包括上海、浙江、福建、广东四省市，它们都属于出口依存度较高的省

① 由于 2008 年、2009 年全国各省（区、市）有关工业经济的详细指标尚未公布，故此部分工业增长的数据为规模以上工业增加值的增长率，同采用现价工业总产值计算出的结果，存在一定差距，但不影响总的判断结果。

② 本章的工业出口依存度 =（出口交货值/工业总产值）× 100%。

市，上海、广东工业出口依存度在30%以上，浙江、福建也在25%以上。四省市2008年的工业增加值年增长率较2007年有较大幅度下降，2009年的增长速度仍在继续下滑，2008年工业总产值占全国的百分比为28.89%，占东部工业总产值百分比为45.19%。

虽然四省市2009年工业增加值总体上增长速度仍呈下滑趋势，但从2009年月度数据看，这些地区自2009年9月以来，工业增长速度大幅度回升，至2009年12月，上海、福建同比增长的速度超过20%，广东、浙江也达到15%以上（见表29-3）。

对上述三种类型地区进行分析，可以看出，从2009年第三、第四季度开始，东部各地区工业已相继走出困境，步入上升通道。

表29-3　2009年东部各地区工业增加值月度增长速度

单位：%

	本月比去年同期增长			
	3月	6月	9月	12月
天　津	23.10	21.90	21.60	29.30
北　京	1.50	2.60	23.70	23.60
河　北	9.50	12.50	22.60	20.20
江　苏	17.50	15.80	15.30	18.40
山　东	7.90	16.80	14.90	20.20
海　南	–1.80	4.40	7.50	20.20
上　海	–5.60	2.10	9.30	23.90
浙　江	–1.00	7.10	10.10	16.20
福　建	6.70	11.80	16.90	29.70
广　东	6.80	8.90	12.50	15.70

资料来源：国家统计局网站。

二、国际金融危机对中国东部工业影响分析

2009年东部各省的详细数据，国家统计局尚未公布，但东部作为国民经济的重要组成部分，同整个国民经济发展密切相关，本部分采取从分析全国相关数据入手，以全国指标为参照，然后对东部工业加以分析。

1. 中国全国受国际金融危机影响较深刻的行业

国际金融危机对中国的影响，主要体现在出口大幅下滑、社会需求萎缩，从表29-4中看到，2007~2009年全国增长速度下降最快的前11位行业中，明显分为两个具有不同特点的组：第一组共有7个行业，其中6个行业为出口依存度排名在前10位之内的行业，特别

是其中 5 个行业的出口依存度都大于 40%，分别为通信设备、计算机及其他电子设备制造业，文教体育用品制造业，仪器仪表及文化、办公用机械制造业，家具制造业和工艺品及其他制造业，其余 2 个行业分别是金属制品业和通用设备制造业，出口依存度分别为 24.3%和 15.39%，这 7 个行业属于受出口影响比较大的行业，直到 2009 年，增长速度尚未有所恢复。

第二组有 4 个行业，分别为石油加工炼焦及核燃料加工业，电力、热力的生产和供应业，煤炭开采和洗选业，黑色金属冶炼及压延加工业，4 个行业增长速度分别下降了 61.19%、56.52%、54.14%和 53.74%，但出口依存度仅分别为 1.98%、0.26%、1.75%和 7.38%，这 4 个行业分属能源原材料行业，出口依存度低，虽然没有直接受到出口市场萎缩的影响，但金融危机造成的社会需求下降，使这些行业间接地受到较大影响，2008 年增长率下降幅度较大，但 2009 年随着中国经济的止跌回升，上述 4 个行业已走出了下跌的趋势，增长率开始回升。

由此可见，就全国来讲，受金融危机影响较大的行业，主要集中于两种类型，即出口依存度较高的行业和能源原材料行业，占全国工业 50%以上的东部工业也应符合这一规律，以下就从受金融危机直接影响的行业和间接影响的行业两方面，来分析金融危机对东部工业的影响。

表 29-4　　全国 2007~2009 年增长速度下降前 11 位的行业

	2007 年工业出口依存度		2009 年比 2007 年相对增长（下降）		工业增加值年增长率（%）		
	数值（%）	排序（降序）	数值（%）	排序（升序）	2007 年	2008 年	2009 年
仪器仪表及文化、办公用机械制造业	46.36	3	-89.74	1	19.50	12.70	2.00
通信设备、计算机及其他电子设备制造业	66.95	1	-70.56	2	18.00	12.00	5.30
石油加工、炼焦及核燃料加工业	1.98	31	-61.19	3	13.40	4.30	5.20
工艺品及其他制造业	40.30	7	-60.93	4	15.10	10.10	5.90
家具制造业	42.57	4	-57.89	5	20.90	13.50	8.80
金属制品业	24.30	10	-57.81	6	23.70	15.00	10.00
电力、热力的生产和供应业	0.26	39	-56.52	7	13.80	8.60	6.00
文教体育用品制造业	59.66	2	-56.40	8	17.20	18.20	7.50
通用设备制造业	15.39	14	-54.55	9	24.20	16.90	11.00
煤炭开采和洗选业	1.75	33	-54.14	10	18.10	19.10	8.30
黑色金属冶炼及压延加工业	7.38	25	-53.74	11	21.40	8.20	9.90

注：2009 年比 2007 年相对增长 =［（2009 年增长率/2007 年增长率）- 1］× 100%，本表中相对增长率排名越靠前，增长率下降的幅度越大。

资料来源：同表 29-2。

2. 国际金融危机对中国东部工业的直接影响

将地区出口依存度大于 30%的行业，确定为出口依存度较高的外向型行业，从表 29-5 看到，前述的三类地区各自具有不同的特点。

（1）第一类地区。天津出口依存度较高的行业有10个，这10个行业占地区工业总产值的百分比为29.02%，但10个行业中仅有2个行业占工业总产值的百分比大于3%，可以作为地区工业的支柱产业，2个行业占地区工业总产值的百分比为25.04%，受出口萎缩从而对地区工业影响较大的主要是这2个产业；其他8个行业占工业总产值的百分比都小于1%，这些行业的变化对地区工业的影响较小。由此可见，天津虽然有10个行业对外依存度较高，但仅有2个行业可以对地区工业影响较大，这是天津对金融危机化解能力较强的原因之一。

（2）第二类地区。北京和江苏虽然出口依存度较高的行业分别为6个和7个，占地区工业总产值百分比分别为29.70%和22.15%，但能够作为地区支柱产业的分别仅有1个和2个，占地区工业总产值的百分比为27.60%和18.58%，其他行业占工业总产值的百分比大多在1%以下。

山东出口依存度较高的行业有5个，但作为支柱产业的仅有1个，占地区工业总产值的百分比为3.91%；河北则出口依存度较高的行业仅有1个，占地区工业总产值的百分比仅为0.17%。

对外依存度较高的产业绝大多数都是非支柱产业，而出口依存度较高的支柱产业在地区工业总量中所占百分比小，这是这类地区能够迅速走出金融危机的重要原因。

（3）第三类地区。这类地区具有以下特点：第一，出口依存度大于30%的行业较多，一般在10个以上，例如广东达到了13个。这些行业工业总产值占地区工业总产值的比重大于1/3，其中广东、上海在40%以上。第二，支柱产业数量较多、所占百分比较大，高于第二类地区。上海、浙江、福建、山东支柱产业分别为3个、5个、5个、4个，所在行业占地区工业总产值百分比在30%以上，广东达到40%以上。

通过对三类地区的分析，可以得出这样的结论，外向型的支柱产业合计占工业总产值的百分比在25%以下时，地区工业抵抗外向型经济风险的能力较强；而在30%以上时，地区工业抵抗外向型经济风险的能力较弱。

表29-5　东部各地区外向型产业在地区工业总量中所占百分比

	地区出口依存度大于30%的行业（2007年）			
	数量（个）	行业及占地区工业总量百分比（2007年）（%）	行业合计	其中支柱产业（大于3%）合计
天津	10	H11（0.77）、H12（0.71）、H13（0.28,）、H14（0.16）、H15（0.34）、H18（0.35）、H32（5.38）、H33（19.66,）、H34（0.98）、H35（0.39）	29.02	25.04
北京	6	H11（0.73）、H12（0.91）、H13（0.07）、H18（0.17）、H23（0.22）、H33（27.60）	29.70	27.60
河北	1	H35（0.17）	0.17	0.00
江苏	7	H12（3.21）、H13（0.73）、H15（0.25）、H18（0.61）、H33（15.37）、H34（1.53）、H35（0.45）	22.15	18.58
山东	5	H12（1.72）、H13（1.01）、H18（0.46）、H33（3.91）、H35（1.12）	8.22	3.91
海南	3	H11（1.00）、H15（0.35）、H33（0.71）	2.06	0.00
上海	11	H11（1.64）、H12（1.95）、H13（0.59）、H14（0.38）、H15（0.89）、H18（0.74）、H23（0.75）、H28（3.74）、H32（7.07）、H33（22.40）、H34（1.41）	41.56	33.21

续表

	地区出口依存度大于 30%的行业（2007 年）			
	数量（个）	行业及占地区工业总量百分比（2007 年）（%）	行业合计	其中支柱产业（大于 3%）合计
浙江	10	H11（11.62）、H12（3.65）、H13（3.07）、H15（1.05）、H18（0.98）、H21（1.60）、H28（4.03）、H33（5.03）、H34（1.38）、H35（1.67）	34.08	27.37
福建	10	H12（5.60）、H13（6.68）、H15（0.96）、H18（0.88）、H24（3.46）、H28（2.33）、H32（4.55）、H33（12.63）、H34（1.01）、H35（2.64）	40.74	32.93
广东	13	H11（2.69）、H12（2.52）、H13（1.77）、H15（1.21）、H18（1.33）、H23（0.50）、H24（3.66）、H28（4.74）、H30（1.67）、H32（11.30）、H33（24.21）、H34（2.42）、H35（1.52）	59.54	43.91

注：①出口依存度按 2007 年数据计算。②表中"H+数字"所代表的行业分别是：H11 为纺织业，H12 为纺织服装、鞋、帽制造业，H13 为皮革、毛皮、羽毛（绒）及其制品业，H14 为木材加工及竹、藤、棕、草制品业，H15 为家具制造业，H18 为文教体育用品制造业，H21 为医药制造业，H23 为橡胶制品业，H24 为塑料制品业，H28 为金属制品业，H30 为专用设备制造业，H32 为电气机械及器材制造业，H33 为通信设备、计算机及其他电子设备制造业，H34 为仪器仪表及文化、办公用机械制造业，H35 为工艺品及其他制造业。行业后括号中的数字为该行业工业总产值占所在省、市工业总产值百分比。

资料来源：根据 2007 年《中国工业统计年报》提供的数据计算。

3. 国际金融危机对中国东部工业的间接影响

将表 29-4 中受金融危机间接影响较大的产业，应用于东部，结果见表 29-6，从表 29-6 看到，第一、二类地区受金融危机的间接影响明显大于第三类地区，表现为间接影响的产业在地区工业总产值中所占百分比的总和明显高于第三类地区，这些地区由于石油加工、炼焦及核燃料加工业和黑色金属冶炼及压延加工业在地区工业总产值中所占百分比较高，而这两个行业在 2009 年的率先反弹，成为拉动这些地区工业增长的重要因素。这两个行业在天津、北京工业总产值中所占百分比大于 20%；河北、海南大于 30%；山东、江苏大于 10%；六省市 2009 年工业增长速度的回升，同这两个行业的拉动至关重要。

第三类地区中，间接影响产业在工业总产值中所占百分比较小，低于 15%，间接影响行业对经济增长所起的作用，小于第一、第二类地区。

表 29-6　　2007 年东部各地区受金融危机间接影响产业在工业总量中的地位

单位：%

地区分类	地区	4 行业地区出口依存度	4 行业工业总产值占地区工业总产值百分比	
			数 值	总 计
第一类	天津	4.61、0.28、6.76、0.00	0.51、5.15、16.81、3.71	26.18
第二类	北京	5.83、0.31、8.14、0.00	2.10、6.24、6.35、11.07	25.76
	河北	0.28、0.29、3.56、0.00	2.58、4.57、30.81、8.10	46.06
	江苏	0.11、1.12、6.49、0.00	0.33、1.69、9.64、3.96	15.62
	山东	1.79、0.33、7.84、0.01	2.71、4.63、5.67、3.73	16.74
	海南	0.00、10.80、0.00、0.00	0.00、34.18、1.60、7.51	43.29

续表

地区分类	地区	4 行业地区出口依存度	4 行业工业总产值占地区工业总产值百分比	
			数　值	总　计
第三类	上海	0.00、0.51、13.39、0.00	0.00、4.37、7.23、3.25	14.85
	浙江	0.00、0.30、6.69、0.05	0.02、2.46、3.21、6.40	12.09
	福建	0.00、0.00、4.09、0.00	0.60、1.40、4.50、6.69	13.19
	广东	0.00、0.14、9.81、1.41	0.00、2.93、2.26、6.07	11.26

资料来源：根据 2007 年《中国工业统计年报》提供的数据计算。表中行业依次为：H01、H19、H26 和 H37。

三、国际金融危机下引领中国地区增长的产业分析

虽然金融危机使东部工业增长受到冲击，但以省市为单位的工业经济，也出现了某些地区行业的快速增长，在这些行业的带领下，区域工业经济实现了比较快速增长的情况。确定在金融危机中，地区工业增长中的引领产业，并分析其特点，对于确立未来东部工业在全国的竞争优势，具有重要作用。

引领地区增长的行业应符合两个标准：①应是地区工业的支柱产业。支柱产业在地区工业中所占比重大，带动能力强，它们的增长方向决定了地区工业的增长势头，本部分将占地区工业总产值百分比大于 3%的行业确定为支柱产业。②地区支柱产业的增长速度不仅应大于地区工业的增长速度，而且还应大于全国工业的增长速度。金融危机中，东部工业的增长速度总体上低于全国工业的增长速度，因此，地区支柱产业的增长速度只有高于全国工业的增长速度，才有可能引领地区工业的增长速度处于全国前列。

1. 地区引领产业的数量及规模分析

在金融危机中，天津和山东工业表现出了比较强的抗跌能力，从表 29-7 看到，这两个地区支柱产业分别为 11 个和 13 个，而增长速度大于全国工业增长速度的行业分别达到了 8 个和 10 个，占地区工业总产值的百分比分别达到 61.39%和 56.95%。正因为大多数支柱产业的增长速度超过全国工业的增长速度，使得这两个地区对金融危机的抵抗能力较强。

北京、江苏、海南支柱产业的数量分别为 9 个、11 个和 8 个，2008 年在地区工业总产值中的百分比分别为 73.65%、75.83%和 80.17%，但高于全国工业增长速度的行业仅为 2 个、3 个和 1 个，占地区工业总产值的百分比仅为 11.40%、17.41%和 4.00%，绝大多数支柱产业的增长速度低于全国平均水平，制约了地区工业的增长速度。

外向度比较高的上海、浙江、福建、广东，支柱产业的数量分别为 10 个、14 个、12 个和 8 个，但高于全国工业增长速度的行业分别是 2 个、1 个、4 个和 0，它们占地区工业总产值的百分比，除福建为 20.56%外，其余三省市都小于 10%，分别为 8.20%、4.03%和 0。

这些地区绝大部分支柱产业的增长速度低于全国平均水平，由此造成了这些地区在金融危机期间增长速度下降较大，特别是广东，支柱产业的增长速度竟无一个高于全国工业的增长速度，高于地区工业增长速度的产业也仅有 4 个，这是广东工业在金融危机中增长速度大幅下降的重要原因。

表 29-7 **2008 年东部各地区支柱产业数量及增长速度对比**

		地区支柱产业（2007 年或 2008 年占工业总产值百分比大于 3%）			2008 年地区支柱产业增长速度大于地区工业增长速度，且大于全国工业增长速度的行业			2008 年地区支柱产业增长速度小于全国工业增长速度，但大于地区工业增长速度		
		个数	占地区工业总百分比（%）		个数	占地区工业总百分比（%）		个数	占地区工业总百分比（%）	
			2007 年	2008 年		2007 年	2008 年		2007 年	2008 年
第一类	天津	11	82.64	82.35	8	54.12	61.39	1	3.71	3.37
第二类	北京	9	76.02	73.65	2	9.68	11.40	4	29.09	30.66
	江苏	11	75.69	75.83	3	15.90	17.41	3	25.57	26.20
	山东	13	71.78	72.40	10	55.49	56.95	0	0.00	0.00
	海南	8	80.09	80.17	1	2.46	4.00	6	61.88	67.27
第三类	上海	10	77.14	77.76	2	5.95	8.20	4	23.89	24.90
	浙江	14	76.55	76.06	1	3.21	4.03	5	31.60	33.50
	福建	12	68.91	67.81	4	19.23	20.56	3	14.35	14.57
	广东	8	63.22	61.87	0	0.00	0.00	3	11.57	11.86

注：本表按现价计算，《河北经济年鉴》（2009）中，没有 2008 年河北工业 39 个行业工业总产值数据，故本表缺失河北相关数据，表 29-8 同此。

资料来源：2007 年数据来自于 2007 年《中国工业统计年报》，2008 年数据来自于相关省市上网年鉴数据。

2. 地区引领产业竞争力分析

从表 29-8 看到，东部各地区产业结构从行业方面来看具有相似性，但相似性的结构，在金融危机中的表现却大相径庭。

金融危机中，天津工业表现出了强劲的增长势头，这同其支柱产业的强劲带动密切相关。从表 29-8 看到，天津的支柱产业主要集中在能源及装备制造方面，而这些产业，其他省市也同样作为支柱产业存在，在同东部其他省市具有可比性[①] 的 10 个行业中，天津的化学原料及化学制品制造业、通用设备制造业、专用设备制造业以及电气机械及器材制造业 4 个行业的增长速度，在东部各省市同行业中居第一位；金属制品业的增长速度在东部各省市同行业中居第二位；交通运输设备制造业的增长速度，在东部各省市同行业中居第三位；黑色金属冶炼及压延加工业的增长速度在东部各省市同行业中居第四位。以上 7 个行业占地区工业总产值的百分比由 2007 年的 47.05%，上升到 2008 年的 53.17%。天津上述产业的竞争

① 本部分具有可比性的行业定义为：（1）三个以上省（市）同时具有该行业。（2）行业增长速度大于全国工业增长速度。

表 29-8　　2008 年东部主要省市支柱行业增长速度同全国工业增长速度之比

	天津	北京	江苏	山东	上海	浙江	福建	广东
石油和天然气开采业	1.58							
农副食品加工业				1.07			1.38	
纺织业			0.43	0.78		0.28	0.48	
纺织服装、鞋、帽制造业			0.46			0.39	0.91	
皮革、毛皮、羽毛（绒）及其制品						–0.07	1.03	
石油加工、炼焦及核燃料加工业	–0.81	1.00		1.22①	0.93			
化学原料及化学制品制造业	1.64①	–0.14	0.99	1.20②	0.58	0.93	0.64	0.84
化学纤维制造业						0.03		
塑料制品业						0.33	1.00	0.78
非金属矿物制品业				1.14②			0.71	0.95
黑色金属冶炼及压延加工业	1.04④	–0.10	0.88	1.10③	0.07	1.66	1.37	
有色金属冶炼及压延加工业			0.24	1.00①		–0.01		
金属制品业	1.09②		1.16		0.68	0.86		0.72
通用设备制造业	2.19①	0.70	0.99	1.45②	0.68	0.60		
专用设备制造业	4.92①	1.22		1.16④	1.67			
交通运输设备制造业	1.16③	0.36	1.55	1.19②	0.36	0.89	0.92	0.69
电气机械及器材制造业	1.28①	0.63	1.18	0.94	0.42	0.76	0.95	0.57
通信设备、计算机及其他电子设备制造业	–0.52	–0.41	0.72	1.13①	0.22	–0.24	0.34	0.59
电力、热力的生产和供应业	0.37	0.65	0.50	0.56	2.63	0.44	0.50	0.36

注：表中圆圈中的数字为：同其他省市同行业相比，增长速度排序。

资料来源：2007 年数据来自于 2007 年《中国工业统计年报》；2008 年数据来自于相关省市上网年鉴数据。

力明显高于东部其他省市的相关行业，这说明只有自身具备了较高的素质才能在竞争中处于不败地位，由此揭示出了天津工业增长势头之强劲的重要原因。

金融危机中，东部的电子及通信设备制造业受到较大冲击。天津该行业占地区工业总产值的百分比为 14.18%，虽然也受到较大影响，但由于能源及装备制造业发达，弥补了电子及通信设备制造业对天津工业的影响。而广东、北京、上海的电子及通信设备制造业，在工业总量中所占百分比分别高达 23.50%、22.91%和 20.97%，因而在金融危机到来时，这些地区经济受到的冲击较大。

山东工业在金融危机中也表现出了比较强的抗跌能力，这也同该省支柱产业的强劲带动密切相关。山东同东部其他省市具有可比性的行业有 12 个，其中石油加工、炼焦及核燃料加工业，有色金属冶炼及压延加工业、通信设备、计算机及其他电子设备制造业 3 个行业的增长速度，在东部各省市同行业中居第一位；化学原料及化学制品制造业、非金属矿物制品业、通用设备制造业、交通运输设备制造业 4 个行业的增长速度在东部各省市同行业中居第二位；黑色金属冶炼及压延加工业的增长速度在东部各省市同行业中居第三位；专用设备制造业在东部各省市同行业中居第四位。以上 12 个行业占地区工业总产值的百分比由 2007 年的 46.15%，上升到 2008 年的 47.56%。由此可见，金融危机中，山东支柱产业也具有较强的带动能力，但引领山东工业增长的产业虽数量多于天津，总体蕴藏的动能[①] 却小于天津，

---

① 本部分的动能可以这样理解：2007 年到 2008 年，天津可比性行业占工业总产值的百分比，由 47.05%上升到 53.17%，而山东则由 46.15%上升到 47.56%，由此看出天津工业增长的动能大于山东工业。

由此造成金融危机中，山东工业的增长速度低于天津，但高于东部其他地区。

东部各地区表面看似相同的产业结构，但产业的竞争力却差距较大，因此，提升产业的科技含量，对东部产业的持续、科学地发展意义重大。

四、后金融危机时代中国东部工业增长态势

1. 环渤海地区工业仍将保持快速增长势头

环渤海地区工业保持快速增长的基础，主要源自于天津和山东工业在金融危机中的出色表现，由于天津和山东的产业总量中外向型经济所占百分比比较适中，因而比较成功地解决了外向型经济和经济增长之间的关系；又由于天津和山东的产业结构经历金融危机的考验，证明是一种具有较强竞争力的产业结构，因而为它们的后续发展提供了比较坚实的基础。从表 29-9 中看到，2010 年 1~4 月，天津和山东工业增加值的增长速度，仍位于东部第一、第二位，表明了上述两个地区的工业具有极大的增长活力。

环渤海地区的河北省，由于钢铁工业及其上下游产业在工业总量中所占百分比较大，因此，钢铁工业将是决定河北省工业增长的重要产业，由于未来铁矿石进口价格的不断上涨和国内对房地产市场的调控，钢铁工业的增长速度将有所放缓，但仍将保持适度的发展速度，这就决定了河北省工业仍可以保持其 2009 年以来的增长势头。

北京的工业增长一直以来低于全国工业的增长速度，但随着近年来工业结构的不断调整，以汽车工业、电子信息工业、机电工业为龙头的工业经济将焕发出新的活力。

表 29-9　　2010 年 1~4 月各地区工业增加值增长速度

单位：%

地 区	比上年同期增长	
	本　月	累　计
全国总计	17.8	19.1
北京	20.4	19.8
天津	25.5	29.6
河北	24.6	22.1
上海	24.4	27.4
江苏	15.3	20.4
浙江	19.8	21.6
福建	23.1	23.6
山东	19.1	20.9
广东	20.2	17.6
海南	33.4	19.3

资料来源：国家统计局网站。

综上所述，未来环渤海地区将保持以天津和山东为龙头，以河北和北京为补充的强劲增长态势。

2. 长江三角洲和珠江三角洲工业将实现恢复性增长

纺织业、通信设备计算机及其他电子设备制造业、电气机械及器材制造业和交通运输设备制造业的出口及国内需求决定了长江三角洲和珠江三角洲的工业增长速度。从国内看，随着基本建设投资的持续投入和上调纺织品、服装、机电产品出口退税率、鼓励小排量轿车、家电下乡以及家电以旧换新等政策的刺激，地处长江三角洲和珠江三角洲的各省市在2009年第三、第四季度已先后走出了低谷，随着国家政策的持续，这些地区的工业增长仍将获得持续保障。从国际看，随着世界经济环境的改善，全球制造业企稳复苏，以及信贷系统的逐步恢复，对机电产品、纺织产品的需求有所释放，也将拉动东南沿海地区工业实现恢复性增长。从表29-10看到，2010年4月，东南沿海省市工业的增长速度均已超过全国工业的增长速度，预示着长江三角洲和珠江三角洲地区工业经济增长的光明前景。

3. 东部工业增长仍面临着严峻的形势

从国际看，国际市场的不稳定性，使东部出口面临着巨大的不确定性。由希腊债务危机导致的欧盟经济恢复受阻，是阻碍全球经济复苏的最大挑战。欧盟、美国和日本是中国产品的主要出口市场，欧元能否经受住其有生以来最严峻的考验，决定着中国未来的出口能否顺利进入上述地区，进而决定着东部工业的增长前景。

从国内看，依靠政策刺激而恢复的工业增长，自主创新能力没有实质的提高，如果国家取消或减弱政策刺激的力度，东部工业的增长也将面临着威胁。

由此可见，虽然2010年以来东部各地区已相继走出经济增长的低谷，实现了比较快速的增长，但如果在自主创新、优化产业结构方面没有本质的提升，东部工业的增长态势仍将十分严峻。

五、国际金融危机后中国东部工业发展的对策

本次金融危机中，东部工业的增长过程，为东部未来工业的发展，提供了很好的借鉴，指明了方向。

1. 产业发展应切实遵循科学发展观

东部工业增长自20世纪90年代以来，在投资、出口、消费三因素中，主要是依靠投资

和出口的拉动，在出口受阻、消费水平不足以迅速支撑经济增长的情况下，扩大投资规模、上项目，显然将成为拉动东部工业增长的必不可少的手段。面对产业核心技术的缺失，量的增长显然比质的提高更容易做到，重化工业、钢铁工业具有投资规模大、产值高的特点，对拉升 GDP 能产生显著的效果，有迹象表明，新的一轮经济增长中，它们仍将成为东部许多地区重点发展的产业，但如果缺乏核心技术，沿海石化工业、钢铁工业的过度聚集，有可能在下一次危机到来时，再现电子信息产业需求受阻，从而对东部经济产生重大影响的过程。

东部工业的科学发展，应体现出对全国工业的引领作用，特别是在产业选择的理念方面，应成为全国的示范。金融危机应作为东部产业发展的转折点，未来产业的选择应以科学性为基础，产业的创新能力、核心技术的掌握应成为产业选择的重要导向，对于高产值、高污染、高能耗的产业，理论上应禁止发展，在实际发展中应控制总量，限制发展。

2. 将产业结构的高度化作为工业发展的第一要务

产业结构的高度化，对抵抗金融危机具有决定性作用。天津工业对金融危机的化解能力在沿海地区独树一帜，这是天津多年来不懈努力，狠抓机遇的结果。从摩托罗拉手机项目到金融危机前 A320 空客项目、运载火箭项目等高科技产业相继落户天津，再到 2009 年“天河一号”小系统在国家级超级计算天津中心投入运营，为天津市乃至环渤海地区的生物制药、新能源新材料、航空航天装备研制等新兴产业服务，继而到 2010 年年底“天河一号”全面部署完毕后，天津将成为中国首个具有千万亿次计算能力的区域，形成年产值 100 亿元以上的信息产业集群。所有这些项目，是天津实现产业结构高度化中具有决定意义的重要步骤，这些项目的发展，不仅促进了产业的发展，而且还带来了人才的聚集，天津已牢牢占据了环渤海地区产业的高端，为天津未来至少 10 年内的发展打下了坚实的基础。沿海省市如果在产业结构高度化方面做出调整，将有力提升沿海产业抵抗风险的能力。

3. 合理调控外向型支柱产业在经济中所占的比重

本次金融危机充分揭示了外向型经济在促进中国经济发展中具有的二重性，一方面，中国的经济发展离不开外向型经济，但另一方面，外向型经济比重过高，将使经济抵御外来风险的能力不断降低。因此，调控外向型经济在区域经济中所占的比重，对东部地区未来经济的持续发展至关重要。根据本章前面的分析，为使东部经济健康发展，外向型经济在地区工业中最适度的范围应是：第一，区域工业的出口依存度总体上应在 30%以下；第二，作为外向型的区域支柱产业（出口依存度大于 30%），单一产业在工业总产值中所占的比重应在 20%以下。

4. 提升支柱产业的抗风险能力

提升支柱产业的抗风险能力，应从以下两方面入手：

（1）支柱产业必须有合理的利润空间。以电子信息产业为例，过去的发展中，东南沿海地区走过的是一条通过大规模的产业集聚，降低生产成本，微利多销的发展路径。沿海省市的通信设备、计算机及其他电子设备制造业4%左右的利润（见表29–10），同这一行业抗风险能力的低下密切相关。金融危机的实践证明，这一发展思路在未来的发展中，一定要做出调整。

表29–10　2007年东部若干行业产值利润率对比

单位：%

	通信设备、计算机及其他电子设备制造业	交通运输设备制造业	通用设备制造业	专用设备制造业	仪器仪表及文化、办公用机械制造业
北京	4.41	4.20	8.35	9.47	14.15
天津	3.31	7.10	9.77	10.13	5.70
河北	7.43	5.64	7.85	7.08	10.87
上海	1.81	10.10	6.76	7.05	10.46
江苏	4.11	5.70	6.37	7.78	6.14
浙江	4.51	6.16	6.45	7.14	5.88
福建	5.96	6.91	7.67	8.08	7.02
山东	3.55	5.59	6.19	6.45	6.79
广东	3.62	9.50	4.97	7.54	3.75
海南	9.73	7.99	—	9.85	—

资料来源：根据2007年《中国工业统计年报》提供的数据计算。

（2）将创新能力作为持续发展的首要条件。随着信息化在工业生产中应用的逐步深入，产品更新换代速度在不断加快，产业发展中完全的拿来主义，面对产品和技术的快速更新换代，将面临被迅速淘汰的风险。东部工业在引进国际上先进的生产设备的同时，应重点加强技术引进的力度，同时应着重自我创新能力的培育，只有这样才能使东部工业具有比较强的抗风险能力。

5. 单一产业的集聚应适度

产业的集聚可以带来生产成本的下降，但在以信息技术为核心的产业链经济时代，这一发展方式将隐藏着风险，一个地区不可能具有产业链的所有环节，而只能侧重在产业链的某些环节。当产业链上若干环节的需求断裂时，原先的规模优势有可能转换为庞大的产能过剩，加之有限的利润空间，企业的发展必然难以为继。因此，客观认识单一产业，特别是单一产品在某地大规模集聚所带来的风险，对于东部工业的发展具有重要意义。

专栏 29—1

福建省 2009 年工业经济发展情况分析

1. 工业经济运行的总体态势

(1) 工业生产稳步增长。2009 年，福建省规模以上工业企业完成增加值 4585.23 亿元，比上年增长 13.0%，增幅比全国平均水平高 2.0 个百分点，居全国各省市第 18 位；增幅比 1~3 月、1~6 月、1~9 月分别提高 8.9 个、7.2 个和 3.9 个百分点。

从行业看：全省 37 个工业大类行业全部实现增长，其中有 25 个行业实现两位数增长，三大主导产业完成工业增加值 1569.03 亿元，增长 11.4%。石化产业全年完成增加值 455.48 亿元，同比增长 18.7%，增幅比上年提高 6.6 个百分点。电子信息业受产品价格、家电下乡政策、国际市场需求有所恢复、上年基数较低等因素作用下，全年增幅波动较大，全年完成工业增加值 385.18 亿元，增长 12.0%，增幅比上年回落 4.7 个百分点。机械装备业全年完成工业增加值 728.37 亿元，增长 6.9%，增幅比上年回落 13.5 个百分点。

(2) 产销衔接较好、出口降幅收窄。从工业品产销衔接看，全年规模以上工业产销率达 97.42%，比上年提高 0.09 个百分点，继续保持在 97%以上的好水平，其中 2009 年 12 月产销率达 98.99%，是近来少有的好水平。

工业品出口从 2009 年 9 月份开始扭转下降态势，逐渐稳步增长，全年规模以上工业出口交货值 3787.99 亿元，比上年下降 4.1%，其中 11 月、12 月受国际市场回暖和上年同期基数较低等因素作用下，出口交货值增幅出现较大幅度反弹，分别增长 17.1%和 30.1%，比上年同月增幅高出 24.4 个和 44.5 个百分点。

2. 支撑工业经济企稳回升的主要因素

(1) 科学有力的政策举措是工业稳步回升的保障。面对国际金融危机的不利影响，福建省委、省政府根据福建实际情况，认真贯彻中共中央、国务院关于保增长、保民生、保稳定的一系列政策举措，为国际金融危机背景下全省工业经济实现平稳较快增长提供了坚强的保障。

(2) 适度宽松的货币政策是工业经济企稳回升的核心要素。国家实施适度宽松的货币政策，金融机构为加大工业贷款创造条件，2009 年年底，全省金融机构对工业企业贷款余额为 3587.86 亿元，比年初新增贷款 706.25 亿元，贷款的增加在一定程度上缓解工业企业流动资金紧张的状况，企业经营困境得到了有效的缓和，增强了企业家渡过难关的信心，调动了工业企业生产的积极性。

(3) 内需拉动是工业企稳回升的动力。一方面，国家通过对医疗、教育、住房等一系列关系民生的重大政策制度的调整，推动国内市场消费；另一方面，通过鼓励小排量汽车消费、家电下乡等措施，扩大消费领域为工业增长注入源源不断的动力。

续专栏 29—1

（4）经营成本的减少为企业生产注入生机。2009 年，原材料价格和工业品出厂价格同比分别下降 6.8%和 4.5%，原材料价格降幅比工业品出厂价格降幅大 2.3 个百分点，原材料价格较大幅度下降减轻了企业生产经营成本压力，全年规模以上工业主营业务成本占主营业务收入的 86.2%，比上年下降 1.0 个百分点。2009 年以来我国连续多次大规模上调纺织品、服装等传统劳动密集型产品和技术含量、附加值高的机电产品出口退税率，在较大程度上减轻了工业企业税负，拓宽了企业利润空间。成本费用利润率达到 5.18%，比上年提高了 0.99 个百分点，增强了企业家生产的信心。

资料来源：根据 2010 年 3 月 19 日福建省统计局《工业生产稳步增长，经济效益持续回升》改写。

参考文献

卢福财、秦川：《中国工业改革发展 30 年：1978~2008》，《当代财经》2008 年第 8 期。

许宪春：《全面认识 2009 年中国的经济增长》，中国经济网，http：//www.ce.cn，2010 年 2 月 23 日。

江苏省统计局：《江苏工业先抑后扬 发展态势企稳回升》，http：//www.jssb.gov.cn，2009 年 10 月 23 日。

浙江统计信息网：《浙江工业或已跨跃复苏早期阶段》，http：//tjj.zj.gov.cn/，2009 年 10 月 26 日。

第三十章　中国中部地区的工业经济态势

提　要

国际金融危机背景下，中部地区工业发展环境总体比较有利，机遇大于挑战。在新的发展阶段，中部地区工业发展呈现出一些新的特征：①工业发展速度较快，对经济增长的拉动作用强劲。②工业占全国比重不断上升，工业效益明显提升。③工业投资保持快速增长，投资结构明显优化。④工业结构调整步伐加快，优势特色产业发展壮大。⑤自主创新能力不断增强，高新技术产业发展迅速。⑥工业品出口呈恢复性增长，出口结构不断升级。⑦工业集聚效应明显，对周边的带动和辐射作用加强。同时，金融危机也暴露出中部地区工业发展中长期存在的一些问题，比如工业结构缺陷明显、产业升级压力大，工业增长方式粗放，制造业竞争力不强、工业产品市场占有率低等。后金融危机时代，中部地区最重要的是如何抓住机遇，加快发展方式转变，继续保持工业平稳较快发展。为此，要认真落实和完善中部崛起的相关政策，积极承接东部地区产业转移，加快产业结构调整升级，加快重点地区和城市群建设，加快现代物流体系和现代市场体系建设以及加强生态建设和环境保护力度。

*　　　　*　　　　*

国际金融危机对中国地区工业发展格局产生了深远影响。与东部地区相比，中部地区工业主要以内需为主，受金融危机的影响相对较小，中央应对危机的“一揽子”计划和措施，在中部地区也起到了非常明显的作用。随着中部崛起战略的深入实施，中部地区工业发展进入了一个前所未有的机遇期，但同时，一些长期积累的深层次、结构性问题正日益成为制约长远发展的重要因素。如何抓住机遇，保持工业持续快速发展，将是后金融危机时代中部地区面临的主要任务。

一、国际金融危机下中国中部地区工业发展环境分析

1. 金融危机使中部地区工业发展获得了机遇

（1）金融危机给中部地区的发展带来了新机遇。首先，中央为应对危机，大力实施 4 万亿元的两年投资计划，重点投向民生工程、节能环保、基础设施、科技创新等领域，将有利于解决长期困扰中部地区经济发展的问题。其次，国家实施产业振兴规划和中长期科技发展规划纲要，也给中部地区转变发展方式和调整产业结构带来了机遇。最后，中部地区是全国主要劳动力输出地区之一，据统计，仅湖北每年外出务工农民就高达 700 万人，主要集中在珠江三角洲和长江三角洲地区。金融危机导致大量劳动力回流，可以解决中部地区企业用工难问题。随着全球经济复苏迹象开始出现，中国宏观经济总体运行将继续上升，也为中部地区发展提供了良好的外部环境。

（2）金融危机加速了国家开发中西部地区的力度。随着 2008 年武汉城市圈、长株潭城市群“两型社会”综合配套改革试验区建设的启动，2009 年，《促进中部地区崛起规划》的通过实施，国家支持中部崛起将进入实质性操作阶段。中部地区“三个基地、一个枢纽”建设将进一步加快，国家将集中政策、资源、资金从八个方面力促中部崛起发展战略向纵深推进，不断加大对中部地区的投入力度。国家还将支持中部地区城市群建设、老工业基地振兴和资源型城市转型、县域经济发展、革命老区、民族地区和贫困地区发展，中部地区将成为国家战略层面鼓励和支持的重点发展区域。

（3）金融危机加快了外商投资和东部地区产业向中部地区转移的步伐。中部地区处于内需市场的腹地，承接产业转移的物流成本相对较低，成为外商投资和东部劳动密集型产业转移的首选地。中部六省近几年大量投资都来自海外及东部沿海地区，特别是江西、安徽更为突出。自 2008 年以来，沿海地区的产业转移呈现出加速态势，沿海产业资本正成为支撑中部地区经济发展的新动力。以安徽为例，1000 万元以上项目中，来自长江三角洲的投资已经超过 60%。随着中部地区基础设施、产业配套能力和政策环境的不断完善，以及国家《促进中部地区崛起规划》的实施，中部地区的对内对外开放力度将进一步加快，承接东部和境外产业转移的能力将不断增强。

2. 中部地区工业发展面临新挑战

（1）内需不足和外需乏力的双重挑战。在内需方面，尽管各地家电下乡、汽车下乡、提高城镇低收入群体补贴、推进农村养老保险和医疗体制改革等“促消费”组合政策的出台，有效地带动了城乡居民消费，但居民收入持续增长难度加大，消费增长后劲不足。以河南省

为例，2009 年第一至三季度，全省农民人均现金收入各季度累计增速分别为 12%、8.9%和 9.4%，前三个季度增速同比下降幅度达 12.9 个百分点，降幅是城镇居民的两倍。总体上，城乡居民收入增长仍未跟上经济回升步伐。在外需方面，尽管目前全球经济出现复苏迹象，但金融危机调整不会在短期内结束，部分发达经济体的消费模式正在改变，同时，金融危机也使得贸易保护主义加剧，贸易摩擦急剧增多，中部地区面临的外部需求短期内难以恢复，外需增长仍然乏力，外需对中部地区经济增长的贡献率一直为负。

（2）区域竞争将更加激烈。由于中部各省产业结构层次普遍不高，重化工业比重较大，对资源性行业依赖较大，产业结构同构、重复建设现象非常突出。因此，在金融危机背景下，对外来资本的争夺会更加激烈，特别是承接东部地区的产业转移，各省间或省内城市间的竞争也会越来越激烈。

总的来说，国际金融危机使中部地区工业发展面临了许多新的机遇，工业发展进入了一个新的阶段。

二、中国中部地区工业发展的主要态势

在这一新的发展阶段，中部地区工业发展呈现出了一些新的特征：

1. 工业发展速度较快，对经济增长的拉动作用强劲

近年来，由于中部崛起战略的实施以及东部地区产业转移趋势的加快，有效地增强了中部地区抵御冲击和规避风险的能力。因此，在这次金融危机的冲击下，工业增加值始终保持较高的增长速度，工业化进程不断加快。受金融危机影响，山西省的工业增加值的增长速度从 2008 年 10 月的–9.9%下降到 11 月的–24.5%，直到 2009 年的上半年一直呈两位数的负增长态势，2009 年下半年才开始止跌回升，但由于受煤炭、焦炭及冶电产品需求和价格的急剧波动影响，工业仍呈负增长。其余除河南省自 2008 年 10 月份以后增速持续低于两位数增长外，安徽、江西、湖北、湖南的工业增加值基本保持了两位数的增长（见图 30–1）。

工业对经济增长的拉动作用仍然十分强劲。2008 年，湖北规模以上工业对经济增长的贡献达到 54.9%，安徽超过 60%。优势能源、原材料行业有力地支撑了工业的快速增长。湖北的石油、煤炭、建材和钢铁行业增速均超过规模工业增速；河南的农产品加工、有色、电力、煤炭和水泥五大支柱产业对规模以上工业增长的贡献达到 38%；安徽省的钢铁、煤炭和电力三大行业对工业增长的贡献超过三成。

从具体行业的情况来看，与扩大内需政策直接相关的行业均保持较高增长。安徽省 37 个工业行业增加值全部增长，其中电气机械及器材制造业增长 32.2%，交通运输设备制造业增长 44.3%，专用设备制造业增长 41%，农副食品加工业增长 32.2%，非金属矿物制品业增长 26.2%，化学原料及化学制品业增长 19%，电力、热力的生产和供应业增长 19.4%。河南

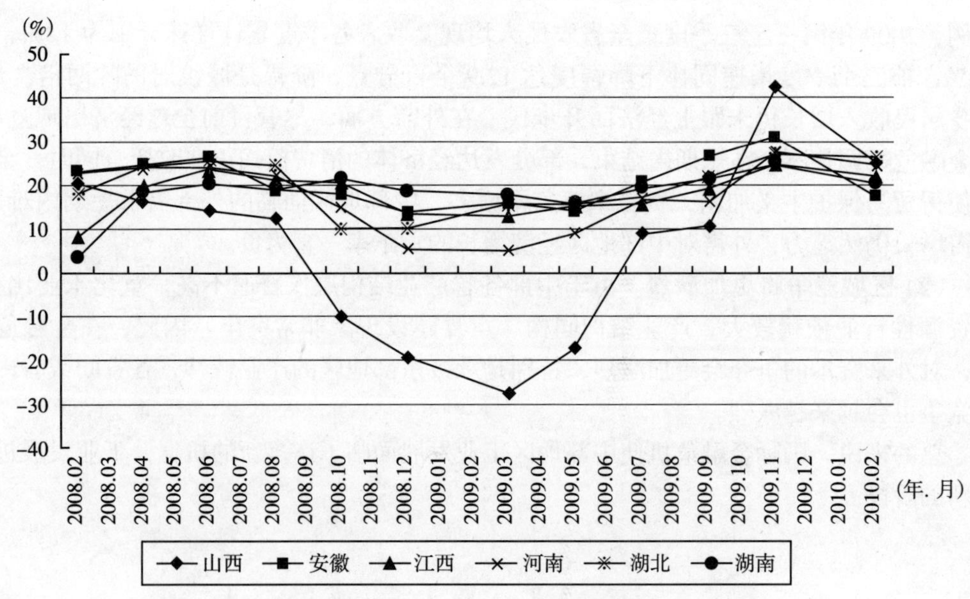

图 30-1 国际金融危机下中部六省工业增加值增速变化情况

资料来源：中国统计数据应用支持系统。

省规模以上工业 38 个大类中，前十大行业的增速为：非金属矿物制品业比上年增长 20.7%，煤炭开采和洗选业增长 11.9%，农副食品加工业增长 9.6%，电力、热力的生产和供应业增长 3.9%，黑色金属冶炼及压延加工业增长 13.7%，有色金属冶炼及压延加工业增长 9.9%，通用设备制造业增长 19.8%，化学原料及化学制品制造业增长 14.9%，专用设备制造业增长 15.9%，纺织业增长 10.4%。湖南出台了《关于促进工业企业平稳较快发展的若干意见》，制定了 12 个重点产业振兴实施规划，拉动作用明显。对规模工业增长贡献居前 5 位的行业中，专用设备制造业、农副食品加工业、非金属矿物制品业、化学原料及化学制品制造业和交通运输设备制造业增加值分别增长 37.1%、28.7%、29.8%、16.8%和 33.4%。

2. 工业占全国比重不断上升，工业效益明显提升

近年来，中部地区工业总产值占全国的比重也在逐年上升。2008 年，中部六省规模以上工业总产值占全国的比重为 15.9%，高于 2006 年 2 个百分比；2009 年，受国家宏观政策的影响，这个比重继续上升。中部地区的工业发展与东部地区和全国的差距呈不断缩小的趋势。

工业效益大幅提升，工业运行质量显著提高。2009 年，湖北省规模以上工业增加值增速高于全国平均水平 9.1 个百分点。工业经济效益逐步好转，工业企业实现利润增长 25.2%，亏损企业亏损额下降 22.8%；湖南省规模工业实现增加值 4250.1 亿元，增长 20.5%，效益稳步提高，产品销售率 98.4%；实现利润 571.9 亿元，增长 46.1%。

3. 工业投资保持快速增长，投资结构明显优化

自2004年起，中部六省固定资产投资一直保持30%的增速，增长速度持续超过东部地区，在全国所占份额明显增加。自2008年年底国家推出的4万亿元投资计划以来，各省积极争取国家投资，加大财政投入力度，积极推进交通基础设施、公共建设工程等项目建设，有力地支撑了经济增长，为中部崛起打下了坚实基础。

近年来，中部各省投资结构也在不断优化。2009年，安徽省工业投资增长33.1%，其中制造业投资增长44.2%，六大高耗能行业投资增长15.2%。湖南省工业投资增长38.4%，占城镇固定资产投资的40.1%；民生工程投资292.51亿元，增长46.3%；生态环境投资240亿元，增长140.3%；基础设施投资2154.17亿元，增长40.8%。江西省工业投资增长40.7%，其中制造业投资增长36.4%，增长较大的几个行业分别是：电力、燃气及水的生产和供应业增长85.9%；通信设备、计算机及其他电子设备制造业增长65.8%；化学原料及化学制品制造业增长59.3%；电气机械及器材制造业增长45.4%；非金属矿物制品业增长34.8%；有色金属冶炼及压延加工业增长12.3%。

投资重点开始转向以现代制造业和高新技术产业为主。2008年，湖北的通用设备、交通运输设备、电气机械和通信设备等先进制造业投资增速均超过50%；湖南的装备制造业和高新技术产业投资增速均超过40%；安徽的交通设备、专用设备、医药制造、通用设备等符合国家产业政策的行业投资增速均在50%以上。

4. 工业结构调整步伐加快，优势特色产业发展壮大

中部各省加快产业结构调整优化。比如湖北省制订并落实十大重点产业调整和振兴实施方案。电子信息、汽车、钢铁、石化、食品、纺织六大支柱产业进一步壮大，工业内部结构继续改善，全省高新技术产业实现增加值1331亿元，增长20.5%，占全省生产总值的比重达到10.4%。

中部各省在巩固和加强传统优势资源产业的同时，进一步加大力度培育新兴产业。一是延长优势资源深加工链条。山西、河南和安徽充分利用煤炭资源优势，大力发展煤化工产业。二是瞄准新兴前沿产业。在江西，光伏产业将成为江西继钢铁、有色金属后的第三个千亿元产业。在湖北，完整的光伏产业链已经基本形成，并在“光谷”之后着力打造“生物谷”，预计到2020年，生物产业产值将达到1300亿元。在湖南，长沙的生物产业也已经初具规模，到2015年，将实现销售收入800亿元，同时还将建成全球最大的汽车电池生产基地。

中部各省还将循环经济产业、环保产业和其他一些具有地方特色的产业作为发展重点，积极调整产业结构，增强经济发展后劲。比如山西省制定实施十大产业调整振兴规划及28个子行业实施方案，煤炭、焦化、冶金、电力四大传统支柱产业不断优化，淘汰落后产能步伐明显加快；装备制造、现代煤化工、新型材料、食品工业四大新兴产业逐步壮大，特别是装备制造业成效显著，太原长安重型汽车基地落成，大运重卡项目正式投产，首套国产千万

吨级矿井综采装备试验成功，动车轮对总成国产化基地加速推进。

5. 自主创新能力不断增强，高新技术产业发展迅速

近年来，中部地区发挥科技优势，加强自主创新能力建设。如湖北省，东湖高新区获批创建国家自主创新示范区；武汉市成为国家创新型试点城市和综合性国家高技术产业基地；成功举办产学研合作项目洽谈会，促进科技成果产业化；加大传统行业技术改造力度，全年完成技改投资 1473 亿元，增长 49.3%，高出全社会固定资产增幅 7.7 个百分点；设立“长江质量奖”，推进品牌建设，湖北制造业质量竞争力指数位居中部之首。

江西省制定并实施了科技创新“六个一”工程和十大战略性新兴产业发展规划。新余市成功申报国家新能源科技示范城，鹰潭市成功申报国家铜产业创新示范区；南昌大学、昌飞公司等 7 家单位被授予国家国际科技合作基地。铜冶炼和光伏 2 个国家工程技术研究中心获得国家批准；景德镇国家日用及建筑陶瓷工程技术研究中心、赣州国家钨与稀土产品质量检测中心通过验收；新组建 41 个优势科技创新团队。启动光伏、半导体照明、油茶产业 3 个重大科技专项，基本形成了以多晶硅料、多晶硅片、太阳能电池及太阳能应用产品为主的光伏产业链和具有原创知识产权的 LED 半导体照明技术产业链。新启动的 32 个科技成果产业化项目已有 12 个实现投产。高新技术产业增加值增长 24.2%，占规模以上工业的 23.5%。

湖南省大力推进区域创新基础能力建设及重大科技专项，2009 年，新建 3 个国家级、31 个省级工程（技术）研究中心，4 个国家级、17 个省级重点（工程）实验室，2 个国家技术创新服务平台，5 个国家级、16 个省级企业技术中心，7 个省高新技术产业研究院；中科院湖南技术转移中心启动运转。湖南省全年共取得国家科技成果奖 30 项，居全国第三位；完成省级及以上新产品开发项目 2841 项，增长 116%；专利申请量和授权量分别为 1.6 万件和 8309 件，分别增长 13.8%和 35.5%；成功研制“天河一号”千万亿次超级计算机系统；超级杂交稻第三期亩产 900 公斤目标取得重大进展。轨道交通高速机车变流技术形成优势。新增中国驰名商标 15 件。大功率机车、高压电抗器、220 吨电动轮自卸车等具有行业领先水平的新产品成功投产。

6. 工业品出口呈恢复性增长，出口结构不断升级

受金融危机影响，中部地区的工业品出口持续低迷，但出口结构在不断升级，机电产品和高技术产品出口加速增长。2008 年 1~8 月，湖北省机电产品和高技术产品出口分别增长 60.2%和 72.8%，两项出口已经占到出口总额的 63.9%。湖南的机电产品出口增速达到 59.7%，其中机械设备出口增速更是高达 116.1%。安徽的高新技术产品和机电产品出口分别增长 60.4%和 39.1%，在出口中所占比重达到 57.8%。2010 年 1 月，中部地区的外贸出口呈现恢复性增长，其中湖南省机电产品出口 1.6 亿美元，同比增长 18.4%，但出口规模仍比 2008 年同期 1.8 亿美元少 2300 万美元；进口 1.6 亿美元，同比增长 22.8%，进口规模比 2008 年同期多 4600 多万美元。湖南省高新技术产品进出口继续保持增长，其中出口 2868 万美元，同比增长 52.4%，出口额比 2008 年同期多 884 万美元；进口 3116 万美元，同比增

长 7.7%，进口规模是 2008 年同期的 2 倍多。

在金融危机背景下，中部地区积极实施“引进来”和“走出去”战略，全方位参与产业价值链重构。在“引进来”方面，湖南省华菱与安赛乐·米塔尔开展战略合作，成功引进了电工钢、汽车板、不锈钢等六项关键技术，大大增强了企业核心竞争力。湖北省在富士康、中芯国际等一批引进企业的带动下，外贸出口呈现出跨越式发展态势。在“走出去”方面，中部地区积极支持企业扩大对外投资，构建海外服务营销网络，开展境外资源勘探开发与农业开发，实施优质资产并购和技术研发，取得了一定的成果。湖南省的中联重科并购世界混凝土机械行业排名第三的意大利 CIFA 公司，一跃成为世界最大的混凝土工程机械制造供应商；华菱集团成功收购澳大利亚矿业公司 FMG 股权，为高品质钢材生产提供了原料保障；三一重工在德国建设研发中心及制造基地。安徽省的奇瑞、江汽、丰原、长江精工钢、宁国中鼎等一批企业在境外投资建设生产加工基地及研发中心，或致力于拓展国际市场，兴办境外营销网络。2009 年，湖北省对外投资合作逆势上扬，对外承包工程和劳务合作完成营业额 26.3 亿美元，增长 73.1%，累计在全球 41 个国家和地区设立经营机构和创办企业 137 家，对外直接投资总额 4.2 亿美元。安徽省对外承包工程和劳务合作营业额增长 33.4%，对外投资拓展到 44 个国家和地区，在海外资源开发勘探方面迈出新步伐。

7. 工业集聚效应明显，对周边的带动和辐射作用加强

中部地区的工业布局相对集中，工业向重点地区和工业园区集聚的趋势十分明显。近年来，中部地区城市化进程的加快，对工业的拉动作用也十分明显。以两个试验区为例，武汉城市圈总面积占湖北省的 31.1%，人口占湖北省的 51.2%，是湖北省经济发展的核心区域。2008 年，实现地区生产总值 6972.11 亿元，增长 14.8%，占湖北省生产总值的 61.5%，所占比重较上年提高 0.6 个百分点。长株潭城市群总面积占湖南省的 29.7%，人口占湖南省的 39.3%，在湖南省经济社会发展中扮演着核心角色，2008 年实现地区生产总值 4565.31 亿元，占湖南全省生产总值的 40.9%。两个试验区在中部地区具有独特的地位和功能，将成为中国中部地区新的增长极。

三、中国中部地区工业发展面临的突出问题

金融危机也暴露出中部地区工业发展中长期存在的一些问题。主要表现为：

1. 工业结构缺陷明显，产业升级压力大

目前，中部地区的工业化水平还比较低，工业发展的结构缺陷明显，工业增长仍然主要依赖资源性产业，能源原材料产业所占比重大，高新技术产业和先进制造业发展严重不足。

在中部各省比重前五位的行业，基本上以能源、钢铁、有色、化工等行业为主。电力、钢铁在六省均是支柱产业，除湖北省和安徽省外，其余四省前五位的产业几乎都是资源性产业。就河南省而言，能源原材料工业增加值占全省工业增加值60%，规模以上高新技术产业占全省规模以上工业企业增加值比重仅为18.8%。在新形势下，这样的产业层次不仅难以适应竞争的需要，而且直接影响到经济的可持续发展。

在这次金融危机中，山西省是中部地区受金融危机影响最大的省份，其受影响的程度甚至超过广东、上海、浙江等以外向型经济为主的省市，其主要原因在于资源型省区产业结构比较单一，抵御市场风险的能力比较差，如山西省重工业占全省工业比重达95.55%，煤炭、焦炭、冶金、电力四大支柱产业占全省工业的比重超过84%。在金融危机冲击下，沿海地区经济减速导致对能源与初级产品的需求下滑，进而导致基础原材料市场供求发生大逆转，价格大幅下跌。进入2008年下半年，受国际经济形势变化和国内经济增长趋缓影响，基础原材料价格大幅下跌。价格的大幅下降导致企业的大面积减产或停产。到2008年年底，山西省全省规模以上企业停产达到1771户，比上年同期增加815户，占全省规模以上企业39.2%；加上半停产企业，估计全省停产、半停产企业在50%以上，全省中小企业已有8000多家停产、半停产，约占总数的10%。伴随着企业停产、减产，工业企业用电量增幅出现负增长（–4.57%），全年工业企业用电量达到1102.75亿千瓦时，比上年同期下降29.82个百分点。2009年中部地区工业增长开始回升，但仍然主要依靠传统产业的拉动，新兴产业、高技术产业对经济的支撑作用不强。在“保增长”的目标下，一些高投入、高消耗、高污染、低水平、低产出、低效益的项目以及落后产能项目出现“搭便车”现象，钢铁、水泥、电解铝、平板玻璃等部分行业产能过剩问题突出，产业结构升级压力加大。

2. 工业增长方式粗放，节能减排压力大

中部地区高耗能产业比重大、资源消耗总量大、污染物排放量大的问题比较突出，因此，维护生态环境安全将成为实施中部地区崛起规划的前提要求。中部地区并不是一个能源相对充裕的地区。从煤炭储量来看，全国已探明的保有煤炭储量为10000亿吨，中部地区除山西（约3300亿吨）、河南（880亿吨）、安徽（890亿吨）三省的煤炭资源较为丰富以外，其余三省为江西（14亿吨）、湖北（12亿吨）、湖南（34亿吨）属贫煤省份，煤炭储量只占全国煤炭储总量的0.12%~0.34%。此外，中部地区由于过去对煤炭的过度开发，剩余煤炭储量已降至较低水平，以山西省为例，2006年山西省探明的剩余煤炭储量仅为76亿吨。最新的一次油气勘测表明，中部地区探明石油可采资源为3.4亿吨，仅占全国油气可开采总量的1/20。然而，中部地区单位GDP能耗普遍偏高，经济社会发展对能源的依赖性较强。2008年，中部地区单位GDP能耗比全国平均水平高13%，比东部地区高近50%；二氧化硫排放量占全国的1/3。从各省的数据来看，山西省单位GDP能耗为2.55吨标准煤/万元，安徽省为1.08，江西省为0.93，河南省为1.22，湖北省为1.31，湖南省为1.23，虽然都较2007年有所下降，但根据《促进中部地区崛起规划》明确要求，在2008年的基础上，2015年中部地区万元地区生产总值能耗将累计下降25%，万元工业增加值用水量累计减少30%。从现实条件看，中部各省以能源资源型为主的产业结构短期内难以改变，能源消耗和污染物

排放还会刚性增加，因此，完成国家节能减排目标，实现可持续发展难度较大。

3. 制造业竞争力不强，市场占有率低

中部地区的制造业竞争力不强，占领国际国内市场步履维艰。中部地区起步相对较晚，开放意识不强和开放程度不高，产业结构层次偏低，优势产业大多处于产业链的前端和价值链的低端，产品附加值较低。中部六省主要支柱产业普遍存在着企业规模较小、产业集中度不高、技术层次较低、自主创新能力不强、技术创新不够、产品技术含量低、缺乏市场竞争力等问题，这样就导致中部地区许多产品市场开拓能力不强、市场占有率低。2008 年中部地区经济外向度仅为 9%，远远低于全国水平。在金融危机背景下，面对全球经济一体化浪潮的巨大冲击，面对国际贸易保护主义的抬头，市场竞争越来越激烈，实施新的突围，抢占新的市场将变得越来越艰难。

4. 城市化水平低，制约了工业发展

新型工业化道路就是将工业化与城市化结合起来。一般来说，城市化是由工业化来推进的，工业化的过程同时也就是城市化的过程。另外，城市化是工业化的载体，对工业化也有反作用。工业化与城市化之间的关系可形象地称为“发动机”与“加速器”的关系。目前，中部地区城市化水平较低，也制约了工业化的发展。2008 年，中部地区城镇化率为40.3%，低于 46%的全国平均水平。而根据《促进中部地区崛起规划》提出的要求，到 2015 年中部地区城镇化率要达到 48%左右，这表明规划期内每年将提高 1 个百分点左右，中部地区的城市化进程会大大加快，这将直接带动工业的发展。目前，中部地区城乡二元结构矛盾尤为突出，农村人口占全国的 1/3，城镇化水平比全国约低 6 个百分点，农业劳动力比重高于全国平均水平 4.7 个百分点，农村剩余劳动力转移压力大。以河南省为例，河南农村富余劳动力达 3600 多万人，除掉通过发展劳务经济转移的 1900 多万人，目前，还有 1700 万人左右需要转移。即使不考虑农村新增劳动力因素，按照最近五年城镇化率年均提高 1.7 个百分点，1700 万人转出去至少还得 10 年。由此可见，统筹城乡发展，实现共同繁荣任重道远。

此外，目前中部地区用地紧张，无法满足工业化和城镇化加快发展的需求。中部地区作为国家粮食主产区，基本农田保护面积大、建设用地预留空间少，供需矛盾日益突出。从河南省来看，“十一五”期间每年需要建设用地 40 多万亩，而在可预见的未来国家每年下达河南省的农转地指标大约为 13 万亩，仅能满足河南省实际建设用地需求的 1/4 左右，供需缺口巨大。

5. 农业大而不强，对工业没有形成强有力支撑

中部地区除山西省外都是农业大省，第一产业占 GDP 的比重远远高于全国水平。2008 年，中部地区第一产业比重为 15%，比全国平均高 5 个百分点。中部地区是全国最大的粮食

主产区，粮食、棉花、油料、肉类产量占全国总产量30%~40%。目前中部地区六省的GDP占全国的比重不足1/5，而农业产值占全国的1/4以上。2008年，中部地区农民有2.2亿人，占全国农民总数的30%，农民人均纯收入4453元，比全国平均水平还低308元，仅相当于东部地区的2/3。长期以来，农业大而不强，农产品产业链短、附加值低，农业现代化水平较低，农业生产后劲不足，农产品加工拉动作用不强。因此，"三农"问题是促进中部地区崛起必须面对的一个重要课题和难题。

四、促进中国中部地区工业发展的政策建议

中部地区的工业化现状与新型工业化的要求还存在较大的差距。后金融危机时代，对于中部地区来说，最重要的是如何抓住机遇，加快发展方式转变和产业结构调整步伐，继续保持工业平稳较快地发展。为此，当前应做好以下几个方面的工作。

1. 认真落实和完善中部崛起的相关政策

中部地区要加快落实《促进中部地区崛起规划》的相关政策。中部崛起战略实施以来，国家加大了对中部地区的扶持力度。比如根据《关于中部六省比照实施振兴东北地区等老工业基地和西部大开发有关政策范围的通知》精神，中部地区部分城市参照执行东北老工业基地改造政策，部分县市参照执行西部大开发政策；商务部和海关总署还制定相关政策，促进东部地区加工贸易企业向中西部地区转移。要加大这些政策的落实力度，进一步细化充实具体内容，加强其可操作性。2009年，国家出台了《促进中部地区崛起规划》，进一步为中部地区的工业发展指明了方向。中部地区将围绕"三大基地、一个枢纽"的定位，加强粮食生产基地建设，巩固和提升重要能源原材料基地地位，建设现代装备制造业及高技术产业基地。为了保障规划目标的顺利实现，要在充分发挥中部各省特有的产业优势和资源优势，体现中部特色和地区差别化原则的基础上，突出重点，进一步细化和落实相关保障措施。此外，对目前中部地区工业发展中面临的一些突出问题，要加大政策扶持力度。

2. 积极承接东部地区产业转移

中部地区在承接东部地区产业转移方面，无论是区位条件，还是产业基础，都比西部地区更具优势。特别是中部崛起战略实施以来，中央和地方财政相继投入巨资，加快中部六省交通、通信、能源及口岸等基础设施建设。特别是《皖江城市带承接产业转移示范区规划》获得国务院批准，对于探索中部地区承接海外及沿海产业转移的新机制、新模式，促进中部地区加快崛起，推动区域协调发展，形成更加合理的区域产业分工格局，具有重大意义。

目前来看，产业转移对中部地区的经济贡献较大，有利于促进地方经济转型，推进产业

优化升级。以安徽省为例，2007 年安徽省吸引省外到位资金 2100 亿元，其中工业投资 960 亿元；2008 年上半年吸引省外到位资金 1500 亿元，其中工业投资 710 亿元，省外资金已占安徽省工业投资总量的 40%。同时，安徽省承接的产业主要集中在能源、汽车零部件及装备制造、农副产品深加工、建材及新材料、医药化工、电子元器件、交通物流等，其中 85%以上都与安徽重点发展的八大产业基本相符。承接产业转移不仅促进了安徽经济增长，而且改善和提升了安徽的产业结构。

当前，中部地区在承接区域产业转移时，要把握好以下几点：一是抓紧制定《中部地区承接产业转移指导目录》，明确产业承接重点和产业发展方向，鼓励承接技术含量高的产业、非资源依赖型产业，以及为本地特色优势产业延伸配套加工的产业，实现承接产业转移与推动产业升级同步。在产业布局上，要坚持集聚发展的原则，应相对集中力量，突出重点，培育一批新的增长极带动区域成长。可以建立多个承接产业转移的示范基地，通过示范基地的建设，为产业承接树立标杆或样板。二是要鼓励中部地区在承接产业转移的同时，注重提高产业的自主创新能力，实现在承接中创新，促进产业转移与自主创新相结合，形成自身特色的优势产业，实现跨越式的发展。三是突出企业在产业转移中的主体作用。要坚持以市场配置资源为基础，以企业为主体，充分发挥协会、商会等中介机构作用，政府的主要职责在于政策引导、环境营造、平台搭建、信息服务，坚持市场导向与政府推动相结合。四是坚持产业承接与环境保护相结合。要积极承接资源节约型、环境友好型的产业项目，坚决拒绝承接那些产能落后、污染环境，不符合国家产业政策的项目，在承接产业转移中正确处理好眼前利益和长远利益、局部利益和全局利益的关系。

3. 加快产业结构调整升级

这次金融危机暴露出了中部地区工业发展中长期存在的结构缺陷问题。调整经济结构、实现转型发展是中部资源省区目前面临的主要问题。特别是 2009 年 12 月召开的中央经济工作会议明确提出，在保持宏观经济政策的连续性和稳定性的同时，要着力提高政策的针对性和灵活性，更加注重推动经济发展方式转变和经济结构调整。因此，一些产能过剩行业和项目将受到抑制，而一些战略性新兴产业将从国家战略层面得到系统的部署和推动，这无疑对能源原材料产业比重偏大、产业结构层次偏低的中部地区来说是重大的政策机遇。中部地区要抓住机遇，大力发展战略性新兴产业，构建现代产业体系。各省要抓紧实施产业调整振兴规划，积极引进国际先进技术和重要设备，加快传统支柱产业升级改造步伐，淘汰关闭一批落后产能，严格控制传统产业产能扩张，利用这次经济回调机会，改造提升一批传统产业，培育发展一批新兴产业，比如加快装备制造业、材料工业、医药工业、食品工业的发展，增强经济抵抗风险的能力。同时要优化投资结构，扩大更新改造、基础设施、高新技术产业投资，大力发展信息、生物、新能源、新材料等高新技术产业。要充分利用中部地区的人力资源和教育科研优势，提高区域创新能力，使中部地区成为技术创新和高科技成果的转化中心。目前中部地区一些领域的研究开发水平处于全国前列，并且也已形成了若干各具特色的高新技术产业聚集区，应当依托这些产业区原有的基础，加快高新技术产业的发展，使其成长为带动整个中部地区经济发展的增长极。

4. 加快重点地区和城市群建设

加快重点地区和城市群的发展，以城市化带动工业化的发展，是中部地区加快发展的重要举措。根据《促进中部地区崛起规划》的要求，中部地区主要依托综合运输主通道，以资源环境承载能力强、经济社会发展基础好、发展潜力大的地区为开发重点，加快形成沿长江、陇海、京广、京九“两纵两横”经济带，培育武汉城市圈、中原城市群等六大城市群。目前，除了武汉城市圈、长株潭城市群外，其他几个城市群规模还比较小，发展水平也比较低，综合竞争能力有限，但基础还比较好，发展潜力很大。因此，除继续实施武汉城市圈、长株潭城市群“两型”社会综合配套改革试验区建设方案外，还要加快推进各个城市群新型城市化、工业化和农业现代化进程。此外，还要加强中部地区城市群的规划工作，促进中部地区城市群之间的分工与协作，避免重复建设和恶性竞争，建立竞争合作的新机制。

同时，要积极推进老工业基地城市振兴和资源型城市转型。中部地区的许多城市群是以老工业基地为中心形成的。国家要加大对中部老工业基地的扶持力度，政策支持要比照振兴东北地区等老工业基地的有关政策的基础上，体现中部特色和差别化的原则，要加强规划和组织领导，实行分类指导，突出重点，长短结合，分阶段稳步推进。

5. 加快现代流通体系和现代市场体系建设

中部地区在加快交通运输网络建设的同时，要加快现代流通体系和现代市场体系建设。中部地区要深化流通体制改革，通过建设现代流通体系和市场体系，形成一批在全国和国际上占有重要地位的商品集散地、出口商品基地、商品交易中心和物流枢纽基地，以及完善和网络化的区域内部物流分工协作体系。加强物流基础设施建设，逐步形成若干交通、物流和市场协调发展的全国现代物流中心。中部地区是中国重要的能源、原材料基地，关系到整个国家的能源和经济安全。要努力推动中部能源和原材料统一大市场的形成，通过市场改变能源和原材料的不合理定价机制，逐步改善中部地区贸易条件。

6. 加强生态建设和环境保护力度

中部各省资源型产业特征明显，在过去的经济发展中不可避免地以拼资源、高消耗、牺牲环境为代价。随着工业化进程加快，中部地区资源环境压力不断加大。目前，中部地区水资源污染明显加重。淮河、黄河、海河以及长江部分支流水土污染较严重，水功能区达标率偏低，鄱阳湖、洞庭湖、巢湖、东湖等主要湖泊均处于富营养化状态。中部地区综合防洪体系还不完善，洪涝灾害仍威胁着经济社会发展，大江大河整治任务繁重。此外，中部地区矿产资源的大量开发使许多矿区生态平衡遭到严重破坏。比如山西省采煤对水资源的破坏面积达 2 万多平方公里，占全省国土面积的 13%；采空区面积达 5000 平方公里；引起严重地质灾害的区域达 2940 平方公里。因此，中部地区走新型工业化道路，一要建立在对自然资源合理、可持续的利用前提之上，大力发展循环经济；二要加大对中部地区生态环境的治理力度。具体来说，首先，要制定自然资源合理利用与环境保护政策。借助市场机制，实现自然资源合理开发和利用，重点保护生态环境。要利用价格杠杆来反映资源环境的真实成本，在制度上要让资源使用者和污染排放者承担相应费用。要创建和完善环境资源市场，比如水市场、排污权交易市场等，有效降低治理成本。要在资源环境相关的公共投资中引入市场机制，大幅度提高投资效益。要充分利用国际市场，拓展全球资源的空间，缓解经济社会发展对矿产资源供求不均衡的矛盾。其次，要加大科技投入，大力发展绿色制造和清洁生产技术，发展节材、节能、节水、节地、环境友好的高新技术，发展洁净煤、可再生能源和新的替代节能技术。再次，要建立资源节约、环境保护补偿机制。最后，要加强法治建设，对于破坏资源环境的违法行为，给予严厉打击与制裁；对于保护资源、环境的经济活动，给予税收优惠或财政补偿。

专栏 30—1

国务院通过《促进中部地区崛起规划》 做出八大部署

中国国务院总理温家宝于2009年9月23日主持召开国务院常务会议，讨论并原则通过《促进中部地区崛起规划》。

会议指出，包括山西、安徽、江西、河南、湖北和湖南六省在内的中部地区，是我国重要粮食生产基地、能源原材料基地、装备制造业基地和综合交通运输枢纽，在经济社会发展格局中占有重要地位。实施促进中部崛起战略以来，中部六省发展速度明显加快，城乡人民生活水平稳步提高。但是，中部地区也面临着诸多制约长远发展的矛盾和问题。在应对国际金融危机冲击、保持经济平稳较快增长过程中，要进一步发挥中部地区比较优势，增强对全国发展的支撑能力。

会议提出，实施《促进中部地区崛起规划》，争取到2015年，中部地区实现经济发展水平显著提高、发展活力进一步增强、可持续发展能力明显提升、和谐社会建设取得新进展的目标。

为此，会议做出八项部署：一要以加强粮食生产基地建设为重点，积极发展现代农业。加快农业结构调整，大力推进农业产业化经营，加强农业农村基础设施建设，不断提高农业综合生产能力，持续增加农民收入，切实改变农村面貌。二要按照优化布局、集中开发、高效利用、精深加工、安全环保的原则，巩固和提升重要能源原材料基地地位。推进大型煤矿建设，加快电力和电网建设，大力发展原材料精深加工。三要以核心技术、关键技术研发为着力点，建设现代装备制造业及高技术产业基地。增强自主创新能力，提升装备制造业整体实力和水平。加快发展高技术产业，以高新技术和先进适用技术改造传统制造业。四要优化交通资源配置，强化综合交通运输枢纽地位。加快铁路网和机场建设，完善公路干线网络，提高水运、管道运输能力。五要加快形成沿长江、陇海、京广和京九“两横两纵”经济带，积极培育充满活力的城市群；推进老工业基地振兴和资源型城市转型，发展县

续专栏 30—1

域经济，加快革命老区、民族地区和贫困地区发展。六要努力发展循环经济，提高资源节约和综合利用水平。加强耕地保护，提高水资源利用综合效益。七要优先发展教育，繁荣文化体育事业，增强基本医疗和公共卫生服务能力，千方百计扩大就业，完善社会保障体系。八要以薄弱环节为突破口，加快改革开放和体制机制创新，不断增强发展动力和活力。进一步完善支持中部崛起的政策体系。

资料来源：中国新闻网，2009 年 9 月 23 日。

参考文献

中部六省 2009 年国民经济和社会发展统计公报。

中部六省 2010 年政府工作报告。

安徽省经济信息中心：《2008~2009 年中部地区经济形势分析及展望》，研究报告，2009 年 12 月。

安徽省经济信息中心：《2009~2010 年中部地区经济形势分析及展望》，研究报告，2010 年 12 月。

第三十一章　中国西部地区的工业经济态势

提　要

受国际金融危机及中国宏观经济运行及调整的影响，西部地区工业生产呈现出企稳回升态势、重点行业总体向好与重化趋势明显、产品价格逐步回升及投入产出效益不断改善、工业投资增长较快、工业对地区经济支撑作用明显等几个方面的主要特点，西部12省工业经济回升向好态势基本确立。当前西部地区工业经济运行虽然出现积极变化，但是整体形势依然严峻。工业增长下行趋缓是积极变化的主要点，表明工业经济运行逐步企稳向好，但是多种信号反映，工业生产活动尚未明显恢复，存在较大的运行压力。存在着出口下滑难以扭转、生产订单严重不足、企业用工需求减少、产业配套不完善、资源消耗高等问题，这要求后金融危机时代西部地区工业发展应坚持承接产业转移与产业升级相结合、培育特色优势产业与工业结构优化相结合、工业技术创新与发展新兴战略产业相结合、全面提升对外开放水平与加强区域经济技术合作相结合和打造工业增长极与培育产业集群相结合。

*　　　　*　　　　*

国际金融危机对中国区域经济的影响，最早是在2008年7月份开始体现出来的。当时，这种影响还主要集中在广东、浙江等东南沿海少数省份以及外贸出口等少数领域和房地产、能源、钢铁、纺织服装等少数行业。之后，金融危机对中国区域经济的影响面迅速扩大，并由出口向其他领域、由部分行业向绝大多数行业、由东南沿海向北部和中西部地区转移扩散，其影响程度也在不断加深。[①] 截至2009年年底，国际金融危机的影响已经波及中国绝大部分地区，在此期间，西部地区工业化进程放缓，各项工业经济指标与金融危机前相比增速纷纷回落，企业亏损面扩大，但随着宏观调控措施逐步落实，工业增长的主要指标多数止跌企稳，工业经济运行显现积极变化。

① 魏后凯：《金融危机对中国区域经济的影响及应对策略》，《经济与管理研究》2009年第4期。

一、中国西部地区工业经济运行的特点

1. 工业增长探底回升

自金融危机以来，全国工业增长速度明显放慢，绝大部分地区工业增速都在回落。到2008年年底，除天津外，其他省份工业增速全部出现回落，其中山西、内蒙古、青海、上海回落幅度超过20个百分点，有13个省份回落幅度超过10个百分点，有7个省份超过5个百分点。从全年看，2008年全国规模以上工业增加值同比增长12.9%，比上年回落5.6个百分点。其中，有27个省份增速出现回落，有14个省份回落幅度超过5个百分点，8个省份回落3~5个百分点。这种态势一直延续到2009年，但与其他地区相比，西部地区工业发展受金融危机的影响明显减弱，到2009年，西部地区规模以上工业增加值同比增长15.5%，高于全国平均水平4.5个百分点（见表31–1），其中，第四季度以来，增速始终保持在20%以上。工业企业效益下降趋势有所好转，2009年1~11月，实现利润总额3717亿元，同比下降3.8%，但比年初51.0%的下降幅度大幅收窄，西部地区工业增长已出现探底回升的趋势。分省市看，2009年24个省份达到两位数增长，其中西部地区的内蒙古和四川分别增长24.2%和19%，位居全国增速第一位和第四位。

表31–1　　2009年西部地区规模以上工业增加值及增速

	规模以上工业增加值（亿元）	同比增加（%）
西部地区	25331.52	15.5
重　庆	2917.40	17.2
四　川	5678.30	19.0
贵　州	1170.29	10.6
云　南	1904.38	11.2
西　藏	27.56	10.8
青　海	440.10	11.0
广　西	2265.06	18.2
陕　西	3288.24	14.8
宁　夏	523.15	14.3
新　疆①	1579.88	7.2
内蒙古	4400.50	24.2
甘　肃	1136.71	10.6

注：①指全部工业增加值。

资料来源：《2009年国民经济和社会发展统计公报》（各地区汇总）。

2. 固定资产投资保持较快增速

长期以来，西部基础设施建设欠账太多，城乡居民收入水平相对较低，投资和消费对工业的拉动作用都没有中、东部地区更具爆发力。但在国家和地方扩大内需措施刺激下，西部大部分省份的固定资产投资额和城乡居民收入水平都出现高于全国平均水平的增长，这对于工业经济欠发达的西部来说，经济刺激作用显然高于东部地区。2000~2008 年，西部地区全社会固定资产投资年均增长 23.4%，比全国平均增速高 1.9 个百分点，比东部地区增速高 4.4 个百分点。金融危机爆发后，中央又及时启动 4 万亿元的投资拉动计划，这些投资相当大部分放在西部地区，带动了工业行业的恢复性增长。到 2009 年，西部地区全年实现城镇固定资产投资达到 44276 亿元，同比增长 35.0%，是西部大开发以来增速最快的一年，高于各地区加总和东部地区 5.2 个和 12 个百分点，其中，四川、广西增速均在 40%以上。西部地区城镇固定资产投资占全国比重从 2000 年的 19.2%上升到 2009 年的 23.5%。分月度看，2009 年上半年受扩大内需政策效应逐渐显现，新开工项目大幅增加等因素影响，投资始终高速增长；2009 年下半年增速保持平稳。

3. 对外贸易下降幅度较大

2000~2008 年，西部地区出口额年均增长 26.4%，在全国四大区域中最高，比全国平均水平高 1.6 个百分点。2008 年，西部地区出口额占全国的比重达到 4.5%，分别比 1999 年和 2004 年提高了 0.5 个和 1.0 个百分点。受国际金融危机影响，中国各地区出进口总额增速都出现不同程度的回落，甚至有些省份的出口额出现负增长。其中，2008 年 11 月、12 月，全国分别有 16 个和 18 个省份出口额呈现负增长。到 2009 年，西部地区全年实现进出口总额 915 亿美元，同比下降 14.3%，下降幅度高于全国和东部地区 0.4 和 0.9 个百分点。其中，进口总额 396 亿美元，同比下降 4.3%；出口总额 519 亿美元，同比下降 20.5%。相比东部地区而言，西部地区工业产品档次较低，产业竞争力较弱，在全国对外贸易有所恢复的情况下，西部地区对外贸易下降幅度高于东部地区。

4. 工业对地区经济的支撑作用明显

国家实施西部大开发战略十年来，西部地区工业增加值占 GDP 的比重由 19.5%提高到 38.7%，工业拉动 GDP 增长由不足 2%提高到 10.4%，对 GDP 增长的贡献率由 25.7%提高到 47.7%。2009 年西部地区 GDP 达到 66823 亿元，同比增长 13.5%，分别高于各地区加总平均水平和东部地区 1.9 个百分点、2.8 个百分点，增速连续三年高于东部地区。分时间段看，西部地区一季度增速为 10.5%，上半年为 11.8%，前三季度为 12.5%，经济增长呈现逐步加快趋势。分地区看，内蒙古、重庆、四川、广西增速分别居全国第 1、3、4、5 位。五个民族自治区地区生产总值超过 23000 亿元，同比增长 13.8%。自实施西部大开发以来，西部地区经济增长速度已连续 8 年超过 10%。作为西部地区经济发展重要支柱的资源及加工业支撑作用明显，并且生产形势逐步好转，2009 年，西部地区全年完成原煤、发电、原油加工、钢材、水泥产量分别达 14.2 亿吨、1 万亿千瓦时、6027 万吨、8470 万吨、4.1 亿吨，同比增长分别为 18.2%、11.7%、5.4%、23.0%、30.0%。如在四川省纳入统计的 87 种重点产品中，有 77 种产品生产增长，支农产品、食品和日用轻纺产品生产增势良好。其中，发电量增长 25.9%，成品钢材增长 14.6%，水泥增长 46.3%，布增长 27.9%，纱增长 30.1%，化学农药增长 55.1%、食用植物油增长 68.8%，白酒增长 40.7%，家用电冰箱增长 46.9%（见表 31-2）。

表 31-2　2009 年四川省主要工业产品产量及其增长速度

产品名称	单位	绝对值	比上年增长（%）
原煤	万吨	8997.3	4.6
汽油	万吨	69.4	34.5
天然气	亿立方米	190.6	1.4
发电量	亿千瓦小时	1468.5	25.9
生铁	万吨	1532.6	10.1
十种有色金属	万吨	70.7	8.9
钢	万吨	1509.1	10.2
成品钢材	万吨	1830.6	14.6
农用氮磷钾化学肥料	万吨	464.4	27.4
配混合饲料	万吨	616.6	27.4
食用植物油	万千升	102.2	68.8
卷烟	亿支	874.0	5.1
啤酒	万千升	159.1	3.3
白酒	万千升	156.0	40.7
布	亿米	10.9	27.9
纱	万吨	48.3	30.1
化学纤维	万吨	43.2	28.6
彩色电视机	万台	743.2	-7.0
家用电冰箱	万台	51.9	46.9
房间空气调节器	万台	72.2	-4.8
水泥	万吨	8887.0	46.3
内燃机	万千瓦时	1091.0	113.2
汽车	辆	76863.0	25.4

资料来源：《2009 年四川省国民经济和社会发展的统计公报》。

5. 投入产出效益稳步提升

由于技术、管理等多方面原因，西部地区工业各项经济效益指标大都低于全国平均水平。到 2008 年，西部地区规模以上工业企业平均总资产贡献率已达到 13.8%，超过东部地区 0.5 个百分点；工业成本费用利润率达到 10.4%，分别超过全国和东部地区平均水平 2.6 和 5.4 个百分点，呈现出投入产出效益稳步上升的趋势。2009 年，西部地区工业大省四川全年规模以上实现盈利的工业企业 11643 户，占全部规模以上企业总数的 88.8%。规模以上工业企业实现主营业务收入 17184.7 亿元，增长 25.1%；实现利税 1742.5 亿元，增长 25.2%；实现净利润 908.8 亿元，增长 33.7%。

6. 煤炭、电力、钢铁、化工等能源原材料行业波动较大

西部地区是中国自然资源的富集区，甘肃、云南的铅锌、四川的钒钛、内蒙古的稀土、青海的钾肥、贵州的磷肥等原材料工业，是全国重要的能源化工和部分原材料生产基地，经济增长主要靠资源性产业尤其是能源重化工业的拉动。仅西部地区非油气矿产矿山企业近 5 万个，占全国同类矿山企业的 39.3%，年矿总产量为 17.97%亿吨，占全国总产量的 28.7%，矿产开发和加工资源比重较大。金融危机爆发后，尽管属于内陆内需主导型产业结构的西部地区，由于主要依靠内需拉动经济增长，对外贸依存度不高，在一定程度上减缓了金融危机的影响。但随着时滞效应的减弱，金融危机的影响逐步向西部地区蔓延扩展。在金融危机的影响下，中国经济发展增速放缓，对煤炭、电力、钢铁、化工等能源原材料的需求减少，西部省份产能过剩、结构单一的行业受影响较大。比如，以资源型产业为主要经济支撑的甘肃省，由于有色金属、钢材、石油价格持续暴跌，金川、酒钢、白银、兰州石化等大型企业利润纷纷大幅下滑。

二、中国西部地区工业发展中存在的问题

当前西部地区工业经济运行虽出现积极变化，但是整体形势依然严峻，工业增长下行趋缓是积极变化的主要点，表明工业经济运行逐步企稳向好，但是多种信号反映，工业生产活动尚未明显恢复，存在较大运行压力。

1. 生产订单严重不足，出口下滑难以扭转

目前虽然西部地区大部分企业的生产订单数量逐步回升，但总体来看，企业订单不仅不足，而且订单短期化特征明显，较大程度限制了产能发挥。虽然西部地区工业外向度较低，但是东部地区出口大幅下滑，必然会影响到西部地区工业产品市场的拓展。此外，国际经济危机的冲击影响还在持续，出口低迷态势没有根本改变。并且国际贸易条件恶化，汇率风险和结算风险上升，贸易摩擦增多。

2. 经济增速放缓，给就业带来不利影响

西部地区部分省份以煤炭、钢铁等原材料加工为主导产业，受经济危机影响处于减产、

停产状态，企业用工需求大幅度减少；外出务工人员回流就业的压力大。作为劳务人员主要输出地，从东部地区返回西部地区的务工人数持续增加，据对 10 个省市的调查，农民工提前回流量占农民工总量的 6.5%。比如广西的劳务输出大市河口市，在国际金融风暴发生前外出务工的有农民工 64.57 万人，外出务工的人数占全市农村劳动力总数的 33.26%。受国际金融危机的影响，大批外出务工的农民工陆续返乡，截至 2009 年 3 月，64.57 万农民工中返乡的已达 20.58 万人，占外出务工农民工总数的 32.1%。

3. 发展层次低，产业配套不完善

西部地区采掘和原料工业所占比重大，产业链条短，加工深度和综合利用程度低。2007 年，西部高技术产业增加值仅占规模以上工业增加值的 5.6%，比东部地区低 7.8 个百分点。同时，西部生产者服务业发展滞后，物流成本较高，产业配套不完善，经营环境偏紧，中小企业融资难，企业税负重，当面临国际国内严峻的宏观环境时，西部工业经济运行的压力更加增大。

4. 资源消耗高，三废排放量大

2008 年，西部地区万元 GDP 能耗高达 2.02 吨标准煤，万元工业增加值能耗高达 3.43 吨标准煤，分别比全国平均水平高 83.6%和 56.6%，比东部地区高 117%和 126%。西部地区万元工业增加值三废排放量也远高于全国平均水平。近年来，西部经济的高速增长主要依靠资源型产业尤其是能源重化工业的拉动。最近，中国政府已明确表示，到 2020 年单位 GDP 二氧化碳排放比 2005 年下降 40%~45%。这对西部将是严峻考验。因此，在西部发展特色优势产业的过程中，如何推进节能减排，建立能够充分发挥西部优势、具有较强市场竞争力的特色低碳产业体系，将是今后深入推进西部大开发的一项重要战略任务。

三、后金融危机时代中国西部地区工业发展的措施

2009 年是西部地区经济社会发展迎难而上、取得明显成效的一年，国务院及时研究出台《应对国际金融危机保持西部地区经济平稳较快发展的意见》等一系列政策措施，进一步发挥西部地区在扩内需、调结构、保增长、促开放中的重要作用。2010 年是继续应对国际金融危机的关键之年，也是实施西部大开发战略承前启后的关键之年。从 2010 年西部地区工业经济发展形势分析，虽然仍然面临诸多困难，但总体看要好于 2009 年的发展态势。从宏观形势分析，2010 年是西部大开发的新一轮的开始，国家对西部地区经济发展拉动经济的“三驾马车”中，消费需求有望保持较快增长；投资拉动的强度虽可能稍弱，但由于 2009 年布局的一些重大项目相当大一部分落在西部地区，而且这些项目仍在实施过程中，

投资绝对额有望继续保持较高水平，同时随着市场形势的逐步好转，民间投资积极性有望趋于活跃，投资增长仍然将成为经济增长的主要动力；外贸摩擦可能随时发生，但是随着全球经济的缓慢复苏，国内外有望呈现恢复性增长态势。2010 年在全国经济形势趋好的需求拉动下，西部地区工业将会持续增长的势头，对保持工业经济平稳运行增长起到促进作用；同时还有一些新的工业项目投入运行，可望形成一些新的经济增长点，在市场需求逐步恢复的大背景下，西部地区工业经济将呈现恢复性增长的趋势。在后金融危机时代，西部工业发展应按照“重点推进、科学发展、东西互动、加速转型”的总体思路，坚持“五个结合”来促进工业发展。

1. 承接产业转移与产业升级相结合

推进工业转型升级是应对当前危机、力保工业增长的关键举措，也是实现更长时期和更高水平工业发展的根本途径。西部地区在资金、技术、管理方面相对不足，但在资源、环境生态等特色禀赋方面有一定的优势，所以要更好地承接东部地区产业转移，必须因地制宜、因时制宜，结合自己的实际，找准区域特色，发挥比较优势，逐步实现产业升级，避免产业同构和恶性竞争，形成合理的与东部、中部互补的区域经济结构。对西部地区来说，利用自己的各种优势，根据产业的运行规律和产业发展的规律来选择，主动的承接转移，通过吸纳发达地区的资金、先进设备、管理方法、经营理念、高新技术和先进技术，形成自己的产业结构调整的新思路和新机制，把产业升级和承接产业转移结合起来，不仅可以通过借势发展有效的对接发达地区的转移产业和经济资源，壮大特色优势产业和发展新兴产业，使经济步入快速发展的轨道，而且通过错位发展，以产业的选择错位、市场空间错位，突出自己的优势，完成产业升级。

2. 培育特色优势产业与工业结构优化相结合

要进一步大力推进西部各地区的特色优势产业发展，积极培育产业链经济，延长产业链条，提高加工深度和综合利用程度，完善产业配套体系，推动建立一批具有国际竞争力的特色优势产业基地，为西部工业发展提供坚实的产业支撑。西部特色优势产业的发展，必须突出重点领域，把着力点放在特色农牧业及农牧产品加工、能源及化学工业、重要矿产资源开采及精深加工、特色装备制造业、高新技术产业、旅游及文化产业上，切实做到与工业结构优化相结合；同时强化基地建设，引导形成一批特色资源加工基地和优势产业发展基地，使之成为带动西部地区经济社会发展的新的增长极。为促进西部特色优势产业的发展，当前必须进一步完善国家投资引导政策体系，尤其是要加大对西部投资促进的力度，进一步完善产业配套，并采取投资补贴、贴息贷款、土地、税收减免等措施，鼓励民间资本参与西部大开发，积极引导外商投资和沿海企业西进。

3. 加强工业技术创新与发展新兴战略产业相结合

西部地区工业整体创新能力较弱，尤其是技术创新滞后，成为西部地区推进新型工业化和实施西部大开发战略的制约“瓶颈”。由于经济欠发达，西部地区提高创新能力、构建技术创新体系，应从自身实际出发，选择具有比较优势的路径。应围绕西部地区的重点产业、特色产业、优势学科，重点选择一批应用面广、带动力强、产业关联度大的共性技术和高新技术，集中力量进行联合攻关，尽快实现突破，科学制定规划，明确发展重点。加大对自主创新的支持力度，不断提高研发能力，努力突破核心技术和关键共性技术，形成一批自主技术和标准，促进战略性新兴产业发展。同时，大力发展风险投资基金，实现发展新兴战略产业与资本市场的有效链接。

4. 全面提升对外开放水平与加强区域经济技术合作相结合

要积极引导外商投资、沿海企业和开发区西进，并依托交通干线以及大中城市和产业园区，建立一批承接产业转移示范区。同时，要进一步打通西部与东部、中部、东北地区以及与周边国家的联系通道，加快修建西部沿边公路，建立一批边境自由贸易区或经济特区，构筑西部工业大开放的新格局。积极引导外商投资和加工贸易西进，加快沿边地区对外开放步伐，把扩大对外开放与加强区域经济技术合作结合起来，切实依靠区域经济技术合作，形成以开放促协调的良性互动格局。

5. 打造工业增长极与培育产业集群相结合

金融危机爆发以后，国家密集出台促进西部地区经济发展的区域振兴规划，为西部地区的快速发展带来了前所未有的机遇。特别关中—天水、成渝及北部湾经济区将会建设成为支撑未来西部工业经济高速增长的新的主导地区和增长极，实行重点开发，逐步在西部地区建成 10 个有规模和市场竞争力的特色产业基地（成渝制造业带、柳州—南宁—北海—钦州—防城地区、贵阳—遵义地区、昆明及周边地区、攀西—六盘水地区、关中高新技术产业带、天山北坡地区、银川—兰州—西宁—格尔木地区、呼和浩特—包头—鄂尔多斯—榆林地区、西藏“一江两河”地区），由此带动整个西部地区工业经济持续快速发展。把重点区域打造成为新的经济增长极，发挥其引领和带动作用，同时大力培育主导产业集群，是西部大开发战略实施 10 年来的重要举措，也是今后深入实施西部大开发的必然选择。

专栏 31—1

应对国际金融危机保持西部地区经济平稳较快发展的意见

2009 年以来，西部地区按照党中央、国务院的统一部署，全面落实应对国际金融危机的“一揽子”计划和相关政策措施，各项工作取得积极成效，经济企稳向好的势头日趋明显。但西部地区经济总量小，产品处于产业链低端，生产方式比较粗放，自我调整能力弱，目前经济回升的基础还不稳定、不巩固、不平衡。有效应对国际金融危机的冲击，保持西部地区经济平稳较快发展的良好势头，是坚定不移地深入推进西部大开发的客观需要，是贯彻落实科学发展观、构建社会主义和谐社会的必然要求，对于扩大国内需求、挖掘发展潜力、拓展回旋空间，促进全国区域协调发展具有重要的战略意义。西部地区要坚定信心，抓住国家扩大内需的机遇，更加注重推进结构调整，更加注重保障和改善民生，更加注重深化改革开放，化解国际金融危机影响，继续保持经济平稳较快发展。关于加强产业发展，国务院提出以下意见：

加快发展特色农业

积极改造中低产田，大力发展旱作农业、节水农业。启动坡耕地水土流失综合治理工程，建设一批高标准基本农田。加强四川成都平原、陕西关中平原、内蒙古河套地区、宁夏沿黄地区、甘肃河西走廊等粮食生产能力建设。积极推进优质棉、糖料、油料、烟叶、水果、花卉、茶叶、蚕桑、马铃薯、畜产品、中药材、天然橡胶等生产基地建设，建成一批农产品加工示范基地，培育一批带动力强的龙头企业。支持陕西杨凌农业高新技术产业示范区、甘肃天水航天育种示范区和广西、云南亚热带农业示范区建设。扶持优质农产品生产基地建设和农业产业化龙头企业发展，提高产业化水平，加强农业农村先进实用技术转化应用和科技服务。

推进工业优化升级

组织实施和认真落实国家重点产业调整和振兴规划。积极发展技术引领型产业，提高航天航空、现代装备制造、电子信息、国防科技、新能源、新材料等产业发展规模和水平，推动陕西阎良民用航空、甘肃金昌新材料、四川成都生物、德阳重大装备制造等高技术产业基地建设。优化发展资源利用型产业，促进能源化工及矿产资源加工业集约发展，提高资源综合利用水平。建成新疆独山子石化 1000 万吨炼油、100 万吨乙烯项目，加快长庆、涩北等一批重点油气产能建设。逐步建设鄂尔多斯、塔里木、准噶尔、柴达木、四川盆地石油天然气的开发、综合利用和外输基地。进一步加大企业技术改造步伐，提升技术水平和产品竞争力。

提升自主创新能力

加强在西部地区部署国家科技基础设施，继续建设一批国家级重点实验室、工程技术研究中心。支持科研院所、企业承担国家重大科技专项，围绕西部地区面临的共性关键问题开展科技攻关。继续保持和加大对西部高新区的政策支持力度，扶

续专栏 31—1

持科技型中小企业发展。发挥国防工业科技优势，鼓励军民结合、军地结合，支持绵阳科技城发展。

提升现代服务业发展水平

加强旅游基础设施建设，完善旅游区基础设施，积极发展自然生态旅游、乡村民俗旅游，培育和开发一批精品旅游景区线路。继续推进“农产品批发市场升级改造”、“万村千乡市场工程”、“双百市场工程”及农村商务信息服务工程。积极培育电子商务服务业，着力发展文化、会展、创意等现代服务业，加快发展服务外包。加大地方金融资源整合力度，大力完善地方法人银行机构的公司治理，鼓励股份制商业银行和外资银行到西部地区设立分支机构。完善中小企业融资担保体系，推动村镇银行等农村新型金融机构发展，扩大西部地区农村小额贷款覆盖面。

引导产业有序转移

发挥东部地区资金、技术、人才、管理优势和西部地区资源、市场、劳动力优势，引导东部地区产业向西部地区梯度转移。依托交通干线、枢纽，选择一批具备一定基础条件的城市开展承接东部地区产业转移试点，推动建立承接产业转移的示范园区和东西部地区互动产业合作示范园区。严把产业政策关、环境保护关和资源集约利用关，防止落后产能向西部地区转移。研究制定中西部地区承接产业转移的具体政策。国家审批、核准的重大产业项目优先在西部地区布局。

资料来源：根据 2009 年 9 月 30 日《国务院办公厅关于应对国际金融危机保持西部地区经济平稳较快发展的意见》整理。

参考文献

黄朝翰：《全球金融危机及其对东亚经济的影响》，《经济社会体制比较》2008 年第 1 期。

魏后凯：《西部大开发研究的进展和方向》，《人民日报》2010 年 1 月 20 日。

魏后凯：《西部开发十年回顾与展望》，《四川日报》2010 年 1 月 13 日。

陈耀：《西部开发大战略与新思路》，中共中央党校出版社 2000 年版。

陈耀：《国家中西部发展政策研究》，经济管理出版社 2000 年版。

魏后凯、张冬梅：《中国西部地区发展状况与面临的重大课题》，《经济研究参考》2008 年第 5 期。

第三十二章　中国东北地区的工业发展态势

提　要

国际金融危机对东北地区的工业经济造成了不同程度的影响，黑龙江受到的冲击最为严重，辽宁和吉林受危机影响相对有限。金融危机期间，东北地区工业增加值的增长速度出现明显下滑，工业企业资产负债率升高，绝大多数行业出口下挫厉害，石油加工、化学原料及化学制品、化学纤维、黑色金属冶炼及压延加工、通信设备等行业受到金融危机的冲击程度比较严重。由于中央和地方及时出台了应对国际金融危机的政策措施，加之企业采取各种行之有效的应对办法，基本克服了国际金融危机带来的不利影响。2009 年以来，东北地区工业经济形势出现改观。企业经济效益较前一年有所好转，规模经济优势继续保持，各行业的亏损程度有所降低。中央高度重视东北地区等老工业基地的全面振兴，先后出台了一系列政策和指导意见，可以预见，在今后一段时间内，东北地区工业发展前景比较乐观，辽宁沿海经济带、沈阳经济区、长吉图开发开放先导区等将成为东北地区工业快速发展新的增长点，地区产业分工协作将进一步增强，区域市场环境将进一步优化，绿色工业模式也将趋于完善。

*　　*　　*

2008 年 8 月以来，国际金融危机对中国东北地区工业经济的影响逐渐显现出来，特别是出口导向型工业企业。面对这次严重的经济危机，党中央、国务院果断采取政策措施积极应对，取得了明显成效，获得国际社会认可。在这次金融危机中，东北三省发挥自身的优势减小危机的冲击，使得地区经济保持平稳发展，社会生活井然有序，百姓安居乐业。

一、2009年中国东北地区工业发展特点

1. 东北地区工业发展总体特征

受国际金融危机的影响，2009年以来东北地区工业发展经历了迅速下滑后快速回升的过程，其中既有总量水平的变化，又有结构层面的调整，具体特征表现为：

(1) 工业增长速度不同程度回落。2009年，辽宁省工业增加值达到6841亿元，比上年增长了14.4%，增幅较上年下降了3.4个百分点。吉林省规模以上工业企业完成增加值2926.65亿元，比上年增长了16.8%，增速较上年下降了1.8个百分点。黑龙江省规模以上工业企业完成增加值2905.5亿元，比上年下降了16%，为近七年来的最低水平，[①] 成为东北地区遭受国际金融危机影响最严重的省份。从表32-1看到，2009年辽宁省、吉林省和黑龙江省工业销售收入的增长率较上一年分别下降了23个、17个和40个百分点，明显的降幅恰好说明了金融危机对本地区工业的影响程度，尤其是黑龙江省，该省工业销售收入净减少了1137.96亿元，相比之下，辽宁省和吉林省即便是在经济困难的时期实现工业销售收入仍比2008年分别增加了2875.48亿元、1638.8亿元。

表32-1　　2007~2009年东北地区各省工业销售收入变化

	2007（亿元）	2008（亿元）	同比增长（%）	2009（亿元）	同比增长（%）
辽宁省	17965.81	24372.24	35.7	27247.72	11.8
吉林省	5906.21	8119.17	37.5	9757.97	20.2
黑龙江省	6518.43	8212.36	26.0	7074.40	−13.9

数据来源：中经统计数据库和国研网工业统计数据库。

(2) 工业企业经济效益呈现省区差异。据统计，2009年1~11月辽宁省工业企业税金总额达到989.61亿元，比2008年增长了41.43%，增长幅度高于上年约31个百分点；其中工业企业利润总额也是止跌回升，比2008年同比增长了17.74%。2009年1~11月吉林全省规模以上工业企业实现净利润455.54亿元，比2008年增长了20.25%。黑龙江省工业企业在2009年1~11月累计实现利润761.35亿元，比2008年同比下降了32.65%，其中税金较上年下降了2.58%。从产品产量看，黑龙江省全年化学药品原药、有色金属、金属切削机床分别比2008年下降了29.7%、22.8%和39.7%，由此可见，这些行业在国际金融危机冲击过程中出现减产甚至停产现象，导致全省工业都受到很大的影响。从总体来看，2009年1~11月东

① 辽宁省、吉林省和黑龙江省2008年和2009年国民经济和社会发展统计公报。

北地区工业企业累计创造税收 1977.98 亿元，比 2008 年同期增长了 19.2%，但是创造的利润却比 2008 年同期净减少了 250 亿元。①

（3）工业企业规模经济优势继续保持。规模经济是衡量地区工业经济增长效率的重要指标之一，也是分析区域市场结构的重要依据。一般来说，规模经济越明显，地区工业经济效率越高。图 32–1 显示了 2000~2008 年东北三省工业企业规模经济总体处于上升的态势，只有黑龙江省规模经济受到国际金融危机的影响较为明显，最直观的表现为该省规模经济在 2008 年出现显著下滑现象。由于缺少 2009 年统一口径的数据，这里并没有报告当年规模经济指标，但是不难预测，辽宁和吉林两省规模经济受到金融危机的影响非常有限，没有改变规模经济变化趋势。随着规模经济的升高，预计“十二五”期间东北地区工业经济效益还将处在上升阶段。

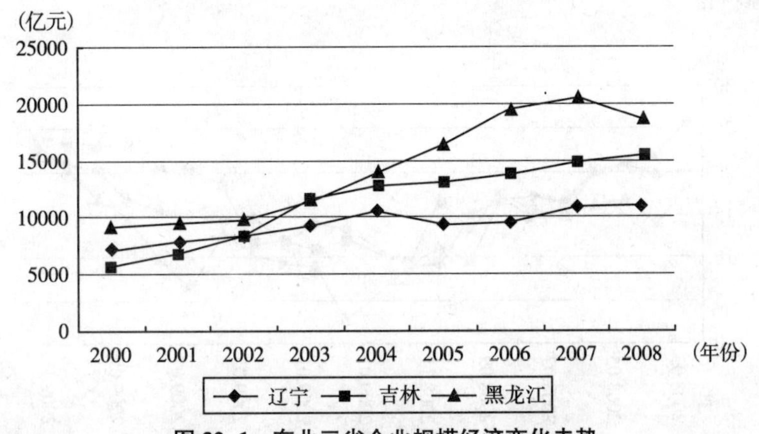

图 32–1　东北三省企业规模经济变化走势

数据来源：国研网工业统计数据库。

（4）部分行业企业亏损程度明显降低。尽管上述已表明，除黑龙江省外，东北其他地区工业经济效益出现整体好转态势，与此同时工业企业亏损程度明显减轻。国际金融危机严重冲击，使得 2008 年东北地区工业企业全年出现大面积亏损甚至破产，其中 2008 年 1~11 月辽宁、吉林和黑龙江的工业企业亏损额同比增长分别达到 208%、410%和 245%。由于中央和地方及时出台应对措施，加之企业自身努力，应对金融危机的成效逐渐显现。据统计，东北地区工业企业的亏损程度较上一年显著下降，2009 年 1~11 月辽宁、吉林和黑龙江企业亏损总额分别同比下降了 293.7 亿元、94 亿元和 131.41 亿元，亏损行业主要集中在有色冶金、机床等少数行业。②

2. 国际金融危机对中国东北地区工业冲击的表现

应该说，国际金融危机对东北地区的影响集中表现在两个方面：一方面，国外需求不振导致了出口加工业企业直接受到冲击，如有色金属冶炼、皮革毛绒制品等；另一方面，由于

①② 国研网工业统计数据库。

外需萎缩引起国内企业开工不足甚至停产，加之国内需求短时间内难以启动，于是部分内需导向很强的行业生产出现较大波动，如机床行业、石油加工业。尽管如此，由于中央和地方及时采取应对措施，使得地区工业经济增长速度经历相对较短时间内下降之后开始出现回暖的迹象。

（1）工业增加值呈现弱“V”字形变化。从图 32–2 表明，东北三省工业增加值同比增长率在 2008 年 12 月~2009 年 3 月期间分别进入谷底，随后缓慢回升。从 2009 年 9 月开始，辽宁省、吉林省和黑龙江省的工业增加值同比增速都基本恢复到金融危机前的水平，保持在 15%以上，这样的走势与国家工业企稳回升的步调基本一致。唯独黑龙江省的指标在 2009 年 8 月又一次下跌后立即回弹，并出现稳步快升的势头。从图中可做出基本判断，2008 年 7 月~2009 年 9 月可作为东北地区遭受国际金融危机冲击的基本影响期，2009 年 10 月以后基本走出危机的影响。

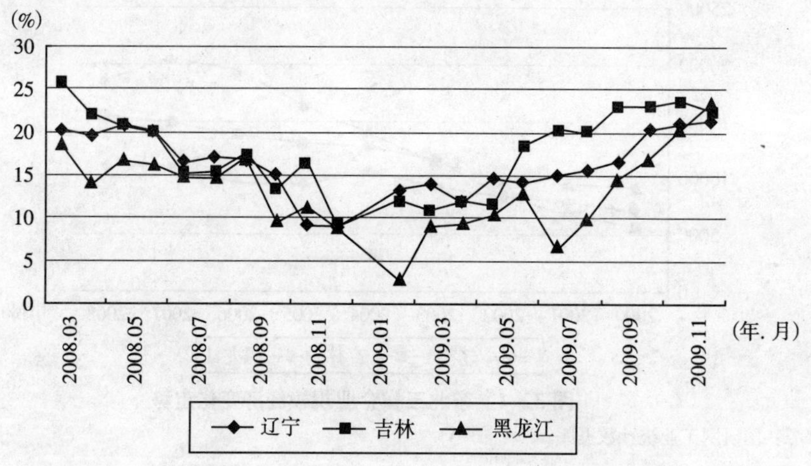

图 32–2 2008~2009 年东北各省工业增加值同比增长率变化趋势

数据来源：中国统计数据应用支持系统。

（2）工业品销售率变化并不明显。跟工业增加值指标不一样，东北地区各省工业品销售率反复波动，其中，辽宁省工业品销售率在 2009 年 3 月进入最低点，随后缓慢回升。对吉林省而言，该省的指标在 2008 年 5 月、10 月和 2009 年 3 月都出现下降到低谷，可见国际金融危机对吉林省的影响时间比较长。而黑龙江省工业品销售率基本在 97%~99%之间徘徊，并于 2009 年 3 月进入谷底后逐渐上升（见图 32–3）。为了深入考察金融危机的影响，这里使用了工业品销售率的同比增速（见图 32–4）。辽宁省工业品销售率增速总体上经历了先下降后上升的变化过程，2008 年 12 月刚好处于谷底。而吉林省工业销售率增速呈现先下降后上升再下降的变化轨迹，2009 年 2 月到达最低点。黑龙江省的指标变化曲线表现为来回震荡，并于 2008 年 7 月进入谷底。

（3）工业企业资产负债率升高。如果以 2008 年 7 月至 2009 年 9 月为国际金融危机对东北地区工业冲击的影响期，那么辽宁和吉林两省工业企业资产负债率最高点则在 2009 年 5 月，分别达到 69.65%和 73.06%，黑龙江省工业企业资产负债率则推后到 2009 年 11 月。相比之下，吉林省资产负债率升幅最大，比最低值高出了 21.19 个百分点，辽宁省次之，黑龙

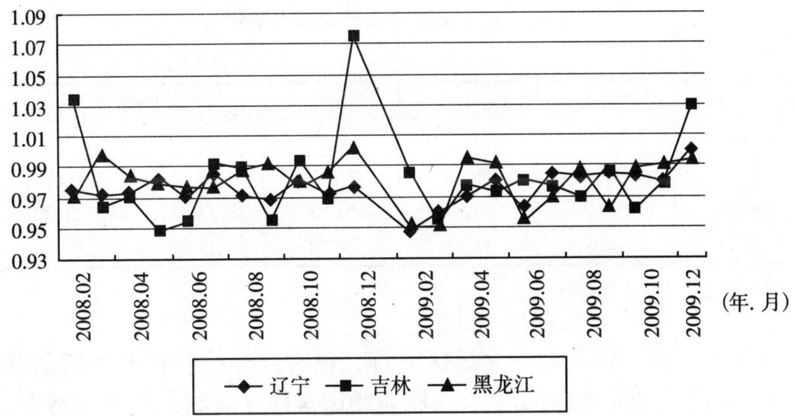

图 32-3　2008~2009 年东北各省工业品销售率走势

资料来源：中国统计数据应用支持系统。

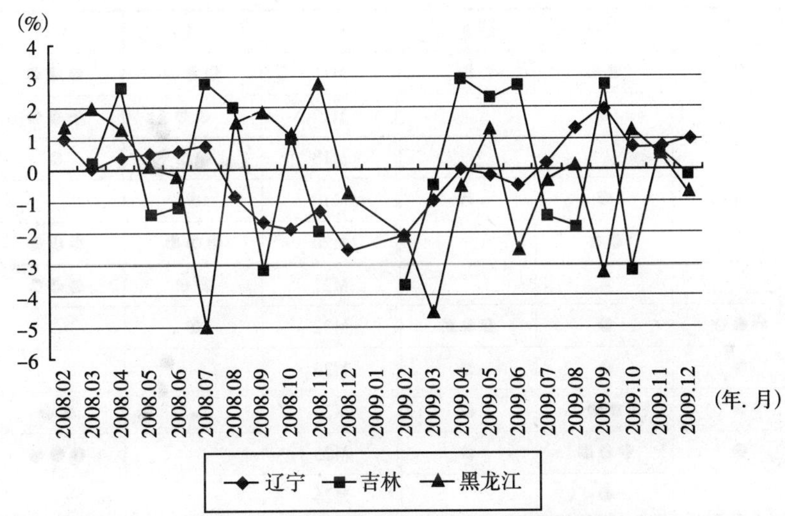

图 32-4　2008~2009 年东北各省工业品销售率同比增速变动态势

资料来源：中国统计数据应用支持系统。

江省最小（见表 32-2）。由此可以判断，国际金融危机对东北三省工业企业都有影响，但影响期间不尽一致。

（4）不同行业受到冲击程度各异。国际金融危机波及的行业面和地域范围比较广，为了细致刻画出这种影响，此处根据东北三省 30 个主要工业部门销售收入季度数据变化进行比较分析和判断，列出结果（见表 32-3）。以辽宁省为例，该省共有 19 个行业受到不同程度的冲击，其中皮革、毛皮、羽毛（绒）及其制品业，石油加工、炼焦及核燃料加工业，化学原料及化学制品制造业，化学纤维制造业，黑色金属冶炼及压延加工业，通信设备、计算机及其他电子设备制造业 6 个行业属于深受金融危机严重冲击的行业。吉林省除了上述行业也受到不同程度影响之外，还有农副食品加工业、造纸及纸制品制造业、有色金属冶炼及延压加工业，交通运输设备制造业，废弃资源和废旧材料回收加工业。黑龙江省受影响的行业跟

表 32–2　　东北三省工业企业资产负债率变化

单位：%

地区	2008 年			2009 年			
	5 月	8 月	11 月	2 月	5 月	8 月	11 月
辽宁省	59.12	59.71	59.52	58.58	69.65	61.02	61.17
吉林省	59.23	57.69	57.35	51.87	73.06	58.22	58.61
黑龙江省	56.99	58.08	58.73	55.78	53.06	59.36	60.44

数据来源：中国统计数据应用支持系统。

辽宁和吉林两省基本一致。但是对东北地区而言，也有部分行业并未受到金融危机的影响，比如饮料制品业、纺织服装鞋帽制品业，印刷业和记录媒介复制，医药制造业，通用设备制造业，仪器仪表及文化、办公用机械制造业。

表 32–3　　国际金融危机对东北三省各行业影响程度判断

	辽宁	吉林	黑龙江		辽宁	吉林	黑龙江
M1	●	●●	●	M16	●●●	●●●	●●●
M2		●		M17	●●	●●●	●●
M3				M18	●●	●	●
M4	●	●	●	M19	●		●
M5		●●		M20	●●●	●●●	●●●
M6				M21	●●	●●●	●●
M7	●●●	●	●●●	M22	●		●
M8	●	●	●	M23			
M9	●	●●	●	M24		●●	
M10	●	●●●	●	M25		●●●	
M11		●		M26			
M12	●	●	●	M27	●●●	●●●	●●●
M13	●●●	●●●	●●●	M28			
M14	●●●	●●●	●●●	M29	●	●●	●
M15			●	M30	●●	●●●	●●

注：●●●严重；●●中等；●轻微；空白，即基本不受影响。

M1~M30 表示：M1——农副食品加工业，M2——食品制造业，M3——饮料制造业，M4——烟草工业，M5——纺织工业，M6——服装及其他纤维品制造业，M7——皮革、毛皮、羽绒及其制品业，M8——木材加工及竹、藤、棕、草制品业，M9——家具制造业，M10——造纸及制品业，M11——印刷、记录媒介的复制，M12——文教体育用品制造业，M13——石油加工及炼焦业，M14——化学原料及化学制品制造业，M15——医药制造业，M16——化学纤维制造业，M17——橡胶制品业，M18——塑料制品业，M19——非金属矿物制品业，M20——黑色金属冶炼及延压加工业，M21——有色金属冶炼及延压加工业，M22——金属制品业，M23——通用设备制造业，M24——专用设备制造业，M25——交通运输设备制造业，M26——电气机械及器材制造业，M27——电子及通信设备制造业，M28——仪器仪表及文化办公用机械制造业，M29——工艺品及其他制造业，M30——废弃资源和废旧材料回收加工业。

数据来源：国研网工业统计数据库。

(5) 绝大多数行业出口下挫厉害。图 32–5 显示了 2008~2009 年东北地区 30 个行业的出口月度变化，只有 2 个行业受到金融危机的影响较小，其余的行业出口都受到不同程度的影响。其中下挫最厉害的行业主要是有色金属采选业，纺织工业，服装及其他纤维品制造业，木材加工及木、竹、藤、棕、草制品业，文教体育用品制造业，医药制造业，橡胶制品业，

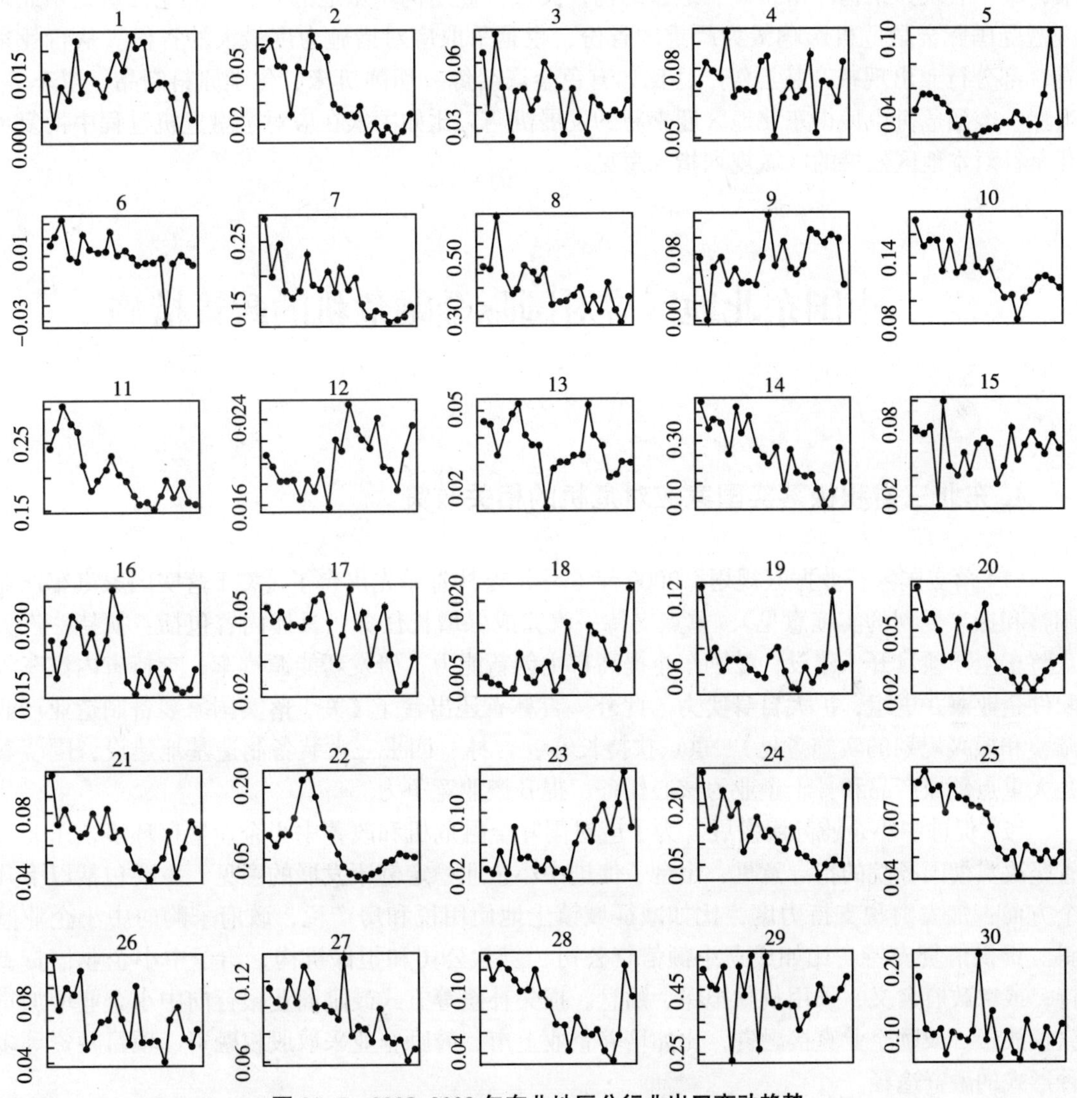

图 32–5　2008~2009 年东北地区分行业出口变动趋势

注：1~30 表示：1——农副食品加工业，2——食品制造业，3——饮料制造业，4——烟草工业，5——纺织工业，6——服装及其他纤维品制造业，7——皮革、毛皮、羽绒及其制品业，8——木材加工及竹、藤、棕、草制品业，9——家具制造业，10——造纸及制品业，11——印刷、记录媒介的复制，12——文教体育用品制造业，13——石油加工及炼焦业，14——化学原料及化学制品制造业，15——医药制造业，16——化学纤维制造业，17——橡胶制品业，18——塑料制品业，19——非金属矿物制品业，20——黑色金属冶炼及延压加工业，21——有色金属冶炼及延压加工业，22——金属制品业，23——通用设备制造业，24——专用设备制造业，25——交通运输设备制造业，26——电气机械及器材制造业，27——电子及通信设备制造业，28——仪器仪表及文化办公用机械制造业，29——工艺品及其他制造业，30——废弃资源和废旧材料回收加工业。

数据来源：国研网工业统计数据库。

塑料制品业，非金属矿物制品业，黑色金属冶炼及延压加工业，金属制品业，通用设备制造业，交通运输设备制造业，电气机械及器材制造业，仪器仪表及文化办公用机械制造业，这跟全国的形势大体一致。

虽然国际金融危机对东北地区工业影响造成不同程度的负面影响，但是相对来说比较有限，集中表现为结构冲击，既有地区结构，又有行业结构。从地区来看，黑龙江省是东北地区遭受国际金融危机影响最为严重的省份，也是采取应对措施力度最大的省份。从行业来看，部分行业出现减产甚至停产，比如有色金属冶炼、切削机床、化学原料制品、汽车等。当然，金融危机也使得东北地区迎来新的发展机遇，比如国家在应对金融危机过程中批复了几个针对本地区发展的区域规划指导意见。

二、中国东北地区应对国际金融危机的政策措施

1. 东北三省积极落实国家应对危机的相关政策

（1）落实国家行业振兴规划。2009 年 6 月，吉林省率先出台了《关于落实国家汽车产业调整和振兴规划的实施意见》，重点支持一汽完成保增长任务，具体内容包括：扶持一汽大众整车生产项目开工建设；鼓励车企提高自主创新能力，研发新能源汽车；支持省内汽车零配件企业兼并重组，扩大自身实力。此外，吉林省还出台了《关于落实国家装备制造业产业调整和振兴规划的实施意见》，重点扶持长春、吉林、四平三大装备制造基地建设，围绕着九大重点领域产品和骨干企业为核心任务，提升产业竞争力。

（2）促进中小企业健康发展。为了应对国际金融危机和改善中小企业生存环境，东北三省坚决贯彻国务院的指导意见，出台了促进中小企业稳定健康发展的意见，主要包括以下几个方面：加大财税支持力度，比如减征城镇土地使用税和房产税，政府采购向中小企业倾斜。提供信贷支持，比如成立小额信贷公司、贷款公司和担保机构，给予中小企业信贷支持；或以政府名义，采用贷款担保、贴息、损失补偿等方式鼓励商业银行向中小企业增加贷款投放量。鼓励企业直接融资，比如培养企业上市，鼓励企业采取股权融资、项目融资等多种形式的融资途径。

2. 地方政府及时采取一系列救市措施

（1）帮助企业解决实际困难。辽宁省出台工业运行的具体指导意见，对 100 户重点工业企业、1000 户中小企业给予政策支持。[①] 黑龙江省则要求各级政府深入企业调研，对装备制

① 参见《辽宁省应对国际金融危机——促进经济平稳较快发展的情况介绍》，辽宁经济信息网，2009 年 8 月 23 日。

造、能源化工、食品药品等重点行业的114家重点监控企业和投资额100亿元以上的工业项目要密切跟踪，定期形势分析，协调解决企业或项目遇到的难题；允许采取“一企一策”方式，帮助企业解决实际困难，并以此列入政府目标考核内容。①

(2) 降低企业生产经营成本。黑龙江省要求各职能部门要认真研究国家密集出台的各项应对措施，结合当地实际用好用足。清理和规范涉企行政性收费，国家明令取消的，要取消；对于保留收费项目，能缓则缓，不能缓的，一律按最低标准征收；严厉惩治乱收费行为。允许有困难的企业暂缓缴纳社会保险费，阶段性降低四项社会保险费率。②由于企业现实负担有所缓解，使得生产经营能够维持，企业开工率在2009年下半年后出现明显回升。

(3) 加快工业项目施工建设。辽宁省采取意向性项目抓落地、落地项目抓开工、开工项目抓投产的思路，重点推进100个工业结构调整项目和100个高新技术产业化项目，简化审批环节，推动项目短期内施工。③黑龙江省部分城市抓好机遇上项目，不仅有大型工业项目相继复工续建，而且地方政府通过公共基础设施项目建设来解决过去历史欠账，改善长期制约经济发展的硬环境。

(4) 扩大本地产工业品市场。吉林省以政府名义出台了一份关于金融促进经济发展的指导意见，该文件明确提出通过调整贷款期限、抵押方式等办法，鼓励顾客优先购买本地生产的一汽汽车，以扩大一汽销量，类似做法还包括农机器具等。④黑龙江省则鼓励当地政府、重点项目和企业采购设备、工业品，在同等条件下应尽可能使用本省产品，变省内需求为省内市场。⑤

三、中国东北地区工业发展面临的问题与政策建议

1. 东北地区工业发展面临的深层次问题

事实上，东北地区工业发展面临的问题既来自短期内金融危机冲击，又来自长期积累的问题，比如体制转型、结构“钝化”等。国际金融危机只不过使这些深层次的问题更加充分地显露出来并引起关注。

(1) 市场结构过于单一，难以适应市场需求短期变化。东北地区工业品的市场需求集中在国内和东北亚地区，在欧美市场、南美市场和非洲市场所占的份额很低。当国际金融危机发生之后，由于企业自身很难在短期内开辟国际市场，于是很快就面临减产甚至停产的困境。国内市场是东北地区工业品最大流向，特别是东南沿海地区。但是当国际金融危机来临

①②⑤ 参见《黑龙江省人民政府关于帮助企业保增长促发展的政策措施》，黑龙江省政府网，2009年1月23日。
③ 参见《辽宁省应对国际金融危机——促进经济平稳较快发展的情况介绍》，辽宁经济信息网，2009年8月23日。
④ 参见《吉林省政府关于当前金融促进经济发展的若干意见》，吉林省政府网，2009年2月19日。

时，东部沿海地区工业也遭受不同程度的影响，因而对上游产品需求量迅速下滑，像东北地区这样具有雄厚上游产业基础的地区很快就发生关联反应，市场结构过于单一问题也就暴露出来了。

(2) 企业缺少走出去的实力，整合资源能力比较弱。东北地区企业投资布局主要在区内，在国内其他地区或海外投资建厂、并购并不多见。由于企业停留在加工制造环节，而研发和营销环节并不占优势，产业链条很短且集中在东北地区内部，整合资源能力相对薄弱。最明显的表现是，东北地区工业结构要么是资源加工项目，要么是原来的老工业项目，这类工业企业缺乏利用两种资源两种市场的能力，同时原有计划体制影响根深蒂固，因而尽管企业规模庞大，但是主动整合资源的能力却很低。

(3) 高耗能工业比重偏高，节能减排的压力很大。东北地区集中了钢铁、有色金属冶炼、石化等高耗能、高污染、高排放的行业，重化工业发展势必对本地区大气、土壤、江河和海域产生不可估量的环境影响。尽管国家制定了“十一五”节能减排计划，但是东北地区产业结构就决定了自身需要完成异常艰巨的任务，并且随着气候变化引起全球高度关注，东北地区工业发展将遇到更加不确定的国际环境，因而节能减排的任务依然相当艰巨。

(4) 中小企业发展缓慢，区域市场活力不足。辽宁、吉林和黑龙江三省的工业发展主要依靠原有老工业基地基础，国有经济比重很高，非公有制经济比重却很低，中小企业数量和规模都很小。国有力量和传统体制思维仍然阻碍了工业所有制结构调整，地区体制环境也不利于中小企业成长，导致了地区市场经济活力不足。当国际金融危机到来时，很多国有大型企业抗风险能力不强，反应也很慢，只能求助政府的政策或资金支持，造成地区相关行业生产都受到不同程度的影响。

2. 后金融危机时代促进东北地区工业发展的若干建议

东北地区要抢抓后金融危机时代中国经济新一轮上升周期，积极促进工业平稳较快发展，努力实现老工业基地的全面振兴，并结合地区工业发展面临的问题，提出以下建议：

(1) 规划区域功能产业，保持区域持续发展。具体包括：①做优、做强主导产业。主导产业是区域经济发展的主导力量，决定了区域经济发展水平。东北地区主导产业主要集中在装备制造、石油化工、汽车工业等一批跟国家综合竞争力密切相关的重点行业。在国家一系列振兴老工业基地政策支持之下，东北地区工业基本走出困境，地区经济活力开始显现。今后，应继续发挥行业优势，通过技术改造、经营机制转换等途径，形成一批高端、利高和市场占有率高的产品，特别是大型的铸锻件、风电设备、船舶与海洋工程设备、农业设备、动车组、数控机床等。②培育潜导性产业。潜导性产业是地区经济保持持续、健康发展的基础，主要是市场前景好又符合地区发展方向的产业。近期可考虑扶持一批依托本地产业优势或资源优势的下游或配套产业发展，比如零配件、特殊原材料、畜牧业等；但是不能长期受制于比较优势决定地区产业选择的思想，要大胆探索以市场需求来选择产业的思路，比如面向东北亚市场，发展边境装配加工业和现代农业。③支持配套产业发展。东北地区产业体系基本上在改革开放前就已经确立了，但是经过三十年来的发展已适应不了现代市场经济发展的需要，因而有必要改变原有用计划手段来构建配套产业的思路。政府引导和市场机制基础作用相结合，采取多种招商形式，鼓励企业发挥主体作用，减少政府干预，特别要限制地方国有企业进入竞争行业。

（2）优化地区工业布局，促进区域协调发展。具体包括：①建设若干产业集聚区。尽管东北地区人口密度相对较低，但并不意味着工业遍地开花式发展，必须引导工业项目向辽宁沿海城市带、沈阳经济区、哈大齐工业走廊、长吉图经济区等重点区域集聚，发挥产业集聚效应，增强对周边地区带动能力。以产业集聚带动资源要素集聚，通过工业合理布局，提高地区资源环境承载能力。②建立地区利益补偿机制。工业向少数地区集聚可能带来地区间收入差距扩大，于是有必要建立"一揽子"利益补偿计划，缩小地区差距，包括地区间财政转移支付、地区环境指标交易（如碳排放交易）、资源指标交易（如建设用地指标、用水指标交易），通过体制创新，消除地区差距扩大的影响。

（3）消除地区市场分割，扩大地区分工协作。具体包括：①降低地区间制度壁垒。东北三省自身内部以及与国内其他地区之间市场分割程度仍然比较严重，主要表现为政府经常采取行政手段干预市场，比如吉林省政府以文件形式要求消费者优先购买本地产的一汽汽车。东北三省制度壁垒还很高，地方贸易保护行为依然存在，因而应该消除这些壁垒。②鼓励企业成为地区分工的主体。从众多政府招商活动看出，东北三省政府力量在其中非常强大，极有可能代替市场，扭曲市场行为，扰乱社会主义市场经济秩序。下一步应确立企业成为地区分工的主体，鼓励企业走出去和引进来，充分利用国际国内"两种资源两个市场"，提高自身整合资源的能力。

（4）鼓励中小企业发展，优化区域市场环境。具体包括：①鼓励社会力量创业。长期以来，东北地区存在国有企业独大的局面，国有体制意识根深蒂固的影响至今依然很深。在这样的体制背景之下，鼓励社会力量办企业应成为共识，促进中小企业发展可以达到两方面效果：一方面，一旦它们强大起来，可以对市场变化做出更快的判断；另一方面，它们的存在可打破国有经济垄断的格局，增强体制活力，有利于提高区域经济运行的效率。②挖掘企业家资源。企业家资源匮乏是东北地区经济发展的软肋。近期内，东北三省还主要依赖引进国内其他地区民营企业家进入，培育区域商业氛围。当然，政府重视企业家培养，也要遵循一条基本原则：禁止官、商、黑勾结，换句话说，只有防范企业家通过政府或黑社会力量干预市场，才能创造真正健康有序的市场环境。

（5）积极推进节能减排，探索绿色工业模式。具体包括：①推广节能减排技术。绿色经济并非拖累经济增长速度，而是促进经济增长的要素。对于东北地区而言，一方面，限制高耗能工业发展，特别是要关停"五小"工业；另一方面，大力对旧设备、旧工艺适当改造，引入节能减排的技术或设备。②探索绿色工业模式。绿色工业是指实现清洁生产、生产绿色产品的工业，特别强调工业生产过程中能够合理使用自然资源，自觉保护环境和实现生态平衡。[①] 与循环经济相比，它的要求更加严格，但侧重点有所不同。东北地区是中国重化工业比重比较高、高耗能、高排放工业集聚地区，如果能探索从生产链和产品都实现绿色环保，将是一场绿色革命。

---

① 百度百科《绿色工业浪潮》。

专栏 32—1

国家进一步振兴东北地区等老工业基地的重点领域

推进东北地区等老工业基地全面振兴是实现我国国民经济平稳较快发展的需要，也是落实我国区域协调发展战略的要求。对此，国务院出台《关于进一步实施东北地区等老工业基地振兴战略的若干意见》，意见明确了东北地区今后重点发展的领域：①优化经济结构，建立现代产业体系。加快推进企业兼并重组，培育具有国际竞争力的大型企业集团。创造公平的竞争环境，大力发展非公有制经济和中小企业。支持地区优势产业、骨干企业和重要品牌，做优、做强支柱产业。发挥地区优势，积极培育潜力型产业。创造有利条件，加快发展现代服务业。支持辽宁沿海经济带、沈阳经济区、哈大齐工业走廊、长吉图经济区加快发展，形成区域性产业集聚区。②加快企业技术进步，全面提升自主创新能力。增大中央和地方财政投入，加大企业技术改造力度。发挥老工业基地的人才优势，提高自主创新能力。促进自主创新成果产业化，培育新的经济增长点。③加快发展现代农业，巩固农业基础地位。发挥东北地区得天独厚的条件，大力发展现代农业。加强农业和农村基础条件建设，打好现代农业发展的坚实基础。④加强基础设施建设，为全面振兴创造条件。加快构建综合交通运输体系，实现人流和物流的有序畅通。优化能源结构，保障电力供应。⑤积极推进资源型城市转型，促进可持续发展。培育壮大接续替代产业，构建可持续发展长效机制，进一步加大财政政策支持力度。⑥切实保护好生态环境，大力发展绿色经济。加强生态建设，积极推进节能减排，加强环境污染治理。⑦着力解决民生问题，加快推进社会事业发展。千方百计扩大就业，积极完善社会保障体系，解决好住房、冬季取暖等突出民生问题。⑧深化省区协作，推动区域经济一体化发展。建立东北地区合作机制，推进区域一体化发展。⑨继续深化改革开放，增强经济社会发展活力。

资料来源：根据中国政府网（www.gov.cn）发布《国务院关于进一步实施东北地区等老工业基地振兴战略的若干意见》（2009年9月11日）改写。

参考文献

［英］阿姆斯特朗、泰勒：《区域经济学与区域政策》，格致出版社2009年版。
世界银行：《世界发展报告2009》，清华大学出版社2009年版。
叶振宇、孙久文：《优化中国制造业区域布局的思考》，《中州学刊》2009年第3期。
中国社会科学院工业经济研究所：《中国工业发展报告2009》，经济管理出版社2009年版。

Ⅳ. 企　业　篇

第三十三章　中国工业企业在国际金融危机下的表现

提　要

面对国际金融危机的冲击，中国政府与企业采取了诸多有效的应对金融危机的行动，中国企业正逐步从巨大困境中走出来，实现了明显的“V”字形发展态势。中国企业在应对国际金融危机过程中取得了阶段性胜利。在企业经营绩效方面，中国企业景气状况稳步回升，经济主体信心日益增强；企业产销形势持续好转，库存再次出现攀升；尽管出口形势不容乐观，但已基本扭转了下滑势头；产品价格企稳回升，企业盈利水平逐步改观。在企业行为表现方面，中国企业积极推进了四项工作，即推进战略调整转型、企业兼并收购、自主创新和企业管理优化。当然，当前中国企业发展还面临着一些突出问题，比如，自主创新能力不足问题依旧突出；招工难、用工紧张问题再次出现；新一轮的成本上升压力日益显著；中小企业融资难问题仍待破解；部分行业企业产能过剩问题严重等。面对这些问题，应当从政府与企业两个层面，积极设法解决。

*　　　　*　　　　*

企业是宏观经济运行的微观基础，也是受国际金融危机冲击最为直接的主体之一，更是世界各国应对国际金融危机、实现经济增长的核心动力之一。众所周知，由美国次贷危机引发的国际金融危机不仅对欧美企业带来了深度打击，而且对在世界企业之林日益具有举足轻重地位的中国企业也产生了巨大冲击，许多中国企业面临了前所未有的困难和挑战。然而，随着世界各国超常规的经济刺激计划特别是中国政府果断有效地应对金融危机行动的实施，全球经济出现了明显复苏迹象，中国经济更是在最困难的 2009 年呈现出显著的“V”字形运行轨迹，并总体上表现出回升向好的态势。这深刻反映了伴随和支撑中国经济增长的中国企业正逐步从巨大困境中走出来，中国企业在应对国际金融危机过程中取得了阶段性胜利，并在经营绩效和行为表现上呈现出一些新的特点。

一、中国企业在应对国际金融危机中的绩效表现

国际金融危机对中国企业的影响是沿着“市场需求下降→产品价格下滑→库存增加→流动资金紧张→产量削减→裁员、歇业或者倒闭”的链式路径发生作用的。因此，自 2008 年第四季度以来，随着中国“保增长、扩内需、调结构”宏观调控政策的实施，特别是积极财政政策、适度宽松货币政策以及十大产业调整振兴规划的实施，中国企业赖以生存的市场需求环境、融资环境等都得到了很大程度的改善，中国企业的生产、销售、盈利等绩效表现总体上都出现了全面回升。进一步观察可以发现，由于不同类型和不同领域的企业在遭受国际金融危机中的影响程度并不完全一致，而且国家出台的各项宏观调控政策对于不同类型和不同领域的企业的作用程度也不尽相同，因此，不同类型和不同领域的中国企业在应对国际金融危机过程中的绩效表现也有所差异。

1. 企业景气状况稳步回升，经济主体信心日益增强

全国企业景气调查结果显示，受国际金融危机的影响，全国企业景气状况从 2008 年第四季度起迅速恶化，企业景气指数大幅跳水，并于 2009 年第一季度探底至 105.6 点（见图 33-1）。其中，工业企业景气指数在 2008 年第四季度跌至最低值 98.5 点，多年来首次处于景气临界值之下，私营企业景气指数在 2008 年第四季度跌破景气临界值之后继续下滑，并于 2009 年第一季度降至近年来的最低值 96.8 点，这表明工业企业和私营企业的生产经营状况趋于明显恶化，处于不景气状态。但自 2009 年第二季度起，随着国家一系列宏观调控政策效应的显现，全国企业生产经营状况逐步好转，企业景气状态稳步回升。2009 年第四季度，全国企业景气指数已经回升到 130.6 点，各行业企业景气也连续三个季度位于景气区间，其中工业企业景气指数恢复至 128.1 点，且 39 个工业大类企业景气指数自 2008 年以来首次全部位于景气区间。而且，受国际金融危机冲击严重的私营企业景气指数也快速回升至 119.6 点，这表明包括私营企业在内的各类企业景气程度继续提升，各种经济成分变得更加活跃。

全国企业景气调查结果还显示，2008 年第四季度，企业家信心指数直线下落至 94.6 点，创下近年来的新低，其中工业企业家信心指数下滑至 87.2 点（见图 33-1），表明工业企业负责人对宏观经济形势的判断极其悲观。随后，伴随着企业景气状况的回升，企业家对宏观经济环境的感受与信心逐步增强，企业家信心指数开始快速回升。2009 年第四季度，全国企业家信心指数达到 127.7 点，其中工业企业家信心指数持续提升，已恢复至 125.5 点，表明工业企业负责人对宏观经济形势的判断发生了明显逆转。需要特别指出的是，不同规模企业的企业家信心指数都有大幅提升，但大型企业的企业家信心指数变化更为显著。2008 年第四季度，大、中、小型企业的企业家信心指数分别降至 89.0 点、97.7 点和 94.1 点，而到

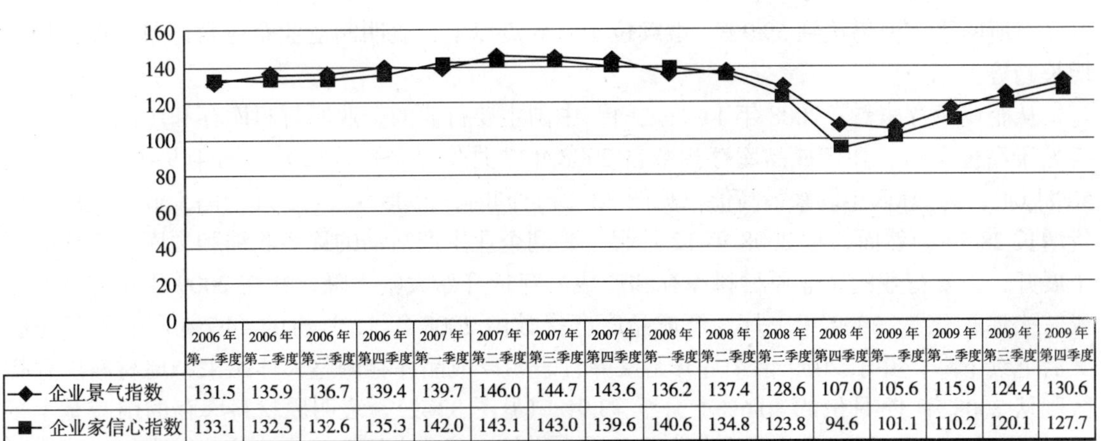

	2006年第一季度	2006年第二季度	2006年第三季度	2006年第四季度	2007年第一季度	2007年第二季度	2007年第三季度	2007年第四季度	2008年第一季度	2008年第二季度	2008年第三季度	2008年第四季度	2009年第一季度	2009年第二季度	2009年第三季度	2009年第四季度
企业景气指数	131.5	135.9	136.7	139.4	139.7	146.0	144.7	143.6	136.2	137.4	128.6	107.0	105.6	115.9	124.4	130.6
企业家信心指数	133.1	132.5	132.6	135.3	142.0	143.1	143.0	139.6	140.6	134.8	123.8	94.6	101.1	110.2	120.1	127.7

图 33-1　全国企业景气指数和企业家信心指数的变化情况

资料来源：国家统计局。

2009 年第四季度，大、中、小型企业的企业家信心指数则分别提升至 140.5 点、128.2 点和 115.9 点。

2. 企业产销形势持续好转，库存再次出现攀升

自 2008 年第三季度起，国际金融危机引起外需急剧萎缩，加之当时国内需求不振，企业的市场需求状况迅速恶化，新订单数快速下滑。来自中国物流与采购联合会的数据表明，中国制造业采购经理指数（PMI）中的新订单指数在 2008 年 11 月下降至 32.3%，即使在 12 月回升到 37.3%，仍远低于临界值 50%（见图 33-2），表明制造企业的市场需求极其低迷。其后，随着国家扩内需政策效应的释放，特别是积极财政政策所引起的投资品订单数量快速增长，企业的市场需求开始逐步改善，企业的新订单数稳步增长。2009 年 12 月，新订单指数由年初的 45%上升至 61%，连续十一个月位于临界点以上，而 2010 年 1 月，新订单指数

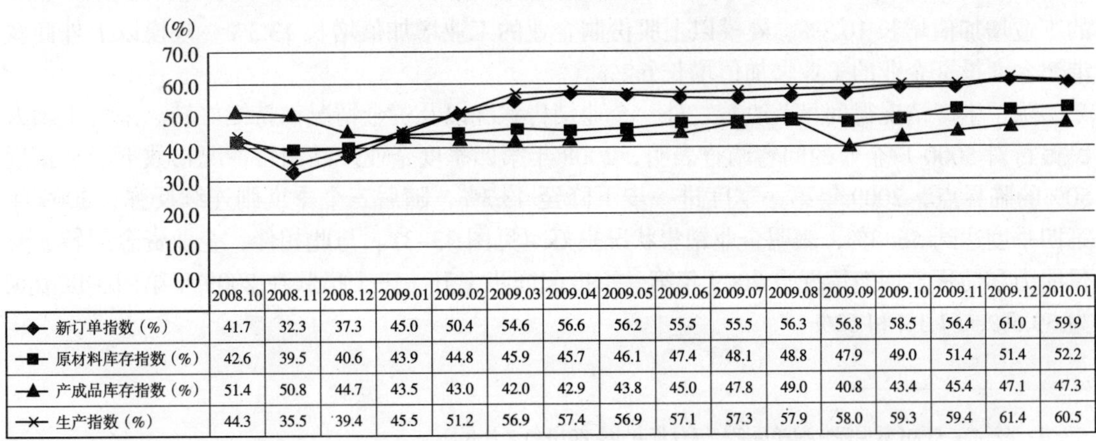

	2008.10	2008.11	2008.12	2009.01	2009.02	2009.03	2009.04	2009.05	2009.06	2009.07	2009.08	2009.09	2009.10	2009.11	2009.12	2010.01
新订单指数（%）	41.7	32.3	37.3	45.0	50.4	54.6	56.6	56.2	55.5	55.5	56.3	56.8	58.5	56.4	61.0	59.9
原材料库存指数（%）	42.6	39.5	40.6	43.9	44.8	45.9	45.7	46.1	47.4	48.1	48.8	47.9	49.0	51.4	51.4	52.2
产成品库存指数（%）	51.4	50.8	44.7	43.5	43.0	42.0	42.9	43.8	45.0	47.8	49.0	40.8	43.4	45.4	47.1	47.3
生产指数（%）	44.3	35.5	39.4	45.5	51.2	56.9	57.4	56.9	57.1	57.3	57.9	58.0	59.3	59.4	61.4	60.5

图 33-2　中国制造业采购经理指数（PMI）分项指数变化

资料来源：中国物流与采购联合会，国家统计局。

尽管有所回落，但仍达到 59.9%，继续位于临界点以上，表明制造业企业新订单量保持稳步增长趋势。

从企业库存来看，2008 年 11 月之前，中国主要行业的企业原材料库存和产成品存货始终处于高位运行，如产成品库存指数自 2008 年 7 月份以来持续攀升，当年 9~11 月均达到 50%以上，为 2005 年以来最高值（见图 33-2），同时，2008 年 1~11 月全国工业企业产品存货增长 28.5%。然而，从 2008 年 12 月起，受到企业生产活动的逐步收缩和去库存工作的逐步展开，主要行业的企业原材料库存和产成品存货开始大幅下降，并在 2009 年年初基本完成“去库存化”。2009 年 1 月，产成品库存指数由 2008 年 12 月份的 44.7%下降至 43.5%，其后继续下降，并于 2009 年 4 月开始反弹，表明产成品库存调整大体结束；原材料库存指数则从 2008 年 12 月份的 40.6%上升至 43.9%（见图 33-2），表明原材料库存的削减基本接近尾声。然而，在最近九个月中，产成品库存指数在震荡中回升，2009 年 12 月和 2010 年 1 月分别为 47.1%和 47.3%，表明企业产成品库存持续增长，企业生产速度快于市场需求恢复速度；原材料库存指数几乎呈现持续增长态势，2009 年 12 月和 2010 年 1 月分别为 51.4%和 52.2%，创下历史新高，表明企业正在补充原材料，这有可能是因为订单数量的增多以及出于对原材料价格的更高的通胀预期所造成的。

企业订货的回暖以及“去库存化”的结束引起企业生产产量的稳步增长，许多原来处于停工或半停工状态的企业又重新恢复生产，企业生产形势持续好转，并开始转入趋稳态势。与新订单指数变化趋势相一致，中国制造业采购经理指数（PMI）中的生产指数于 2008 年 11 月下降至 35. 5%，其后三个月虽然有所回升，但均处于临界点之下（见图 33-2）。但从 2009 年 3 月起，生产指数开始攀升至临界点之上，2009 年 12 月和 2010 年 1 月分别为 61.4%和 60.5%，连续十一个月置于临界点以上，表明制造企业的生产量持续增长。2010 年 1 月生产指数比 2009 年 12 月回落了 0.9 个百分点，但仍高于 2009 年 10 月的 59.3%和 11 月的 59.4%，这一方面表明采购经理人继续看好制造企业生产，另一方面也预示着工业企业生产增速在经历了八个月的持续走高之后，可能已进入平稳运行阶段。① 更细致地考察可以发现，不同所有制企业的生产增速差别显著，其中股份制企业（主体是私营企业）增长最快。2009 年 1~12 月，规模以上国有及国有控股企业的工业增加值增长 6.9%、规模以上集体企业的工业增加值增长 10.2%、规模以上股份制企业的工业增加值增长 13.3%、规模以上外商及港澳台商投资企业的工业增加值增长 6.2%。

除了生产情况得到显著改善之外，企业销售状况以及资金情况都持续好转。来自中国人民银行对 5000 户企业的问卷调查表明，2008 年第四季度企业产品销售情况指数下滑至接近 50%的临界点，2009 年第一季度进一步下降至 48.3%，随后三个季度则连续反弹，2009 年第四季度达到 56. 3%，表明企业销售状况良好（见图 33-3）。与此相伴，企业资金周转、支付能力和销货款回笼情况自 2009 年第一季度起同步上升，三个指数在 2009 年第四季度分别为 59.6%、61.1%和 62%。②

① 张新法：《PMI 数据强化通胀预期》，《投资者报》2010 年 2 月 8 日。

② 中国人民银行：《2009 年第 4 季度企业家问卷调查综述》，中国人民银行网站，http: //test.pbc.gov.cn/publish/bangongting/82/2010/20100126155725042944125/20100126155725042944125_.html，2009 年 12 月 16 日。

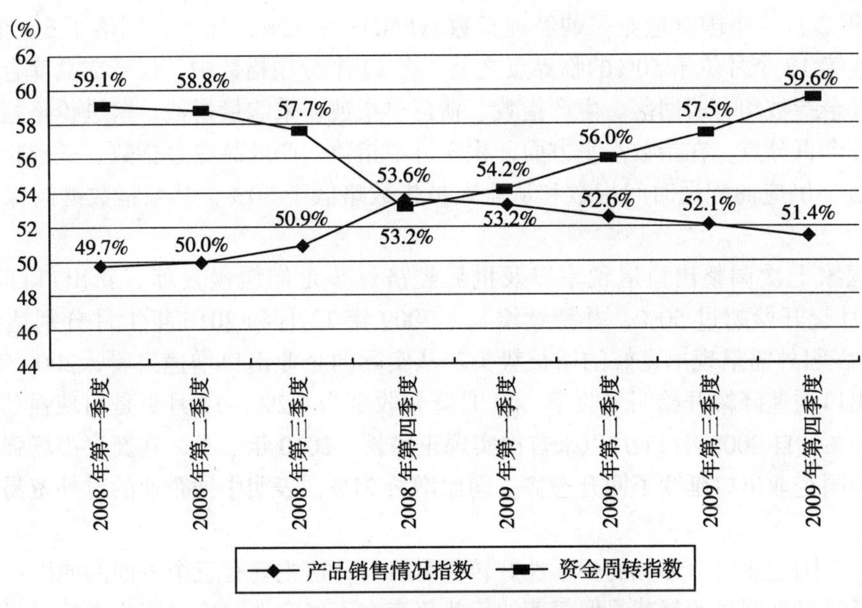

图 33-3　企业产品销售状况和资金情况的变化

资料来源：中国人民银行。

3. 企业出口艰难扭转下滑势头，出口的根本性好转尚待时日

国际金融危机首先打击的是出口企业，尤其是国外市场集中在欧美、技术水平低、处于产业链低端的劳动密集型企业所受的冲击更大、更直接。自 2008 年 7 月起，中国制造业采购经理指数（PMI）中的新出口订单指数开始处于临界点之下，在 11 月更是下降至 29%的最低点，即使在 2009 年的前四个月，也都一直低于临界点，这表明外需萎缩极度严重（见图 33-4）。而从实际的企业出口增速来看，自 2008 年 10 月起，企业外贸出口连续大幅下挫，11 月开始出现负增长，2009 年上半年累计降幅达 21.8%。

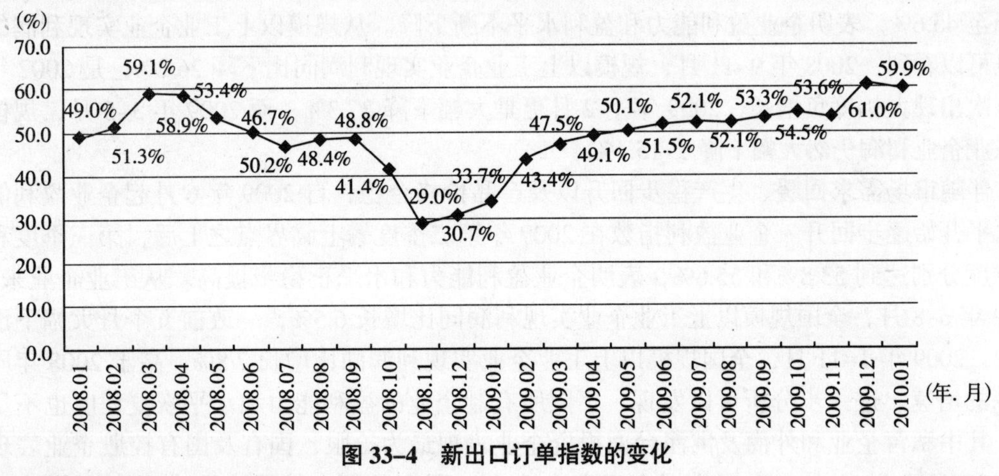

图 33-4　新出口订单指数的变化

资料来源：中国物流与采购联合会。

2010 年 2 月，中国制造业采购经理指数（PMI）为 52%，比上月回落了 3.8 个百分点。该指数已连续 12 个月位于 50%的临界点之上。在 11 个分项指数中，仅产成品库存指数与上月持平，其余指数均有所回落。生产指数、新订单指数、采购量指数、购进价格指数的回落均超过了 6 个百分点。在指数水平方面，积压订单指数、产成品库存指数、进口指数、原材料库存指数、供应商配送时间指数和从业人员指数略低于 50%，其余指数继续保持在 50%以上。

随着国家七次调整出口退税率以及世界经济逐步走向缓慢复苏，新出口订单指数从 2009 年 5 月起开始超过 50%，并持续增长，2009 年 12 月和 2010 年 1 月分别达到 61%和 59.9%，这表明外需呈现出良好的增长势头。从实际的企业出口增速来看，2009 年 9 月起，中国企业出口增速降幅开始明显收窄，11 月降幅收窄为 1.2%，12 月更是出现强劲增长，同比增长 17.7%，自 2008 年 11 月以来首次实现正增长。2010 年 1 月，在新兴市场强劲复苏的带动下，中国企业出口延续了回升态势，同比增长 21%，表明中国企业的对外贸易正在加速复苏。

但是，中国企业出口形势的根本性好转仍需时日，这主要有三个方面的原因：一是虽然世界经济已经呈现明显的复苏，但复苏的后势仍存在不确定性。这是因为本轮世界经济复苏主要建立在各国超常规的经济刺激政策基础上，带动需求增长的内生动力仍然不足，发达经济体的就业形势非常严峻，居高不下的失业率使得世界经济复苏失去了一个重要“引擎”。二是全球贸易保护主义行为日益增加，尤其是中国遭遇的反倾销和反补贴等贸易救济措施不断增加，这将成为抑制中国企业出口的重要因素。三是国际大宗商品价格回升以及人民币升值预期，都将对出口复苏形成压力。

4. 产品价格企稳回升，企业盈利水平逐步改观

国际金融危机所引起的市场需求下降、企业库存增加、产品价格下降（见图 33-5）等直接导致了企业盈利能力和盈利水平的下滑。来自中国人民银行对 5000 户企业的问卷调查表明，自 2008 年第四季度起，企业盈利指数滑落至临界值之下，并在 2009 年第一季度继续下降至 45.6%，表明企业盈利能力和盈利水平不断下降。从规模以上工业企业实现利润的数据也可以看到，2008 年 9~11 月，规模以上工业企业实现利润同比下降 26.2%，是 2002 年以来首次出现大幅度负增长，2009 年 1~2 月更是大幅下降 37.3%，而 2009 年 3~5 月，规模以上工业企业利润仍然大幅下降了 15.4%。

伴随市场需求回暖、生产稳步回升以及产品价格企稳，自 2009 年 6 月起企业盈利能力和水平开始逐步回升。企业盈利指数在 2009 年第二季度攀上临界点之上后，第三季度和第四季度分别达到 53.8%和 55.6%，表明企业盈利能力和水平正稳步提高。从工业企业来看，2009 年 6~8 月，全国规模以上工业企业实现利润同比增长 6.5%，一改前五个月大幅下滑的势头。2009 年 1~11 月，全国规模以上工业企业实现利润同比增长 7.8%，高于 2008 年同期 4.9%的增速。进一步分析可以发现，不同所有制企业的盈利能力和水平恢复程度也不尽相同，其中私营企业和外商及港澳台商投资企业表现最为抢眼，国有及国有控股企业表现最差。2009 年 1~11 月，在规模以上工业企业中，国有及国有控股企业实现利润同比下降

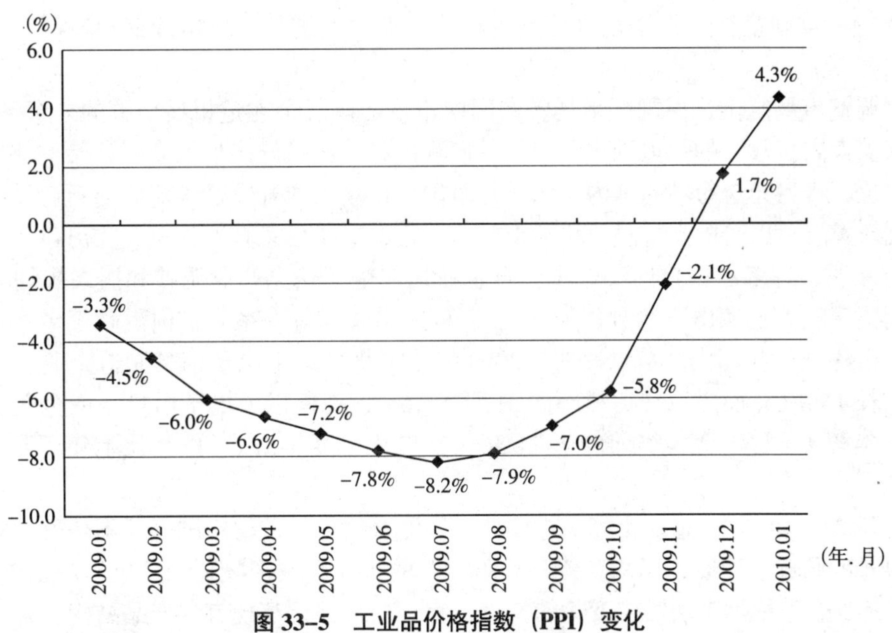

图 33-5　工业品价格指数（PPI）变化

资料来源：国家统计局。

4.5%、集体企业实现利润同比增长 10.3%、外商及港澳台商投资企业实现利润同比增长 16.9%、私营企业实现利润同比增长 17.4%。①

二、中国企业在应对国际金融危机中的行为表现

按照"共同演化"思想，企业成长与衰退是企业内部各要素之间互动演化、企业与环境之间互动演化的过程和结果。国际金融危机作为一种典型的"外部冲击型"危机，它短期性地剧烈改变了中国企业所生存的外部环境，因此，也要求中国企业必须做出相应的行为调整予以适应和匹配。2009 年，在国家及时、有效的宏观调控政策的引导下，中国企业通过或正通过战略调整转型、推进兼并收购、提升自主创新能力、优化企业管理等多管齐下的应对策略，攻坚克难，化危为机，取得了阶段性进展。

1. 积极推进战略调整转型

企业发展战略具有前瞻性、全局性、方向性和长远性等特征，对企业做强做大和实现可持续发展具有极为重要的意义。面对突如其来的国际金融危机，许多中国企业对自己的发

① 数据来自国家统计局。

展战略进行了重新审视，根据自身特点主动地或被动地进行了战略调整和转型，其主要特点包括：

一是调整市场定位，由国际市场转向国内市场。国际金融危机所引致的外贸环境恶化，加上国家扩大内需政策的强力推进，一些外向程度高、出口导向型的企业开始重新确立自己的市场定位，将目光纷纷转向国内市场，针对国内市场需求开发适销对路的新产品，从内需市场挖掘新卖点。以受国际金融危机冲击较为严重的电子信息企业为例，在出口形势极其不乐观的情况下，许多出口导向型电子信息企业抓住电子信息产业调整和振兴规划实施的机遇，利用国家实施的家电下乡、以旧换新、3G 网络建设等一系列扩内需政策措施，将市场重点逐步由海外转向国内。数据表明，2009 年中国规模以上电子信息制造企业实现内销产值同比增长 15.8%，而出口交货值则同比下降 5.6%，规模以上电子信息制造企业的内外销比例从上年的 1∶1.71 变为当前的 1∶1.36，出口依存度（57.6%）相比上年下降 4.9 个百分点。[①]

二是调整产品结构，适应市场需求变化。国际金融危机使得中国企业不得不面对更加激烈的国内外市场竞争环境，那些经营“大路货”的企业受到国际金融危机的冲击更为严重。鉴于此，不少企业根据市场需求变化的特点，有针对性地调整现有的产品结构，开发市场需求大、盈利能力强的产品，淘汰没有销路、经济效益差的产品。以汽车生产企业为例，受国家对小排量汽车购置税优惠政策的刺激，国内消费者对小排量汽车的需求急剧增加，一汽、上汽、东风、奇瑞和吉利等汽车生产商都在 2009 年推出了小排量汽车，而北京现代、吉利集团等以小排量车型占主导的企业则加大了 1.6 升及以下小排量车型的供应。来自中国汽车工业协会的数据显示，2009 年中国 1.6 升及以下排量的乘用车销售量达到 719.55 万辆，市场比重为 70%，创历史新高。[②]

三是调整发展方式，推进从“低成本竞争战略”向“差异化竞争战略”转型。国际金融危机的发生使得单纯依靠低成本进行竞争的经营模式加快丧失传统优势，大量生产低附加值产品和劳动密集型企业正在失去市场生存空间。在这种情况下，一些依赖传统加工制造模式的企业不得不转变发展战略，由依靠成本优势和价格取胜的竞争战略转向培育自己的核心品牌和能力，形成和实施“差异化竞争战略”，为顾客提供高附加值、差异化的产品和服务。以服装企业为例，2009 年，在出口严重下滑、行业升级压力日益增加以及供需双方品牌意识同步加强的多重驱动下，一些以贴牌代工起步的服装加工企业开始转型进行自主品牌生产，而小部分已经崭露头角的原创品牌则积极完善各自的商业化运作，向上提高设计实力、向下增强营销能力，进一步强化品牌模式，培育自身的核心能力，希冀走上品牌差异化竞争的道路。

四是调整角色定位，逐步从跨国公司的“追随者”转变为“挑战者”。相比而言，国际金融危机对国外企业的打击更为及时、更为直接和更有力度，这使得许多大型跨国企业的竞争地位受到了很大程度的削弱，而中国企业的国际竞争力则相对有所提升。从 2009 年世界

① 工业和信息化部：《2009 年电子信息产业经济运行公报》，工业和信息化部网站，2010 年 2 月 3 日。http：//www.miit.gov.cn/n11293472/n11293832/n11293907/n11368223/13007050.html。

② 张毅：《中国汽车产业结构调整取得明显成效》，新华网，2010 年 1 月 11 日。http：//news.xinhuanet.com/fortune/2010-01/11/content_12792694.htm。

500 强排名来看，中国大陆进入世界 500 强的企业数量已经达到 34 家，首次超过英国，其中中国石化首次进入前 10 名，位列第 9 位，中国石油、国家电网公司也纷纷进入前 20 名，分别位列第 13 位和第 15 位。① 竞争地位的变化也使国内企业与跨国公司的竞争关系发生了明显变化，其中一个突出的特点就是中国企业变得更为自信，逐步从原来的“追随者”转变为“挑战者”，2009 年发生的多起中国企业并购著名跨国公司的案例就是强有力的佐证。

2. 积极推进企业兼并收购

并购是企业实现战略调整转型的重要手段，也是企业实现跨越式成长的重要方式。国际金融危机引致许多国外大型企业和部分国内企业经营困难甚至破产，这对那些抗风险能力强、核心竞争力突出的优秀企业来说，无疑是进行低成本兼并收购的良好时机。事实也证明，2009 年中国企业的并购意愿十分强烈，并购行为非常活跃，如“美的”收购“小天鹅”、“国美”收购“三联商社”、“中粮集团”携手“厚朴基金”斥资 61 亿元入股蒙牛公司 20%股权、“吉利”并购“沃尔沃”等。来自清科研究中心的数据显示，2009 年中国共完成 294 起并购交易，同比增长 59.8%；披露的并购金额达到 331.47 亿美元，与 2008 年基本持平。从地域来看，2009 年中国企业海外并购成为中国并购市场最引人瞩目之处，虽然海外并购交易数量仅占中国并购市场交易量的 12.9%，但其并购金额比重却高达 48.6%。② 另据英国 Dealogic 分析公司的报告，2009 年在全球企业并购交易额同比下降 26%的情况下，和中国相关的大型并购案数量却达到了历史最高位，交易总量上也达到了 1664 亿美元。③

3. 积极推进企业自主创新

在这次国际金融危机中，中国一些劳动密集型出口企业和传统技术企业受到的冲击较大，同时，一些具有自主创新能力的企业和高新技术企业则显示出较强的抵御风险能力和市场竞争能力。事实再次说明，创新是企业兴旺发达的生命源泉和不竭动力。2009 年，在国家一系列支持自主创新政策的激励下，中国许多企业以应对金融危机为契机，加快了自主创新步伐，自主创新能力得到增强，自主创新取得阶段性成果。具体表现在：一是专利申请保持较快增长。世界知识产权组织公布的数据显示，2009 年，中国共申请 7946 项国际专利，比 2008 年增长 29.7%，专利申请总数排名世界第五。④ 二是研发投入意愿增强。京都天华会计师事务所的最新调查结果显示，从全球来看，中国国内企业表示希望在 2010 年增加研发投入的意愿最强，对于研发投入方面的“乐观/悲观相差指数”（乐观/悲观相差指数=对于该问题感到乐观的受访者百分比-对于该问题感到悲观的受访者百分比）为+52%，而全球的平

① 数据来自《财富》杂志 500 强排行榜。

② 李鲁辉：《2010 年中国并购市场三大看点》，中国证券网，2010 年 1 月 27 日。http：//company.cnstock.com/listed/gsyj/201001/356683.htm。

③ 田芸：《中国去年并购交易额 1664 亿美元 跃居亚太地区第二》，《每日经济新闻》2010 年 1 月 7 日。

④ 刘国远：《2009 年中国国际专利申请总数 7946 项居世界第五》，中央政府门户网站，2010 年 2 月 9 日。http：//www.gov.cn/jrzg/2010-02/09/content_1531561.htm。

均值为+25%。[①] 三是企业新产品新技术开发速度加快。从区域来看，以湖南省为例，2009 年湖南省企业共完成省级以上新产品开发项目 4417 项，同比增加 2502 项，增幅 131%，其中达到国际水平的 186 项；[②] 从产业来看，以高技术产业为例，2009 年全国高技术企业实现新产品产值 12154 亿元，在极其困难的情况下依然实现了 6.92%的增长；[③] 从具体企业来看，以机床企业为例，沈阳机床仅 2009 年一年就开发出数控机床新品 67 种，主要面向航天航空、轨道交通、风电、核电等领域，其中曲轴连杆颈数控机床等 16 款新品已经实现小批量产业化生产，当年累计实现产值 7860 万元。[④] 四是重点企业实现由消化吸收向自主创新的跨越。南车株机 2009 年只用了不到六个月时间，就成功研制出了大功率交流传动六轴 9200 千瓦、7200 千瓦电力机车，自主化率达到 90%，装备了时速 350 公里高速列车，实现了由引进技术向自主创新的跨越。[⑤]

4. 积极推进企业管理优化

管理是企业永恒的主题，是企业实现可持续发展的基础。管理薄弱、体制机制不健全是中国许多企业在成长过程中遇到的、容易受到忽视的重要“瓶颈”，也是许多企业在这次国际金融危机中遭遇挫折和困难的重要原因。2009 年，一些企业积极开展管理创新，优化企业管理，提升管理绩效，主要包括：健全治理结构，提高公司治理机制的有效性；加强质量管理，不断提高产品质量和服务水平；加强成本管理，提升控制成本的能力；加强财务管理，防范资金链断裂；加强风险管理，增强应对各类风险的能力。以中央企业为例，2009 年，中央企业进一步提高集团化运作水平、增强集团控制力、强化管理、控制投资、精减支出，努力降本增效。

三、当前中国企业发展所面临的突出问题

尽管世界各国在应对国际金融危机中取得了重大成效，大部分中国企业通过采取各种措施已经或正从困境中走出来，但不容置疑的是，中国企业许多长期积累的深层次的矛盾和问题并没有得到根本解决，甚至没有得到缓解，企业的经营环境也发生了一定的变化，比如，

① 厉容：《调查显示：中国企业研发投入意愿全球最高》，新华网，2010 年 1 月 27 日。http: //news.xinhuanet.com/fortune/2010-01/27/content_12886959.htm。

② 湖南省经济委员会：《2009 年企业技术创新分析及 2010 年工作要点》，湖南省经委网，2010 年 2 月 1 日。http: //www.hnjmw.gov.cn/prog/infor/publish/MsgView.jsp？MsgID=14546。

③ 数据来自国家发展改革委高技术司。

④《企业结构调整收效显著 全行业产业链问题突出》，机电商报网，2010 年 2 月 3 日。http: //www.meb.com.cn/jichuang1/html/？2948.html。

⑤ 湖南省经济委员会：《2009 年企业技术创新分析及 2010 年工作要点》，湖南省经委网，2010 年 2 月 1 日。http: //www.hnjmw.gov.cn/prog/infor/publish/MsgView.jsp？MsgID=14546。

低碳经济的兴起，后金融危机时期国际经济力量的对比发生了一定的变化，国际贸易保护主义的抬头，企业社会责任要求的提高，中国转换经济增长方式，等等。

随着后金融危机时代的到来，中国企业在发展过程中又将面临一些新的突出问题。

1. 自主创新能力不足问题依旧突出

随着中国经济“保增长”目标的基本实现，“调结构”和转变经济发展方式将成为中国宏观经济调控的重点。在这种背景下，中国企业自主创新问题特别是技术创新问题必将成为人们普遍关注的焦点。然而，尽管国际金融危机对中国企业提升自主创新能力、转变发展方式形成倒逼机制，如前面所分析的，部分中国企业也加快了自主创新步伐，取得了一些成效，但整体上而言，中国企业自主创新能力不足问题依然突出，缺乏有效的自主创新机制，先进技术的自给程度依旧较低。根据中国企业评价协会 2009 年发布的中国企业自主创新评价报告，目前中国企业的自主研发经费占销售收入比例的平均值仅为 3.8%，而发达国家的经验表明，研发经费的投入只有占到企业销售收入的 5%以上时，企业才有竞争力，2%只够让企业勉强生存，而 1%则企业很难生存。① 以家电企业为例，中国家电行业的研发投入占销售额的比例仅为 1%，研发投入占比超过 5%的不到 3 家，这导致中国家电企业基本不具有基础技术和核心技术，在液晶面板、半导体、芯片等核心技术领域一直受制于人。

2. 新一轮的成本上升压力日益显著

由于国内资源要素价格的改革以及境外能源价格处于高位，加之生产资料出厂价格的上升，企业不得不面对成本的提高，这将使企业的盈利能力和盈利水平面临严峻挑战。2009 年 12 月，原材料、燃料、动力购进价格实现同比正增长 3%，而 2010 年 1 月更是上涨了 8%。② 2010 年 1 月，中国制造业采购经理指数（PMI）中的购进价格指数达到 68.5%，比上月上升 1.8 个百分点，分产品类型来看，原材料、能源和中间品类企业最高，超过 70%，生活消费品和生产用制成品类型企业稍低，但也在 60%以上，③ 这表明各类企业购进价格仍在持续攀升。来自中国企业家调查系统 2009 年 10 月的调查结果也表明，被调查企业经营者在回答当前企业发展中遇到的最主要困难问题时，“人工成本上升”（57.9%）和“能源、原材料成本上升”（48.5%）被排在前两位，尽管其比重与 2008 年的调查结果相比有所下降，但与 2009 年第一季度的调查数据相比，选择二者的比重又有不同程度的上升，其中“人工成本上升”提高了 4.3 个百分点，“能源、原材料成本上升”提高了 24 个百分点。④

---

① 陈晓东：《研发投入不足成企业自主创新瓶颈》，《经济参考报》2009 年 7 月 16 日。

② 数据来自国家统计局。

③ 数据来自中国物流与采购联合会。

④ 中国企业家调查系统：《企业经营者对宏观经济形势及改革热点的判断、评价和建议——2009·中国企业经营者问卷跟踪调查报告》，中国企业家调查系统网站。http：//www.ceis.gov.cn/Item/16707.aspx，2010 年 2 月 15 日。

3. 中小企业融资难问题仍待破解

融资难一直是制约中小企业发展的瓶颈问题，特别是在国际金融危机爆发初期，中小企业融资难问题尤为突出。然而，在国家积极财政政策和适度宽松货币政策作用下，在国家采取的多项有力的中小企业扶持政策作用下，2009 年中小企业尤其是小企业贷款快速增长，中小企业融资难问题在一定程度上得到了暂时性缓解。来自中国人民银行的数据显示，2009 年，主要金融机构及农村合作金融机构、城市信用社和外资银行中小企业人民币贷款（含票据贴现）累计新增 3.4 万亿元；年末余额同比增长 30.1%，比年初高 16.6 个百分点，比同期全部企业贷款增速快 6.2 个百分点。其中，小企业贷款同比增长 41.4%，比年初高 34.2 个百分点，比同期全部企业贷款增速快 17.5 个百分点。[①] 尽管如此，但从占比来看，占全国企业总数 99%以上的中小企业新增贷款额只占到全部新增贷款额的 1/3 强，这主要是 4 万亿元经济刺激计划中绝大多数投向基础设施领域，主要分布在大中型国有企业，银行贷款中的中长期贷款占比较高，多为中长期的大中型建设项目。中国企业家调查系统 2009 年 10 月的调查结果表明，民营企业（主体为中小企业）认为资金紧张的比重为 42.8%,. 67%的民营企业经营者认为难以从银行贷款。[②] 可见，中小企业融资难问题并没有得到根本解决，在 2010 年各大银行信贷普遍收缩的情况下，这一问题可能会进一步凸显。

4. 部分行业产能过剩问题严重

2009 年，在中国经济成功实现“保八”增长目标的同时，部分行业产能过剩问题变得更加严重，产能过剩的行业数也呈现出快速增长的态势。中国企业家调查系统 2009 年 10 月的调查结果显示，37.1%的企业经营者反映“整个行业产能过剩”是当前企业发展中遇到的最主要困难，超过六成（63.4%）的企业经营者认为企业所在行业产能过剩，其中 44.8%认为“有些过剩”，18.6%认为“严重过剩”。[③] 截至 2009 年第三季度，24 个工业行业中已有 21 个行业出现产能过剩，[④] 其中钢铁、水泥、平板玻璃、煤化工、多晶硅、风电设备 6 个行业成为受到重点关注的产能过剩行业。以钢铁行业为例，2008 年中国粗钢产能 6.6 亿吨，需求仅 5 亿吨左右，约 1/4 的钢铁及制成品依赖国际市场，[⑤] 而 2009 年产能预计达到 7 亿吨左右，[⑥] 产能过剩的压力进一步增大。产能过剩导致行业增产不增收，库存增加，设备利用率

① 中国人民银行：《2009 年金融机构贷款投向统计报告》，中国人民银行网站，2010 年 1 月 20 日。http：//www.pbc.gov.cn/detail.asp？ col=100&ID=3491&keyword=2009 年金融机构贷款投向统计报告。

②③ 中国企业家调查系统：《企业经营者对宏观经济形势及改革热点的判断、评价和建议——2009·中国企业经营者问卷跟踪调查报告》，中国企业家调查系统网站，2010 年 2 月 15 日。http：//www.ceis.gov.cn/Item/16707.aspx。

④ 李海霞：《21 个行业产能过剩 抑制措施或年内出台》，人民网，2009 年 11 月 6 日。http：//finance.people.com.cn/GB/10333241.html。

⑤ 发展改革委、工业和信息化部等：《关于抑制部分行业产能过剩和重复建设引导产业健康发展的若干意见》，中央政府门户网站，2009 年 9 月 29 日。http：//www.gov.cn/zwgk/2009-09/29/content_1430087.htm。

⑥ 工业和信息化部：《2009 年钢铁行业发展回顾及 2010 年展望》，工业和信息化部网站，2010 年 2 月 12 日。http：//www.miit.gov.cn/n11293472/n11293832/n11293907/n11368223/13023732.html。

下降，产品价格下跌，2009 年钢铁行业销售利润率下滑至 2.2%，同比下降 53.4%，26 个城市 5 个钢材品种库存同比增加一倍，[①] 这表明产能过剩已经对所在行业的企业健康发展带来消极影响。

四、后金融危机时代促进中国企业持续健康发展的对策建议

尽管国际金融危机对国内企业产生了较大的冲击，但从中国企业发展的漫长道路来看，它也只不过是中国企业迈向做强做大道路上的一颗绊脚石而已。后金融危机时代的中国企业要实现持续健康发展，不仅要立足于当前解决国际金融危机所带来的短期“阵痛”，而且更应该立足于长远彻底消除长期积累的深层次矛盾和问题，这需要企业与政府的共同努力。

1. 企业层面

当前中国企业出现的自主创新能力不强、招工难和用工紧张、成本压力日益增加、中小企业融资难以及部分行业产能严重过剩等突出问题都可以直接或间接地归因于中国企业长期所走的粗放式发展道路，中国企业要能彻底摆脱国际金融危机所带来的影响、动态适应后金融危机时代新形势的变化、实现可持续发展，就必须转变发展方式，进行主动“转型升级”和加强“自主创新”。

（1）主动“转型升级”。中国企业应勇敢地正视金融危机对企业发展方式转变所形成的倒逼机制，紧紧抓住国家转变经济发展方式所带来的历史机遇，特别是抓住十大产业调整振兴规划所带来的政策机遇，针对自身发展中存在的突出矛盾和问题，积极主动地进行变革调整和转型升级，及时由主要依赖资源投入、靠量的扩张实现增长转向发挥人力资本优势、以技术进步和效率提高为主实现企业的发展，由“微笑曲线”的谷底向价值链的两端（高技术含量、高附加值领域）转移，由“低成本竞争战略”向“差异化竞争战略”转型，从而实现由粗放式、外延式的发展道路向集约式、内涵式的发展道路转变。这要求中国企业在发展战略、市场定位、产品开发、企业管理等方面进行全方位的调整与变革，打造专属的独特核心竞争力。

（2）加强“自主创新”。中国企业要真正实现由“大”到“强”的转变，实现由跨国公司的“追随者”、“挑战者”向全球企业的“领导者”转变，就必须培育和提升自主创新能力，持续开展自主创新。中国企业应立足于持续发展和未来竞争的需要，着眼长远，建立健全企业创新的长效机制。中国企业应在采取即期应对金融危机的措施的同时，紧紧抓住世界范围内可能掀起一场新的科技革命的历史机遇，加大科技研发投入，通过引进并消化吸收再

① 工业和信息化部：《2009 年钢铁行业发展回顾及 2010 年展望》，工业和信息化部网站，2010 年 2 月 12 日。http：//www.miit.gov.cn/n11293472/n11293832/n11293907/n11368223/13023732.html。

创新、集成创新、原始创新等多种形式积极推进技术创新，真正实现由“中国制造”向“中国创造”的转型；中国企业应着力突破抑制自身进一步发展的体制机制瓶颈，大力推动企业制度创新，重点从产权制度、组织制度、管理制度三个方面向前推进，建立适应新形势和未来发展趋势的现代企业制度；中国企业应将强化管理放在更加突出的位置，加大企业管理创新力度，重点推进企业管理思想、管理组织、管理工具创新，特别是要坚定不移地推进企业战略管理创新，实现企业管理现代化，形成管理创新与制度创新并举、管理创新与技术创新协调的良好格局。

2. 政府层面

政府与企业的关系可以概括为三种典型模式，即“看不见的手”（invisible-hand model）、“援助之手”（helping-hand model）和“掠夺之手”（grabbing-hand model）（Frye & Shleifer, 1997）。其中“看不见的手”模式强调政府作为企业的服务者定位，“援助之手”模式强调政府作为企业的援助者定位，而“掠夺之手”模式强调政府作为企业的监管者定位。对于处于经济转型中的中国来说，特别是在当前国际金融危机背景下，政府应扮演企业的“服务者”、“援助者”和“监督者”三重角色，促进企业“做强做大”。因此，后金融危机时代政府应从以下三个方面来促进企业持续健康发展。

（1）引导企业创新转型发展。企业发展方式的转变以及自主创新行为的激发都有赖于良好的外部环境。为此，政府应着力健全市场机制，如健全市场法规、规范市场交易行为、发展市场中介组织等，促进生产要素的自由流通和优化组合，为企业获得创新转型所需的要素资源、原有产品的退出以及新产品的推出提供良好的市场环境；完善相关的法律法规，如完善专利法、反不正当竞争法、资源节约法等，这一方面能为企业进行转型和自主创新提供激励，另一方面也能为企业开展创新转型提供良好的法律环境；出台、完善相关的激励政策，包括从财政政策、信贷政策、产业政策、政府采购政策等多个角度鼓励企业的转型提升和自主创新，特别是要注重在企业推进转型的初期以及对于原始创新给予政策支持，形成对企业创新转型行为的政策引导。

（2）帮助企业解决外部困难。招工难、中小企业融资难以及成本上升压力等企业当前所遇到的问题与中国经济社会发展所处的历史阶段以及国际经济形势变化有密切关系，很大程度上可以认为是系统性风险，也是市场失灵的重要表现。为此，政府应在科学分析这些问题产生根源的基础，通过宏观调控、政策制定、直接支持等多种方式帮助企业解决这些问题。比如，政府可以通过人才供给的结构优化、完善农民工劳动力转移的配套服务体系、健全劳动力市场等途径缓解沿海企业的招工难问题；通过完善金融结构和金融市场体系，针对中小企业融资做出制度性安排来缓解中小企业融资难问题。

（3）监管企业的非理性行为。产能过剩等当前企业发展过程中所出现的问题从宏观上看是经济运行的失衡问题，从微观上看则是企业非理性行为的结果，是市场机制失灵的重要表现。为此，政府应加强对这些行业或领域企业的监管，减少甚至避免企业非理性行为的发生。比如，政府可以通过产业导向、严格市场准入、严格项目审批、强化环境监管等多种途径加强对产能过剩行业的监管，引导和促进这些企业的理性发展，这也是国家当前抑制产能过剩和重复建设的重要思路和对策措施。

专栏 33—1

2009 年浙江省工业生产、利润、出口和用电量等主要经济指标持续回升

全年工业增加值 10457 亿元，比上年增长 5.9%。规模以上企业工业增加值为 8232 亿元，比 2008 年增长 6.2%，其中，11 月、12 月，工业增加值增长率分别达到 19.0%和 16.2%，回升速度之快超出预期。工业品出口转降为升。全年规模以上企业出口交货值 8561 亿元，比 2008 年下降 10.8%，降幅逐步收窄，分别比第一季度、上半年和前三季度收窄 7.6 个、7.2 个和 5.3 个百分点，11 月份为 2009 年首次正增长（7.4%），12 月增幅进一步上升到 13.5%。用电量持续回升。全年全社会用电量 2471 亿千瓦时，比 2008 年增长 6.4%，累计增长率连续 5 个月实现正增长，增幅比上半年（-1.2%）和前三季度（1.9%）提高 7.6 个和 4.5 个百分点，其中，工业用电量 1904 亿千瓦时，增长 5.3%，增幅比上半年和前三季度分别提高 8.8 个和 5.5 个百分点，累计增长率连续 3 个月实现正增长。12 月份，全社会用电量为 237.8 亿千瓦时，其中工业用电量 192.4 亿千瓦时，均增长 25.3%，自 6 月份以来工业用电量均保持增长。工业利润在上年负增长的基础上实现较快增长。全年规模以上工业实现利润总额 2041.4 亿元，比上年增长 34.4%（上年是下降 11.7%），增幅比前三季度（9%）上升 25.4 个百分点。1~11 月，浙江省工业利润增幅比全国平均高 19.2 个百分点，对全国规模以上工业企业利润增长的贡献率达 19.8%。全年利税总额 3488.7 亿元，增长 25.4%；亏损面为 14.4%，比 2008 年下降 1.9 个百分点，亏损企业亏损额下降 36.3%。企业订单明显增加，预示着下一阶段工业生产将继续向好。企业景气调查显示，第四季度工业产品订货景气指数为 123.9，比第三季度上升 10.7 点，其中国外订货指数为 100.6，比第三季度回升 5.7 点，自 2008 年第四季度以来国外订货指数首次回到景气区间。大中型企业调查显示，预计 12 月份企业订货数同比增幅比 11 月份"加快"、"持平"、"减缓"的企业分别占调查企业工业总产值的 28.0%、61.9%和 10.1%，认为"加快"的企业比重比"减缓"的高出 17.9 个百分点，38 个大类行业中，有 34 个行业预计订单同比增幅比 11 月加快，占 89.5%。

从规模以上工业行业增长结构看，一是主要行业生产和利润增势较好。2009 年，装备制造业增加值 2816.6 亿元，比上年增长 4%，比重为 34.2%，其中，金属制品、专用设备、交通运输设备、电气机械分别增长 4.5%、3.2%、10.6%和 8%。食品（10.2%）、化学（13.9%）、化纤（16.1%）、塑料制品（11.9%）、有色金属（15%）、废弃资源和废旧材料回收加工（21.6%）、燃气生产和供应（16.5%）等行业增势较好，增加值均增长 10%以上。全年装备制造业实现利润 765.3 亿元，比上

续专栏 33—1

年增长 9.7%。利润增长较快的行业有纺织（20.9%）、服装（34.6%）、家具（65.3%）、造纸（55%）、文教体育用品（63.9%）、食品（29.2%）、饮料（34.2%）、橡胶（147.6%）、化纤（88.8%）、化学（41%）等，黑色和有色金属行业分别增长 3.44 倍和 1.75 倍。二是劳动密集型的轻工行业出口总体平稳，以机电产品为主的装备制造业和部分原材料行业出口增幅明显回升。2009 年，服装鞋帽制造业出口交货值比上年增长 2%，纺织、皮革、家具、文教用品、工艺品分别下降 6.4%、6.3%、2.4%、8%和 8%，均低于平均降幅（10.8%）；通信设备、交通运输设备、仪器仪表和专用设备制造业出口交货值增幅比前三季度分别回升 4.3 个、5.8 个、4.9 个和 5.8 个百分点，橡胶、非金属矿物制品（出口的主要是玻璃）、化纤、化学原料和塑料等部分原材料行业增幅比前三季度分别回升 2.9 个、6.8 个、6.3 个、9.5 个和 6.3 个百分点。

自主创新和节能减排取得积极成效。深入实施自主创新能力提升行动计划，全年规模以上工业科技活动经费支出比上年增长 6.3%，实现新产品产值 7361 亿元，增长 12.6%，增速比规模以上工业总产值高 10.3 个百分点；新产品产值率为 18.1%，比上年高 1.7 个百分点。预计 2009 年 R&D 经费投入占 GDP 的比例将由 2008 年的 1.61%上升到 1.7%。节能减排成效明显。前三季度，单位 GDP 能耗下降 6.3%；预计全年单位 GDP 能耗下降 5.6%，规模以上工业单位增加值能耗下降 5.9%。前三季度，COD 排放量同比削减 3.5%，二氧化硫排放量同比削减 6.5%；全年 COD 减排 4.6%，二氧化硫减排 5.3%。

企业家信心加速回升，企业经营逐季好转。据对全省 1449 家的企业景气调查，第四季度，企业家信心指数为 131.2，比第三季度回升 3.1 点，比 2008 年同期回升 42.3 点，回升幅度逐季扩大，并创这次国际金融危机以来的新高，信心的恢复已回升至下跌初期（2008 年第一季度为 135.3）水平。企业家认为四季度本企业生产经营状况“良好”的占 43.0%，比第三季度回升 6.1 个百分点；认为“一般”的占 48.7%，比第三季度回落 4.3 个百分点；认为“不佳”的占 8.4%，比第三季度回落 1.8 个百分点，综合反映企业生产经营状况的企业景气指数为 134.6，分别比第三季度和 2008 年同期回升 7.9 点和 26.6 点，表明企业生产经营状况快速好转。其中，工业企业景气指数为 132.4，分别比 2008 年同期和第三季度回升 34.0 点和 9.2 点，景气度已回升至 2008 年第一季度的“较为景气区间”，实现“V”形回升走势。房地产企业景气指数为 134.4，比三季度回升 4.5 点。

资料来源：节选自浙江省统计局：《2009 年浙江经济回升向好 民生不断改善》，浙江统计局网站。

参考文献

Frye, T. & Shleifer, A., 1997. “The invisible hand and the grabbing hand”, American Economic Review,

87 (2).

中国企业家调查系统：《企业经营者对宏观经济形势及改革热点的判断、评价和建议——2009·中国企业经营者问卷跟踪调查报告》，中国企业家调查系统网站，2010 年 2 月 15 日。http：//www.ceis.gov.cn/Item/16707.aspx。

中国人民银行：《2009 年第 4 季度企业家问卷调查综述》，中国人民银行网站，2009 年 12 月 16 日。http：//www.pbc.gov.cn/detail.asp？col=100&ID=3442&keyword=2009 年第 4 季度企业家问卷调查综述。

第三十四章　中国国有企业在国际金融危机下的表现

提　要

从2008年第三季度国际金融危机爆发至今，国有企业的运营状况在整体上经历了从短期内迅速大幅滑落到低位企稳，再逐步转向恢复增长的变化态势。在危机之下，与民营企业相比较，国有企业表现出抗风险能力和市场反应能力相对较弱以及对经济形势变化反应相对滞后但反应更为激烈的特点。本章分析了国有企业应对危机的主要措施，并指出，国有企业对国家为应对国际金融危机而出台的经济刺激政策的响应相对积极，国际金融危机爆发后，国有企业的固定资产投资增长势头显著强于其他类型企业。今后一段时期，我们需要继续密切关注国有企业投资行为表现和国有经济格局的演变，充分发挥好国有经济在稳定经济增长方面的正面作用，同时，也要充分认识到国有企业的抗风险能力和市场反应能力弱的消极一面，注重规制好国有企业激进的投资行为，尽可能避免它们在放大经济运行中的不确定性和市场波动幅度方面的负面作用。

*　　　　*　　　　*

2008年下半年爆发的国际金融危机，对国有企业的运营造成了显著影响。危机爆发之初，国有企业的运营状况呈现出迅速且大幅滑落的态势；此后，受益于国家经济刺激政策的拉动作用，国有企业投资扩张迹象明显，主要经济指标降幅不断收窄，实现经济运行在低位企稳，再逐步转向恢复增长的变化态势。目前，国有企业的多项经济指标明显高于危机前的水平。

一、国际金融危机下的中国国有企业运营特点

1. 分三个阶段的国有企业运营波动状况

从 2008 年第三季度至 2009 年 10 月前，国资委监管的中央企业营业收入和实现利润同比一直呈现下降态势。根据国有及国有控股企业营业收入和实现利润的变化情况，我们将 2008 年中期至 2009 年末这一年半的时间区分为三个阶段，各阶段的国有企业运营状况分别有其典型特征。

（1）第一个阶段：2008 年中期至 2009 年 2 月。这是国有企业运营形势急剧恶化的时期。如图 34–1 所示，进入 2008 年下半年后，国有及国有控股企业营业收入和实现利润同比增幅呈现出单边下降趋势，且在 2008 年 9 月至 2009 年 2 月出现了加速下降态势。从国有企业的具体表现看，这个阶段又分为几个子阶段：

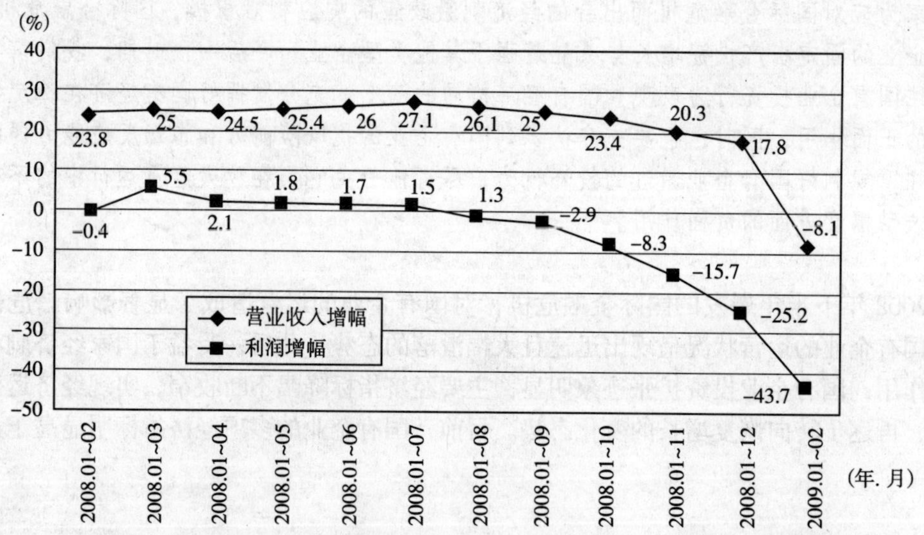

图 34–1　2008 年年初至 2009 年年初国有及国有控股企业营业收入、利润月度增幅变化情况

资料来源：财政部网站。

第一，2008 年第三季度的危机初显的子阶段。2008 年上半年，随着资源性产品价格连续数月的快速上扬，在 2008 年中期前后，国有企业整体上进入营业收入维持较高增幅但利润增幅水平较低的局面。进入 2008 年第三季度，有一部分国有企业开始发现自身持续数月的生产经营稳步增长的态势已不复存在，出现了产品滞销和存货增加的现象，从总体情况看，7 月至 9 月间，国有企业营业收入增幅在高位上出现回调，有随利润同步下降的趋势。

第二，2008 年第三季度末至第四季度末的危机凸显的子阶段。这一时期，因为美国金融危机集中爆发而引发的恐慌情绪，导致大量企业开始减产，一些企业陷入停产、半停产状态，石油加工、钢铁、电力、有色金属、海运等重点行业企业经济效益水平急剧下滑，减利和亏损企业增多。2008 年底，一批中央企业从事的金融衍生品业务出现了巨额亏损。例如，中国国际航空公司、东方航空公司及上海航空公司这三大国有航空公司在航油套保业务上的账面亏损总额数以百亿元计，中国远洋的 FFA（远期运费协议）亦出现了近 40 亿元的浮亏。

第三，2009 年 1 月至 2 月间危机蔓延与扩散的子阶段。这一时期，受国际金融危机的冲击，国际市场需求大幅萎缩，其负面影响从出口行业逐级向中上游产业延伸，使得绝大多数企业都面临需求萎缩的严峻市场形势，为数众多的企业经济运行状况在低位徘徊，企业的主要经济指标呈现出继续下滑的态势。在这期间，市场需求不足、供过于求的问题表现得非常突出。前几年中国经济持续高增长过程中，很多企业形成了巨大的生产能力，危机之下，这些企业面临的突出问题是产能过剩，尤其是国有企业为稳定就业，对生产能力的调整相对保守，也使这些企业的产销矛盾进一步突出。如图 34-1 所示，这期间，国有企业的营业收入同比增幅加速下降，从 2008 年全年两位数的增幅水平骤降至负值，国有企业的流动资产周转次数、总资产贡献率等经济效率指标，都在 2009 年 2 月前后触底。

（2）第二个阶段：2009 年 3 月至 2009 年 9 月。这是国有企业运营形势企稳回升的时期。如图 34-2 所示，自 2009 年 3 月以来，国有企业营业收入和实现利润同比呈现出了单边上升的趋势，到 2009 年 9 月，这种上升势头保持得比较平稳。从国有企业的具体表现看，这个阶段又分两个子阶段：

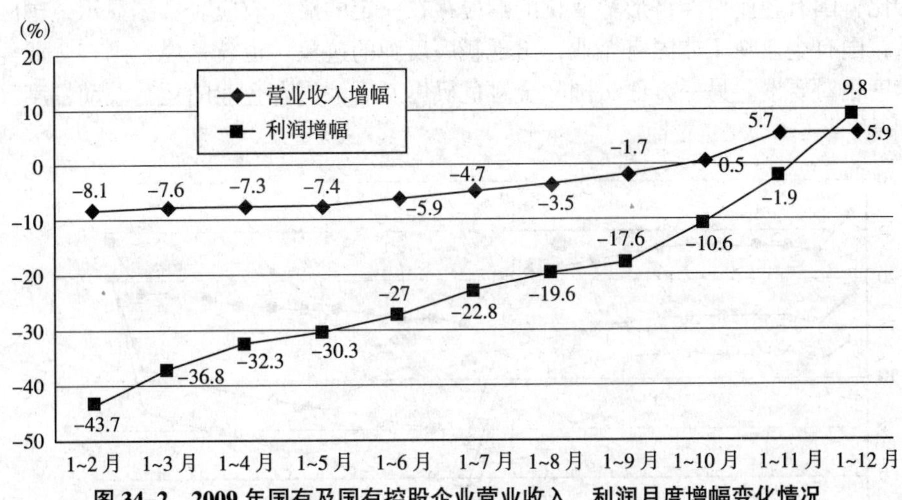

图 34-2　2009 年国有及国有控股企业营业收入、利润月度增幅变化情况

资料来源：财政部网站。

第一，2009 年 3~6 月的企业经济运行低位企稳阶段。这段时期，国有企业的主要经济指标降幅减缓趋势较为明显，5~6 月，主要经济指标月度环比开始由负转正。数据显示，2009 年 5 月，国有企业累计实现营业收入比 4 月环比增长 2.1%；2009 年 6 月，国有企业累计实现利润比 5 月环比增长 29.4%。这表明，到 2009 年第二季度末，国有企业经济运行的企稳态势显著。分行业的月度数据显示：3~4 月，在危机的重压之下，烟草、房地产等行业实现利润仍然较为稳定；4~5 月，机械、汽车、电子、化工等行业实现利润降幅收窄；6 月，电力行业扭亏为盈。2008 年第四季度受到冲击最严重的钢铁、有色金属、海运等行业，也明显减亏。

第二，2009 年第三季度的恢复增长阶段。这段时间，国有企业的主要经济指标的月度同比降幅进一步减小。分行业看，截至 2009 年第三季度末，房地产、建材、石化、汽车、煤炭等行业的利润出现较大增幅，电网企业和海运企业实现减亏，石油、钢铁、有色金属、电子等行业利润降幅进一步减缓。

（3）第三个阶段：2009 年 10 月至今。这是国有企业走出了危机低谷，呈现出恢复增长的良好态势的时期。分行业情况看：2009 年 10 月，海运企业扭亏为盈；11 月，电子和机械等行业利润实现正增长；12 月，电网企业和铁路运输行业扭亏为盈。总体数据显示，2009 年 10 月，国有企业营业收入出现当年首次同比正增长；2009 年 12 月，国有企业利润出现当年首次同比正增长。值得关注的是，2009 年全年，国有企业营业收入同比增幅与利润同比增幅的差距显著收窄，到 2009 年 12 月，利润同比增幅超过营业收入同比增幅，扭转了国际金融危机爆发时营业收入同比增幅大大高于利润同比增幅的局面。

2. 国有企业运营状况与私有企业运营状况的比较分析

以下分别运用企业工业增加值增速的月度累计值和当月指标值，对国有企业与全部工业企业、私有企业的运营状况做一个比较分析。从比较分析中，我们可以看到，一方面，与私有企业相比，国有企业对经济形势变化的响应存在一定的滞后效应。数据显示，国际金融危机爆发后，国有企业晚于非国有企业，出现触底反弹的迹象，也就是说，国有企业经营状况回暖的速度相对要慢。另一方面，国际金融危机爆发后，国有企业的运行波动幅度又明显大

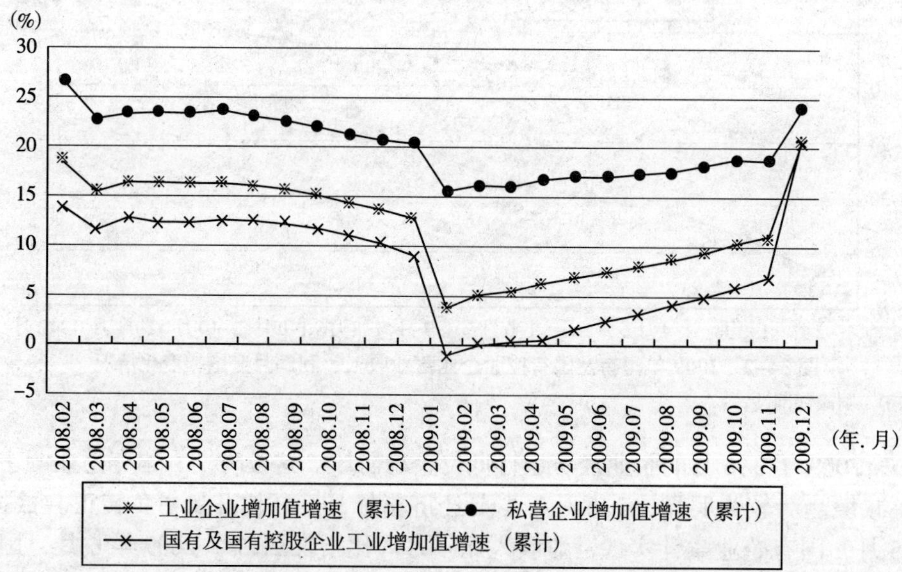

图 34–3　2008 年 2 月以来工业企业、国有及国有控股企业、私营企业增加值增速（累计）

资料来源：国家统计局网站。

于私有企业。在危机的低谷期，国有企业增加值增速的累计和当月指标值都一度出现负值，而私有企业及企业总体水平虽然下降但均为正值；而在 2009 年底、2010 年初的恢复增长期里，国有及国有控股企业工业增加值增速一改两年以来始终低于私营企业及企业总体水平的状态，呈现出显著的增长提速的态势，超过后两者的水平。

如图 34–3 所示，2008 年前三季度，工业企业增加值增速（累计）较为平稳地保持在 15%~17%，国有及国有控股企业的该指标值比总体水平低 3~4 个百分点，私营企业的该指标值比总体水平高 7~8 个百分点。进入 2008 年第四季度后，受国际金融危机的影响，工业企业增加值增速（累计）开始呈现明显的下滑态势。由于该指标值为累计值，因此，工业企业增加值增速（累计）在 2008 年年底的下滑表现得尚不突出，进入 2009 年，该指标即表现出了直线下降的态势。2009 年 2 月是该指标的低谷期，全部工业企业增加值增速（累计）为 3.8%，国有及国有控股企业的该指标值为–1%，私营企业的该指标值仍处于相对较高的水平，为 15.6%。从 2009 年 3 月份至 2009 年末，工业企业增加值增速（累计）稳步攀升，而且，国有及国有控股企业的工业企业增加值增速（累计）提速趋势明显好于私营企业，虽然前者的绝对值一直落后后者 10 余个百分点。2010 年初，工业企业增加值增速（累计）进一步提速，达到 20.7%的相对较高水平，同期，国有及国有控股企业的工业企业增加值增速（累计）出现大幅增长，达到与总体水平相一致的水平，与私营企业该指标值之间的差距显著收窄。

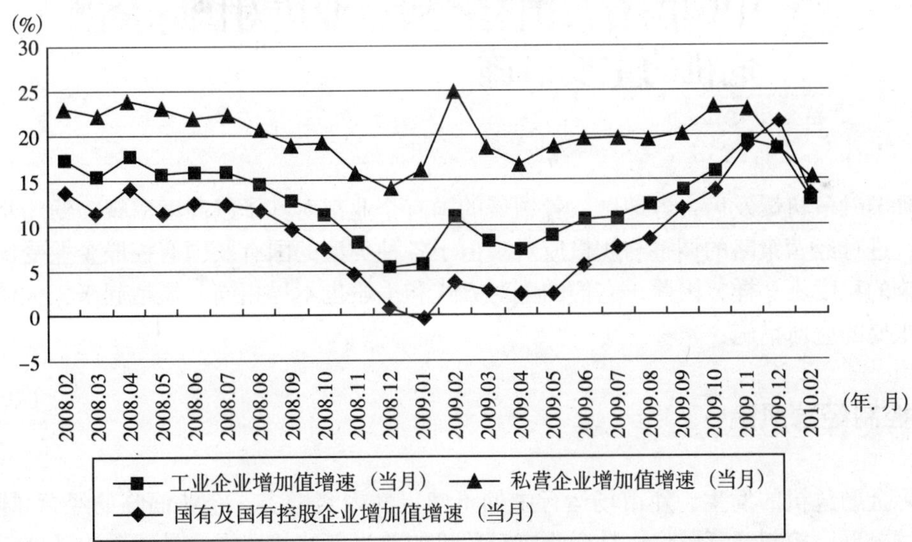

图 34–4　2008 年 2 月以来工业企业、国有及国有控股企业、私营企业增加值增速（当月）

资料来源：国家统计局网站。

图 34–4 给出了各月份企业工业增加值增速的当月值，从中可以看到，国有及国有控股企业经济指标对经济形势波动的响应有明显的滞后效应。第一次滞后效应表现在受国际金融危机冲击后出现的衰退期里，这一时期，工业企业增加值增速（当月）和私营企业增加值增速（当月）于 2008 年 11 月出现最低点，而国有及国有控股企业增加值增速（当月）的最低点的出现晚了一个月。第二次滞后效应表现在危机后的恢复增长期里，这一时期，工业企业

增加值增速（当月）和私营企业增加值增速（当月）的拐点出现在2009年四五月间，国有及国有控股企业增加值增速（当月）的拐点出现又晚了一个月。第三次滞后效应表现在2009年底。这一时期，私营企业增加值增速（当月）的拐点出现在2009年10月，工业企业增加值增速（当月）的拐点出现在2009年11月，而国有及国有控股企业增加值增速（当月）的拐点则出现在2009年12月。

从指标值的具体波动幅度看，国有及国有控股企业的运行波动幅度明显大于私营企业。国际金融危机爆发前后，国有及国有控股企业增加值增速指标值基本是在负值至20%的区间范围内上下波动；相形之下，私营企业的指标值基本是在15%~25%的相对较窄的区间范围内波动，企业总体水平则基本是在5%~20%的范围内波动。这似乎表明，国有及国有控股企业自身抵御经济形势波动的能力相对较弱。从前文所给出的国有企业的营业收入和利润的变化情况中，我们也可以看到，国际金融危机对于国有企业的盈利水平的负面冲击是非常突出的，危机爆发前后，国有及国有控股企业的利润增长水平大幅落后于其营业收入增长水平。上述现象和人们关于国有及国有控股企业运营状况的通常认知是相一致的，即国有及国有控股企业的市场反应能力，往往弱于私营企业。

二、中国国有及国有控股企业应对国际金融危机的主要措施

国际金融危机爆发后，各地区、各领域的国有企业都对其予以高度重视，纷纷从自身实际出发，进行经营策略的调整与积极应对。由于各种类型的国有及国有控股企业受国际金融危机影响的程度不一样，因此，它们的应对方式和手段也不尽相同。概括起来，大体上有以下四种主要的应对措施：

1. 控制经营风险

国际金融危机的发生，使市场运行中的不确定性因素增多，企业面临的经营风险加大，在这种情况下，控制经营风险，是企业应对危机的首当其冲的选择。具体做法又分三类：

（1）实行聚焦战略，收缩投资项目。不少企业从战略层面确定集中发展核心业务，进行投资瘦身，对已有投资项目或拟实施建设项目进行审慎分析和评估、清理排队和调减，或加快进度，或停建缓建，以降低投资风险。数据显示，中国石油、中国石化、国家电网、中国铝业、中电投、中国五矿6家企业2008年调减投资890亿元。①

（2）完善公司治理，严格风险管控。通过健全和完善风险控制体系，加强对经营和财务风险的控制，以提高经营质量，减少损失。一批企业启动全面风险管理工作，清理整顿了包

① 李荣融：《中央企业：以科学发展应对国际金融危机》，《红旗文稿》2009年7月14日。

括期货、期权、远期、掉期及其组合产品等高风险的金融衍生品业务，完善内控体系。

（3）加强资金管理，保障资金安全。国际金融危机爆发后，中远集团、中国五矿、中国中化等企业及时将海外资金转到中国银行，保证了资金安全。一些企业实行资金全面集中管理，强化资金集中管控。例如，中国石油 2008 年第四季度每天归集人民币资金约 60 亿元、外币资金约 3000 万美元，债务规模缩减 1000 亿元。从 2008 年 10 月份之后，中央企业就开始准备过冬的现金，到 2009 年初，中央企业持有超过两万亿元的现金。[①]

2. 加强成本控制

国际金融危机给企业收入来源造成明显的冲击，在收入下滑的情况下，控制好成本费用，避免入不敷出，成为应对危机的一种重要途径。具体做法又分两类：

（1）通过集中采购、压缩可控费用、挖潜增收节支等措施，降低成本费用。比如，国家电网、中国移动通过采购招标节约资金超过百亿元，中国石化大力压缩可控费用实现挖潜增效 139 亿元。鞍钢集团通过加强能源管理、深度挖潜，落实各项节能降耗措施，2009 年第一季度 26 项预算指标中有 14 项，创历史最高水平。不少企业还通过严格控制差旅费和会务费开支，勤俭办企、以应对金融危机。[②] 例如，上海电气集团提出过“紧日子”的十条措施，要求 2009 年度压缩管理费用 10%，销售费用占销售收入的比例下降到 3%以内。上汽集团要求各部室 2009 年费用预算比 2008 年下降 20%，做到业务招待费、车辆购置费等费用“负增长”；要求充分利用现有通信和多媒体手段进行业务沟通；凡能通过电话、视频会议解决的问题，尽量不安排出差，国内出差的交通工具、住宿标准统一下调一档。[③] 统计数据显示，国际金融危机后，国有及国有控股企业各项费用控制成效显著，产品销售成本与费用、管理费用、财务费用等主要成本费用指标的增速的回落程度，均比工业企业总体水平更为显著。

（2）减薪。国际金融危机爆发后，中央及地方国有企业减薪不减员的报道时现报端。在中央企业中，例如，中国铝业宣布坚决不裁员，但推行大规模的减薪计划以节约人力成本，级别越高减薪幅度越大。其中，分公司领导减薪 40%、公司高层领导减薪 50%。据预计，此次降薪能够为该公司节省 30%的人工费用。亏损严重的东航集团高管亦降薪三成，集团下属的东航股份的高管降薪两成，而中层则降一成，即所谓“三二一降薪比率”。另外，武钢集团、中国国电等企业领导班子也带头减薪。在地方国企中，上海国企行动最早，1 月底，即有上汽集团、电气集团、百联集团、锦江国际、东方国际集团、国际港务集团、广电集团、纺织集团、中铝上铜公司 9 家大型国有企业高层率先带头减薪，高层减薪幅度在 15%~20%，最高降幅达 40%。[④]

3. 实施创新战略

国际金融危机的爆发难免会对企业的传统业务形成冲击，为缓解这种冲击带来的负面影

①② 李荣融：《中央企业：以科学发展应对国际金融危机》，《红旗文稿》2009 年 7 月 14 日。

③④ 姚玉洁：《沪 9 大国企高层带头减薪　最高峰幅达 40%》，《北京晨报》2009 年 2 月 1 日。

响，企业纷纷加快技术创新和业务创新力度，积极开拓新市场，提升企业竞争能力。

（1）加快技术创新和业务创新力度。在应对国际金融危机的过程中，众多国有企业带头用技术创新化解危机，把握技术制高点，提高创新能力和竞争能力。统计显示，截至2008年年底，仅中央企业累计拥有有效专利达到60171项，同比增长32.1%，其中，有效发明专利20330项，增长29.6%，占总量的33.8%。40家央企获91项“企业技术创新工程项目”奖，占全部奖项的60%。[①] 有的大型国有企业，更是视国际金融危机为加快自主创新、提升“中国制造”核心竞争力、摆脱进口依赖、推动产业结构升级的大好时机，积极发挥自身在上述方面于所在行业中起到的引领作用。例如，新兴铸管加大技术研发力度，国际、国内市场不断扩大，并参与国际铸管行业标准的制定，使中国铸管企业在国际市场上掌握了话语权。2008年，其铸管产品由于质量过硬、技术先进，销售在国际上取得了新突破，产品逆势打入80余个国家和地区。[②]

（2）积极开拓新市场，提升企业竞争能力。例如，宝钢集团、中国海运等一批企业面对不断变化的市场形势，积极开拓市场，稳定重点客户，努力扩大销售份额。一些中央企业抓住全球经济格局变化的机遇，积极“走出去”，开拓国际市场，增强中国企业配置全球资源的能力。如中交集团、中国北车、中国南车、中国水电集团、国机集团、中国建筑创新市场运作方式，积极开拓国际市场，新签1亿美元以上的海外项目达几十个。[③]

4. 争取政策机会

国际金融危机爆发后，中央和地方政府先后出台一系列旨在保增长、保民生、保稳定、促投资和促消费的经济政策，这些政策不仅为企业渡过危机提供了相对宽松的条件，同时，还创造了大量市场需求。贯彻落实中央的方针政策，积极抓住这些政策中蕴藏的市场机会，是国有企业应对国际金融危机的又一重要途径。具体做法有两类：

（1）多方式、多渠道筹措资金，缓解资金压力。国际金融危机刚刚爆发时，不少企业遇到了资金“瓶颈”。后来，在中央实施积极的财政政策和适度宽松的货币政策的背景下，中央与地方国企积极开展银企合作，[④] 以缓解危机之下企业融资困难的矛盾。相当宽裕的资金支持，为国有企业在危机后恢复增长、大步发展营造了有利条件。

（2）积极参与新增投资项目，捕捉市场机会。在4万亿元投资和产业振兴规划实施的过程中，国有企业，尤其是国有大企业的引领带动作用非常突出。

---

① 李予阳：《坚持自主创新　提升竞争实力——国有企业应对国际金融危机系列述评之三》，《经济日报》2009年11月29日。

② 李予阳、王玲：《应对国际金融危机 要进一步发挥国有企业的作用》，《经济日报》2009年3月10日。

③ 李荣融：《中央企业：以科学发展应对国际金融危机》，《红旗文稿》2009年7月14日。

④ 例如，河北钢铁集团从几大商业银行获得了1300亿元授信额度，为其生产经营、结构调整和节能减排提供了充足的资金保障。山东钢铁集团也获得1000多亿元的授信额度，用以并购日照钢铁和进行日照精品钢基地建设。再如，广东省国资委积极强化银企行合作，以18家省属国有大企业为合作主体，与国家开发银行广东省分行签订了合作备忘录，在基础设施建设及投资、产业发展、国际合作、流通业等领域展开全方位合作。

5. 国资委层面的系统应对政策措施

国资委主要采取了四个方面的政策举措来动员国有企业尤其是中央企业积极应对国际金融危机：一是反复强化企业的风险意识和责任意识；二是督促企业提高风险防范能力；三是加强对企业经营活动的战略性引导；四是调整绩效考核政策，加强对企业运营质量的管理。

（1）强化企业的危机意识和责任意识。国际金融危机并不是一个孤立的事件，而是一个有来龙去脉、有先兆可循的事件。危机爆发前，国资委已经在强调，企业要有风险意识，要高度关注经济形势的变化，居安思危，未雨绸缪，深入分析可能面临的市场环境变化对企业发展的影响，及时调整发展战略和经营策略，制定切实有效的应对措施。危机爆发后，国资委继续强调，企业要树立信心，强化危机意识和责任意识，在应对危机方面发挥中流砥柱的作用，认真履行社会责任，积极化解金融危机带来的不利影响，努力将金融危机挑战转化为企业加快发展的良好机遇。

（2）督促企业提高风险防范能力。2008 年以来，国资委多次要求中央企业积极采取“过紧日子”、“准备过冬”的措施，要求中央企业高度重视风险管理，严格控制并购重组，高度重视资金管理，有效控制财务风险。在 2008 年第四季度企业经营最困难的时候，国资委成立了财务应急工作小组，选择了 20 多家负债率持续升高、市场处于下降状态以及发生较大经营损失的中央企业进行财务状况剖析，并约见总会计师及相关负责人进行警示谈话，敦促这些企业积极做好预案，有效管控财务风险。国资委还督促企业加强应对国际金融危机的诸项预测预警预案工作。[①] 针对中央企业在金融衍生业务上出现巨额亏损的突出问题，国资委要求中央企业审慎开展金融衍生业务，2009 年 3 月 24 日，国务院发出《关于进一步加强中央企业金融衍生业务监管的通知》，对企业从事金融衍生业务做出严格规定，要求企业必须审慎运用金融衍生工具，禁止任何形式的投机交易。

（3）加强对企业经营活动的战略性引导。在 2008 年年底召开的中央企业负责人会议上，国资委提出 2009 年工作的核心是“调整优化上水平”，要求中央企业从发展战略到管理构架、管理流程、资源配置、产品结构、组织结构、技术结构、人员队伍结构等都要进行调整优化，不断提高科学发展的能力和水平。[②]

（4）调整绩效考核政策，加强对企业运营质量的管理。危机后经济恢复增长的过程中，国有企业由于从银行体系中获得了有利的资金支持，投资扩张冲动大大增强，部分企业还频繁介入房地产行业、争“地王”或从事其他非生产性投机活动。针对这些国有企业盲目做大、资产负债率高、发展方式粗放、投资收益率低等问题，国资委借 2010 年启动第三轮中央企业负责人任期考核的时机，全面推行经济增加值（EVA）考核办法，同时，明确对企业的两类非主业收益进行扣减，鼓励企业将资源集中到主业上，控制好投资用途、规模及成本费用，提升自身的价值创造能力。

---

①② 李荣融：《中央企业：以科学发展应对国际金融危机》，《红旗文稿》2009 年 7 月 14 日。

三、国际金融危机下的中国国有企业投资行为

国际金融危机爆发后，中央及地方政府出台了一系列经济刺激政策，国有企业对这些政策的回应非常积极，由此形成所谓的“国进民退”现象，引起了社会关注。笔者认为，此轮“国进民退”，主要表现为微观层面的国有企业投资规模的扩张有所加速。数据表明，在国际金融危机面前，国有企业的投资增速显著落后于全社会的平均水平，危机的爆发对国有企业投资意愿的负面影响不大，尤其是在政府出台各种经济刺激政策后，国有企业的投资意愿大大提高。不过，到目前为止，从宏观层面看，国有企业在全社会投资中所占的比重尚未发生显著的变化。

首先，从国有及国有控股企业固定资产投资规模增长情况看，有明显的提速迹象。如图 34-5 所示，从国有及国有控股企业的固定资产投资同比增幅和全部固定资产投资完成额的同比增幅的变化情况看：2004~2007 年，国有及国有控股企业固定资产投资的同比增幅一直保持在 14%~18%的相对较低的水平，而且，国有及国有控股企业固定资产投资的同比增幅与固定资产投资完成额的同比增幅相比，低 10 个百分点左右。2008 年的各月数据显示，国有及国有控股企业固定资产投资的同比增幅稳步上升到 20%以上的水平，同期，固定资产投资完成额同比增幅稳定在 26%~28%，国有及国有控股企业固定资产投资的同比增幅一直低于固定资产投资完成额的同比增幅，不过，二者的差距呈现出不断收窄的态势。2009 年初是一个转折点，国有及国有控股企业固定资产投资的同比增幅迅速提高到 35.6%的水平，超过全社会固定资产投资同比增幅 9 个百分点。整个 2009 年上半年，国有及国有控股企业固定资产投资的同比增幅保持稳步攀升的态势，到 2009 年中期达到 41.4%的峰值。2009 年下半年，国有及国有控股企业固定资产投资的同比增幅有所回落，但始终在 35%以上的高位运行。2010 年年初，国有及国有控股企业固定资产投资的同比增幅进一步回落，基本回到与固定资产投资完成额的同比增幅相近的水平。此时，固定资产投资完成额的同比增幅基本回复到 2008 年国际金融危机爆发之际的水平。

其次，虽然国有企业投资规模增长有所提速，但从国有及国有控股企业投资完成额占固定资产投资完成额的比重看，变化并不显著，而是保持在一个相对稳定的水平上。如图 34-6 所示，从国有及国有控股企业固定资产投资占全部投资完成额的比重这一指标来看：2007~2009 年，该指标的年度值基本保持在 44%左右的水平。这一水平，显著低于 2005 年的 53.33%和 2006 年的 48.37%。进入 2008 年，出于对当时经济运行中的各种不确定性因素的担忧，国资监管部门开始要求国有及国有控股企业控制投资风险，在这种政策导向下，该指标值运行在略高于 40%的相对较低的水平。到 2008 年中期，该指标值已经降至 40.31%。2008 年下半年，该指标值开始呈现出小幅提高的趋势；2008 年 10 月，达到 41.59%；2008 年的最后两个月，分别出现一个下降和一个更大幅度提高的态势，于 2008 年 12 月，达到 43.28%的年内最高水平。整个 2009 年，国有及国有控股企业投资占全社会投资完成额的比

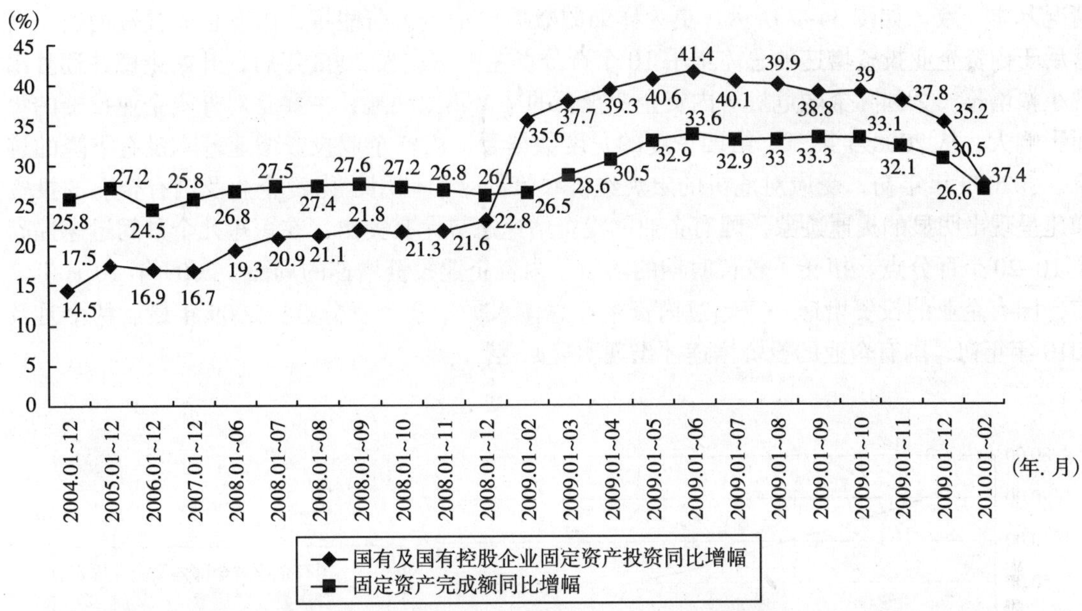

图 34-5　国有及国有控股企业固定资产投资与固定资产投资完成额的同比增幅变化情况

资料来源：《中国经济统计快报》相应各期。

重保持在 42%~45%，并于 2009 年年底达到 44.67%的峰值。尽管如此，与 2008 年之前的水平相比，国有及国有控股企业固定资产投资占固定资产投资完成额的比重仍然处于相对较低的水平。

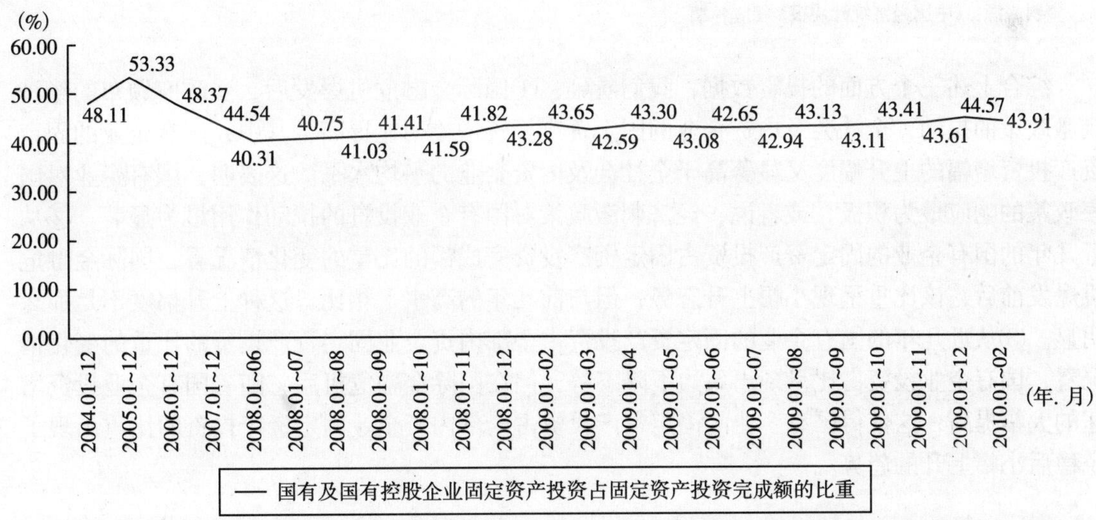

图 34-6　国有及国有控股企业固定资产投资占固定资产投资完成额的比重变化情况

资料来源：《中国经济统计快报》相应各期。

最后，我们可以进一步从过去几年间国有企业和国有及国有控股企业占全部内资企业固定资产投资比重的变化情况看，相应的比重值总体上呈现出下降趋稳的态势，与图 34-6 的情况基本一致，如图 34–7 所示。更为详细的数据显示：①前些年，国有企业投资增速一直落后于内资企业投资增速的总体水平 10 个百分点左右，进入 2008 年后，开始企稳并逐月出现小幅增长。②国际金融危机对内资企业投资的冲击不太明显，主要是对外资企业投资的负面影响大，从 2008 年第三、第四季度的月度数据看，内资企业投资增速基本没有下降的迹象。③2009 年年初，受应对危机的宏观经济政策的牵引作用，内资企业及国有企业的投资增速呈现出明显的提速迹象，国有企业的投资增速态势尤其突出，在短短几个月间迅速提高了 10~20 个百分点，扭转了较长时期的落后于内资企业投资增速的局面，2009 年 10 月份之前，国有企业的投资增速一直超过内资企业总体水平十余个百分点，2009 年最后两个月及 2010 年年初，国有企业的投资增速才出现明显回落。

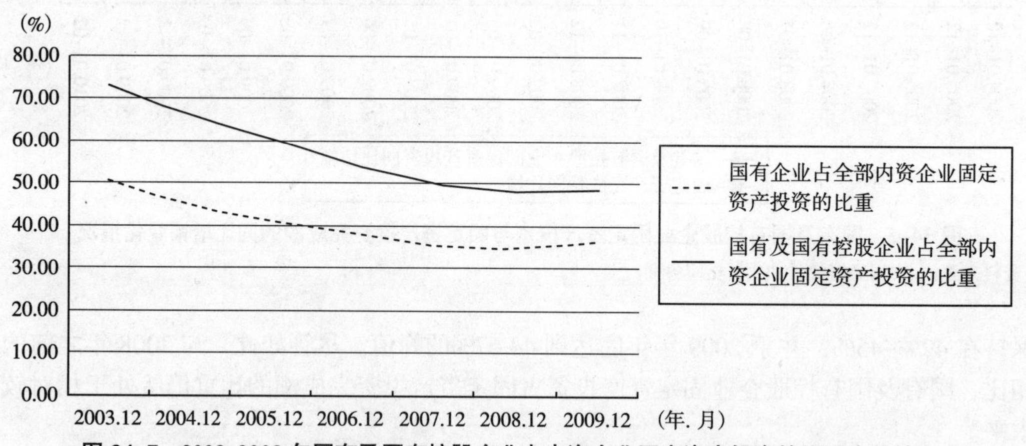

图 34–7 2003~2009 年国有及国有控股企业占内资企业固定资产投资的比重变化情况

资料来源：《中国经济统计快报》相应各期。

综合上述三个方面的投资数据，我们看到：①国际金融危机爆发后，受政府颁布的经济刺激政策的拉动，全社会及内资企业的固定资产投资增幅明显提高，其中，国有企业的固定资产投资增幅的上升幅度又显著高于全社会及内资企业的平均水平。这表明，国有企业对国家政策的响应最为积极，或者说，经济刺激政策对国有企业投资的拉动作用最为显著。②从近几年的国有企业的固定资产投资占固定资产投资完成额的比重的变化情况看，国际金融危机爆发前后，该比重呈现小幅上升态势，但与前几年的高水平相比，这种上升幅度不是那么明显。③从近几年的国有企业的固定资产投资占全部内资企业固定资产投资的比重的变化情况看，国有企业投资占比呈现出单边下降态势，但在国际金融危机后，随着国有企业投资增速的大幅提高，这使得国有企业的固定资产投资占全部内资企业固定资产投资的比重出现了企稳后小幅上升的趋势。

四、未来展望

回顾国有企业在国际金融危机爆发后的表现，我们发现，虽然在此次国际金融危机爆发之初，国有企业有收缩的本能反应，但由于政府较为迅速地出台了一系列刺激经济的政策，这大大缩小了企业在危机低谷运行的时间周期。而且，与其他所有制企业相比，国有企业对经济刺激政策表现得更为敏感，于此轮密集的经济刺激政策中受益亦更多，从而使此次国际金融危机，在事实上成为了促进国有企业加速扩张的一个重要契机。

1. 国有经济将保持快速增长与投资扩张态势

作为一个已经显露出来的经济现象，国有经济的扩张，有三个方面的深层次原因。由于当前的国际国内经济运行中依然存在诸多不确定性因素，这种经济形势使得那些有利于国有经济扩张的深层次因素能够继续发挥作用，为此，未来一段时期里，国有经济仍然会有进一步快速增长与投资扩张的潜在要求。

(1) 从微观经济运行层面看，是近年来国资委奉行的国有资本运营与监管政策使然。国资委成立后，伴随国有资产监督管理体制的逐步理顺，国有企业在推行产权制度改革、转换企业经营机制、分离办社会职能等多个方面的改革向纵深推进，经济运行质量与效益明显改善。在此形势下，国资委对国有企业监管的落脚点，渐渐落在关键领域的国有企业的做大做强上。有一个常见的提法是，央企不能在规模上进入本行业前三位的，就要（被）重组。国资委的国有经济布局规划、绩效考核、央企重组等举措，都是围绕这个思路展开的，这类制度内生了支持国有企业快速扩张、挤进行业前三名的强烈激励。

(2) 从宏观经济运行层面看，随着经济运行的波动性增大，政府对经济的调控与干预力度有所增强，国有企业成为中央及地方政策调控与干预经济的重要手段，在这种背景下，国有企业规模扩张的空间大大拓展了。在应对国际金融危机的过程中，就有一种观点认为：应对危机，国有企业理当挑大梁，多承担社会责任。在实践中，银行体系也倾向于给予债务风险低、“大到不能倒”的国有企业更为有力的金融支持。特定的经济形势，使得国有企业能够以更低的成本获得其他所有制企业需要以更大代价来动用的资源，这也使国有企业表现出强烈的扩张冲动。

(3) 从思想认识层面看，也出现了一些有利于国有经济扩张的因素。国资委成立不久，社会上出现了产权改革大争论，大争论之后，国资委将工作重心转向抓“国退”中的国有资产流失。抓“国退”中的问题，使国有资本退出、收缩的制度成本明显提高，事实上造成对“国退”的抑制；相比之下，国有资本扩张的成本倒显得低了。2008 年，国际金融危机爆发后，像美国这样的市场经济发达国家也不得不采取国有化举措来应对危机，并对现代公司制度的有效性进行反思，这些实践进一步助长了社会舆论对国有制的认同。

2. 谨慎关注和对待国有经济投资扩张问题

近段时期，国有企业投资扩张的问题越来越引起人们的重视。到目前为止，人们对国有企业投资扩张这个问题的看法尚没有形成统一的认识。有人认为，现有的国有企业投资扩张局面已经产生了很大的负面性，危及中国经济健康持续发展的大局；也有人认为，现有的国有企业投资扩张局面总体上尚属合理范围内。

无论对形势判断的分歧如何，人们普遍存在对两类问题的忧虑。

（1）增长较快的国有企业投资中，到底有多少盲目的投资、低效的投资？现在的集中投资，在未来，能否得到合理的回报？正如前文指出的，危机之下，国有企业事实上已经表现出市场反应能力相对较弱以及对经济形势变化反应相对滞后但反应更为激烈的特点。正是因为认识到国有企业制度内生的不足，国资委 2010 年年初执行了新的绩效考核办法，针对的就是盲目和低效投资这个隐患。

（2）如何在不确定性较大的经济形势下，为不同所有制类型的经济主体尽可能营造出平等有序的竞争环境？从客观上讲，金融危机的爆发及其后的种种应对性的经济政策举措，在客观上，形成了相对有利于国有经济而不是民营经济的发展环境与条件。为使市场环境更趋于公平与合理，2010 年 5 月 13 日，国务院正式发布《关于鼓励和引导民间投资健康发展的若干意见》（国发〔2010〕13 号），该文件被称为“新 36 条”，这是相对于原来的“36 条”——《国务院关于鼓励支持和引导个体私营等非公有制经济发展的若干意见》（国发〔2005〕3 号）而言的。上述两个文件都旨在通过最大可能地引导和鼓励民营经济的健康发展，来实现不同所有制经济的互促互进、共同繁荣。在“新 36 条”中，民间资本被允许进入法律法规未明确禁止准入的行业和领域，包括交通运输、电力、石油天然气、电信、土地整治和矿产资源勘探开发等垄断性较强的行业和领域。

今后一段时期，我们需要继续密切关注国有企业投资行为表现及国有经济格局的演变。同时，要注重加强国有经济布局规划工作，既充分认识到国有企业有为担当、追求社会责任的积极一面，发挥好国有经济在稳定经济增长方面的正面作用；同时，又要充分认识到国有企业市场反应能力弱及自身抵御经济形势波动能力弱的消极一面，注重规制好国有企业激进的投资行为，尽可能避免它们在放大经济运行中的不确定性和市场波动幅度方面的负面作用。

专栏 34—1

央企在房地产业：争地王引来限退令

金融危机下的房地产业，玩的是坐“过山车”的游戏。国有企业在这场游戏中，充当了“大玩家”的角色。2008 年年底、2009 年年初，是房地产业的低谷期，但短短几个月后，渐渐回暖的市场上，“地王”频现。多家国有企业因为高价拿地

续专栏 34—1

而进入公众眼帘，这其中，除了为业界熟悉的、以房地产为主业的“老牌”国有地产公司外，还涌现出一批以往在房地产业名不见经传的，仅以房地产为辅业的“新兴”国有地产公司。因为争“地王”的国有企业，以中央企业的下属子公司居多，故被人们称之为央企争“地王”现象。

央企争“地王”现象，饱受社会质疑。批评者认为，央企争“地王”，助长了房地产行业企业的非理性决策之风，因而成为了高房价的重要推手。但是，在半年左右的时间里，央企争“地王”的现象非但没有明显的收敛迹象，甚至愈演愈烈。这一状况持续到 2009 年 11 月，才“貌似出现松动”。在被誉为“中国第一拍”的广州亚运城地块竞拍时，由“保利”、“万科”、“中海”组成的国企联合体与“富力”、“碧桂园”、“雅居乐”组成的民企联合体不期而遇，经过几番争夺，民企联合体以总价 255 亿元的天价赢取新“地王”的开发权。据媒体披露，在此次竞拍前，主管部门已经明确要求各大央企慎重行事，不要再充当“地王”。

2010 年年初的市场观望期里，央企争“地王”现象，又有抬头迹象。3 月 18 日，国资委对外公布了央企地产业务情况。当时，国资委监管的央企总数为 127 户，涉足房地产业务的央企有 94 户，占比高达 74%；其中，16 户是以房地产为主业，78 户不以房地产为主业。统计显示，2008 年，78 户央企所属三级以上房地产子企业共 227 户，约占央企全部三级以上房地产企业数量的 60%，但销售收入只占 15%，利润只占 7%。对此，国资委表示，78 户不以房地产为主业的央企，正在加快进行调整重组，在完成企业自有土地开发和已实施项目等阶段性工作后要退出房地产业务。这一指令，被人们称之为央企“限退令”。据称，“十二五”期间，国资委还将进一步对 16 家以房地产为主业的央企进行整合，初拟目标是缩减到 5~10 家。

资料来源：作者整理。

参考文献

李荣融：《中央企业：以科学发展应对国际金融危机》，《红旗文稿》2009 年 7 月 14 日。

李予阳：《坚持自主创新　提升竞争实力——国有企业应对国际金融危机系列述评之三》，《经济日报》2009 年 11 月 29 日。

李予阳、王玲：《应对国际金融危机 要进一步发挥国有企业的作用》，《经济日报》2009 年 3 月 10 日。

姚玉洁：《沪 9 大国企高层带头减薪 最高降幅达 40%》，《北京晨报》2009 年 2 月 1 日。

第三十五章　国际金融危机下中国民营企业的可持续发展

提　要

民营企业是中国经济发展中最有活力的部分。2008年9月，国际金融危机爆发以来，中国民营企业的发展遭遇到前所未有的三大困境：金融困境、贸易困境和成本困境。中国政府为帮助民营企业应对金融危机的挑战，先后出台了一系列包括市场准入、金融支持以及出口退税等政策，这些政策在很大程度上缓解了国际金融危机对中国民营企业发展的冲击，为中国民营企业实现发展转变赢得了宝贵的调整空间。同时，中国民营企业也积极利用金融危机带来的机遇，通过采取海外并购、加强技术研发、开拓海外市场等一系列措施，化解金融危机给企业带来的不利影响。后金融危机时代，国际金融环境更加动荡，国际贸易环境也不容乐观，中国民营企业可持续发展的难题需要从投融资、市场和成本管控三个角度入手才能得到系统解决。

*　　　　*　　　　*

经过三十多年的发展，中国的民营企业成为社会主义市场经济的重要组成部分。最新统计数据显示，到2009年年末，包括微型企业在内，中国民营企业达4100万户，吸纳了城镇75%以上的就业人口，提供财政税收约占55%，民营经济在国民经济发展中创造的产值占全国GDP总量的65%以上。[①]

肇始于2008年9月的全球金融危机对中国民营企业的发展产生了多方面的影响：外部市场环境的变化使得中国民营企业的生存发展面临严峻挑战；为了应对危机，中国政府出台的一系列宏观调控措施也对民营企业产生了新的挑战；民营企业在原有发展模式中固有的问题——融资困难、税负过重以及企业管理水平不高等问题在金融危机背景下集中爆发。

虽然2009年是中国宏观经济形势比较困难的一年，通过政府与民间的协同努力，出现的困难尚能暂时克服，但2010年以来国际能源资源价格大幅度上涨、国外市场贸易保护的势头甚嚣尘上以及人民币汇率问题迫在眉睫，严重依赖国际市场原料供应和市场的民营企业发展遇到了极其复杂的局面，国际因素与国内因素相互叠加，短期矛盾与长期矛盾相互交织。这些制约中国民营企业发展的难题，亟待破解。

---

① 李朝民：《民营企业吸纳城镇75%以上就业人口》，《农民日报》2010年1月26日。

一、 国际金融危机对中国民营企业的影响

1. 国际金融危机对中国民营企业的影响过程和机制

以2008年9月15日雷曼兄弟公司破产为标志，国际金融危机正式爆发。国际金融危机对中国民营企业的发展带来了三大困境：金融困境、贸易困境和成本困境。具体影响过程可以分为以下两个阶段：

（1）2008年9月至2009年2月危机爆发阶段。这个阶段中国民营企业主要面临贸易困境和金融困境。国际金融危机的爆发造成西方主要发达国家金融体系濒临崩溃，国内危机需求迅速萎缩，从而使国际贸易面临停滞危险。而近十年以来，中国经济发展已经基本实现了依靠外贸拉动，民营企业是中国外贸行业重要力量，外贸交易量的萎缩导致民营企业迅速减少存货、削减劳动成本、减少固定资产投资，民营企业投资大大缩减。即使是主要面向国内市场的民营企业也发现由于市场信心不足的原因，无法正常从市场取得急需的流动资金，从而面临资金链紧张甚至断裂的风险。

（2）2009年2月至今危机缓解阶段。这个阶段中国民营企业主要面临的是贸易困境和成本困境。随着中国4万亿元投资政策、十大产业振兴政策以及世界主要发达国家救市政策的陆续出台，国际金融市场信心得到提振，国际贸易由于充足流动性的刺激，也突然出现逆转，显现一派欣欣向荣的状态。但是，由于国际经济发展不平衡的根本问题没有得到解决，所以很快在国际市场上出现了“贸易再平衡”、“产业回归”和“低碳经济”等貌似新理念实质是贸易保护主义抬头的倾向，中国企业遭到的反倾销、反补贴调查数量已经位列世界第一，民营企业也不能身免其外，虽然中国政府采取了提高出口退税率等一系列配套措施来缓解，但贸易保护对中国企业海外市场冲击愈演愈烈的趋势短期内无法得到根本改观。同时，由于各国政府救市的主要办法都是增加流动性，造成国际市场流动性过剩，并且造成金融危机的金融监管不足状况并没有得到改善，国际投机资本继续操纵国际原油、铁矿石等基础原材料价格大起大落，这对于严重依靠进口原材料的民营企业而言，面临着双重不利的局面：第一重是国际市场垄断局面，第二重是国内原材料市场垄断局面。中国民营企业面临成本上升而又没有产品定价权的困境。更值得关注的是，随着救市带来的大量流动性，国内资产价格迅速上涨，这对中国从事实业的民营企业成本管控带来了空前的压力。

2. 国际金融危机对中国民营企业可持续发展影响程度

全国工商联2009年8月19日公布的2008年度上规模民营企业调研结果显示：随着金融危机的冲击和市场竞争的加剧，民营企业日益意识到提高管理水平的重要性，2008年度

上规模民营企业调研中营业收入总额排名前500家的企业在公司治理、组织结构、质量管理等方面都有较大的改善。具体表现为：

（1）公司治理结构继续优化。有91%的企业重大事项决策权集中在董事会和股东大会，91.4%的企业设立了党委，89.8%的企业设立了工会组织。

（2）技术创新能力明显加强。2008年，民营企业500家中有160家企业拥有“中国驰名商标”，同比增长14.28%；有150家企业产品被评为“中国名牌产品”，同比增长8.7%；245家企业被认定为高新技术企业，同比增长3.38%；320家企业的关键技术系自主开发，同比增长3.23%；500家企业共有专利28562项，其中4420项为发明专利，同比增长5.18%和66.79%。

（3）企业管理水平进一步提高。2008年，500家民营企业中有86.8%的企业通过了ISO9000系列国际质量认证；有61.2%的企业通过了ISO14000认证，比2007年提高8.2个百分点；信息化管理模式被越来越多的企业采纳，其中有70%左右的企业建立了ERP和HRM系统，比2007年提高近20个百分点。这些现象表明，金融危机以来中国民营企业已由粗放型发展转向增强自身实力的“练内功”，市场竞争力有所提升。

但是受国际金融危机的影响，中国民营企业也面临着严峻挑战：

（1）外部市场萎缩，订单下降。根据有关统计，2008年11月以来，中国出口已连续12个月同比负增长，2009年1~10月外贸出口同比下降20.5%。中国的出口主要是外资企业（占55%以上）和民营企业（占26%以上）。[①]

（2）资金链紧张，尤其是现金流融资比较困难。中国民营企业虽然经过三十多年的发展，已初具规模，但仍旧以中小企业为主，因而民营企业在贷款方面受到银行等金融机构“重大轻小”和所有制歧视的双重压力。据统计，2009年上半年7.37万亿元的贷款中，小企业贷款仅占贷款总额的8.5%。[②] 同时，在2009年中国政府出台的4万亿元规模的经济刺激方案中，据中国人民银行数据，70%以上的中长期贷款投向了政府投融资平台。[③]

（3）民营企业基本处于产业分工末端，受汇率、税费、成本等不利的影响比较显著。2009年1~10月，全国财政收入同比增长7.5%，其中，税收收入同比增长4.7%，而非税收收入同比增长33.8%。[④] 这种非税收收入征缴压力部分转嫁给了民营企业，使有些民营企业实际税费负担大大超过名义税费负担。同时，2009年以来，国际市场原材料价格上涨、国内市场劳动力成本上升的因素造成中国依靠人工成本为优势的民营企业生产成本增加，利润进一步摊薄。

（4）竞争环境不利，发展空间有限。相关调查数据显示，垄断行业中民营资本进入比重最多的不过20%。而目前全社会80多个行业中，允许国有资本进入的有72种，允许外资进入的有62种，而允许民营资本进入的只有41种。[⑤]

（5）中国民营企业的固有问题：创新不足、升级乏力。民营企业受制于先天发展环境，

① 闫云凤、杨来科：《全球金融危机与中国的出口贸易：冲击与对策》，《东南亚纵横》2009年第7期。

② 何勇：《上半年中国小企业贷款仅占贷款总额8.5%》，《人民日报》2009年8月2日。

③ 史青青、朱微亮：《关注信贷不平衡增长的金融风险》，《中国金融》2009年第14期。

④ 唐福勇：《财政收入正增长的背后》，《中国经济时报》2009年11月16日。

⑤ 谢利：《垄断行业改革提上议程学者：民间资本进入缺实效》，《金融时报》2009年5月31日。

大多依靠低成本，尤其是低人工成本竞争战略，技术水平低下，人才、资金缺乏，品牌发展缓慢，存在“风险太大，不敢创新；能力有限，不会创新；融资太难，不能创新”等难题。这使得中国民营企业长期处于价值链下游，下列数据集中体现了这个问题：中国制造业产品中有 130 多种产品产量排世界第一，但中国制造业平均的净利润率不到 2%。[①]

3. 国际金融危机背景下中国民营企业的海外市场开拓

总体来看，根据商务部发布的中国对外直接投资公报（商务部，2008），2007 年，中国对外直接投资达到 265.1 亿美元，同比增长 25.3%，其中非金融类对外直接投资 248.4 亿美元，同比增长 40.9%。而 2008 年（商务部，2009），中国对外直接投资达到了 559.1 亿美元，同比增长 110.9%，其中非金融类对外直接投资 418.6 亿美元，同比增长 68.5%。

就中国民营企业而言，更多的是并购发达国家的著名品牌以及技术密集型企业。2009 年上半年，中国民营汽车制造企业吉利集团已经完成了对澳大利亚 DSI 公司的并购，该企业是国际上著名的汽车变速箱生产企业，长期为美国福特等跨国汽车企业供货。国际上著名服装品牌皮尔·卡丹在部分地区的使用权也已经被中国民营企业获得。2010 年 3 月 28 日，中国吉利集团在瑞典哥德堡宣布与福特汽车签署最终股权收购协议，收购资金为 18 亿美元，吉利获得沃尔沃轿车公司 100%的股权以及相关资产（包括知识产权）。[②] 并购之后，中国民营企业正在进行积极整合，这些并购将会弥补中国民营企业在品牌和技术方面的弱项，促进中国企业的升级转型，大大提高中国民营企业的国际竞争力。

民营企业海外并购更多地集中于对加工制造企业和服务类企业的并购，对矿产资源等上游行业企业的并购非常少。由民营企业发起完成的 33 起海外并购中，对矿产资源企业的并购只有两起，仅占 6.1%，而对传统制造企业的并购达到 7 起，占 21.2%。民营企业对 IT 和半导体企业的并购占 33.3%，对互联网、生物医药、清洁能源企业的并购也达到了 24.3%。

另外，民营企业还有两起对海外零售连锁企业的并购，说明中国民营企业正在开始以并购方式来掌握海外的销售渠道，这对于中国企业延伸产业链条、增强终端话语权具有重要意义。

从交易金额来看，中国民营企业海外并购绝大部分用于海外商业银行的收购，这主要是由于银行市值较大而造成的。而用于其他行业的金额很少，如对传统制造业的 7 起并购交易金额只有 1.9 亿美元，对 IT 业和半导体行业的 11 起并购交易金额只有 1.5 亿美元。这说明民营企业的海外并购对象主要是中小型企业。

民营企业成为对外直接投资的主体符合目前中国企业发展的现状：从体制要求看，民营企业与市场经济有共同的特性和要求，可以更好地适应国际化经营的要求；从独特优势看，民营企业具有自主驱动的机制优势，是传统与现代相结合的产业；从产业战略看，民营企业“走出去”开展对外直接投资，可以有效地防止国内产业的“空洞化”，增强中国产业及企业的竞争优势。

---

① 谢玉华：《产业升级：从长远着眼扩大内需的新思路》，《光明日报》2009 年 5 月 6 日。
② 郑浩：《吉利 18 亿美元收购沃尔沃 100%股权》，《上海金融报》2010 年 3 月 28 日。

中国式对外直接投资的特点是综合性的优势与不成熟性的优势相结合：中国具有大国综合优势，包括发达国家和发展中国家的某些优势；但与发达国家相比，中国的优势具有不成熟性的特征。民营企业对外直接投资的总体要求就是把发挥比较优势与培育竞争优势有机地统一起来。

中国民营企业对外直接投资的组织模式是集团式和集群式发展，大型民营企业采取集团式发展，中小型民营企业采取集群式发展；竞争模式有技术竞争与价格竞争，前者包括高新技术或适用技术的竞争，后者包括低成本和低利润的竞争。各企业应该从实际出发，根据自己的特点及发展阶段采取不同的形式。

从民营企业经营驱动的方式看，它拥有自主驱动、创造驱动和风险驱动的特征；从产业特征看，它拥有传统产业、高新产业和特色产业的比较优势；从技术机制看，它具有技术创新、技术转化及技术合作的优势。

二、中国民营企业应对国际金融危机的主要措施

中国民营企业在应对国际金融危机的过程中采取了积极的应对措施。这些措施可以从两方面来解读：一是中国政策环境的变化给民营企业带来的普惠措施，这些政策的及时出台，为中国民营企业应对国际金融危机赢得了宝贵的调整空间；二是民营企业自身根据外部环境的变化，采取了不同的应对措施。

1. 国内政策的及时出台为民营企业应对国际金融危机赢得了宝贵的调整空间

为应对国际金融危机，中国政府及时出台了一系列的普惠政策，这些政策的及时出台为中国民营企业进行结构调整赢得了宝贵空间。这些政策从内容上看主要包括产业政策和金融政策两大部分。

（1）产业政策变动对民营企业可持续发展的影响。2008 年，十大产业振兴规划出台。这对民营企业的发展带来了挑战也带来了机遇。就挑战而言，十大产业振兴规划中唯“大”唯“强”的趋向十分明显，总的趋势是要将产业做强、做稳、做大，因此在产业调整中，一些规模较小、实力较弱的民营工业企业往往成为被调整的对象，其生存发展受到了严峻挑战。一方面，在政策资源方面对大企业考虑较多；另一方面，在启动内需的过程中，财政资金真正投入到民营企业中的比重并不高。尽管也出台了如国务院《关于促进中小企业发展的若干意见》等优惠政策，但在具体实施过程中，地方政府及金融机构都极少主动执行。

就机遇而言，有条件的民营企业会因为参与并购重组而实现产权多元化、管理科学化发展；十大产业的振兴会为众多中小民营企业带来配套发展、集群发展的新机遇。特别是国家为加快发展新兴战略产业，将在新能源、新材料、生物医药、节能环保、信息技术等领域出台一系列鼓励、支持性政策，这都将成为民营企业新的增长点。

(2) 金融政策调整对民营企业可持续发展的影响。金融危机之后，充分暴露出中国民营企业金融结构的缺陷。主要表现为民营企业融资渠道以银行体系为主导的间接金融占据主导地位，融资渠道过于单一和集中。

根据国务院发展研究中心中国企业家调查系统 2009 年 11 月 14 日发布的调查报告显示，67%的民营企业经营者认为难以从银行贷款，其中 29.1%认为“有难度”、20.6%认为“比较难”、17.3%认为“非常难”。

企业融资的负债结构要求综合考虑长期负债和短期负债的匹配，从而优化负债结构。由于大型民营企业往往规模庞大、企业数量众多，要寻求最优化的负债结构并非易事，所以这些企业往往用“短融长投”（即用短期融资做长期投资）作为其资本结构。对于“短融长投”融资，核心在于要有足够的现金流。而这些企业往往在“短融长投”的同时现金流严重缺乏，使企业资本结构极其脆弱。当宏观环境尤其是当金融环境有变化时，各地方金融机构会一哄而起采取措施，不仅停止贷款而且紧逼收贷，这时，资金链断裂乃至企业失败几乎不可避免。

虽然国家陆续出台了一系列的政策，但 2009 年，银行对企业的信贷，大企业得到了 47%，中型企业得到了 44%，而属于微小规模的民营企业得到的信贷支持非常有限。① 目前，中国中小企业综合融资成本高达 10%~12%，而大企业通常在 8%左右。②

由于受业绩考核的限制、传统意识的影响以及出于资金安全的考虑，绝大多数金融部门对民营企业还是避而远之，怕出问题受牵连。出于对贷款责任的担心，在具体操作中就表现为尽量限制对民营企业的贷款数额，贷款手续繁杂、抵押条件苛刻，对抵押品要求过严、抵押率过低，这在很大程度上影响了民营企业融资渠道的拓展。因此，要解决民营企业的融资难问题，既需落实国家的普惠制政策，也需民营企业从内部着手解决。

2. 中国民营企业采取主动措施，应对国际金融危机带来的冲击

中国民营企业国际化经营起步较早，因此在国际金融危机爆发、外部需求紧缩的背景下受到的冲击也比较大。在应对危机过程中，中国不同规模的民营企业采取了不同的措施（见表 35-1）缓解金融危机带来的冲击，取得了一定成效。

概括起来，中国民营企业为应对国际金融危机采取的措施包括以下几个方面：

(1) 从“走出去”到“引进来”，促进“走出去”和“引进来”的良性互动。民营企业的国际化路线是建立在自身比较优势上的市场扩张，是以劳动密集型产业为主，以数量扩张和价格竞争为主，在产业间贸易而非产业内贸易，因此，在国际产业分工中处于不利地位。

当前，国际金融危机对全球经济造成了严重影响，使并购带上了政治色彩。在金融危机下，可喜的是中国大量民营企业采取了“以民引外、民外合璧”的路径，通过引进国际先进的管理、技术、品牌，通过向跨国公司学习，改造自身和提高技术水平，实现产业升级，使国内经济与国际经济互接互补，实现共赢。金融危机为其海外并购提供了良好契机，中国民

① 李敏：《专家热议：中小企业在金融危机中的挑战与机遇》，《亚太经济时报》2010 年 2 月 4 日。
② 辜胜阻：《辜胜阻在人大常委会建言中小企业发展对策》，民建中央网站 2009 年 12 月 31 日。

表 35-1　不同规模的中国民营企业应对国际金融危机措施对照表

规　模	中小民企	大型民企
总体市场特征	单一市场	偏重外向、内外兼顾
调整动因	市场萎缩、竞争加剧、产能过剩	技术进步、新市场开拓、全球战略
调整目标	生存	生存与发展
企业形态	产品形式、分散企业	产业形式、企业集群
外贸形式	一般贸易	提高加工贸易
外贸市场选择	发达国家为主	发达国家与新兴市场并重
产业特征	劳动密集型	资本密集型、技术密集型
市场进入方式	贴牌加工、国际合作	海外投资、并购
经营战略	成本领先	差异化、业务聚焦
比较优势	低价位、新款式、海外网络	高技术、高附加值

营企业抓住机会，积极发展潜力大的国际和地区投资和收购，利用原有的资源、品牌和销售网络，扩大市场份额。

（2）以集群为国际化载体，发挥以集群参与国际化经营的竞争优势。中国民营企业的国际化道路离不开海外网络这一重要因素，大量东南沿海民营企业特有的海外关系网络为民营企业获取国际市场信息和商机、国际化经验以及积累国际声誉资本提供了保证，而且也使得企业偏好采取出口贸易、境外投资等外向国际化经营方式。但是，民营企业主要是以单个企业或者产品的形式进入海外市场，这种形式在需求旺盛的时候并不会出现大问题，而在金融危机面前，往往因为势单力薄而遭遇很大风险。但为应对危机，中国民企联手创立自主品牌、市场拓展、产品研发、进军国际市场。这实质上是一种企业集群，在国际化过程中，企业集群可以通过统一对外促销、规范品质标准、认同专项技术、推广共同商标、共享集群信誉等“集群效应”谋取单个中小民营企业很难具有的差异化优势；集群内企业发展外向型经济所需的创业资本将远远低于集群外企业，有利于破解民营企业融资难的问题。

（3）提高加工贸易比重，走“参与外源化”到“主导外源化”路线。在中国民营企业出口贸易结构中，一般贸易与加工贸易比重差距过大。在人民币升值的前景下，前景堪忧。中国民营企业以金融危机为契机，调整对外贸易结构，重视吸引 FDI 发展转口加工贸易，不断嵌入国际产业链，从推进产业升级转变为推进产业链条的升级，促使民营企业在生产技术、工艺流程、企业管理、员工素质、质量控制等方面迅速达到国际同行业的要求和水准，全方位缩小了与国际企业的差距。

（4）加强自主创新，利用技术攻关破除贸易壁垒。在全球金融危机背景下，劳动密集型、技术含量较低的纯加工型或初级生产企业，不可避免地受到了冲击，但对于机电等高科技产品的影响却较小。在过去几年中，中国民营企业团队中涌现出了一大批生机勃勃的中小型科技创新企业，这些企业开发高端产品，建立企业研发中心，不但在科技创新方面的活力很强，而且在管理、营销、体制机制等方面也都不断创新，在金融危机面前表现出了强大的生命力。在当前新贸易保护主义盛行的国际环境下，企业跨越技术壁垒关键取决于自主知识产权的获取能力。中国广大民营企业以金融危机为契机，加快推进科技创新，增强自主创新能力，通过原始创新、集成与消化创新，加快了工业转型升级。

（5）实施差异化品牌战略，促进品牌的国际化运作。品牌价值是品牌国际市场竞争力的具体体现，本土化的品牌定位是企业品牌国际化成功的标志。中国民营企业品牌与国际品牌相比，其品牌附加值不高。随着金融危机的到来，民营企业抓住机遇，积极培养消费者认可的品牌。很多民营企业实现了从品牌数量到品牌质量，从产品品牌到企业品牌，从行业品牌到区域（城市）品牌，从单一品牌到综合品牌，从有形品牌到无形品牌的跨越。中国众多民营企业通过境外品牌合作经营、兼收并购和境外加工等多种方式，有效地推进品牌的境外延伸，促进品牌的国际化运作。

三、后金融危机时代中国民营企业的发展

后金融危机时代，国际经济的基本结构并没有得到根本改变，中国民营企业的发展仍旧面临着许多不利因素的制约，中国民营企业的发展应该从以下几个方面展开：

1. 后金融危机时代中国民营企业可持续发展能力的构建

民营企业的可持续发展，是指中国民营企业的群体发展与社会发展相适应，在自身持续成长的同时对国民经济的推动力持续增强。其表现为民营企业数量的增加、质量的提高、规模的扩大、产业领域的拓宽等。从量上来说是民营企业数量的增加、规模的扩大，从质上来说是民营企业产业结构的提升、利润和赢利能力的持续增长。具体而言，民营企业规模的扩大，应是规模经济和规模效应得到充分展开，也要使得民营企业的从业范围得到进一步扩展。民营企业产业结构的转变，则将大大提高民营企业的投资效率，提升民营企业的竞争力，使得民营企业能够积极参与到国际化的竞争中去，从而为自身的成长提供更广阔空间。

在金融危机中，中国民营企业所暴露出来的脆弱性是由内、外两个因素相互作用造成的。外因在于企业生存的经济环境的变化。近年来受人民币升值、原材料成本提升、贸易摩擦、货币紧缩政策、劳动力成本增加等因素影响，使得中国出口产品的比较优势大大削弱。内因在于民营企业的利润不断下降。最初民营企业可以通过扩大生产规模、追加生产资料、扩大销售市场、压低价格等方式保持利润水平。随着国际市场的竞争日趋激烈，这种简单的扩大再生产模式更容易造成产品过剩，最终导致产品价格不断下降。虽然减产可以解决这一问题，但在竞争激烈的市场环境中，同类产品会迅速填补减产空白。由此形成了一种不利于民营企业发展的循环：企业利润摊薄—扩大生产规模和追加生产资料—产品供过于求—价格下降—压低成本和扩大生产规模—企业利润进一步摊薄。因此，构建民营企业可持续发展能力必须从内、外两个方面入手。

另外，从中国民营企业的发展过程来看，主要有三个主体参与到民营企业发展过程中，即民营企业自身、地方政府和中央政府。民营企业作为参与经济活动的主体，其本身的结构性因素是其持续发展的内因。地方政府作为中央政策的执行者和民营企业的直接监督和管理

者，其执政行为直接影响本地区民营企业的发展。中央政府作为市场经济规则的制定者和市场行为的最高监督者，其制定的各项方针、政策是民营企业持续发展的外部因素。因此，未来中国民营企业可持续发展能力的提高有赖于相关三方形成合力。

2. 后金融危机时代民营企业发展战略转型

后金融危机时代，中国民营企业战略转型可以用一句话概括：推进管理创新和技术革新，增强企业核心竞争力。以低成本为竞争优势的中国民营企业是劳动密集型、加工贸易型、出口导向型企业，受到危机冲击较大。广大民营企业要改变过分依赖成本优势的竞争战略，重视技术进步，加强创新储备和选择创新模式，养成企业自主创新习惯；通过建立以人为本的管理制度、弹性的组织体系和有效的激励机制等来保障自主创新的实现；加强产品创新和技术革新，提高产品质量和技术含量，增强核心竞争力，提高抗风险的能力；通过精益生产、网络营销、扁平化组织和信息化管理等多种手段，控制成本，提高效益。

民营企业要增强自主创新能力，就应该转变价值链条的利润目标，走品牌运营的道路。在当今世界的经济竞争中，价值链条上的创新活动（研发）和品牌（营销）两个高端分配了产业利润的绝大部分，成为企业竞争的关键环节。因此，中国民营企业要努力在价值链的高端寻求高利润，逐步走上品牌运营的轨道，自主品牌是以自主创新为基础的，所以要通过增强自主创新能力，创造更多的自主知识产权和自主品牌。

3. 后金融危机时代民营企业的结构调整

后金融危机时代，民营企业通过产业转移降低成本，通过调整结构、转战内需获取新发展机遇。迫于土地、能源、环境的压力，中国东部地区原有的占地面积大、产品附加价值低的劳动密集型产业正在逐步外迁，中西部地区成本优势开始显露。并且伴随着中西部产业配套能力和发展环境的不断提升和改善，产业转移的条件日趋成熟。广大民营企业可以考虑向中西部地区进军。在产业转移过程中，要在综合考察投资环境的基础上，结合国家产业规划，规避投资风险。可选择有一定基础的工业园区，减少物流、劳动力及零部件供给等配套成本。要实施蓝海战略，通过创造新需求、制定新规则来寻找新的发展空间。要改变过度依赖国际市场的习惯，打造品牌、优化渠道、研究国内消费特点、改造产品品质，积极推动出口转内销。

专栏 35—1

中国民营企业实现国际化的经典案例：吉利收购沃尔沃

素有“汽车狂人”之称的李书福，正在颠覆全球汽车业传统秩序。中国民企浙江吉利控股集团有限公司以 18 亿美元的代价，在瑞典签约收购了欧洲汽车豪门沃

续专栏 35—1

尔沃轿车公司。该项交易预计在 2010 年第三季度完成。一度被外界视为“穷小子”的吉利汽车，上演了全球汽车业为之一惊的“蛇吞象”的壮举。

协议还涉及了沃尔沃轿车、吉利集团和福特汽车三方之间在知识产权、零部件供应和研发方面达成的重要条款。双方称，这些协议保证了沃尔沃轿车的独立运营、继续执行既有的商业计划以及未来的可持续发展。

作为此交易的组成部分，吉利集团将继续保持沃尔沃与其员工、工会、供应商、经销商，特别是与用户建立的良好关系。交易完成后，沃尔沃轿车的总部仍然设在瑞典哥德堡。在新的董事会指导下，沃尔沃轿车的管理团队将全权负责沃尔沃轿车的日常运营，拓展在全球 100 多个市场的业务，并推动沃尔沃轿车在高速增长的中国市场的发展。

吉利集团将保留沃尔沃轿车在瑞典和比利时现有的工厂，同时也将适时在中国建设新的工厂，使得生产更贴近中国市场。吉利目前正考虑将沃尔沃在中国的新工厂设在北京或天津。

福特汽车总裁兼首席执行官 Alan Mulally 表示，协议为沃尔沃轿车的未来可持续发展奠定了坚实的基础。李书福承诺，作为新股东，吉利将继续巩固和加强沃尔沃在安全、环保领域的全球领先地位，不会改变沃尔沃的品质。“这个著名的瑞典豪华汽车品牌将继续保持其安全、高品质、环保以及现代北欧设计的核心价值。”

他认为，沃尔沃之所以陷入亏损，主要是受金融危机影响导致的销量大幅下滑，产能放空，以及采购成本过高。实现并购后，吉利将充分调动发挥瑞典现有管理团队的积极性、主动性和创造性，制定新的奖励考核机制。在巩固稳定现有欧美成熟市场的同时，积极开拓以中国为代表的新兴市场，降低成本、拓宽产品线。李书福预计，上述措施到位后，可以在两年内让沃尔沃扭亏为盈。

这是中国汽车业迄今最大规模的海外汽车收购案，也是本土汽车产业海外战略的关键性转折事件。至此，中国本土汽车集团正式拥有了豪华品牌，改写了中国汽车业无独立豪华车品牌与核心技术的历史。

■收购时间表

○1999 年，沃尔沃汽车被福特公司以 64.5 亿美元收购。

○2008 年 1 月，吉利就曾向福特提议收购沃尔沃，但福特无出售意向。

○2008 年年底，福特宣布有意出售沃尔沃。

○2009 年 2 月，吉利洽购沃尔沃获国家发改委批准。

○2009 年 10 月，吉利被定为优先竞购方。

○2009 年 12 月，吉利与福特就收购的所有重要商业条款达成一致。

○2010 年 3 月 28 日，双方签署最终协议。

○2010 年第三季度，预计完成交易。

资料来源：中财网 http：//www.cfi.net.cn/newspage.aspx？id=20100329000901&p=2。

参考文献

李琪：《浅谈金融危机背景下中小企业管理创新》，《经营与管理》2009 年第 8 期。

韦芳：《金融危机下中国民营企业创新模式研究》，《特区经济》2009 年第 5 期。

中华人民共和国商务部：《2008 年中国对外直接投资统计公报》，商务部网站，2009 年9 月 8 日。

周正、王伟、于红卫：《美国次贷危机对中国外贸影响几何》，《中国财政》2008 年第11 期。

全国工商业联合会：《2009~2010 年中国民营经济发展形势简要分析报告》，2010 年 2 月 5 日。

第三十六章　国际金融危机对中国外商投资企业的影响

提　要

2008年爆发的国际金融危机，给中国外商投资企业造成了严重冲击。短期内中国利用外资增速呈现明显的“U”形波动，金融危机减缓了中西部地区与东部地区吸引外资差距缩小的趋势。从赢利状况来看，外商投资企业受到金融危机的冲击更早、更直接，不过恢复得也相对比较快。在金融危机背景下，虽然部分外商投资企业表现出局部撤资、裁员、减薪等收缩行为，但更多的跨国公司却对中国逆势增资。国际金融危机是全球产业布局调整的时机，随着中国经济的持续发展和消费市场的不断扩容，中国市场实际上显示出对海外产业资本的“避风港效应”。目前，中国吸引外商投资已经恢复到较高的增速。可以预见，在后金融危机时代的3~5年内，中国吸引外商投资将恢复到较高增速。随着中国自主创新战略的实施和引资重点的调整，外商投资企业面临产品升级和产业转型的战略选择，先进制造业和现代服务业将成为吸引外商投资企业的热点领域。同时，中西部地区将逐步增强对外商投资企业的吸引力，跨国公司对华并购将更加活跃。

*　　　　*　　　　*

近年来，中国继续扩大对外开放的领域和范围，实际利用外商直接投资保持了较高的增速。2008年国际金融危机以来，外商投资企业比其他类型企业受到了更为强烈的冲击。根据中国商务部和联合国贸易和发展会议公布的数据，2009年，中国吸收外商直接投资同比下降2.56%，与同期全球FDI流量同比下降38.7%、发展中国家下降34.7%的降幅相比，中国基本稳定了外商投资规模。2009年8月以来，中国利用外资已连续正增长；从长远来看，跨国公司仍看好中国。目前，中国仍是世界上对外商投资最具吸引力的地区之一。

一、国际金融危机对中国外商投资企业的影响

1. 国际金融危机对中国吸引 FDI 的总体影响

进入“十一五”以来，中国利用外资规模稳步增长，截至 2009 年 9 月，已累计利用外资 3882.6 亿美元，超过“十五”期间利用外资总额。“十一五”前 3 年，中国利用外商直接投资保持了稳定的增速，年均增长 14.3%。在金融危机爆发之后，中国利用外商直接投资出现了一些新变化，表现出以下特征：

（1）2008~2009 年利用外资总额持续增长，短期内增速呈现明显的“U”形波动。2008 年以来，中国实际利用外资金额呈稳步增长趋势，但受金融危机影响，增速呈现出明显的“U”形波动。2008 年实际利用外商直接投资 923.95 亿美元，同比增长 23.58%；2009 年实际利用外商直接投资 900.33 亿美元，同比下降 2.56%。从 2008 年 10 月开始，利用外资连续 10 个月负增长（见图 36-1），2008 年第四季度同比降低 49.1%。进入 2009 年，这种影响程度逐渐减缓，前两个季度降幅有所收窄，分别为 20.6%和 15.0%。第三季度利用外资继续回升，8 月利用外资同比增长 7%，之后各月份保持了连续正增长。尤其是 12 月，全国实际利用外商直接投资 121.38 亿美元，同比增长 103.06%，这意味着在经过一年的盘整之后，中国吸引外商直接投资显现出爆发式增长。根据联合国贸发会议发布的数据，2009 年第一季度全球吸收 FDI 下降了 54%，相对于全球吸收外资下降规模来看，中国总体吸收外资状况比较乐观。

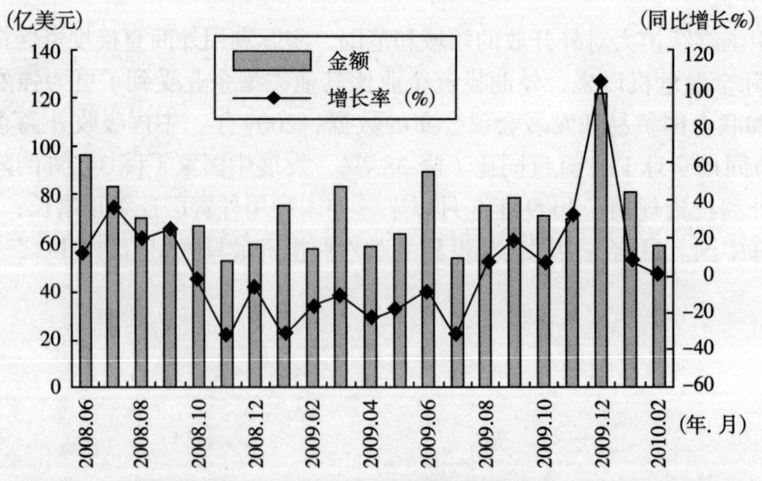

图 36-1 2008 年 7 月~2010 年 2 月中国吸收外商直接投资额及增长率变动

资料来源：商务部外资司：《外商投资统计》，http://www.mofcom.gov.cn。

（2）国际金融危机减缓了中西部地区与东部地区吸引外资差距缩小的趋势。受到国家政策引导和东部投资成本上升的影响，2006~2008 年，中西部地区与东部地区吸引外资的差距是逐渐缩小的（见图 36-2）。然而因受国际金融危机的影响，中西部地区吸收外资降幅明显。2009 年 1~6 月，东部、中部和西部地区实际利用外资额分别为 374 亿美元、27.5 亿美元、28.5 亿美元，下降幅度分别为 0.8%、34.1%和 26.5%；中部地区和西部地区实际利用外资降幅分别高于全国平均降幅 16.2 个和 8.6 个百分点，区域不平衡趋势再次抬头。这种情况表明，在金融危机背景下，企业经营环境更加不确定，使得跨国公司更加重视投资环境的基础条件，从而表现出区位选择的“马太效应”。中西部地区即使存在经营成本的优势，在当前情况下，也不足以弥补其在交通、基础设施以及商业环境等方面的劣势。

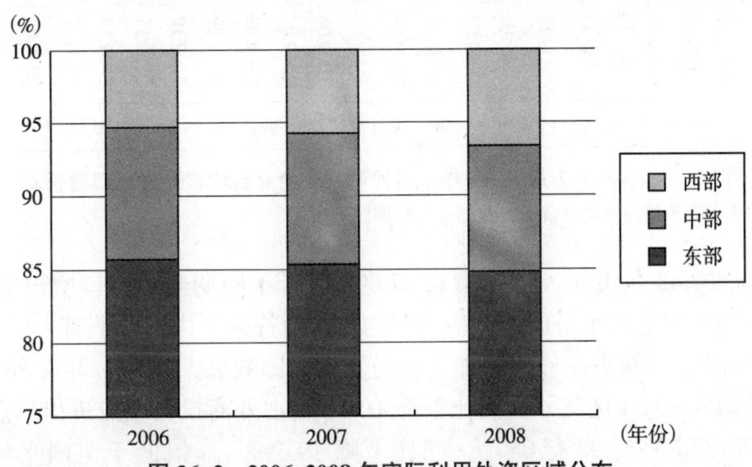

图 36-2　2006~2008 年实际利用外资区域分布

资料来源：根据《中国统计年鉴》（2007、2008、2009）计算得到。

2. 国际金融危机对中国外商投资企业运营状况的影响

（1）金融危机爆发以后，外商投资企业进出口经历了“U”形波动。据海关统计，2008 年外商投资企业进出口总值 14105.76 亿美元，同比增长 12.4%，涨幅低于全国平均水平（增长 17.77%）5.37 个百分点；2009 年进出口总值 12174.37 亿美元，同比下降 13.69%，降幅略低于全国平均水平（下降 13.88%）。2010 年前两个月，进出口回升明显，同比增长 37.7%，但距全国平均水平（增长 44.85%）有一定差距。从 2008 年 7 月金融危机开始在美国蔓延以来，中国外商投资企业月度进出口额开始同比下滑，当年累计进出口增长率呈现出明显的“U”形波动（见图 36-3），这种情况一方面与金融危机所导致外商投资额的变动相关联，另一方面，外商投资企业本身外向程度非常高，在中国进出口总额中一直保持 50%以上的贡献率，外部市场的冲击对这些企业的影响非常明显。

从出口来看，2009 年 11 月首次出现正增长，12 月外商投资企业出口增长较快。12 月，外商投资企业出口 716.55 亿美元，同比增长 22.36%，高于同期全国出口增长水平（17.7%）。外商投资企业进口回升情况不及全国平均水平。从进口来看，2009 年 12 月，外

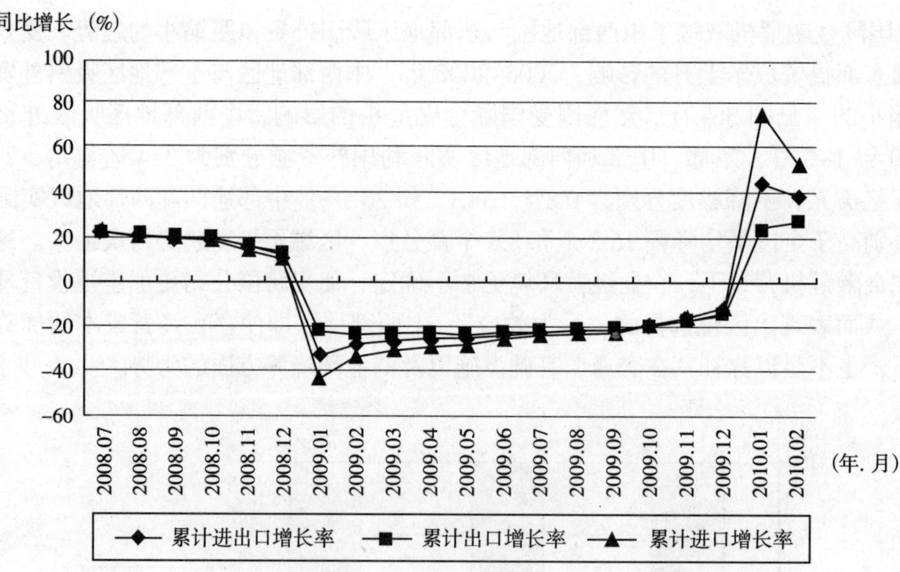

图 36-3　2008 年 7 月~2010 年 2 月外商投资企业当年累计进出口增长率

资料来源：根据中国商务部外资司外资统计数据计算整理而得。

商投资企业进口 597.48 亿美元，同比增长 47.69%，低于同期全国进口增长水平（55.9%）。外资企业进出口与全国平均水平的反差应该与内资企业提高了内销比例有一定关系。

与一般贸易相比，“两头在外”的加工贸易受到的影响更大。2009 年，外商投资企业一般贸易进出口总值 3389.04 亿美元，同比下降 10.1%，占外商投资企业进出口总值的 27.8%。其中，一般贸易出口 1555.98 亿美元，同比下降 19.3%，降幅低于全国平均水平（下降 20.1%）0.8 个百分点；一般贸易进口 1833.06 亿美元，同比下降 0.4%，降幅低于全国平均水平（下降 6.7%）6.3 个百分点。2009 年，外商投资企业加工贸易进出口总值 7645.04 亿美元，同比下降 14.16%（2008 年同期为增长 7.16%），占外商投资企业进出口总值的 62.8%，比 2008 年同期下降了 0.34 个百分点。其中，加工贸易出口 4937.02 亿美元，同比下降 13.72%，占外商投资企业出口总值的 73.44%，比重比 2008 年同期上升了 1.07 个百分点；加工贸易进口 2708.02 亿美元，同比下降 14.95%，占外商投资企业进口总值的 49.67%，比 2008 年同期下降了 1.69 个百分点。外商投资企业加工贸易中，进料加工进口 2270.98 亿美元，同比下降 14.41%；来料加工进口 437.04 亿美元，同比下降 17.68%。

2010 年 1~2 月，外商投资企业加工贸易进出口总值 1203.66 亿美元，比 2009 年同期增长 33.7%（2009 年同期为下降 30.54%），占外商投资企业进出口总值的 59.73%，比 2009 年同期下降了 1.79 个百分点。

（2）受国家金融危机冲击，短期内盈利能力有所下降，但恢复比较快。2008 年，外商及港澳台商投资企业工业增加值增长 9.9%，略高于全部工业 9.5%的水平；利润总额同比增长-3.1%，与私营企业及股份制企业保持的较高增长率相比，外商及港澳台商投资企业盈利能力受到了较大冲击。2009 年，外商及港澳台商投资企业工业增加值增长 6.2%，低于全部工业增加值 8.3%的平均水平，在各种所有制企业中增幅最低。利润总额同比增长 16.9%，仅次于私营企业，远远高于所有工业利润 7.8%的增长水平。2009 年 1~2 月，外商投资企业显示出整体经营状态继续回升的态势，利润同比增长 41.6%，远远超过国有及国有控股企业的 26.7%。《2009 上海外商环境白皮书》显示，2008 年上海制造类外商投资企业受国际金融危机影响较为明显，盈利能力有所下降。2008 年，上海制造类外资企业平均资产利润率为 4.3%，比 2007 年下降近 2 个百分点。近两年的数据表明，外商投资企业受到的金融危机的冲击更早、更直接，恢复得也比较快。

3. 中国外商投资企业受国际金融危机影响的基本特征及其成因分析

（1）在金融危机冲击下，中国对外商产业资本显示出“避风港效应”。2009 年联合国贸易和发展会议对 241 家跨国公司的调查显示，金融危机期间中国仍然成为对外资最有吸引力的国家。2009 年，外商投资金额并没有大规模减少，说明中国在金融危机中实际上充当了国际资本的“避风港”。这种效应在跨国并购这种投资方式中表现得更为明显。目前，中国的外商直接投资仍以新建投资为主，与世界风起云涌的跨国并购风潮相比，中国吸引跨国并购的规模仍然比较小。据商务部统计，2007 年外资并购占全国设立外商投资企业总数、合同外资和实际使用外资金额的比重分别为 3.34%、2.98%和 2.78%。其中，500 万美元以下的项目占全部并购案件数量的 80%，制造业并购案 599 项占 47.3%，非国有企业并购案 1170 项占 92.4%。受国际金融危机的影响，跨国并购在 2008 年下半年金融市场陷入困境时随之剧减，仅 2008 年一年，全球跨国并购交易额就下降了 35%，并且这种趋势仍将持续一段时间。中国作为受冲击较小的发展中国家，显现出对产业资本的“避风港效应”，吸引了更多的跨国并购投资。据联合国贸易和发展会议发布的数据，2007~2008 年，中国吸引跨国并购金额占全球跨国并购流量都不足 1%，而 2009 年上半年跃升到 2.43%（见表 36-1）。

表 36-1　2005~2009 年中国吸引跨国并购金额占全球跨国并购流量的比重

	2005 年	2006 年	2007 年	2008 年	2009 年 *
全球 M&A 流量（百万美元）	460576	635940	1031100	673214	123155
中国吸引 M&A 流量（百万美元）	7014	11307	9274	5144	2995
中国占全球比重（%）	1.52	1.78	0.71	0.76	2.43

注：* 2009 年为上半年数据。
资料来源：联合国贸发会议历年《世界投资报告》；商务部外商投资统计。

（2）从投资方式来看，外商独资企业比重继续攀升，合资经营企业比重逐年递减，外商投资股份制企业比重逐渐增大。从外商直接投资方式来看，外商独资企业一直占据着 3/4 左右的份额；从 2000 年外商独资企业利用外资第一次超过合资经营企业以来，外商独资比重不断加大。2006 年外商独资企业实际投资 462.8 亿美元，比 2005 年增长 7.7%，增幅高于全国实际利用外商直接投资 3.2 个百分点；占全国实际利用外资的比重为 73.4%，比 2005 年增加了 2.2 个百分点，比 2000 年增加 26.1 个百分点。外商投资股份制企业比重逐渐增大，尤其是 2009 年 1~6 月，外商投资股份制企业比重从 2008 年的不足 1%跃升至 3.1%；合资经营企业比重则呈逐年递减趋势，从 2006 年的 22.8%下降到 2009 年 1~6 月的 18.26%；合作经营企业比重较小，一直维持在 2%左右（见图 36-4）。以上数据表明，越来越多的外商以独

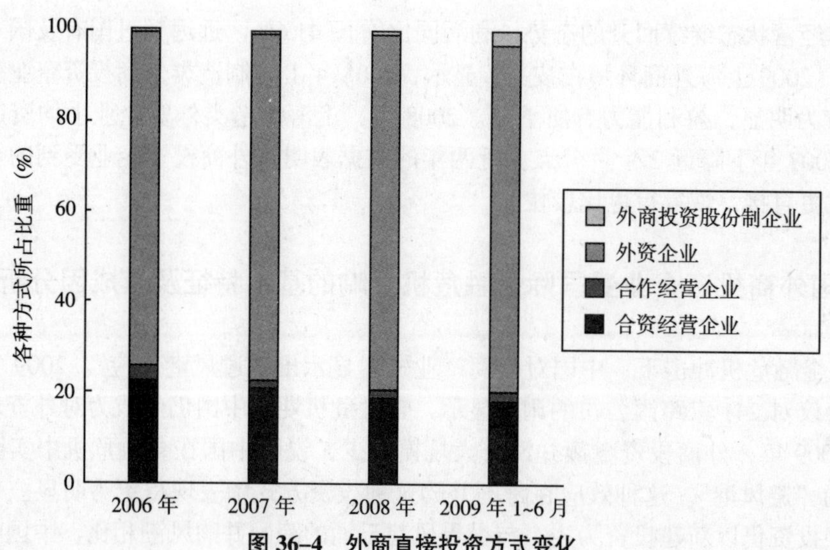

图 36-4 外商直接投资方式变化

资料来源：2006 年、2007 年和 2008 年国民经济和社会发展统计公报；商务部全国利用外资统计简表。

资方式进入中国，“十一五”期间占总数的 75%左右。

（3）制造业对外商直接投资仍具有较强的吸引力，但制造业吸收外资比重有下降趋势；采矿业吸收投资较小；信息传输、计算机服务和软件业受国际金融危机影响较大。从利用外资的行业分布来看，“十一五”期间，制造业稳居各行业利用外资的榜首。2006~2008 年，制造业吸收外商直接投资的金额分别达到了 400.8 亿美元、408.6 亿美元和 498.9 亿美元，分别占全国外资总量的 57.7%、54.7%和 54%，均已超过外商直接投资总额的一半。然而从利用外资比重来看，却呈递减状态。2009 年 1~6 月制造业吸收外商直接投资 241.5 亿美元，占全国总量的 56.1%，比上年同期下降 10.1%，比实际吸收外资总额下降幅度低 7.8 个百分点。其中，电器类的制造业吸收外资还略有增长。相对来说，中国制造业对外资仍具有较强的吸引力。采矿业吸收外商直接投资数额较小，2006~2008 年，一直维持在全国总量 0.6%的水平，2009 年 1~6 月降幅较大，数额已不足全国总量的 0.5%。在“十一五”期间，信息传输、计算机服务和软件业是吸收外商直接投资增幅最大的几个行业之一，从 2006 年的 10.7 亿美元提高到 2008 年的 27.7 亿美元，后两年的增长幅度高达 38.7%和 86.8%。与此同时，这一行业也是受金融危机影响最为明显的行业。2009 年 1~6 月的外商直接投资额仅为 11.1 亿美元，同比减少 31.8%（见图 36-5、图 36-6）。

自 2000 年开始，工业制造业占实际利用外商直接投资的比重基本呈上升的态势。这不仅加重了中国部分行业的产能过剩，而且也成为中国资源和能源紧张的原因之一。2006 年，这一趋势发生逆转，工业制造业外商直接投资所占比重近 6 年来首次下降。全年工业制造业利用外资合同项目数 24790 个，比上年减少 4138 个，占中国外商投资项目数的 60.0%，比上年降低了 5.7 个百分点。工业制造业实际利用外商直接投资 400.8 亿美元，比上年下降 5.6%；占实际利用外资的比重 63.6%，比上年降低了 6.8 个百分点。

（4）外资区域分布和产业分布不平衡现象仍然存在，但总体利用外资质量有所提高。从外资的地区分布情况来看，由于中国东、中、西部地区经济发展的不平衡，造成外商直接投

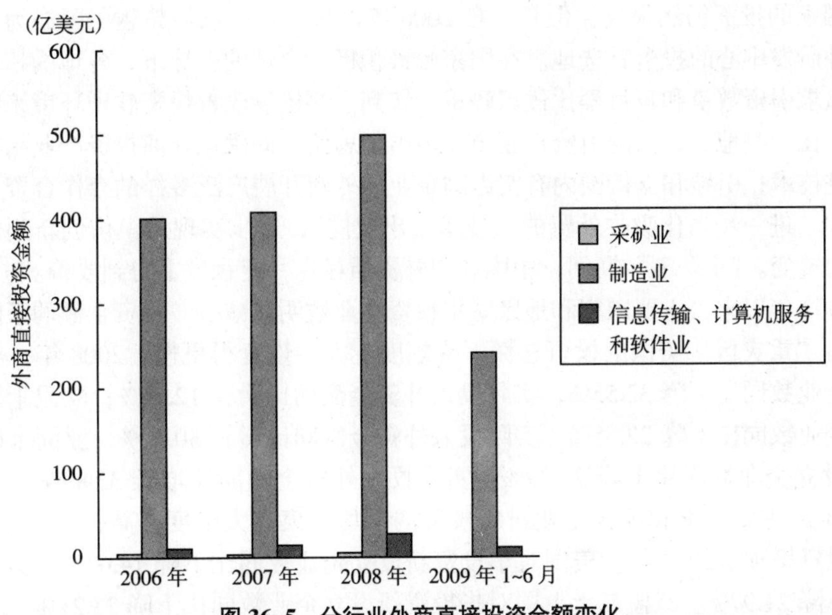

图 36–5　分行业外商直接投资金额变化

资料来源：国家统计局 2006 年、2007 年和 2008 年《国民经济和社会发展统计公报》；商务部利用外资统计简表。

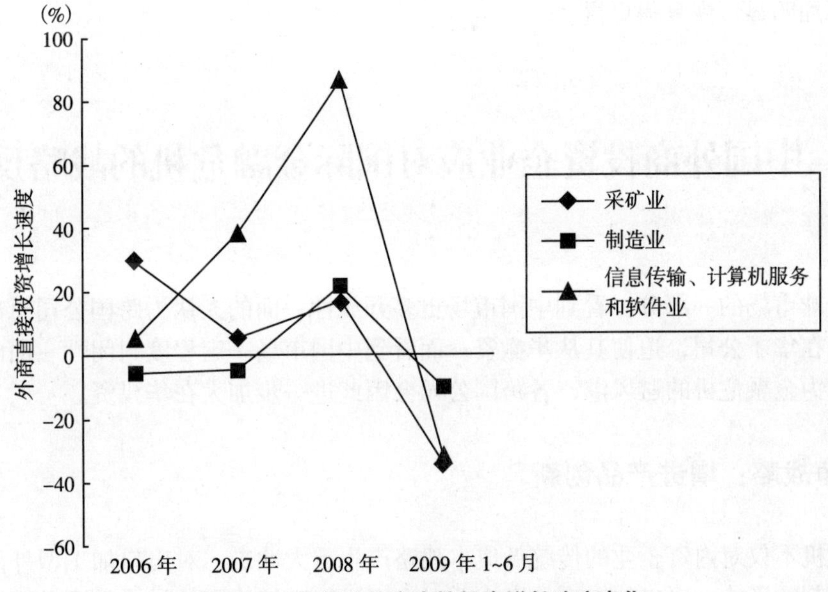

图 36–6　分行业外商直接投资增长速度变化

资料来源：国家统计局 2006 年、2007 年和 2008 年《国民经济和社会发展统计公报》；商务部利用外资统计简表。

资区域分布的不平衡，绝大部分资金流向东部经济发达地区。从外资的产业分布情况来看，约 3/4 的外资集中于第二产业，外资流向第一、第三产业的比重偏低，制约了中国产业结构升级。制造业领域外资流入的资本与技术密集度有所提高，但只集中于少数行业和项目。从外资的来源地分布情况来看，最大来源地是亚洲，特别是中国香港及周边国家和地区，来自欧美发达国家的投资仍然很少。但是，自 2006 年以来，中国已经超越美国成为全球跨国公司设立海外研发中心的投资首选地。在国家政策积极、合理的引导下，各地的招商引资正逐步从单纯追求引资数量和盲目攀比优惠政策，转到主要依靠改善投资软硬环境来吸引外资的轨道上来。在一些地方，招商引资正逐步体现出新思路，即优化外商投资产业结构，鼓励外商转让先进技术；引导和支持国内有实力的企业与外商开展广泛多样的合作合资，提升合作水平和层次，进一步强化吸收外资的“技术溢出效应”，逐步实现从模仿创新到合作创新和自主创新的转变。“十一五”期间，中国利用外资质量在一定程度上得到改善。

（5）2008 年以来，主要国家和地区对华投资企业数明显减少，投资金额的下降存在滞后效应；来自“重灾区”美国的投资总额下降幅度更大，恢复得更慢。2008 年，美国对华投资新设立企业数同比下降 32.55%，实际投入外资金额同比增长 12.54%；欧盟十五国对华投资新设立企业数同比下降 22.65%，实际投入外资金额同比增长 30.12%。亚洲十国及地区对华投资新设立企业数同比下降 25.29%，实际投入外资金额同比增长 33.89%。这种情况表明，2008 年，主要国家和地区企业对华投资的平均规模有大幅度提高，小企业投资减少，而大企业投资增加。2009 年，美国对华投资新设立企业数同比下降 14.67%，实际投入外资金额同比下降 21.97%。欧盟二十七国对华投资新设立企业数同比下降 23.21%，实际投入外资金额同比下降 8.76%。亚洲十国及地区对华投资新设立企业数同比下降 15%，实际投入外资金额同比增长 1.69%。[①] 总体而言，亚洲地区对华投资受到的影响相对较小，美国企业受到的影响更加明显，恢复得更慢。

二、中国外商投资企业应对国际金融危机的战略反应

作为全球市场的一部分，看到中国市场更多开放性一面的人认为跨国公司总部资金获得情况将影响在华子公司，迫使其从华撤资；而看到中国市场一定程度封闭性一面的人则认为中国将会成为金融危机的避风港，各跨国公司会因此进一步加大在华投资。

1. 竞争战略：增进产品创新

金融危机不仅对内资企业的传统低成本战略产生重大冲击，对出口加工型外商投资企业也带来了深刻的影响。出口加工型外资企业对中国进行直接投资的最大动因在于寻求较低生产成本，在金融危机冲击之下，出口市场迅速萎缩，利润水平大幅下降。与内资企业一样，为了解国际金融危机对出口导向型外资企业的影响，青岛市通过问卷调查（39 家）、走访企业（12 家）和举办座谈会等方式，对全市 67 家不同规模、不同行业、不同国别和地区的外资企业进行了调研，结果显示，外资企业的战略取向有两个：一是加大创新力度；二是促

① 本部分数据来源于商务部外资司历年《利用外资统计》。

进新产品研发。开展产品研发，提高产品质量，已成为企业提高出口单价、增加利润的重要方式。

2. 逆市扩张："避风港"效应下的对华投资

在金融危机下，虽然有些企业由于整体环境恶化而采取局部收缩战略，但中国市场表现出的巨大潜力仍然吸引跨国公司将投资转移到中国。由于欧美是金融危机的重灾区，各大跨国公司在调整全球业务的同时，纷纷加码中国区业务，是中国市场"避风港"效应的体现。这也是 2008 年欧美在华投资新设企业数量减少，而实际投入外资金额同比继续增长的主要原因。逆势增资的跨国企业包括 IT 业巨头 3M、思科公司和惠普、医药巨头杜邦、日本零售巨头永旺集团，还包括在美国本土已经申请破产保护的通用汽车公司。杜邦公司 2008 年 12 月继续扩大在华投资，没有推迟或取消任何在华投资项目，还称 2010 年在华投资将增加到 12 亿美元。通用汽车在 2008 年前三季度亏损数百亿美元的情况下，表示在华投入仍坚持每年 10 亿美元不变，不久前该公司还在上海投资 2.5 亿美元建设中国园区，作为亚太中国总部。2008 年年底，惠普在重庆开工建设面积达 2 万平方米的 PC 工厂，以完善供应链。在金融危机背景下，中国市场表现出较强的抗风险能力，对跨国公司的吸引力更加凸显，从而增强了跨国公司向中国新兴市场进军的决心。

3. 短线收缩：局部撤资与裁员、降薪

（1）撤资或收缩投资。国际金融危机对跨国公司运营状况的冲击主要来自两个方面：出口市场萎缩对企业生产意愿的影响，以及融资环境恶化对企业投资意愿和能力的影响。这两方面导致部分跨国公司采取收缩战线、保存实力的措施，对中国在谈外资招商项目冲击力度比较大，部分可能的投资项目被取消或被推迟。从现实情况来看，撤资主要集中在服务业。其中，房地产业利用外资大幅削减。据国际地产投行及中介机构仲量联行发布的《2008 年第四季度北京商业地产报告》显示，外资并购全年总额同比下降 74%，2008 年第四季度北京市场未出现任何外资收购案例；零售业外资在华投资放缓。2007 年沃尔玛在中国开店 30 家，2008 年设立店铺不到 15 家；自 2008 年 10 月开始，华润万家在华零售额出现两位数下滑；正大集团下属零售企业易初莲花在华业务收入也出现了较大幅度下滑。受金融危机冲击，金融类外资企业采取了财务紧缩、战略减持、套现甚至撤资等策略，自 2008 年 10 月以来，美国银行、高盛及瑞银等企业大量出售其持有的中国金融机构股权，在短短三个月内减持总金额超过百亿美元。①

（2）裁员或降薪。这次全球金融危机，中国市场受到冲击相对较小，许多跨国公司把中国市场当做"避风港"，裁员比例没有跨国公司在欧美市场那么高，但也有相当部分跨国公司为应对危机，选择了裁员这种权宜之计。裁员是典型的收缩行为，短期内也有一定的效果。摩托罗拉、惠普、微软等跨国公司的裁员策略均波及中国。在国家统计局中国经济景

① 李晓西：《"外退民进"现象背后的历史机遇》，《经济参考报》2010 年 2 月 3 日。

气监测中心对金融危机下中国出口企业的随机抽样调查中发现：在裁员或降薪方面，2009年以来外资企业“没有裁员但降低薪金”的比重为13.1%，比上年上升1.9个百分点。“小幅裁员”为15.6%，上升1.2个百分点。虽然2009年外资企业采取保持常态做法的比重为57%，比2008年同期下降0.8个百分点，但与2008年相比，2009年以来外资企业的净裁员企业比例（净裁员率）又上升1.8个百分点，达到3.9%。2008年外商及港澳台投资企业的净裁员企业比例为5.3%，2009年以来的比例为5.2%，净裁员企业比例远远高于其他类型的企业。

三、后金融危机时代的中国外商投资企业

1. 未来3~5年，进入中国的外商投资企业数量将恢复到快速增长的状态

（1）中国政府积极、有效利用外资的基本政策不会改变。中国正处于加速工业化和城镇化的过程，这一过程仍然需要外资的大量进入。在国家鼓励发展的新能源、环境保护和循环经济、低碳经济领域，政策层面将进一步鼓励外资的进入。在自主创新战略引导下，一些与世界先进技术差距较大的产业，引进外资仍然是推动产业技术进步的重要手段。在国有企业改革领域，适度引进国外战略投资者，参与国有企业改组、改造，这一政策方针已经付诸实施，并将继续推进。可以预见，在“十二五”时期，中国政府尽管会对利用外资的方式、重点有所调整，但积极、有效利用外资的基本政策不会改变。

（2）潜在的消费扩容与相对较低的生产成本成为吸引外资的首要条件。2009年GDP“保八”成功，表明中国政府应对金融危机的政策措施取得了积极的效果。中国经济的持续、快速增长与收入分配制度的改革，将带来居民消费能力的提升，这成为稳定和吸引市场寻求型外商投资的最有力保障。此外，从总体上来看，中国良好的基础设施、生产配套能力和较低的生产要素成本，都有助于减低生产成本，从而吸引寻求型外商投资的流入。

（3）中国本土企业与国外企业合资、合作的需求依然旺盛。经过30年的改革开放，中国企业积累了大量与外资合资、合作的经验和教训，通过引进与学习，这些企业获得了技术知识和管理经验，也掌握了与外资谈判、沟通、融合的隐性知识。今后，在合作项目和合资对象的选择方面，中国企业会更加理性、审慎，但不会阻止企业与外资合作的步伐。可以预期，下一个五年，仍然会有大量企业“以市场换技术”，或与外资组建战略联盟，以实现技术和业务的互补。一批经营不善的企业，也会主动寻求国外买家，跨国并购仍将持续活跃。

2. 先进制造业和现代服务业将成为外商投资新的增长点

如前所述，在自主创新战略引导下，一些与世界先进技术差距较大的产业，引进外资仍

然是推动产业技术进步的重要手段。中国对利用外资政策的集中调整，如取消部分产品“出口退税”、实行内外资企业“两税合一”、发布新的《外商投资产业指导目录》等，使得外资进入中国的“门槛”逐步提高，外资对资金门槛较低的劳动密集型产业的兴趣在减少，对需大量资金投入的高附加值、高新技术等领域的兴趣在增加；人民币升值可能促使外资投向那些收益更高、更具有发展前景的产业。

3. 中西部地区将重拾吸引外资的快速增长势头

从政策层面来看，2009 年 1 月 1 日起施行的《中西部地区外商投资优势产业目录》，进一步扩大了中西部地区开放的领域和范围，对中西部地区的产业政策倾斜将继续为该地区扩大吸引外资创造条件。2008 年，为促进中西部地区有序承接产业转移，推动建立沿海城市与中西部城市间产业转移对口合作机制，国家在上海、江苏等东部地区建立了产业转移促进中心。2009 年 2 月，国务院批准安徽省设立皖江城市带承接产业转移示范区。国家通过区域发展规划促进产业转移的目标十分明确。从企业自身经营来看，东部地区生产要素成本和生活成本的上升将提高加工贸易型外商投资企业的门槛，促使它们主动向中西部地区转移。同时，中西部地区市场经济体制的逐步建立和完善，也为外资的进入创造了有利的市场环境。

4. 外商投资中跨国并购的比重将有所上升

从中国外商投资方式来看，“绿地”投资越来越少，外资跨国并购不断上升，成为 FDI 增长的主要驱动力。国际上，跨国并购投资占跨国投资的 70%~80%，主要发生在发达国家之间。中国作为发展中国家也开始逐渐吸引跨国并购投资。虽然目前直接投资仍以“绿地投资”为主，但未来商务部将进一步完善外资并购的相关规定，鼓励更多外资企业通过并购方式进行直接投资。作为国际直接投资重要方式，跨国并购在 2000 年达到历史最高的 11438.2 亿美元，约占当年全球外国直接投资流入额的 81%，而中国外资并购案件数量虽逐年上升，但目前外资并购规模仍相对较小。

同时，从中国政府层面来看，2009 年 12 月 30 日，国务院总理温家宝组织召开国务院常务会议，研究部署进一步做好利用外资工作并指出，要“促进利用外资方式多样化，鼓励外资以并购方式参与国内企业改组改造和兼并重组”。各种迹象表明，外资在中国境内的跨国并购活动还将持续升温。

四、后金融危机时代中国有效利用外资的政策建议

1. 在利用外资过程中明确创新导向、强化自主意识

随着中国经济的持续发展，当前引资政策的调整已经明显滞后于中国的工业化进程和产业结构调整。改革开放初期，中国利用外资的首要目标是弥补中国建设资金的匮乏。随着中国经济实力的增强和中国工业化进程的推进，资源在行业和区域间的分布不平衡以及技术水平普遍不高等问题，已经上升为中国工业化进程中的主要矛盾。这一矛盾的解决也有赖于引资战略的及时调整和引资方向的产业引导。当前，中国的产业技术深化与产业技术升级需要自主创新战略的支撑，而自主创新战略并不是要排斥外资的进入，而是要更好地利用外资，使之服务于中国的创新战略。而要实现这一目标，必须对外资项目有所甄别，除了要全面考察外方的全球战略和技术能力以外，还要重视外方的合作承诺和资源承诺以及外方对关键知识和技术的开放转移程度，对合资、合作项目进行选择，强化利用外资的自主意识，而不是照单全收。

2. 对符合国家产业政策和地方发展需要的外资，继续给予有选择的优惠政策

在开放初期，由于中国投资环境较差、技术装备水平低、资金严重不足，为了引进外资，给予外资一些优惠是必要的，也是可行的。但是，随着中国经济的发展，以及国际环境的变化，这种优惠就失去了存在的意义。“两税合一”是中国利用外资政策法规由“政策优惠”转向“国民待遇”的标志性一步。新《所得税法》统一了内外资企业所得税税率，在一定程度上减少了外资企业享有的“超国民待遇”。但是，对于外资企业的“超国民待遇”应该区别对待，新《所得税法》还有进一步调整的空间。在实行“国民待遇”原则的同时，对于西部开发、高科技产业、环境保护和低碳经济、循环经济以及基础设施等领域，对符合国家产业政策、技术含量高且转让成分大、环境污染小的外商投资企业，应该继续实行有选择的优惠政策。

3. 坚持稳定外商投资规模与调整外商投资结构相结合

为实现外资政策的连续性、稳定性及科学性，应尽快采取进一步修订《外商投资产业指导目录》等政策措施，合理引导外商投资的转型升级。改革开放后，国家多次调整政策，引导鼓励外资投向国家急需的产业项目上，取得了很大成效。但是就目前的情况来看，中国利用外资结构仍不尽合理。在错误的GDP政绩观引导下，地方政府在招商引资方面表现出一

些非理性行为，导致资源浪费和重复建设，更加剧了这种不平衡。为进一步优化利用外资结构，提出以下几点建议：首先，促进第三产业成为外资投入的重点领域，尤其是对工业技术进步和产业升级起推动作用的生产性服务业；其次，坚持以科学发展观为指导，严格限制“两高一资”和产能过剩类项目；最后，培育先进制造业、高新技术产业等成为利用外资新的增长点。

4. 鼓励有技术契约主导权的合资、合作，提高企业对外资技术的消化吸收能力

在中国经济改革开放不断深入、市场经济不断完备的情况下，产业安全的根本不是去保护，而是要提高相关产业的竞争力。因此，一方面，要加快构建中国自主创新体系，促进创新要素在创新体系中的流动与融合，激励内资企业开展自主创新活动，注重自主技术研发和自主品牌建设，大力发展控股、控技（尤其是核心技术）、控牌（尤其是名牌）和控标（技术标准）的“四控型”民族企业集团和民族跨国公司；另一方面，在内资企业重组改制过程中，要继续鼓励内外资企业之间的兼并重组行为，通过各种方式提高内资企业自主创新能力，以此提高企业对外方先进技术的消化吸收能力，加强合资中对资本和核心技术的控制权，最终提升整个产业的综合竞争力，为实现长期产业安全目标创造条件。

5. 对敏感产业和重点企业的外资并购采取审慎的外资策略，确保产业安全

对于开放程度相对较低的通信业，采取“分阶段推进、分环节放开”的审慎外资策略，在加强市场竞争、实现产业国际化的同时确保产业安全；除敏感行业的重点企业外，对处于竞争性行业、经营不善的国有企业，应实行国际招标改革，按照国际通行的市场化运行规则和科学、透明的招标程序，在世界范围内寻找战略投资伙伴和经营者。在改革开放的新形势下，实现引进外资与国企改革的有机结合，对于推进国有企业产权多元化、完善公司治理结构、提高企业国际竞争力等，都具有十分重要的意义。与此同时，必须尽快建立起相应的审核机制：①向外资出售国企的交易必须经过中央政府的审查程序。②外资并购国有企业应该实行听证制度，让被出售企业的管理者、职工以及普通公众有发言权。③向外资出售地方国有企业的决定可以由企业所在地方政府领导签字并承担相应责任，以便提高当地领导的责任意识。

6. 建立外资项目综合评价体系，进行阶段性跟踪评价，并采取相应处理措施

近年来，中国已经设立了外资项目审批、备案制度，但是，对于项目运营全过程的跟踪与评价尚有待完善。为此，应建立科学、全面的外资项目综合评价体系，以便正确引导外资投向更合适的领域，促进中国利用外资从“招商引资”向“招商选资”转变。综合评价体系应全面衡量外资企业在经济效益、社会责任、资源利用效率、创新贡献程度、就业和税收拉动效应等方面的表现。在外资项目运行的过程中和项目结束后，分别实施阶段性的跟踪与评

价活动，并依据综合评价结果，对外资项目予以奖励、整顿或取缔。

专栏 36—1

国际金融危机背景下跨国公司对中国逆势增资

2008 年年底以来，不少跨国公司悄悄加大了对华投资的力度。尽管全球金融危机迫使大量跨国公司全球裁员、减少或暂停海外投资，但一些有长期战略投资眼光的跨国公司却在华逆势增资，寻求危机中的发展机遇。这正是 2008 年欧美在华投资新设企业数量减少而实际投入金额同比继续增长的主要原因。

2009 年 3 月 19 日，世界知名医药公司美国礼来在苏州工业园区投资 4000 万美元建造新工厂，以便在原有产能上继续扩大产能。不仅是礼来，跨国公司诸如 GE、AMD 等也都继续在园区持续增资，跨国公司在金融危机不见底的时刻，对园区的投资热度依然不减。数据显示，2008 年，苏州工业园区新增注册外资 30.2 亿美元，实际到账 18 亿美元。2009 年前两个月，园区仅中心合作区内就有 25 家企业开工建设。2009 年 3 月以来，通用航空系统苏州工厂在园区正式开业，礼来制药公司二期也正式奠基开工。

作为长三角腹地城市的太仓，凭借着沿江、沿沪的独特区位优势，以及良好的投资环境，成为"中国德企之乡"。在国际金融危机肆虐的背景下，德资企业在太仓逆势上行，九成德企完成增资扩股。统计数据显示，2009 年，太仓市新增德资企业 9 家，注册外资11278 万美元，共有 20 家德资企业实现增资扩股，增资总额超过 7000 万美元。截至目前，太仓市德资企业累计超过 140 家，形成了以精密机械加工、汽车零配件制造、新型建筑材料等技术密集型的三大产业集群。在最为严峻的国际经济形势下，德企在太仓投资逆势上行，折射出德资企业对中国市场的看好和对太仓投资环境的充分认可。

资料来源：《金融危机中跨国公司持续增资苏州工业园区活力十足》，山东国际商务网，2009 年 3 月 23 日；茅丽亚：《德企在太仓总数突破 140 家　九成企业实现增资扩产》，中国新闻网，2010 年 1 月 6 日。

参考文献

黄速建、刘建丽、王钦：《国际金融危机对中国工业企业的影响》，《经济管理》2009 年第 4 期。

黄速建：《中国工业企业在应对国际金融危机中的表现》，《经济管理》2010 年第 5 期。

刘建丽、王欣：《中国利用外资"十一五"回顾与"十二五"展望》，《财贸经济》2010 年第 7 期。

第三十七章　中国中小企业扶持政策及其效应

提　要

本章以中国中小企业的总体状况为背景，系统分析2008年下半年以来国际金融危机对中国中小企业的影响，阐述促进中小企业发展是应对危机的关键环节，提升对中小企业地位和作用的认识。以国务院《关于进一步促进中小企业发展的若干意见》为核心，从四个方面疏理中央和省市政府自国际金融危机以来出台的政策措施，对其主要实施情况进行整理，阐述这些政策的基本内容、出发点和落脚点。针对上述中小企业扶持政策进行初步效应的分析，力求从政策设计本身和政策实施过程两个方面做出基本评价，总结成功的具体经验，探寻存在的主要问题，提出政策调整的方向和建议。最后，将中小企业扶持政策置于整个中小企业发展的社会环境之中，指出有利于中小企业健康发展的社会环境至少应包括三个方面，并扼要阐述这三个方面的主要内容。

*　　　　*　　　　*

目前，全球经济已经步出国际金融危机的阴影，尽管还存在着许多不确定因素，但经济复苏的基本态势已然确定。而中国经济已经率先在全球企稳回升，新一轮经济增长周期初现端倪，一批批中小企业的生产经营逐步走上正轨，一些企业甚至得到长足发展，市场竞争力有所提高，得以迈上新的台阶。与此同时，自金融危机以来以政府投资为核心的“一揽子”经济刺激计划，现在已经基本完成其历史使命，应当逐步退出，否则会形成经济发展过度依赖政府投资，使经济发展陷入丧失活力、难以为继的局面，因而需要激励民间资本接过接力棒。在中国目前的经济发展阶段，作为民间投资主要运行载体、集中体现民营经济基本运转形式的中小企业，其重要性进一步突出。2010年5月13日，国务院发布《关于鼓励和引导民间投资健康发展的若干意见》，重申并具体化3月底国务院常务工作会议精神，鼓励和引导民间资本进入法律法规未明确禁止准入的行业和领域，旨在完善有利于民间投资和民营企业健康发展的政策环境和舆论氛围，切实促进民间投资和民营企业持续健康发展。这是继2009年9月22日《国务院关于进一步促进中小企业发展的若干意见》出台后，又一项有利于中小企业发展的重大政策。

回顾中国中小企业在这次金融危机中的表现，深刻反思中小企业在国民经济中的地位和作用，全面回顾中央及各级政府针对国际金融危机以来促进中小企业发展的政策思路和导向，对重点扶持政策及时进行系统的梳理，开展全面的评估，分析政策实施效果，总结成功的经验，探寻存在的问题，指出政策调整方向，进一步营造有利于中小企业健康发展的社会环境，有着重要的现实意义和学术价值。

一、国际金融危机凸显中国中小企业在国民经济中的地位和作用

中小企业是从企业规模的角度对企业进行划分所产生的概念。① 以动态的结构方法来考察，中小企业呈现的不过是企业演进或成长的过程，或者说是这一演进过程中的阶段性结果。大多数企业从规模上看是经由资本和要素的长期积累过程和分解过程从小到大、从大到小，从路径上看是通过技术和组织的长期学习过程从“幼稚”到“成熟”，从动力上看与企业家不断追求增进效率、提高福利的创新创业精神紧密地联系在一起。②

因此，中小企业作为以规模划分的一个企业集合体，数量大、范围广，是企业演进或成长过程中的必然阶段，是创造社会财富、安排社会就业的主要载体。这也是为什么世界各国都非常重视中小企业的原因。中国是世界上人口规模最大的发展中国家，正处于工业化中期，人均资源相对匮乏，产业体系比较完整，产业结构层次丰富，制造业较为发达，市场需求潜力巨大，区域经济发展不平衡，贫富差距悬殊，城市化进程加速，二元经济结构明显，农村剩余劳动力需要大批转移，城镇新加入就业人口增长快，国有企业改革任重道远。这样一种基本国情决定了中小企业无论是在促进国民经济增长，还是在保持社会稳定方面都发挥着不可或缺的重要作用。或者说，在中国这样一个人口众多、发展不平衡的国家，中小企业具有不可替代的独特功能。这次国际金融危机再次证实了这一点。

1. 当前中国中小企业的总体状况

新中国成立后到改革开放前，在社会主义工业经济制度形成过程中，以追赶为特征的优先发展重工业的发展战略和高度集中的计划经济体制，决定了国有大型企业在中国微观经济中的主导地位，中小企业受到人为抑制。随着国有企业规模的不断扩张，作用持续强化，在经济结构中逐步形成国有经济一元化的格局，以国有大型企业为核心内容的国有经济在国民经济和社会发展中具有压倒一切的统治地位。

改革开放以来，在从传统的计划经济体制向有中国特色的市场经济体制转轨的过程中，随着国有企业改革的深入，大部分中小型国有企业经过多种形式的改制、重组，已经转变为

① 尽管目前世界各国对中小企业作为企业运行实体的划分标准并不相同，但并不妨碍学术界和实业界把中小企业的概念抽象化，作为与企业规模相关的一种一般性理论假设开展研究和一般性统计概念加以分析。

② 需要强调指出的是，企业的演进过程并非单单是企业数量、规模和能力的变化，更重要的是应对日益复杂、变化频繁的环境而不断增进效率、提高福利的企业功能和组织的变化，以及企业内在气质或品质的变化。事实上，企业的演进或成长过程是伴随着企业能力、功能和组织的变化由企业进入、扩张、收缩和退出等环节构成的，体现的是一种由效率改进、福利提高为本质特征的企业生命可持续性，而不仅仅反映企业规模从小到大、企业能力从弱到强的特征。

民营企业，原来就以中小规模为主的城镇集体企业、乡镇企业也大多数改制为民营企业。与此同时，随着实行改革开放后对非公有制经济地位、作用认识的不断深化，市场经济体制的逐步确立和完善，适于个体创业和私有企业经营的社会氛围得以逐步形成，民营企业运行的社会环境得到持续改善，加之在中央统一领导下，各级政府采取强有力的措施，鼓励、支持和引导多种所有制经济健康快速发展，大量新生的民营中小企业在改革开放后的各个时期涌现出来。尤其是先后出现的三次大规模创业浪潮，① 最终奠定了当前中国中小企业的数量和质量基础，使中小企业成为中国支撑经济快速增长和保持社会持续稳定不可忽视的力量。一些中小企业在市场竞争中战略目标日益明晰，商业模式逐步成型，管理基础日臻完善，研发能力不断提高，经营实力持续增强，从而逐步成长为大型企业，得以拥有更多的生产要素，占有更大的市场份额。部分优秀企业占据了所在行业的领先地位，甚至成为行业中的标杆。一大批中小企业在做专、做精、做特方面下工夫，在产业链的不同环节或生产过程的不同阶段培育核心能力，在细分的市场上成长为具备独特竞争优势的“小巨人”。更多的中小企业依靠低成本和市场灵活性参与竞争，或活跃于产业下游，面对广阔的终端市场提供多样化的产品和服务，或围绕大型企业、大型项目提供配套和服务。由此形成了中国企业独特的规模演进轨迹，即独特的企业成长路径。

截至 2008 年，中国中小企业总数已经达到 4200 多万家，占全部注册企业总数的 99.8%。散布在全国各级城镇、数量众多的中小企业，遍及各产业，涉及各种所有制形式，覆盖国民经济各个领域，创造的最终产品和服务的价值占国内生产总值的 58.5%，提供了 60%的出口贸易量，成为拉动国民经济的重要增长点。在 20 世纪 90 年代以来的经济快速增长中，工业新增产值的 76%以上是由中小企业创造的，其工业总产值、销售收入、实现利税、出口总额分别占了全国的 60%、57%、40%、60%，由中小企业提供的岗位约占全国城镇就业岗位总数的 75%，在全国整体经济中占据了大半位置。② 此外，有数据表明，2006 年，由中小企业申请的发明专利占全国的 66%，研发的新产品占全国的 82%，③ 中小企业已成为中国建设创新型国家的重要力量。实践证明，中国中小企业既是满足社会就业的主要渠道，繁荣市场的重要载体，也是实现社会公平和贫困人口脱贫致富的必要手段，还是推动技术创新的生力军，促进产业结构合理化和产业组织变革的排头兵。

2. 国际金融危机对中国中小企业的影响

如何促进中小企业的健康发展是一个世界性难题。特别是由于中国工业化起步晚、起点低，社会文化氛围不利于创业、创新，与有利于中小企业健康发展的社会环境与工业发达国

① 从历史的轨迹看，中国实施改革开放后先后出现过三次大规模的创业浪潮。第一次创业浪潮发生在 1984 年前后。这一年 10 月中共十二届三中全会通过《中共中央关于经济体制改革的决定》，标志着改革和发展重心的转移，从而触发了民间的创业热情，创业者主要为非公有制单位的群众。第二次创业浪潮发生在 1992 年左右。邓小平年初赴南方视察，沿途发表了内容丰富、思想深刻的重要谈话，对关于改革和发展的重大问题作了明确的回答，由此掀起了新一轮大规模创业浪潮，大批国家机关干部“下海”创业和国企职工自谋职业成为鲜明特点。第三次创业浪潮出现在 1999 年以后，主要特征是伴随着互联网革命，一大批有留学背景的“海归”科技人员成为这一轮创业浪潮的主角。

② 摘编自《商场现代化》2009 年 3 月第 539 期。

③ 见《北京日报》2007 年 12 月 12 日。

家相比还有着相当大的差距。如前所述，实行改革开放以来，因中小型国有企业改制和承认非公有制经济地位后掀起的创业热潮，使小型企业在企业总数中的比重有较大幅度的提高，社会地位也有所提高，但是国有大中型企业一直是改革和发展的重点，在一定程度上仍然忽视中小企业的发展。人们对个体创业和发展私有企业的思想障碍在短时期内还不能得到根本解除，均贫富和不敢承担风险的传统观念还有很大市场，从社会文化方面不利于中小企业的发展和创业创新。在“抓大放小”、做大做强国有企业的经济发展氛围中，主要由中小企业构成的民营企业总是面对着形形色色的“玻璃门”和“天花板”，被挤压在狭小的产业空间和下游市场内，一方面要忍受来自垄断上游部门、金融领域的大型国有企业的歧视，另一方面相互间不得不进行残酷的生存竞争。而注重 GDP 并且具有短期化倾向的政府官员政绩观和考核体系，导致各级政府更加热衷于关注大型企业或大型项目。[①] 至今，覆盖全社会的中小企业扶持机制和服务体系还未完全建立，尤其是金融体制改革始终跟不上中小企业发展的步伐。这些因素都使得中国中小企业的生存环境较为恶劣，中小企业在日趋激烈的市场竞争中处境艰难，无论是数量上还是质量上都处于起伏不定的境地。实际上，在这次国际金融危机爆发之前，中国中小企业的发展已步履维艰。相关数据表明，到 2007 年下半年，停产、半停产和外迁的中小企业已达两万户左右；到 2008 年 6 月底，全国有 6.7 万户规模以上中小企业处于停产、半停产状态。[②]

2008 年下半年以来，国际金融危机的爆发和迅速蔓延传导并累及中国经济，使原本已处于困境中的中小企业更是首当其冲、雪上加霜，生产经营状况更加困难。随着国际金融危机对中国经济的负面影响逐步加深，大部分中小企业受到比大企业更为严重的冲击，从而经受着更为严峻的考验，也对社会稳定造成更大的隐患。一是中小企业资本规模小，所能调动的资源有限，在银行等金融机构大规模收缩信贷或原材料价格大幅度上涨时，很快就会陷入资金或原材料供应紧张，正常生产经营活动难以为继的困境；二是大多数中小企业缺乏自有技术和自主品牌，主要依靠低成本策略参与市场竞争，所提供的产品和服务更多针对特定市场，对价格变动十分敏感，通常难以应对剧烈的市场波动；三是大企业在面对市场需求下降时，一般首先采取“去库存化”策略或措施，以缓和来自外部的冲击，而围绕大企业配套的大量专业性中小企业则成为大企业的缓冲器，自身缺乏针对市场变化做出相应调整的主动性；四是与大企业相比，中小企业的劳动关系更为松散，维持员工队伍稳定的能力较差，遇到经营规模收缩时，裁员几乎是唯一的选择；五是面对银根紧缩的宏观态势，银行等金融机构快速回收资金以规避风险，但往往先是从中小企业做起，政府有关部门的应对政策也习惯性地倾向于放弃中小企业而保护大企业。

因此，面对国际金融危机带来的市场需求急剧萎缩，中小企业抵御风险能力普遍较弱的固有特点就充分暴露出来。企业创业受到相当程度的抑制，不少中小企业迅速陷入惨淡经营的艰难境地。特别是那些市场主要在国外、缺乏自主知识产权、没有自主品牌、劳动密集型的沿海地区加工贸易企业，遭受的打击更为严重。有相当数量的中小企业很快因失去订单而

---

① 不少省市地方政府在总结“十一五”产业发展时，认为忽视央企和国家大型项目的作用是不足，因此把重点引入央企和国家大型项目作为编制“十二五产业发展规划”的重要指导思想。

② 李子彬：《充分认识中小企业的地位和作用》，《求是》2009 年第 11 期。

被迫处于停产、半停产状态，部分企业因资金链条断裂被迫关闭，大批员工下岗回家，大量农民工失业返乡。中小企业普遍快速进入严重不景气状况，增大了整个国民经济下行的压力，社会不稳定苗头频频显现。由此引起了中央和各级政府的高度重视，也引起了社会的极大关注。事实证明，在这次应对国际金融危机冲击的过程中，要贯彻落实中央“保增长、扩内需、促稳定”的方针政策，就必须把中小企业放在一个重要的位置上予以考虑，中小企业的重要性凸显出来。

同时也应当清醒地认识到，当前中国中小企业面临的严峻形势，不仅仅是由国际金融危机引起的，也有特定发展阶段所决定的企业自身问题。例如，许多中小企业发展动力不足、战略思路不清、经营管理不善、创新能力不强、业务拓展不力、市场信用不高等。这些问题需随着发展阶段的迈进靠企业自身的不断进步来解决，政府和社会也应给予相应的引导、帮助。此外，从整个社会环境来看，权力寻租带来的资源配置不公，缺乏诚信导致的市场竞争秩序紊乱，区域割据产生的地区市场壁垒高筑，政策波动造成的发展预期不明，中小企业是最大的受害者。中小企业在利益受到损害，发展空间遭遇“玻璃门”和“天花板”的同时，自身的行为也在相当的程度上变得扭曲、短视、边缘化，企业家的创业热情和发展信心受到打击和抑制，士气普遍不高，动力逐步降低，企业行为短期化、投机化趋势日渐明显。

国际金融危机使过去积累下来的问题集中暴露出来，相对于大企业，中小企业的脆弱性、不稳定性、被动性更加突出。这也有利于加深对中小企业发展规律的认识，同时危机中也孕育着发展机遇。中小企业能否渡过难关，关键取决于它们能否根据自身特点，在危机中把握发展机遇，加快结构调整升级，转变企业发展方式。事实上，现实实践中广大中小企业把克服困难的立足点放在长期持续发展上，坚持以质量求生存，以管理求效益，以创新求发展，走专、精、特、新发展的路子。另外，政府和社会不仅为应对当前的困难采取有效扶持措施，也在转变行为方式，努力为中小企业谋求持续发展创造健康稳定的环境，力图从根本上消除企业家的后顾之忧。当然，这是一项长期的任务，不能指望毕其功于一役。同时也应该看到，在应对危机的过程中，各行业中仍然有不少中小企业表现出较强的应变能力和抗风险能力，业绩逆势而上。人们发现，这次危机过后，已经有一大批竞争力得到增强的优秀企业脱颖而出。可以预见，只要思想观念突破，社会环境有利，政策对路有效，企业动力强劲，就一定会有中小企业健康发展的大好局面。

3. 促进中小企业发展是应对危机的关键环节

实践表明，帮助中小企业走出发展困境是有效应对危机冲击的关键环节。由于中小企业规模较小，实力较弱，抵御市场风险的能力相对不强，在国际金融危机中受到的冲击更大，生产经营更加困难，遭受被淘汰出局的可能性更大，因而需要更多的社会帮助和政策扶持。

自2008年下半年以来，中央审时度势，果断调整宏观调控政策，实行积极的财政政策和适度宽松的货币政策，围绕保增长、扩内需、调结构、促就业、惠民生，果断出台了一系列宏观调控措施。特别是针对中小企业的实际情况，国务院专门召开常务会议，及时调整和完善相关政策，要求各地各部门加强指导和协调，努力解决中小企业发展中的突出问题，促进中小企业又好又快发展。2009年9月，国务院发布《关于进一步促进中小企业发展的若干意见》（国发［2009］36 号），从 8 个方面全面部署了改善中小企业运行环境、加大政策支持力度的措施。这充分显示了党和国家保增长的决心与意志，不仅有利于稳定经济预期，恢复国内外对中国经济增长的信心，而且也为中小企业摆脱发展困境创造了宽松环境。按照中央的政策要求，各地区各职能部门纷纷出台具体实施细则，着力破解中小企业融资难和创业难问题，一方面扶持和帮助中小企业共渡难关，另一方面抓创业促就业。正是这些政策不同程度地发挥作用，大大缓解了中小企业面临的困难，使之大多数得以维持运营，从而从重要的微观经济运行方面确保了整个国民经济不至于深陷衰退的泥潭之中，并得以较快摆脱危机的侵扰。

国际金融危机深化了人们对中小企业的认识。各级政府如何进一步切实统一思想和行动，结合本地实际，为中小企业营造公平竞争的市场环境和有利成长的社会环境，促进中小企业健康发展成为今后重要的战略性任务。

二、中国政府应对国际金融危机的中小企业扶持政策

回顾应对金融危机的过程中中央和各级政府出台的政策措施，在深化认识中不断强化对中小企业的扶持成为鲜明的特点。2008 年 11 月 5 日国务院常务会提出关于进一步扩大内需、促进经济增长的十项措施，其中就包含加大对中小企业信贷支持的重要内容。2009 年 9 月国务院发布《关于进一步促进中小企业发展的若干意见》，形成了系统、全面的政策体系。不断加强的政策力度，旨在以全面营造与改善有利于中小企业运营的社会环境为落脚点，着力于稳定就业和鼓励创业、缓解融资困难两个重点，取得了积极的效果，较好地稳定了局面。

1. 稳定就业和鼓励创业政策

随着国际金融危机对中国企业的影响加深，部分企业尤其是中小企业生产经营遇到困难，就业压力明显增大，就业形势日趋严峻。因此，采取积极措施，切实减轻企业负担，保就业、保增长、保稳定成为当务之急。2008 年 12 月，人力资源和社会保障部、财政部和国家税务总局联合下发《关于采取积极措施减轻企业负担稳定就业局势有关问题的通知》（人社部发［2008］117 号），规定和执行“允许困难企业在一定期限内缓缴社会保险费”、“阶段性降低四项社会保险费率”、“使用失业保险基金帮助困难企业稳定就业岗位”和“鼓励困难企业通过开展职工在岗培训等方式稳定职工队伍”等政策，并要求妥善解决困难企业支付经济补偿问题和严格界定困难企业范围。2009 年 12 月，上述部门再次以人社部发［2009］175 号文发出通知，根据中央经济工作会议关于 2009 年到期的就业扶持政策再延长一年的要求，按照国务院关于调整完善促进消费政策的安排，就相关政策延期问题做出部署。再次强调重点要向困难中小企业倾斜，在同等条件下，要优先受理中小企业缓缴社会保

险费、享受社会保险补贴、岗位补贴和在职培训补贴的申请；经审核符合条件的，优先予以批准。同时要求进一步简化审批程序，缩短审批时限，加快审批速度，方便企业申请并享受相关扶持政策，充分发挥政策效力，帮助企业克服困难，稳定就业岗位。

各省市也为应对就业形势，先后采取积极的政策措施。如内蒙古自治区为支持就业和再就业，制定下发一系列鼓励全民创业和扶持中小企业发展的政策措施，初步建立起鼓励创业的政策体系。大力开展创业培训和创业服务，推广"创业培训 + 实训模块 + 小额担保贷款 + 后续服务"运作模式，开展创业型城市建设，从而提高劳动者创业能力和带动就业人数。重点指导和帮助大中专院校毕业生、失业人员和返乡农牧民工创业，大力扶持农牧民进城创业，积极促进军队复员转业人员、留学回国人员等创业。为实施更加积极的就业政策，落实就业补助经费 11 亿元，促进大学生、农民工就业，稳定困难企业就业局势。通过提高生活补助标准等政策，支持高校毕业生面向基层、非公有制企业和中小企业就业。[①] 统计数据显示，2009 年，内蒙古共培训创业人员 3.5 万人，有 1.9 万人成功创业，分别完成年度任务的 140%和 133%；创造就业岗位 7.8 万个，创业带动就业比例为 1∶4.2。同时，内蒙古进一步加大对初始创业者的小额贷款支持力度，在自治区直属机关单位启动扶持创业小额担保贷款反担保援助行动，与金融部门签署"小额担保贷款合作协议"，2009 年累计发放小额担保贷款 13 亿元，是 2008 年贷款量的 2.8 倍。[②]

2. 促进融资政策

为应对国际金融危机的冲击，贯彻落实党中央、国务院关于进一步扩大内需、促进经济增长的十项措施，认真执行积极的财政政策和适度宽松的货币政策，加大金融支持力度，促进经济平稳较快发展，经国务院批准，国务院办公厅以国办发［2008］126 号文发布《关于当前金融促进经济发展的若干意见》。加强和改进信贷服务，支持中小企业发展是其中的重要内容。文件要求"落实对中小企业融资担保、贴息等扶持政策，鼓励地方人民政府通过资本注入、风险补偿等多种方式增加对信用担保公司的支持。设立包括中心、地方财政出资和企业联合组建在内的多层次中小企业贷款担保基金和担保机构，提高金融机构中小企业贷款比重。对符合条件的中小企业信用担保机构免征营业税"。同时指出，完善中小企业板市场各项制度，适时推出创业板，逐步完善有机联系的多层次资本市场体系。文件还要求，"加快征信体系建设，继续推动中小企业和农村信用体系建设，进一步规范信贷市场和债券市场信用评级，为中小企业融资创造便利条件"，放宽金融机构对中小企业贷款和涉农贷款的呆账核销条件，授权金融机构对符合一定条件的中小企业贷款和涉农贷款进行重组和减免。

各省市政府为贯彻落实这一文件精神，分别出台了有针对性的政策意见，把缓解中小企业融资难问题作为重点之一。如北京市政府《关于金融促进首都经济发展的意见》指出，要"大力推动企业进入主板、中小企业板公开发行股票融资，抓住建立创业板市场机遇，推进一批自主创新型、成长型中小企业在创业板市场融资"。同时强调要积极推进科技金融创新，

① 参见内蒙古自治区财政厅：《关于内蒙古自治区 2009 年预算执行情况和 2010 年预算草案的报告》。
② 内蒙古自治区政府网站：《内蒙古自治区开展以创业带动就业活动取得成效》。

在中关村科技园区和北京经济技术开发区设立专门支持中小科技企业发展的小额贷款公司，建立中关村科技创业金融服务集团公司，推进支持科技型企业发展的银行机构试点工作。

此后，为贯彻落实国务院关于进一步稳定外需的政策措施，支持担保机构扩大中小外贸企业融资担保业务，缓解中小外贸企业融资难问题，财政部会同商务部制定《中小外贸企业融资担保专项资金管理暂行办法》，于 2009 年 8 月颁发执行。

各地还通过多种方式，大力推进银、政、企合作，有效缓解了企业资金周转困难。仅以 2009 年为例，山东省为缓解中小企业融资难问题，省级落实资金 2.98 亿元，推动组建省再担保集团，完善中小企业信用担保体系，支持 191 家担保机构为 1.47 万户中小企业提供贷款担保 515 亿元；落实资金 8700 万元，支持实施小企业培育、中小企业成长和特色产业集群提升。[①] 天津市建立健全融资担保体系，积极帮扶中小企业渡难关，市和区县两级财政新增中小企业担保资金 10 亿元，使财政担保资金总规模达到 24 亿元，为中小企业提供贷款担保 38.9 亿元，同时降低担保收费标准 30%~50%，切实缓解企业融资困难。同时积极支持设立一批村镇银行、农业贷款公司和小额贷款公司，面向"三农"和中小企业的金融服务进一步加强。[②] 山西省政策性中小企业信用担保机构总数达 147 户，共为中小企业融资担保 87 亿元，缓解了中小企业融资难、贷款难问题。[③] 辽宁省财政拨付 1.1 亿元，支持中小企业上市和服务体系建设；制定了促进中小企业发展的政府采购政策；全省财政系统当年为 1100 户中小企业提供融资担保 90 亿元，担保余额达到 370 亿元，缓解了中小企业融资难问题。[④] 湖北省落实省内集中税收新增量返还用于补充信用担保机构资本金的政策，并采取调度资金和专项借款方式，支持全省中小企业信用担保体系建设，促进中小企业发展。多渠道筹措资金，支持省级再担保平台建设。[⑤] 湖南省财政牵头出台了缓解融资困难的 18 条帮扶措施，新增投入 3.8 亿元、专项调度 14 亿元，补充中小企业信用担保公司资本金，建立并壮大中小企业信用担保风险补偿资金、发展专项资金、贷款贴息资金，对金融机构扶持中小企业进行奖励。[⑥]

3. 财税扶持政策

实施中小企业税收优惠，大幅度减免税费，切实减轻中小企业负担，有效地激励中小企业的投资，也是各级政府扶持中小企业的政策重点。国办发［2008］126 号文中就强调指出，"按照中小企业促进法关于鼓励创业投资机构增加对中小企业投资的规定，落实和完善促进创业投资企业发展的税收优惠政策"。

2009 年 12 月 2 日，财政部和国家税务总局以财税［2009］133 号文联合发出通知，"自 2010 年 1 月 1 日至 2010 年 12 月 31 日，对年应纳税所得额低于 3 万元（含 3 万元）的

① 参见山东省财政厅：《关于山东省 2009 年预算执行情况和 2010 年预算草案的报告》。
② 参见天津市财政厅：《关于天津市 2009 年预算执行情况和 2010 年预算草案的报告》。
③ 参见山西省财政厅：《关于山西省 2009 年预算执行情况和 2010 年预算草案的报告》。
④ 参见辽宁省财政厅：《关于辽宁省 2009 年预算执行情况和 2010 年预算草案的报告》。
⑤ 参见湖北省财政厅：《关于湖北省 2009 年预算执行情况和 2010 年预算草案的报告》。
⑥ 参见湖南省财政厅：《关于湖南省 2009 年预算执行情况和 2010 年预算草案的报告》。

小型微利企业，其所得减按 50%计入应纳税所得额，按 20%的税率缴纳企业所得税”。

2009 年，四川省安排工业发展及中小企业发展资金 7 亿元，重点支持产业技术研发、重大项目技改、重大装备制造和中小企业发展。[①] 山东省为减轻企业税费负担，在积极实施增值税转型改革等结构性减税政策，认真落实中央取消 100 项行政事业性收费项目，实施阶段性缓缴社会保险费、降低社会保险费率政策的基础上，省、市又取消和停征行政事业性收费 214 项，降低收费标准 197 项，当年为全省企业减轻税费负担 370 多亿元。内蒙古自治区支持中小企业发展壮大，加快实施“一个产业带动百户中小企业工程”，投入资金 3.6 亿元。

4. 加快技术进步政策和开拓国内外市场政策

在中央和省市政府扶持中小企业的政策方面，力度较大的还有加快技术进步政策和开拓国内外市场政策。例如，2009 年山东省安排 1 亿元，支持设立省级创业投资引导基金，重点扶持初创期科技型中小企业加快发展。广东省支持提高自主创新能力，拨付科技型中小企业技术创新资金 0.5 亿元，支持中小企业加快发展，拨付中小企业发展专项资金 11.41 亿元、中小企业博览会经费 0.5 亿元。[②] 浙江省加大科技创新支持力度，省财政设立 5 亿元创业风险投资引导基金，支持处于初创期、成长期的科技型中小企业创业创新。[③]

为缓解出口企业的压力，财政部和国家税务总局 2009 年 2 月 5 日发出通知，从 2009 年 2 月 1 日起，将纺织品、服装出口退税率提高到 15%。辽宁省支持外贸出口，落实调高部分产品出口退税率政策，全省办理出口退税 183.4 亿元；辽宁省财政拨付 3.8 亿元，支持出口企业科技创新、出口信用保险和农产品出口体系建设等，鼓励扩大出口规模。湖北省着力完善支持中小企业发展的政府采购政策，政府采购中小企业产品达 150 亿元，占政府采购规模的 79%。同时建立企业上市奖励制度，健全中小企业成长奖励机制，安排 2200 万元专项资金对中小企业成长工程实行“以奖代补”政策。

三、中国中小企业扶持政策的初步效应及主要问题

针对中小企业扶持政策的实施情况，我们以 2008 年第四季度以来“促进中小企业发展政策”为主题，重点围绕《国务院关于进一步促进中小企业发展的若干意见》，于 2010 年 4 月、5 月在浙江省义乌市和余姚市、四川省德阳市对 82 家制造业中小企业进行了面对面的问卷调查，同时就相关问题直接访问了其中 28 家企业的企业家或高层经营者，试图对政策的初步效应进行判断，发现存在的主要问题，以便为政策的调整提供基本思路和依据。调查

① 参见四川省财政厅：《关于四川省 2009 年预算执行情况和 2010 年预算草案的报告》。
② 参见广东省财政厅：《关于广东省 2009 年预算执行情况和 2010 年预算草案的报告》。
③ 参见浙江省财政厅：《关于浙江省 2009 年预算执行情况和 2010 年预算草案的报告》。

结果初步整理如下。

1. 中小企业扶持政策的初步效应和基本评价

由表 37–1 可见，中小企业对这一时期扶持政策的作用普遍有较为一般的看法，而在其中对开拓市场和技术进步的作用效果有较为积极的感受，对改善盈利状况、促进用工、提高销售收入和扩大投资则有较为消极的感受。这表明中小企业普遍感到扶持政策的力度还不够，尤其是对相关政策的实施或执行不力，从而使企业盈利状况未能因而得到根本转变感到不满意。

表 37–1 中小企业扶持政策的初步效应和基本评价

中小企业政策效果	很强	较强	中等	弱	没有
对企业销售收入提高的促进作用	2	11	37	28	4
对企业开拓国内市场的促进作用	3	29	40	9	1
对企业出口额变动的促进作用	2	23	42	10	5
对企业盈利状况好转的促进作用	1	12	28	29	12
对提高企业用工人数的促进作用	2	11	28	33	8
对扩大企业投资的促进作用	1	13	33	25	10
对企业技术进步的促进作用	2	26	39	9	6

另外，在问卷中针对《国务院关于进一步促进中小企业发展的若干意见》八大措施的多选项里，有近 3/4 的企业认为其中缓解企业融资困难的措施对企业应对危机作用较大，57%的企业选择了加大财税支持力度，44%的企业选择了加快技术进步和结构调整。选择比例在30%以上的选项还有支持企业开拓市场和改进对企业的服务。表明融资困难仍然是中小企业发展中的“瓶颈”，对财税政策的支持也抱有较大的期望。

在“完善中小企业政策法律体系”的选项中，有 64%的中小企业认为目前最重要的事是修订《劳动合同法》，还有 42%的企业希望制定出台政府采购扶持中小企业发展办法，有31%的企业要求修订《中小企业促进法》。在访谈中，多数企业家和经营者都对《劳动合同法》提出批评意见，并质疑若干细节条文，认为增加了中小企业劳动管理的难度，甚至激化了劳动者与企业之间的矛盾，相当程度上既不利于保护劳动者的合法权益，又不利于企业的有效管理，违背了立法的初衷。个别企业家甚至认为《劳动合同法》带来了逆向选择和道德风险，破坏了社会不同群体的道德底线，造成群体间的对立。

在“最需要哪些社会服务和服务公共设施”的选项中，选择比例较大的有人才交流服务平台、业务培训服务平台、法律咨询服务平台和产品研发公共服务平台。

从调查结果的初步分析来看，中小企业还是感受到了政府的支持，密集出台的扶持政策也确实对改善中小企业的生产经营状况产生了积极的影响，大多数企业得以在这些政策措施的支持下经过自身努力渡过难关。但是中小企业普遍感到政策措施的力度不足，尤其是对政策的贯彻落实情况感到不满意，政策效应并没有完全释放出来。对政策的宣传也不够，一些企业甚至不清楚有哪些相关的政策。

2. 中小企业扶持政策存在的主要问题

目前看来，中小企业扶持政策存在的主要问题是如何实现政策的长期化、协调性和可操作化。

密集出台的扶持政策发挥了很好的效应，但中小企业普遍担心这些政策不过是特殊时期政府为改善经济状况而采取的应急措施。一旦国民经济步入上升时期，宏观经济态势好转，政府的相关政策又会发生变动。在现阶段，政府政策对经济的调控作用非常明显。对宏观经济政策看重短期效应的频繁变动，多数企业已经感到捉摸不定、无所适从，针对企业的政策摇摆，只会进一步导致企业行为的投机化、短期化，既不利于企业的稳定经营，更不利于宏观经济的稳定。

中小企业扶持政策应当是一个完整的体系，需要多种政策的相互协调、配套，才能发挥应有的效应。目前出台的一系列政策虽然表面上已经面面俱到，但实际上由于政出多门，政策的协调性远远不够，一些政策甚至相互矛盾。例如，为缓解中小企业融资困难，多个部门已经出台了多项政策，然而中小企业在现实实践中仍然感到困难重重，其重要原因就在于政策之间缺乏协调性、配套性，不能形成着眼于长远效果的完整体系。

中小企业扶持政策的可操作化是一个世界性的难题，而由于中国当前某些方面体制改革的滞后，使政策可操作化问题更为突出。情况往往是中央虽然提出了解决问题的基本思路和原则，而地方政府和职能部门却因为种种利益关系迟迟不能出台可操作的实施细则，致使政策形同虚设，难以落实，无法执行。例如，民营企业面对众多的产业领域，虽然中央早有允许或鼓励进入的指导思想和政策思路，却因种种“玻璃门”和“天花板”相隔而无可奈何。

四、营造有利于中国中小企业健康发展的社会环境

从长远来看，扶持政策被看成是有利于中小企业发展的一种基本的社会导向和背景。因此，应当将扶持政策置于整个中小企业发展的社会环境之中。有利于中小企业健康发展的这一社会环境至少包括三个方面。

1. 完善中小企业法律体系

中国中小企业的发展应当置于完善的法律体系保障之下。总体上，除了适用于调整整体企业行为的、以规范竞争秩序为核心的一般民商法外，还需要以促进中小企业发展为主要内容的法律法规。包括中小企业技术促进法、中小企业税收鼓励法、中小企业信用担保法、中小企业金融支持法、中小企业政府辅导法、中小企业政府采购法、中小企业救济法和创业鼓励法等。

同时，应当即刻着手调整中小企业的划型标准，细化中小企业的类别，增加微型企业标准，以此增强法律法规对中小企业调整的针对性和有效性。

2. 建立和完善中小企业政策体系

（1）建立多元化的政策金融服务体系。中小企业融资困难可以说是一种经济运行常态。必须实行中小企业政策金融服务，为中小企业设置特定的融资方式和通道，以及发展股票融资、债券融资、租赁融资等，以便长期稳定地缓解中小企业的资金需求。针对中小企业的政策金融服务体系是一种金融创新，需要结合中国的企业运行实际进行试验、推广。一些融资方式在中国已经存在，还有发展的空间。但是，对中小企业而言，要在融资政策上细致设计，使其可以相对方便地多元化利用各种融资渠道。

（2）建立保障中小企业经营领域的反垄断政策体系。对企业经营领域进行划分，确保中小企业拥有相对独立的运营空间。在适合中小企业独立经营的领域，要全面实行中小企业的扶持、促进政策，并防止企业之间的过度竞争；在大中小企业可以共同活动的领域，要专门划定中小企业的经营领域，禁止大企业侵占中小企业经营范围的现象发生。例如，在城市的商业布局中，适当限制大商店的地域分布，保障小店的生存，以增加低进入门槛的就业机会和方便居民的生活。

（3）完善城市化政策和中小企业政策的配套机制。中国的中小企业大量分布在小城镇。由此产生的负面问题是，“农村工业化”得不到城市的“规模效应”和“聚集效应”的支撑。目前，在“农村工业化”进程中，对资源的浪费、自然环境的破坏越来越明显，各种社会问题也在积累。因此，一方面需要继续吸引农村的私人和集体资本进城镇，发展重点小城镇和工业园区，发挥城市带、城市圈对中小企业的整合作用，引导中小企业为城市经济提供配套服务；另一方面，需要进一步完善城市化战略，调整“小城镇战略”的目标和实施机制，突出以市场为基础发展小城镇，从而完善城市化政策和中小企业政策的配套机制，并由相关部门联合制定科学的统一规划，为中小企业建立新的增长点。

（4）制定和完善促进中小企业国际化的政策。中小企业国际化是一种不可逆转的大趋势。政府、企协、工商联和有关商会、行业协会应该完善政策措施，引导中小企业积极应对各种国际贸易壁垒和“贸易的技术性要求”，并在人权、劳资关系、环境保护等方面树立良好的“社会责任”形象；政府要加快完善帮助企业“走出去”的政策单元，与有关非政府组织共同促进企业提高素质，使更多的企业适应“走出去”的要求；认真规划中小企业在中国开放经济中的战略地位和合理布局，帮助它们依据 WTO 的规则和其他有关规则维护权利、谋求发展，引导它们选择目标市场和确定经营方式，帮助它们通过同类联合及与其他类型的企业联合做强做精。

（5）加快完善与中小企业密切相关的社会政策体系。发展以非公有制经济为主体的中小企业，需要在政府的引导下加快建立有效的平衡劳资关系的三方机制。政府在大力促进就业的同时，要认真、科学地规划并争取早日彻底解决协调劳资关系长效机制的建设问题。在进一步发挥政府劳动部门和工会作用的同时，要注意充分发挥企联、工商联、个体/私营协会和行业协会的作用，发动它们引导雇主正确处理企业内部的劳资关系。

(6) 完善环境保护和合理利用资源的政策。当前，在保护自然环境和合理利用资源方面，中小企业的问题最为突出。如何强化地方政府在环保和资源保护方面的动机和能力，包括强化其平衡劳资关系的动机和能力，有效地实行公共服务和监管，约束企业的种种不当行为和避免外部"负效应"，以实现具有可持续性和公平性的发展，是实施相关政策的关键所在。另外，在政府的中小企业培训和经营指导体系中，也需要加强有关协调劳资关系、环保和资源保护方面的内容。

3. 建设中小企业社会服务体系

(1) 完善中小企业管理和服务的组织网络。理顺各级政府中小企业管理机构的业务关系，加强对口管理和指导，提高管理效能。加强基层中小企业管理和服务机构建设，充实机构和人员配备，增加办公经费，提高其管理和服务效能。大力培育商会、行业协会、企业联合会等社会中介组织，充分发挥其规范、沟通、自律和服务的职能；加大政府投入力度，完善中小企业信用评级、贷款担保、政策性银行（贷款公司）等政策性金融体系建设；引导社会力量积极参与，支持中小企业发展。

(2) 缓解中小企业"融资难"问题。各商业银行和银行监督机构要加强沟通与协调，针对中小企业贷款的特点，完善项目评审标准、简化贷款程序；财政部门则要加大投入力度，完善中小企业贷款担保制度，逐步提高贷款担保的最高额度和比例。充分利用财政贴息等政策工具，引导金融机构开展金融创新，增加对中小企业的贷款。逐步放开市场准入，发展中小银行、小额贷款公司等金融机构，拓宽中小企业资金来源渠道。采取相应措施，鼓励股权投资发展，推动中小企业板市场健康发展。发挥中小企业投资引导基金的积极作用，引导社会资金参与中小企业投资。

(3) 推动中小企业结构调整，加快技术创新步伐。用好、用活中小企业发展专项资金，重点支持创新型、劳动密集型、农产品深加工型中小企业的技术改造。引导企业增加研发投入、引进先进设备、开展产品创新，不断提升企业竞争力和可持续发展能力。办好产品研发、检验检测、技术推广、经验交流等各类公共服务平台，为中小企业的创业和快速成长创造良好的技术环境。

随着管理技术的进步和社会分工的细化，许多大企业将非核心的产品和零部件生产分包出去。这样，处于核心的大企业与周边企业的关系就转换成了系统集成商与标准化零部件生产商之间的关系。大企业产品的性能和质量固然有赖于周边中小企业提供的零部件的性能和质量，但大企业更可以通过制定和发布产品标准、提供技术指导、推广管理技术来引导和带动中小企业的发展。因此，着力引导和支持大型骨干企业强化核心竞争能力，推动大企业发展成为提供系统设计、技术集成和综合服务的核心企业，同时制定相应政策，通过技术转移、产业带动、集群扩展、市场共享等方式引导和支持中小企业共同进步。

(4) 改进和完善对中小企业的服务，创造良好的外部环境。进一步解放思想，认真落实《中小企业促进法》、《国务院关于进一步促进中小企业发展的若干意见》和《国务院关于鼓励和引导民间投资健康发展的若干意见》的各项政策措施，特别是有关非公有制经济市场准入等方面的规定。认真落实有关"创业带动就业"的政策措施，简化审批手续，减免有关费用。以建立公共服务平台为切入点，引导各类中小企业服务机构提高服务能力，改进服务质量。加大对企业负担的专项治理力度，取消不合理行政性收费项目。加快中小企业信用体系建设，引导企业诚实守信、合法经营，同时为降低中小企业贷款成本提供信息支持。另外，继续扶持基础性信息资源平台建设，加快建立中小企业信息服务网络，提高公益性信息服务平台的综合服务效能。

专栏 37—1

政策研究是中小企业理论研究的重要方面

当前的国际金融危机凸显了中小企业在国民经济发展中的基础性作用和战略性地位，促使人们进一步深化对中小企业经济价值和社会功能的认识。

当前中小企业理论研究可大致分为三大方向：

一是新的时代背景下的企业创业规律、企业成长规律、商业模式创新、中小企业产业组织及组织行为、知识在中小企业中的扩散方式及知识管理、家族企业的演变趋势及机制、微型企业的发展前景等。地理区位优势的转移和变动、产业组织方式和运行机制的变革、新产业规律的出现，以及跨国公司战略核心调整和运营方式转变，都对重新审视中小企业的运行规律和发展趋势提出了新的挑战、提供了新的机遇，从而对理论研究提出相应要求。

二是中小企业健康发展的外部环境，包括社会扶持机制和相关的立法。世界各国尤其是工业化国家的经验表明，良好的外部环境是中小企业快速健康发展的重要条件。政府中小企业政策的聚焦点就在于如何营造有利于中小企业快速健康发展的外部环境。针对促进中小企业发展的社会氛围、政策机理、扶持机制、服务体系和立法依据，需要做出更具说服力和预测性的理论解释。

三是中小企业的经济、社会、文化机制及评价。这方面涉及更为广泛的研究领域，更多地运用多个学科的研究成果和方法，使人们能够以更加广阔的视野深化对中小企业功能和运作机制的认识。例如，中小企业的社会组织效应、财富分配效应、个人满足效应和资源生态效应等，中小企业的以工补农机制、创业示范机制、技术进步机制、人才培养与扩散机制和组织行为机制以及中小企业的社会责任问题等。对于正处于快速增长的工业化中期、城镇化刚刚开始破题、具有典型二元经济社会结构国情的中国而言，这一方面的研究有着更为深远的学术意义和理论价值。

资料来源：摘编自罗仲伟，“中小企业理论研究的渊源与轨迹”。

参考文献

陈乃醒等：《中国中小企业发展报告》（2008~2009），中国经济出版社 2009 年版。

李子彬：《充分认识中小企业的地位和作用》，《求是》2009 年第 11 期。

课题组：《全球化竞争下中国创新型中小企业发展的挑战和对策》，《科学发展》2010 年第 1 期。

第三十八章　中国上市公司在国际金融危机下的表现

提　要

受国际金融危机影响，中国上市公司整体经营业绩呈现为“V”字形的波折线。上市公司整体经营业绩在2008年第四季度达到谷底，并从2009年第一季度开始从谷底企稳回升，经济逐季好转；不同行业上市公司经营业绩在国家宏观经济刺激政策影响下表现差异明显，冷热不均。除经营业绩外，上市公司行为也呈现出了一些新特点：新股发行制度变革，IPO重启后表现活跃；公司债券市场发展取得突破，直接融资比重偏低的局面有所改变；海外并购重组活跃，上市公司机遇与风险并存；“大小非”解禁制度漏洞引发减持冲动，相关法规还需不断完善；上市公司不分红、高管薪酬过高折射出上市公司治理难题。为巩固中国经济企稳回升的良好态势，中国上市公司在后金融危机时代应继续贯彻落实国家宏观经济政策，加强产业整合和行业结构调整；采取各种措施增收节支，提高上市公司主营业务盈利能力；加强内部控制和风险预警，提高上市公司全面风险管理能力。除此之外，还应加强资本市场监管，为上市公司健康发展创造良好制度环境。

*　　　　*　　　　*

源于美国次贷问题的国际金融危机，经过近两年的蔓延、扩散，已在全球范围内产生了全面而深刻的影响。其影响范围已从最初的金融资本市场等虚拟经济领域，逐渐蔓延到加工、制造等实体经济领域。上市公司作为资本市场与实体经济的紧密纽带和现实载体，最能直观反映国际金融危机由虚拟资本市场向实体经济波及扩散的全过程。尽管中国经济发展阶段与美国不同、金融市场结构与欧美等西方发达市场相差悬殊，国际金融危机仍然对中国上市公司产生了深刻影响，并使其呈现出了一些新特点。

一、国际金融危机下中国上市公司的业绩状况

1. 上市公司整体经营业绩表现为“V”字形的波折线

2008 年，受国际金融危机的冲击，由于销售收入减少、成本上升等因素影响，中国上市公司整体业绩在 2008 年下半年开始下滑，第四季度达到谷底，同时从 2009 年第一季度开始企稳逐季好转，经济从谷底复苏，上市公司整体经营业绩状况表现为一个“V”字形的波折线。

（1）受国际金融危机影响，2008 年上市公司业绩整体下滑明显。2008 年上市公司整体业绩下滑明显。概括来说，1624 家披露年报的上市公司 2008 年总共实现归属于母公司的净利润 8209.14 亿元，较 2007 年同比下降 16.88%。从 2008 年四个季度单季的盈利情况来看，剔除不可比公司后，上市公司 2008 年第一季度到第四季度的单季度净利润总计分别为 2753.83 亿元、2777.95 亿元、2270.80 亿元和 366.49 亿元。其中，第一季度、第二季度因为持续着前期经济增长的惯性，上市公司业绩无论是同比还是环比均保持了增长；第三季度开始情况出现变化，虽然业绩同比仍显增长，但环比已经下滑 18.26%；第四季度则急剧下挫，1624 家公司中，四季度净利润环比增长的公司仅 627 家，仅占上市公司总量的 1/3，而整体业绩环比下滑幅度更是达到 83.86%，从而拖累全年业绩。[①] 因此，从 2008 年下半年开始，尤其是进入第四季度后，随着全球性金融危机影响的逐步加深，以及个别原材料价格的居高不下，上市公司盈利能力骤然下降，经营业绩大幅滑坡。

中国 2008 年上市公司业绩大幅下滑主要受以下几点因素影响：一是全球金融危机的冲击。2008 年金融危机的蔓延降低了中国经济增长的外部需求，对出口企业产生影响，进而间接对相关行业的上市公司业绩产生冲击。二是原材料价格上涨，造成公司经营成本大幅提高，而公司产品售价没有同步上涨，导致公司盈利能力下降。2008 年，上市公司营业收入总额为 95315 亿元，上升 18.75%；净利润总额为 4715 亿元，下降 33.32%；毛利率大幅降低，下滑了 2.91 个百分点。[②] 三是提取产品存货跌价准备，这在有色金属、钢铁等公司中反映比较明显。沪深上市公司在 2008 年年报中共确认资产减值损失 3676 亿元，较上年激增 2210 亿元，是导致整体业绩下降的一大重要因素。[③] 四是财务费用大幅上升，2008 年度的财务费用为 1342 亿元，比 2007 年增长 42.60%，财务费用的增加主要源于 2008 年 9 月前银行多次上调利率引致企业利息支出的增加，而公司带息负债率增加不大。五是投资收益出现下

---

① 王璐：《金融危机拖累　上市公司去年增收不增利》，《上海证券报》2009 年 4 月 30 日。

② 王铮：《证监会：2008 年 1624 家上市公司营业收入同比增长 16.77%》，中国新闻网，2010 年 5 月 20 日。

③ 初一：《3676 亿资产减值损失让上市公司很受伤》，《上海证券报》2009 年 4 月 30 日。

滑，2008 年，上市公司共实现投资净收益 637 亿元，减少 34.70%。公允价值变动净收益从 2007 年的 33 亿元下跌到 2008 年的−205 亿元。[①]

（2）2009 年上市公司业绩从谷底企稳回升，回暖势头强劲。整体来看，2009 年中国上市公司业绩与宏观经济走向相吻合，在国家积极财政政策的刺激下，2009 年上市公司业绩从第一季度开始从谷底逐步爬升，业绩逐季实现好转，第四季度业绩水平更是攀上年内高点，回暖势头强劲。

统计显示，截至 2010 年 4 月 30 日，披露 2009 年年报的 1836 家上市公司总共盈利 10850.06 亿元，可比样本业绩同比增长幅度达到 25.13%。上述 1836 家公司盈利的有 1640 家，亏损的 196 家，盈利面达到 89.32%。这些公司全年合计实现营业收入 123199.03 亿元，同比增长 2.62%；实现归属于母公司的净利润 10850.06 亿元，同比增长 25.13%；平均每股收益 0.4101 元，每股净资产 3.25 元，净资产收益率 12.61%。从每股指标来看，三项数据均和 2007 年年报水平相差无几。[②]

分季度看，上市公司 2009 年业绩逐季回升，其中第四季度业绩水平更是攀上年内最高点。据统计，截至 2010 年 4 月 29 日，已披露 2010 年一季报的 1637 家公司中，有可比样本的公司 2009 年四个单季净利润总计分别为 1187.40 亿元、1811.99 亿元、1820.44 亿元和 1850.54 亿元，逐季增长势头明显。[③]

推动上市公司 2009 年业绩增长的动力主要源于三大因素，即国家扩大内需措施及产业振兴计划、原材料价格稳中有落以及金融危机环境下上市公司对财务费用的控制得当。

2009 年，国家为刺激经济增长采取了一系列卓有成效的措施“保增长、调结构”，导致整个经济逐步回暖，产品价格回升，大量处于产业链中下游的企业盈利能力提高。申银万国统计分析显示，23 个一级行业有 19 个行业净利润在 2009 年取得同比增长，占比超过 80%。[④]显然，经济刺激政策造就了这些行业景气度的全面提升，令相关上市公司获得了产品市场的大幅扩容。

除了需求拉动之外，原材料价格稳步下滑造成的成本收窄也给相关行业上市公司带来“福音”。比如 S 佳通上市公司 2009 年营收 26.47 亿元，同比减少 6.46%，但实现归属于母公司的净利润 1.49 亿元，同比增长 6875.16%。业绩大幅增长原因在于公司轮胎生产的主要原材料价格大致保持平稳，全年平均采购价格低于 2008 年水平，由此带来主业盈利能力大幅增长。

另据数据显示，在国际金融危机的影响下，各家上市公司财务费用的下降也为其增加了盈利空间。据统计，上述 1836 家上市公司 2009 年主营业务成本 83661.05 亿元，可比样本为 83650.70 亿元，较 2008 年同比下降 1.05%；与此同时，三项费用中，财务费用大幅下降，非金融类公司 2009 年财务费用为 1270.56 亿元，同比下降 13.88%。[⑤]可见，净利润大增除了营业收入增长拉动之外，低利率导致的财务费用下滑也间接增厚了上市公司的净利润。

---

① “中联控股集团”上市公司业绩评价课题组：《全球经济衰退下的中国上市公司业绩表现》，《经济》2009 年第 6 期。
②③④⑤ 王璐：《经济回暖 上市公司业绩步入上升通道》，《上海证券报》2010 年 4 月 30 日。

2. 不同行业间上市公司业绩表现差异明显，冷热不均

受全球金融危机冲击，深沪交易所上市公司2008年净利润同比明显下滑，且业绩行业分化较为明显。2008年，中小板中制造业、农牧渔业、交通运输业等行业的业绩整体同比下降，而批发和零售贸易业、金融保险业等行业的净利润增长率仍保持在30%以上。[①]在206家制造业公司中，生物制品、电器机械及器材制造业、普通机械制造业三个子行业的业绩增幅排名居前，增幅均超过20%，而纺织、造纸、塑料制品、有色金属加工等子行业受金融危机影响较大，业绩下滑幅度平均在50%以上。[②]

2009年，中国政府积极应对国际金融危机的挑战，出台了一系列“扩内需、保增长、调结构、惠民生”的有效措施，整体来看，中国不同行业上市公司不同程度地出现了经济向好的态势，经济复苏迹象明显，家电、汽车等部分行业已经处于高度景气状态。从行业分类来看，2009年前三季度同比增速前五名的行业分别是电力、化纤、民航业、石化、保险，业绩同比下降幅度较大的行业有航运业、钢铁、有色等。按第三季度数据统计，剔除不可比公司，同比增速排名前五名的行业分别是电力、保险、化纤、石化、建筑，环比增速排名前五名的行业分别是元器件、钢铁、信托、有色、电力。与2009年三季报不同，2009年年报将不再是内需行业独撑一片天的局面，钢铁、有色金属、煤炭等基础原料型企业，在2009年下半年开始的需求上扬价格上涨中获得回报，上市公司业绩逐渐趋于好转。限于篇幅，本章选取具有代表性的汽车、纺织服装和钢铁行业上市公司业绩进行简要的分析。

（1）汽车行业业绩呈“V”形特征，应对危机恢复较快。汽车行业上市公司盈利水平在2008年大起大落。上半年，汽车及零部件行业下游需求旺盛，行业业绩较为景气，全行业来自上半年的利润占70%左右。下半年，行业景气程度迅速下降，尤其是到第四季度，多数汽车类上市公司业绩出现亏损，导致2008年行业整体业绩大幅下滑。2008年第四季度，汽车类上市公司产品销量增速显著下降，市场竞争加剧拖累产品售价下滑，同时原材料的价格水平同比上升幅度较大，产品销售毛利水平显著下滑，投资收益大幅度缩水，资产减值损失加大。

汽车行业上市公司在2009年业绩逐步好转，到年底已实现高速增长。2009年第一季度全国汽车制造业企业产值、收入、利润等主要经济指标增速均出现不同程度的下滑，行业经营状况不佳，但主营业务盈利水平环比显著提高，汽车整车类上市公司的盈利状况明显好转。在国家一系列密集出台的政策促进下，特别是3月以来汽车摩托车下乡政策的实施，汽车市场呈现回暖势头，一季度汽车产量256.76万辆，同比增长1.91%；汽车销售267.88万辆，同比增长3.88%。[③] 2009年第二季度、第三季度国内汽车市场销售持续旺盛，出现了销售淡季不淡、旺季更旺的运行态势，上市公司经济效益明显好转，汽车行业进入良性发展轨道。到2009年第四季度，汽车产销形势良好，其中12月产销达到全年最高值，再创历史新

---

① 李成：《中小板211家公司现金分红77亿　行业业绩分化明显》，《广州日报》2009年5月1日。
② 深交所：《中小板2008年业绩稳中有升 首季净利增17.4%》，全景网，2009年5月4日。
③《第一季度汽车市场加快复苏　政策促进效果显现》，《经济日报》2009年4月23日。

高。2009 年全年累计产销双双突破 1300 万辆，同比增长创历年最高。[①]

（2）纺织服装行业遭受重创，业绩好转已显迹象。2008 年全球金融危机使中国众多行业遭受巨大冲击，其中纺织服装行业遭受的冲击尤为明显，很多企业不得不关门歇业。2009 年纺织服装业开始复苏，但企稳回升的基础并不稳固。

2009 年上半年，纺织服装行业上市公司延续了 2008 年下半年的趋势，半年报显示平均营业收入和净利润同比仍有小幅下降，但从结构看正在逐步改善，第二季度收入和盈利环比均实现了小幅增长，处于从底部逐渐回升的阶段。2009 年第三季度延续了这一回暖态势，行业固定资产投资增速在第二季度基础上也稳定上升，国内服装销售逐步好转，第三季度出口降幅逐步收窄，行业盈利开始好转，各项经济指标都在恢复之中。目前该行业最坏阶段已经过去，但整个行业的复苏基础还有待进一步稳固。

（3）钢铁行业业绩表现呈"U"形特征，企稳回升势头明显。2008 年前三季度，钢铁行业景气度处于历史性高点，行业各项业绩指标良好。在国际金融危机的冲击下，2008 年第四季度钢铁行业上市公司业绩大幅下滑，从而拖累钢铁行业上市公司 2008 年的整体业绩。

2009 年上半年，受产品价格下跌及需求放缓等因素影响，钢铁行业上市公司上半年普遍亏损。其中，33 家钢铁行业上市公司 2009 年上半年整体亏损 73 亿元，其中第一季度亏损 42 亿元，第二季度亏损 31 亿元，第二季度亏损程度较第一季度减少 26%；有 19 家公司第二季度实现盈利，盈利面为 57.6%。[②] 这可以看出，2009 年第二季度钢铁行业上市公司亏损程度有所降低，业绩基本触底。2009 年第三季度受需求增长影响，经营业绩进一步好转。截至 2010 年 4 月 26 日，公布 2009 年年报的 27 家上市钢铁企业合计实现营业收入 7006 亿元，同比减少 21.9%；实现净利润 126.3 亿元，同比下降 20.2%。在 27 家公司中，2008 年亏损的企业均扭亏为盈，但是整体业绩仍然大幅下滑。环比看，各项盈利指标在 2009 年后三个季度出现大幅度的回升，净利率从第一季度的-2.04%回升到第四季度的 1.8%，净资产收益率也从第一季度的-1.08%上升到第四季度的 3.93%。[③] 这表明钢铁行业上市公司经营业绩已经触底，企稳回升的势头十分明显。

二、国际金融危机下中国上市公司的行为特征

1. 新股发行制度变革，IPO 重启后表现活跃

2009 年 5 月，中国证监会就《关于进一步改革和完善新股发行体制的指导意见》公开向

---

① 《中国汽车行业分析报告（2009 年第四季度）》，中经网统计数据库。

② 岳阳：《钢铁有色金属行业上市公司业绩拐点显现》，《中国高新技术产业导报》2009 年 9 月 14 日。

③ 华泰联合证券：《钢铁：净利同比降两成，库存增加有利今年业绩》，《上海证券报》2010 年 4 月 30 日。

社会征求意见，市场广为关注的新股发行体制改革正式面世，IPO（首次公开发行股票）随后启动。该《指导意见》提出的整套改革方案总体思路是“新股定价进一步市场化，推动各市场主体归位尽责，更加重视中小投资人的参与意愿”。在这一思路指导下，此次改革主要涉及四个方面：一是完善询价和申购的报价约束机制，形成进一步市场化的价格形成机制；二是优化网络发行机制，将网下网上申购参与对象分开；三是对网上单个申购账户设定上限；四是加强新股认购风险提示，提示所有参与人明晰市场风险。

新股发行制度变革后，2009 年 6 月监管层重启 A 股市场 IPO，整体表现十分活跃。仅半年的 A 股市场 IPO 融资额仅次于香港，在 2009 年全球 IPO 市场位居前列。尽管与 2007 年创纪录的 4470 亿元首发融资额相比还相差甚远，但在国际金融危机背景下，半年时间就取得如此成绩实属不易。2009 年新上市公司家数占整个 A 股市场上市公司数的 6.46%。数据显示，2009 年 6 月 IPO 重启以来，逐月来看，发行节奏呈现明显的上升趋势。2009 年 6 月和 7 月实施 IPO 的公司分别有 1 家和 6 家，除此之外，其余 5 个月 IPO 家数都为两位数。其中，2009 年 10 月发行 25 家，12 月则发行了 35 家，创下阶段性高点。[①] 另一方面，如表 38–1 所示，2009 年沪深市场融资额创出历史新纪录，全年达到 6857.69 亿元的规模，超出 2008 年 2275.94 亿元。其中，IPO 重启后融资额高达 5803.54 亿元，占全年融资额的 84.63%；有 111 家公司 IPO 合计融资达 1831.38 亿元，占同时期中国 A 股市场上市公司募集资金总额的 39%，是 2008 年的 1.77 倍。这可以看出，中国 A 股市场 IPO 重启后表现活跃，发行密度和融资强度已经创出历史新高。

表 38–1　2009 年下半年新股发行制度变革后 IPO 情况

时间	境内外筹资合计（亿元）	境内筹资合计（亿元）	首次发行金额	
			A 股（亿元）	H 股（亿美元）
2009 年 7 月	1042.03	860.81	544.25	8.84
2009 年 8 月	578.95	571.71	146.13	0.00
2009 年 9 月	840.23	591.07	225.82	36.48
2009 年 10 月	541.57	541.57	202.03	0.00
2009 年 11 月	1215.00	940.37	226.55	40.08
2009 年 12 月	1585.76	1187.50	486.60	57.06
2009 年 7~12 月累计	5803.54	4693.03	1831.38	142.46
2009 年全年累计	6857.69	5711.16	1831.38	142.46

资料来源：根据中国证券监督管理委员会网站有关数据整理计算。http://www.csrc.gov.cn/pub/zjhpublic/G00306204/zqscyb/201001/t20100115_175451.htm。

2. 企业债券市场发展取得突破，直接融资比重偏低的局面有所改变

为应对国际金融危机对中国经济的冲击和影响，2008 年 11 月初国家提出十项扩大内

① 张勤峰：《半月发 21 只新股 1 月 IPO 发行频率创历年元月新高》，《中国证券报》2010 年 1 月 6 日。

需、促进经济增长措施，启动 4 万亿元的投资计划。同年 12 月，国务院办公厅出台了《关于当前金融促进经济发展的若干意见》，提出要扩大债券发行规模，优先安排与基础设施、民生工程、生态环境建设和灾后重建等相关的债券发行。2009 年 3 月下旬，央行、银监会下发《关于进一步加强信贷结构调整促进国民经济平稳较快发展的指导意见》提出，支持有条件的地方政府组建投融资平台，发行企业债券、中期票据等融资工具，拓宽中央政府投资项目的配套资金融资渠道。在这一系列政策指导下，2009 年中国债券市场开始从以少数、政府型、中央型、无信用风险型、形式相对单一的债券为主，向以大量、企业型、地方型、有信用风险型、形式多样的债券为主的方向转型。企业债券、中短期票据和商业银行债券的存量和新发行债券次数以 50%[①] 的速度增长，信用类公司债券的发展，成为债券市场发展的一大亮点。总体来说，2009 年中国企业债券一级市场繁荣发展，直接融资比重偏低的局面有所改变。

具体讲，2009 年中国企业债券市场呈现出以下几个特点：

（1）债券发行期数和规模增长迅猛。2009 年企业债券发行节奏明显加快，债券发行期数和规模均呈现了较快的增长态势。截至 12 月 28 日，累计发行 165 期企业债券，比 2008 年增长 170.49%；发行规模达到 4214.33 亿元，比 2008 年增长 78.05%。到目前为止，企业债券余额为 11000.88 亿元，企业债券存量首年超过 10000 亿元，2009 年无论是发行期数还是发行规模均达到了一个新的高度。[②]

（2）增信方式进一步多元化，应收账款质押及组合增信方式被广泛应用。2009 年企业债券增信方式多样化趋势增强，进一步克服了 2007 年 10 月份商业银行停止为企业债券担保以后所带来的负面影响。第三方担保、应收账款质押、土地使用权抵押、股权质押、偿债基金等多种增信方式都在企业债券发行中得到了应用。截至 12 月 28 日，已发行的企业债券中第三方企业担保为第一大担保方式，其次为应收账款质押担保。同时，为了达到更好的增信结果，吸引投资者以降低成本，越来越多的发行人采用了组合增信方式。2009 年已发行的企业债券中有 19 期采用了两种以上的组合增信方式。[③] 另外，更多的信用等级高的企业采取了发行无担保信用债券的形式，也开始得到市场认可。

（3）直接债务融资规模增长迅速，与间接融资规模之间的差距大幅缩小。截至 2009 年 12 月 28 日，2009 年全国共发行 6958.85 亿元中期票据、4479.05 亿元短期融资券、712.90 亿元上市公司债券，连同企业债券，非金融企业的直接债务融资首次突破 15000 亿元；2009 年股票 IPO 融资规模为 2021.97 亿元，上市公司股权再融资规模为 3098.09 亿元，股权、债权直接融资总规模超过 20000 亿元。[④] 总体上看，企业融资结构开始发生质的变化，直接融资与间接融资之间的差距大幅缩小。

（4）上市公司发行债券规模较小，偏好股权融资的筹资模式变化不大。2009 年上市公司运用债券市场筹资的总额为 715.01 亿元，比 2008 年筹集资金减少 261.44 亿元。其中可转债募集资金 46.61 亿元，可分离债募集资金 30 亿元，公司债募集资金 638.40 亿元。2009 年一

---

① 高国华：《创新：2010 年债券市场发展主旋律》，《金融时报》2010 年 1 月 16 日。

②③ 陈剑：《2009~2010 年中国企业债券市场：繁荣与期待》，新华网综合，2009 年 12 月 29 日。

④ 王文清、侯利红：《中国企业债券市场回顾与展望：二级市场行情总体趋势向好》，《上海证券报》2009 年 12 月 29 日。

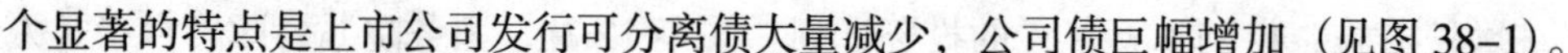

个显著的特点是上市公司发行可分离债大量减少，公司债巨幅增加（见图 38-1）。

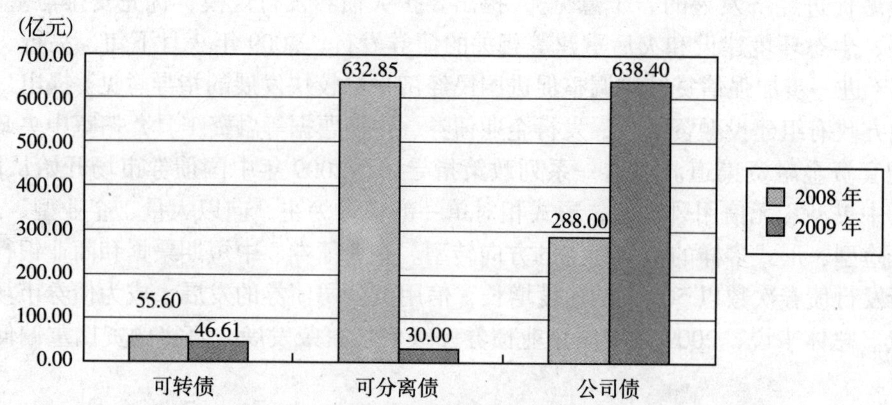

图 38-1 中国上市公司债券市场 2008 年、2009 年筹集金额比较

资料来源：根据中国证券监督管理委员会网站有关数据整理计算，http://www.csrc.gov.cn/pub/zjhpublic/G00306204/zqs-cyb/201001/t20100115_175451.htm。

3. 海外并购重组活跃，上市公司机遇与风险并存

国际金融危机给中国企业进行海外并购提供了难得的契机，使企业进行海外扩张的成本大大降低，2008 年末、2009 年上半年中国政府出台、颁布了一系列鼓励中国企业进行并购重组的政策法规，大力支持中国企业进行海外并购活动。2008 年 12 月 9 日银监会正式发布《商业银行并购贷款风险管理指引》，允许符合条件的商业银行开办并购贷款业务。该项政策的出台使执行了 12 年的“不得用贷款从事股本权益性投资”的规定从此废除，使“过桥资金”名正言顺地参与企业并购活动，拓宽了企业的融资渠道，增加了企业并购手段，增加了并购方的实力。2009 年 3 月 16 日商务部发布了《境外投资管理办法》，为中国企业境外投资行为开“绿灯”，下放核准权限、简化核准程序、突出管理重点、强化引导服务、提出行为规范，大力支持中国企业“走出去”参与国际经济合作与竞争。

中国上市公司海外并购重组发展势头近两年非常迅猛。2008 年之后，中国企业海外并购金额首次大于外资入境并购金额。商务部统计数据表明，2002 年国内企业海外并购总额只有 2 亿美元，2008 年已经增至 205 亿美元。[①] 2009 年海外并购的交易金额占全球跨国并购市场份额上升至约 8.2%。[②] 中国海外并购的主力集中在具有实力的大型国有企业上市公司，主要集中在能源、矿产、工贸和服务等领域。据中国国际金融有限公司统计，10 亿美元以上的大型海外并购增长迅速，并购方向以资源为主，并向金融、汽车等领域延伸，这已逐渐成中国上市公司海外并购的主要特征。另外，在国际金融危机下，国内中小企业板上市公司也开始面临更多的海外并购机会。2009 年 4 月，新海股份并购荷兰 Unilight 公司，2009 年 6 月苏宁电器认购日本 LAOX 公司 27.36%股权并成为最大股东，而金风科技 2008 年 7 月也通

① 吴铭：《中小板公司谨慎试水海外并购》，中国证券报·中证网，2009 年 7 月 9 日。
②《中企海外并购额今年高出去年 3 倍 占全球份额 8.2%》，中国新闻网，2009 年 12 月 21 日。

过其设在德国的全资子公司收购德国 VENSYS 能源公司。目前中小企业板公司的海外并购主要集中在获取技术和销售渠道两个方面。

然而，中国上市公司海外并购也面临着诸多挑战。有统计显示，过去 20 年里半数以上的全球大型企业兼并案未能真正取得预期效果，中国 67%的海外收购不成功，2008 年中国企业海外并购的损失总共达到 2000 亿元人民币左右。[①] 在中国企业海外并购案中，中海油并购美国尤尼斯的失败，源于对美国文化和政治的不了解；上汽并购韩国双龙的失败，则在于对于企业工会角色的忽视；TCL 海外并购面临的困难，则是对欧洲的相关法律规定了解不足，导致人工成本过高。并购后续整合管理的要求很高，但不少上市公司自身管理就有缺陷，对于海外企业的整合管理往往会感到力不从心。因此，虽然目前中国上市公司面临着比较有利于进行海外并购的外部环境，但在实践中进行海外并购时一定要非常审慎，做到规避风险、量力而行。

4.“大小非”解禁制度漏洞引发减持冲动，相关法规还需不断完善

“大非”是指持股量在 5%以上非流通股东所持股份，“小非”是指持股量在 5%以下的非流通股东所持股份。“大小非”解禁就是限售非流通股允许上市。由于“大小非”所持的股份一般只有 1~2 元的成本，是传统计划经济体制下资源配置的结果，没有经过市场交易环节，而二级市场流通股的发行价格则是 10 倍以上的市盈率，因此在“大小非”解禁时，上市公司即便在行情低迷时，仍然有着强烈的减持冲动而获得超额利润；另外，由于解禁期较为集中，“大小非”扭转了股市供求关系，这导致了“大小非”解禁成为制约 A 股市场的利空因素。中国证券登记结算公司发布的数据显示，2009 年 11 月，A 股市场“大小非”单月减持 15.15 亿股，创下有该项数据统计 18 个月以来的历史新高。[②] 综合来看，相关制度安排存在的缺陷严重影响了投资者信心，直接导致 A 股市场持续在低位徘徊。

在此前提下，监管部门采取了一系列措施不断完善相关法律法规，弥补制度漏洞，提振市场信心。先后经历了新股发行体制改革、创业板开板、国有股充实全国社保基金，以及 2009 年年末国务院批准自 2010 年 1 月 1 日起对个人转让上市公司限售股征收个人所得税等多项措施。市场行为表明，解禁期过后“大非”实际减持较少，而“小非”减持比例较大，采取相关措施弥补解禁过程中的制度漏洞，鼓励“小非”中的个人投资者更长期地持有股票，有利于缓解 2010 年“大小非”限售股解禁压力，稳定市场运行。比如《关于个人转让上市公司限售股所得征收个人所得税有关问题的通知》，不仅解决了此前资本市场中颇受争议的“大小非”转让中存在的税收漏洞，也解决了股权分置改革“新老划断”后，首次公开发行股票并上市的公司形成的限售股转让征税问题。但不可避免的是，由于股改问题的复杂性和艰巨性，且缺乏国外既有的相关经验参考，在“大小非”解禁过程中会出现一些新问题，这就要求相关法规措施需要适时不断完善修正，以适应不断变化的新情况。

---

① 吴铭：《中小板公司谨慎试水海外并购》，中国证券报·中证网，2009 年 7 月 9 日。

②《限售股“免税转让”时代终结 A 股能否搭上顺风车?》，新华网，2010 年 1 月 1 日。

5. 上市公司不分红、高管薪酬过高折射上市公司治理难题

上市公司分红问题一直以来是投资者较为关注的问题。2008 年，在沪深两市所有发布年报的上市公司中，有 732 家、占总数将近一半的上市公司未提出利润分配或转增股本预案。而 732 家公司中，有 480 家公司在 2008 年实现了盈利。① 另有调查显示：2008 年有近 500 家上市公司已经连续 3 年以上不分红，连续 9 年不分红的公司也有 107 家，连续 10 年不分红的上市公司有 85 家。② 2009 年，不分红的上市公司数有所减少，截至 2010 年 3 月 5 日，A 股市场已有 276 家上市公司披露了 2009 年年报，近七成上市公司推出分红送转预案，③ 上市公司不分红的情况似乎有所好转。

与上市公司不分红形成强烈反差的是，在 2008 年业绩下滑比较严重的情况下，高管薪酬仍然不跌反涨，且增幅高于上市公司业绩增长。统计显示，2008 年上市公司高管富豪 30 人的平均年薪是 621 万元；其中 10 强高管富豪的平均年薪 1000 万元。而同期全国城镇单位在岗职工平均工资为 29229 元，高管富豪 30 人的薪水是城镇职工平均工资的 212 倍，前 10 强高管富豪的薪水则是城镇职工平均工资的 342 倍。④ 截至 2010 年 3 月 8 日，285 家上市公司披露了 2009 年年报，剔除没有 2008 年高管薪酬数据的上市公司，可比的 261 家公司共 3050 位高管人员⑤ 2009 年薪酬合计为 8.93 亿元，人均 29.27 万元；而 2008 年这 261 家公司的 2757 位高管人员共获得 6.95 亿元薪酬，人均 25.20 万元。两相比较可知，2009 年上市公司高管薪酬同比增幅为 16.14%。⑥

从根源上说，投资者对上市公司不分红和高管薪酬过高的不满，折射了目前上市公司分红制度和高管薪酬制度的缺陷和不足，相关部门应通过制定合理有效的制度，以规范上市公司的行为。2008 年 10 月，监管部门下发了《关于修改上市公司现金分红若干规定的决定》，提高了上市公司申请再融资时的现金分红标准，有利于引导上市公司严格承担信托责任，带给投资者实实在在的回报。而高管薪酬也应该做到与公司业绩挂钩，真正起到激励高管责任、反映高管贡献的作用。

---

① 童大焕：《严重关注双重身份上市公司的现金分红》，《新民周刊》2009 年 5 月 27 日。

②《独家：上市公司"铁公鸡"排行榜》，腾讯证券，2009 年 2 月 25 日。

③《本周 67 份年报呈现三大新特征》，《证券日报》2010 年 3 月 6 日。

④ 吴轶凡：《逾千家上市公司披露年报　高管薪酬明着降暗里升　国企"限薪令"被钻了空子　最富上市公司高管日赚四万三》，《每日商报》2009 年 4 月 18 日。

⑤ 不含未在公司领取薪酬的高管。

⑥ 刘兴龙：《高管平均薪酬 29 万同比增长 16%》，中国证券报·中证网，2010 年 3 月 09 日。

三、后金融危机时代中国上市公司的展望和政策建议

1. 未来展望

（1）实体经济逐步回暖，上市公司整体业绩回升有望。尽管受国际金融危机影响，中国上市公司业绩在 2008 年受到较大影响，但中国政府采取措施应对危机“出手快，出拳重，措施准，工作实”，收到了良好的效果。2009 年，中国经济较快扭转了经济增速的明显下滑，率先实现了经济的企稳回升，实体经济逐步回暖，上市公司整体业绩回升有望。另外，通过仔细分析可以发现，由于各行业在产业链上的位置不同，供求关系不同，新经济增长点对其的拉动不可能同时表现出来，业绩回暖在行业间有着较大差别。举例来说，作为与宏观经济走势和投资增速紧密相关的部分强周期性行业，例如电力、资源类和原材料类行业，一旦宏观经济复苏出现波动，其行业景气度也将受到影响。因此，政府加大投资力度直接拉动的行业会最先回暖，受益于扶持政策的行业也会在政策出台后收到“立竿见影”的效果，前者如建筑施工，后者如汽车、家电行业等。有的行业 2009 年第一季度就有了明显好转，如建筑施工业；有的行业则在 2009 年第二季度出现较明显的回暖，如化纤行业。还有的行业目前刚刚缓过劲来，比如纺织服装。这反映出中国经济的复杂性和多样性——有的与投资密切相关，有的与出口相关，等等。目前，由于中国经济已总体回暖，重要行业拉动作用开始显现，加之世界经济也出现好转的曙光，目前仍然低迷的行业也必将走出低谷，踏上复苏之路。因此，密切跟踪中国上市公司发展的经济走势，积极采取措施维持和巩固前期取得经济成果，保证经济发展稳步回升，是后金融危机时代上市公司面临的紧迫任务。

（2）资本市场发展日益深化，上市公司行为不断规范。在国际金融危机影响下，中国资本市场也经历了巨大的制度变革。“大小非”解禁、创业板正式登上中国资本市场、融资融券业务试点启动、十大产业振兴规划出台、IPO 重启、低碳经济、国有股转持等一系列影响上市公司行为的重要资本市场大事件，在 2008 年和 2009 年频频出现。目前，中国资本市场发展已进入深化发展阶段，建立多层次资本市场是当前较为迫切的任务，资本市场的功能定位更加明确，政府目标将逐步向优化资源配置这一资本市场应有的基本功能转变。证券市场将不再是上市公司的“提款机”，金融监管力度将不断增大，投资者保护力度将不断增强。长远来看，上市公司的信托责任将会更加明确，上市公司企业行为将不断规范。

2. 政策建议

（1）贯彻落实国家宏观经济政策，加强产业整合和行业结构调整。2010 年，是后金融危机时代情况比较复杂的一年，宏观经济已触底回升，但增长的势头并不强劲，经济发展还面

临着反弹下行的风险。在延续前期经济刺激政策的情况下，国家宏观经济政策必须进行一些微调，因此，贯彻落实宏观经济政策，加强产业整合和行业结构调整，将是中国上市公司的重大战略任务。上市公司应围绕保增长、扩内需、调结构这条主线，变被动为主动，以市场为导向，加快结构调整，着力转变发展方式，有效克服危机冲击，增强上市公司竞争力，继续保持较快发展。

这次国际金融危机在带来严重冲击的同时，也带来了调整机遇，企业必须加快结构调整的步伐，通过结构调整赢得新的竞争优势。简单来说，①要调整产品结构，提高产品的附加值和技术含量。要根据市场的需求，有针对性地调整现有的产品结构，开发市场需要、盈利能力强的产品，淘汰那些没有销路、经济效益差的产品。②要调整产业结构，完善企业的价值链和产业链。要聚焦主业发展，保持适当的投资规模。③要围绕主业延长产业链和价值链，使产业结构更趋完善合理，获取产业链前后端和价值链高端收益分配，培育新的经济增长点。

(2) 采取各种措施增收节支，提高上市公司主营业务盈利能力。在国际金融危机的冲击下，大多数上市公司外部环境恶化、竞争加剧，由此导致主营业务收入减少、营业成本增加、盈利能力下降。后金融危机时代，上市公司应采取各种措施增收节支，提高主营业务盈利能力，增强企业竞争力。

增强上市公司主营业务盈利能力可以从以下几个方面采取措施：①充分利用募集资金做优做强主业，提升自身的盈利能力。要加快企业技术改造，切实推进发展方式转变，推动企业内涵式发展，以加强自主创新为动力，走创新驱动、内生增长的发展轨道；要努力突破产业核心关键技术，开发高附加价值、低资源消耗、高生产效率、低生产成本的产品，形成一批自主知识产权和知名品牌，尽快占领产业技术前沿和市场，提高企业的核心竞争能力。②积极开拓国际国内市场，以市场为导向、产学研用相结合，引导创新要素和资源向企业聚集，有效拉动消费，提升消费结构，增加销售收入。③深化、细化全面预算管理。严格控制预算外出支出项目，加大预算考核力度，力争使有限的资金发挥最大效益，控制营业成本。④实施财务管理、人力资源、战略规划和市场营销等关键环节的管理创新，提高管理效率和水平。

(3) 加强内部控制和风险预警，提高上市公司全面风险管理能力。国际金融危机的发生，其原因可以说在很大程度上在于内部控制和风险预警机制的缺失。后金融危机时代，中国上市公司应提高风险管理和内部控制的重视程度，加强内部控制和风险预警机制的建立，提高上市公司全面风险管理水平。

加强和完善企业内部管理，是提高企业营运质量和水平的必然要求。①加强财务预算管理。围绕企业生产经营计划，合理编制刚性化的财务预算，逐步推行企业全面预算管理，并加强对预算执行情况的考核。各企业要进一步强化成本观念，开展目标成本管理。进一步加强对所属子公司、分公司的财务管理和资金控制，从严控制非生产性支出，努力降低企业成本费用，坚决遏制成本费用上升过快的势头。②建立完善内部控制机制。各企业要进一步加强内控机制建设，重点要在财务监控、经营责任落实，内审监督以及企业管理流程再造、精细管理等方面下苦功，取得实效，使内控机制真正发挥在有效防范风险、堵塞企业管理漏洞方面的良好作用。③加强全面风险管理。要进一步树立风险意识，切实提高风险研判、风险预警、风险决策、风险应对等诸多全面风险管理环节的水平和能力，尤其是要加强集团公司和重要子公司对外担保、互保、投融资、大额资金往来、重大物资采购、驻外公司等高风险业务和重大事项的监管，重点防范法律风险、财务风险，努力提高抗风险能力，筑牢企业可持续发展的基础。要建立财务危机的预警、监测和应对系统，有效防范和化解财务危机。要加强企业投资全过程的监管，落实投资项目责任制。要加强高风险业务管理，审慎运用金融及其衍生品工具。

（4）加强资本市场监管，为上市公司健康发展创造良好制度环境。后金融危机时代，全球将进入结构性调整期。上市公司依托资本市场的并购重组是优化和整合现有产业布局的重要途径。中国资本市场在股权分置改革后，并购重组也日趋活跃。中国上市公司面临的制度环境更加复杂，加强资本市场监管，助力经济结构调整，为上市公司健康发展提供良好的制度环境保障，是对资本市场提出的必然要求。

首先，国际经验表明，随着市场边界不断扩大以及金融市场各个领域相互渗透，可能产生监管真空和监管套利，这要求我们重新界定监管边界，弥补潜在的监管漏洞。其次，随着中国资本市场多层次市场体系的建立，OTC 市场和 PE 行业逐步发展，与之对应的多层次监管体系的建设变得愈发紧迫。最后，与发达市场不同，中国市场还处于努力提高证券市场繁荣程度的历史阶段，如何进一步深化改革，完善金融产品创新机制是一项长期而艰巨的任务。同时，随着市场规模及复杂程度的加大，监管资源匮乏的矛盾日益凸显。如何优化监管资源、提高监管效率也是一项日益紧迫的任务。

因此，加强资本市场监管，应重点延续以下四个思路：①要充分发挥资本市场服务经济的功能，促进经济结构调整和经济发展方式转变。②积极稳妥推进市场改革创新，完善市场化运行机制。③增强市场主体的核心竞争力，推动行业健康发展。④要改进市场监管效率，健全投资者保护的长效机制。

专栏 38—1

应对金融危机 上市公司老总献计献策

面对国际金融危机，上市公司应该如何应对？2009 年 3 月 4 日，部分上市公司老总向记者介绍了其企业应对危机的经验与诀窍，也有上市公司老总呼吁增加政策倾斜。

探索新举措应对挑战

全国人大代表、营口港务集团有限公司总裁、党委副书记兼营口港务股份有限公司董事长高宝玉表示，金融危机目前对营口港的影响不大。营口港是内贸型港口，内贸的货运量占70%以上；而本次金融危机主要是对外贸的冲击比较大。另外，营口港的现金流比较充沛，资金周转比较流畅。

高宝玉说，当前全球经济增速放缓，辽宁港口群资源整合导致竞争格局产生重大变化，2009 年海运货源形势有可能比新世纪以来任何一年都要严峻。营口港将

续专栏 38—1

认真分析形势，探索具有时效性、针对性的新举措。营口港在“十一五”期间将投资 140 亿元进行港口建设，以期拥有生产性泊位 60 个，集装箱年处理能力超过 500 万标准箱。营口港将以发展为主题，在继续扩大规模的同时，重视大型专业化码头的建设和港区功能调整，使其成为环渤海港口群的龙头。

积极应对才能变危为机

全国人大代表、辽宁曙光汽车集团股份有限公司董事长李进巅表示，随着 4 万亿元投资计划和促进经济增长的系列措施的逐步实施，中国经济正逐渐走出全球金融危机的阴影，特别是《汽车产业调整和振兴规划》的颁布，为中国汽车业的持续发展提供了保证。

曙光汽车集团根据形势变化未雨绸缪，积极采取应对措施。第一个举措是调整产品结构，生产新能源客车等，突出拳头产品的品牌效应；第二个举措是加强内部管理，降低成本，让利用户；第三个举措是变危机为机遇，即利用国外汽车产业低迷的机遇，引进和购买国外的先进技术和高技术人才。

支持民营经济渡过金融危机

全国政协委员、通威集团董事局主席刘汉元递交提案，建议进一步加大政策力度，支持民营经济渡过当前金融危机。

刘汉元表示，尽管民营经济创造了我国 65%的 GDP 和 70%~80%的年度经济增量，但在各项资源的配置上始终处于弱势地位。银根太紧、税负太重，是当前阻碍民营经济发展最核心的问题。尤其是在国际金融危机冲击下，2008 年全国已有数十万家民营企业倒闭，民营经济的发展日益困难。

为此，刘汉元建议从三个方面加大对民营经济的支持。融资方面，国家应逐年增加对民营企业的贷款投放规模和扶持力度，甚至可由银行划分一定比例的贷款份额，专门用于支持民营经济的发展，并以政府贴息贷款的方式对重点民营企业的自主科技创新、技术研发以及产品升级转型进行扶持。财税方面，应加速财税税制改革，通过财政退税、返税、减税等方式，把钱留给企业，支持它们扩大再生产。而在投资方面，由于 4 万亿元的投资计划多涉及垄断行业，民营企业参与份额不足 10%，因此国家应同时加快垄断行业的改革，让民营经济积极参与到 4 万亿元投资的公平竞争中。

资料来源：根据唐学良、吴光军、徐玉海、田立民《应对金融危机 上市公司老总献计献策》资料改编，原载《上海证券报》2009 年 3 月 5 日。

参考文献

王璐：《经济回暖 上市公司业绩步入上升通道》，《上海证券报》2010 年 4 月 30 日。

“中联控股集团”上市公司业绩评价课题组：《全球经济衰退下的中国上市公司业绩表现》，《经济》2009 年第 6 期。

白祖文：《基于主成分分析的高新技术上市公司业绩评价研究》，《价值工程》2009 年第 8 期。
陈斌、陈华敏：《金融危机对中小企业板上市公司影响分析》，《证券时报》2009 年 6月 19 日。
田清华、彭丽：《金融危机下的上市公司高管薪酬》，《企业导报》2009 年 3 月 15 日。
高国华：《创新：2010 年债券市场发展主旋律》，《金融时报》2010 年 1 月 16 日。
吴铭：《中小板公司谨慎试水海外并购》，中国证券报·中证网，2009 年 7 月 9 日。
童大焕：《严重关注双重身份上市公司的现金分红》，《新民周刊》2009 年 5 月 27 日。

第三十九章　国际金融危机下的中国企业并购

提　要

2008~2009 年，在全球企业并购陷入低潮的情况下，中国企业并购热度却不降反升。虽然从月度数据上看，中国企业并购明显受到了国际金融危机冲击，呈现“V”形反弹的走势，但是从整体上看，中国企业并购始终保持了快速增长的态势。尤其是在海外并购中，中国企业表现积极，并取得了显著成绩。然而，在看到成绩的同时，还必须意识到，中国企业并购中还存在一些问题，需要引起重视。一是以规模为导向的企业并购有可能在合并后导致企业的资产效率降低；二是企业并购被政府赋予了过多的产业政策使命；三是企业并购面临的外部环境有待进一步改善；四是部分企业在并购中缺乏足够的风险意识。对此，应做好四个方面工作。一是继续鼓励和支持企业并购；二是合理定位政府在企业并购中的角色；三是引导企业通过并购实现商业模式创新；四是提高企业在并购中的风险意识。

*　　　　*　　　　*

美国次贷危机所引发的国际金融危机对世界经济造成了重大冲击，其影响从虚拟经济蔓延到了实体经济，不仅造成了全球经济增速的减缓，而且对全球企业并购活动产生了明显的冲击。然而，在全球企业并购规模大幅下滑的同时，中国企业并购的热度却不降反升，并呈现出影响力日益扩大的趋势。这既反映了全球竞争格局的改变，又表明了中国企业将向着新的发展模式跨越。

一、国际金融危机对全球企业并购的影响

全球企业并购在经历了 2007 年的最高峰以后，于 2008 年和 2009 年陷入了低谷。在国际金融危机下，发达国家虽仍然是跨境并购的主角，但新兴经济体并购发达国家资产的情况明显增多。就行业而言，制造业企业并购整体上受到的冲击仍然比较严重，但食品、汽车、精密仪器等部分领域的企业并购热度不降反升。

1. 全球企业跨境并购规模大幅下滑，许多原本已经确定的交易被取消

2004 年到 2007 年，世界经济取得了 20 世纪 60 年代末、70 年代初以来最强劲的增长。与此同时，全球企业并购也出现了大幅度的增长。2007 年全球企业跨境并购规模达到了历史最高峰——4.8 万亿美元。然而，受国际金融危机影响，全球并购市场骤然降温。2008 年全球企业跨境并购规模为 3.3 亿美元，同比下滑 31.25%；2009 年更是进一步下降到 2.4 万亿美元，同比下滑 27.27%（见图 39-1）。2007 年以前十分红火的并购形势在 2008 年骤然降温，在很大程度上是因为原本已经确定的很多交易被迫取消。据 Dealogic 数据，2008 年全球企业放弃了 1309 宗交易，总价值 9110 亿美元。2009 年也同样有大量的并购交易被取消。例如，2008 年 11 月 25 日，全球最大的矿业公司（必机必拓）宣布放弃曾积极推进近一年的以 1470 亿美元代价收购（力拓）的行动，而之前（必机必拓）为此已经支付的收购费用达 4.5 万亿澳元（约 3 亿美元）。企业并购意愿降低主要有两方面原因：一是国际金融危机使得部分企业盈利水平大幅下降，流动性趋于紧张，同时银行在信贷方面更加谨慎，并购融资变得十分困难。二是有些企业并不看好部分行业的发展前景，对并购资产的估值有所降低。

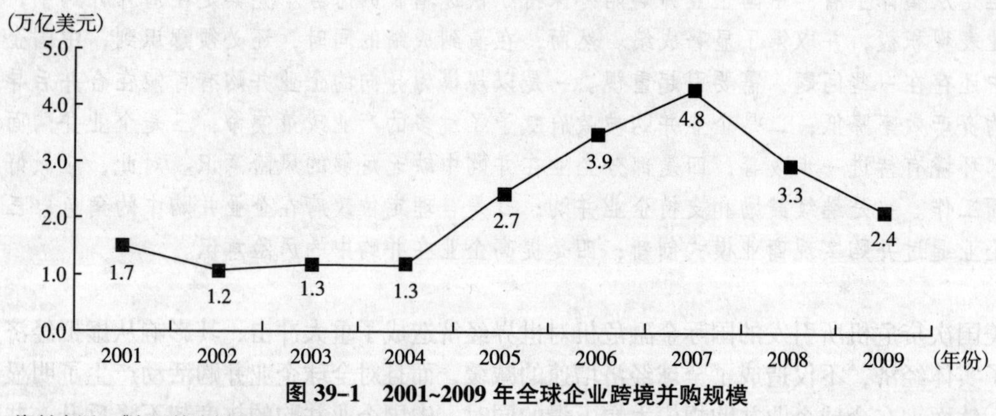

图 39-1 2001~2009 年全球企业跨境并购规模

资料来源：《中国并购报告 2009》和 Dealogic 数据。

2. 发达国家仍是跨境并购的主角，但新兴国家企业并购发达国家资产比重增加

发达国家一直是企业跨境并购的主角，国际金融危机下同样如此。2007 年、2008 年和 2009 年上半年，发达国家企业跨境并购交易规模占全世界的比例均在 80%以上。然而，从趋势上却可以发现，发达国家企业跨境并购规模占比出现下滑趋势，而发展中国家却呈现明显上升态势（见表 39-1）。发展中国家在国际金融危机下企业跨境并购规模占比的增长，反映了全球经济格局的调整。在国际金融危机影响下，为缓解企业资金压力，以美国为代表的欧美国家纷纷出台政策，降低国外资本注入本国经济的“门槛”，引进国外资本以扶持本国企业和促进经济的复苏。同时，由于资产价格大幅缩水，大大降低了并购成本。这样就为一

些新兴国家通过并购发达国家资产，获取所需资源创造了条件。据毕马威统计，2009 年下半年，新兴国家企业并购发达国家企业交易额达 354 亿美元，是 2009 年上半年交易额的两倍多，交易数也由上半年的 78 笔增加到 102 笔。而发达国家并购新兴国家企业继续降温，交易额为 183 亿美元，萎缩近 1/4，交易数 216 笔，减少 17%。

表 39-1　全球不同类型国家企业跨境并购规模和占比

	2007 年		2008 年		2009 年上半年	
	规模（百万美元）	占全世界的比例（%）	规模（百万美元）	占全世界的比例（%）	规模（百万美元）	占全世界的比例（%）
全世界	1031100	100	673214	100	123155	100
发达国家	903430	87.62	551847	81.97	102313	83.08
发展中国家	96998	9.41	100862	14.98	19837	16.11
东南欧洲和转型国家	30671	2.97	20505	3.05	1005	0.82

资料来源：UNCTAD cross-border M&A database。

3. 制造业和矿业企业跨境并购所受冲击晚于服务业，但恢复也晚于服务业

次贷危机对企业并购的影响在 2007 年已经显现，但由于 2006 年以来企业并购快速增长的惯性，因此 2007 年全球企业跨境并购规模并没有出现下滑，而是创下了历史最高点。然而，2008 年企业并购形势急转直下。其中，最先受到冲击的是服务业企业，而制造企业和矿业企业所受冲击在时间上要晚于服务业企业。① 2008 年第三产业企业跨境并购规模同比下滑 50 多个百分点，而第一产业和第二产业分别上涨了 17 个百分点和下滑了 10 个百分点。2009 年上半年，第三产业企业跨境并购规模同比下滑 36 个百分点，而第一产业和第二产业分别下滑了 76 个百分点和 85 个百分点（见表 39-2）。事实上，2009 年下半年以金融、信息产业为代表的服务业企业跨境并购已经率先开始恢复。2009 年 7 月，IBM 以 12 亿美元的价格收购了客户和市场趋势分析与预测软件厂商 SPSS；电子测试设备厂商 Agilent 以 15 亿美

表 39-2　三次产业全球企业跨境并购规模情况比较

产业	2007 年		2008 年		2009 年	
	规模（百万美元）	同比增长（%）	规模（百万美元）	同比增长（%）	规模（百万美元）	同比增长（%）
所有产业	1031100	62.14	673214	-34.71	123155	-63.41
第一产业	73299	72.57	86101	17.47	10004	-76.76
第二产业	336310	56.02	302582	-10.03	22698	-85.00
第三产业	621491	64.45	284531	-54.22	90453	-36.42

资料来源：UNCTAD cross-border M&A database。

① 在 UNCTAD cross-border M&A database 的统计数据中，第一产业包括矿业，而且矿业企业并购的规模占到了整个第一产业的 95%以上。因此，第一产业企业并购规模的变化基本就反映了矿业企业并购规模的变化。

元的价格收购 Varian Semiconductor，进入生命科学产业领域；EMC 以 22 亿美元收购 Data Domain，进入数据备份新领域。

4. 食品、汽车、精密仪器等制造业领域的企业并购热度不降反升

2008 年，在全球企业跨境并购规模大幅下滑的同时，食品、饮料、烟草、汽车、精密仪器等产业的企业并购热度非但没有下降，反而逆势上升。2008 年，食品、饮料、烟草行业企业净出售资产和净购买资产分别达到 1121 亿美元和 774 亿美元，比 2007 年增长 124.6%和 151.4%；汽车、其他交通工具行业企业净出售资产和净购买资产分别达到 119 亿美元和 120 亿美元，比 2007 年增长 291.7%和 2166.6%；精密仪器行业企业净出售资产和净购买资产分别达到 230 亿美元和 78 亿美元，比 2007 年增长 401 亿美元和 176 亿美元（见表 39-3）。这些行业中，企业跨境并购规模快速增长的重要原因是国际金融危机导致市场需求大幅减少，从而使过去一些被掩盖的矛盾充分显现，加快了产业结构调整的步伐。例如，中国汽车企业一线工人工资收入仅是北美底特律汽车工厂一线工人的 1/30，成本差异导致了企业竞争力差异，在国际金融危机下，竞争力低的企业资产向竞争力高的企业集中成为必然趋势。

表 39-3　　第二产业内部全球企业跨境并购情况

单位：百万美元

产业部门	净出售				净购买			
	2006 年	2007 年	2008 年	2009 年（1~6 月）	2006 年	2007 年	2008 年	2009 年（1~6 月）
食品、饮料、烟草	6831	49902	112093	4386	-1100	30794	77406	4294
木材、木制品	2030	6431	4390	908	-2357	1411	-486	787
出版、印刷	24387	5543	4472	-15	7860	-6308	9535	-30
焦炭、炼油、核燃料	2005	2663	3086	999	4365	4072	-476	-204
化学、化学制品	47961	116792	73707	9587	31421	94598	60730	8720
橡胶、塑料制品	6705	7281	1200	-111	4884	-1588	206	-171
非金属矿产品	6166	37836	28770	408	6347	15334	22198	-9
金属、金属制品	45712	69738	13047	-1415	45654	18125	17114	370
机械、装备	17764	20087	14629	316	20034	9201	6988	252
电器、电子设备	35522	24583	12157	5711	32218	40440	25316	347
汽车、其他交通工具	7464	3048	11940	-95	-497	533	12081	232
精密仪器	7064	-17036	23028	1996	10183	-9823	7817	2831
其他制造业	1845	961	-1009	12	430	175	-3616	22

资料来源：UNCTAD cross-border M&A database。

5. 大型企业之间的并购以行业内资源整合为主

2000 年以后，全球企业并购出现一个重要的特点就是横向并购、纵向并购、多元化并购均大量出现，跨行业整合十分普遍，“强强联合”成为关注的热点。然而，受国际金融危机冲击，全球企业并购的行为特点出现了一定程度变化，即多元化并购和纵向并购比例有所降低，大型企业之间的并购主要以行业内整合为主。2008 年，前 20 位的跨国并购交易中，除投资公司、政府机构发起的并购以外，绝大部分企业并购都是一种行业内的资源整合。这说明，在国际金融危机冲击下，由于市场环境尚存在较大不确定性，企业更多选择了相对保守的竞争策略，以整合现有资源、巩固当前竞争地位为主，企业跨行业整合步伐放缓。

二、国际金融危机下的中国企业并购

虽然从月度数据上看，中国企业并购明显受到了国际金融危机冲击，呈现了“V”形反弹的走势，但是整体上看，中国企业并购始终保持了快速增长的态势。在海外并购中，中国企业表现积极，并取得了显著成绩，其中民营企业海外并购的意愿明显增强。

1. 全球企业并购陷入低潮的背景下中国企业并购热度不降反升

国际金融危机发生以后，中国迅速出台了“扩内需、保增长”“一揽子”政策，并取得了十分显著的成绩。2008~2009 年在全球经济普遍下滑的情况下，中国经济保持了 9.6%和 8.7%的增速。同时，十大产业调整振兴规划将推动企业并购作为产业调整和振兴的重要手段，适度宽松的货币政策和鼓励并购的贷款融资政策也进一步助推了企业并购热情。2008 年 12 月，国务院确定了金融“国九条”，提出“通过并购贷款等多种形式，拓宽企业融资渠道”，而银监会也随后正式发布了《商业银行并购贷款风险管理指引》。在这种情况下，中国企业并购逆势上扬。2008 年，在全球企业并购规模下降 31.25%的情况下，中国企业并购规模上涨 52.24%，其中海外并购增长 92.61%（见图 39-2）。据 Dealogic 数据显示，2009 年上半年全球已宣布的并购交易额共约 1125 亿美元。其中，中国区交易金额约 101 亿美元，占全球市场的 9%左右，占亚太区并购交易额的 30%以上，而在 2003 年，中国区并购交易占全球份额还不足 4%。

2. 从月度看企业并购的总体规模和案件数量呈现了“V”形反弹的走势

从全年数据来看，2008~2009 年中国企业并购规模稳步上升，并没有受到国际金融危机的影响。然而，如果从月度数据来看，我们可以明显看到中国企业并购的“V”形反弹走

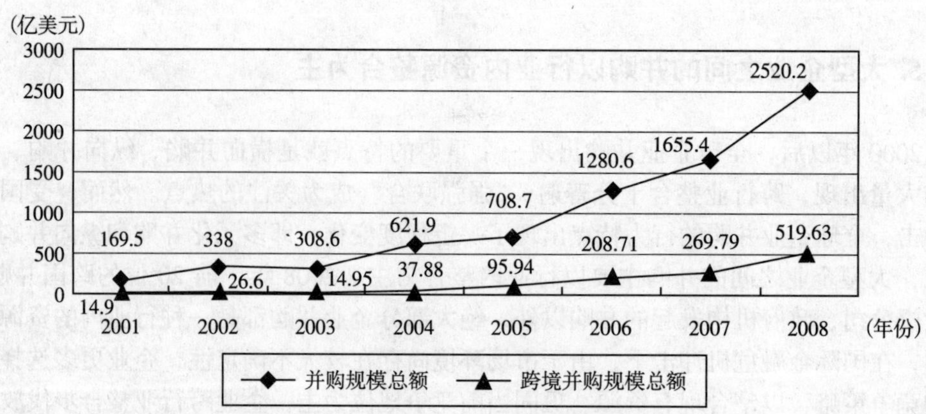

图 39–2　2001~2008 年中国企业并购规模

资料来源：《中国并购报告 2009》。

势。受次贷危机和国际金融危机影响，随着宏观经济的不断走低，从 2008 年下半年开始，中国企业并购市场活跃度不断地下降，[①] 在 2008 年年底达到了最低点。2009 年下半年以后，随着国家"扩内需、保增长""一揽子"计划和十大产业调整振兴规划逐步发挥作用，宏观经济逐步企稳回升，企业应对危机的信心大大增强。在这种情况下，中国企业并购市场活跃度逐步回升。2010 年 1 月所披露的并购案件达到 60 起，创 2008 年以来的最高点（见图 39–3）。历史经验证明，企业并购的活跃程度与宏观经济周期和形势有着十分密切的联系，当宏观经济由衰退走向复苏，企业并购的活跃程度也会大大提高，而 2008~2009 年中国并购市场的走势也验证了这一结论。

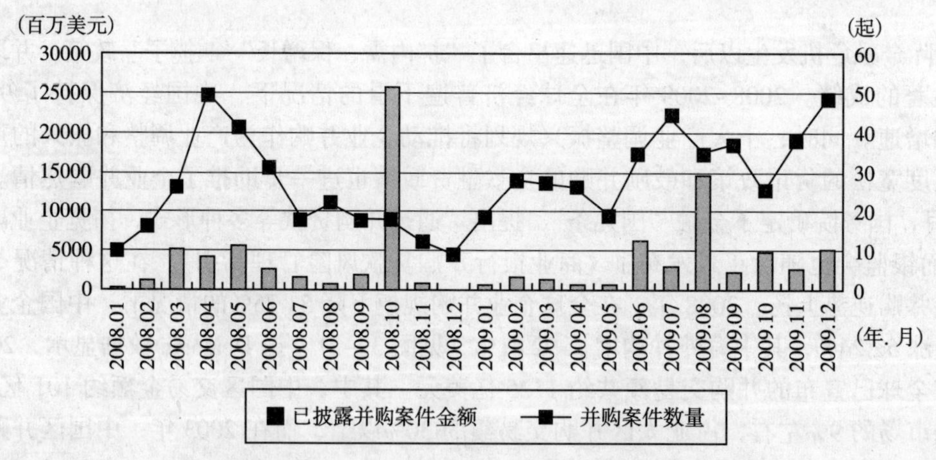

图 39–3　2008~2009 年中国企业并购总体规模和案件数量

资料来源：China Venture 投资数据库。

① 2008 年 10 月，中国企业并购规模出现了突然大幅提升的态势，这是因为达成了几笔大规模的并购交易。其中，仅中国电信收购中国联通 CDMA，所涉及金额就高达 160.92 亿美元；另外还包括南方航空 14.63 亿美元入股辽宁机场集团，等等。如果去除了这几笔大的并购交易，总体上并购市场活跃度呈现下降趋势。

3. 房地产、机械设备、生物医药、电子信息、能源化工行业成为企业并购热点领域

2008~2009 年，中国很多行业中企业并购的活跃程度都出现了较为明显的提高。从并购交易发生的频率来看，2009 年上市公司公布的并购交易中，发生频率最高的行业是房地产行业，其次分别是机械设备、生物医药、电子信息、能源化工行业（见图 39–4）。从企业海外并购来看，能源和矿业一直是中国企业对外并购的重点领域，而汽车、机械等制造业领域增长也十分迅速。资源类并购之所以得到国内企业的青睐，这是因为资源类并购不仅可以获得具有战略价值的实物资产，而且并购之后的整合过程也相对容易，另外，国家出于长远战略考虑也对中国企业海外资源类并购给予了大力的政策支持。2010 年中国企业海外并购仍将以资源类企业为主，但技术、品牌类的并购交易比重将有所上升。

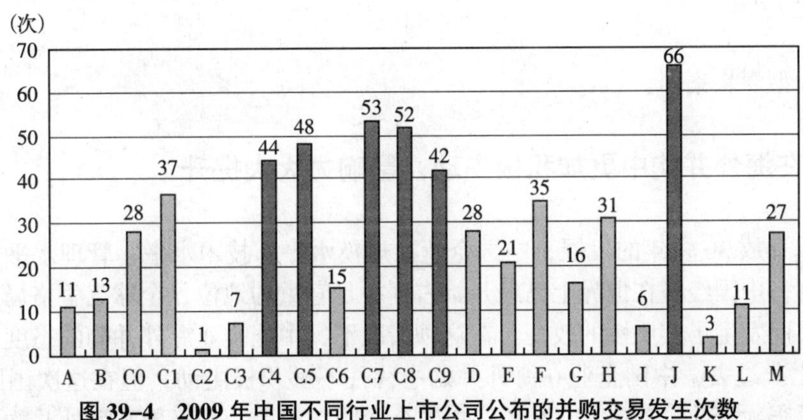

图 39–4　2009 年中国不同行业上市公司公布的并购交易发生次数

注：行业分类依据证监会公布的上市公司行业分类及行业代码：A 农业；B 采掘业；C0 食品、饮料；C1 纺织、服装、皮毛；C2 木材、家具；C3 造纸、印刷；C4 石油、化学、塑胶、塑料；C5 电子；C6 金属、非金属；C7 机械、设备、仪表；C8 医药、生物制品；C9 其他制造业；D 公用事业；E 建筑业；F 交通运输、仓储业；G 信息技术业；H 批发和零售贸易；I 金融、保险业；J 房地产业；K 社会服务业；L 传播与文化产业；M 综合类。

资料来源：笔者根据全球并购中心网站数据整理。

4. 钢铁、汽车、煤炭等行业成为国家政策推动企业并购的重点领域

为了加快产业结构调整、优化产业布局、加大产业集中度、提高产业国际竞争力，国家制定了一系列的政策，用以推动企业并购。2009 年，国家在推出的十大产业调整振兴规划中，每一个行业都包括了与推动企业并购相关的政策措施。在山西小煤窑的治理整顿中，国家更是将并购作为重要手段。从具体实施效果来看，我们认为，在国家政策的大力推动下，钢铁、汽车、煤矿产业的企业并购取得了较大进展（见表 39–4）。目前，经过重组后的钢铁、汽车、煤矿行业的产业集中度大大提高。钢铁行业中，粗钢产能超过 1000 万吨的大型钢铁企业已经达到 9 家；汽车行业中，前 10 家企业集团市场份额已经接近 90%；煤炭行业中，山西省已经形成了 4 个年生产能力亿吨级的特大型煤炭集团、3 个年生产能力 5000 万

表 39-4 2009 年钢铁、汽车、煤炭行业政府推动的重要企业并购活动

钢铁行业	3 月 1 日，宝钢入主宁波钢铁公司，其中宝钢持有 56.15%的股权，杭钢持有 43.85%的股权； 9 月 6 日，山东钢铁集团与日照钢铁集团签署《资产重组与合作协议》，山东钢铁集团在山东钢铁集团日照公司中占 67%的股权，日照钢铁集团占 33%的股权； 9 月 21 日，河北钢铁集团整体上市方案获批，唐钢股份、邯郸钢铁、承德钒钛三家上市公司整合为一家； 12 月 18 日，首钢重组长治钢铁有限公司，在山西成立首钢长治钢铁有限公司
汽车行业	5 月 21 日，广州汽车集团与湖南长丰汽车集团正式签订股权转让协议，长丰集团将其持有的长丰汽车 29%的股权转让给广汽集团，本次股份转让完成后，广汽集团将成为长丰汽车第一大股东； 5 月 25 日，潍柴动力、山推股份及山东巨力三家上市公司同时发布公告，宣告成立以汽车零部件为主业的山东重工集团； 11 月 10 日，兵装集团与中航工业联手组建中国长安汽车集团有限公司，成为迄今为止中央企业之间在汽车领域进行的规模最大的战略重组
煤矿行业	2009 年年底，中煤集团、阳煤集团、晋煤集团、同煤集团、潞安集团、焦煤集团、山西省运销集团、山西省煤炭进出口集团等大型中央企业、地方国有企业和大型民营企业已经基本完成了对山西省 2000 多小煤矿企业的并购

资料来源：笔者整理。

吨级以上的大型煤炭集团。

5. 企业在海外并购中更加积极主动，影响力大大提升

经过改革开放 30 多年的发展，中国企业在规模水平、技术水平、管理水平等方面都得到很大的提高，中国经济在世界上已经开始占据举足轻重的地位，全球竞争格局已经因为中国的发展壮大而发生了实质性的改变。在这种情况下，中国企业海外并购的态度也发生了十分积极的变化。过去，中国企业在海外并购中往往不够积极主动，但在这次国际金融危机中，却发生了很大变化。2008~2009 年，中国企业频频出手，积极展开海外并购攻势，同时积极探索多渠道、多方式融资和投资，成功完成海外并购业务（见表 39-5）。在收购海外矿产资源时，中国企业不再仅仅局限于购买个别矿区的开发权或者收购小型矿产企业，而是直接参股世界排名前几位的大型跨国公司；在收购制造业资产时，中国企业不再仅仅满足于收购个别国外二线品牌或生产线，而是直接将目标指向具有世界领先生产技术和巨大品牌价值的世界一流企业。目前，中国企业海外并购的影响力大大提升，企业国际化的广度和深度都有了很大程度的加强。

6. 民营企业海外并购的意愿增强

中国企业海外并购最先表现为大型国有企业以海外并购的方式走向国际市场，这主要是受制于当时国际和国内政治、经济、政策、法律等方面的因素，而且除大型国有企业以外的其他企业不具有参与海外并购的实力和条件。然而，随着中国民营企业参与国际竞争能力的增强，政府制定了一系列鼓励民营企业“走出去”的政策，中国民营企业参与海外并购的热情日益高涨。2009 年，虽然大型国企在海外并购交易中担当了主力角色，交易量占海外并购交易完成总数的 60%左右，交易金额占海外并购交易总额的九成多，但是民营企业在海外

表 39-5　　2008~2009 年中国企业海外并购影响力较大的 10 笔交易

时间	并购方		被并购方		并购价格（亿美元）
	公司	行业	公司	行业	
2008 年 2 月	中国铝业公司	冶金	Rio Tinto PLC	矿业	140.5
2008 年 7 月	中海油田服务股份有限公司	能源	Awilco Offshore ASA	能源	25
2008 年 9 月	中国石油化工集团公司	能源	Tanganyika Oil	能源	20
2009 年 2 月	中国五矿集团公司	矿业	OZ Minerals LTD	矿业	13.8
2009 年 3 月	浙江吉利控股集团有限公司	汽车	DSI 公司	汽车	0.4
2009 年 5 月	中国石油天然气集团公司	能源	新加坡石油公司	能源	10.1
2009 年 6 月	中国石油化工集团公司	能源	Addax Petroleum Corp	能源	75.0
2009 年 8 月	兖州煤业股份有限公司	能源	Felix Resources LTD	能源	29.9
2009 年 8 月	中国中化集团公司	化工	Emerald Energy PLC	能源	8.6
2009 年 11 月	中国石油天然气集团公司	能源	曼格什套油气公司	能源	13.0

资料来源：作者整理。

并购中的表现同样也非常引人注目。与国有企业的海外并购主要集中在资源矿产类不同，民营企业海外并购主要集中在对拥有先进技术和知名品牌的企业的并购，用以弥补自身在技术、品牌、渠道等方面的短板。2009 年 3 月，中国民营汽车制造企业吉利集团已经完成了对澳大利亚 DSI 公司的并购，该企业是国际上著名的汽车变速箱生产企业，长期为美国福特等跨国汽车企业供货。目前，吉利集团已完成收购世界著名汽车企业沃尔沃的谈判，并已基本确定于 2010 年年内完成对沃尔沃的收购。2009 年 8 月，民营企业上海中服进出口有限公司宣布收购了皮尔卡丹在大中华地区的使用权。这些事件都反映了民营企业海外并购意愿的增强。国有企业在海外并购中，由于特殊的身份背景，往往容易遭遇到政治干涉、哄抬价格等问题；相比之下，民营企业由于更容易获得企业出售方和政府审批部门的信赖，而且灵活、高效的决策机制也使得其在海外收购中更容易抓住市场机遇。因此，在下一阶段的中国企业海外并购中，民营企业有可能扮演越来越重要的角色。

三、当前中国企业并购中存在的主要问题

国际金融危机下，中国企业不但没有放慢反而加快了并购的步伐。这既反映了中国经济先于世界经济走向恢复的事实，也说明了中国企业应对危机信心的提升和自身竞争实力的增强。然而，我们在看到成绩的同时，还必须意识到，中国企业在并购中所存在的问题需要引起重视。

1. 以规模为导向的企业并购有可能在合并后导致企业的资产效率降低

中国当前的企业并购在很多情况下体现为一种对企业规模的追求，尤其是在钢铁、汽

车、煤矿等一些由政府推动的企业并购中更是如此。扩大企业规模在很多情况下被认为是政府推动企业并购的直接动因，并认为企业规模的扩大能够实现规模经济或范围经济，从而提高企业经营效率。事实上，规模经济和范围经济是一种非常脆弱的概念。从规模经济来看，经济学理论认为，当生产规模扩大时，生产成本先是陡然下降，然后趋于平缓，最终变平，即达到最小效率规模。如果并购前的企业已经在最小效率规模或超过最小效率规模的状态下运行，那么以规模为导向的并购不会带来任何的效率增加。很多产业的最小效率规模都很低，大概只有行业总产量的5%。因此，企业规模的扩大可能对于提高企业竞争优势的作用并不明显。大量实证研究表明，企业并购中由于规模经济而形成的价值增值往往被夸大。从范围经济来看，虽然并购后的企业有可以通过释放管理资源，在一定程度上提高管理效率，但是，这种程度是非常难以把握的。对企业来讲，极有可能在并购以后，迅速由范围经济转变为范围不经济，甚至说范围经济或者根本不存在，或者被轻易耗尽。因此，企业规模的扩大并不一定能够带来规模经济或范围经济，甚至还会造成规模不经济或范围不经济，从而造成并购后企业资产效率的降低。企业竞争力与企业规模之间也并无必然联系。企业规模的扩大有可能非但不会提高企业竞争力，反而会因为企业资产效率的降低而削弱企业竞争力。"大而不强"是中国很多大企业的通病，而以规模为导向的并购政策有可能会进一步加剧这种状况。

2. 企业并购被政府赋予了过多的产业政策使命

产能过剩是当前中国经济发展中面临的突出问题，而国家将推动企业并购作为治理产能过剩的核心手段。十大产业调整振兴规划中，几乎每个产业规划都涉及了推动企业并购的政策措施。从西方国家经验来看，成熟产业中的企业横向并购确实能够助推企业生产过程合理化，从而"清除"过度产能，如欧洲钢铁产业从20世纪80年代开始通过推动企业并购消化了大量的过剩产能。然而，由于中国产能过剩问题产生的机理与国外有着较大差异，因此，在国外行之有效的手段，在中国未必能够取得同样效果。国外产能过剩产生的根本原因在于市场信息的不充分，以及沉淀成本的退出障碍，而中国产能过剩的产生还存在更为复杂的原因。一是中国的财税制度和地方官员考核机制造成地方政府有着强烈的投资冲动；二是国有企业与民营企业之间的效率差异导致民营企业始终具有动力来扩大投资规模。因此，西方国家可以通过推动企业并购为沉淀成本提供退出通道，同时通过企业之间的联合，加强市场信息沟通，从而解决产能过剩问题。而在中国，企业并购无法解决地方政府的投资冲动，同时无法解决国有企业的低效率问题，所以最多只能在短期之内缓解中国个别产业产能过剩的程度，而无法从根本上解决产能过剩问题。就钢铁行业来看，目前产能过剩问题最为严重的产品不是线材，而是一些相对高端的板材。板材大都是由大型国有企业生产制造，企业并购并不会导致这部分生产能力的退出。另外，板材产品并不缺乏市场需求，而是国内产品质量和价格难以与国外产品竞争，从而无法实现进口替代。换言之，从全球市场视角来看，中国板材产品的产能过剩从根本上讲是市场竞争力低下的问题。目前以规模为导向的企业并购很难使企业的国际竞争力有较大提高，因此，也不会对板材产品的产能过剩问题产生很大效果。

3. 企业并购面临的外部环境有待进一步改善

近年来，国家出台了一系列的政策以改善企业并购的外部环境。2008 年 12 月 6 日，银监会发布了《商业银行并购贷款风险管理指引》，明确允许符合条件的商业银行开办并购贷款业务。由于资金来源一直是制约大规模并购活动的一个重要因素，因此《指引》的发布为企业并购开辟了广阔的空间，具有十分深远的意义。2009 年 3 月，商务部发布实施了新的《境外投资管理办法》，并会同有关部门制定了多项支持企业海外并购的政策。工信部近期也将正式出台《关于加快推进企业兼并重组的意见》。这些政策的出台对于改善中国企业并购的外部环境、促进中国企业并购都将起到十分重要的作用。然而，在肯定成绩的同时还必须看到，目前依然存在一系列制约中国企业并购的制度障碍。一是现行财税税收体制下，企业跨地区并购会导致中央与地方、地方与地方之间的税收收入转移，不利于调动被并购企业所在地政府的积极性；二是大量的国有企业在人事安排、产权安排等方面尚存在很多遗留问题，加大了企业并购中的整合难度；三是出于防止资本外逃和监管困难等因素考虑，中国对海外投资采取了“逐级审批、限额管理”的审批制度和外汇管制制度，涉及不同行业的还要进行会审、会签，在一定程度上增加了企业跨国并购的难度；四是中国尚未发展起来一定数量和规模的、能够了解国际市场和文化、熟悉企业海外并购业务的中介服务组织，这就造成了中国企业在海外并购时无法获得应有的信息支持，如果依赖于国外机构，又面临对方不熟悉国内情况并索取高额交易费用的局面；五是中国企业在海外并购中面临的政治环境较差，容易受到外国政府的政治干涉；六是国际化人才缺乏，导致企业在海外并购和海外经营中难以获得足够的智力支持；等等。

4. 部分企业在并购中缺乏足够的风险意识

对企业来讲，并购是一项成本和风险都非常高的战略行为，失败的案例远远多于成功的案例。国内外大量针对过去并购行为的实证研究都表明，收购方的股东财富价值平均而言会受损，至多是持平；相反，被收购企业的股东则能获得 20%~43%的异常收益。造成企业并购失败的重要原因就是并购后资产整合的困难很多。企业中很多资源是依托于特定的组合方式存在，并不断产生动态变化，并购往往会破坏资源的组合方式，导致资源价值大大降低。或者讲，企业中的很多资产是很难完整地从一方转移到另一方。运用贴现现金流等方法估算出来的预期协同往往高于企业并购的实际效果。因此，很多著名国际大企业在并购的时候都会非常谨慎，例如，丰田等国际领军汽车公司主要是依靠自身技术和资产积累发展壮大，而很少进行大规模并购。然而，中国的部分企业在并购中缺乏足够的风险意识。在制订并购计划时，往往对并购本身产生的成本（包括目标企业资产估值、交易活动产生的费用等）估计比较充分，但对于并购完成后的资源整合成本考虑不足。事实上，文化冲突导致并购后无法实现有效的资源整合已经造成了中国许多企业并购的失败。正如永道（Coopers & Lybrand）公司调查所表明的，“目标管理态度和文化差异”和“缺乏收购后的整合方案”是导致企业并购失败的最重要的两个原因，并购方企业与目标企业之间的文化冲突、目标企业管理者的安置问题、高层次人才流失问题、员工中普遍存在的恐慌和焦虑情绪都有可能使新建立起来的企业无法正常运转。

四、促进和规范中国企业并购的政策建议

国际金融危机孕育着全球产业转移的浪潮。与前几次产业转移主要通过发达国家企业对发展中国家和新兴国家进行直接投资不同，本轮全球产业转移浪潮可能将主要通过发展中国家和新兴国家企业并购发达国家企业来实现。对此，中国应做好充分的准备，并积极探索通过促进和规范企业并购，实现企业较快成长的新发展模式。

1. 继续鼓励和支持企业并购

企业并购高潮的兴起与衰退往往与经济周期的交替相联系，美国前四次企业并购浪潮均发生在经济由萧条转向复苏的时期。随着全球经济逐步从国际金融危机中得到恢复，全球范围内可能会出现新一轮的大规模并购浪潮，中国企业应积极参与到全球产业结构调整和资源的重新整合当中，并在其中承担更为重要的角色。另外，企业国际化的发展水平往往与国家经济发展阶段相联系。2009 年，中国人均 GDP 已经超过 3700 美元，这标志着中国进入了对外直接投资增长速度较快的阶段，[①] 在这一阶段，企业海外并购案件增多是经济发展的客观规律。企业并购有利于推动企业对资源进行优化配置，提高自身竞争力，从产业层面看，也有利于促进产业升级，淘汰落后产能，提高产业整体的效率水平，使经济能够在更高层次上获得新的发展。因此，在未来较长的一段时间里，继续鼓励和支持企业并购应是需要长期坚持的一项重要政策。

2. 合理定位政府在企业并购中的角色

并购是一种企业以追求效率为目的的市场行为，企业自发的并购往往比政府“拉郎配”更符合企业利益，更有利于提高资源配置效率和企业竞争力。政府应减少对企业并购的直接干预，而应将政策着力点放到改善企业并购外部环境和做好人员安置工作上。一是消除企业并购面临的各种障碍。消除跨地区重组所面临的体制障碍和地区保护主义障碍；加快实现金

① 20 世纪 80 年代初，邓宁对 67 个国家 1967~1975 年间的直接投资流量与人均国民生产总值的关系进行了研究，提出了投资发展阶段理论。根据人均国民生产总值，邓宁区分了四个经济发展阶段：第一阶段人均国民生产总值在 400 美元以下，处于这一阶段的国家只有少量的外国直接投资进入，并且完全没有对外直接投资；第二阶段人均国民生产总值在 400~1500 美元之间，外国对本国的投资有所增加，而本国开始少量地对外投资，净对外直接投资呈负数增长；第三阶段人均国民生产总值在 2500~4750 美元之间，外国直接投资量仍然大于对外直接投资，不过两者差距在缩小；第四阶段人均国民生产总值在 4750 美元以上，人均投资流出为正值，成了主要的国际资本输出国。

融创新，为企业并购提供金融支持，并在保证资金安全的前提下，适当向民营企业倾斜；改善企业经营环境，完善市场竞争机制，清除导致企业间不公平竞争的不利因素，使那些通过并购得以提高效率的企业能够获得相应的经济利益回报；加快完善社会保障系统，完善失业保险制度；完善海外投资审批制度和外汇管制制度，减少审批环节，提高工作效率；鼓励中资服务机构积极“走出去”，为国内企业的海外投资提供中介服务；深化改革开放，重申反对贸易保护主义的基本立场，改善中国企业境外并购的政治环境和舆论环境；加快国际化人才的培养。二是加大国家援助力度，做好企业并购中的人员安置工作。国内外经验均已表明，在一些变化剧烈的时期，尤其是这些变化致使一些人数众多、谈判和集体行动能力较强的阶层的利益受到损害时，如果不能采取措施对这些受损者进行适当补偿，并购过程就会受阻，社会稳定性就会受到影响。因此，在当前情况下，为保证并购的顺利进行，加大国家援助的力度、帮助企业做好人员安置工作是非常必要的。

3. 引导企业通过并购实现商业模式创新

随着信息技术的发展，企业面临的外部环境发生了巨大的变化，进而导致了“游戏规则”的变化——商业模式创新已经成为企业获取竞争优势的根本途径。正如 Peter F. Drucker 所言，“过去企业之间主要是产品的竞争，而现在主要是商业模式的竞争”。商业模式创新从根本上讲是企业对资源的配置方式和使用方式进行优化的过程，而并购也是企业获取和利用外部资源的一种有效手段，二者之间本来就密不可分、相互促进。换言之，商业模式创新应当是企业并购的根本目的，而并购是企业实现商业模式创新的重要手段。然而，就目前来看，中国企业在并购中往往是停留在简单的资源获取或者提高市场占有率等较低层面上，而对如何实现商业模式创新等更高层面的目标考虑不足。企业通过并购实现商业模式创新主要有三种途径。一是通过横向并购，获取和企业现有资源与能力同质化或相类似的资源与能力，提高企业市场实力和技术水平，对企业现有商业模式进行巩固和强化；二是通过纵向并购获取与企业现有资源和能力互补或相关的资源和能力，在现有产业链上重新安排生产，增加产业链各环节的可控性、提高自身的抵抗风险能力，对自身商业模式进行调整和完善；三是通过多元化并购获取与企业现有资源与能力异质化或无关的资源与能力，实现自身业务的转型，形成新的利润增长点，对自身商业模式进行改变和重构。

4. 提高企业在并购中的风险意识

从全球范围来看，中国企业并购的失败率是比较高的。据国内研究显示，中国企业并购的成功率大概为 30%，低于全球 30%~40%的平均水平。分析中国企业并购失败率较高的原因，笔者认为，其中很重要的一项就是企业在并购中的风险意识不强。由于信息不对称和道德风险的存在，被并购企业为获得更多利益往往倾向于向并购方隐瞒对自身不利的信息，甚至提供虚假信息。企业作为一个由多种生产要素、多种关系交织构成的综合系统，极具复杂性，而中国的并购方企业往往没有投入足够多的财力和物力对目标企业进行全面的了解。在海外并购中，由于中国企业缺乏海外运作经验，对目标企业所在国缺乏足够了解，因此往往对资源整合中存在的困难估计不足。为改变这种状况，中国企业在并购中应提高风险意识，改变过去的行为模式，在并购前要进行充分、翔实的“尽职调查”，对目标企业进行价值评估和整合风险评估，细致、充分地了解和研究市场及其风险，尽可能减少不确定性。在海外并购中，要对目标企业所在国的相关法律法规，包括投资规则、并购程序、雇佣规定、外汇管制、反垄断条款、工会作用等信息进行全面了解，全面评估企业并购过程中和并购后资产整合中面临的风险，并做好充分准备。

专栏 39—1

2009 年中国十大并购事件

2010 年 1 月 11 日，由全国工商联并购公会、全球并购研究中心、中国并购交易网共同主办的 2009 年“中国十大并购”评选活动揭晓。

国开行向中信国安发放首笔并购贷款

2009 年 1 月 20 日，国开行与中国中信集团、中信国安签署中信集团战略投资白银集团项目并购贷款有关合同，并发放贷款 16.315 亿元人民币。此笔贷款是自 2008 年 12 月中国银监会下发《商业银行并购贷款风险管理指引》后国内第一笔实现资金发放的并购贷款。

中国铝业再次入股力拓失败

2009 年 2 月，中国铝业宣布以 1326 亿元人民币（195 亿美元）再次投资力拓。2009 年 6 月 5 日，力拓集团董事会撤销对本交易的推荐，交易以失败告终。虽然此次交易未能完成，但引起了全球产业和资本市场的密切关注。

中信集团重组中信泰富

2008 年年底，中信集团开始重组因投资外汇导致巨额亏损的中信泰富，战略性地保留包括特钢、矿石开采与房地产三大主营业务，而航空、发电以及海底隧道等业务则逐步从公司剥离。

长江电力收购母公司水电业务资产

2009 年 5 月 18 日，长江电力以承接债务、非公开发行股份和支付现金等方式向三峡总公司收购水电业务和资产，涉及金额超过 1000 亿元，成为中国迄今为止金额最大的 A 股上市公司并购案例。

中国平安收购深发展

2009 年 6 月 12 日，中国平安公告将通过定向增发、换股等方式，最多认购深发展 5.85亿股，并受让深发展大股东新桥集团持有的 5.2 亿股。此次交易体现出对中国金融混业经营发展的探索和尝试，引起了中国金融界的高度关注。

中石化集团 500 亿收购瑞士石油公司

2009 年 6 月，中国石油化工集团公司宣布通过下属子公司与 Addax 石油公司达成现金收购协议，收购该公司全部股份，把握住了国际金融危机下获得海外优质

续专栏 39—1

资源的好机会。

德国 MAN 公司 56 亿元入股中国重汽

2009 年 7 月 7 日，中国重汽与德国 MAN SE 签署长期战略合作协议，MAN 以约 56 亿元人民币收购中国重汽 25%加 1 股股份，并授予中国重汽部分车型的许可技术、专门技术以及相关权利。本次交易意味着中国重汽行业进入了跨国公司与国内企业联手的新产业格局。

建龙与通钢的并购纠纷

2009 年 7 月，建龙集团决定再度入主通化钢铁并计划实现控股。该计划遭到通钢职工强烈抗议并致使建龙集团委派到通钢的总经理死亡。随即，吉林省国资委宣布建龙集团将永不参与通钢集团重组，收购协议被永久性终止。这一事件引起全国业界高度关注。

兖州煤业 198 亿元成功竞购澳大利亚 Felix 公司

2009 年 8 月，兖州煤业战胜安塞乐米塔尔集团（Arcelor Mittal）和巴西淡水河谷等强劲对手，收购澳大利亚 Felix Resources 公司 100%流通股票，成为中国企业迄今为止在澳大利亚最大的并购交易。

中投公司密集海外并购

2009 年 9~11 月，中投公司传出数笔大型跨国投资交易，总投资额已近 400 亿元人民币，而投资组合更多地涵盖金融以外的资源、大宗商品等实业领域。

资料来源：摘编于全国工商联并购公会网站。

参考文献

[英] 萨德·苏达斯纳：《并购创造价值》，经济管理出版社 2006 年版。

全球并购研究中心：《中国并购报告 2009》，中国金融出版社 2009 年版。

宾建成：《中国企业海外并购的障碍因素与克服对策》，《工业技术经济》2009 年第 1 期。

罗仲伟：《当前中国企业海外并购特点及对策》，《国有资产管理》2009 年第 10 期。

彭艺：《企业并购风险抗衡》，《企业导报》2010 年第 1 期。

张文魁：《中国企业海外并购的总体评估和政策讨论》，《中国经济时报》2010 年 2 月 22 日第5 版。

第四十章　国际金融危机与中国企业战略变革

提　要

虽然企业面临金融危机的环境特征是相同的，但由于企业自身资源与能力的差异性，金融危机影响企业战略变革的机制却是各不相同的。根据金融危机对企业战略影响机制的不同，我们将金融危机下中国企业战略变革的模式划分为四种类型：反应型、被动型、预测型和能动型。通常所说的金融危机对企业战略的“倒逼效应”，实际上指的是金融危机与企业经营环境变化所引致的企业被动型战略变革和适应型战略变革。根据金融危机下企业战略变革的程度，我们又可以从战略变革效果的角度将中国企业的战略变革分为两种类型：一种是战略调整，另一种是战略转型。

总体上看，金融危机背景下中国企业在公司战略层面采取了以下三种变革方式：收缩战略、扩张战略和转型战略。金融危机时期，企业采取的竞争战略主要有成本控制战略、风险控制战略和创新升级战略。企业具体采取哪种战略取决于自身的资源和能力准备。对于多数企业而言，需求的大幅快速萎缩放慢了企业发展的步伐，但是对于那些具有独特洞察力和动态能力的企业来说，金融危机所带来的市场竞争结构和要素价格体系的调整，又是跨越发展的难得机遇。

金融危机是中国企业战略转型和升级的催化剂，金融危机之后，中国企业的战略变革才刚刚开始。未来中国企业的战略变革将呈现两方面的特征：一是部分具有战略眼光的企业将在提升运营效率的同时，着力提升企业的动态能力和动态效率，从而将企业打造成为既善于挖掘既有资源又能够开拓新的发展空间的“全能型组织”。二是支撑中国企业战略发展的各项基础性工作和能力建设将更加扎实。

*　　　　*　　　　*

企业战略变革的动力可能是由于企业内部资源或能力的变化，如关键资源的获得或流失，也可能是源于外部市场经营环境的变化，如金融危机导致的市场需求和要素价格的剧烈变化。企业内部资源或外部战略环境的变化会影响到企业家对战略决策环境的认识和理解，并最终反映为企业的战略调整和转型活动。基于这样的认识，本章从四个方面来探讨国际金融危机对中国企业战略管理的影响：金融危机影响企业战略变革的机制，金融危机对企业公司战略的影响，金融危机对企业竞争战略的影响，以及金融危机以后中国企业战略变革的趋势。

一、国际金融危机影响中国企业战略变革的机制

经营环境是影响企业战略选择的最基本的因素之一。当企业的经营环境发生变化时，企业的公司战略和竞争战略也必须进行相应的调整。从企业战略的角度看，2008 年年底开始爆发并逐渐席卷全球的金融危机是企业经营环境的一次剧变。2008 年，中国全年出口同比仅增长 17.2%，较上年增幅回落 8.5 个百分点。2008 年 11 月以后，出口连续 4 个月出现负增长，2009 年 2 月出口同比甚至下降了 25.7%，创 1993 年有记录以来的最大跌幅。在外部需求快速萎缩的情况下，中国工业企业的经济效益急速下滑。2008 年和 2009 年，中国工业企业利润总额增速分别仅为 4.89%和 7.76%，较 2007 年利润总额增速分别下降 18.1 个百分点和 15.2 个百分点（见图 40–1）；企业销售收入利润率也处于 2003 年以来历史最低水平，企业经营困难的情况十分严重。为了反映剔除企业数量影响的企业净利润变化情况，我们计算了 2002 年以后，可比数量上市公司的净利润指标，从图 40–2 可以看出，2008 年和 2009 年上半年，可比数量的上市公司的净利润分别下降 16.34%和 14.79%，多数企业经营业绩处于严重下滑状态。

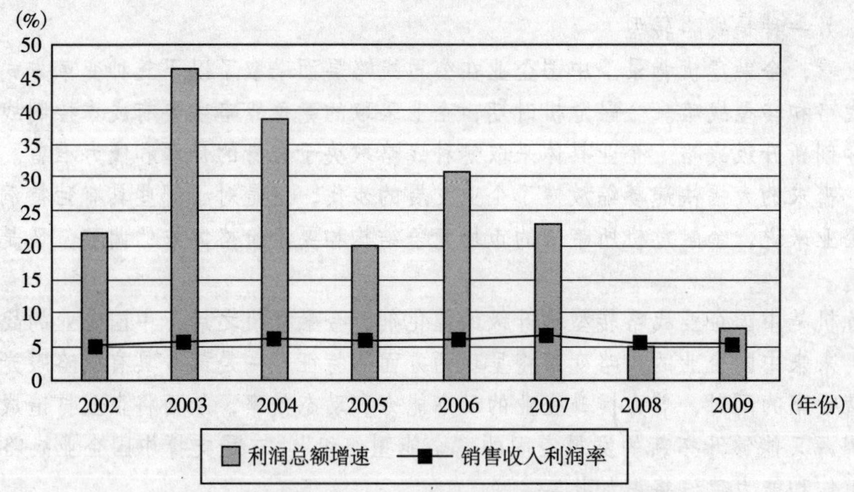

图 40–1　国际金融危机与中国工业企业效益变动

注：销售收入利润率（利润总额/销售收入）数据为各年 11 月累计数据。数据来源于中国产业数据分析平台。

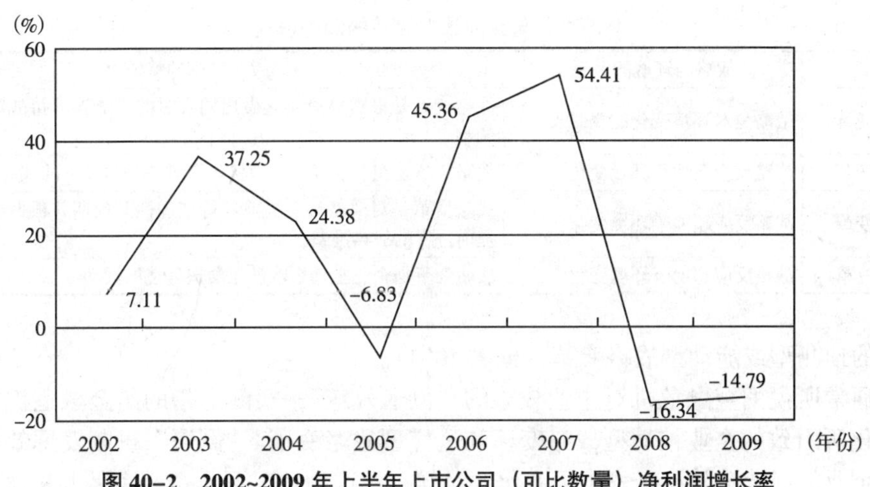

图 40–2　2002~2009 年上半年上市公司（可比数量）净利润增长率

注：由于工业企业利润总额增长率没有剔除企业数量变动对利润总额的影响，因此本处采用上市公司（可比数量）利润净额的增长率来反映金融危机时期中国企业利润的变动情况。数据来源于 Wind 数据库。

国际金融危机的到来大大增加了企业战略决策的复杂性，给企业的生存和发展带来了严峻的挑战。[①] 企业战略转型与企业环境、企业绩效的好坏有着密切的关系，环境的动态性和变化是催生企业战略变革的主要动因。需要注意的是，虽然企业面临的金融危机的环境特征是相同的，但由于企业自身资源与能力的差异性，金融危机影响企业战略变革的机制却是因企业而异的。根据金融危机对企业战略影响机制的不同，我们将金融危机下中国企业战略变革的模式划分为四种类型：反应型、被动型、预测型和能动型。[②] 其中，反应型战略变革模式由环境变化或企业经营危机引发，反应型战略变革意在跟随经营环境和竞争规则的变化。被动型战略变革模式是在企业的外部环境或内部资源发生剧烈变化时（通常是在企业经营绩效严重恶化的情况下）采取的滞后性的变革。反应型战略变革与被动型战略变革的区别在于，前者是企业在战略环境发生转变时的及时反应；而被动型战略变革是在战略环境发生变化，并已经严重影响企业的经营绩效时才采取的被动措施。预测型战略变革是企业对战略环境提前进行“理性”预期并根据预期的环境提前进行战略准备，预测型战略变革企业是市场竞争规则的预测者，这类企业通常具有较强的动态能力。能动型战略变革是企业主动影响，甚至塑造环境的战略变革方式，环境不再是企业战略决策的外在因素，改变环境本身就是战略活动。能动型战略变革者通常是新的市场竞争规则的制定者，这类企业不仅具有较强的动态能力，而且掌握改变环境的战略资源。一般来说，被动型战略变革会降低企业把握机会、规避危机的概率，而其他三种战略变革模式并没有优劣之分。当处于不同的成长阶段和环境条件时，企业对其战略变革模式的选择是权变的。但具有独特胜任能力的企业倾向于选择更

① 根据已有关于企业战略变革的研究，经营环境的急剧变化，从而导致企业经营绩效的显著变化，是催生企业战略变革的重要原因。例如，Grinyer 和 Mckiernan（1988）研究了 25 家停滞或衰退的英国公司，通过观察其衰退的原因、采取的行动和绩效表现后认为，当企业因衰退而使得其实际绩效表现和预期有极大差距时，便会采取战略变革行动。Zajac 和 Shortell（1989）的研究也显示，企业绩效差是因为企业战略与环境的不适应，故企业会进行战略转型，以增强适应环境的能力。

② 参见项国鹏：《成功管理企业战略变革》，《企业管理》2009 年第 2 期。本处对其分类方法进行了修正。

表 40-1 环境变化与企业战略变革的四种模式

变革模式	战略与环境的关系	战略变革的特征
反应型战略变革	战略是对环境变化的及时反应	战略变革是根据环境变化做出的及时的、能够保持战略一致性的调整
被动型战略变革	战略反应滞后于环境变化	战略变革是在企业经营绩效已经严重恶化情况下的被动调整
预测型战略变革	战略反应超前于环境变化	战略变革是对战略环境提前进行"理性"预期并根据预期的环境提前进行的战略准备
能动型战略变革	战略反应超前于环境变化	战略变革是企业主动影响甚至塑造环境的活动

具主动性的预测型或能动型战略变革（见表 40-1）。

我们通常所说的金融危机对企业战略的"倒逼效应"，实际上指的是金融危机与企业经营环境变化所引致的企业被动型战略变革和适应型战略变革。"倒逼"机制发挥效应的时候通常是在企业的经营绩效已经发生了变化的时候。在这种情况下，企业实际上是通过感知显性经营指标（如收入和利润）或隐性经营指标（如订单或应收账款）的变化，来间接感知经营环境的变化（见图 40-3）。对于绝大多数企业而言，"倒逼"机制是金融危机促使企业进行战略变革的主要原因，而那些具有战略洞察力和卓越动态能力的"佼佼者"则更倾向于采取预测型，甚至能动型的战略变革方式。

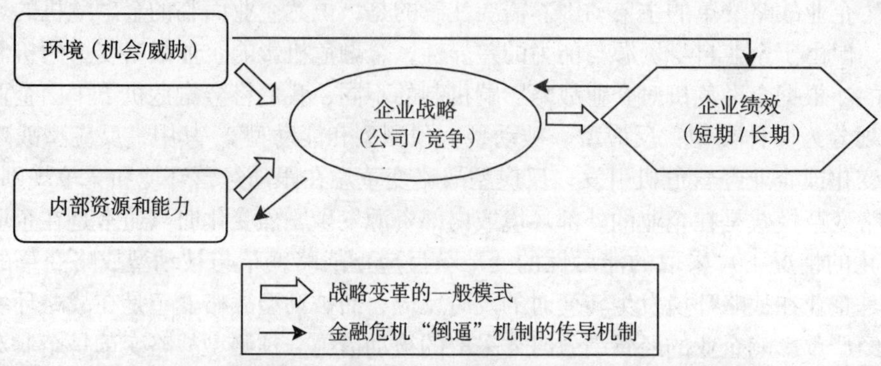

图 40-3 战略变革的一般模式与国际金融危机的"倒逼"机制

此外，由于各个企业的内部资源和能力的差异，以及行业技术特点和产业组织结构的差异，金融危机对不同企业的绩效和战略变革的影响程度也是不同的。根据金融危机下企业战略变革的程度，我们又可以从战略变革效果的角度将企业战略变革分为两种类型：一种是战略调整，另一种是战略转型。战略调整类似于组织发展中的量变过程，而战略转型则相当于质变过程。战略调整只是一个量的积累过程，它不会使组织的战略发生本质的改变，而只有战略转型才会导致企业的战略产生质的飞跃。战略调整是指在企业战略实施的过程中，由于企业所处的内、外部环境发生变化而导致其实际效果与预期目标产生偏差时，对企业原定战略进行修正或完善。企业战略转型的本质是企业为了达到可持续发展和永续经营的目标而进行的彻底的转变，是企业的一次新生，是企业进行的积极主动的变革。由于企业商业模式的塑造和核心胜任能力的形成是一个长期的持续投资过程，加上组织内生的"惰性"，因此在金融危机的影响下，绝大多数的企业采取的战略变革属于战略调整的范畴，这类战略变革的目标，一是在既定的战略路径下提升组织的运营效率，二是弥补和消除企业运营中存在的短板，保证企业的生存。一个组织在成长过程中需要实施战略转型的机会比较有限，但战略转型却非常重要。如果组织能够抓住关键的战略转型机会，成功地实施转型，组织的发展就可以跃上一个新的台阶。虽然从全社会的角度看，金融危机的影响是系统性的、负面的，但是如果从企业的层面看，金融危机的影响又是结构性的。对于多数的企业来说，需求的大幅快速萎缩放慢了企业发展的步伐，但是对于那些具有独特洞察力和动态能力的企业来说，金融危机造成的市场竞争结构和要素价格体系的调整，又是跨越发展的难得机遇。

二、国际金融危机下中国公司战略的变革

总体上看，金融危机背景下中国企业在公司战略层面采取了以下三种变革方式：①收缩性战略变革，即企业全面收缩业务范围和规模，甚至全部或部分退出产业。②扩张战略，即企业在既有业务的基础上扩大部分或全部业务的经营范围和规模。③转型战略，即企业大幅度调整目前的业务和商业模式，建立新的业务或形成新的商业模式。

1. 收缩战略

面对金融危机带来的市场萎缩，对绝大多数企业而言，变革成本最低、见效最快的措施就是进行经营规模和范围的收缩，包括组织收缩、业务收缩、价值链收缩、资产收缩、区域收缩，等等。收缩战略的极端情形是产业退出。在金融危机过程中，中小企业的破产倒闭情况尤为严重。根据工信部 2009 年 3 月公布的数据，到 2008 年年底，中国中小企业中歇业、停产或者倒闭的大概占到 7.5%。需要强调的是，金融危机过程中的产业退出战略本身是中性的。中小企业在金融危机中大量退出的现象，既反映了中小企业更容易受到周期波动和外贸萎缩的冲击，又反映了中小企业所具有的战略灵活性优势。等到经济周期重拾复苏，中小企业仍然可以快速地进入市场。中小企业的快速进入和退出实际上是市场经济进行自身调整和修复的重要机制。对于大型企业特别是多元化大型企业来说，在金融危机时期中进行主辅分离、加强主业也是一种“以退为进”的战略选择。例如，2008 年，受到全球金融风暴及汽车行业整体不景气的影响，中航科工整体业绩下滑。公司的两大业务板块——汽车业务与航空业务的经营业绩形成鲜明的反差：汽车销量增速持续两年下滑，而航空业务毛利率仍实现 2.8%的增长。虽然截至 2008 年底，汽车板块的营业收入仍占公司总收入的 71.95%，但已远低于 2003 年的 82.84%。而航空板块营业收入则保持增长，在公司的整体业务中占据越来越重要的地位。在这样的背景下，2008 年底至 2009 年，母公司中航工业为提振中航科工整体业绩，对其汽车资产进行了一系列剥离工作。

出口导向型企业是实施战略收缩的另一类企业主体。当然，由于大型企业投资的累积性特点，其战略收缩通常都是被动型的。2008 年 10 月，国内最大的玩具制造业商之一——广

东合俊集团宣布破产，成为中国企业实体受金融危机影响倒闭第一案。创办于 1996 年的合俊集团，是国内规模较为大型的 OEM 型玩具生产商，是世界三大玩具品牌商（美泰、孩子宝以及 Spinmaster）的代工企业。公司于 2006 年 9 月成功在香港联交所上市，到 2007 年时销售额已经超过 9.5 亿港元。然而进入 2008 年，全球金融危机爆发后，整个玩具行业的上下游供应链进入恶性循环，加之生产成本的持续上涨，塑料成本上升 20%，最低工资上调 12%及人民币升值 7%等大环境的影响，合俊的境况急剧下降，最终资金链断裂，这家在玩具界举足轻重的大型公司没能躲过金融海啸的冲击。

虽然从整个经济体和产业的层次看，金融危机必然会导致部分企业的收缩和退出，但是从单个企业的层次分析，金融危机却仅仅是企业收缩和退出的诱因，企业在金融危机中倒下的根本原因还在企业内部。仍然以合俊集团为例，金融危机实际上只是压倒合俊集团的“最后一根稻草”。合俊集团本身的商业模式一直存在巨大的风险。作为一个贴牌生产企业，合俊一直不重视研发投入，没有形成自己的专有技术。虽然早在 2007 年，合俊集团已经认识到过分依赖加工出口的危险，但企业并没有通过做专做精主业，而是通过业务多元化来提升抗风险能力。2007 年 9 月，合俊计划进入矿业，以约 3 亿元的价格收购了福建天成矿业 48.96%的股权。天成矿业的主要业务是在中国开采贵金属及矿产资源，拥有福建省大安银矿。然而令合俊集团始料未及的是，这家银矿一直都没有拿到开采许可证，无法给公司带来收益，而中国矿业也没有将 3.09 亿元的收购资金按约定返还给合俊公司。因此是盲目多元化的发展战略令公司陷入资金崩溃的泥沼，而突如其来的金融危机则加速了企业的破产。

2. 转型战略

此次金融危机过程中，中国经济最大亮点之一就是国内消费市场所表现出的强劲增长动力。面对国际市场快速萎缩的局面，部分出口导向型企业选择了“出口转内销”的市场转型战略。政府也出台了一系列促进出口转内销的政策，帮助出口企业渡过难关。但是，应当看到，出口转内销不仅仅是企业目标市场定位的转型。由于中国企业在面向国外市场时在产业链条上的分工与内销企业在产业链条上的分工存在显著的差异，出口转内销的背后实际上蕴涵着企业“战略资源和能力”这一更深层次的转型。

一般来说，外向型企业通过外贸公司进行产品出口，或者直接在国外设立委托代理商，或者由国外的企业下订单，承担 OEM 生产任务。但无论如何，外向型企业的核心业务是生产制造，即及时生产出符合客户要求的合格产品。与之对应，企业的核心部门是生产部门。企业基本不承担品牌建设、网络构建、促销宣传、市场管理等工作，研发、营销等职能弱化。而内销型企业则不同，内销型企业的核心部门是营销部门，工作核心是市场营销，包括品牌建设、网络构建、促销宣传、市场管理等。生产部门的作用是为营销部门服务，满足营销部门市场营销的要求。因此，真正将“出口转内销”作为一种企业发展的长期战略而不是对付金融危机的权宜之计的企业，需要从观念、策略、人力资源、组织机构、企业文化等各个方面进行全面转型：①核心资源的构建和转型，即从“以生产为核心”转向“以营销、研发和产业链整合为核心”，将企业工作重点从生产转向营销，包括品牌策划与建设、渠道建设与维护、市场拓展与管理，从“注重生产质量”转向“注重企业形象与品牌建设”。②从

“单一的生产管理”转向“综合的企业管理”，即从注重生产部门内部的协调，转向注重研发、销售、策划、生产、物流、采购、人事等各个部门之间的协调。③人力资源管理转型，即从以生产技术人员、生产管理人员为重点吸纳对象，转向以研发、战略规划、营销策略制定与执行、企业综合管理人员为重点吸纳对象。④组织结构转型，即从“生产＋采购＋人事＋外联”的生产管理型组织结构，转向“营销＋管理＋生产＋物流＋采购＋人事”的营销管理型组织结构。

3. 扩张战略

全球金融危机对中国装备制造业既是挑战更是机遇。虽然金融危机带来短期外部需求下滑、出口受阻，但是从长期看，金融危机导致要素价格降低，为企业调整产品结构提供了时机，同时金融危机也使得中国企业低成本的海外并购和技术引进成为可能。从业务扩张的模式看，金融危机时期企业的扩张战略可以分为水平扩张战略、垂直扩张战略和多元扩张战略三种形式。水平扩张战略表现为企业业务规模的扩张，多元扩张战略表现为企业经营范围的扩张，而垂直扩张战略则表现为企业产业链的延伸。从市场扩张的角度看，金融危机时期的企业扩张又可以分为国内扩张和国际扩张，两种扩张战略下企业分别在国内和国际市场获取战略性资源或进行战略并购。

金融危机时期，企业扩张的一个主要原因是扩张可以通过增强规模经济效应降低成本，加之金融危机时期的成本压力，因此对于某些技术，扩张反而能够增加企业的利润。例如，2008 年至 2009 年，陕西一家大型塑料编织企业渭河塑业有限公司不仅对原来的 8 台四梭圆织机进行了六梭改造，还新增了 6 台设备，其产能扩张的主要原因就是，金融危机时期市场竞争加剧，企业通过规模扩张降低能耗（公司的扩张策略使得每年可节约润滑油费用数万元）和成本，从而增加了产品的市场竞争力。金融危机时期，企业扩张的另一个原因是扩张的成本低、壁垒少：①能源和资源价格下跌，为有实力、有准备的企业进行战略储备和产能扩张提供了机会。②大量企业资金链紧张，反收购的阻力小。由于金融危机的影响，企业的各种资产严重贬值。为缓解流动性短缺，金融或实体机构迫不得已大量出售资产以缩小规模，导致资产价格下跌，并购成本降低。③海外并购的监管和审查放松。在过去数年，中国企业的海外并购计划多以失败告终，其中一个重要原因是国外政府的干预和审查。金融危机爆发后，资金压力骤增的欧美企业和相关政府部门都放松了对中国企业的监管和审查，减少了跨境并购的政治障碍和隐性成本。

因此，金融危机时期，中国企业的跨国并购和海外扩张表现得极其活跃。据商务部的统计，2008 年，中国对外直接投资流量是 559.1 亿美元，其中非金融类对外直接投资流量是 418 亿美元。2009 年，在全球外国直接投资下降 30%~40%的情况下，中国的非金融类对外直接投资达到了 433 亿美元，增速达到了 6.5%。截至 2009 年年底，中国累计全行业对外直接投资超过了 2200 亿美元。在对外直接投资方式中，中国企业跨国并购所占的比重越来越大。在各类海外并购中，企业以通过海外并购获取战略资源、提升核心竞争力为主要目的。例如，2009 年 6 月 30 日，中国唯一一家专门生产高档钻头的企业大连远东集团成功收购美国肯纳集团旗下具有百年历史、世界最大的高速钢钻头工厂——格林菲尔德刀具工厂，从而成为全球规模最大、装备最先进、同时拥有众多国际知名品牌、专利技术及最大市场份额的高速钢钻头制造商和销售商。大连远东成功收购格林菲尔德项目，是在美国金融危机引发全球经济危机、国外特别是美国经济体大幅缩水的背景下谈判、成交的。远东集团利用有利时机，收购了超过 8000 万美元的总资产（包括有形资产和知识产权），不附带任何并购前债务、税务负担及法律遗留问题。在仅收购净资产（设备、厂房、库存及在制品）连同品牌和相关工艺、专利技术等知识产权的同时，按远东标准和需求自主、重新雇用部分员工（其他劳动力全部由肯纳集团负责另行安置）。通过本次收购，远东工具的产品在质量、精度、性能、效率上都有很大提高，超过了国际标准，拓宽了远东的销售范围，远东高速钢钻头一跃占到世界高速钢钻头市场份额的 37%左右。

三、国际金融危机下中国企业竞争战略的变革

金融危机时期，企业采取的竞争战略主要有成本控制战略、风险控制战略和创新升级战略。前两种战略都是防御性的，而创新升级战略则是一种更加积极主动的战略活动。企业在应对金融危机过程中具体采取哪种战略，取决于企业自身的资源和能力基础。

1. 成本控制战略

由于金融危机时期产品价格出现系统性的下降，因此企业维持生存、提升盈利能力的唯一途径就是相对于竞争对手以更低的成本生产市场可接受的产品。控制成本，在危机中生存是企业竞争战略考虑的重点。由于危机时期资源类产品价格下跌较为严重，因此，资源类企业的成本控制和管理问题也最为突出。以中国最大的镍、钴、铂族贵金属生产企业——甘肃金川公司为例，2008 年，公司主打产品镍的价格仅为历史最低价格水平的 1/6。为应对整体形势恶化带来的不利影响，加强成本管理、促进增收节支成为公司应对危机最重要的举措，全年降低 3.8 亿元的可比成本成为发展的硬性指标。为此，公司先后出台了六项措施在生产经营过程中分解任务目标：一是建立和完善重要物资“交旧领新”制度；二是加强货代招标管理，降低原材料采购成本；三是落实好增值税转型优惠政策；四是规范各类项目评审费用支出；五是建立修旧利废的价值确认和奖惩制度；六是建立和完善增收节支奖惩办法。

除了通过全面管理降低成本以外，企业降低成本另一个常用的策略是减薪裁员。危机时期，即便是善于运用优化流程方式降低成本的跨国公司也要结合减薪裁员策略来控制成本（见表 40-2）。随着企业管理水平的提升，此次金融危机时期，中国企业的减薪裁员方式也表现出多元化的特点。总体上看，中国企业大致采用两种减薪裁员方式：一是美国式的调整，即直接减薪裁员；二是日本式的调整，即尽量不裁员，而是缩短每个人的工作时间，从而降低薪金。前一种模式主要适用于劳动密集型的企业，而后一种模式更适用于技术和技能密集型的企业。

表 40-2　国际金融危机时期跨国公司裁员情况

2008 年			2009 年		
企业名称	国家/地区	裁员人数	企业名称	国家/地区	裁员人数
花旗集团	美国	70000	松下	日本	15000
SUN	美国	5000	Broadcom	美国	200
摩根大通	美国	约 3000	特许半导体	新加坡	1300
劳斯莱斯	英国	2000	洛杉矶时报	美国	300
丰田汽车	日本	3000	NEC 集团	日本	20000
IBM 日本公司	日本	1000	柯达	美国	3500~4500
阿塞洛米塔尔	美国	9000	微软	美国	5000
华盛顿互惠银行	美国	9200	英特尔	美国	6000
电话电报公司	美国	12000	索尼	日本	2000
沃尔沃	瑞典	4616	爱立信	日本	5000
陶氏化学	美国	5000	Autodesk	美国	750
索尼	日本	16000	SAP	德国	约 3500
力拓	澳大利亚	14000	联想全球	中国	2500
美国银行	美国	30000	Sprint	美国	8000

注：数据来源于 http://www.eol.cn/html/c/caiyuan.shtml。

2. 风险控制战略

在金融危机期间，企业的安全性比收益性更加重要，现金流比盈利更加重要，企业需要坚持稳健经营、审慎安全的主导思维。在这一思维下，企业针对一系列风险采取了相应的控制措施：

市场和产品风险控制。金融危机的爆发，使国外很大一部分消费者的需求锐减，这直接导致对中国出口商品的需求量骤降。一些国外进口商对于已经签署的交易合同无法照常执行，其宁肯支付违约金也不再履行既有的合同，这使得中国很多出口企业的货物严重积压，资金占用严重。另外，国外进口商为刺激本国疲弱的市场需求，往往需要降价促销，并要求中国出口企业降低商品价格。中国出口企业为了维持出口的正常进行，也不得不以降低商品价格为策略，以稳固双方合作关系。面对各种市场和价格风险，国内企业主要采取了市场多元化战略，如出口商品转为内销以回笼资金，或者积极开发亚洲等新兴市场，通过市场组合降低单一市场的风险。

结算风险控制。海外坏账历来是中国出口企业面临的最头痛的商业问题。中国的出口坏账率一直十倍于发达国家。据统计，在 2004 年，中国的出口坏账就已经高达 300 亿美元。金融危机的爆发，更加剧了这一风险。由于危机发生导致商品销售不畅和资金紧张，即使有过多年合作关系的客户，其对中国出口企业的货款支付也会大大延期。延期支付货款对中国出口企业的影响是多方面的，直接影响是造成其资金紧张，影响企业生产或采购的正常进行。很多为锁定汇率风险而选择了套期保值交易的出口企业，由于出口收汇无法按预期实现，不得不对金融机构违约，这又直接影响到出口企业的信誉。金融危机时期，企业一般是通过技术性的措施，如信用证结算方式等，以在一定程度上控制结算风险；更多时候，则采取上下游企业合作抵抗风险和分担成本的方法。

财务风险控制。市场萎缩会造成企业的流动性风险。金融危机时期，国内企业在财务方面采取的风险控制措施主要是，一方面拓展资金来源，为渡过危机储存“冬粮”；另一方面减少金融投资，以节约现金支出。企业在降低负债率的同时，尽可能减少高风险和高杠杆证券（尤其是衍生产品）的投资，即企业尽量顺应经济周期进行动态杠杆管理：在经济繁荣阶段需要通过高杠杆的财务政策使机会和收益最大化；在经济衰退阶段则通过低杠杆以减少损失和规避风险。此外，企业的投资活动也变得更加谨慎，在对外投资时会进行更加严格的考察，并进行更加深入的战略性和前瞻性的评估。

3. 创新升级战略

创新升级战略是企业应对金融危机最为积极的一种策略，有能力和远见采用这种策略的企业通常能够“转危为机”，实现跨越式的发展。这些企业能够利用金融危机发生的时机解决企业的资源错配问题，调整企业战略，进行制度组织和管理的创新。

以国内最大的改性塑料制造商广州金发科技股份公司为例，虽然 2008 年 10 月以来，包括塑料原料、塑料制品在内的绝大多数商品需求疲软、价格下跌，但公司第四季度业绩仍然保持了快速增长，主要原因就是公司通过产品升级和技术创新努力开拓市场，并不断开发附加值较高的新产品。到 2009 年，金发科技公司改性塑料的国内市场占有率已超过 10%。耐高温尼龙新产品、高性能碳纤维新材料等新产品市场前景好、利润高，成为公司应对金融危机、化解经营风险最有力的武器。在危机时期创新升级的另一个典型是中国最大的民营汽车制造商——浙江吉利集团。在吉利进入汽车业的初期，其以低价吸引消费者从而迅速打开了中国汽车市场。2007 年，在汽车市场还是一派“暖春”景象时，吉利集团却悄然进行产品的更新换代，从“造老百姓买得起的车”的市场定位转型为“造最安全、最节能、最环保的车”，把企业的核心竞争力从成本优势转向技术优势。研发人员从 2005 年的 330 人扩充到 2008 年的 1200 多人。研发投入更是从 2008 年的 8 亿元增加到 2009 年的 18 亿元。产品系列从豪情、美日、优利欧“老三样”到高附加值的远景、金刚、自由舰“新三样”，无论是底盘系统、发动机系统还是电磁控制系统，吉利集团都采用了自主研发的世界领先技术。公司还提出“2009 年起，吉利集团平均每个季度推出一款新车型”的计划。正是把自主创新视为发展战略的关键，坚持不懈地对研发进行高额投入，吉利才取得了一系列研发成果，使得其抵御各种风险的基础和能力越来越强大。在金融风暴肆虐全球的时候，吉利依然保持了健康快速的发展步伐：2008 年，吉利实现整车销量 22 万多辆，出口增长 79.8%，全年纳税总额超过 10 亿元，创下全球汽车企业的最高业绩；2009 年第一季度实现销售整车 6 万多辆，完成全年目标的 26%。

一些具有远见的国内企业甚至在危机时期利用创新升级战略实现了“弯道超车”。2009 年 6 月 1 日，中国铝业公司对外宣布，公司已首次在世界上成功开发出具有国际领先水平的 160kA 级新型结构电解槽技术，实现直流电耗低于 12500 千瓦时的目标。公司从实验室试验做起，完成了 4000A 新型结构电解槽扩大试验和 160kA 工业试验，先后攻克了阴极的制备、电解槽结构设计、在线控制和运行工艺，最终开发成功 160kA 级新型结构电解槽。这项创新使公司每年利润增加 26 亿元左右。“新型结构电解槽技术”是世界公认的前沿重大节能技术。为攻克这项技术，中铝组建了一支研发、设计、生产科技精英通力合作的强大研发团队，由中国铝业郑州研究院、中铝国际工程有限责任公司等单位联合攻关了 6 年。

四、国际金融危机后中国企业的战略变革

金融危机背景下的中国企业战略变革，从结果看，是企业公司战略和竞争战略的调整和转型；而从组织行为的视角剖析，则是环境变化催生了中国企业家对企业价值和战略目标的一次深刻的反思和重新认识。从某种意义上讲，这场突如其来的金融危机更像是一场企业战略管理的实验课，在这堂课上，两类坚持不同战略的企业样本的实验结果大相径庭：奉行传统经验式管理和机会主义经营哲学的企业在金融危机的冲击下明显力不从心，而那些战略目标清晰、经营稳健的企业则在危机中展示出强劲的适应性和生命力。这种可观测、可比较的“实验效应”促使一部分企业家至少在一段时间内摆脱了惯性思维和组织惰性，对“企业绩效”的内涵以及影响企业绩效的长期性“战略变量”进行更为深入的思考。金融危机背景下的这场思考得出的两个最重要的结论是：①企业经营绩效是比“会计利润”更为多元、复杂的概念，短期利润的最大化与企业价值的最大化常常是冲突、不相容的，追求永续经营的企业必须能够接受“满意”的短期利润。②与短期利润最大化对应的经验式的、机会主义经营方式是以牺牲企业战略资源积累和核心能力形成为代价的，追求永续经营的企业必须形成自身独特的竞争资源和核心胜任能力（见图 40-4）。金融危机的一个重要的作用就在于，它让相当一部分企业体会到了传统经营目标与永续经营目标、传统经营方式与战略管理方式的严重冲突，并最直接地观察到了两种经营目标和经营方式的效果。这种观察和体会促使这些企

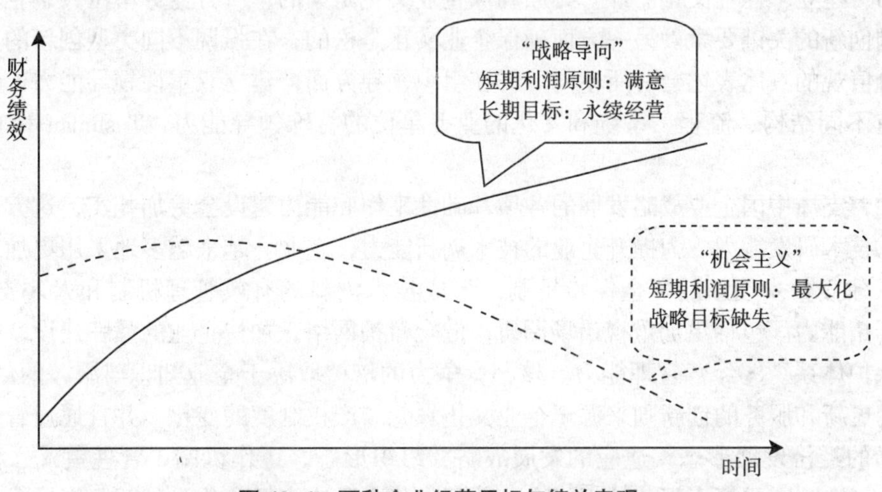

图 40-4　两种企业经营目标与绩效表现

业家和企业开始"自觉地"寻求增长方式的转变，并从急功近利的"跨越式发展"转向更为务实稳健的"可持续发展"道路上来。

改革开放30多年来，虽然中国企业充分感受到了制度转型以及与之相关的政策不确定性，但却从来没有真正体验过大幅波动的市场不确定性，中国企业似乎更加习惯于不断增长和爆发的市场需求。然而，政策不确定性和市场不确定性对企业的战略要求是截然不同的：政策不确定性要求企业拥有"政府接近"的战略资源，从公司战略看，多元化更能克服这种不确定性带来的危机；而市场不确定性则要求企业拥有经济性的战略资源和能力，从公司战略看，基于核心胜任能力的专业化才是解决市场不确定性的必然选择。从这个意义上看，金融危机促使企业进行战略变革的一个重要原因在于，金融危机及其形成的市场不确定性使企业真正感受到了动态能力的战略价值。"中国现在的企业普遍面临转型危机，这是因为他们习惯了传统的政策和环境的不确定性，它们可以在那种不确定下游刃有余。但在市场占据主导地位的情况下，要求战略层面的全面竞争，而中国的企业家还没有做好这方面的能力准备和历练。现在中国企业面临的问题还不是战略转型，而是根本上的战略缺位。对于中国的大多数企业而言，还缺乏真正意义上的战略。"（曾鸣，2005）金融危机是中国企业战略转型和升级的催化剂。金融危机之后，中国企业的战略变革才刚刚开始。我们认为，未来中国企业的战略变革将呈现两方面的特征：

第一，部分具有战略眼光和较强企业家抱负水平的企业将在提升运营效率的同时，着力提升企业的动态能力和动态效率，从而将企业打造成为既善于挖掘既有资源（Exploitation）又能够开拓新的发展空间（Exploration）的"全能型组织"（Ambidextrous Organization）。这类组织能够同时容纳运营效率和动态效率、优化和创新两种战略功能，其组织结构具有双重性。在全面型组织中，现有业务单位和新的业务单位所需要的结构、流程、系统和文化有显著的差异，因而需要进行有效的整合。未来中国企业整合具有不同结构、流程、系统和文化的业务单位的有效机制包括：①在组织体制方面，建立自治程度较高的创新性部门，使决策接近顾客和技术，薪酬设计强调创新部门的绩效责任和风险承担。与此同时，通过在传统部门和创新部门之间建立有效的沟通和协调机制，确保组织整体的规模经济和范围经济。②在文化方面，建立多样性文化。即一方面确保企业文化是紧的，所有业务单位共享企业的价值观，强调创新的关键要素。另一方面确保企业文化是松的，在强调不同类型创新的业务单位中，对价值观的具体表述会有所不同。③在组织领导方面，建立双重性领导能力，形成同时管理具有不同结构、流程、系统和文化的业务单位的特殊领导能力（Tushman 和 O'Reilly，1996）。

第二，支撑中国企业战略发展的各项基础性工作和能力建设会更加扎实，这方面的工作包括：①技术研发能力。为提升企业的技术创新能力，企业会越来越多地采用更加正式的研发结构，建立技术创新的资金保障机制，形成技术创新的有效管理机制和人才支撑体系。②市场开拓能力。包括更加重视市场调研，健全营销网络，加快企业的品牌建设，构建有效的品牌保护体系。③经营管理能力。核心竞争力的培植取决于企业知识与服务的创新能力，而知识的更新和服务的创新则来源于企业文化观念与产权制度的变化，并且通过管理创新建立起与新的经济发展形态相适应的发展战略、组织形态、运作机制、管理模式、营销体系等。因此，企业需要真正规范的现代企业制度，建立适应市场变化、创新组织形式，促进跨部门、多功能的团队形成与协作。④文化塑造能力。企业持续发展依靠核心竞争力，而技术是核心竞争力的重要组成部分，技术源于管理，而管理靠的是企业文化。企业要创造一种能够使全体员工衷心认同的核心价值观念和使命感，形成以人为本的经营意识和竞争理念等先进的企业文化，确立全方位为顾客服务的营销文化观念，加强以为顾客服务为导向的企业文化建设。

专栏 40—1

金融危机的“倒逼”机制与宝钢的变革

这是一个难熬的冬天，2008 年第四季度以来从美国刮起的金融风暴此时正愈演愈烈，几乎席卷了所有行业。2009 年，成为新世纪以来我国经济发展最为困难的一年。钢铁企业也经历了一场前所未有的巨大考验——需求急剧萎缩，订单严重不足，利润大幅下滑。在中国经济格局中扮演重要角色的钢铁行业举步维艰，跌入了历史的冰点。

宝钢，这个国内钢铁行业的“领头羊”企业，也遭遇了从未有过的困难，经历着市场的跌宕起伏。2008 年，宝钢股份月订单的正常水平是在 200 万吨以上，可是这一数字到了第四季度却一下子萎缩到 130 万吨左右。到了 2009 年初，情况非但没有好转，反而进一步恶化。与此同时，产品价格也一降再降，甚至冷轧产品的价格跌到了 2008 年第四季度之前热轧产品的价格水平。

面对突如其来的金融风暴，公司提出，要建立“倒逼”机制，以适应市场和发展战略的需求。即以“市场”为出发点和落脚点，“倒逼”思维方式的转换，逼出面向市场需求的管理意识和行为习惯；以用户需求为驱动，以继续保持宝钢在国内的领先地位为目标，“倒逼”管理机制和管理流程的完善，逼出“灵活性”和“竞争力”；以推进宝钢二次创业为战略导向，“倒逼”兼并重组模式和路径方式的调整，逼出新的发展机遇。公司提出了在严峻市场形势下的生产经营基本方针：贯彻“信心、理性、快速、坚决”的原则，抓住产品经营、成本改善、管理变革三个关键。为了快速提升应变能力、提高效率，宝钢提出了“原点思维”的理念，即让事情回复其本来的面目，始终突出要达到的目的，而不拘泥于某种途径，更不要迷失在各种先进的理念和方法的演绎之中。

从决策机制到产供销研的协同、从产品成本竞争力到技术创新和新品研发的市场适配性，“倒逼”，这个宝钢人此前并不太熟悉的词，却成为此后贯穿宝钢全年工作的一个中心词。

资料来源：《宝钢应对全球金融危机严峻考验纪实》，中国商务网，www.chinaccm.com，2010 年 1 月。

参考文献

方华明：《金融危机外向型企业的成功内销转型之道》，《品牌日报》2009 年 1 月 6 日。

黄建勋、张长生：《应对金融危机治本之策》，《广东科技》2009 年 6 月。

黄群慧：《国有企业实施战略转型之路》，《中国企业报》2010 年 3 月 16 日。

王跃生：《国际金融危机与中国企业集团的战略选择》，支点网，2009 年。

曾鸣：《略胜一筹》，机械工业出版社 2005 年版。

Peter H. Grinyer，David G. Mayes and Peter McKiernan，Sharpbenders：The Secrets of Unleashing Corporate Potential，Oxford Basil Blackwell，1988.

Tushman，Michael & O'Reilly，Charles，Ambidextrous organization：managing evolutionary and revolutionary change，California Management Review，No.2，1996.

Zajac，Edward and Stephen M. Shortell，Changing Generic Strategies：Likelihood，Direction，and Performance Implications，Strategic Management Journal，No.3，1989.

第四十一章　国际金融危机下的中国企业风险管理

提　　要

国际金融危机使中国企业面临的风险环境更加复杂，加大了中国企业的市场风险、运营风险、财务风险、投资风险和法律风险。面对金融危机，中国企业采取了一系列风险管理举措，包括积极进行预测分析，提前做好危机应对规划；加快内部控制体系建设，提升风险控制能力；实施稳健的财务政策和举措，降低财务风险；实施结构调整，提高风险对抗能力和机遇把握能力等。金融危机下中国企业风险管理暴露出许多不足，包括缺乏正确的风险观；风险管理处于零星和分散状态，体系化程度差；风险管理还没有从战略和决策高度予以重视；停留在事中、事后的危机应对和处理上，缺乏事前的危机预警；对风险的识别和评估能力较差；风险应对缺乏必要的流程与机制，主动性不够、应对效果较差等。在后金融危机时代，企业应该抓住机遇，提高认识，完善风险管理体系；决策层要从公司治理和企业战略高度来推动风险管理的体系化和科学化；风险管理和原有管理体系要很好融合；要注重企业风险管理文化建设，建立企业风险管理的长效机制；实施风险管理的IT化改造，用信息化推动风险管理；积极开展新环境下针对特殊领域的风险管理探索活动；逐步完善风险管理外部监管等。

*　　　　*　　　　*

在全球金融危机的冲击下，中国企业以前被掩盖的管理缺陷和被忽视的风险因素，都集中表现出来了。一大批企业因风险应对不力而遭受巨额损失，甚至破产清算。但也有部分企业，靠良好的风险控制机制最大限度地降低了危机冲击，经营逆势上扬甚至在行业洗牌中成为新的翘楚。如何进行风险防范和应对，是金融危机带来的最热门的话题之一，中国企业在金融危机中的风险管理，也成为万花筒式企业百态里最令人关注的一幕。

一、国际金融危机下中国企业面临的风险形势

企业风险，指企业在未来经营中面临的、可能对其经营产生影响的所有不确定性。这些

不确定因素有来自外部的，如汇率波动、国家的宏观调控政策、贸易壁垒、战争等；也有来自内部的，如新产品研发、员工能力、规章遵循方面的不确定性等。风险始终伴随着企业，有些风险对企业影响是完全负面的，仅有带来损失一种可能性，被称作纯粹风险；有些风险带来损失和盈利的可能性并存，被称作机会风险。纯粹风险是需要避免的，而机会风险则是需要控制和利用的。

这场由美国次贷危机引发的金融危机，迅速从局部扩展到全球，从发达国家传导到新兴市场国家和发展中国家，从金融领域扩展到实体经济领域。从 2008 年 10 月开始，中国企业普遍感觉到金融危机寒流的袭来，金融危机加大了中国企业内外环境的多种不确定性。

1. 国际金融危机加剧了中国企业的市场风险

随着金融危机不断蔓延和深化，中国的主要出口对象美国、欧洲和日本等经济发达国家的经济出现衰退，消费需求大幅下降，各国为了挽救和保护本国经济，采取更多的贸易保护措施，严重抑制了中国企业出口，许多出口外向型企业业务量锐减。根据海关总署公布的进出口统计数据，2009 年 1 月出口同比下降了 17.5%，这是中国十多年来第一次出现出口两位数跌幅，连续三个月出口负增长。在主要的外贸省份中，广东、江苏和浙江 2009 年 1 月份出口分别下降了 23.6%、19.1%和 17.4%。[①] 在出口受阻情况下，出口企业转向国内市场，又加剧了国内市场竞争。为出口企业提供能源和原材料等上游产品的企业也相继陷入产能过剩的困境，销量大幅下滑，企业利润下降。同时，企业坏账剧增：据报道，中国唯一政策性出口信用保险机构——中国出口信用保险公司“2008 年总承保金额达到 616 亿美元，同比增长 58%，赔款支出达 3.6 亿美元，同比增长 209%。而国内企业在出口收汇环节面临的违约率增加了近两倍，创下历史纪录，赔付率高达 85.9%”。[②]

2. 国际金融危机加剧了中国企业的运营风险

金融危机中大宗商品价格巨额波动，以原油价格为例，由 2008 年 7 月的 146 美元下滑到 2009 年 2 月的 34 美元，然后开始不断反弹到 2009 年年底的 80 美元左右，波动幅度近 200%，[③] 这给企业的成本控制和供应链管理带来巨大压力。铝锭、钢铁、炼油等不少资源和能源性加工企业需要大量采购境外原材料，为保证货物供应及价格稳定，企业往往签订了价格固定的长期采购合同。在金融危机中，原油、铁矿石、铝土矿等原材料价格开始大幅下跌，企业却不得不按照合同约定支付高额的材料采购费，而其产品销售价格却随着市场行情一落千丈，企业毛利率降低，甚至出现边际利润为负的现象，个别企业苦不堪言，只能违约，进一步丧失了国际信誉。在企业努力“去库存”化、降低库存避免亏损初见成效之后，大宗商品的价格由于经济复苏又开始猛涨，局面由供应过度快速转换为供不应求，巨幅波动

---

① 黄速建、刘建丽、王钦：《国际金融危机对中国工业企业的影响》，《经济管理》2009 年第 4 期。

② 周丽庆：《金融危机下出口企业风险管理》，《大经贸》2009 年第 4 期。

③ 陈蕊：《2009 年国际石油价格走势及市场特点分析》，中国行业资讯网。

严重冲击了企业采购、库存和生产的稳定性，打乱了很多企业的运营节奏，供应链不同环节的缺货、积压同时产生，供应链运行效率降低，运营成本加大。

3. 国际金融危机加剧了中国企业的投资风险

受金融危机影响，国内外资本市场深度重挫。在国内资本市场，上证指数从 2007 年年底的 6000 余点下滑到 2008 年年末 1800 余点，2008 年上市公司金融产品账面浮亏高达 501.33 亿元，投资收益比 2007 年下降了 21.27%。① 在国际资本市场，2007 年次贷危机刚刚开始之时，国内的一些金融企业基于“抄底”考虑，频频出海购买资产：中投公司投资 30 亿美元购买黑石集团无投票权股权单位、国家开发银行投入 30 亿美元参股巴克莱银行、中国工商银行以 54.6 亿美元的对价购买南非标准银行 20%股权等。现在反观，除个别投资有所收获外，大部分都损失惨重。② 在资本市场投资风险加大同时，由于经济普遍的不景气，实业领域也很难找到短期内有盈利预期的投资项目，中国规模以上工业企业的固定资产投资效率相比 2007 年下降了 9.38%。③

4. 国际金融危机加剧了中国企业的财务风险

首先，经营现金断流风险。由于市场乏力、经营欠佳，企业的应收账款增长速度快于业务和库存增长速度，经营性资产周转速度普遍下降。根据沪市上市公司的统计数据，2008 年和 2007 年相比，平均存货周转率和总资产周转率分别由 2007 年的 2.25 和 0.13 下降到 2008 年的 2.14 和 0.12，平均每户净营运资金则由 2007 年的 5958 万元下降到 2008 年的 -14519 万元。④ 在企业普遍感觉资金压力加大的同时，信贷政策收紧更是雪上加霜，资金统筹和收支安排不当很容易导致资金断流。其次，债务风险，包括还本付息风险和债务杠杆风险两方面。一些高负债企业在正常时期尚能安然运转，借助债务杠杆的“借鸡生蛋”效应实现高额股东回报，而遭遇金融危机者，企业增加了还本付息难度，同时降低了获利能力，甚至造成亏损，债务杠杆“双刃剑”的负面效应开始显现，经营利润降低或亏损被成倍扩大为股东利益受损。最后，汇率风险。金融危机爆发后，人民币实际有效汇率大幅升值，仅 2009 年 2 月份升值幅度就超过 6%，⑤ 人民币持续升值带来的汇率风险，致使企业应收外汇款、对外投资等外币资产相对贬值，大幅缩水，进而影响企业资产的盈利性。

5. 国际金融危机加剧了中国企业的法律风险

金融危机导致的贸易保护主义使针对中国出口企业的诉讼剧增。为促进就业以降低居高

① 财政部会计司：《中国上市公司 2008 年执行企业会计准则情况分析报告》。
② 杜啸尘、张艳：《金融危机视角下中国金融企业跨国并购思考》，《保险实践与探索》2009 年第 1 期。
③ 中国社会科学院工业经济研究所：《中国工业发展报告》(2009)。
④ 数据来自于上市公司 CCER 数据库。
⑤ 刘文华、刘厚俊：《后金融危机时期中国外贸企业管理创新研究》，《世界经济与政治论坛》2009 年第 4 期。

不下的失业率，西方发达国家陆续出台针对中国的贸易壁垒政策和开展倾销诉讼，根据中国商务部统计数据分析，2009 年前三个季度，共有 19 个国家和地区对中国发起 88 次“贸易救济调查”，涉及金额 102 亿美元。[①] 除贸易诉讼外，尽管美国适当放宽了国外资本进入金融领域的限制，以吸引更多的资金全力“救市”，但其出于提振本国产业、维系经济安全甚至是某些政治目的的考虑，使中国企业海外并购和跨国经营在金融危机背景下面临的局势也变得更为复杂，来自产品、专利方面的法律风险都在加大。

除以上五种风险外，其他还包括技术人才流失、员工忠诚度降低、管理规章遵循程度降低等管理方面的风险，在金融危机中也被放大、激化。

二、国际金融危机下中国企业风险管理举措

风险管理，指企业围绕总体目标，制定风险管理策略，在企业经营管理的各个环节和业务过程中执行风险管理流程，落实风险理财措施，培育良好风险管理文化，建立健全风险管理组织体系、信息系统和内部控制系统的过程和方法。[②] 企业开展风险管理的目标，是在防范和控制风险可能给企业造成损失和危害同时，也把机会风险视为企业的特殊资源，通过对风险的管理为企业创造价值，促进企业经营目标的实现。

在本次金融危机中，部分中国企业并没有坐以待毙，而是主动出击，从事前的预测规划到事中的应对化解和事后的总结修复，展开了全方位风险管理工作，在避免风险损失的同时，尽可能去把握风险孕育的机会。具体而言，包括以下几方面：

1. 积极进行预测分析，提前做好危机应对规划

由于国资委统一部署和要求及中央企业独有的信息优势，央企对本次金融危机来临的敏感度要高于其他企业，成为中国企业风险预测与规划的先行者。在 2007 年年底召开的中央企业负责人会议上，国资委就要求中央企业“要高度关注宏观经济形势的变化，居安思危，未雨绸缪，深入分析汇率、利率、税率、能源原材料价格变化以及信贷从紧对企业发展的影响，及时调整发展战略和经营策略，制订切实有效的应对措施”。2008 年，国资委分别于 4 月、7 月和 11 月召开会议，要求中央企业积极采取“过紧日子”、“准备过冬”的措施，“捂紧钱袋子”，谨慎投资，严控风险。[③] 一些央企按照国资委的要求，开展了卓有成效的风险预测与规划工作，在报送国资委的《风险管理报告》中，对 2008 年的金融风险都有一定的估计和相应对策。以天津钢管集团为例，公司在评价投资方案时，首先找到方案可能带来

① 王楠：《后金融危机时代，不进则退》，《工程机械与维修》2009 年第 12 期。
② 国务院国资委：《中央企业风险管理指引》（2006 年 6 月）。
③ 李荣融：《中央企业以科学发展应对国际金融危机》，《红旗文稿》2009 年第 13 期。

的关键风险因素，然后对不确定因素设计若干未来情景，推断不确定性因素对投资带来的风险大小和可能的危机，进行具体风险模拟和风险下投资方案的多结果推演，据此排定项目的优先次序，并根据经济发展周期和反倾销反补贴发展情况动态地调整新项目建设投资计划。2008 年至 2009 年，公司根据这一决策模式及时调整新建投资项目计划，果断停建一些项目，加速在建项目，避免投资损失的同时也节省了投资成本。①

2. 加快内部控制体系建设，提升风险控制能力

金融危机增强了企业对风险管理必要性的认识，企业普遍开展了针对风险防范的内部管理自我审视，加快内部控制体系建设步伐、加大建设力度。根据德勤会计师事务所对中国上市公司 2008 年的内部控制调查，② 100%的受访上市企业认为，加强内部控制有助于企业防范风险，为正常运营提供合理保证；约 82.35%的企业为应对全球金融危机而组织了内部控制的梳理活动；约 35.29%的企业内部审计的侧重点发生了变化，更加关注风险和控制；约 58.82%的企业为应对金融危机而指定了专门的部门落实风险管理和内部控制工作；约 41.18%的企业在战略中明确了金融危机给企业带来的影响。一大批中央企业在 2008 年到 2009 年启动了全面风险管理体系建设工作，2008 年，五矿、国投、南车、中广核等 35 家企业编制了企业年度风险报告。③ 作为风险管理的重要组成部分，国资委主导的央企董事会完善、风险事件库建设、风险组织架构建立、风险模型研究等工作都得以快速推进。

3. 实施稳健的财务政策和举措，降低财务风险

首先，强调“现金为王”、强化资金管理。资金是企业血液和生命线，为了避免经营恶化而导致企业现金流减少甚至断流，中国企业在加快资金周转方面采取了多种措施，包括收紧信用政策、降低和积极催收应收账款、加强存货管理、加速存货流转等。一些集团企业实行资金全面集中管理，强化资金集中管控，实现了集团内部资金余缺调剂，避免了资金无效沉淀。例如，中国石油加强资金集中管理后，2008 年第四季度每天归集人民币资金约 60 亿元、外币资金约 3000 万美元。中央企业还普遍加强了预算管理工作，对年度资金收支进行更细致的规划控制。其次，加强成本控制。通过集中采购、压缩可控费用、挖潜增收节支等措施，有效降低成本费用。2009 年，国家电网、中国移动通过采购招标，节约资金超过百亿元；中国石化大力压缩可控费用实现挖潜增效 139 亿元；武钢集团、中国铝业、中国国电、东航集团等企业领导班子带头减薪。鞍钢集团通过加强能源管理、深度挖潜，落实各项节能降耗措施，2009 年第一季度 26 项预算指标中有 14 项创历史最高水平。再次，优化资本结构，降低负债比例。随着金融危机中西方金融机构的“去杠杆化”金融改革，中国企业也纷纷提高自有资本比例，其中尤以国资委对央企的注资最为抢眼，通过分批启动注资计

---

① 天津钢管集团股份有限公司：《大型钢管企业面对危机的供应链风险管理》，内部资料。

② 德勤：《中国上市公司 2008 年内部控制调查报告》。

③ 鲁菲、邵宁：《央企“过冬”首要是风险管理》，《中国企业家》2009 年第 3 期。

划，国资委为两大国有航空公司注资60亿元，为五大电力企业注资126.7亿元。[①] 最后，加强财务预警。国资委成立了财务应急工作小组，选择了20多家负债率持续升高、市场处于下降状态以及发生较大经营损失的中央企业，进行财务状况剖析，并约见总会计师及相关负责人进行警示谈话，敦促这些企业积极做好预案，有效管控财务风险。

4. 实施结构调整，提高风险对抗能力和机遇把握能力

首先，调整投资结构。众多企业纷纷清理主业无关投资、退出不具竞争优势产业，收缩战线，回归“归核化”战略。例如，中国石油、中国石化、国家电网、中国铝业、中电投、中国五矿6家企业审慎分析和评估已有投资项目或拟实施建设项目，进行清理排队和调减，2008年调减投资890亿元，进行投资瘦身，集中发展核心业务。[②] 其次，调整产业结构。一些低技术的劳动密集型出口企业加快转产转型步伐，利用外部市场环境趋紧的“倒逼”机制，走上技术升级之路。再次，调整市场结构。从商务部的统计来看，在欧美市场购买力下降的同时，2009年前三季度，中国对巴西出口增长90.2%，对印度增长43.1%，对韩国增长41.8%，对东盟增长28.4%，新兴市场的开发一定程度上减缓了传统欧美市场的衰落。[③] 最后，调整供应链结构。部分化工、能源、冶炼企业通过供应链上游环节并购延长了自身产业链，提升了市场话语权，减少了采购价格波动和经营风险，纵向一体化尝试取得较好成效。

总体而言，金融危机下中国企业的风险管理产生了以下作用：一是增强了企业危机预测能力，让企业提前做好风险防范。二是增强了企业危机应对能力，减少了风险损失或负面影响。三是增强了企业危机利用意识，促使企业抓住危机中的机遇。风险管理的作用最终体现在企业绩效的提升上，根据《中国上市公司2009年内部控制白皮书》统计分析，2008年度，中国上市公司投入资本回报率与风险管理水平呈显著的正相关，即内部控制越到位、风险管理水平越高的公司，投入资本回报率越高。[④]

三、国际金融危机下中国企业风险管理暴露的不足

风险管理对中国企业抵御金融危机起到了一定积极作用。但整体而言，中国企业的风险管理才刚刚起步，在诸多方面还存在不足，金融危机更凸显了这一点。金融危机暴露的中国企业风险管理的不足主要表现在以下几个方面：

---

①《国资委向五大央企注资126.7亿元》，新浪网，http：//www.sina.com.cn，2009年2月20日。
②《国资委副主任绍宁在2009年全国企业管理创新大会上的讲话》，2009年3月28日。
③ 武验等：《中国化工企业应对金融危机策略》，《中国化工报》2009年7月17日。
④《中国上市公司2009年内部控制白皮书》，《中国证券报》2009年7月16日。

1. 缺乏正确的风险观

风险观是对风险的理解认识及偏好程度，是企业风险管理的总基调。企业的风险观应与自身的战略和能力相匹配，应将风险的承受保持在可控范围。中国企业风险观不当有两种体现：一是部分企业盲目承担风险、风险意识淡漠。二是部分企业刻意回避风险，在危机中退缩以至于停滞不前。前者如个别央企和民营企业在能源期货和期权市场的投机行为，期权和期货本意是对冲现货市场价格波动风险的，但一旦超出自身现货经营规模和损失承受能力、抱以赚钱目的时，便滑入了投机的深渊。从目前媒体报道来看，无论是央企的国航和东航，还是民营企业广东“糖王”中谷糖业等，都是在期货市场进行巨额投机性做多，最终造成巨额亏损，对于这些企业，投机和自身战略必定相背离，与自身资源也极不匹配。后者体现在金融危机中大量“冬眠”企业上，危机中唯一的举动就是停产、裁员、偃旗息鼓，错误地把“过冬”当成了“冬眠”，把风险视作洪水猛兽，噤若寒蝉，不敢越雷池一步，被动坐等危机消失，错过了危机中的发展机会，甚至被迫关门清算。

2. 风险管理处于零星和分散状态，体系化程度差

全面风险管理包括公司治理风险管理和业务风险管理两个层面；包括对风险的收集预测、分析评估、制定管理策略、实施解决方案、监督改进五大步骤；要求围绕风险管理策略目标，涵盖企业的战略规划、产品研发、投融资、市场运营、财务、内部审计、法律事务、人力资源、物资采购、加工制造、销售、物流、质量、安全生产、环境保护等各项主要业务和管理环节。但在中国企业实践中，大多数企业的风险管理还停留在单一的管理工具和方法上，并没有成为一种体系化的管理思路和管理模式，要么忽视某个层面、缺少某些环节（例如系统科学的风险评估、风险管理的监督和持续改进），要么在范围上仅限于财务等有限的方面，成为财务风险管理或会计报表风险管理。以风险管理的重要规范内容——治理结构为例，治理结构不仅是内部控制的重要组成部分，也是整个内部控制体系的基础，对风险管理有效性有着举足轻重的影响。但德勤的调查报告显示，在金融危机中仅有 17.65%的上市公司检查了其治理结构是否合理，[①] 相比而言，企业更加重视流程层面的控制活动，中国企业传统的“重管理轻治理”的现象依然没有得到实质性的改善。

3. 风险管理还没有从战略和决策高度予以重视

美国前国防部长麦克纳马拉早就讲过一句话：“今后企业的战略管理可能不复存在，取而代之的将是风险与危机管理。”[②] 在 2009 年闭幕的 G20 集团财长和央行行长会议上这一点也被特别强调。有效的风险管理需要公司的决策层（董事会和经理层）的重视和参与，尤其

---

① 德勤：《中国上市公司 2008 年内部控制调查报告》。
② 龙小农：《跨国危机管理理论方法及案例分析》，北京广播学院出版社 2005 年版。

是企业风险态度的确定、重大决策的风险评估、重大风险预案基本原则拟定等，这些都是企业发展的战略性和方向性问题。但是，部分中国企业的风险管理仍一直被视作运营层和操作层关注的一项职能管理，而没有被作为决策层应该考虑的战略管理。以本次金融危机中外汇期货投资遭受巨亏的中信泰富为例，2008 年 10 月 20 日傍晚，中信泰富突然宣布投资的杠杆式外汇产品（Accumulator）造成约 8.07 亿港元的已实现亏损和 147 亿港元的估计亏损，而且亏损有可能继续扩大。但据其披露的信息，董事局主席和总经理对此项重大合约居然并不知情。[①] 蕴涵如此高风险的重大合约不经决策层审查就可直接签署，风险管理不受高层重视由此可见一斑。

4. 风险管理缺乏事前的危机预警

处理金融危机的最佳方式是防患于未然，将危机消弭于无形。因此，建立一套有效的危机预警系统，通过预警将风险的负面冲击降到最低，是风险管理关键所在。从媒体报道来看，中国企业在危机爆发后如何应对以及事后如何亡羊补牢方面的较多，事前的预测与规划较少，而即便对金融危机的苗头有所察觉，实施了一些预防措施，也大都凭借的是一些感性认识，措施的系统性并不强。在一些金融企业和大型央企，危机预警系统还局限在微观财务预警方面，缺少对宏观经济、产业运行、市场走势和竞争对手行为的即时监测与反应体系。对广大中小企业而言，危机预警更是奢谈。

5. 风险识别和评估能力较差

风险信息的收集和评估，是风险管理的源头，如果这一环节缺乏系统性和科学性，风险管理策略与手段就丧失了针对性和依据。中国企业海外投资失败很大程度上源于对风险的识别、评估能力太弱。以中国平安保险对海外富通集团的投资为例，2007 年 11 月，中国平安宣布从二级市场直接购得富通集团约 4.18%的股权，后增持至 4.99%，成为富通第一大股东，前后共斥资超过 238 亿元人民币。但不久之后，富通的股价连续暴跌，给中国平安带来了巨大损失。到 2008 年年底，富通的股价已下跌超过 96%，导致中国平安 2008 年合并净利润由 2007 年的 155.81 亿元大幅减少至 2008 年的 8.73 亿元。2007 年年初次贷危机已经初现端倪，而直到 2008 年平安海外并购步伐仍未停止。[②] 中国航空公司投资航油期货形成巨亏也是如此，这些公司往往是对未来油价走势预测能力有限，对期货交易也并不精通，更多的是依靠一般的行业分析报告来判断和操作。一些外资投行所谓“完美无缺”的套保方案，在正常的套期保值公式外，还嵌入了极为复杂的金融衍生工具，而企业管理层往往很难看穿方案中可能蕴涵的“风险”，企业采用这样的套保方案，实质上也就与期货投机无异。

---

① 杨晓明、叶永钦：《金融海啸凸显上市公司风险管理缺失》，《董事会》2009 年第 11 期。
② 罗丽萍：《保险企业投资风险控制——由平安投资富通亏损引发的思考》，《中国乡镇企业会计》2009 年第 2 期。

6. 风险应对缺乏必要的流程与机制，主动性不够、应对效果较差

按照风险管理的基本思路，在对风险信息进行充分收集和分析评估的基础上，需要筛选出重要和关键风险，并确定针对风险特征的应对策略和办法，然后通过企业流程再造或完善，将风险点的控制嵌入到流程中，并通过监督审计、配置资源、绩效考核等手段和机制来保障流程的良好运行，从而使风险的防范和管理成为企业日常运营和管理的重要组成部分，成为企业的常态和习惯。但相当一部分企业原来并没有建立针对风险的管控流程和机制，在金融危机中仓促应战，边摸索边总结、边抗争边建设的成分较多，一方面风险反应速度慢，丧失了降低损失和抓住机遇的时机。另一方面应对措施针对性不强、系统性差，往往是“摁下葫芦起了瓢”，风险应对效果较差。

还有一部分企业未能很好认识风险管理应对金融危机的积极作用，认为风险管理体系建设耗时、费力、影响效率，把风险管理体系建设视作“通过评审”和“应付检查”的需要，只是在外部监管机构的推动下有所行动，而缺乏自发、主动的风险管理建设的意识和行动。个别企业的风险管理体系建设更像搞运动，轰轰烈烈培训、热热闹闹宣传，制度也出了几大本，但却没有从根本上将风险管理落到实处。

四、后金融危机时代加强中国企业风险管理的建议

金融危机给中国企业风险管理上了精彩的一课，在后金融危机时代，中国企业和相关政府机构应致力于做好以下几方面风险管理完善工作。

1. 抓住机遇，提高认识，完善风险管理体系

金融危机提供了一个风险管理体系建设和完善的良好机遇。首先，金融危机使风险管理受关注度大大提升，促使人们认识到风险管理的必要性和意义。根据德勤的调查报告，约88.24%的企业因金融危机而提高了对内部控制和风险管理的重视程度。[①] 其次，金融危机形成了建设和完善风险管理的一种“倒逼”机制，无论是外部监管的要求，还是内部风险防范的需要，都为风险管理体系建设提供了压力和动力。2008 年 6 月 28 日，财政部、证监会、审计署、银监会、保监会联合发布了《企业内部控制基本规范》。这一规范被管理界称为“中国版的 SOX 法案”，它的发布“为中国企业首次构建了一个企业内部控制的标准框架，有效解决政出多门、要求不一、企业无所适从的问题”，[②] 标志着中国企业风险管理实践开始

① 德勤：《中国上市公司 2008 年内部控制调查报告》。
②《财政部副部长王军在内部控制基本规范发布会上的讲话》，《中国财经报》2008 年 6 月 26 日。

打破行业隔离、真正走向标准化和系统化。企业应该认清形势，抓住当前的这一难逢的有利时机，调动一切资源，推动本企业风险管理上台阶、上水平。

2. 决策层要从公司治理和企业战略高度推动风险管理

高层是否重视推动和战略是否涵盖兼容，是企业风险管理体系是否健全的标志，也是风险管理体系水平高低、执行效果好坏的重要决定因素。首先，决策层必须参与到风险管理体系建设和运行当中。应该强化公司决策层，尤其是董事会的风险管理职能。公司董事会应该是风险管理的核心决策机构，它决定着一个企业的风险偏好和风险文化，决定着风险管理的范围、标准和内容。董事会的人员结构、组织分工、议事规则应该充分体现风险管理的基本原则，这些是风险管理需要规范的重点内容。其次，风险管理要融入战略管理之中。风险的预测、分析和评估应该在公司战略分析中居于主导地位，风险应对和处理则应该是战略实施的重要组成部分。

3. 推动风险管理的体系化和科学化

体系化有三个方面的要求。首先，体系化的风险管理必须要素健全，要建立包括内部环境、风险评估、控制活动、信息沟通、监督五要素在内的、符合内部控制基本规范要求的内控体系，在企业文化、组织架构、企业战略、公司治理、业务流程、监督检查、IT 支撑等方面，将风险的收集、分析、评估和应对常态化；其次，体系化的风险管理要涵盖企业各个组织层次、各项业务与管理活动，要形成覆盖企业各方面的一张风险防控网；最后，体系化的风险管理还要在风险的预警与识别、应对与处理、评价与总结三个环节，形成风险防控不断适应环境、不断深入和完善的动态管理循环。风险管理的科学化主要包括风险评估技术科学化、控制和监督手段科学化两个方面。要将数量化的风险分析技术和丰富的风险事件实践相结合，使风险评估尽量摆脱片面性和人为因素的影响；基于风险评估结果的控制流程和监督体系设置尽可能规范化，符合管理的一般原则，并和企业的战略、环境保持一致。

4. 风险管理和原有管理体系要有效融合

改革开放以来，中国企业一直没有停止管理科学化的进程。在管理水平不断提升、管理模式和世界不断接轨的同时，由于不同发展阶段的不同管理侧重点，企业也普遍存在内部各种管理思想、管理体系并存但彼此独立、缺乏联系甚至自相矛盾的不正常现象。风险管理体系的建设不是无中生有、凭空再造，而是依托企业原有的管理体系，在原各项管理基础上进行整合。企业要将风险管理的基本理念和思路体现在对原管理体系的梳理和调整之中，实现风险防控和其他管理目的在具体的管理政策、业务流程、组织架构方面的有效融合。在建立风险管理体系之前，原来的管理体系是基础，而整合完成后的风险管理体系又是原管理体系的升华与改造。只有体现管理的继承和发展，才能很好地解决风险管理和其他管理体系“两张皮”的问题，风险管理才能在企业真正扎根。

5. 建立企业风险管理的长效机制

首先，要将风险管理的监督和检查常态化，新的管理体系往往是对原有管理习惯的一种冲击，没有检查和督促，执行就不可能到位；其次，要建立风险管理的激励考核体系，将风险管理的完善、规范和执行到位程度与企业相关人员薪酬与岗位调整挂钩；再次，要为风险管理提供必要的组织保证，包括成立风险管理决策牵头机构——在董事下设专门的风险管理委员会、风险管理组织实施机构——首席风险官和专门的风险管理职能部门，以及明确风险管理的监督检查机构，赋予内部审计部门专门的风险管理监督检查权等；最后，还要建立风险管理体系应对企业内外部环境变化的动态调整机制，保证风险管理的先进性和适应性。

6. 注重企业风险管理文化建设

风险管理除了体现在有形的管理政策、业务流程和组织架构等外，无形的文化氛围，诸如，领导风格、员工意识等也是风险管理的重要内容。后者是风险管理体系顺利运行的润滑剂，甚至有时候成为风险管理是否有效的决定因素。在风险管理文化建设方面，首先，要在企业文化建设中植入风险管理方面的相关因素，在企业大文化中形成“居安思危”、“未雨绸缪”、“居危思进”等积极的风险管理子文化；其次，决策层要树立正确的风险价值观，风险认识要与企业价值观、企业的资源与能力及企业战略相匹配，要有足够的风险意识和风险敏感性；最后，高层的风险理念也要通过风险管理机制层层传递，全员渗透，营造推动风险管理实施的良好环境。

7. 实施风险管理的 IT 化改造，用信息化推动风险管理

风险管理体现在企业内部流程各个风险点识别和相应控制点遵循上，头绪繁多，如果没有信息化手段支撑，风险管理建设和实施将是一个庞杂繁琐的工程。从信息化入手，一方面，尽可能将一些无须人工干预的管理标准、参数等嵌入到业务 IT 系统中，把一些标准化的繁琐控制节点通过软件来实现，可以大大减少风险管理“人控”的节点，实现“机控”，既可以降低实施成本又可以保障系统的刚性约束。另一方面，针对海量的标准化业务处理，开发监测、稽核、对账等 IT 系统，可以增强对重点业务、重点环节、重点时段操作风险的实时监控能力。近年来，中国企业的信息化程度明显提高，ERP 等管理信息系统在相当多企业得到普及和应用。但是，专门针对风险管理的信息系统建设才刚刚起步，原有的信息系统普遍面临着为适应风险管理要求而进行升级改造。目前，国外的 GRC（治理、风险和合规）软件已经出现，国内的用友、金蝶等管理软件厂商也在积极进行中国企业 GRC 软件的研发和初步推广工作，中国企业应适应形势，在风险管理已经具备一定基础的前提下，尽快实现风险管理的 IT 化。

8. 积极开展新环境下针对特殊领域的风险管理探索活动

在风险管理体系初步成型基础上，中国企业要结合新环境下的企业趋势和动态，有针对性地开展风险管理活动，例如，电子商务环境下的风险管理（据网上交易数据显示，中国目前有1000多万家企业电子商务用户，中小企业网络接入率已达90%）、供应链风险管理及国际化风险管理等，积极探索风险管理在这些领域的适用办法和手段，推动风险管理实践的细化和深入。

9. 逐步完善风险管理外部监管

财政部门等监管机构应进一步明确企业建立风险内控体系和实施风险管理的时间要求，除上市公司有强制时间表外，对一定规模以上的非上市企业也要出台指导性时间计划，督促各类企业加快风险管理建设进程。上市公司风险管理体系健全和完善程度的外部评价应尽快由目前的“鼓励”状态转变到“强制”状态，增强上市公司风险管理体系信息披露的公信力，同时引导上市公司群体提升自身风险管理规范化和科学化水平，为非上市企业树立更多风险管理样本。还要抓紧完善和《内部控制基本规范》相配套的各类风险管理指引及具体实施办法标准，促进风险管理实践的交流和总结，尽快帮助企业实现风险管理由理论到实践的过渡。另外，在工商年检、企业绩效和信用评价等监管环节及招投标等商务环节，要体现完善风险管理的相关要求，形成风险管理建设和实施的有利宏观外部环境。

专栏 41—1

宝钢以完善董事会建设推动全面风险管理

完善的公司治理是全面风险管理体系建设的起点和保障，而董事会建设则是公司治理的核心。董事会能否充分发挥作用，将在很大程度上决定全面风险管理体系建设的效果。作为首批董事会试点企业之一，宝钢董事会在全面风险管理的推进过程中发挥着非常重要的作用。

2005年，宝钢根据国资委《关于中央企业建立和完善国有独资公司董事会试点工作的通知》要求，依照《公司法》进行组织形式的规范，正式启动了宝钢的董事会试点工作。

宝钢在完善董事会试点的过程中优化董事会成员结构，建立外部董事制度。5位外部董事全部到位，是中央企业中第一家外部董事全部到位且超过半数的董事会。宝钢从“发挥董事会专门委员会的作用”、“建立适度授权、分层决策、有效监控的董事会授权机制”、“建立规范的董事会会议制度和议决机制”等方面入手，完善董事会运作机制。正如《中央企业全面风险管理指引》第四十四条指出的：国有

续专栏 41—1

独资公司和国有控股公司外部董事、独立董事的人数应超过董事会全部成员的半数，以保证董事会能够在重大决策、重大风险管理等方面做出独立于经理层的判断和选择。外部董事占多数的宝钢集团董事会在全面风险管理体系建设中发挥了举足轻重的作用。

目前，宝钢已初步形成出资人、决策机构、监督机构和经营层之间各负其责、协调运转、有效制衡的治理机制。宝钢的董事会设立了四个专门委员会。其中，常务委员会（成员5名，其中外部董事3名），指导和监督董事会决议的执行，根据董事会的特别授权，对公司有关事项做出决策；提名委员会（成员5名，其中外部董事3名），研究公司经理人员的选择标准、程序及方法，向董事会提出建议；薪酬与考核委员会（由3名外部董事组成），拟订公司总经理的薪酬方案、考核与奖惩建议，研究公司职工收入分配方案并提出建议；审计委员会（由3名外部董事组成），监督公司内控和风险管理体系的有效运行，指导和监督公司内部审计部门工作，向董事会提出建议。

资料来源：根据吴铁伦文章《宝钢经验——以完善董事会建设推动风险管理》选编，原文载于《新理财》2009年第9期。

参考文献

黄速建等：《国际金融危机对中国工业企业的影响》，《经济管理》2009年第4期。

周丽庆：《金融危机下出口企业风险管理》，《大经贸》2009年第4期。

陈蕊：《2009年国际石油价格走势及市场特点分析》，中国行业资讯网。

杜啸尘等：《金融危机视角下中国金融企业跨国并购思考》，《保险实践与探索》2009年第1期。

刘文华、刘厚俊：《后金融危机时期中国外贸企业管理创新研究》，《世界经济与政治论坛》2009年第4期。

王楠：《后金融危机时代，不进则退》，《工程机械与维修》2009年第12期。

李荣融：《中央企业以科学发展应对国际金融危机》，《红旗文稿》2009年第13期。

第四十二章　国际金融危机与中国企业自主创新

提　要

金融危机在宏观层面上带来了对中国经济的冲击，但是在微观层面上推动了中国企业创新环境的积极变化。一是金融危机对企业创新产生了“倒逼”作用，激发了企业创新的动力；二是政府的各项政策措施密集出台，为企业创新创造了有利环境；三是促进战略新兴产业发展得到了前所未有的重视，为企业在新技术和新商业模式探索方面创造了有利环境。面对金融危机，中国企业根据自身的实力和行业特征积极应对，走出了具有中国特色的创新道路。从创新战略特征上进行划分，创新战略基本上可以划分为核心突破战略、集成创新战略和开放式创新战略三种类型。完善企业自主创新环境是一项长期的任务，具体涉及以下方面：一是加快三类共性技术平台建设，促进技术共享和扩散；二是发挥优势企业带动作用，建设企业垂直创新网络；三是发展技术联盟，建设专利和技术标准网络；四是强化创新活动的分工，建设产学研创新网络。

*　　　*　　　*

创新是企业摆脱金融危机影响的唯一出路。金融危机通常是通过需求的减少影响到企业的经营活动。对于企业而言，只有通过产品创新、工艺创新、组织流程创新、新市场的开发等途径，才能够重新创造有效需求，走出金融危机的困境。金融危机是“自然选择”、“优胜劣汰”加速发生的过程，它既是对创新型企业的奖励，又是对落后企业的惩罚。

一、国际金融危机对中国企业创新环境的影响

企业既是经济活动的微观主体，又是创新活动的重要载体。金融危机在宏观层面上带来了对中国经济的冲击，但是在微观层面上推动了中国企业创新环境的积极变化。一是金融危机对企业创新产生了“倒逼”作用，激发了企业创新的动力；二是政府的各项政策措施密集出台，为企业创新创造了有利环境；三是关于促进战略新兴产业发展得到了前所未有的重

视，为企业的在新技术和新商业模式探索方面创造了有利环境。

1. 国际金融危机对企业创新的“倒逼”作用明显

在金融危机的冲击下，中国企业基本处于“低端萎缩、高端抑制”的状态。同时，电子及通信设备制造业和电子计算机及办公设备制造业等高端产业受到的冲击大于纺织、服装、金属加工等低端产业。根据国家统计局 2009 年 4 月 27 日公布的统计数据，2009 年第一季度全国规模以上工业增加值较上年同期增长 5.14%，而高技术产业增加值较上年同期仅微幅增长 0.16%，大大低于 2008 年第一季度的 16.7%。电子及通信设备制造业和电子计算机及办公设备制造业是受国际金融风暴冲击最严重的产业，2009 年第一季度，这两个产业的增加值分别较 2008 年同期下降了 5.63%和 4.41%。① 另据海关 2009 年 4 月 23 日公布的高新技术产品进出口统计数据，2009 年第一季度，中国高新技术产品进出口总额为 1281.6 亿美元，比 2008 年同期的 1728.5 亿美元下降了 25.9%。②

以上数据表明：中国企业的竞争优势主要还是来自于“劳动力的低成本”，金融危机的直接冲击就是大量的企业停产或者倒闭。虽然高新技术企业也已经具有了一定规模，但是面对金融危机的冲击，中国高技术产品“出口总量大、技术含量低”的现状进一步凸显。换言之，中国许多高技术产业企业，虽然从行业划分上是属于高技术产业，但并非从事高技术活动，更多的是从事以加工组装为主的“劳动密集型”活动。③ 因此，面对金融危机，中国企业加快技术创新的迫切性进一步增强，尤其是对高附加价值、低资源消耗、高生产效率、低生产成本的产品和技术的需求非常强烈。根据一项针对创新型企业及试点企业④ 的调查显示：目前，提高创新能力，掌握核心技术已经成为企业应对金融危机的重要措施，其中，85%的被调查企业把提高创新能力摆在首位。⑤ 同时，根据此项调查显示，在金融危机背景下，一些创新型企业及试点企业保持了平稳增长。其中，主要原因在于：①掌握核心技术。②拥有自主品牌。③产品销售以国内市场为主。④有新产品储备。⑤现金流控制较好。⑥低成本优势。具体如图 42-1 所示。

---

① 中国科技统计：《2009 年第一季度中国高技术产业增长几乎停滞，电子信息产业出现负增长》，http：//www.sts.org.cn/nwdt/gndt/document/09062403.htm。

② 中国科技统计：《2009 年第一季度中国高新技术产品进出口均大幅下降》，http：//www.sts.org.cn/nwdt/gndt/document/09062406.htm。

③ 需要说明的是，我们认为，高技术产业是一个相对的、动态的概念，目前的评价和界定方法并不能很好地反映各产业技术活动的实际情况。以 2007 年数据为例，当年中国全部大中型制造业企业的 R&D 强度（R&D 经费占工业增加值的比重）为 3.48%，虽然高技术产业总体 R&D 强度（6.01%）高于平均水平，但医药制造业和计算机及办公设备制造业的研发强度分别仅为 4.66%和 3.87%，仅略高于制造业平均水平，而如果按照 2001 年界定高技术产业的标准，高技术产业的研发强度应当高于制造业平均水平的 2 倍。由于中国多数高技术产业处于国际产业链分工的低端，因此，同类产业的研发强度与 OECD 国家相比还有很大的差距，很多被划分为高技术产业的产业其实际的生产经营活动和产品的技术含量很低。

④ 对“创新型企业及试点企业”的说明，自 2006 年以来，科技部、国资委、全国总工会三部门联合开展创新型企业试点工作，三部门已经选择确定了 469 家创新型试点企业，其中 202 家已被评价命名为创新型企业。

⑤ 科技部政法司调研组：《创新型企业及试点企业应对金融危机情况调查报告摘要》，载《中国创新型企业发展报告（2009）》，经济管理出版社 2009 年版。

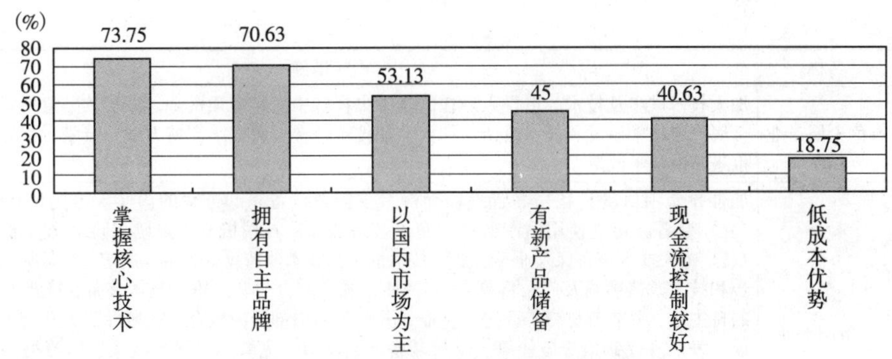

图 42-1 保持良好发展态势的原因分析

资料来源：《中国创新型企业发展报告（2009）》，经济管理出版社 2009 年版，第 418 页。

2. 各项政策措施积极推动企业创新

面对金融危机对中国企业的冲击，相关产业政策和科技政策密集出台，旨在为企业创新创造更加有利的环境，推动企业通过创新走出金融危机。

2009 年，中国陆续出台了钢铁、汽车、船舶、石化、纺织、轻工、装备制造、有色金属、电子信息和物流十大产业振兴规划。鼓励企业加强技术、提高自主创新能力是这些政策措施的重要内容。其中，加大技术改造专项资金投入力度，加快实施国家重大科技专项，完善公共技术服务平台，确保自主创新设备采购，鼓励使用国产首台（套）装备，适当提高部分高技术、高附加值装备产品的出口退税率等都是这些政策措施中的亮点（见表 42-1）。

表 42-1 产业调整和振兴规划中鼓励企业创新的措施

发布时间	名称	相关措施
3 月 20 日	汽车产业	今后三年在新增中央投资中安排 100 亿元作为技术进步、技术改造专项资金，重点支持汽车生产企业进行产品升级，提高节能、环保、安全等关键技术水平；开发填补国内空白的关键总成产品；建设汽车及零部件共性技术研制和检测平台；发展新能源汽车及专用零部件。
3 月 20 日	钢铁产业	在中央预算内基本建设投资中列支专项资金，以贷款贴息形式支持钢铁企业开展技术改造（不包括节能技术改造）、技术研发和技术引进，推动钢铁产业技术进步，调整品种结构，提升钢材质量。加大节能技术改造财政奖励支持力度，鼓励、引导钢铁企业积极推进节能技术改造。
4 月 15 日	电子信息产业	强化自主创新能力建设。加快实施国家科技重大专项，推动产业创新发展。加强移动通信、笔记本电脑、软件、新型显示器件等领域创新能力建设，完善公共技术服务平台。支持电子元器件、系统整机、软件和信息服务企业组成各种形式的产业联盟，促进联合协同创新。大力推进 TD-SCDMA、地面数字电视、手机电视、数字音视频编解码、中文办公文档格式、WAPI（无线局域网安全标准）、数字设备信息资源共享等标准产业化进程，加强 RFID、数字版权管理、数字家庭产品等关键标准的制定和推广工作，加快制定工业软件、信息安全、信息技术服务标准和规范。加强对电子信息产品和服务的知识产权保护。将集成电路升级等六项重大工程所需高端人才引进列入国家引进高层次海外人才的相关计划，提高国内研发水平。
4 月 24 日	纺织工业	支持企业技术进步和技术改造，重点支持高新技术纤维产业化及应用、产业用纺织品开发应用、新型纺织装备自主化，支持纺纱织造、印染、化纤等行业的技术改造，以及自主品牌建设等。

续表

发布时间	名称	相关措施
5月11日	有色金属产业	加大技术进步及技术改造投入。在新增中央投资中安排专项资金，以贷款贴息形式支持有色金属产业技术研发和技术改造。加大节能技术改造财政奖励支持力度，鼓励、引导企业积极推进节能技术改造。
5月12日	装备制造业	加强投资项目的设备采购管理，确保自主创新设备采购方案的落实。鼓励使用国产首台（套）装备。建立使用国产首台（套）装备的风险补偿机制。鼓励保险公司开展国产首台（套）重大技术装备保险业务。加大技术进步和技术改造投资力度。制定《装备制造业技术进步和技术改造项目及产品目录》，支持使用国产首台（套）重大技术装备，支持目录内装备的自主化、节能节材减排改造、企业兼并重组后内部资源整合、区域性四大基础工艺中心建设、发展现代制造服务业等。支持装备产品出口。完善出口退税政策，适当提高部分高技术、高附加值装备产品的出口退税率。调整税收优惠政策，鼓励开展引进消化吸收再创新，对生产国家支持发展的重大技术装备和产品，确有必要进口的关键部件及原材料，免征关税和进口环节增值税。在对铸件、锻件、模具、数控机床产品增值税实行先征后返的政策到期后，研究制定新的税收扶持政策，调整政策适用范围，引导发展高技术、高附加值产品。
5月18日	轻工业	加强技术创新和技术改造。支持重点装备自主化、关键技术创新与产业化，支持提高重点行业技术装备水平、推进节能减排、强化食品加工安全以及自主品牌建设等。
5月18日	石化产业	加大技术改造投入。制定《石化产业技术进步与技术改造项目及产品目录》，设立石化产业振兴和技术改造专项，重点支持油品质量升级、化肥农药结构调整、高端石化产品发展。支持异戊橡胶等前沿技术研发和推广应用，丁基橡胶和己内酰胺等关键技术产业化，大型乙烯等工程技术本地化示范工程建设。
6月9日	船舶工业	加大科研开发和技术改造投入。增加高技术船舶科研经费投入，支持高技术新型船舶、海洋工程装备及重点配套设备研发，支持关键共性技术和先进制造技术研究，加快船舶工业标准体系建设。支持开展船用配套设备、海洋工程装备以及特种船舶制造专业化设施设备等方面的技术改造，支持大型船舶企业兼并重组后进行信息化建设和流程再造，支持中小型造船企业符合相关产业政策要求的调整转型。支持船舶企业和科研机构研发条件建设。

资料来源：作者整理。

从2008年年底开始，相关激励企业自主创新的科技、税收和信贷政策也陆续出台。为了贯彻落实国务院《关于发挥科技支撑作用促进经济平稳较快发展的意见》精神，《关于动员广大科技人员服务企业的意见》、《国家技术创新工程总体实施方案》、《发挥国家高新技术产业开发区作用促进经济平稳较快发展若干意见》、《关于进一步加大对科技型中小企业信贷支持的指导意见》、《关于推动产业技术创新战略联盟构建与发展的实施办法（试行）》等一系列文件纷纷出台，见表42-2。同时，各地政府也制定了相关政策。

上述一系列政策的出台，为自主创新企业提供了政策机遇，为那些以创新为导向的企业注入了强大的动力，增强了应对危机的信心。

表42-2　鼓励企业创新的相关科技、税收和信贷政策一览表

时间	相关文件	主要内容
2008年12月10日	《企业研究开发费用税前扣除管理办法（试行）》（国税发[2008] 116号）	企业从事《国家重点支持的高新技术领域》和国家发展改革委员会等部门公布的《当前优先发展的高技术产业化重点领域指南（2007年度）》规定项目的研究开发活动，其在一个纳税年度中实际发生的新产品设计费、新工艺规程制定费以及与研发活动直接相关的技术图书资料费、资料翻译费等相关费用支出，允许在计算应纳税所得额时按照规定实行加计扣除。

续表

时间	相关文件	主要内容
2008 年 12 月 30 日	《关于推动产业技术创新战略联盟构建的指导意见》(国科发政[2008] 770 号)	鼓励企业、大学和科研机构及其他组织机构按照本《意见》精神，从产业发展的实际需求出发，遵循市场经济规则，积极构建联盟，探索多种、长效、稳定的产学研结合机制。鼓励各有关行业协会围绕本行业的重大技术创新问题，充分发挥组织协调、沟通联络、咨询服务等作用，推动本行业重点领域联盟的构建。
2009 年 3 月 13 日	《关于发挥科技支撑作用促进经济平稳较快发展的意见》(国发[2009] 9 号)	抓紧实施与"扩内需、保增长"密切相关的科技重大专项。加快研发制约重点产业发展的关键技术，为产业振兴提供强有力的科技支撑。大力支持企业提高自主创新能力。加快发展高新技术产业集群。动员科研院所和高等院校科技力量主动服务企业。支持科研院所与企业联合研发技术、开发产品，促进人才向企业流动。鼓励科研院所为企业提供检测、标准等服务。加强科技人才的引进和培养。
2009 年 3 月 24 日	《关于动员广大科技人员服务企业的意见》(国科发政[2009] 131 号)	组织动员广大科技人员深入一线服务企业。重点开展以下工作：①加快科技成果转化。②帮助企业技术研发。③改善企业技术创新管理水平。④帮助企业解决经营管理问题。⑤构建产学研合作的有效模式和长效机制。⑥为企业培养技术和管理人才。
2009 年 5 月 5 日	《关于进一步加大对科技型中小企业信贷支持的指导意见》(银监发[2009] 37 号)	旨在加强科技资源和金融资源的结合，进一步加大对科技型中小企业信贷支持，缓解科技型中小企业融资困难，促进科技产业的全面可持续发展，建设创新型国家，现提出以下指导意见：①鼓励进一步加大对科技型中小企业信贷支持。②完善科技部门、银行业监管部门合作机制，加强科技资源和金融资源的结合。③建立和完善科技型企业融资担保体系。④整合科技资源，营造加大对科技型中小企业信贷支持的有利环境。⑤明确和完善银行对科技型中小企业信贷支持的有关政策。⑥创新科技金融合作模式，开展科技部门与银行之间的科技金融合作模式创新试点。⑦建立银行业支持科技型中小企业的长效机制。
2009 年 6 月 2 日	《国家技术创新工程总体实施方案》(国科发政[2009]269 号)	主要任务：①推动产业技术创新战略联盟构建和发展。②建设和完善技术创新服务平台。③推进创新型企业建设。④面向企业开放高等学校和科研院所科技资源。⑤促进企业技术创新人才队伍建设。⑥引导企业充分利用国际科技资源。
2009 年 7 月 7 日	《发挥国家高新技术产业开发区作用促进经济平稳较快发展若干意见》(国科发高[2009] 379 号)	国家高新区要充分发挥在引领高新技术产业发展、支撑地方经济增长中的集聚、辐射和带动作用，加快实施科技重大专项，培育战略性高新技术产业；加快科技成果推广应用，支撑重点产业振兴；大力支持企业提高自主创新能力，完善产业技术创新链；加快发展高新技术产业集群，提升高新技术产业在区域经济中的比重；支持科技人员服务基层，加强高层次人才引进和培育；着力体制机制创新，整合资源，形成发展合力。
2009 年 12 月 1 日	《关于推动产业技术创新战略联盟构建与发展的实施办法(试行)》(国科发政[2009] 648 号)	要以国家重点产业和区域支柱产业的技术创新需求为导向，以形成产业核心竞争力为目标，以企业为主体，围绕产业技术创新链，运用市场机制集聚创新资源，实现企业、大学和科研机构等在战略层面有效结合，共同突破产业发展的技术"瓶颈"。
2010 年 4 月 16 日	《关于进一步推进创新型城市试点工作的指导意见》(国科发体[2010] 155 号)	加强企业研发机构建设，依托企业建设国家重点实验室、国家工程技术研究中心等，构建一批产业技术创新战略联盟和技术创新服务平台。支持企业开展产学研合作，创新合作方式，鼓励建立多种形式的战略性、长期稳定的合作机构。大力扶持中小企业发展，加强技术辐射和产业配套能力，促进形成产业集群。支持企业"走出去"开展合作研发，建立海外研发和转化基地。

资料来源：作者整理。

3. 战略新兴产业发展得到进一步重视

走出金融危机的过程本身既是一个新兴技术选择的过程，也是一个抢占未来竞争制高点的过程。在积极应对危机的过程中，全社会对战略性新兴产业的发展也给予了极大的关注。2009 年，温家宝总理曾三次召开战略性新兴产业座谈会，讨论中国战略性新兴产业发展的方向，以及如何加强科技支撑，突破产业发展的关键和核心技术。同时，由国家发改委及工信部、财政部等多部门起草的《国务院关于加快培育战略性新兴产业的决定》，以及《战略性新兴产业发展规划》也正在紧锣密鼓地进行中。在 2010 年的《政府工作报告》中，温家宝总理也明确指出，要大力发展新能源、新材料、节能环保、生物医药、信息网络和高端制造产业，抢占经济科技制高点。

2009 年 6 月，国务院办公厅印发了《促进生物产业加快发展若干政策》，政策中明确了现代生物产业发展重点领域，提出要大力促进自主创新，充分发挥企业技术创新主体的作用，加强创新能力基础设施建设，切实做好生物技术成果转移服务，加速自主创新成果的产业化。2010 年 5 月，国务院出台的《关于鼓励和引导民间投资健康发展的若干意见》中强调，要鼓励和引导民营企业发展战略性新兴产业。广泛应用信息技术等高新技术改造提升传统产业，大力发展循环经济、绿色经济，投资建设节能减排、节水降耗、生物医药、信息网络、新能源、新材料、环境保护、资源综合利用等具有发展潜力的新兴产业。

战略性新兴产业发展本身将会面临市场、技术以及相关配套条件等多方面的不确定性。但是，全社会的广泛关注，以及各种创新资源的有效投入，都会为战略性新兴产业发展创造有利的创新环境，对中国企业在这些领域的探索和努力注入强大的动力。

二、国际金融危机下中国企业创新战略的选择

面对国际金融危机，中国企业根据自身的实力和行业特征积极应对，走出了具有中国特色的创新道路。从创新战略特征上进行划分，创新战略基本上可以划分为核心突破战略、集成创新战略和开放式创新战略三种类型，见表 42-3。

表 42-3 国际金融危机背景下中国企业创新战略类型

	核心突破战略	集成创新战略	开放式创新战略
创新环境	核心技术的不可交易性 核心技术制约企业竞争	较好的配套基础 复杂性技术产品系统	具有外部技术来源 技术资源同市场资源的融合
创新目标	突破核心技术，抢占战略制高点	尽快形成产业化能力	整合利用全球资源
创新行为	在认识核心技术的基础上持续创新	成为产业化创新的组织者	错位整合
典型企业	沈阳机床、烟台氨纶	北控磁浮	吉利、中联重工

资料来源：作者整理。

1.“核心突破”战略抢占后金融危机时代竞争制高点

改革开放30多年以来，中国企业迅速发展，一些企业的角色正在从“跟随者”向“挑战者”转度，市场定位也正在从“中低端市场”向“中高端市场”转变。虽然，这类企业在总体实力上同国外跨国公司相比还有一定差距，但是在某些产品领域已经具有了对国外产品进行替代的能力，突破“核心技术”已经成为这一类企业绕不过去的话题。事实证明，在这种竞争格局下，技术引进、跨国并购以及合作开发的方式都是行不通的。技术交易的信息不对称性决定技术先进的厂商必然采取“可控制下的技术转移”；同时，由于核心技术关乎企业间竞争地位乃至国家间的产业竞争地位，因此，无论从企业和行业利益出发，还是从国家利益出发，核心技术具有不可交易性。例如，沈阳机床、烟台万华、烟台氨纶等这些行业内的领军企业都面临这样的问题。

面对“核心技术”不可交易的事实，这一类企业都选择了“核心技术突破战略”。例如，沈阳机床以“运动控制”技术作为主攻方向，通过核心技术的识别，运用协同创新模式，逐步积累公司的创新能力。再如，烟台氨纶在间位芳纶短纤生产技术上取得突破，打破了杜邦等公司对国内相关市场的垄断。公司承担的“湿法间位芳纶短纤生产技术开发及其产业化”项目获得“2009年度国家科学技术进步奖”二等奖。同时，核心技术突破后也为企业带来了广阔的市场空间。2010年以来，间位芳纶产品在防护服装领域的应用给企业带来了难得的机遇。服装领域的销量出现了较大幅度上升，并被美国军方列入供应商名单。由公司参与编制的《新阻燃防护服国家标准》也于2009年12月份开始实施。此外，由公司芳纶产品制成的蜂窝结构材料已经在动车组得到了应用，并已经通过了军方的标准认定，即将在国产直升机上得到推广和应用。①

2.“集成创新”战略凸显工业整体配套能力

金融危机本身意味着企业外部经营环境变化的加剧。这种“动态的外部环境”不仅对企业的持续创新和成长提出了挑战，而且也是“集成创新”产生的一个特定背景。一方面是技术本身的快速发展和技术生命周期的不断缩短；另一方面是顾客需求也在迅速的变化和提升。面对这一挑战，Dillon、Utterback等人分别从创新要素集成的视角探讨了企业技术、组织、管理、文化的综合性创新，提出上述要素的协同和匹配对企业创新成败具有重要的影响。可以说，“集成”、“综合”、“一体化”的思想已经在企业创新研究中有所体现。②

面对快速变化的外部环境，一些企业选择了集成创新战略，积极整合各种资源以实现创新。例如，北京控股磁悬浮技术发展有限公司集成了国防科技大学（悬浮控制技术）、唐山公司（铝合金车体、总装技术）、莱钢集团（轨排轧制技术）等国内多家在铁路、航空、汽

---

① 康书伟：《烟台氨纶芳纶市场复苏推动扩产》，《中国证券报》2010年5月13日。

② 但是，大多数学者认为，“集成创新”概念是由哈佛大学教授Marco Iansiti较为系统地提出的。Iansiti通过对芯片制造业公司的研究，从技术集成（Technology Integration）角度很好地阐明了在企业内部是如何进行集成创新的，并认为集成创新为提高R&D的性能提供了巨大的推动力。

车等相关领域最具优势的研究、设计、生产和建设单位，逐步实现世界领先的中低速磁悬浮交通产业化的目标。北控磁浮的成功不仅使得中国在中低速磁悬浮技术和产业化上实现国际领先，而且还为中国复杂类产品产业的发展走出了一条集成创新之路（参见专栏 42—1）。再如，一汽无锡油泵油嘴研究所通过集成创新，研发了“柴油机排气后处理 SCR 系统集成排气装置”该科技成果填补了国内空白。

3.“开放创新”战略整合全球创新资源

全球经济从萧条转向复苏的过程，将是世界范围的经济竞争格局调整和资产兼并重组的过程，其中也包括各种创新资源的整合。近期，科技日报社的一项调查显示，73.9%的企业认为当前是建立海外研发基地、收购兼并科技企业和研发机构的好机遇。另有 26.1%的企业认为此举风险很大。[①] 在这样的背景下，“开放式创新”战略[②] 成为许多优秀国内企业在整合国外优秀企业技术资源时的重要选择。

尽管金融危机对中国工业带来了冲击，但是中国汽车、工程机械等装备制造领域依然发展迅速。这也为中国企业通过海外并购提升产业竞争力创造了有利条件，一些企业纷纷开始了海外并购。例如，吉利收购澳大利亚 DSI、沃尔沃，中联重工收购意大利 CIFA。吉利对澳大利亚 DSI 和沃尔沃的并购，都充分体现了双方在“技术”和“产品”，乃至“市场”上的“错位”和整合。澳大利亚 DSI 的技术优势在于高档、大功率的变速箱产品，沃尔沃的产品也主要是集中在高级车市场，同时目前主要市场也在海外。这些企业的技术优势同中国汽车消费市场爆发式增长，以及制造能力的优势相结合，必然会产生产业链协同优势，放大企业的竞争优势，形成“1 + 1 > 2”的效应。

三、后金融危机时代完善中国企业自主创新环境的建议

金融危机背景下，企业创新往往面临着“两难”选择。一方面，只有依靠创新才能够走出困境；另一方面，创新又面临着极大的不确定性，随时都有失败的可能。企业成为创新主体的政策方向已经明确，但是企业真正成为创新主体的过程又是漫长的。同时，这个过程不可能仅靠企业的努力就能完成，还有赖于企业外部创新环境的完善。因此，如何创造有利于

① 科技日报调查组：《落实〈国务院关于发挥科技支撑作用促进经济平稳较快发展的意见〉来自近 200 家企业的问卷调查报告》，《科技日报》2009 年 7 月 1 日。

② “开放式创新”（Open Innovation）的概念最早由 Chesbrough 在 2003 年提出。这一概念与“封闭式创新”相对立，强调了创新的来源不仅包括企业内部，还包括企业外部，企业的技术创新过程是开放性的。在经济全球化背景下，由于技术创新复杂度和风险提高、知识型员工流动性加快、大学等机构的影响力日益重要，以及风险投资快速发展等原因，封闭式创新模式出现了变化。这里“开放式创新”概念的应用，除了有上述含义外，还重点强调对国际范围内创新资源的整合利用。

企业创新的环境、使企业创新的活动更加便利、创新的成功率更高就尤为重要。

1. 加快三类共性技术平台建设，促进技术共享和扩散

目前，需要对三种类型的共性技术给予高度关注。一是战略共性技术。战略共性技术指处于竞争前阶段的、具有广泛应用领域和前景的、有可能在一个或多个行业中得以广泛应用的技术领域，如信息、生物、新材料等领域的基础研究及应用基础研究所形成的技术。二是关键共性技术。这是关系到某一行业技术发展和技术升级的关键技术。三是基础共性技术。这是能够为某一领域技术发展或竞争技术开发做支撑的，例如测量、测试和标准等技术。

产业共性技术共享，首先是在开发组织内部的扩散与推广，然后再扩散到组织外部。共享所面临的障碍主要发生在共性技术扩散到组织外部的过程中。就加强产业共性技术在组织外的共享而言，一方面要发挥政府提供“公共产品”的作用，积极介入共性技术的扩散及其转化，通过提供公益性服务，降低技术应用风险和成本，促进科研成果尽快进入市场。另一方面要大力发展技术中介，为共性技术的扩散与推广发挥作用。另外，还要促进共性技术在不同层面上的共享。对于最基础的实验技术，其研发的难度是最大的，周期也是最长的，要建立国家层面的共享机制，避免重复性的投资；对于跨产业的共性技术，也要建立相应的跨产业的技术交流平台和技术市场，使各个行业都能从中受益；对于应用性较强且反映独特生产特点或需求特点的共性技术，则可建立小范围的共享机制，如针对某一特定市场或由某一产业聚集的开发区组建的共性技术研发合作平台。

2. 发挥优势企业带动作用，建设企业垂直创新网络

产业链也是一条技术链，处于产业链上游的组织不仅向下游组织提供原材料和中间品，同时也传递技术。处于产业链核心地位的优势企业不仅对上下游组织的生产经营活动产生影响，而且其创新活动和技术能力也是整个产业的标杆。企业垂直创新网络的建设要以产业链中的优势企业为中心，突出产业链创新优势，同时，优势企业的影响力也能够将创新动力扩散到整个产业。

发挥优势企业对产业链创新的带动作用，首先，要树立产业链上下游企业协作精神，未来的竞争不是企业之间的竞争，而是产业链之间的竞争。在这样的竞争形态下，企业应该专注于自己的强项，然后依赖于合作伙伴，来实现整个产业链的创新。其次，优势企业要对本产业链生产的最终产品有明确的定位，并把这种定位灌输给上下游企业，引导产业链创新的方向。最后，优势企业要对上下游企业的创新活动进行辅导和资助，提升整个产业链的创新水平。

3. 发展技术联盟，建设专利和技术标准网络

专利和标准是技术的表现形式，是对技术使用的控制，是对技术提供者和使用者权利的保障。产业技术联盟包含了分担研发费用、承担研发风险、对研发的知识产权进行分配的机

制，是目前行之有效的、建设产业专利和技术标准联盟的手段。中国技术联盟发展的现状并不乐观，主要的原因是联盟成员没有将彼此之间的技术关系和产品关系区别对待。由于产品市场的竞争关系，联盟成员往往不愿意分享自己的技术和专利，从而使得联盟成员之间的技术关系并不紧密，不容易形成“专利池”和统一的技术标准。

发展技术联盟，首要的任务是要规范知识产权保护体系。这不仅是对整个联盟技术产权的保护，同时也是对联盟成员各自的贡献以及从共享中获得的技术收益进行制度上的规范，从而保障联盟内利益分配的公平，减小产品市场的竞争关系对合作创新的不利影响。

4. 强化创新活动的分工，建设产学研创新网络

建设产学研创新网络一定要避免产、学、研在创新功能上的混淆。大学要发挥在基础研究上的优势，而企业要注重与市场结合的应用研究和试验发展。科研机构要有“公益类研究机构”和“开发类研究机构”之分。前者应该和大学的角色相同，由国家资助，主要从事基础研究。对于实施企业化和划拨给企业的科研机构可以向“开发类研究机构”转化，利用其创新资源，根据市场需要，着重解决企业面临的技术难题。要改变大学和政府兴办的科研机构的科研立项制度，加强对基础研究的资助力度，逐步转变大学和科研机构过多承担企业委托课题的状况。在创新活动分工的基础上，加强产、学、研之间的结合，设计基础研究成果和共性技术的转移制度，使得大学和科研机构的创新成果能够在第一时间被企业所掌握，同时又保护前者的经济利益。

专栏 42—1

中国中低速磁悬浮列车的集成创新过程

中国首列具有完全自主知识产权的实用型中低速磁悬浮列车于 2009 年 6 月 15 日在中国北车唐山轨道客车有限公司下线后完成列车调试，开始进行线路运行试验，这标志着中国已经具备中低速磁悬浮列车产业化的制造能力。

1. 磁悬浮相关技术背景

中低速磁悬浮交通系统除具有其他轨道交通系统的特点外，还具有运行平稳、舒适、环保和低噪声；线路适应性强；安全可靠性高；建设及运营成本低等特点，适用于城市内、近距离城市间和旅游景区的交通连接。

磁悬浮是以列车（悬浮控制）为核心、向下包容的完整的技术体系。除悬浮控制技术外，中低速磁悬浮交通系统 80%以上是对成熟技术的继承和改进。磁悬浮交通系统包括：悬浮控制、牵引、轻量化车体、轨道、运行控制技术、桥梁设计施工等。

2. 北控磁浮创新过程

通过“两条线、三代车”进行磁悬浮工程化试验，北控磁浮推动了磁悬浮轨道

续专栏 42—1

交通系统的技术进步。磁悬浮轨道交通系统的核心技术是悬浮导向控制技术，而关键技术包括列车轻量化技术、轨排轧制成型技术、列车运行控制技术等。1999 年到 2009 年 10 年间，北控磁浮联合国内相关单位，在"两条线、三代车"的基础上，逐步掌握了磁悬浮轨道交通系统的核心技术和关键技术。

3. 北控磁浮合作创新网络和工程化体系

创新网络和工程化体系单位

工程化体系单位	职能	层次
北控磁浮	投资、组织和实施主体	核心层
国防科大	技术集成和核心技术攻关	
唐山轨道客车有限责任公司	车体制造、工艺、组装和总成	中间层
铁道第三勘察设计院集团有限公司	轨道交通设计	
莱芜钢铁集团公司	轨排	
中国铁道通信信号集团公司	运行控制	
上海飞机制造厂	转向架制造	基础层
上海飞机研究所	转向架研究	
株洲南车时代电气股份有限公司	直流电机、电气、车载电器	
中铁宝桥股份有限公司	道岔	
北京中铁房山桥梁有限公司	桥梁、预制梁	
中铁六局集团有限公司	施工	
中铁电气化局集团公司	外部电气系统	支持层
南京华士电子科技有限公司	直流电源、个别电气	
青岛四方车辆研究所	制动控制系统、检测	
天津机辆轨道交通装备有限公司	制动器硬件研制、工程试验	

资料来源：北控磁浮公司材料。

参考文献

康书伟：《烟台氨纶芳纶市场复苏推动扩产》，《中国证券报》2010 年 5 月 13 日。

科技日报调查组：《落实〈国务院关于发挥科技支撑作用促进经济平稳较快发展的意见〉来自近 200 家企业的问卷调查报告》，《科技日报》2009 年 7 月 1 日。

中国创新型企业发展报告编委会：《中国创新型企业发展报告（2009）》，经济管理出版社 2009 年版。

Chesbrough, H. Open Innovation: The New Imperative for Creating and Profiting from Technology. Boston: Harvard Business School Press, 2003.

Iansiti, M. Technology Integration: Making Critical Choices in a Dynamic World. Boston: Harvard Business School Press, 1998.

第四十三章　国际金融危机下的中国企业自主品牌发展战略

提　　要

金融危机对正处于成长中的中国企业自主品牌发展来说是机遇和挑战并存。金融危机使得中国企业自主品牌结构问题凸显、国际化战略受阻、国内市场份额进一步受到挤压。但是，金融危机也带来了新的市场空隙，并对中国企业自主品牌的全面发展和结构提升呈现出一种“倒逼效应”。为应对金融危机，中央和地方政府出台一系列政策以扶持和创建优势品牌，希望通过一大批优势品牌的建设，带动中国经济的升级转型。企业则是化压力为机遇和动力，纷纷实施新的品牌发展战略以做大做强品牌。在金融危机中，虽然各个自主品牌企业的应对策略与方法各有不同，但都表现出了较强的“抗跌性”，成为应对金融危机最有力的“减震器”，并使企业获得了更大的发展空间。后金融危机时代是中国企业自主品牌国际化的关键时期，中国企业自主品牌应当借助金融危机中获得的竞争优势，抓住全球市场格局大调整、大重组、大变化的机遇，进一步扩大国际市场份额，提升在国际分工中的地位。

*　　　　*　　　　*

2008 年金融危机使得中国大批企业自主品牌受到影响，利润下滑、出口受阻、国内市场份额被挤压。在政府一系列品牌发展政策的支持下，中国自主品牌企业化“危”为“机”，改革品牌发展战略、提升品牌内涵，获得了更大的发展。在后金融危机时代，中国企业自主品牌凭借在金融危机中获得的竞争优势进入了国际化的关键期。

一、国际金融危机对中国企业自主品牌的影响与挑战

改革开放以来，中国经济取得了令人瞩目的成就，经济总量已位居世界前列，多种产品产量位居世界第一，是名副其实的制造大国。而且中国品牌经济也走过了启蒙和自我积累阶段，正处于全面发展和提升阶段。然而，2008 年金融危机造成中国出口大幅度下滑，并给中国经济带来了一系列的负面影响，中国企业自主品牌的成长和发展面临着前所未有的困难

和挑战。

1. 中国企业自主品牌结构问题凸显

中国企业自主品牌成长模式主要是外延式发展，产品附加值低，以规模和低成本优势取胜。经过多年的发展，各行业品牌发展总体水平有所提高，集中并形成了一批在国内乃至国际市场有影响力的品牌，但是中国品牌结构极其不合理，一是缺乏世界顶级品牌，二是优势品牌集中在传统产业。中国有 170 多类产品的产量居世界第一位，但具有世界水平的品牌极其缺乏。入围英国《金融时报》《2009 年全球市值 500 强企业排行榜》的前 10 名最大市值企业中有 4 家中国企业，而其几乎都是垄断行业的企业，难以真正说明中国品牌的国际竞争力。[①] 世界品牌实验室《2009 年中国 500 最具价值品牌排行榜》中，食品饮料业是入选品牌数最多的行业，共有 71 个品牌入选，占总入选品牌总数的 14.20%；位居第二的是纺织服装业，共有 51 个入选品牌，占据入选品牌总数的 10.2%；轻工、建材位居第四、第五，分别占入选品牌总数的 7.8%和 6.8%。[②] 这几类都属于传统的劳动密集型产业，资本和技术的进入门槛相对较低。信息技术和医药行业是资本、技术密集型产业，入选品牌分列第六和第七位，这反映出虽然中国自主创新能力在不断增强，但高新技术行业品牌发展仍未居优势地位。

表 43-1 《2009 年中国 500 最具价值品牌》行业分布（前 10 名行业）

行 业	品牌数量（个）	所占百分比（%）
食品饮料	71	14.20
纺织服装	51	10.20
传媒	51	10.20
轻工	39	7.80
建材	34	6.80
信息技术	32	6.40
医药	29	5.80
汽车	28	5.60
化工	25	5.00
家用电器	24	4.80
金融	24	4.80

资料来源：《2009 年中国 500 最具价值品牌》，www.brand.icxo.com/，2009 年 6 月 17 日。

2008 年金融危机导致全球消费能力下降，国际市场需求迅速萎缩，美元疲软、人民币升值，贸易保护主义开始盛行，再加上国内原材料价格上涨、劳动力成本上升，依靠低成本竞争优势的国内企业利润空间不断被挤压，出口额大幅度下滑。资料显示，在金融危机中，高新技术型企业受影响较小，劳动密集型企业受影响较大。2008 年中国机电产品出口

① 《英国金融时报》：《2009 年全球 500 强企业排行榜》，http：//www.chinairr.org，2009 年 6 月 2 日。
② 世界品牌实验室：《2009 年中国 500 最具价值品牌》，http：//www.brand.icxo.com/，2009 年 6 月 17 日。

8229.3 亿美元，增长 17.3%。其中，电器及电子产品出口 3420.2 亿美元，增长 13.9%；机械及设备出口 2686.3 亿美元，增长 17.5%；高新技术产品出口 4156.1 亿美元，增长 13.1%。同期，中国服装及衣着附件出口 1197.9 亿美元，增长 4.1%；纺织纱线、织物及制品出口 653.7 亿美元，增长 16.6%；鞋类出口 296.6 亿美元，增长 17.2%；家具出口 269.1 亿美元，增长 21.5%；塑料制品出口 158.3 亿美元，增长 9.4%。[①] 在劳动密集型产业出口额下滑的同时，中国产品出口还不断遭遇严重的贸易壁垒。据统计，2008 年，中国共收到来自 21 个国家的贸易救济调查案件 93 起，涉案金额 62 亿美元，分别比 2007 年增加 15%和 35%。WTO 秘书处数据显示，2008 年全球新发起的反倾销调查 208 起和反补贴调查 14 起，中国分别遭遇 73 起和 10 起，分别占总数的 35%和 71%，成为遭遇“双反”调查最多的成员。2009 年 1~4 月共有 13 个国家（地区）对中国产品发起“两反两保”调查 38 起，同比上升 26.7%，涉及中国出口额 74.42 亿美元（2008 年全年涉案金额仅 62 亿美元），同比增长 188%。[②] 劳动密集型行业的出口受阻、利润下滑，同时还带来了产能过剩，2009 年 1 月份的统计显示，中国出口同比下降 17.5%。与此相伴的是利润大幅下降，企业产能严重过剩，一些企业因产品大量积压而陷入困境。

金融危机给劳动密集型企业带来了严重冲击，也使得中国企业自主品牌结构问题凸显。粗放的品牌成长模式已经难以为继，必须转变成以内涵发展为主的品牌成长方式，企业应当加强自主创新，提升中国产品技术含量，使得中国自主品牌的结构转型升级。

2. 中国企业自主品牌国际化战略受阻

随着国际知名品牌的全面渗透，中国企业和企业家们开始认识到品牌国际化的紧迫性和必要性，经过多年的市场环境磨炼，一些优势品牌企业已经走过了原始资本积累时期，技术水平有了很大提升，具备了品牌国际化竞争的实力和条件。例如，海尔、联想、华为、中兴、TCL、海信、万向等一些高端产业领域中拥有核心技术的制造企业，开始了品牌国际化战略的实践，提升了中国品牌在国际上的影响力。不过，目前中国还处于品牌国际化的初期，与世界著名品牌相比，仍处于追赶和从属地位。首先，在国际市场占有率方面存在巨大的差距。根据联合国发展计划署统计，国际知名品牌在全球品牌中所占的比例不到 3%，但市场占有率却高达 40%，销售额超过 50%。据中国《2007 年统计公报》，2007 年中国出口贸易总额达到 21738 亿美元，但是其中自主品牌的出口只有 10%左右，中国是典型的“制造大国、品牌小国”。[③]

金融危机使得刚刚开始的自主品牌国际化战略受挫。美国、欧洲、日本是中国主要出口国，三个市场占中国出口份额的 60%以上。受金融危机影响，中国 2008 年向三个市场的出口明显回落，形势严峻程度为中国改革开放以来罕见。2008 年 11 月，中国出口首次出现了负增长，当月中国出口 1149.9 亿美元，下降 2.2%。12 月份中国进出口总值 1833.3 亿美元，

① 海关总署:《2008 年中国贸易顺差 2954.7 亿美元　同比增 12.5%》，中国新闻网，http：//www.jrj.com，2009 年 2 月 6 日。

② 杨一萍:《对金融危机背景下“中国制造”遭遇贸易壁垒的反思》，《山东纺织经济》2009 年第 6 期（总第 154 期）。

③ 解艾兰:《中国品牌与世界品牌的比较》，人民网，http：//www.people.com，2005 年 9 月 15 日。

下降 11.1%。其中出口 1111.6 亿美元，下降 2.8%；进口 721.8 亿美元，下降 21.3%。[①] 汽车行业的自主品牌受冲击较为严重。近年来，由于国内合资品牌车型纷纷瞄准低端产品，自主品牌在国内市场上的发展因此受阻，于是选择从主要消费低端产品的拉美和东南亚国家打开销路。以俄罗斯、南非、越南、伊朗等新兴市场国家为重点的出口成了汽车业自主品牌的新增长点。汽车产品出口量在整个汽车工业的比重只有 8%左右，但是自主品牌整车出口量占中国汽车出口量的 82%。2008 年以来汽车出口快速减少，8 月出现 5%的月度负增长，9 月出现 16%的负增长。2008 年 1~12 月汽车整车累计出口 68.07 万辆，同比增长 11.10%，增幅较上年同期回落 67.85 个百分点。[②]

3. 中国企业自主品牌的国内市场份额进一步受到挤压

自主品牌在国际市场出口受阻的同时，国内市场也更加困难。首先，金融危机使国内市场需求的增长速度明显放缓。以汽车工业为例，在全球经济发展速度放缓、国际汽车市场销量下行的情况下，中国汽车市场增长速度也在大幅度减缓。2008 年，自主品牌轿车共销售 130.82 万辆，占轿车销售总量的 25.92%，市场占有率较上年下降 0.43 个百分点。中国服装制造业的零售额也大幅度下降，2008 年中国零售企业服装类商品销售额同比增长 25.9%，增速相比 2007 年下降 2. 8 个百分点。2008 年中国重点大型零售企业服装零售额同比增长 13.33% 相比 2007 年下降 4.96 个百分点。[③] 其次，金融危机也加剧了市场中各品牌的竞争。除了一些原来以出口为主的品牌开始转向国内市场，受到金融危机影响的跨国公司也开始瞄准中国市场，加大对中国市场的投入力度，研发适合中国市场的新产品，这使得自主品牌在国内市场的份额进一步受到挤压。金融危机爆发后，跨国公司加大对中国市场小型车、低端车投放力度。同时，跨国公司加快向二三线城市渗透和采用更多本土供应商，以挤占自主品牌的市场。从目前国内汽车市场来看，原来自主品牌占主导地位的、10 万元及以下级别的经济型车市场，基本上没有合资企业生产的洋品牌，现在几乎各大合资公司都有 10 万元以下的产品，甚至 6 万元左右的产品也投入市场。这对自主品牌肯定是一个巨大冲击，2007 年自主品牌占全国汽车销量的 26.9%，2008 年下降到 24%。[④]

---

① 金柏松：《2009 年中国外贸发展十大趋势》，商务部网站，http：// www.caitec.org.cn，2010 年 2 月 21 日。

② 中国汽车工业经济技术信息研究所：《金融危机对中国自主品牌汽车发展的影响》，http：//www.zhejiang.acs.gov.cn，2009 年 3 月 27 日。

③ 付子墨、林汉川：《金融危机对中国服装制造业的冲击及应对策略》，《学术交流》2009 年 7 月。

④ 中国汽车工业经济技术信息研究所：《金融危机对中国自主品牌汽车发展的影响》，中国产业安全指南网，http：// www.zhejiang.acs.gov.cn，2009 年 3 月 27 日。

二、中国企业应对国际金融危机的品牌战略和作用

1. 国际金融危机给中国企业自主品牌发展带来的机遇

金融危机使得尚处于发展中的自主品牌面临出口受阻、国内市场份额受挤的困境，但同时也给自主品牌发展带来了诸多机遇，从而成为中国自主品牌迅速发展、走向世界的契机。

首先，金融危机为成长中的自主品牌带来了新的市场空隙。受到金融危机影响的国际品牌进行大规模战略调整，在国际市场上收缩战线和关闭工厂，从而让出了部分高端市场，这给中国企业自主品牌提供了以低门槛快速进入主流市场和迅速提高市场份额的机遇。以家电业为例，全球家电主要品牌在此次国际金融危机中遭受了不同程度的冲击。2008 年，日本八大家电厂商合计亏损额高达 2 万亿日元，这给予国内 TCL 等知名品牌提供了赶超的机会。在汽车工业中，趁跨国公司开始瞄准二三线市场的时候，一些国内优势品牌开始走高端路线。金融危机也给予中国企业自主品牌进入国际中档市场的机遇，随着发达国家消费能力的下降，消费者开始调整自己的购买层次转向中档消费，中国企业自主品牌通过提供高品质产品和良好服务，借此扩大了中档品牌的市场份额和影响力。

其次，金融危机对中国企业自主品牌发展呈现出一种“倒逼效应”。中国目前正处于产业结构提升转型的关键时期，品牌发展落后已成为制约中国产业结构优化升级及国际竞争力提高的重要因素，因此，大力推广和实施品牌战略、尽快缩小中国企业自主品牌发展的国际差距已是迫在眉睫。金融危机的“倒逼效应”加速了中国经济转型。金融危机使得大批“无牌”、“贴牌”企业纷纷倒闭，全球纯制造业环节的边际利润已经越来越少，处于全球价值链低端的很多企业已经难以生存。金融危机的这种“倒逼效应”使得中国创建自主品牌以及品牌国际化的要求越来越迫切，形成企业争相创新、创品牌的氛围，驱使中国企业进行产品的升级和提高附加值，以提升中国企业在全球产品分工中的地位，把“中国制造”的优势转化为“中国创造”。对一大批以贴牌加工为主的企业来说，在多年的“中国制造”中已经积累了丰富的经验和实力，金融危机是一次打造自身品牌的有利时机。对于那些具备一定实力的优势品牌来说，正好借此机会加快国际化战略进程。

2. 中国应对国际金融危机的品牌战略

（1）中央和地方各级政府应对金融危机的品牌战略。为了应对国际金融危机的冲击，2009 年国务院出台了一系列“扩内需、保增长”的政策措施。在产业政策方面，国务院批准了钢铁、轻工、汽车、石化、纺织、船舶、装备制造、电子信息、有色金属和物流十大产业振兴规划；在促进区域经济发展方面，批准了《关于应对国际金融危机促进西部地区经济

平稳较快发展的意见》、《进一步实施振兴东北等老工业基地的若干意见》、《促进中部地区崛起规划》、《国务院关于进一步推进长江三角洲地区改革开放和经济社会发展的指导意见》等十余个重点区域的发展规划和区域性应对危机的举措。地方各级政府依照国务院的政策，根据各地情况制定了相应的措施和政策。这一系列政策的目标是通过产业调整，推动企业联合重组和做大做强，实现产业提升和布局优化，而品牌建设在各项政策措施中都是重点内容之一，中央和地方政府品牌战略的重点是扶持和创建优势品牌，希望通过一大批优势品牌的建设，带动中国经济的升级转型。

首先，加强优势品牌建设的政策扶持和引导。中央和地方各级政府出台了许多政策，对优势自主品牌的技术开发、融资、兼并等进行扶持和引导。例如，设立专项资金资助重点自主品牌，《汽车产业调整振兴规划》和《纺织工业调整振兴规划》都提出，今后三年中央安排100亿元专项资金加强技术改造和自主品牌建设，培育具有国际影响力的自主知名品牌。为促进汽车业的自主品牌建设，政府规定对各级政府和公共机构配备、更新公务用车中，自主品牌汽车所占比例不得低于50%，对自主品牌的采购不得低于50%。为了优化行业和地区的品牌结构，《轻工业产业调整振兴规划》提出，支持优势品牌企业跨地区兼并重组，提高产业集中度，增强品牌企业的市场控制力。①

其次，制定行业及区域的优势品牌建设规划。《汽车产业振兴规划》提出，自主品牌乘用车市场份额要达到40%以上，自主品牌轿车市场份额要达到30%以上，自主品牌汽车出口要达到国产汽车总销量的近10%。《关于加快推进中国服装家纺自主品牌建设的指导意见》提出，实施自主品牌建设工程，培育形成若干个具有国际影响力的自主知名品牌，提高纺织服装自有品牌出口比重10个百分点，提升中国纺织业在全球产业分工中的地位。到2015年，培育发展一批以自主创新为核心、以知名品牌为标志、具有较强竞争力的优势服装、家纺企业。《加快中国家用电器转型升级的指导意见》提出，到2015年，家电行业平均研发投入在销售收入中的比重要达到3%；拥有20个以上的国家认定企业技术中心；自主品牌在国际市场上的比重达到30%；培育5个左右具有综合竞争实力的国际化企业集团。② 浙江省在全国率先出台《关于进一步推进品牌国际化建设的若干意见》，明确了今后3~5年浙江省品牌国际化的目标任务，提出了商标国际注册、商标国际保护、自主品牌国际化、品牌国际化知识普及、品牌国际合作交流等8项工作举措，引领企业以自主品牌闯全球。③

最后，为优势品牌建设提供一个良好的服务环境。为了鼓励和引导优势品牌企业"走出去"，政府通过建立各种信息数据库、组织专业研究机构提供专业咨询，向企业提供与投资相关的国内外宏观经济形势、市场情况、相关法律等，大大降低了这些品牌国际竞争的成本。针对国内企业自主品牌单兵作战、各行其是、力量分散的局面，政府有关部门出面统一协调以形成对外竞争的合力。针对企业人才和信息方面的困难，政府还直接进入企业进行各种辅导和培训，浙江省各级工商部门以"营销未动、注册先行"的口号大力呼吁企业重视商

---

①《十大产业振兴规划》，新浪网，http: // www.finance.sina.com.cn/focus/10chanye/index.shtml，2009年2月25日。

② 工信部等：《工业和信息化部等部门发布关于加快推进服装家纺自主品牌建设的指导意见》，工信部网站，http: // www.miit.gov.cn/n11293472，2009年10月10日。

③ 浙江省工商局：《关于进一步推进品牌国际化建设的若干意见》，浙江省人民政府网站，http: // www.zhejiang.gov.cn/gb/zjnew/.../userobject9ai88363.html，2008年8月21日。

标国际注册，积极上门走访动员，面对面开展培训指导，推动省财政对商标国际注册 40 件以上企业实施补助，促使全省企业掀起商标国际注册热潮。目前，全省商标国际注册量已从 2004 年的 3400 件猛增至 2008 年年底的 2.9 万件，商标注册类近 42 个大类，涉及全球 200 多个国家和地区。[①]

(2) 企业应对金融危机的品牌战略。首先，瞄准国际中高档市场的空隙。具有一定实力和优势品牌的企业在金融危机中“走出去”，通过在海外投资设厂、建立销售店、收购国际品牌等方式进行国际化拓展，抢占发达地区的中高端市场。其中，尤其是以海外收购最为盛行，金融危机使得一些国际品牌处于谷底，中国自主品牌乘机抄底收购国际品牌，以入股或控股的方式获得国际品牌的研发能力、海外销售的渠道。2009 年，中国有将近 800 亿美元海外并购的额度，在全球公司并购行为急剧减少情况下，中国自主品牌“走出去”步伐明显加快，并成为世界各国“招商引资”的重要对象。雅戈尔以 1.2 亿美元收购了美国五大服装巨头之一 Kellwood 公司旗下男装业务——新马集团，宁波永发集团斥资 190 万欧元收购欧洲保险箱品牌（Coffres-forts Solon）和该品牌旗下的全部销售网络。吉利汽车以近 3 亿元人民币收购全球第二大自动变速器公司澳大利亚自动变速器 DSI（Drivetrain Systems International）。浙江新杰克缝纫机股份有限公司在德国成功收购世界三大自动裁床企业之一的 Bullmer（奔马）和另一家知名企业 Topcut（拓卡）。另一些知名品牌则是通过技术开发，提高产品质量，向中高端市场发展，摆脱“低价、低质”形象。例如，汽车业的一些品牌开始走中高端路线，奇瑞发布了中高端乘用车品牌瑞麒和商务车品牌威麟，而吉利重新梳理了品牌体系，形成了全球鹰、上海英伦和帝豪三大品牌。

其次，进一步拓展新兴市场。金融危机使得国内市场空间有限，更多企业自主品牌战略定位于新兴市场的拓展。例如，浙江省已创办了 8 个境外工业园，主要分布在俄罗斯、越南、墨西哥、尼日利亚等国家和地区。平湖童车、天台橡胶、永嘉拉链等出口企业纷纷采取先以自主品牌打入俄罗斯、非洲等二线市场再进军欧美市场的策略。一些企业则是通过在新兴市场实施本土化策略来扩大品牌影响力，例如，奇瑞欲在阿根廷建厂，年产量预计达到 10 万辆，其中大部分将出口到巴西。长安汽车已相继在巴基斯坦、马来西亚和伊朗建立工厂，又与合作伙伴 AutoPark 集团签署了《合资合作框架协议》，确定将在墨西哥生产、销售长安汽车旗下品牌产品。长城汽车与保加利亚已展开合作，计划在该国生产长城品牌汽车。

最后，本土市场的品牌成长战略。由于中国受到金融危机的影响较小，而且随着国家应对金融危机的一系列扩大内需政策的出台，中国经济最早趋向好转，因此，全球众多企业都瞄准了中国市场。国内企业自主品牌在加紧占领国际市场的同时，也不忘占领国内市场。随着大量的国际品牌放缓在中国的发展速度，国内中档自主品牌迅速扩展。例如，借着国际家电龙头企业——三星电子等出现亏损，国内家电企业加紧赶超，TCL、长虹等中国品牌已经占据了国内家电市场的主导地位，有望以中国市场为开端逐步将优势延伸到海外市场。一些原来以海外市场为重心的企业自主品牌是也开始改变战略，转向立足国际、国内两个市场。

---

① 浙江省工商局：《浙江以品牌国际化突围闯关》，浙江商标网，http: // www.zjta.cn/jujiaozheshangpinpai，2009 年 6 月 12 日。

3. 品牌战略应对金融危机的作用

在全球金融危机中，众多依靠国外订单加工国际品牌的企业纷纷倒闭，自主品牌企业却逆势上扬，虽然各个企业自主品牌应对金融危机的策略与方法各不同，但都表现了较强的抗跌性。自主品牌成为中国企业应对金融危机最有力的“减震器”，在胜出危机的同时获得了更大的发展空间，金融危机更加坚定了中国企业创建自主品牌的信念。

（1）企业自主品牌效益稳定增长。企业自主品牌在危机时刻表现得特别“抗跌”，成为中国应对金融危机的“利器”。据中国海关统计，2009 年 12 月，中国进出口总额增长 32.7%，其中出口增长 17.7%，进口增长 55.9%。①

睿富全球排行榜与北京名牌资产评估有限公司共同进行的《2009 年中国最有价值 100 品牌》的研究显示，2009 年 100 品牌的平均市场销售规模为 146.3 亿元，比上年度增长 5%。同样经历全球金融危机，中国制造企业 500 强的利润水平比上年度下降了 1.8 个百分点，100 品牌下降 1 个百分点；2008 年中国制造 500 强企业平均利润率是 3.2%，100 品牌是 5.7%，利润水平高于中国制造企业 500 强的 78%。100 品牌的平均销售规模由 2007 年的 139.5 亿元增加到 2008 年的 146.3 亿元，增长幅度为 5%。② 在金融危机中，中国企业自主品牌依然坚挺，充分检验出品牌的抗危机、抗风险能力和强大的赢利能力。

据中国汽车工业协会，2009 年 1~11 月，全国汽车行业规模以上企业累计实现主营业务收入 28054.33 亿元，同比增长 21%；累计实现利润总额 1988.27 亿元，同比增长 52%；累计实现利税总额 3309 亿元，同比增长 45%。从 2009 年 7 月份起，汽车工业重点企业（集团）累计实现利润总额同比转为正增长，扭转了自 2008 年 11 月开始出现的累计实现利润总额同比负增长局面。③

（2）企业自主品牌扩大了全球市场份额。在这场严峻的危机面前，中国出口在全球的市场份额有了明显增加，特别是在美、日、欧三大市场上。2009 年，中国在全球主要市场的份额增加，在美、日、欧三大市场，中国出口的市场份额分别提高了 1.5 至 3.5 个百分点，金融危机使国际主要市场了解和接受中国品牌。2009 年，对新兴市场出口也是快速增长，对非洲、南美和东盟市场出口同比增长分别达到 23.3%、21.3%和 20.3%。④

自主品牌在国内市场占有率也有提高，中国汽车工业协会发布的统计数据表明，2009 年中国自主品牌开始全面发力，产销规模发展迅猛，市场占有率大幅上升，企业盈利也大幅增加。其中比亚迪前 11 个月利润增幅最高，其他自主品牌企业利润增幅也表现出色。2009 年中国自主品牌乘用车特别是自主品牌轿车所占市场份额比 2008 年明显提高。自主品牌乘用车销售 457.7 万辆，占乘用车销售市场的 44.3%，比 2008 年提高 4 个百分点；轿车销售 747.31 万辆，其中自主品牌轿车销售 221.73 万辆，占轿车市场的 29.7%，市场份额同比提高

---

① 宋蕾：《中国出口有望全球第一 分析称非贸易强国》，http：// www.rmdbw.gov.cn，2010 年 1 月 11 日。

② 睿富全球排行榜、北京名牌资产评估有限公司：《2009 年中国最有价值 100 品牌》，http：// www.news.xinhuanet.com，2009 年 12 月 3 日。

③ 工信部：《2009 年汽车工业经济运行报告》，新浪网，http：//www.sina.com.cn，2010 年 1 月 20 日。

④ 金柏松：《2009 年中国外贸发展十大趋势》，商务部网站，http：//www.caitec.org.cn，2010 年 2 月 21 日。

近4个百分点，较排名第二的日系车高近5个百分点（见图43-1）。[①] 此外，2009年，中国具有代表性的一些著名的优势品牌企业，其出口都获得了大幅度的增长，例如，中兴通讯有限公司、华为技术有限公司等一批知名企业出口超过10亿美元，增长四成左右。其中，华为宣布其全球销售额超过300亿美元，增长28.8%；海尔企业全球销售额占世界市场份额达到5.1%，首次超过惠而浦公司4.5%的规模。[②]

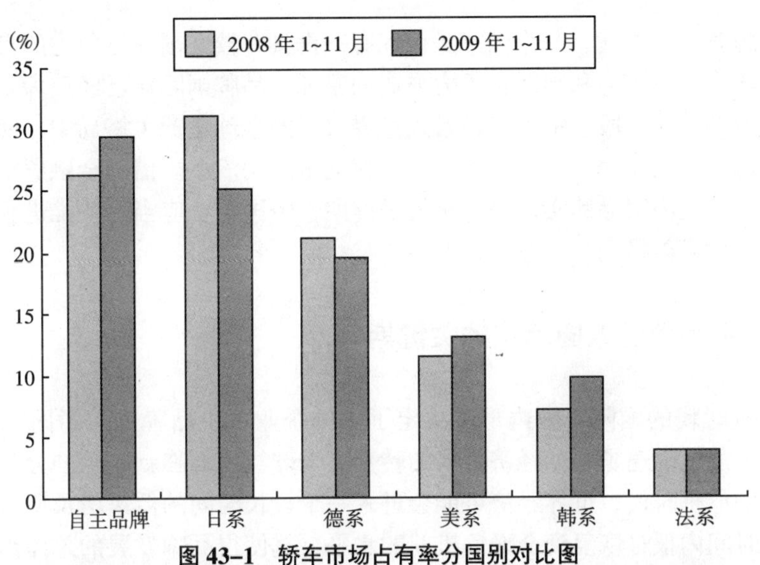

图43-1　轿车市场占有率分国别对比图

资料来源：一言：《11月轿车市场分析:各级轿车三档车型销量》，新浪网，http://www.sina.com.cn，2009年12月11日。

（3）企业自主品牌市场份额进一步向优势品牌集中。金融危机具有优胜劣汰的"大洗牌"效应，实力强和有竞争优势的企业自主品牌获得了发展，而不规范和缺乏竞争力的小品牌被无情地淘汰，市场份额进一步向优势品牌集中，优化了中国的品牌结构。根据《2009中国最有价值100品牌》，品牌价值集中度越来越高，海尔、联想、国美、美的、TCL五大家电及相关行业的品牌总价值为2917亿元，远远超出排行榜后70个品牌2363亿元的价值总和。《2009年中国500最具价值品牌》排行榜也表明品牌价值越来越向优势品牌集中。根据汽车工业协会的数据，2009年，汽车工业产业集中度进一步提高，中国汽车销量前十名的企业集团共销售汽车1189.33万辆，占汽车销售总量的87%，同比提高4个百分点。五家企业（集团）销量过百万，其中上汽集团汽车销量突破200万辆，达到270.55万辆，一汽、东风、长安和北汽分别达到194.46万辆、189.77万辆、186.98万辆、124.30万辆。上述五家企业（集团）2009年共销售汽车966.05万辆，占汽车销售总量的71%，同比提高9个百分点。[③]

---

① 艾丰：《"中国汽车自主品牌不能再丢掉"最后的机遇》，中国经济网，www.ce.cn，2010年3月4日。

② 金柏松：《2009年中国外贸发展十大趋势》，商务部网站，www.caitec.org.cn，2010年2月21日。

③ 工信部：《2009年汽车工业经济运行报告》，新浪网，http：//www.sina.com.cn，2010年1月20日。

三、后金融危机时代中国企业自主品牌发展战略

在当今品牌竞争的时代，一个国家是否拥有一批具有较强国际竞争力的自主品牌和优势企业，已成为该国经济实力和国际竞争力强弱的象征，品牌国际化已经成为企业持续发展与提升国际竞争力的重要手段。中国已经融入世界市场的全球化竞争格局中，而要在全球经济中占有一席之地，中国品牌必须融入到世界品牌竞争的潮流中。借助金融危机带来的品牌发展机遇，未来几年是中国品牌实现国际化的关键期，中国企业应当加快推进企业自主品牌国际化，重构品牌世界新格局。

1. 企业自主品牌进入国际化的关键期

后金融危机时代的国际、国内形势决定了中国企业自主品牌进入了国际化进程的关键期。首先，金融危机加速了全球经济格局的转变，全球经济面临新一轮的分工和竞争格局的变化。在后金融危机时代，世界经济可能会进入一个较长时间的低速增长期，国际市场需求和全球贸易短时间内很难恢复到金融危机前的水平，这使得品牌发展的总体市场需求空间有限。各个国家为了抢占战略制高点，纷纷打造产业和经济增长的龙头。美国提出，重视制造产业的发展，扩大出口和投资对经济的贡献，这将使得中国在中高端市场面临更趋激烈的竞争，贸易摩擦将加剧。印度、巴西等新兴市场国家受金融危机影响较小，经济增长稳定，国际竞争力上升，中国在传统低端产品市场将面临这些国家更加激烈的竞争。在未来的几年里，中国企业自主品牌应当借助金融危机中获得的竞争优势，抓住全球整个市场格局的大调整、大重组、大变化的机遇，进一步扩大国际市场份额，提升国际分工地位。

其次，中国拥有的巨大国内市场和持续不断的需求，在为中国品牌提供广阔发展空间的同时，也使中国企业面临着来自跨国公司日趋激烈的竞争。金融危机时期中国出台的一系列“以投资带消费、以消费促增长”的政策，刺激了中国经济的强劲发展，经济增长速度超过国内外 14 家权威机构平均水平 2.2 个百分点的预测值。在投资和消费的推动下，2009 年中国内需迅速扩大，GDP 全年增长 8.56%，成功实现“保八”目标。固定资产投资全年增速达到 33.4%，消费增长 17.1%，对 GDP 贡献率超过 47.9%。名义社会消费品零售增速上升到 16.2%。[①] 国内市场需求扩大，消费能力不断提高，购买力逐步趋向于名牌产品，为培育品牌和发展品牌提供了很好的机会。但是，国内市场的巨大潜力也吸引了外国品牌的进入，美国著名的《商业周刊》杂志公布的最具影响力的 100 个品牌中，有 80%以上的品牌已经进入中国市场或打算即将进入中国市场。因此，在全球化与本土化的较量中，提高中国产品的竞争能力，争创品牌，尤其是创出来自中国的世界品牌，已是摆在中国企业面前的、不可回避的

① 解艾兰：《后金融危机中国品牌迎来崛起机遇》，《中国企业报》2010 年 1 月 19 日。

重大战略决策课题。

2. 企业自主品牌国际化存在的问题

首先，品牌政策体系尚不完善。打造世界级品牌需要政府支持，为了促进中国品牌的发展，中央和地方各级政府制定了一系列品牌政策。但是从总体上看，中国还没有建立一个系统的品牌政策体系，各个政策相互不协调甚至相互冲突的情况时有发生。此外，品牌的发展需要完善的品牌法律体系来支撑，世界各国都有相应的法律、法规，如商标法、产品质量法、专利法、广告法、反不正当竞争法等。中国在这方面的发展还比较慢，尤其是在知识产权保护方面，中国企业为此已经遭受了很多损失。

其次，中国企业自主品牌全球化运营能力与世界品牌相比差距还很大。《2007 年中国名牌发展报告》指出，中国品牌的国际差距体现在缺乏先进的品牌理念、缺乏品牌经营长远战略、品牌经营策略有待完善、品牌资产运作不够成熟以及缺乏品牌危机的管理经验等。中国很多企业尚未树立品牌全球营销观念，营销手段单一，往往只依靠博览会或者是广交会，而不懂得利用各种营销手段进行综合性的推广活动，不能适应品牌国际化的大趋势。中国企业品牌运营与管理水平低下，缺乏世界品牌战略观。比较注重短期的销售行为，而对品牌的长期建设和维护却重视不够。一些企业不注重依靠提高产品质量和技术水平来树立品牌的地位，而是寄希望于广告和各种形式的命名和评奖。品牌国际化是对中国企业自主品牌的战略、运营和管理水平的一个极大的挑战，品牌国际化的过程也是中国品牌建设水平与国际接轨的过程。

再次，中国缺乏企业自主品牌国际化的领袖企业。品牌领袖企业在一个国家企业的国际化过程起着极其重要的带动作用。例如，美国的微软、IBM，韩国的三星电子，日本的 SONY 等企业，既在行业发挥领袖作用，又在全球具有竞争力。而中国各个行业虽然已经形成了一定的优势品牌，像海尔、联想、TCL 等行业领导品牌，但是具备国际竞争实力的品牌非常少。相对国外而言，中国行业的品牌分布还是比较散的。

最后，中国企业普遍缺乏自主创新意识。中国很多企业认为研发投入风险太大，难以收回成本，而且周期比较长，不太愿意在研发方面加大投入。2008 年，在 431 家填报研发数据的全国 500 强企业中，各企业平均研发费用为 5.68 亿元，研发费用占营业收入的比例平均为 1.32%，远未达到国家规定的 3%~5%水平；与此同时，中国 500 强企业中，平均每家企业拥有授权专利 302 件，其中发明专利仅 76 件。[①] 作为制造大国，中国核心竞争力的产品不具有全球的领导地位，主要原因就是过度依赖外来技术，不注重自己研发。企业品牌国际化的核心在于其产品质量和技术是否具有世界领先水平，没有技术上的优势是难以在国际市场上立足的。

① 中国企业联合会、中国企业家协会：《中国 500 强企业专利实力显著提高》，国家知识产权网，www.nipso.cn，2008 年 9 月 25 日。

3. 加快中国企业自主品牌国际化的对策建议

为加速中国企业品牌的国际化进程，我们应当从政府和企业两个层面开展多项措施，以期在未来的品牌国际化关键期，能够有一大批国际品牌脱颖而出。

从政府的层面看，要建立多层次、全方位的品牌发展的支持和服务体系，努力引导各类企业增强品牌意识和自主创新能力，提升企业的品牌经营运作和品牌管理能力。政策体系包括品牌保护和推广、品牌评比认定制度、品牌培育等方面的内容。品牌培育政策包括品牌发展的财政支持、资金融通、税收优惠、出口补贴等优惠政策。在品牌评价体系中，政府部门要通过制定有关标准，加强对品牌评价、认定活动的管理和引导，规范品牌评价和认定活动的开展。在完善品牌评价与推广体系的同时，要加强对品牌的保护和对假冒伪劣的打击力度。政府各部门协调配合，通过设立专门的品牌建设组织，共同为品牌建设提供服务，包括信息交流、管理培训、品牌人才培养、政策和法律咨询等服务。另外，从法律上对品牌进行系统的保护非常重要，为加快推动中国品牌事业发展，建议制定自主品牌促进法。

从企业层面看，企业应树立全球品牌战略意识，做好品牌的全球战略规划。加大研发投入，提升企业的研发能力，生产出在全球具有核心竞争力的产品。建立清晰的品牌全球战略规划，充分考虑企业的品牌定位，结合自身的品牌优势，选择适合本企业的全球化扩张策略，包括运用本土化策略、海外并购品牌、海外建厂、设立研发中心、销售中心，或者通过合资实现本土化经营和销售等。在实施国际化战略的同时，要做好企业知识产权保护，防止商标在境外被抢注。

参考文献

解艾兰：《把脉中国品牌》，《中国企业报》2009 年 3 月 2 日。

艾丰：《改变“两外”模式，品牌危中有机》，《人民日报》2009 年 7 月 8 日。

刘瑞旗：《金融风暴—中国品牌历史性发展机遇》，《北京日报》2009 年 1 月 12 日。

纪秋颖、陈春慧：《品牌国际化现状和发展模式》，《中外企业家》2007 年第 2 期。

第四十四章　国际金融危机下的中国企业社会责任

提　要

国际金融危机对中国企业社会责任发展产生了重要影响，主要表现为三个方面：多元化推动力量继续得到强化、企业履责意愿和能力受到冲击、社会责任的关注重点有所改变。在国际金融危机下，中国企业在履行诚信合规、劳工权益保护、环保节约、安全生产以及慈善公益等社会责任实践上仍取得了很大进展，但也存在很多的不足。特别是，金融危机下中国企业社会责任管理发展呈现五个显著特点，即社会责任管理总体上落后于社会责任实践、社会责任治理机制与组织机构构建快速起步、社会责任报告成为社会责任沟通的重要形式、社会责任培训与绩效衡量体系建设逐步推进、全面社会责任管理模式的探索取得新进展。要真正在后金融危机时期深入推进中国企业社会责任发展，需要构建三元主体互动的企业社会责任推进模式，即政府积极引导、企业主动自律以及社会有效监督。

*　　　　*　　　　*

国际金融危机的爆发及扩散蔓延不仅对中国宏观经济运行带来了巨大冲击，而且对中国经济微观运行主体即企业的发展和行为表现产生了深刻影响。特别是，国际金融危机对中国企业履行社会责任的环境、意愿、能力和内容都带来了不同程度的变化，中国企业社会责任的发展呈现出一些新的特点和趋势。

一、国际金融危机对中国企业社会责任的影响

国际金融危机对中国企业履行社会责任的影响主要体现在两个方面：一是导致中国企业履行社会责任的环境发生改变，二是对中国企业履行社会责任的意愿、能力和行为产生影响。具体来说，主要包括：

1. 多元化推动力量继续得到强化

政府、消费者、环境保护运动、责任投资运动、商业伙伴、新闻媒体、非政府组织等形成了中国企业社会责任发展的多元化推动力量。国际金融危机的发生并没有改变这些多元化力量对推动中国企业社会责任发展的热情和投入，相反，它们以更加理性务实的态度看待与推动中国企业社会责任运动向前发展。

（1）政府积极倡导企业履行社会责任但也希冀通过减负帮助企业渡过难关。国际金融危机发生后，党和国家领导人多次强调企业要树立科学的社会责任观，积极承担和履行社会责任。胡锦涛主席在亚太经合组织第十六次领导人非正式会议上强调，“当前的金融危机给我们的一个重要启示就是……企业应该树立全球责任观念，自觉将社会责任纳入经营战略，遵守所在国法律和国际通行的商业习惯，完善经营模式，追求经济效益和社会效益的统一”。[①]温家宝总理也在多个场合明确要求企业履行社会责任，如 2009 年 2 月他在英国剑桥大学演讲时强调，道德缺失是导致此次金融危机的一个深层次原因，希望企业承担社会责任，企业家身上要流淌着“道德的血液”。[②]此外，各相关政府部门针对企业员工权益、食品安全、环境污染、低碳经济等社会责任核心议题也出台了一系列法律法规。然而，针对部分企业因遭受金融危机打击而出现的困难局面，国家也出台了一系列企业减负的措施，希望帮助企业渡过难关，如人力资源和社会保障部先后在 2008 年 12 月和 2009 年 12 月发文提出，要采取积极措施，减轻企业负担，稳定就业局势。

（2）消费者的责任消费运动受到暂时性冲击但继续前行。西方学者研究发现，责任消费与企业社会责任之间存在双向影响关系，对企业社会责任感知和支持程度较高的消费者更倾向于对企业的社会责任行为做出积极响应和回报。[③]2008 年，“三鹿奶粉事件”以及汶川特大地震使得中国责任消费运动快速起步和高涨，而金融危机的到来则对责任消费运动产生了显著影响。在金融危机的冲击下，一方面，消费者的可支配收入降低，消费者决策将更大程度地受到产品价格、质量，而非其他附加因素的影响；另一方面，金融危机增加了未来的不确定性，消费者因而更加倾向于在当期选择审慎消费。由此，消费者责任消费的倾向和行为势必有所减少，但这显然只是暂时的。

（3）世界范围内的环境保护运动日益朝着纵深方向发展并向企业施压。全球环境保护运动发展的一个特点就是以自然生态为中心的“世界观主导型”的环境保护运动逐渐盛行，而这在当前则集中表现为低碳运动和对气候变化的高度关注。最近一年多来，低碳经济发展和清洁能源开发不仅没有因为金融危机而遭受冷落，反而被多个国家和企业视为转“危”为“机”的契机，比如美国奥巴马政府将发展新能源看做是摆脱经济衰退、创造就业机会的新增长点，并认为其具有抢占未来发展制高点的战略意义。2009 年年末，哥本哈根会议的召

① 胡锦涛：《坚持开放合作　寻求互利共赢——在亚太经合组织第十六次领导人非正式会议上的讲话》，新华网，2008 年 11 月 23 日。

② 温家宝：《用发展的眼光看中国——在剑桥大学的演讲》，新华网，2009 年 2 月 2 日。

③ Mohr，Lois.A. & Deborah， J.Webb. The Effects of Corporate Social Responsibility and Price on Consumer Responses，Journal of Consumer Affairs，2005 (1).

开更是将全球应对气候变化和低碳运动推向高潮，低碳运动开始由个别国家扩展到世界各国，深入到企业和民众的日常行为中。在这一年里，不少发达国家出台了与清洁能源、低碳发展相关的政策，中国政府也明确提出：到2020年单位国内生产总值二氧化碳排放比2005年下降40%~45%的降低碳强度目标。这些对长期走粗放式发展道路的国内企业形成了巨大压力。

（4）中国社会责任投资运动取得重要进展但影响依然较弱。缘起于欧美的社会责任投资运动近些年来开始在中国起步，并逐步引起政府、金融机构和社会的日益关注。特别是，随着人们对国际金融危机的反省，社会责任投资更是得到各界的高度重视和快速发展。从具体表现来看，中国社会责任投资发展主要体现在两个方面：一是资本市场领域社会责任投资的发展。继2008年推出第一个环保指数（泰达环保指数）和国内首只社会责任投资产品（兴业社会责任投资基金）之后，2009年中国资本市场领域的社会责任投资又取得重大突破，上海证券交易所发布了上证社会责任指数，而A股首个跨市场社会责任指数“巨潮—CBN—兴业全球基金社会责任指数”也正式诞生。二是金融机构（主要是银行）的责任信贷。国内多家银行增加了旨在改善民生的小额信贷、微贷款等，加大了绿色信贷力度，积极支持低碳经济发展。比如，中国银行2009年新增“绿色信贷”贷款552.01亿元，增幅达79.66%。[①] 然而，由于中国社会责任投资运动毕竟刚刚起步，其对企业所产生的影响依然较弱。

（5）商业伙伴在合作中对双方履行社会责任的要求持续强化。理论上而言，国际金融危机将导致企业在合作中更关注经济利益甚至是短期性经济收益，而对合作方的社会责任履行要求可能会有所降低。然而事实表明，国际企业对中国合作伙伴的采购和贸易往来并没有降低社会责任标准要求，相反，借环保名义的“绿色壁垒”以及借人权、工作场所等之名的“蓝色壁垒”再次成为国际贸易的重要话题，贸易保护主义对中国出口企业和处于跨国采购链上的企业提出了更高的履行社会责任要求。另外，国内企业对供应链成员的履责要求也不断增强，责任采购成为国内一些大型企业的新做法。比如，国家开发银行在2008年年末出台了《关于国家开发银行绿色采购的实施意见》，并在2009年全面推行“绿色采购”。

（6）新闻媒体对企业社会责任的监督与宣传作用不断增强。随着中国新闻报道的时效性、透明度、公正性不断增强以及金融危机下企业社会责任成为新闻媒体关注的新焦点，新闻媒体对企业履行社会责任的监督和宣传力度不断加大。特别是2009年胡锦涛主席在世界媒体峰会上强调媒体要承担社会责任之后，新闻媒体对于企业履行社会责任的关注程度更是快速攀升。具体而言，新闻媒体对于推进中国企业社会责任的发展主要体现在两个方面：一是监督作用，即对企业不履行社会责任的行为进行公开报道和曝光，促使企业在社会压力下进行改正。二是宣传推广作用，即通过对优秀企业社会责任实践的正面传播来提升全社会责任的社会责任意识。比如，2009年国内多家新闻媒体积极开展和参与企业社会责任推进活动，《WTO经济导刊》推出了“‘金蜜蜂’企业社会责任·中国榜”，《中国新闻周刊》开展了“最具责任感企业”评选等。

（7）非政府组织的影响扩大但更加理性与务实。尽管中国没有西方国家的“公民社会”，非政府组织在社会上的影响力难以与西方国家相提并论，但最近几年来，非政府组织对于推

① 中国银行：《2009中国银行社会责任报告》，http: //www.boc.cn/，2010年4月18日。

动中国企业社会责任的发展起到了不可忽视的作用。尤其是在金融危机背景下，国内外非政府组织更加关注并以更加积极的态度去推动中国企业履行社会责任，非政府组织在中国企业社会责任运动中的影响不断扩大。这主要体现在三个方面：一是参与推动中国企业社会责任发展的非政府组织数量持续增加，国内外非政府组织共同推动的格局初步形成。比如，2009年联合国全球契约办公室授权北京融智企业社会责任研究所成立全球契约中国网络中心办公室，大大推动了全球契约在中国的发展。二是多个非政府组织在中国开展了多种形式的企业社会责任活动，包括论坛、研讨、排名、评奖等。比如，中国经济联合会组织召开了“2009中国工业经济行业企业社会责任报告发布会”。三是非政府组织的角色逐渐从社会责任运动的助推者转变为标准制定者，引导中国企业以正确方式履行社会责任，如中国银行业协会于2009年年初出台了《中国银行业金融机构企业社会责任指引》，中国社会科学院经济学部企业社会责任研究中心发布了《中国企业社会责任报告编写指南》，引起了社会关注。

2. 企业履责意愿和能力受到冲击

国际金融危机的持续扩散蔓延不仅导致中国宏观经济快速进入下行通道，而且给中国企业的生产经营活动带来了巨大冲击，大量企业陷入困境甚至破产倒闭，企业履行社会责任的意愿和能力都受到了较大影响。

（1）企业履行社会责任的意愿有所减弱。首先，受到金融危机冲击的企业都力争尽快走出危机，并将主要精力集中在生产经营方面，以谋求渡过难关和在困境中占领市场，进而改善经济效益，由此许多企业无暇顾及履行社会责任。其次，企业履行社会责任通常要求企业增加当期的非营利投入，目标却是长期的、持续的绩效改善，往往不能带来短期的经营成效，不能解决企业的燃眉之急，甚至会增加短期经营成本。对于处于金融危机背景下的企业而言，履行社会责任自然处于决策选项中的次要位置。再次，多数企业（特别是陷入经营困境的企业）都将压缩成本作为应对金融危机的重要手段，而短期难以产生经济效益的社会责任投入往往成为削减成本的首要对象。以往的经验也表明，企业在经营困难时的成本压缩行动往往包括削减或取消公益活动等相关捐款；取消一部分相关团体的会员活动；缩小社会责任部门规模或将其与其他部门合并等。最后，在金融危机背景下，尽管各种推动力量并没有减弱对促进中国企业履行社会责任的努力，但由于“保增长、扩内需、调结构”成为主要任务，各种推动力量对于企业的行为持更加宽容和理解的态度，对企业履行社会责任的期望和要求有所变化，这也在一定程度上影响了企业的履责意愿。

（2）企业履行社会责任的能力受到制约。一方面，金融危机导致大量中国企业的经济效益急剧下滑，企业盈利能力和盈利水平严重下降，这导致企业失去了履行社会责任的有力的财力支持。统计数据显示，2008 年 9~11 月，规模以上工业企业实现利润同比下降 26.2%，是 2002 年以来首次出现大幅度负增长，2009 年 1~2 月更是大幅下降 37.3%，而 2009 年 3~5 月，规模以上工业企业利润仍然大幅下降 15.4%。中国企业家调查系统的调查结果也表明，在所调查的1656家企业中，2009年第一季度盈利的企业占41.6%，比2008年下降21.3个百分点；亏损的企业占36.2%，比2008年上升16个百分点。[①] 另一方面，根据企业社会责任与财务绩效关系的“资金提供假说”观点，企业履行社会责任取决于企业能够提供的资源，企业的社会责任表现受到财务绩效的影响，因为企业履行社会责任的意愿能否实现以及实际能够采取的履责行动受到企业资源的约束。[②] 这表明，金融危机所引起中国企业财务绩效的下滑，将直接导致企业履责能力的下降，进而影响到企业的社会责任表现。需要强调的是，金融危机对企业履责能力的影响不仅仅是使基于财务绩效的支持减弱，而且还会通过改变人力资源、科技信息资源等支撑条件而对其产生影响。

3. 社会责任的关注重点有所改变

社会各界对企业履行社会责任的内容和重点并不是一成不变的，它会随着不同时期、不同国家的经济社会发展而相应发生改变，并往往受到一些突发事件的影响。比如，2008年发生的“5·12”汶川特大地震使得社会公益成为中国企业社会责任的突出议题，而“三鹿奶粉事件”则使得产品质量和食品安全成为中国企业社会责任的核心议题。类似地，国际金融危机的爆发使得这一时期人们对中国企业社会责任的关注重点也有所改变，具体表现为：

（1）从利益相关方角度来看，客户、员工、生态环境成为社会期望企业高度关注的主体。首先，客户是企业的直接服务对象，也是企业生存的基础，金融危机下人们更期望企业不要践踏客户利益，而要确保提供客户所需的产品和服务；其次，金融危机导致许多困难企业裁员和削减员工薪资福利，就业和员工权益保障成为整个社会关注的重点；最后，全球对于低碳经济的关注，特别是哥本哈根会议的召开以及中国对转变经济发展方式的强调，使得生态环境成为中国企业更应重点关注的对象。根据中国社会科学院经济学部企业社会责任研究中心于2010年年初对1004名北京公众的调查结果，对于“企业最应关注的利益相关方”这一问题的回答，有83.86%的被访者认为是消费者，有66.53%的被访者认为是内部员工，有64.34%的被访者认为是生态环境，分别列于前三位，且它们的认同率较2008年时的调查结果都有大幅提升，尤其是消费者，2008年调查时的认同率只有40.54%。[③]

（2）从社会责任议题来看，合规诚信经营、劳工实践、“低碳化”成为社会期望企业高度重视和关注的议题。首先，金融危机引起不少企业之间产生信用合约风险，部分企业跨越法律和道德底线，这导致人们更加强调企业应坚守底线要求，由此合规诚信经营成为突出议题。其次，许多经营困难的企业将裁员和降低工资福利作为削减人工成本的重要手段，有些企业甚至降低员工健康安全保护水平，这导致社会更加关注员工权益保护，劳工实践成为中国企业社会责任更加重要的议题。最后，“低碳”这一概念在中国开始流行，“低碳城市”、“低碳生活”、“低碳建筑”等成为时尚语言，人们期望企业开展低碳运营、发展低碳经济，

---

① 中国企业家调查系统：《企业经营者对一季度企业经营状况和宏观经济形势的判断、评价和建议》，http：//www.ceis.gov.cn/，2009年。

② 沈洪涛、沈艺峰：《公司社会责任思想起源与演变》，世纪出版集团、上海人民出版社2007年版，第123~124页。

③ 中国社会科学院经济学部企业社会责任研究中心：《中国企业社会责任基准调查（2010）》，http：//www.cass-csr.org/，2010年。

这使得“低碳化”成为中国企业社会责任的新议题。来自中国社会科学院经济学部企业社会责任研究中心的调查显示，在回答“最重要的企业社会责任实践”时，名列前四位的回答都与合规诚信经营相关，分别是诚信经营（81%）、确保产品质量（67%）、遵纪守法（61%）、依法纳税（55%），而紧随其后的则分别是保障员工权益（54%）以及节约资源和环保（51%）。[①]

二、国际金融危机下中国企业履行社会责任的实践

国际金融危机发生后，中国企业履行社会责任实践一方面仍取得了积极进展，但另一方面也出现了一些新的问题。

1. 诚信合规责任实践

诚信合规经营是企业应履行的底线责任。近年来，随着中国法律制度的不断健全以及社会信用体系建设的不断推进，企业的守法合规和诚信意识明显增强，合规体系和诚信体系建设取得积极进展，商业欺诈、假冒伪劣、恶意骗贷、偷逃骗税等违法失信行为得到了一定程度的遏制。但是，中国企业的合规诚信水平总体上依然不高，每年都出现大量违规、诚信缺失事件，企业重大诚信危机事件也时有发生。特别是在金融危机下，企业的合规经营和诚信行为受到严重冲击，诚信缺失现象较为严峻。从企业诚信合规责任的三大议题来看，首先是企业对消费者的诚信有所提升，但消费者权益受到侵犯的现象仍然非常普遍。2009 年，全国共受理消费者投诉 636799 件，同比下降 0.3%，其中因经营者有欺诈行为得到加倍赔偿的投诉 6060 件；而按性质分，质量问题占 58.9%，营销合同问题占 8.8%，价格问题占 5.6%，安全问题占 2.0%，计量问题占 1.6%，广告问题占 2.1%，假冒问题占 1.9%，虚假品质表示问题占 1.4%，人格尊严问题占 0.3%，其他问题占 17.4%。[②] 2009 年第一季度，全国工商行政管理机关共查处制售假冒伪劣商品案件 17093 件，较上年同期增加 1021 件，增长 6.35%；查处侵害消费者权益案件 19341 件，比上年同期减少 1062 件，下降 5.21%。[③] 其次是企业对商业伙伴的诚信水平在很大程度上受到了金融危机的冲击，企业失信事件明显增多。国际信用保险及信用管理服务机构科法斯发布的报告显示，金融危机导致逾 90%的中国企业在 2008 年遭遇了买家拖欠付款，且被拖欠货款的时间不断延长。[④] 根据中国企业家调查系统 2009 年对 5920 名企业经营者的调查，在回答“企业合同得到正常履行的情况”时，超过

---

① 中国社会科学院经济学部企业社会责任研究中心：《中国企业社会责任基准调查（2010）》，http：//www.cass-csr.org/，2010 年 3 月 29 日。

② 中国消费者协会：《2009 年全国消协组织受理投诉情况分析》，国家工商行政管理总局网站，2010 年 3 月 15 日。

③ 国家工商总局办公厅：《2009 年第一季度食品安全监管和消费者权益保护基本情况》，国家工商行政管理总局网站，2009 年 5 月 12 日。

④ 张颖：《九成中国企业遭遇拖欠付款　信用危机年底见底》，《国际金融报》2009 年 4 月 9 日。

35%的被调查者认为“一般”、“较差”和“很差”，认为“很好”的仅占 8.6%。① 最后是企业的反腐败和反商业贿赂机制建设不断推进，反腐败和反商业贿赂成效显著。2009 年，全国各级工商机关共查处商业贿赂案件 3775 件，案值 12.59 亿元，较上年分别下降 39.4%和 23.9%。② 尽管如此，中国企业重大腐败和商业贿赂事件仍不断发生，如 2009 年美国司法部调查显示，中国多家公司员工收受了美国控制组件公司的行贿，而最近轰动欧美的戴姆勒贿赂案又曝出有中国企业卷入其中。

2. 劳工权益责任实践

劳工权益保护是社会广泛关注的社会责任问题焦点之一。最近几年，由于政府的积极倡导、法规环境的不断完善和社会力量的推动，中国企业在劳工权益保护领域取得了显著进展。然而，金融危机的发生对中国企业履行劳工权益保护责任产生了巨大挑战，企业践踏劳动者基本权益的现象更是大量出现。首先，从劳动者的就业权来看，金融危机导致许多困难企业纷纷通过裁员和缩减招聘计划来压缩成本，形成了近 2000 万农民工的“返乡潮”。统计数据表明，2009 年年末，中国城镇登记失业率为 4.3%，比上年末上升 0.1 个百分点。③ 但我们也应看到，部分企业在金融危机冲击面前承诺不裁员（如中国五矿），甚至有部分企业逆势扩大招聘规模（如中国银行），促进劳动者就业。其次，从劳动合同来看，新《劳动合同法》实施以来，多数省（区、市）规模以上企业劳动合同签订率在 90%以上，大型国有企业达到 100%。同时，集体合同制度建设取得显著进展，截至 2009 年年末，全国基层及基层以上工会参与签订集体合同 110.7 万份，覆盖企业 190.8 万个，覆盖职工近 1.5 亿人，占全国企业职工的 60.2%。④ 再次，从薪资福利和劳动关系来看，减薪和欠缴或拖缴“五险一金”成为许多困难企业在金融危机面前的重要举措，而这些行为导致劳动争议数量急剧上升。据报道，2009 年上半年，全国法院受理劳动争议案件近 17 万件，同比增长 30%。⑤ 最后，从职业安全健康来看，中国企业对于劳动者的安全健康保护意识已经有所提升，多个生产型企业通过了 HSE（健康、安全、环境）体系认证或 OHSAS 18001 职业健康安全管理体系认证。但是，中国职业病的发病率依然很高，且严重的职业病事件也经常出现。来自中国卫生部的数据显示，2008 年全国共报告新发各类职业病 13744 例，其中尘肺病新病例占职业病报告总例数的 78.79%。全年共有 20975 家用人单位被依法查处，占检查总数的 18.13%，其中 55 家被责令停业，68 家被提请关闭。⑥

① 中国企业家调查系统：《企业经营者对企业家精神的认识与评价》，http://www.ceis.gov.cn/，2009 年。
② 张晓松：《工商机关 2009 年查处商业贿赂案件 3775 件》，新华网，2010 年 2 月 2 日。
③ 国家统计局：《中华人民共和国 2009 年国民经济和社会发展统计公报》，国家统计局网站，2010 年 2 月 25 日。
④ 陈郁：《全总：企业劳动合同签订率明显上升》，中国经济网，2010 年 1 月 26 日。
⑤ 叶逗逗：《上半年中国劳动争议案件呈井喷态势》，财经网，2009 年 7 月 13 日。
⑥ 刘天思：《2008 年全国新发职业病 13744 例》，中广网，2009 年 6 月 10 日。

3. 环保节约责任实践

金融危机对中国企业环保节约的影响具有双重性：一方面是大量生产企业停产导致总体节能减排压力有所缓解，另一方面是生产经营困难也导致许多企业削减环保投入。2009 年，多数中国企业进一步增强环保节约意识，积极推进节能减排，发展循环经济，开展环保科技创新，环保节约取得了重要进展。具体来说，首先是企业的节能减排成效明显。2009 年全国单位 GDP 能耗下降 2.2%,[①] 化学需氧量和二氧化硫排放总量分别为 1277.5 万吨和 2214.4 万吨，同比下降 3.27%和 4.60%；截至 2009 年年末，“十一五”前四年全国单位 GDP 能耗下降 14.38%，化学需氧量和二氧化硫的排放总量分别下降 9.66%和 13.14%。[②] 其次是发展循环经济得到企业重视。《循环经济促进法》自 2009 年 1 月 1 日起正式施行，企业发展循环经济有了明确的法律依据和要求。同时，清洁能源发展机制（CDM）项目得到蓬勃发展，截至 2010 年 2 月 18 日，中国已有 203 个 CDM 项目共获得约 18 亿吨 CERs 签发，占东道国 CDM 项目签发总量的 47.53%。[③] 最后是环保科技和环保产业得到快速发展。中国企业日益重视并不断提高科技对环境保护的支撑能力，积极推动环保产业化进程，环保产业规模迅速扩大。目前，节能环保产业已被列入国家“战略性新兴产业”，发展步伐将进一步加快。据估计，中国环保产业正以每年 15%的速度增长，预计到 2012 年，中国节能环保产业总产值将达 2.8 万亿元。[④] 尽管中国企业在履行环保节约责任上已经取得长足进步，但环保节约的体制、机制、投入落后的问题依然突出，不少企业环保节约意识淡薄，突发环境污染事件不断发生。比如，2009 年因企业污染排放而相继在陕西、湖南、福建、广东发生“血铅事件”。

4. 安全生产责任实践

安全生产是生产企业的重要社会责任内容。2009 年，多数中国企业积极落实国家“安全生产年”的工作部署，建立健全安全生产管理体系，开展各种安全隐患检查和整改，推进安全文化建设，加强安全应急管理，安全生产工作取得了明显成效，总体上呈现逐步向好的态势。数据显示，2009 年全国事故死亡人数下降到 9 万人以下，事故起数和死亡人数同比分别下降 8.4%和 8.8%；亿元 GDP 事故死亡率下降 16.7%，工矿商贸就业人员 10 万人事故死亡率下降 14.9%，道路交通万车死亡率下降 15.6%，煤炭百万吨死亡率首次降到了 1 以下，为 0.892，同比下降 24.5%。危险化学品、金属与非金属矿山、铁路交通、水上交通、农业机械、渔业船舶及火灾等事故均有较大幅度下降。[⑤] 尽管如此，中国许多企业在安全生

---

① 温家宝：《政府工作报告——2010 年 3 月 5 日在第十一届全国人民代表大会第三次会议上》，新华社 2010 年 3 月 5 日。

② 国家环境保护部：《张力军副部长在 2009 年全国总量减排核查核算视频会议上的讲话（摘要）》，国家环境保护部网站，2010 年 3 月 2 日。

③ 沙成裘：《中国 CDM 项目仍处低水平》，《21 世纪经济报道》2010 年 3 月 1 日。

④ 胡薇：《2012 年中国节能环保产业产值将达 2.8 万亿元》，《上海证券报》2009 年 11 月 9 日。

⑤ 新华社：《张德江出席全国安全生产电视电话会并作重要讲话》，中央政府门户网站，2008 年 9 月 24 日。

产管理上仍然存在诸多突出问题，主要表现为：安全生产第一责任人的职责落实不到位，安全生产的法律法规和制度落实不到位，安全生产投入不足，安全生产保障能力薄弱，安全生产监督检查管理不到位，等等。这导致中国企业安全生产事故数量仍然很大，并且重特大事故时有发生。2009 年，全国查处各类非法违法生产经营行为共计 849 万余起，排查各类安全隐患 755 万余项，[①] 同时仅上半年就发生重大事故 30 起，特别重大事故 2 起。[②]

5. 慈善公益责任实践

自 2008 年“5·12”汶川特大地震发生以后，中国的慈善公益事业进入了迅猛发展阶段，企业履行慈善公益责任的意识、投入和行动都取得了很大进步，但问题也十分突出，特别是企业慈善公益受金融危机的影响的确不可忽视。具体来说，主要表现在以下几个方面：一是企业开展慈善公益的环境得到了一定程度改观，但仍然存在诸多不利因素。从公益组织来看，尽管公益机构近年来快速增长，但数量依然十分有限，且公益机构自身的管理与运作存在缺陷与不足。截至 2008 年 9 月，在全国注册的慈善组织中，各级基金会有 1361 家，县级以上慈善会、红十字会 4100 多家。[③] 从慈善文化氛围来看，各种组织加大了慈善公益的宣传力度，企业和公众的慈善捐赠意识有所提升，但公益摊派、强迫捐赠以及捐赠攀比等不合理倾向影响了企业捐赠行为和效果。二是企业的慈善捐赠数量持续增长，但金融危机影响了企业扩大捐赠的意愿和能力，且慈善捐赠的相对水平依然较低。2009 年上半年，全国非应急性捐赠同比增长 17%，而上年同期的增速为 48%；内地各类企业捐赠 54.57 亿元，占境内捐赠量的 60.3%，其中民营企业捐赠超过 38.9 亿元，占境内捐出总额的 43%。三是企业家的捐赠正在向专业化、组织化的方向转变，慈善捐赠的企业化行为日益增加。四是企业参与慈善事业由道德义务向战略转变，战略性公益开始起步，但慈善捐赠的形式仍然单一，效果评估较弱。一些中国企业开始将公益事业与企业发展战略相结合起来，期望实现企业发展与增进社会福利的共赢。然而，中国企业目前的慈善公益以财物捐赠为主，资金、技术、产品和设备、知识、技能等其他国外常见的捐助方式较少，且对效果进行评估的企业比重较低，2009 年上半年仅占 11%。[④]

三、国际金融危机下中国企业社会责任管理的发展

企业社会责任管理是指从战略、组织、资源、体制机制、制度、能力等方面对企业履行

---

① 新华社：《张德江出席全国安全生产电视电话会并作重要讲话》，中央政府门户网站，2008 年 9 月 24 日。

② 安全监管总局政策法规司：《2009 年上半年全国安全生产基本情况及下半年形势分析和重点工作》，国家安全生产监督管理总局网站，2009 年 7 月 20 日。

③ 申楠：《近三年慈善事业取得长足发展 民政部将发评估报告》，新华网，2008 年 11 月 26 日。

④ 悦丹：《许家印：中国需要把慈善这口井挖深》，中国共青团网，2010 年 3 月 9 日。

社会责任的意愿、能力、行为和绩效进行全方位管理，其目的是推动社会责任理念与企业的各项经营活动实现有机融合。通常来说，企业社会责任管理包括企业社会责任战略编制、企业社会责任组织机构建设、社会责任沟通、社会责任培训、社会责任绩效衡量与考核等。自从 2006 年中国企业社会责任进入快速发展阶段后，中国企业社会责任管理也开始起步，即使在金融危机背景下，中国企业社会责任管理的发展也得到顺利推进。具体来说，中国企业社会责任管理的主要进展和发展特点有以下几方面。

1. 企业社会责任管理总体上落后于企业社会责任实践

对于绝大多数中国企业来说，企业社会责任概念是近十几年甚至是最近几年才开始引入的，而企业社会责任管理概念引入更晚，较少被国内企业提及。但是，由于企业社会责任的大多数内容都与企业的日常经营和管理相重合，如守法合规、诚信经营、劳工权益保护、环境保护、安全生产等社会责任都是企业经营管理的重要内容，也就是说，企业履行社会责任的实践绝大多数都是企业与生俱来的责任，因此企业履行社会责任有着长期持续的实践基础。而企业社会责任管理则不同，它是一个相对较新的概念，要求企业对原有管理体系进行优化、提升甚至创新。这使得绝大多数中国企业的社会责任管理落后于社会责任实践。根据中国社会科学院经济学部企业社会责任研究中心发布的布告，中国 100 强企业的“责任管理”得分为 15.3 分，落后于“市场责任”（23.6 分）、“社会责任”（21.7 分）和“环境责任”（17.7 分）。而从不同类型企业来看，无论是国有企业、民营企业还是外资企业，其社会责任管理也都落后于社会责任实践。其中国有企业 100 强的“责任管理”得分为 25.3 分，而其“市场责任”、“社会责任”和“环境责任”的得分分别为 36.8 分、29.2 分和 27 分；民营企业 100 强的“责任管理”得分为 10.7 分，而其“市场责任”、“社会责任”和“环境责任”的得分分别为 24.7 分、21.5 分和 13 分；外资企业 100 强的“责任管理”得分为 9.8 分，而其“市场责任”、“社会责任”和“环境责任”的得分分别为 9.4 分、14.6 分和 13.2 分。①

2. 企业社会责任治理机制与组织机构建设快速起步

社会责任治理与组织管理体系是企业履行社会责任的组织基础和机制保障。随着中国企业社会责任意识的提升以及外部机构的不断引导，国内企业越来越重视社会责任的组织化建设以及科学决策机制建设，一些企业纷纷开始建立和完善社会责任治理机制和组织机构。尤其是中央企业，在国务院国资委下发《关于中央企业履行社会责任的指导意见》以及 2009 年召开中央企业社会责任工作会议后，越来越多的企业将建立和完善社会责任治理和组织管理体系作为社会责任管理的重要工作来抓。目前，一批中央企业已建立起相应的社会责任治理机构，明确了社会责任的决策程序，建立社会责任委员会和领导小组的中央企业已经达到 50 多家，比如国家电网公司专门成立了社会责任工作委员会、中国移动专门成立了社会责

① 钟宏武等：《中国企业 2009 社会责任发展指数报告》，经济管理出版社 2009 年版，第 17、87~88、166~167、231~232 页。

任指导委员会、中国中冶成立了社会责任领导小组。与此同时，专门成立社会责任部门的企业也日益增多，比如大唐集团成立了专门的社会责任工作办公室，中国五矿成立了专门的社会责任部门。除了成立专门部门以外，更多的企业是指定某一职能部门负责社会责任管理工作，目前大部分中央企业都已经明确了社会责任的归口管理部门。在建立或理清社会责任治理和组织机构基础上，一些企业还专门编制了社会责任发展战略，明确了社会责任发展方向和推进步骤，比如国家电网和中国移动均制定了社会责任发展战略。

3. 企业社会责任报告成为社会责任沟通的重要形式

最近两年，中国政府和监管机构越来越重视企业社会责任信息披露，如 2008 年上交所发布《关于加强上市公司社会责任承担工作暨发布〈上海证券交易所上市公司环境信息披露指引〉的通知》时强调，鼓励上市公司披露年度社会责任报告，而在同年发布的《关于做好上市公司 2008 年年度报告工作的通知》中，更明确要求三类公司即“上证公司治理板块”样本公司、发行境外上市外资股的公司以及金融类公司必须披露社会责任报告。正因如此，即使处于金融危机时期的 2009 年，中国企业社会责任报告也呈现出“井喷”式增长态势，发布社会责任报告俨然已成为中国企业进行社会责任沟通的重要形式。数据显示，2009 年 1~10 月，中国企业发布的各类社会责任报告共计 582 份，是上年的 3.44 倍，报告数量占全球的比重也由 5%左右上升至 15%左右。[①] 从上市公司来看，发布企业社会责任报告的 A 股上市公司越来越多，并成为一种潮流。根据企业社会责任网的统计，截至 2009 年 10 月底，1556 家 A 股上市公司中有 364 家发布了企业社会责任报告，这一数据在 2007 年和 2008 年分别是 47 家和 132 家，其中 2009 年福建省 52 家 A 股上市公司中有 28 家发布了社会责任报告，比例高达 53.8%，排名全国第一。[②] 此外，中国部分企业开始重视通过发布国别报告加强与海外业务所在地的沟通，并取得了良好效果。比如，中钢集团 2008 年发布了国内第一份海外社会责任报告——《中钢可持续发展非洲报告》，2009 年又发布了《中钢可持续发展澳洲报告》。

4. 企业社会责任培训与绩效衡量体系建设逐步推进

培训是企业社会责任理念传播以及企业履行社会责任能力提升的重要途径。鉴于此，社会责任培训成为中国许多企业推进履行社会责任的重要工作，并逐步融入到中国企业的整体培训体系之中。目前，中国企业社会责任培训主要有两类：一类是企业针对本机构员工所开展的社会责任专题内训，目的是提升全员社会责任意识和能力，如国家开发银行 2009 年专门组织了针对各部门领导的社会责任培训；另一类是政府、监管机构、非政府组织以及其他社会组织所开展的社会责任集体培训，由各企业派人参加，如自 2008 年 4 月以来，中瑞企业社会责任培训班已开展四期，2009 年 10 月的第四期有 70 余名来自商务系统、行业协会

---

① 孙晓胜：《今年中国企业发布社会责任报告已达 582 份》，新华网，2009 年 12 月 4 日。
② 企业社会责任网：《上市公司忽视企业社会责任报告》，新浪财经，2009 年 11 月 26 日。

和公司的学员参加了培训。除了通过培训加强理念宣传和能力培养外，部分社会责任管理处于领先位置的中国企业开始注重建立社会责任评价体系，尝试通过开发符合自身实际的社会责任衡量体系来提升社会责任管理精细化水平。比如，中远集团花费三年时间构建了一个由670多项指标构成的指标体系，比较全面地反映了各相关方所关注的关键利益；国家开发银行也于2009年启动了社会责任指标体系构建课题，并初步梳理出六大类485个指标。

5. 企业全面社会责任管理模式的探索取得了新进展

企业全面社会责任管理是企业在科学的社会责任观指导下所形成的新的管理模式。它是企业以自身行为应对社会负责任的价值追求为动力，以充分实现企业的社会功能为内容，通过激发利益相关方的社会价值创造潜能，有效管理企业运营对社会和环境的影响，最大限度地实现经济、社会和环境的综合价值的管理模式。与传统企业社会责任管理相比，它具有管理性质定位的全局性、管理责任内容的全面性、管理实施范围的全覆盖、管理体系建设的全融合以及管理预期目标的综合性等特征。自2007年起，国内个别企业开始对这一管理模式进行探索，并在2008年和2009年取得了重要进展。比如，国家电网公司在2008年选择天津市电力公司开展网省公司全面社会责任管理的试点，形成了企业开展全面社会责任管理的目标模式和推进模式。在此基础上，2009年国家电网公司选择营销专业为突破口，进一步深化了天津市电力公司的全面社会责任管理试点，同时选择无锡市供电局和嘉善供电局开展了地市和县级供电公司的全面社会责任管理试点，形成了“总部—网省公司—地市公司—县公司”各层级同时推进全面社会责任管理的格局。

四、后金融危机时代推进中国企业社会责任发展的对策建议

当前，世界经济明显复苏，但不确定、不稳定因素仍然很多，金融危机的阴影仍然没有消除，由此世界经济正朝着复杂的后危机时代迈进。正如前面所言，中国企业社会责任的发展已经成为不可逆转的趋势，这一趋势在后金融危机时代依然不会改变。也就是说，未来中国企业社会责任的发展面临的不是要不要的问题，而是如何才能更健康、深入和持续地推进。

由于企业履行社会责任的本质要求源于企业与社会的关系，而政府又承担着社会公共利益的维护人和公共事务的管理者的双重身份，因此企业社会责任可以看做是企业、政府、社会各方互动的结果。特别是在中国当前制度供给不足的情况下，企业、政府、社会共同构成了推动企业社会责任发展的三元主体。因此，建立合理的企业与政府、社会的关系，形成“合意”的制度安排，促进三者之间的互动与合作，是推动中国企业社会责任在后金融危机时代向纵深发展的重要前提条件。

1. 政府应积极引导企业社会责任发展

虽然企业社会责任运动缘起于民间，但政府在企业社会责任建设方面的作用是不可忽视的。基于中国的现实情况，政府应主动创新管理模式，为企业履行社会责任创造良好环境，对企业承担的社会责任进行科学引导。这主要包括：一是建立基于可持续发展的科学政绩观，为企业履行社会责任创造良好的经济环境。政府应改变以往 GDP 至上的政绩观，引导企业从自身与经济、社会、环境协同发展的角度开展生产运营，鼓励企业在制定经营战略时导入社会责任理念，对于不符合可持续发展的企业项目采取必要的行政干预。二是建立健全相关法律法规，为企业履行社会责任提供有力的法制保障。国家应加快完善《公司法》、《劳动法》、《工会法》、《消费者权益保护法》、《环境保护法》、《安全生产法》等法律法规，加强对企业履行社会责任的法律约束，将企业社会责任纳入法制化、制度化轨道。三是制定相关的鼓励性政策，引导企业履行社会公民责任。政府应通过财税政策和产业政策的倾斜，鼓励企业参与“光彩事业”、“希望工程”、“绿色行动计划”等有助于社会和谐与环境友好的事业。四是制定推进企业社会责任发展的相关规范与标准，为企业履行社会责任提供有效指导。政府应进一步发挥指导与服务职能，制定、发布以及落实更多、更具可操作性的企业社会责任推进规范和标准。

2. 企业应主动自律履行提升社会责任

作为企业社会责任的实施主体，企业应强化自律精神和行为，主动推行全面社会责任管理模式，自觉承担社会责任，持续改进企业社会责任绩效。这主要包括：一是建立科学的企业社会责任观。企业应从自身实际出发，立足企业与社会的关系，以价值创造为衡量标准，以追求企业与经济、社会、环境的持续协调发展为最终目的，明确提出企业履行社会责任的具体理念与根本要求，科学界定企业履行社会责任的内容边界。二是将社会责任理念全面融入企业使命、战略与文化，形成符合可持续发展要求的企业使命和战略，建立全面对利益相关方和自然环境负责的企业文化。三是将社会责任理念全面融入企业生产经营的全过程，重构产品和业务流程，重构价值链的增值过程，切实做到在价值创造全过程中落实守法诚信、安全清洁、和谐共赢的履责要求。四是建立健全企业社会责任推进与管理体系，为企业全面履行社会责任提供制度保障。企业应根据全面社会责任管理的要求，从组织管理、能力建设、利益相关方参与、信息披露、责任衡量与绩效考核等方面建立和完善企业社会责任管理的各项制度。

3. 社会应有效监督企业履行社会责任

随着经济体制改革的不断深入，社会民众参与社会管理的积极性日益高涨，并逐渐成为企业履行社会责任的有效监督者和推动者。社会的有效监督要求：一是要大力培育和发展非政府组织，在企业与社会之间建立灵活多样的沟通平台和磋商机制。由于多方面的原因，非政府组织在中国经济社会发展中的影响力一直较弱，对于企业履行社会责任的监督作用难以得到充分发挥。为此，政府应健全工会、消费者协会、环保组织、社会责任推进组织等非政府组织制度，加强民间团体的力量，提高非政府组织的管理水平、公信力和影响力，实现非政府组织对企业履行社会责任状况的有效监督。二是增强社会大众对企业承担社会责任的监督意识，特别是要发挥消费者与投资者的"购买表决权"作用，鼓励消费者实行"责任消费"，支持投资者采取"责任投资"，从而形成对企业履行社会责任的强大外部压力。三是重视社会舆论的导向作用，充分发挥新闻媒体的影响力，加大对企业社会责任的宣传力度，加强对企业不承担社会责任行为的舆论监督。

专栏 44—1

国家电网公司发布我国企业首个绿色发展白皮书，全面履行绿色发展责任

2010 年 4 月 19 日，国家电网公司对外发布了我国企业首个绿色发展白皮书——《国家电网公司绿色发展白皮书》，向政府和社会大众报告了国家电网公司对绿色发展的战略思考和行动部署，反映了国家电网公司大力弘扬绿色发展理念，促进发展方式绿色转型的重要行动，也是国家电网公司向全社会作出的积极履行社会责任、全面推进绿色发展的具体承诺。根据《国家电网公司绿色发展白皮书》，国家电网公司预计在 2020 年基本建成坚强智能电网，全力提升消纳清洁能源能力，帮助电力系统提升能源利用效率，积极推动电力装备业和全社会节能，加快电动汽车发展，预计 2011~2020 年十年可推动实现二氧化碳累计减排 105 亿吨，其中 2020 年将比 2005 年减排二氧化碳 16.5 亿吨，对实现我国 2020 年单位 GDP 碳排放强度下降 40%~45%目标的贡献度超过 20%。

资料来源：根据陶思遥、肖冬梅文章《社会榜样型企业推进绿色发展的基本范式》（《国家电网报》2010 年 4 月 20 日）改编。

参考文献

沈洪涛、沈艺峰：《公司社会责任思想起源与演变》，世纪出版集团、上海人民出版社 2007 年版。

钟宏武等：《中国企业 2009 社会责任发展指数报告》，经济管理出版社 2009 年版。

中国企业家调查系统：《企业经营者对企业家精神的认识与评价》，中国企业家调查系统网站，2009 年。

附录 1　统计资料分析

一、全国工业主要发展指标

（一）2007~2009 年全国工业各行业增长率

单位：%

	工业增加值年增长率			相对增长	
	2007 年	2008 年	2009 年	2008 年	2009 年
煤炭开采和洗选业	18.10	19.10	8.30	5.52	–56.54
石油和天然气开采业	3.90	6.10	4.80	56.41	–21.31
黑色金属矿采选业	29.20	21.90	25.30	–25.00	15.53
有色金属矿采选业	23.10	14.30	19.80	–38.10	38.46
非金属矿采选业	25.20	22.30	20.20	–11.51	–9.42
其他矿采选业	47.80	31.50	42.70	–34.10	35.56
农副食品加工业	16.90	15.00	15.90	–11.24	6.00
食品制造业	20.00	16.40	14.10	–18.00	–14.02
饮料制造业	21.80	16.10	14.60	–26.15	–9.32
烟草制造业	15.70	12.60	8.20	–19.75	–34.92
纺织业	16.20	10.50	8.50	–35.19	–19.05
纺织服装、鞋、帽制造业	16.80	12.50	9.90	–25.60	–20.80
皮革、毛皮、羽毛（绒）及其制品业	17.50	12.40	9.30	–29.14	–25.00
木材加工及竹、藤、棕、草制品业	28.80	21.50	17.70	–25.35	–17.67
家具制造业	20.90	13.50	8.80	–35.41	–34.81
造纸及纸制品业	17.60	12.40	10.70	–29.55	–13.71
印刷业和记录媒介的复制	18.40	12.40	8.80	–32.61	–29.03
文教体育用品制造业	17.20	18.20	7.50	5.81	–58.79
石油加工、炼焦及核燃料加工业	13.40	4.30	5.20	–67.91	20.93
化学原料及化学制品制造业	21.00	10.00	14.60	–52.38	46.00
医药制造业	18.30	17.10	14.80	–6.56	–13.45
化学纤维制造业	18.10	2.20	10.20	–87.85	363.64
橡胶制品业	19.60	11.20	11.80	–42.86	5.36
塑料制品业	18.60	13.80	12.30	–25.81	–10.87

续表

	工业增加值年增长率			相对增长	
	2007 年	2008 年	2009 年	2008 年	2009 年
非金属矿物制品业	24.70	16.90	14.70	–31.58	–13.02
黑色金属冶炼及压延加工业	21.40	8.20	9.90	–61.68	20.73
有色金属冶炼及压延加工业	17.80	12.30	12.80	–30.90	4.07
金属制品业	23.70	15.00	10.00	–36.71	–33.33
通用设备制造业	24.20	16.90	11.00	–30.17	–34.91
专用设备制造业	21.60	20.50	13.00	–5.09	–36.59
交通运输设备制造业	26.20	15.20	18.40	–41.98	21.05
电气机械及器材制造业	21.50	18.10	12.00	–15.81	–33.70
通信设备、计算机及其他电子设备制造业	18.00	12.00	5.30	–33.33	–55.83
仪器仪表及文化、办公用机械制造业	19.50	12.70	2.00	–34.87	–84.25
工艺品及其他制造业	15.10	10.10	5.90	–33.11	–41.58
废弃资源和废旧材料回收加工业	41.40	26.20	29.10	–36.71	11.07
电力、热力的生产和供应业	13.80	8.60	6.00	–37.68	–30.23
燃气生产和供应业	20.80	26.80	14.60	28.85	–45.52
水的生产和供应业	6.40	4.90		–23.44	
全国	18.50	12.90	11.00	–30.27	–14.73

（二）2006~2009 年各行业城镇投资情况

	投资年增长速度（%）				投资年增长速度同全国增长速度之比				行业投资占工业总投资百分比（%）			
	2007 年	2008 年	2009 年	2007~2009 年	2007 年	2008 年	2009 年	2007~2009 年	2006 年	2007 年	2008 年	2009 年
煤炭开采及洗选业	22.02	33.56	25.33	26.88	0.771	1.203	0.970	0.976	3.82	3.62	3.78	3.76
石油和天然气开采业	23.14	21.74	2.88	15.54	0.810	0.779	0.110	0.564	4.67	4.47	4.26	3.47
黑色金属矿采选业	19.84	59.27	23.65	33.14	0.695	2.125	0.905	1.204	0.92	0.86	1.07	1.05
有色金属矿采选业	62.97	33.21	19.26	37.31	2.204	1.190	0.737	1.355	0.79	1.00	1.04	0.98
非金属矿采选业	43.42	43.91	46.05	44.45	1.520	1.574	1.763	1.615	0.54	0.60	0.67	0.78
其他采矿业	62.47	11.59	38.43	35.90	2.186	0.416	1.471	1.304	0.02	0.02	0.02	0.02
农副食品加工业	39.91	25.09	37.30	33.94	1.397	0.899	1.428	1.233	3.03	3.30	3.23	3.52
食品制造业	24.74	17.62	33.03	24.97	0.866	0.631	1.265	0.907	2.00	1.94	1.78	1.88
饮料制造业	30.22	21.83	22.13	24.67	1.058	0.783	0.847	0.896	1.42	1.44	1.37	1.33
烟草制造业	2.19	20.45	66.96	27.14	0.076	0.733	2.563	0.986	0.30	0.24	0.22	0.29
纺织业	19.34	0.21	15.26	11.29	0.677	0.008	0.584	0.410	3.31	3.07	2.41	2.20
纺织服装、鞋、帽制造业	37.18	19.10	17.26	24.20	1.301	0.685	0.661	0.879	1.42	1.51	1.41	1.31
皮革、毛皮、羽毛（绒）及其制品业	18.18	21.59	21.96	20.56	0.636	0.774	0.841	0.747	0.76	0.70	0.67	0.64
木材加工及木、竹、藤、棕、草制品业	53.34	27.85	26.10	35.21	1.867	0.998	0.999	1.279	1.06	1.26	1.26	1.26
家具制造业	42.17	30.53	26.82	33.01	1.476	1.094	1.027	1.199	0.71	0.78	0.80	0.80
造纸及纸制品业	25.91	25.04	21.20	24.03	0.907	0.897	0.812	0.873	1.68	1.64	1.61	1.54
印刷业和记录媒介的复制	22.44	23.48	24.31	23.40	0.785	0.841	0.931	0.850	0.78	0.74	0.71	0.70
文教体育用品制造业	44.02	12.70	10.94	21.66	1.541	0.455	0.419	0.787	0.31	0.35	0.31	0.27
石油加工、炼焦及核燃料加工业	49.42	29.75	0.19	24.77	1.730	1.066	0.007	0.900	2.44	2.83	2.87	2.28
化学原料及化学制品制造业	37.24	36.50	25.45	32.95	1.303	1.308	0.974	1.197	6.59	7.04	7.51	7.47
医药制造业	11.32	26.86	37.73	24.83	0.396	0.963	1.444	0.902	1.94	1.68	1.67	1.82
化学纤维制造业	26.78	5.69	−4.85	8.43	0.937	0.204	−0.186	0.306	0.55	0.55	0.45	0.34
橡胶制品业	20.58	13.62	34.07	22.47	0.720	0.488	1.304	0.816	0.93	0.87	0.77	0.82
塑料制品业	29.11	20.48	27.56	25.66	1.019	0.734	1.055	0.932	1.82	1.82	1.72	1.74

续表

	投资年增长速度（%）				投资年增长速度同全国增长速度之比				行业投资占工业总投资百分比（%）			
	2007年	2008年	2009年	2007~2009年	2007年	2008年	2009年	2007~2009年	2006年	2007年	2008年	2009年
非金属矿物制品业	50.94	46.95	44.62	47.48	1.783	1.683	1.708	1.725	4.78	5.62	6.45	7.40
黑色金属冶炼及压延加工业	14.09	26.42	–1.05	12.59	0.493	0.947	–0.040	0.457	5.80	5.14	5.08	3.99
有色金属冶炼及压延加工业	33.37	42.71	18.80	31.25	1.168	1.531	0.720	1.135	2.51	2.61	2.91	2.74
金属制品业	43.32	36.03	29.56	36.18	1.516	1.291	1.132	1.314	2.90	3.23	3.43	3.53
通用设备制造业	49.38	37.72	38.48	41.76	1.728	1.352	1.473	1.517	4.04	4.70	5.06	5.55
专用设备制造业	54.60	33.57	37.33	41.55	1.911	1.203	1.429	1.509	2.83	3.40	3.55	3.87
交通运输设备制造业	37.99	39.05	31.08	36.00	1.330	1.400	1.190	1.308	5.09	5.47	5.94	6.18
电气机械及器材制造业	43.30	45.01	51.87	46.68	1.516	1.613	1.986	1.696	2.90	3.23	3.66	4.41
通信设备、计算机及其他电子设备制造业	24.25	17.52	6.68	15.92	0.849	0.628	0.256	0.578	4.35	4.20	3.86	3.27
仪器仪表及文化、办公用机械制造业	24.10	56.71	19.55	32.48	0.844	2.033	0.749	1.180	0.59	0.57	0.70	0.66
工艺品及其他制造业	23.36	21.99	22.94	22.76	0.818	0.788	0.878	0.827	1.18	1.13	1.08	1.05
废弃资源和废旧材料回收加工业	123.95	58.85	77.65	84.89	4.339	2.109	2.973	3.083	0.10	0.17	0.21	0.30
电力、热力的生产与供应业	9.45	14.39	22.47	15.31	0.331	0.516	0.860	0.556	18.64	15.87	14.19	13.78
燃气生产与供应业	4.68	19.46	60.64	26.18	0.164	0.698	2.322	0.951	0.85	0.69	0.65	0.83
水的生产与供应业	27.46	25.63	69.75	39.56	0.961	0.919	2.670	1.437	1.65	1.64	1.61	2.16
工业总	28.57	27.90	26.12	27.53	1.000	1.000	1.000	1.000	100.00	100.00	100.00	100.00

资料来源：根据国家统计局网站公布的数据加工、整理而成。

（三）2006~2009 年城镇固定资产投资状况

	投资额（亿元）				年增长率（%）			占全国投资额百分比（%）			
	2006 年	2007 年	2008 年	2009 年	2007 年	2008 年	2009 年	2006 年	2007 年	2008 年	2009 年
投资完成额	93472.36	117413.91	148167.25	194138.62	25.61	26.19	31.03	100.00	100.00	100.00	100.00
其中：国有及国有控股	45211.61	52293.03	64131.97	86535.58	15.66	22.64	34.93	48.37	44.54	43.28	44.57
其中：住宅	16260.96	21239.17	25988.82	36231.71	30.61	22.36	39.41	17.40	18.09	17.54	18.66
1. 按产业分											
第一产业	1101.71	1466.45	2256.12	3373.30	33.11	53.85	49.52	1.18	1.25	1.52	1.74
第二产业	39759.88	51019.86	65036.11	82276.52	28.32	27.47	26.51	42.54	43.45	43.89	42.38
第三产业	52610.77	64927.60	80875.01	108488.80	23.41	24.56	34.14	56.28	55.30	54.58	55.88
2. 按隶属关系分											
中央项目	10792.36	12708.19	16641.42	19650.80	17.75	30.95	18.08	11.55	10.82	11.23	10.12
地方项目	82680.00	104705.72	131525.82	174487.82	26.64	25.61	32.66	88.45	89.18	88.77	89.88
3. 按建设性质分											
新建	44346.07	52276.28	66093.63	90313.77	17.88	26.43	36.65	47.44	44.52	44.61	46.52
扩建	15649.33	19716.36	24439.67	30488.32	25.99	23.96	24.75	16.74	16.79	16.49	15.70
改建	9799.14	13919.92	18800.81	26504.00	42.05	35.06	40.97	10.48	11.86	12.69	13.65

资料来源：根据国家统计局网站公布的数据加工、整理而成。

（四）2005~2009 年全国 GDP 和出口依存度

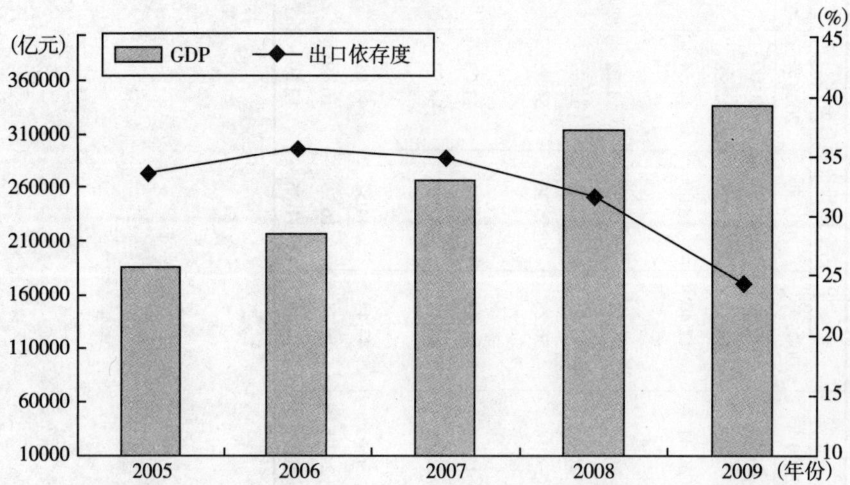

资料来源：中华人民共和国国家统计局：《中华人民共和国 2009 年国民经济和社会发展统计公报》，2010 年 2 月 25 日。

（五）2005~2009 年全国工业增加值及 GDP

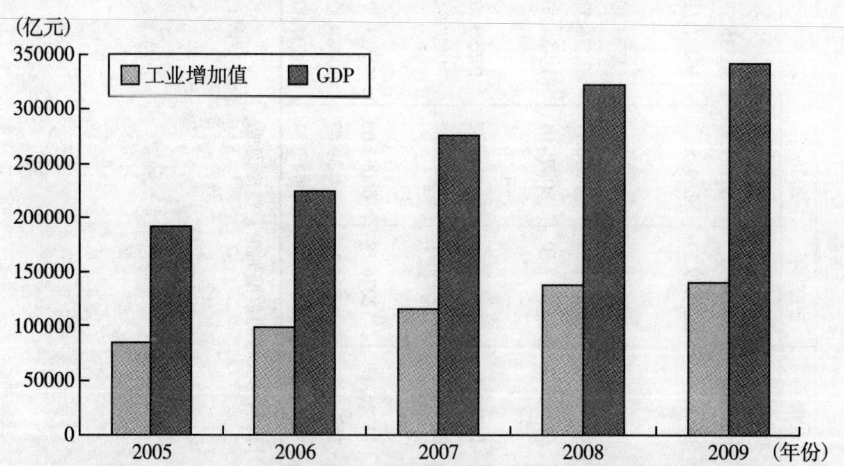

资料来源：中华人民共和国国家统计局：《中华人民共和国 2009 年国民经济和社会发展统计公报》，2010 年 2 月 25 日。

（六）2006~2009 年全国全社会固定资产投资和城镇固定资产投资

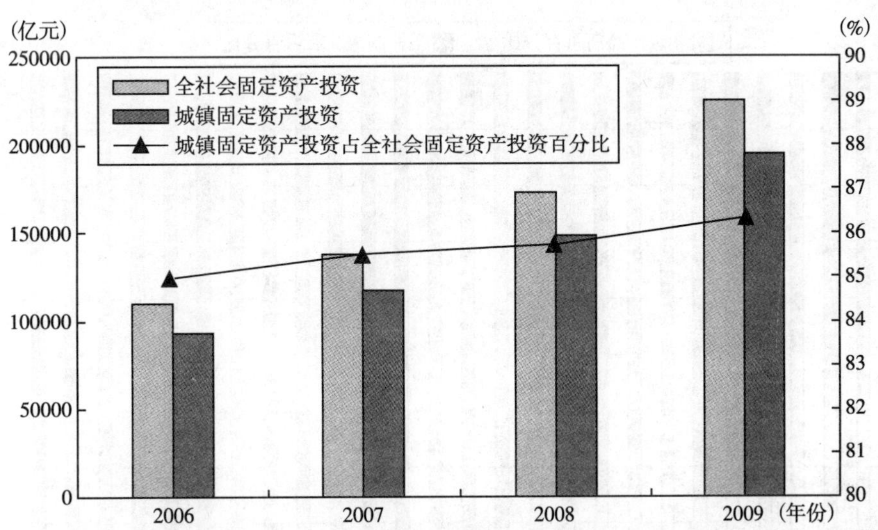

资料来源：全社会固定资产投资额取自《中国统计年鉴》城镇固定资产投资取自家统计局网站公布的数据。

（七）2005~2009 年全国进口和出口总额

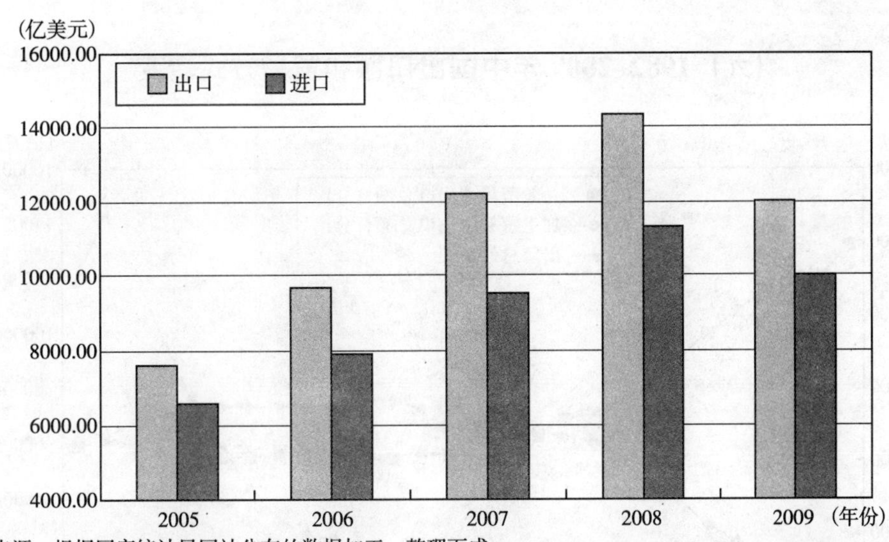

资料来源：根据国家统计局网站公布的数据加工、整理而成。

（八）1982~2008 年中国出口结构转变

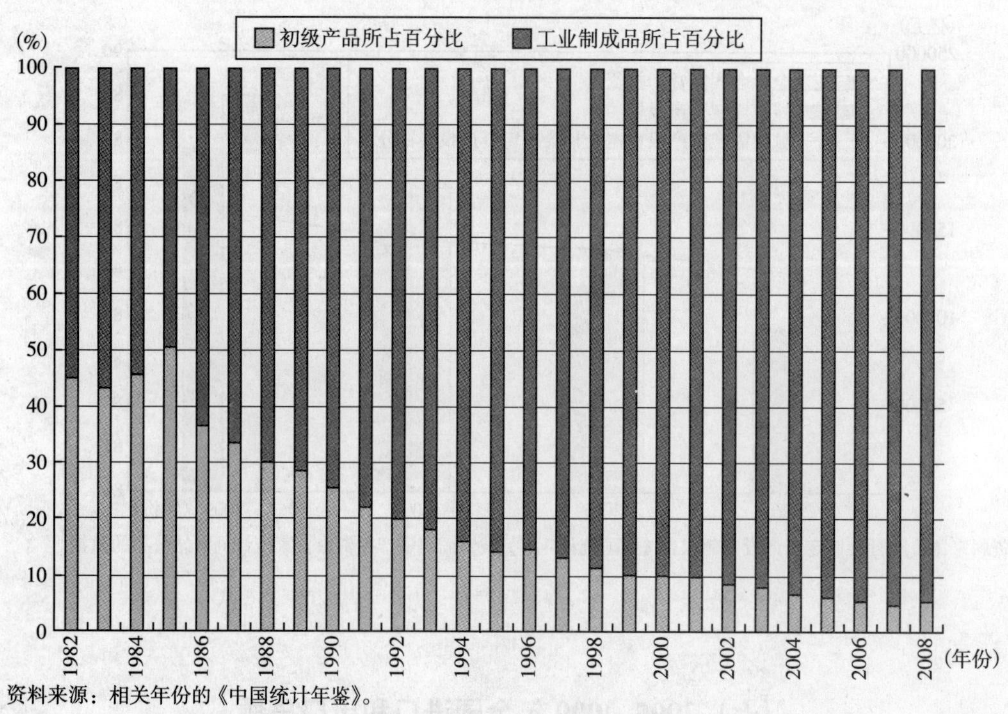

资料来源：相关年份的《中国统计年鉴》。

（九）1982~2009 年中国出口额和贸易方式转变

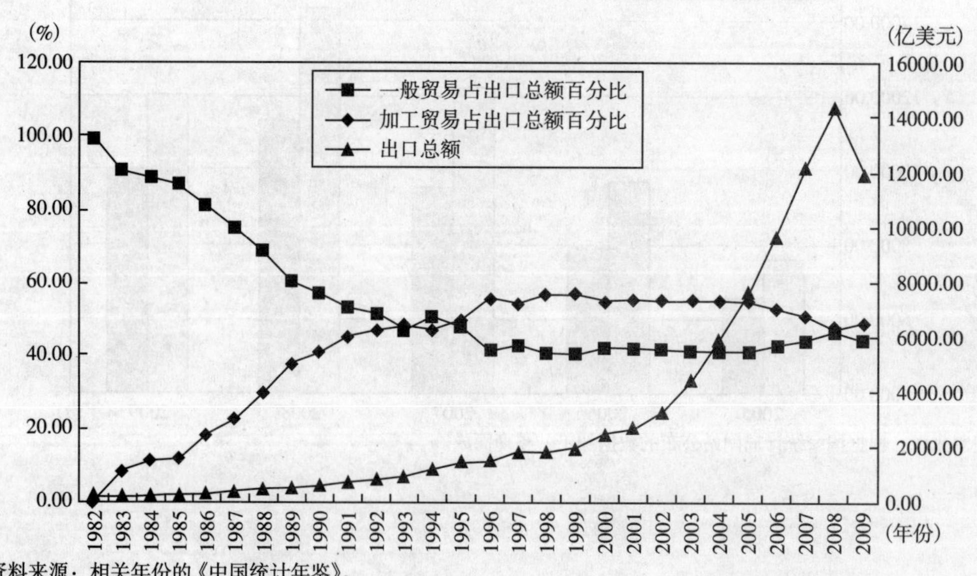

资料来源：相关年份的《中国统计年鉴》。

二、各地区工业发展主要指标

（一）2004~2008 年各地区工业总产值占全国百分比

地带	地区	工业总产值占全国百分比（%）					所占百分比排序（降序）	
		2004 年	2005 年	2006 年	2007 年	2008 年	2004 年	2008 年
东部	北　京	2.842	2.761	2.593	2.381	2.052	11	15
	天　津	2.902	2.692	2.694	2.487	2.464	10	12
	河　北	4.304	4.375	4.261	4.209	4.539	6	8
	上　海	6.924	6.266	5.867	5.494	4.950	5	6
	江　苏	13.227	12.999	13.080	13.159	13.361	2	1
	浙　江	9.284	9.183	9.201	8.903	8.047	4	4
	福　建	3.363	3.233	3.160	3.089	2.998	9	9
	山　东	11.164	12.131	12.249	12.309	12.407	3	3
	广　东	14.651	14.285	14.111	13.637	12.893	1	2
	海　南	0.202	0.188	0.202	0.247	0.217	29	29
东北	辽　宁	4.265	4.298	4.475	4.504	4.881	7	7
	吉　林	1.658	1.507	1.501	1.601	1.657	18	19
	黑龙江	1.844	1.874	1.718	1.516	1.503	15	20
中部	山　西	1.869	1.928	1.865	1.923	1.975	14	16
	安　徽	1.814	1.815	1.869	1.961	2.200	16	14
	江　西	1.097	1.184	1.341	1.529	1.675	20	18
	河　南	3.755	4.168	4.387	5.045	5.129	8	5
	湖　北	2.459	2.411	2.354	2.370	2.651	12	11
	湖　南	1.811	1.890	1.937	2.089	2.277	17	13
西部	内蒙古	1.039	1.191	1.308	1.435	1.722	22	17
	广　西	1.004	1.012	1.060	1.132	1.197	24	22
	重　庆	1.062	1.004	1.015	1.077	1.134	21	23
	四　川	2.338	2.455	2.506	2.726	2.909	13	10
	贵　州	0.692	0.672	0.653	0.622	0.613	27	27
	云　南	1.037	1.032	1.072	1.061	1.014	23	24
	西　藏	0.011	0.011	0.011	0.010	0.009	31	31
	陕　西	1.356	1.350	1.403	1.405	1.474	19	21
	甘　肃	0.785	0.790	0.784	0.798	0.723	25	26
	青　海	0.186	0.193	0.202	0.203	0.217	30	30
	宁　夏	0.274	0.267	0.272	0.264	0.269	28	28
	新　疆	0.779	0.836	0.848	0.814	0.843	26	25

资料来源：根据相关年份的《中国统计年鉴》提供的数据计算而成。

（二）2006~2009 年各地区工业增加值增长速度及在全国地位

地带	地区	工业增加值年增长率（%）				同全国增长速度之比				增长速度排序（降序）			
		2006 年	2007 年	2008 年	2009 年	2006 年	2007 年	2008 年	2009 年	2006 年	2007 年	2008 年	2009 年
东部	北京	14.10	13.40	2.00	9.10	0.849	0.724	0.155	0.827	30	30	31	25
	天津	18.80	18.20	21.00	22.80	1.133	0.984	1.628	2.073	19	21	9	2
	河北	19.80	18.90	13.50	13.40	1.193	1.022	1.047	1.218	16	18	20	17
	上海	13.40	12.60	8.30	3.00	0.807	0.681	0.643	0.273	31	31	28	30
	江苏	21.40	18.90	14.20	14.60	1.289	1.022	1.101	1.327	8	17	18	14
	浙江	17.40	17.90	10.10	6.20	1.048	0.968	0.783	0.564	26	22	24	29
	福建	20.40	21.50	16.70	13.00	1.229	1.162	1.295	1.182	10	12	15	18
	山东	23.60	20.80	13.80	14.90	1.422	1.124	1.070	1.355	5	15	19	12
	广东	18.30	18.30	12.80	8.90	1.102	0.989	0.992	0.809	23	20	22	26
	海南	26.50	33.80	6.00	7.50	1.596	1.827	0.465	0.682	2	1	30	27
东北	辽宁	20.00	21.00	17.50	16.80	1.205	1.135	1.357	1.527	14	13	14	11
	吉林	18.50	23.60	18.60	16.80	1.114	1.276	1.442	1.527	20	11	11	10
	黑龙江	15.20	15.80	13.10	12.10	0.916	0.854	1.016	1.100	28	28	21	19
中部	山西	18.30	21.00	6.50	2.50	1.102	1.135	0.504	0.227	22	14	29	31
	安徽	20.30	24.50	22.00	22.60	1.223	1.324	1.705	2.055	12	7	3	3
	江西	22.70	24.60	21.90	20.10	1.367	1.330	1.698	1.827	7	6	4	6
	河南	23.40	24.20	19.80	14.60	1.410	1.308	1.535	1.327	6	9	10	14
	湖北	20.00	23.60	21.60	20.10	1.205	1.276	1.674	1.827	15	10	5	7
	湖南	20.10	24.30	18.40	20.50	1.211	1.314	1.426	1.864	13	8	12	5

续表

地带	地区	工业增加值年增长率（%）				同全国增长速度之比				增长速度排序（降序）			
		2006 年	2007 年	2008 年	2009 年	2006 年	2007 年	2008 年	2009 年	2006 年	2007 年	2008 年	2009 年
西部	内蒙古	29.80	30.00	24.50	24.20	1.795	1.622	1.899	2.200	1	2	1	1
	广西	23.80	26.50	22.60	18.20	1.434	1.432	1.752	1.655	4	3	2	9
	重庆	20.60	25.10	21.60	18.50	1.241	1.357	1.674	1.682	9	5	5	8
	四川	24.00	25.40	17.90	21.20	1.446	1.373	1.388	1.927	3	4	13	4
	贵州	17.50	16.80	10.10	10.60	1.054	0.908	0.783	0.964	25	27	25	23
	云南	17.80	17.50	12.60	11.20	1.072	0.946	0.977	1.018	24	24	23	20
	西藏	19.80	17.60	8.90	10.80	1.193	0.951	0.690	0.982	17	23	27	22
	陕西	18.40	19.60	21.00	14.80	1.108	1.059	1.628	1.345	21	16	8	13
	甘肃	17.30	17.10	9.50	10.60	1.042	0.924	0.736	0.964	27	25	26	23
	青海	20.40	18.40	21.50	11.00	1.229	0.995	1.667	1.000	11	19	7	21
	宁夏	19.60	17.00	15.10	14.30	1.181	0.919	1.171	1.300	18	26	17	16
	新疆	15.00	15.20	15.50	7.20	0.904	0.822	1.202	0.655	29	29	16	28

资料来源：根据国家统计局网站公布的数据加工、整理而成。

（三）2006~2009 年各地区城镇投资情况

地带	地区	投资额（亿元）				投资年增长速度（%）				增长速度同全国平均增长速度之比				投资占全国投资百分比（%）		
		2006 年	2007 年	2008 年	2009 年	2007 年	2008 年	2009 年	2007~2009 年	2007 年	2008 年	2009 年	2007~2009 年	2007 年	2008 年	2009 年
东部	北京	3086.29	3597.29	3520.95	4149.63	16.56	−2.12	17.86	10.37	0.65	−0.08	0.58	0.38	3.06	2.38	2.14
	天津	1678.98	2192.17	3175.12	4446.83	30.57	44.84	40.05	38.36	1.19	1.71	1.29	1.39	1.87	2.14	2.29
	河北	4430.61	5682.86	7465.13	10472.25	28.26	31.36	40.28	33.21	1.10	1.20	1.30	1.20	4.84	5.04	5.39
	上海	3497.48	4045.10	4371.63	4718.76	15.66	8.07	7.94	10.50	0.61	0.31	0.26	0.38	3.45	2.95	2.43
	江苏	7473.69	9163.03	11370.85	14266.88	22.60	24.09	25.47	24.05	0.88	0.92	0.82	0.87	7.80	7.67	7.35
	浙江	5428.03	5998.58	6519.11	7453.64	10.51	8.68	14.34	11.15	0.41	0.33	0.46	0.40	5.11	4.40	3.84
	福建	2730.11	3829.02	4586.63	5548.61	40.25	19.79	20.97	26.67	1.57	0.76	0.68	0.97	3.26	3.10	2.86
	山东	8714.86	10153.39	12528.44	15439.10	16.51	23.39	23.23	21.00	0.64	0.89	0.75	0.76	8.65	8.46	7.95
	广东	6552.58	7360.10	8602.89	10238.46	12.32	16.89	19.01	16.04	0.48	0.64	0.61	0.58	6.27	5.81	5.27
	海南	396.73	472.22	667.95	942.57	19.03	41.45	41.11	33.44	0.74	1.58	1.32	1.21	0.40	0.45	0.49
东北	辽宁	4977.15	6576.02	8879.22	11605.17	32.12	35.02	30.70	32.60	1.25	1.34	0.99	1.18	5.60	5.99	5.98
	吉林	2366.05	3346.90	4687.35	5958.62	41.46	40.05	27.12	36.05	1.62	1.53	0.87	1.31	2.85	3.16	3.07
	黑龙江	2040.41	2621.79	3368.21	4696.08	28.49	28.47	39.42	32.03	1.11	1.09	1.27	1.16	2.23	2.27	2.42
中部	山西	2059.24	2600.22	3194.51	4509.56	26.27	22.86	41.17	29.86	1.03	0.87	1.33	1.08	2.21	2.16	2.32
	安徽	3057.86	4461.59	5936.17	7940.55	45.91	33.05	33.77	37.45	1.79	1.26	1.09	1.36	3.80	4.01	4.09
	江西	2377.41	2950.36	4317.92	6006.69	24.10	46.35	39.11	36.20	0.94	1.77	1.26	1.31	2.51	2.91	3.09
	河南	4843.76	6609.16	8700.11	11455.01	36.45	31.64	31.67	33.23	1.42	1.21	1.02	1.20	5.63	5.87	5.90
	湖北	3039.87	3927.36	5133.31	7183.68	29.19	30.71	39.94	33.20	1.14	1.17	1.29	1.20	3.34	3.46	3.70
	湖南	2718.44	3609.54	4820.60	6880.09	32.78	33.55	42.72	36.28	1.28	1.28	1.38	1.31	3.07	3.25	3.54

续表

地带	地区	投资额（亿元）				投资年增长速度（%）				增长速度同全国平均增长速度之比				投资占全国投资百分比（%）		
		2006年	2007年	2008年	2009年	2007年	2008年	2009年	2007~2009年	2007年	2008年	2009年	2007~2009年	2007年	2008年	2009年
西部	内蒙古	3264.80	4257.50	5320.59	7144.35	30.41	24.97	34.28	29.83	1.19	0.95	1.10	1.08	3.63	3.59	3.68
	广西	1947.27	2599.75	3320.24	4689.88	33.51	27.71	41.25	34.04	1.31	1.06	1.33	1.23	2.21	2.24	2.42
	重庆	2251.95	2937.50	3715.90	4855.11	30.44	26.50	30.66	29.19	1.19	1.01	0.99	1.06	2.50	2.51	2.50
	四川	3927.59	5045.84	6340.50	9061.43	28.47	25.66	42.91	32.14	1.11	0.98	1.38	1.16	4.30	4.28	4.67
	贵州	1048.67	1286.14	1603.22	2040.02	22.64	24.65	27.25	24.83	0.88	0.94	0.88	0.90	1.10	1.08	1.05
	云南	1924.06	2443.47	3106.24	4117.53	27.00	27.12	32.56	28.87	1.05	1.04	1.05	1.05	2.08	2.10	2.12
	西藏	196.42	229.15	265.37	328.66	16.66	15.81	23.85	18.72	0.65	0.60	0.77	0.68	0.20	0.18	0.17
	陕西	2285.67	3168.59	4273.46	5890.47	38.63	34.87	37.84	37.10	1.51	1.33	1.22	1.34	2.70	2.88	3.03
	甘肃	925.92	1177.46	1495.64	2076.38	27.17	27.02	38.83	30.89	1.06	1.03	1.25	1.12	1.00	1.01	1.07
	青海	384.61	443.79	513.38	689.12	15.39	15.68	34.23	21.46	0.60	0.60	1.10	0.78	0.38	0.35	0.35
	宁夏	448.73	527.69	735.52	964.16	17.60	39.38	31.09	29.04	0.69	1.50	1.00	1.05	0.45	0.50	0.50
	新疆	1415.11	1652.43	1974.47	2418.51	16.77	19.49	22.49	19.56	0.65	0.74	0.72	0.71	1.41	1.33	1.25

资料来源：根据国家统计局网站公布的数据加工、整理而成。

（四）2005~2008 年各地区出口依存度和出口占全国百分比

地带	地区	出口依存度（%）				出口占全国百分比（按货源地分）（%）			
		2005 年	2006 年	2007 年	2008 年	2005 年	2006 年	2007 年	2008 年
东部	北京	21.89	25.26	24.58	22.99	2.41	2.57	2.48	2.43
	天津	57.67	59.78	57.45	45.36	3.42	3.37	3.13	2.90
	河北	9.76	10.39	12.09	12.50	1.58	1.57	1.79	2.04
	上海	77.48	83.42	85.65	81.36	11.36	11.20	11.27	11.22
	江苏	55.76	60.03	61.34	56.18	16.35	16.82	17.05	17.14
	浙江	49.72	54.49	55.45	54.32	10.70	11.10	11.25	11.75
	福建	44.83	43.68	40.41	35.90	4.72	4.31	4.04	3.91
	山东	21.11	21.79	22.90	21.61	6.26	6.23	6.42	6.76
	广东	88.26	92.93	91.33	80.01	31.63	31.53	30.66	28.74
	海南	7.80	8.33	10.33	7.93	0.11	0.11	0.14	0.12
东北	辽宁	25.24	24.45	24.58	21.75	3.24	2.93	2.93	2.95
	吉林	6.25	5.81	5.81	5.32	0.36	0.32	0.33	0.34
	黑龙江	8.60	9.03	10.82	7.76	0.76	0.72	0.83	0.65
中部	山西	12.36	11.02	12.75	14.39	0.83	0.68	0.79	1.00
	安徽	7.74	8.57	8.75	8.42	0.67	0.68	0.70	0.75
	江西	5.36	6.75	7.55	8.35	0.35	0.41	0.45	0.54
	河南	4.34	4.59	4.61	4.69	0.74	0.74	0.75	0.87
	湖北	5.27	6.20	6.61	7.01	0.55	0.61	0.66	0.80
	湖南	4.85	5.45	5.45	5.49	0.51	0.53	0.54	0.62
西部	内蒙古	4.81	4.48	4.75	4.11	0.30	0.28	0.31	0.32
	广西	5.77	6.33	6.26	6.62	0.38	0.40	0.40	0.48
	重庆	6.40	7.06	7.79	7.28	0.31	0.32	0.35	0.37
	四川	4.54	5.24	5.29	5.92	0.54	0.59	0.60	0.75
	贵州	4.70	4.72	5.66	5.71	0.15	0.14	0.17	0.19
	云南	5.63	6.09	6.88	5.46	0.31	0.32	0.35	0.31
	西藏	3.49	5.64	6.44	5.75	0.01	0.02	0.02	0.02
	陕西	8.56	7.74	7.43	6.87	0.50	0.45	0.44	0.47
	甘肃	4.68	5.63	4.74	3.83	0.15	0.17	0.14	0.12
	青海	4.72	6.35	2.80	2.85	0.04	0.05	0.02	0.03
	宁夏	10.92	12.28	11.55	10.86	0.11	0.11	0.11	0.12
	新疆	15.71	18.35	23.20	30.53	0.66	0.72	0.88	1.29

资料来源：根据相关年份的《中国统计年鉴》提供的数据计算而成。

（五）2004~2008年四大地带规模以上工业占全国百分比

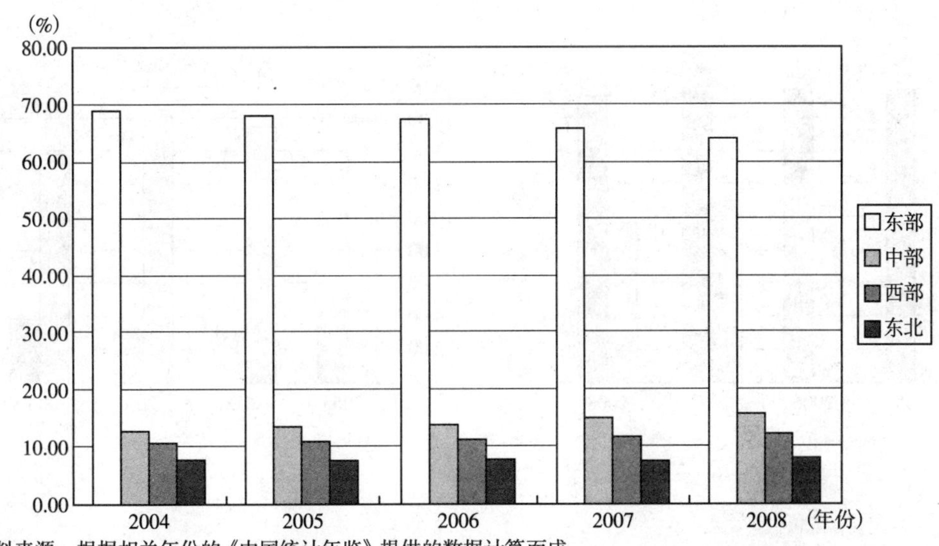

资料来源：根据相关年份的《中国统计年鉴》提供的数据计算而成。

（六）2006年、2009年四大地带城镇投资占全国城镇投资百分比

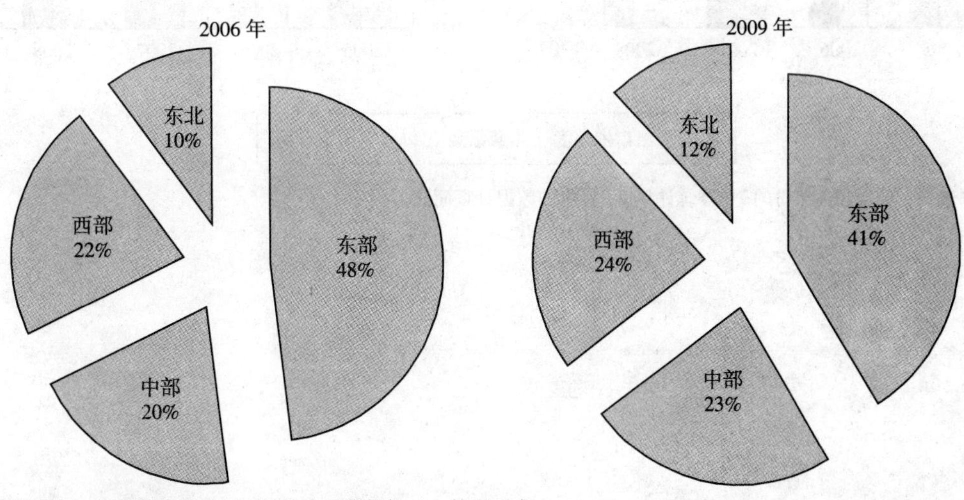

资料来源：根据国家统计局网站公布的数据加工、整理而成。

（七）2005~2008年四大地带出口依存度和出口占全国百分比（出口按货源地计算）

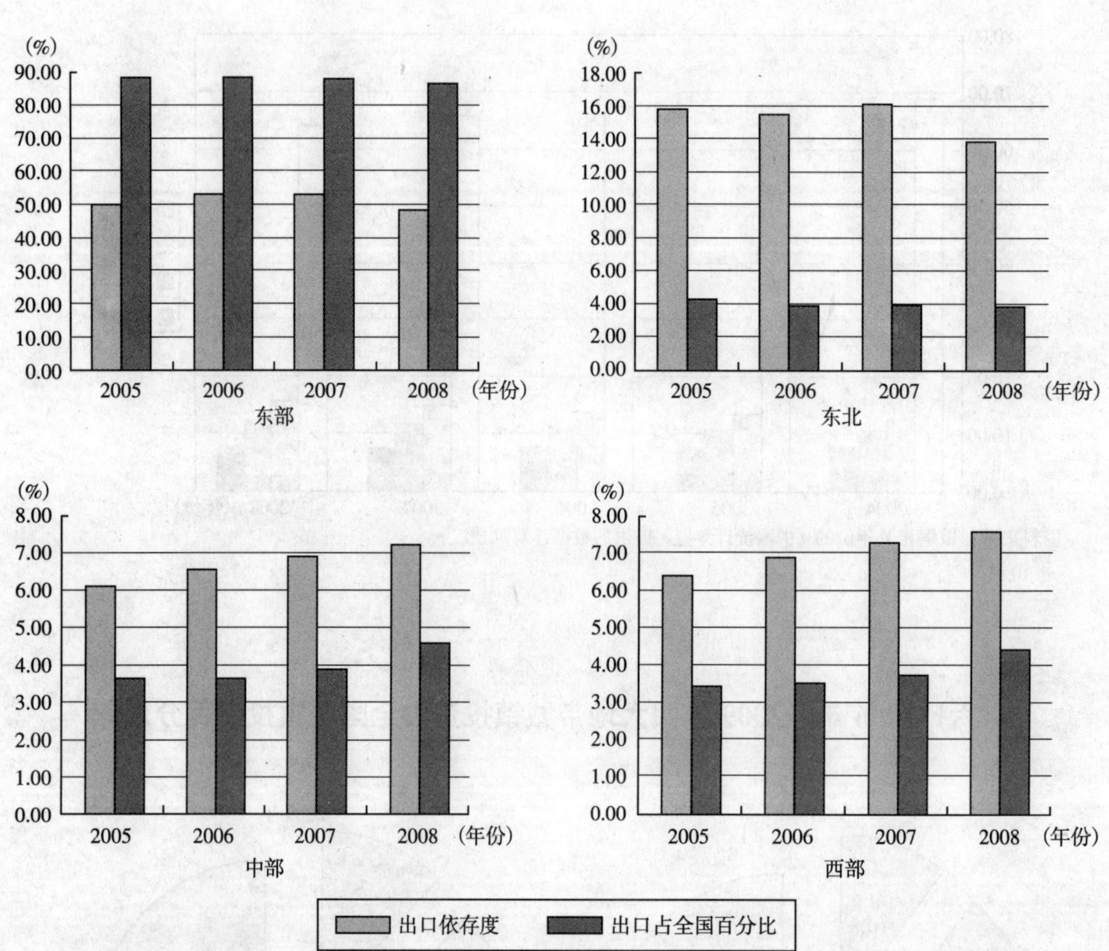

资料来源：根据相关年份的《中国统计年鉴》提供的数据计算而成。

附录 2　中国工业大事记

一、2009 年中国工业大事记

1 月

1 日　国务院决定自 2009 年 1 月 1 日起实施成品油税费改革，取消原在成品油价外征收的公路养路费、航道养护费、公路运输管理费、公路客货运附加费、水路运输管理费、水运客货运附加费六项收费。同时，将价内征收的汽油消费税单位税额由每升 0.2 元提高到 1 元；柴油由每升 0.1 元提高到 0.8 元；其他成品油消费税单位税额相应提高。

3 日　《人民日报》报道，武汉—广州、郑州—西安、宁波—台州—温州、温州—福州、福州—厦门五条客运专线将于 2009 年投入运营。2009~2010 年还将开工建设约 1 万公里。按照当前的建设速度，到 2012 年，将有 1.3 万公里客运专线建成投入运营。

△《人民日报》报道，总投资达 58 亿元的 4 个重点工业项目日前在四川省泸州市集中开工建设。包括川化控股集团投资 30 亿元的年产 6 万吨 1.4—丁二醇、4.6 万吨聚四氢呋喃项目，投资 13 亿元的年产 21.5 亿立方米的煤气化项目，泸州北方化学工业有限公司投资 8 亿元的年产 7 万吨有机硅二期项目和泸州赛德水泥投资 7 亿元的日产 4600 吨水泥项目。

4 日　《人民日报》报道，位于福州长乐市闽江口洋屿作业区的福建鑫通码头于 1 月 3 日正式投入运营。该码头有 6 个 2 万吨级兼靠 3 万吨海轮多用途泊位，年货物吞吐量达百万吨，总投资 5.2 亿元人民币，是目前闽江口南岸最大的综合性码头。

△《晋鲁两省加强能源交通领域合作框架协议》在京签订，双方将实施“晋电入鲁”工程和“出海铁路大通道”工程。

5 日　国际能源网消息，大连船舶重工集团有限公司建造的半潜式深海钻井平台成功交付，这是国内船企首次完整建造该型平台。

6 日　《人民日报》报道，历时 117 天，总航程 23000 余海里的远望五号测量船顺利抵达中国卫星海上测控部港口。至此，顺利完成神舟七号海上测控任务的 5 艘远望号测量船全部胜利返回祖国，中国航天远洋测控史上最大规模的行动圆满结束。远望号测量船队组建 30 年来，已 50 余次远征三大洋，70 余次执行航天发射的海上测控任务，总航程 150 余万海里，测控成功率达 100%。

7日 《人民日报》报道，水利部部长陈雷在全国水利工作会议上表示，未来2到3年内，中国将着力推进水利建设十大工程：病险水库除险加固工程、农村饮水安全工程、大型灌区续建配套与节水改造工程、大型灌排泵站更新改造工程、江河湖泊治理工程、骨干水利枢纽和重点水源工程、小型农田水利工程、水土保持等生态建设工程、农村水电工程、行业能力建设工程。确保2010年底完成6240座大中型和重点小型病险水库除险加固，力争3年内基本解决原规划确定的农村人口饮水不安全问题。

△ 总工程投资预算逾80亿元的前阳至庄河铁路、通化至灌水铁路于1月6日上午在辽宁、吉林两省开工，标志着东北东部铁路通道全线开工。东北东部铁路通道是振兴东北老工业基地的重点基础性项目。

8日 《人民日报》报道，工业和信息化部当日宣布，批准中国移动、中国电信、中国联通增加3G业务经营许可。这意味着中国3张3G牌照已正式发放。TD-SCDMA的发展在3G发展中具有重要的地位。

△ 神华煤直接液化百万吨级示范工程自2008年12月31日打通全部生产流程，生产出合格的石脑油和柴油等目标产品起，至当日各装置运转正常。神华煤直接液化百万吨级工业示范工程的试车成功，使中国成为世界上唯一掌握百万吨级煤直接液化关键技术的国家。

△ 今年青海柴达木盆地将开工建设国内最大的并网太阳能电站，项目首期投资金额约10亿元人民币。该太阳能电站规划总装机容量为1GW（1000MW），在国内首创采用非晶硅薄膜、晶体硅混合的光伏电池方阵，将成为中国目前最大的并网光伏电站。

9日 《人民日报》报道，国务院日前批复《珠江三角洲地区改革发展规划纲要（2008~2020年）》。珠三角地区将紧紧抓住当前扩大内需、促进增长的战略机遇，加快基础设施建设，推进经济结构转型和发展方式转变，进一步发挥对全国的辐射带动作用和先行示范作用，争当实践科学发展观的排头兵。

△ 以推进矿产资源可持续利用，提高矿产资源对经济社会保障能力为目标的《全国矿产资源规划（2008~2015年）》，由国务院正式批复并由国土资源部组织实施。

△ 国家最高科技奖评选结果揭晓。两位科学家获得最高国家科学技术奖，一位是被称为中国神经外科事业开拓者的中国工程院院士王忠诚，另一位是著名化学家，中国科学院院士徐光宪。

10日 《人民日报》报道，中蒙跨国运煤专用铁路国内线——神华甘泉铁路奠基仪式1月9日在内蒙古自治区巴彦淖尔市乌拉特中旗举行。

11日《人民日报》报道，世界铁路建设史上瞬间突涌水量最大的隧道——宜万铁路马鹿箐隧道双线贯通。中铁十一局集团为此奋战4年，战胜19次特大突涌水，攻克多个世界性技术难题。

12日 《人民日报》报道，广西近日颁布实施《关于促进广西北部湾经济区开放开发的若干政策规定》，从产业、财税、土地使用、金融、外经贸发展等方面出台七大类优惠政策，促进北部湾经济区开放开发。

13日 《人民日报》报道，齐齐哈尔轨道装备公司为澳大利亚FMG公司研制的40吨轴重矿石车样车通过铁道部专家组的技术审查。40吨轴重矿石车采用40吨轴重转向架，最高运行时速100公里，是目前世界最大轴重的铁路货车。最大矿石车的研制成功，标志着齐齐哈尔轨道装备公司占据了世界铁路货车技术制高点。

14日 《人民日报》报道，中科院宣布正式启动实施太阳能行动计划。该计划分2015年分布式利用、2025年替代利用、2035年规模利用三个阶段，力争到2050年前后使太阳能成为中国的重要能源。

15日 《人民日报》报道，国务院常务会议审议并原则通过《汽车产业和钢铁产业调整振兴规划》。会议认为，汽车、钢铁产业是国民经济重要支柱产业，涉及面广、关联度高、消费拉动大。制定实施规划，对于推进汽车、钢铁产业结构优化升级，增强企业素质和国际竞争力，促进相关产业和国民经济平稳较快发展，都具有重要意义。

△ 天津市与中国航空工业集团在北京签署协议，共同投资80亿元组建中航工业直升机有限责任公司，在天津滨海新区建设中国直升机研发制造基地。

16日 国际电力网消息，国家电网公司在北京召开新闻发布会，向社会公开宣布中国自主研发、设计和建设的具有自主知识产权的晋东南—南阳—荆门1000千伏特高压交流试验示范工程正式投入运行。该工程是目前世界上运行电压最高、输送能力最大、代表国际输变电技术最高水平的特高压交流输变电工程，它标志着中国在远距离、大容量、低损耗的特高压（UHV）核心技术和设备国产化上取得重大突破，对保障国家能源安全和电力可靠供应具有重要意义。

17日 《人民日报》报道，中国农业银行股份有限公司在京召开成立大会。这不仅标志着农业银行股份制改革取得了决定性成果，也表明中国国有独资商业银行股份制改革进入了“收官”阶段。

19日 《人民日报》报道，在珠江口西岸，广州大型装备产业基地暨中船大岗船用柴油机制造与船舶配套产业基地围堤吹填工程开工建设。一期工程总投资65亿元，年产低速柴油机500万匹马力，预计2011年下半年正式投产。

△ 作为中国大型客机发动机项目的责任主体——中航商用飞机发动机有限责任公司今天在上海成立。这是中国航空发动机领域又一次体制机制的创新，也标志着中国在建设航空工业强国的征程中又迈出了坚实的一步。

20日 《人民日报》报道，国家开发银行与中国中信集团公司、中信国安集团公司20日签署中信集团战略投资白银集团项目并购贷款有关合同，并发放贷款16.315亿元。这是自2008年12月银监会下发《商业银行并购贷款风险管理指引》后，国内第一笔实现资金发放的并购贷款。

22日 三鹿问题奶粉系列刑事案件在石家庄市中级人民法院一审宣判。三鹿集团原董事长田文华被判处无期徒刑，剥夺政治权利终身。生产销售含三聚氰胺混合物的张玉军被判处死刑；张彦章被判处无期徒刑。向原奶中添加含有三聚氰胺混合物并销售给三鹿集团的耿金平被判处死刑。生产销售含有三聚氰胺混合物的高俊杰被判处死刑、缓期两年；薛建忠被判处无期徒刑。其他人被判有期徒刑。

23日 《人民日报》报道，中国自主研发、拥有自主知识产权的红光高清NVD播放机和光盘产品在武汉正式上市，标志着中国光存储产业实现了从“中国制造”到“中国创造”的历史性跨越。中国创造的NVD技术标准，有助于中国光盘产业抵御国外“蓝光”高清技术阵营的侵扰。

△ 中国设计产能最大的露天煤矿——神华集团哈尔乌素露天煤矿近日开始试运行。该矿位于内蒙古准格尔煤田中部，面积67.17平方公里，可采原煤储量为17.3亿吨，设计年产原煤2000万吨，设计服务年限79年，是中国目前设计产能最大的露天煤矿。

△ 工业和信息化部、国家发展改革委、财政部、国资委、科技部今天公布15项支持自主创新的TD-SCDMA加速发展的措施，内容涉及财政资金、项目支持、网络建设、业务应用以及产业发展多个方面。工业和信息化部有关负责人表示，预计2009年3G建设总投资约1700亿元。

2月

2日 《人民日报》报道，中核集团中原对外工程公司与中船重工陕西柴油机重工有限公司日前举行了巴基斯坦C2项目核级应急柴油机组的验收交付仪式。巴基斯坦恰希玛二期工程（C2）是中核集团对外核电出口项目，对发展中巴政治和经贸合作关系具有重要意义。核级应急柴油机组是核电站中14项主设备之一，C2项目的该产品此前一直依赖进口。陕柴重工研制成功该产品，是核电应急柴油机组国产化的重要标志。

3日 《人民日报》从国务院南水北调工程办公室获悉：2009年南水北调工程建设全面加速，全年计划投资213亿元，其中中央投资65亿元，南水北调工程基金20亿元，银行贷款128亿元，是南水北调工程开工建设以来年度投资规模最大的一年。

4日 国务院总理温家宝主持召开国务院常务会议，审议并原则通过纺织工业和装备制造业调整振兴规划。

△ 《人民日报》报道，上海市国资委系统企业集团日前采取压缩开支、领导人员减薪等措施，主动应对当前经济金融危机。已实施企业管理层带头减薪的企业包括上汽集团、电气集团、百联集团、锦江国际集团、东方国际集团、国际港务集团、广电集团、纺织控股集团、中铝上铜9家企业。

5日 《人民日报》报道，京沪高速铁路天津西站正式开工。占地面积约为68万平方米的天津西站将成为天津市最大的综合交通枢纽。

△ 广东河源电厂1号机组近日正式投产，这是河源建市以来单笔投资规模最大的项目，也是广东第一个采用具有世界先进水平的2×60万千瓦超超临界燃煤机组和石灰石—石膏湿法烟气脱硫技术实现污水零排放的环保电厂。

6日 《人民日报》报道，深圳市中金岭南有色金属股份有限公司于北京时间2月5日收购澳大利亚PERILYA LIMITED（PEM）公司50.1%的股权，PEM公司将以定向增发的方式向中金岭南公司出售约1.98亿股的股份。此举意味着中金岭南成功收购拥有优质矿产资源的PEM公司，并成为中国有色金属行业首家控股收购发达国家矿业公司的企业。

7日 《人民日报》报道，由青岛港集团、阿联酋迪拜环球集团、丹麦马士基集团、中远集团、香港泛亚国际航运有限公司“三国五方”共同投资的青岛新前湾集装箱码头有限公司项目日前正式获得国家发改委、商务部批准设立，总投资14亿美元。

10日 中国投资资讯网消息，中国总理温家宝和德国总理默克尔共同见证了三一重工在德国投资1亿欧元建设研发中心及机械制造基地的签约仪式。根据签署的协议，三一重工将在德国西部北威州建一家生产建筑设备的工厂以及一个研发中心和一个培训基地，这将是中国企业迄今为止在欧洲建造的最大工厂。

△　国家统计局公布数据显示，1 月份的 CPI 同比上涨 1%，PPI 则下降 3.3%。与市场预期一致，二者涨幅已分别连续 9 个月和 5 个月直线回落。2 月 16 日，财政部发布的数据显示，今年 1 月份全国财政收入为 6131.61 亿元，比去年同月减少 1265.03 亿元，下降 17.1%。

△　《人民日报》报道，北汽福田汽车股份有限公司与德国戴姆勒股份公司正式签署《商用车合作协议》，双方约定首先在中国设立一家中/重卡合资公司，生产福田欧曼中重卡产品和戴姆勒重卡发动机。这将开创中外合作双方以中国为运营中心，发挥各自优势，共同打造汽车自主品牌的先河。

△　中国航空工业集团（中航工业）直升机公司旗下的哈尔滨飞机工业集团有限公司（哈飞集团）与空中客车中国公司在西班牙马德里签署了《哈尔滨哈飞空客复合材料制造中心有限公司合资合同》，双方将共同在哈尔滨建设复合材料飞机零部件制造中心。根据合同，合资公司将于 2009 年设立，为空中客车 A350 XWB 宽体飞机项目生产主要零部件。中方企业将拥有 80%股权，空客中国将拥有 20%股权。

11 日　国际能源网消息，国务院常务会议审议并原则通过了《船舶工业调整和振兴规划》。6 月 9 日，国务院办公厅正式公布《船舶工业调整和振兴规划》全文。《规划》从信贷、扩大国内需求、船舶报废更新、严控新增产能和加大科研投入等方面支持中国船舶工业持续、健康、稳定发展，提振了信心，指明了方向，为中国船舶工业安渡危机、实现平稳发展奠定了坚实基础。随后，国内船舶建造主要省市以及交通运输部、工业和信息化部等相关部门围绕《规划》出台了诸多配套政策。

△　《人民日报》报道，欧盟终止了对中国出口热浸镀锌板的反倾销调查程序，这是欧盟自 1979 年开始对华反倾销以来的最大案件。商务部新闻发言人姚坚当日表示，欧方的这一决定基于客观事实，中方对此表示欢迎和赞赏。

12 日　《人民日报》报道，财政部印发了《金融类国有及国有控股企业绩效评价暂行办法》。《办法》提出，财政部门进行绩效评价，重点放在收益类指标，同时兼顾能够反映风险控制和可持续发展能力的指标。

13 日　石家庄市中级人民法院发出民事裁定书，正式宣布三鹿集团股份有限公司破产。

14 日　《人民日报》报道，中国商用飞机公司举行 ARJ21 新支线飞机项目首飞表彰大会。中国新支线飞机已进入批量生产阶段，订单总数达到 208 架。ARJ21 飞机已有 7 架处于试飞、总装及部件装配阶段。根据飞机生产和适航取证的计划，中国计划于 2010 年开始向用户交付首架飞机，至 2012 年共向国内用户交付 30 架飞机。

18 日　《人民日报》报道，世界最大的铁矿石供应商巴西淡水河谷公司今天与上海振华港机公司签约，向振华采购 9 台散货机械设备，总价值 7940 万美元，这是迄今为止世界上最大的散货机械设备订单。振华港机成功进入大型散货机械国际市场。

19 日　《中国化工报》消息，国务院常务会议审议并原则通过《石化产业调整和振兴规划》。5 月 18 日，《规划》全文在中国政府网公布；根据《规划》，2009~2011 年，石化产业经过 3 年调整和振兴，产业结构趋于合理、发展方式明显转变、综合实力显著提高、支柱产业地位进一步增强。

20日 《人民日报》报道，中国证监会批准上海期货交易所开展线材和螺纹钢期货交易。开展钢材期货交易，有助于形成钢材现货与期货有机结合的市场体系，规范和完善钢材流通市场；有助于逐步优化钢材价格形成机制，指导钢铁上下游企业合理安排生产和经营。

22日 《人民日报》报道，成都至兰州铁路在四川省阿坝藏族羌族自治州松潘县开工建设，建设总工期6年。建成后，成都与兰州间将实现4小时直达。

△ 位于福建省宁德市的三都澳国际集装箱码头今天开工建设。项目一期工程建设两个10万吨级泊位，计划总投资13亿元，预计2010年建成。二期工程计划到2012年建成两个20万吨级泊位码头。四个泊位全部建成后，可全天候接卸第六代及以上集装箱船舶作业，年通过能力为600万标箱。

23日 《人民日报》从海关总署获悉：作为目前区内企业大多从事“两头在外”产品加工的出口加工区，2009年将全面开展保税物流功能和开展研发、检测、维修业务。这是中国2000年开始设立出口加工区以来，出口加工区的功能首次全面得到拓展。

24日 《人民日报》从水利部了解到，中国水电开发已进入高峰期。目前装机容量达1.7亿千瓦，年发电量5600亿千瓦时，在建规模约7000万千瓦，居世界首位。水电已占全国电力总装机的21.6%，为经济社会发展提供了大量清洁电力。小水电资源技术可开发量达1.28亿千瓦，同样居世界首位。

25日 《人民日报》报道，中国银监会和国土资源部联合开展的银行国土信息查询系统试点工作已在京启动，确定齐齐哈尔市、长春市、鞍山市、宁波市和广州市为试点单位。

△ 国务院总理温家宝主持召开国务院常务会议，审议并原则通过有色金属产业和物流业调整振兴规划，研究部署发挥科技支撑作用，促进经济平稳较快发展。

26日 随着三峡库区淹没复建的最后一座航道码头建成，历经12年建设的长江三峡工程库区干流航道淹没复建工程全面完工。

27日 《人民日报》报道，上海至杭州铁路客运专线正式开工建设。工程投资估算总额292.9亿元的沪杭客专线，由铁道部、上海市、浙江省及宝钢集团共同出资建设，设计速度目标值为350公里/小时，建成后沪杭间半小时之内可直达，规划年输送旅客为单向8000万人次，是连接京沪高铁的又一条重要高速铁路。

28日 十一届全国人大常委会第七次会议表决通过了《中华人民共和国食品安全法》，国家主席胡锦涛签署第9号主席令予以公布，新华社受权全文播发这部法律。食品安全法分为十章共104条。这部食品安全法自2009年6月1日起施行。

△ 国家煤炭工业网消息，山西煤炭进出口集团举行了高速动车组轮对生产线开工暨首个合同签约仪式。这是中国建成投产的首条高速动车组轮对生产线，标志着中国高速动车组关键技术国产化取得了阶段性重大成果。

△《人民日报》报道，京津城际铁路延伸线于家堡站开工，这意味着时速350公里的高速铁路将通达天津滨海新区。车站建成后，与京津城际铁路延伸线一起，形成连接北京、天津至天津滨海新区的一条快速、便捷、高效的大能力客运通道。

△ 山西有史以来的最大水利工程——“引黄入晋”工程，二期北干线全面开工建设。北干线工程概算投资48.6亿元，到2011年通水，线路总长161.1公里，设计年引水5.6亿

立方米。

3 月

1 日　北京时间 16 时 13 分 10 秒，嫦娥一号卫星在北京航天飞行控制中心科技人员的精确控制下，准确落于月球东经 52.36 度、南纬 1.50 度的预定撞击点，实现了预期目标，为中国探月一期工程画上一个圆满的句号。

2 日　《人民日报》报道，亚洲开发银行贷款的国内首个“能效电厂”试点项目在广东启动。“能效电厂”属于虚拟电厂，如将 1 亿美元贷款全部用于节能项目，预计年节电量约 6 亿千瓦时，则相当于建造了一个装机容量达 10.6 万千瓦的电厂。

△　宝钢集团有限公司与杭州钢铁集团公司在宁波举行《关于宁波钢铁有限公司的股权收购协议》和《关于宁波钢铁有限公司之合资合同》签约仪式。根据协议，宝钢以 20.214 亿元取得宁波钢铁 56.15%的控股权，掀开了国家钢铁产业调整振兴规划出台后首个重组并购的序幕，也是宝钢继重组新疆八钢、广钢之后又一次实现了跨地区重组的重大举措。

△　国内首台 2.5 兆瓦直驱永磁风力发电机组近日在广西北海银河集团有限公司正式下线。这是中国目前单机容量最大的风力发电机组，标志着中国拥有自主知识产权的风机技术与世界风机强国的主流技术实现了同步。

3 日　《人民日报》报道，浪潮集团推出国内首款万亿次桌面超级计算机“倚天”。这款计算机体积与普通台式机相仿，最高计算能力可达 4 万亿次/秒，相当于 40 台服务器或 200 台个人电脑，而成本只有传统高性能计算系统的 1/5，售价在 5 万元左右。

5 日　第十一届全国人民代表大会第二次会议在北京举行，国务院总理温家宝向大会作政府工作报告指出，综观国际国内形势，中国仍处于重要战略机遇期。只要我们紧紧依靠党的领导和全国各族人民，就没有克服不了的困难，就一定能够把国际金融危机的不利影响降到最低程度，就一定能够推动经济社会又好又快发展。

△《人民日报》报道，三鹿集团股份有限公司破产财产拍卖会 3 月 4 日在河北省石家庄市中级人民法院举行。最终，由北京三元集团有限公司与河北三元食品有限公司组成的“联合竞拍体”，以总价 61650 万元竞拍成功。

6 日　石家庄三鹿集团股份有限公司管理人与北京三元集团有限责任公司、河北三元食品有限公司举行了拍卖资产交接协议签署仪式，这标志着三元重组三鹿工作取得实质性进展。

△　国际电力网消息，工业和信息化部、国家发改委、国家电监会、国家能源局联合印发了《关于清理优惠电价有关问题的通知》和《关于开展电解铝企业直购电试点工作的通知》，并公布了将开展直购电试点工作的 15 家电解铝企业。此举也被认为是国家电监会从三年前开展吉林、广东台山两地直购电试点以来在电价改革上取得的重大突破。

9 日　《人民日报》报道，福建省第一条沿海快速铁路——温州至福州铁路铺轨工程全线贯通，浙闽两省将结束没有铁路相连接的历史。同日，福州至厦门铁路开始全线铺轨建设，这条沿海快速铁路的建成将极大地拉近福建两大中心城市的“距离”。温福铁路是由铁道部、福建省和浙江省合资建设的双线电气化铁路，是中国“八纵八横”的铁路网骨架之一。该线设计旅客列车速度 200 公里/小时。福厦铁路全长 273 公里，总投资 144.2 亿元，属国家 I 级双线电气化铁路干线，开通速度为250公里/小时。

13日　国务院下发《物流业调整和振兴规划》，要求各地区、各部门切实按照这部规划的要求，做好统筹协调、改革体制、完善政策、企业重组、优化布局、工程建设等各项工作，确保这部规划目标的实现，促进物流业健康发展。

14日　《人民日报》报道，中国第一个新能源汽车产业联盟——北京新能源汽车产业联盟今天宣告成立。由北汽控股公司、北京公交集团、北京理工大学等单位共同发起的该联盟整合了国内新能源领域的优势资源，将在技术合作、信息共享、科研攻关、政策争取等多个方面为联盟企业创造机会，加强产、学、研、用的衔接，通过合作创新改变中国新能源汽车产业核心技术和创新能力不足的现状。

16日　商务部发布《境外投资管理办法》。与现行规定相比，这个办法仅保留了商务部对少数重大境外投资的核准权限，同时，对外投资的核准程序也大大简化，绝大部分企业只需递交一张申请表，即可在3个工作日内获得《企业境外投资证书》。

17日　《人民日报》报道，北京铁路局与中国北车唐山轨道客车有限责任公司和中国北车长春轨道客车股份有限公司签署了100列新一代高速动车组采购合同，总额达392亿元人民币，将于2010年10月开始陆续交付，全部用于京沪高速铁路。

18日　商务部发出通报指出，可口可乐公司收购汇源公司案将对竞争产生不利影响，因此依法作出禁止此项收购的决定。这是自2008年8月中国反垄断法实施以来，首个未通过反垄断审查的案件。

△　《人民日报》报道，海南跨海联网工程首根海底电缆在海南省澄迈县桥头镇林诗岛顺利上岸。这根全长32千米、直径18厘米的超高压牛皮纸绝缘充油电缆，将海南电网与南方电网主网连接，结束海南电网孤网运行历史。这是中国首个500千伏超高压、长距离、较大容量的跨海联网工程，也是世界上继加拿大之后第二个同类工程。

20日　《人民日报》报道，随着中国北车长春轨道客车股份有限责任公司的落户，长春轨道交通装备制造产业园日趋成熟。该产业园坐落在长春市绿园区，占地6.5平方公里。产业园将利用3年时间形成年产铁路客车500辆、动车组800辆和城轨客车800辆的生产能力，产值达到300亿元以上。

△　《中国化工报》消息，中国首个拥有完全自主知识产权的煤间接液化工业化示范项目正式出油。

△　中国钢材网消息，国务院办公厅公布了《钢铁产业调整和振兴规划细则》。《规划》指出了2009年钢铁行业的八大任务。

22日　《人民日报》报道，揭阳市人民政府与中国石油天然气集团公司日前签署合作协议，中国石油天然气集团公司将在揭阳建设年炼油能力5000万吨及百万吨级乙烯的超大型炼化项目。项目首期投资达550亿元人民币，年炼油能力2000万吨。

△　作为京广、京九两大条铁路大动脉连接线的赣韶铁路在广东韶关南雄开工。赣韶铁路全长194公里，设14个车站，为国家一级单线电气化铁路，预留复线和提速条件。项目总投资61.8亿元，预计三年后建成，目标时速达到160公里。

△　经过30个月的紧张施工，由内蒙古高路公司承建的国家高速公路G6主干线（北京—拉萨）临河过境段近日正式开通运营。这标志着G6高速公路内蒙古境内实现全线高

速化。

24 日　《人民日报》报道，中国人民银行、中国银监会近日发出《关于进一步加强信贷结构调整促进国民经济平稳较快发展的指导意见》，要求在保持货币信贷总量合理增长的基础上，进一步加强信贷结构调整，促进国民经济平稳较快发展。

26 日　《人民日报》报道，通过自主创新与引进消化吸收国外先进核电技术相结合，目前中国核电技术已经具备了接近世界先进水平的研发能力，而核电站建设、运行、管理水平则已经达到世界先进水平；核电设备制造能力也不断提高，设备自主化水平不断增强。中国已经具备 30 万~60 万千瓦压水堆核电站自主设计能力，基本具备了第二代百万千瓦级核电站设计能力，以及自主批量规模建设的工程设计能力。在核电设备制造方面，60 万千瓦和 100 万千瓦核电站国产化率可达 70%以上。

27 日　财政部、国家税务总局发布通知，明确从 2009 年 4 月 1 日起提高纺织品、服装、轻工、电子信息、钢铁、有色金属、石化等商品的出口退税率。根据《关于提高轻纺电子信息等商品出口退税率的通知》，将 CRT（阴极射线管）彩电等商品的出口退税率提高到 17%；将纺织品、服装的出口退税率提高到 16%；将金属家具等商品的出口退税率提高到 13%；将车辆后视镜等商品的出口退税率提高到 11%。此次调整共涉及 3802 个税号。

△　中国钢材网消息，螺纹钢、线材期货正式在上海期货交易所挂牌交易。钢材期货上市以来，期、现价格联动明显，两者间的价差处于合理范围。

30 日　《人民日报》报道，中铝公司与国家开发银行、中国进出口银行、中国农业银行以及中国银行组成的银团成功签署贷款协议。依据市场操作的商业化贷款条件，中铝公司将获得约 210 亿美元的贷款额度，用以支付对力拓集团的投资对价和其他有关本次投资的资金需求。中铝入股力拓融资方案就此确定。

△　《人民日报》从广西南宁市 3 月 26 日举行的中国—东盟自由贸易协定宣讲会上获悉，中国—东盟自由贸易区将在 2010 年全面建成。届时，中国自东盟进口的产品中，将有 93%的产品实现零关税。

31 日　《人民日报》报道，为规范首次公开发行股票并在创业板上市的行为，中国证监会发布《首次公开发行股票并在创业板上市管理暂行办法》，并将于 2009 年 5 月 1 日起施行。

△　国家“863”计划科技示范工程南京长江隧道，双洞成功穿越 60 米深的长江江心地段，它标志着中国特殊不良地质条件水下隧道建设科研攻关取得了重大突破。隧道的设计使用年限为 100 年，计划在年内全面贯通。

4 月

1 日　全国铁路实行新的运行图。据介绍，新的运行图在客运方面，对旅客列车的编组及运行经过路线进行了较大调整，调整后客车总数达 1551 对，客运能力将增加 10%以上。在货运方面，提高了列车重量和速度，加强了车流及机车运用组织，发展了集装箱及快运货物、重载货物运输。

△《人民日报》报道，中国通用技术集团与哈尔滨量具刃具集团有限责任公司 3 月 30 日正式签署重组联合协议，通用技术集团对哈量公司进行增资并拥有其 51.67%的股份。这

是在不到 10 个月内，继重组联合齐二机床集团、天方药业集团、中国轻工公司后，通用技术集团重组联合的第四家大型企业。

2 日 《人民日报》报道，国土资源部发布《2008 年国土资源公报》显示，2008 年中国地质勘查投资保持较高水平，地质找矿取得重大进展，发现和证实 15 个亿吨级油气储量区，新增探明地质储量石油 13.4 亿吨，天然气 6472 亿立方米，原煤 231.1 亿吨。

5 日 《人民日报》报道，国务院国资委发布公告称，中国电子工程设计院、中国成套设备进出口（集团）总公司并入国家开发投资公司成为其全资子企业，中国卫星通信集团公司并入中国航天科技集团公司成为其全资子企业，至此国资委履行出资人职责的企业由 141 户调整为 138 户。

△ 第十三届中国东西部合作与投资贸易洽谈会在西安开幕。本届洽谈会以“开放合作，扩大内需，科学发展”为主题，以投资洽谈为重点，以投资促进和商品展销为主要内容，首次实现国所有省（市、区）以及港、澳、台地区全部参加，参展参会客商超过 10 万人。

6 日 《人民日报》报道，由金蝶国际软件集团旗下友商网、中国中小企业协会、工商银行、IBM 等 10 家公司倡议发起的“中小企业全程电子商务服务联盟”日前在京成立，将通过互联网在线服务的方式，力争解决中小企业管理提升、产业协作、商业贷款三大难题。

7 日 国际能源网消息，中船产业投资基金正式获国家发改委批准设立，其组织形式采用与德国 KG 基金相同的有限合伙制。该基金于 12 月 29 日正式挂牌并投入运营，成为中国首只船舶产业基金。

△ 《人民日报》记者从日前在京召开的世界知识产权组织跨区域知识产权高级论坛上获悉，2008 年中国商标注册申请量近 70 万件，已连续 7 年居世界第一位。

8 日 新华网消息，国务院常务会议决定在上海市和广东省广州、深圳、珠海、东莞四个城市开展跨境贸易人民币结算试点。7 月 2 日，央行会同各部委出台了《跨境贸易人民币结算试点管理办法》，明确跨境贸易人民币结算试点企业、清算行、出口退税等政策细节，同月央行同意上海和广东的 365 家企业试点跨境贸易人民币结算。

△ 《人民日报》报道，世界第二长斜拉桥香港昂船洲大桥今天合龙，这座位处葵涌集装箱码头旁的新大桥将担负起推进香港港口物流业发展的重要任务。昂船洲大桥主跨长度 1018 米，与水面的距离有 73.5 米高，是世界上最高大桥之一。

△ 由国务院台湾事务办公室与中国银行联合主办的“中国银行与台资企业合作推介会”在厦门举行，来自上海、广东、福建、江苏等省市的近 70 家台企代表出席会议。中国银行行长李礼辉宣布中行近期将实施八大措施支持台商发展，并当场与台塑、冠捷、友达等 12 家台资企业签订融资协议，金额约 93 亿元人民币。

9 日 《人民日报》报道，国家生物产业基地——干细胞与再生医学产业化项目在江苏泰州中国医药城开工建设，建成后将成为亚洲最大、世界一流的干细胞产业化基地。干细胞与再生医学产业是中国最具潜力的新型高科技生物产业之一。

11 日 《人民日报》报道，在人民大会堂举行了中国卫星通信集团公司重组并入中国航天科技集团公司庆典仪式，中国卫通正式重组并入中国航天科技集团公司。重组后的中国卫通未来 5 年内将发射 7 颗通信卫星。

△ 中科院宣布开通“中科院科研装备开放服务平台”网站（http://www.cas.ac.cn/10060/index.htm），向全国中小型高新技术企业开放1000台总价值超过15亿元的通用仪器设备，提供一年的免费分析测试服务和技术支持。这标志着中科院“应对金融危机、支撑经济发展科技创新专项行动计划”开始全面实施。

12日 《人民日报》报道，商务部在京发布了《对外投资合作国别（地区）指南》，首批20个国家的指南为中国企业“走出去”提供与投资合作相关的基本信息，以支持中国企业积极稳妥地开展对外投资合作业务。这也是中国首次全面编制发布《对外投资合作国别（地区）指南》。

△ 黑龙江省地质勘探人员在萝北和绥滨县交界处的江滨农场发现一储量1.2亿吨的大煤田。该煤田占地100多平方公里，煤层平均厚度一米，以气煤和焦煤为主，为全区可采煤层。

15日 《人民日报》报道，2006年起中关村启动中关村开放实验室工程，推动高等院校和科研院所实验室面向企业服务，通过两年多的建设，挂牌实验室已从最初的8家扩大到59家，初步形成了与中关村产业总体需求相对接的科研资源开放体系。

16日 新华社讯，中国在西昌卫星发射中心用“长征三号丙”运载火箭，成功将第二颗北斗导航卫星送入预定轨道。这次发射的北斗导航卫星（COMPASS-G2），是中国北斗卫星导航系统（COMPASS，中文音译名称Bei Dou）建设计划中的第二颗组网卫星，是地球同步静止轨道卫星。这颗卫星的成功发射，对于北斗卫星导航系统建设具有十分重要的意义。

△ 国家统计局发布了中国一季度的经济运行情况。其中，一季度中国经济同比增长6.1%，增速比上年同期回落4.5个百分点，比上季度回落0.7个百分点；一季度中国居民消费价格（CPI）同比下降0.6%，其中3月份下降1.2%；一季度工业品出厂价格（PPI）同比下降4.6%，其中3月份环比下降0.3%；一季度全国财政收入累计14642.05亿元，同比下降8.3%。

17日 《人民日报》报道，华能集团控股的西安热工研究院与美国未来燃料公司近日在上海签署了《美国宾夕法尼亚15万千瓦IGCC（整体煤气化联合循环）项目煤气化技术使用许可原则协议》。这是中国具有自主知识产权的清洁煤电关键技术——干煤粉加压气化技术首次进入西方发达国家和国际能源市场，标志着该项技术已经达到国际先进水平。

18日 新华社讯，中国首个由中央企业发起并经国务院批准设立的产业基金——中广核产业投资基金一期募集协议在北京签署。一期募集资金70亿元将主要投资于核电等清洁能源及相关产业项目。中广核产业投资基金是国务院批准的第二批5家试点国有产业投资基金之一，是以中国广东核电集团作为发起投资人、以中广核产业投资基金管理有限公司作为基金管理人的私募股权基金。总规模100亿元人民币。

19日 国际电力网消息，三门核电站一期工程开工。三门核电站是中美两国最大的能源合作项目，在全世界率先使用第三代先进压水堆核电（AP1000）技术。三门核电站一期工程总投资400多亿元人民币，共有2台机组，装机容量2×125万千瓦。

△ 《人民日报》报道，四川灾后最大新型墙体材料项目——中节能新型建筑材料项目在四川省彭州市建成投产，年产量可达到4亿标块。这也是成都市灾后重建首个投产的重大产业化项目。该项目不仅可以有效缓解灾区重建面临的建材供应紧张局面，也将带动西南地

区墙体材料产业升级。

△ 第八届中国国际核电工业展览会19日在北京中国国际展览中心拉开帷幕。共有来自亚洲、欧洲、美洲的15个国家及地区的200多家核电工业企业、科研院所参加了本届展会。

20日 国际能源网消息，中国海工领域标志性项目——上海外高桥造船有限公司建造的3000米深水半潜式钻井平台入坞总装，并于8月7日进入总段吊装阶段。

21日 《人民日报》报道，中国海洋工程装备制造标志性项目——世界第六代3000米深水半潜式钻井平台，在上海外高桥造船有限公司顺利下坞，进入关键的搭载总装阶段。这是中国首次自主设计、建造的当今世界上最先进的深水半潜式钻井平台，填补了中国在深水钻井特大型装备项目上的空白。这座深水半潜式钻井平台的拥有者是中国海洋石油总公司，由中国船舶工业集团公司第七〇八研究所和上海外高桥造船有限公司联合承担详细设计与生产设计，由上海外高桥造船有限公司承建。

22日 《人民日报》报道，由商务部和中国贸促会主办的“第三届中国企业跨国投资研讨会”在北京举行。本届研讨会以“应对金融危机，促进跨国投资”为主题，其宗旨是帮助中国企业应对国际金融危机，有效开展海外投资和经营；落实国家“走出去”战略，建立并完善支持企业“走出去”的服务保障体系，促进中国企业开展国际投资和经营。

23日 新华社讯，中国在太原卫星发射中心用“长征二号丙”运载火箭成功地将“中国遥感卫星六号”送入太空。卫星主要用于国土资源勘查、环境监测与保护、城市规划、农作物估产、防灾减灾和空间科学试验等领域，将对中国国民经济发展发挥积极作用。

24日 《人民日报》报道，武广客运专线韶关—英德段成功架起了广东省内第一条接触网导线，至此，武广铁路客运专线湖北、湖南、广东段全面进入挂网架线阶段。武广客运专线建成后，火车从武汉到广州将从目前的11个小时缩短到4个小时。

26日 《人民日报》报道，海峡两岸关系协会会长陈云林与海峡交流基金会董事长江丙坤在南京举行会谈，签署了《海峡两岸空运补充协议》、《海峡两岸金融合作协议》、《海峡两岸共同打击犯罪及司法互助协议》三项协议，并就大陆企业赴台投资事宜达成原则共识。

27日 《人民日报》报道，万向纯电动汽车·锂电池生产基地奠基仪式暨杭州节能与新能源汽车示范推广试点仪式日前在杭州萧山举行。不久的将来，纯电动汽车会走进杭州人的生活，不用加油，充满电就能跑200公里。

5月

4日 《人民日报》报道，辽宁地勘部门在本溪市探明一处超大铁矿，预计资源量达到20亿吨以上。这将使辽宁成为中国铁资源量第一的省份。

△ 银监会近日下发《关于中小商业银行分支机构市场准入政策的调整意见（试行）》，放宽、简化股份制商业银行、城市商业银行分支机构的设立，加强金融对地方经济，特别是县域和“三农”以及中小企业的支持力度。

7日 《中国化工报》消息，中国自主研发、世界首创的万吨级煤制乙二醇成套技术工业化示范项目获得成功。

8日 《人民日报》报道，国土资源部近日决定，继续对中国钨矿和稀土矿实行开采总量控制管理，并第一次对锑矿实行开采总量控制管理，同时暂停受理钨矿、锑矿、稀土矿矿业权申请。国土资源部有关负责人表示，对钨矿、锑矿、稀土矿等实行总量控制管理，直接目的是防止过度开采、盲目竞争，促进有效保护、科学利用。

10日 《人民日报》报道，截至5月9日，中国最大的露天煤矿——大唐国际胜利东二号露天煤矿一期工程剥离土层工作基本完成，新购进的大型工程车辆组装完成准备投入使用，建安工程等其他各项工作进入收尾阶段。预计上半年煤矿即可进入试生产阶段。该煤矿创世界露天开采设计深度之最。

12日 中国投资资讯网消息，《装备制造业调整和振兴规划》全文对外公布。为应对国际金融危机的影响，落实党中央、国务院关于"保增长、扩内需、调结构"的总体要求，国务院于2009年2月4日审议并原则通过了《规划》，这是继2006年出台的《国务院关于加快振兴装备制造业的若干意见》之后，指导中国装备制造业发展的重要纲领性文件。

13日 《人民日报》报道，第十二届中国重庆投资洽谈暨全球采购会（简称"渝洽会"）在重庆国际会展中心拉开帷幕。在当天举行的重点项目签约仪式上，有51个投资项目正式签约，总金额达492亿元。

15日 《人民日报》报道，在"中国汽车业抢抓机遇实现跨越式发展高层论坛"上，全国政协副主席、科学技术部部长万钢透露，中国计划到2012年，在全国推广6万辆节能与新能源汽车，其中各类混合动力汽车将占95%以上。

△ 《中国长江电力股份有限公司重大资产重组预案》审议通过。重组预案明确长江电力拟收购控股股东三峡总公司持有的目标资产。本次交易的目标资产包括三峡工程发电资产和辅助生产专业化公司股权。交易完成后，长江电力将拥有三峡工程全部发电资产。

17日 《人民日报》报道，由北京三元集团有限责任公司、北京华都集团有限责任公司和北京大发畜产公司重组而成的首都最大农业国企——北京首都农业集团有限公司今日在京揭牌。组建后的首都农业集团资产总额150亿元，员工近4万人，国有全资及控股企业64家，中外合资合作企业25家，境外公司2家。其中北京三元食品股份有限公司为上市公司。

△ 全国首届"网商交易大会"在广州锦汉展览中心拉开帷幕。本次"网商交易大会"由广东省经济贸易委员会、广东省信息产业厅、广州市人民政府和阿里巴巴集团联合主办，以来自广东地区约400家外贸生产企业为供货方主体，预计约3万名"网商"到会参观、洽谈，"网商交易大会"将以交易会的方式尝试打通b2b和c2c之间的通道，帮助外贸中小企业开拓内贸市场，同时，也为网商开拓新的进货渠道，创造更多的就业机会。

18日 中俄原油管道工程中国境内段开工仪式在黑龙江省漠河县兴安镇举行，标志着中俄能源全面长期合作迈出了实质性步伐。

△ 新华社讯，铁道部"十一五"规划重点工程——武汉北编组站正式开通运营。武汉北编组站位于京广铁路、沪汉蓉铁路的交会处，实现了编组站运输组织决策智能化、指挥数字化和执行自动化。

△ 《人民日报》报道，由上海外高桥造船公司为挪威FRONTLINE航运公司建造的29.7万吨超级油轮（VLCC）"皇后"号轮命名交船。至此，该公司已累计完工交付100艘船，近1650万载重吨。目前该公司在建的世界第六代3000米深水半潜式钻井平台，是中国首次自

主设计、建造的当今世界上最先进的深水半潜式钻井平台，填补了中国在深水钻井特大型装备项目上的空白。

19 日 《人民日报》报道，经过 8 年的艰苦建设，位于青海省贵德县、贵南县交界的黄河干流上的拉西瓦水电站首期 2 台机组于今天顺利并网发电，此举标志着这座黄河流域最大的水电工程开始正式投入运营。

△ 第一架在中国总装的空客 A320 飞机在天津滨海国际机场试飞成功。位于天津滨海新区的空客 A320 系列飞机总装线是空中客车公司欧洲以外的第一条总装线。本架飞机将于下月交付奇龙航空租赁公司，并通过该公司交付四川航空公司投入运营。空客（天津）总装公司今年将交付 11 架飞机，2011 年底达到月产 4 架、年产 48 架的水平。

△ 中国科学院高能物理研究所在北京宣布：中国大科学工程——北京正负电子对撞机重大改造工程对撞亮度达到验收指标，加上此前该改造工程的直线加速器、探测器和同步辐射专用光运行均已达到设计指标，至此，历时 5 年、耗资 6.4 亿元的北京正负电子对撞机重大改造工程（BEPCII）圆满完成。

20 日 《人民日报》从商务部获悉，国务院日前正式批复，建立全国整顿和规范市场经济秩序部际联席会议制度。联席会议由商务部、国家发改委、工业和信息化部等 35 个部门和单位组成。联席会议的日常工作由商务部承担。

△ 国内最大的沼气发电厂——德青源沼气发电厂竣工，并开始向华北电网并网发电。该发电厂除每年向电网提供 1400 万千瓦的绿色电力外，还产生相当于 4500 吨标煤的余热用于供暖，同时减少了 8 万多吨的温室气体排放。2009 年 4 月，这一沼气发电项目被列为"全球大型沼气发电技术示范工程"。

21 日 国际电力网消息，国家电网首次公布智能电网发展计划，并披露了智能电网建设的时间表。国网表示将分三个阶段推进"坚强智能电网"的建设：2009 年至 2010 年为规划试点阶段，重点开展"坚强智能电网"发展规划工作，制定技术和管理标准；2011 年至 2015 年为全面建设阶段，初步形成智能电网运行控制和互动服务体系；2016 年至 2020 年为引领提升阶段，全面建成统一的"坚强智能电网"。

22 日 《人民日报》报道，广州汽车集团股份有限公司与长丰（集团）有限责任公司举行了股份转让协议签字仪式。这标志着广汽集团重组长丰汽车迈出实质性的一步。根据协议，长丰集团将长丰汽车总股本的 29%转让给广汽集团，广汽集团将成为该公司第一大股东。

△ 国内目前最大容量的 3 兆瓦风电机组在江苏盐城市盐都高新产业园正式批量下线。该项目由华锐风电科技有限公司投资，计划总投资 50 亿元。全部建成投产后，将形成 800 台 1.5 兆瓦陆上机组、300 台 3 兆瓦海上及潮间带风电机组和小批量 5 兆瓦风电机组的总装试验生产能力。

△ 中国对外水电开发最大的 BOT 项目（建设—运营—移交）——由中国华能承建的缅甸瑞丽江一级水电站竣工投产。瑞丽江一级水电站位于缅甸北部掸邦境内紧邻中缅边境的瑞丽江干流上，总装机 60 万千瓦，设计年发电量 40 亿千瓦时，概算总投资 32 亿元人民币。该项目也是缅甸建成投产的最大水电站。

25 日 新华社讯，新一代大型绞吸式挖泥船在南通建成并交付使用。该绞吸式挖泥船每小时疏浚量达到 3500 立方米，大量采用新型的电力驱动技术，首次突破浅水倒桩钢桩台车定位移船技术，实现无限航区作业，成为国内该系列新型船舶的首制船。

26日　《深圳市综合配套改革总体方案》获国务院批准，深圳将在深化行政管理体制改革，全面深化经济体制改革，积极推进社会领域改革，完善自主创新体制机制，全面创新对外开放和区域合作的体制机制、创新外经贸发展方式，建立资源节约环境友好的体制机制六个方面实现重点突破。

△　新华社讯，由青岛海利直升机制造有限公司生产的第一架B–2B轻型直升机下线。B–2B轻型直升机可以广泛应用于港口导航、边境巡逻、治安巡逻、公务飞行、科技探测、医疗救护、抢险救灾、空中摄影、飞行培训等众多领域。

27日　《人民日报》报道，由中铁电气化局集团施工总承包的大（大同）包（包头）电气化铁路改造工程竣工并正式开通运营。它与此前的包惠电气化铁路区段接轨，这标志着横贯内蒙古自治区的首条电气化铁路诞生。至此，中国北方主要的铁路大动脉京（北京）兰（兰州）线实现全线电气化。中国累计开通运营的电气化铁路里程已达到27000公里。

30日　《人民日报》报道，广西壮族自治区经贸文化代表团完成访台任务。访台期间，桂台双方签订采购合同2.81亿美元，签署交流合作备忘录和协议近30份，有力推动了双方的交流合作。

△　利用“高效短流程嵌入式复合纺纱”技术，山东如意科技集团轻松实现毛纺500公支、棉纺500英支的超高支纺纱，一举打破毛纺180公支、棉纺300英支的世界纪录。该技术是对传统纺纱技术及理论的突破，是纺织工业的一项原创技术，达到国际领先水平。

6月

1日　《人民日报》报道，国家发改委发出通知，决定自6月1日零时起将汽、柴油价格每吨均提高400元。调整后的汽、柴油供应价格分别为每吨6130元和5390元。

2日　《人民日报》报道，经过3年多联合攻关，中国铝业公司成功破解“新型结构铝电解槽”技术，这是世界上首次开发成功160KA级新型结构电解槽。该技术突破了传统大型铝电解槽的设计和运行模式，可以将铝电解过程的电能利用率提高5%~7%。

△　国内唯一的国家级电动汽车专利产业化试点基地——东风电动汽车产业园试点基地揭牌。这标志着国家新能源汽车产业化步伐加快。

3日　《人民日报》报道，总投资25亿元的长安汽车及发动机新基地在重庆奠基。新基地主要生产新一代小排量微型车、节能环保发动机和部分新能源汽车等产品。预计到2012年一期工程建成投产后，新基地将达到30万辆整车、100万台发动机生产能力。

7日　《人民日报》报道，上海飞机制造有限公司暨中国商用飞机有限责任公司总装制造中心揭牌仪式在沪举行，原中国商飞上海飞机制造厂正式由工厂制企业转型成为公司制企业。中国商飞上海飞机制造有限公司是中国商飞公司的全资子公司，同时也是中国商飞公司的总装制造中心，注册资本20亿元人民币。

8日　《人民日报》报道，乐昌峡工程建设指挥部在广东韶关乐昌市举行主体工程施工合同签字仪式，标志着乐昌峡水利枢纽主体工程进入全面开工阶段。乐昌峡水利枢纽工程项目位于韶关乐昌市境内，是北江上游防洪体系的重要组成部分，兼顾发电、灌溉和航运等效益。

△ 中国煤炭安全装备研发取得重大突破——国内首台矿用抢险探测机器人近日在河北唐山开诚电控设备集团研制成功，这使中国成为继美国之后第二个掌握该项技术的国家。

9日 《人民日报》报道，经中国民用航空局批准，由海航集团、海南航空股份公司、天津港保税区三方出资建立的天津航空有限责任公司举行揭牌仪式。天津航空公司注册资本13亿元，总部设在天津滨海国际机场，天津有了本地航空企业。

10日 国务院常务会议讨论并原则通过《江苏沿海地区发展规划》。会议指出，在新形势下加快江苏沿海地区发展，对于长江三角洲地区产业优化升级和整体实力提升，完善全国沿海地区生产力布局，促进中西部地区发展，加强中国与中亚、欧洲和东北亚国家的交流与合作，具有重要意义。

△ 中国证监会正式公布《关于进一步改革和完善新股发行体制的指导意见》，并于6月11日起施行。这意味着已经通过发行审核的企业将随时可能拿到发行批文，新股发行启动在即。6月18日，桂林三金药业获得IPO（首次公开发行）批文，成为IPO重启后的第一家。

△ 《人民日报》报道，福田汽车与美国康明斯的合资公司——北京福田康明斯发动机有限公司年生产40万台高端发动机能力的生产线在北京正式投产，这标志着拥有全球顶尖技术的2.8升和3.8升两款轻型柴油发动机开始批量生产。未来福田汽车将在北京地区建成年产100万台的全球最大发动机生产基地。

11日 国际电力网消息，环保部叫停金沙江中游正在施工的鲁地拉和龙开口两座水电站，原因是这两座水电站未通过相应的环境评价，"未批先建"，擅自筑坝截流。这两个项目的业主单位分别是华电集团和华能集团，两座水电站是金沙江中游水电"一库八级"建设规划中的一部分。

△ 《人民日报》报道，广州汽车集团股份有限公司与广西玉柴机器股份有限公司在南宁正式签署战略合作框架协议。这标志着广汽集团与玉柴机器向全面战略合作迈出了实质性的一步。根据协议，双方将在客车用动力、混合动力和燃气等新能源动力上进行自主技术创新合作，并共同推进中重型商用车的合作。

12日 新华社讯，日前位于成都的核工业西南物理研究院在受控核聚变实验装置——中国环流器二号A装置上首次实现了偏滤器位形下高约束模式运行。这是中国磁约束聚变实验研究史上具有里程碑意义的重大进展，标志着中国磁约束聚变能源研发综合实力得到了极大提高。

15日 新华社讯，中国首台国产百万千瓦级核电反应堆压力容器——岭澳二期项目4#机组反应堆压力容器在广州制造成功并顺利发运，这代表中国核电关键设备国产化取得重大突破。

△ 新华社讯，第四届"海峡两岸企业发展与合作论坛"15日上午在唐山开幕，来自海峡两岸200多位经济界、学术界人士参会，就进一步加强两岸经贸合作与交流进行深入探讨。

16日 《人民日报》报道，总投资逾3亿元的秦皇岛艾尔姆风电叶片生产基地近日全面开工，到2010年建成投产后，风电叶片年产量将达到700余片，成为国内最大的风电叶片生产基地。

△ 国产中低速磁悬浮列车试运行。中国中低速磁浮交通系统于20世纪80年代开始研

发，目前已掌握了核心技术，拥有了全部自主知识产权，具备了进入实用化、产业化阶段的各项条件。中低速磁浮交通用电磁力将列车悬浮和进行导向，采用直线电机牵引运行，设计时速为 100 至 120 公里。

17 日　国务院总理温家宝主持召开国务院常务会议，分析当前经济形势，研究部署下一阶段经济工作。会议强调，中国经济运行正处在企稳回升的关键时期，要坚定不移地继续实施积极的财政政策和适度宽松的货币政策，全面贯彻落实好应对国际金融危机的一揽子计划，并根据形势变化不断丰富和完善。

△《中国化工报》消息，欧洲初审法院作出最终裁决：取消对浙江新安化工集团股份有限公司草甘膦征收 29.9%的反倾销税，并由欧盟理事会承担相关诉讼费用。新安化工由此成为欧盟对中国草甘膦发起反倾销调查近 15 年来获得胜诉的第一家企业。

△ 石武（石家庄—武汉）客运专线首孔箱梁架设成功，这标志着石武客专湖北段土建Ⅱ标施工取得了阶段性重大进展。石武客运专线是国家“十一五”重点工程项目，建成后，这条客运专线将与武广客运专线、京石客运专线相连接，构成贯通南北的京广客运专线。

△ 国家质检总局联合工业和信息化部、商务部、中国人民银行和国家工商总局召开“质量和安全年”质量诚信论坛，并在论坛开幕式上发布了《企业质量信用等级划分通则》推荐性国家标准。该国家标准将自 2009 年 11 月 1 日起实施，与之相配套的其他标准也将陆续出台。

△“集装箱电子标签”国际标准提案，在日前法国巴黎召开的国际标准化组织第十七次工作组会议上获得通过，这标志着中国在制定航运国际标准方面终于实现了零的突破。

19 日《人民日报》报道，中国拥有完全自主知识产权的最大型原油船（VLCC）“新埔洋”号，在新落成的珠江口广州龙穴岛造船基地出坞，此举标志着中国超大型船舶设计迈上新台阶，同时也标志着中国三大新兴造船基地之一的珠江口龙穴岛造船基地生产能力全面形成。“新埔洋”号载重 30.8 万吨，是中国自主研发设计、建造并拥有独立知识产权的最大型原油船。

20 日　为了适当增加财政收入，完善烟产品消费税，中国对烟产品消费税政策作出重大调整，烟产品生产环节的消费税政策有了较大改变，除调整了计税价格，提高了消费税税率外，卷烟批发环节还加征了一道从价税，税率为 5%。

△《人民日报》报道，由北京市科学技术委员会和北京新能源汽车产业联盟共同主办的“科技北京中国行”活动在福田汽车节能减排重点实验室正式启动，活动以“北京新能源汽车签约及交车仪式”为启动仪式。台湾成运汽车公司和福田汽车正式签订了采购 75 台欧Ⅴ混合动力新能源客车的购买合同，福田汽车还向北京市西城区环卫处等三家用车单位交付了新能源汽车产品。

△ 由华创风能有限公司研制的 20 台具有自主知识产权 1.5 兆瓦级风电机组在内蒙古锡林郭勒盟赛汗塔拉风电场实现并网发电，预计年发电量将达到 7000 万千瓦时，标志着中国具有自主知识产权的 1.5 兆瓦级风电机组正式进入规模化运行阶段。1.5 兆瓦级风电机组是国家“863”计划“兆瓦级变速恒频风电机组”项目的研究成果。

21 日《人民日报》报道，中国首家国家级环境权益交易平台——北京环境交易所，与纽约—泛欧证券交易集团 BlueNext 交易所签署战略合作协议，共同构建中国 CDM（即清洁发展机制）项目的首个国际信息平台。根据协议，双方将建立交叉营销合作伙伴关系，互相推广彼此品牌，全面共享数据。

22 日 《人民日报》报道，由潍柴控股集团有限公司、山东工程机械集团有限公司和山东汽车集团有限公司 3 家企业组建的山东重工集团有限公司日前在济南成立。

23 日 《人民日报》报道，为促进稳定外需，调整出口结构，经国务院关税税则委员会审议，并报国务院批准，自 2009 年 7 月 1 日起，中国对部分粮食、工业品、化工品、有色金属及其中间品、化肥及化肥原料等产品的出口关税进行调整。

24 日 国务院常务会议原则通过了《横琴总体发展规划》。珠海市横琴岛地处珠江口西岸，毗邻港澳，与澳门隔河相望。推进横琴开发，有利于推动粤港澳紧密合作、促进澳门经济适度多元化发展和维护港澳地区长期繁荣稳定。

25 日 中国投资资讯网消息，经过近一年的准备，徐工科技于 6 月 25 日收到中国证监会批复，核准其向徐工集团工程机械有限公司发行 3.2 亿多股购买相关资产。徐工集团同时承诺，未来还将继续注入未上市的资产。

△ 《人民日报》报道，2003 年 6 月，内地与香港签署了《关于建立更紧密经贸关系的安排》（下称“CEPA”）。2004~2009 年，内地与香港又分别签署了 6 个补充协议，在货物贸易、服务贸易和贸易投资便利化三个主要方面对香港做出了优惠安排。在有关方面的通力协作之下，CEPA 实施进展顺利，并且展现了功效。6 年来的实践表明，CEPA 是“一国两制”基本方针的成功实践，是内地与香港制度性合作的新路径，是内地与香港经贸交流与合作的重要里程碑。

△ 南京举行“第二届中国国际服务外包合作大会”。在外贸形势严峻的情况下，中国服务外包产业实现逆势上扬，成为外贸领域的一大亮点。国际金融危机的影响，使中国服务外包产业迎来了难得的发展机遇。全球服务外包业务正加速向中国转移。

26 日 《人民日报》报道，国务院宣布正式批准《关中—天水经济区发展规划》。《规划》提出，将把关中—天水经济区打造成为“全国内陆型经济开发开放的战略高地”。关中—天水经济区是《国家西部大开发“十一五”规划》中确定的西部大开发三大重点经济区之一。

△ 汇丰银行（中国）有限公司今日在香港特别行政区发行首个浮息人民币债券，成为首家在香港推出人民币债券的港资银行，这也标志着香港债券资本市场发展开启新里程。

27 日 《人民日报》报道，国家标准化体系建设工程领导小组会议暨第一次工作组会议提出，中国拟用 3 年时间建立具有系统性、协调性、适用性、前瞻性和面向国际的国家标准化体系。今后 3 年中国将优先安排十大重点产业调整和振兴规划相关标准以及质量安全标准的研制。

29 日 《人民日报》报道，世界首座圆筒形超深水海洋钻探储油平台日前在江苏启东中远海洋工程基地建成并正式命名。中远船务工程集团有限公司参与了该平台的研发和基本设计，并承担了全部详细设计、生产设计、整体建造及所有设备安装调试工作。这标志着中国海洋工程装备设计与建造能力已跻身世界先进水平。

30 日 《人民日报》报道，在连续 7 个月全行业亏损后，中国钢铁业首次实现行业盈利。5 月，国内 89 家大中型钢厂共实现盈利 12.62 亿元。尽管仍有 20 多家企业存在不同程度的亏损，但业界基本认可行业拐点已初步显现。

△ 国家煤炭工业网消息，6 月底，河北最大的煤炭企业冀中能源集团正式获准重组中国建设最早、规模最大的医药企业——华北制药集团。冀中能源集团通过注入资金、改革用人机制、输出企业文化等方式，成功实现重组。

7 月

1 日 《人民日报》报道，国家统计局、国家发改委、国家能源局共同发布了 2008 年各省、自治区、直辖市单位 GDP 能耗、单位工业增加值能耗、单位 GDP 电耗等指标公报。根据公报，2008 年中国单位 GDP 能耗下降 4.59%。单位工业增加值能耗下降 8.43%，单位 GDP 电耗下降 3.30%。

3 日 《人民日报》报道，国务院国资委公布《关于规范上市公司国有股东行为的若干意见》、《关于规范国有股东与上市公司进行资产重组有关事项的通知》以及《关于规范上市公司国有股东发行可交换公司债券及国有控股上市公司发行证券有关事项的通知》。专家普遍认为，系列文件的出台有利于规范上市公司国有股东行为，有利于证券市场的健康发展，维护广大股东的合法权益。

5 日 《人民日报》报道，国家标准委日前正式发布《企业质量信用等级划分通则》（GB/T 23791—2009）。作为推荐性国家标准，该标准将于 2009 年 11 月 1 日实施。

6 日 《人民日报》报道，中央汇金投资公司持有的中国银行 1713.25 亿股 A 股解除限售，使得沪深 A 股市场的流通股票总数首度超过未流通股票总数，这意味着 A 股市场的全流通进程向前又迈进了一大步。

7 日 《人民日报》报道，中国首座自主开发、设计、制造并建设的 IGCC（整体煤气化联合循环发电系统）示范工程项目——华能天津 IGCC 示范电站今天在天津临港工业区正式开工，此举标志着具有中国自主知识产权、代表世界清洁煤技术前沿水平的“绿色煤电”计划取得了实质性进展。

△ 伴随着河南省首台环保设施最全的火电机组——许昌禹龙发电公司 3 号 66 万千瓦超超临界机组投入运营，大唐集团发电装机规模突破 9000 万千瓦，达到 9006.11 万千瓦，成为亚洲最大的发电公司。

△ 国家煤炭工业网消息，国家能源局批准了中国煤炭加工利用协会和山东省煤炭工业局联合上报的《煤炭行业培育节能示范企业试点实施方案》，确定兖州矿业集团济三煤矿、南屯煤矿，新汶矿业集团协庄煤矿、翟镇煤矿为试点单位。以煤炭生产、洗选加工、资源综合利用三个方面的技术改造为契机，建立煤炭行业能源管理体系、能源管理系统，编制能效对标指南以及能源审计管理办法等。

8 日 受国务院及有关部门相继出台的一系列促进汽车消费的政策刺激，今年上半年全国机动车保有量日增 36814 辆，共增加 6663385 辆，增长 3.92%，与去年同期相比，增加 10837782 辆，增长 6.54%，扭转了去年下半年以来的下行态势，呈现出较快增长趋势。

9 日 《人民日报》报道，三峡电站作为世界上最大的水电站，被世界著名科普杂志《科学美国人》列入世界十大可再生能源工程。

13 日 《人民日报》报道，中共中央办公厅、国务院办公厅近日印发了《国有企业领导人员廉洁从业若干规定》。《若干规定》是规范国有企业领导人员廉洁从业行为的基础性法规，对于加强国有企业反腐倡廉建设、维护国家和出资人利益、促进国有企业科学发展、保障职工群众合法权益具有重要作用。

15 日　央行最新数据显示，截至今年 6 月末，中国国家外汇储备余额一举突破 2 万亿美元大关，达到 21316 亿美元，同比增长 17.84%。上半年国家外汇储备增加 1856 亿美元，同比少增 950 亿美元。

17 日　《人民日报》报道，国家统计局新闻发言人李晓超在国新办举行的发布会上宣布，据初步核算，上半年中国 GDP（国内生产总值）达 139862 亿元，按可比价格计算，同比增长 7.1%。

△　中国自主研制的世界最大的 3.6 万吨黑色金属垂直挤压机，成功完成热调试，这标志着中国大口径厚壁无缝钢管制造技术一举打破国外垄断，达到世界领先水平。该项目建成投产后，将实现大口径厚壁无缝钢管生产的规模化、产业化，对大幅降低电力、石油化工行业的生产成本，提高中国装备制造业和电力、石化行业的国际竞争力具有重大意义。

△　国际电力网消息，平顶山国资委与国家电网公司国际技术装备有限公司签署了《关于划转平高集团 100%股权之国有产权无偿划转协议》。根据该协议约定，平顶山国资委将平高集团 100%股权无偿划转给国网装备公司。划转完成后，国网装备公司将成为平高集团的唯一股东。

18 日　《人民日报》报道，工程总投资 260 亿元的秦山核电站扩建工程方家山核电工程 2 号机组开工建设，这标志着秦山核电站两台百万千瓦机组扩建工程进入全面施工阶段。

21 日　《人民日报》报道，上海振华重工（集团）股份有限公司与西班牙 ADHK 公司签署出口销售合同，总额为 22 亿美元，这是迄今为止国内装备制造业最大的出口合同，也标志着振华重工向世界海洋工程装备市场进军迈开了成功的第一步。

22 日　《人民日报》报道，财政部、科技部、国家能源局近日联合印发通知，正式启动“金太阳”示范工程，决定综合采取财政补助、科技支持和市场拉动方式，加快国内光伏发电的产业化和规模化发展，并计划在 2~3 年内，采取财政补助方式支持不低于 500 兆瓦的光伏发电示范项目。

△　《人民日报》报道，国务院国资委公布的数据显示：今年上半年，中央企业扭转了经营下滑趋势，呈现出回升势头。1~6 月，中央企业累计实现营业收入 53611.7 亿元，同比下降 6.3%，降幅比一季度缩小 2.8 个百分点；累计实现利润 3160.3 亿元，同比减少 1122.8 亿元，下降 26.2%，降幅比一季度缩小 15.6 个百分点；平均成本费用利润率 6.2%，比 1~5 月提高 0.2 个百分点，比一季度提高 0.9 个百分点。

23 日　《人民日报》报道，工业和信息化部发布的最新工业运行数据显示，今年上半年，得益于中央“扩内需、保增长、调结构、惠民生”“一揽子”计划的政策效应逐步显现，工业整体运行正向好的方向发展。规模以上工业增加值同比增长 7%，其中轻、重工业分别增长 8.2%和 6.6%。

△　国务院办公厅前不久公布的《医药卫生体制五项重点改革 2009 年工作安排》明确要求，各地要加快推进基本医疗保障制度建设，在 2009 年解决 607 万破产国有企业退休人员的参保问题。

24日 中国钢材网消息，民营钢企建龙重组国企通钢却上演了悲剧一幕。建龙钢铁拟控股吉林通钢集团66%股权，但遭到工人抵制，建龙委派的总经理陈国军被围殴致死。通化钢铁停产11小时。

28日 国家发展和改革委员会宣布，自29日零时起下调汽油和柴油价格，每吨降低220元，相当于汽油每升降低0.16元，柴油每升降低0.19元。

29日 《人民日报》报道，中国机械工业联合会发布数据显示：今年上半年，中国机械工业总产值4.79万亿元，同比增长7.28%。

30日 国际电力网消息，国家能源局在北京表示，截至今年6月30日，全国已累计关停小火电机组7467台，总容量达到5407万千瓦，提前一年半完成了“十一五”关停小火电机组任务。

△《人民日报》报道，南水北调中线天津干线河北境内工程29日开工建设，标志着中线一期工程天津干线全面开工建设。

31日 《人民日报》报道，受国际金融危机冲击，今年以来，中国企业发展遇到前所未有的困难和挑战，但依然保持了良好的发展势头。截至6月底，全国实有企业997.88万户(含分支机构)，比上年底增加26.42万户，增长2.72%。内资企业注册资本（金）37.45万亿元，比上年底增加7.9%。

△《人民日报》报道，工业和信息化部发布最新统计数字，1~6月，中国生铁、粗钢和钢材产量分别为25880万吨、26658万吨和31648万吨，分别增长5.6%、1.2%和5.7%。国内钢材市场整体回暖。

△ 国务院印发《2009年节能减排工作安排的通知》。

8月

4日 《人民日报》报道，西藏自治区“十一五”规划重点建设项目——旁多水利枢纽工程通过国家发改委批复并动工建设。工程总投资42.7亿元，水库总库容11.74亿立方米，电站装机容量12万千瓦。

9日《人民日报》报道，甘肃酒泉千万千瓦级风电基地正式开工建设。这是世界首个连片开发、并网运行的千万千瓦级风电基地建设项目，总投资将达1200多亿元，成为西部大开发的又一标志性工程。

11日 国家统计局等部门发布数据显示，7月份中国居民消费价格指数（CPI）同比下降1.8%，工业品出厂价格指数（PPI）同比下降8.2%，社会消费品零售总额同比增长15.2%，规模以上工业增加值同比增长10.8%。结合此前陆续公布的宏观经济先行数据不难看出，下半年首月中国经济仍然保持着良好的企稳回升态势。

12日 《人民日报》报道，世界第一输电高塔在浙江省舟山市大猫山顺利结顶。该塔的建设施工刷新了多项国内外纪录：塔高370米、塔重5999吨居世界第一；大跨越耐张段长度6215米居世界第一；大跨越挡距2756米居亚洲第一；同等规模跨越采用国产导线国内首次；特大跨越自主设计、自主加工、自主施工国内首次；输电线路跨越塔主材采用钢管混凝土技术国内首次。

16 日 《人民日报》报道，针对当前国内经济形势和工业用地供应中存在的突出问题，国土资源部和监察部联合发出《关于进一步落实工业用地出让制度的通知》，以更好地发挥土地政策调控作用。

△ 《人民日报》报道，目前全球最大的 1.65 万吨自由锻造油压机 15 日上午在上海重型机器厂开锤，250 吨/630 吨·米锻造操作机、450 吨三相三摇臂双极串联电渣重熔炉也同时投产。

17 日 中国钢材网消息，中国公布铁矿石谈判结果，中钢协与澳大利亚 FMG 公司达成铁矿石长期协议价，降幅为 35%，比日澳达成的首发长协价低 1.5 个百分点左右。这是中国钢铁企业在全球铁矿石谈判中首次出现的“中国价格”。

19 日 国务院总理温家宝主持召开国务院常务会议，研究部署促进中小企业发展的六大措施。包括：完善政策法律体系；切实缓解中小企业融资难；加大对中小企业的财税扶持；加快中小企业技术进步和结构调整；支持符合条件的中小企业参与家电、农机、汽车摩托车下乡；加强和改善对中小企业的服务等。

20 日 《人民日报》报道，为规范工程建设领域市场交易行为和领导干部从政行为，维护社会主义市场经济秩序，促进反腐倡廉建设，中办国办印发《关于开展工程建设领域突出问题专项治理工作的意见》。

23 日 政府采购信息网消息，国家质检总局网站对外发布最新一起汽车召回事件，广汽丰田、天津一汽丰田决定自 2009 年 8 月 25 日开始，召回部分凯美瑞、雅力士 、威驰及卡罗拉轿车，本次召回涉及车辆总计 688314 辆，单从涉及车辆总数来看，属国内罕见特大规模召回事件。

26 日 《人民日报》报道，中国证监会发布的数据显示，截至今年 7 月底，沪深股市上市公司家数达 1628 家，总市值 23.57 万亿元，流通市值 11.67 万亿元，市值全球排名第三位。

△ 国务院总理温家宝主持召开国务院常务会议，研究部署抑制部分行业产能过剩和重复建设，引导产业健康发展。

28 日 国家煤炭工业网消息，中煤能源集团山西金海洋能源有限公司正式挂牌成立，这标志着中煤能源集团在山西煤炭资源整合中迈出重要步伐。

29 日 《人民日报》报道，敦煌 10 兆瓦光伏并网发电特许权示范项目奠基仪式在甘肃省敦煌市太阳能工业园区举行。作为国内首个大型光伏发电示范项目，其奠基标志着国内大型光伏并网发电站建设正式启动。

9月

2 日 《人民日报》报道，中国 C919 大型客机项目机头工程样机在中航工业成飞民机公司开工，这标志着中国自主设计制造的 C919 大型客机项目取得了阶段性的突破。

5 日 《人民日报》报道，为提高中国企业的核心竞争力及自主创新能力，推动产业结构调整和升级，中国对重大技术装备进口的有关税收政策进行调整。自 2009 年 7 月 1 日起，对国内企业为生产国家支持发展的重大技术装备和产品而确有必要进口的关键零部件及原材料，免征进口关税和进口环节增值税。同时，取消相应整机和成套设备的进口免税政策。

6日　中国钢材网消息，山东钢铁集团与日照钢铁签订资产重组与合作协议，这标志着经历了一波三折之后，山东钢铁终于如愿将日照钢铁“迎娶过门”。自此，山东钢铁与日照钢铁之间持续了近一年之久的并购大戏终于尘埃落定。随着山东钢铁集团与日照钢铁集团签约，一个堪称“巨无霸”的企业巨头由此诞生。根据2008年中国企业500强榜单，在钢铁企业中，宝钢第1位，河北钢铁集团排第2位。山东钢铁与日照钢铁相加之后超过河北钢铁集团，居第2位。

△《人民日报》报道，2009中国企业500强名单及分析报告公布，中国石化位居榜首，入围门槛从上年的93.1亿元上升为105.4亿元，首次突破百亿元大关。

△《人民日报》报道，国家航空工业重大项目——大型灭火/水上救援水陆两栖飞机研制项目在湖北省荆门市正式启动。该项目将填补中国大型水陆两栖飞机的研制空白，形成拥有自主知识产权的设计研发体系，全面提升中国水面飞行器的设计制造能力和产业化能力。

9日　《人民日报》报道，商务部、国家统计局、国家外汇管理局联合发布的《2008年度中国对外直接投资统计公报》显示，截至2008年年底，中国8500多家境内投资者在全球174个国家和地区设立境外直接投资企业12000家，投资覆盖率为71.9%，对外直接投资累计净额1839.7亿美元，境外企业资产总额超过1万亿美元。

11日　国家统计局公布数据显示，8月份CPI同比下降1.2%，PPI同比下降7.9%，这是中国物价指数连续第七个月双双负增长，但是降幅有所收窄。专家表示，CPI、PPI降幅收窄表明中国物价拐点已经显现，通缩压力正逐渐缓解，预计未来几个月物价跌幅将继续减小，并有望在今年年底转负为正。虽然年内发生通胀的可能性不大，但需防范潜在的通胀风险。

△　中国经济网消息，美国总统奥巴马最终裁定，对从中国进口的轮胎征收为期3年的惩罚性关税。从2009年9月26日起，税率第一年35%，第二年30%，第三年25%。中国政府对此表示强烈反对，指出美国这一做法不仅损害中美经贸关系，也损害美国自身利益。

13日　《人民日报》报道，中国北车中车进出口有限责任公司与新西兰凯威公司签署向新西兰出口20台内燃机车的合同，这是中国机车首次批量出口发达国家，也表明中国机车产品的技术规范、产品性价比、售后服务与环保标准已完全满足发达国家市场的要求。

△　商务部依照中国法律和世贸组织规则，对原产于美国的部分进口汽车产品启动了反补贴立案审查程序，对原产于美国的进口肉鸡产品启动了反倾销和反补贴立案审查程序。商务部负责人指出，中国一贯坚决反对贸易保护主义。金融危机以来，中国以自己的实际行动证明了这一点。

14日　经国务院批准，中国第四个航天发射场——海南航天发射场在海南省文昌市开始动工建设。海南航天发射场位于北纬19度，是中国在低纬度滨海地区建设的首个航天发射场。海南航天发射场预计将于2013年建成，形成年发射火箭10~12枚的能力。

△《人民日报》报道，国家批准的首个高世代液晶面板（TFT-LCD）项目在江苏昆山开发区产业园开工建设。项目建成后将结束中国大尺寸液晶显示面板完全依赖进口的局面。

△　投资近10亿元的用生物发酵法生产长链二元酸一期工程，在山东瀚霖生物技术有限公司建成投产。中国成为当今国际上唯一能够应用生物合成技术实现多种长链二元酸大规模生产的国家。

15 日 中国矿业网消息，华东地质勘查局（ECE）与非洲铜矿生产商 Weatherly International 在澳大利亚佩斯签署股权认购协议，华东有色以 50.1%的股份成为这家资源类上市公司的第一大股东。此举标志着 ECE 在国际化资本运营方面继今年 6 月成功收购澳上市稀土企业成为第一大股东后，再次取得重大成果，第一次拥有自己在境外的绝对控股上市公司。这既是地勘单位通过资源并购实现产业化、规模化发展的关键一步，也是实施“走出去”战略、提升国际竞争能力的重要途径，对于控制境外资源、扩大资源版图具有重要的战略意义。

16 日 面对公众对国企高管是否存在“天价薪酬”的持续质疑，人力资源和社会保障部等六部门联合出台《关于进一步规范中央企业负责人薪酬管理的指导意见》。这是中国政府首次对所有行业央企发出高管“限薪令”，文件首次明确规定国企高管基本年薪与上年度企业在岗职工平均工资“相联系”，绩效年薪根据年度经营业绩考核结果确定。

17 日 中国证监会晚间公布，首批参加创业板发行审核的 7 家企业全部有条件通过，拿到了创业板的通行证。这意味着创业板的建设迈出了关键的一步。据介绍，创业板审核主要是侧重三个方面的内容，包括合规性审核、信息披露、企业的成长性和创业能力，整个发行审核的过程在程序上与主板差别不大。

18 日 中国矿业网消息，经过近 1 年的努力探索，兰州金川科技园高纯生产车间电子束炉炼铜工艺组生产出 2 根直径 80 毫米、长度 500 毫米、铜含量达到 99.9999%、重量 25 公斤的超纯铜锭，这不仅标志着金川集团在自主知识产权研究、延伸产品产业链、提升产品高附加值方面取得重大突破，而且标志着中国从此有了自己的高纯铜、超纯铜。

22 日 《国务院关于进一步促进中小企业发展的若干意见》发布，共八大方面 29 条具体意见。工业和信息化部部长李毅中表示，《意见》对中国中小企业的扶持政策有很多突破，将进一步完善中小企业发展环境，缓解融资难题，加大财税扶持力度，促进中小企业健康发展。

23 日 国务院总理温家宝主持召开国务院常务会议，讨论并原则通过《促进中部地区崛起规划》。

26 日《中国化工报》消息，国务院批转发改委等 10 部门《关于抑制部分行业产能过剩和重复建设引导产业健康发展若干意见》。煤化工和多晶硅被列入 6 个产能过剩行业中。《意见》明确规定，今后 3 年停止审批单纯扩大产能的焦炭、电石项目，不再安排新的现代煤化工试点项目；2011 年前，淘汰综合电耗大于 200 千瓦时/千克的多晶硅产能。

△ 《人民日报》报道，总投资超过 230 亿元的华电昌吉热电厂、乌苏热电厂、阿克苏热电厂、独山子国家石油储备基地、乌鲁木齐至哈密 750 千伏输电线路、伊犁一号煤矿、广汇吉木乃液化天然气 7 个重大能源项目在新疆各地开工建设。

28 日 中央政府在香港面向个人和机构投资者发行 60 亿元人民币国债。这是国债首次在内地以外地区发行。业内人士指出，此举是人民币国际化的重要一步，可以推动人民币在周边国家和地区的结算和流通，提高人民币的国际地位。

10月

9 日 政府采购信息网消息，通用汽车公司与四川腾中重工有限公司（以下简称“腾中”）宣布，双方就通用汽车旗下高端品牌悍马业务的出售签署最终协议，结束了此前闹得沸沸扬扬的收购事件。

10日　《人民日报》报道，中国最大屋顶光伏发电项目——浙江杭州能源与环境产业园区2兆瓦屋顶光伏电站日前并网发电。

12日　《人民日报》报道，中央企业2008年各项经营数据全部出炉。数据显示，2008年末，141家中央企业拥有国有资产总量55574亿元，比上年增长8.6%，其中：国有资本及权益为54343.7亿元，比2008年初增加3022.1亿元。扣除各项客观增减因素后，2008年中央企业平均国有资产保值增值率为105.9%。

△　中国最大的大尺寸功率半导体器件研发及产业化基地在中国南车株洲南车时代电气股份有限公司正式投产，标志着国产大功率半导体器件产业化进程将加速推进。

13日　《中国化工报》消息，中国石油和化学工业协会发布石化协会和12家大中型企业责任关怀年度报告，行业、企业责任关怀年度报告集中发布在国内尚属首次。石化协会决定建立健全责任关怀管理体系，力争2010年编制完成责任关怀行业标准。

18日　《人民日报》报道，中国证监会首次创业板发行审核委员会工作会议在北京召开，首批七家企业通过发行审核。

19日　国际电力网消息，国家发改委、国家电监会和国家能源局通过了抚顺铝厂与华能伊敏电厂开展直接交易试行方案，大用户直购电试点正式展开。

20日　政府采购信息网消息，中国汽车业聚集长春，迎接一个多年的梦想：中国汽车业进入年产千万辆的门槛。

△《中国化工报》消息，中国石油和化学工业协会发布《石油和化工产业结构调整指导意见》和《石油和化工产业振兴支撑技术指导意见》。两个《指导意见》明确了行业结构调整、产业升级的原则、目标和关键技术。

22日　国家统计局公布了三季度及9月份主要经济数据。前三季度国内生产总值217817亿元，按可比价格计算，同比增长7.7%，比上半年加快0.6个百分点。分季度看，一季度增长6.1%，二季度增长7.9%，三季度增长8.9%。1~9月全社会固定资产投资155057亿元，同比增长33.4%，前三季度，CPI同比下降1.1%，其中9月份环比上涨0.4%。

23日　中国投资资讯网消息，戴姆勒—奔驰公司持续状告中国三一重工在英国市场侵犯其商标权一案落下帷幕。英国伦敦高等法院做出裁定，因证据不足，驳回了有关三一商标侵权其三叉星商标的诉讼。至此，三一在与奔驰的商标之战中取得了实质性的胜利。

24日《人民日报》报道，创业板开板仪式在深圳举行。从最初酝酿到筹备建设历经十年，中国创业板市场正式启动。

26日　《中国化工报》消息，中央扩大内需促进经济增长政策落实检查组第三轮检查启动，第三轮检查工作将与工程建设领域突出问题的专项治理工作紧密结合，突出监督检查重点，督促整改发现的问题，严肃查处违纪违法案件。

29日　《中国化工报》消息，新中国成立60周年百项经典暨精品工程评选活动在北京人民大会堂揭晓，大庆油田、西气东输管道工程、兖矿国泰年产20万吨醋酸和日处理1000吨煤新型气化炉等8项石油和化工工程入选，成为基础产业中入选项目最多的行业。

30日　《人民日报》报道，中国首台千万亿次超级计算机系统——“天河一号”日前由国防科学技术大学研制成功。“天河一号”实现了中国自主研制超级计算机能力从百万亿次到千万亿次的跨越，是中国战略高技术和大型基础科技装备研制领域的又一重大创新成果，使中国成为继美国之后世界上第二个能够研制千万亿次超级计算机系统的国家。

△ 创业板首批 28 家公司上市仪式在深圳举行。这标志着经过 10 年的酝酿和准备，“中国纳斯达克”正式进入实质交易阶段。创业板首批 28 只股票开始交易后，呈低开高走复回落之势，但收盘价均比发行价上涨 7 成以上，其中涨幅超过 1 倍的有 10 只。数据显示，创业板首批 28 只股票的平均发行市盈率已高达 56.6 倍，经上市首日的大幅上涨后，平均市盈率增至 100 倍以上，这大约比沪市高 3 倍，比深市主板和中小板高 2 倍。

11 月

4 日 《人民日报》报道，中央企业社会责任工作会议在京召开，会议要求，中央企业要进一步提高认识，树立科学的社会责任观；健全社会责任管理体系，落实工作责任；结合企业实际制定社会责任工作规划，将社会责任理念融入企业各项工作中，努力成为履行社会责任的表率；建立健全社会责任报告制度，加强信息披露和责任沟通；提高在海外业务中履行社会责任的能力；紧紧围绕可持续发展和做大做强这个目标，发挥央企的顶梁柱作用。

5 日 中国大陆第一条海底隧道——厦门翔安海底隧道全线贯通。这一隧道通车后，厦门岛至翔安区的车程将由 1 个半小时缩短至 8 分钟。厦门翔安海底隧道完全由中国自主设计、施工，工程建设历时 4 年多，设计使用寿命 100 年。该隧道全长 8.695 千米，隧道最深在海平面下约 70 米，由两条行车主洞和一条服务中孔构成。主洞可同时行驶 3 车。它的贯通对于探索适合中国国情的海底隧道建造技术，具有里程碑式的意义。

△ 《人民日报》报道，由宝钢自主集成创新研发的取向硅钢用于制造三峡工程 500 千伏及以上电压等级大型变压器通过了技术评审。该项目实现了牌号的全覆盖，填补了国内空白。

10 日 政府采购信息网消息，中国兵器装备集团公司、中国航空工业集团公司在人民大会堂隆重举行重组中国长安汽车集团股份有限公司签字仪式。根据重组方案，中航工业以其持有的昌河汽车、哈飞汽车、东安动力、昌河铃木、东安三菱的股权，划拨兵装集团旗下的中国长安汽车集团；兵装集团将旗下中国长安汽车集团 23%的股权划拨中航工业。两集团重组成立中国长安汽车集团股份有限公司，兵装集团持股 77%、中航工业持股 23%。

12 日 政府采购信息网消息，在北京人民大会堂，宝马集团和华晨汽车集团签署一项备忘录，郑重申明对双方合资企业华晨宝马汽车有限公司进一步发展的战略性承诺。在未来规划中，华晨宝马汽车有限公司将在沈阳经济技术开发区进行新厂区建设投资，该建设项目计划于 2010 年启动。

△ 《人民日报》报道，国内第一艘以金融租赁方式建造的万吨级以上散货船（CCS 级）——“工银 1”轮 8 日在江苏中船澄西船舶修造有限公司命名交付，由船东方——工银金融租赁有限公司将该轮交给能源交通产业控股有限公司承租运营。此举开创了国内商业银行全程参与建造并拥有船舶所有权的历史。

13 日 《人民日报》报道，全国第一钢铁大省河北省开展淘汰落后钢铁产能集中行动，加速钢铁产业优化升级。省政府在秦皇岛、唐山、保定、邢台、邯郸 5 个设区市同时采取行动，集中拆除了炼铁高炉20座、转炉3座。

14日 《人民日报》报道，为促进光伏发电产业健康有序发展，财政部、科技部、国家能源局近日联合下发了《关于做好“金太阳”示范工程实施工作的通知》，加快实施“金太阳”示范工程，共安排294个示范项目，发电装机总规模为642兆瓦，年发电量约10亿千瓦时，初步测算工程总投资近200亿元，计划用2~3年时间完成。

16日 中国钢材网消息，武钢集团透露，其已与委内瑞拉矿业集团公司成功达成五方协议。此协议是首个明确以中国价格执行的合同，该长期协议价格大大低于2009年新日铁与三大矿商达成的首发价。标志着中国矿石采购价格已不再受国际三大矿石巨头制约。

△ 《人民日报》报道，国家“十一五”重大专项机床行业“十大”标志性装备之一——中国自主研发的世界最大超重型双立柱数控落地铣镗床，日前在黑龙江省齐齐哈尔第二机床集团公司研制成功，打破了西方技术垄断、结束了中国长期依赖进口的历史。

△ 《经济参考报》消息，山西省启动迄今规模最大的一轮煤炭资源整合及企业兼并重组。截至11月中旬，兼并重组正式协议签订率已经达到95%，全省矿井数量由原来的2598处压减到1053处，办矿企业主体由原来的2000多家减少到130家。这次整合重组引发了关于“国进民退”问题的较大争议。

17日 国家煤炭工业网消息，全煤首个EMC（合同能源管理）项目落户河南中平能化集团。实行合同能源管理，建立市场调节的节能管理机制，其实质就是以减少的能源费用支付节能项目全部成本的节能业务模式，可有效分散传统运营模式对煤炭企业的经营压力。

18日 国家煤炭工业网消息，在中美两国签署《中美清洁能源联合研究中心合作议定书》后举行的中美清洁能源合作签字仪式上，神华集团与美国GE能源集团签署了《关于设立气化技术合资公司的谅解备忘录》，将开展战略合作，成立合资公司，为中国提供先进的“清洁煤”技术解决方案。

19日 国际电力网消息，国家发改委出台电价调整方案，宣布自11月20日起全国非民用电价每度平均提高2.8分钱；对发电企业销售给电网企业的上网电价做了有升有降的调整，陕西等10个省区市燃煤机组标杆上网电价适当提高，浙江等7个省区市适当下调；暂不调整居民电价，未来居民用电将逐步推行阶梯式递增电价。

21日 《人民日报》报道，中国第一台具有完全自主知识产权的上充泵在渝通过了国家能源局、中国机械工业联合会及中国三大核电公司相关专家的技术鉴定，标志着中国离心泵设计制造技术达到世界先进水平，实现了上充泵国产化，打破了国外垄断局面，对中国核电事业的发展具有重大意义。

23日 中国钢材网消息，宝钢集团耗资2.856亿澳元，收购澳大利亚铁矿石开采商Aquila公司15%股权，成为Aquila的第二大股东。Aquila主要经营业务为铁矿石、煤炭和锰矿。

24日 中国钢材网消息，美国商务部裁定，将对中国输油管实施反补贴关税制裁，该案涉及金额约27亿美元，是迄今为止美对华贸易制裁的最大一起案件。

25日 国务院常务会议决定，到2020年中国单位国内生产总值二氧化碳排放比2005年下降40%~45%。会议强调，中国人口众多，经济发展水平还比较低，经济结构性矛盾仍然突出，能源结构以煤为主，能源需求还将持续增长，控制温室气体排放面临巨大压力和特殊困难，实现上述行动目标需要付出艰苦卓绝的努力。

27 日　中共中央政治局召开会议，分析研究明年经济工作。会议强调保持宏观经济政策的连续性和稳定性，继续实施积极的财政政策和适度宽松的货币政策，根据新形势新情况着力提高政策的针对性和灵活性，特别是要更加注重提高经济增长质量和效益，更加注重推动经济发展方式转变和经济结构调整，更加注重推进改革开放和自主创新、增强经济增长活力和动力，更加注重改善民生、保持社会和谐稳定，更加注重统筹国内国际两个大局，努力实现经济平稳较快发展。

△ 黑龙江省鹤岗市“11·21”特大瓦斯爆炸事故共造成 108 人死亡。

30 日　中国钢材网消息，武钢集团宣布，以 4 亿美元购买了巴西矿业巨头 EBX 集团旗下 MMX 公司 21.52%的资产，成为其第二大股东。根据协议，武钢获得了相应的为期 20 年的铁矿石产品权益，此次合同价相当于“中国价格”。今后，MMX 将向武钢每年销售 1600 万吨铁矿石，协议为期 20 年。MMX 矿业公司在南美拥有多座矿山，资源总量超过 30 亿吨，目前产能约为 1070 万吨。

△ 中国经济网消息，1.6 升及以下排量乘用车减半征收购置税政策的实施，拉动了汽车消费，促进了产品结构调整。据统计，2009 年前 11 个月，全国汽车产销分别达到 1226.58 万辆和 1223.04 万辆，比去年同期分别增长 41.59%和 42.39%。其中，1.6 升及以下排量乘用车销售超过 640 万辆，同比增幅超过 60%。

12 月

3 日　《人民日报》报道，国务院总理温家宝近日签署第 567 号国务院令，公布《外国企业或者个人在中国境内设立合伙企业管理办法》。

4 日　《人民日报》报道，北京亦庄移动硅谷有限公司正式揭牌，以此为标志，北京经济技术开发区正式启动了千亿级移动通信产业基地建设。

5~7 日　新华网消息，中央经济工作会议在北京召开。会议提出了明年经济工作的主要任务：一是提高宏观调控水平，保持经济平稳较快发展。二是加大经济结构调整力度，提高经济发展质量和效益。三是夯实“三农”发展基础，扩大内需增长空间。四是深化经济体制改革，增强经济发展动力和活力。五是推动出口稳定增长，促进国际收支平衡。六是着力保障和改善民生，全力维护社会稳定。

7 日　《人民日报》报道，中航工业西飞与奥地利 FACC 公司（未来先进复合材料股份公司）股东近日在奥地利维也纳举行了股权交割仪式，这是中国航空工业首次实现海外并购，也是亚洲航空制造业首次并购欧美航空制造企业。

8 日　《人民日报》报道，国内首台百万千瓦核电主泵在四川德阳东方阿海珐核泵有限责任公司成功产出，发往广东岭澳核电站，标志着中国核电设备主要部件——主泵的国产化取得重要进展，核电设备国内配套制造能力显著增强。

9 日　武汉至广州铁路客运专线开始试运行。全长 1068.6 公里的武广客专在工程上创造多项世界第一，并使广州与武汉的铁路运行时间由 10 小时缩短到不到 3 小时，时速达 394 公里，创造两车重联情况下世界高速铁路最高速。

10日 中华机械网消息，沪东中华造船（集团）有限公司为广东液化天然气（LNG）项目建造的最后一艘LNG船“大鹏星”号交付。至此，中国首批5艘LNG船全部建成交付，填补了中国在尖端船舶建造领域的空白。

△《中国报告大厅市场研究报告网》消息，中国首次对进口产品进行“双反”调查，商务部公告，决定自2009年12月11日对从美、俄进口的取向电工钢征收相应的保证金。

△《人民日报》报道，甘肃省酒泉市瓜州北大桥东风电场330千伏升压站工程日前建成。该工程是中国规划建设的第一座千万千瓦级风电示范基地。

11日 国家统计局发布数据，11月份中国CPI同比上涨0.6%。自今年以来，持续了9个月的物价负增长宣告终结，重回正增长轨道。

14日《经济参考报》消息，国务院常务会议决定在保持政策连续性和稳定性的同时，加快保障性住房建设，加强房地产市场监管，稳定市场预期，遏制部分城市房价过快上涨的势头。会议明确提出抑制投资投机性购房。此前国务院常务会议决定个人住房转让营业税征免时限由2年恢复到5年。

△ 中国报告大厅市场研究报告网消息，中国—中亚天然气管道投产通气，这一跨国天然气管道西起阿姆河右岸，向东1800公里，进入中国霍尔果斯，与西气东输二线相连，一直向东延伸到广州、上海，全线总长上万公里，是世界上最长的天然气管道。

15日 国际电力网消息，国家发改委发布《关于完善煤炭产运需衔接工作的指导意见》，终止了一年一度的全国煤炭订货会，取而代之的是网上汇总的方式，价格由双方议定。

16日 中华机械网消息，中船重工集团公司的上市旗舰和融资平台——中国船舶重工股份有限公司（简称中国重工）在上海证券交易所挂牌上市，共募集资金147.2亿元，扣除发行费用，募集资金净额为143.2亿元。

17日《人民日报》报道，国家标准委批准1000千伏晋东南至荆门特高压交流输变电工程成为中国首个“国家重大工程标准化示范”，同时宣布15项特高压交流输电技术国家标准将于2010年5月正式实施。中国在世界上率先颁布实施特高压交流输电技术国家标准，是特高压输电技术发展成熟的重要标志。

23日 国家煤炭工业网消息，兖州煤业股份公司发布公告称，收购澳大利亚菲利克斯资源公司的对价支付和股权过户已经完成，标志着兖州煤业收购菲利克斯交易全部完成。兖州煤业收购成功，为国内大型煤炭企业利用海外煤炭资源进行了有益探索，也是中国企业实施“走出去”战略的起步。

△《人民日报》报道，大唐鲁北生态电厂2×330兆瓦热电联产项目2号机组顺利通过168小时满负荷连续运行正式投产发电，标志着中国首座2×330兆瓦生态电厂经过4年的建设顺利竣工投产。

23日《经济参考报》消息，美国福特公司宣布已与中国吉利公司就出售旗下沃尔沃品牌的所有实质性商业条款达成一致，吉利称明年一季度签署股权收购协议。

24日《人民日报》报道，中国核工业建设集团和中国广东核电集团公司今天在北京一次签订了8台核电机组的核岛安装工程合同，金额达53亿元。这是中国核电建造史上核岛安装工程数量最多、金额最高的一笔工程合同。

25日 国家统计局发布第二次全国经济普查结果。结果显示，2008年全国GDP数据被修订为 314045 亿元，GDP 增速调整为 9.6%，2008 年全国单位 GDP 能耗比上年下降 5.2%（比 2005 年下降 12.45%），2008 年第三产业增加值为 131340 亿元，占 GDP 比重为 41.8%。还有一些经济方面的重要数据也同时发布。

△ 《人民日报》报道，为帮扶企业应对国际金融危机的冲击，2009 年国家工商总局出台股权融资办法、引导扩大消费、支持个体私营经济等一系列针对性强的特殊政策。截至 11 月底，全国实有内资企业（含私营企业）971.89 万户，比上半年增长 16.99 万户。

26 日 中国矿业网消息，计划年产 50 万吨铜铝复合材料的生产基地在江苏苏州开工。由于运用了“以铝节铜”的铜铝复合材料工艺，这个国内最大铜铝复合材料产业基地在首期投产后，每年可为国家节约铜材 46.5 万吨，大大节省铜的消耗。

27 日 《人民日报》报道，第十一届全国人民代表大会常务委员会第十二次会议通过关于修改《中华人民共和国可再生能源法》的决定。

28 日 据报道，中国企业 PCT 专利申请居全球首位，受理专利申请量突破 500 万件，截至 2009 年 12 月 27 日，中国企业 PCT 专利申请第一次居全球首位，这标志着中国企业自主创新能力和知识产权意识明显增强。

29 日 《人民日报》报道，世界上第一个±800 千伏特高压直流输电工程——云南至广东特高压直流输电工程成功实现单极投产，标志着中国电力技术和电力装备制造已在输变电领域攻占了世界制高点，是电力发展史上的一个重要里程碑。

△ 《人民日报》报道，中国三代核电 AP1000 自主化依托项目——中国电力投资集团公司山东海阳核电项目一期工程正式开工。

△ 国家煤炭工业网消息，2009 年底，抚顺矿业集团页岩炼油厂二期工程建成投产，至此形成年产页岩油 45 万吨的生产能力，成为中国最大规模油母页岩综合利用企业。抚顺矿区露天煤矿排弃的 1200 多万吨油母页岩全部得到利用，形成了以油母页岩炼油、页岩渣制砖、干馏瓦斯发电的资源综合利用产业链。

△ 中国经济网消息，2009 年，中国全年造船完工总量突破 4000 万载重吨，占世界造船份额 33%，承接新船订单量和手持船舶订单量的世界市场份额分别达到 60%以上和 37%，三大指标全面大幅超过日本，成为世界第二造船大国。其中，中国全年新船承接订单量超过韩国，位居世界第一。

△ 中国经济网消息，中国乙烯工业迅猛发展。随着国民经济的发展，中国乙烯工业进入了快速发展时期。中国石化福建炼化一体化项目和天津乙烯分别于 2009 年 7 月和 12 月投产，新增乙烯产能 200 万吨。截至 2009 年底，中国石化乙烯产能已达 800 多万吨。

二、2009 年中国工业 10 件大事

（中国社会科学院工业经济研究所专家评选）

（按事件发生时间排序）

1. 从 2009 年 1 月 14 日开始，国务院常务会议相继审议并原则通过了汽车、钢铁、纺织、装备制造、船舶、电子信息、轻工、石化、有色金属、物流十大产业调整振兴规划，并密集出台。这是党中央、国务院应对国际金融危机、确保经济平稳较快增长“一揽子”计划的重要组成部分，对各产业积极应对国际金融危机、增强国际竞争力，带动相关产业发展具有重要的战略意义。

2. 北京时间 3 月 1 日 16 时 13 分 10 秒，嫦娥一号卫星在北京航天飞行控制中心科技人员的精确控制下，准确落于月球东经 52.36 度、南纬 1.50 度的预定撞击点，实现了预期目标，为中国探月一期工程画上一个圆满的句号。

3. 3 月 18 日，国家商务部发出通报指出，可口可乐公司收购汇源公司案将对竞争产生不利影响，因此依法作出禁止此项收购的决定。

4. 4 月 17 日，《人民日报》报道，华能集团控股的西安热工研究院与美国未来燃料公司近日在上海签署了《美国宾夕法尼亚 15 万千瓦 IGCC（整体煤气化联合循环）项目煤气化技术使用许可原则协议》。这是中国具有自主知识产权的清洁煤电关键技术——干煤粉加压气化技术首次进入西方发达国家和国际能源市场，标志着该项技术已经达到国际先进水平。

5. 7 月 7 日，中国自主研制的世界最大的 3.6 万吨黑色金属垂直挤压机成功完成热调试，这标志着中国大口径厚壁无缝钢管制造技术一举打破国外垄断，达到世界领先水平。

6. 10 月 24 日，《人民日报》报道，创业板开板仪式在深圳举行，从最初酝酿到筹备建设历经十年，中国创业板市场正式启动。

7. 10 月 30 日，《人民日报》报道，中国首台千万亿次超级计算机系统——“天河一号”日前由国防科学技术大学研制成功。“天河一号”实现了中国自主研制超级计算机能力从百万亿次到千万亿次的跨越，是中国战略高技术和大型基础科技装备研制领域的又一重大创新成果，使中国成为继美国之后世界上第二个能够研制千万亿次超级计算机系统的国家。

8. 12 月 7 日，《经济参考报》消息，中国汽车工业协会公布的初步统计数据显示，1 至 11 月中国汽车产销量分别为 1226.58 万辆和 1223.04 万辆，预计全年将突破 1300 万辆。中国超过美国成为世界第一大汽车生产国和最大的新车消费市场。

9. 12 月 26 日，全长 1068.6 公里的武广高速铁路开通运营。时速 350 公里的高速列车将使广州至武汉的运行时间由 10 小时缩短至 3 小时。这条世界上一次建成里程最长、运营速度最快的高速铁路，还创下了重联高速列车运行 394.2 公里的世界高铁最快速度。

10. 中国企业 PCT 专利申请居全球首位，受理专利申请量突破 500 万件，截至 2009 年 12 月 27 日，中国企业 PCT 专利申请第一次居全球首位，这标志着中国企业自主创新能力和知识产权意识明显增强。

2009年中国工业10件大事

2010 China's Industrial Development Report

——China's Industry Braving the Global Financial Crisis

Overview
China's Industry Braving the Global Financial Crisis

Since 2008, the global financial crisis has inflicted a great blow to the China's economy, an economy with a high degree of openness. China's industrial economy, which was the first to bear the brunt in this round of repercussions, played a dominant role in ensuring an 8% growth rate in 2009 and facilitating a robust recovery in 2010. Though China's industrialization promises great potentials, serious challenges still persist, including wasteful use of resources, pollution, structural imbalance and gaps in social welfare. These problems became even more pronounced under the crisis, and some have taken on new situations in the course of taking countermeasures. In extreme adversity, China's industry not only achieved a V-shaped rebound but also re-embarked on the journey of national strength and civil prosperity in 2009, which has become another year of milestone. In the post-crisis era, China will vigorously adjust its development strategies to blaze a new trail of industrialization and transform the way its economy grows. In a word, the post-crisis era marks a new stage where China's industrial development becomes more robust, enterprising, complicated and challenging.

Chapter 1
China's Changing International Industrial Environment under the Global Financial Crisis

The global financial crisis and economic recession caused an inevitable impact on China's economic and industrial development. From a quantitative perspective, global economic growth, trade and investment and consumption all declined in 2008. As a result, developed countries emerging markets and developing countries experienced rapid slowdown in 2009. However, since the second half of 2009, global trade, investment and consumption began to speed up. Emerging economies like China experienced robust growth that effectively stimulated global economy, which may have a positive growth in 2010 and a full recovery in 2011. Global financial crisis brought about tremendous economic, social and environmental impact to the world and presented six challenges to China's industries that are currently in the process of industrialization: trade protectionism, currency appreciation, stakeholder responsibilities, low – carbon economy, emerging industries, economic restructuring, among other things.

China's industries faced unprecedented challenges and major opportunities of rejuvenation. Guidelines: (1) shift from export to domestic market and promote consumption; (2) shift from surplus of trade in commodities to surplus of trade in services, and from world factory to world office. Countermeasures: industries should be environmentally friendly, put people first, be service-oriented, information and knowledge-based, and orient towards globalization.

Chapter 2
Low Carbon Economy under the International Financial Crisis

In 2008, the U.S. subprime mortgage crisis broke out and the global financial crisis ensued. On the surface, it was caused by ineffective international financial supervision, but deep down, a loss of international competitiveness of U.S. industries, especially that of the manufacturing, was to blame.

Although several short-term measures were taken afterwards in some western countries to protect the trade and intensify financial supervision, they were less influential than those designed to enhance future industrial competitiveness. Therefore, these stimulus and recovery plans are called by some economists the green recovery plan, which reflects western countries' concern about the increasingly severe environment and resources challenges, and more importantly, their strategic intention of rebuilding the competition order to restore their industrial competitiveness.

In light of China's current economic situation and structure, the competitiveness transformation strategy initiated by developed countries imposed a great challenge to China, already a major carbon-emitter. If western countries levy the carbon tariff to reduce carbon emission, its industrial products export, industrial production and employment will be greatly affected. Therefore, China should take responsive measures to adapt itself to such transformation in a prudent way. At present and for some time to come, we should focus on developing strategic emerging industries while promoting green and clean production in traditional industries.

Chapter 3
The International Financial Crisis and China's Industrialization

The international financial crisis has exerted a direct impact on China's industrialization: the industrialized rate decelerated its growth in 2008 and declined in 2009, and industrial employment showed a retrograde flow of labor forces. Owing to regional economic disparity, the crisis exerted more impacts on the Pearl River Delta and other coastal areas in east China. It exposed existing problems and changed international industrialization climate. It told us that we should follow an industrialization path that fits the trend of the times and our national conditions, and that enriching our people and country depends upon industrial development; we should better understand our development stage and better control the degree of economic openness. Finally, the author discussed four questions regarding industrial development pattern transformation in the report, including industrial restructuring and upgrade and improving industrialization qualities in the post-crisis era, developing manufacturing of a higher end in the global value chain, promoting low carbon-oriented industrialization and creating more job opportunities while accelerating the industrialization process.

Chapter 4
Course of China's Industrial Growth under the Global Financial Crisis

The global financial crisis evolved from the US sub-prime crisis is considered the most serious economic crisis since the Great Depression. It dragged down China's rapid industrial growth. However, China's industries had a V-shaped rebound under the effect of policies to secure growth. In early 2010, industrial growth resumed to the pre-crisis level. This paper evaluates the changing industrial growth, profits and industrial goods prices since 2003, and compares China's industrial path during the crisis with that of other countries during the Asian Financial Crisis. The result shows that the global financial crisis had a limited and short-living impact on China's industries, which quickly recovered from its repercussions. Compared to the Asian Financial Crisis, China's industries had a deeper downturn during current crisis but recovered fast. Currently, although China's industrial growth resumed to pre-crisis level, deep-seated contradictions still persist and restrict its sustainability.

Chapter 5
Changes in China's Industrial Structure under the Global Financial Crisis

During 2008 and 2009, some new patterns emerged in China's industrial structure under the impact of global financial crisis: in terms of GDP share, the structural status of industries to GDP declined somewhat; in terms of the structure of light and heavy industries, the process of heavy industrialization slowed down; in terms of industrial structure, there is a major change in the composition of high growth sectors; and in terms of regional structure, the structural status of central and western regions enhanced. On the whole, the global financial crisis has a short-term impact on China's industrial restructuring. From mid-and long-term perspective, changing industrial structure is determined by the stage of China's economic development. However, the growth model and low-carbon philosophies of developed countries in the post-crisis era will also influence China's industrial restructuring to some extent. The problem is not the shares of various industries, but problems caused by the crude pattern of development. They include environmental and energy pressures of heavy industries, adverse effect of over reliance on export, the low-end position of "Made in China", and backward development of manufacturing services. In light of these problems and changing domestic and international environment during the financial crisis, industrial upgrade policies should aim to improve resource pricing mechanism and administration, enhance innovation, develop strategic emerging industries, speed up the strategic transformation of trade, and advance industrial relocation for regional development.

Chapter 6

China's Industrial Trade under the Financial Crisis

China's import and export plunged under the impact of financial crisis, and many trade companies went into operational difficulties. But the plunge is smaller compared to major trading nations, and as a result, China's status in international trade increased. In 2009, China became the world's largest exporter and some new developments occurred in its trade structure. With policies to stabilize external demand and shore up confidence, some positive changes are seen in industrial trade. However, with external demand still sluggish and protectionism rising, China's industrial trade is still confronted with uncertainties in its recovery. Meanwhile, with further adjustment in world economic growth and development of carbon economy, China's foreign trade faces new opportunities and challenges and urgently needs to accelerate the transformation of trade growth pattern to achieve balanced internal and external demand. In light of new tendencies of international trade in the post crisis era, China must establish the policy targets, further improve trade administration, and transform trade growth pattern for quality improvement and sustainable development.

Chapter 7

China's Industrial Fixed Asset Investment under the Financial Crisis

Since 2008, the global financial crisis has dealt a heavy blow to China's real economy. After this crisis, China launched a series of stimulus policies such as four-trillion yuan stimulus package, ten-industry rejuvenation plan, and VAT reform to encourage equipment investment. As a result, fixed asset investment surged and became the dominant force in promoting economic growth. Industrial investment increased steadily and investment focus shifted to agriculture and services. Intensive processing industries continued to have an increasing share in total industrial investment. Local investments grew rapidly, particularly in central and western regions. Sources of investment fund multiplied. Meanwhile, the following problems became acute: internal investment growth lacks momentum, overcapacity and redundant construction, inefficient investment, and local government financing risks. Outbreak of global financial crisis provided a historical opportunity for China to transform its growth engines, but taking this opportunity requires China to change: overcome the institutional barriers of domestic consumption, enhance internal momentum of investment growth, promote corporate mergers and acquisitions, and increase investment efficiency. Enhance the guidance of industrial policies, restrain local government investment impulse, and regulate the development of financing platforms. These measures aim to further enhance and improve macro regulation.

Chapter 8
Infrastructure Construction and Its Impact on Industrial Economy

Intensifying infrastructure construction is a significant measure for the Chinese Government to tackle the international financial crisis. In 2009, China's infrastructure investment volume increased substantially and the investment structure was optimized. Infrastructure construction involves demands for industrial products, thereby boosting the industrial economic growth. In accordance with our estimates, the 5.681044 trillion Yuan urban infrastructure investment of 2009 had promoted an industrial demand valuing at RMB 17.251176 trillion Yuan that accounted for 31.58% of the total industrial output value of the year. It can be said that infrastructure investment played a significant role in promoting the rally of the industry. In the long term, infrastructure investment can improve the industrial capitals allocation efficiency and the production efficiency, thereby increasing the industrial supply efficiency and promoting rapid and sound industrial development. In the post-crisis era, infrastructure investment should focus more on transforming the economic development pattern, developing strategic emerging industries, ensuring and improving people's livelihood and giving play to social capitals.

Chapter 9
Industrial Employment Situation under the International Financial Crisis

The global financial crisis has seriously dented industrial employment. It caused serious job losses and rising unemployment. Employment in manufacturing sectors reduced for the first time in five years. Labor demand plummeted. The ratio between vacancies and job-seekers lowered to the trough of six years. The influence of financial crisis spread from the coastal regions to inland areas and affected most industries. The government took a massive stimulus policy and employment policy to tackle the financial crisis. Due to implementation of such policies and an upturn in the economy, employment began to stabilize in the first quarter and rapidly restored after the second quarter. Overall employment demand kept an upward trend and will depend on economic situations in both China and beyond. According to estimates by international organizations, the worsening trend of global financial crisis has been curbed, and the world economy has recovered from the trough. Major developed countries will all witness increasing economic growth rates. In 2010, China will maintain an economic growth of 9% to 10%. Against this background, industrial employment demand may continue to grow. However, uncertainties still exist in world economic climate. Some of China's investment and policy systems are unfavorable to job growth. Private and small enterprises have not played their role of creating jobs. There will be greater contradictions such as undersupply of skilled workers, structural unemployment and unattractive wage.

Chapter 10
Status and Role of China's Industry in Counteracting the Financial Crisis

The once-in-a-century international financial crisis has dealt a heavy blow upon China's economy, with its industry hit hardest. Fortunately, with continued implementation of various stimulus policies, the industrial downturn was quickly reversed for a rebound, making outstanding contributions to overcoming the crisis shock and felicitating the national economy recovery. But deep down, the structural imbalance is the major reason for recent violent macroeconomic fluctuation. It caused the industry to suffer most during the crisis. In face of the complex situation in the post-crisis era, we should accelerate industrial restructuring and industrial growth pattern transformation, thereby fundamentally improving our capacities of tackling both internal and external shocks and promoting sustained healthy economic growth.

Chapter 11
Adjustment and Rejuvenation Plan and Its Role to Industrial Development

As a big part of the stimulus package, during January 14 and February 25, 2009, the State Council deliberated and adopted a plan to adjust and rejuvenate ten industries such as iron and steel, non-ferrous metal, petrochemical, automobile, equipment manufacturing, ship building, textiles, light industries, electronic information and logistics. The adjustment and rejuvenation plan integrates short-term counter-crisis measures and mid-and long-term industrial development policies. Their content can be summarized as "maintaining growth, expanding domestic demand and adjusting structure". Primary tasks of growth maintenance are to improve export environment and stabilize external markets while expanding domestic consumption and helping enterprises to overcome difficulties. "Adjustment" means to upgrade industrial technologies and products, improve industrial organizational structure and layout, enhance innovation, and prevent overcapacity in certain industries. Effects of the ten measures are: (1) there is a significant effect in maintaining growth and expanding domestic consumption. Industrial and economic slowdown was reversed, and the upward momentum was maintained and strengthened. With economic recovery, the policies should focus on transformation growth pattern and promoting sound economic growth. (2) Restructuring also achieved some headway. But administrative measures were used excessively and many problems existed in the policies and may give rise to negative results. Restructuring policies are a continuation of previous industrial policies, and have administrative features of market intervention, government selection replacing market mechanisms and restrictions of competition. The adjustment and rejuvenation plan and the industrial policies during the 12th Five-year Plan" should refocus on functional industrial policies that promote institutional reform, full competition and market-friendly functional industrial policies, avoid selective industrial policies, give full play to market mechanisms, and fundamentally restructure and upgrade industries. In developing strategic emerging industries, the policies should be widely supported by research and development activities of emerging production enterprises, support basic research and public technology research, and avoid providing excessive investment incentives in production and manufacturing processes.

Chapter 12

Consumption Policies and Their Role in Industrial Growth

Consumption is a major step in the stimulus package against the global financial crisis. It is unsustainable for China's growth to depend on investment and export while consumption rate keeps declining. Growth engines must be shifted from investment and export to private consumption. Consumption must be not only a counter-crisis measure but also a mid-and long-term strategy for China to transform its industrial growth pattern. Consumption policies include income redistribution, stimulus of home appliances and car purchase, housing, improvement of consumption environment, and social security.

Industrial rejuvenation plan and its implementation procedures partially focused on consumption. In 2009, consumption - oriented policies achieved their initial effect, and consumption played a much greater role in industrial growth, particularly in car and home appliances industries. Consumption policies indirectly increased the demand and production of raw materials and intermediate products. The most effective policy remains short -term stimulus measures such as subsidies for the purchase of home appliances in the countryside. Such policies would contribute to stable consumption growth in the future, but as the economy takes an upswing, it is necessary to adjust such short-term consumption policies. Given the constraints and difficulties in expanding consumption demand, consumption policies should be based on the following considerations as a mid - and long - term strategy: (1) Rationalize national income distribution, so as to increase the share of labor remuneration and people's income in the national economy; (2) Improve redistribution mechanisms to reduce people's income gap; (3) Accelerate the development of social security system and improve people's income and spending expectations; (4) Increase the protection of consumer rights, develop consumption credit, and improve consumption environment.

Chapter 13
The Energy Industry

As the international financial crisis broke out, some abnormal changes occurred in China's energy demand and supply as well as energy import and export. First is the negative monthly growth rate of energy demand and supply, which turned positive quickly with the restored economic growth rate. Second, net coal export was turned into net import and net petroleum products import was turned into net export. Third, energy investment, especially clean energy investment maintained a high growth rate due to some policy factors. Easing of the energy supply tension created favorable conditions to restructure China's energy industry and launch the fuel oil tax. Though we have done well in restructuring the coal and power industry, we still have some problems regarding clean and safe coal production, the electricity and gas pricing mechanism and insufficient utilization of renewable energy sources. In light of socioeconomic development requirements, we should prioritize hydroelectric power, natural gas and nuclear energy in the post – crisis era, orientate the coal industry toward clean, safe and efficient production, strengthen energy resources exploration and survey, intensify energy technology R&D, accelerate industrial development of renewable energy sources, coordinate energy industry development with that of other industries, and deepen the energy mechanism reform, especially the energy price mechanism.

Chapter 14
Iron and Steel Industry

Under the global financial crisis, China's iron and steel industry was in difficulties from the second half of 2008 to the early period of 2009: international and domestic demand for steel was flagging, steel prices plunged, steel companies were in difficulties, and the industry suffered great losses. To overcome the negative impact, China issued *Iron and Steel Industry Adjustment and Rejuvenation Plan* and took policy measures to maintain growth, adjust structure and promote development. Timely and vigorous measures helped China's iron and steel industry to recover from the global financial crisis. Steel market revived and production increased on a monthly basis. Corporate operations improved and profits increased. Progress is made in phasing out backward capacities, energy conservation and emissions cut. Steel companies have made great strides in developing overseas mineral resources. In the post crisis era, China's steel industry continues to face the problems of overcapacity, poor quality of products, unreasonable industrial layout, excessive dependence of overseas raw materials, and materials cost pressures. The following steps must be taken to address the above-mentioned problems: first, accelerate technology innovation and adjust product structure; second, take steps to maintain market stability; third, phase out backward capacities; and fourth, take short-term and long-term measures to respond to the increasing import of iron ore and its dependence.

Chapter 15
Non-ferrous Metal Industry

The global financial crisis sweeping the world has taken a toll on the development of China's non-ferrous metal industry. Prices plummeted, growth slowed down, corporate losses mounted, workers lost their jobs, and both import and export fell. China launched a stimulus package including four trillion Yuan investment, structural tax cut, industrial readjustment and rejuvenation plan. It helped stabilize the economy and help the non-ferrous metal industry get rid of crisis. *Non-ferrous Metal Industry Restructuring and Rejuvenation Program* played a positive role for non-ferrous metal industry to escape the shadows of the financial crisis. The measures include: collect non-ferrous metal, increase export rebate, pilot programs of direct purchase, establish industrial damage warning system, phase out outdated capacities, and implement the strategy of "going out". With these policy measures, China's non-ferrous metal industry soon recovered and had a "V-shape" rebound. However, compared to the success of keeping the growth, there is much room to restructure and transform the way non-ferrous metal industry grows. Thus policies should be optimized to these ends.

Chapter 16
Building Materials Industry

The financial crisis affected China's building materials industry to some extent, and the most serious impact is on the export. With various national macroeconomic interventions against the global financial crisis, building materials manufacturers faced up to the challenges. By the end of 2009, the industry has walked out from the bottom. National investment policies greatly boosted the growth of building materials industry. A basic assessment is that policies to expand domestic consumption led to steady and rapid growth in building materials industry due to robust demand of domestic capital construction and real estate development. The impact of global financial crisis was overcome. In addition, relaxed macroeconomic policies affected the technical progress and structural upgrade of building materials industry. In the face of rising low-carbon economy and corporate social responsibilities, it is imperative to restructure building materials industry.

Chapter 17
Petrochemical Industry

Under the global financial crisis, major economic indices of China's petrochemical industry began to decline since the fourth quarter of 2008. The central government issued *Adjustment and Rejuvenation Plan of Petrochemical Industry* and implementing procedures. Many local governments also issued rejuvenation measures, which played an effective role. After more than one year of global financial crisis, China's petrochemical industry experienced tangible recovery. Overall demand increased, turnover started to recover from decline, and consumption of major petrochemical goods experienced good recovery. Total profits are the highest in recent three years. Number of petrochemical companies and employees steadily increased. Decline of petrochemical export narrowed, and import multiplied. However, the recovery cannot conceal the major problems in China's petrochemical industry: petroleum trade restriction policies impede petrochemical industrial restructuring. Cyclical fluctuations and financial crisis have combined to intensify overcapacity. Petrochemical companies are facing the dual pressures of dumping and anti-dumping. Only when these problems are resolved can petrochemical industry achieve long-term sustainable development.

Chapter 18
The Chemical Industry

China's chemical industry has made new headway during the 11th Five-year Plan period. The share of its added value to that of all industrial enterprises above the designated size maintains around 14%. It suffered a lot in the international financial crisis beginning from the second half of 2008. Market demands contracted, the operating rate declined, inventory increased and fund shortage ensued. Various measures were taken to overcome these difficulties within the industry. Besides, as the central government launched massive policies and measures to expand domestic demand and promote economic growth, chemicals demands, output and prices have gradually been restored. Six major industries maintained rapid and steady growth, with their overall size, technical capability and management level enhanced. However, there remains a huge gap between China and developed countries in their chemical technologies, R&D capacities and management levels. We are still faced with several challenges in eliminating outmoded production capacity, industrial restructuring, structural adjustment of raw materials and improving international competitiveness of the chemical industry.

Chapter 19
Machinery Industry

China's machinery industry took the following features during the financial crisis. It had a late slowdown period compared to all other industries, and except for some sectors strongly supported by the state, the recovery period is also late compared to all other industries. Support to major industries is very effective. VAT transformation and growth in fixed asset investment played a significant role in boosting growth for the machinery industry. Export expansion policies played a limited role. There is an obvious effect of innovation, industrial upgrade and strengthening.

The global financial crisis brings both opportunities and challenges. On one hand, China took the macroeconomic policies to maintain growth, support innovation and create new sources of industrial development. These policies, together with changing patterns of international industrial competition, have created opportunities for China's machinery industry to transform its growth pattern. On the other hand, China's machinery industry is also faced with tremendous challenges of world economic uncertainties, trade frictions, domestic influence of international competition, as well as early arrival of cost pressures.

To tackle these challenges, China's machinery industry should transform the momentum of industrial development, so as to make innovation, rather than market demand, the driving force of industrial development. In light of the technical and economic features of industries, an industrial innovation system should be created from the perspective of joint creation of total industrial chain.

Chapter 20
Automobile Industry

China's automobile industry had historical progress in 2009. Production and sales of automobiles all rank the first in the world. As a pillar industry, automobile industry received great attention from the government in fighting the financial crisis. It drafted *Automobile Industry Adjustment and Rejuvenation Plan*. After one year of implementation, this plan proved to be effective and reached its goals. In the new era, China's automobile industry will pursue quality improvements. Future strategy is to develop independent innovation and brands. By 2010, the target is to adjust industrial organization on the basis of 10% to 15% growth rate, adjust industrial organization, develop new energy vehicles, promote automobile export, and develop second and third-tier cities and rural markets as key growth areas.

Chapter 21
Ship Building Industry

Ship building is a comprehensive industry that provides equipment for shipping industry, ocean development and national defense. It has a major driving effect on the development and export of sectors such as steel, petrochemical, light industry, textiles, equipment manufacturing and electronic information. Under the impact of the international financial crisis, the international shipping market plunged. Against this backdrop, China's ship building industry is in a difficult situation. Numbers of contracting and orders declined. There are much more order cancellations and contract re-negotiations. Growth export delivery continued to decline. To tackle the financial crisis, China issued an investment plan to expand domestic consumption, *Plan for the Adjustment and Rejuvenation of Ship - Building Industry*, together with a series of supplementary policy measures, which aim to increase growth, expand domestic consumption, increase ship building industry's capacity to resist risks and crises, and promote the balanced and rapid development of China's ship building industry. These measures played a vigorous supporting role to help the industry get over the crisis, grow steadily and recover. But future development is facing even more serious challenges calling for even more urgent requirements on industrial restructuring and transforming growth pattern.

Chapter 22
Aviation and Aerospace Industry

During the past two years of global financial crisis, China's aviation and aerospace industry has been progressing steadily. Civil aircraft sales and export had a mixed blessing, while sales military goods grew steadily. However, China's aviation and aerospace industry is inadequate in its economic and technology reserve, incapable of innovation and learning from foreign technologies. Civil aircraft industry is not competitive, development of basic technology industries is backward, core technology professionals are lacking, and problems of management and operation mechanisms still persist. The impact of global financial crisis on China's aviation and aerospace industry will continue for some time. Correct understanding of the crisis and the industry's problems is essential for us to respond to the crisis and post-crisis era, approach the factors affecting the economic growth of aviation and aerospace industry, promote China's domestic economic growth, restructure the economy, upgrade industries, and advance technology innovation.

Chapter 23
China's IT Industry

Global financial crisis seriously affected China's IT industry, an industry that is highly externally dependent. The industry grew slowly and revenues declined. Export growth slowed down and became negative for certain products. Profitability declined and losses mounted. Investment growth slowed down and some industries had negative growth. To tackle the global financial crisis and reduce the impact on China's economy, China issued macroeconomic policies such as *IT Industry Adjustment and Rejuvenation Plan*. These policies swiftly reversed the decline of China's IT industry, increased production growth, reduced profit declines and reversed export declines. Key industries such as computer, communication equipment and IC industries became stable and recovered. Software and IT services are the only sectors that kept rapid growth during the financial crisis. The crisis also brought opportunities to China's IT industry: it forced China's IT industry to accelerate restructuring and upgrade and purchase high quality foreign assets at low cost. It also provided opportunities for it to benefit from industrial relocation. To help China's IT industry to overcome the financial crisis and achieve sustained sound development, China should enhance innovation and manufacturing technologies. It should strengthen software and information services, integrate informatization and industrialization, explore domestic market, and develop new export markets.

Chapter 24
Light Industry

Light industry is an export-oriented industry. One fourth of its products are sold in the international market. The global financial crisis had a major and lasting blow to the light industry. In the coastal region, in particular, export plunged, a massive quantity of export goods are turned for domestic sales, and there is serious overcapacity and excessive inventory. Production and export declined on all fronts, profits reduced, and more and more enterprises ran into difficulties. Facing this hardship, the central government called for greater confidence and giving priority to economic growth as a top priority. In a short span of time, a series of policy measures were launched. The light industry took various measures to resolve difficulties, fight the financial crisis and keep the economy growing. In 2010, industrial restructuring will speed up, and production and export will continue to recover steadily. It is expected that annual export will increase by 7%. Industrial total output and profits of large industrial enterprises will experience higher growth rates compared to 2009.

Chapter 25
Food Industry

The global financial crisis that started since the second half of 2008 caused unprecedented impact on China's food industry. China introduced plans to expand domestic consumption and investment, and implemented a series of macroeconomic policies. As a result, China's food industry swiftly reversed its slowdown. In 2009, China's annual output of food industry surpassed 4.9 trillion Yuan, up by around 14.5%.

Growth of China's food industry is primarily driven by domestic consumption. Despite limited impact of the financial crisis on the industry, we should note that China's food industry is not well developed and still faces many challenges. For instance, food industry is not highly competitively and has problems in quality system and product structure. As China strives to promote social harmony and prosperity, food industry is regarded to be important to improving people's lives, agricultural development and national rejuvenation. It is all the more important for food industry to tackle these problems.

With global economic integration, China's economic development, industrialization, urbanization and internationalization, China's food industry will embrace a period of important opportunities. In the future, China's food industry will focus on delivering high quality, nutritious, convenient and safe food to the people. Food consumption will restructure and there will be a surging demand for finished food products.

Chapter 26
Textiles Industry

After 30 years of reform and opening－up, China's textiles industry has become an internationally competitive industry, delivering satisfactory products to the Chinese people. Despite the heavy blow of the global financial crisis in 2008, the policies such as *Textiles Industry Adjustment and Rejuvenation Plan* helped China's textiles industry to recover in 2009. When the international market demand is yet to recover, China's textiles industry is not based on solid ground of development and needs the government and industry authorities to step up restructuring, identify new areas of growth, develop emerging markets, and spread trade friction risks.

Chapter 27
Home Appliances Industry

Since 2009, the global financial crisis has begun to exert a noticeable impact on China's home appliances industry. The government and companies took a series of countermeasures. The government provided subsidies for the purchase of home appliances in the countryside, exchange of used home appliances for new ones, subsidized distribution of energy conservation products, as well as export tax rebate policies. Large home appliances companies of China took steps to adjust their operational models, upgrade products through R&D, adjust industrial chain, develop sales avenues and brand development, and promote industrial reorganization and integration. These steps helped China's home appliances industry to achieve all round recovery in the second half of 2009. Export market began to rebound in the fourth quarter of 2009. After the financial crisis, China's home appliances companies embraced new potentials of development. In the future, China's home appliance companies must work hard to upgrade their products, develop brand names, and adjust export product structure to achieve sustained development.

Chapter 28
Regional Industrial Growth and Investment Pattern

Earliest impact of the financial crisis on China's industrial growth and investment was felt on the export-oriented coastal region and later spread to inland regions. During industrial slowdown, industries in the export-oriented coastal region suffered the most. When the recovery set in, industrial growth was fastest in the central region. Western and northeastern regions came second and third. Share of central and western regions to national industries increased. There remained to be great momentum of fixed asset investment moving to the north and the west, which have become new growth hubs. Problems are: coastal regions depend too much on external demand, central and western regions depend on foreign investment, and growth pattern remains extensive in certain regions. After the crisis, China's regional industries must strive to achieve "four transformations": stimulate domestic consumption for the transition from external consumption to domestic consumption; enhance innovation for the transition from crude growth pattern to intensive growth pattern; develop circular economy for the transition from environmental damaging growth to low-carbon growth; and guide industrial relocation for the transition from "migration for jobs" to "migration of jobs to places near the job-seekers".

Chapter 29
Industrial Economic Situation in East China

The east part has always been the spearhead of our industrial growth thanks to its thriving export-oriented economy. Since 2001, however, it began to suffer and was worsened by the 2008 international financial crisis. With foreign demands recovery and implementation of domestic demand-expanding measures, the economic growth rate of all eastern provinces and cities began to rebound from the second half of 2009. Their immunity from the financial crisis varies a lot. Tianjin, with a moderate export - dependence rate and industrial structure supererogation, maintained a rapid growth rate, whereas southeast coastal provinces and cities were hit harder because of the high export-dependence rate and poor innovation capacities. With implementation of incentive policies and international demands recovery, areas around the Bohai Sea and southeast coastal areas will achieve rapid growth and recovery growth respectively. Nonetheless, due to limited dependent innovation capacities and irrational industrial structure, industrial development in east regions will face severe challenges. To promote healthy post-crisis industrial development there, we should carry out the scientific development concept, make supererogation of the industrial structure a primary task, adjust the proportion of export - oriented mainstay industries, improve their risk resistance capacities and control the risk engendered by the agglomeration of a single industry.

Chapter 30
Industrial Economy in the Central Region

Under the global financial crisis, China's central region enjoys a favorable industrial environment, with greater opportunities than challenges. Industrial development in the central region has taken on the new characteristics: (1) industrial development is rapid and plays a strong driving effect on economic growth; (2) share of industries keeps increasing, and industrial profits significantly increased; (3) industrial investment kept rapid growth with improving investment structure; (4) industrial restructuring stepped up and feature industries grew stronger; (5) innovation strengthened and high-tech industries developed rapidly; (6) export of industrial goods experienced recovery growth with improving export structure. (7) Industrial gathering effect is strong and industrial centers have a stronger driving effect for nearby regions.

The financial crisis also exposed some long-term problems in the industrial development of the central region, such as bad industrial structure, pressures of upgrade, crude pattern of growth, uncompetitive manufacturing, and low market share of industrial goods. In the post-crisis era, the central region must work hard to seize opportunities, transform development pattern, and continue to maintain steady and rapid industrial development. China must implement and improve relevant policies concerning the central region to facilitate the industrial relocation from the eastern region, speed up industrial restructuring and upgrading, build key regions and urban clusters, establish modern logistics system and market system, and protect the environment.

Chapter 31
Industrial Economic Situation in West China

Industrial production in 12 western provinces began to rebound after the global financial crisis. The growth of key industries has got better; product prices has got up and the input-output efficiency has been improved. Industrial investment increases rapidly and plays a key role in supporting the local economy. Despite these positive changes, the industrial economic situation in western regions remains harsh. Industrial production activities have not been fully revived, which causes great operation pressure, as manifested in export decline, fewer production orders, less employment, imperfect subsidiary industries and high resource consumption. In the post-crisis era, industrial economic development in western regions should rely on "five combinations": the combination of undertaking industrial transfer and industrial upgrading, the combination of optimizing the industrial structure and developing competitive industries with local characteristics, the combination of innovating industrial technologies and developing strategic emerging industries, the combination of opening wider to the outside world and strengthening regional economic and technical cooperation, the combination of developing industrial growth poles and developing industry clusters.

Chapter 32
Industrial Development in the Northeast

The global financial crisis had an impact on the industrial economy of the northeast to varying degrees. Heilongjiang province suffered the most, and the impact on Liaoning and Jilin was relatively limited. During the financial crisis, growth of industrial added value in the northeast significantly slowed down, industrial enterprises experienced increasing assets-liabilities ratio, and export of most industries plunged. The impact is also serious for petro processing, chemical raw materials and chemical products, chemical fibers, ferrous metal metallurgy, rolling and processing, and communication equipment sectors. Thanks to timely policies introduced by the central government and the local governments against the global financial crisis, together with various effective corporate countermeasures, China's industrial economy overcame the negative impact of the global financial crisis. From 2009, the industrial economy of the northeast began to recover. Corporate economic performance began to improve over the previous year. Advantage of economy of scale continued and various sectors made fewer losses. The central government attached great importance to the full revitalization of old industrial bases such as the northeast. It launched a series of policies and guidance for it. Predictably, in the near future, industrial development in the northeast is promising. Liaoning Coastal Economic Zone, Shenyang Economic Zone, Changjitu Development and Opening-up Area will become new sources of growth for industries in the northeast. Division of work and cooperation will be enhanced among regional industries. Regional market environment will be improve. Green industrial model will be further improve.

Chapter 33
Performance of China's Industrial Enterprises during the International Financial Crisis

Chinese government and enterprises took effective actions against the financial crisis. Chinese enterprises gradually recovered from the dilemma and achieved a "V-shaped" rebound. Chinese enterprises have achieved a victory in tackling this crisis. Business climate is recovering, and so is corporate confidence. Production and sales improved, and inventory rose up again. Although it takes time for export to turn around, the difficulties are less serious. Prices are rising, and corporate profitability is getting improved. Chinese businesses went for four tasks: strategic restructuring, mergers and acquisitions, innovation and optimization of corporate management. But the following problems still persist: lack of innovation, labor shortage, cost pressures, financing for small and medium-sized enterprises; overcapacity in some sectors, and so on. These problems call for actions from both government and corporate levels.

Chapter 34
Performance of State-owned Enterprises under the Global Financial Crisis

From the global financial crisis in the third quarter of 2008 till now, the operation of state-owned enterprises experienced a path of plunge, stabilization and recovery. Under the crisis, state-owned enterprises showed weaknesses in risk prevention and were not quickly responsive to changing economy. But their response is more vigorous. This paper makes an assessment of the measures took by state-owned enterprises, and notes that state-owned enterprises are more proactive in responding to the global financial crisis by issuing economic stimulus policies. After the outbreak of global financial crisis, the fixed asset investment of state-owned enterprises had a greater growth momentum compared to other types of enterprises. In the future, we need to continue following the investment of state-owned enterprises and the evolution of state-owned economy, bring into play the positive role of state-owned economy in stabilizing growth. Meanwhile, we need to be aware of the weak risk fighting and market response of state-owned enterprises, regulate radical investment behaviors of state-owned enterprises, and try to avoid their uncertainties in economic operation and negative role in market fluctuations.

Chapter 35
Sustainable Development of Private Enterprises Under the International Financial Crisis

Private enterprises are the most vigorous part of our national economy. After the 2008 international financial crisis broke out, private enterprises suffered difficulties in financing, trade and costs. The capricious domestic and international financial environment exacerbated the financial defficulties and increased investment risks; the rising international trade protectionism threw large numbers of private enterprises into unprecedented predicament; the violently fluctuating price of raw materials such as crude oil and iron ore, coupled with rapid rise of the domestic asset price and expected inflation, engendered uncontrollable operation cost risks. To help them out, the central government launched in succession several favorable policies regarding market access, financial support and export rebates, which eased crisis shock and won precious time for development mode transformation. Meanwhile, private enterprises have mitigated adversity through overseas merger and acquisition, technology development and overseas market exploitation. In the post-crisis era, the international financial and trade environment will be more unsettled. Therefore, private enterprises must address financing, market demands and cost problems before they achieve sustainable development. In addition, to run themselves big and strong, private enterprises should also proactively utilize various financing channels, exploit overseas investment opportunities, develop domestic and overseas markets, strengthen technical

R&D and enhance internal management.

Chapter 36
Impact of the International Financial Crisis on Foreign-funded Enterprises

The 2008 international financial crisis has dealt a heavy blow upon China's foreign-funded enterprises, and its foreign capital utilization experienced a noticeable "V-shaped" fluctuation. The crisis widened the gap between central and west regions and east regions in terms of foreign capitals attraction. In light of the profitability, foreign-funded enterprises were hit earlier in a more direct way but recovered more quickly. Although some withdrew investment, laid off staff and cut in wages, most chose to increase investment against the recession. The financial crisis is an opportunity for global industrial layout adjustment. With its sustained economic growth and ever expanding consumer market, China has actually begun to act as a sheltering harbor for overseas industrial capitals during the crisis. At present, growth of foreign investment in China has been restored to a relatively high rate, and it will be even higher in the foreseeable three to five years after the crisis. With implementation of the independent innovation strategy and investment attraction priorities adjustment, foreign-funded enterprises will meet the challenge of product upgrade and industrial transformation. Advanced manufacturing and modern service industry will become hot spots of foreign investment. Meanwhile, central and west regions will strengthen its appeal for foreign investment, and there will be more merger and acquisition of local companies by multinational corporations.

Chapter 37
Support Policies for SMEs and Effect

This chapter makes a systematic analysis on the impact of the global financial crisis since the second half of 2008 on China's small and medium-sized enterprises (SMEs). This chapter contends that SMEs are crucial for fighting the crisis, and that we should be aware of the status and roles of SMEs. Based on *Opinions on Further Developing SMEs*, this chapter described the national and local policies issued since the financial crisis, as well as their implementation. It described the content and purposes of these policies and made an assessment on the effect of support policies for SMEs. It tried to make a basic assessment on policy design and policy implementation, identifies problems, and raises recommendations for policy adjustment. Lastly, it brought the policies into perspective of the social environment where SMEs develop. It noted that the social environment included at least three aspects and explained them.

Chapter 38

Performance of Listed Companies under the Global Financial Crisis

Affected by the global financial crisis, the overall performance of China's listed companies was in a "V-shaped" curve. The performance reached its bottom in the fourth quarter of 2008 and began to recover from the bottom in the first quarter of 2009. The economy improved quarter by quarter. Under the national stimulus package, the performance of listed companies in different industries varied greatly. Behaviors of listed companies also took on some new characteristics: IPO institutiond changed and active after reboot, Corporate bond market had breakthroughs, the low proportion of direct financing was increased to some extent; overseas mergers and acquisitions are active, listed companies face both opportunities and risks; Due to institutional drawbacks of allowing non-tradable shares to be listed, there were tendencies of reducing holdings; related laws and regulations need further improvement, no dividends and high executive pay reflect the governance problems of listed companies. In order to strengthen economic recovery, China's listed companies must continue to implement national macroeconomic policies in the post crisis era, enhance industrial consolidation and restructuring, increase revenues and cut spending, and increase the profitability of main businesses. They should enhance internal control and risk early warning, and enhance overall risk management. In addition, capital market regulation should be enhanced to create a favorable institutional environment for listed companies.

Chapter 39

Mergers and Acquisitions during the International Financial Crisis

During the trough of corporate mergers and acquisitions from 2008 to 2009, Chinese corporate mergers and acquisitions increased in numbers. Although the monthly data were dented by the financial crisis and in a "V-shaped" rebound, the overall trend is rapid growth. But we cannot overlook the following problems: size-oriented M&A may lead to less efficiency after mergers; M&A are endowed with excessive industrial policy missions; external environment needs improvement; risk awareness is insufficient for some enterprises. We must overcome these barriers by encouraging M&A, defining an appropriate government role, guiding enterprises' commercial patterns innovation, and improving risk awareness.

Chapter 40

The International Financial Crisis and Strategic Changes in Chinese Enterprises

Under the same financial crisis, each enterprise owns a unique mechanism for the crisis-induced strategic change due to their resource and capacity disparities. Depending on the unique mechanism, strategic changes in Chinese enterprises can be divided into four types: the responsive, the passive, the predictive and the initiative. What we usually call the "anti-driving effect" of the financial crisis on the enterprise is essentially an enterprise' passive strategic reform the crisis forces it to make to adapt itself to changes in the operation environment. In accordance with the extent of the strategic change, we can divide it into two types: strategic adjustment and strategic transformation. Due to the endogenous inertia, most enterprises have adopted strategic adjustment, aiming at improving their operation efficiency, following the established strategic path and eliminating the short slab of enterprise operation. The influence of the financial crisis is structural, but an enterprise' choice of the strategic change model is contingent upon their own circumstances.

On the whole, Chinese enterprises have embraced three types of strategic changes under the financial crisis: contraction, expansion and transformation. During the crisis, their competitive strategies mainly included cost control, risk control and innovation. Which type of strategy an enterprise should employ depended upon their resources and capacities. For most of them, the rapid contraction in demand slowed down enterprise development. But for those insightful ones of dynamic capabilities, the crisis-induced adjustment of the market competition structure and the factor price system brought a rare opportunity for great-leap-forward development.

The financial crisis is a catalyst for Chinese enterprises' strategic transformation and upgrading. It could be said that strategic changes have just begun since the crisis is over. Chinese enterprises' future strategic changes will demonstrate the following two features: Firstly, some enterprises with a strategic vision and great aspirations will endeavor to improve their dynamic capabilities and dynamic efficiency while increasing the operation efficiency, thus developing into an omnipotent entity adept in utilizing established resources and exploiting new development space. Secondly, there will be sounder foundation and capacity building that supports enterprises' strategic changes.

Chapter 41

Chinese Enterprises' Risk Management under the International Financial Crisis

The international financial crisis complicated and aggravated Chinese enterprises' market risks, operation risks, financial risks, investment risks and legal risks. Several risk control measures were taken, including proactive risk forecasting and analysis, risk-tackling pre-planning, building an internal control system to improve risk control capacities, adopting stable financial polices to reduce financial risks and promoting structural adjustment to improve risk-resisting capabilities. Several problems were exposed during the crisis: enterprises lacked a correct risk concept and systematic risk control; risk management was not valued from a strategic or decision-making height; risks were handled during or after the event but not warned beforehand; enterprises were incapable of identifying and evaluating risks; no mechanisms had been established to cope with the risk. In the post-crisis era, enterprises should upgrade their risk perception and enhance the risk control system; the decision-making level should promote systematic and scientific risk control from a strategic height, coordinate the risk control system with other governance systems, build the risk control culture and establish a long-effect risk control mechanism; they should apply IT in the risk control system, exploit risk management in special fields and enhance the external risk control monitoring mechanism.

Chapter 42
The International Financial Crisis and Chinese Enterprises' Independent Innovation

Although the financial crisis has taken a toll on China's macroeconomic development, it has brought about positive micro-level changes in Chinese enterprises' innovation environment. Firstly, with its "anti-driving effect", the crisis urged enterprises to innovate; secondly, governments have released several policies and measures to help create a favorable innovation environment; thirdly, strategic emerging industries have received unprecedented attention, which facilitates enterprises' technology development and exploitation of new business models. In the face of the financial crisis, Chinese enterprises should blaze a new trial to innovation that fits their own capacities and industrial characteristics. Depending on their features, innovation strategies can be divided into three types, including core breakthrough, integrated innovation and open innovation. It will be a long-term task to enhance enterprises' dependent innovation environment. Efforts should be made in four aspects: promoting the sharing and spreading of three types of generic technologies, giving play to the driving effect of superior enterprises and building a vertical innovation network, developing technology alliances and establishing patent and technical standards networks, intensifying labor division for innovation and encouraging the cooperation of production, learning and research.

Chapter 43
Brand Strategy of Chinese Enterprises under the Crisis

The global financial crisis brought both opportunities and challenges to the brand development of Chinese enterprises. The financial crisis has dramatized the problems of proprietary brands of Chinese enterprises, impeded their internationalization strategies, and further reduced domestic market share. However, the crisis also brought new market spaces and forced Chinese enterprises to enhance brand development. Responding to the crisis, central and local governments issued a series of policies to support and create favorable brands. They hope to promote China's economic restructuring through development of a series of brands. Enterprises are turning the pressures into opportunities and momentum, and are actively implementing brand strategies to develop strong brands. During the financial crisis, despite different strategies of enterprises with proprietary brands, they all demonstrate strong resistance to the crisis by developing brands. Post-crisis era is the most important period for the internationalization of China's local brands. Chinese enterprises must take this opportunity of global market restructuring and adjustments to increase their international market share and gain a better position in the international division of work.

Chapter 44

Social Responsibilities of Chinese Enterprises under the Global Financial Crisis

The global financial crisis had a major impact on the development of China's corporate CSRs in the following respects: multilateralism gained momentum, companies became less willing and capable to perform CSRs, and the CSR focus began to change. However, under the global financial crisis, Chinese enterprises still achieved much headway in honoring their commitments, complying with rules, protecting labor rights, protecting the environment, improving work safety, and contributing to charity and welfare programs. But some problems are still there. Management and development of CSR in China during the financial crisis took on five hallmarks: inadequate CSR management compared to its performance, rapid initialization of constructing CSR governance mechanisms and organizations, CSR reports becoming a major means of CSR communication, gradual advancement of SCR training and performance evaluation system, and new achievements of CSR management patterns. Further development of CSR in China in the post-crisis era calls for the establishment of an interactive CSR promotion mechanism involving government leadership, corporate discipline and social supervision.

Epilogue

This year's "*China's Industrial Development Report*" has the theme of "*China's Industries under the Financial Crisis.*" The planning, drafting and revision are chaired by JIN Bei, LI Ping, HUANG Sujian and LI Weimin. JIN Bei, LI Weimin and SHI Dan are responsible for daily organization, coordination and drafting. WANG Luolin, WANG Chunzheng, CHEN Qingtai, CHEN Jiagui and LU Zheng are advisors.

Draft authors:

Woverview: JIN Bei.

Overall topics: Chapter 1: LI Haijian, WANG Song; Chapter 2: ZHANG Qizi; Chapter 3: ZHOU Wenbin; Chapter 4: LI Xiaohua; Chapter 5: LU Tie; Chapter 6: YANG Danhui; Chapter 7: LIU Yong; Chapter 8: LI Pengfei; Chapter 9: LIU Xiangli; Chapter 10: WU Lixue; Chapter 11: LI Ping; Chapter 12: JIANG Feitao.

Industries: Chapter 13: SHI Dan; Chapter 14: ZHOU Weifu; Chapter 15: GUO Chaoxian; Chapter 16: ZHANG Shixian; Chapter 17: ZHU Tong; Chapter 18: LIU Jiejiao;

Chapter 19: WANG Yanmei; Chapter 20: ZHAO Ying; Chapter 21: BAI Mei; Chapter 22: CHEN Xiaodong; Chapter 23: XIE Xiaoxia; Chapter 24: PENG Shaozhong; Chapter 25: LU Ning; Chapter 26: DING Yi; Chapter 27: SHEN Zhiyu.

Regions: Chapter 28: CHEN Yao; Chapter 29: LIU Kai; Chapter 30: SHI Bihua; Chapter 31: SUN Chengping; Chapter 32: YE Zhenyu.

Enterprises: Chapter 33: HUANG Sujian; Chapter 34: YU Jing; Chapter 35: SHI Jie; Chapter 36: LIU Jianli; Chapter 37: HU Wenlong; Chapter 38: LUO Zhongwei; Chapter 39: YUAN Lei; Chapter 40: HE Jun; Chapter 41: LI Chunyu; Chapter 42: WANG Qin; Chapter 43: SHI Xiaohong; Chapter 44: XIAO Hongjun.

SHEN Liquan and WANG Lei provided information of "*Major Events of China's Industries in 2009*". LIU Kai provided statistical analysis.

After the first draft completion, JIN Bei, LI Ping, HUANG Sujian, SHI Dan, SHEN Zhiyu, ZHANG Qizai, ZHANG Shixian, LU Tie, CHEN Yao, WANG Qin and LI Weimin, et al, reviewed, revised and finalized the draft.

"*Ten Major Events of China's Industries in 2009*" are selected by experts of Institute of Industrial Economics, the Chinese Academy of Social Sciences.

In December 2009, the design, theme selection and drafting planning of this book started. The first draft was done on May 20, 2010 and finalized on June 20. During the drafting process, DU Yingfen took part in the discussions and revision of certain chapters. Research Division, Office, Information Network Room and Economic Management Press provided various support and assistance. Their contributions are highly appreciated.

Editor

后　记

今年《中国工业发展报告》的主题为“国际金融危机下的中国工业”。全书的策划、编写和审定由金碚、李平、黄速建、李维民主持。金碚、李维民、史丹负责日常的组织、协调和编务工作。王洛林、王春正、陈清泰、陈佳贵、吕政继续担任本书顾问。

为本书提供各章初稿的作者有：总论：金碚。综合篇：第一章：李海舰、王松；第二章：张其仔；第三章：周文斌；第四章：李晓华；第五章：吕铁；第六章：杨丹辉；第七章：刘勇；第八章：李鹏飞；第九章：刘湘丽；第十章：吴利学；第十一章：李平；第十二章：江飞涛。产业篇：第十三章：史丹；第十四章：周维富；第十五章：郭朝先；第十六章：张世贤；第十七章：朱彤；第十八章：刘戒骄；第十九章：王燕梅；第二十章：赵英；第二十一章：白玫；第二十二章：陈晓东；第二十三章：谢晓霞；第二十四章：彭绍仲；第二十五章：吕宁；第二十六章：丁毅；第二十七章：沈志渔。地区篇：第二十八章：陈耀；第二十九章：刘楷；第三十章：石碧华；第三十一章：孙承平；第三十二章：叶振宇。企业篇：第三十三章：黄速建；第三十四章：余菁；第三十五章：时杰；第三十六章：刘建丽；第三十七章：罗仲伟；第三十八章：胡文龙；第三十九章：原磊；第四十章：贺俊；第四十一章：李春瑜；第四十二章：王钦；第四十三章：施晓红；第四十四章：肖红军。

沈力全、王磊提供了“2009 年中国工业大事记”资料。刘楷提供了统计资料分析。丁易担任全书英文提要的翻译。

全书初稿完成后，由金碚、李平、黄速建、史丹、沈志渔、张其仔、张世贤、吕铁、陈耀、王钦、李维民等组成的编审小组集中进行了审改、增删和定稿。

“2009 中国工业 10 件大事”由中国社会科学院工业经济研究所的专家评选确定。

本书从 2009 年 12 月开始策划、设计、确定主题、制订写作计划。2010 年 5 月 20 日完成初稿，6 月 20 日定稿。在本书的编写过程中，杜莹芬参与了有关章节的讨论修改，科研处、办公室、信息网络室以及经济管理出版社提供了各方面的帮助和支持，我们在此向他们表示衷心的谢忱！

编　者

2010 年 6 月 20 日

本书编辑小组（以姓氏笔画为序）：

王　琼　孙　宇　宋　娜　张世贤

张　达　张洪林　沈志渔　赵伟伟

徐　雪　蒋　方　魏晨红